Immobilienökonomie

Betriebswirtschaftliche Grundlagen

Herausgegeben von
Prof. Dr. Karl-Werner Schulte HonRICS

unter Mitarbeit von

Dr. Georg J. Allendorf, Markus Amon, Thorsten Bischoff,
Michael Bobber, Prof. Dr. Stephan Bone-Winkel,
Dr. Kerstin Brade, Marc Breidenbach, Dr. Petra Brockhoff,
Matthias Eder, Dr. Carsten Fischer, Christian Focke, Sonja Gier,
Philip Hofmann, Christoph Holzmann, Dr. Felix Iblher,
Dr. Björn Isenhöfer, Christian Kolb, Björn-Martin Kurzrock,
Prof. Dr. Gerrit Leopoldsberger, Dominik Lucius, Tobias Müller,
Philipp Naubereit, Andrea Pelzeter, Dr. Barbara Pierschke,
Dr. Christoph Pitschke, Dr. Jeanette Raethel,
Dr. Sven-Eric Ropeter-Ahlers, Dr. Nico Rottke,
Dr. Wolfgang Schäfers, Dr. Peter Schaubach, Alexander Schmitt,
Dr. Nicole Schreiber, Dr. Gisela Schulte-Daxbök,
Dr. Antje Schulz-Eickhorst, Jun. Prof. Dr. Ramon Sotelo,
Verena Sturm, Prof. Dr. Matthias Thomas, Dr. Rolf Times,
Dr. Arno Väth, Dr. Victoria Walbröhl, Barbara Walzel,
Dr. Martin Wernecke, Matthias Zimmermann

3., vollständig überarbeitete und erweiterte Auflage

R. Oldenbourg Verlag München Wien

Bibliografische Information Der Deutschen Bibliothek

Die Deutsche Bibliothek verzeichnet diese Publikation in der Deutschen
Nationalbibliografie; detaillierte bibliografische Daten sind im Internet
über <http://dnb.ddb.de> abrufbar.

© 2005 Oldenbourg Wissenschaftsverlag GmbH
Rosenheimer Straße 145, D-81671 München
Telefon: (089) 45051-0
www.oldenbourg-verlag.de

Gedruckt auf säure- und chlorfreiem Papier
Gesamtherstellung: Druckhaus „Thomas Müntzer" GmbH, Bad Langensalza

ISBN 3-486-57648-8

Inhaltsübersicht

Vorwort des Herausgebers zur ersten Auflage

Die Immobilienökonomie ist in Deutschland eine noch junge wissenschaftliche Disziplin. Ihr Fundament bildet die Betriebswirtschaftslehre; aber auch die Volkswirtschaftslehre, die Rechtswissenschaft, die Raumplanung sowie Architektur- und Ingenieurwesen steuern wichtige Erkenntnisse zur Immobilienökonomie bei. Insofern handelt es sich um ein interdisziplinäres Fachgebiet.

Bislang werden – anders als in den angelsächsischen Ländern – immobilienbezogene Fragestellungen in der betriebswirtschaftlichen Aus- und Weiterbildung an deutschen Universitäten kaum behandelt. Diese Lücke füllt seit 1990 die **ebs** IMMOBILIENAKADEMIE mit dem Kontaktstudium Immobilienökonomie und seit 1994 der Stiftungslehrstuhl Immobilienökonomie an der EUROPEAN BUSINESS SCHOOL (**ebs**) Schloß Reichartshausen mit dem Wahlpflichtfach Immobilienökonomie.

Was ist unter Immobilienökonomie zu verstehen? Der Begriff ist ebenso neu wie die Wissenschaftsdisziplin. Die Immobilienökonomie befaßt sich zum einen mit den Immobilien selbst, und zwar mit allen Phasen des Lebenszyklus von Gewerbe-, Wohn- und Sonderimmobilien – von der Projektentwicklung über das Bau-Projektmanagement bis zum Facilities Management. Ein Schwerpunkt liegt in den funktionalen Aspekten Immobilieninvestition und -finanzierung, Immobilienanalyse- und -bewertung sowie Immobilienmarketing. Zum anderen ist das Management von Immobilienunternehmen (Planung, Organisation, Kontrolle) Gegenstand des Fachgebiets; insofern handelt es sich um eine branchenbezogene Betriebswirtschaftslehre. Aus der Perspektive des Nutzers stellt die Immobilie dagegen einen Produktionsfaktor dar, der zur Leistungserstellung benötigt wird. Daher steht das Management von Unternehmensimmobilien (Corporate Real Estate Management) sowie von Immobilien der öffentlichen Hand (Public Real Estate Management) ebenfalls im Blickfeld der Immobilienökonomie. Vom Investor schließlich wird die Immobilie als Anlagemedium betrachtet, das mit Bank- und Börsenprodukten im Wettbewerb steht. Diese kurzen Ausführungen mögen genügen, um zu demonstrieren, dass die Immobilienökonomie eine reizvolle wissenschaftliche Disziplin darstellt.

Als Konsequenz aus dem interdisziplinären Ansatz wird das Gesamtwerk aus drei Bänden bestehen: Auf den vorliegenden ersten Band über „Betriebswirtschaftliche Grundlagen" werden in den nächsten Jahren die Bände 2 und 3 über „Rechtliche Grundlagen" und „Raumplanerische Grundlagen" folgen.

Als ich im Jahre 1990 die Entscheidung traf, das Fachgebiet Immobilienökonomie als wissenschaftliche Disziplin in Deutschland zu etablieren, war mein eigenes Wissen über Immobilien noch relativ bescheiden. In dieser Phase habe ich sehr viel von den Führungskräften der Bau-, Immobilien- und Finanzwirtschaft gelernt. Ihnen sei an dieser Stelle für ihre Aufgeschlossenheit gegenüber meinen Ideen und für die tatkräftige Unterstützung herzlich gedankt. Über die Jahre stießen immer mehr junge Wissenschaftler zu meiner Mannschaft. Jeder fand rasch ein Spezialgebiet; auf diese Weise gelang es in relativ kurzer Zeit, eigenes Immobilien-Know-how aufzubauen und in unser oben skizziertes Forschungskonzept einzubringen, das durch das „Haus der Immobilienökonomie" visualisiert wird (vgl. S. 58).

Da ich allein nicht in der Lage gewesen wäre, alle „Bausteine selbst aufzuschichten", habe ich mich entschieden, nicht als Alleinautor des Buches, sondern „nur" als Herausgeber und Mitverfasser einzelner Beiträge aufzutreten. Geschrieben wurde das Werk im Wesentlichen von wissenschaftlichen Assistenten sowie Doktoranden des Stiftungslehrstuhls Immobilienökonomie an der EUROPEAN BUSINESS SCHOOL Schloß Reichartshausen und der **ebs** IMMOBILIEN-AKADEMIE. Die meisten Teammitglieder betraten – um im Bild zu bleiben – zum ersten Mal eine wissenschaftliche „Baustelle", und mitunter bedurfte es tatkräftiger Hilfe und guten Zuredens seitens des „Bauleiters", um das „Bauwerk" fristgerecht fertigzustellen.

Allen „Mit-Arbeitern" bin ich zu großem Dank verpflichtet. Wertvolle Anregungen haben auch die Dozenten, Teilnehmer und Absolventen des Kontaktstudiums und des Stiftungslehrstuhls beigesteuert. Ihnen sei an dieser Stelle herzlich gedankt. Bei der inhaltlichen Koordination hat mich Herr Dipl.-Kfm. Klaus Homann unterstützt; die aufwendige EDV-technische Erstellung der Druckvorlage oblag Herrn Martin Vaas. Auch ihnen gebührt Dank.

Bei der inhaltlichen Abstimmung der Beiträge bin ich davon ausgegangen, daß der Leser dieses Buch nicht in einem Zuge von Anfang bis Ende durcharbeitet. Daher wurde darauf Wert gelegt, daß die einzelnen Kapitel weitgehend isoliert gelesen werden können, was gewisse Überschneidungen nicht nur unvermeidbar sondern erforderlich macht. Eingriffe in den eigenen Stil und die individuelle Darstellungsform jedes Autors habe ich in Grenzen gehalten.

Da das vorliegende Buch nicht nur ein Lehrbuch, sondern auch ein wissenschaftlich anspruchsvolles Werk sein soll, wurden Quellenangaben in den Text eingefügt. Dies ist in unterschiedlicher Dichte geschehen. Um dem Leser eine tiefere Durchdringung zu erleichtern, wurde vor allem in jenen Kapiteln viel zitiert, zu denen fast nur (meist englischsprachige) Aufsätze vorliegen. Am Ende eines jeden Kapitels findet sich ein ausführliches Literaturverzeichnis. Das Stichwortverzeichnis ist auf das Wesentliche beschränkt, da sich der Leser anhand der Inhaltsübersicht und des ausführlichen Inhaltsverzeichnisses zu Beginn jedes Kapitels recht gut orientieren kann.

Ein von 27 Autoren verfaßtes Werk kann natürlich nicht „mängelfrei" sein. Es bedarf nun noch der „Abnahme" durch die „Bauherren", die Leser. Die „Mängelbeseitigung" muß allerdings späteren Auflagen vorbehalten bleiben. Hinweise und Verbesserungsvorschläge dazu sind stets willkommen.

Meine Familie hat die Entstehung des „Hauses der Immobilienökonomie" nicht nur aus der Ferne betrachtet, sondern auf unterschiedliche Weise die „Bauphase" aktiv unterstützt. Meine Frau Gisela war täglich auf der „Baustelle" und hat sich um die Aus- und Weiterbildung gekümmert. Meine Söhne Frank-Michael, Kai-Magnus und Sven-Marten haben wichtige Hilfsdienste (Kopieren, Sortieren etc.) erbracht und gelegentlich für den „Bauleiter" anregenden Rheingauer Wein geschleppt. Auch sie haben einen großen Anteil am Gelingen des Werkes.

Johannisberg, im September 1997   Karl-Werner Schulte

Vorwort des Herausgebers zur zweiten Auflage

Die noch junge wissenschaftliche Disziplin Immobilienökonomie erfreut sich eines regen Interesses von Wissenschaftlern und Praktikern. Diess kommt darin zum Ausdruck, dass die erfreulich große Nachfrage schon nach einem Jahr eine Neuauflage erforderlich macht. Um das Buch schnell wieder auf den Markt zu bringen, wurden nur in geringem Umfang Aktualisierungen vorgenommen. Zahlreiche Leser haben mich auf Fehler und Unklarheiten im Text und in Beispielrechnungen hingewiesen, wofür ich ihnen herzlich danke.

Für die Durchführung der Korrekturen bin ich Frau cand. rer. pol Nino Wirubowa und Herrn cand. rer. pol. Timo Singer zu Dank verpflichtet.

Johannisberg, im Dezember 1999   Karl-Werner Schulte

Vorwort des Herausgebers zur dritten Auflage

Die dritte Auflage unterscheidet sich in vielerlei Hinsicht von der ersten und zweiten Auflage.

Inhaltlich wurde die Gliederung vollständig auf das „Haus der Immobilienökonomie" ausgerichtet, das erneut geringfügig „umgebaut" wurde. Einige Kapitel wurden komplett neugeschrieben, andere erstmals aufgenommen. Alle Statistiken sind auf dem im Juni 2004 verfügbaren Informationsstand.

Personell hat sich der Kreis der Autoren auf 44 erhöht. Alle sind oder waren am Stiftungslehrstuhl Immobilienökonomie, der **ebs** IMMOBILIENAKADEMIE und der **ebs** FINANZAKADEMIE beschäftigt. 30 Doktoranden haben ihr Promotionsstudium erfolgreich abgeschlossen, vier von ihnen sind inzwischen Professor an einer Universität oder Fachhochschule.

Bei vielen Beiträgen wurden den bisherigen Autoren junge Assistenten zur Seite gestellt, denen die Überarbeitung oblag. So ist es zu erklären, dass manche Artikel fünf oder sechs Autoren haben. Eine Namensnennung in der Reihenfolge des Inputs der einzelnen Autoren würde große Probleme aufwerfen. Daher habe ich mich entschieden, dem Anciennitätsprinzip „halbstreng" zu folgen, d.h. zuerst die Professoren aufzuführen, dann die Doktores und dann die noch nicht Promovierten, untereinander jeweils in alphabetischer Reihenfolge.

Trotz der Vielzahl der Autoren hoffe ich, dass das Buch sich wie aus einem Guss liest. Ich selbst habe viel Zeit in die Überarbeitung dieses Buches investiert. Tatkräftige Unterstützung habe ich durch Herrn Dipl.-Kfm. Tobias Müller und durch Herrn Dipl.-Kfm. Philip Hofmann erfahren. Beiden danke ich herzlich für ihr Engagement und die sehr gute Zusammenarbeit.

Weiter bedanke ich mich bei Frau Christiane von Ehr für das Korrekturlesen.

Formal wurden die neuen amtlichen Rechtschreibregeln verwandt, obwohl ich mich mit den meisten „Reformen" nicht anfreunden kann.

Weibliche Leser mögen mir verzeihen, dass ich auf Schreibweisen wie „der Projektentwickler/die Projektentwicklerin" oder „ProjektentwicklerIn" verzichtet habe.

Da einige Kapitel stark untergliedert sind, wurden im Inhaltsverzeichnis der einzelnen Kapitel die Gliederungspunkte aus Platzgründen erst ab der fünften Ebene eingerückt.

Die schon im Vorwort der ersten Auflage angekündigte Trilogie wird hoffentlich bald fertig gestellt sein. Der dritte Band mit dem Titel „Stadtplanerische Grundlagen" wird Ende 2004 oder Anfang 2005 erscheinen.

Meine Familie, die schon die Entstehung des „Hauses der Immobilienökonomie" konstruktiv begleitet hat, war auch beim „Refurbishment" unterstützend dabei. Daher gebührt mein ganz lieber Dank Gisela, Frank-Michael, Kai-Magnus und Sven-Marten.

Johannisberg, im Juli 2004   Karl-Werner Schulte

Verzeichnis der Autoren

Dr. Georg J. Allendorf, Immobilienökonom (**ebs**), studierte Betriebswirtschaftslehre an der EU-ROPEAN BUSINESS SCHOOL (**ebs**) International University Schloß Reichartshausen. 1989 folgte der Master of International Management an der American Graduate School of International Management in Glendale, USA. 1996 promovierte er zum Dr. rer. pol. und war anschliessend als Studiendirektor der **ebs** IMMOBILIENAKADEMIE sowie bei der R+V Versicherung AG tätig. Heute ist er Geschäftsführer der DB Real Estate Spezial Invest in Frankfurt am Main.

Markus Amon, Facilities Manager (**ebs**), studierte Betriebswirtschaftslehre an der Friedrich-Alexander-Universität Erlangen/Nürnberg. Nach seinem Abschluss als Dipl.-Kfm. war er von 1986 bis 1991 als wissenschaftlicher Mitarbeiter am Lehrstuhl für Rechnungswesen und Controlling von Prof. Dr. Wolfgang Männel beschäftigt. Von 1991 bis 1999 war er in unterschiedlichen Funktionen an mehreren Standorten für die SIEMENS AG, von 2000 bis 2003 für Rödl & Partner in Nürnberg tätig. Im Juni 2003 ist er in die Geschäftsführung der **ebs** IMMOBILIENAKADEMIE eingetreten und leitet die Niederlassung München. Er ist Vorstandsmitglied der **gif** Gesellschaft für Immobilienwirtschaftliche Forschung e.V. und seit 2004 Verwaltungsrat der CUREM AG, Zürich.

Thorsten Bischoff, Immobilienökonom (**ebs**), studierte Wirtschaftsingenieurwesen an der Technischen Universität Braunschweig sowie an der INPG in Grenoble (Frankreich). Nach seinem Abschluss als Dipl.-Wi.-Ing. war er nach einem Traineeprogramm für die Dyckerhoff & Widmann AG im Bereich Risiko- und Chancenmanagement tätig, bevor er im Dezember 2000 eine Stelle als wissenschaftlicher Assistent an der **ebs** IMMOBILIENAKADEMIE in Berlin antrat. Seit Dezember 2003 arbeitet er als Projektleiter im Bereich Projektentwicklung der Hochtief Projektentwicklung GmbH in Berlin.

Michael Bobber, Immobilienökonom (**ebs**), studierte Betriebswirtschaftslehre an den Universitäten München und Regensburg. Nach seinem Abschluss als Dipl.-Kfm. war er als wissenschaftlicher Assistent an der **ebs** IMMOBILIENAKADEMIE in Berlin tätig. Nach 3 Jahren als Projektentwickler/Vermieter bei der Calliston Gesellschaft für Projektentwicklung mbH in Berlin ist er seit Juli 2000 bei der Unternehmensgruppe BKatz im Bereich Projektentwicklung beschäftigt, ab Anfang 2003 in der Funktion als Geschäftsführer.

Prof. Dr. Stephan Bone-Winkel, Immobilienökonom (**ebs**), ist seit 1997 geschäftsführender Gesellschafter der BEOS Projektentwicklung GmbH, die er mit zwei Partnern gründete. Mit inzwischen 17 Mitarbeitern ist das Unternehmen in den Bereichen Stadtentwicklung und Projektentwicklung aktiv und berät große private und institutionelle Bestandshalter bei der Aktivierung und Wertschöpfung im Portfolio. Im März 2003 wurde er auf den neu eingerichteten Stiftungslehrstuhl

Immobilien-Projektentwicklung an der EUROPEAN BUSINESS SCHOOL (**ebs**) International University Schloß Reichartshausen berufen. Zuvor war er im Bereich Projektentwicklung einer Bank in Berlin aktiv. Von 1993 bis 1996 war er Geschäftsführer der **ebs** IMMOBILIENAKADEMIE und baute die Niederlassung in Berlin auf. Prof. Dr. Bone-Winkel hat Betriebswirtschaftslehre an der Universität zu Köln und der Ecole des Hautes Etudes Comerciales (HEC) in Paris studiert und ist Absolvent des 1. Jahrgangs des Kontaktstudiums Immobilienökonomie in 1990/91. In 1994 promovierte er mit einer Dissertation über Portfoliomanagement und Projektentwicklung.

Dr. Kerstin Brade, Immobilienökonomin (**ebs**), studierte Betriebswirtschaftslehre an der EUROPEAN BUSINESS SCHOOL (**ebs**) International University Schloß Reichartshausen. Nach ihrer Ausbildung war sie von 1993 bis 1996 als freie wissenschaftliche Mitarbeiterin an der **ebs** IMMOBILIENAKADEMIE in Oestrich-Winkel beschäftigt. Von 1994 bis 1996 war sie Assistentin der Geschäftsleitung der Firma SÜWOBAU in Augsburg. 1996 bis 1997 war Frau Dr. Brade Leiterin des Bereichs Marketing und Research der Daimler-Benz Inter-Services Immobilienmanagement GmbH in Berlin, 1997 bis 1999 Projektleiterin an der **ebs** IMMOBILIENAKADEMIE in Oestrich-Winkel sowie ab 1998 Geschäftsführerin der **gif** (Gesellschaft für Immobilienwirtschaftliche Forschung e.V.) in Wiesbaden. 1998 promovierte sie mit einer Dissertation über Immobilienmarketing, anschliessend war sie mehrere Jahre European Marketing und Research Manager bei Tishman Speyer Properties in London.

Marc Breidenbach studierte Betriebswirtschaftslehre mit den Schwerpunkten Immobilienökonomie und Bank- und Finanzmanagement an der EUROPEAN BUSINESS SCHOOL (**ebs**) International University Schloß Reichartshausen sowie an der Georgia State University in Atlanta. Nach seinem Abschluss als Dipl.-Kfm. und Master of Science in Real Estate (GSU/USA), ist er seit März 2002 wissenschaftlicher Assistent am Stiftungslehrstuhl Immobilienökonomie an der EUROPEAN BUSINESS SCHOOL (**ebs**) International University Schloß Reichartshausen.

Dr. Petra Brockhoff, geb. Straßheimer, Immobilienökonomin (**ebs**), studierte Betriebswirtschaftslehre an der EUROPEAN BUSINESS SCHOOL (**ebs**) International University Schloß Reichartshausen sowie in Dijon (Frankreich) und in San Francisco (USA). Sie promovierte am Stiftungslehrstuhl Immobilienökonomie zum Thema Corporate Real Estate Management. Von 1999 bis Mitte 2003 war sie in leitender Funktion verantwortlich für die Bestandsimmobilien der Deutschen Bank AG in Deutschland. Seit Juli 2003 ist Frau Dr. Brockhoff Geschäftsführerin bei der Brockhoff Objekt GmbH, Essen.

Matthias M. G. Eder studierte Betriebswirtschaftslehre mit den Schwerpunkten Immobilienökonomie und Bank- und Finanzmanagement an der EUROPEAN BUSINESS SCHOOL (**ebs**) International University Schloß Reichartshausen sowie an der James Madison University, Harrisonburg. Nach seinem Abschluss als Dipl.-Kfm. und Bachelor of Science in Computer Science

(J.M.Univ./USA), arbeitetete er als Management Consultant der Unternehmensberatung zeb/rolfes.schierenbeck.associates. Seit April 2003 ist er wissenschaftlicher Assistent an der **ebs** IMMOBILIENAKADEMIE in Essen.

Dr. Carsten Fischer, Immobilienökonom (**ebs**), studierte Bauingenieurwesen an der Technischen Universität Braunschweig sowie an der INPG in Grenoble (Frankreich). Nach Abschluss seines Studiums arbeitetete er als Projekt-Manager bei der Drees & Sommer AG in Berlin. Im Anschluss war er als wissenschaftlicher Assistent an **ebs** IMMOBILIENAKADEMIE in Berlin sowie als Developer bei der BEOS Projektentwicklung GmbH tätig. Er promovierte 2003 mit einer Dissertation über Projektentwicklung am Stiftungslehrstuhl Immobilienökonomie an der EUROPEAN BUSINESS SCHOOL (**ebs**) International University Schloß Reichartshausen. Heute ist er bei der AMB Generali Immobilien in Köln im Bereich Projektentwicklung tätig.

Christian Focke studierte Betriebswirtschaftslehre mit den Schwerpunkten Immobilienökonomie und Betriebliche Steuerlehre an der EUROPEAN BUSINESS SCHOOL (**ebs**) International University Schloß Reichartshausen sowie an der Georgia State University in Atlanta. Nach seinem Abschluss als Dipl.-Kfm. und Master of Science in Real Estate (GSU/USA), ist er seit März 2002 wissenschaftlicher Assistent an der **ebs** IMMOBILIENAKADEMIE in Essen. Seit 1997 ist er geschäftsführender Gesellschafter der C. Focke Immobilien GmbH.

Sonja Gier studierte Betriebswirtschaftslehre mit den Schwerpunkten Immobilienökonomie und Bank- und Finanzmanagement an der EUROPEAN BUSINESS SCHOOL (**ebs**) International University Schloß Reichartshausen sowie an der James Madison University, Harrisonburg. Nach ihrem Abschluss als Dipl.-Kffr. und Bachelor of Science in Computer Science (J.M.Univ./USA) ist sie seit Oktober 2000 wissenschaftliche Assistentin am Stiftungslehrstuhl Immobilienökonomie an der EUROPEAN BUSINESS SCHOOL (**ebs**) International University Schloß Reichartshausen.

Philip Hofmann studierte Betriebswirtschaftslehre mit den Schwerpunkten Immobilienökonomie und Bank- und Finanzmanagement an der EUROPEAN BUSINESS SCHOOL (**ebs**) International University Schloß Reichartshausen sowie an der Georgia State University in Atlanta. Nach seinem Abschluss als Dipl.-Kfm. und Master of Science in Real Estate (GSU/USA), ist er seit März 2003 wissenschaftlicher Assistent an der **ebs** IMMOBILIENAKADEMIE in Berlin.

Christoph Holzmann studierte Betriebswirtschaftslehre mit den Schwerpunkten Immobilienökonomie und Bank- und Finanzmanagement an der EUROPEAN BUSINESS SCHOOL (**ebs**) International University Schloß Reichartshausen sowie an der Georgia State University in Atlanta. Nach seinem Abschluss als Dipl.-Kfm. und Master of Science in Real Estate (GSU/USA), war er ab November 2002 als wissenschaftlicher Assistent an der **ebs** IMMOBILIENAKADEMIE in Oestrich-Winkel tätig, seit September 2003 ist er wissenschaftlicher Assistent am Stiftungslehrstuhl Immobilienökonomie an der EUROPEAN BUSINESS SCHOOL (**ebs**) International University Schloß Reichartshausen.

Dr. Felix Iblher, studierte Betriebswirtschaftslehre mit den Schwerpunkten Immobilienökonomie und Bank- und Finanzmanagement an der EUROPEAN BUSINESS SCHOOL (**ebs**) International University Schloß Reichartshausen sowie an der Universidad Argentina de la Empresa, Buenos Aires und an der University of California, Berkeley. Nach seinem Abschluss als Dipl.-Kfm. war er ab September 1999 als wissenschaftlicher Assistent am Stiftungslehrstuhl Immobilienökonomie an der EUROPEAN BUSINESS SCHOOL (**ebs**) International University Schloß Reichartshausen tätig. Von September 2001 bis November 2002 promovierte er dort mit einer Dissertation über Immobilienfinanzierung. Seit Anfang 2003 ist Herr Dr. Iblher für Roland Berger Strategy Consultants in München tätig.

Dr. Björn Isenhöfer, Immobilienökonom (**ebs**), ist seit 2004 geschäftsführender Gesellschafter der Concepta Projektentwicklung GmbH in Düsseldorf, die er mit zwei Partnern gründete. Das Unternehmen ist auf die Entwicklung gewerblicher Immobilienprojekte, insbesondere innerstädtischer Einkaufsgalerien, und auf die Revitalisierung von Bestandsimmobilien spezialisiert. Von 1998 bis 2004 war er als Prokurist bei der Brune Consulting GmbH tätig. Dort verantwortete er als Projektleiter die Entwicklung bedeutender Handelsimmobilien und die Akquisition neuer Projekte. Herr Dr. Isenhöfer hat Betriebswirtschaftslehre an der EUROPEAN BUSINESS SCHOOL (**ebs**) International University Schloß Reichartshausen studiert und dort 1998 über das strategische Management von Projektentwicklungsunternehmen promoviert.

Christian Kolb studierte nach seiner Banklehre Betriebswirtschaftslehre mit den Schwerpunkten Immobilienökonomie und Bank- und Finanzmanagement an der EUROPEAN BUSINESS SCHOOL (**ebs**) International University Schloß Reichartshausen sowie an Universitäten in Toulouse und San Diego. Nach seinem Abschluss als Dipl.-Kfm. ist er seit Januar 2002 wissenschaftlicher Assistent an der **ebs** IMMOBILIENAKADEMIE in München.

Björn-Martin Kurzrock studierte Betriebswirtschaftslehre mit den Schwerpunkten Immobilienökonomie und Bank- und Finanzmanagement an der EUROPEAN BUSINESS SCHOOL (**ebs**) International University Schloß Reichartshausen sowie an der Georgia State University in Atlanta. Nach seinem Abschluss als Dipl.-Kfm. und Master of Science in Real Estate (GSU/USA), begann er in 2002 seine Tätigkeit bei der DID Deutschen Immobilien Datenbank GmbH und seine Promotion am Stiftungslehrstuhl Immobilienökonomie an der EUROPEAN BUSINESS SCHOOL (**ebs**) International University Schloß Reichartshausen.

Prof. Dr. Gerrit Leopoldsberger MRICS, Immobilienökonom (**ebs**), studierte Betriebswirtschaftslehre an den Universitäten von Paderborn, Lockhaven (USA) und Puebla (Mexiko). Danach war er als wissenschaftlicher Assistent am Stiftungslehrstuhl Immobilienökonomie an der EUROPEAN

BUSINESS SCHOOL (**ebs**) International University Schloß Reichartshausen und an der **ebs** IM-MOBILIENAKADEMIE in Berlin tätig. Nach einer Beschäftigung in der Bewertungsabteilung einer Immobilienkapitalanlagegesellschaft gründete er die Grundstückssachverständigengesellschaft Dr. Leopoldsberger + Partner, Frankfurt am Main – Berlin, deren geschäftsführender Gesellschafter er heute ist. Im Jahr 2002 wurde er auf die Stiftungsprofessur für Immobilienbewertung an die Hochschule Nürtingen berufen.

Dominik Lucius, studierte Betriebswirtschaftslehre mit den Schwerpunkten Immobilienökonomie und Steuern/Wirtschaftsprüfung an der EUROPEAN BUSINESS SCHOOL (**ebs**) International University Schloß Reichartshausen sowie in San Francisco und Clermont-Ferrand. Nach seinem Abschluss als Dipl.-Kfm. war er ab 2000 als wissenschaftlicher Assistent am Stiftungslehrstuhl Immobilienökonomie an der EUROPEAN BUSINESS SCHOOL (**ebs**) International University Schloß Reichartshausen tätig. Seit 2004 ist er für die ThyssenKrupp AG im Bereich Mergers & Acquisitions tätig.

Tobias Müller studierte Betriebswirtschaftslehre mit den Schwerpunkten Immobilienökonomie und Bank- und Finanzmanagement an der EUROPEAN BUSINESS SCHOOL (**ebs**) International University Schloß Reichartshausen in Oestrich-Winkel, an der Universidad Argentina de la Empresa (UADE) in Buenos Aires sowie an der San Diego State University. Nach seinem Abschluss als Dipl.-Kfm. ist er seit März 2002 als wissenschaftlicher Mitarbeiter an der **ebs** IMMOBILIENAKADEMIE in Berlin tätig.

Philipp Naubereit studierte Betriebswirtschaftslehre mit den Schwerpunkten Immobilienökonomie und Bank- und Finanzmanagement an der EUROPEAN BUSINESS SCHOOL (**ebs**) International University Schloß Reichartshausen sowie an der James Madison University, Harrisonburg. Nach seinem Abschluss als Dipl.-Kfm. und Bachelor of Science in Computer Science (J.M.Univ./USA) ist er seit 2000 wissenschaftlicher Assistent am Stiftungslehrstuhl Immobilienökonomie an der EUROPEAN BUSINESS SCHOOL (**ebs**) International University Schloß Reichartshausen.

Andrea Pelzeter, Immobilienökonomin (**ebs**), studierte Architektur an der Universität Stuttgart. Nach sechs Jahren praktischer Tätigkeit als Architektin in Berlin ist sie seit 2002 wissenschaftliche Assistentin an der **ebs** IMMOBILIENAKADEMIE in Berlin.

Dr. Barbara Pierschke, Immobilienökonomin (**ebs**), studierte an der Technischen Universität Berlin Betriebswirtschaftslehre mit den Schwerpunkten Personal und Organisation. Von 1995 an war sie als wissenschaftliche Assistentin an der **ebs** IMMOBILIENAKADEMIE in Berlin tätig, im Jahr 2001 promovierte sie mit einer Dissertation über betriebliches Immobilienmanagement am Stiftungslehrstuhl Immobilienökonomie an der EUROPEAN BUSINESS SCHOOL (**ebs**) International

University Schloß Reichartshausen. Im Januar ist Frau Dr. Pierschke in die Geschäftsführung der **ebs** IMMOBILIENAKADEMIE eingetreten und leitet seitdem die Niederlassung Berlin.

Dr. Christoph Pitschke studierte Betriebswirtschaftslehre mit den Schwerpunkten Immobilien-ökonomie und Bank- und Finanzmanagement an der EUROPEAN BUSINESS SCHOOL (**ebs**) International University Schloß Reichartshausen sowie an der Georgia State University in Atlanta. Nach seinem Abschluss als Dipl.-Kfm. und Master of Science in Real Estate (GSU/USA) war er ab Januar 2002 als wissenschaftlicher Assistent an der **ebs** IMMOBILIENAKADEMIE in Oestrich-Winkel tätig und promovierte am Stiftungslehrstuhl Immobilienökonomie an der EUROPEAN BUSINESS SCHOOL (**ebs**) International University Schloß Reichartshausen zum Themenbereich Immobilienfinanzierung und Basel II. Seit 2004 ist Herr Dr. Pitschke für die DB Real Estate Investment GmbH im strategischen Portfoliomanagement tätig.

Dr. Jeannette Raethel, geb. Werner, Immobilienökonomin (**ebs**), studierte Betriebswirtschaftslehre an der Technischen Universität Berlin. Im Anschluss war sie als Prüfungsassistentin bei einer renommierten Berliner Wirtschaftsprüfungs- und Steuerberatungsgesellschaft tätig. Von 1997 bis 2001 arbeitete sie als wissenschaftliche Assistentin an der **ebs** IMMOBILIENAKADEMIE in Berlin. Sie promovierte am Stiftungslehrstuhl Immobilienökonomie an der EUROPEAN BUSINESS SCHOOL (**ebs**) International University Schloß Reichartshausen zum Thema Immobilienbesteue-rung. Seit August 2001 ist sie tätig bei der Deutsche Real Estate AG, einer börsennotierten Immobilieninvestmentgesellschaft; derzeit als Leiterin Konzernkoordination mit Prokura.

Dr. Sven-Eric Ropeter-Ahlers, Immobilienökonom (**ebs**), studierte Betriebswirtschaftslehre an der EUROPEAN BUSINESS SCHOOL (**ebs**) International University Schloß Reichartshausen und promovierte dort am Stiftungslehrstuhl Immobilienökonomie mit einer Dissertation zum Thema Immobilieninvestition. Seit 1998 ist er als selbständiger Unternehmensberater tätig. Er beschäftigt sich mit der Konzeption und Entwicklung von Immobilien-Controlling- und Steuerungsinstrumenten sowie von datenbankbasierten Portfoliomanagementsystemen. Weiterhin ist die Entwicklung von Software zur Investitions- und Risikoanalyse für Gewerbeimmobilien ein wichtiger Schwerpunkt seiner Tätigkeit. Unter anderem ist er für die Ernst & Young Real Estate GmbH, Eschborn, als freier Mitarbeiter mit der Auswahl und Weiterentwicklung von Softwaresystemen für das Management umfangreicher Immobilienbestände beschäftigt.

Dr. Nico Rottke studierte Betriebswirtschaftslehre mit den Schwerpunkten Immobilienökonomie und Marketing an der EUROPEAN BUSINESS SCHOOL (**ebs**) International University Schloß Reichartshausen sowie an der Georgia State University in Atlanta. Nach seinem Abschluss als Dipl.-Btw. und Master of Science in Real Estate (GSU/USA) war er ab Januar 2001 als wissen-schaftlicher Assistent an der **ebs** IMMOBILIENAKADEMIE in Oestrich-Winkel tätig. Von 2001 bis 2004 promovierte er am Stiftungslehrstuhl Immobilienökonomie an der EUROPEAN BUSINESS

SCHOOL (ebs) International University Schloß Reichartshausen zum Thema Investitionen mit Real Estate Private Equity. Seit 2003 ist Herr Dr. Rottke für die DIC Deutsche Immobilien Chancen, Frankfurt, in den Bereichen business development sowie sales & acquisition tätig.

Dr. Wolfgang Schäfers, Immobilienökonom (**ebs**), studierte nach seiner Ausbildung zum Bankkaufmann Betriebswirtschaftslehre an der Universität Mannheim. Von 1993 an war er wissenschaftlicher Mitarbeiter an der **ebs** IMMOBILIENAKADEMIE in Oestrich-Winkel. 1996 promovierte er am Stiftungslehrstuhl Immobilienökonomie an der EUROPEAN BUSINESS SCHOOL (**ebs**) International University Schloß Reichartshausen mit einer Dissertation über Corporate Real Estate Management. Bis 2002 war er bei Arthur Andersen Real Estate, zuletzt als Partner und Leiter des Bereichs Real Estate Corporate Finance, tätig. Seit September 2002 ist er Managing Director des Bankhauses Sal. Oppenheim jr. & Cie. und verantwortet den Bereich Real Estate Investment Banking. Zudem ist er wissenschaftlicher Berater der **ebs** IMMOBILIENAKADEMIE GmbH.

Dr. Peter Schaubach studierte nach seiner Banklehre Betriebswirtschaftslehre an der Katholischen Universität Eichstätt-Ingolstadt. Im Anschluss absolvierte er das Post-Graduate-Studium Finanzökonomie sowie das Intensivstudium Estate Planning an der **ebs** FINANZAKADEMIE. Im Jahre 2002 wurde er an der EUROPEAN BUSINESS SCHOOL (**ebs**) International University Schloß Reichartshausen mit einer Dissertation über Private Wealth Management promoviert. Herr Schaubach arbeitet seit 1997 in verschiedenen Funktionen für die **ebs** FINANZAKADEMIE, seit 2002 als Director of Research. Er war Gründungsgeschäftsführer des DEVFP Deutscher Verband Financial Planners e. V., ist Certified Financial Planner® sowie Certified Estate Planner.

Alexander C. Schmitt studierte Betriebswirtschaftslehre mit den Schwerpunkten Immobilienökonomie und Marketing an der EUROPEAN BUSINESS SCHOOL (**ebs**) International University Schloß Reichartshausen sowie an der Georgia State University in Atlanta. Nach seinem Abschluss als Dipl.-Kfm. und Master of Science in Real Estate (GSU/USA) ist er seit September 2001 wissenschaftlicher Assistent am Stiftungslehrstuhl Immobilienökonomie an der EUROPEAN BUSINESS SCHOOL (**ebs**) International University Schloß Reichartshausen.

Dr. Nicole Schreiber, geb. Vaaßen, Immobilienökonomin (**ebs**), studierte Betriebswirtschaftslehre an der Universität Regensburg. 1996 promovierte sie am Stiftungslehrstuhl Immobilienökonomie an der EUROPEAN BUSINESS SCHOOL (**ebs**) International University Schloß Reichartshausen mit einer Dissertation über Gewerbliches Immobilienleasing. Seit 1994 ist sie Gesellschafterin der Alfred Vaaßen Bau GmbH mit Sitz in Frechen bei Köln.

Prof. Dr. Karl-Werner Schulte HonRICS, studierte Betriebswirtschaftslehre an der Universität Münster und promovierte dort 1974 zum Dr. rer. pol. Anschließend war er über ein Jahrzehnt als Dozent für Unternehmensrechnung an der Universität Münster tätig. 1986 wurde er auf eine Professur für Allgemeine Betriebswirtschaftslehre, insbesondere Investition und Finanzierung, an die

EUROPEAN BUSINESS SCHOOL (ebs) International University Schloß Reichartshausen, in Oestrich-Winkel berufen. Seit 1990 ist er wissenschaftlicher Leiter und seit 1992 geschäftsführender Gesellschafter der **ebs** IMMOBILIENAKADEMIE. 1994 wechselte er auf den Stiftungslehrstuhl Immobilienökonomie an der EUROPEAN BUSINESS SCHOOL (ebs) International University Schloß Reichartshausen. Besondere Auszeichnungen sind seine Wahl zum Präsidenten der Gesellschaft für Immobilienwirtschaftliche Forschung e. V. **(gif)**, zum Präsidenten der European Real Estate Society (ERES), zum Präsidenten der International Real Estate Society (IRES) sowie seine Ernennung zum Honorary Member of the Royal Institution of Chartered Surveyors (HonRICS). Als Mitglied in zahlreichen Beiräten und Editorial Boards namhafter Immobilienunternehmen und immobilienökonomischer Zeitschriften verbindet Prof. Dr. Schulte die praktische und theoretische Seite der Immobilienökonomie.

Dr. Gisela Schulte-Daxbök ist seit 1992 Geschäftsführerin der **ebs** IMMOBILIENAKADEMIE. Sie studierte Biologie und Medizin an der Universität Münster und war mehrere Jahre als wissenschaftliche Assistentin am Institut für Pharmakologie und Toxikologie beschäftigt. Im Jahre 1982 promovierte sie mit einer Arbeit über das Thema „Ingestives Verhalten und Körpergewicht während chronischer Nicotinzufuhr und nach Entzug" zum Dr. rer. medic.

Dr. Antje Schulz-Eickhorst, Immobilienökonomin **(ebs),** war nach ihrem Studium der Architektur an der Technischen Universität Berlin im Bereich der Denkmalpflege tätig. 1997 wurde sie wissenschaftliche Assistentin am Stiftungslehrstuhl Immobilienökonomie an der EUROPEAN BUSINESS SCHOOL (ebs) International University Schloß Reichartshausen. Seit dem Herbst 2001 lebt und arbeitet sie in Shanghai. Ihre Promotion zum Thema der Bauherren-Architekten-Beziehung schloss sie im Januar 2002 ab.

Jun. Prof. Dr. Ramon Sotelo, Immobilienökonom **(ebs),** studierte Betriebswirtschaftslehre an der Freien Universität Berlin und promovierte im Jahre 2001 zum Thema „Ökonomische Grundlagen der Wohnungspolitik" am Stiftungslehrstuhl Immobilienökonomie an der EUROPEAN BUSINESS SCHOOL (ebs) International University Schloß Reichartshausen. Jun. Prof. Dr. Sotelo leitet den Arbeitskreis Immobilienanlageprodukte der Gesellschaft für Immobilienwirtschaftliche Forschung e. V. **(gif)** und ist Mitglied im Vorstand der European Real Estate Society (ERES). Seit September 2003 ist er Juniorprofessor für Immobilienökonomie an der Bauhaus-Universität Weimar.

Verena Sturm studierte Betriebswirtschaftslehre mit den Schwerpunkten Immobilienökonomie und Marketing an der EUROPEAN BUSINESS SCHOOL (ebs) International University Schloß Reichartshausen sowie an der CERAM Sophia Antipolis und an der San Diego State University. Nach ihrem Abschluss als Dipl.-Kffr. ist sie seit September 2002 wissenschaftliche Assistentin am Stiftungslehrstuhl Immobilienökonomie an der EUROPEAN BUSINESS SCHOOL (ebs) International University Schloß Reichartshausen.

Prof. Dr. Matthias Thomas MRICS, Immobilienökonom **(ebs)**, studierte Betriebswirtschaftslehre mit den Schwerpunkten Bankbetriebslehre und Finanzierung an der Westfälischen Wilhelms-Universität in Münster. Seine Promotion am Stiftungslehrstuhl Immobilienökonomie an der EUROPEAN BUSINESS SCHOOL **(ebs)** International University Schloß Reichartshausen zu dem Thema Performancemessung für den deutschen Immobilienmarkt führte 1998 zur Gründung der DID Deutschen Immobilien Datenbank GmbH mit Sitz in Wiesbaden, die er als geschäftsführender Gesellschafter leitet. Seit 2002 ist Prof. Dr. Thomas außerdem Inhaber der Professur für Immobilienmanagement, insbesondere Portfoliomanagement, Projektmanagement und Bestandsmanagement an der Hochschule für angewandte Wissenschaft und Kunst FH Hildesheim/Holzminden/Göttingen. Prof. Thomas ist Vizepräsident der **gif** Gesellschaft für Immobilienwirtschaftliche Forschung e.V.

Dr. Rolf Tilmes ist Wissenschaftlicher Berater der **ebs** FINANZAKADEMIE und war maßgeblich an der Entwicklung der Curricula des Kontaktstudiums Finanzökonomie und des Intensivstudiums Estate Planning sowie von Weiterbildungsseminaren beteiligt. „Financial Planning im Private Banking" ist das deutsche Standardwerk für Finanzplanung und derzeit in der 3. Auflage erschienen. Dr. Tilmes ist Certified Financial Planner sowie Gründungs- und Vorstandsmitglied des DEVFP Deutscher Verband Financial Planners e.V., der nationalen Lizenzorganisation für Certified Financial Planner. Hauptberuflich ist er Mitglied des Vorstandes der InsuranceCity AG, Frankfurt, einem führenden unabhängigen deutschen Versicherungsbroker.

Dr. Arno Väth, Immobilienökonom **(ebs)**, studierte Betriebswirtschaftslehre an der Universität Bamberg und absolvierte ein MBA-Programm mit Schwerpunkt Real Estate Development an der George Washington University in Washington, DC. Ab 1994 war er als wissenschaftlicher Assistent am Stiftungslehrstuhl Immobilienökonomie an der EUROPEAN BUSINESS SCHOOL **(ebs)** International University Schloß Reichartshausen tätig, wo er 1998 mit einer Dissertation über Immobilienaktiengesellschaften promovierte. Darauf folgten Tätigkeiten in München als Immobilienconsultant bei der HypoVereinsbank AG und als Portfoliomanager bei der MEAG Real Estate Management GmbH. Seit 2001 ist er bei der FERI Real Estate GmbH bzw. FREO Financial & Real Estate Operations GmbH in Bad Homburg als Leiter Portfoliomanagement tätig.

Dr. Victoria Walbröhl, Immobilienökonomin **(ebs)**, studierte Betriebswirtschaftslehre an der EUROPEAN BUSINESS SCHOOL **(ebs)** International University Schloß Reichartshausen. Von 1995 bis 1997 war sie wissenschaftliche Mitarbeiterin am Stiftungslehrstuhl Immobilienökonomie. Sie übernahm dann von 1997 bis 1999 die Geschäftsführung von immoebs e.V. Anfang 2001 schloss sie ihre Dissertation zum Thema Immobilienanlageentscheidungen institutioneller Anleger ab. Seit 2000 ist sie im Immobilien-Portfoliomanagement praktisch tätig, zunächst für MEAG Real Estate Management und seit Mitte 2002 für LaSalle Investment Management.

Barbara Walzel studierte Amerikanistik an der Heinrich-Heine-Universität in Düsseldorf. Nach ihrem Abschluss (Magister Artium) war sie Mitarbeiterin der SCC Shopping Center Consulting GmbH, einem Projektentwickler von Handelsimmobilien. 1993 war sie Gründungsmitglied des German Council of Shopping Centers e.V. (GCSC) und Mitglied des Vorstands und Leiterin der Geschäftsstelle bis 1998. 1994 entwickelte sie in einer Zusammenarbeit mit der **ebs** IMMOBI-LIENAKADEMIE das Intensivstudium Handelsimmobilien. 1997 gründete sie das Unternehmen Shopping Centers & Retail Relations, welches sich mit der Erstellung von Markt- und Standort-analysen, Öffentlichkeitsarbeit und Weiterbildungsmaßnahmen sowie der Beratung in Projekt-entwicklung und Management von Handelsimmobilien beschäftigt. Im März 2002 ist Frau Walzel in die Geschäftsführung der **ebs** IMMOBILIENAKADEMIE eingetreten und leitet die Niederlas-sung Rhein-Ruhr in Essen.

Dr. Martin Wernecke, Facilities Manager (**ebs**), studierte Betriebswirtschaftslehre mit dem Schwerpunkt Finanz- und Informationsmanagement an der Wissenschaftlichen Hochschule für Unternehmensführung (WHU) in Koblenz sowie an der Texas A&M University und der ESC Ly-on. Nach Abschluss seines Studiums arbeitete er zwischen 1994 und 1998 als Berater bei Mann und Partner beratende IT-Ingenieure. 1998 trat er in die Geschäftsleitung der tectum Vermögens-verwaltung in Koblenz ein. In 2003 wurde Dr. Wernecke Direktor der **ebs** IMMOBILIENAKA-DEMIE in Oestrich-Winkel und zugleich Senior Assistant am **ebs** Department of Real Estate der EUROPEAN BUSINESS SCHOOL (**ebs**) International University Schloß Reichartshausen. Dort promovierte er im Jahr 2004 mit einer Dissertation über Immobilienzyklen.

Matthias Zimmermann studierte Betriebswirtschaftslehre mit den Schwerpunkten Immobilien-ökonomie und Marketing an der EUROPEAN BUSINESS SCHOOL (**ebs**) International University Schloß Reichartshausen in Oestrich-Winkel sowie an der Universidad de Sevilla und an der James Madison University in Harrisonburg, USA. Nach seinem Abschluss als Dipl.-Kfm. ist er seit Sep-tember 2002 wissenschaftlicher Assistent am Stiftungslehrstuhl Immobilienökonomie an der EU-ROPEAN BUSINESS SCHOOL (**ebs**) International University Schloß Reichartshausen.

1 Einführung in die Immobilienökonomie

1.1   Begriff und Besonderheiten der Immobilie als Wirtschaftsgut

Stephan Bone-Winkel, Karl-Werner Schulte, Christian Focke

1.1 Begriff und Besonderheiten der Immobilie als Wirtschaftsgut

Stephan Bone-Winkel, Karl-Werner Schulte, Christian Focke

1.1.1 Einführung

Im Zentrum der Immobilienökonomie steht die Immobilie, der Betrachtungsgegenstand dieser Forschungsdisziplin. Der **Begriff „Immobilie"** ist jedoch nicht einheitlich definiert – weder im allgemeinen Sprachgebrauch noch in den diversen Wissenschaftsdisziplinen, die sich mit der Immobilie mittelbar oder unmittelbar beschäftigen. Stattdessen existiert eine Vielzahl von teilweise synonym gebrauchten Wörtern wie: „Grundstück" und „grundstücksgleiches Recht", „Gebäude", „Grund und Boden", „Liegenschaft", „Grundbesitz" oder auch „Realvermögen" bzw. „Grundvermögen".

Dieses Buch orientiert sich am interdisziplinären Ansatz der **Immobilienökonomie**, der am Stiftungslehrstuhl Immobilienökonomie an der EUROPEAN BUSINESS SCHOOL entwickelt wurde. Dieser Ansatz wird im Kapitel 1.3 ausführlich beschrieben und durch das Haus der Immobilienökonomie (vgl. Abbildung 16) visualisiert.

Hier sei das Folgende zum besseren Verständnis nur vorausgeschickt: Der Ausgangspunkt des interdisziplinären Ansatzes der Immobilienökonomie ist die Beobachtung, dass sich diverse Wissenschaftsdisziplinen mit dem Phänomen „Immobilie" befassen und die Erkenntnis, dass eine ganzheitliche Betrachtung der Immobilie nur gelingt, wenn Aspekte aus allen diesen Disziplinen in der Immobilienökonomie berücksichtigt werden. Der interdisziplinäre Ansatz versteht die Immobilienökonomie also als Forschungsdisziplin, die sich auf ein betriebswirtschaftliches Fundament gründet und darüber hinaus aus verschiedenen „immobiliennahen" Wissenschaften Erkenntnisbeiträge bezieht. Diese Wissenschaften sind im Einzelnen die Volkswirtschaftslehre und die Rechtswissenschaft als Gesellschaftswissenschaften, die Ingenieurwissenschaften, insbesondere das Bau- und Vermessungsingenieurwesen, die Architektur und die Stadtplanung.

Weil die Immobilienökonomie diese verschiedenen Wissenschaftsdisziplinen einbezieht, werden in den folgenden Gliederungspunkten zunächst die Definitionen des Begriffs Immobilie aus den unterschiedlichen Teildisziplinen vorgestellt. Darauf aufbauend wird dann eine eigene Definition entwickelt und erläutert, die den Anforderungen des interdisziplinären Ansatzes gerecht wird. Anschließend werden die Besonderheiten des Wirtschaftsgutes „Immobilie" erklärt. Dabei ist zu beachten, dass mit dem Wort „Wirtschaftsgut" hier nicht der Terminus aus dem Einkommensteuerrecht gemeint ist – der Begriff ist vielmehr im Sinne von „Gut der Wirtschaft" zu verstehen, also ähnlich dem volkswirtschaftlichen Güterbegriff. Die Eigenschaften des Wirtschaftsgutes Immobilie" bedingen einige Besonderheiten des Immobilienmarktes, die am Ende dieses Punktes erläutert werden.

Bereits im ersten Absatz ist angeklungen, dass es in der Immobilienökonomie um Grundstücke und deren Nutzung durch den Menschen geht. Daher schließt diese Einführung mit einer Übersicht über die **aktuelle Flächennutzung** in Deutschland (vgl. Tabelle 1). Man erkennt, dass nur 12,7% der Gesamtfläche auf urbane und industrielle Nutzungen entfallen. Den weitaus größten Anteil machen Land- und Forstwirtschaft mit 83% der Gesamtfläche aus. Dabei ist allerdings zu beachten, dass es sich bei den hier genannten Prozentzahlen um Flächenanteile handelt. Betrachtet man den wertmäßigen Anteil der Flächennutzungen, ergibt sich ein anderes Bild: Während ein Quadratmeter Ackerland auch in teuren Lagen nicht mehr als etwa vier Euro kostet und Waldflächen regelmäßig sogar unter einem Euro gehandelt werden, kostet beispielsweise ein Quadratmeter Grundfläche in bester Lage in der Wiesbadener Innenstadt bis zu 8.500 Euro. Dieses ist wohlgemerkt der reine Bodenpreis, zu dem noch der Wert aufstehender Gebäudes hinzugerechnet werden muss. Hier erkennt man schon, dass der überwiegende Teil des Immobilienvermögens in den urban genutzten Flächen gebunden ist.

Flächennutzung in Deutschland		
Nutzungsart (Beispiele)	**Fläche [km²]**	**Anteil**
Landwirtschaftsflächen (Acker- und Weideland, Obstgärten, Baumschulen, Weinberge, etc.)	191.028	53,5%
Waldflächen	105.314	29,5%
Gebäude und Freiflächen (Wohnhäuser, Bürogebäude, Fabriken, Lagerhäuser, unbebaute Grundstücke)	23.081	6,5%
Verkehrsflächen (Straßen, Wege, Plätze)	17.118	4,8%
Wasserflächen (Seen, Flüsse)	8.085	2,3%
Erholungsflächen (Sportplätze, Grünanlagen, Parks, etc.)	2.659	0,7%
Gewerbliche Flächen (Halden, Lagerplätze, Entsorgung)	2.528	0,7%
Sonstige Flächen (Friedhöfe, Felsen, Dünen, Übungsgelände, etc.)	7.219	2,0%
Summe	357.031	100,0%

Quelle: Statistisches Bundesamt, 2004; Datenstand: 31.12.2001

Tabelle 1: Flächennutzung in Deutschland

1.1.2 Der Immobilienbegriff in den Wissenschaften

In verschiedenen Wissenschaften werden sehr unterschiedliche Immobilienbegriffe verwendet. Grob unterscheiden kann man dabei ingenieurwissenschaftliche (physische), rechtliche und ökonomische Definitionen.

1.1.2.1 Physischer Immobilienbegriff

Die intuitivste und wohl auch am meisten verbreitete Definition des Begriffs Immobilie ergibt sich, wenn man die Betrachtung auf die physischen Dimensionen beschränkt. Die materiellen Eigenschaften der Immobilie sind dann allein ausschlaggebend. In der angelsächsischen Literatur wird diese Sichtweise treffend als **„bricks and mortar concept"** beschrieben. Aus der schematischen Zeichnung in Abbildung 1 wird deutlich, dass die materiellen Eigenschaften bei dieser Herangehensweise die bestimmenden Merkmale der Immobilie sind: Wände, Böden, Decken und Dächer werden auf einem Segment der Erdoberfläche errichtet und grenzen einen Teil des darüber liegenden Luftraums künstlich ab. Die Immobilie ist also ein dreidimensionales Gebilde, das Flächen und Räume schafft, indem es „innen" und „außen" durch eine künstliche, materielle Barriere trennt. Diese Darstellung ist eingängig. Kann sie aber die Grundlage für die Immobilienökonomie darstellen? Wohl kaum, denn diese Sichtweise ist aus zwei Gründen zu eng: Erstens stellt sie nur auf die Gebäudestrukturen ab und lässt daher Grund und Boden unberücksichtigt. Zweitens werden die Gebäude vom Menschen nicht um ihrer selbst Willen errichtet, sie sind vielmehr dazu da, einen Nutzen zu stiften. Eine Definition, die nur auf die materiellen Dimensionen beschränkt ist und die Nutzenstiftung nicht mit einbezieht, ist daher zwangsläufig zu eng gefasst.

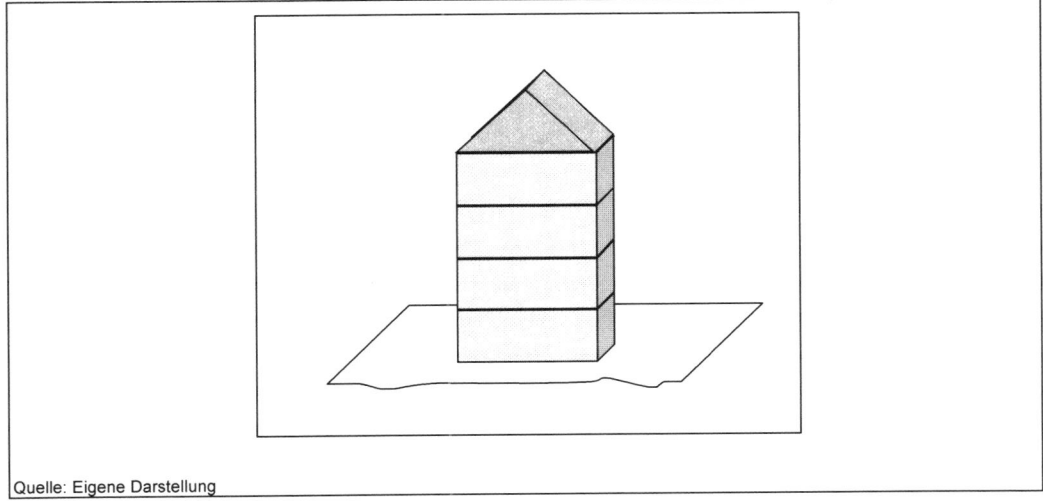

Quelle: Eigene Darstellung

Abbildung 1: Physischer Immobilienbegriff

1.1.2.2 Juristischer Immobilienbegriff

Deutlich differenzierter wird die Immobilie in der Rechtswissenschaft betrachtet. Leider geht diese Differenzierung zu Lasten der Einheitlichkeit: Eine allgemeingültige Legaldefinition für den Ausdruck „Immobilie" gibt es in Deutschland nicht. Im Gegenteil, das Wort „Immobilie" wird in den wichtigen Gesetzespassagen, insbesondere im Bürgerlichen Gesetzbuch (BGB) nicht einmal verwendet. Das BGB spricht hier von „Grundstücken" und regelt das Grundstücksrecht vor allem in den §§ 93-97 (Allgemeiner Teil) und §§ 873-902 (Sachenrecht). In §§ 93-97 wird geregelt, welche Bestandteile dem Grundstück zugerechnet werden. Aus diesen Normen ergibt sich z.B., dass Gebäude rechtlich ein Bestandteil des darunter liegenden Grundstücks sind, weil sie fest mit dem Grund und Boden verbunden sind. Die Paragraphen 873-902 regeln die Übertragung des Eigentums an Grundstücken und die Belastung eines Grundstücks mit Rechten und schreiben die Eintragung solcher Vorgänge im Grundbuch vor.

Im Sinne des BGB ist ein Grundstück ein **räumlich abgegrenzter Teil der Erdoberfläche**. Zum Grundstück gehören dabei aber auch der Raum über der Erde und der Boden unter der Oberfläche. Das Eigentum am Grundstück erstreckt sich also auf ein kegelförmiges Gebilde, das vom Erdmittelpunkt ausgehend theoretisch unendlich weit ins All hineinreicht, wie Abbildung 2 veranschaulicht. Jedoch bestimmt das BGB auch, dass der Eigentümer „Einwirkungen" in großer Höhe und Tiefe nicht ausschließen darf (§ 905 BGB). So muss der Eigentümer beispielsweise Luftverkehr über und Bergbau unter seinem Grundstück zulassen (vgl. Palandt, S. 1382).

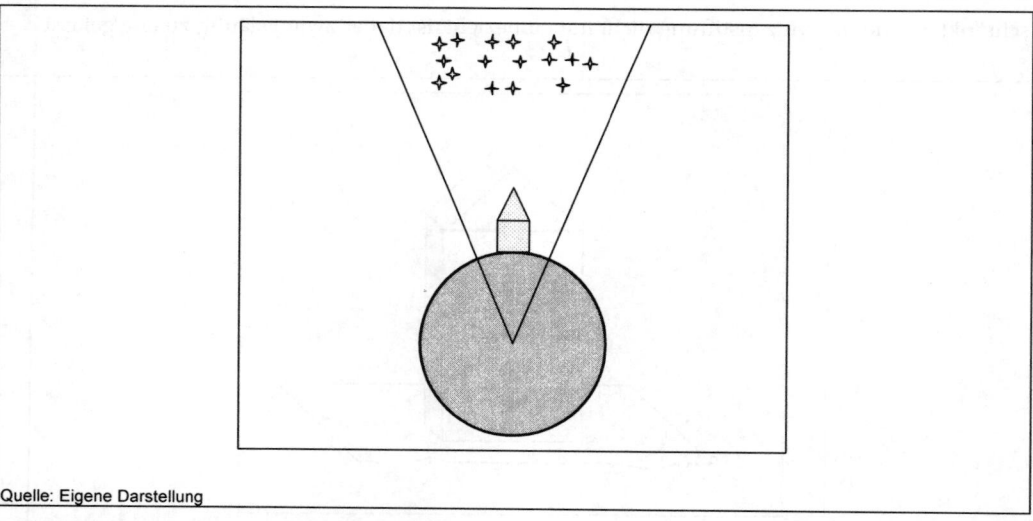

Quelle: Eigene Darstellung

Abbildung 2: Juristischer Immobilienbegriff

Die wesentlichen Bestandteile eines Grundstücks sind gemäß §§ 94ff. BGB die mit dem Grund und Boden fest verbundenen Sachen, wie z.B. Gebäude und Gebäudeteile. Sie gehören ebenso zum Eigentum am Grundstück, wie die mit dem Grundstück verbundenen Rechte. Mit dem Eigentum am Grundstück gehen nämlich verschiedene Rechte einher. Manche bestehen in jedem Fall und für jedes Grundstück, andere bestehen nur im konkreten Einzelfall. Beispielsweise ist das Jagdrecht (nicht aber das Jagdausübungsrecht) untrennbar mit dem Eigentum an einem Grundstück verbunden (vgl. § 3 BJG), besteht also immer und für jedes Grundstück. Rechte, die mit dem Eigentum an einem Grundstück einhergehen können, sind z.B. Vorkaufs- und Wegerechte. So ist denkbar, dass im Grundbuch einer Parzelle A eingetragen ist: „ein Wegerecht zugunsten des Eigentümers der Nachbarparzelle B." Dieses Wegerecht an der Parzelle A ist nun Bestandteil des Eigentums an Parzelle B. Eine solche Konstruktion kann sinnvoll sein, wenn Parzelle B von der Straße aus nicht erreichbar ist, ohne Parzelle A zu überschreiten.

Die wichtigsten Rechte, die an einer Immobilie bestehen können, sind das Eigentumsrecht, das Miet- bzw. Pachtrecht, das Erbbaurecht, das Grundpfandrecht und das Baurecht. Eine detaillierte Auseinandersetzung mit dem Rechtsrahmen der Immobilienökonomie bietet Band II dieser Lehrbuchreihe mit dem Titel „Rechtliche Grundlagen".

Ein Grundstück wird durch die Eintragung im **Grundbuch** konstituiert. Praktisch geschieht dies in der Regel durch die Ausstellung eines „Grundbuchblattes" für dieses Grundstück. Zur besseren Übersichtlichkeit werden oft gemeinschaftliche Grundbuchblätter angelegt. Ein gemeinschaftliches Grundbuchblatt enthält mehrere Grundstücke eines einzigen Eigentümers im betreffenden Grundbuchbezirk (vgl. §§ 3, 5 GBO). Alle Grundbuchblätter zusammengenommen bilden das Grundbuch des entsprechenden Bezirks.

Das **Bewertungsgesetz** (BewG) unterscheidet weiter zwischen bebauten und unbebauten Grundstücken. Es gliedert bebaute Grundstücke nach Nutzungsarten (vgl. §§ 68-75 BewG) weiter auf in

- Mietwohngrundstücke,

- Geschäftsgrundstücke,

- Gemischtgenutzte Grundstücke,

- Einfamilienhäuser,

- Zweifamilienhäuser,

- sonstige bebaute Grundstücke.

Das **Einkommensteuergesetz** (EStG) erfasst Grundstücke und Gebäude als Teilmenge des unbeweglichen Vermögens (§ 21 EStG). Auch andere Rechtsnormen wie z.B. die Wertermittlungsverordnung (WertV), das Wohnungseigentumsgesetz (WEG) und die Erbbaurechtsverordnung (ErbbauVO) treffen eigene Begriffsbestimmungen.

Es gibt also in der Rechtswissenschaft keine konsistente Begriffsauffassung der Immobilie. Dennoch lässt sich ein „kleinster gemeinsamer Nenner" der juristischen Definitionen folgendermaßen beschreiben:

Juristische Definitionen erschließen den Immobilienbegriff über den Grund und Boden. Im Gegensatz zur physischen Definition werden Gebäude nicht als rechtlich eigenständige Sachen aufgefasst; sie sind lediglich als ein Bestandteil des Grundstücks anzusehen (vgl. im Einzelnen Schulte und Usinger).

Auch die juristischen Begriffsbestimmungen sind für die Zwecke der Immobilienökonomie nicht ausreichend. Zum einen sind sie nicht einheitlich und daher nicht umfassend genug, zum anderen gehen sie mit der Grundstücksfokussierung am Kern der Sache vorbei: Die Bedeutung des Grund und Bodens mag zur Zeit der Einführung des BGB noch im Vordergrund gestanden haben. Im Zeitalter der Wolkenkratzer dominiert aber das Interesse an der Gebäudestruktur in aller Regel über die Betrachtung des Grund und Bodens.

1.1.2.3 Ökonomischer Immobilienbegriff

Die Wirtschaftswissenschaften unterscheiden ein investitionstheoretisches und ein produktionstheoretisches Verständnis von Immobilien. Investitionstheoretisch sind Immobilien Kapitalanlagen oder Sachvermögen, während die produktionswirtschaftliche Analyse vom Verständnis der Immobilie als Produktionsfaktor ausgeht (vgl. Schäfers, S. 14ff.). Der wirtschaftliche Charakter der Immobilie ergibt sich sowohl nach investitionstheoretischer Sichtweise als auch im produktionstheoretischen Verständnis aus der Nutzung, nicht aus ihrer physischen Produktion. Nicht die historischen Herstellungskosten bestimmen den Wert, entscheidend ist, welche Honorierung die Nutzung durch den Markt erfährt.

1.1.2.3.1 Das investitionstheoretische Verständnis

James A. Graaskamp, der in Amerika die Immobilieninvestment-Theorie mitbegründete, beschreibt den Immobilienbegriff aus der investitionstheoretischen Perspektive sehr anschaulich:

„Ein Neandertaler rollte einst einen Fels vor den Eingang seiner Höhle und schuf eine Immobilie, indem er neben dem leeren Raum zusätzliche, in der Natur nicht vorhandene Güter, wie Wärme, Sicherheit oder Exklusivität, bereitstellte. Damit vereinte er erfolgreich Land (eine begrenzte natürliche Ressource) mit der künstlichen Schöpfung (dem Fels – der ersten massiven Tür), um das bislang unbekannte Bedürfnis nach Raum-Konsum zu befriedigen. […] Eine Immobilie ist demnach ein Produkt künstlich abgegrenzten Raums mit einer institutionellen Zeitdimension (Quadratmeter pro Jahr, Raum pro Nacht, Höhle pro Mondperiode) konzipiert, um die Gesellschaft mit der natürlichen Ressource Grund und Boden zu verbinden" (Graaskamp, S. 513).

Demnach sind die zentralen Inhalte des Immobilienbegriffs:

- Der abgeschlossene Raum,

- die Nutzenstiftung des Raumes

- und die zeitliche Dimensionierung der Nutzung.

Noch prägnanter wird die investitionstheoretische Sicht von Graaskamp sowie Phyrr et al. (vgl. Phyrr et al., S. 4) auf den Punkt gebracht: **„Real estate is space and money over time"**. Diese Aussage beschreibt einen Investitionskreislauf: Ein Investor nutzt sein "Geld"-Kapital (Bestandsgröße), um eine Immobilie zu bauen oder zu kaufen. Nachdem sein Geld „in Beton gegossen" worden ist, ist er der Eigentümer einer Immobilie, die während ihrer Lebensdauer Raum-Zeit-Einheiten abgibt. Streng ökonomisch betrachtet erzeugt die Immobilie keinen Nutzen, sondern lediglich eine **Nutzungsmöglichkeit**, die sich als Stromgröße darstellen lässt – die Raum-Zeit-Einheiten lassen sich nämlich weder lagern, noch kann die Produktion der Einheiten verringert oder eingestellt werden, ohne die Immobilie zu zerstören. Der Eigentümer der Immobilie kann nun als Vermieter auftreten und einem Dritten (dem Mieter) die Nutzung der Immobilie überlassen. Dafür verlangt er ein Entgelt (die Miete), das in Geld-Zeit-Einheiten bemessen wird. Bei den Geld-Zeit-Einheiten handelt es sich ebenfalls um eine Stromgröße. Die Höhe des Nutzungsentgelts pro Raumeinheit ist nicht konstant, es unterliegt Marktschwankungen und anderen Veränderungen im Zeitablauf. Zum Beispiel verändern sich die Attraktivität und das Nutzungspotenzial über die Zeit. Wertminderungen des Gebäudes treten durch Abnutzung und technische Veralterung ebenso auf wie Wertsteigerungen, die aus dem Anstieg der Bodenpreise, einem professionellen Management und aus Mobilitätsschranken der Mieter resultieren können.

Durch die Mietzahlungen werden die Raum-Zeit-Einheiten in Geld-Zeit-Einheiten gewandelt. Die Geld-Zeit-Einheiten erhöhen das Kapital des Investors, der am Ende seines Investitionszeitraums die Immobilie veräußert. Damit ist der Investitionskreislauf geschlossen, denn der Investor verfügt wie zu Beginn ausschließlich über einen Bestand an Geldkapital.

1.1.2.3.2 Das produktionstheoretische Verständnis

Im produktionstheoretischen Verständnis stellen Unternehmensimmobilien Betriebsmittel dar, die für den leistungswirtschaftlichen Faktorkombinationsprozess in Unternehmen gebraucht werden. Als solche gehören sie – wie Abbildung 3 verdeutlicht – zum Ressourcen- bzw. Produktionsfaktorbestand von Unternehmen.

Produktionsfaktoren oder Input sind Güter, die der Produktion anderer Güter dienen (vgl. Corsten, S. 8) und somit das quantitative und qualitative Potenzial von Unternehmen zur Leistungserstellung umfassen. Immobilien bilden in diesem Sinne die räumliche Dimension des Leistungsprozesses in Unternehmen (vgl. Schäfers, S. 15f.).

Die Kategorisierung der Immobilien als Potenzialfaktoren macht zudem deutlich, dass Grundstücke und Gebäude bei der Leistungserstellung nicht ver- sondern gebraucht werden. Sie verkörpern also ein **Ressourcen- oder Nutzungspotenzial** (vgl. Heinen, S. 247), das im Rahmen des Unternehmenszwecks sukzessive genutzt wird und dabei eine Vielzahl, zum Teil sogar eine nahezu unendlich große Zahl (z.B. unbebaute Grundstücke) von Nutzungsleistungen abgeben kann. Die produktionstheoretische Sichtweise geht von der Erkenntnis aus, dass Sachgüter oder Dienstleistungen nur dann produziert werden können, wenn menschliche Arbeitsleistungen mit Betriebsmitteln (u.a. Immobilien) im Rahmen des Faktorkombinationsprozesses verbunden werden. Als Fazit lässt sich festhalten, dass „eine Immobilie für sich genommen keinen intrinsischen, isolierbaren Wert besitzt" (vgl. Bone-Winkel, S. 23), sondern erst durch eine ökonomisch sinnvolle Nutzung im Rahmen des betrieblichen Leistungserstellungsprozesses ihren wirtschaftlichen Charakter erhält.

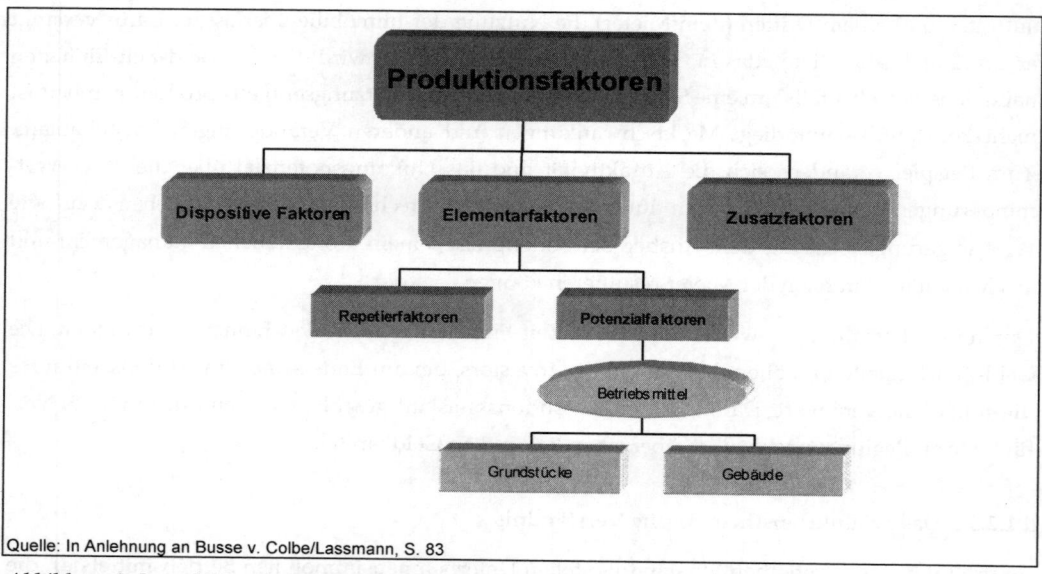

Abbildung 3: Immobilien als Produktionsfaktor in Unternehmen

An dieser Stelle wird auch die in der Immobilienwirtschaft häufig verwendete Unterscheidung zwischen „Immobilienunternehmen" bzw. „Property-Company" und „Nicht-Immobilienunternehmen" bzw. „Non-Property-Company" deutlich. Die Unterscheidung erfolgt nach dem Kriterium des Geschäftsgegenstandes: Als **Immobilienunternehmen** werden diejenigen Unternehmen bezeichnet, die immobilienspezifische Leistungen als extern gerichtete Primär- bzw. Marktleistungen für ihre Kunden erbringen, wie etwa Projektentwicklung, Vermittlung, Finanzierung. Die Kunden dieser „Property-Companies" können dabei entweder ebenfalls Unternehmen oder auch Privatpersonen sein. Demgegenüber handelt es sich bei **Nicht-Immobilienunternehmen** um Unternehmen, bei denen die immobilienspezifischen Leistungen intern gerichtete Sekundärleistungen sind. Die immobilienspezifischen Leistungen werden also erbracht, um die primären Aufgaben der Unternehmung erfüllen zu können. Auch bei „Non-Property-Companies" sind die immobilienspezifischen Leistungen regelmäßig unabdingbar, um das Kerngeschäft des Unternehmens zu betreiben. Mit anderen Worten: Bei Immobilienunternehmen gehört das Immobiliengeschäft zum originären Unternehmenszweck, bei Nicht-Immobilienunternehmen nicht. Diese idealtypische Sichtweise ist in der Praxis jedoch nicht immer trennscharf durchzuhalten. Probleme ergeben sich, wenn ein Großunternehmen seine Immobilien von einem Tochterunternehmen halten und verwalten lässt: Beispielsweise ist die Siemens AG eine Non-property-company. Vor einiger Zeit wurde ein Tochterunternehmen, die Siemens Real Estate GmbH & Co. KG, gegründet, die nun die meisten Immobilien des Konzerns in einer Hand hält und bewirtschaftet, Grundstücke kauft und verkauft und Projektentwicklungen durchführt. Für sich genommen ist diese Immobiliengesellschaft eine Property-Company. Aus Konzernsicht kann man dies jedoch anders beurteilen, denn die Leistungen der Siemens Real Estate GmbH & Co. KG werden überwiegend an die anderen Konzernunternehmen abgegeben, und an der Ausrichtung des Konzerns als Non-property-company hat sich durch die Reorganisationsmaßnahme nichts geändert.

Bei den Funktionen, die Immobilien im Rahmen der betrieblichen Leistungserstellung wahrnehmen, kann man zwischen **mittelbaren und unmittelbaren Funktionen** unterscheiden (vgl. Abbildung 4). Die mittelbaren Funktionen überwiegen im Regelfall (vgl. Kern, S. 14; zum Folgenden vgl. Schäfers, S. 18ff.; Brittinger, S. 34ff.).

Die wohl wichtigste mittelbare Funktion von Immobilien ist die **Hüllen- oder Schutzfunktion**. Die bauliche Hülle schützt den Produktionsprozess und die in den Gebäuden arbeitenden Menschen vor umwelt- und witterungsbedingten Einflüssen (z.B. Lärm, Regen, Wind, etc.). Umgekehrt schützen Immobilien die Umwelt vor den Auswirkungen des Leistungserstellungsprozesses, indem sie Lärm, Erschütterungen, Abgase, etc. eindämmen oder nur geordnet nach außen dringen lassen.

Eng mit dieser Funktion verbunden ist die **Tragfunktion** von Gebäuden: Lasten, die durch den Aufenthalt von Menschen, die Lagerung von Werkstoffen und Fertigprodukten sowie durch die Installation von Anlagen und Maschinen entstehen, werden von der Gebäudestruktur aufgenommen und in den Boden abgeleitet. Da Immobilien dem Leistungserstellungsprozess in Unternehmen räumliche Grenzen auferlegen, erfüllen sie dabei auch eine gewisse **Ordnungsfunktion**.

Daneben kommt den Gebäuden eine **Ver- und Entsorgungsfunktion** zu, da sie einerseits die Arbeits- und Produktionsprozesse mit Energie, Wasser, etc. versorgen, andererseits die anfallenden Abfallprodukte entsorgen.

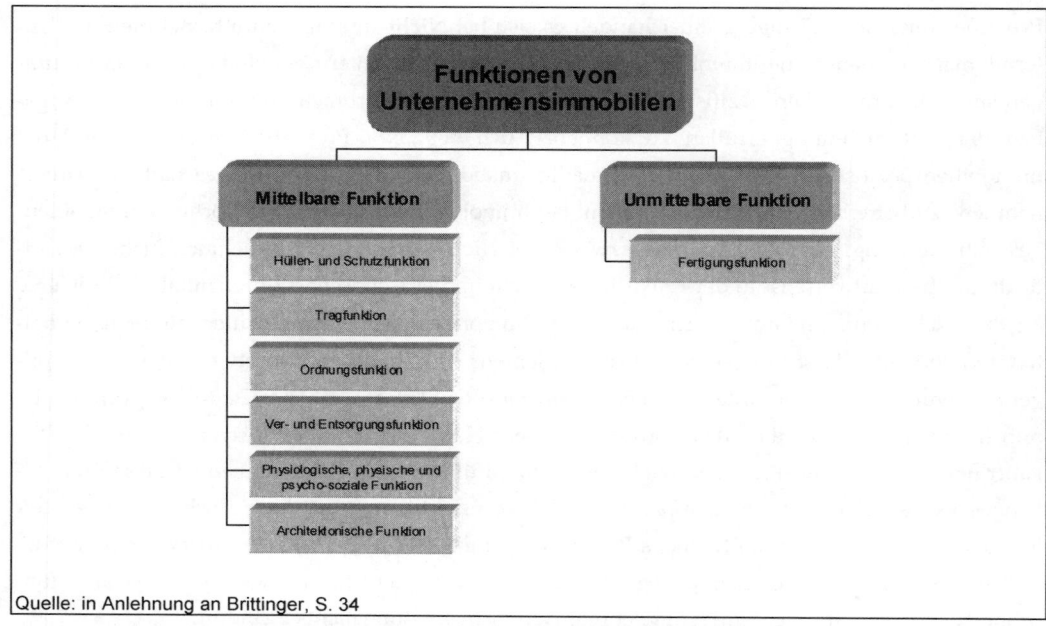

Quelle: in Anlehnung an Brittinger, S. 34

Abbildung 4: Funktionen von Immobilien im Rahmen der betrieblichen Leistungserstellung

Immobilien müssen ferner **physischen, physiologischen und psycho-sozialen Anforderungen** gerecht werden. Sie stellen Raum unterschiedlicher Quantität und Qualität für die betriebliche, private und öffentliche Nutzung zur Verfügung. In ihrer Schutzfunktion sollen die Gebäude den in ihnen lebenden Menschen bei wechselnden externen und internen Einflüssen möglichst angenehme und gleich bleibende Bedingungen in Bezug auf Temperatur, Feuchtigkeit, Licht und Lärm bieten. In sozialer Hinsicht müssen Immobilien die Strukturierung sozialer Beziehungen ermöglichen und so den unterschiedlichen Bedürfnissen der Menschen nach Kommunikation und Rückzugsmöglichkeiten gerecht werden. Je nach Verwendungszweck bzw. Immobilienart erfahren diese Anforderungen unterschiedliche Gewichtungen: Bei Wohnraum steht die Befriedigung des Schutz- und Rückzugsbedürfnis der Menschen im Vordergrund. Das wird schon dadurch deutlich, dass die Unverletzlichkeit der Wohnung ein verfassungsmäßig garantiertes Grundrecht darstellt (vgl. Art. 13 GG). In gewerblich genutzten Immobilien wird regelmäßig die Kommunikation zwischen Menschen stärker gewichtet. Die Ursache liegt darin, dass in diesen Räumen der Produktionsprozess möglichst effizient organisiert werden muss. So ist beispielsweise der Handelsraum einer Börse immer als Großraum konzipiert, da der vitale Informationsaustausch unter den handelnden Marktteilnehmern so am schnellsten vonstatten geht.

Gestaltung und Architektur von Immobilien haben also großen Einfluss auf die Nutzung und Nutzungsmöglichkeiten eines Gebäudes. Dieser Einfluss besteht nicht erst in jüngerer Zeit, vielmehr lässt er sich auch in der Geschichte der Immobilien erkennen: Die ägyptischen Pyramiden sollten die Macht der Pharaonen dauerhaft repräsentieren und als Grabstätten „für die Ewigkeit" dienen. Folgerichtig ist die Architektur der Pyramiden darauf ausgelegt, die Dauerhaftigkeit und Stabilität der Struktur zu gewährleisten. In neuerer Zeit wurde diese Gebäudeform nur sehr selten verwendet. Am pyramidenförmigen Hotel Luxor in Las Vegas erkennt man, warum: sollen Räume im Innern des Gebäudes geschaffen werden, die für lebende Menschen nutzbar sind, ist eine adäquate Beleuchtung der einzelnen Räume, am besten mit Tageslicht, erforderlich. Das ist aber nur für Räume mit Nähe zur Oberfläche der Pyramide möglich. Der innere Raum liegt brach. Daher ist die Raumausbeute, d.h. das Verhältnis von umbautem zu genutztem Raum, gering. Bei einem einzelnen Themenhotel kann der von der Architektur ausgehende Anziehungseffekt auf die Touristen die Ineffizienz zwar kompensieren, als Standardarchitektur ist eine solche Bauform jedoch ungeeignet. Auch Schlösser und Burgen, die wir heute als Baudenkmäler und Museen betrachten, weisen eine Architektur auf, die zur jeweiligen Entstehungszeit zweckdienlich war. Sei es, dass Burgen als schwer einnehmbare Festungen konzipiert, oder dass Schlösser zur Repräsentation und als Herberge für Regenten und Staatsgäste angelegt wurden.

In letzter Zeit wird das architektonische Konzept immer häufiger bewusst in das unternehmerische Gesamtkonzept integriert. Die Immobilie wird so ein wesentlicher Bestandteil der Corporate-Identity-Politik der Unternehmen.

Mit den bislang dargestellten Funktionen leisten Immobilien einen mittelbaren Beitrag zur Leistungserstellung, da sie lediglich die räumlich notwendigen Voraussetzungen für die Arbeits- und Produktionsprozesse bilden. Demgegenüber zeichnet sich ein **unmittelbarer Leistungsbeitrag** dadurch aus, dass die Immobilie direkt an der Erstellung des Produktes beteiligt ist. Dies ist vor allem im Bereich der Urproduktion und bei bestimmten Sonderimmobilien der Fall, wie z.B. bei Kesseln in der chemischen Industrie, die – ohne weitere Einwirkung anderer Faktoren – bei Vorliegen der notwendigen Temperatur und Druckbedingungen eine chemische Stoffumwandlung ermöglichen. Dieser unmittelbare Leistungsbeitrag von Immobilien wird als **Fertigungsfunktion** bezeichnet.

1.1.3 Definition des Immobilienbegriffs

Ist die wirtschaftswissenschaftliche Betrachtung der Immobilie hinreichend als Grundlage für die Immobilienökonomie? Zwar ist „real estate is space and money over time" knapp und treffend

formuliert, die Reduktion der Immobilie auf eine „Cashflow-Maschine" bzw. einen Produktionsfaktor wird aber den anderen beteiligten Wissenschaften kaum gerecht. Daher soll in der Immobilienökonomie und für dieses Buch folgendes unter dem Begriff „Immobilie" verstanden werden:

**Immobilien sind Wirtschaftsgüter, die aus unbebauten Grundstücken oder bebauten
Grundstücken mit dazugehörigen Gebäuden und Außenanlagen bestehen. Sie werden von
Menschen im Rahmen physisch-technischer, rechtlicher, wirtschaftlicher und zeitlicher Gren-
zen für Produktions-, Handels-, Dienstleistungs- und Konsumzwecke genutzt.**

Der erste Satz definiert die Immobilie als ein Wirtschaftsgut. Damit kommt die Gründung der Forschungsdisziplin auf die Betriebswirtschaftslehre zum Ausdruck. Der Begriff „Wirtschaftsgut" ist
dabei nicht steuerrechtlich sondern volkswirtschaftlich zu verstehen (vgl. Abschnitt 1.1.1). Der
wirtschaftswissenschaftliche Fokus zeigt sich auch im postulierten Zweck der Immobilie, nämlich
der Nutzung. Die Nutzung kann dabei für gewerbliche Zwecke erfolgen – dies kommt der pro-
duktionsorientierten Sichtweise nahe, sie kann aber auch konsumtiv (z.B. „wohnen") sein – eine
Nutzungsart, die sich eher der investitionstheoretischen Sichtweise zuordnen lässt.

Die Zusammensetzung des Wirtschaftsgutes Immobilie aus Grundstück zuzüglich dessen „Außenanlagen" trägt der juristischen Vorstellung Rechnung. Der Begriff „Gebäude und Außenanlagen" soll dabei „im weitesten Sinne" verstanden werden, d.h. der Begriff umfasst alles, was ein
Mensch auf einem Grundstück geschaffen hat, um dieses zu nutzen. Das sind in erster Linie Gebäude und Außenanlagen im engeren Sinne, aber auch z.B. das Getreide auf einem Acker, die
Bäume im Wald, kurz jede aufstehende Frucht auf einer landwirtschaftlichen Fläche ist ebenfalls
eine Außenanlage im weitesten Sinne.

Schließlich findet auch der physische Immobilienbegriff Eingang in die Definition durch die Maßgabe, dass die Nutzung physisch-technischen Grenzen unterliegt. Die räumliche Abgrenzung erfolgt in der Regel durch Gebäudestrukturen, bei unbebauten Grundstücken kann sie aber auch
symbolisch (durch das Setzen von Grenzsteinen) erfolgen. Technisch ist die Nutzung einer Immobilie z.B. durch die Tragfähigkeit der Gebäudestrukturen beschränkt.

1.1.4 Besonderheiten der Immobilie als Wirtschaftsgut

Aus der vorangegangenen Begriffsabgrenzung ergibt sich, dass sich Immobilien wesentlich von
anderen Wirtschaftsgütern unterscheiden. Insbesondere im Vergleich mit den Eigenschaften beweglicher Güter zeigen sich grundlegende Unterschiede, die für Wissenschaft und Praxis bedeutend sind.

Die Besonderheiten von Immobilien werden im Folgenden nacheinander erläutert. Die wesentlichen Charakteristika des Wirtschaftsgutes Immobilie sind (vgl. Bone-Winkel, S. 27ff.)

1. Immobilität

2. Heterogenität

3. Dauer des Entwicklungsprozesses

4. Höhe des Investitionsvolumens

5. Höhe der Transaktionskosten

6. Länge des Lebenszyklus

7. Begrenzte Substituierbarkeit

Diese Eigenschaften lassen sich danach unterscheiden, ob sie physisch-technischer oder ökonomischer Natur sind. Die physisch-technischen Eigenschaften sind absolut und nicht veränderbar – zumindest nicht beim gegebenen Stand der Technik. Demgegenüber können Beschränkungen durch ökonomische Eigenschaften prinzipiell entweder durch geschicktes Management oder durch eine Änderung der gesellschaftlichen Gewohnheiten überwunden werden.

(1) Immobilität

Diese sowohl physische als auch ökonomische Eigenschaft ist das zentrale Charakteristikum einer Immobilie. Die Standortgebundenheit kann nicht überkommen werden. Die Lage bestimmt nicht nur die Nutzungsmöglichkeiten, sie ist auch eine wichtige Determinante des ökonomischen Wertes (siehe auch das Beispiel zu (2) Heterogenität). Entscheidend ist, dass eine schlechte Standortentscheidung eines Investors selten mit wirtschaftlich vertretbarem Aufwand geheilt werden kann. Durch die wirtschaftliche Identität von Grundstück und Gebäude entstehen wesentliche Abhängigkeiten, welche in die Analyse der gesellschaftlichen, ökonomischen und technischen Umwelt einbezogen werden müssen. Die Einbindung in den Mikro-Standort bedingt eine Abhängigkeit von benachbarten Nutzungen, die eine Abstimmung mit angrenzenden Eigentümern, Investoren und Entwicklern erforderlich macht. Rechtliche und faktische Gegebenheiten, wie beispielsweise die Planungs- und Genehmigungshoheit der Kommunen, beschränken die Verfügungsberechtigung über den Grund und Boden. Großräumig gesehen ist die Immobilie Teil eines urbanen Umfelds, begonnen mit dem direkten Standortmilieu über Bezirk, Stadt, Region bis hin zum Land, in dem die Immobilie beheimatet ist.

Aber gilt das für alle Immobilien? Was ist z.B. mit „Mobile Homes", pneumatischer Architektur oder Großzeltbauten, den so genannten „fliegenden Bauten"? In der Tat werden mancherorts Gebäudestrukturen errichtet, die nur temporär an einem Ort stehen und später anderenorts erneut aufgebaut werden. Ein gutes Beispiel liefert die Betrachtung sportlicher Großereignisse. So dienten temporäre Gebäude als Unterkünfte für die Sportler bei den Olympischen Winterspielen 1994 in Lillehammer. Für das 24-Stunden-Rennen in Le Mans wurde 1999 ein Hotel auf Basis eines Zeltbaus errichtet. Eine kluge Lösung, denn nach den kurzlebigen Ereignissen reisen Sportler und Besucher ja wieder ab. Wohnräume und Hotelzimmer wurden also erst wieder beim nächsten Großereignis in einer anderen Stadt gebraucht (vgl. Niehüser, S. 34f.).

Nach der immobilienökonomischen Definition besteht eine Immobilie aus der Kombination von Grundstück und baulicher Anlage. Wenn die bauliche Struktur auf ein anderes Grundstück bewegt wird, entsteht folglich eine neue Immobilie. Praktisch kann man den Sachverhalt auch so ausdrücken: Das gleiche Großzelt, einmal in Le Mans und einmal in Lillehammer aufgebaut, ist ein unterschiedliches Produkt. Einmal besteht der Bedarf für Raum aufgrund des Bedürfnisses, die Olympischen Spiele zu sehen, im anderen Fall wird die Anwesenheit beim 24-Stunden-Rennen begehrt.

Andersherum gesehen unterstreicht die Tatsache, dass Gebäudestrukturen mit nicht unerheblichen Kosten abgebaut, transportiert und anderenorts wieder aufgebaut werden, die Bedeutung, die der Standort für die Immobilie hat. Eine erfolgreiche Immobilie muss zur richtigen Zeit am richtigen Ort sein. Ist nur ein Zeitpunkt für einen bestimmten Ort „richtig", ist oftmals das „Recycling der Gebäudestruktur" durch Wiederaufbau an einem anderen Ort ökonomisch sinnvoll.

(2) Heterogenität

Die Ortsgebundenheit der Immobilie impliziert bereits diese ökonomische Besonderheit des Wirtschaftsgutes. Da jeder Standort einzig ist, kann es keine zwei wirklich gleichen Immobilien geben, wie das folgende Gedankenexperiment illustriert:

Nehmen wir an, es gäbe die in Abbildung 5 mit „A" und „B" bezeichneten Grundstücke. Nehmen wir weiter an, diese Grundstücke sind absolut identisch: Gleich groß, gleicher Zuschnitt, gleiche Topographie. Die Grundstücke liegen an einer Ausfallstraße, die die Innenstadt (rechts) mit einem Wohnviertel (links) verbindet. Die Grundstücke sind jeweils mit einem Supermarkt bebaut, auch diese Supermärkte sind identisch. Gleiche Kette, gleiche Fläche, gleiche Architektur, gleiches Sortiment, gleiche Preise, gleicher Service. Dennoch wird der Markt A aus einem einfachen Grund erfolgreicher sein als Markt B: Menschen kaufen lieber erst nach Feierabend auf dem Heimweg ein, als bereits morgens auf dem Weg zur Arbeit – allein schon um verderbliche Lebensmittel nicht den ganzen Tag über kühlen zu müssen. Für einen Fahrer, der stadtauswärts fährt, ist Markt A viel einfacher zu erreichen: Er biegt rechts ab und steht auf dem Parkplatz. Um in Markt B einzukaufen, müsste man zeitraubend links abbiegen, um auf den Parkplatz zu kommen und nach dem Einkauf wiederum links auf die stark befahrene Straße einbiegen, um den Nachhauseweg fortzusetzen. Ganz ähnlich ist es, wenn man an einen Markt C denkt, der wiederum identisch zu A sein soll und auf derselben Straßenseite liegt (vgl. Abbildung 5). Auch hier hat Markt A einen Vorteil: Die Kunden werden ihn zuerst anfahren und nur dann wenn der Parkplatz überfüllt ist, oder das gesuchte Produkt ausverkauft ist, auf Markt C ausweichen. Der Grund ist ähnlich wie im vorausgegangenen Fall: Stellt ein Kunde fest, dass er von A auf C ausweichen muss, kann er das durch zweimaliges unkompliziertes Rechtsabbiegen erledigen. Umgekehrt muss er zweimal links abbiegen und fährt außerdem noch einen kleinen Umweg.

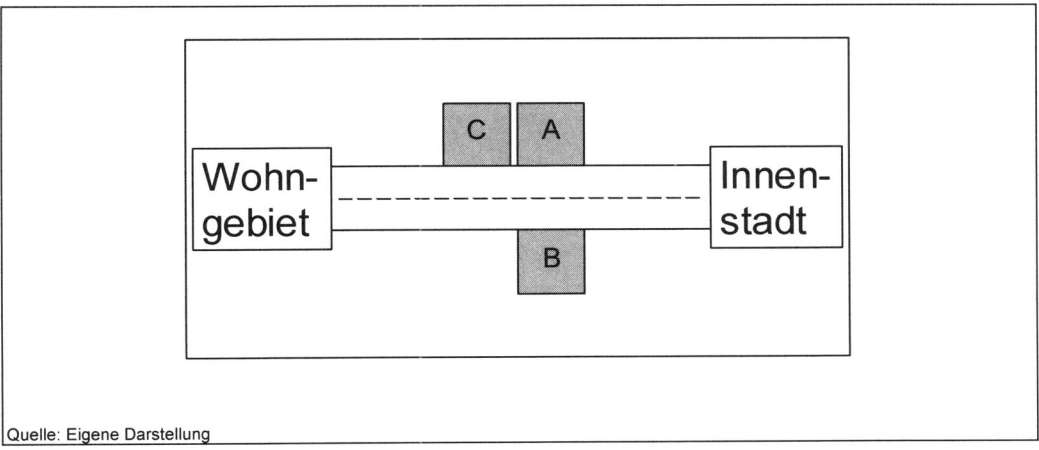

Quelle: Eigene Darstellung

Abbildung 5: Gedankenexperiment Supermarkt

In der Praxis sind aber wohl nie zwei derart ähnliche Immobilien anzutreffen wie im hier skizzierten Fall. Allein schon Architektur und Nutzung unterscheiden in praxi ein Gebäude von jedem anderen. Jede Immobilie ist einzigartig und ein individuelles, autonomes Wirtschaftsgut.

(3) Dauer des Entwicklungsprozesses

Für die Entwicklung einer Immobilie von der Projektidee und Grundstücksakquisition bis zur Baufertigstellung und Übergabe an die Nutzer ist erfahrungsgemäß ein Zeitraum von zwei bis fünf Jahren zu veranschlagen. Die Projektlaufzeit ist abhängig vom Planungs- und Baurecht, der Größe und Komplexität des Vorhabens, der Bauweise, sowie von der Organisationsfähigkeit des Bauherrn und der Projektbeteiligten. Neben der eigentlichen Bauphase steigen insbesondere die Vermietungs-/Vermarktungsdauer und die Zeit für die Akquisition des Grund und Bodens mit zunehmender Projektgröße signifikant an. Bemerkenswerterweise ist für das Genehmigungsverfahren unabhängig vom Volumen der beabsichtigten Baumaßnahme mit relativ konstanten sechs bis zehn Monaten zu rechnen. Die Zahlen machen deutlich, dass jedes Neuangebot an Flächen eine relativ lange Vorlaufzeit benötigt. Dazu kommt, dass aus betriebswirtschaftlichen und produktionstechnischen Gründen die Fertigstellung begonnener Projekte nicht beliebig gestreckt werden kann: Auf der technischen Seite können Nässe und Frost im Winter in einem unvollendeten Rohbau schwere Schäden anrichten. Aus ökonomischer Sicht ist ein Herauszögern unmöglich, weil die Zinskosten während der Unterbrechung weiterhin anfallen, und potenzielle Mieteinnahmen zum Ausgleich der Kosten gleichzeitig erst später möglich werden. Die Langwierigkeit des Produktionsprozesses bedingt, dass die Reaktionsfähigkeit und Anpassungsflexibilität des Immobilienangebotes auf Nachfrageschwankungen sehr träge sind. Dieses und der auch empirisch beobachtbare Time-Lag führt zu einem höheren ökonomischen Risiko der Projektentwicklung und ist Ursache für die schon oben erläuterten zyklischen Schwankungen von Miethöhe und Leerstand. Während die Dauer der reinen Bauphase im Wesentlichen eine physisch-technische Eigenschaft ist, stellt die Dauer des gesamten Entwicklungsprozesses auch eine ökonomische Eigenschaft dar. Das liegt daran, dass wirtschaftliche Überlegungen wie beispielsweise das Ziel einer Fertigstellung zum wirtschaftlich sinnvollsten Zeitpunkt („timing") die Dauer des Entwicklungsprozesses stark beeinflussen.

(4) Höhe des Investitionsvolumens

Nur ein begrenzter Kreis potenzieller Investoren ist in der Lage, Immobilien zu erwerben. Die entscheidende Zugangsbarriere für eine weitere Verbreiterung von Realeigentum als Vermögensanlage ist der hohe, dauerhafte Kapitaleinsatz. Bei diesem Charakteristikum handelt es sich folglich um eine ökonomische Besonderheit des Wirtschaftsgutes; sie basiert nicht auf physisch-technischen Ursachen und kann daher überwunden werden. Das Investitionsvolumen des direkten Immobilienerwerbs kann gemildert werden, indem man indirekte Anlageformen nutzt. Insbesondere eine Investition in Anteile von Immobilienfonds und der Kauf von Immobilienaktien sind Möglichkeiten, das erforderliche Mindestkapital auf ein für jedermann erschwingliches Niveau zu senken. Die Mittelzuflüsse, die die offenen Fonds insbesondere in den Jahren 2001 bis 2003 verzeichnen konnten, belegen, dass nach Formen der indirekten Immobilienanlage eine große Nachfrage besteht (vgl. zu diesem Thema auch Abschnitt 5.4.1).

(5) Höhe der Transaktionskosten

Eine wesentliche Komponente eines jeden Immobilieninvestments sind die hohen Transaktionskosten. Einerseits lösen Eigentumsübertragungen bei Immobilien direkte Zahlungen aus, wie die Grunderwerbsteuer, Grundbuch- und Notargebühren. Andererseits bedingt die geringe Markttransparenz Informations- und Suchkosten, angefangen von den Maklerprovisionen bis hin zu Aufwendungen für die Immobilienbegutachtung. Diese ökonomische Besonderheit der Immobilie scheint auf den ersten Blick ebenso durch indirekte Anlagen überwindbar zu sein, wie das Problem des Investitionsvolumens. Das ist aber nicht vollständig der Fall. Zwar können Anteile an offenen Fonds oder Aktiengesellschaften schneller, einfacher und günstiger gehandelt werden als Immobilien selbst. Aber auch die Akquise von Immobilien durch das Anlagevehikel führt zu Transaktionskosten für Vermittlung und Bewertung. Folglich kann eine indirekte Anlage nicht alle Arten von Transaktionskosten verringern. Es entstehen im Gegenteil sogar weitere Kosten, wie zum Beispiel der Ausgabeaufschlag bei offenen Fonds oder Überwachungskosten zur Kontrolle des Managements.

(6) Länge des Lebenszyklus

Immobilien zählen zu den langlebigsten Wirtschaftsgütern – sowohl in physisch-technischer als auch in ökonomischer Hinsicht. Durch die definitorische Einheit von Grund und Boden und Gebäude ist ein wirtschaftlicher „Untergang" der gesamten Immobilie kaum zu erwarten. Während die Nutzungsmöglichkeit des Bodens im Normalfall zeitlich nicht begrenzt ist, ist für das Gebäude die ökonomische Nutzungsdauer von der physisch-technischen zu unterscheiden. Die technische Lebenszeit übertrifft regelmäßig die ökonomische Nutzungsdauer der Immobilie bei weitem. Sie beschreibt die Abnutzung der technischen Infrastruktur und der Einbauten. Für die immobilienökonomische Auseinandersetzung mit Immobilien ist vorwiegend die wirtschaftliche Nutzungsdauer von Bedeutung. Sie endet im Allgemeinen dann, wenn die Verzinsung des Kapitalwertes einer Nachfolgeinvestition die laufenden Reinerträge aus der bestehenden Immobilie übersteigt. Durch die Geschwindigkeit des technischen Fortschritts haben sich die Anforderungen der Gebäudenutzer an die Immobilien in den letzten Jahren immer schneller verändert. Daraus entsteht die Tendenz, dass sich die ökonomische Nutzungsdauer von Gebäuden verkürzt.

(7) Begrenzte Substituierbarkeit

Ebenso wie das Wohnen bzw. das Verfügungsrecht über Wohnraum zu den grundlegenden Bedürfnissen zählt, ist der für gewerbliche Nutzungen notwendige Raum eine Grundvoraussetzung für die Erhaltung der unternehmerischen Existenz. Nutzer können das Gut „Raum" nur sehr begrenzt durch andere Wirtschaftsgüter ersetzen, z.B. „Temporary Buildings" (vgl. Niehüser). Der Bedarf lässt sich in zeitlicher und qualitativer Hinsicht nur aufschieben.

1.1.5 Besonderheiten des Immobilienmarktes

Die besonderen Eigenschaften des Wirtschaftsgutes Immobilie führen zu spezifischen Charakteristika des Immobilienmarktes – oder besser gesagt der Märkte für Immobilien. Einen einzigen und einheitlichen Immobilienmarkt gibt es nämlich nicht, sondern es lassen sich räumliche und sachliche Teilmärkte unterscheiden. Die **räumlichen Teilmärkte** ergeben sich aus den Unterschieden in Angebot und Nachfrage in verschiedenen Regionen, Städten oder Stadtteilen.

Aufgrund der föderalen Struktur der Bundesrepublik Deutschland existiert keine dominierende Metropole wie London für Großbritannien oder Paris für Frankreich. Die bedeutendsten Immobilienmärkte in Deutschland sind:

- Hamburg,

- Berlin,

- München,

- Frankfurt am Main,

- Düsseldorf.

Aber auch Hannover, Dresden, Leipzig, Stuttgart, Nürnberg, Köln, Essen und Dortmund weisen wichtige Immobilienmärkte auf. Auch innerstädtisch lassen sich räumliche Teilmärkte abgrenzen. In einer Hafenstadt könnte beispielsweise die Nachfrage nach Büroflächen durch Reedereien aufgrund eines gestiegenen Außenhandels und Schiffsverkehrs zunehmen, während gleichzeitig Banken weniger Fläche nachfragen. Wenn nun die Banken im Bankenviertel der Stadt einige Büros räumen, werden diese nicht notwendig von den Reedern angemietet, da diese aus nahe liegenden Gründen lieber in der Nähe des Hafens angesiedelt sind. Die (Teil-)Märkte in den beiden Stadtteilen entwickeln sich also unterschiedlich.

Neben den räumlichen existieren auch **sachliche Teilmärkte**. Beispiele sind etwa der Markt für Büroflächen, der Wohnungsmarkt, der Markt für Einfamilienhäuser, Hotels oder für Handelsimmobilien. Dass fehlender Wohnraum nicht mit einem Überschuss an Supermärkten ausgeglichen werden kann, überrascht nicht. Wie schon bei den räumlichen Teilmärkten sind aber auch hier die Unterscheidungen wesentlich feiner und auch innerhalb von Nutzungsarten bedeutsam. Die Bürofläche einer Behörde mit langen Reihen von Zellenbüros wäre als Handelsraum für eine Investmentbank oder als Fläche für ein Softwareunternehmen schlichtweg ungeeignet, weil die Raumaufteilung die notwendige Kommunikation unmöglich machen würde.

Für alle Teilmärkte sind jedoch einige gemeinsame Eigenschaften auszumachen. Diese sind im Einzelnen:

- **Geringe Markttransparenz**: Aufgrund der Heterogenität der Immobilien ist es schwierig, für den Gesamtmarkt gültige, also objektübergreifende Aussagen zu formulieren. Wird eine Aktie an der Börse verkauft, ist eine andere Aktie der gleichen Firma zu dem bestimmten Zeitpunkt dasselbe wert. Bei einer Immobilie kann man das nicht sagen, weil es keine zwei gleichen Immobilien gibt. Darüber hinaus werden Börsenkurse unmittelbar veröffentlicht, Daten über Immobilien sind aber i.d.R. private Daten, die nicht oder erst mit großer Zeitverzögerung und unvollständig herausgegeben werden. Marktforschungsinstitute, wie die Bulwien AG, die Marktberichte von Maklerhäusern und Banken, die DID Deutsche Immobilien Datenbank und andere haben erheblich zu einer Erhöhung der Markttransparenz beigetragen, aber im Vergleich zu Aktien- und Rentenmärkten hat der Immobilienmarkt noch Nachholbedarf.

- **Abhängigkeit von Entwicklungen der Volkswirtschaft**: Die Flächennachfrage hängt von der volkswirtschaftlichen Entwicklung oder der Entwicklung einzelner Wirtschaftszweige ab. So wird die Nachfrage nach Büroflächen von der Anzahl der örtlichen Beschäftigten im Dienstleistungssektor determiniert. Die Nachfrage nach anderen Flächenarten, z.B. Wohn- oder Handelsflächen, hängt von der Höhe des Einkommens der Haushalte ab. Diese Einflussfaktoren werden wiederum durch die konjunkturelle Entwicklung bestimmt.

- **Geringe Anpassungselastizität an Marktveränderungen:** Die Länge des Lebenszyklus einer Immobilie bedingt, dass jedes Jahr nur ein kleiner Teil des Flächenbestandes durch Abriss und Obsoleszenz vom Markt genommen wird. Auf der anderen Seite führt die Dauer des Entwicklungs- und Bauprozesses dazu, dass der Bestand kurzfristig auch nicht ausgeweitet werden kann. Das Angebot ist kurzfristig betrachtet also eine feste Größe und kann nur sehr langsam auf Veränderungen der Nachfrage reagieren.

- **Zyklizität:** Diese Eigenschaft wird am Besten erklärt, indem man von einem ursprünglichen Marktgleichgewicht ausgeht, und beobachtet, wie der Markt reagiert, wenn dieses Gleichgewicht durch einen exogen verursachten, beispielsweise konjunkturbedingten, Anstieg der Flächennachfrage gestört wird: Die Flächenmenge kann kurzfristig nicht ausgeweitet werden, also muss der Preis allein für die Markträumung sorgen. Der Preis (die Miete) steigt daher stark an. Dadurch erhöht sich das Einkommen der Gebäudeeigentümer. Sie erwirtschaften also eine höhere Rendite als zuvor. Relativ zu anderen Anlageformen ist die Rendite einer Immobilienanlage gestiegen. Folglich werden Kapitalanleger verstärkt Immobilieneigentum nachfragen. Auf dem Markt für Immobilieneigentum ergibt sich dadurch ebenfalls eine Nachfragesteigerung, die auch hier – aufgrund konstanten Bestands – zu höheren Preisen führt. Diese verstärken die Aktivitäten der Projektentwickler, deren Gewinn sich aus der Differenz der Verkaufspreise und der Herstellungskosten fertiger Gebäude ergeben. Bei unveränderten Herstellungskosten führt die Steigerung der Kaufpreise zu höheren Profiten und damit zu einer Ausweitung der Produktion. Nach einiger Zeit erhöht sich daher das Angebot auf dem Mietmarkt durch die Fertigstellung neuer Flächen. Da sich die Nachfrage nicht mehr verändert hat, fällt die Miete stark und die Wirkungskette geht mit umgekehrtem Vorzeichen weiter. Durch die geringe Anpassungselastizität des Angebotes in der kurzen Frist und durch die starre und preisunelastische Nachfrage entsteht auf diese Weise ein zyklisches Auf und Ab im Marktgeschehen (vgl. hierzu weiterführend DiPasquale/Wheaton S. 6-10 sowie Bone-Winkel/Sotelo, S. 199-205 und Rottke/Wernecke).

Die Immobilie ist ein facettenreiches Wirtschaftsgut, dessen spezifische Eigenschaften und Besonderheiten von diversen Wissenschaftsdisziplinen untersucht werden. Aber auch und gerade in der Praxis befassen sich viele unterschiedliche Unternehmen mit dem Phänomen Immobilie. Von der Bedeutung der Immobilien in der Wirtschaft und für die Wirtschaft handelt das nächste Kapitel.

Literaturverzeichnis zu Kapitel 1.1

Bone-Winkel, S.: Das strategische Management von offenen Immobilienfonds unter besonderer Berücksichtigung der Projektentwicklung von Gewerbeimmobilien, in: Schulte, K.-W. (Hrsg.): Schriften zur Immobilienökonomie, Band 1, Köln 1994.

Bone-Winkel, S./Sotelo, R.: Warum werden Büroflächen (nicht) vermietet? Einige grundlegende Anmerkungen über den Immobilienmarkt am Beispiel Berlins, in: Grundstücksmarkt und Grundstückswert 6 (1995) 4, S. 199-205.

Brittinger, T.: Betriebswirtschaftliche Aspekte des Industriebaues: eine Analyse der baulichen Gestaltung industrieller Fertigungsstätten, Diss. Berlin 1992.

Busse von Colbe, W./Laßmann, G. Betriebswirtschaftstheorie, Band 1, Grundlagen, Produktions- und Kostentheorie, 4., überarb. u. erg. Aufl., Berlin u.a. 1988.

Corsten, H.: Produktionswirtschaft: Einführung in das industrielle Produktionsmanagement, 9., vollst. überarb. u. wesentlich erw. Aufl., München/Wien 2000.

DiPasquale, D./Wheaton, W. C.: Urban Economics and Real Estate Markets, Englewood Cliffs 1996.

Graaskamp, J. A.: A Rational Approach to Feasibility Analysis, in: The Appraisal Journal, October 1972, S. 513-521.

Heinen, E.: Betriebswirtschaftliche Kostenlehre, 6., verb. u. erw. Aufl., Wiesbaden 1983.

Kern, W.: Industrielle Produktionswirtschaft, 5., durchges. u. akt. Aufl., Stuttgart 1992.

Niehüser, L.: Temporary Buildings. Ein Vergleich von konventionellen Gebäuden mit temporären Baulösungen, Diplomarbeit (EUROPEAN BUSINESS SCHOOL), 2001.

Palandt, O (Hrsg.): Beck'sche Kurz-Kommentare Band 7 Palandt Bürgerliches Gesetzbuch, 62. neubearbeitete Auflage, München 2003.

Phyrr, S. A./Cooper, J. R./Wofford, L. E./Kapplin, S. D./Lapides, P. D.: Real Estate Investment – Strategy, Analysis, Decisions, 2. Aufl., New York 1989.

Rottke, N./Wernecke, M.: Management im Immobilienzyklus / Teil 2: Begriffsabgrenzung und Marktmodell "Immobilienzyklus" trifft es, "Schweinezyklus" nicht, in: Immobilienzeitung Nr. 14 vom 5.7.2001, Seite 11.

Schäfers, W.: Strategisches Management von Unternehmensimmobilien – Bausteine einer theoretischen Konzeption und Ergebnisse einer empirischen Untersuchung, in Schulte, K.-W. (Hrsg.): Schriften zur Immobilienökonomie, Band 3, Köln 1997.

Schulte K.-W. (Hrsg.): Immobilienökonomie Band II: Rechtliche Grundlagen, München 2001.

Usinger, W.: Immobilien Recht und Steuern: Handbuch für die Immobilienwirtschaft, 2. akt. u. erw. Aufl., Köln 2001.

1.2   Bedeutung der Immobilienwirtschaft

Stephan Bone-Winkel, Tobias Müller

1.2   Bedeutung der Immobilienwirtschaft

Stephan Bone-Winkel, Tobias Müller

1.2.1 Definitorische Abgrenzung des Begriffs Immobilienwirtschaft

Im vorangegangenen Kapitel wurde sowohl der physische, der juristische als auch der ökonomische Immobilienbegriff hergeleitet. Um die volkswirtschaftliche Bedeutung der Immobilienwirtschaft zu ermitteln und den Begriff Immobilienwirtschaft von dem der Bauwirtschaft abzugrenzen, ist es sinnvoll, dem investitionstheoretischen Verständnis des ökonomischen Immobilienbegriffs zu folgen. Dabei bemisst sich der Wert der Immobilie daran, mit welchem Preis der Markt den von ihr gestifteten Nutzen honoriert. Entscheidend ist also der Marktpreis. Im Gegensatz dazu dienen als Bewertungsmaßstab der Bauwirtschaft die Herstellungskosten eines Bauobjektes.

Um den Begriff Immobilienwirtschaft weiter zu konkretisieren, kann man die beteiligten Gruppen noch zusätzlich unterteilen. Als Basis für die hier vorgenommene Unterscheidung dient das **Haus der Immobilienökonomie** (vgl. dazu ausführlich Kapitel 1.3), welches insgesamt sieben Gruppen von Institutionen unterscheidet. Diese werden in Kapitel 3 dieses Buches noch ausführlicher dargestellt. Die hier vorgenommene kurze Darstellung dient lediglich zur besseren Einordnung der weiteren Ausführungen:

- **Immobilien-Projektentwickler** übernehmen die Konzeption und Verwirklichung von Neubauprojekten und in zunehmendem Maße auch die Revitalisierung von Bestandsobjekten. Darüber hinaus übernehmen sie als Dienstleister für eine Reihe von Marktteilnehmern Einzelaufgaben im Rahmen des Projektentwicklungsprozesses.

- **Immobilieninvestoren** übernehmen die Eigentümerfunktion über einen meist umfangreichen Bestand an Grundstücken und Gebäuden. Man kann die Investorengruppen grundsätzlich in private und institutionelle Investoren unterscheiden. Darüber hinaus ist eine weitergehende Untergliederung der Gruppe der institutionellen Investoren möglich. Zum einen in solche mit einem Single-Asset-Portfolio, also einem Anlageportfolio mit nur einer Anlageklasse (hier Immobilien) und zum anderen in solche mit einem Multi-Asset-Portfolio, also einem Anlageportfolio mit mehr als einer Kapitalanlageklasse (also beispielsweise Immobilien, Aktien und Anleihen). Zu den Immobilienbestandshaltern gehören auch große Non-Property-Companies, die öffentliche Hand oder die Kirchen mit ihren – zum Teil – umfangreichen Immobilienbeständen. Diese verfolgen aber i.d.R. andere Ziele mit dem Erwerb der Immobilien als klassische Investoren.

- **Bauunternehmen** übernehmen die „Produktion" der Immobilie nach den Vorgaben der Eigentümer bzw. des Entwicklers. Sie stehen in vielfältigen Leistungsbeziehungen und in ständigem Austausch mit den anderen Gruppen der Immobilienwirtschaft und erbringen einen wesentlichen Bestandteil der immobilienwirtschaftlichen Wertschöpfung. Die bauwirtschaftliche Institutionenlehre unterscheidet zwischen Bauhauptgewerbe bestehend aus Bauindustrie und Bauhandwerk sowie Baunebengewerbe bestehend aus Baustoffhandel, Gerüstbau, etc.

- **Immobilienfinanzierer** stellen das zur Verwirklichung von Immobilienprojekten benötigte Fremdkapital zur Verfügung. Da die Finanzierungsstruktur in Deutschland meist fremdkapitaldominiert ist, kommt ihnen eine große Bedeutung zu. Im Gegensatz zu den Immobilieninvestoren sind sie i.d.R. bemüht, keine direkten wirtschaftlichen Risiken zu tragen.

- **Immobiliendienstleister** Unter diesem Oberbegriff lässt sich eine heterogene Gruppe verschiedenster Marktteilnehmer subsumieren. Gemeinsam ist ihnen, dass die von ihnen erbrachte Dienstleistung unmittelbar mit der Immobilie verbunden ist. Dazu zählen beispielsweise Marktforscher, Immobilienbewerter, Immobilienberatungsunternehmen, Immobilienvermittler und Facilities-Management-Unternehmen, aber auch Stadtplaner, Bauingenieure und Architekten. Außerdem können weitere Berufsgruppen wie Notare, Steuerberater oder Juristen, die im Rahmen ihrer beruflichen Tätigkeit immer wieder mit dem Wirtschaftsgut Immobilie in Berührung kommen, in diese Gruppe eingeordnet werden.

- **Immobiliennutzer** absorbieren als Käufer oder als Mieter das von den übrigen Gruppen erstellte und bewirtschaftete Immobilienangebot zur persönlichen oder betrieblichen Nutzung und bilden so die Nachfrageseite des Immobilienmarktes. Dem in diesem Artikel zu Grunde gelegten investitionstheoretischen Verständnis des ökonomischen Immobilienbegriffs folgend, entscheiden sie durch diese Nachfrage über den Wert der zur Verfügung stehenden Immobilien. Auf diese Weise bilden sie ein Regulativ für die Angebotsseite des Marktes und determinieren maßgeblich deren Entwicklung.

Die vorangegangene Aufstellung der die Immobilienwirtschaft konstituierenden Gruppen dient lediglich als Hilfestellung zur besseren Einordnung und Kategorisierung. Eine auch im Einzelfall eindeutige Zuordnung jedes Unternehmens ist aufgrund der Vielschichtigkeit der Immobilienwirtschaft sehr schwierig. Die weit reichenden Verflechtungen mit anderen Branchen, die sich durch das komplexe Produkt Immobilie ergeben, machen eine klare Abgrenzung kaum möglich. Auch ist nicht immer eindeutig feststellbar, ob und in welchem Maße ein Unternehmen der Immobilienwirtschaft zuzurechnen ist. So ist es beispielsweise im Einzelfall schwer nachprüfbar, in welchem Umfang ein Notar Verträge mit Immobilienbezug betreut.

Auch die Nutzenstiftung des Raumes und seine marktliche Honorierung (ökonomischer Immobilienbegriff) als Definitionsgrundlage lassen spezielle Fragestellungen offen. Gibt es etwa für bestimmte Spezialimmobilien, wie Kraftwerke, einen Markt? Ist die Bautätigkeit der öffentlichen Hand bei einem zweckgebundenen öffentlichen Bau, wie etwa einer Universität, in der auch Büros zur Verfügung stehen, eine immobilienwirtschaftliche Tätigkeit, auch wenn diese nicht am Markt angeboten werden können (vgl. Bulwien AG/Empirica AG/Gfk prisma, S. 17)?

1.2.2 Immobilienanteil am gesamten Vermögen in Deutschland

1.2.2.1 Immobilien im Privatvermögen

Immobilien spielen für private Anleger wie institutionelle Investoren als Kapitalanlage, für Industrie-, Handels- und Dienstleistungsunternehmen sowie für die öffentliche Hand als Produktionsfaktor eine herausragende Rolle. Aufgrund des hohen Investitionsvolumens, welches mit ihrer Erstellung verbunden ist, nehmen sie sowohl bei den privaten Haushalten als auch bei Unternehmen den größten Anteil am Gesamtvermögen ein, dargestellt in Abbildung 6.

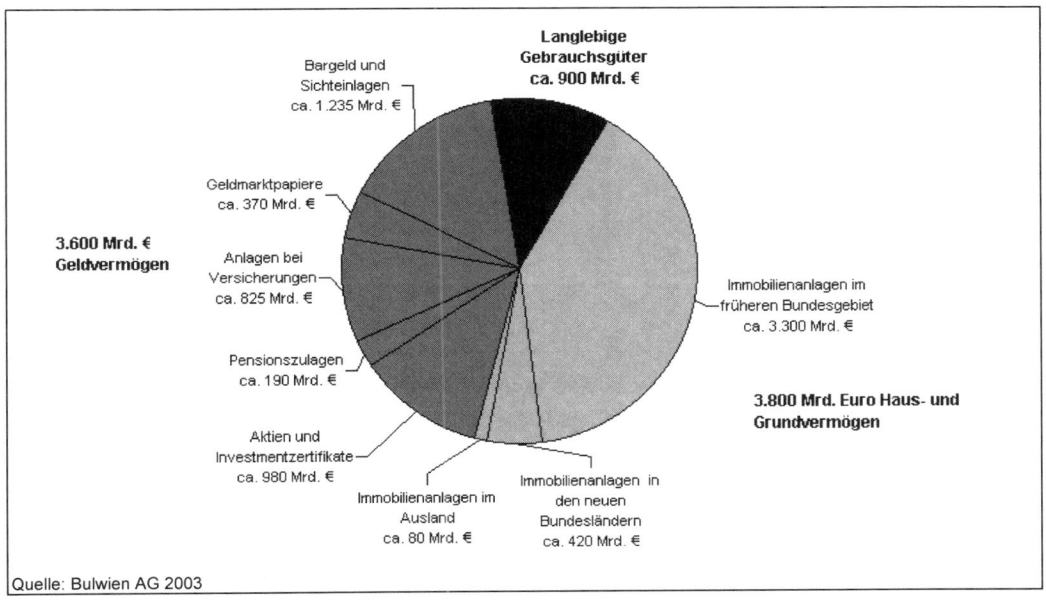

Abbildung 6: Privates Anlagevermögen der Deutschen in 2000

So verfügten die privaten Haushalte Ende 2000 über ein Vermögen von 8,3 Bio. Euro. Davon waren rund **3,8 Bio. Euro**, also ca. **46% in Immobilien** gehalten. Dieser Wert stieg nach Angaben der Deutschen Bundesbank bis Ende 2002 auf 3,9 Bio. Euro an (vgl. Punkt 6.4.3.1). Gleichzeitig waren die Deutschen jedoch auch mit ca. 1,5 Bio. Euro verschuldet. Innerhalb des früheren Bundesgebietes verfügten 14,3 Mio. Haushalte im Jahr 2000 über eigenes Wohneigentum, in den neuen Bundesländern waren es 2,3 Mio. Haushalte. Den **durchschnittlichen Wert** dieser Immobilien beziffert die Bulwien AG auf ca. **203.000 Euro**. Für viele bilden sie als wertstabile Anlage auch einen wichtigen Teil der Altersvorsorge.

1.2.2.2   Immobilien im Vermögen der Unternehmen

Auch die größten deutschen Unternehmen verfügen über einen erheblichen Immobilienbestand. So weisen die 30 im Deutschen Aktienindex DAX gelisteten Firmen 2002 in ihren Konzernbilanzen Immobilien mit einem **Buchwert von 113,4 Mrd. Euro** aus. Zu Anschaffungs- und Herstellungskosten waren diese sogar mit 182,2 Mrd. Euro bewertet (vgl. Konzerngeschäftsberichte der DAX-Unternehmen des Jahres 2002). Die Tabelle 2 veranschaulicht die Zahlen im Einzelnen.

Firma	Bilanzsumme in Mrd. Euro	AK/HK Immobilien in Mrd. Euro	Buchwerte Immobilien in Mrd. Euro	Anteil Immobilien an Bilanzsumme
Metro AG	22,9	7,9	5,4	23,6%
Thyssen-Krupp AG	31,2	7,7	4,9	15,7%
e-on AG	113,1	21,7	13,8	12,2%
SAP AG	5,6	0,85	0,65	11,6%
Schering AG	5,4	1,45	0,6	11,1%
Altana AG	2,3	0,38	0,25	10,9%
RWE AG	100,3	15,7	10,1	10,1%
MAN AG	11,7	2,4	1,15	9,8%
Bayer AG	41,7	8,1	4	9,6%
Henkel AG	8,5	1,6	0,8	9,4%
Deutsche Telekom AG	125,8	18,8	11,4	9,1%
Linde AG	12,2	1,9	1,1	9,0%
TUI AG	15,5	1,75	1,25	8,1%
BASF AG	35,1	6,5	2,7	7,7%
Siemens AG	78	9,5	5	6,4%
Volkswagen AG	108,9	12,3	6,8	6,2%
Fresenius Medical Care AG	6,8	0,55	0,4	5,9%
Infineon AG	10,9	1,05	0,64	5,9%
DaimlerChrysler AG	196,4	19,4	10,5	5,3%
BMW AG	55,5	4,6	2,7	4,9%
Lufthansa AG	19,1	1,5	0,9	4,7%
Adidas AG	4,3	0,3	0,2	4,7%
Deutsche Post AG	162,6	7,4	5,7	3,5%
Finanzdienstleister				
Münchener Rück AG	196,4	10,4	9	4,6%
MLP AG	1,85	0,08	0,06	3,2%
Deutsche Bank AG	758,4	7,3	5	0,7%
Allianz AG	852,1	6,9	5,4	0,6%
Deutsche Börse AG	6,5	0,03	0,03	0,5%
HypoVereinsbank AG	691,2	3,3	2,3	0,3%
Commerzbank AG	422,1	0,9	0,7	0,2%
Gesamt		182,2	113,4	
Durchschnittswert		6,07	3,78	

Stand: DAX-Zusammensetzung Juni 2003 / Zahlen auf Basis der jeweils aktuellen Konzerngeschäftsberichte

Quelle: Eigene Recherchen

Tabelle 2: Immobilienbestände der DAX-Unternehmen 2003

Mit einem **durchschnittlichen Immobilienvermögen von knapp 3,8 Mrd. Euro** zu Buchwerten gehören sie zu den größten Immobilieneigentümern. Sie übertreffen damit auch die meisten Immobilienaktiengesellschaften und einige der offenen Immobilienfonds. Vor allem traditionelle Industriebetriebe verfügen über große historische Immobilienbestände, die oft nur noch mit einem Bruchteil der ursprünglichen Anschaffungs- und Herstellungskosten in den Bilanzen stehen. Die tatsächlichen Verkehrswerte dieser Bestände liegen häufig deutlich über den Buchwerten, sodass im Verlauf der Jahre erhebliche stille Reserven entstanden sind.

Im Zuge der internationalen Harmonisierung der Rechnungslegung und der Umstellung der Bilanzierung auf die Rechnungslegungssysteme IAS oder US-GAAP wurde bei zahlreichen Unternehmen eine Neubewertung der Immobilienbestände notwendig. Bei alten, sanierungsbedürftigen Immobilien oder bei Gebäuden, die aufgrund ihrer baulichen Struktur nicht marktfähig waren, wurden dann Wertberichtigungen notwendig, um die stillen Lasten zu bereinigen.

In den letzten Jahren bemüht sich eine Reihe von DAX-Unternehmen verstärkt, nicht betriebsnotwendige Immobilien zu veräußern und die Erlöse in den Kerngeschäftsfeldern höher verzinst zu reinvestieren. Andere Unternehmen gliedern ihre Immobiliensparte komplett in eine eigene Unternehmung aus und bringen dieses Unternehmen an die Börse (vgl. zum Thema Corporate Real Estate Management auch Kapitel 6.2).

1.2.3 Einfluss der Bau- und Immobilienwirtschaft auf die volkswirtschaftliche Entwicklung

1.2.3.1   Einfluss auf die Entwicklung des Bruttoinlandsproduktes (BIP)

Nach der Wiedervereinigung Deutschlands erlebte die Baubranche vor allem in Ostdeutschland zu Beginn der 90er Jahre einen deutlichen Aufschwung. In Wohn- und Gewerbebauten, vor allem aber in die Infrastruktur war über Jahrzehnte hinweg nur unzureichend investiert worden, sodass hier ein erheblicher Nachholbedarf bestand. Seit 1995 ist jedoch ein gegenläufiger Trend erkennbar. Seither ist die **Bautätigkeit konstant rückläufig**. Dieser Rückgang hat mehrere Ursachen. Neben der notwendigen Reduzierung zuvor aufgebauter Überkapazitäten wurde die steuerliche Förderung von Bauinvestitionen in den neuen Bundesländern sukzessive zurückgefahren. Darüber hinaus ist die Bauwirtschaft eine besonders **konjunkturabhängige Branche**. Daher war sie von der schwachen wirtschaftlichen Entwicklung der vergangenen Jahre besonders betroffen. Schließlich ist die Lage der öffentlichen Finanzen seit Jahren angespannt. Die notwendige Sparpolitik führte zu massiven Einschnitten bei den öffentlichen Investitionen, was die Krise zusätzlich verschärfte. Die Abwärtsbewegung verlangsamte sich im Jahr 2003, mit einem Aufschwung wird aber frühestens Ende 2004 gerechnet.

Seit 1994 ist das Bruttoinlandsprodukt (BIP) um durchschnittlich nur 1,4% gewachsen. Im gleichen Zeitraum wurden 13% des BIP für Bauinvestitionen verwendet – 11% in Westdeutschland und in Ostdeutschland sogar 24%. Dies belegt die bedeutende Rolle der Baubranche im wirtschaftlichen Gefüge Deutschlands. Der konstante Rückgang der Bautätigkeit hatte so einen massiven Einfluss auf die Entwicklung des BIP. Ohne die Baurezession wäre das Wirtschaftswachstum in diesem Zeitraum um jährlich 0,6% höher ausgefallen (vgl. Weitz, S. 12).

Ein weiterer Indikator zur Messung der volkswirtschaftlichen Bedeutung ist der **Bruttoprodukti-
onswert**. Dieser bezieht auch alle Vorleistungen mit ein, welche zur Erstellung des Produktes Immobilie notwendig sind, aber nicht von Akteuren der Immobilienwirtschaft erbracht werden. Für
2000 weist das Statistische Bundesamt für die Wirtschaftsabteilung 70 „Grundstücks- und Wohnungswesen" in dieser Rubrik einen Wert von **292 Mrd. Euro** aus. Das entspricht ca. **8% des gesamten Produktionswertes** für Deutschland von 3,6 Bio. Euro. In dieser Summe sind immobilienwirtschaftliche Aktivitäten großer Non-Property-Companies wie beispielsweise der DAX-
Unternehmen nicht enthalten (vgl. Bulwien AG/Empirica AG/Gfk prisma, S. 18-19).

1.2.3.2 Einfluss auf die Entwicklung der Beschäftigung

Die große volkswirtschaftliche Bedeutung der Immobilienwirtschaft spiegelt sich auch in der Zahl
der Erwerbstätigen wider, die dort eine Beschäftigung finden oder deren Beschäftigung indirekt
davon abhängt. Bei der statistischen Erfassung treten jedoch eine Reihe von Problemen auf. So ist
der Begriff Immobilienwirtschaft – wie zu Beginn dargelegt – nicht eindeutig definiert. In Folge
dessen findet sich in der amtlichen Statistik auch kein entsprechender Ausweis. Außerdem ist bei
der Größe und vielfältigen Verflechtung der Branche nicht immer einwandfrei nachweisbar, wie
viele Erwerbstätige in welchem Ausmaß direkt oder indirekt immobilienwirtschaftlichen Tätigkeiten nachgehen. So sichern Immobilien u.a. zahlreiche Arbeitsplätze bei Kreditinstituten, Versiche-
rern, Beratungsunternehmen und Dienstleistern aller Art.

Laut Berechnungen von Empirica und Bulwien AG waren Ende 2001 2,15 Mio. Menschen direkt in
der Immobilienbranche tätig, davon alleine 1,89 Mio. nur im Bereich Hochbau des Baugewerbes.
In Betrieben des Hoch- bzw. Tiefbaus mit mehr als 20 Mitarbeitern waren laut Angaben des Statistischen Bundesamtes im Mai 2003 801.000 Menschen beschäftigt, also weniger als 50% aller Beschäftigten in diesem Bereich. Das verdeutlicht, dass eine hohe Zahl kleiner Baubetriebe, vor allem
im ländlichen Raum, als Arbeitgeber eine enorm wichtige Rolle spielt. Empirica und die Bulwien
AG gehen außerdem von einem Beschäftigungsmultiplikator von 1,6 aus. Demnach wären deutlich über drei Mio. Arbeitsplätze und damit **knapp 10% aller Arbeitsplätze** direkt oder indirekt
durch die Immobilienwirtschaft gesichert (vgl. Tabelle 3). Die Baubranche ist damit in Deutschland von ähnlich großer Wichtigkeit für die Entwicklung der Beschäftigung wie etwa die Auto-
mobilwirtschaft, bei der Ende 2002 mit ca. 760.000 Beschäftigten ähnlich viele Menschen direkt beschäftigt waren (vgl. Verband der Automobilindustrie).

Die Krise der Bauwirtschaft macht sich jedoch auch in der Entwicklung auf dem Arbeitsmarkt
bemerkbar. So sind von 1995 bis Ende 2001 allein im Bauhauptgewerbe in Deutschland ca. 460.000
Arbeitsplätze verloren gegangen. Damit ist die Zahl der Beschäftigten in diesem Bereich um ca.
ein Drittel in sieben Jahren zurückgegangen (vgl. Statistisches Bundesamt). Der Trend zum Abbau
von Arbeitsplätzen setzte sich auch in 2002 und 2003 weiter fort. Damit hat die Baubranche wie

kein anderer Wirtschaftszweig in den letzten Jahren in Deutschland Beschäftigung abgebaut und so massiv zum gleichzeitigen Anstieg der Arbeitslosigkeit beigetragen. Aktuell sind **mehr als 300.000 Bauarbeiter in Deutschland auf Stellensuche** (vgl. Bundesanstalt für Arbeit).

	Erwerbstätige in 1.000	in % aller Erwerbstätigen
Baugewerbe (nur Hochbau, alle Betriebe)	1.887	5,1%
davon in Betrieben >20 Mitarbeiter (Hoch- und Tiefbau)	801	
Erschließung, Kauf und Verkauf von ...	74	0,2%
Vermietung und Verpachtung von eigenen ...	41	0,1%
Vermittlung und Verwaltung von ...	152	0,4%
... Grundstücken, Gebäuden, Wohnungen		
Im Immobiliensektor Beschäftigte	2.154	5,9%
vom Immobiliensektor abhängige Beschäftigte (Multiplikator 1,6)	1.292	3,5%
Durch Immobiliensektor gesicherte Beschäftigungsverhältnisse gesamt	**3.446**	**9,4%**
Erwerbstätige in Deutschland insgesamt	36.816	100%

Quelle: Statistisches Bundesamt, Bulwien AG, Empirica AG

Tabelle 3: Erwerbstätige in der Immobilienwirtschaft in Deutschland 2001

1.2.4 Bau-, Investitions- und Transaktionsvolumina

1.2.4.1 Entwicklung der Bautätigkeit in Deutschland

Wie zuvor beschrieben ist die Bautätigkeit in der Bundesrepublik Deutschland seit 1999 rückläufig. Von dieser Entwicklung sind alle Bereiche der Bauwirtschaft – Wohnungsbau, Wirtschaftsbau und öffentlicher Bau – gleichermaßen betroffen. Gleichzeitig berührt die Schwäche der Baubranche auch alle anderen Bereiche der Immobilienwirtschaft wie Immobilienfinanzinstitutionen, Projektentwickler oder zahlreiche Immobiliendienstleister.

Besonders deutlich waren die Rückgänge der Bautätigkeit in den neuen Bundesländern durch die Einschränkung der steuerlichen Förderung und die anhaltende Abwanderung der Bevölkerung. Die geplante Abschaffung der Eigenheimzulage in ihrer jetzigen Form könnte diesen Negativtrend in den nächsten Jahren bundesweit noch verstärken und zu zweistelligen Minusraten führen (vgl. DIW, 2002). Das gesamte **Bauvolumen** betrug in Deutschland im Jahr 2002 ca. **255 Mrd. Euro.** Davon entfielen 207 Mrd. Euro auf die alten Bundesländer und 48 Mrd. auf die neuen Bundesländer. 1999 lag dieser Wert noch bei ca. 284 Mrd. Euro. Während der Rückgang im Westen mit 5,4% oder ca. 11 Mrd. Euro in vier Jahren noch vergleichsweise gering ausfiel, war die Situation in Ostdeutschland mit 26,3% oder ca. 17 Mrd. besonders schwierig. Die **Bauinvestitionen**, die im Gegensatz zum Bauvolumen Verbesserungen und Reparaturen von Gebäuden nur berücksichtigen, wenn sie größeren Umfangs sind, beliefen sich im Jahr 2002 auf **214,3 Mrd. Euro**. Auch hier sind die Werte seit Jahren konstant rückläufig, wie Abbildung 7 verdeutlicht.

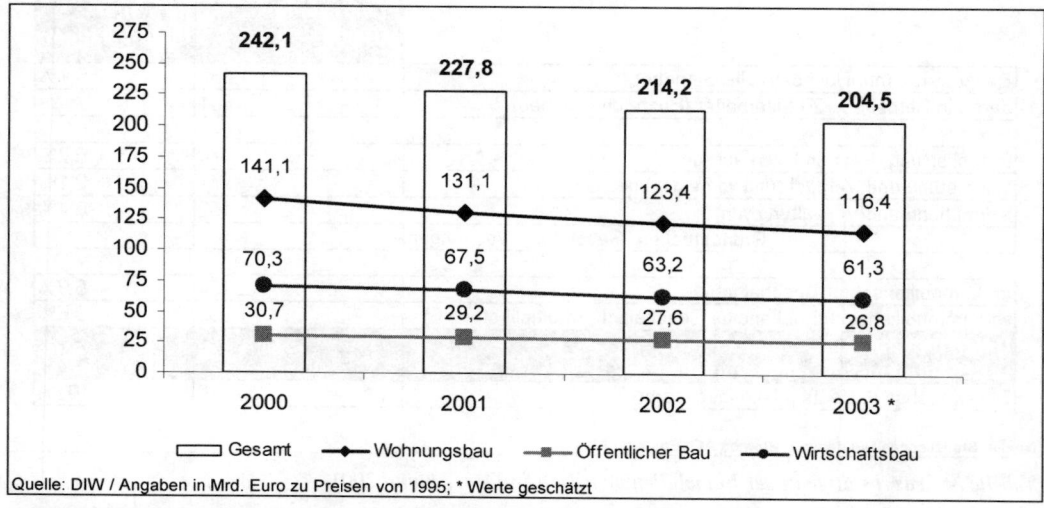

Abbildung 7: Bauinvestitionen in Deutschland 2000-2003

Unter den einzelnen Sektoren fällt dem Wohnungsbau mit 57,5% an den gesamten Bauinvestitionen im Jahr 2002 die bei weitem größte Bedeutung zu. Diese ist in den letzten Jahren sogar noch gewachsen. Der Anteil dieses Bereichs ist von 48% 1991 auf das heutige Niveau gestiegen. Mit 29,8% folgt der Wirtschaftsbau. Die übrigen 12,7% entfallen auf die Bauinvestitionen der öffentlichen Hand (vgl. DIW). Ein Blick auf die Entwicklung der **Baugenehmigungen** und **Baufertigstellungen** für den wichtigen Bereich des Wohnungsbaus zeigt die insgesamt schwierige Lage der Bau- und Immobilienwirtschaft deutlich. Seit dem Spitzenwert von 713.000 Baugenehmigungen in 1994 und 603.000 fertig gestellten Wohnungen in 1995 ist die Entwicklung konstant negativ, wie in Abbildung 8 dargestellt.

Dabei waren die Veränderungen in den einzelnen Segmenten jedoch sehr unterschiedlich. Bei Wohnungen in Ein- und Zweifamilienhäusern entwickelten sich die Baugenehmigungen und Baufertigstellungen bis einschließlich 1999 noch leicht positiv und stützten so den Gesamtmarkt. Erst seit 2000 sind die Zahlen hier leicht rückläufig. Bei Wohnungen in Mehrfamilienhäusern war die Entwicklung bereits seit Mitte der 90er Jahre besonders ungünstig. Ihr Anteil an allen Baugenehmigungen ist seither von ca. 50% auf nur noch 30% in 2002 gefallen. In den neuen Bundesländern sank die Zahl der erteilten Baugenehmigungen für Wohnungen in Mehrfamilienhäusern von einem Höchststand von ca. 104.000 in 1995 auf nur noch 7.200 in 2002. Neben der allgemeinen Marktschwäche ist dieser Trend vor allem in Ostdeutschland vermutlich auch eine Reaktion auf das negative Image der Plattenbausiedlungen der 70er und 80er Jahre. Gerade dort ist der Wunsch nach individuelleren Wohnformen sehr groß. Für die erste Jahreshälfte 2003 ist mit einem Anstieg der Baugenehmigungen zu rechnen. Von Januar bis Mai wurden mit ca. 137.000 Wohnungen 21 % mehr genehmigt als im Vergleichszeitraum 2002. Der Hauptgrund für diese Entwicklung ist jedoch in der aktuellen Diskussion um die Kürzung der Eigenheimzulage zu sehen. Hier kam es zu massiven Vorzieheffekten, um auf die staatliche Förderung nicht verzichten zu müssen. Diese Situation verdeutlicht, wie stark der Einfluss von steuerpolitischen Entscheidungen auf die Entwicklung von Bau- und Immobilienbranche ist.

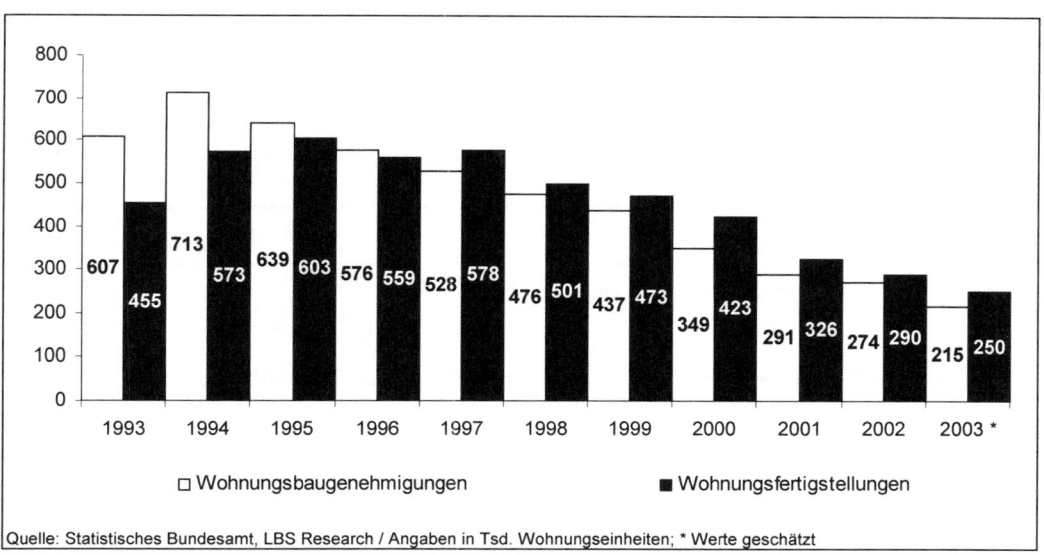

Quelle: Statistisches Bundesamt, LBS Research / Angaben in Tsd. Wohnungseinheiten; * Werte geschätzt

Abbildung 8: Wohnungsbaugenehmigungen und -fertigstellungen in Deutschland 1993-2003

1.2.4.2 Transaktionen auf dem Grundstücksmarkt

Ein weiterer Indikator für die immobilienwirtschaftliche Aktivität sind die jährlichen Transaktionen auf dem deutschen Grundstücksmarkt, also die Übertragung von bebauten und unbebauten Grundstücken. 2002 wurden Immobilien im Wert von 126,7 Mrd. Euro in insgesamt **855.900 Verträgen** übertragen, was einem Durchschnittswert von **148.000 Euro pro Transaktion** entspricht. Gegenüber 1998 ist dies ein deutlicher Rückgang. Damals wurden noch Immobilien in einem Gesamtwert von ca. 150 Mrd. Euro übertragen. Vor allem in Ostdeutschland ist nach dem Ende der steuerlichen Investitionsförderung der Markt 1999 deutlich eingebrochen. Der Anteil der neuen

Bundesländer an allen Transaktionen ist seither von ca. 21% auf heute 13,3% zurückgegangen (vgl. GEWOS Immobilienmarktanalyse IMA). Die genaue Aufteilung der Übertragungen auf verschiedene Immobilientypen ist Abbildung 9 zu entnehmen.

Gesamttransaktionswert 2002:
126,7 Mrd. Euro Immobilientransaktionen in 855.900 Verträgen

Durchschnittstransaktionswert 2002:
148.000 Euro

	Westdeutschland	Ostdeutschland
Transaktionsvolumen gesamt	86,7%	13,3%
davon		
Mehrfamilienhäuser	8,7%	18,4%
Ein- und Zweifamilienhäuser	32,9%	22,2%
Sondereigentum (ETW)	24,6%	16,4%
Wohnbauland insgesamt	8,5%	6,8%
Gewerbebauland	3,3%	4,8%
Gewerbliche/ sonstige Objekte	18,0%	24,1%
Sonstiges Bauland	4,0%	7,3%

Quelle: GEWOS-Immobilienmarktanalyse IMA

Abbildung 9: Immobilientransaktionen in Deutschland 2002

1.2.4.3   Immobilieninvestitionen institutioneller Investoren in Deutschland

Der Markt für Immobilieninvestoren in Deutschland kann in **sechs Teilnehmergruppen** unterteilt werden. Neben den Privatanlegern gibt es auf institutioneller Seite Versicherungen und Pensionskassen, geschlossene Immobilienfonds, offene Immobilienfonds (Publikumsfonds und Immobilienspezialfonds), Immobilienleasinggesellschaften sowie Immobilienaktiengesellschaften. Diese Institutionen verfügten Ende 2001 über einen Immobilienbestand von rund 281 Mrd. Euro. Abbildung 10 zeigt die genaue Aufteilung dieser Summe.

Seit dem Ende des Börsenbooms im Jahr 2000 erfreuen sich Immobilienanlagen bei den verschiedenen Investoren wieder wachsender Beliebtheit. Durch die **geringere Volatilität der Renditen** im Vergleich zu anderen Anlageformen wie etwa Aktien sind sie im Portfolio vor allem unter Risikogesichtspunkten bei vielen privaten wie institutionellen Kapitalanlegern ein wichtiger Bestandteil. Für diese These spricht die Entwicklung des **Deutsche Immobilien Index (DIX)**, der von der DID Deutsche Immobilien Datenbank GmbH mit Sitz in Wiesbaden veröffentlicht wird und die Wertentwicklung von knapp 2.400 Immobilien im Wert von ca. 35 Mrd. Euro abbildet. Seit seiner erstmaligen Veröffentlichung 1996 hat er in jedem Jahr positive Renditen von durch-

schnittlich 4,7% gezeigt, was im gleichen Zeitraum Aktien (DAX) und Renten (REX-P) nicht gelungen ist (vgl. DID).

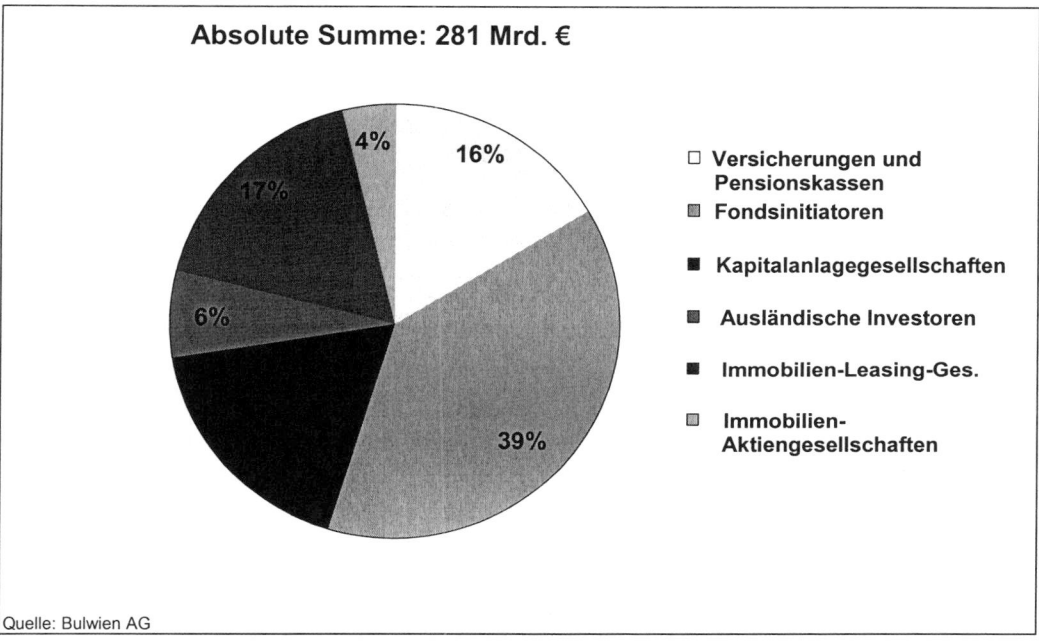

Abbildung 10: Immobilienanlagen deutscher institutioneller Immobilieninvestoren 2001

Im Jahr 2001 investierten die fünf genannten Gruppen institutioneller Investoren insgesamt 20,8
Mrd. Euro allein in Deutschland in Immobilien. Vor allem **offene Immobilienfonds** erfreuen sich
großer Beliebtheit. So erhöhte sich das Fondsvolumen der **Publikumsfonds** in 2002 um 15,5 Mrd.
Euro auf 71,2 Mrd. Euro, was einen Rekordmittelzufluss bedeutete. Auch **Immobilien-
Spezialfonds**, die vor allem von kleinen und mittleren Versicherungen und Pensionskassen genutzt werden, die nicht direkt in Immobilien investieren können oder wollen, sind seit einigen
Jahren sehr erfolgreich. Im Jahr 2002 erhöhte sich deren Fondsvolumen um 2,9 Mrd. Euro auf 11,7
Mrd. Euro. 1993 waren hier erst 1,4 Mrd. Euro investiert. Die erheblichen Mittelzuflüsse führen zu
einem hohen Anlagedruck, vor allem für offene Publikumsfonds, die fast ausschließlich in Büro-
und Einzelhandelsimmobilien in Top-Immobilienstandorten investieren. Durch ihre hohe Nachfrage bei einem gleichzeitig knappen Angebot an geeigneten Immobilien sorgen sie für eine Stabilisierung des ansonsten schwachen Marktes. Der Mangel an geeigneten Investitionsobjekten, steuerliche Vorteile bzw. die Änderungen des **4. Finanzmarktförderungsgesetzes** sorgen jedoch auch
für verstärkte Investitionen im Ausland. Allein in 2002 erwarben die Publikumsfonds 36 neue Objekte im Gesamtwert von 7,8 Mrd. Euro im Ausland. Damit wurde mehr als die Hälfte der gesam-

ten Mittelzuflüsse außerhalb Deutschlands investiert. Mit zunehmender Größe der Fonds dienen diese Investitionen auch einer besseren Diversifikation der Anlage.

Versicherungen und Pensionskassen ziehen sich nach wie vor aus direkten Immobilienanlagen zurück. Ende 2002 waren nur noch 26 Mrd. Euro oder 2,6% aller Anlagen direkt in Immobilien gehalten, nach 27,8 Mrd. Euro oder 3,1% Ende 2001 (vgl. Kapitalmarktstatistik der Deutschen Bundesbank). In den 70er Jahren lag der Anteil noch deutlich über 10%. Über das Anlagevehikel der Immobilien-Spezialfonds investieren Versicherungen und Pensionskassen jedoch zunehmend indirekt in Immobilien.

Immobilienaktiengesellschaften verloren im Zuge der allgemeinen Börsenflaute in den letzten Jahren wieder an Bedeutung unter den institutionellen Immobilieninvestoren. Mit einer Marktkapitalisierung aller im Ellwanger & Geiger **DIMAX** gelisteten 55 Titel von insgesamt 9,82 Mrd. Euro Ende 2002 und einem Jahresverlust von knapp 20% spielen sie nur eine untergeordnete Rolle bei Immobilientransaktionen (vgl. zur Wertentwicklung Bankhaus Ellwanger & Geiger).

Geschlossene Immobilienfonds konnten ihr Mittelaufkommen in den letzten zwei Jahren stabilisieren. 2002 konnten sie ca. 4,7 Mrd. Euro an Eigenkapital von den Anlegern einsammeln und durch Aufnahme von Fremdkapital ein Gesamtinvestitionsvolumen von ca. 10,4 Mrd. Euro realisieren. Davon entfielen auf in Deutschland investierende Fonds 2 Mrd. Euro Eigenkapital bei einer Gesamtinvestition von 4,85 Mrd. Euro. Bei den Auslandsfonds liegen die USA mit 2,07 Mrd. Euro investiertem Eigenkapital deutlich an der Spitze vor den Niederlanden und Österreich (vgl. Loipfinger). Bei den Deutschlandfonds konnte nach Jahren zurückgehenden Investitionsvolumens eine Stabilisierung bzw. ein leichter Anstieg erreicht werden. Ende der 90er Jahre hatte der Abbau steuerlicher Vergünstigungen, mit deren Hilfe die deutschen geschlossenen Fonds durch Verlustzuweisungen für die Anleger einen oft wesentlichen Teil ihrer Rendite erwirtschafteten, zu großen Absatzproblemen geführt. Geschlossene Immobilienfonds investieren auch in B-Lagen und in kleineren Immobilienmärkten. Sie bilden daher eine wichtige Nachfragesäule auf dem Immobilieninvestmentmarkt.

Immobilienleasinggesellschaften investierten in den letzten fünf Jahren konstant zwischen sechs und acht Mrd. Euro neu in Immobilien in Deutschland (vgl. Bundesverband Deutscher Leasing Unternehmen e.V.). Sie waren damit ebenfalls eine stabile Größe am Immobilieninvestmentmarkt.

1.2.5 Die deutsche Immobilienwirtschaft im internationalen Vergleich

1.2.5.1 Bautätigkeit und Renditen im internationalen Vergleich

Trotz der anhaltenden Schwäche der deutschen Bauindustrie, liegt die Bautätigkeit in Deutschland im europäischen Vergleich auf einem **durchschnittlichen Niveau**. Pro Kopf wurden 2001

2.750 Euro investiert, was insgesamt ca. 226 Mrd. Euro entspricht. Während der Pro-Kopf-Wert in den alten Bundesländern seit 1991 mit Werten zwischen 2.500 und 2.900 Euro stabil ist, hat er sich in den neuen Bundesländern nach dem Ende des Baubooms von 4.869 Euro in 1995 auf nur noch 2.956 Euro in 2001 verringert. Alle **Bauinvestitionen in der Europäischen Union** summierten sich in 2001 auf ca. **881 Mrd. Euro**, das **Bauvolumen** betrug sogar **952 Mrd. Euro** (vgl. Rußig, V. nach Euroconstruct/ifo-Institut). Mit einem Anteil von ca. 25,7% an den Bauinvestitionen repräsentiert Deutschland vor Frankreich mit 15% und Großbritannien mit 14% den größten Markt (vgl. Abbildung 11 und Abbildung 12).

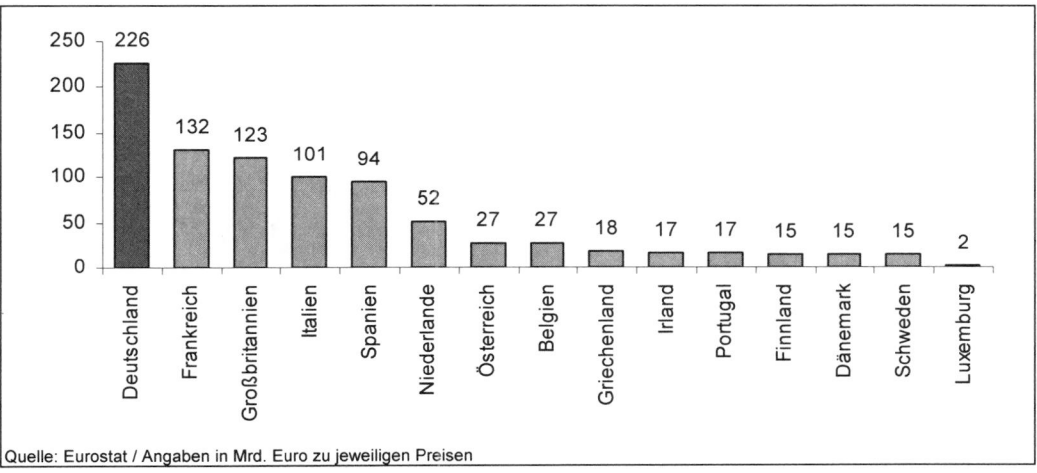

Quelle: Eurostat / Angaben in Mrd. Euro zu jeweiligen Preisen

Abbildung 11: Bauinvestitionen in der Europäischen Union 2001

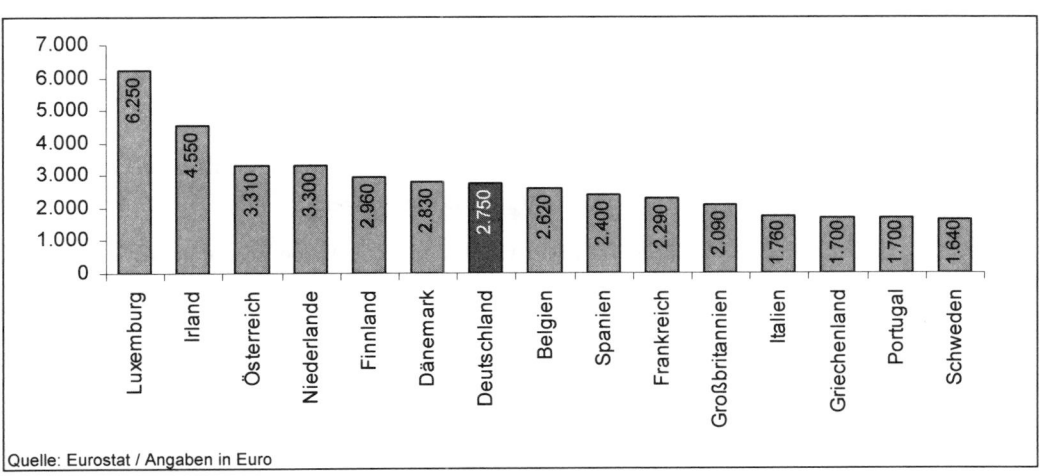

Quelle: Eurostat / Angaben in Euro

Abbildung 12: Bauinvestitionen pro Kopf in der Europäischen Union 2001 in Euro

Beim **Wohnungsbau** ist Deutschland im internationalen Vergleich in den letzten Jahren deutlich zurückgefallen. 1997 lag die Bundesrepublik mit einem Wert von 7,0 neugebauten Wohnungen pro 1.000 Einwohner noch deutlich oberhalb des europäischen Schnitts von 5,4, vor allem getragen von einem massiven Wohnungsneubau in den neuen Bundesländern. Gerade dort ist der Wert aber seither von 11,6 pro 1.000 Einwohner auf nur noch 3,6 gefallen, dargestellt in Abbildung 13.

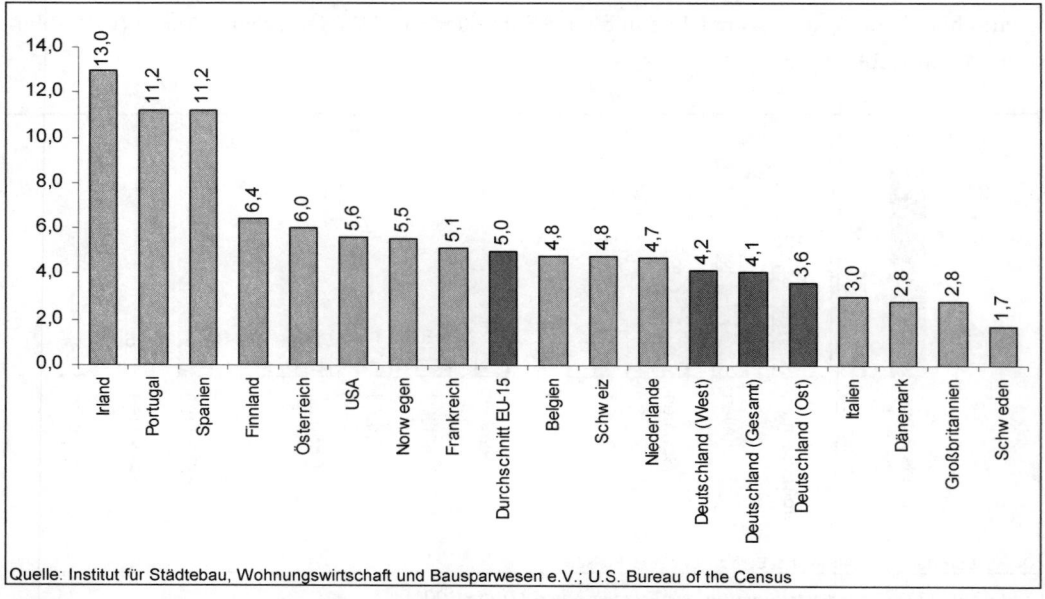

Quelle: Institut für Städtebau, Wohnungswirtschaft und Bausparwesen e.V.; U.S. Bureau of the Census

Abbildung 13: Neugebaute Wohnungen in Wohngebäuden je Tausend Einwohner 2001

Bei der **Wohneigentumsquote** hat Deutschland gegenüber den meisten Ländern noch Nachholbedarf, wie Abbildung 14 zu entnehmen ist. Der Anteil von Eigentumswohnungen ist besonders in den Großstädten und in den neuen Bundesländern besonders niedrig. Auch die Eigenheimförderung und andere Förderinstrumente haben die Quote nicht nachhaltig gesteigert. In den alten Bundesländern ist sie seit 1950 nur von 39,1% auf nun 45% gestiegen.

Bei den **durchschnittlichen Renditen** für direkt wie indirekt gehaltene Immobilienanlagen weist Deutschland im europäischen Vergleich für die letzten 10 Jahre die geringsten Werte aus. Dabei rentierten **Direktanlagen** mit durchschnittlich **3,8% jährlich**. Im Vergleich dazu waren mit Immobiliendirektanlagen in Frankreich 5,3%, in Großbritannien 9,2% und in Irland sogar 16,8% an jährlicher Rendite zu erzielen (vgl. Investment Property Databank IPD).

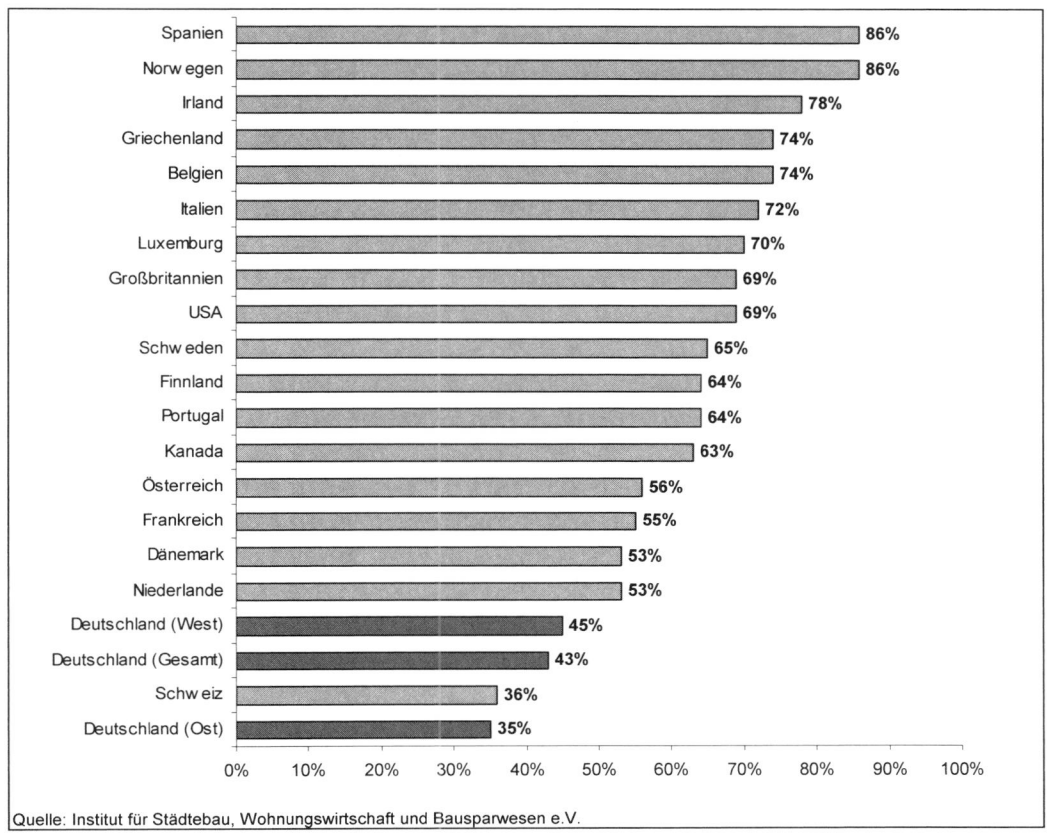

Abbildung 14: Wohneigentumsquoten 2004 im internationalen Vergleich

1.2.5.2 Grenzüberschreitende Immobilieninvestitionen

Eine Folge dieser Ergebnisse ist das Anlageverhalten der institutionellen Immobilieninvestoren in Europa. Jones Lang LaSalle schätzt den gesamten **institutionellen Investmentmarkt** für 2002 auf **80 Mrd. Euro.** Davon entfielen 41% auf grenzüberschreitende Immobilientransaktionen. Mit einem Anteil von 64% investieren ausländische Investoren hauptsächlich in Büroimmobilien. Die wichtigsten **Zielländer** ausländischer Investoren waren 2002 wie auch bereits 2001 Großbritannien und Frankreich mit 36% bzw. 27%. Deutschland ist mit 4% sogar noch hinter Ländern wie Schweden mit 8% oder den Niederlanden mit 5% platziert. Betrachtet man die **Herkunftsländer** grenzüberschreitender Investitionen liegt Deutschland hingegen deutlich an erster Position. Allein die deutschen offenen Immobilienfonds konnten in 2002 mit ca. 6 Mrd. Euro rund 24% des gesamten Anlagevolumens auf sich vereinigen. Die Einführung des Euro hat die Vergleichbarkeit von grenzüberschreitenden Immobilieninvestitionen gesteigert. In der Folge sind diese in 2002 gegenüber dem Vorjahr um 18% gestiegen. Die Marktzyklen in den verschiedenen Ländern sind jedoch nach wie vor sehr unterschiedlich. Auch die Steuersysteme der verschiedenen EU-Mitgliedstaaten sind noch sehr verschieden, sodass steuerlich motivierte internationale Investitionen nach wie vor eine große Rolle spielen.

Literaturverzeichnis zu Kapitel 1.2

Bankhaus Ellwanger & Geiger: DIMAX Ergebnisbericht 2002, Stuttgart 2003.

Bulwien AG/Empirica AG/GfK prisma: Frühjahrsgutachten Immobilienwirtschaft 2003 des Rates für Immobilienweisen, Wiesbaden 2003.

Bulwien AG: Verschiedene Publikationen zum Immobilienmarkt Deutschland.

Bundesanstalt für Arbeit: Publikationen zum Stand und der Entwicklung der Arbeitslosigkeit in Deutschland, Nürnberg 2003.

Bundesverband Deutscher Leasing Unternehmen e.V.: Jahresbericht 2003/2004, im Internet: www.bdl-leasing-verband.de

Bundesverband Investment und Asset Management e.V.: Fondsstatistiken Offene Immobilienfonds, Frankfurt 2002.

Deutsche Bundesbank: Kapitalmarktstatistik Juni 2003.

Deutsche Immobilien Datenbank DID: DIX Ergebnisbericht 2002, Wiesbaden 2003.

Deutsches Institut für Wirtschaftsforschung DIW: Wochenberichte 45/2002; 01/2003; 16/2003.

Eurostat: Europäische Bauinvestitionen und Bauinvestitionen pro Kopf 2001.

GEWOS: Immobilienmarktanalyse IMA, Hamburg 2003.

Institut für Städtebau, Wohnungswirtschaft und Bausparwesen e.V.: Wohnungsneubauten in Europa 2004.

Investment Property Databank IPD: European Property Performance, IPD European Property Strategies Conference 2001.

Jones Lang LaSalle – European Capital Markets Research: Cross-Border Real Estate Investment – Real Estate in Demand, 2003.

Loipfinger, Stefan: Marktanalyse der Beteiligungsmodelle 2003.

Rußig, Volker: Baukonjunktur in Europa: Banges Warten auf den Aufschwung, in: ifo Schnelldienst 3/2003, S. 11-22.

Statistisches Bundesamt: Statistisches Jahrbuch 2002, Kapitel 10 Bautätigkeit und Wohnungen, Wiesbaden 2003.

Verband der Automobilindustrie: Jahreszahlen 2002, im Internet: www.vda.de, 2003.

Weitz, Heinrich: Bau bremst Wirtschaftswachstum, in: Baumarkt und Bauwirtschaft, 7-8/2003, S. 12.

1.3 Immobilienökonomie als wissenschaftliche Disziplin

Karl-Werner Schulte, Wolfgang Schäfers

1.3　Immobilienökonomie als wissenschaftliche Disziplin

Karl-Werner Schulte, Wolfgang Schäfers

1.3.1　Einführung

Immobilienbezogene Themen haben seit etwa Anfang der 90er Jahre einen enormen Anstieg an Aufmerksamkeit in der Öffentlichkeit erfahren. Zu Recht kann man behaupten, dass die Immobilienwirtschaft in Deutschland in der öffentlichen Meinung aus ihrem „Dornröschenschlaf" erwacht ist. Die Beschäftigung mit Institutionen und Aktionen, die diesem Wirtschaftssektor zuzurechnen sind, bewegte sich im gesamten Spektrum ökonomischer wie gesellschaftspolitischer Auseinandersetzungen.

Die fundamentale wirtschaftliche Bedeutung der Branchen „rund um die Immobilie" verleitet berechtigterweise zu Fragen nach dem Stand der wissenschaftlichen Beschäftigung mit den Besonderheiten eines Lehr- und Forschungsgebietes, welches die Problemstellungen der Immobilienwirtschaft und angrenzender Sektoren zum Inhalt hat.

Hierzu wird einleitend auf den Erkenntnisstand und die wissenschaftliche Verfassung der immobilienbezogenen Forschung eingegangen. Im Anschluss werden die Gründe für die weitgehend zu konstatierende wissenschaftliche Vernachlässigung dieses Gebietes erörtert. Aufbauend auf der grundlegenden Darstellung vorhandener Konzepte werden die konstituierenden Merkmale der als Immobilienökonomie zu bezeichnenden Wissenschaftsdisziplin präzisiert und ein Bezugsrahmen vorgestellt und kritisch beleuchtet, der zur inhaltlichen Verfassung und Abgrenzung dieses Forschungsgebietes dienen mag. Abschließend werden Ideen zur Gestaltung der Wissenschaftsorganisation der Immobilienökonomie vorgestellt.

1.3.2　Erkenntnisstand und wissenschaftliche Verfassung immobilienbezogener Forschung

Mit dem eingangs skizzierten Bedeutungszuwachs immobilienbezogener Themen und Problemstellungen ging allerdings lange Zeit keine Intensivierung der wissenschaftlichen Beschäftigung mit diesem Realitätsausschnitt einher – auch und gerade nicht in den Wirtschaftswissenschaften. Als Indiz für diese Vernachlässigung sei das Fehlen von Beiträgen in einschlägigen Kompendien, Handwörterbüchern oder Lehrbüchern der Betriebs- und Volkswirtschaftslehre genannt (vgl. Schulte, 1992, S. 232; Oettle, S. 8f.). Mit Bezug auf die Wohnungswirtschaft kommt Oettle zu folgendem nüchternen Ergebnis: „Das (...) Wertgewicht des Wohnens (...) steht in einem merkwürdigem Gegensatz zu der zurückhaltenden Aufmerksamkeit, welche die deutschen Wirtschafts- und Sozialwissenschaften der Wohnungswirtschaft derzeit schenken." (Oettle, S. 7)

Dementsprechend fällt die Heranziehung einschlägiger Differenzierungskriterien zur inhaltlichen Fassung eines Lehr- und Forschungsgebietes schwer. Eine tiefer gehende Sichtung des Literaturbestandes zeigt sehr schnell, dass eine Meta-Diskussion über die erkenntnistheoretischen und wissenschaftsmethodologischen Grundlagen und Prinzipien eines solchen wissenschaftlichen Fachgebietes und dessen Verhältnis zu anderen Disziplinen der Wirtschafts- und Sozialwissenschaften weitgehend unterblieben ist.

Bislang befassen sich nur die **Bauwirtschaftslehre** (vgl. Pfarr; Möller; Schulte/Walbröhl) und die **Wohnungswirtschaftslehre** (vgl. Jenkis; Kühne-Büning; Heuer/Nordalm) mit immobilienbezogenen Themen; jedoch behandeln die vorhandenen Beiträge vornehmlich die funktions- oder institutionenspezifischen Einzelfragen und -probleme und lassen – von wenigen Ausnahmen abgesehen – einen übergreifenden Bezugsrahmen zur Integration der wissenschaftlichen Bemühungen vermissen (vgl. Schäfers, S. 5).

Ferner herrscht der Eindruck vor, dass sich die wirtschaftswissenschaftliche Forschung und die universitäre Lehre mit immobilienbezogenen Fragestellungen eher auf Basis individueller Überzeugung und Intuition anstelle wissenschaftslogischer Begründung befassen. So stellt Hennings nüchtern fest, „dass die Ausbildung im Immobilienbereich insbesondere an den wissenschaftlichen Hochschulen sträflich vernachlässigt worden war" (Hennings, S. 50). Dadurch bleiben die Wissenschaftler zwar weitgehend von kritischen Auseinandersetzungen über Fragen der anzustrebenden Erkenntnisziele und -objekte, der einzusetzenden Entdeckungs- und Begründungsmethoden und des Theorie-Praxis-Verhältnisses unbehelligt. Jedoch ist diese Vernachlässigung der theoretischen Grundlagen auf Dauer für die immobilienwirtschaftliche Praxis höchst unbefriedigend, denn ähnlich wie andere Wirtschaftszweige kann auch sie auf eine wissenschaftliche Fundierung realer Entscheidungen nicht verzichten.

Gesamthaft betrachtet lässt sich daher der wissenschaftstheoretische Erkenntnisstand sowie die Wissenschaftsorganisation der Immobilienökonomie in Anlehnung an Hawkins als „potpourri of functional fields, methodologies, descriptions, occasional theorizing and conceptualizing, which does not yet come together into a coherent package of received wisdom" (Hawkins, S. 15) charakterisieren. Will man dieser Aussage einen positiven Aspekt abgewinnen, so stellt die Immobilienökonomie ein innovatives Fachgebiet dar, das verstärktes Forschungsinteresse weckt und verdient.

1.3.3 Gründe für die wissenschaftliche Vernachlässigung der Immobilienwirtschaft

Die Gründe für den bis Anfang der 90er Jahre unbefriedigenden Entwicklungsstand in Deutschland sind vielfältig.

Die Immobilienwirtschaft berührt – wie auch andere Erfahrungsobjekte der Wirtschafts- und Sozialwissenschaften – die verschiedensten Gebiete der Lebenswirklichkeit. Dabei kann man davon ausgehen, dass immobilienökonomische Fragen in weitaus mehr Dimensionen hineinreichen als die meisten anderen Erfahrungsobjekte. Diese Vieldimensionalität erfordert zu ihrer ganzheitlichen Bewältigung eine enge Verzahnung verschiedener Forschungsgebiete. Dies erschwert ihre wissenschaftliche Durchdringung, denn: „Wo sich die einzelnen Disziplinen überlappen, ist der Erkenntnisstand des Wissens meist niedriger als in der einzelnen Fachdisziplin" (Pfarr, S. 16).

Diese Situation wird zusätzlich durch die besonderen Charakteristika von Immobilien als Wirtschaftsgut und des Immobilienmarktes als solchem erschwert.

Der Immobilienmarkt unterscheidet sich in erheblichem Maße von dem Idealbild eines vollkommenen Marktes. Bedingt durch die Besonderheiten von Immobilien als Wirtschaftsgut (vgl. Kapitel 1.1) ist der Immobilienmarkt als Spezialmarkt zu bezeichnen (vgl. Abromeit-Kremser, S. 113), der vor allem durch eine Aufspaltung in Teilmärkte, unzureichende Markttransparenz und geringe Anpassungselastizitäten gekennzeichnet ist.

Die spezifischen Gutseigenschaften von Immobilien führen letztendlich zu einer mangelnden Anwendbarkeit bzw. zu der Notwendigkeit einer inhaltlichen Modifizierung bewährter Theorieansätze der Wirtschaftswissenschaften (ähnlich in Bezug auf die Bauwirtschaft auch Refisch, S. 242).

Dem steht jedoch eine mangelnde Differenzierungsbereitschaft in den Wirtschaftswissenschaften entgegen. Die „unzulängliche Differenzierung besteht in Volks- und Betriebswirtschaftslehre darin, dass das Vorhandensein praktisch bedeutsamer Eigenarten von Wirtschaftszweigen und zweckverschiedener Betriebstypen nur unzureichend berücksichtigt oder gar geleugnet wird" (Oettle, 2001, S. 14). Auch Müller-Merbach spricht sich für Interdisziplinarität aus (vgl. Müller-Merbach).

Die Volkswirtschaftslehre hat, obwohl hier eine Beschäftigung mit dem Produktionsfaktor „Boden" schon recht früh einsetzte (beispielsweise Ricardo; Thünen; Weber), ihre Aufmerksamkeit primär den anderen beiden Produktionsfaktoren „Arbeit" und „Kapital" zugewandt.

Unter der Dominanz der Allgemeinen Betriebswirtschaftslehre und der daraus entwickelten Funktionenlehre (vgl. Oettle, S. 14ff.; Gondring) haben sich die speziellen Betriebswirtschaftslehren der Industrie, des Handels, der Bankwirtschaft, der Versicherungswirtschaft und der Verkehrswirtschaft entwickelt, nicht aber eine spezielle BWL „Immobilienbetriebslehre".

Es entstanden lediglich die Bauwirtschaftslehre und die Wohnungswirtschaftslehre. Die Erkenntnisse der beiden Disziplinen können zwar für mit Immobilien befasste Wirtschaftssubjekte hilfreich sein, vermögen aber einen großen Teil der Realität in der Immobilienwirtschaft nicht abzudecken.

1.3.4 Ansätze zur Abgrenzung der Immobilienökonomie als wissenschaftliche Disziplin

Wissenschaftstheoretisch wird ein Wirklichkeitsbereich wie z.B. die Auseinandersetzung mit Immobilien zu einer Wissenschaft, wenn es gelingt, diesen Wirklichkeitsbereich deutlich von anderen Realitätsbereichen abzugrenzen, ihn mit Hilfe von Definitionen und durch die Bildung von Begriffen systematisch zu ordnen, um ihn anschließend planmäßig mit wissenschaftlichen Methoden zu untersuchen (vgl. Hennings, S. 54).

Schon Kant hat in seiner Erkenntnistheorie Folgendes ausgeführt: „Wenn man eine Erkenntnis als Wissenschaft darstellen will, so muss man zuvor das Unterscheidende, was sie mit keiner anderen gemein hat und was ihr also eigentümlich ist, genau bestimmen können" (Kant, S. 13). Auf die Frage nach den Spezifika einer wissenschaftlichen Disziplin, die sich in besonderem Maße mit der Immobilienwirtschaft und dem Produktionsfaktor Boden befasst, sind mehrere Antworten gegeben worden, wobei angloamerikanische und deutschsprachige Ansätze differenziert werden können.

1.3.4.1   Angloamerikanische Ansätze

Die wissenschaftliche Auseinandersetzung mit immobilienbezogenen Problemstellungen im angloamerikanischen Sprachraum besitzt eine vergleichsweise lange Tradition. So wurden z.B. in den USA in den Jahren 1904/05 erste, speziell auf die Immobilienwirtschaft ausgerichtete akademische Programme an den Universitäten von Pennsylvania und New York eingerichtet. Im Jahr 1926 kam es zur Gründung des Institute for Research in Land Economics and Public Utilities an der Universität Wisconsin, welches als erstes eigenständiges Forschungsinstitut speziell für die Immobilienwirtschaft gelten dürfte (vgl. Davies, S. 121ff.).

Jedoch war das Arbeitsverhalten diesbezüglich interessierter Fachvertreter nicht von einem metatheoretischen Konsens geprägt, der in wissenschaftstheoretischer Perspektive die gemeinsame Identität und die profilbildenden Grenzmarkierungen dieses Fachgebietes gegenüber anderen Wissenschaftszweigen zum Ausdruck gebracht hätte (vgl. auch die Kritik bei Grissom/Liu, S. 65ff.; Clapp/Goldberg/Myers, S. 107ff.).

Die Notwendigkeit zur Beseitigung dieses Mangels an einem metatheoretischen Bezugsrahmen wurde dementsprechend schon 1967 von Rowland angemahnt: „Identification of real estate as a distinct discipline would contribute mightly to acceptance as one of the more worthwhile fields of functional spezialisation. Sharper delineation of the discipline (...) is needed, particularly in distinguishing it from the fields of regional science and city planning. (...) Such delineation should recognize that economic decisions about a city are made under different conditions than are those relating to the firm, and that education should become significantly relevant to the skills required in the micro-decision processes of the firm and to the environment within which the firm operates" (Rowland, S. 11).

In der Folgezeit haben sich zwei grundlegende Ansätze im amerikanischen Schrifttum herausgebildet, die eine gewisse Geltung beanspruchen dürfen: der von Graaskamp vertretene „**multidisciplinary approach**" sowie der von Dasso/Woodward geprägte „**financial management approach**".

Im Verständnis von Graaskamp sind Immobilien vom Menschen geschaffene Artefakte, die in einen psychologischen, sozialen und politischen Kontext eingebunden sind (vgl. Graaskamp, 1991b, S. 53). Infolgedessen betont er ein multi- bzw. interdisziplinäres, problemorientiertes Vorgehen bei der Bewältigung bau- und immobilienwirtschaftlicher Fragestellungen: „Real estate as a special application of a cash cycle enterprise is to legitimacy as a field of interest appropriate to the School of Business. However, real estate enterprise manufactures the physical terrarium of our society over time, and such enterprise, public or private, is the ultimate client for all physical and environmental designers. Perhaps a contemporary real estate program could have its home base in either a school of physical design or a school of business administration, so long as it was permitted to be inductive, multidisciplinary, and problem solving" (Graaskamp, 1991a, S. 49). Mithin wird – wie Abbildung 15 verdeutlicht – einer Interdisziplin „Real Estate Economics" der Vorzug gegeben; diese Ausrichtung wird auch von anderen amerikanischen Fachvertretern geteilt (vgl. z.B. Grissom/Liu, S. 67ff.).

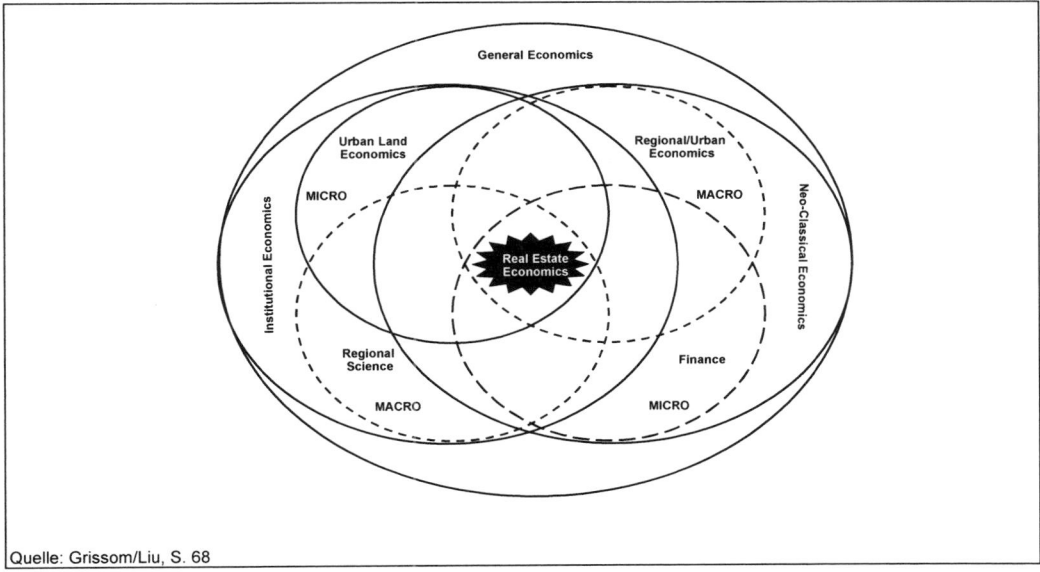

Quelle: Grissom/Liu, S. 68

Abbildung 15: Real Estate Economics als Multi- oder Interdisziplin

Im Gegensatz dazu ist der Ansatz von Dasso/Woodward durch das Bemühen gekennzeichnet, mittels einer Beschränkung auf finanzwirtschaftliche, vornehmlich quantitative Aspekte eine klare Abgrenzung gegenüber anderen Wissenschaftsdisziplinen zu erreichen: „The objective in the financial management of real estate must be to maximize the value of a site. (...) The financial management approach satisfies the need of real estate for sharper delineation as a discipline" (Dasso/Woodward, S. 421f.). Deutlich erkennbar ist, dass vornehmlich Renditeaspekte aus Grundstücken und Gebäuden im Mittelpunkt der ökonomischen Analyse stehen.

1.3.4.2 Deutschsprachige Ansätze

Wie weiter oben ausgeführt lassen sich mögliche Wurzeln zur Erfassung und Abgrenzung der betrachteten Disziplin vornehmlich in der Bau- und Wohnungswirtschaftslehre finden.

Das Bemühen um Wirtschaftlichkeit und Kosteneinhaltung bei der Errichtung von Bauwerken bewegt die Menschheit schon seit über 2000 Jahren. Gleichwohl hat sich hieraus erst in jüngster Zeit eine wirtschaftswissenschaftliche Disziplin entwickelt. „Hiervon kann man erst sprechen, seitdem im Streben nach Erkenntnis nicht mehr Einzelaspekte isoliert und vielfach in vereinfachender Weise betrachtet werden, sondern versucht wird, umfassend Erkenntnisse über die Wirtschaftlichkeit von Baumaßnahmen zu gewinnen" (Möller, S. 1) und dies „zu einem in sich gegliederten, innerlich-logisch verbundenen Lehrgebäude" (Lisowsky, S. 661) zusammenzusetzen.

In einem ersten Definitionsansatz beschreibt Möller das Erkenntnisobjekt der von ihm benannten Wissenschaftsdisziplin **„Planungs- und Bauökonomie"** als die wirtschaftliche Seite von Bauwerken während ihrer gesamten Lebensdauer von der Planung bis zu ihrer Beseitigung (vgl. Möller, S. 2). Die Planungs- und Bauökonomie wird dabei als Wirtschaftslehre aus Sicht des Bauherrn verstanden. Sie ist sowohl theoretische als auch angewandte Wissenschaft. Dementsprechend zählen zu ihren Erkenntniszielen nicht nur die wirtschaftlichen Zusammenhänge des Planungs-, Bau- und Nutzungsprozesses, sondern auch dessen optimale Gestaltung.

Diese Auffassung findet sich auch in dem vergleichsweise umfänglichen Differenzierungsansatz von Pfarr wieder (vgl. Pfarr, S. 15ff.). Bauwirtschaftliche Fragestellungen werden von ihm in einem dreidimensionalen Koordinatensystem mit einer objekt-, institutionen- und prozessorientierten Achse geordnet. Zum einen bezieht sich die **Bauwirtschaftslehre** auf das Bauobjekt als Ziel und Gegenstand der Handlungen der beteiligten Subjekte und Institutionen. Zum anderen werden die Institutionen, die als Subjekte an der Planung, Erstellung und Nutzung von Gebäuden direkt oder indirekt beteiligt sind, untersucht. Zu ihnen gehören in erster Linie Bauherren, Planer, Bauunternehmen, Behörden sowie Nutzer. Schließlich betrachtet die Bauwirtschaftslehre auch die Prozesse als zeitliche Determinanten des Zusammenwirkens der beteiligten Subjekte auf die Bauobjekte. Dementsprechend kann von einer Objekt-, Planungs-, Bau-, Nutzungs- und Betriebsökonomie gesprochen werden. Ferner zieht Pfarr auch allgemeine Theorien bzw. theoretische Ansätze der Betriebswirtschaftslehre mit ein. Im Einzelnen werden Erkenntnisse des faktor-, system- und entscheidungstheoretischen Ansatzes in der bauwirtschaftlichen Theoriebildung berücksichtigt. Gleichwohl lässt sich feststellen, dass eine Integration bauwirtschaftlicher Inhalte in die Betriebswirtschaftslehre bislang kaum erfolgt ist.

Unabhängig hiervon hat sich in einem zweiten Ansatz die **Wohnungswirtschaftslehre** entwickelt. Vornehmlich in volkswirtschaftlicher Perspektive umfasst sie jene wirtschaftlichen Tatbestände, die sich auf den vorhandenen Wohnungsbestand und die Produktion neuer Wohnungsangebote beziehen (vgl. Lütge, S. 2). Mithin beinhaltet die Wohnungswirtschaft alle Einrichtungen und Verfahren, mit denen unter Beachtung des ökonomischen Prinzips öffentliche und private Leistungen zur Befriedigung der Wohnungsnachfrage erbracht werden (vgl. Hämmerlein, S. 49). Mit dem Wohnungs- und Bodenmarkt hat sich vor allem Eekhoff beschäftigt.

Diese recht abstrakte Sichtweise des Forschungsfeldes Wohnungswirtschaft ist von Oettle näher gefasst worden (vgl. Oettle, S. 5f.). Danach lässt sich die Wohnungswirtschaft mittels verschiedener Gesichtspunkte in einem engeren und weiteren Sinne auffassen. Nach dem Umfang des Bedürfnisfeldes Wohnen betrifft die Wohnungswirtschaft in objektorientierter Sicht eng gefasst nur Wohnungen, Wohnhäuser und Grundstücke für solche. In weiter Sicht erstreckt sie sich aber auch auf die für das Wohnen erforderliche Infrastruktur. Nach Art und Weise der Verteilung von Wohnmöglichkeiten bezieht sich die Wohnungswirtschaft auf marktliche oder dirigistische (d.h. durch Rationierung bestimmte) Strukturen und Vorgänge. Schließlich kann nach der Kategorie der einbezogenen Akteure (z.B. Produktivbetriebe, private Haushalte, Staat) eine weitere Differenzierung vorgenommen werden.

1.3.4.3 Kritische Würdigung

Versucht man, die vorgestellten Wissenschaftskonzepte im Lichte der Forderung Kants zu würdigen, so lassen sich folgende Punkte anmerken:

- Das aufgezeigte Spektrum von Institutionen, Objekten und Prozessen macht es in der Tat außerordentlich schwer, diese in ein wirtschaftswissenschaftliches System einzuordnen.

- Die Beschränkung im Objektbereich der Wohnungswirtschaftslehre auf wohnungswirtschaftliche Tatbestände ist angesichts der Bedeutung und Entwicklung der gewerblichen Immobilienwirtschaft ebenso wenig hinzunehmen, wie die weitgehende Ausgrenzung bauwerksnutzender, investierender und finanzierender Institutionen und Prozesse in den rein bauwirtschaftlichen Ansätzen.

- Wie ein Blick in die Praxis zeigt, ist die institutionelle Trennung in eine Wohnungswirtschaftlehre auf der einen Seite und Bauwirtschaftslehre auf der anderen Seite weder zeit- noch sachgemäß. Vielmehr kann man bei verschiedenen Akteuren der Bau- bzw. Wohnungswirtschaft eine Ausweitung des unternehmerischen Aktionsraumes beobachten (vgl. Schulte/Walbröhl, S. 8). Beispielsweise betätigen sich Bauunternehmen in der Projektentwicklung, Bewirtschaftung und Finanzierung von Bauwerken, während Wohnungsunternehmen auch Gewerbeobjekte erstellen und vermieten. Diese in der Realität zu beobachtenden Verschiebungen bzw. Überschneidungen von Positionen sind grundsätzlich auf das Bemühen der Akteure zurückzuführen, die (engen) Branchen- und Wettbewerbsverhältnisse und -grenzen nicht als gegeben hinzunehmen, sondern vielmehr zu ihren Gunsten zu gestalten. Dementsprechend darf eine diesbezügliche Wissenschaftsdisziplin nicht in tradierten Denkweisen verharren, sondern muss auf einer innovativ-gesamthaften Perspektive aufbauen.

• Mit der Gründung der ebs IMMOBILIENAKADEMIE im Jahre 1990 und des Stiftungslehrstuhls Immobilienökonomie im Jahre 1994 ging die Zielsetzung einher, einen übergreifenden wissenschaftlichen Bezugsrahmen für ein Fachgebiet zu entwickeln, das sich mit Immobilien, den Immobilienunternehmen, den Immobiliennutzern, der Immobilienwirtschaft und angrenzenden Branchen beschäftigt. Für die Disziplin wurde der neue Begriff „Immobilienökonomie" kreiert. Die Wahl des Begriffs Immobilienökonomie soll diesen breiten interdisziplinären Ansatz verdeutlichen.

1.3.5 Konstituierung der Immobilienökonomie als wissenschaftliche Disziplin

Im Folgenden werden zunächst die konstituierenden Merkmale und anschließend das Rahmengerüst der Wissenschaftsdisziplin umrissen (vgl. Schulte/Schäfers, 1999a; Schulte/Schäfers, 1999b; Schulte, 2000; Schulte, 2002).

1.3.5.1 Charakteristika des Forschungsgebietes Immobilienökonomie

Nach einer weithin akzeptierten Auffassung kann von einer Wissenschaftsdisziplin allgemein dann gesprochen werden, wenn sie eine möglichst präzise abgegrenzte Art der Problemstellung aufweist. Die Begrenzung wissenschaftlicher Disziplinen untereinander erfolgt dabei im Wesentlichen durch die jeweiligen Unterschiede in den wissenschaftlichen Zielen, in den Erfahrungs- bzw. Erkenntnisobjekten oder in den verwendeten Methoden und Sprachen (vgl. Chmielewicz, S. 8ff.; Raffée, S. 55; Behrens, Sp. 4767f.). Da die Immobilienökonomie als wissenschaftliche Disziplin in der Entwicklung begriffen ist, macht es wenig Sinn, die dargelegten wissenschaftstheoretischen Erkenntnisdefizite und begrifflichen Unschärfen dadurch zu beheben, dass man eine dogmatische Theoriebildung und realitätsferne definitorische Festlegung betreibt.

Vielmehr erscheint es gerechtfertigt, in wissenschaftspragmatischer Sichtweise die Charakteristika einer solchen Disziplin zu benennen. In diesem Sinne lassen sich die Schwerpunkte dieses Forschungsgebietes wie folgt skizzieren:

- Im Mittelpunkt der Immobilienökonomie steht die Erklärung und Gestaltung realer Entscheidungen von mit Immobilien befassten Wirtschaftssubjekten. Ziel des wissenschaftlichen Bemühens ist es, diese Entscheidungsprozesse zu unterstützen und durch Lösungshilfen zu deren Verbesserung beizutragen (vgl. Kirsch, S. 110f.). Mithin untersucht die Immobilienökonomie in problemorientierter Sichtweise die tatsächlichen Prämissen und Bedingungen, unter denen Institutionen, Objekte, Funktionen und Prozesse in immobilienbezogenen Fragestellungen zusammenwirken. Dabei erfüllt sie eine praktisch-angewandte Funktion, indem sie ihre Aussagen nicht als bloße Information über die Realität begreift, sondern auf die Umsetzung ihrer Empfehlungen in konkretes Managementhandeln drängt (zum Wissenschaft-Praxis-Verhältnis vgl. grundlegend Koch, S. 69; Chmielewicz, S. 15ff.).

- Die Immobilienökonomie befasst sich mit allen Arten von Immobilien (Wohn-, Gewerbe-, Industrie- und Sonderimmobilien) über ihren gesamten Lebenszyklus. Damit gehen die Erkenntnisse der Wohnungswirtschaftslehre und der Bauwirtschaftslehre in das Wissenschaftsprogramm der Immobilienökonomie ein.

- Die Immobilienökonomie betrachtet zum einen Unternehmen der Bau-, Immobilien- und Finanzwirtschaft; zum anderen sind aber auch private Haushalte, Unternehmen anderer Branchen, die Kirchen und die öffentliche Hand einzubeziehen, die aus Gründen der Eigenbedarfsdeckung auf die Nutzung von Raum angewiesen sind.

- Da Industrie-, Handels- und Dienstleistungsunternehmen die Immobilie zunehmend unter Wirtschaftlichkeitsaspekten und als Ertragspotenzial betrachten, kommt auch dem Management von Unternehmensimmobilien (Corporate Real Estate Management) und dem Management von Immobilien der öffentlichen Hand (Public Real Estate Management) wachsende Bedeutung zu. In den letzten Jahren rückt auch das Management von Immobilien im Privatvermögen der Haushalte (Private Real Estate Management) immer mehr in den Mittelpunkt. Die obigen Ausführungen machen erneut deutlich, dass die Immobilienökonomie weit über den Anspruch einer speziellen, branchenbezogenen Betriebswirtschaftslehre hinausgreift (vgl. Schulte, 1996; Schäfers, S. 5).

- Schließlich lässt sich die Öffnung der Immobilienökonomie zu anderen Forschungsdisziplinen als weiteres konstitutives Merkmal nennen. Zwar bildet die Betriebswirtschaftslehre das Fundament der Immobilienökonomie; aber nur durch die Einbeziehung der Volkswirtschaftslehre, der Rechtswissenschaft, der Stadtplanung, der Architektur und des Ingenieurwesens lassen sich immobilienökonomische Sachverhalte in ihrer Vieldimensionalität hinreichend begreifen (vgl. zustimmend auch Hennings, S. 54). In diesem Zusammenhang ist nicht davon auszugehen, dass die in diesen Wissenschaftsdisziplinen erarbeiteten Erkenntnisse problemlos übernommen werden können; vielmehr ist eine eigenständige Auseinandersetzung der Immobilienökonomie mit den Forschungsergebnissen dieser Fachrichtungen notwendig. Umgekehrt kann selbstverständlich auch die Immobilienökonomie entsprechende wissenschaftliche Bemühungen in den Nachbardisziplinen auslösen und Beiträge zu diesen Disziplinen leisten.

1.3.5.2   Bausteine der Immobilienökonomie als Wissenschaftsdisziplin

Zur Veranschaulichung des verbal nicht einfach zu erklärenden Wissenschaftskonzeptes wurde etwa 1993 das „**Haus der Immobilienökonomie**" errichtet. Wie im wirklichen Leben wurde das Gebäude inzwischen mehrfach umgebaut und unterscheidet sich daher von früheren Auflagen dieses Werkes. Die Abbildung 16 zeigt das derzeitige Aussehen.

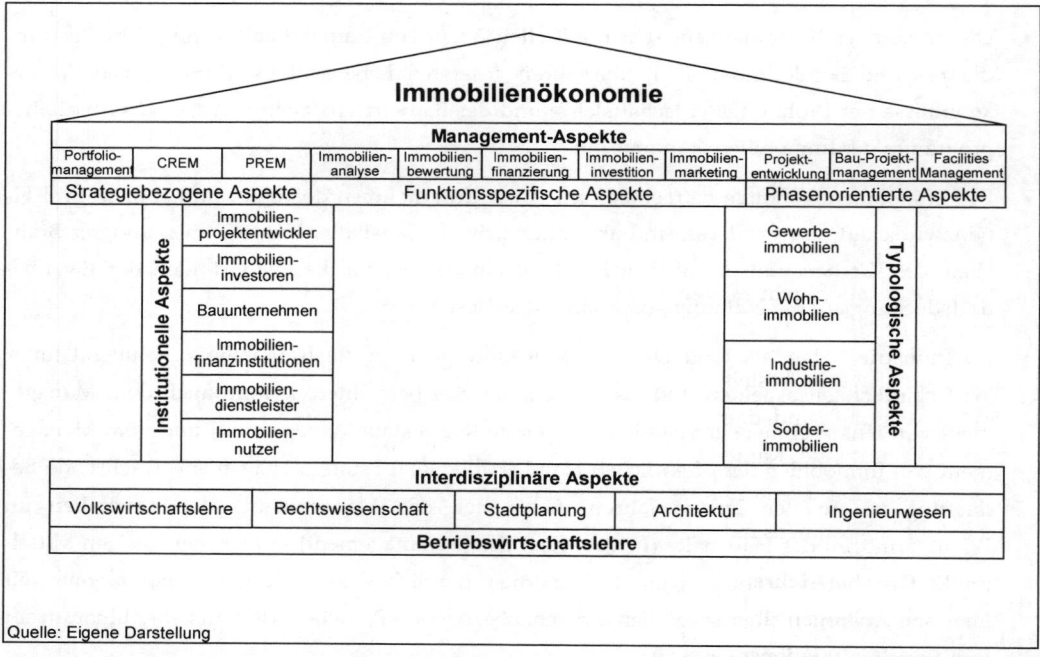

Quelle: Eigene Darstellung

Abbildung 16: Rahmengerüst zur Immobilienökonomie als wissenschaftliche Disziplin („Haus der Immobilienökonomie")

Danach lassen sich managementorientierte, institutionelle, typologische sowie interdisziplinäre Aspekte unterscheiden.

Das Fundament der Immobilienökonomie bildet die Betriebswirtschaftslehre, jedoch verleiht erst die Einbeziehung der Disziplinen Volkswirtschaftslehre, der Rechtswissenschaften, der Stadtplanung, der Architektur und des Ingenieurwesens dem „Haus der Immobilienökonomie" die notwendige Stabilität. Schließlich dient die Interdisziplinarität dazu, der mehrfach angesprochenen Vieldimensionalität von Immobilien im Rahmen einer wissenschaftlichen Auseinandersetzung Raum zu geben. Die Anwendung der Betriebswirtschaftslehre bezieht sich sowohl auf die Allgemeine BWL als auch auf die speziellen Betriebswirtschaftslehren (wie Bankbetriebslehre, Bauwirtschaftslehre, Wohnungswirtschaftslehre). Es geht um die Übertragung von Erkenntnissen der BWL auf mit Immobilien befasste Unternehmen, wie sie bei den institutionellen Aspekten beschrieben werden.

Die Anwendung der **Betriebswirtschaftslehre** bezieht sich vor allem auf die Führung, die Organisation und das Rechnungswesen.

Die Führung setzt sich idealtypisch aus vier konstitutiven Teilfunktionen oder Führungselementen zusammen (vgl. dazu Kapitel 7.1):

- Planung,

- Entscheidung,

- Aufgabenübertragung,

- Kontrolle.

Bei der Organisation geht es primär um die Gestaltung der Struktur- und Prozesselemente (vgl. dazu Kapitel 7.2).

Das Rechnungswesen besteht aus dem internen Rechnungswesen (vor allem der Kosten- und Leistungsrechnung) und dem externen Rechnungswesen, insbesondere der handelsrechtlichen Rechnungslegung (vgl. Kapitel 7.3); sie stellt „den Kern der kaufmännischen Rechenschaft" (Leffson, 1982, S. 56) dar. Die konkrete Ausgestaltung der einzelnen Aspekte differiert je nach Typ des Immobilienunternehmens mehr oder weniger stark.

Die **Volkswirtschaftslehre** vermag für die Unternehmensführung wichtige Erkenntnisse zu generieren. Entscheidungen über Immobilien werden in erheblichem Maße von gesamtwirtschaftlichen Größen wie Inflationsrate, Zinsniveau, Steuersätzen, Wechselkursen beeinflusst. Viele Fragestellungen an der Schnittstelle zwischen Volkswirtschaftslehre und Immobilienökonomie sind nur unzureichend erforscht, wie der Zusammenhang zwischen gesamtwirtschaftlichen Konjunktur- und Immobilien-Zyklen oder die Auswirkungen bestimmter wirtschaftspolitischer Steuerungsinstrumente auf die Immobilienwirtschaft (vgl. dazu den in Planung befindlichen Band IV: Volkswirtschaftliche Grundlagen der Immobilienökonomie).

Die Schnittstellen zwischen der Immobilienökonomie und der **Rechtswissenschaft** sind umfangreich und vielfältig. Die meisten Aktivitäten „rund um die Immobilie" haben mit Verträgen zu tun. Vor allem die Rechtsgebiete Grundbuchrecht, Mietrecht, privates Baurecht, öffentliches Planungs- und Baurecht, Recht der Immobilienverwaltung, Maklerrecht und Steuerrecht sind zu beachten. Gesetze und Verordnungen wirken auf betriebswirtschaftliche Entscheidungen des Immobilienmanagements ein und berühren sowohl die funktionsspezifischen und phasenorientierten als auch die strategiebezogenen Aspekte (vgl. dazu Band II: Rechtliche Grundlagen der Immobilienökonomie).

Stadtplanung hat zur Aufgabe, die Entwicklung der Stadt zum Wohle der Allgemeinheit zu lenken. Dabei stehen die Bedürfnisse der Menschen wie Wohnung, Arbeit, Bildung, Versorgung, Erholung, Verkehr und gesellschaftliche Kommunikation im Mittelpunkt. Dazu benötigt sie einerseits klare Leitbilder, die die Richtung weisen, und andererseits ein gesichertes Instrumentarium zur Umsetzung der erkannten Ziele.

Der Begriff Raumplanung wurde in der Vergangenheit als Oberbegriff für Landesplanung, Regionalplanung, Stadtplanung und Stadtteilplanung verstanden. Hier hat sich eine Bedeutungsverengung insoweit vollzogen, als mit Raumplanung die großmaßliche Planung bezeichnet wird, die sich auf die nationale und regionale Ebene bezieht.

Der „Bird's Eye View" des Stadtplaners und die Einzel-Perspektive des Projektentwicklers führen in der Praxis nicht selten zu Problemen bei der Realisierung von Immobilienvorhaben. Auch zwischen Stadtplanung und Immobilienökonomie besteht interdisziplinärer Forschungsbedarf; als Stichworte seien hier Mediationsverfahren, Urban Entertainment Center, Public Private Partnership zu nennen (vgl. dazu Band III: Stadtplanerische Grundlagen der Immobilienökonomie).

Die Disziplin **Architektur** befasst sich vorrangig mit dem Entwerfen von Bauwerken. Immobilienwirtschaftliche Kriterien wie Wirtschaftlichkeit, Funktionalität und Nutzeranforderungen spielen in dem Fachgebiet bislang eine nur geringe Rolle. Hier liegt in der Praxis ein Konfliktfeld zwischen dem „Künstler-Selbstverständnis" von Architekten einerseits und den ökonomischen Interessen von Projektentwicklern, Investoren und „Raumkonsumenten" (vgl. Schulz-Eickhorst). Für die interdisziplinäre Forschung lassen sich auch hier Fragestellungen denken, wie etwa die Untersuchung des Zusammenhangs zwischen hochwertiger Architektur und Immobilien-Wertentwicklung.

Ingenieurwesen ist eine breit gefächerte Disziplin, die nicht nur die klassischen Gebiete Bauingenieur- und Vermessungsingenieurwesen (Geodäsie), sondern in zunehmendem Maße auch die für das Facilities Management wichtigen Felder der Gebäudetechnik umfasst. Themen wie ökologisches Bauen, kostengünstiges Bauen und Nutzungskostenoptimierung liegen an der Schnittstelle zur Immobilienökonomie.

Die **immobilientypologischen Aspekte** (vgl. Kapitel 2) beinhalten die Analyse, Strukturierung und Lösung von Problemen, die sich aus der Befassung mit einzelnen Immobilienarten ergeben. In einer stark vereinfachenden Systematisierung soll in diesem Zusammenhang nach Gewerbe-, Wohn-, Industrie- und Sonderimmobilien unterschieden werden. Jeder Immobilientyp und die ihm zuzuordnenden Nutzer stellen spezielle Anforderungen an das Immobilienmanagement.

Im Hinblick auf die **institutionellen Aspekte** (vgl. Kapitel 3) existiert ein breites Spektrum an Unternehmen in der Bau-, Immobilien- und Finanzwirtschaft, deren Management Besonderheiten aufweist. So unterscheiden sich Führung, Organisation und Rechnungswesen unternehmenszweckbedingt mehr oder weniger stark. Die Institutionen werden hier grob eingeteilt in Immobilienprojektentwickler, Immobilieninvestoren, Bauunternehmen, Immobilienfinanzinstitutionen, Immobiliendienstleister und Immobiliennutzer.

Innerhalb der **Management-Aspekte** kann zwischen phasenorientierten, funktionsspezifischen und strategiebezogenen Aspekten unterschieden werden. Während phasenorientierte Aspekte die zeitliche Determinante im Lebenszyklus von Immobilien zum Ausdruck bringen, haben funktionsspezifische Aspekte die Betrachtung von immobilienbezogenen Besonderheiten einzelner betriebswirtschaftlicher Funktionen zum Gegenstand. Demgegenüber befassen sich strategiebezogene Aspekte mit der langfristigen Entwicklung und dem langfristigen Erfolg des Unternehmens oder einzelner Geschäftsfelder.

Die einzelnen Management-Aspekte sollen im Folgenden kurz beschrieben werden.

Bei den **phasenorientierten Aspekten** des Immobilienmanagements (vgl. Kapitel 4) sind nach ihrem zeitlichen Ablauf Immobilien-Projektentwicklung, Bau-Projektmanagement und Facilities Management zu unterscheiden, wobei zwischen den einzelnen Phasen enge Interdependenzen bestehen.

Immobilien-Projektentwicklung bedeutet, die Faktoren Standort, Projektidee und Kapital so miteinander zu verbinden, dass eine einzelwirtschaftlich rentable und zugleich gesamtwirtschaftlich sozial und umweltverträgliche Investition gewährleistet wird.

Das **Bau-Projektmanagement** hat die Funktion, die technischen, qualitativen, rechtlichen und wirtschaftlichen Ziele bei der Realisierung eines Immobilienprojektes zu erreichen. Dabei stellen Kosten, Qualität und Termine die zentralen Kriterien dar.

Facilities Management umfasst die Wahrnehmung von Aufgaben im Rahmen der Erbringung technischer, kaufmännischer und infrastruktureller Dienstleistungen für Immobilienobjekte; es geht jedoch über die isolierte Betrachtung von Immobilien hinaus, indem auf die Integration von Menschen, Immobilien, Anlagen und Einrichtungen abgestellt wird, um den Unternehmenszweck zu unterstützen und nachhaltig zu gewährleisten.

Da – über die gesamte Lebensdauer der Immobilie betrachtet – der weit überwiegende Teil der Kosten in der Nutzungsphase anfällt, die Kostenbeeinflussungsmöglichkeiten in diesem Stadium jedoch gering sind, müssen Erfahrungen des Facilities Managements in die Immobilien-Projektentwicklung und in das Bau-Projektmanagement einfließen.

Unter den **funktionsspezifischen Aspekten** des Immobilienmanagements (vgl. Kapitel 5) sind Immobilienanalyse, Immobilienbewertung, Immobilienfinanzierung, Immobilieninvestition und Immobilienmarketing zu verstehen.

Immobilienanalysen stellen Informationsfelder und -instrumente dar, die direkt und indirekt das Erfolgspotenzial einer Immobilie bestimmen.

- Standortanalysen untersuchen die langfristig wirksamen Charakteristika des Mikro- und Makrostandortes. Die Standortfaktoren werden gemeinhin nach „harten", d. h. relativ leicht messbaren, und „weichen", d. h. schwer zu quantifizierenden Kriterien, unterschieden.

- Marktanalysen setzen sich mit der kurz bis mittelfristigen Angebots- und Nachfragesituation in räumlichen und sachlichen Teilmärkten auseinander. Untersuchungsgegenstand ist die Ermittlung der Marktmiete bzw. -kaufpreise, Absorptionsraten und -zeiträume.

- Gebäudeanalysen konzentrieren sich auf die architektonische und technische Gestaltung der baulichen Anlagen im Hinblick auf Ausstattungsqualität, Nutzungsflexibilität und Flächeneffizienz.

- Wettbewerbsanalysen integrieren Standort-, Gebäude- und Marktanalyse, indem die relative Marktposition einer Immobilie im Vergleich zu direkten Konkurrenzimmobilien bestimmt wird.

Die **Immobilienbewertung** befasst sich mit der Ermittlung des Verkehrswertes von Immobilien. Dieser „wird durch den Preis bestimmt, der in dem Zeitpunkt, auf den sich die Ermittlung bezieht, im gewöhnlichen Geschäftsverkehr nach den rechtlichen Gegebenheiten und tatsächlichen Eigenschaften, der sonstigen Beschaffenheit und der Lage des Grundstücks oder des sonstigen Gegenstands der Wertermittlung ohne Rücksicht auf ungewöhnliche oder persönliche Verhältnisse zu erzielen wäre" (§ 194 BauGB).

Immobilieninvestition lässt sich als Planung und Kontrolle der langfristigen Festlegung finanzieller Mittel in Immobilien definieren. Der Unterschied zwischen Investitionsrechnungen für Immobilien und für andere Anlagegüter besteht insbesondere in der längeren Nutzungsdauer von Immobilien, in dem größeren Gewicht des Veräußerungserlöses und in der Besteuerung für Immobilienentscheidungen.

Die **Immobilienfinanzierung** umfasst vor allem die Planung, Beschaffung, Steuerung und Kontrolle von finanziellen Mitteln.

Immobilienmarketing ist die Gesamtheit aller strategischen und zielgerichteten Maßnahmen, die zur Entwicklung, Preisfindung und Verbreitung von Immobilien und/oder immobilienspezifischen Dienstleistungen dienen, um Austauschprozesse zur Zufriedenheit individueller und organisationeller Ziele herbeizuführen.

Die **strategiebezogenen Aspekte** des Immobilienmanagements (vgl. Kapitel 6) umfassen das Immobilien-Portfoliomanagement, das vor allem für institutionelle Immobilieninvestoren Bedeutung besitzt, ferner das Corporate Real Estate Management (CREM) als Führungskonzeption für den Immobilienbereich von „Non-Property-Companies". PREM steht zum einen für Public Real Estate Management, das sich analog zum CREM mit den Immobilien der öffentlichen Hand befasst, und zum anderen für Private Real Estate Management, das Immobilienmanagement von privaten Investoren.

Das **Immobilien-Portfoliomanagement** umfasst die systematische Planung, Steuerung und Kontrolle eines Bestandes von Grundstücken und Gebäuden mit dem Ziel, Erfolgspotenziale aufzubauen. Immobilien-Portfoliomanagement besitzt vor allem für institutionelle Immobilieninvestoren – hier sind in erster Linie offene Immobilienfonds, Versicherungsgesellschaften und Pensionskassen sowie Immobilien-AGs zu nennen – hohe Relevanz. Die Einführung des Deutschen Immobilien Index (DIX) hat die Transparenz des Immobilienmarktes deutlich erhöht und ermöglicht den institutionellen Investoren eine Immobilien-Performancemessung sowie ein Benchmarking im Rahmen der Portfolioanalyse.

Unter dem Begriff **Corporate Real Estate Management** (CREM) wird das aktive, ergebnisorientierte, strategische wie operative Management betriebsnotwendiger und nicht betriebsnotwendiger Immobilien verstanden. Als unternehmerische Führungskonzeption richtet es sich an „Non-Property-Companies", die im Rahmen ihrer Unternehmensstrategie über umfangreichen Grundbesitz verfügen.

Im Unterschied zum Corporate Real Estate Management, wo mittels eines aktiven Immobilienmanagements die Erreichung wettbewerbsstrategischer Zielsetzungen verfolgt wird, liegt der Fokus des **Public Real Estate Managements** auf einer Optimierung der Wirtschaftlichkeit des Immobilienbestandes, wobei unter Beachtung der Belange der öffentlichen Auftragserfüllung flankierende politische und verwaltungsorientierte Ziele berücksichtigt werden müssen.

Das **Private Real Estate Management** widmet sich dem ganzheitlichen Management von sich in Privateigentum befindlichen Immobilien. Es umfasst in seinem potenziellen Leistungsspektrum das Immobilienportfolio-, Projekt- und Objektmanagement und dient der zielgerechten Gesamtvermögensoptimierung.

In Ermangelung unterscheidbarer Abkürzungen wird im „Haus der Immobilienökonomie" (vgl. Abbildung 16) die Abkürzung PREM sowohl für das Public Real Estate Management als auch für das Private Real Estate Management verwandt.

1.3.5.3   Kritische Würdigung

Die noch recht junge Disziplin Immobilienökonomie hat sich in Deutschland schnell wissenschaftlich etabliert. Davon zeugen zahlreiche Monographien und Dissertationen, vor allem an der EUROPEAN BUSINESS SCHOOL und an der Universität Leipzig.

- Ordnet man die verschiedenen Forschungsthemen dem Haus der Immobilienökonomie zu, stehen vornehmlich Management-Aspekte im Mittelpunkt der bisherigen Forschungsbemühungen (vgl. Hennings, S. 55).

- Demgegenüber spielen typologische und institutionelle Aspekte im Rahmen der Forschungsarbeiten zur Immobilienökonomie bis zum heutigen Tage eine eher untergeordnete Rolle; angesichts der „Pipeline" der sich in Bearbeitung befindenden Dissertationen ist hier Besserung zu erwarten.

- Ebenfalls zu kurz gekommen sind bislang die Bemühungen zur Erklärung realer Entscheidungsprozesse von einzelnen Entscheidungssubjekten in den verschiedenen Immobilienunternehmen und Untersuchungen zum Verhältnis von Immobilienunternehmen zu ihrer Umwelt (vgl. Hennings, S. 56). Hier sollten unter Einbeziehung verhaltens- und systemwissenschaftlicher Aspekte verstärkte Forschungsaktivitäten unternommen werden.

- Nicht zuletzt kommt dem Austausch zwischen der Immobilienökonomie als noch recht junger Disziplin und anderen, etablierten Fachdisziplinen im Rahmen der gemeinsamen Forschung vor dem Hintergrund der angesprochenen Vieldimensionalität von Immobilien in der Zukunft eine verstärkte Bedeutung zu. Hier gibt es erste Ansätze in den Disziplinen Raumplanung, Architektur und Ingenieurwesen, ebenfalls interdisziplinär „zu denken". Erst wenn es gelingt, die engen Grenzen des eigenen Fachgebietes zu überwinden, wird man der notwendigen Interdisziplinarität von Bau- und Immobilienprozessen gerecht.

Gesamthaft betrachtet erscheint der vorgestellte Bezugsrahmen fruchtbar genug, die ihm zugewiesene „Leitplankenfunktion" auszufüllen.

1.3.6 Wissenschaftsorganisation der Immobilienökonomie

Aus den bisherigen Ausführungen folgt, dass es geboten erscheint, die Immobilienökonomie verstärkt als eigenständiges, interdisziplinäres Lehr- und Forschungsgebiet der Betriebswirtschaftslehre an wissenschaftlichen Hochschulen im deutschsprachigen Raum zu etablieren. In der Ausbildung sollte die Immobilienökonomie als Wahlpflichtfach im Hauptstudium angeboten werden. Ihr Status entspräche damit der Bank-, Versicherungs-, Handels- oder Industriebetriebslehre, ohne allerdings – wie oben dargelegt wurde – eine reine Wirtschaftszweiglehre zu sein.

Parallel zur Aus- und Weiterbildung (vgl. dazu Kapitel 1.4) hat sich auch die immobilienbezogene Forschung international verbreitet. Wie in kaum einer anderen Disziplin besteht ein Netzwerk von Forschern, zu denen auch wissenschaftlich interessierte Praktiker zählen (vgl. Abbildung 17). Die **IRES International Real Estate Society** übt eine „umbrella"-Funktion aus. Darunter gruppieren sich länderübergreifende Organisationen wie die **ERES European Real Estate Society** sowie Schwestergesellschaften in anderen Regionen (vgl. O. V.). Unter der ERES hängen verschiedene nationale Gesellschaften, die in unterschiedlichem Maße integriert sind; Mitglieder der gif (Deutschland) und von VOGON (Niederlande) sind ERES Members mit allen Rechten.

Die 1993 gegründete **gif Gesellschaft für Immobilienwirtschaftliche Forschung** widmet sich vor allem der Verbesserung der Markttransparenz und der Entwicklung von Standards (z.B. Flächen- und Renditedefinitionen). Seit 2002 gibt die gif die **ZIÖ Zeitschrift für Immobilienökonomie** heraus, das erste wissenschaftliche „real estate journal" im deutschsprachigen Raum.

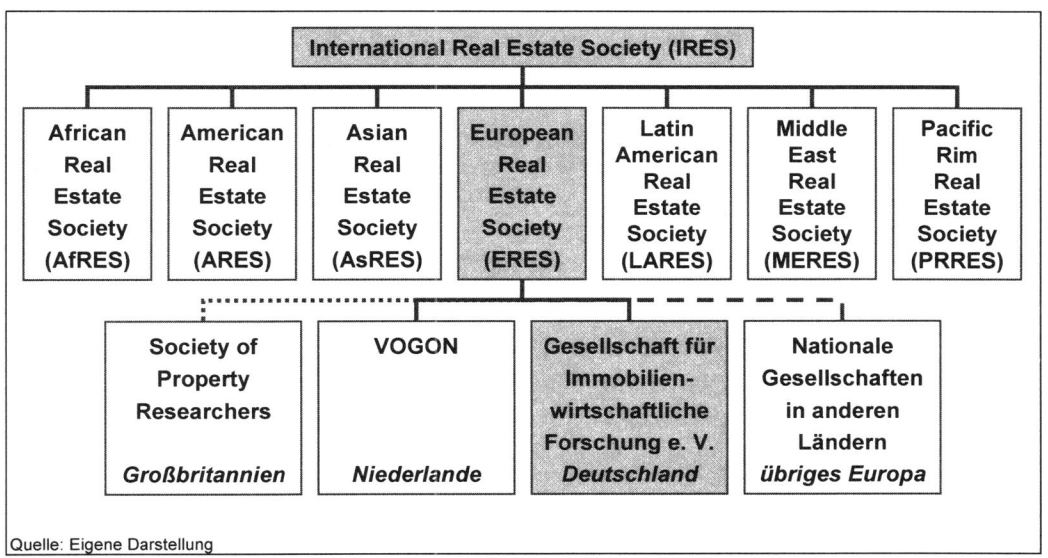

Abbildung 17: Immobilienwirtschaftliche Forschung auf internationaler Ebene

1.3.7 Fazit

Der interdisziplinäre Ansatz, der von der ebs IMMOBILIENAKADEMIE und vom Stiftungslehrstuhl Immobilienökonomie entwickelt wurde, stellt eine Einladung an die anderen Disziplinen dar, ebenfalls diesen Weg zu beschreiten. Auch Volkswirtschaftslehre, Rechtswissenschaft, Stadtplanung, Architektur und Ingenieurwesen müssen sich öffnen gegenüber Fragestellungen der Immobilienökonomie. Dies würde nicht nur die Wissenschaft weiterbringen, sondern auch dazu beitragen, dass diejenigen, die in der Bau-, Immobilien- und Finanzwirtschaft und angrenzenden Branchen tätig sind, fachlich besser kommunizieren und damit letztlich Effektivität und Effizienz steigern.

Nicht zuletzt verfolgt die Immobilienökonomie als wissenschaftliche Disziplin das Ziel, im deutschsprachigen Raum eine „property profession" zu schaffen, bei der Fachkompetenz und Berufsethik eine enge Verbindung eingehen.

Literaturverzeichnis zu Kapitel 1.3

Abromeit-Kremser, B.: Offene Immobilieninvestmentfonds – betriebswirtschaftliche Aspekte ihres Managements, Wien 1986.

Behrens, G.: Wissenschaftstheorie und Betriebswirtschaftslehre, in: Wittmann, W. et al. (Hrsg.): Handwörterbuch der Betriebswirtschaft, 5., völlig neu gest. Aufl., Stuttgart 1993, Sp. 4763-4772.

Chmielewicz, K.: Forschungskonzeptionen der Wirtschaftswissenschaft, 3., unveränd. Aufl., Stuttgart 1994.

Clapp, J. M./Goldberg, M. A./Myers, D.: Crisis in methodology: paradigms vs. practice in real estate research, in: DeLisle, J. R./Sa-Aadu, J. (Hrsg.): Appraisal, market analysis, and public policy in real estate – essays in honor of James A. Graaskamp, Boston 1994, S. 107-131.

Dasso, J./Woodward, L.: Real estate education: past, present, and future – the search for a discipline, in: The Appraisal Journal 49 (1981), Nr. 3, S. 413-425.

Davies, P. J.: Real estate in American history, Washington 1958.

Eekhoff, J.: Wohnungs- und Bodenmarkt, Tübingen 1987.

Gondring, H.: Die fehlende Etablierung des Fachs Immobilienwirtschaft in der deutschen Betriebswirtschaftslehre – ein Erklärungsversuch, in: Gondring, H./Lammel, E. (Hrsg.): Handbuch Immobilienwirtschaft, Wiesbaden 2001, S. 1-21.

Graaskamp, J. A.: Redefining the role of university education in real estate and urban land economics, in: Jarchow, S. P. (Hrsg.): Graaskamp on real estate, Washington 1991a, S. 40-50.

Graaskamp, J. A.: The failure of the universities to teach the real estate process as an interdisciplinary art form, in: Jarchow, S. P. (Hrsg.): Graaskamp on real estate, Washington 1991b, S. 51-67.

Grissom, T. V./Liu, C. H.: The search for a discipline: the philosophy and the paradigms, in: DeLisle, J. R./Sa-Aadu, J. (Hrsg.): Appraisal, market analysis, and public policy in real estate – essays in honor of James A. Graaskamp, Boston 1994, S. 65-106.

Hämmerlein, H.: Die unternehmerische Wohnungswirtschaft – ein verwalteter Wirtschaftszweig, Baden-Baden 1988.

Hawkins, R. G.: International business in academia – the state of the field, in: Journal of International Business Studies 15 (1984), Nr. 3, S. 13-18.

Hennings, G.: Immobilienökonomie – ein innovatives Lehr- und Forschungskonzept?, in: Schulte, K.-W. (Hrsg.): 10 Jahre ebs IMMOBILIENAKADEMIE – Festschrift, Frankfurt am Main 2000, S. 48-57.

Heuer, J. H./Nordalm, V.: Die Wohnungsmärkte im gesamtwirtschaftlichen Gefüge, in: Jenkis, H. W. (Hrsg.): Kompendium der Wohnungswirtschaft, 4., erg. Aufl., München 2001, S. 23-41.

Jenkis, H. W. (Hrsg.): Kompendium der Wohnungswirtschaft, 4., erg. Aufl., München 2001.

Kant, I.: Prolegomena zu einer jeden künftigen Metaphysik, die als Wissenschaft wird auftreten können, unveränd. Nachdr., Hamburg 1969.

Kirsch, W.: Die verhaltenswissenschaftliche Fundierung der Betriebswirtschaftlehre, in: Raffée, H./Abel, B. (Hrsg.): Wissenschaftstheoretische Grundfragen der Wirtschaftswissenschaften, München 1979, S. 105-120.

Koch, H.: Unternehmenstheorie als Entscheidungshilfe, Wiesbaden 1987.

Kühne-Büning, L.: Besonderheiten des Wirtschaftsgutes Wohnung und seiner Nutzungsleistungen, in: Kühne-Büning, L./Heuer, J. H. (Hrsg.): Grundlagen der Wohnungs- und Immobilienwirtschaft – vormals Lehrbuch der Wohnungswirtschaft, 3., überarb. u. erw. Aufl., Frankfurt am Main 1994, S. 6-17.

Leffson, U.: Die Grundsätze ordnungsmässiger Buchführung, 6., durchges. u. geringfügig verb. Aufl., Düsseldorf 1982.

Lisowsky, A.: Grundprobleme der Betriebswirtschaftslehre – ausgewählte Schriften, Zürich 1954.

Lütge, F.: Wohnungswirtschaft – eine systematische Darstellung unter besonderer Berücksichtigung der deutschen Wohnungswirtschaft, 2., völlig überarb. u. stark erw. Aufl., Stuttgart 1949.

Möller, D.-A.: Planungs- und Bauökonomie, Bd. 1: Grundlagen der wirtschaftlichen Bauplanung, 4., völlig überarb. Aufl., München 2001.

Müller-Merbach, H.: Technik und Wirtschaft – der Generalist als Manager der technischen Entwicklung – Plädoyer für eine interdisziplinäre Ausbildung, in: Kirsch, W./Picot, A. (Hrsg.): Die Betriebswirtschaftslehre im Spannungsfeld zwischen Generalisierung und Spezialisierung – Edmund Heinen zum 70. Geburtstag, Wiesbaden 1989, S. 25-40.

O. V.: International Real Estate Society (IRES), in: Zeitschrift für Immobilienökonomie 1 (2002), Nr. 1, S. 71-72.

Oettle, K.: Wohnungswirtschaft – in den deutschen Wirtschafts- und Sozialwissenschaften vernachlässigt, in: Jenkis, H. W. (Hrsg.): Kompendium der Wohnungswirtschaft, 4., erg. Aufl., München 2001, S. 3-22.

Pfarr, K.: Grundlagen der Bauwirtschaft, Essen 1984.

Raffée, H.: Grundprobleme der Betriebswirtschaftslehre, 9., unveränd. Nachdr. d. 1. Aufl., Göttingen 1995.

Refisch, B.: Probleme der Führung und Organisation von Bauunternehmen, in: Kortzfleisch, G. v./Bergner, H. (Hrsg.): Betriebswirtschaftliche Unternehmensführung, Berlin 1975, S. 239-276.

Ricardo, D.: Principles of political economy, and taxation, London 1817.

Rowland, D. T.: Some reflections on real estate and urban economics, in: American Real Estate and Urban Economics Association (Hrsg.): Proceedings – American Real Estate and Urban Economics Association, Vol. II, 1967, o. O. 1967.

Schäfers, W.: Strategisches Management von Unternehmensimmobilien -- Bausteine einer theoretischen Konzeption und Ergebnisse einer empirischen Untersuchung, in: Schulte, K.-W. (Hrsg.): Schriften zur Immobilienökonomie, Band 3, Köln 1997.

Schulte, K.-W.: Immobilienökonomie als Wissenschaft, in: Bronner, O. (Hrsg.): Immobilien in Europa II – Märkte in Bewegung, Wien 1992, S. 230-235.

Schulte, K.-W.: Das aktuelle Thema, in: Frankfurter Allgemeine Zeitung, Nr. 184, 9. August 1996, S. 33.

Schulte, K.-W.: Immobilienökonomie – ein innovatives Lehr- und Forschungskonzept!, in: Schulte, K.-W. (Hrsg.): 10 Jahre ebs IMMOBILIENAKADEMIE – Festschrift, Frankfurt am Main 2000, S. 36-47.

Schulte, K.-W.: Die Immobilienökonomie als interdisziplinäres Lehr- und Forschungskonzept, in: Zeitschrift für Immobilienökonomie 1 (2002), Nr. 1, S. 8-14.

Schulte, K.-W. (Hrsg.): Immobilienökonomie, Bd. 2: Rechtliche Grundlagen, München 2001.

Schulte, K.-W. (Hrsg.): Immobilienökonomie, Band III: Stadtplanerische Grundlagen, München (voraussichtlich 2004)

Schulte, K.-W. (Hrsg.): Immobilienökonomie, Band IV: Volkswirtschaftliche Grundlagen, München (in Vorbereitung).

Schulte, K.-W./Schäfers, W.: Immobilienökonomie als wissenschaftliche Disziplin, Teil 1, in: Grundstücksmarkt und Grundstückswert 10 (1999a), Nr. 1, S. 25-30.

Schulte, K.-W./Schäfers, W.: Immobilienökonomie als wissenschaftliche Disziplin, Teil 2, in: Grundstücksmarkt und Grundstückswert 10 (1999b), Nr. 2, S. 92-98.

Schulte, K.-W./Walbröhl, V.: Bauwirtschaft in der Betriebswirtschaftslehre, in: Gesellschaft zur Förderung des deutschen Baugewerbes (Hrsg.): Baubetriebswirtschaftslehre in Theorie und Praxis, Bonn 1996, S. 7-32.

Schulz-Eickhorst, A.: Die Bauherren-Architekten-Beziehung – Eine institutionenökonomische Problemanalyse mit Lösungsansätzen, in: Schulte, K.W. (Hrsg.): Schriften zur Immobilienökonomie, Band 19, Köln 2002.

Thünen, J. H. v.: Der isolierte Staat in Beziehung auf Landwirtschaft und Nationalökonomie, Hamburg 1826.

Weber, A.: Über den Standort der Industrie, Bd. 1: Reine Theorie des Standortes, Tübingen 1909.

1.4   Aus- und Weiterbildung für Immobilienberufe

Karl-Werner Schulte, Gisela Schulte-Daxbök

1.4 Aus- und Weiterbildung für Immobilienberufe

Karl-Werner Schulte, Gisela Schulte-Daxbök

1.4.1 Einführung

Die Immobilienwirtschaft zählt zu den volkswirtschaftlich bedeutendsten Wirtschaftszweigen nicht nur in Deutschland, sondern auch weltweit. Nicht nur aus diesem Grunde sind Aus- und Weiterbildung für Immobilienberufe wichtig: Mitteleuropäer verbringen etwa 85 % ihres Lebens in Immobilien. Immobilienberufe haben daher eine große Verantwortung für die bebaute und unbebaute Umwelt.

In Großbritannien, den USA und anderen Ländern hat man seit langem erkannt, dass Führungs-, Fach- und Führungsnachwuchskräfte in der Immobilienwirtschaft eine ähnlich gute Qualifikation benötigen wie in anderen Wirtschaftszweigen.

Anfang der 90er Jahre des 20. Jahrhunderts existierten in den USA und in Großbritannien jeweils etwa 50 etablierte Real Estate Undergraduate und Postgraduate Programs. Zu dieser Zeit wurden an der EUROPEAN BUSINESS SCHOOL in Oestrich-Winkel und an der University of Amsterdam die ersten Studiengänge in Kontinentaleuropa ins Leben gerufen. 15 Jahre später besteht eine kaum noch zu übersehende Vielfalt an Aus- und Weiterbildungsprogrammen für Immobilienberufe in Europa. Den besten Überblick liefern die folgenden Studien bzw. Broschüren:

- Schulte, K.-W. (Ed.): Real estate education throughout the world: past, present and future, Boston 2002.

- Lizieri, C./Baum, A.: Real estate education in Europe – a report for the Urban Land Institute, May 2002, Reading 2002.

- Urban Land Institute (Ed.): The directory of real estate development and related education programs, 10th ed., Washington D. C. 2003.

- Royal Institution of Chartered Surveyors (Ed.): RICS prospectus of surveying education: higher education courses in land, property and construction, 7th ed., London 2003.

Dieser Beitrag versucht, das Angebot an Studiengängen in den USA und Europa, hier insbesondere Großbritannien und Deutschland, zu strukturieren und damit die Transparenz zu verbessern.

1.4.2 Differenzierungsmerkmale von Studiengängen

Betrachtet man die deutsche Hochschullandschaft, insbesondere die Universitäten, Fachhochschulen und Berufsakademien, so existieren eine Reihe von „klassischen" Studiengängen, in denen immobilienspezifische Inhalte mehr oder weniger intensiv und aus unterschiedlichen Blickwinkeln vermittelt werden:

- Architektur,

- Betriebswirtschaftslehre,

- Ingenieurwesen,

- Raumplanung,

- Rechtswissenschaft,

- Verwaltungswissenschaft,

- Volkswirtschaftslehre,

- Wirtschaftsgeographie,

- Wirtschaftsingenieurwesen.

Allerdings werden hier nur Teilaspekte behandelt, die einen fachübergreifenden Bezug vermissen lassen.

Um die Übersichtlichkeit zu wahren, werden im Folgenden nur Studiengänge näher betrachtet, denen die **Betriebswirtschaftslehre als Basisdisziplin** zugrunde liegt, und die einen breiten immobilienökonomischen/-wirtschaftlichen Ansatz verfolgen. Mit der letztgenannten Eingrenzung werden vor allem Programme mit der Ausrichtung auf Teilgebiete wie Wohnungswirtschaft, Corporate Real Estate oder Facilities Management aus der Analyse ausgeschlossen, ohne damit eine Aussage über ihre Wertigkeit zu verbinden.

Die vorzufindenden Studiengänge lassen sich nach einigen Charakteristika einteilen:

- Ausbildung oder Weiterbildung,

- Vollzeit oder berufsbegleitend,

- Hochschulen im Inland oder Ausland,

- Bildungsträger: Universität oder Fachhochschule oder Berufsakademie,

- Dauer des Studiengangs,

- Abschluss: traditionelles deutsches Diplom/Zertifikat oder Bachelor-/Master-Degree,

- RICS-Akkreditierung,

- Existenz/Höhe von Studiengebühren.

Im Folgenden werden Studiengänge in den USA, Deutschland und in Großbritannien näher betrachtet. Bei Programmen an deutschen Hochschulen wird auch nach den obigen Charakteristika differenziert.

1.4.3 Übersicht über Studiengänge

1.4.3.1 USA

Historisch entwickelte sich die Aus- und Weiterbildung für Immobilienberufe in den USA zu Beginn des 20. Jahrhunderts zunächst über die National Association of Real Estate Brokers, den nationalen Verband der Makler. Vergleichbar den Zielen der RICS in Großbritannien standen auch hier Ausbildung und Forschung in Verbindung mit ethischen Standards im Mittelpunkt. Erreicht werden sollte dies über verschiedene universitäre Kurse, die zwischen 1908 und 1923 zunächst als Weiterbildungsangebot für Makler eingerichtet wurden. Führend waren hier die University of Pennsylvania, die University of Wisconsin, die University of Pittsburgh und die University of Washington. Die sehr praxisorientierten Inhalte zielten auf marktorientierte Schwerpunkte sowie wirtschaftliche und soziale Zusammenhänge. Erst später wurde diese Form der universitären Weiterbildung in den Primärbereich der Ausbildung herunter gebrochen.

Heute findet man an sehr vielen renommierten Universitäten immobilienspezifische Studiengänge, die eine dreiteilige Struktur aufweisen (vgl. dazu auch Webb/Smith).

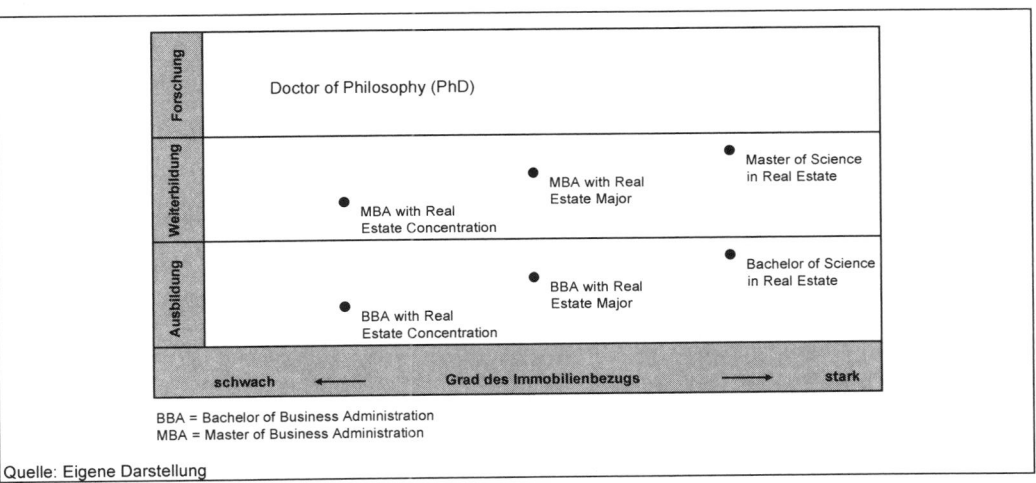

Abbildung 18: Studienabschlüsse in Großbritannien und USA

Die erste Stufe stellen die Ausbildungsgänge zum **Bachelor Degree** dar. Er ist der erste berufsqualifizierende Abschluss und wird i.d.R. nach vier Jahren erworben. Je nach Ausrichtung ist die immobilienspezifische Thematik unterschiedlich stark ausgeprägt. So orientieren sich die Inhalte zum Bachelor of Arts (BA) an den traditionellen Funktionsbereichen wie Planung und Architektur. Den Programmen zum Bachelor of Business Administration (BBA) liegt eine allgemein betriebswirtschaftliche Ausrichtung zugrunde, in denen der Immobilienbezug über ein Schwerpunktfach hergestellt wird. Im Gegensatz dazu bietet der Bachelor of Science in Real Estate (BSc) ein auf immobilienwirtschaftliche Inhalte ausgerichtetes Programm.

I.d.R. verlassen die Absolventen die Hochschule und sammeln mehrere Jahre Berufserfahrung. Danach besteht die Möglichkeit, an die Hochschule zurückzukehren und eine zusätzliche Qualifikation in Form eines **Master Degree** zu erwerben; hierbei gilt eine ähnliche Schwerpunktlegung wie für die BBA- und BSC-Programme.

Die Promotion zum Doctor of Philosophy (PhD) dient zumeist der Vorbereitung für eine akademische Laufbahn und ist i.d.R. empirisch ausgerichtet.

Ein Ranking der Best Undergraduate Programme mit Schwerpunkt Real Estate erfolgt regelmäßig durch den U. S. News and World Report. Für 2004 ergab sich folgende Rangordnung:

1. University of Pennsylvania (Wharton)

2. University of Wisconsin-Madison

3. New York University (Stern)

4. University of California-Berkeley (Haas)

Ein Ranking für Postgraduate Programme existiert leider nicht.

Weitere sehr gute „Immobilien-Hochschulen" sind:

* Cleveland State University, Cleveland,

* Georgia State University (GSU), Atlanta,

* Johns Hopkins University, Baltimore,

* Massachusetts Institute of Technology (MIT), Boston,

* Pennsylvania State University, University Park,

* University of Southern California, Los Angeles.

1.4.3.2 Europa, insbesondere Großbritannien

Großbritannien gilt als das Mutterland von „real estate education & research". Von hier gingen wertvolle Impulse für die Entwicklung von Aus- und Weiterbildung für Immobilienberufe in Kontinentaleuropa aus (vgl. French/Palmer).

Die in den USA übliche dreiteilige Struktur (vgl. Abbildung 18) existiert auch in Großbritannien, allerdings dauern Bachelor-Programme dort nur drei Jahre.

In Großbritannien wurden im Jahre 2002 zwei „Rankings" von Real-Estate-Departments veröffentlicht.

Besondere Bedeutung hat der „subject-specific periodic **research assessment exercise** which classifies departments according to their research outputs" (Lizieri/Baum, S. 6) erlangt. Die Teilnahme ist zwar freiwillig, „but central government research funds depend on the ranking achieved" (Lizieri/Baum, S. 6). Das „Top Ranking of 5" haben folgende Universitäten erreicht (Lizieri/Baum, S. 25):

- University of Aberdeen (land economy),

- University of Cambridge (land economy),

- Heriot Watt University, Edinburgh (building and surveying),

- University of Reading (real estate and planning),

- University of Ulster (building and surveying).

Die Tageszeitung „The TIMES" und Price Waterhouse Coopers haben eine Bewertung für alle Hochschulen und Fächer erstellt (vgl. Odrich), in die die Qualität des Unterrichts, die Erfolge in der Forschung und die Abiturnoten der Studierenden eingingen. Danach ergibt sich das in Abbildung 19 dargestellte Ranking.

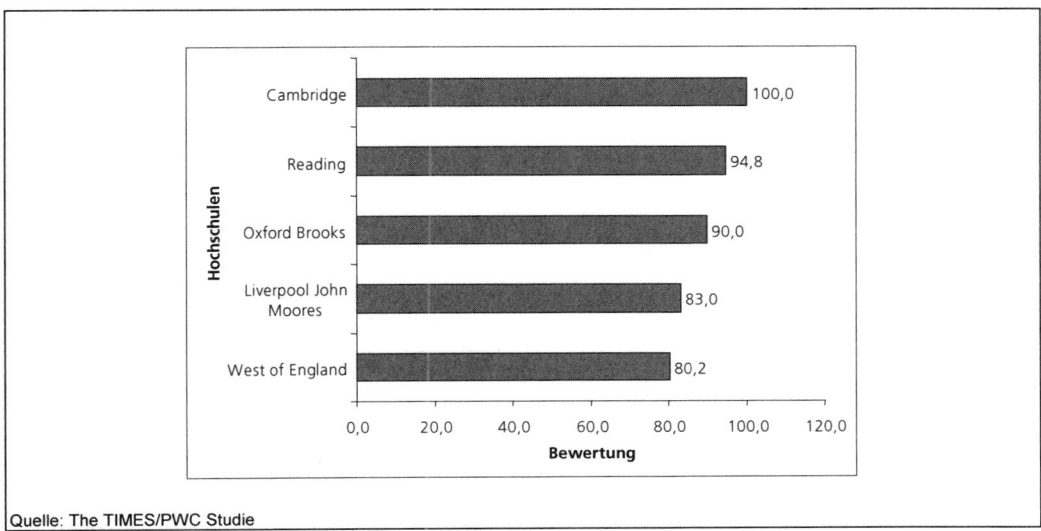

Quelle: The TIMES/PWC Studie

Abbildung 19: Die führenden Immobilien-Hochschulen in Großbritannien

„Die britische Universitätsausbildung ist im Vergleich zur deutschen auf der einen Seite schulartig straff und damit kürzer und auf der anderen Seite hochgradig spezialisiert" (Odrich, S. 55). Vielen Studiengängen in Großbritannien fehlen allerdings die betriebswirtschaftliche Fundierung und die internationale Orientierung (vgl. Schulte/Schulte-Daxbök).

Ein Vergleich der einzelnen Programme über die Ländergrenzen in Europa erweist sich als äußerst schwierig. Es existieren „barriers that are cultural and linguistic. There are major differences in both the educational system and the institutional structure of real estate markets that have an impact on the development of real estate education and training. Furthermore, the European real estate networks that do exist are predominantly English-speaking and under-represent the southern European and Romance-language countries. This produces a bias in sampling methods that is difficult to overcome. Although efforts were made to overcome this, there will be an inevitable tendency for northern European universities to be identified as market leaders"(Lizieri/Baum, S. 1).

In einer Auftragstudie identifizierten Lizieri und Baum immerhin „475 degree-level programs that appear to be in the fields supported by the Urban Land Institute" (Lizieri/Baum, S. 5). Diese verteilten sich etwa zur Hälfte auf britische und nichtbritische Länder.

Eine Befragung von Hochschullehrern nach den „leading providers of real estate education" brachte das in Abbildung 20 dargestellte Ergebnis.

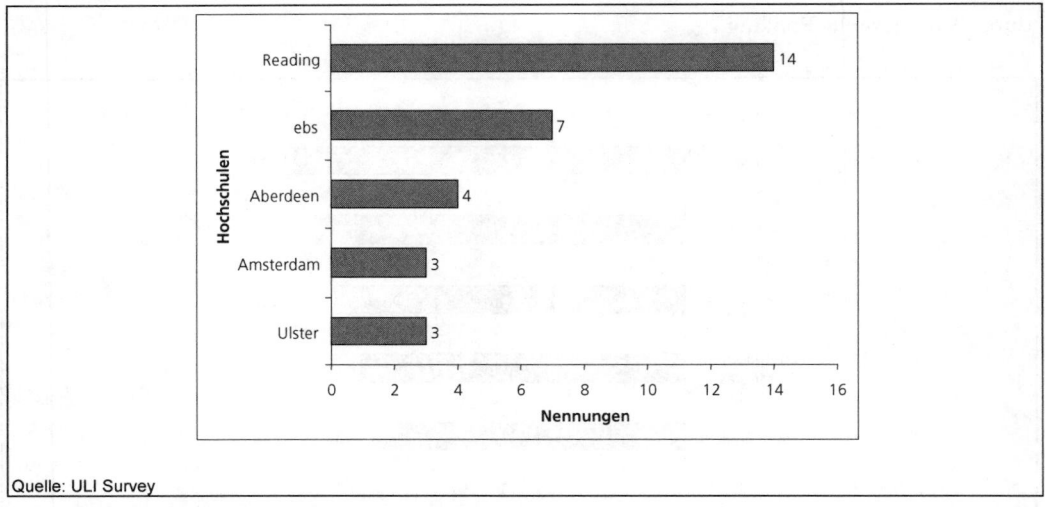

Quelle: ULI Survey

Abbildung 20: Institutions identified with European-wide influence

Es ist davon auszugehen, dass in der Zukunft der Einfluss von Universitäten in Kontinentaleuropa zunehmen wird.

1.4.3.3 Deutschland

Bei den von deutschen Hochschulen angebotenen Programmen wird zunächst nach Ausbildung und Weiterbildung und weiter nach der Art der Hochschule (Universität, Fachhochschule, Berufsakademie) unterschieden.

1.4.3.3.1 Ausbildung

Ausbildungsstudiengänge richten sich an Abiturienten, die einen ersten Studienabschluss anstreben. Sieht man von den Universitäten Karlsruhe, Köln, Mannheim und München ab, die einen wohnungswirtschaftlichen Schwerpunkt im Rahmen des wirtschaftswissenschaftlichen Studiums anbieten, existieren derzeit nur zwei **Universitäten** mit breiterem Fächerkatalog im Fachgebiet Immobilienökonomie im Rahmen des Studiums der Betriebswirtschaftslehre (BWL): die EUROPEAN BUSINESS SCHOOL und die Universität Leipzig. An beiden Universitäten können Diplomierte auch zum Dr. rer. pol. promovieren. Hinzukommen wird im Jahre 2004 die Universität Regensburg. An der Universität Stuttgart besteht eine Vertiefung Immobilientechnik und –wirtschaft im Rahmen des Wirtschaftsingenieurwesens (WIW) (vgl. Tabelle 4).

Hochschule Studiengang	Dauer	Kosten (in EUR)	V=Vollzeit T=Teilzeit	R=RICS-Akkredit.	Internetadresse
EUROPEAN BUSINESS SCHOOL BWL mit Wahlpflichtfach Immobilienökonomie Abschluss: Diplom-Kaufmann	8 Sem. inkl. 2 Ausl.-Sem.	4.750 pro Semester	V	R	www.ebs-immobilien oekonomie.de
Universität Leipzig BWL mit Wahlpflichtfach Immobilienmanagement Abschluss: Diplom-Kaufmann	8 Sem.	keine	V		www.immo.uni-leipzig.de
Universität Regensburg BWL mit Wahlpflichtfach Immobilienwirtschaft Abschluss: Diplom-Kaufmann *(in Planung)*					www.uni-regensburg.de
Universität Stuttgart WIW mit Vertiefung Immobilientechnik und -wirtschaft Abschluss: Diplom-Wirtschaftsingenieur	9 Sem.	keine	V		www.uni-stuttgart.de

Tabelle 4: Ausbildungsstudiengänge im BWL- und WIW-Studium an Universitäten

An der EUROPEAN BUSINESS SCHOOL wurde der im März 1994 gegründete Stiftungslehrstuhl Immobilienökonomie (Prof. Dr. Karl-Werner Schulte HonRICS) durch weitere Professuren für Immobilien-Projektentwicklung (Prof. Dr. Stephan Bone-Winkel) und für Stadtplanung (Prof. Dr. Martin Wentz) sowie durch eine Visiting Professorship zu dem **ebs Department of Real Estate** ausgebaut. Das BWL-Studium mit dem Wahlpflichtfach Immobilienökonomie „gilt als der Königsweg zum Immobilien-Professional" (Schulze, S. 7).

Die Besonderheit besteht in dem in das achtsemestrige Studium integrierten Auslandsstudium an wahlweise vier renommierten Hochschulen, das mit dem „Master of Science in Real Estate" abgeschlossen wird.

-  GEORGIA STATE UNIVERSITY

-  The University of Hong Kong

- The University of Reading

- JOHNS HOPKINS UNIVERSITY

Durch eine zwei Jahre später mögliche Qualifikation zum „Chartered Surveyor" kann – zusätzlich zum Doppeldiplom – eine hochrangige „designation" erlangt werden, die die Ausbildung zum „Global Property Professional" abrundet (vgl. Abbildung 21).

Abbildung 21: Der Weg zum Immobilien-Professional

An **Fachhochschulen** und **Berufsakademien** ist in den vergangenen Jahren ein großes Angebot innerhalb von BWL- und WIW-Studiengängen entstanden; die Tabelle 5 liefert hier nähere Informationen.

Hochschule Studiengang	Dauer	Kosten (in EUR)	V=Vollzeit T=Teilzeit	R=RICS- Akkredit.	Internetadresse
Hochschule Anhalt (FH) BWL mit Vertiefung Immobilienwirtschaft Abschluss: Diplom-Betriebswirt (FH)	8 Sem. inkl. 1 Praxissem.	keine	V		www.hs-anhalt.de
Fachhochschule für Technik und Wirtschaft Berlin BWL mit Vertiefung Immobilienwirtschaft Abschluss: Diplom-Kaufmann (FH)	8 Sem. inkl. 1 Praxissem.	keine	V		www.fhtw-berlin.de
Fachhochschule Biberach BWL mit Vertiefung Bau & Immobilien Abschluss: Diplom-Betriebswirt (FH)	8 Sem. inkl. 2 Praxissem.	keine	V		www.fh-biberach.de
Fachhochschule Holzminden (FH Hildesheim) WIW mit Vertiefung Immobilienwirtschaft und Immobilienmanagement Abschluss: Diplom-Wirtschaftsingenieur (FH)	8 Sem.	keine	V		www.fh-hildesheim.de
Fachhochschule Nürtingen Immobilienwirtschaft Abschluss: Diplom-Betriebswirt (FH)	8 Sem. inkl. 2 Praxissem.	keine	V	R	www.fh-nuertingen.de
Fachhochschule Nürtingen BWL mit Vertiefung Immobilienwirtschaft Abschluss: Diplom-Betriebswirt (FH)	8 Sem. inkl. 2 Praxissem.	keine	V		www.fh-nuertingen.de
Hochschule Zittau/Görlitz (FH) WIW mit Vertiefung Wohnungs- und Immobilienwirtschaft Abschluss: Diplom-Wirtschaftsingenieur (FH)	8 Sem.	keine	V		www.hs-zigr.de
Berufsakademie Berlin BWL mit Vertiefung Immobilienwirtschaft Abschluss: Diplom-Betriebswirt (BA)	6 Sem.	keine	Dual. Stud.	R	www.ba-berlin.de
Berufsakademie Mannheim BWL mit Vertiefung Immobilienwirtschaft Abschluss: Diplom-Betriebswirt (BA)	6 Sem.	keine	Dual. Stud.	R	www.ba-mannheim.de
Berufsakademie Sachsen BWL mit Vertiefung Immobilienwirtschaft Abschluss: Diplom-Betriebswirt (BA)	6 Sem.	keine	Dual. Stud.	R	www.ba-leipzig.de
Berufsakademie Stuttgart BWL mit Vertiefung Immobilienwirtschaft Abschluss: Diplom-Betriebswirt (BA)	3 Jahre	keine	Dual. Stud.	R	www.ba-stuttgart.de

Tabelle 5: Ausbildungsstudiengänge im BWL- und WIW-Studium an Fachhochschulen und Berufsakademien

1.4.3.3.2 Weiterbildung

Aufgrund der lange Jahre unbefriedigenden akademischen Ausbildungssituation einerseits und der großen Attraktivität der Immobilienbranche andererseits rekrutiert sich ein bedeutender Anteil der Beschäftigten aus Hochschulabsolventen, die keine immobilienbezogene Ausbildung durchlaufen haben, und Personen ohne Hochschulstudium, z.B. Kaufleuten oder Fachwirten der Grundstücks- und Wohnungswirtschaft. Für diese hat sich ein vielfältiges Angebot an Weiterbildungsmöglichkeiten entwickelt, das von Tagesseminaren bis hin zu Aufbaustudiengängen mit ein- bis zweijähriger Dauer reicht.

Die im Jahre 1990 gegründete **ebs** IMMOBILIENAKADEMIE, eine Weiterbildungsgesellschaft an der EUROPEAN BUSINESS SCHOOL, hat hier die Pionierfunktion inne. Insbesondere der Abschluss „Immobilienökonom (ebs)" gilt in der Immobilienwirtschaft als Gütesiegel.

Anfang dieses Jahrhunderts hat sich die Angebotspalette erheblich verbreitert, vor allem durch das Entstehen von Master-Studiengängen. Die Tabelle 6 gibt einen Überblick über die Weiterbildungsstudiengänge.

Hochschule Studiengang	Dauer	Kosten (in EUR)	V=Vollzeit T=Teilzeit	R=RICS-Akkredit.	Internetadresse
ebs IMMOBILIENAKADEMIE (Oestrich-Winkel) Kontaktstudium Immobilienökonomie Abschluss: Immobilienökonom (ebs)	1 Jahr	14.750	T	R	www.ebs-immobilien akademie.de
Akademie der Immobilienwirtschaft (BA Stuttgart) Aufbaustudium Immobilienökonomie Abschluss: Immobilienökonom (ADI)	5 Trimester	10.250	T	R	www.adi-stuttgart.de
Akademie der Immobilienwirtschaft (BA Stuttgart) Real Estate Abschluss: Master of Science	24 Mon.	15.750	T		www.adi-stuttgart.de
FHTW Berlin mit BBA Berlin Real Estate Management Abschluss: Master of Business Administration	3 Sem.	k. A.	T		www.mba-real-estate.de
Technische Universität Berlin Real Estate Management Abschluss: Master of Science	4 Sem.	9.800	T		www.a.tu-berlin.de/rem
Fachhochschule Biberach Internationales Immobilienmanagement Abschluss: Master of Business Administration	1 Jahr	12.850	T	R	www.fh-biberach.de/weiterbildung
Bergische Universität Wuppertal Real Estate Management & Construction Management Abschluss: Master of Science	4 Sem.	14.000	T		www.rem-cpm.de
EIPOS (TU Dresden) Real Estate Abschluss: Master of Science	4 Sem.	15.900	T		www.eipos.de
Deutsche Immobilienakademie (Univ. Freiburg) Immobilienwirtschaft Abschluss: Diplom-Immobilienwirt (DIA)	2 Jahre	k. A.	T		www.dia-consulting.de
Hochschule Anhalt (FH) Immobilienbewertung Abschluss: Diplom-Wirtschaftsingenieur (FH)	4 Sem.	k. A.	V		www.hs-anhalt.de

Tabelle 6: Weiterbildungsstudiengänge an Hochschulen und hochschulnahen Einrichtungen

1.4.4 Auswahlkriterien für Studiengänge

Angesichts der inzwischen großen Zahl an Aus- und Weiterbildungsstudiengängen werden Auswahlkriterien benötigt, anhand derer Studieninteressierte eine Entscheidung für eine Hochschule bzw. für ein Programm rational treffen können.

1.4.4.1 RICS-Akkreditierung

Die Immobilienorganisation mit dem weltweit höchsten Renommee ist die **RICS Royal Institution of Chartered Surveyors**. Zunächst nur auf Großbritannien und das Commonwealth begrenzt, akkreditiert die RICS seit Anfang 1990 auch Studiengänge in Kontinentaleuropa; hier war das Kontaktstudium Immobilienökonomie der **ebs** IMMOBILIENAKADEMIE der „Bahnbrecher". Inzwischen hat die RICS 17 Studiengänge in Deutschland (Stand 31.03.2004) und etwa 15 in Kontinentaleuropa anerkannt. Das Gütesiegel RICS wird damit zu einem notwendigen, aber keineswegs hinreichenden Kriterium für die Auswahl eines Studiengangs.

Zunächst sollen die wichtigsten Hintergrundinformationen zur Royal Institution of Chartered Surveyors vermittelt werden. Diese 1868 als Vereinigung der Landvermesser gegründete Berufsorganisation setzt die fachlichen und ethischen Standards im Immobiliengeschäft und machte dadurch eine gesetzliche Regelung der Berufszulassung unnötig. Um eine hohe Professionalisierung ihrer Mitglieder zu gewährleisten, wird einerseits eine spezifische akademische Ausbildung durch eine Hochschule gefordert, an die sich eine mindestens zweijährige praktische Berufserfahrung, das Assessment of Professional Competence (APC) mit schriftlicher und mündlicher Prüfung (Final Assessment), anschließt. Hinzu kommt ein Verhaltenskodex (Professional Conduct), dessen Einhaltung durch spezielle Gremien, denen Sanktionsmaßnahmen (Disciplinary Procedures) zur Durchsetzung der Standesregeln zur Verfügung stehen, kontrolliert wird (vgl. Abbildung 22).

Ein Hochschulabsolvent wird zunächst als Professional Member (MRICS) aufgenommen; nach weiteren fünf Jahren einwandfreier Berufspraxis folgt die Ernennung zum Fellow (FRICS). Eine ständige Weiterbildung, Continuing Professional Development (CPD), ist für alle Mitglieder Pflicht. Die RICS hat inzwischen mehr als 110.000 praktizierende Mitglieder weltweit.

Mittlerweile gibt es 16 nationale Verbände von Chartered Surveyors in Europa; von diesen ist – nach der RICS – die 1993 gegründete **RICS Deutschland** die größte Organisation. Als Dachverband fungiert die ebenfalls 1993 ins Leben gerufene **RICS Europe**, deren Verbandsziele neben der Bestimmung europaweit gültiger, vergleichbarer Ausbildungs- und Qualitätsstandards auch die Festlegung und Durchsetzung professioneller Verhaltensnormen sowie die Weiterentwicklung der beratenden Berufe in der Immobilien- und Baubranche umfassen.

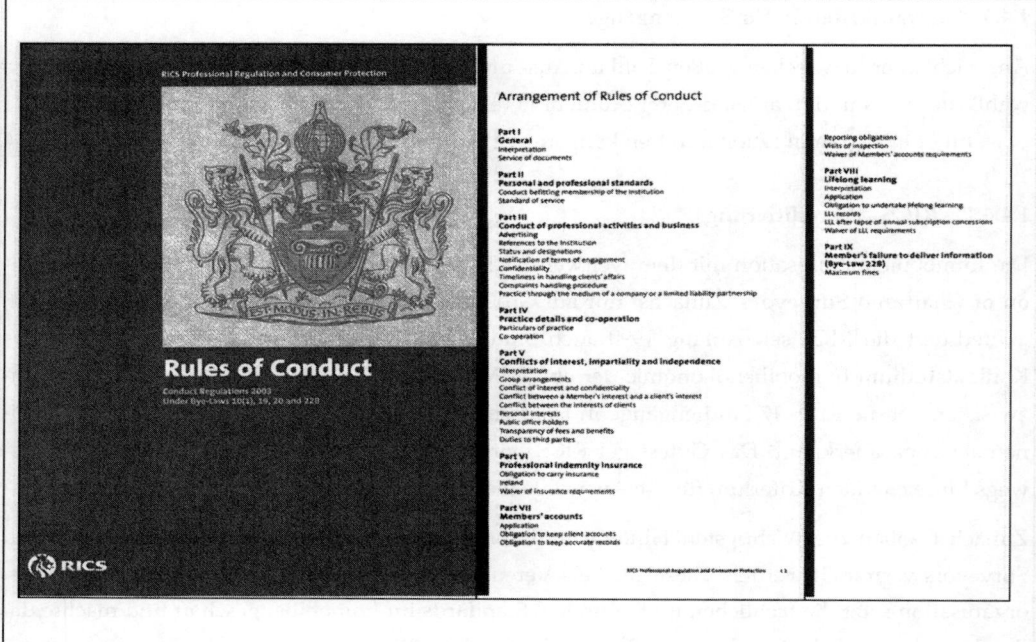

Abbildung 22: Rules of Conduct der RICS

Das **RICS Mission Statement** lautet:

„The RICS is committed to being the publicly recognised authority on all aspects of surveying and the ownership, occupation, development and management of property in the U. K. and to expanding its recognition worldwide.

The Institution's role is to:

- Promote the knowledge and skills of chartered surveyors and the services that they offer,

- Maintain high standards of qualification for membership of the RICS,

- Maintain high standards of professional conduct,

- Ensure the continuing development of the knowledge and skill base of chartered surveyors."

Die RICS-Akkreditierung soll sicherstellen, dass die Aus- und Weiterbildung ein hohes fachliches Niveau aufweist.

1.4.4.2 Forschungsreputation

Institutionen der Aus- und Weiterbildung können langfristig nur dann am Markt bestehen, wenn sie alle Kanten des magischen Vierecks in eigener Kompetenz abdecken (vgl. Abbildung 23). Besondere Bedeutung kommen der Forschung und Beratung zu. Ergebnisse anwendungsorientierter Forschung werden über die researchbasierte Beratung an die Immobilienpraxis weitervermittelt, die Rückkopplung verhilft der Wissenschaft zu neuen Erkenntnissen. Diese findet Eingang in die Aus- und Weiterbildung, die sich wiederum gegenseitig befruchten und Anregungen für die Forschung liefern.

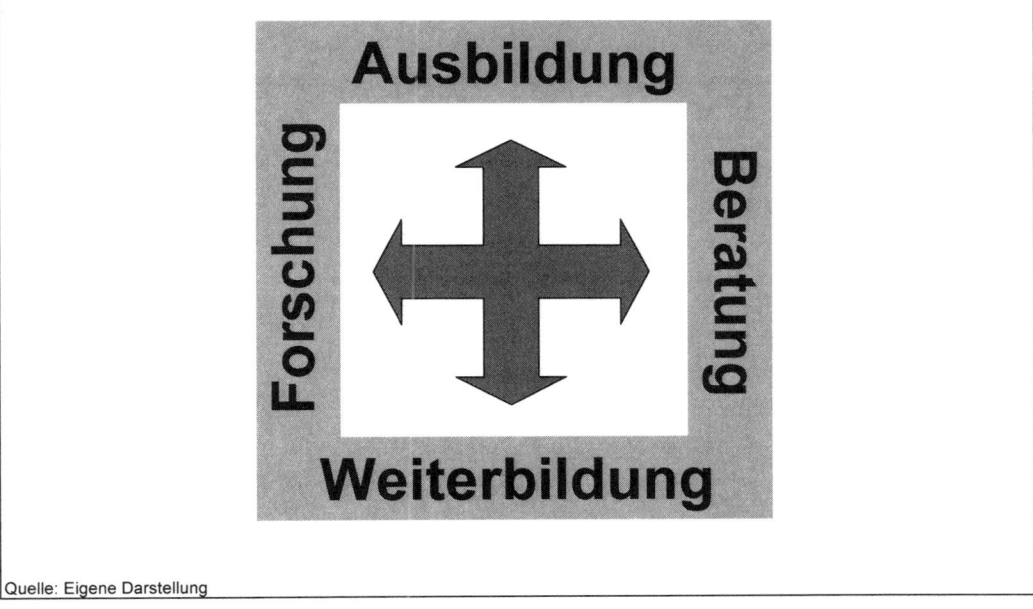

Quelle: Eigene Darstellung

Abbildung 23: Das „magische Viereck"

Nur über Forschung und Beratung lassen sich innovative Ansätze in die Aus- und Weiterbildung integrieren. „Cutting Edge Research" sorgt auch für die Reputation in der „Academic Community". Die Präsentation von „Papers" auf internationalen Konferenzen im Rahmen des IRES-Networks (vgl. Kapitel 1.3), die Publikation von Beiträgen in angesehenen „Real Estate Journals" und „Visiting Professorships" an ausländischen Hochschulen dienen dazu, Ideen einem kritischen fachkundigen Publikum zu unterbreiten und zur Diskussion zu stellen. Auch die aktive Mitarbeit in Arbeitskreisen der **gif Gesellschaft für Immobilienwirtschaftliche Forschung** zählt in diesen Kontext.

Die Anerkennung einer Institution durch die Forschungsreputation ist die eine Seite, die Praxis die andere Seite der Medaille.

1.4.4.3   Ansehen in der Praxis

Letztlich entscheidet über den Erfolg von Aus- und Weiterbildungsprogrammen der Markt, sei es, dass die Absolventen mit erstem Hochschulabschluss von Unternehmen nachgefragt werden, sei es, dass Mitarbeiter zur Weiterbildung entsandt werden. Die Einschätzung einer Institution durch die verschiedenen Sektoren der Immobilienwirtschaft ist daher ein wesentlicher Erfolgsfaktor.

Das Ansehen in der Praxis bestimmt zunächst die Qualität der Institution, insbesondere

- der wissenschaftlichen Leitung,

- der Dozenten,

- der Programminhalte,

- der Teilnehmer und Absolventen,

- des Programmmanagements,

- der Infrastruktur,

- sowie der Kosten-Nutzen-Relation.

Aber auch „the impact on industry", d.h. der Einfluss der Institution auf und die Integration in die Branche spielen eine bedeutende Rolle.

1.4.4.4   Absolventennetzwerk

Was bleibt vom Studium über den Tag der Zeugnisvergabe hinaus? Darüber entscheidet, ob für die Absolventen einer Institution „für die Zeit danach" ein funktionierendes Netzwerk zur Verfügung steht, das einen Meinungs- und Erfahrungsaustausch an den wichtigsten Immobilienstandorten ermöglicht. Um ein bundesweites Netzwerk zu etablieren und aufrechtzuerhalten, werden erfahrungsgemäß ca. 400 aktive Mitglieder benötigt. Diese Hürde wird nur von wenigen Ehemaligenvereinigungen genommen werden.

Der Verein der Ehemaligen und Förderer der Post-Graduate-Studiengänge zur Immobilienökonomie an der EUROPEAN BUSINESS SCHOOL e. V. (**immoebs**) gilt in der Immobilienbranche laut FAZ „als größtes berufsorientiertes Netzwerk" (O. V., 2001). Ende 2003 hatte die Alumni-Vereinigung 1.200 Mitglieder. Sie veranstaltet ein jährliches Immobilienforum und hat regionale Arbeitskreise in Berlin/Brandenburg, in München/Sachsen, in Norddeutschland, in Nürnberg, im

Rhein-Main-Gebiet, im Rhein-Ruhr-Gebiet, in Stuttgart, in Österreich und in der Schweiz mit monatlichen Abendvorträgen.

1.4.5 Fazit

Der Vergleich des Aus- und Weiterbildungskonzeptes sowie des Forschungs- und Beratungsansatzes der EUROPEAN BUSINESS SCHOOL mit Hochschulen in den USA und in Großbritannien zeigt, dass die Interdisziplinarität ein originäres ebs spezifisches Unterscheidungsmerkmal darstellt, das versucht, dem Partikulismusstreben einzelner Disziplinen mit dem Integrationsansatz zu begegnen. Dieses Konzept wurde inzwischen von nahezu allen Hochschulen in Kontinentaleuropa übernommen. Auf internationalen Konferenzen, in Zeitschriftenbeiträgen und in der Monographie „Real Estate Education Throughout the World" (Schulte 2002b) wird um den besten Weg zum „Real Estate Professional" gerungen (vgl. dazu Schulte 2002a; Black/Rabianski; Rabianski; Webb; Newell; Roulac; Manning/Roulac).

Ungeachtet aller Unterschiede im Lehr- und Forschungsansatz sollte die Internationalität verstärkt werden. Vielleicht lassen sich auch Kriterien entwickeln, anhand derer sich die Programme der einzelnen Hochschulen vergleichen lassen.

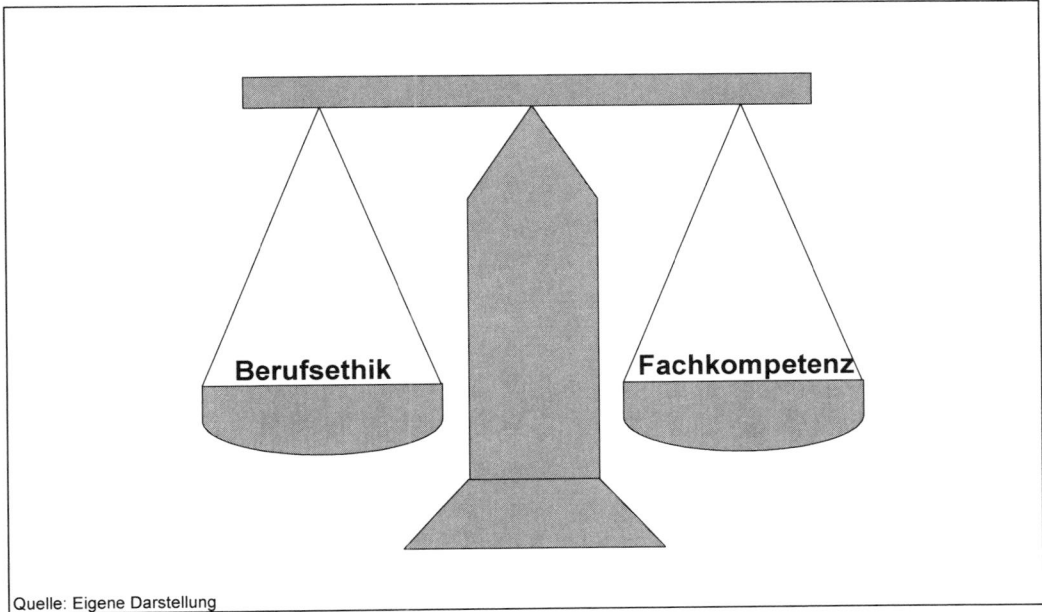

Quelle: Eigene Darstellung

Abbildung 24: Das angestrebte Gleichgewicht

Die Institutionalisierung der Immobilienökonomie als Wissenschaftsdisziplin sollte jedoch nicht einseitig auf Wissensvermittlung und Erkenntnisgewinnung ausgerichtet sein, sondern auch das Ziel verfolgen, in Deutschland eine „property profession" zu schaffen, bei der Fachkompetenz und Berufsethik eine enge Verbindung eingehen, wie in Abbildung 24 beispielhaft dargestellt. Die Karrierechancen in der Immobilienwirtschaft für Akademiker sind unverändert gut, da die Branche noch einen großen Nachholbedarf hat (vgl. Bienert; Hardebusch; Labusch; Wiktorin).

Literaturverzeichnis zu Kapitel 1.4

Bienert, S.: Etablierte Wissenschaft, in: Immobilienmanager (2003), Nr. 4, S. 46-48.

Black, R. T./Rabianski, J. S.: Defining the real estate body of knowledge: a survey approach, in: Journal of Real Estate Practice and Education 6 (2003), Nr. 1, S. 33-54.

French, N./Palmer, S.: Great Britain, in: Schulte, K.-W. (Ed.): Real estate education throughout the world: past, present and future, Boston 2002, S. 149-164.

Hardebusch, C.: „Der Abschwung beschleunigt die Auslese", in: Immobilienmanager (2003), Nr. 4, S. 44-45.

Labusch, D.: ...unter anderem Gedichte, in: Immobilien Wirtschaft und Recht (2004), Nr. 2, S. 24-25.

Lizieri, C./Baum, A.: Real estate education in Europe – a report for the Urban Land Institute, May 2002, Reading 2002.

Manning, C./Roulac, S. E.: Where can real estate faculty add the most value at universities in the future?, in: Journal of Real Estate Practice and Education 4 (2001), Nr. 1, S. 17-39.

Newell, G.: The quality of property education in Australia, in: Pacific Rim Property Research Journal 9 (2003), Nr. 4, S. 361-378.

O. V.: Kurze Meldungen, in: Frankfurter Allgemeine Zeitung, Nr. 142, 22. Juni 2001, S. 55.

Odrich, P.: Der Immobilie wegen nach Cambridge – England geht einen anderen Weg in der Ausbildung, in: Frankfurter Allgemeine Zeitung, Nr. 113, 17. Mai 2002, S. 55.

Rabianski, J. S.: Education in the real estate profession, in: Real Estate Issues 28 (2003), Nr. 2, S. 21-27.

Roulac, S. E.: Requisite knowledge for effective property involvements in the global context, in: Schulte, K.-W. (Ed.): Real estate education throughout the world: past, present and future, Boston 2002, S. 3-24.

Royal Institution of Chartered Surveyors (Ed.): RICS prospectus of surveying education: higher education courses in land, property and construction, 7th ed., London 2003.

Schulte, K.-W.: Germany, in: Schulte, K.-W. (Ed.): Real estate education throughout the world: past, present and future, Boston 2002a, S. 125-147.

Schulte, K.-W. (Ed.): Real estate education throughout the world: past, present and future, Boston 2002b.

Schulte, K.-W./Schulte-Daxbök, G.: Immobilienökonomie – ein Vergleich des ebs Aus- und Weiterbildungskonzeptes mit den „Real Estate Studies" in Großbritannien und den USA, in: Schulte, K.-W. (Hrsg.): 10 Jahre ebs IMMOBILIENAKADEMIE – Festschrift, Frankfurt am Main 2000, S. 58-63.

Schulze, M.: Direkt ans Ziel, in: Immobilienmanager (2002), Nr. 11, Beilage „Karriere-Special", S. 7.

U. S. News and World Report (Ed.): Best undergraduate business programs, in: http://www.usnews.com/usnews/edu/college/rankings/brief/business/bizspec07_brief.php, 2004.

Urban Land Institute (Ed.): The directory of real estate development and related education programs, 10th ed., Washington D. C. 2003.

Webb, J. R.: A global view of real estate education and research: past, present and future. In: Australien Land Economics Review 3 (1997), Nr. 2, S. 3-7.

Webb, J. R./Smith, H. C.: United States. In: Schulte, K.-W. (Ed.): Real estate education throughout the world: past, present and future, Boston 2002, S. 319-330.

Wiktorin, A.: Der Weg nach oben, in: Immobilienmanager (2002), Nr. 6, S. 10-13.

1.5   Ethik für Immobilienberufe

Karl-Werner Schulte, Christian Kolb

1.5 Ethik für Immobilienberufe

Karl-Werner Schulte, Christian Kolb

1.5.1 Einführung

Das Image der Immobilienwirtschaft ist schlecht. In der Presse und in Fernsehfilmen tauchen regelmäßig „Immobilienhaie", „Baulöwen", etc. auf, die das Bild der Immobilienberufe in der Öffentlichkeit bestimmen. Diese kennt im Grunde nur Bauunternehmer und Immobilienmakler. Wohnungssuchende übertragen leicht ihre gemachten Erfahrungen auf eine ganze Branche. Spektakuläre (Fast-)Pleiten von Jürgen Schneider, Philipp Holzmann, Bankgesellschaft Berlin, Roland Ernst, um nur einige zu nennen, bleiben in Erinnerung. Die Immobilienwirtschaft wird häufig an erster Stelle genannt, wenn es um fragwürdige Geschäftspraktiken geht.

Dabei wird leicht vergessen, dass nahezu an jedem Tag Akteure für negative Schlagzeilen sorgen, die mit der Immobilienwirtschaft nichts zu tun haben. Zu Politik und Sport fallen jedem sofort Beispiele ein, aber auch andere Branchen der Wirtschaft haben „gesündigt".

Bilanzmanipulationen bei Enron, Parmalat oder Neue Markt-AGs in Deutschland, der Öko-Skandal um BSE, die Diskussion über die Angemessenheit von Vorstandsgehältern, Abfindungen und Aktienoptionen, Bußgelder gegen Automobilfirmen wegen wettbewerbswidriger Praktiken: DER SPIEGEL widmete ein Heft dem Thema: "Die Schmiergeld Republik".

Auch im Privatleben gibt es Verhaltensweisen, die als ungesetzlich einzustufen sind, wie: Ladendiebstahl, Steuerhinterziehung, Versicherungsbetrug oder Schwarzarbeit.

Die Ausführungen verdeutlichen, dass das Thema „Ethik" nicht nur die Immobilienwirtschaft berührt. Dies ist eine Feststellung, die nichts beschönigen soll. Die schlechten Sitten der anderen dürfen nicht als Entschuldigung dienen.

Aber die Immobilienwirtschaft arbeitet – wie kaum eine andere Branche – an einer Lösung des Problems, wie dieser Beitrag zeigen wird. Er wird sich zunächst mit Leitfragen der Ethik auseinandersetzen und sich dann mit den Grundlagen einer Institutionenethik für Immobilienberufe befassen. Anschließend werden existierende Verhaltenskodices bekannter nationaler und internationaler Immobilienverbände und Organisationen vorgestellt, bevor ein Ausblick auf die Entwicklungstendenzen das Thema abrundet.

1.5.2 Leitfragen der Ethik

1.5.2.1 Abgrenzung der Begriffe Ethik und Moral

Zum besseren Verständnis des Themas sollen zunächst die Begriffe Ethik und Moral voneinander abgegrenzt und näher erläutert werden.

Ethik bildet mit Sozialphilosophie und Metaphysik das Grundelement für die Philosophie. Philosophie bezieht sich dabei auf das Ganze dessen, was ist, um dessen Wesen und Seinszusammenhang aufzudecken, und dem Menschen Sinn und Werte zu vermitteln (vgl. Kunzmann, S. 11). Betrachtungsgegenstand der Sozialphilosophie ist der Mensch und die ihm immanenten Eigenschaften. Die Metaphysik behandelt das hinter der sinnlich wahrnehmbaren Welt Liegende.

Der Begriff **Ethik** ist griechischen Ursprungs und leitet sich von Ethos ab. Ethos kann hier als Sitte, Brauch oder Wohnort verstanden werden und bezeichnet den Ort, an dem wir uns zu Hause fühlen und an dem bestimmte „Gewohnheiten" gelten. Ethik stellt somit den normativen Grundrahmen für das Verhältnis des Menschen zu sich selbst (Individualaspekt), zu seinen Mitmenschen (Personalaspekt) sowie zu seiner ökologischen Umwelt/Natur (Umweltaspekt) dar (vgl. Kreikebaum, S. 8f.).

Der Begriff **Moral** hat lateinische Wurzeln (mos, mores) und bezeichnet die guten Sitten, die in einer Gesellschaft gelten (vgl. Kreikebaum, S. 9). Moral beschreibt den Grundbestand sittlicher Verhaltensweisen, gelebter und faktisch geltender Normen und Gebräuche, die bestimmten Wertvorstellungen bzw. Normen verpflichtet sind. Moral stellt ein System von Regeln, Verhaltensnormen und Werten einer Gesellschaft dar. Diese sind mehr oder weniger verbindlich und legen fest, ob das Handeln gut ist oder nicht. Als einen „moralischen Menschen" bezeichnet man einen Menschen, der den allgemein, in seinem Kulturkreis geltenden und anerkannten Wertvorstellungen gemäß lebt.

Ethik und Moral verhalten sich zueinander wie Theorie und Praxis, wobei Ethik die philosophische Theorie und Moral die entsprechende Praxis und das Befolgen der reflektierten Handlungsnormen darstellen (vgl. Kreikebaum, S. 10). Ethik ist ein Phänomen der Aufklärung und kann somit als kritische Theorie der Moral verstanden werden.

Von moralisch fragwürdigem Verhalten wird gesprochen, wenn ein Sachverhalt gegen die „guten Sitten" dieser Gesellschaft augenscheinlich verstößt. Ethik beschäftigt sich mit dem Sollen und nicht mit dem Sein (Faktischen) und fragt kritisch danach, was maßgeblich ist, was den Ausschlag gibt bzw. geben soll. Ethik darf dabei nicht als ein Standpunkt neben anderen verstanden werden, sondern als Nachdenken darüber, wie – eigenbestimmt – moralisch richtig gehandelt werden soll (vgl. Waibl, S. 12f.). Wer von Ethik spricht, muss ihre übergeordnete Stellung (Primat) anerkennen. Natürlich kann man auf ethische Reflexionen verzichten, dies sollte man allerdings insbesondere dann nicht tun, wenn man für das eigene Handeln Legitimität einfordert.

Der integrative Ansatz der **Unternehmensethik** von Ulrich zieht daraus die Konsequenz (vgl. Ulrich, S. 13f.). Ethik wird als tragende Grundlage legitimen unternehmerischen Erfolgsstrebens begriffen. Ethische Reflexionen kommen somit nicht erst bei fragwürdigen Praktiken (wie z.B. Korruption, Kinderarbeit oder Umweltverschmutzung) zum Zuge, sondern bereits bei der Bestimmung der grundlegenden Wertschöpfungsaufgaben eines Unternehmens.

Die Pluralität unserer heutigen Gesellschaft führt mit ihren unterschiedlichen Norm- und Wertvorstellungen zu einer kontroversen Ethik. Immanuel Kant hat hier mit seinem kategorischen Imperativ eine Antwort formuliert. „Handle so, dass Du die Menschheit, sowohl in Deiner Person, als in der Person eines jeden andern, jederzeit zugleich als Zweck, niemals bloß als Mittel brauchest" (Kant, S. 42). In der heutigen Zeit bedeutet dies, dass nicht Macht, sondern gute Gründe den Ausschlag für eine Entscheidung geben sollen. Nur durch Begründungen und Argumentationen, nicht aber durch Drohungen oder Macht-gestützte Verhandlungen lässt sich herausfinden, wer Recht hat und was das Richtige ist. Wer argumentiert, der muss seine Gesprächspartner ernst nehmen und als Wesen gleicher Würde anerkennen und respektieren. Im Prinzip der Anerkennung und Achtung anderer als gleichwertige Person liegt der Sinn der Moral (vgl. Ulrich, S. 27).

1.5.2.2 Verhältnis von Ethik und Ökonomie

Ethik und Ökonomie werden von vielen Menschen häufig als unvereinbar und gegensätzlich wahrgenommen. Das seit der Neoklassik vorherrschende Gewinnprinzip und seine moderne Ausprägung in Gestalt des Shareholder-Value werden von der heutigen Gesellschaft immer kritischer hinterfragt. Viele Menschen fühlen sich durch die ungelösten und sich verschärfenden gesellschaftlichen Folgeprobleme dieser marktwirtschaftlichen Dynamik wie z.B. die hohe Arbeitslosigkeit, eine immer extremere Einkommens- und Vermögensverteilung, Armut und Umweltzerstörung überfordert. Die Verringerung der Gestaltungsmacht staatlicher Ordnungspolitik durch den wachsenden Einfluss der Europäischen Union und den globalen Standortwettbewerb verstärkt dieses Gefühl.

Die durch die Eigendynamik dieser ökonomischen Rationalität für alle Beteiligten offensichtlichen Nachteile setzen Unternehmen einem immer stärkeren Legitimationsdruck aus. Unternehmensentscheidungen müssen verstärkt gegenüber den betroffenen Bezugsgruppen/Stakeholdern (z.B. Kapitalgebern, Kunden, Lieferanten, Öffentlichkeit) dargelegt und begründet werden. Die symbolische (z.B. Werte- oder Präferenzen-beinhaltende) bzw. moralische Kommunikation zwischen Unternehmen und Stakeholdern wird in Zeiten der Globalisierung, die die negativen Effekte verstärkt wahrnehmbar macht, immer wichtiger. Sie kann daher als Differenzierungsmerkmal und somit als Wettbewerbsvorteil für diese Unternehmen dienen.

Unternehmen müssen heute aber nicht nur nach außen ihre Entscheidungen rechtfertigen und begründen, sondern auch gegenüber den eigenen Mitarbeitern. Die Schaffung einer gemeinsamen Wertebasis im Unternehmen ist eine Voraussetzung, um die eigenen Mitarbeiter zu motivieren und um ihre Identifikation mit dem eigenen Unternehmen zu steigern. Bedingt durch neue Produktionsweisen (z.B. Gruppen-, Teamarbeit oder Projektteams) kommen verstärkt dezentrale Organisationsformen wie z.B. flache Hierarchien oder Lean Management zum Einsatz. Diese Organisationsformen räumen den Mitarbeitern immer größere Autonomie ein, welche wiederum immer schwieriger zu überwachen ist. Eine informelle Kontrolle, basierend auf gemeinsamen Wertevorstellungen und Normen, gewinnt hier an Bedeutung. Dies verdeutlicht, dass unternehmensethisches Engagement auch in Bezug auf Mitarbeiterführung einen wichtigen Wettbewerbsfaktor darstellt.

Die interne und externe Interaktion von Unternehmen ist auf Vertrauen, Ehrlichkeit und Fairness angewiesen (vgl. Wieland, S. 30). Da die Überwachung und Durchsetzung von zwischen Parteien geschlossenen Verträgen Geld (Transaktionskosten) kostet, ist ein fairer und vertrauensvoller Umgang zwischen diesen Parteien äußerst sinnvoll.

1.5.3 Individual- und Institutionenethik für Immobilienberufe

1.5.3.1 Besonderheiten der Immobilienwirtschaft

Die Immobilität, der Lebenszyklus und die Komplexität von Immobilien bedingen, dass viele unterschiedliche Akteure am Immobilienmarkt agieren. Da der Immobilienmarkt wenig transparent ist, begünstigt dies die Existenz von Informationsasymmetrien zwischen den Beteiligten.

Die oben genannten Spezifika führen zu einer immer stärkeren Arbeitsteilung und Kooperation zwischen Unternehmen. Die daraus resultierende Aufgabendelegation ist nur dann sinnvoll, wenn das Endergebnis des Auftraggebers dadurch maximiert wird und der Auftragnehmer über ein spezielleres und höheres Wissen (Fachwissen) als der Auftraggeber verfügt (vgl. Jost, S. 11). Die Delegation von Aufgaben muss auf einem Vertrauensverhältnis aufbauen, da vollständige Transparenz und vollkommene Information zwischen Auftraggeber (Prinzipal) und Auftragnehmer (Agent) niemals gegeben sind. Das Informationsgefälle (Informationsasymmetrie) beruht zum einen auf mangelndem Fachwissen des Prinzipals (z.B. Bauherr, Wohnungssuchender, etc.), zum anderen darauf, dass er die Fähigkeiten, Absichten, Anstrengungen und Kenntnisse seines Agenten (Architekt, Makler, etc.) nur schwer beurteilen kann (vgl. Göbel 2002, S. 100). Intransparenz und Informationsasymmetrie führen zum Prinzipal-Agenten-Problem (Agency-Problem), das die Neue Institutionenökonomik mit der Agency-Theorie beschreibt. Diese unterscheidet zwischen Problemen, die sich vor Vertragsabschluss und solche, die sich nach Vertragsabschluß zwischen dem Prinzipal und dem Agenten ergeben können. Im ersten Fall wird von der Negativauslese, der „adverse selection", gesprochen (vgl. Macho-Stadler/Pérez-Castrillo, S. 9f.). Diese führt dazu, dass ein falscher/ungeeigneter Agent für die Delegation der Aufgabe ausgewählt wird. Probleme, die nach Vertragsabschluss auftreten, bezeichnet man als moralisches Risiko („moral hazard"), weil die Gefahr besteht, dass der Agent unmoralisch, d.h. entgegen der ursprünglichen Vertragsvereinbarung, handelt.

Der adverse selection kann zum einen durch „Screening", d.h. einer systematischen Informationsbeschaffung seitens des Prinzipals über die Charakteristika des Agenten, entgegengewirkt werden, z.B. über die Presse oder ehemalige Vertragspartner des Agenten. Zum anderen durch „Signalling", d.h. durch die Übertragung bestimmter Informationen seitens des Agenten, die seine Kompetenz und Fähigkeiten belegen (z.B. Zeugnisse, Referenzen, Verbandmitgliedschaften, Befolgung von Verhaltenskodices, etc.).

Moral hazard wiederum kann einerseits durch ein „Monitoring" des Agenten durch den Prinzipal, indem dieser „[...] den Agenten teilweise überwacht und basierend auf den Überwachungsinformationen mögliche Sanktionen gegenüber dem Agenten realisiert"(Hutzschenreuter, S. 40), begrenzt werden. Andererseits durch das „Bonding", bei dem sich der Agent zur Einhaltung eines festgelegten Verhaltens im Vorhinein ausdrücklich verpflichtet.

Die Ausgestaltung der Prinzipal-/Agenten-Beziehung, also eine möglichst klare Spezifizierung der übertragenen Aufgaben, eine gerechte Verteilung der durch die Leistung geschaffenen Werte und vor allem eine möglichst enge Verknüpfung der Interessen des Agenten mit denen des Prinzipals, wird somit zum ausschlaggebenden Charakteristikum für den Erfolg der delegierten Aufgabe (vgl. dazu ausführlich Schulz-Eickhorst; Fischer).

1.5.3.2   Grundsätze der Wahrung ethischer Prinzipien

Die Frage, ob die Wahrung ethischer Prinzipien in der Wirtschaft eher vom persönlichen Gewissen des Einzelnen **(Individualethik)** oder von personenunabhängigen, institutionalisierten Regeln **(Institutionenethik)** abhängt, ist schwer zu beantworten (vgl. Steinmann/Löhr, S. 76f.). Sicher ist allerdings, dass durch die zunehmende Technisierung, Komplexität sowie Arbeitsteilung, eine dem eigenen Handeln klar zuzurechnende Handlungsfolge immer schwieriger möglich ist. Eine klare moralische Verantwortung für das eigene Tun ist damit zum einen kaum noch möglich, da man sich nur als ein kleines Rad im Getriebe empfindet. Zum anderen wird durch das Wegbrechen von Orientierung stiftenden Institutionen (Kirche, Familie) die Entscheidungshilfe, welche die Moral für den Einzelnen darstellt, immer schwächer.

Als eine mögliche „Entlastung" des Individuums und seiner nicht mehr durchhaltbaren und nur noch bedingt anwendbaren moralischen Verantwortung kann die Institutionenethik dienen (vgl. Homann/Blome-Drees, S. 37f.). Die Moral wird von den Einflussmöglichkeiten und Intentionen des einzelnen Handlungsträgers abgekoppelt und in Handlungsstrukturen und -bedingungen überführt. Ein Regel-/Wertekatalog (Kodex) für das persönliche Verhalten, formuliert durch eine

Institution, unterstützt den Einzelnen bei seinen Entscheidungen und dient als eine Art „Ergänzungsmoral" zur individuellen Moral des Einzelnen.

Individual- und Institutionenethik lassen sich auf verschiedene wirtschaftliche Handlungsebenen beziehen (vgl. Enderle 1993, S. 17f.).

Individualethik korrespondiert dabei mit der Mikroebene, die sich mit der Rolle von Individuen (Arbeitnehmer, Führungskraft oder Konsument) und deren unmittelbaren Interaktionen beschäftigt. Sie geht davon aus, dass die moralischen Überzeugungen und Präferenzen des Einzelnen ein verantwortungsvolles Handeln herbeiführen.

Die Institutionenethik dagegen beschäftigt sich mit den Handlungen auf der Meso- und Makroebene. Als Mesoebene wird hierbei die Ebene von Organisationen (z.B. Unternehmen, Gewerkschaften, Kirchen, NGO's oder Berufsverbände), als Makroebene die Ebene des wirtschaftlichen Systems als solches, z.B. die Wirtschaftsordnung (vgl. Enderle 1988, S. 55f.) verstanden. Die Institutionenethik geht davon aus, dass nur durch Handlungsrestriktionen in Form von institutionellen Regeln (Sanktionen und/oder Anreize) alle Handlungsakteure zu einem kollektiv wünschenswerten Verhalten bewegt werden können.

1.5.3.3   Ansätze für eine immobilienwirtschaftliche Individualethik

Ethisch zu Handeln bedeutet aber die Bereitschaft und Fähigkeit, Handlungssituationen nach ihrer moralischen Dimension abzuschätzen und die Frage nach dem richtigen Handeln und Verhalten sorgfältig und (selbst)kritisch abzuwägen (vgl. Waibl, S. 14f.). Um diese Einschätzung der eigenen Handlungsalternativen zu erleichtern, sollte sich der Entscheidungsträger u.a. folgende Fragen stellen:

- Ist die beabsichtigte Handlung zwar technisch machbar und ökonomisch sinnvoll, aber vielleicht dennoch moralisch falsch?

- Wie wäre es, wenn man auf der anderen Seite des Geschehens stünde und die Gegenseite vertreten müsste? Eine wesentliche Rolle des moralischen Handelns besteht vor allem darin, von sich selbst zu abstrahieren und sich in die Rolle des anderen hineinzuversetzen.

- Werden Interessen anderer durch das eigene Handeln beeinträchtigt? Wer sind die Anderen und wie sind die verschiedenen Interessen gegeneinander abzuwägen?

- Welche Alternativen gibt es zu den bisher ausgearbeiteten Lösungen? Gibt es Handlungsalternativen, die im Sinne einer größtmöglichen Schadensbegrenzung zu einem besseren Gesamtergebnis führen?

- Lösen die eigenen heutigen, unproblematischen Handlungen eventuell Begleiterscheinungen oder Sekundäreffekte aus, die das eigene heutige Handeln beeinflussen sollten?

- Ist die von einem selbst geplante Handlung wohl abgewogen? Ist die gewählte Handlung unter den gegebenen Umständen die bestmögliche bzw. die mit dem kleinsten Übel? Stellt das eigene Handeln einen Kompromiss dar, wenn ja, einen fairen oder einen faulen? Hat man zur Lösung eines schwerwiegenden Problems alle einem zur Verfügung stehenden Möglichkeiten ausgeschöpft?

Diese Fragen allein zeigen, wie schwierig die Entscheidungsfindung unter individualethischen Gesichtspunkten sein kann. Es ist daher umso wichtiger, einen Regelkatalog in Form einer Institutionenethik zu verfassen, der für alle Marktteilnehmer klare Anreize und Sanktionen definiert und der ökonomische Vorgänge abbilden kann.

1.5.3.4 Entwicklung einer Institutionenethik für die Immobilienwirtschaft

Die erfolgreiche Entwicklung und Umsetzung einer solchen Institutionenethik basiert auf drei Pfeilern (vgl. Homann, 2003, S. 57f.). Zum einen durch die Formulierung von **Kernwerten** als einer Art Grundkonsens, auf die sich alle Beteiligten verständigen können. Zum anderen auf von allen Beteiligten verabschiedete Verhaltensregeln z.B. in Form eines **Verhaltenskodex**, die von den beteiligten Unternehmen konsequent angewendet und implementiert werden. Hier sind z.B. eine Einarbeitung in die Arbeitsverträge, insbesondere von Führungskräften, sowie Workshops zum täglichen Umgang mit dem Kodex vorstellbar. Letztendlich ist eine glaubhafte **institutionelle Verankerung** notwendig.

Kernwerte oder auch Normen können als Richtschnur für das moralische Handeln von Einzelnen oder Gruppen angesehen werden. Sie stellen einen Konsens und die Basis für spätere Kodifizierungen dar. Als konsensfähige Kernwerte können moralische Werte wie Ehrlichkeit, Loyalität, Vertrauen und Fairness gesehen werden. Für die Immobilienwirtschaft bedeutet dies z.B., einen fairen Umgang zwischen allen Marktteilnehmer (Anlegern, Geschäftspartnern, Mietern, Mitarbeitern, etc.) zu pflegen, aber auch eine sachgerechte, zeitnahe und für Dritte nachvollziehbare Immobilienbewertung durchzuführen. Die Informationspolitik von Unternehmen sollte durch den Grundsatz der Glaubwürdigkeit und der Gleichbehandlung aller Stakeholder gekennzeichnet sein. Dienstleistungen sollten nur bei ausreichendem Qualifikationsniveau angeboten werden.

Ein Verhaltenskodex wird durch einen Verband oder mehrere Verbände gemeinsam ausgearbeitet, dessen/deren Mitglieder bereit sind, sich durch Selbstbindung moralische Standards aufzuerlegen. Dadurch bringen die verschiedenen Gruppen nicht nur ihre Interessen in dieses zu entwickelnde **Normensystem** ein und gestalten dessen Funktionsweise mit, sondern steigern auch seine Glaubwürdigkeit und Anwendbarkeit. Der Druck von Unternehmen (peer pressure), die einen solchen Kodex beachten, auf Unternehmen, die dies nicht tun, würde zunehmen.

Auch wenn eine kollektive Selbstbindung aller am deutschen Immobilienmarkt teilnehmenden Unternehmen an einem Verhaltenskodex wünschenswert wäre, so scheint dies noch nicht realistisch zu sein. Vielmehr muss bei den Unternehmen erst die Erkenntnis reifen, dass sich durch diese Selbstbindung Reputations- und Glaubwürdigkeitsgewinne erzielen lassen, die sie positiv von ihren Mitbewerbern abheben.

Eine wirksame Institutionenethik und das ihr immanente verbindliche Regelsystem können aber nur dann funktionieren, wenn sie durch Moral auf der individuellen Ebene ergänzt werden.

1.5.4 Verhaltenskodices

1.5.4.1 Kodexeigenschaften

Das Ziel eines Kodexes muss sein, den Marktteilnehmern Hilfestellung und Orientierung bei der Beurteilung ethisch relevanter Probleme zu geben, ohne ihren eigenen Ermessensspielraum zu stark einzuschränken. Durch eine kollektive Selbstbindung und Sanktionierung von Regelverstössen soll die weitere Schaffung von gesetzlichen Vorschriften überflüssig gemacht werden. Im Falle von Interessenskonflikten z.B. zwischen Arbeitgeber und Mitarbeitern könnte der Kodex als Legitimationsgrundlage für das Handeln der Mitarbeiter dienen. Der **Verhaltenskodex** sollte in einer klaren und allgemeinverständlichen Sprache verfasst sein. Eine zu starke Präzisierung des Kodexes könnte von den Marktteilnehmern als Bevormundung wahrgenommen und als Ausdruck von Misstrauen verstanden werden. Nur durch die moralische Integrität der Beteiligten kann ein solcher Kodex seine Wirkung entfalten.

Neben den bereits in Punkt 1.5.3.2 erwähnten Vorteilen, könnte ein Befolgen des Kodexes für das Unternehmen z.B. auch ein besseres Unternehmensrating bedeuten und dadurch die Finanzierungskosten nachhaltig senken. Hohe Standards bei Aus- und Weiterbildung der eigenen Mitarbeiter würden ein überdurchschnittliches Maß an professioneller Kompetenz signalisieren, den Wert der zu erbringenden Dienstleistung steigern und Unternehmensschieflagen verhindern oder zumindest früher augenscheinlich werden lassen.

Die Entwicklung und kontinuierliche Verbesserung eines branchenweiten Verhaltenskodexes kann nur von einer Institution gewährleistet werden, die alle Bereiche der Branche abbildet und von allen Branchenakteuren getragen wird. Denkbar wäre auch, dass die bisherigen deutschen Verbände der Immobilienwirtschaft ihre Mitglieder verpflichten, ihr Handeln nach dem Kodex auszurichten, um weiterhin Verbandsmitglied sein zu dürfen.

Da die deutsche Verbandslandschaft besonders in der Immobilienwirtschaft stark zersplittert ist, scheinen Entwicklungen wie z.B. die Gründung des Vereins „Initiative **Corporate Governance** der deutschen Immobilienwirtschaft e.V. " im Herbst 2002 oder die Gründung Bündelungsinitiative der deutschen Immobilienwirtschaft ein wichtiger Schritt in Richtung der Schaffung einer branchenspezifischen Institution zu sein. Diese Institution könnte für notwendige Anpassungen und Interpretationen des Verhaltenskodex sorgen, in Wertefragen Unternehmen beratend zur Seite stehen, Richtlinien für ein Qualitätsmanagement formulieren und auf nationaler und europäischer Ebene ordnungspolitische Initiativen starten.

Um diese Institution mit der erforderlichen Durchsetzungskraft und Glaubwürdigkeit zu versehen, sollte ein **Schiedsgericht** gebildet werden, dessen Entscheidungen von allen teilnehmenden Unternehmen als bindend angesehen werden.

Darüber hinaus sollte, basierend auf einem externen und unabhängigen **Audit**, die Vergabe eines Zertifikates oder **Gütesiegels** angestrebt werden, um so den positiven Signaleffekt für die teilnehmenden und ausgezeichneten Unternehmen noch zu verstärken. Der Verlust muss mit gravierenden Wettbewerbsnachteilen verbunden sein.

Ein Verhaltenskodex sollte demnach folgende Kernkriterien beachten:

- der Kodex muss für die gesamte Immobilienwirtschaft gelten und von dieser getragen werden,
- der Kodex muss leicht verständlich und praktikabel sein,
- der Kodex muss versuchen, ein möglichst breites Spektrum an Situationen abzudecken,
- die Anpassung und Weiterentwicklung des Kodexes bedarf einer Institution, die aus der Immobilienwirtschaft selbst erwachsen muss; diese Institutionalisierung ist wichtig, da nur so der Kodex als personenunabhängig und objektiv von der Branche wahrgenommen wird,
- diese Institution muss Kontroll- (Audit) und Sanktionierungsmechanismen (Schiedsgericht) entwickeln, die für die teilnehmenden Unternehmen verbindlichen Charakter hat,
- die teilnehmenden Unternehmen müssen sich durch direkte und indirekte Wettbewerbsvorteile besser stellen als die nicht-teilnehmenden Unternehmen.

Die Formulierung und Weiterentwicklung eines brancheneinheitlichen Verhaltenskodex wird sich aber nach wie vor schwierig gestalten, da einzelne Regeln innerhalb eines solchen Systems unter Umständen in Widerspruch zueinander geraten oder nur schwer interpretierbar sein können. Allgemein formulierte Regeln können Einzelprobleme beispielsweise nicht eindeutig lösen. Ein hoher Detaillierungsgrad, der jede nur erdenkliche Handlungsalternative abzudecken versucht, wird andererseits kaum umsetzbar sein. Somit bleibt weiterhin die Abschätzung der Folgen des eigenen Handelns im Sinne einer individuellen Verantwortungsethik unumgänglich (vgl. Göbel 1992, S. 86).

1.5.4.2   Existierende Verhaltenskodices in der Immobilienwirtschaft

1.5.4.2.1 Standesregeln von RDM und VDM

Der **Ring Deutscher Makler (RDM)** ist Gründungsmitglied des Europäischen Rates der Immobilienberufe „European Council of Real Estate Professionals" (CEPI) sowie der unter dem Dach der CEPI zusammengeschlossenen Fachorganisationen für die Immobilienmakler EPAG („European Property Agents Group") und für die Immobilienverwalter CEAB („Confederation européene des Administrateurs des Biens"). Darüber hinaus ist der RDM Gründungsmitglied des Europäischen Sachverständigenverbandes TEGoVA („The European Group of Valuers' Associations") und Mitglied des Weltverbandes der Immobilienberufe FIABCI. Der RDM hat für Makler und Hausverwalter, die Mitglieder im RDM sind, Standesregeln erlassen, die die Standespflichten, das Standeswidrige Verhalten und Sanktionen bei Nichtbefolgung beinhalten (vgl. RDM). Die Standespflichten listen zehn Verhaltensweisen auf, die von der kontinuierlichen fachlichen Weiterbildung, über wahrheitsgemäße Angaben zur eigenen Leistungsfähigkeit bis hin zum Abschließen einer angemessenen Deckungssumme der Vermögensschaden-Haftpflichtversicherung reicht. Vorschüsse auf die Provision zu fordern, sich als alleinbeauftragter Makler darzustellen, ohne nachweisbar über einen Alleinauftrag zu verfügen, oder sich unter dem Vorwand eines persönlichen Interesses Kenntnisse von Objekten oder Interessenten zu verschaffen, um diese dann im Geschäftsbetrieb zu verwerten, werden als standeswidriges Verhalten geahndet, wobei Sanktionen durch die zuständigen Mitgliederverbände festgesetzt werden.

Der **Verband Deutscher Makler (VDM),** der sich nur als Standesvertretung der Makler sieht, ist Gründungsmitglied der Confédération Européenne de l'Immobilier (CEI), die sich als europäische Dachorganisation im Immobilienbereich sieht. Im Rahmen seiner Mitgliedschaft hat der VDM maßgeblich an Kodices mitgewirkt, die sich zum einen auf die Beziehungen nach außen (Makler/Kunde) und zum anderen auf den Bereich der Gemeinschaftsgeschäfte (Makler/Makler) in der Grundstücks- und Wohnungswirtschaft beziehen (vgl. C.E.I., 2003a, S. 1f. und C.E.I., 2003b, S. 1). Der VDM ist der Meinung, dass diese Kodices nur im europäischen Rahmen Wirkung entfalten können und setzt sich daher für eine europaweite Gültigkeit ein.

Beide Verbände verfügen über eine ähnliche Mitgliederstruktur und haben sich in den letzten Jahren kontinuierlich aufeinander zu bewegt, sie bilden die Immobilienwirtschaft allerdings nicht gesamthaft ab. Beide Institutionen messen einem solchen Verhaltenskodex ein unterschiedliches Gewicht bei, was zeigt, wie schwierig eine branchenweite Geltung zu realisieren ist. Aussagen zum Qualifikationsniveau werden bewusst weich formuliert und keine Anforderungen in Bezug auf einen Befähigungsnachweises vor einem möglichen Berufseintritt des Maklers verlangt. Der Zugang zur Mitgliedschaft ist somit bei beiden relativ leicht möglich. Die Schaffung verbindlicher

Kontroll- und Durchsetzungsstrukturen in der Maklerbranche und damit verbundene schwerwiegende Sanktionen bei Regelverstößen sind somit ebenfalls nur teilweise zu erwarten.

Durch das Fehlen dieser Voraussetzungen stellen sich für die den Kodex befolgenden Marktteilnehmer keine relevanten Wettbewerbsvorteile ein. Das gewünschte Ziel einer Selbstbindung der Branche an **Ethikstandards** wird nur bedingt erreicht.

1.5.4.2.2 Initiative Corporate Governance der deutschen Immobilienwirtschaft

Bei Corporate Governance (vgl. Abschnitt 7.1.2) geht es um die Frage der wirksamen und nachvollziehbaren Führung und Kontrolle von Unternehmen. Mit dem deutschen Corporate Governance Kodex (vgl. Initiative Corporate Governance, S. 1f.), der von der Regierungskommission Corporate Governance unter Vorsitz von Dr. Gerhard Cromme im Februar 2002 erstmals vorgelegt und seitdem kontinuierlich von der Kommission weiterentwickelt wird, hat sich die deutsche Wirtschaft Verhaltensstandards für Aufsichtsräte und Vorstände sowie Informationspflichten gegenüber Aktionären auferlegt.

Um bei der Umsetzung des Cromme-Kodex den spezifischen Anforderungen der Immobilienwirtschaft Rechnung zu tragen, wurde im Herbst 2002 u.a. auf Anregung des Stiftungslehrstuhls Immobilienökonomie der EUROPEAN BUSINESS SCHOOL die "Initiative Corporate Governance der deutschen Immobilienwirtschaft e.V." gegründet. Dem Verein gehören inzwischen ungefähr 50 führende Immobilienunternehmen sowie etwa gleich viele hochrangige Persönlichkeiten aus der Immobilienwirtschaft an. Die Initiative will auf eine gute Corporate Governance der deutschen Immobilienunternehmen im Sinne des Cromme-Kodex hinwirken. Im Vordergrund der immobilienspezifischen Anpassungen stehen erhöhte Professionalität und Transparenz.

Zu diesem Zweck wurden vom Vorstand und von Arbeitsgruppen "Grundsätze ordnungsmäßiger und lauterer Geschäftsführung der Immobilienwirtschaft" erarbeitet, die übergreifend für Immobilienunternehmen, unabhängig von ihrer Rechtsform, gelten. Hier geht es vor allem um die Qualifikation der Unternehmensleitung und der Mitglieder von Aufsichts- und Beratungsgremien, die Regelung von Interessenkonflikten, die sachgemäße Bewertung des Immobilienvermögens und um die Grundsätze der Informationspolitik.

Grundsätze ordnungsmäßiger und lauterer Geschäftsführung der Immobilienwirtschaft

1. Die **Unternehmensleitung** betreibt das Immobiliengeschäft ausschließlich im Interesse der Anteilseigner/Treugeber („Anleger") und fühlt sich dem Ziel der Steigerung des Unternehmenswerts/Immobilienvermögens verpflichtet.

2. **Professionalität, Transparenz** und **Fairness** gegenüber Anlegern, Geschäftspartnern, Mietern, Mitarbeitern sowie der Öffentlichkeit sind die unverzichtbare Basis unternehmerischen Han-

delns im volkswirtschaftlich wichtigen Immobiliensektor; die Einhaltung dieser Grundregeln schafft Vertrauen in die Immobilienwirtschaft.

3. Die Unternehmensleitung verfügt über die **erforderliche Eignung und ausreichende Erfahrung**; bei Konzernen gilt dies in angemessenem Umfang auch für die Obergesellschaften. Die Unternehmensleitung gewährleistet die fortlaufende Weiterbildung von Führungs-, Fach- und Führungsnachwuchskräften.

4. **Sachkundige** Aufsichts- und Beratungsgremien erhöhen die Entscheidungsqualität bei Immobiliengeschäften. Diese Gremien werden entsprechend besetzt und von der Unternehmensleitung vorausschauend, klar und umfassend informiert.

5. Eine sachgerechte Bewertung des Immobilienvermögens erfolgt anhand anerkannter Bewertungsmethoden durch qualifizierte, unabhängige Gutachter auf der Grundlage aktueller und objektiver Marktinformationen. Die Bewertungsmethode und deren Änderung sowie die **Marktwerte** des Immobilienbestands werden in geeigneter Weise erläutert.

6. Das Immobiliengeschäft erfolgt i. d. R. mit hohem Kapitaleinsatz und oft langfristigem Planungshorizont. Daher ist die Einrichtung und Fortentwicklung eines internen Kontrollsystems sowie eines Systems der **Risikosteuerung** unabdingbar.

7. **Interessenkonflikte** zwischen Mitarbeitern, Mitgliedern der Leitungs-, Aufsichts- und Beratungsgremien einerseits und dem Immobilienunternehmen werden durch geeignete Regeln vermieden und offen gelegt.

8. Die **Prüfung des Jahresabschlusses** dient dem Schutz der Kapitalgeber und der Vertrauensbildung. Bei der Auswahl der Wirtschaftsprüfungsgesellschaft werden die Kriterien Unabhängigkeit und Qualifikation streng beachtet.

9. Das Geschäftsmodell des Immobilienunternehmens, die **Organisationsstruktur** und die Beteiligungsverhältnisse werden übersichtlich dargestellt und deren Veränderung erläutert.

10. Die **Informationspolitik** ist durch die Grundsätze der Glaubwürdigkeit und der Gleichbehandlung gekennzeichnet. Immobilienunternehmen informieren institutionelle und private, in- und ausländische Anleger sowie sonstige Marktteilnehmer objektiv, klar umfassend und zeitgleich in kundengerechter Form und Sprache sowie in geeigneten Medien.

Darüber hinaus werden spezifische Regelwerke, die die jeweilige Rechtsform und gesetzliche Spezialregelungen berücksichtigen, geschaffen. Hier liegt bereits der "Kodex für Kapitalgesellschaften" vor. Er richtet sich zum einen an börsennotierte und zur künftigen Börsennotierung vorgesehene Aktiengesellschaften, die das Immobiliengeschäft betreiben, des weiteren an andere derartige Aktiengesellschaften jedweder Branche, die selbst oder durch verbundene Unternehmen in nennenswertem Umfang Immobilien halten oder über Beteiligungen Immobiliengeschäfte abschließen und durchführen oder bei solchen Geschäften Dienste leisten. Angesprochen sind also nicht nur börsennotierte Immobilienunternehmen wie IVG, sondern auch und gerade die Immobilientöchter von Non Property Companies wie Siemens, Deutsche Telekom, etc. Die immobilienspezifischen Ergänzungen des Cromme-Kodex beziehen sich vor allem auf Grundsätze zur Überwachung von Immobilienaktivitäten, zur Zusammensetzung und Vergütung des Vorstands, zur Vermeidung von Interessenkonflikten für Mitglieder des Vorstands und des Aufsichtsrats und weiter zur Rechnungslegung und Prüfung von Immobilienunternehmen sowie zur Veröffentlichung von Immobiliengeschäften.

Eine freiwillige "Selbstverpflichtungserklärung" der Unternehmen, dass den Empfehlungen des von der Initiative herausgegebenen Corporate Governance Kodex der deutschen Immobilienwirtschaft gefolgt wird, soll vor allem der Vertrauensbildung gegenüber dem Kapitalmarkt und Geschäftspartnern dienen. Weiter plant die Initiative einen Kodex für privat gehaltene Immobilienunternehmen zu entwickeln.

Auch wenn einige dieser Grundsätze und Leitlinien in den Bereich der Unternehmensführung einzuordnen sind, so lassen sich doch Regeln für ein individuelles Verhalten daraus ableiten. Die wesentliche Bedingung einer branchenweiten Geltung kann in Ansätzen als gegeben betrachtet werden, da die wichtigsten Teilnehmer am deutschen Immobilienmarkt diese Initiative unterstützen und durch ihre Mitgliedschaft die Umsetzung der Verhaltensregeln garantieren. Die Frage der Kontroll- und Durchsetzungsstrukturen kann zum jetzigen Zeitpunkt noch nicht beantwortet werden. Klar scheint aber, dass die Mitgliedsunternehmen und persönlichen Mitglieder auf eine positive Anreizstruktur (bessere Reputation, besseres Rating, etc.) und damit einhergehende positive Effekte setzen. Die Frage nach einem Qualitätsaudit und die damit verbundene Verleihung eines „Ethiksiegels" sind noch offen.

1.5.4.2.3 BVI-Wohlverhaltensregeln

Der **Bundesverband Investment und Asset Management e.V. (BVI)** hat Ende 2002 sieben Grundsätze für Kapitalanlagegesellschaften verabschiedet, die den guten und verantwortungsvollen Umgang mit dem Kapital und den Rechten der Anleger durch die Kapitalanlagegesellschaft stärken sollen (vgl. BVI, S. 3f.). Die Grundsätze regeln, welchen Verpflichtungen die Kapitalanlagegesellschaft gegenüber den Anlegern nachkommen muss und wie sie deren Interessen gegenüber Dritten vertritt.

Die sieben Grundsätze lauten:

1. Die Kapitalgesellschaft handelt bei der Verwaltung der Fonds ausschließlich im Interesse der Anteilinhaber.

2. Die Kapitalgesellschaft informiert klar, umfassend und verständlich, um eine sachgerechte und professionelle Kundenwerbung und -betreuung zu gewährleisten.

3. Die Kapitalgesellschaft sorgt dafür, dass die Fonds durch ein qualifiziertes Management entsprechend den Vertragsbedingungen verwaltet werden und wirkt Interessenkonflikten entgegen.

4. Für die Ausführung von Wertpapiergeschäften gelten klare Grundsätze, die die marktgerechte Abwicklung und die Gleichbehandlung der Anleger sicherstellt.

5. Die Kapitalgesellschaft gewährleistet durch organisatorische Maßnahmen und die sachgerechte Auswahl, Anleitung und Kontrolle der Depotbank die einwandfreie Bewertung, Verbuchung und Verwahrung des Fondsvermögens.

6. Bei Delegation von Aufgaben stellt die Kapitalgesellschaft sicher, dass das Interesse der Anteilinhaber gewahrt ist.

7. Die Kapitalgesellschaft wahrt die Integrität des Marktes.

Das Ziel dieser Grundsätze ist eine weitere Steigerung der Verlässlichkeit, Integrität und Transparenz von Kapitalanlagegesellschaften, um so das Vertrauen von Anlegern und Öffentlichkeit zu stärken. Die Regeln richten sich an deutsche Kapitalanlagegesellschaften, wobei nicht-deutschen Gesellschaften, die am deutschen Markt tätig sind, die Einhaltung der Regeln empfohlen wird.

1.5.4.2.4 Rules of Conduct and Disciplinary Procedures der RICS

Die **Royal Institution of Chartered Surveyors (RICS)** in London mit ihren weltweit über 110.000 professionellen Mitgliedern stellt wohl die bedeutendste Vereinigung von Immobilienberufen dar. Die 1868 gegründete RICS, der im Jahre 1881 von Queen Victoria die Royal Charter verliehen wurde und die seitdem die Standesvertretung der „property profession" in Großbritannien bildet, nimmt mit ihren **Rules of Conduct** eine Vorreiterrolle in der Durchsetzung berufsethischer Normen ein.

Wörtlich übersetzt ist der „surveyor" ein Landvermesser. Die Bedeutung des englischen Begriffs hat sich im Laufe der Zeit gewandelt. Heute steht der „Chartered Surveyor" im übertragenen Sinne für den qualifizierten Immobilienexperten mit hohen fachlichen und ethischen Standards.

In ihren Grundsätzen versteht sich die RICS als **die** öffentlich anerkannte Autorität in allen Bereichen der Begutachtung und des Eigentums, der Nutzung, der Entwicklung und des Managements von Immobilien in Großbritannien.

„The RICS is committed to being the publicly recognised authority on all aspects of surveying and the ownership, occupation, development and management of property in the UK and to expand its recognition worldwide.

The Institution's role is to:

- Promote the knowledge and skills of chartered surveyors and the services that they offer.

- Maintain high standards of qualification for membership of the RICS.

- Maintain high standards of professional conduct.

- Ensure the continuing development of the knowledge and skill base of chartered surveyors."

Das Selbstverständnis der RICS wird in dem Begriff „Profession" deutlich. Eine „Profession" zeichnet sich durch eine fundierte Beratung auf der Basis besten Wissens und Gewissens sowie vollstem Vertrauen aus.

Praktisch alle Sparten der Immobilienbranche sind in der RICS durch verschiedene Abteilungen, den so genannten Faculties, vertreten. Von den 16 möglichen Faculties, die von der RICS für die Landesverbände vorgesehen werden, haben sich sechs (Dispute Resolution, Construction, Commercial Property, Planning and Development, Residential Property und Valuation) durch Mitglieder von RICS Deutschland konstituiert.

Durch die Gründung der **European Society of Chartered Surveyors (ESCS)** und zahlreicher nationaler Verbände – wie z.B. dem 1993 gegründeten RICS Deutschland e.V. – gelang es der RICS, ihre hohen Standards auf andere Länder zu übertragen. **RICS Deutschland** hatte Ende 2003 etwa 800 Mitglieder.

Ausdrückliche Ziele der RICS sind u.a. die Wahrung der hohen Qualifikationsstandards der Mitglieder sowie die Einhaltung ihres Verhaltenskodex. So entwickelt und prüft die RICS weltweit Aus- und Weiterbildungsprogramme und überwacht die Einhaltung des Verhaltenskodex, den so genannten Rules of Conduct. Dieser Kodex enthält ethische Grundsätze, die jeder Chartered Surveyor einhalten muss (vgl. RICS, 2003a).

Die Rules of Conduct (vgl. RICS, 2003b, S. 5f.) verpflichten jeden Chartered Surveyor, im Interesse seines Auftraggebers, seines Arbeitgebers sowie der Öffentlichkeit zu handeln. Um dies zu garantieren, müssen sich Chartered Surveyors daher

- integer und ehrenhaft verhalten,

- fair und offen gegenüber ihren Kunden sein,

- jegliche Interessenskonflikte offen darlegen,

- mit der gebotenen Vertraulichkeit agieren und

- die ihnen von Kunden anvertrauten Vermögenswerte schützen.

Die Mitglieder der RICS sind in allen Bereichen der Immobilienwirtschaft tätig und befassen sich mit dem gesamten Lebenszyklus der Immobilie. Bei der Ausübung ihrer beruflichen Tätigkeit haben Chartered Surveyors

- ihren Auftrag fristgerecht, professionell und sorgfältig auszuführen,

- ihr berufliches und geschäftliches Fachwissen auf dem neuesten Stand zu halten,

- ihre Aufträge in Übereinstimmung mit den einschlägigen Richtlinien der RICS/RICS Deutschland durchzuführen,

- ihre Kunden zeitnah und umfassend zu informieren sowie

- eine angemessene Berufshaftpflichtversicherung abzuschließen.

Das Kontrollsystem besteht neben einer Beschwerdestelle aus einer Untersuchungskommission und einer Schiedsinstanz. Untersuchungen werden seitens der RICS in Beschwerdefällen aber auch stichprobenartig durchgeführt. Eine Beratungsabteilung steht den Mitgliedern der RICS in unklaren Fällen von Fragen des fallweise richtigen Verhaltens zur Verfügung.

Darüber hinaus existieren Disciplinary Procedures, die von Diziplinar-Ausschüssen angewandt werden, um Regelverletzungen zu ahnden. Das Sanktionierungssystem zeichnet sich durch drei Instanzen aus, die je nach Schwere des Fehlverhaltens unterschiedliche Sanktionen gegen Mitglieder ergreifen können. Diese reichen von einer formalen Verwarnung bis zu einem dauerhaften Ausschluss aus der Institution. Die getroffenen Sanktionsmaßnahmen werden nicht nur innerhalb der RICS durch unterschiedliche Medien publiziert, sondern auch in der regionalen und überregionalen Presse veröffentlicht. Die Aberkennung des Titels durch eine Sanktionsmaßnahme bedeutet mehr als den Verlust eines Wettbewerbsvorteils; sie kommt eher einem „Berufsverbot" gleich.

Die hohe Reputation der Chartered Surveyors in Großbritannien und weltweit hat aus der Berufsbezeichnung ein Gütesiegel gemacht, das immer stärker zur Voraussetzung für einen Markterfolg wird.

Die theoretischen Anforderungen an Verhaltenskodices zeigen, dass die Rules of Conduct der RICS den aufgezeigten Anforderungen an einen Kodex sehr gut gerecht werden und somit einen wichtigen Beitrag zu einer Standesethik leisten.

1.5.4.2.5 ULI Code of Ethics

Das 1936 in den USA gegründete **Urban Land Institute (ULI)** befasst sich mit Fragen der Stadt- und Immobilienentwicklung sowie der Raumordnung. Die Mitglieder sind Unternehmen, aber auch Personen aus den Bereichen Planung, Entwicklung und Sanierung von Wohngebieten, Geschäftsvierteln und gemischt genutzten Quartieren. Das weltweit agierende ULI ist stark in der Forschung engagiert und schlägt durch Veröffentlichungen und Veranstaltungen eine Brücke zwischen Wissenschaft und Praxis. Ihm gehören heute über 20.000 Mitglieder in 52 Ländern an, die aus allen Teilen der Immobilienwirtschaft kommen. Das German Council hatte Ende 2003 rund 150 Mitglieder.

Das Ziel von ULI ist die verantwortliche Entwicklung umweltgerechter Konzepte für die Nutzung von Flächen. Dabei finden ökologische, ökonomische und soziale Aspekte gleichermaßen Beachtung. Durch den beständigen Informationsaustausch auf nationaler und internationaler Ebene können die Mitglieder schnell auf relevante Trends in den Bereichen der Markt-, Nutzungs- und Stadtentwicklung reagieren. Fehlentwicklungen können so vermieden und erfolgreiche Konzepte schnell berücksichtigt werden.

Der Code of Ethics des ULI enthält zehn Punkte, die sich mit dem Thema Achtung (**respect**) beschäftigen. Neben einer verantwortungsvollen und nachhaltigen Nutzung und Entwicklung der Ressourcen Wasser, Boden und Luft, wird die Achtung von Verbrauchern und der Öffentlichkeit, Mitarbeitern und Mitbewerbern gefordert, also aller bei der Entwicklung und Nutzung von Flächen betroffenen Stakeholder. Die Auswirkungen baulicher Vorhaben auf die Umwelt und die Ressourcen zukünftiger Generationen werden hierbei ebenfalls deutlich genannt.

Diese zehn Punkte können als Leitlinien verstanden werden. Eine eventuelle Nichtbeachtung dieser Leitlinien durch Mitglieder des ULI zieht keine Sanktionen nach sich. Ein „echter" Verhaltenskodex wie bei der RICS, liegt somit nicht vor.

1.5.4.2.6 Code of Professional Ethics of the Appraisal Institute

Das **Appraisal Institute** ist ein internationaler Verband von Immobiliensachverständigen und Gutachtern, der über 18.000 Mitglieder weltweit verfügt. Neben der genannten Gruppe können auch beratende Immobilienberufe Mitglied werden.

Die vom Appraisal Institute verliehene Designation „Commercial Member of the Appraisal Institute (MAI)" genießt vor allem in den USA hohes Ansehen.

Der Code of Professional Ethics muss von allen Mitgliedern des Appraisal Institute befolgt werden, wobei Immobiliensachverständige ebenfalls die Standards of Professional Appraisal Practice des Appraisal Institute beachten müssen (vgl. Appraisal Institute, S. 9f.). Alle Mitglieder sind angehalten, Verstöße gegen den Kodex dem so genannten „Director of Screening" zu melden. Dieser prüft den Fall und leitet diesen gegebenenfalls an ein Schiedsgericht (peer review committee) weiter.

Der Kodex ist in vier Abschnitte eingeteilt. Der erste Abschnitt gibt konkrete Definitionen für die im Folgenden verwendeten Begriffe. Der zweite Abschnitt ist in fünf Standesregeln untergliedert. Diese Regeln beschäftigen sich mit abträglichem Verhalten von Mitgliedern gegenüber dem Verband, Mitbewerbern und der Öffentlichkeit. Sie regeln, in welchem Umfang die Mitglieder das Appraisal Institute bei der Aus- und Weiterbildung sowie bei der Einhaltung (Compliance) der Standesregeln zu unterstützen haben. Analysen, Berichte und Meinungen müssen unvoreingenommen formuliert und die Beziehung zwischen Kunden und Verbandsmitglied vertraulich behandelt werden.

1.5.5 Entwicklungstendenzen

Ausgehend von einer prinzipiell positiven Haltung gegenüber dem angelsächsischen Beispiel der RICS erscheint die Entwicklung eines Verhaltenskodex für die deutsche Immobilienwirtschaft, wie ihn die Initiative Corporate Governance der deutschen Immobilienwirtschaft mit ihren zehn Leitlinien in Ansätzen vorgelegt hat, als ein wichtiger Schritt zur Verbesserung der derzeitigen Situation.

Ethik und Moral sind nur zum Teil erlernbare und lehrbare Begriffe. Beide werden in der heutigen Aus- und Weiterbildung kaum behandelt. Dabei haben die Ausführungen zu diesem Thema gezeigt, dass persönliche Eigenschaften wie die kritische Reflexion der eigenen Handlung und die Schärfung der praktischen Urteilskraft wesentlich zur eigenen Gewissensbildung beitragen. Um eine aktivere Wahrnehmung der sozialen und wirtschaftlichen Verantwortlichkeit durch eine wirtschaftsethische Herangehensweise in der Immobilienwirtschaft zu fördern, sollte Wirtschaftsethik stärker in der Aus- und Weiterbildung für Immobilienberufe berücksichtigt werden.

Die reine Instrumentalisierung ethischen Gedankengutes in Form eines Kodex kann die bisherige Problematik nur bedingt lösen. Hierbei kommt es vielmehr darauf an, dass verhaltenskonformes Handeln von marktbedeutenden Unternehmen vorgelebt und von der Wirtschaft/dem Markt honoriert wird. Dieser Prozess wird Zeit kosten und auf Widerstände stoßen. Nur die freiwillige Zustimmung aller Betroffenen wird den dafür benötigten nachhaltigen Konsens gewährleisten.

Im Gegensatz zur RICS blickt die deutsche Immobilienwirtschaft auf eine noch junge und stark zersplitterte Verbandsgeschichte zurück. Für die Entwicklung einer Standesethik der Immobilienberufe in Deutschland ist eine Standardisierung und Institutionalisierung der Qualifizierung, wie das Beispiel Großbritanniens und der RICS zeigt, zwingend notwendig.

Die Diskussion über die „Regulations of the Surveying Profession" ist ein permanenter Prozess. Aufgrund der Globalisierungsstrategie der RICS ist zu erwarten, dass sich langfristig der Code of Conduct and Disciplinary Regulations der RICS bei Immobilienberufen durchsetzen wird.

Die in jüngster Zeit unternommenen Anstrengungen zur Gründung eines, die gesamte Immobilienbranche repräsentierenden Dachverbandes, haben deutlich gemacht, wie schwierig und zeitaufwendig sich eine solche Institutionalisierung gestalten kann. Die Initiative Corporate Governance der deutschen Immobilienindustrie zeigt hierbei, dass eine Einigung auf wesentliche Verhaltensregeln möglich ist und vom Markt gewünscht wird. Ein Code of Conduct and Disciplinary Regulation wie ihn die RICS im Juli 2001 in überarbeiteter Form vorgelegt hat, sollte das Ziel für die deutsche Immobilienwirtschaft sein.

Abschließend sei eine Untersuchung des Institute of Business Ethics (IBE) zitiert: „Ethical behaviour pays off financially!" (IBE). Die Immobilienwirtschaft braucht das Gleichgewicht von Berufsethik und Fachkompetenz.

Literaturverzeichnis zu Kapitel 1.5

Appraisal Institute: Code of Professional Ethics & Standards of Professional Appraisal Practice of the Appraisal Institute, Chicago 2003.

BVI: BVI-Wohlverhaltensregeln, Frankfurt 2002.

C.E.I.: C.E.I. Referral Rules, Paris 2003a, im Internet unter: http://web-cei.com/ceirefer.htm.

C.E.I.: C.E.I. Code of Practice, Paris 2003b, im Internet unter: http://web-cei.com/ceicode.htm.

DER SPIEGEL.: Die Schmiergeld Republik in Heft Nr. 12 vom 18. März 2002.

Enderle, G.: Wirtschaftsethik im Werden. Ansätze und Problembereiche der Wirtschaftethik, Stuttgart 1988.

Enderle, G.: Handlungsorientierte Wirtschaftsethik, Grundlagen und Anwendungen, Bern 1993.

Fischer, C.: Projektentwicklung: Leistungsbild und Honorarstruktur, in: Schulte, K.-W. (Hrsg.): Schriften zur Immobilienökonomie, Band 26, Köln 2003.

Göbel, E.: Das Management der sozialen Verantwortung, Berlin 1992.

Göbel, E.: Neue Institutionenökonomik, Stuttgart 2002.

Homann, K./Blome-Drees, F.: Wirtschafts- und Unternehmensethik, Göttingen 1992.

Homann, K.: Grundlagen einer Ethik für die Globalisierung, in: v. Pierer, H./Homann, K./Lübbe-Wolff, G.: Zwischen Profit und Moral, München 2003, S. 35-72.

Hutzschenreuter, T.: Unternehmensverfassung und Führungssystem: Gestaltung unternehmerischer Institutionen, Wiesbaden 1998.

IBE – Institute of Business Ethics: Does business ethics pay?, London 2003, im Internet unter: http://www.ibe.org.uk.

Initiative Corporate Governance der deutschen Immobilienwirtschaft: Corporate Governance Kodex der deutschen Immobilienwirtschaft, Frankfurt 2003, im Internet unter: http://www.immo-initiative.de /kodex/kodex_ kapital.shtml.

Jost, P.-J.: Die Prinzipal-Agenten-Theorie im Unternehmenskontext, in: Jost, Peter-J. (Hrsg.): Die Prinzipal-Agenten-Theorie in der Betriebswirtschaftslehre, Stuttgart 2001, S. 11-43.

Kant, I.: Grundlegung zur Metaphysik der Sitten, Hamburg 1965.

Kreikebaum, H.: Grundlagen der Unternehmensethik, Stuttgart 1996.

Kunzmann, P.: dtv-Atlas zur Philosophie, München 1993.

Macho-Stadler, I. / Pérez-Castrillo, J. D.: An Introduction to the economics of information: incentives and contracts, New York 1997.

RDM – Ring Deutscher Makler: RDM-Standesregeln für Makler und Hausverwalter, Berlin 1986, im Internet unter: http://www.rdm-bundesverband.de/artikel.php?Nr=22

RICS - The Royal Institution of Chartered Surveyors: Professional Conduct: Rules of Conduct and Disciplinary Procedures, London 2003a.

RICS - The Royal Institution of Chartered Surveyors: Beruflicher Verhaltenskodex für Mitglieder der RICS Deutschland, Frankfurt 2003b, im Internet unter: http://www.rics.org/germany/ethik.html.

Schulz-Eickhorst, A..: Die Bauherren-Architekten-Beziehung: Eine institutionenökonomische Problemanalyse mit Lösungsansätzen, in: Schulte, K.-W. (Hrsg.): Schriften zur Immobilienökonomie, Band 19, Köln 2002.

Steinmann, H./ Löhr, A.: Grundlagen der Unternehmensethik, Stuttgart 1994.

ULI – Urban Land Institute: ULI Code of Ethics, Washington 2002, im Internet unter: http://www.uli.org/Pub/Pages/z_utilities/Z_AbL3_Intro.htm.

Ulrich, P.: Transformation der ökonomischen Vernunft. Fortschrittsperspektiven der modernen Industriegesellschaft, Bern 2002.

Waibl, E.: Praktische Wirtschaftsethik, Innsbruck 2001.

Wieland, J.: Ökonomische Organisation, Allokation und Status, Tübingen 1996.

2 Typologische Aspekte der Immobilienökonomie

2.1   Unterscheidung nach Immobilienarten

Barbara Walzel

2.1   Unterscheidung nach Immobilienarten

Barbara Walzel

2.1.1 Einteilungskriterien

Ein wesentliches Gliederungselement in der theoretischen Betrachtung von Immobilien ist die stringente Abgrenzung einzelner Immobiliengruppen und deren Nomenklatur. Trotz der Heterogenität von Immobilien lassen sich Cluster bilden, die in wesentlichen Bestandteilen ausreichend Ähnlichkeit für eine schematische Betrachtung aufweisen. Deshalb wird im Folgenden eine Typisierung der Erscheinungsformen von Immobilien angestrebt. Eine gängige Darstellung findet sich in der nachstehenden Abbildung 25, die den **Immobilienarten** fünf Nutzungsgruppen zuordnet.

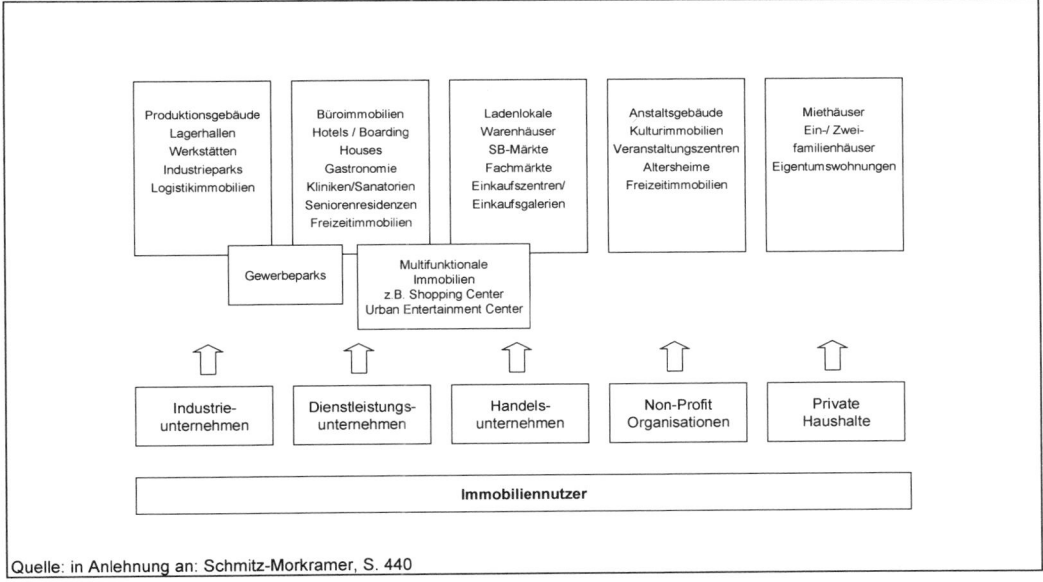

Abbildung 25: Typologische Betrachtung nach den Immobiliennutzern

Dieser Aufbau hat einerseits zwar den Vorteil, dass die Typologisierung dem Anspruch nach dem Primat der Nutzerbetrachtung folgt; andererseits lassen sich jedoch auf Immobilienebene keine eindeutigen Zuordnungen treffen. Eine schematische Betrachtung der Immobilientypen ist nur bedingt möglich.

Weiter verbreitet ist daher die Unterscheidung nach den Immobilienarten, wie sie Abbildung 26 zu entnehmen ist. Hierbei kann zwischen Wohn-, Gewerbe-, Industrie- und Sonderimmobilien differenziert werden. Ausschlaggebend ist die Funktion. Wohnimmobilien stellen Raum zur Befriedigung von Wohnbedürfnissen zur Verfügung. Gewerbeimmobilien liefern Raum, in welchem erwerbswirtschaftliche Zwecke verfolgt werden. Industrieimmobilien bieten Unternehmen den Raum zur Erstellung und Bearbeitung industrieller Güter. Allein die Zuordnung bei Sonderimmobilien ist komplexer, weil vielfältiger; hierauf wird in Abschnitt 2.1.5 näher eingegangen.

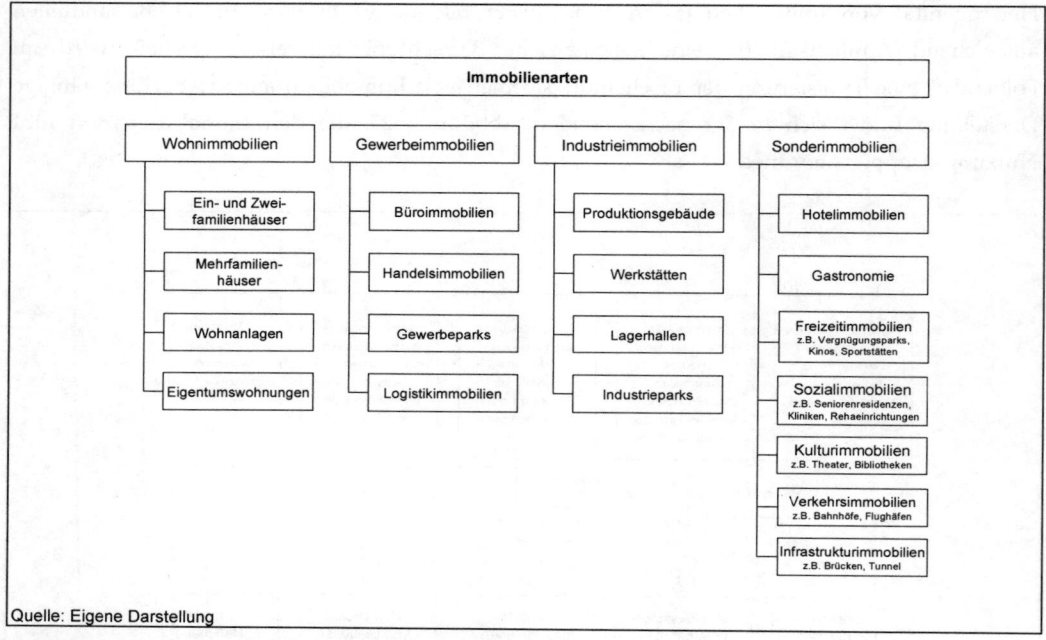

Abbildung 26: Typologisierung nach Immobilienarten

2.1.2 Wohnimmobilien

Nur Immobilien, bei denen die reine Wohnfunktion im Vordergrund steht, werden der Gruppe der **Wohnimmobilien** zugeordnet. Dabei ist es unerheblich, ob die Nutzung durch den Eigentümer selbst oder durch einen Mieter erfolgt. Traditionell basiert die weitere Untergliederung auf der Anzahl der Wohneinheiten, überwiegend mit den Segmenten **Ein-, Zwei- und Mehrfamilienhäuser**. Bei mehr als 20 Wohneinheiten spricht man auch von **Wohnanlagen**. Entsprechend dem individuellen wirtschaftlichen und juristischen Charakter des Wohnungsteileigentums sind **Eigentumswohnungen** als eigene Gruppe aufgeführt.

Zu den wesentlichen Einflussfaktoren des Wohnungsmarktes gehören die demographische Entwicklung und die damit verbundenen Auswirkungen auf die Haushaltsgrößen und

Wohnpräferenzen, das verfügbare Einkommen, die Zinsen für Hypothekarkredite, die steuerlichen Rahmenbedingungen und die Gesetzgebung sowie Rechtsprechung zum Mieter-Vermieter-Verhältnis.

Von jeher wurden staatliche Instrumente in der **Wohnungs- und Bodenpolitik** eingesetzt (vgl. Hagemeier, S. 33f.). Als deren Grundlage in Deutschland wurden die von Bismarck nach der Gründung des Deutschen Reiches in vielen Städten eingerichteten – und zum ersten Mal wirkungsvollen – Verwaltungsmaßnahmen zur Beschleunigung der städtischen Baumaßnahmen und zur Besteuerung von Grundbesitz gesehen. Ebenfalls in diese Zeit zurück reichen die Diskussionen, ob die Finanzierung des Wohnungsbaus Sache des Staates oder des Marktes sein sollte.

Als Folge der Wohnungsnot im Deutschen Reich und als Reaktion auf die ersten staatlichen Interventionen auf den Wohnungsmärkten entstanden vor etwa 100 Jahren die ersten wohnungswirtschaftlichen Verbände (vgl. hierzu Friedemann). Verschiedene gesetzgeberische Maßnahmen haben seit dem Beginn des 20. Jahrhunderts, als die preußische Regierung unter den Zwängen des Ersten Weltkrieges zu Notmaßnahmen greifen mußte, die deutsche Wohnungspolitik maßgeblich geprägt. Hierzu zählen das **Reichsheimstättengesetz** aus der Zeit der Weimarer Verfassung, das Soldaten und Hinterbliebenen eine Heimstätte mit Garten garantieren sollte. Es war Grundlage für die Entstehung heute noch bekannter Heimstätten, so zum Beispiel die 1918 gegründete „Gemeinnützige AG für Angestellten Heimstätten (Gagfah)". Auch die erste deutsche Bausparkasse, die „Gemeinschaft der Freunde Wüstenrot" wurde 1924 gegründet.

Auf der Grundlage eines Erlasses aus dem Jahr 1940 entstand die „Neue Heimat", das erste überregional tätige Bauträgerunternehmen. Sie war später mitverantwortlich für die Entwicklung der ersten Trabantenstädte, die im Zuge eines industriellen Siedlungsbaus vor den Städten die Bereiche Wohnen und Arbeiten auseinander rissen und damit ein Problem der Stadtentwicklung initiierten, das bis heute die Entwicklung auf dem gesamten Immobilienmarkt prägt. Mit dem 1950 durch das I. WoBauG eingeführten **sozialen Wohnungsbau** wurden in der Wohnungspolitik die Bereiche des **öffentlich geförderten sozialen Wohnungsbaus**, des **steuerbegünstigten** und des **frei finanzierten Wohnungsbaus** unterschieden. Mit dieser Unterscheidung ging eine Diskussion einher, die sich seitdem durch die Wohnungspolitik zieht. Sie trennt zwischen der Objektförderung, die die Gewährung von Fördermitteln für den Wohnungsbau an die Errichtung von Wohnraum knüpft und der Subjektförderung, deren maßgeblicher Aspekt das in den 60er Jahren eingeführte Wohngeld ist (vgl. Falk 2004). Aktuell wird mit dem Wohnraumförderungs-gesetz vom 22. Juni 2001 der Versuch gemacht, „die Verantwortung der Wohnungspolitik von einer generellen Versorgung breiter Schichten der Bevölkerung auf den Personenkreis einzugrenzen, dem es nicht gelingt, sich aus eigener Kraft angemessenen Wohnraum zu verschaffen" (Eekhoff, S. V).

Nach einem Boom in der Mitte der 90er Jahre leidet der deutsche Wohnimmobilienmarkt seit 2001 erheblich unter dem wirtschaftlichen Abschwung und den Folgen der Wiedervereinigung. Demografische Trends prägen die Entwicklung des Marktes, so zum Beispiel die Schrumpfung und Alterung der Bevölkerung und der damit verbundene wachsende Bedarf an Dienstleistungen für ältere Menschen mit allen Konsequenzen für den Wohnungsbau.

So ist dem **Wohnen mit Service** bzw. auch **Betreuten Wohnen** künftig eine größere Bedeutung zuzumessen als in der Vergangenheit. Zu den Gründen für diese Entwicklung gehören die Abnahme der familialen Netzwerke sowie die dünner besetzte nächste Generation und die weiterhin zunehmende Erwerbstätigkeit der Frauen. Eine der Herausforderungen für den Bau und Betrieb von Wohnimmobilien werden Wohnungen für Ältere in einer Kombination mit wohnungsnahen Dienstleistungen bis hin zu ambulanter Pflege direkt in der Wohnung sein. Dabei ist eine Verbindung bzw. ein Übergang von familialer Unterstützung in der angestammten Privatwohnung hin zu stationären Pflegeheimen gefragt (vgl. hier auch Sonderimmobilien unter Abschnitt 2.1.5). Zu den Anforderungen an Standorte für diesen Wohnungstyp gehört primär eine zentrale Lage. Die Anbindung an das städtische Leben, an kulturelle Einrichtungen und Einkaufsmöglichkeiten ist ebenso wichtig wie sozialräumliche Verflechtungen im Mikrobereich, so z.B., das Geschehen in der Nachbarschaft zu beobachten oder erlebnisreiche Verbindungswege zu schaffen.

Dass dieser Bedarf an Dienstleistungsangeboten für ältere Menschen wächst, belegen Zahlen der letzten Jahre. So nahm die Anzahl der über 80-jährigen in den Jahren 1995 bis 2000 um etwa 400.000 zu und bis zum Jahr 2005 wird eine weitere Zunahme um 500.000 angenommen.

Ein weiterer wesentlicher Trend für die Entwicklung von Wohnimmobilien ist in einer **familiengerechten Wohnungspolitik** verbunden mit einer deutlichen **Umorientierung der Stadtentwicklung** zu sehen. Trotz Stagnation in der Bevölkerungsentwicklung nimmt die Zahl der Haushalte zu. Dabei werden die einzelnen Haushalte bezogen auf die Anzahl der Haushaltsmitglieder immer kleiner (u.a. wegen der großen Zahl der Seniorenhaushalte, aber auch im Hinblick auf Single-Haushalte). Um dem seit Beginn der 70er Jahre zu beobachtenden Geburtendefizit zu begegnen, werden Wohnungen und Umfelder besonders für Familien deutlich attraktiver gestaltet. Studien aus den nordischen Ländern zeigen, dass die Geburtenraten in Relation zu einer Verbesserung der Stellung von Familien deutlich ansteigen. Dabei steht der vornehmliche Wunsch von Familien, ein eigenes Heim zu besitzen, im Vordergrund. Gleichzeitig sind jedoch Eigenheime in der Stadt ein Luxusgut für Minderheiten.

Aus Sicht der Investoren und Betreiber von Wohnimmobilien gibt es eine Reihe von Werttreibern, die sowohl hinsichtlich der Bewirtschaftung als auch bezogen auf einen Verkauf von Bedeutung sind. Hierzu gehören initiale Kosten wie die Baukosten, Mieten und Verkaufspreise, außerdem Kosten für Reparaturen, Modernisierung und sonstige Instandhaltungsaufwendungen. Entwicklungen in den verschiedenen Bereichen des Facilities Management können die Verwaltungskosten maßgeblich beeinflussen, so wie sich Entwicklungen auf dem Finanzmarkt auf die Zinsen und gesetzgeberische Maßnahmen auf die Steuer auswirken.

Wie bei allen Immobilienarten ist die Standortqualität auch für Wohnimmobilien entscheidend. Zu den wesentlichen Kriterien gehören die Lage innerhalb einer Stadt oder eines Umlandes, die Anbindung an den Verkehr, hier insbesondere die Erreichbarkeit von Innenstädten, Einkaufsorten und Arbeitsstätten sowie das Wohnumfeld, welches je nach Wohnungstyp und –nutzern unterschiedlich sein kann.

2.1.3 Gewerbeimmobilien

Unter dem Begriff **Gewerbeimmobilien** werden diejenigen Flächen zusammengefasst, in denen erwerbswirtschaftliche Zwecke verfolgt werden. Dazu gehören neben den Büro- und Handelsimmobilien auch Gewerbeparks und ebenso die der Distribution von Waren dienenden Gebäude in Logistikimmobilien. Eine über diesen Ansatz hinaus gehende Definition des Begriffs Gewerbeimmobilie wird noch diskutiert (vgl. Falk 2004) und eine Präzisierung kann von der aktuell durch die **gif** Gesellschaft für Immobilienwirtschaftliche Forschung e.V. bearbeitete Flächenrichtlinie zur Berechnung von Gewerbeimmobilien erwartet werden.

2.1.3.1 Büroimmobilien

Ein gängiges Unterscheidungskriterium für **Büroimmobilien** ist deren Standort. Typische Orte, die zunehmend das Interesse von Projektentwicklern und Nutzern finden, sind Lagen in der City (Renaissance der Innenstädte) und am City-Rand. Stadtteillagen verlieren aufgrund der gesunkenen Mietpreise in den zentraleren Lagen an Bedeutung, während Bürozentren in abgegrenzten Gebieten nach dem Beispiel der Gewerbeparks sich zunehmend auf die spezifischen Anforderungen ihrer Kunden eingestellt haben. Einige von ihnen sind bereits „traditionelle" und damit image-wirksame Adressen; außerdem bieten sie zumeist sehr gute Verkehrsanbindungen. Das übrige Stadtgebiet und vor allem das Umland haben in den letzten Jahren an Attraktivität als Bürostandorte verloren (vgl. Beyerle).

Neben den Standortfaktoren, die wichtigsten sind hier die Lage und die Infrastruktur (Erreichbarkeit), rücken zunehmend auch Größe, Teilbarkeit, Flexibilität, Alter und Ausbauzustand der Büroflächen sowie zusätzliche Serviceangebote für die Flächennutzer ins Zentrum der

Betrachtung. Sehr uneinheitlich war bislang die Definition der Mietfläche. Die „Richtlinie zur Berechnung der **Mietfläche für Büroraum**" (MF-B) der **gif** Gesellschaft für Immobilienwirtschaftliche Forschung e.V. schafft hier Abhilfe (vgl. dazu ausführlich Kapitel 2.2). Der Büroimmobilienmarkt in Deutschland ist zu Beginn des 21. Jahrhunderts geprägt durch eine sehr starke Bautätigkeit in den meisten deutschen Großstädten. Nach 2004 wird die Neubaufertigstellung deutlich abnehmen und ab dem Jahr 2005 ist eine Stabilisierung zu erwarten. Der ungebrochene Trend zur Dienstleistungsgesellschaft prägt den Markt der Büroimmobilien. Im Jahr 2001 waren ca. zwei Drittel aller Erwerbstätigen im tertiären Sektor beschäftigt.

Einige gesamtgesellschaftliche Trends mit Bezug zur Büronutzung haben erhebliche Auswirkungen auf die Standortwahl ebenso wie auf die Planung und Ausgestaltung der Büroflächen im Gebäude. So wird einerseits der Transport von Wissen und Ideen immer schneller, umfassender und zugleich kostengünstiger als jemals zuvor, andererseits aber wird die Halbwertzeit unseres Wissens immer kürzer. In vielen Berufssparten ist die Präsenz am Arbeitsplatz nicht mehr gleichbedeutend mit der Effektivität der geleisteten Arbeit; so entstehen so genannte **Büronomaden**, die zumindest einen Teil ihrer beruflichen Arbeit Zuhause abwickeln.

Untersuchungen haben gezeigt, dass aktuell eine Vielzahl nutzer- und standortspezifischer Bürokonzepte existiert. Dabei führt die Verbreitung neuartiger Arbeitsmethoden und Organisationsstrukturen nicht notwendigerweise zur Auflösung klassischer Bürokonzepte und Standortmuster – vielmehr wird auf diese verstärkt zurückgegriffen. Der „Standard der Zukunft" erscheint konventioneller als vermutet. Zu den Planungsvorgaben an modernen Büroraum zählen unter anderem Mobilität, schnelle Veränderbarkeit der Arbeitsplatzkonfiguration, Flächenwirtschaftlichkeit und Individualität. Der Büroarbeitsplatz in Form von Schreibsälen, in denen die Büroarbeit in Anlehnung an die Fließbandarbeit abgewickelt wird, gehört der Vergangenheit an. Unter **New Work**, dem „neuen Arbeiten", werden neuartige Arbeitsprozesse verstanden, die aus der Anpassung wirtschaftender Einheiten an veränderte sozioökonomische Rahmenbedingungen hervorgegangen sind. Eine unter „Laborbedingungen" hervorgebrachte maximale Flexibilisierung und Technisierung der Arbeitswelt findet im Büroalltag kaum Anwendung. Vielmehr fordert New Work eine ganzheitliche Gebäudeplanung. Zur Entwicklung der einzelnen Büroraumarten siehe auch nachfolgende Abbildung 27.

Im Hinblick auf eine langfristig funktionsfähige Büroimmobilie ist die **Raumgestalt** von entscheidender Bedeutung im Hinblick auf das **Entstehen sozialer Strukturen** in den Büros. In diesem Sinne lassen sich sechs idealtypische Konzepte unterscheiden, nämlich Zellenbüro, Großraumbüro, Gruppen- oder Teambüro, Kombibüro, Flexspace-Büro, New Work Offices bzw. Business Clubs.

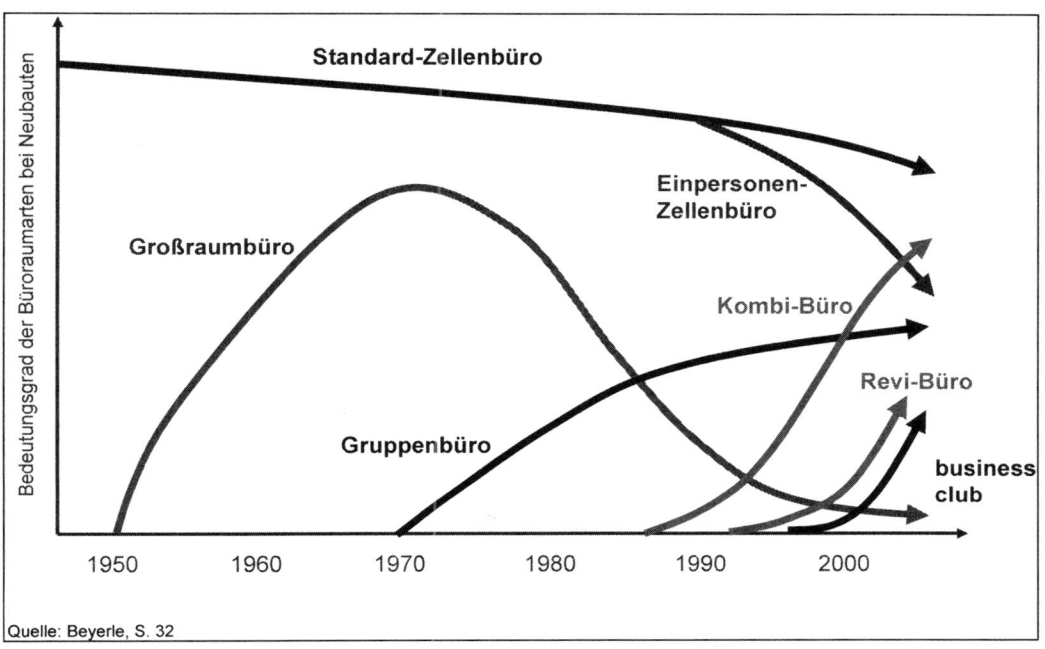

Quelle: Beyerle, S. 32

Abbildung 27: Nachfragezyklen einzelner Büroraumarten

Als Urtyp aller Büroformen ist das **Zellenbüro** zu bezeichnen. Mit einem festen oder flexiblen Grundriss kann es als Einzelbüro oder Mehrpersonen-Zellenbüro umgesetzt werden. Die dafür wesentliche bauliche Voraussetzung ist die flexible Raumtrennwand, deren Position an die Fensterachse angebunden ist. Die Arbeitsplätze haben eine Mindestgröße von 10 m², Variationen liegen zwischen 12 und 15 m². Die Räume sind ca. 10 bis 40 m² groß und weisen Tiefen von 4 bis 6 m auf. Eine Klimatisierung ist möglich, jedoch nicht obligatorisch; vielmehr besteht bei diesem Bürotyp die beste Möglichkeit zur individuellen Gestaltung. Im Zellenbüro findet konzentrierte Einzelarbeit statt, es wird daher auch als „Denkzelle" bezeichnet. Zu den problematischen Aspekten dieses Bürotyps gehört der Mangel an Kommunikation und Transparenz.

Eine besonders in den USA auch heute noch akzeptierte Form ist das **Großraumbüro** mit einer Fläche von mind. 400 bis über 1000 m². 80 und mehr Mitarbeiter arbeiten hier in einem Büro. Raumtiefen von 20 bis 30 m, eine Vollklimatisierung sowie künstliche Beleuchtung in der Innenzone sind Aspekte, die heute von den meisten Arbeitgebern nicht mehr gesucht werden. Maßgeblich geprägt haben die Großraumbüros die Bürolandschaften in den 60er Jahren des 20. Jahrhunderts, in Deutschland vor allem im Zuge des Tertiärisierungsprozesses. Neben der ausgewiesenen Flächeneffizienz standen Transparenz, Teamorientierung und Enthierarchisierung bei diesem Bürotyp im Mittelpunkt der Diskussion.

Auch das **Gruppenbüro** bietet einer größeren Zahl von Mitabeitern einen Arbeitsplatz. Es entstand im Zuge der Verkleinerung der Großraumbüros in den 70er Jahren. Auf einer Fläche von 150 bis 300 m² werden 5 bis 25 Mitarbeiter untergebracht. Im Gegensatz zum Großraumbüro herrscht in den Gruppenbüros eine Teilklimatisierung oder Teilzeitklimatisierung mit unterstützender Be- und Entlüftung vor. Die Fenster sind teilweise zu öffnen und es befinden sich vergleichsweise viele Arbeitsplätze am Fenster. Im Mittelpunkt steht die Förderung der Kommunikation innerhalb einzelner Projektteams oder Abteilungen. Die Arbeitsplätze sollen möglichst gleichwertig sein und auch individuellen Raum zulassen.

In einem **Kombibüro** werden persönliche Büros für jeden Mitarbeiter mit einer Größe von ca. 10 bis 12 m² miteinander dadurch verbunden, dass eine gemeinschaftliche Nutzung des zentralen „Multiraums" für Archivierung, Postverteilung, Kopieren, Bibliothek, Pausen, etc. ermöglicht wird. Das aus Skandinavien kommende Konzept ist eine Weiterentwicklung der Zellen- und Großraumbüros und etablierte sich in Deutschland Ende der 80er/Anfang der 90er Jahre des 20. Jahrhunderts. Jeder Mitarbeiter hat die Möglichkeit, Besprechungen an seinem Arbeitsplatz mit bis zu zwei Besuchern durchzuführen. Wesentlich ist auch, dass sowohl thermische Bedingungen wie auch die Beleuchtung vom Mitarbeiter selbst zu bestimmen sind.

Das reversible Büro wird auch **Flexspace-Büro** genannt. Sein Konzept besteht darin, verschiedenste Büroarten in einer Gebäudestruktur zu verbinden. Dabei stehen Zellenbüros gleichberechtigt neben Gruppen- und Kombibüros. Verschiedene Unternehmen oder Abteilungen eines Unternehmens können die für sie passende Büroform frei wählen.

Der kennzeichnende Aspekt des **Business Clubs** ist die Anwendung des **Desk-Sharing**. Die räumliche Aufteilung geschieht in drei Zonen: Das Business-Center dient als Treffpunkt, es bildet das Zentrum des Business Clubs. Es beinhaltet die Besprechungsräume ebenso wie das Sekretariat und die gemeinsam zu nutzenden technischen Geräte wie Kopierer, Drucker, Fax und Scanner. Das Team-Center besteht aus einer Vielzahl unterschiedlichster Arbeitsräume, vom Einzelbüro bis zu Gruppenbüros und Seminarräumen. Alle Arbeitsplätze sind mit einheitlichen Computern ausgestattet. Die Mitarbeiter haben ihre persönlichen Gegenstände in einem Rollcontainer, der in einem gesonderten Bereich „geparkt" wird und loggen sich über ihre Laptops an den einzelnen Arbeitsplätzen in das Netz des Unternehmens ein („plug and work"). Der dritte Bereich eines Business Clubs ist die Lounge. Hier kann in ruhiger, entspannter Atmosphäre entweder kurzfristig gearbeitet oder sich zu einem Gespräch getroffen werden. Wesentlich für den reibungslosen Arbeitsablauf in einem Business Club ist eine gute Organisation.

Während Büroflächen noch eine relativ einheitliche Clusterbildung erlauben, sollten Handels- und vor allem Sonderimmobilien weiter spezifiziert werden.

2.1.3.2 Handelsimmobilien

2.1.3.2.1 Arten

Der Anteil der Einzelhandelsflächen am gesamten Immobilienbestand ist vergleichsweise gering. Im Gegensatz zu Wohn- und Büroimmobilien zielt die Anmietung eines Ladenlokals nicht in erster Linie auf die Nutzung der Fläche, sondern auf die Erzielung von Umsatz mit Kunden. Handelsimmobilien werden daher zumeist für oder gemeinsam mit einem Nutzer entwickelt. Von besonderer Bedeutung für diese Immobilienart ist die Markt- und Standortanalyse (vgl. dazu ausführlich Muncke; vgl. weiterführend auch Kapitel 5.1).

Zu den **Handelsimmobilien** zählen neben den klassischen Einzelhandelsladenflächen mit direktem Straßenzugang auch Kauf- und Warenhäuser, SB-Warenhäuser und Fachmärkte, Lebensmittelmärkte und Einkaufszentren. Auch Infrastrukturimmobilien wie z.B. Bahnhöfe und Flughäfen wurden seit den 90er Jahren um attraktive Handelsflächen ergänzt bzw. umgewandelt. Umstrukturierungen und neue Nutzungen werden im Mittelpunkt der künftigen Entwicklungen stehen. Einen Boom erleben preisorientierte Fachmärkte und Discounter, die zumeist in den stadtperipheren Lagen angesiedelt werden. Die verschiedenen Arten der Handelsimmobilien sind in Abbildung 28 mit Bezug auf ihre jeweilige Größe und ihre präferierten Standorte in der Innenstadt, in Stadtteilen oder auf der „grünen Wiese" dargestellt.

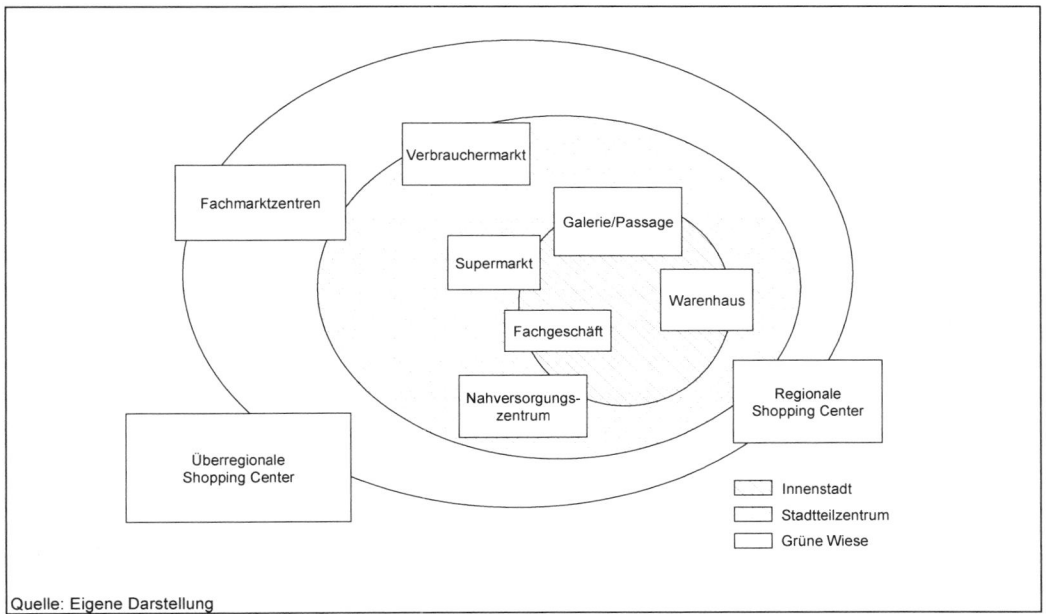

Quelle: Eigene Darstellung

Abbildung 28: Die wichtigsten Handelsimmobilienarten

Während die Einzelhandelsflächen besonders in den 1a-Lagen der Innenstädte geprägt sind durch die Zunahme nationaler und vor allem internationaler Filialisten mit großformatigen Flagship-Stores, werden vor allem in Stadtteillagen zunehmend Einkaufszentren entwickelt, deren Mieterstruktur den Bedürfnissen der Nutzergruppen weitgehend angepaßt sind. Kauf- und Warenhäuser, einst Vorläufer der Einkaufszentren im Sinne eines breiten und tiefen Sortiments unter einem Dach, haben seit den 80er Jahren einen zunehmenden Rückgang zu verzeichnen und repräsentieren heute lediglich etwa 5% des Angebots im Einzelhandel. Ihrer Funktion als Groß- oder Hauptmieter einer einzelhandelsgeprägten Innenstadt ebenso wie als Ankermieter in einem Einkaufszentrum können sie nur noch selten nachkommen.

2.1.3.2.2 Kauf- und Warenhäuser

Vorläufer der **Kauf- und Warenhäuser** waren die Basare, die sich vor allem in Frankreich gleichzeitig mit den Passagen und Galerien seit dem Beginn des 19. Jahrhunderts entwickelten. Es waren zunächst Textilwarengeschäfte, die ihre Sortimente in unterschiedlichen, voneinander abgegrenzten Abteilungen und auf mehreren Ebenen präsentierten. Bereits diese Vorläufer der Warenhäuser waren durch architektonische Details gekennzeichnet, die bis heute die Handelsarchitektur charakterisieren. Hierzu gehört z.B. der besonders herausgehobene, weithin sichtbare Eingangsbereich, der im Innern auf einen alle Etagen miteinander verbindenden Treppenaufgang zuführte. In Deutschland gründeten Abraham Wertheim im Jahr 1873 und Leonhard Tietz 1879 in Rostock, Berlin und Stralsund ihre ersten Geschäfte und legten damit die Grundsteine für die heutigen Warenhauskonzerne Karstadt AG und Kaufhof Warenhaus AG. Zu den Erfolgsgaranten der Warenhäuser gehörten feste Preise und unmissverständliche Preisauszeichnungen auf der Grundlage geringer Gewinnspannen durch große Umsatzmengen ebenso wie die Möglichkeit des Umtausches und der Rückgabe gekaufter Artikel (vgl. hierzu Frei, S. 23).

„Die Architektur des Handels hat das Erscheinungsbild der deutschen Großstädte seit dem Wiederaufbau der 50er Jahre wesentlich bestimmt. Alle großen Warenhaus- und Textilhauskonzerne haben sich in den Innenstädten niedergelassen und in den vergangenen Jahren ihre Präsenz mit wechselnden Konzepten gefestigt" (Kellermann, S. 144). So waren die Warenhäuser als Ankermieter von Beginn an maßgeblich an der Entwicklung der Shopping Center beteiligt. Spätestens seit den 80er Jahren verloren sie jedoch Marktanteile und gelten heute auch als „Dinosaurier". Durch Konzepte wie die Reduzierung der Sortimentsvielfalt schienen die Warenhäuser zunächst mehr zu verlieren als zu gewinnen. Heute steht das Kaufhof-Galeria-Konzept ebenso auf dem Prüfstand wie die Themenhäuser von Karstadt. In den letzten Jahren wird darüber hinaus das Augenmerk auf die Standortpolitik gelegt. Die Stärkung guter Innenstadt-Standorte steht im Mittelpunkt der Bemühungen – bis hin zur Entwicklung eigener

Shopping Center, in denen das eigene Warenhaus künftig eventuell nur noch eine untergeordnete Rolle spielen wird.

2.1.3.2.3 Shopping Center

Unter einem **Einkaufszentrum (Shopping Center)** versteht man nach Definitionen des 1957 gegründeten International Council of Shopping Centers (**ICSC**) und des Urban Land Institute (**ULI**) eine Handelsimmobilie, die architektonisch einheitlich konzipiert ist, deren Mieterbesatz nach vorher bestimmten Kriterien festgelegt wird und für die nach Maßgabe eines Zieles ein gemeinsames Marketing durch das eingesetzte Management durchgeführt wird (vgl. Beyard/O'Mara, S. 5). In ihrer „künstlichen" Agglomeration von Einzelhandels- und Dienstleistungsbetrieben handelt es sich hier um ein Verbund- oder Kooperationssystem des Einzelhandels (vgl. Falk 1998, S. 16). Ein wesentliches Erfolgskriterium eines Shopping Centers ist das frühzeitig in die Planung eingebundene und inhaltlich umfassend eingesetzte Centermanagement.

Vorläufer der Shopping Center sind die Passagen und Galerien des 19. Jahrhunderts. Den Immobilientyp „Passage" definiert J.F. Geist als „zwischen belebten Straßen hindurchgeführten, glasüberdachten Verbindungsgang, der auf beiden Seiten gesäumt ist von Reihen einzelner Läden. In den oberen Geschossen können Läden, Büros, Werkstätten, Wohnungen untergebracht sein. Die Passage ist eine Organisationsform des Detailshandels. Sie ist das Angebot öffentlichen Raumes auf privatem Gelände und bietet Verkehrserleichterung, Abkürzung, Schutz vor der Witterung und nur dem Fußgänger zugängliche Flächen. Dieses Angebot soll sich umsetzen in den geschäftlichen Erfolg der Mieter der Räume der Passage und damit ihres Eigentümers." (Geist, S. 12). Es sind dies wesentliche Bau- und Erfolgskriterien der Shopping Center bis zum heutigen Tag.

Die Entwicklung der Shopping Center im 20. Jahrhundert ging maßgeblich von den USA aus. Als eines der ersten Shopping Center im Sinne der oben genannten Definition wird das 1923 in Kansas City eröffnete Country Club Plaza betrachtet. Es ist noch heute als so genanntes Lifestyle Center erfolgreich (vgl. auch Cohen).

Unterschieden werden die verschiedenen Typen der Shopping Center nach den drei Kriterien **Größe, Standort und Mietermix.** Definiert werden die Flächen der Shopping Center dabei in den USA über die brutto vermietbare Geschäftsfläche (Gross Leasable Area = GLA) , d.h. die gesamte Fläche von Wand zu Wand inklusive Neben- und Nutzflächen. Nach vielen Unsicherheiten wurde für Deutschland unter maßgeblicher Führung der **gif** – Gesellschaft für Immobilienwirtschaftliche Forschung eine Definition der **Mietfläche in Handelsraum (MF-H)** erarbeitet, die zunehmend umgesetzt wird. Angaben zu Größe und Lage eines Shopping Centers oder eines vergleichbar großflächigen Handelsbetriebes finden sich darüber hinaus in §11, Abs. 3, Satz1, Nr. BauNVO 2002.

Die ursprüngliche Form des Shopping Centers – so wie es in der ersten Hälfte des 20. Jahrhunderts in den USA entstanden ist – ist das **Strip Center**. Darunter versteht man eine Ansammlung von zumeist nebeneinander liegenden Geschäften in Form eines Streifens (strip) mit davor befindlichen Parkflächen. Ankermieter eines solchen Centers ist meist ein Supermarkt oder/und ein Drugstore. Die Funktion der Strip Center ist die Versorgung mit Gütern des täglichen Bedarfs und ergänzenden Dienstleistungen. Aus diesem Grund werden sie auch **Nachbarschafts-(neighbourhood)center** genannt. Die Standorte dieser Shopping Center befinden sich in den USA an Kreuzungspunkten großer Verkehrswege. Ihre Größe bewegt sich zwischen 3.000 und 8.000 m² GLA.

Sobald die Versorgungsleistung über die der direkten Nachbarschaft hinaus geht, spricht man von einem **Gemeinde-(community)center**. Deren Größe beträgt zwischen 8.000 und 15.000 m² und sie stehen nicht selten als Stadtteilzentren im Mittelpunkt der Versorgung eines entsprechend großen Wohngebietes. Häufig ist der Hauptmieter ein SB-Warenhaus.

Ein größeres Einzugsgebiet, ebenso wie eine größere Auswahl an Mietern sowohl mit Angeboten des täglichen Bedarfs als auch mit ergänzenden Sortimenten haben die **Regionalen Shopping Center (Regional Malls)**. In Deutschland werden Center mit einer Größe von mehr als 15.000 m² in diese Kategorie eingestuft, in den USA haben sie eine Größe von 30.000 bis 90.000 m² (ab ca. 100.000 m² wird vom so genannten „super regional center" gesprochen). Zu den Mietern eines Regionalen Shopping Centers gehören neben Fachgeschäften auch diverse gastronomische Einheiten, ein Warenhaus oder auch einige Fachmärkte. Um die für den Erfolg der Mieter notwendigen Frequenzen zu schaffen, müssen die Regionalen Shopping Center über ein ausreichend großes Parkplatzangebot verfügen und verkehrstechnisch gut angebunden und erreichbar sein. Es sind dies häufig diejenigen Shopping Center, die mit der Bezeichnung „Grüne-Wiese-Center" belegt werden.

Das ebenfalls in den USA entwickelte **Mixed-Use Center** ist ein Typus, der als charakteristisch für innerstädtische Entwicklungen gilt. Aufgrund seiner Lage und durch die Kombination von Handel und Wohnen gilt es auch als attraktiver Bürostandort. Die Einzelhandelsflächen befinden sich zumeist in den erdgeschossigen Lagen und werden ergänzt durch Gastronomie- und Unterhaltungsangebote. An vielen Standorten werden Passagen- und Wegeverbindungen ·aufgegriffen.

Passagen und Galerien, die in den Innenstädten Wegeverbindungen über Innenhöfe hinweg verbinden und mit Handelsgeschäften zu beleben suchen, haben einen häufig überregional attraktiven Mieterbesatz. Ihre Größe variiert von großen Innenstadtobjekten wie der Kö-Galerie in Düsseldorf mit ca. 16.600 m² Geschäftsfläche bis zu kleinsten „Durchgängen". Zu den Funktionen der Galerie nimmt Walter Brune 1996 Stellung: „Die Galerie ist durchschaubar und zu verstehen, sie möchte den Besucher anregen und zum Verweilen einladen, nicht aber Traumwelt sein oder ein Schlaraffenland. Vor allem gaukelt sie keinen Stadtersatz vor, sie ist ein Teil der Stadt." (Brune, S. 99). Mittlerweile gibt es in Deutschland etwa 500 Passagen und Galerien.

Ebenfalls für Innenstadtlagen konzipiert wurde das **Vertical Center**, bei dem sich die Einzelhandelsflächen auf bis zu sieben Ebenen übereinander befinden. Auch die Ergänzung von Wohn- und Büroflächen kann diesen Centertyp häufig nicht vor Herausforderungen für die Vermietungssituationen in den oberen Geschossen bewahren, da dort die notwendigen Frequenzen oft nicht mehr ausreichen. Beispielhafte Entwicklungen in Deutschland sind die Zeil-Galerie in Frankfurt/Main und das Sevens in Düsseldorf.

Um innerstädtisch gelegene Industrieflächen wie alte Fabrik- oder Großmarkthallen sowie Hafengebäude einer neuen Nutzung zuzuführen, wurden bereits in den 70er Jahren **Festival Center** entwickelt. Sie sind in ihrer architektonischen Gestaltung häufig thematisch festgelegt und konzentrieren sich in ihrem Mieterbesatz auf Sortimente des Spontankaufs in kleinen, boutique-ähnlichen Ladeneinheiten. Eine Weiterentwicklung hat zum **Urban Entertainment Center** geführt. Das UEC hat entweder als Shopping Center die Form eines einheitlich geführten Komplexes (Universal CityWalk in Los Angeles) oder ist als **Urban Entertainment Destination** ein Innenstadtbereich mit individuellen Eigentümern (Times Square/42nd Street in New York). Ihren Entwicklungsschwerpunkt haben diese Centertypen in den USA; in Deutschland wird das Thema Urban Entertainment Center mehr diskutiert als realisiert. Eine enge Verbindung wird dabei zum Specialty oder Lifestyle Center geführt, wobei die Themenorientierung der Immobilie eine Rolle spielt.

Abbildung 29 stellt Handelskonzepte und –standorte in einem Gefüge zwischen Preis und Atmosphäre dar. Erfolgreiche Konzepte sind an den Extrempolen der Matrix angesiedelt: preisaggressive Discounter und hochpreisige, erlebnisorientierte Lifestyle-Anbieter. Der „hybride Kunde" sucht beides.

Während die oben genannten Centertypen innerstädtische, integrierte Lagen bevorzugen, können (und teilweise müssen) preisorientierte Einkaufszentren wie Power Center, Offprice und Factory Outlet Center eine periphere Lage suchen. Besonders die Diskussion über **Factory Outlet Center** in Deutschland hat gezeigt, dass das preiswerte Angebot innenstadtrelevanter Sortimente noch auf große Widerstände im traditionellen Einzelhandel stößt (vgl. auch Vogel).

Seit den 90er Jahren haben speziell die **Fachmarktzentren** Marktanteile errungen. Im Unterschied zu den Regionalen Shopping Centern ist der Mieterbesatz hier auf preisaggressive Handelsformen konzentriert. SB-Warenhäuser sind zumeist die Ankermieter. Fachmärkte, d.h. großflächige Handelsformen mit einem breiten und tiefen Angebot, ergänzen den Branchenmix. Gastronomie und Dienstleistung, manchmal auch ein Unterhaltungsangebot, können der Abrundung dienen.

Die Standorte befinden sich „auf der grünen Wiese", die Verkehrsanbindung mit dem Kfz muss sehr gut sein.

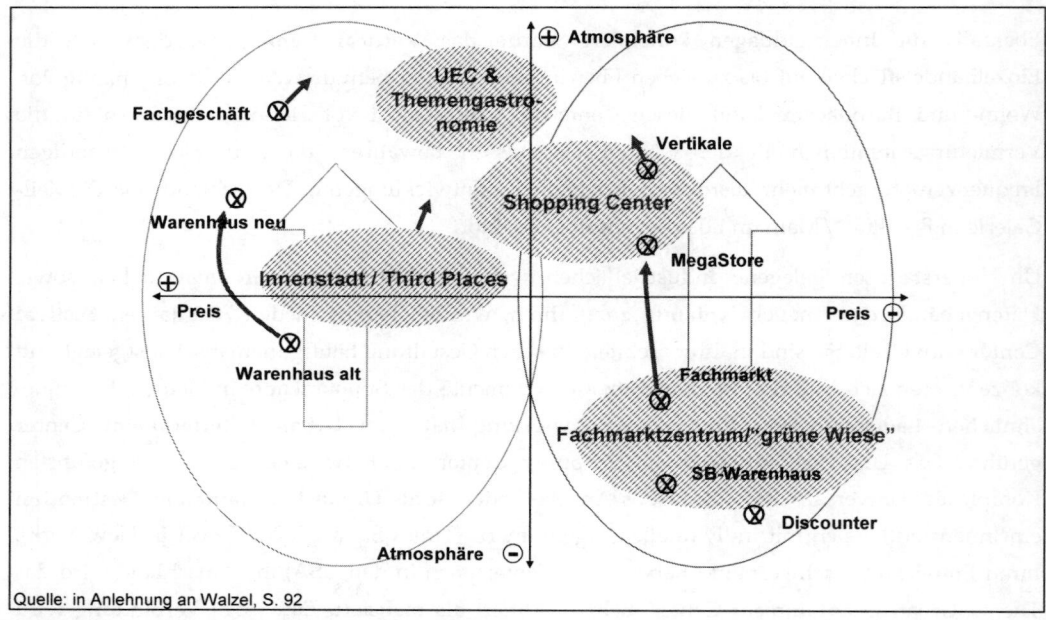

Quelle: in Anlehnung an Walzel, S. 92

Abbildung 29: Atmosphäre – Preis – Matrix

Aktuell diskutiert werden so genannte **themenorientierte** oder auch **Lifestyle Shopping Center** (vgl. hierzu ICSC, S. 14f.), die auch als Third Places bezeichnet werden. Es wird hier versucht, die Ansprüche des Kunden an eine interessante, attraktive und nach Möglichkeit außerordentliche Einkaufsumgebung zu verbinden mit frequenzstarken innerstädtischen Standorten, ansprechender Architektur und den neuen, großflächigen Stores der „vertikalen" Einzelhändler. Vertikale Einzelhändler sind vor allem die in den letzten Jahren besonders erfolgreichen Bekleidungsfilialisten wie Hennes & Mauritz und Zara. Sie entwerfen und produzieren ihre eigenen Labels und bieten über ihre Kernsortimente hinaus auch randgruppenspezifische Lifestyle-Produkte an. Im Mittelpunkt dieser Konzepte rund um Shopping Center und Einzelhandel steht die Schaffung einer Atmosphäre, die Vermittlung eines Lebensgefühls. Bezogen auf die Entwicklung der Shopping Center werden fünf „Generationen" unterschieden:

Die **erste Generation** der Shopping Center entstand in den Jahren **1964 bis 1973**. Sie ist geprägt durch Standorte an der Stadtperipherie bzw. „auf der grünen Wiese". Die Objekte sind relativ groß, offen gebaut, mit ebenerdigen Parkflächen und nach Möglichkeit einem direkten Autobahnanschluß. Die monofunktionale Nutzung als Einkaufsstätte hindert nicht daran, dass auch heute noch mit dem Ruhrpark in Bochum und dem Main-Taunus-Zentrum in der Nähe von Frankfurt/Main einige der ersten Shopping Center Deutschlands zu den umsatzstärksten zählen.

Die **zweite Generation** der Shopping Center wurde zwischen **1973 und 1982** erbaut. Es handelt sich hier bereits um innerstädtische Standorte, die jedoch häufig in damals so genannten Trabantenstädten lagen, so zum Beispiel das Rhein-Ruhr-Zentrum in Mülheim/Ruhr. Sie sind in geschlossener Bauweise errichtet, häufig durch niedrige Deckenhöhe und dunkle, wenig einladende Ladenstraßen geprägt. Mehrgeschossige Parkhäuser und mehrfunktionale Nutzungen (neben Einzelhandel auch Wohnungen, Büros, Praxen oder öffentliche Einrichtungen) sind Anzeichen für die kleiner werdenden Grundstücksgrößen.

Zwischen **1982 und 1992** wurden die Shopping Center der **dritten Generation** gebaut. Besonders ihre Architektur ist anspruchsvoller geworden. Großflächige Glasdächer sorgen für Tageslicht, Atrien ermöglichen Flächen zur Kommunikation. Es stehen schwerpunktmäßig innerstädtische Standorte zur Verfügung (vgl. hierzu auch Brune, 1996). Marketing, insbesondere das Image und die Corporate Identity eines Shopping Centers, gewinnt ebenso an Bedeutung wie neben den bisherigen Ankermietern, den Warenhäusern, die preisorientierten SB-Warenhäuser und Fachmärkte.

Die **vierte Generation** der Shopping Center, zwischen den Jahren **1992 und 1999**, ist gekennzeichnet durch zwei Aspekte. In den Innenstädten ist dies die weitere Entwicklung von Galerien und Passagen, häufig verbunden mit der Integration von Entertainment- und Freizeitbereichen. Einige der älteren Shopping Center werden umfassend renoviert („revitalisiert"), um so dem Kundenwunsch nach einem „Third Place", einem Ort mit Aufenthaltsqualität gerecht zu werden. Gleichzeitig werden, vor allem nach der Wiedervereinigung in den östlichen Bundesländern, schnell großflächige Handelsagglomerationen geschaffen, die den Bedarf an Produkten des täglichen Bedarfs decken. Fachmarktzentren sind die erfolgreichste Form von Handelsimmobilien in dieser Zeit.

Aktuell – etwa **seit dem Jahr 2000** – werden die Shopping Center-Konzepte der **fünften Generation** umgesetzt. Wesentlich ist dabei die Gestaltung der Center als attraktive Einkaufsumgebung, häufig in Verbindung mit Unterhaltung. Themen-Gastronomie und Food Courts, Multiplex-Kinos und Vergnügungsparks wie zum Beispiel im CentrO. in Oberhausen locken Kunden. Bahnhöfe und Flughäfen werden als Handelsorte entdeckt (so zum Beispiel die Promenaden im Hauptbahnhof von Leipzig mit einer Einzelhandelsgeschäftsfläche von ca. 36.000 m² GLA). Gleichzeitig werden neue Standorte in kleineren Groß- und Mittelstädten besetzt.

In Deutschland gibt es aktuell (März 2003) 455 Einkaufszentren mit einer Geschäftsfläche von jeweils mehr als 8.000 m². Die gesamte Fläche der Shopping Center in Deutschland beträgt im Jahr 2003 ca. 11,3 Mio. m², dies entspricht einem Anstieg um 17,4% gegenüber dem Jahr 2000. Die durchschnittliche Größe eines Shopping Centers liegt bei knapp 25.000 m², eine leichte Verringerung gegenüber früheren Erhebungen. 288 Shopping Center zählen mit einer Fläche von mehr als 15.000 m² zu den Regionalen Centern, deren durchschnittliche Größe bei knapp 33.000 m² liegt. Kurzfristig sind weitere Center dieser Größenordnung in Bau und Planung, sodass bis zum Ende des Jahres 2003 mit 300 Regionalen Shopping Centern in Deutschland gerechnet wird. Verglichen mit dem Jahr 1990 – als es 90 Center dieser Größenordnung gab – ist hier eine Steigerung um 233% zu beobachten (vgl. auch Abbildung 30 zur Entwicklung der Anzahl der Shopping Center in Deutschland).

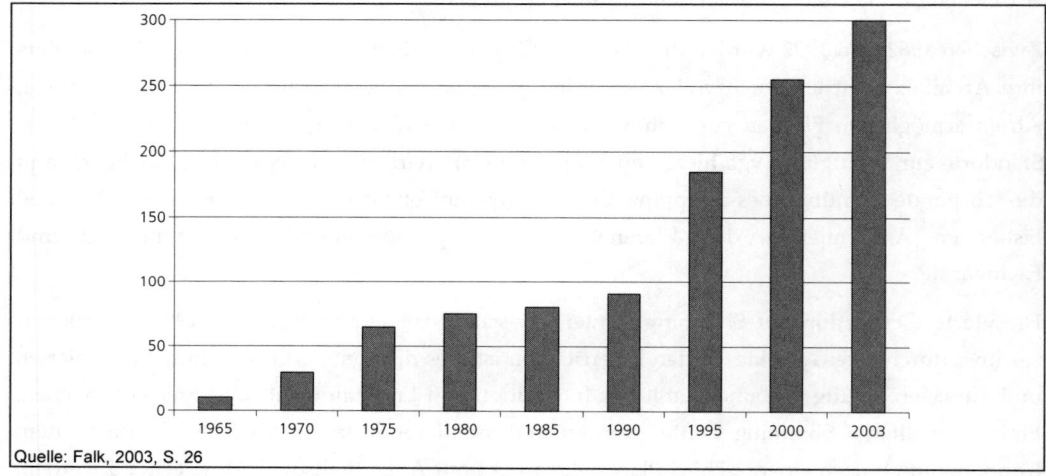

Quelle: Falk, 2003, S. 26

Abbildung 30: Entwicklung der Shopping Center von 1965 bis 2003

Seit 1993 gilt der Verband handelsorientierter Gewerbeimmobilien und Shopping Center, German Council of Shopping Centers (**GCSC**), als Interessenvertretung der Einkaufszentren in Deutschland.

2.1.3.3   Gewerbeparks

Der Immobilientyp des **Gewerbeparks** besteht in Deutschland seit ca. 30 Jahren. Er ist charakterisiert durch die gemeinsame Nutzung von Büroflächen sowie Hallen- und Serviceflächen mit entsprechender Andienung durch mehrere Nutzer. Ein Gewerbepark für einen Mieter könnte zwar eine Vorvermietung ermöglichen, die Einzelnutzung würde das Objekt aber zur Industrieimmobilie herabstufen (vgl. Sonntag).

Zu den Charakteristika eines Gewerbeparks gehört im Wesentlichen die dienstleistungsorientierte Nutzung, die vor allem mit Technik/Technologie sowie mit Forschung und Entwicklung in Verbindung steht. Typisch ist eine Mischung von Büro-, Lager- und Serviceflächen. Standorte befinden sich in Vororten von Großstädten und an Autobahnen, immer verbunden mit dem Kriterium der schnellen und einfachen verkehrlichen Erschließung.

Eine Einteilung umfaßt fünf Typen, die, in Analogie zu ihrer aufeinander folgenden Entwicklung auch „Generationen" genannt werden. In **Lagerhallen** (Typ 1) finden bis zu 80% der Gesamtflächen für Läger und Warenumschlag Verwendung; der Büroflächenanteil beträgt lediglich etwa 20%. Genutzt werden diese Immobilien, die in den meisten Fällen über eine direkte Autobahnanbindung verfügen, als Zentrallager oder auch von Speditionen und ähnlichen, auf transportintensive Tätigkeiten ausgerichtete Unternehmen.

Einen Büroflächenanteil von bis zu 50% bieten die **Lagerhallen mit Büro** (Typ 2), die sich gleichzeitig in größerer Nähe zu den Ballungszentren befinden. Hier werden aufwändigere Erschließungen vorausgesetzt, was bis zu doppelt so hohe Grundstückskosten mit sich bringt (ca. 55,00 Euro/m² für Typ 1 bis 110,00 Euro/m² für Typ 2). Wenn **Büros mit Lager** (Typ 3) im Vordergrund der Entwicklung stehen, kann man von einer Weiterentwicklung von Typ 2 sprechen. Mit mehr als 50% ist der Büroflächenanteil hier sehr hoch, sodass man teilweise von „Büroimmobilien an schlechten Standorten" sprechen kann.

Eine Ergänzung um Serviceflächen bietet die Entwicklung von Typ 4, bei dem **Service-, Büro- und Lagerflächen** kombiniert werden. Da die Nutzer hier meist dienstleistungsorientiert sind, werden hohe Anforderungen an Infrastruktur und Standortqualität gestellt. Genutzt werden in diesen Gewerbeparks die Flächen sowohl für gewerbliche Arbeitsplätze, wie zum Beispiel Werkstätten, als auch für Ausstellungsräume, die den Kundenkontakt betonen und damit auch architektonische Qualitäten fordern. Sowohl die Standortanforderungen als auch die baulichen Voraussetzungen dieser vier Typen von Gewerbeparks sind verhältnismäßig ähnlich. Charakteristisch sind zum Beispiel ebenerdige Einfahrten, hohe Raumhöhen und Bodenlastbarkeiten, einfache Ausstattung und Hallenheizungen.

Neuere Entwicklungen von Gewerbeparks suchen in der 5. Generation Standorte mit ausgezeichneter Infrastruktur, so zum Beispiel die Nähe von Flughäfen. Mit einem Anteil von bis zu 80% stehen die Büroflächen im Mittelpunkt; Nutzer sind in erster Linie technische Dienstleister und entwicklungsintensive Unternehmen. Als **Business Parks** werden reine Bürohäuser bezeichnet, **Science Parks** bieten Raum für Unternehmen, die sich mit Forschung und Entwicklung beschäftigen, und **Technologieparks** sind zumeist kommunale oder Landesförderungsmaßnahmen, da sie zur Unterbringung junger, neu gegründeter Unternehmen dienen. Als **Technopole** werden große Areale von mindestens 10 ha bezeichnet. Ihre Bebauung richtet sich auf eine gemischte Nutzung, darunter reine Bürohäuser, ebenso aber Technologie- und Science Parks. Durch die Integration von Einkaufsmöglichkeiten, Restaurants und auch Hotels werden städtebauliche Aspekte einbezogen. Auf der Grundlage technischer Einrichtungen und Vernetzungen verbindet ein gemeinsames Facilities Management die einzelnen Gebäude.

2.1.3.4   Logistikimmobilien

Logistik als Gestaltung und Steuerung von Güter- und Materialströmen zur optimalen Durchführung von Produktions- und Konsumptionsprozessen ist in den letzten Jahren mehr und mehr zum Element der betrieblichen Wertschöpfungskette geworden. Künftig werden nicht nur Anforderungen wie Schnelligkeit und Kosteneffizienz im Vordergrund stehen, sondern vor allem Flexibilität und Anpassungsfähigkeit bei gleichzeitig gewährleisteter Stabilität und Zuverlässigkeit.

Aufgrund seiner strategisch günstigen geographischen Lage innerhalb Europas und wegen seines großen Binnenmarktes mit 80 Mio. Konsumenten, ist Deutschland seit Mitte der 90er Jahre ein bevorzugter Standort für Logistikunternehmen geworden. Für die Lagerung, den Umschlag und die Kommissionierung von Waren und Gütern werden spezielle Standorte gesucht, die sich durch eine gute Verkehrsinfrastruktur im Hinblick auf Straße, Schiene, Wasser und Luft auszeichnen.

Nach ihrer Größe und Nutzungsart werden verschiedene Typen von Logistikimmobilien unterschieden: **Hub** bzw. **Distribution Center** sind Europa-Zentrallager, Umschlagsanlagen, die von Logistikunternehmen im Stückgutbereich zumeist im Rahmen flächendeckender transnationaler Kooperationen betrieben werden. Erweiterte Dienstleistungen werden in **Public Shared Warehouses** angeboten, darunter Lagerung, Kommissionierung, Montage oder Verteilung der Waren für verschiedene Kunden. Dagegen stehen **One Customer Warehouses** als Zentrallager nur für einen Auftraggeber zur Verfügung. **City-Logistik-Center** sind die letzte Umschlagsstelle zwischen Produktion und Endverbraucher.

Als klassische Betreiberimmobilie gilt die Logistikimmobilie unter anderem wegen ihrer hohen Drittverwendungsfähigkeit. Aktuell hat sich jedoch die Situation ergeben, dass „Überkapazitäten und Angebotsmangel gleichzeitig den Markt beherrschen" (Blecke). Ein Grund liegt darin, dass Logistikleistungen mittlerweile in vielen Unternehmen wieder ausgelagert werden. Besonders in Großbritannien hat man erkannt, dass das Outsourcing von Dienstleistungen häufig mit Kosteneinsparungen verbunden ist. Dies führt dazu, dass einfache Lagerhallen in strukturschwachen Regionen für die neuen Logistikunternehmen nicht mehr sinnvoll sind. Differenzierte Standortbedingungen ebenso wie individuelle Einteilungen und Ausbauten der Mietflächen sind gefragt.

Einige Autoren zählen sowohl die Gewerbeparks als auch die Logistikimmobilien zu den Industrieimmobilien (vgl. hierzu Schäfer/Conzen, S. 569).

2.1.4 Industrieimmobilien

Industrieimmobilien dienen vor allem Fertigungszwecken. Hierzu zählen u.a. Produktions-gebäude, Lagerhallen, Werkstätten. Typische Beispiele sind Chemie- oder Automobilfabriken, Stahlwerke, Werften, etc.

Es gibt allerdings auch Fertigungszwecken dienende Hallen, die relativ große Räume mit wenigen Innenausbauten darstellen und daher eine hohe Flexibilität aufweisen. Aufgrund ihrer hinreichen-den Drittverwendungsfähigkeit lassen sich diese Gebäude auch den Gewerbeimmobilien zurechnen. Beispielhaft ist hier der Industriepark Hoechst zu nennen.

Zu den wesentlichen Merkmalen eines Industrieparks gehört in Abgrenzung zu anderen Industrie- und Gewerbearealen die Bereitstellung von internen Infrastrukturleistungen. Es besteht hier eine zentrale Erschließung des Parks, außerdem werden für die Industriebetriebe Ver- und Entsorgungseinrichtungen zur Verfügung gestellt. Es kann eine zentrale Verwaltung und vor allem ein gemeinsames Marketing für den Standort geben.

2.1.5 Sonderimmobilien

Sonderimmobilien, die auch **Spezialimmobilien** genannt werden, dienen einer sehr spezifischen, nicht industriellen Nutzung. Ihre geringe Drittverwendungsfähigkeit resultiert aus den nutzungsspezifischen Anforderungen, welche bereits bei der Konzeption und Planung dieser Immobilien berücksichtigt werden müssen. Sie sind „maßgeschneidert" auf ihre zukünftige Verwendung; eine Umnutzung erzeugt üblicherweise sehr hohe Sunk-Costs. Sonderimmobilien haben oftmals das Potenzial für höhere Erträge, sind aber auch risikobehafteter als klassische Wohn- oder Geschäftshäuser (vgl. weiterführend zu Spezialimmobilien Heuer/Schiller).

Beispiele für Sonderimmobilien sind Hotels, Gastronomiebetriebe, Freizeitimmobilien wie Vergnügungsparks, Theater, Kinos, etc. aber z.B. auch **Verkehrs-** und **Infrastrukturimmobilien** wie Flughäfen, Bahnhöfe, Tank- und Rastanlagen und Autohöfe, Brücken, Tunnel, Kraftwerke und Kläranlagen. Seniorenresidenzen, Kliniken, Gesundheitshäuser und Rehaeinrichtungen werden auch unter dem Begriff **Sozialimmobilien** zusammengefasst. Diese Immobilien beherbergen Einrichtungen, die im weitesten Sinn soziale Funktionen haben. Hinzuzählen kann man hier Freizeiteinrichtungen, die einen sozialen Charakter haben und Immobilien, die karitativen Zwecken dienen. Gemischt-genutzte Projekte unter dem Thema „Gesundheit" werden aktuell an vielen Standorten entwickelt.

Unter dem Sammelbegriff **Frequenzimmobilien** werden verschiedene Spezialimmobilien zusammengefasst, darunter Flughäfen, Bahnhöfe, aber auch Sportanlagen und Shopping Center. Interesse erregen diese Immobilien, die ihrer hohen Anziehungskraft wegen so genannt werden, vor allem in den anglo-amerikanischen Märkten, wo sie mit dem Begriff des Urban Entertainment

Center (UEC) verbunden werden. Bei diesen Immobilien steht häufig ein Thema im Mittelpunkt (**Themenimmobilie**), wobei das zielgruppenspezifische Reagieren auf gesellschaftliche Trends es möglich macht, die aus dem Thema resultierenden Bedürfnisse rationaler und emotionaler Art zu erfüllen und gleichzeitig die Gefahr darstellt, Themen zu früh oder falsch erkannt zu haben (vgl. hierzu ausführlich Kammermeier/Weikamp, S. 865f.). Die vielfältig gemischte Nutzung macht viele dieser Konzepte zu Großprojekten, die wiederum häufig an der richtigen Standortwahl scheitern.

In der immobilienwirtschaftlichen Praxis werden darüber hinaus die Begriffe Betreiberimmobilie und Managementimmobilie verwandt. Bei **Betreiberimmobilien** liegt das Management des Objektes in den Händen eines bestimmten Betreibers, dessen Geschäftstätigkeit überwiegend von der Nutzenziehung aus der Immobilie geprägt ist, der aber i.d.R. nicht über das Eigentum verfügt. So sind Hotels oder Seniorenimmobilien typische Betreiberimmobilien, insoweit der Betreiber die Immobilie für einen längeren Zeitraum als Ganzes pachtet. Dabei ist das Gebäude reiner Produktionsfaktor, denn die eigentliche Leistung des Betreibers ist das Erzeugen von Zusatznutzen.

Von **Managementimmobilien** wird dann gesprochen, wenn unterschiedliche Betreiber zeitgleich akquiriert bzw. koordiniert werden müssen. So ist ein Shopping Center eine Betreiber- und Managementimmobilie, bei der die Einzelhändler die Betreiber, die Kunden der Einzelhändler die Nutzer sind und bei der die einzelnen Betreiber zusätzlich koordiniert werden müssen (Center-Management). Hingegen ist das Bürogebäude i.d.R. keine Managementimmobilie, da kein Bedürfnis zur Koordination der Nutzer besteht. Monopolistische oder oligopolistische Betreibermärkte stellen für den Eigentümer ein hohes Risiko dar. Wenn Betreiberimmobilien zusätzlich Managementimmobilien sind, wie bei Einkaufszentren, so trägt der Investor zusätzlich ein Verhaltensrisiko (Qualitätsrisiko) des Managements.

Literaturverzeichnis zu Kapitel 2.1

Beyerle, Th./ DEGI: Deutsche Gesellschaft für Immobilienfonds mbH (Hrsg.): Immobilienwirtschaftliche Trends, Nr. 3: Zukunftsorientierte Bürokonzepte – Eine Betrachtung aus Sicht der Immobilienentwicklung, Frankfurt am Main 2003.

Beyard, M. D./O'Mara, W. P.: Shopping Center Development Handbook, 3. Aufl., Washington, D.C. 1999.

Blecke, S.: Simple Kisten haben keine Chance mehr, in: Immobilien Zeitung, 30. Oktober 2003, S. 4.

Brune, W.: Die Stadtgalerie. Ein Beitrag zur Wiederbelebung der Innenstädte, Frankfurt/New York 1996.

Cohen, N.E.: America's Marketplace – The History of Shopping Centers, Lyme/Connecticut 2002.

Eekhoff, J.: Wohnungspolitik, 2. Aufl., Tübingen 2002.

EHI EuroHandelsinstitut (Hrsg.): Shopping-Center-Report, Köln 2000.

Falk, B. (Hrsg.): Das große Handbuch Shopping Center, Landsberg/Lech 1998.

Falk, B. (Hrsg.): Fachlexikon Immobilienwirtschaft, 3. Aufl., Köln 2004.

Falk, B.: Shopping-Center-Report 2003, Starnberg 2003.

Frei, H.: Tempel der Kauflust. Eine Geschichte der Warenhauskultur, Leipzig 1998.

Friedemann, J.: Eine Epoche schwerer staatlicher Interventionen, in: Frankfurter Allgemeine Sonntagszeitung, 14. Dezember 2003, S. V13.

Geist, J.F.: Passagen – ein Bautyp des 19. Jahrhunderts, 4. Aufl., München 1982.

gif – Gesellschaft für Immobilienwirtschaftliche Forschung e.V. (Hrsg.): Richtlinie zur Berechnung der Mietfläche für Handelsraum (MF-H), Oestrich-Winkel 1997.

gif – Gesellschaft für Immobilienwirtschaftliche Forschung e.V. (Hrsg.): Richtlinie zur Berechnung der Mietfläche für Büroraum (MF-B), Oestrich-Winkel 1996.

Hagemeier, I.: Der Einsatz staatlicher Instrumente in der Wohnungs- und Bodenpolitik des 20. Jahrhunderts: Deutschland, Spanien, Schweden und die USA im Vergleich, in: Schulte, K.-W. (Hrsg.): Schriften zur Immobilienökonomie, Band 21, Köln 2002.

Heuer, B./Schiller, A. (Hrsg.): Spezialimmobilien, Köln 1998.

ICSC – International Council of Shopping Centers: Leisure & Lifestyle Retailing, New York 2003.

Kammermeier, E./Weikamp, K.: Fallstudie am Beispiel eines Urban Entertainment Centers, in: Schulte, K.-W./Bone-Winkel, S. (Hrsg.): Handbuch Immobilien-Projektentwicklung, 2., akt. und erw. Aufl., Köln 2002, S. 863-883.

Kellermann, F. (et al): Architektur für den Handel, Basel 1996.

Muncke, G. (et al.): Standort- und Marktanalysen in der Immobilienwirtschaft – Ziele, Gegenstand, methodische Grundlagen und Informationsbeschaffung, in: Schulte, K.-W./Bone-Winkel, S. (Hrsg.): Handbuch Immobilien-Projektentwicklung, 2. akt. und erw. Aufl., Köln 2002, S. 131-200.

Schäfer, J./Conzen, G.: Praxishandbuch der Immobilien-Projektentwicklung, München 2002.

Schmitz-Morkramer, G.: Beurteilung von Gewerbeimmobilien und Bewertung an ausgewählten Beispielen aus Sicht eines Kreditinstitutes, in: Falk, B. (Hrsg.): Gewerbe-Immobilien, 6. Aufl., Landsberg/Lech 1994, S. 437-471.

Sonntag, R.: Gewerbepark, in: Schulte, K.-W./Bone-Winkel, S. (Hrsg.): Handbuch Immobilien-Projektentwicklung, 2. akt. und erw. Auflage, Köln 2002, S. 885-902.

Vogel, L.: Projektentwicklung von Factory Outlet Centern – eine akzeptanztheoretische Untersuchung, in: Schulte, K.-W. (Hrsg.): Schriften zur Immobilienökonomie, Band 22, Köln 2003.

Walzel, B.: Wirkkräfte und Tendenzen der Einzelhandelsentwicklung, in: Europäisches Haus der Stadtkultur e.V. (Hrsg.): Shopping_Center_Stadt. Urbane Strategien für eine nachhaltige Entwicklung, Gelsenkirchen 2003, S. 89-99.

2.2 Art und Maß der baulichen Nutzung

Antje Schulz-Eickhorst, Christian Focke, Andrea Pelzeter

2.2   Art und Maß der baulichen Nutzung

Antje Schulz-Eickhorst, Christian Focke, Andrea Pelzeter

2.2.1 Einführung

Die Art und die Größe der baulichen Anlagen auf einem Grundstück bestimmen dessen Nutzungsmöglichkeiten und damit letztendlich dessen Wert. Da der Art und dem Maß der baulichen Nutzung somit eine wichtige Bedeutung in der Immobilienwirtschaft zukommt, gibt es Definitionen, die die unterschiedlichen Nutzungsarten von Grundstücken festlegen und auch genau vorschreiben, wie das Maß der baulichen Nutzung zu berechnen ist. Diese Definitionen von Nutzungsarten, Flächen- und Raumeinheiten wurden teils vom Gesetzgeber, teils von Normenausschüssen und teilweise auch von wissenschaftlich geprägten Institutionen aufgestellt. Sie haben im Bereich von Planungs- und Genehmigungsverfahren im öffentlichen Baurecht und bei der Planung von Bauprojekten eine zentrale Bedeutung, werden darüber hinaus aber auch in fast allen Zweigen der Immobilienwirtschaft verwendet.

In diesem Kapitel werden die wichtigsten Normen, Begriffe und Definitionen erläutert. Die Abfolge der Erläuterungen orientiert sich dabei an der Reihenfolge, in der die Begriffe im „Lebenszyklus" eines Grundstücks bedeutsam werden. Bevor sich die Frage nach Art und Maß der baulichen Nutzung eines Grundstücks stellt, muss eine bauliche Nutzung der entsprechenden Parzelle überhaupt möglich und zulässig sein. Bevor ein Grundstück „baureif" ist, bevor es also bebaut werden darf, durchläuft es Entwicklungsphasen, die in § 4 der "Verordnung über Grundsätze für die Ermittlung der Verkehrswerte von Grundstücken" (Wertermittlungsverordnung – WertV) beschrieben sind. Liegt ein baureifes Grundstück vor, stellt sich die Frage: „Wie soll und darf das Grundstück genutzt werden?" – Die Frage nach der Art der baulichen Nutzung also. Die Antwort auf diese Frage gibt die öffentliche Hand durch die Bauleitplanung vor. Die Planer sind dabei an die Baunutzungsverordnung (BauNVO) und an das Baugesetzbuch (BauGB) gebunden. Der erste Abschnitt der BauNVO (§§ 1-15) definiert die unterschiedlichen Nutzungen, die einem Grundstück zugewiesen werden können. Darüber hinaus erfolgt eine rechtliche Begrenzung des Ausmaßes der baulichen Nutzung durch die Planungsbehörden. Dieses Maß der baulichen Nutzung wird im zweiten Abschnitt (§§ 16-21a) der BauNVO geregelt.

Die Normen der BauNVO beziehen sich ausschließlich auf das äußere Maß eines Gebäudes. Darüber hinaus existieren verschiedene Flächen- und Raumdefinitionen, die Berechnungsvorschriften auch für Innenräume enthalten. Diese Berechnungsvorschriften sind für die Praxis unabdingbar, weil es oft erforderlich ist, die Größe von Räumen und (Nutz-)Flächen genau zu messen. Sei es, weil Objekte für Bewertungen miteinander verglichen werden sollen, sei es, dass Vorgaben an ein Gebäude objektiv geprüft werden müssen, oder lediglich, weil die Fläche als Maßstab für das

Nutzungsentgelt dient. Besonders anschaulich ist die Notwendigkeit am Beispiel eines Mietvertrags, der eine flächenabhängige Mietzahlung vorsieht: Über die Miete können sich Vermieter und Mieter nur dann einigen, wenn sich beide Parteien neben dem Preis je m² auch über die Größe der Fläche (und damit über deren Definition und Berechnungsweise) einig sind.

Entwicklungszustände von Grundstücken			
Agrarland, begünstigtes Agrarland, § 4 WertV, Abs. 1, Nr. 1 und 2	Bauerwartungsland, § 4 WertV, Abs. 2	Rohbauland, § 4 WertV, Abs. 3	Baureifes Land, § 4 WertV, Abs. 4
Art der baulichen Nutzung von Grundstücken §§ 1-15 BauNVO			
Wohnbauflächen (W)	Gemischte Bauflächen (M)	Gewerbliche Bauflächen (G)	Sonderbauflächen (S)
Maß der baulichen Nutzung von Grundstücken §§ 16-21a BauNVO			
Grundflächenzahl GRZ, § 19, Abs. 1, BauNVO	Geschossflächenzahl GFZ, § 20, Abs. 2, BauNVO	Baumassenzahl BMZ, § 21, Abs. 1, BauNVO	Bauhöhe § 18, BauNVO Zahl d. Vollgeschosse § 20, Abs. 1, BauNVO
Flächen- und Raumeinheiten von Gebäuden			
Wohnflächenberechnung nach II. BV §§ 42 - 44	Grundflächen und Rauminhalte von Bauwerken im Hochbau DIN 277	Richtlinie zur Berechnung der Mietfläche für Büroraum (MF-B) **gif**	Richtlinie zur Berechnung der Mietfläche für Handelsraum (MF-H) **gif**

Quelle: Eigene Darstellung

Abbildung 31: Übersicht der Normen und Begriffe

Der Gesetzgeber regelt die Flächenberechnung nur lückenhaft, eine allgemeingültige Rechtsnorm zur Ermittlung der Größe von Immobilienflächen existiert nicht. Daher entstammen die einschlägigen Definitionen zu einem großen Teil aus nichtgesetzlichen Normen. Allein die Wohnflächenberechnung für öffentlich geförderten Wohnraum ist im vierten Teil der zweiten Berechnungsverordnung (II. BV) gesetzlich festgeschrieben. Für Wohnungen des freien Wohnungsmarkts hat das Deutsche Institut für Normung die DIN 283, Blatt 2/1962/Wohnungen herausgegeben. Obwohl dieses Blatt im Jahr 1983 ersatzlos zurückgezogen wurde, wird es gelegentlich weiterhin verwendet, weil die Regelungen der II. BV nicht für mietpreisfreie Wohnungen gelten (Isenmann, S. 178). Auch für Gewerbeimmobilien bestehen keine gesetzlichen Vorschriften zur Flächenberechnung. Stattdessen erfolgt das Aufmass hier mit Hilfe der DIN 277 „Grundflächen und Rauminhalte im Hochbau". Sie definiert zwar einzelne Flächenarten, im Unterschied zur II. BV macht sie aber keine Aussagen darüber, welche Flächen der **Mietfläche** zuzurechnen sind. Um diese Lücke zu schließen, hat die Gesellschaft für Immobilienwirtschaftliche Forschung e.V. (**gif**) Richtlinien zur Berechnung der Mietfläche herausgegeben. Es gibt eine „Richtlinie zur Berechnung der Mietfläche für Büroraum", kurz „MF-B", und eine „Richtlinie zur Berechnung der Mietfläche für Handels-raum", kurz „MF-H". Beide Richtlinien werden in der neuen MF-G, der „Richtlinie zur Berech-nung von Mietflächen für gewerblichen Raum" zusammengefasst (angekündigt für 2004). Sie ba-sieren auf der DIN 277 und klassifizieren die dort aufgeführten einzelnen Flächentypen als Mietfläche oder „Nicht-Mietfläche".

Abbildung 31 gibt einen Überblick über die wichtigsten Normen und Begriffe, die im Zusammen-hang mit der Art und dem Maß der baulichen Nutzung stehen.

2.2.2 Entwicklungsstufen von Grund und Boden

In Kapitel 1.1 wurde aufgezeigt, dass die Nutzung einer Immobilie im Zentrum des immobilien-ökonomischen Interesses steht. Wie eine Fläche genutzt werden kann, ist abhängig vom Reifegrad bzw. Entwicklungszustand des Grundstücks. Idealtypisch folgt die Entwicklung von unbebauten Grundstücken einem Prozess, der vom Ödland zur baureifen Parzelle führt und im Folgenden ausführlich erklärt ist.

- **Ödland**: Unter Ödland oder Unland versteht man Flächen, die vom Menschen weder baulich noch für Zwecke der Land- und Forstwirtschaft genutzt werden können, oder bei denen der Aufwand für die land- und forstwirtschaftliche Bewirtschaftung nach gegebenem Stand der Technik den Ertrag übersteigt. Einzig eine jagdliche Nutzung ist möglich.

- **Agrarland** sind laut § 4 Abs. 1 WertV Flächen der Land- und Forstwirtschaft, die in absehbarer Zeit nur diesen Zwecken dienen werden. Der überwiegende Teil der Fläche der Bundesrepu-blik Deutschland gehört zu dieser Kategorie. Agrarland entsteht aus Ödland durch die „Ur-barmachung". Welche Flächen land- und forstwirtschaftlich nutzbar sind, hängt maßgeblich vom Stand der Technik ab. Ein Großteil des Agrarlandes in Mittel- und Westeuropa wurde be-reits in Antike und Mittelalter urbar gemacht. Aber auch noch in den 30er Jahren konnte durch die Mechanisierung der Landwirtschaft die Anbaufläche deutlich ausgeweitet werden. Einen weiteren Schub könnte in Zukunft die Gentechnologie bringen, wenn Pflanzen geschaffen werden, die auch in extremen Lebensbedingungen gedeihen. Der Ertrag des Agrarlandes be-stimmt sich aus dem Ertrag der aufstehenden Frucht – Bäume, Getreide oder Gras – und den Erträgen aus jagdwirtschaftlicher Nutzung.

- **Begünstigtes Agrarland** sind Flächen der Land- und Forstwirtschaft, die auch für andere Nut-zungen geeignet sind (§ 4 Abs. 1 Nr. 2 WertV). Der Ertrag des Grundstücks wird entweder aus der „anderen Nutzung" generiert, oder er entspricht dem von reinem Agrarland. Oft zeichnen eine gute Verkehrsanbindung und die Nähe zu Siedlungsgebieten diese Flächen aus. Dabei sind die Siedlungsgebiete jedoch nicht so nah, dass eine bauliche Nutzung des Grundstücks in absehbarer Zeit bevorsteht. Die Nebennutzung muss dabei möglich sein, ohne dass es einer erlaubnispflichtigen Änderung im Flächennutzungsplan bedarf (vgl. Kleiber/Simon, S. 124). Ein Beispiel dafür wäre eine Wiese, die verkehrsgünstig und stadtnah liegt und im Sommer für Open-Air-Konzerte genutzt wird.

- **Bauerwartungsland** (§ 4 Abs. 2 WertV): Darunter versteht man Flächen, die in absehbarer Zeit eine bauliche Nutzung erwarten lassen. Die Erwartung sollte jedoch begründet sein. Vor allem eine Darstellung im Flächennutzungsplan, das Planungsverhalten der Gemeinde oder die allgemeine städtebauliche Entwicklung des Gemeindegebiets sind Indizien, die eine Bauerwartung begründen können. Auch beim Bauerwartungsland generieren sich die laufenden Erträge ausschließlich aus der land- und forstwirtschaftlichen Nutzung. Während der Entwicklung eines Grundstücks vom Agrarland zum Bauerwartungsland kommt es aber zu einer erheblichen Wertsteigerung.

- **Rohbauland** (§ 4 Abs. 3 WertV) bezeichnet Flächen, die nach §§ 30, 33 und 34 Baugesetzbuch (BauGB) für eine bauliche Nutzung bestimmt sind. Zwar liegt für das Gebiet ein Bebauungsplan vor, jedoch ist entweder die Erschließung des Grundstücks nicht gesichert, oder Lage, Form oder Größe stehen einer Bebauung noch entgegen. Auch wenn die laufenden Erträge ebenfalls noch aus der Landwirtschaft erzielt werden, steht eine Umnutzung kurzfristig bevor. Daher orientiert sich der Wert in Richtung von baureifen Flächen, abzüglich eines Risikoabschlags für verbleibende Planungsunsicherheiten und Abzinsungen für die erwartete Dauer bis zur endgültigen Baureife. Im Vergleich zum Bauerwartungsland findet erneut eine Wertsteigerung statt.

- **Baureifes Land** (§ 4 Abs. 4 WertV) kann nach öffentlich-rechtlichen Vorschriften bebaut werden.

Abbildung 32 zeigt noch einmal die Entwicklungsstufen von Grundstücken. Dabei ist zweierlei zu beachten: Erstens sind die Prozentzahlen, die den Wert von Flächen auf einer bestimmten Entwicklungsstufe im Verhältnis zum Wert der baureifen Fläche (100%) beziffern, als grobe Richtschnur zu verstehen. Die Werte variieren in der Praxis deutlich, und die Wertentwicklung ist kein sprunghafter, sondern vielmehr ein kontinuierlicher Prozess. Zweitens ist die Prozesskette vom Ödland zum Bauland idealtypisch. Nicht jede Fläche entwickelt sich zur Baureife, eine „Abwärtsentwicklung" z.B. vom Bauerwartungsland zum Agrarland (vgl. Kleiber/Simon, S. 126) ist ebenso denkbar wie das „Überspringen" von Stufen: So könnte z.B. eine vormalige Ödlandfläche ohne zwischenzeitliche landwirtschaftliche Nutzung mit einem Windpark bebaut werden.

Für eine bauliche Nutzung kommt also nur baureifes Land in Frage. Aber welche Gebäudearten kann man auf einem solchen Grundstück errichten? Die bauliche Nutzung ist nicht frei wählbar, denn sie unterliegt den Bestimmungen und Auflagen der Bauleitplanung.

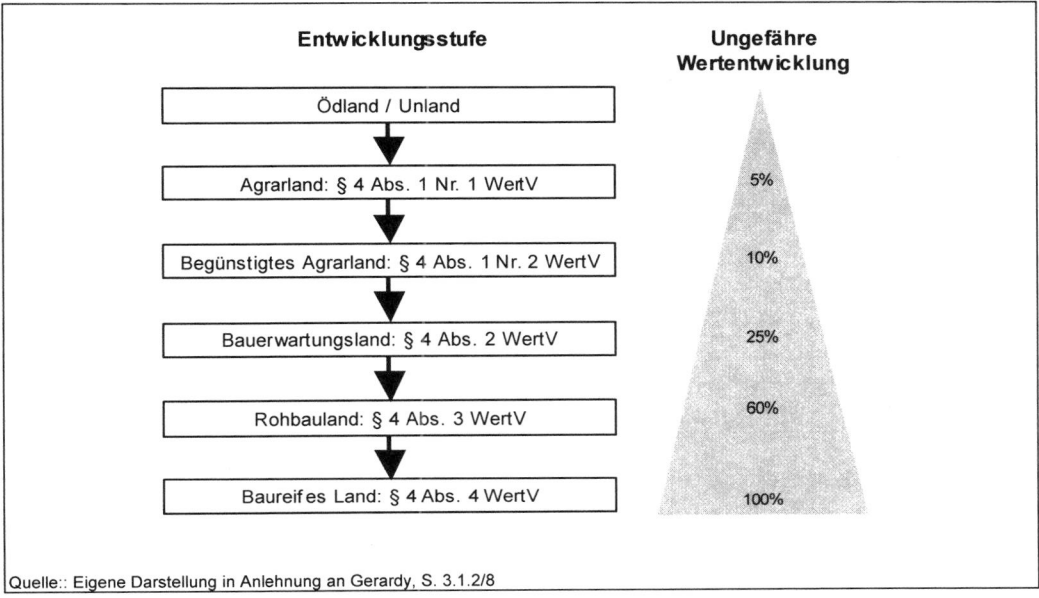

Abbildung 32: Entwicklungsstufen von Grundstücken

2.2.3 Bauleitplanung

Das Ziel der Bauleitplanung besteht darin, eine nachhaltige städtebauliche Entwicklung und eine dem Gemeinwohl entsprechende, sozial gerechte Bodennutzung zu gewährleisten. Eine menschenwürdige Umwelt mit ihren natürlichen Lebensgrundlagen soll so gesichert werden. Die Aufgabe der Bauleitplanung ist es daher, die bauliche und sonstige Nutzung der Grundstücke in der Gemeinde nach Maßgabe des Baugesetzbuches (BauGB) vorzubereiten und zu leiten. Die Kommunen müssen dabei eine Vielzahl unterschiedlicher Bedürfnisse berücksichtigen und gegeneinander abwägen. Die wichtigsten sind: Wohnen, Arbeit und Wirtschaft, Sicherheit, Verteidigung und Zivilschutz sowie Umwelt- und Denkmalschutz. Die Ergebnisse des Abwägungsprozesses werden im Bauleitplan dokumentiert. Hier wird sichtbar, welchen Belangen die Kommune Vorrang vor anderen einräumt.

Die Bauleitplanung ist zweistufig aufgebaut. Der **Flächennutzungsplan** ist ein vorbereitender Bauleitplan. Er stellt in den Grundzügen die beabsichtigte Art der Bodennutzung nach den voraussehbaren Bedürfnissen der Gemeinde für das gesamte Gemeindegebiet dar. Die verschiedenen Nutzungsarten werden gemäß der Planzeichenverordnung (**PlanzV 90**) mit spezifischen Schraffuren oder Farben markiert (z.B. rot für Wohnen, braun für Mischgebiete, grau für Gewerbe, orange für Sondernutzungen und grün für Grünflächen). Öffentliche Gebäude, Spiel- und Sportplätze, etc. werden durch entsprechende Symbole dargestellt (vgl. Abbildung 33).

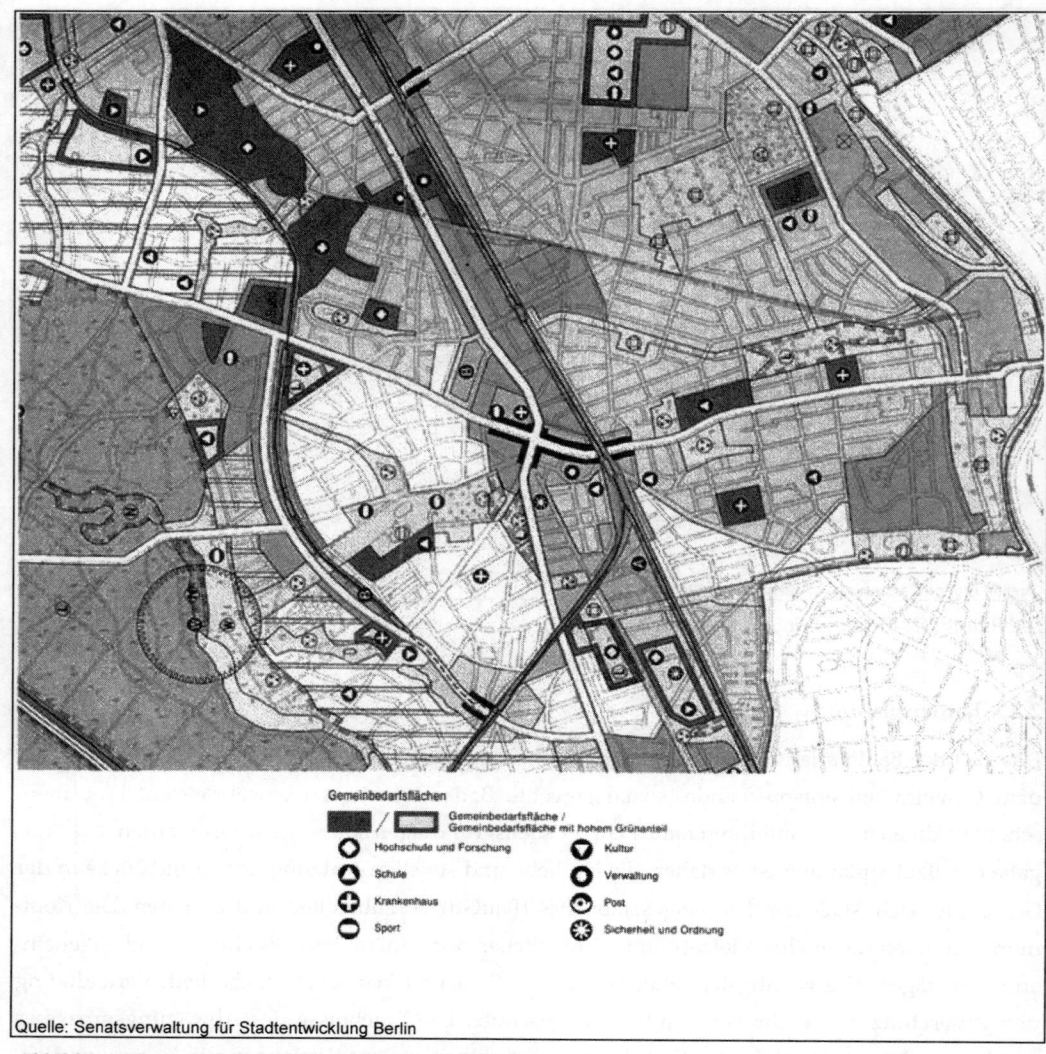

Abbildung 33: Ausschnitt Flächennutzungsplan Berlin

Der **Bebauungsplan** als verbindlicher Bauleitplan enthält die rechtsverbindlichen Festsetzungen für die städtebauliche Ordnung eines Grundstücks. Er ist aus dem Flächennutzungsplan zu entwickeln. Bei den Bebauungsplänen unterscheidet man den einfachen Bebauungsplan, den qualifizierten Bebauungsplan und den vorhabenbezogenen Bebauungsplan (vgl. Beispiel in Abbildung 34).

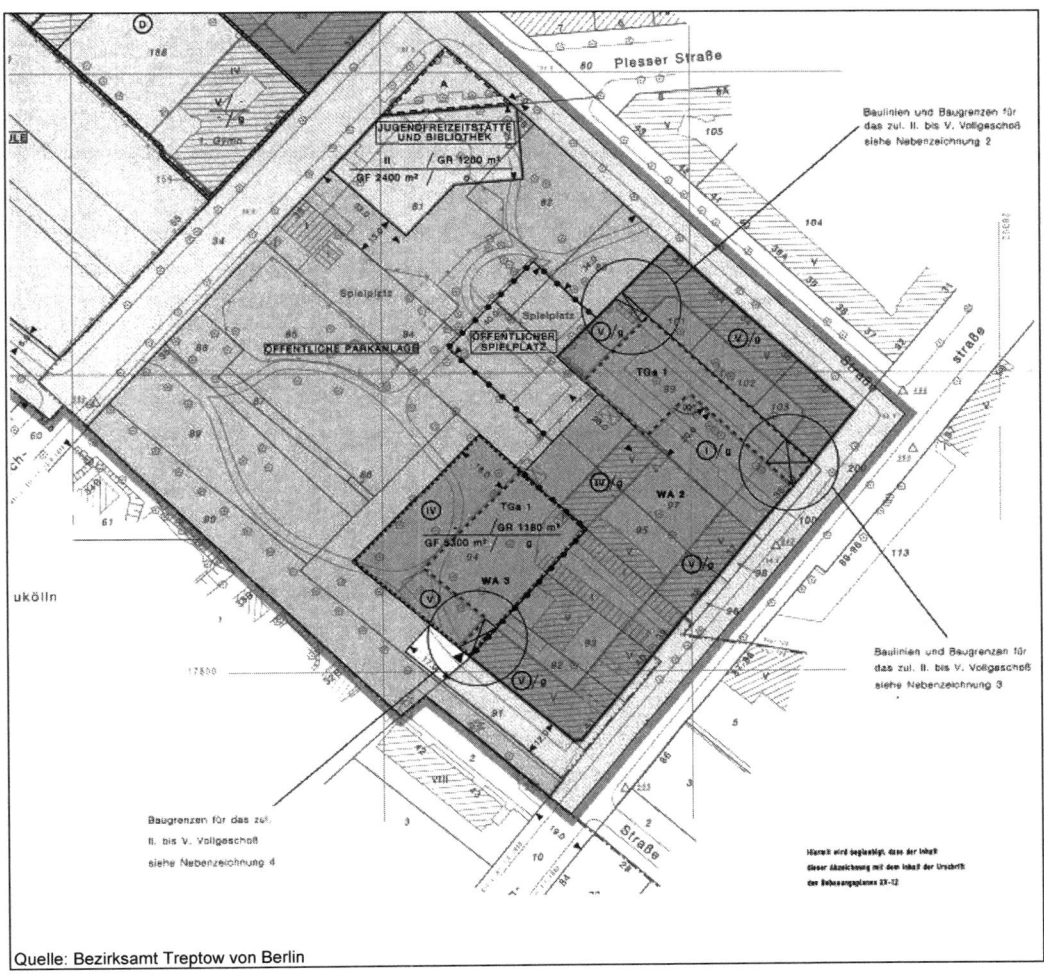

Abbildung 34: Ausschnitt Bebauungsplan

Der **einfache Bebauungsplan** (§ 30 Abs. 3 BauGB) hat einen begrenzten Regelungsinhalt, etwa über die Zulässigkeit baulicher Nutzungen, und eignet sich vor allem für Nutzungsausschlüsse und Nutzungseinschränkungen. Das Einfügungserfordernis (vgl. Abschnitt 2.2.4) tritt neben die Festlegungen dieses Bebauungsplanes. Der **qualifizierte Bebauungsplan** (§ 30 Abs. 1 BauGB) enthält mindestens Festsetzungen über die Art und das Maß der baulichen Nutzung, über die überbaubare Grundstücksfläche und über die örtlichen Verkehrsflächen. Er ist ausschließlich maßgebend für die bauplanungsrechtliche Zulässigkeit eines Vorhabens. Ein Einfügungserfordernis in die Umgebung besteht nicht. Der **vorhabenbezogene Bebauungsplan** (§ 12 BauGB) ist die Planungsgrundlage für ein konkretes Bauvorhaben, das aufgrund der gegebenen Rechtslage nicht zulässig wäre. Der Vorhabenträger legt einen Vorhaben- und Erschließungsplan vor, der zum Bestandteil des vorhabenbezogenen Bebauungsplanes wird. Der Vorhabenträger stellt dazu einen förmlichen Antrag für die Planaufstellung an die jeweilige Gemeinde. Zwischen dem Vorhabenträger und der Gemeinde wird ein Durchführungsvertrag mit Bau- und Erschließungspflichten abgeschlossen.

2.2.4 Art der baulichen Nutzung von Grundstücken

Die Information über die Zulässigkeit von Nutzungen in den verschiedenen Bereichen ist für den Bauherrn eine der wichtigsten Grundlagen für Investitionsentscheidungen. Ob ein zukünftiges Projekt realisierbar ist oder nicht, hängt entscheidend davon ab, welche Gebäude und Anlagen auf dem Grundstück planungsrechtlich zulässig sind. Beispielsweise muss bei Planungen im Innenbereich darauf geachtet werden, nicht gegen das „Einfügungsgebot" zu verstoßen, d.h. die geplante Nutzung des Grundstücks muss in ihrer Art und im Ausmaß mit den Nutzungen in der Umgebung kompatibel sein.

Die „Art der baulichen Nutzung" wird im ersten Abschnitt (§§ 1-15) der Baunutzungsverordnung (BauNVO) ausführlich geregelt. In § 1 der BauNVO sind die verschiedenen allgemeinen und besonderen Nutzungsarten vollständig aufgezählt und in §§ 2ff. genau beschrieben. Die Nutzungsarten sind dort nach dem von ihnen ausgehenden bzw. von ihnen zu duldenden Ausmaß der Störung oder Belästigung geordnet. Es werden zunächst **vier Typen der allgemeinen Nutzungsart** unterschieden, die bei der Erarbeitung von Flächennutzungsplänen verwendet werden (§ 1, Abs. 1 BauNVO): Wohnbauflächen, Gemischte Bauflächen, Gewerbliche Bauflächen sowie Sonderbauflächen.

- **Wohnbauflächen** (W)

  Kleinsiedlungsgebiet (WS), reines Wohngebiet (WR), allgemeines Wohngebiet (WA), besonderes Wohngebiet (WB)

- **Gemischte Bauflächen** (M)

  Dorfgebiete (MD), Mischgebiete (MI), Kerngebiete (MK)

- **Gewerbliche Bauflächen** (G)

  Gewerbegebiete (GE), Industriegebiete (GI)

- **Sonderbauflächen** (S)

  Sondergebiete (SO), die der Erholung dienen und sonstige Sondergebiete

Für die Erstellung von Bebauungsplänen erfolgt eine weitergehende Differenzierung in Gebietstypen entsprechend der besonderen Art ihrer baulichen Nutzung (§ 1, Abs. 2 sowie §§ 2-11 BauNVO).

Nach der in der BauNVO aufgeführten Definition (§ 2 BauNVO) dienen **Kleinsiedlungsgebiete** vorwiegend der Unterbringung von Kleinsiedlungen einschließlich Wohngebäuden mit entsprechenden Nutzgärten, landwirtschaftlichen Nebenerwerbsstellen, Gartenbaubetrieben, der Versorgung des Gebiets dienenden Läden und Gaststätten, sowie nicht störenden Handwerksbetrieben (z.B. Friseur).

In **reinen Wohngebieten** (§ 3 BauNVO) sind hingegen ausschließlich Wohngebäude zulässig. Ausnahmen wie Läden zur Deckung des täglichen Bedarfs der Bewohner des Gebietes sind möglich, werden jedoch selten genehmigt oder bereits im Textteil des Bebauungsplanes ausgeschlossen.

In **allgemeinen Wohngebieten** (§ 4 BauNVO) sind Wohngebäude sowie die der Versorgung des Gebiets dienenden Läden, Schank- und Speisewirtschaften, nicht störende Handwerksbetriebe, sowie Anlagen für kirchliche, kulturelle, soziale oder gesundheitliche Zwecke zulässig. Folgende Ausnahmen sind unter Umständen genehmigungsfähig: Betriebe des Beherbergungsgewerbes, Anlagen für Verwaltungen, Gartenbaubetriebe und Tankstellen. Unzulässig sind hingegen störende Handwerksbetriebe (Kfz-Werkstatt, Schreinerei, etc.).

Zu den **besonderen Wohngebieten** (§ 4a BauNVO) werden überwiegend bebaute Gebiete gerechnet, die aufgrund ausgeübter Wohnnutzung und vorhandener sonstiger Anlagen eine besondere Eigenart aufweisen und in denen unter Berücksichtigung dieser Eigenart die Wohnnutzung erhalten und fortentwickelt werden soll. Diese Gebiete dienen vorwiegend dem Wohnen und der Unterbringung von damit vereinbaren Gewerbebetrieben und sonstigen Anlagen. Ein typisches Beispiel für Besondere Wohngebiete sind innerstädtische Altbau-Sanierungsgebiete.

Dorfgebiete (§ 5 BauNVO) sind vor allem die Innerortsbereiche ländlich strukturierter Gemeinden. Diese dienen vorwiegend dem Wohnen und der Unterbringung der Wirtschaftsstellen von land- und forstwirtschaftlichen Betrieben samt Anlagen zur Verarbeitung ihrer Erzeugnisse. Des Weiteren sind möglich: sonstige Gewerbebetriebe, Anlagen für örtliche Verwaltungen, oder für kirchliche, soziale, kulturelle, gesundheitliche und sportliche Zwecke sowie Gartenbaubetriebe und Tankstellen. Ausnahmsweise können auch Vergnügungsstätten im Sinne von § 4a Abs. 3 BauNVO eingerichtet werden.

Mischgebiete (§ 6 BauNVO) dienen dem Wohnen und der Unterbringung von Gewerbebetrieben, die das Wohnen nicht wesentlich stören. Zulässig sind: Wohn-, Geschäfts-, Hotel-, Verwaltungs- und Bürogebäude, Einzelhandelsbetriebe, Gaststätten, Sportanlagen, Gewerbebetriebe, Tankstellen, sowie Vergnügungsstätten (in Teilen des Gebiets, die überwiegend durch gewerbliche Nutzung geprägt sind). Die Qualität als gewerblicher Standort kann je nach Bereich und Zusammensetzung des Quartiers mitunter erheblich differieren.

In den **Kerngebieten** (§ 7 BauNVO) sind Geschäfts-, Hotel-, Verwaltungs- und Bürogebäude, Einzelhandelsbetriebe, Gaststätten, Sportanlagen, Gewerbebetriebe, Tankstellen im Zusammenhang mit Parkhäusern sowie Vergnügungsstätten zulässig. Darüber hinaus sind Wohnungen für Aufsichts- und Bereitschaftspersonen oder Betriebsleiter zulässig. Sonstige Wohnungen können nur ausnahmsweise zugelassen werden. Stadtzentren entsprechen in ihrer Zusammensetzung überwiegend dem Typus des Kerngebietes.

In den §§ 8 und 9 BauNVO werden schließlich **Gewerbegebiete** und **Industriegebiete** definiert. In beiden Gebieten sind Gewerbebetriebe aller Art, Lagerhäuser und -plätze, Tankstellen sowie öffentliche Betriebe zulässig. In Gewerbegebieten können zusätzlich Geschäfts-, Büro- und Verwaltungsgebäude sowie Sportstätten erstellt werden.

Sondergebiete, die der Erholung dienen (§ 10 BauNVO), sind meist Wochenend-, Ferienhaus- sowie Campingplatzgebiete.

Als **Sonstige Sondergebiete** (§ 11 BauNVO) sind solche Gebiete gekennzeichnet, die sich von den Baugebieten nach den §§ 2 bis 10 wesentlich unterscheiden. Darunter fallen u.a. Gebiete für den Fremdenverkehr, für Einkaufszentren und großflächige Handelsbetriebe, Gebiete für Messen, Ausstellungen und Kongresse, Hochschulgebiete, Klinikgebiete sowie Hafengebiete.

2.2.5 Maß der baulichen Nutzung

Neben der Nutzungsart entscheidet das Maß der maximal zugelassenen baulichen Nutzung über die wirtschaftlichen Verwertungsmöglichkeiten eines Grundstücks, was sich i.d.R. bereits im Grundstückspreis widerspiegelt. Bestimmungen zum Maß der baulichen Nutzung von Grundstücken trifft der zweite Abschnitt der BauNVO, §§ 16-21a. Die grundstücksspezifischen Vorgaben werden zwar bereits im Flächennutzungsplan „dargestellt", aber erst im Bebauungsplan endgültig „festgesetzt".

2.2.5.1 Definitionen der Baunutzungsverordnung (BauNVO)

Die BauNVO kennt einerseits **absolute Maßvorgaben** z.B. die Größe von Grundfläche, Geschossfläche und Baumasse, sowie:

- **Anzahl der Vollgeschosse**
  Welche baulichen Gegebenheiten zur Geltung als Vollgeschoss führen, ist in den einzelnen Landesbauordnungen geregelt. Dies spielt für die Anrechnung von Sockel- und Dachgeschossen eine besondere Rolle. Beispiel: Die Bauordnung Berlin definiert ein Untergeschoss, bei dem zwischen Oberkante-Fußboden Erdgeschoss und Oberkante-Gelände mehr als 1,20 m liegen, als Vollgeschoss (vgl. Feldmann, S. 74). Die Bayerische Bauordnung (BayBO) lässt dagegen solche Kellergeschosse als Vollgeschoss zählen, "deren Deckenunterkante im Mittel mindestens

1,20 m höher liegt als die natürliche oder festgelegte Geländeoberfläche." (BayBO Art. 2). Das Sockelgeschoss kann in Bayern also um Deckenstärke höher werden als in Berlin, ohne als Vollgeschoss zu gelten.

- **Gebäudehöhe**
Die Festsetzung einer Gebäudehöhe erfordert gleichzeitig die Bestimmung eines entsprechenden Bezugspunktes (§ 18 BauNVO).

Andererseits definiert die Baunutzungsverordnung **relative Maßfaktoren** – Zahlen also, die auf die Größe des jeweiligen Grundstücks bezogen werden. Flächenanteile an Gemeinschaftsanlagen werden dabei zur Grundstücksfläche hinzuaddiert.

- **Grundflächenzahl (GRZ):**
Sie gibt an, wie viel m² Gebäude-Grundfläche je m² Grundstücksfläche zulässig sind. Dabei sind mitzurechnen: Garagen, Stellplätze, Zufahrten, Nebenanlagen (z.B. für Tierhaltung oder für Versorgung mit Strom, Wasser/Abwasser, Gas, Wärme, etc.) und unterirdische Anlagen (§ 19 BauNVO). Das Maß der maximal überbaubaren Fläche ist aus stadtplanerischer Perspektive wichtig für die Begrenzung des Anteils der versiegelten Flächen. Die unversiegelten Grundstücksflächen dienen der Versickerung und damit der Rückhaltung von Regenwasser.

- **Geschossflächenzahl (GFZ):**
Sie legt fest, wie viel m² Geschossfläche je m² Grundstücksfläche errichtet werden dürfen. Angesetzt werden die Bruttoflächen der Gebäude – von Aussenkante zu Aussenkante – in allen Vollgeschossen. Unberücksichtigt bleiben: Flächen in Geschossen, die nicht als Vollgeschoss gelten, z.B. Dach- und Kellerräume, Nebenanlagen (siehe oben), Balkone, Loggien, Terrassen und bauliche Anlagen, die nach Landesrecht in den Abstandsflächen zulässig sind, z.B. Garagen (§ 20 BauNVO).
Die GFZ – als maximal zulässige Grundstücksausnutzung – ist immer im Zusammenhang mit der GRZ – der maximal überbaubaren Fläche – zu lesen: GFZ / GRZ ergibt die Anzahl der Geschosse, die für eine größtmögliche bauliche Nutzung erforderlich wären.

- **Baumassenzahl (BMZ):**
Sie bestimmt, wie viel m³ Baumasse je m² Grundstücksfläche „umbaut" werden dürfen. Gerechnet werden die Außenmaße des Gebäudes von der Oberkante-Fußboden des untersten Vollgeschosses bis zur Oberkante-Decke des obersten Vollgeschosses. Unberücksichtigt bleiben wie schon bei der GFZ: Nebenanlagen, Balkone, etc. (§ 21 BauNVO). Die Baumassenzahl ist vor allem für Gewerbegebiete von Bedeutung, wo die Geschosshöhen teilweise über 3,50 m liegen und eine GFZ wenig aussagefähig wäre.

Die Festsetzung von Art und Maß der baulichen Nutzung im Zuge der Bauleitplanung darf gemäß § 17 BauNVO folgende Obergrenzen nicht überschreiten (vgl. Tabelle 7).

Baugebiet	GRZ	GFZ	BMZ
(WS) Kleinsiedlungsgebiet	0,2	0,4	-
(WR) Reines Wohngebiet	0,4	1,2	-
(WB) Besonderes Wohngebiet	0,6	1,6	-
(MI) Mischgebiet (MD) Dorfgebiet	0,6	1,2	-
(MK) Kerngebiet	1,0	3,0	-
(GE) Gewerbegebiet (GI) Industriegebiet	0,8	2,4	10,0
Wochenendhausgebiet	0,2	0,2	-

Tabelle 7: Maß der baulichen Nutzung, Obergrenzen nach § 17 BauNVO

Wenn es stadtplanerische Überlegungen erfordern, können auch Mindestmaße bzgl. Höhe, GFZ, etc. vorgeschrieben werden.

Die Anwendung der Kennziffern wird im folgenden Beispiel verdeutlicht:

Ein Grundstück in einem Gewerbegebiet (GE) hat eine Größe von 1.000 m²; der Bebauungsplan gibt als Obergrenzen eine GRZ von 0,8, eine GFZ von 2,4 sowie eine BMZ von 10,0 vor. Hieraus ergibt sich eine zulässige Gebäudegrundfläche („Fußabdruck" des Hauses) von maximal 800 m² (1.000 m² * 0,8); die errichtete Geschossfläche darf 2.400 m² (1.000 m² * 2,4) nicht übersteigen; die Baumasse des zu errichtenden Gebäudes ist auf 10.000 m³ (1.000 m² * 10,0) begrenzt. Werden darüber hinaus die Zahl der Vollgeschosse auf drei und die zulässige Bauhöhe auf 15 m festgelegt, ergibt sich die folgende Baubeschreibung, wenn die Kennziffern bestmöglich ausgenutzt werden sollen (vgl. Abbildung 35):

Das zu errichtende Gebäude muss bei drei zulässigen Vollgeschossen eine Grundfläche von 800 m² einnehmen, um 2.400 m² Geschossfläche aufzuweisen. Aufgrund der zulässigen Baumasse von 10.000 m³ ergibt sich eine Gebäudehöhe (Flachdach) von maximal 12,5 m (10.000 m³ / 800 m² = 12,5 m).

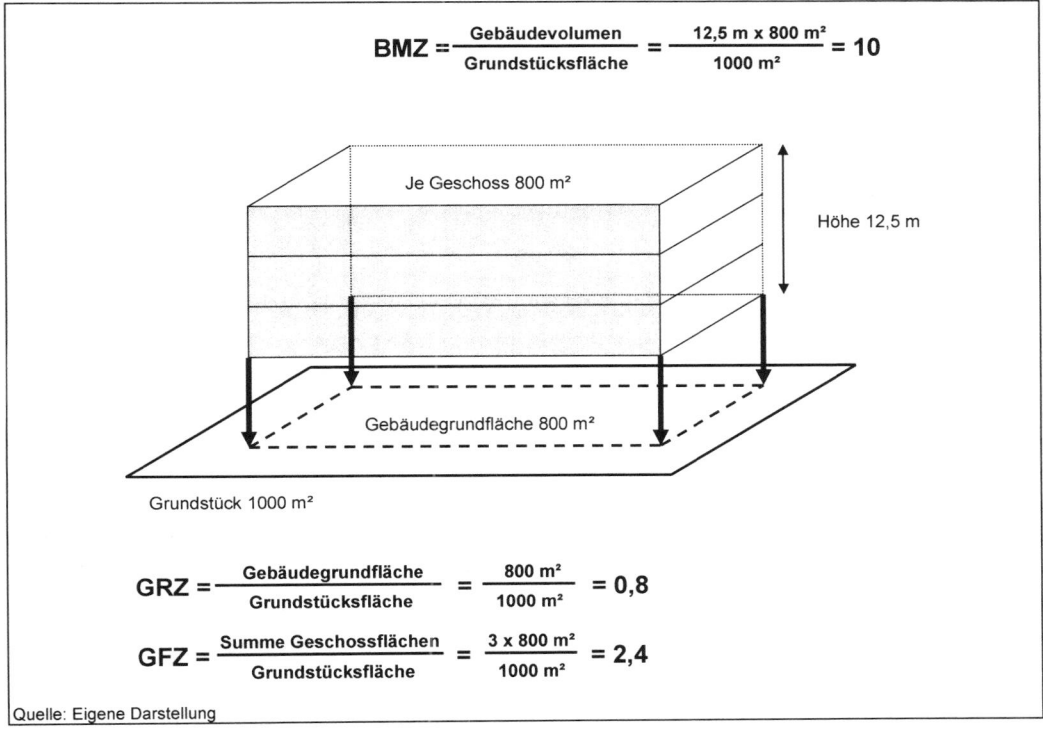

Abbildung 35: GRZ, GFZ und BMZ

Eine weitere Einschränkung der Ausnutzung eines Grundstückes kann sich ergeben, wenn die Landesbauordnungen Abstandflächen zwischen Gebäude und Grundstücksgrenze fordern, die nicht bebaut werden dürfen.

Innerhalb der Gebäude entstehen Flächen und Räume unterschiedlicher Nutzungsarten. Sowohl für die Planung als auch für die Vermietung/Anmietung oder für den Kauf/Verkauf von Flächen müssen deren Maße genau bestimmt werden. Dazu wäre eine einheitliche Definition von Flächen für die jeweiligen Immobilienarten wünschenswert. Tatsächlich werden jedoch in der immobilienwirtschaftlichen Praxis verschiedene Regeln zur Flächenermittlung angewendet, was beim Vergleich von Kennzahlen zu Verzerrungen führen kann.

2.2.5.2 Flächen- und Rauminhaltberechnung nach DIN 277

Die DIN 277 normiert die Berechnung der „Grundflächen und Rauminhalte von Bauwerken im Hochbau". Teil 1 befasst sich mit den Flächenarten und den Berechnungsgrundlagen, während in Teil 2 die Grundflächen nach Nutzungsarten untergliedert werden. Folgende Flächenarten werden unterschieden (vgl. Winkler, S. 109ff.):

- **Brutto-Grundfläche (BGF)**

  Sie umfasst die Grundflächen aller nutzbaren Grundrissebenen eines Bauwerkes, unabhängig von ihrer Klassifizierung als Vollgeschoss. Für die Berechnung sind die äußeren Maße der Bauteile (inklusive Putz oder sonstige Verkleidung) anzusetzen. Nicht angerechnet werden konstruktive Hohlräume, nicht begehbare Dachräume, etc. Die Brutto-Grundfläche wird unterteilt in Konstruktions- und Netto-Grundfläche.

- **Konstruktions-Grundfläche (KGF)**

  Sie beinhaltet die Grundflächen der aufgehenden Bauteile aller Grundrißebenen eines Gebäudes (z.B. Wände, Stützen oder Pfeiler) inklusive Putz oder sonstiger Verkleidung. Auch die Grundflächen von Schornsteinen, nicht begehbaren Schächten, von Türöffnungen, Nischen und Schlitzen gehören zur Konstruktions-Grundfläche. Die KGF kann alternativ aus der Differenz zwischen BGF und NGF ermittelt werden.

- **Netto-Grundfläche (NGF)**

  Sie bezeichnet die Summe der nutzbaren Grundflächen aller Grundrißebenen eines Gebäudes, die zwischen den aufgehenden Bauteilen liegen. Für ihre Berechnung sind die lichten Maße der Räume in Höhe des Fußbodens anzusetzen (oberhalb von Fuß-, Sockelleisten oder Schrammborden), inklusive freiliegende Installationen und festeingebaute Gegenstände, z.B. Öfen, Heizkörper oder Tischplatten. Grundflächen von Räumen oder Raumteilen unter Schrägen mit lichten Raumhöhen unter 1,50 m sind getrennt auszuweisen. Treppen und Rampen werden als Projektion auf die darüberliegende Grundrissebene berechnet. Ebenso werden betretbare Schächte für Aufzüge oder Installationen in jedem Geschoss, durch das sie führen, als Grundfläche angesetzt.

  Die Netto-Grundfläche untergliedert sich weiter in Nutz-, Funktions- und Verkehrsfläche.

- **Nutzfläche (NF)**

  Sie bezeichnet den Teil der Nettogrundfläche, der der eigentlichen Nutzung dient. Sie gliedert sich in **Hauptnutzfläche (HNF)** und **Nebennutzfläche (NNF)**.

  Die DIN 277, Teil 2 unterscheidet sechs **HNF**-Arten:

  1. Wohnen und Arbeiten

  2. Büroarbeit

  3. Produktion, Hand- und Maschinenarbeit, Experimente

  4. Lagern, Verteilen und Verkaufen

  5. Bildung, Unterricht und Kultur

  6. Heilen und Pflegen

  Die **NNF** wird unter „7. Sonstige Nutzungen" definiert: Sanitärräume, Garderoben, Abstellräume, Fahrzeugabstellflächen, Fahrgastflächen, Räume für zentrale Technik, Schutzräume.

In der immobilienwirtschaftlichen Praxis wird die Flächeneffizienz eines Gebäudes häufig mit der Prozentzahl aus dem Verhältnis von BGF zu NF abgebildet. Eine Nutzfläche von 80% der Brutto-Grundfläche ist z.b. für Bürogebäude ein angestrebter Zielwert.

- **Funktionsfläche (FF)**

  Derjenige Anteil der NGF, der für die Aufnahme betriebstechnischer Anlagen von Gebäuden vorgesehen ist (z.B. für Wasser- und Stromversorgung, Heizung oder für Aufzugs- und Förderanlagen), wird als Funktionsfläche bezeichnet. Da diese Bezeichnung unter Umständen zu Missverständnissen führen kann, ist in der Novellierung der DIN 277 eine Umbenennung in „Technikfläche" geplant.

- **Verkehrsfläche (VF)**

  Dieser Anteil der NGF dient dem Zugang zu den Räumen (z.B. Flure, Treppen oder Eingangsbereiche), dem allgemeinen Verkehr innerhalb eines Gebäudes sowie dem Verlassen im Notfall.

- **Brutto-Rauminhalt (BRI)**

  Er bezeichnet den Rauminhalt des Gebäudes, der von den äußeren Begrenzungsflächen sowie nach unten von der Gebäudesohle umschlossen wird. Nicht berechnet werden: Fundamente und Bauteile von untergeordneter Bedeutung, z.B. Kellerlichtschächte, Außentreppen, Vordächer, Dachüberstände, konstruktive und gestalterische Vor- und Rücksprünge, Schornsteinköpfe und Lichtkuppeln.

- **Netto-Rauminhalt (NRI)**

  Zu ihm zählen die Rauminhalte aller Räume, deren Grundflächen der NGF zugerechnet werden.

Abbildung 36 fasst die Systematik der Flächendefinition nach DIN 277, Teil 1, nochmals zusammen.

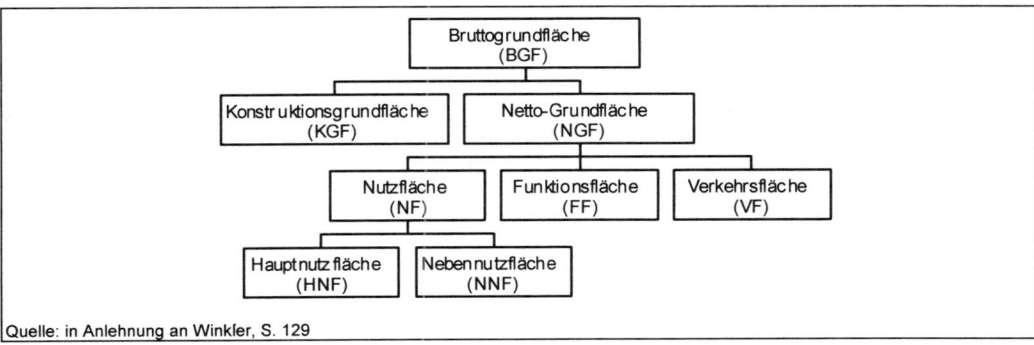

Quelle: in Anlehnung an Winkler, S. 129

Abbildung 36: Flächenbegriffe der DIN 277, Teil 1

An dieser Stelle sei darauf hingewiesen, dass in der immobilienwirtschaftlichen Praxis häufig, jedoch nicht DIN-konform, Brutto- oder Netto-Grundfläche als Brutto- oder Netto-Geschossfläche bezeichnet werden.

2.2.5.3 Wohnflächenberechnung nach II. BV

Die zweite Berechnungsverordnung (II. BV) gilt als verbindliche Rechtsnorm nur für den öffentlich geförderten Wohnraum sowie für den frei finanzierten Wohnraum bei Gewährung von Zuschüssen gemäß § 88 des Zweiten Wohnungsbaugesetzes (II. WoBauG). Ausschließlicher Gegenstand sind Wohnungen und Flächen, die zu Wohnungen gehören. Die Regelungen zur Berechnung der Wohnflächen finden sich in Teil IV (§ 42-44, II. BV). Zubehörräume (z.B. Keller, Waschküche, Abstellräume außerhalb der Wohnung oder Garagen), Wirtschaftsräume (z.B. Vorratsräume, Ställe u.a.) und Geschäftsräume zählen nicht zur Wohnfläche.

Nach Wahl des Bauherrn kann die Grundfläche eines Raumes aus den lichten Fertigmaßen (analog DIN 277, NGF) oder aus den Rohbaumaßen ermittelt werden. Werden Rohbaumaße angesetzt, so müssen die Flächen pauschal um 3% gekürzt werden.

Abgezogen werden die Grundflächen aufgehender Bauteile >0,1 m² z.B. von Schornsteinen, Säulen und Mauervorlagen. Auch Treppen mit mehr als 3 Steigungen und Treppenpodeste werden nicht zur Wohnfläche gerechnet. Hinzuaddiert werden: bis zum Fußboden offene Fenster- oder Wandnischen, wenn sie tiefer sind als 0,13 m; Erker und Wandschränke >0,5 m² und Raumteile unter Treppen, die höher sind als 2,00 m. Türnischen bleiben unberücksichtigt.
Zu 50% angesetzt werden: Raumteile, die zwischen 1,00 m und 2,00 m hoch sind, und Balkone, Loggien, Dachgärten oder gedeckte Freiräume bis max. 10% der Grundfläche der Wohnung.

Die Anwendung dieser Flächenberechnung auf Nichtwohnflächen wird durch ihre ausschließliche Ausrichtung auf Wohnflächen erschwert, da bestimmte (Rest-)Flächen eines Gebäudes durch sie nicht berücksichtigt werden und zudem aus Sicht eines Vermieters ein signifikanter Flächenanteil nicht als Nutz- bzw. Mietfläche anerkannt wird.

2.2.5.4 gif-Richtlinie zur Berechnung der Mietflächen für Büro- und Handelsräume

Durch die DIN 277 werden alle Flächen eines Gebäudes in differenzierter Form berücksichtigt bzw. erfasst. Ein Flächenaufmaß nach der DIN 277 liefert somit alle möglichen Flächeninformationen sowohl für Eigentümer als auch für Nutzer bzw. Mieter einer Fläche. Es stellt sich jedoch die Frage, welche Anteile einer Fläche tatsächlich und exklusiv nutzbar sind und welche nicht oder eventuell nur gemeinschaftlich genutzt werden. Daraus ergibt sich dann, welcher Flächenanteil einem Nutzer oder Mieter zugerechnet wird, für den dann auch ein Nutzungsentgelt in Form der Miete berechnet wird. In der Vergangenheit gab es in Deutschland keine einheitliche Auffassung über die Definition der **vermietbaren Fläche**. Sie variierte in Abhängigkeit von der Region oder der Marktsituation. Dies führte dazu, dass manchmal die gesamte BGF als Mietfläche angerechnet wurde oder aber die NGF mit unterschiedlichen Anteilen der NNF. Hierdurch war eine vergleichende Analyse von Flächenangeboten nur unter erschwerten Bedingungen möglich.

Dieses Defizit hat die Arbeitsgruppe Flächendefinition der Gesellschaft für Immobilienwirtschaftliche Forschung e.V. (**gif**) aufgegriffen und im April 1996 eine Richtlinie zur Berechnung der Mietfläche für Büroraum (MF-B) veröffentlicht. Im Juli 1997 folgte die Richtlinie zur Berechnung der Mietfläche für Handelsraum (MF-H). Ziel dieser Richtlinien ist es, die Mietflächenberechnung transparent zu machen auf der Basis einer breiten Akzeptanz sowohl bei Eigentümern, Investoren, Vermietern als auch bei Mietern, Nutzern, Verwaltern, Planern, etc. (gif 1996, S. 5). Damit wird eine Grundlage für vergleichende Analysen geschaffen.

Richtlinie zur Berechnung der Mietfläche für Büroraum (MF-B)

Um die in der DIN 277 definierten Flächen wirtschaftlich zu bewerten, unterscheidet die Richtlinie Büromietflächen mit exklusivem Nutzungsrecht (Mietfläche 1), Mietflächen mit gemeinschaftlichem Nutzungsrecht (Mietfläche 2) und nicht vermietbare Flächen (vgl. gif 1996, S. 6ff.).

Zur Mietfläche mit exklusivem Nutzungsrecht (**Mietfläche 1**) gehören:

- **Hauptnutzflächen:**
  Büronutzung, Aufsichts-, Pförtner-, Empfangsräume; Innenhöfe, Archiv-, Lager-, Verkaufs- und Musterräume, etc.; sowie Wohnräume, Balkone oder Terrassen, wenn sie innerhalb der Mieteinheit liegen.

- **Nebennutzflächen:**
  Garagen und Stellplätze, Sanitär-, Putz- und Abstellräume, Umkleiden (jeweils inklusive Vorräumen), Teeküchen, Kopierräume, etc., die nicht gemeinschaftlich genutzt werden.

- **Funktionsflächen:**
  Räume, die die individuellen betriebstechnischen Anlagen (Rechenzentrum, Kommunikation) des Mieters beherbergen.

- **Verkehrsflächen:**
  z.B. Flure, Gänge, Korridore, Vor- und Warteräume, Differenzstufen (bis zu 3 Stufen) und Rampen, die innerhalb der Mieteinheit liegen.

- **Konstruktions-Grundflächen:**
  „Die Grundfläche aller nicht ortsgebundenen Innenwände, Bauelemente und Bauteile (z.B. Leichtbauwände, versetzbare Trennwände, etc.)" (vgl. gif 1996, S. 7) Damit gehören Wände,

die der Nutzer für seine individuelle Raumgestaltung benötigt, zur Mietfläche mit exklusivem Nutzungsrecht.

Die Flächen werden zwischen den ortsgebundenen, d.h. konstruktiv erforderlichen Wänden in Höhe des Fußbodens gemessen, jedoch ohne Berücksichtigung von eventuellen Fußleisten, Schrammborden oder ähnlichem, von Heizkörpern oder sonstigen Ein- und Anbauten. Flächen mit einer Raumhöhe zwischen 1,50 m und 2,30 m im Lichten, d.h. von der Oberkante des Fußbodenbelags bis zur Unterkante des Deckenbelags, müssen jeweils separat ausgewiesen werden.

Zur Mietfläche mit gemeinschaftlichem Nutzungsrecht (**Mietfläche 2**) gehören (vgl. gif 1996, S. 7f.):

- **Hauptnutzflächen und Nebennutzflächen:**
  in der oben beschriebenen Art; ihre Grundfläche wird gesondert ausgewiesen; die Zuweisung erfolgt nach einem frei wählbaren Schlüssel, der entsprechend zu dokumentieren ist.

- **Verkehrsflächen:**
  anteilig nach definiertem Aufteilungsschlüssel z.B. Windfang, Eingangshalle, Aufzugsvorräume oder Erschließungsflure.

Zu den **nicht vermietbaren Flächen** zählen (vgl. gif 1996, S. 8f.):

- alle Räume mit einer lichten Raumhöhe unter 1,50 m,

- Räume für den zivilen Bevölkerungsschutz (Nebennutzfläche),

- Verkehrsflächen, die weder exklusiven noch gemeinschaftlichen Nutzungsrechten unterliegen: z.B. Treppenhäuser, Fahrtreppen, Aufzugsschächte, Notausgänge, Fluchtbalkone, etc.,

- Funktionsflächen:
  Räume für allgemeine betriebliche Anlagen, wie z.B. Aufzug, Heizung, Hausanschlüsse, Wasserver- und -entsorgung, Tanklager, Fernmeldetechnik, etc.,

- sowie Konstruktions-Grundflächen:
  Grundflächen aller ortsgebundenen Wände, Stützen, Pfeiler, etc. sowie auch von Tür- und Wandöffnungen.

Abbildung 37 fasst die Systematik der MF-B nochmals schematisch zusammen.

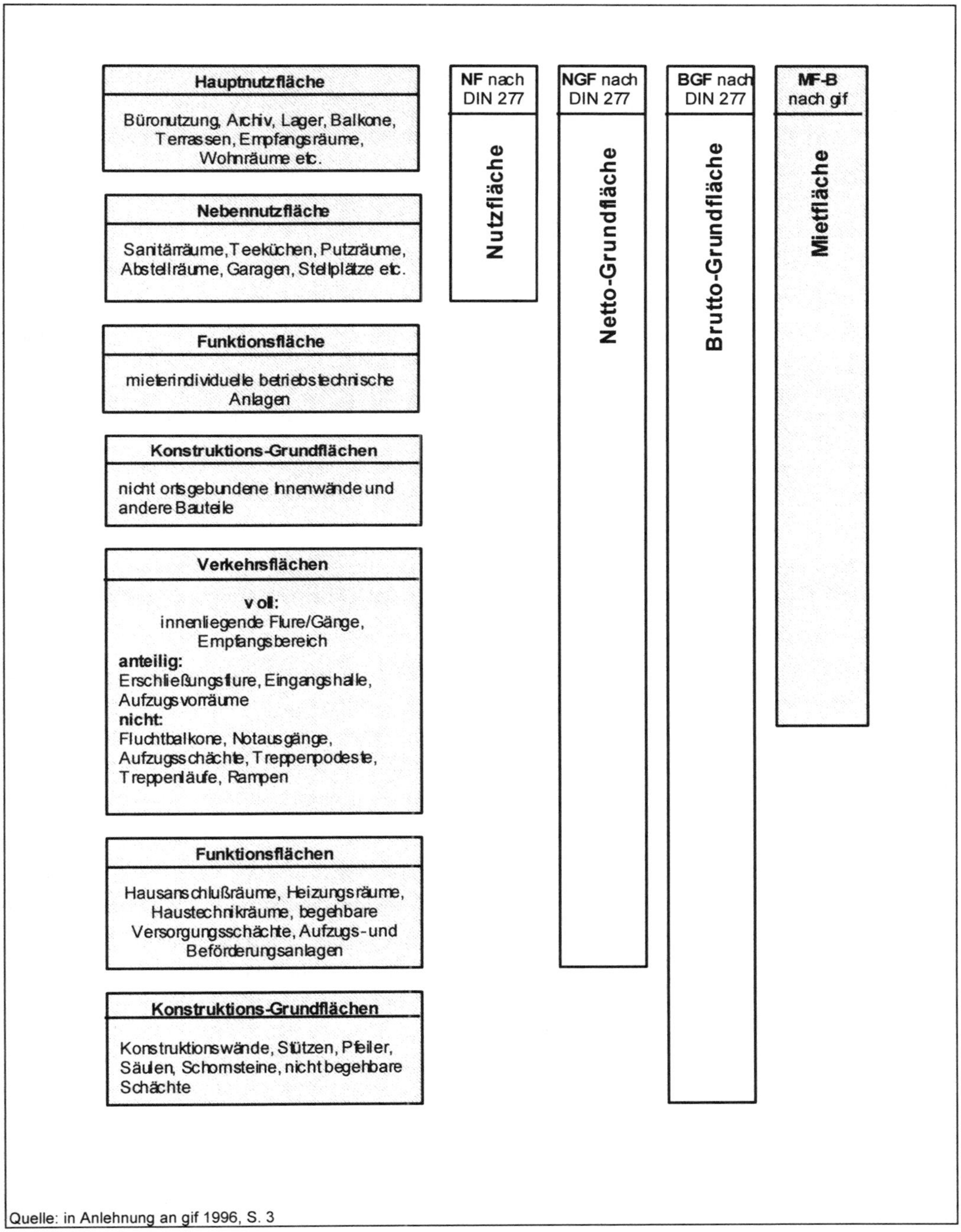

Hauptnutzfläche	NF nach DIN 277	NGF nach DIN 277	BGF nach DIN 277	MF-B nach gif
Büronutzung, Archiv, Lager, Balkone, Terrassen, Empfangsräume, Wohnräume etc.				

Hauptnutzfläche

Büronutzung, Archiv, Lager, Balkone, Terrassen, Empfangsräume, Wohnräume etc.

Nebennutzfläche

Sanitärräume, Teeküchen, Putzräume, Abstellräume, Garagen, Stellplätze etc.

Funktionsfläche

mieterindividuelle betriebstechnische Anlagen

Konstruktions-Grundflächen

nicht ortsgebundene Innenwände und andere Bauteile

Verkehrsflächen

voll:
innenliegende Flure/Gänge, Empfangsbereich
anteilig:
Erschließungsflure, Eingangshalle, Aufzugsvorräume
nicht:
Fluchtbalkone, Notausgänge, Aufzugsschächte, Treppenpodeste, Treppenläufe, Rampen

Funktionsflächen

Hausanschlußräume, Heizungsräume, Haustechnikräume, begehbare Versorgungsschächte, Aufzugs- und Beförderungsanlagen

Konstruktions-Grundflächen

Konstruktionswände, Stützen, Pfeiler, Säulen, Schornsteine, nicht begehbare Schächte

Spalten: **Nutzfläche** (NF nach DIN 277), **Netto-Grundfläche** (NGF nach DIN 277), **Brutto-Grundfläche** (BGF nach DIN 277), **Mietfläche** (MF-B nach gif)

Quelle: in Anlehnung an gif 1996, S. 3

Abbildung 37: Mietfläche für Büroraum nach MF-B

Richtlinie zur Berechnung der Mietfläche für Handelsraum (MF-H)

Für die Berechnung der MF-H gelten die obigen Messregeln analog. Auch hier wird unterschieden nach exklusiv genutzter Mietfläche (MF-H 1) und nach Mietflächen, die gemeinschaftlich genutzt werden (MF-H 2). Für beide Flächenarten ist die „Mietflächenbegrenzungslinie **(ML)**" von besonderer Bedeutung. Die **gif** legt folgende Linienverläufe fest (vgl. gif 1997, S. 7):

- Schaufenster/Ladenfront: ML entlang Aussenkante der Hausflucht, entsprechend der Begrenzung der Bruttogeschossfläche, ohne Berücksichtigung von Vor- und Rücksprüngen, z.B. durch Vitrinen, etc.

- Innenwände: ML auf der Mittelachse von Innenwänden, die die Mietfläche abgrenzen. Wandbekleidungen bleiben dabei unberücksichtigt.

- Gebäudeaussenwände: ML entlang der Wandinnenseite, ebenfalls ohne Berücksichtigung von Wandbekleidungen.

- Kundenbedienflächen: ML im Abstand von 1,00 m vor der Vorderkante der Bedientheke, etc.

(Erläuternde Abbildungen können der Richtlinie entnommen werden.)

Zur Mietfläche mit exklusivem Nutzungsrecht (Mietfläche **MF-H 1**) gehören (vgl. gif 1997, S. 7f.):

- **Hauptnutzfläche:**
  Kundenbedienflächen und Räume, die direkt dem Verkauf bzw. der Ausstellung dienen, Lager- und Kühlräume, Flächen für Verwaltung, inklusive Teeküchen, Differenzstufen (bis zu 3 Stufen), Balkone, etc.

- **Nebennutzflächen:**
  Sanitär- und Putzräume, Räume für das Personal, etc.

- **Funktionsflächen:**
  Flächen für Ver- und Entsorgung, Räume, die die individuellen betriebstechnischen Anlagen des Mieters beherbergen, inklusive zugehöriger Schächte oder Maschinenräume, außerdem: gemeinschaftlich genutzte Schachtflächen von geringfügiger Grundfläche (<0,25 m²), etc.

- **Verkehrsflächen:**
  Zugänge, Flure inklusive Fluchttürnischen, Treppen, Förderanlagen (Rolltreppe/-steig, Aufzug inklusive Schacht), die innerhalb der Mieteinheit liegen, Flächen für die Anlieferung, etc.

- **Konstruktions-Grundflächen:**
  „nicht ortsgebundene Wände, Bauelemente und Bauteile" (vgl. gif 1997, S. 8), ortsgebundene Bauteile mit geringfügiger Grundfläche (<0,25 m²), z.B. Stützen, Umschließungswände zu 50%, etc., nicht jedoch Außenwände.

- **Luftgeschossflächen:**
  Öffnungen der Decke für Blickbeziehungen; auch Treppenaugen, etc.

Die Mietflächen mit gemeinschaftlichem Nutzungsrecht (Mietfläche **MF-H 2**) werden wie für MF-H 1 definiert. Ihre Grundflächen sind gesondert auszuweisen unter Angabe des jeweiligen Aufteilungsschlüssels (vgl. gif 1997, S. 8f.). Bei Flächen für Werbegemeinschaften oder für das Center-Management kann man wählen zwischen einer Abrechnung über die Nebenkosten und einer anteiligen Zuweisung als gemeinschaftlich genutzte Flächen (vgl. gif 1997, S. 14).

Zu den **nicht vermietbaren** Flächen zählen (vgl. gif 1997, S. 9f.):

- alle Räume mit einer lichten Raumhöhe unter 1,50 m.

- Nebennutzflächen, die weder exklusiven noch gemeinschaftlichen Nutzungsrechten unterliegen, z.B. öffentliche Toiletten, außenliegende Stationen für Einkaufswagen, Räume für den zivilen Bevölkerungsschutz, etc.

- Funktionsflächen:
  Räume für allgemeine betriebliche Anlagen, wie z.B. Aufzug, Heizung, Hausanschlüsse, Wasserver- und -entsorgung, Tanklager, Fernmeldetechnik, etc. sowie zugehörige Schachtflächen > 0,25 m².

- Verkehrsflächen:
  gemeinschaftliche Erschließung, z.B. Eingangshalle, Ladenstraße (Mall), Flure, Anlieferung, Treppen, Aufzüge inklusive Vorraum, Fluchtwege, etc.

- Konstruktions-Grundflächen:
  Grundflächen aller ortsgebundenen Wände, Stützen, Pfeiler, sofern sie nicht bereits unter MF-H 1 oder MF-H 2 wegen geringfügiger Grundfläche (<0,25 m²) oder wegen individueller Nutzungsrechte mitberechnet wurden.

Abbildung 38 fasst die Systematik der **MF-H** nochmals schematisch zusammen.

Im Zuge der oben genannten Veränderung der DIN 277 ist auch eine Überarbeitung der **gif**-Richtlinien geplant. Mit dem Ziel der Harmonisierung und der Weiterentwicklung werden darin die MF-B und die MF-H zur „Richtlinie zur Berechnung von Mietflächen für gewerblichen Raum" (**MF-G**) zusammengefasst (vgl. gif 2003). Als vermietbare Sonderflächen, die jedoch nicht Bestandteil der Mietfläche MF-G werden, sind dort u.a. genannt: Parkplätze, Nischen von Schaufenstern, Deckenöffnungsflächen, Gastronomie- und Kundenbedienflächen, Event- bzw. Marktflächen, zusätzliche Flächen in Schachteltreppenhäusern und überdachte Flächen im Freien, z.B. für Außenverkauf oder Einkaufswagenstationen.

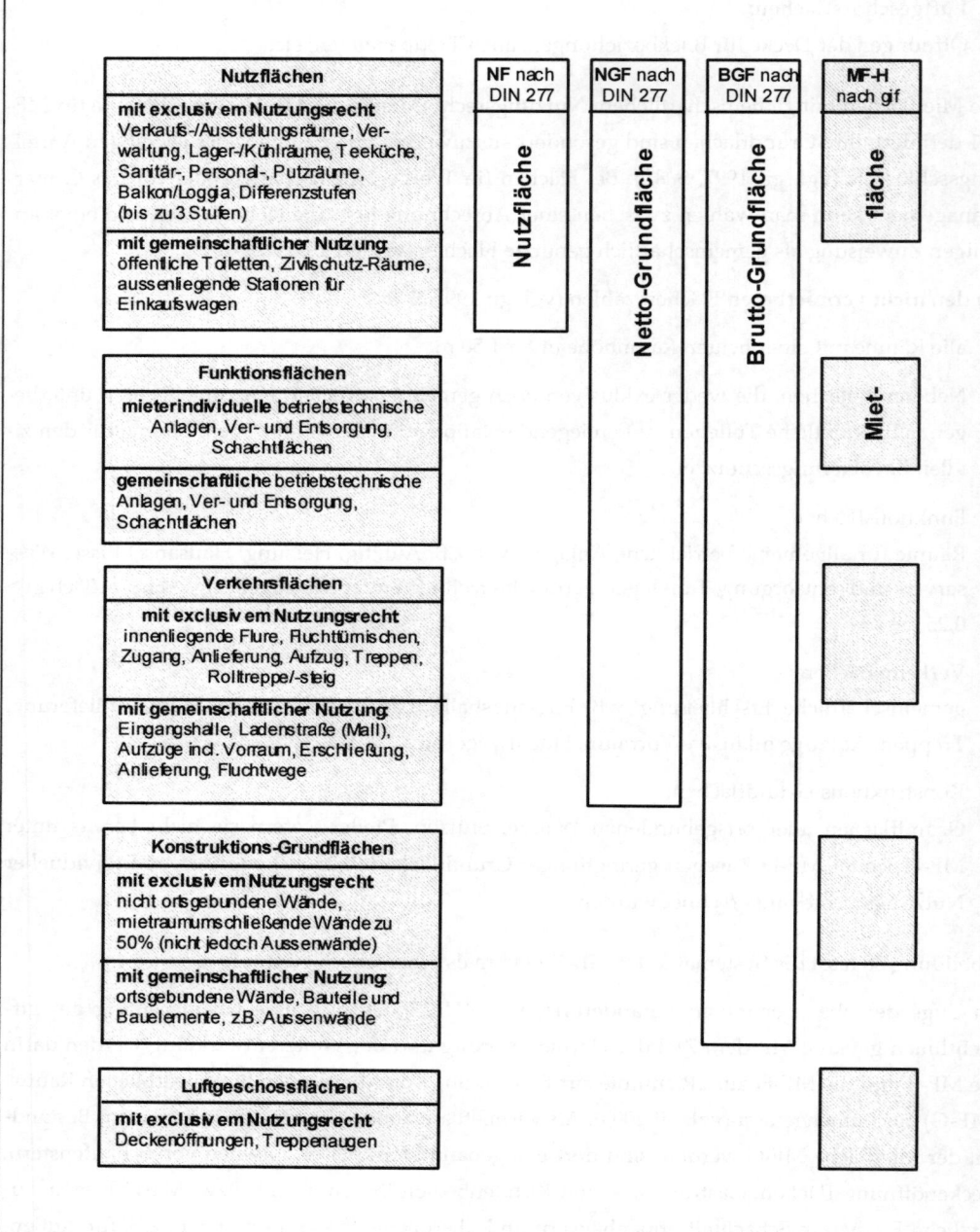

Quelle: in Anlehnung an gif 1997, S. 5

Abbildung 38: Mietfläche für Handelsraum nach MF-H

Literaturverzeichnis zu Kapitel 2.2

Bezirksamt Treptow von Berlin: Bebauungsplan XV-12, aufgestellt am 7.4.1997.

DIN 277: Grundflächen und Rauminhalte von Bauwerken im Hochbau, 1987.

Feldmann, P. v.: Berliner Planungsrecht, 2., völlig überarb. Aufl., Berlin 1991.

Gerardy, T./Möckel, R./Troff, H.: Praxis der Grundstücksbewertung, Grundwerk incl. 59. Nachlieferung, 2003.

gif 1996: Richtlinie zur Berechnung der Mietfläche für Büroraum (MF-B), 1996.

gif 1997: Richtlinie zur Berechnung der Mietfläche für Handelsraum (MF-H), 1997.

gif 2003: Entwurf der Richtlinie zur Berechnung von Mietflächen für gewerblichen Raum (MF-G), Stand September 2003

Isenmann, W. D.: Bewertung von Balkonen, Dachgärten, Freisitzen, Loggien, Veranden, Wintergärten etc., in DWW, 1994, Nr. 6, S. 178 – 182.

Kleiber, W.; Simon J.: WertV '98 – Wertermittlungsverordnung 1998 Wertermittlungsrichtlinien 1996 unter Berücksichtigung der NHK 95, 5., völlig neu bearb. Ausg., München 1999.

Senatsverwaltung für Stadtentwicklung, Umweltschutz und Technologie II Berlin: Flächennutzungsplan Berlin Neubekanntmachung Oktober 1998.

Winkler, W.: Hochbaukosten Flächen Rauminhalte, 8. Aufl., Braunschweig, Wiesbaden 1994.

3 Institutionelle Aspekte der Immobilienökonomie

Karl-Werner Schulte, Christoph Holzmann

3 Institutionelle Aspekte der Immobilienökonomie

Karl-Werner Schulte, Christoph Holzmann

3.1 Einleitung

Institutionelle Aspekte sind eine der beiden tragenden Säulen im Haus der Immobilienökonomie. Der Begriff des „Institutionellen" hat in den Wirtschaftswissenschaften unterschiedliche Bedeutungen. Zum einen wird mit Institution jede Form der erkennbaren Organisation bezeichnet, zum anderen besteht ein Zusammenhang mit der Neuen Institutionenökonomik (vgl. Spars, S. 29ff.). Während der zweitgenannte Aspekt das Theorieverständnis der Immobilienökonomie berührt und daher dem Punkt 1.3 zuzuordnen ist, soll hier der Begriff Institution Verwendung finden, um die verschiedenen Wirtschaftssubjekte zu beschreiben, die sich mit Immobilien befassen; dies ist in Kürze bereits in Punkt 1.2 geschehen und soll nun vertieft werden. Die nachfolgenden Kapitel befassen sich daher mit den Projektentwicklern, den Investoren, den Finanzierern, den Dienstleistern und den Nutzern. Die diesen Wirtschaftssubjekten zuzuordnenden Managementaspekte werden in den Kapiteln behandelt.

3.2 Immobilien-Projektentwickler

Im deutschsprachigen Raum hat die Definition des Begriffs Projektentwicklung im engeren Sinne von Diederichs (Diederichs, 1994, S. 43) große Verbreitung erfahren: „Bei der Projektentwicklung sind die Faktoren Standort, Projektidee und Kapital so miteinander zu kombinieren, dass einzelwirtschaftlich wettbewerbsfähige, arbeitsplatzschaffende und -sichernde sowie gesamtwirtschaftlich sozial- und umweltverträgliche Immobilienprojekte geschaffen und dauerhaft rentabel genutzt werden können." Diederichs spricht von einer Projektentwicklung im weiteren Sinne, wenn unter Anlehnung an den Lebenszyklusgedanken noch das Bau-Projektmanagement und das Facilities Management als Leistungsbestandteile hinzukommen.

Die Akteure am Markt für Projektentwicklung können nach verschiedenen Kriterien, dem **Developer-Typ**, dem **typologischen Schwerpunkt** und dem **geographischen Schwerpunkt** eingeteilt werden. Nach dem Developer-Typ können Projektentwickler allgemein in die folgenden drei Gruppen eingeteilt werden:

- Trader-Developer (Projektentwicklung mit anschließendem Verkauf)
- Service-Developer (Projektentwicklung als Dienstleister für Dritte)
- Investor-Developer (Projektentwicklung für den eigenen Bestand).

Der **Trader-Developer** leistet eine Projektentwicklung i.e.S. im Sinne der Definition von Diederichs und trägt damit alle Risiken einer Projektentwicklung, nämlich das Entwicklungsrisiko (Marktkonformität bei Vermietung und Verkauf), das Prognose- und Planungsrisiko, das Zeitrisiko, das Genehmigungsrisiko, das Finanzierungsrisiko, das Boden- und Baugrundrisiko und das Kostenrisiko. Er veräußert die Projektentwicklung entweder in deren Verlauf oder im Anschluss an deren Fertigstellung an einen Intermediär oder an einen Endinvestor.

Der **Service-Developer** erbringt eine Dienstleistung, die sich mindestens über die Phasen der Projektinitiierung und Projektkonzeption hinweg bis zur Projektkonkretisierung erstreckt, oft jedoch auch das Projektmanagement und die Projektvermarktung einschließt. Risikoträger ist hierbei hauptsächlich der Auftraggeber, bei dem es sich häufig um einen Bestandshalter oder um einen Eigennutzer handelt.

Der **Investor-Developer** ist dadurch gekennzeichnet, dass er die Projektentwicklung in Eigenregie durchführt und die fertig gestellte Immobilie in den eigenen Bestand übernimmt. Da er das Projekt möglicherweise zu einem späteren Zeitpunkt noch einmal verkaufen wird, ähnelt der Investor-Developer grundsätzlich dem Trader-Developer, jedoch ändern sich durch den zeitlich verschobenen Exit häufig die Zielstruktur und das Anspruchsniveau an die Projekte. Allgemein sind in Deutschland nur wenige Investor-Developer am Markt aktiv, so z.B. die ECE, die IVG und die DIFA.

Untersucht man die typologischen und regionalen Schwerpunkte von Projektentwicklern, so zeigt sich, dass die meisten Projektentwickler auf regionaler Ebene operieren und sich auf einen oder wenige Immobilientypen spezialisiert haben. Einige Projektentwickler sind auf einem überregionalen Markt aktiv, konzentrieren sich jedoch hauptsächlich auf einen Immobilientyp:

- Wohnimmobilien: Viterra, GAGFAH, THS
- Einzelhandelsimmobilien: ECE, Brune, mfi
- Seniorenimmobilien: Alloheim AG, Curanum AG
- Gewerbeparks: Calliston, GiP

Nur wenige Unternehmen sind oder waren (*) überregional tätig und entwickeln mehrere Immobilienarten, so z.B. Köllmann*, Roland Ernst* und die NPC Holding AG.

Die Zahl der international aktiven Developer erweist sich ebenfalls als limitiert. Folgende Unternehmen sind beispielsweise auf diesem Markt aktiv:

- Hines (mehrere Immobilientypen),
- Tishman Speyer (mehrere Immobilientypen),

- AM Development (Einzelhandel),

- MAB (Mixed-Use Developments).

Eine Sonderkategorie bilden Unternehmen, die sich als Töchter von internationalen Bauunternehmen ebenfalls in mehreren Märkten bewegen, so z.B. Hochtief Development. Dasselbe gilt für die Töchter von „Non-Property-Companies" wie z.B. ThyssenKrupp Immobilien, Vivico, Siemens Real Estate und Sireo.

Aufgrund einer **erheblichen Marktintransparenz** ist es schwierig, über diese Ausführungen hinaus detaillierte Aussagen zu den Projektentwicklern in Deutschland zu treffen. Erhebungen über die Struktur und Organisation der meist mittelständisch positionierten Unternehmen bestehen kaum. Um dieser Problematik zu begegnen, führten im Frühjahr 2001 die Bulwien AG und die Bernd Heuer Dialog Düsseldorf GmbH eine erste Befragung einer repräsentativen Auswahl von Projektentwicklern in Deutschland durch (vgl. Schulten/Rometsch, S. 535ff.). Sie fanden heraus, dass schätzungsweise **25-30%** der (unter anderem) in der Projektentwicklung tätigen Unternehmen **konzerngebunden** sind (vor allem Wohnimmobilien und Seniorenimmobilien). 33% der Projektentwickler waren im Bürobereich aktiv, dicht gefolgt von Wohnimmobilien mit 30%. Es folgen Einzelhandelsimmobilien mit 16% und Hotels, Freizeitanlagen, Gewerbeimmobilien und Seniorenwohnheime mit Werten von jeweils zwischen 8% und 6%. Im **Durchschnitt** betrug der im Jahr 2000 bilanziell ausgewiesene **Umsatz der befragten Unternehmen 56 Mio. Euro**, wobei die Mehrzahl jedoch einen Umsatz von unter 5 Mio. Euro (32%) oder zwischen 5,6 und 26 Mio. Euro (34%) erzielte. Gemessen an der Zahl der Beschäftigten bewegte sich die **Hälfte der Unternehmen im Bereich von bis zu 10 Mitarbeitern** und ein weiteres Drittel im Bereich von bis zu 50 Mitarbeitern.

Der **Markt für Projektentwicklung** befindet sich gegenwärtig **im Umbruch**. Dies ist vor allem auf zwei Aspekte zurückzuführen, die schwache Ausstattung der Marktteilnehmer mit Eigenkapital und die mittelständische Organisation vieler Unternehmen, die vielfach mit einer mangelnden Dokumentation und einer fehlenden Bereitschaft zur Offenlegung einhergeht. Vor dem Hintergrund der neuen Baseler Eigenkapitalvereinbarung und einer in der Krise befindlichen und international nur noch eingeschränkt wettbewerbsfähigen Bankenlandschaft sind Banken nicht mehr bereit, Geld an Unternehmen zu verleihen, deren Risiken sie aufgrund von fehlenden Einblicken in vergangene und gegenwärtige Projekte nicht beziffern können. Die daraus resultierenden, wegen des Risikozuschlages stark ansteigenden Finanzierungskosten erschweren den Projektentwicklern somit ein wirtschaftliches Betreiben ihres Kerngeschäfts.

3.3 Immobilieninvestoren

Unter Immobilieninvestoren werden Wirtschaftssubjekte verstanden, die Geld in Immobilien anlegen oder Immobilienbestände halten. Zumeist, aber nicht immer steht die Renditeerzielung im Vordergrund.

3.3.1 Private Investoren

Die **privaten Investoren** stellen eine wichtige Investorengruppe am Immobilienmarkt dar, die über ein geschätztes Immobilienvermögen von ca. 3,8 Bio. Euro (Stand Ende 2000) verfügt und damit einen Großteil des deutschen Immobilienbestandes besitzt (vgl. Punkt 1.2.2.1). Dieser Wert stieg nach Angaben der Deutschen Bundesbank bis Ende 2002 auf 3,9 Bio. Euro an (vgl. Punkt 6.4.3.1).

Somit machen Immobilien einen Anteil von 46% am Privatvermögen der deutschen Haushalte aus. Trotz dieser Dimension kann man jedoch nicht zwangsläufig auf ein professionelles Vermögensmanagement im Sinne der modernen Finanzlehre schließen. Ähnlich äußerte sich 1991 der Nobelpreisträger Markowitz, indem er verdeutlichte, dass er seine heute vielfach zur Anwendung kommende **Portfoliotheorie** auf das Profil eines institutionellen Anlegers abgestimmt hatte und dass sich Investitionen von Institutionen und Investitionen von Privaten klar unterscheiden (vgl. Markowitz, S. 2f.).

Dass diese Aussage vor allem auf Immobilienmärkten zutrifft, verdeutlichte wenige Jahre später Roulac mit seiner Klassifizierung der Unterschiede zwischen privaten und institutionellen Investoren auf Immobilienmärkten (vgl. Tabelle 8; vgl. Roulac, S. 35ff.).

Kriterium	Private Anleger	Institutionelle Anleger	Implikationen
Größe	Klein	Groß	*Institutionelle* verfügen über Einfluss- und Finanzkraftvorteile; *Privaten* sind Strategien möglich, die für Institutionelle unwirtschaftlich oder untersagt wären; zudem weisen Private eine schnellere Anpassung an den Markt auf.
Steuern	Steuerpflichtig	Oft steuerbefreit	Vorteile je nach steuerrechtlichen Umständen.
Verwaltung	Selbst	Oft Outsourcing	Komplexe Immobilientypen mit aufwendigem Management sind Privaten schlechter zugänglich.
Hauptmotiv	Spekulation	Vorsichtsprinzip	Langfristigkeit der Anlagestrategie oft nicht erfüllt; kurzfristiges Reporting überlagert institutionelle Ziele.
Regulierung	Keine Besondere	Gesetzliche Reg-	Private Investoren sind freier in der Wahl der

		lementierung und erweiterte Offenlegungspflichten	Immobilientypen.
Eigennutzung	Ggf. Wohnraum	Ggf. Büroraum	Wichtiger bei privaten Investoren.
Verantwortung	Eigen-/gegenüber Familie	Gegenüber Dritten	Für viele Institutionelle überwiegen die Konsequenzen von Misserfolgen bei weitem die von Erfolgen.
Zeithorizont			
1) Theorie	Mittelfristig	Langfristig	Langfristigkeit ermöglicht Strategien, die Privaten (wg. Alter, Gesundheit...) nicht möglich sind.
2) Praxis	Mittelfristig	Kurzfristig	Institutionelles Verhalten nutzt diesen Freiraum häufig nicht aus.
Anlagestil	Unternehmer: Wertschaffung	Unternehmer: Werterhaltung	Institutionelle unterliegen engen Vorschriften.
Strategie und Glück	Tendenz: Erfolg durch Glück	Tendenz: Erfolg durch Strategie	Private sind oftmals eher trotz als aufgrund ihrer Strategie erfolgreich.
Zugang zu Informationen	Eingeschränkt	Breit	Institutionelle können Marktgeschehen oft besser einschätzen.
Image gehaltener Immobilien und Status	Unterschiedlich	Tendenziell hoch	Viele Institutionelle vermeiden Immobilien, die nicht zu ihrem Image passen. Aus diesem Grunde werden Private oft Immobilien halten, die Institutionelle nicht halten würden.

Quelle: In Anlehnung an Roulac, S. 50

Tabelle 8: Eigenschaften von Immobilieninvestoren

Auf Aktienmärkten ist es aufgrund der geringeren Kapitalbindung bei einzelnen Aktien auch weniger finanzstarken Teilnehmern möglich, ähnlich wie größere Marktteilnehmer anzulegen. Demgegenüber hat auf Immobilienmärkten die Größe eines Investors einen entscheidenden Einfluss auf die Art verfügbarer Immobilien-Anlagestrategien, jeweils sowohl zum Vor- als auch zum Nachteil der einzelnen Investorengruppen. So unterliegen private Investoren i.d.R. keinen Beschränkungen in Bezug auf den Immobilientyp, in den sie investieren, jedoch stehen ihnen für den Kauf von größeren und insbesondere gewerblichen Immobilien meistens keine ausreichenden Ressourcen zur Verfügung. Auf der anderen Seite ist institutionellen Investoren vielfach der Weg zu Immobilienwertpapieren verschlossen, da deren eingeschränkte Marktkapitalisierung einen angemessenen Anteil am Portfolio erschwert, während private Investoren hier über einen Vorteil verfügen. Für Investitionsstrategien folgt daraus, dass private Immobilieninvestoren tendenziell versuchen werden, im Rahmen einer stark fremdfinanzierten, steuergetriebenen Transaktion kleinere Immobilien von geringerer Qualität unter Ausnutzung von besonderen Umständen zu erwerben (z.B. Zwangsversteigerung) und deren Wert durch besseres Management und Revitalisierung zu erhöhen (vgl. Roulac, S. 40). Sie erwerben üblicherweise kleinere Wohn- oder

Geschäftshäuser, Eigentumswohnungen sowie Anteile an offenen und geschlossenen Immobilienfonds.

Im **Gegensatz zu institutionellen Investoren** fehlt privaten Investoren oft der Zugang zu guten und zumeist teuren Marktinformationen und Reports, sodass es ihnen schwerer fällt, Marktchancen zu erkennen. Auf der anderen Seite organisieren sich private Investoren in kleinen Einheiten, die sie ohne Rechtfertigungen vor Anlageausschüssen und ähnlichen Gremien lenken und umlenken können, wodurch es ihnen leichter fällt, Marktchancen wahrzunehmen.

Trotz aller Unterschiede zwischen den beiden Investorenklassen darf nicht vernachlässigt werden, dass die Anlagevolumina von privaten und institutionellen Investoren nicht getrennt voneinander betrachtet werden können: „Ultimately, the vast majority of institutional funds are in fact linked to individual sources" (Roulac, S. 39). Der Zusammenhang wird deutlich wenn man bedenkt, dass Versicherungsunternehmen die Prämien ihrer Versicherten anlegen, während Pensionskassen die kollektiven Einlagen von Arbeitnehmern investieren. Letzten Endes stellen demnach institutionelle Investitionen gebündelte Investitionen von privaten Investoren dar.

3.3.2 Institutionelle Investoren

Institutionelle Investoren sind definiert als „juristische Personen [...], die im Sinne von Kapitalsammelstellen für Dritte Gelder professionell anlegen und verwalten, wobei die Kapitalanlagetätigkeit Haupt- oder Nebenzweck der unternehmerischen Tätigkeit sein kann" (Walbröhl, S. 9). Zu ihnen zählen daher verschiedene Gruppen von Marktteilnehmern (vgl. dazu Punkt 1.2.4.3).

3.3.2.1   Kapitalanlagegesellschaften

Kapitalanlagegesellschaften begeben **Investmentfonds**, die in die Gruppen der offenen Immobilien-Publikumsfonds und der offenen Immobilienspezialfonds eingeteilt werden können. Ein offener Immobilien-Publikumsfonds wird als rechtlich selbständiges **Grundstückssondervermögen** bezeichnet, „das nach den Grundsätzen der Risikostreuung und Gewinnerzielung überwiegend in Grundstücke und grundstücksgleiche Rechte investiert und von einer **Kapitalanlagegesellschaft** als **Sondervermögen** von ihrem eigenen Vermögen getrennt verwaltet wird" (Alda, S. 539). Bei einer Anlage in einen Immobilien-Publikumsfonds erwirbt ein (zumeist privater) Investor bei einer Vertriebsstelle (Sparkasse oder Bank) einen Anteil an dem Sondervermögen (z.B. Grundwert Fonds der Kapitalanlagegesellschaft DEGI), den er jederzeit zum Gegenwert wieder einlösen kann (**Rücknahmeverpflichtung**). Das Fonds-Sondervermögen wird von einer **Depotbank** verwahrt und überwacht, jedoch von der Kapitalanlagegesellschaft fachmännisch verwaltet. Die Kapitalanlagegesellschaft entscheidet dabei über die Immobilienanlagestrategie und zeigt sich für das

Fondsmanagement verantwortlich. Abbildung 39 stellt die nach Fondsvermögen bedeutendsten offenen Immobilien-Publikumsfonds dar.

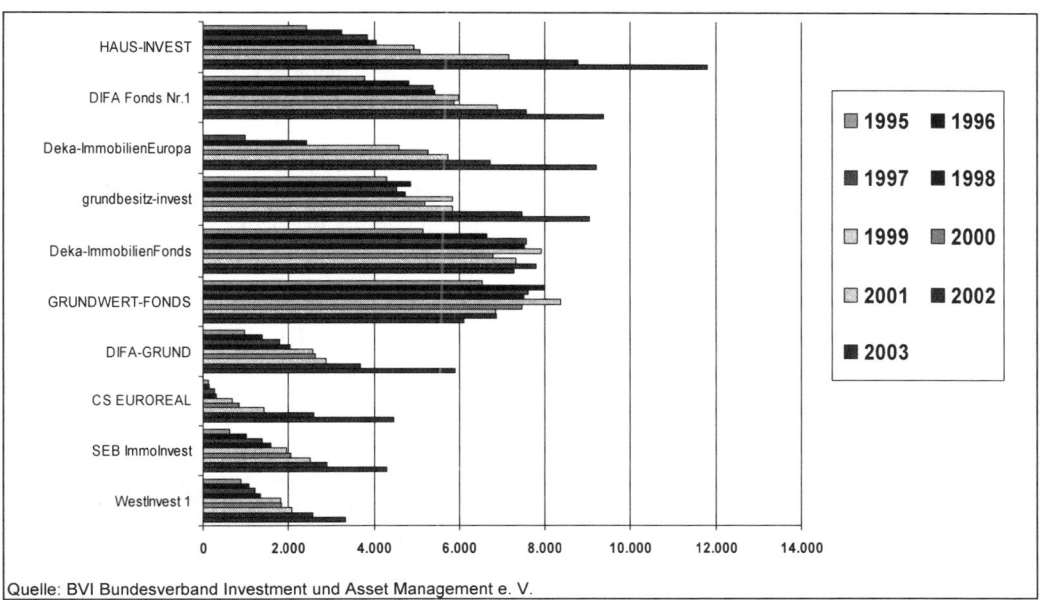

Abbildung 39: Offene Immobilienfonds nach Fondsvermögen (Top 10), Stand Dezember 2003

Wie Abbildung 40 unterstreicht, ist der Immobilienbestand bei den offenen Immobilien-Publikumsfonds in den letzten Jahren stark angestiegen. Ob diese jedoch vor dem Hintergrund gegenwärtig steigender Aktienkurse auf den Niveaus der Vorjahre (14,9 Mrd. im Jahr 2002 und 13,7 Mrd. Euro im Jahr 2003) aufrechterhalten werden können, ist fraglich.

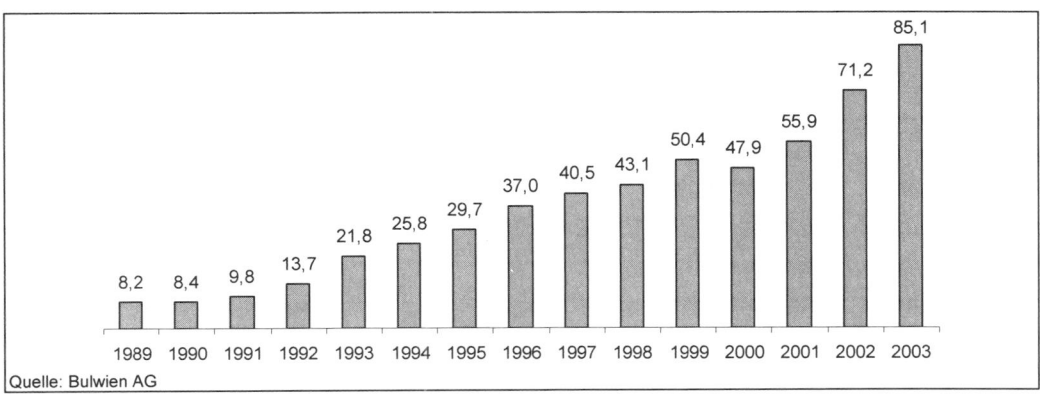

Abbildung 40: Entwicklung des jährlichen Fondsvolumens offener Fonds in Mrd. Euro

Neben den offenen Immobilien-Publikumsfonds kommt den offenen **Immobilien-Spezialfonds** eine wachsende Rolle auf den Immobilienmärkten zu. In Übereinstimmung mit § 2 Abs. 3 Satz 1 des am 01. Januar 2004 in Kraft getretenen Investmentmodernisierungsgesetz werden sie folgendermaßen definiert: „Spezial-Sondervermögen sind Sondervermögen, deren Anteile auf Grund schriftlicher Vereinbarungen mit der Kapitalanlagegesellschaft jeweils von nicht mehr als 30 Anlegern, die nicht natürliche Personen sind, gehalten werden. Alle übrigen Sondervermögen sind Publikums-Sondervermögen." Werden die Mittel des Sondervermögens nicht in Wertpapieren oder Beteiligungen, sondern in Grundstücken angelegt, so spricht man von einem Immobilien-Spezialfonds. Auch hier wird damit ein offener Immobilienfonds bezeichnet, da für die Beteiligung am Sondervermögen jederzeit neue Anteilsscheine ausgegeben und zurückgenommen werden können. Hauptinvestoren in einen Immobilien-Spezialfonds sind Versicherungen, Pensionskassen sowie Kirchen und Stiftungen. Aufgrund einer stark wachsenden Nachfrage seitens dieser Marktteilnehmer existierten Ende September 2003 bereits 57 Spezialfonds am Markt (vgl.Tabelle 9) im Gegensatz zu 13 Fonds im Jahre 1996.

Investment- Gesellschaft	Anzahl der Fonds	Fondsvermögen am 30.09.2003	Netto- Mittelaufkommen laufendes Jahr
	30.09.2003	Mio. Euro	Tsd. Euro
AACHENER GRUND	2	779,2	0
AXA INVESTMENT	3	613,6	9.202
DEFO	1	168,6	0
DEKA IMMOBLIEN	6	757,0	31.082
DIFA	1	322,8	3.500
GERLING INVESTMENT	1	73,0	51.452
HANSAINVEST	2	1.094,3	3.280
iii GMBH	6	2.222,1	114.285
LB Immo Invest	1	43,3	0
MEAG KAG	4	615,0	234.752
OIK	25	5.232,0	207.657
SEB IMMOINVEST	1	17,2	2.780
WARBURG - HENDERSON	3	41,4	25.468
WESTINVEST	1	67,8	18.710
Insgesamt	57	12.047,3	702.168

Quelle: BVI

Tabelle 9: Übersicht über Immobilienspezialfonds (30.09.2003)

Beide Arten von offenen Immobilienfonds dürfen entsprechend § 6, Abs. 1 des Investmentgesetzes (InvG) nur in der Rechtsform der AG oder der GmbH aufgelegt werden. Dieser und andere Aspekte unterscheiden sie von den im Folgenden dargestellten geschlossenen Immobilienfonds.

3.3.2.2 Fondsinitiatoren

Geschlossene Immobilienfonds werden von Fondsinitiatoren aufgelegt und vermögenden Privatanlegern zum anteiligen Erwerb angeboten. Investitionsobjekt ist in der Regel eine einzelne Immobilie. Sobald alle Anteile platziert sind, wird der Fonds geschlossen. Anders als offene Immobilienfonds unterliegen geschlossene Immobilienfonds nicht den Regelungen des Investmentmodernisierungsgesetzes.

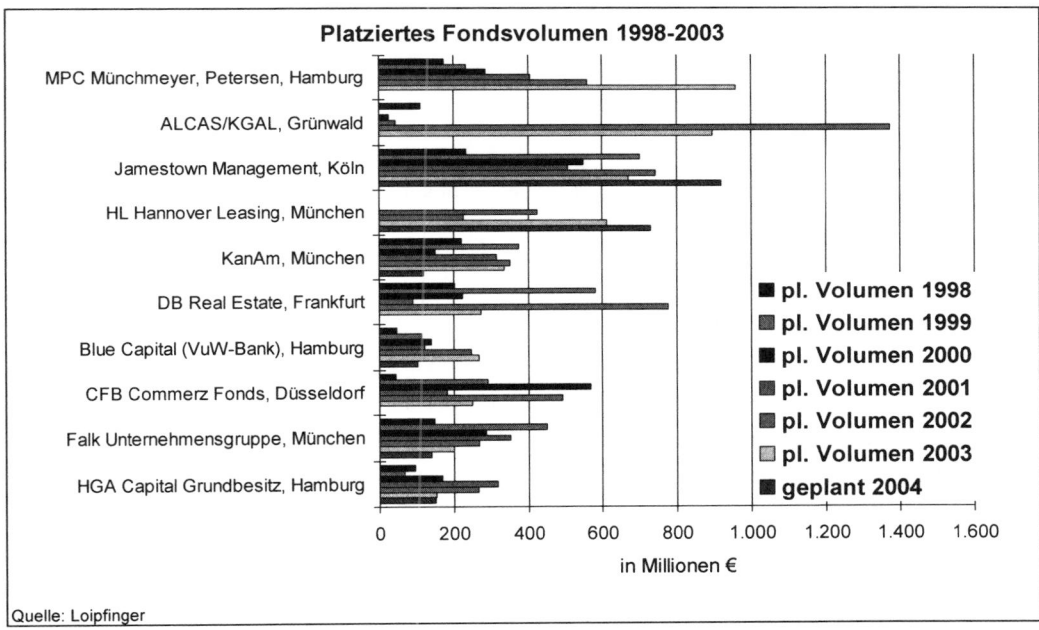

Abbildung 41: Geschlossene Immobilienfonds (Top 10 Initiatoren), Stand 2004

Abbildung 41 führt die wichtigsten deutschen Fondsinitiatoren auf. Nachdem vor einigen Jahren die steuerliche Verlustverrechnung stark eingeschränkt wurde, ging das jährlich neu aufgelegte Fondsvolumen stark zurück (vgl. Abbildung 42). Inzwischen setzen Fondsinitiatoren verstärkt auf so genannte „Renditeobjekte", vor allem im Ausland. Es ist davon auszugehen, dass im Jahre 2003 eine Trendumkehr stattgefunden hat.

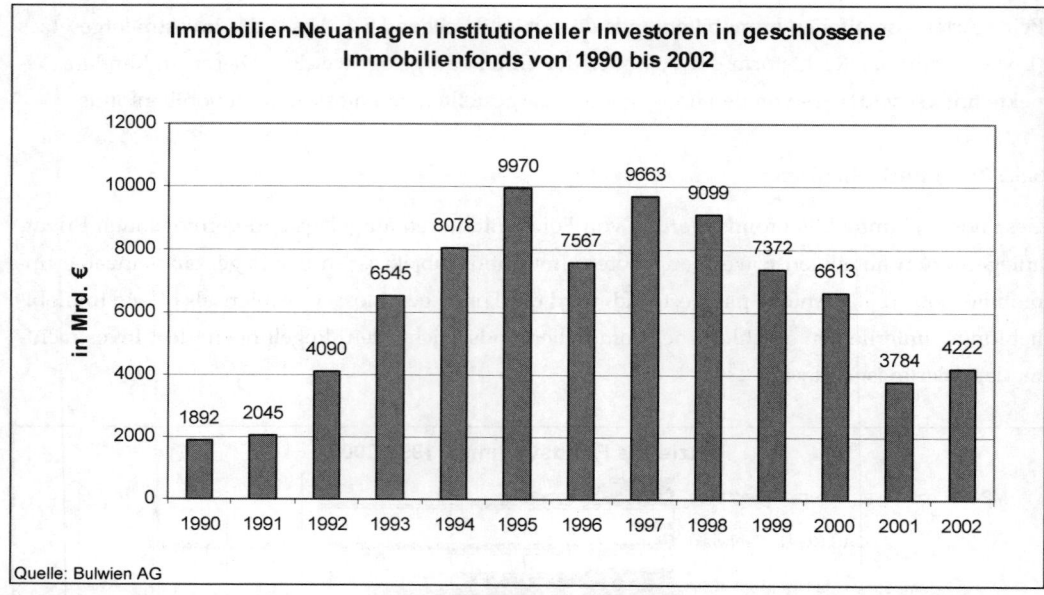

Abbildung 42: Entwicklung der Neuanlagen institutioneller Investoren in geschlossenen Immobilienfonds

3.3.2.3 Immobilienaktiengesellschaften

Neben Kapitalanlagegesellschaften und Fondsinitiatoren stellen die 55 deutschen Immobilienaktiengesellschaften weitere unter immobilienökonomischen Gesichtspunkten relevante Institutionen dar. In Deutschland bildet seit 1995 der DIMAX-Index des Bankhauses Ellwanger und Geiger die Performance von Immobilienaktiengesellschaften ab, bei denen mindestens 75% von Umsatz und Ertrag aus dem Immobiliengeschäft stammen. Als relevante Geschäftsfelder der Immobilienwirtschaft wurden dabei hauptsächlich die folgenden definiert:

- Vermietung und Verpachtung,

- Immobilienverwaltung,

- Immobilienhandel,

- Projektentwicklung,

- Immobilienberatung.

Zudem müssen die Aktiengesellschaften entweder im Prime Standard, im General Standard oder im Freiverkehr notiert sein, sodass insgesamt 59 Gesellschaften im DIMAX abgebildet werden.

Im Folgenden sind die nach Marktkapitalisierung gegenwärtig wichtigsten deutschen Immobilienaktiengesellschaften dargestellt (vgl. Abbildung 43).

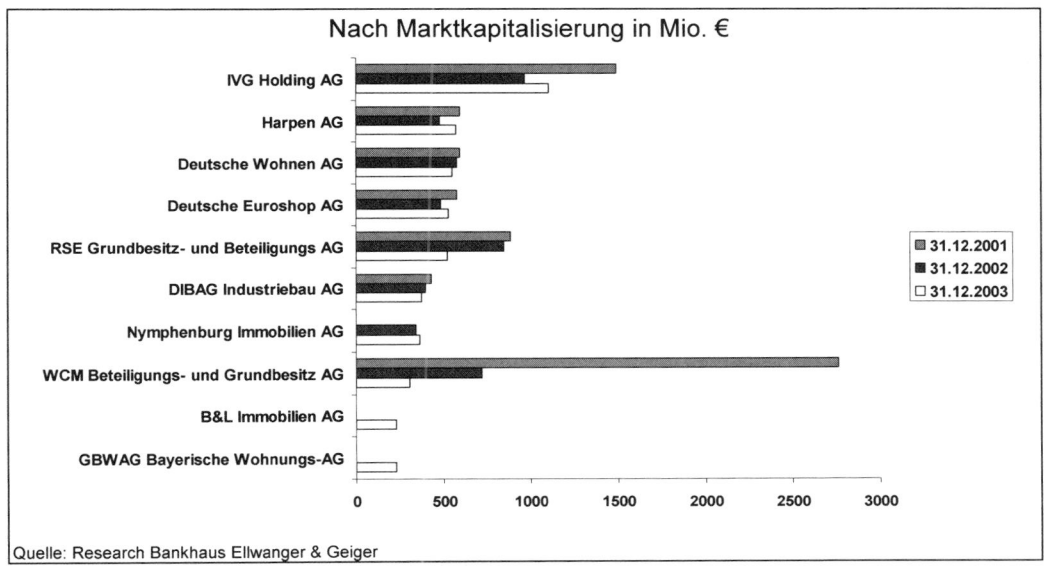

Abbildung 43: Immobilien-Aktiengesellschaften (Top 10), Stand 2004

Interessant ist, dass ein Teil der Immobilienaktiengesellschaften ursprünglich über ein anderes Kerngeschäftsfeld verfügt als das Immobiliengeschäft. Dieses wurde jedoch im Lauf der Zeit abgespalten, eingestellt oder zurückgestuft, wie dies bei der Hamborner AG und der Concordia Bau und Boden AG (CBB Holding) der Fall ist. Andere Aktiengesellschaften fungieren innerhalb eines Konzerns als Immobilienholding, so z.B. die Maschinenfabrik Esslingen AG. Schließlich gibt es die Unternehmen, die bewusst in das Geschäftsfeld Immobilien diversifiziert haben wie beispielsweise die IVG AG und die Harpen AG (vgl. Scharpenack/Nack/Haub, S. 665f.).

3.3.2.4 Versicherungsgesellschaften und Pensionskassen

Versicherungsgesellschaften und Pensionskassen verbindet, dass sich beide in unterschiedlichsten Vermögensklassen engagieren, um Ansprüche aus ihrem Kerngeschäft zu decken. Im Fall von Versicherungsunternehmen hängt dieses Kerngeschäft von der Natur des Versicherers ab (Lebensversicherung, Sachversicherung, Krankenversicherung oder Rückversicherung). Pensionskassen sind außerbetriebliche Versorgungseinrichtungen, die von einem oder mehreren Unternehmen (ggf. unter Beteiligung der Arbeitnehmer) Gelder im Rahmen der betrieblichen Altersvorsorge erhalten und diese anlegen, um die in der Zukunft geltend gemachten Rechtsansprüche abzusichern. Sie sind somit langfristig ausgerichtet. Bei Versicherungen bedingt die Natur des Kerngeschäfts die Art der gewählten Anlageklassen (Wertpapiere, Immobilien, Beteiligungen), sodass beispielsweise Schadensversicherer einen höheren Liquiditätsbedarf aufweisen und sich demnach weniger in illiquiden Anlageklassen wie Immobiliendirektanlagen engagieren werden (vgl. Walz, S. 623). Demgegenüber stellen Immobilien eine attraktive Anlageklasse für Lebensversicherungen dar, die als Eigentümer von ca. 50% aller von Versicherungen und Pensionskassen gehaltenen Immobilien über ein höheres Gewicht auf Immobilienmärkten verfügen.

Insgesamt sind sowohl Versicherungsgesellschaften als auch Pensionskassen bedeutende Investoren auf den Immobilienmärkten, jedoch kann ihr Engagement in Immobilien gemessen am Bilanzwert aller Kapitalanlagen bisher noch als gering bezeichnet werden kann (vgl. Abbildung 44).

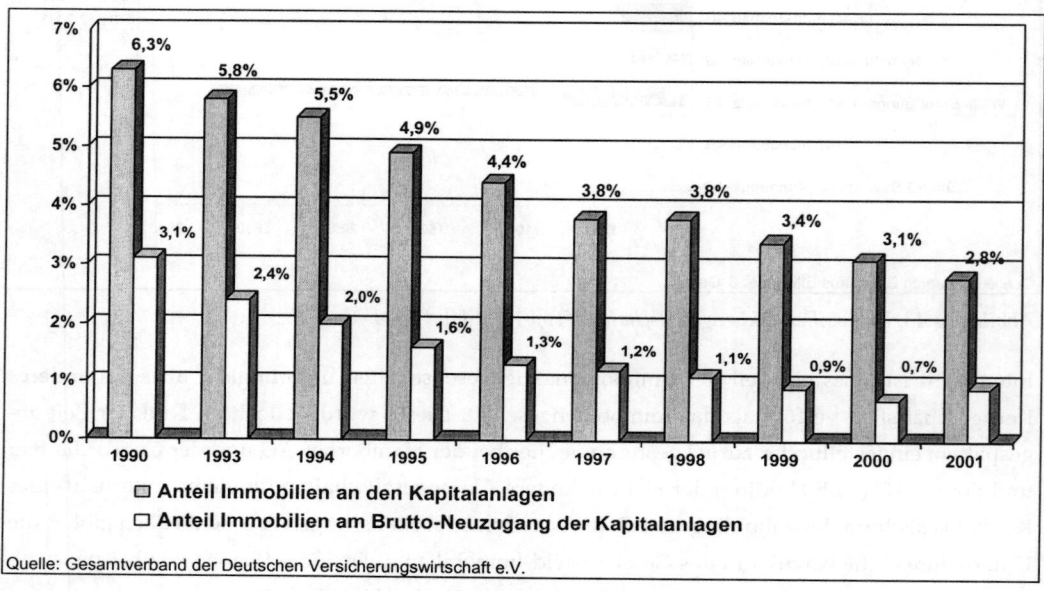

Abbildung 44: Immobilienanteil an den Kapitalanlagen von Versicherungen und Pensionskassen

3.3.2.5   Immobilienleasinggesellschaften

Immobilienleasing ist eine Form der mittel- und langfristigen Vermietung von Grundstücken, Gebäuden und sonstigen Betriebsanlagen, bei der sich der Vermieter (**Leasinggeber**) verpflichtet, im Rahmen eines Leasingvertrages, dem Mieter (**Leasingnehmer**) das Leasing-Objekt gegen periodische Zahlung eines Entgelts (Leasingraten) für eine vereinbarte Grundmietzeit zur Nutzung zu überlassen. Der Leasingvertrag ist unkündbar, sodass das Investitionsrisiko bei zufälligem Untergang oder Beeinträchtigung der Nutzung durch Einwirkung Dritter bis zum Ende der Laufzeit des Vertrages bei der Leasinggesellschaft verbleibt. Darüber hinaus beinhalten die Leasingverträge gewöhnlich Mietverlängerungs-, Kauf- und Verkaufsoptionen (vgl. dazu Punkt 5.3.4.5).

Eine Erweiterung des einfachen Leasingvertrages zwischen einem Leasingnehmer und einem Leasinggeber stellen so genannte **Leasingfonds** dar, die nach ähnlichen Kriterien wie geschlossene Immobilienfonds investieren. Die im Fondsvermögen befindliche Immobilie wird dabei dem Leasingnehmer gegen Zahlung der Leasingrate zur Nutzung überlassen. Wie beim einfachen Leasing ist auch hier genau geregelt, für welchen Restwert der Leasingnehmer die Immobilie am Ende der Vertragslaufzeit erwerben kann. Somit entfällt die Wertsteigerungskomponente mit einer hohen Wahrscheinlichkeit. Abbildung 45 verdeutlicht, dass Immobilienleasinggesellschaften ebenfalls bedeutende Immobilieninvestoren auf den Immobilienmärkten darstellen.

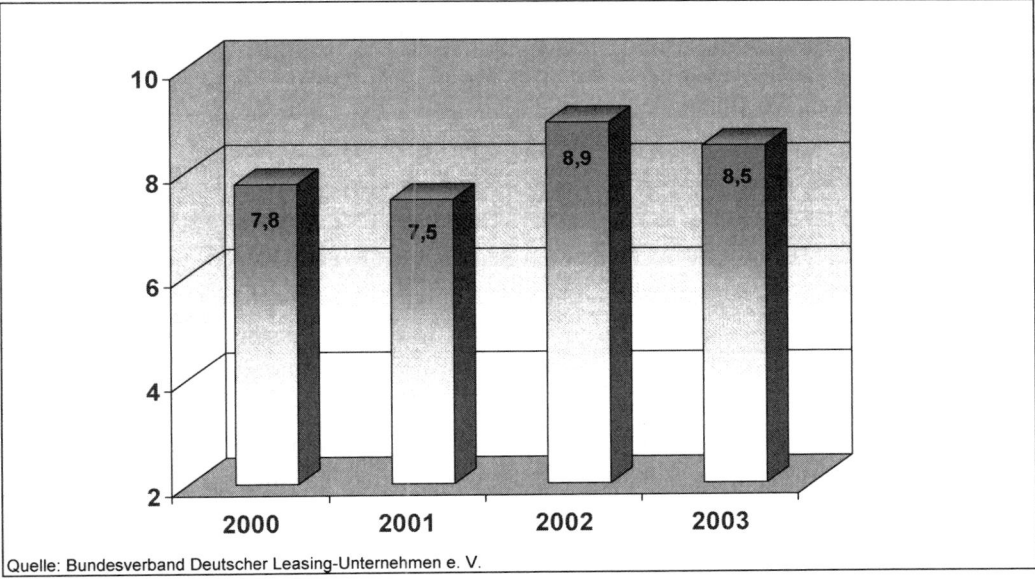

Quelle: Bundesverband Deutscher Leasing-Unternehmen e. V.

Abbildung 45: Immobilienleasing-Investitionen pro Jahr in Mrd. Euro

Bedeutende Immobilienleasinggesellschaften sind die CommerzLeasing GmbH (Düsseldorf), die Deutsche Anlagen-Leasing GmbH (Mainz), die Deutsche Immobilienleasing GmbH (Düsseldorf), die DG Immobilien-Leasing GmbH (Eschborn), die IKB Immobilien-Leasing GmbH (Düsseldorf), die KG Allgemeine Leasing GmbH (Grünwald) und die LHI Leasing für Handel und Industrie (München).

3.3.2.6   Ausländische Investoren und Opportunity Funds

Zu der Gruppe der ausländischen Investoren zählen international agierende Versicherer oder Pensionsfonds, internationale Property-Companies sowie Investmentfonds. BULWIEN identifiziert die folgenden Hauptakteure (vgl. Bulwien, S. 71):

- Holländische und belgische Fondsgesellschaften, Pensionskassen und Versicherungen,

- Britische Investoren; mittelgroße Versicherungen und börsennotierte „Property-Companies",

- Skandinavische institutionelle und private Investoren,

- Französische Gesellschaften und Bauunternehmen,

- Japanische Bauunternehmen und Vermögensverwaltungen,

- Investoren aus Österreich und der Schweiz, den USA, Kanada und Südamerika.

Neuere ausländische Akteure am Anfang des neuen Jahrtausends stellen internationale, zumeist U.S.-amerikanische Fondsgesellschaften mit einem risikotoleranten bis risikoafinen Investitions-profil dar. Dazu gehören auf der einen Seite die **„Value-Added"-Investoren** wie LaSalle Investment Management sowie Henderson Global Investors und auf der anderen Seite die **„Opportunity Funds"**. Beide Gruppen unterscheiden sich primär durch den Risikograd der getätigten Investitionen und die damit zusammenhängende Zielrendite, die im Falle von „Value-Added"-Investoren ca. 10-14% Internal Rate of Return beträgt und sich bei Opportunity Funds in Dimensionen um bzw. über 20% bewegt. Während manche Opportunity Funds wie Peabody (HPE) und Prudential Real Estate Investors (Bauwert, TMW) sich durch Akquisitionen von Unternehmen am Markt positioniert haben, verfolgen Fonds wie Carlyle, Lone Star, Doughty Hanson, und Orion Capital Management dieses Ziel durch die Eröffnung eigener Büros in Deutschland. Wieder andere Unternehmen wie Europa Capital Partners (Project Construct), Starwood (DIC AG) und Soros Real Estate (Apellas) gingen Joint Ventures mit deutschen Immobilienunternehmen ein. Derzeitig muss sich noch zeigen, ob die Renditen, die manche dieser Gesellschaften gegen Ende der 80er Jahre und Anfang der 90er Jahre in den Vereinigten Staaten erwirtschaften konnten, auch in Deutschland erzielt werden können. Davon wird ebenfalls die Dauer ihres Engagements auf dem deutschen Immobilienmarkt abhängen.

3.3.3 Non-Property-Companies

Non-Property-Companies sind Unternehmen, deren Kerngeschäft außerhalb der Immobilienwirtschaft angesiedelt ist. Sie stellen ebenfalls wichtige Investoren- bzw. Eigentümergruppen auf dem Immobilienmarkt dar. Wie eine im Frühjahr 2002 auf dem deutschen Immobilienmarkt durchgeführte Untersuchung zeigte (vgl. Pfnür/Hedden), unterscheidet sich das von ihnen betriebene **Corporate Real Estate Management** (vgl. Kapitel 6.2) jedoch in vielen Aspekten vom Immobilienmanagement der bereits beschriebenen Investorenklassen. Im Gegensatz zu Letzteren, die zumeist über genaue immobilienwirtschaftliche Anlageziele verfügen, um ihren finanziellen Verpflichtungen nachkommen zu können, hatte lediglich knapp die Hälfte der befragten Unternehmen ihre immobilienwirtschaftliche Planung mit der des Kerngeschäfts verknüpft. Zudem schien ein Trend dahingehend zu bestehen, dass immobilienwirtschaftliche Leistungen unternehmensintern erbracht wurden. So befanden sich 2002 mehr als zwei Drittel der genutzten Büroflächen und über drei Viertel der benötigten Produktionsflächen im Eigentum der Unternehmen.

Ob dieser Trend jedoch langfristig Bestand haben wird, sollte zumindest mit einem Fragezeichen versehen werden, da zunehmend Portfolien von Unternehmensimmobilien am Markt angeboten werden und dort auf reges Interesse stoßen. So hat beispielsweise die Deutsche Bank eine Konzentration auf das Kerngeschäft beschlossen und vor diesem Hintergrund im Jahr 2003 auf der einen Seite 51 Immobilien an den Opportunity Fund Blackstone veräußert und auf der anderen Seite innerhalb des Konzerns Immobilienbeteiligungen in einen Fonds der Real Estate Opportunities Group (REOG) eingebracht, an dem externe Investoren beteiligt sind. Die Deutsche Telekom AG ging hier einen anderen Weg und gründete zusammen mit der Immobiliengesellschaft Corpus und der Investment Bank Morgan Stanley die Asset Management Gesellschaft Sireo, die sich bisher überwiegend mit dem Verkauf der Liegenschaften der Telekom beschäftigte und mehrere Portfolien erfolgreich platzieren konnte. Weitere Unternehmen wie beispielsweise die Metro AG boten im Jahr 2003 ebenfalls große Portfolien am Markt an, jedoch kam es in den Verhandlungen mit den potenziellen Käufern nicht zu einer Einigung.

3.3.4 Wohnungsunternehmen

Bei Wohnungsunternehmen wird zwischen den Unternehmen der öffentlichen Hand und den Unternehmen in privater Trägerschaft unterschieden. Abbildung 46 bildet die größten Unternehmen der deutschen Wohnungswirtschaft ab, wobei die Viterra (EON) und die Deutsche Annington (Nomura) die größten privaten Wohnungsgesellschaften darstellen, während dies im öffentlichen Bereich die LEG, die SAGA und die GAGFAH sind.

Die **öffentlichen Wohnungsunternehmen** entstanden größtenteils in den ersten Jahrzehnten des 20. Jahrhunderts als Reaktion auf eine eklatante Wohnungsverknappung und das damit verbundene soziale Elend in der Bevölkerung. 70 bis 100 Jahre später ist von der früheren Wohnungsverknappung besonders in den neuen Bundesländern, aber auch in den alten Bundesländern nichts mehr zu spüren. In den vergangenen Jahren kam somit vielfach die Frage nach der Rechtfertigung eines starken Engagements des Staates auf diesem Markt auf und führte zu ersten Privatisierungen. Auch gegenwärtig zeigen sich viele nationale und ausländische Investoren interessiert an möglicherweise zu privatisierenden Wohnungsunternehmen, sodass vor dem Hintergrund knapper staatlicher Ressourcen weitere Privatisierungen nicht auszuschließen sind.

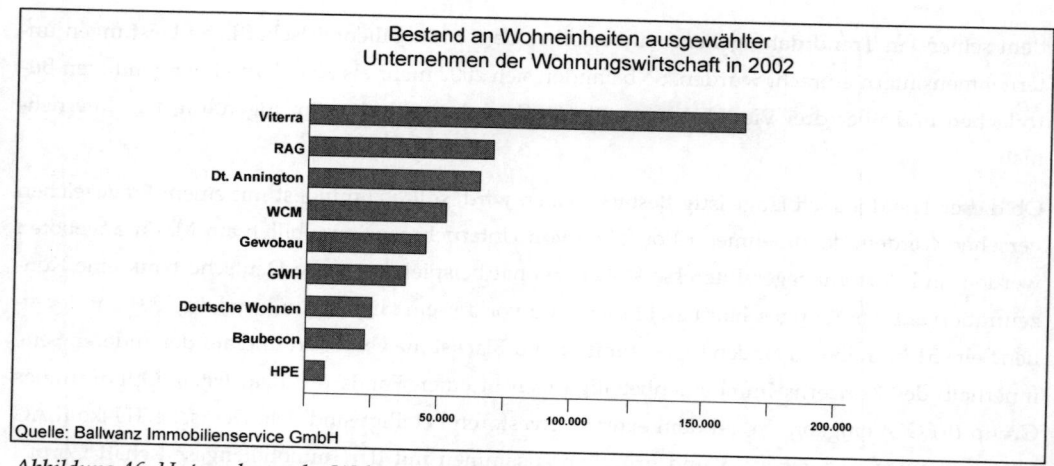

Abbildung 46: Unternehmen der Wohnungswirtschaft

Private Wohnungsunternehmen wurden hauptsächlich in den 90er Jahren gegründet und stellen vielfach das Resultat von bereits erfolgten Privatisierungen dar. In anderen Fällen liegen ihre Ursprünge in der Wohnungsverwaltung traditioneller Industriekonzerne.

3.3.5 Kirchen und Stiftungen

Per Definition ist eine Stiftung „eine juristische Person ohne Gesellschafter oder Mitglieder. Dies unterscheidet sie von anderen juristischen Personen und Körperschaften. Sie ist eine Zusammenfassung von Vermögen und auf Dauer angelegt. Ihr Vermögen darf in seiner Substanz grundsätzlich nicht angegriffen werden und ist zugriffsicher festzulegen" (Wiegand, S. 5). Jede Stiftung verfolgt einen bestimmten, vom Stifter festgelegten Zweck, der je nach Art der Stiftung unterschiedlich ist (vgl. Wiegand, S. 8ff.):

- **Stiftung des bürgerlichen Rechts**: Stiftungen, die unter diesen Begriff gefasst werden, unterliegen den §§ 80ff. BGB und verfolgen entweder private (Förderung eines begrenzten Personenkreises) oder als öffentliche Stiftung gemeinschaftsfördernde Zwecke (Religion, Wohltätigkeit, Wissenschaft, etc.). Hier wird zwischen Unternehmensstiftungen, Familienstiftungen, gemeinnützigen Stiftungen und Stiftungs-GmbHs unterschieden.

- **Stiftung des öffentlichen Rechts**: Die öffentlich-rechtliche Stiftung unterscheidet sich von der öffentlichen Stiftung durch ihre Entstehung durch einen hoheitlichen Verwaltungsakt. Sie unterliegt den allgemeinen Vorschriften der öffentlichen Verwaltung.

- **Kirchliche Stiftungen**: Kirchliche Stiftungen gehören zu den ältesten Stiftungen des Landes und bestehen teilweise bereits seit Jahrhunderten. Sie werden von einer Kirche gegründet und unterliegen der kirchlichen Aufsicht.

- **Kommunale Stiftungen**: Kommunale Stiftungen werden von den Gemeinden oder anderen kommunalen Gebietskörperschaften eingerichtet und verfolgen ausschließlich kommunale Zwecke.

- **Unselbständige Stiftungen**: Von der in den §§ 80ff. BGB geregelten rechtsfähigen Stiftung ist die unselbständige, treuhänderische oder fiduziarische Stiftung zu unterscheiden. Sie ist dadurch gekennzeichnet, dass der Stifter einer natürlichen oder juristischen Person als Treuhänder Vermögenswerte zur Verfolgung des von ihm vorgegebenen Stiftungszwecks übergibt.

- **Ausländische Stiftungen**: Schließlich ist am Markt noch die Gruppe der ausländischen Stiftungen aktiv, die nach ihrem Heimatrecht Rechtsfähigkeit erworben haben und daher auch im Inland rechtsfähig sind (beispielsweise österreichische Privatstiftung sowie die Stiftung nach liechtensteinischem Recht).

Gemäß Untersuchungen der Investment Bank Lazard hat sich die Zahl der rechtsfähigen Stiftungen in Deutschland in den vergangenen 20 Jahren mehr als verdoppelt und liegt derzeitig bei über 12.000. Genaue Zahlen über das Gesamtstiftungsvermögens in Deutschland existieren nicht, jedoch geht man von einer Größenordnung zwischen 40 bis 60 Mrd. Euro aus. Hierbei muss jedoch Beachtung finden, dass eine geringe Anzahl bedeutsamer Einrichtungen dominiert und dass die 15 größten Stiftungen bürgerlichen Rechts mit ca. 13,5 Mrd. Euro über 33 % des deutschen Gesamtstiftungsvermögens verfügen (vgl. Lazard Asset Management, S. 10). Zu ihnen gehören als die wichtigsten deutschen Stiftungen bürgerlichen Rechts die Robert Bosch Stiftung GmbH, die Volkswagenstiftung und die ZEIT Stiftung. Gewichtige Stiftungen öffentlichen Rechts umfassen die Stiftung Erinnerung, Verantwortung und Zukunft sowie die Stiftung Preußischer Kulturbesitz. Das Vermögen von Stiftungen besteht im Durchschnitt zu 18 % aus Immobilien, weshalb sie eine wichtige Kategorie von Investoren auf Immobilienmärkten darstellen (vgl. Abbildung 47).

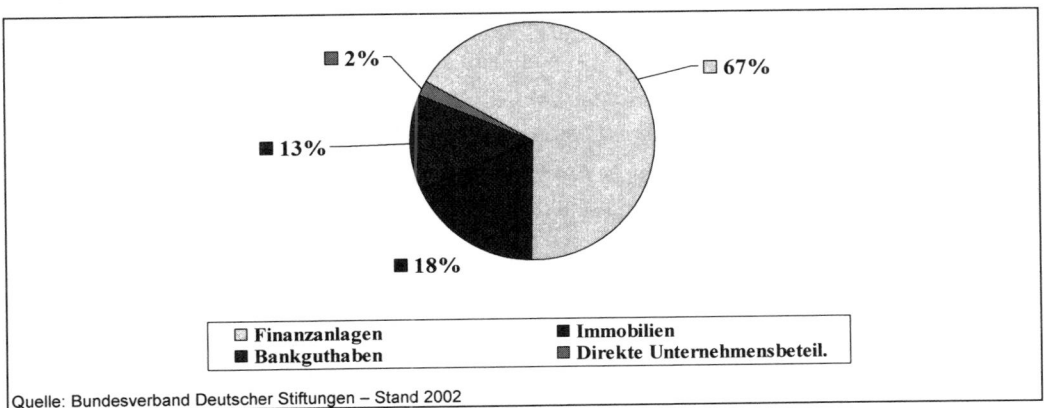

Quelle: Bundesverband Deutscher Stiftungen – Stand 2002

Abbildung 47: Stiftungsvermögen nach Assetklassen 2002

Über das Immobilienvermögen der Kirchen in Deutschland liegen nur wenige Informationen vor. Dies liegt zum einen an der komplexen Struktur einer Kirche und ihrer Organisation in beispielsweise Bistümer, Landeskirchen, Caritas, Diakonie, Krankenhäuser und Jugendeinrichtungen. Zum anderen legen die Kirchen zwar detaillierte Haushaltspläne vor, sind „dann aber doch nicht an einem genauen Blick in Vermögensverhältnisse interessiert" (Drobinski, S. 16).

In seinem Buch „Finanzen und Vermögen der Kirchen in Deutschland" schätzt der Hamburger Journalist und Politologe Dr. Carsten Frerk das Immobilienvermögen der beiden großen Kirchen in Deutschland auf 981 Mrd. DM und die Quadratmeterzahl auf 6,8 Mrd. Hiervon sei jedoch nur ungefähr die Hälfte sofort verfügbar. So seien schätzungsweise 298 Mrd. DM Immobilien- und Grundbesitz kapitalisierbar, während der Wert der historischen und vielfach unverkäuflichen Kirchenbauten vielfach nur geschätzt werden kann (vgl. Wensierski, S. 56).

Zunehmend verschwimmen jedoch angesichts der Finanznot der Kirchen die Grenzen zwischen dem verkäuflichen und dem unverkäuflichen Immobilienbesitz. Während früher die Devise galt, dass das, was „einmal erworben wurde, die Hände des Klerus nicht wieder verlassen sollte", so wenden sich Kirchen in den letzten Jahren zunehmend an den Markt und verkaufen nicht nur beispielsweise Wohnungsgesellschaften wie das Petruswerk in Berlin sondern stellen sogar Sakralbauten selbst auf den Prüfstand (vgl. Kolwitz, S. 10).

3.3.6 Staat

Neben seiner Funktion als rechtlicher und steuerlicher Rahmengeber agiert die öffentliche Hand auch als bedeutender Grundbesitzer am Immobilienmarkt (vgl. Kapitel 6.3). Gemäß Schätzungen der Marktforschungsgesellschaft Bulwien AG aus dem Jahre 2000 beziffert sich der Immobilienstand von Bund, Ländern und Gemeinden auf ca. 800 Mrd. Euro, von denen ca. 500 Mrd. Euro gewerbliche Immobilien wie Verwaltungsgebäude, Schulen, Universitäten und Krankenhäuser betreffen und ca. 300 Mrd. Euro Wohnungsbestände. Von den drei staatlichen Verwaltungsebenen sind die Gemeinden die wichtigsten Teilnehmer am Immobilienmarkt (vgl. Dieterich/Dransfeld/Voß, S. 108). Dies erklärt sich unter anderem dadurch, dass die Verfügbarkeit von Land für die Ansiedlung und Entwicklung von Gewerbebetrieben nicht nur aus steuerlichen Gesichtspunkten eine wichtige Rolle spielt. Zudem stellte die Verfügbarkeit von kostengünstigem Wohnraum bis heute vielfach ein wichtiges Instrument der staatlichen Sozialpolitik dar.

Aufgrund der zunehmenden Engpässe in den öffentlichen Haushalten, aber auch vor dem Hintergrund sich entspannender Wohnungsmärkte hat sich zusätzlich in den letzten Jahren ein Druckpotenzial zur Effizienzsteigerung bei der Bewirtschaftung in öffentlichen Eigentum befindlicher Immobilien gebildet. Um dem entgegenzutreten, proklamieren Forscher ein dem privaten Sektor entlehntes Raster für das Management öffentlicher Immobilienbestände.

3.4 Bauunternehmen

Die bauwirtschaftliche Institutionenlehre befasst sich ausführlich mit der Charakterisierung der Baubetriebe. Diese werden in Betriebe des Bauhauptgewerbes (Bauindustrie und Bauhandwerk) und Baunebengewerbes (z.B. Gerüstbau, Fertigteilproduktion, Baustoffhandel) unterteilt. Neben einer gewissen Anzahl von bedeutenden, überregional agierenden Unternehmen (vgl. Tabelle 10) operieren hauptsächlich kleine mittelständische und lokale Unternehmen am Markt.

Rang	Bauunternehmen	Bauleistung in Mio € 2002	Veränderungsrate 2002-2001 (in %)
1.	HOCHTIEF AG	12.782	- 1.5
2.	BILFINGER BERGER AG	4.912	6.6
3.	WALTER BAU (WALTER)	3.325	- 15.2
4.	STRABAG AG (DEUTSCHLAND)	3.210	- 4.8
5.	ED ZÜBLIN (WALTER)	1.419	- 5.3
6.	VINCI DEUTSCHLAND	1.215	- 7.3
7.	MAX BÖGL	820	6.0
8.	BAUER	621	2.7
9.	HEITKAMP	543	- 9.5
10.	WOLF UND MÜLLER	542	0.4

Quelle: Le Moniteur

Tabelle 10: Unternehmen der Bauwirtschaft (Top 10 Deutschland), Dezember 2003

Die Hauptprobleme der Bauwirtschaft sind deren Konjunktur-, Saison- und Auftragsabhängigkeit in Verbindung mit einer relativ geringen Eigenkapitalbasis (vgl. Schulte/Väth). Zentrale Managementherausforderung in Bauunternehmen ist die Optimierung der Kapazitätsauslastung bei gleichzeitiger Aufrechterhaltung einer hinreichenden Betriebsbereitschaft, da Bauunternehmen weder Einfluss auf die Auftragszusammensetzung, die technischen Vorgaben noch den zeitlichen Auftragsanfall haben (vgl. Pfarr, S. 123). Das Baugewerbe ist demnach als klassisches Bereitschaftsgewerbe definiert. Die Produktion der Güter erfolgt nach den Vorgaben von Eigentümern; eigenständige Vorratserstellungen als originäre Tätigkeit des Bauunternehmens sind per se nicht möglich. Rahmenbedingungen der Unternehmensführung sind die Konkurrenz durch Großunternehmen aus dem Ausland (Frankreich, Großbritannien, Italien), die Bürokratisierung und (Über-) Reglementierung des Bauens durch Vergaberichtlinien, das Zinsniveau der Kapitalbeschaffung, die hohen Personal- und Personalzusatzkosten, der Mangel an qualifizierten Facharbeitern, Ingenieuren und Baukaufleuten sowie die Unterkapitalisierung vieler Bauunternehmen (vgl. Diederichs, 1996, S. 56). Die **branchentypischen Besonderheiten des Baumarktes** können der nachfolgenden Übersicht entnommen werden (vgl. Abbildung 48).

- **Auftragsfertigung**
  Auftragsrisiko, Kapazitätsauslastung
- **Baustellen-Einzelfertigung**
  Kalkulationsrisiko, personalintensive handwerkliche Fertigung
- **Regionaler Wirkungsbereich / Standortbildung**
  Wechselnde Produktionsstandorte, hohe Transportkosten
- **Investitionsart**
  Langfristigkeit, Höhe, Vorfinanzierung, Eigenkapital-Knappheit
- **Heterogene Auftraggeberstruktur**
  Bevorzugung (positiv) bekannter Anbieter, Dominanz der Öffentlichen Hand (Nachfrager-Machtmarkt)
- **Funktionale Dienstleistungen**
- **Spezifische Risiken**
  Witterungsabhängigkeit, Baugrund
- **Bereitstellungs-Mentalität**
  Mangelndes Marktverständnis, unzureichende strategische Fähigkeiten

Quelle: Marhold, S. 317

Abbildung 48: Besonderheiten des Baumarktes

Der Markt für Bauleistungen befindet sich in Deutschland mit Ausnahme der vereinigungsbedingten Sonderkonjunktur seit 1972 in einer Stagnationsphase. Aufgrund der strukturellen Probleme des klassischen Baugewerbes sowie der zunehmenden Konkurrenz von Bauunternehmen aus Niedriglohnländern erschließen sich die Anbieter von Bauleistungen Geschäftsbereiche der baubezogenen Dienstleistungen. Neben der Projektentwicklung und Projektfinanzierung sind das vor allem Ingenieur- und Planungsleistungen, Projektsteuerung und Qualitätsmanagement sowie Betreiber- und Facilities Management-Dienste. Darüber hinaus sind jedoch auch innerhalb des klassischen Baugeschäfts eine Abkehr vom Neubaugeschäft und ein verstärktes Augenmerk auf den Bau im Bestand zu verzeichnen. Bezogen auf die Wohnungswirtschaft belegen Zahlen des Hauptverbandes der Deutschen Bauindustrie, dass gegenwärtig die Quote der Bestandsmaßnahmen am gesamten Wohnungsbauvolumen bei über 63% liege. Auch wenn genaue Zahlen für den gewerblichen Markt nicht vorliegen, so besteht doch auch im gewerblichen Bereich ein ähnlicher Trend, der sich vor dem Hintergrund fundamentaler demographischer Veränderungen im Verlauf der kommenden 15- 20 Jahre noch verstärken wird.

3.5   Immobilienfinanzierer

Typischerweise ist die **Finanzierungsstruktur** von Immobilien-Projektentwicklungen und Immobilieninvestitionen in Deutschland fremdkapitaldominiert. Aufgrund der Charakteristika des Wirtschaftsgutes Immobilie – insbesondere der Dauer des Entwicklungszyklus, der Länge des Lebenszyklus und der Höhe des Investitionsvolumens – kommt den Immobilienfinanzierern eine entscheidende ökonomische Rolle in der Immobilienwirtschaft zu, da sie, je nach Bedarf, kurz-, mittel- oder langfristig Kapital zur Verfügung stellen.

Unter dem Oberbegriff der Immobilienfinanzierer werden, im Gegensatz zu den Immobilieninvestoren, die **Fremdkapitalgeber** verstanden. Immobilienfinanzierer sind bemüht, möglichst keine direkten wirtschaftlichen Risiken zu tragen. Daher erfolgt im Rahmen der **Kreditwürdigkeitsprüfung** neben der Objektanalyse immer auch eine Bonitätsanalyse der Kreditnehmer. Zusätzlich sollen dingliche und persönliche Sicherheiten potenzielle Ausfallrisiken kompensieren.

Volkswirtschaftlich bedeutsam ist in diesem Zusammenhang die **Losgrößen- und Fristentransformationsfunktion** der Immobilienfinanzierer. Während die Kreditnehmer langfristig hohe Beträge zur Finanzierung ihrer Investitionen benötigen, zeichnen sich Kapitalanlagen (z.B. Spareinlagen) i.d.R. durch geringere Volumina und relativ kurzfristige Kapitalbindungsdauern aus.

Das **Kerngeschäft der Immobilienfinanzierer** lässt sich entsprechend der Darlehenslaufzeit und Beleihungsrisiken in zwei Gruppen unterteilen:

- Zwischenfinanzierung von Bauvorhaben; sie dient der Kapitalbeschaffung für die Herstellungsphase einer Immobilie.

- Langfristige Finanzierung der Immobilieninvestitionen; sie dient der Kapitalbeschaffung für die Nutzungsphase der Immobilie.

Betrachtet man die Anteile verschiedener Bankengruppen an den Märkten für **gewerbliche Hypothekarkredite** und für Wohnkredite, so wird deutlich, dass Hypothekenbanken die Position des Marktführers bei den gewerblichen Krediten innehaben (vgl. Abbildung 49), während bei den **Wohnungskrediten** die Sparkassen maßgeblich sind (vgl. Abbildung 50).

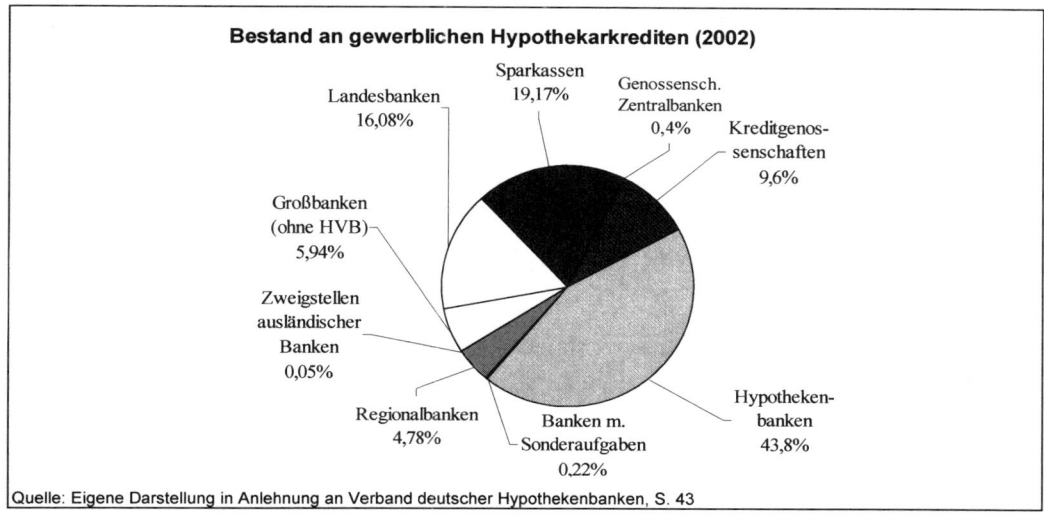

Abbildung 49: Gewerbliche Hypothekarkredite (2002)

Innerhalb der Gruppe der Hypothekenbanken wiederum stellen die Eurohypo mit einem Marktanteil von 33% und die HVB Group mit einem Marktanteil von 23% an gewerblichen und wohnungswirtschaftlichen Immobilienfinanzierungen die gewichtigsten Akteure dar (vgl. Abbildung 51).

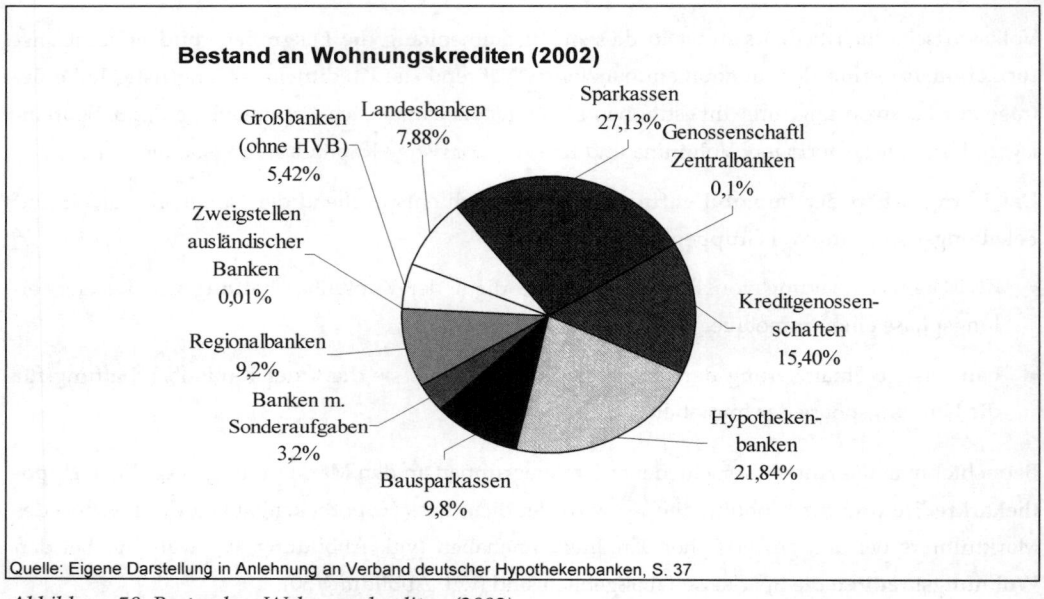

Bestand an Wohnungskrediten (2002)

Quelle: Eigene Darstellung in Anlehnung an Verband deutscher Hypothekenbanken, S. 37

Abbildung 50: Bestand an Wohnungskrediten (2002)

Die Konditionen, zu denen eine Bank einen Kredit vergeben kann, hängen unter anderem von ihrer **Refinanzierungsstruktur** ab. **Refinanzierung** beschreibt in diesem Zusammenhang eine Kreditgewährung, die nicht aus eigenen Mitteln erfolgt, sondern aus Mitteln, die eigens dafür beschafft werden müssen bzw. die Rückfinanzierung für bereits gewährte Kredite. Man unterscheidet dabei zwischen einer Umfinanzierung, also einer Vermögensumschichtung, und einer Fremdfinanzierung.

Im Rahmen einer **Umfinanzierung** nehmen die Geschäftsbanken kurzfristige Kredite bei der Europäischen Zentralbank auf (Offenmarktgeschäfte) oder erhalten von ihr Liquidität mit einer Laufzeit von bis zu einem Geschäftstag bzw. können Liquidität mit einer Laufzeit von einem Geschäftstag bei ihr anlegen (ständige Fazilitäten: Spitzenrefinanzierungsfazilität und Einlagefazilität). Zudem müssen Geschäftsbanken ein gewisses Maß an Eigenkapital als Mindestreserve halten.

Bei der **Fremdfinanzierung** unterscheiden sich die verschiedenen Institute in der Form ihrer Refinanzierung. Realkreditinstitute refinanzieren sich durch Ausgabe von festverzinslichen Wertpapieren wie Pfandbriefen und Kommunalobligationen, Sparkassen und Kreditbanken refinanzieren sich u.a. durch Spareinlagen, festverzinsliche Wertpapiere und die Interbankengeschäfte, Bausparkassen refinanzieren sich durch das Kollektivsystem von Bausparern und Lebensversicherungen refinanzieren sich durch die Prämien ihrer Kunden.

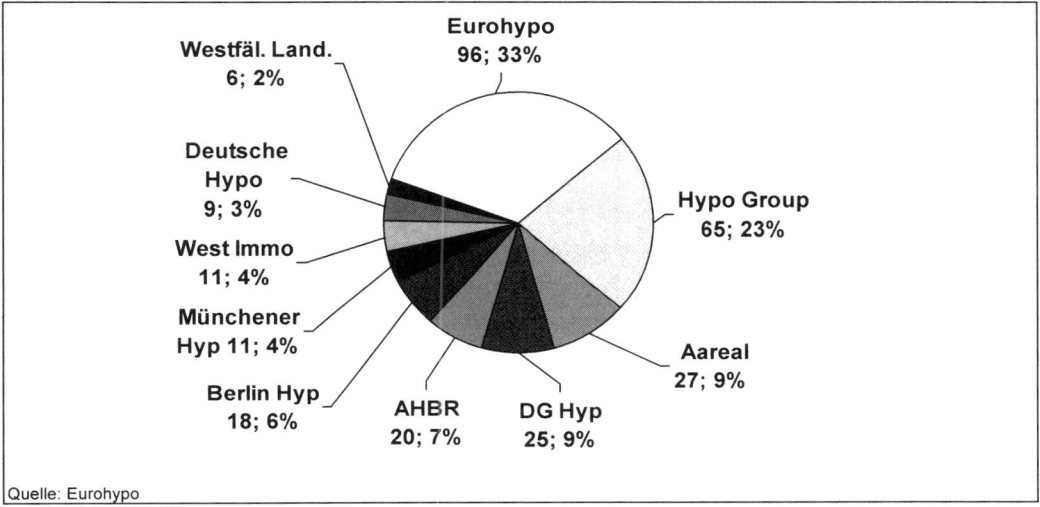

Abbildung 51: Immobilienfinanzierungen der Hypothekenbanken (2002)

Der Refinanzierung sind nicht nur über die Erhältlichkeit der Mittel Grenzen gesetzt, sondern auch über den Einsatz der auf diese Weise erhaltenen Mittel, da die Interessen von Gläubigern gewahrt werden müssen und verhindert werden soll, dass risikoreiche Geschäfte eine Rückzahlung der Fremdmittel gefährden. Vor diesem Hintergrund müssen Banken für risikobehaftete Aktiva in ihrer Bilanz Eigenmittel bereitstellen, wobei die Höhe des einzubehaltenden Eigenkapitals – vor allem unter der neuen Baseler Eigenkapitalvereinbarung – abhängig vom Risikograd der Anlage (bzw. des Immobiliendarlehens) ist. Daraus folgt eine kostenintensivere Refinanzierung für risikointensivere Aktiva und infolgedessen eine faktische Geschäftsbegrenzung bei Kreditvergaben an bonitätsschwache Schuldner.

Erschwerend tritt hinzu, dass sich die Bankenlandschaft gegenwärtig inmitten einer ihrer größten Krisen befindet, da sich infolge eines jahrelangen Mengenwettbewerbs bei geringen Margen und geringer Rentabilität unverhältnismäßig viele Kreditrisiken in ihren Bilanzen angesammelt haben. Banken beschränken daher das von ihnen übernommene Kreditrisiko im Neugeschäft und versuchen zunehmend, die übernommenen Ausfallrisiken über Kreditderivate (z.B. Credit Default Swaps) an Dritte zu übertragen. Sie ziehen sich somit sukzessive von ihrer ursprünglichen Funktion der Kreditbereitstellung zurück.

3.6   Immobiliendienstleister

3.6.1 Planer

Idealtypischerweise kann der Planungs- und Bauprozess in vier Stufen unterteilt werden, die wiederum in einzelne Projektphasen unterteilbar sind (vgl. Schulz-Eickhorst, S. 23):

- Projektvorbereitung,

- Projektplanung,

- Vorbereitung der Projektrealisierung,

- Projektrealisierung.

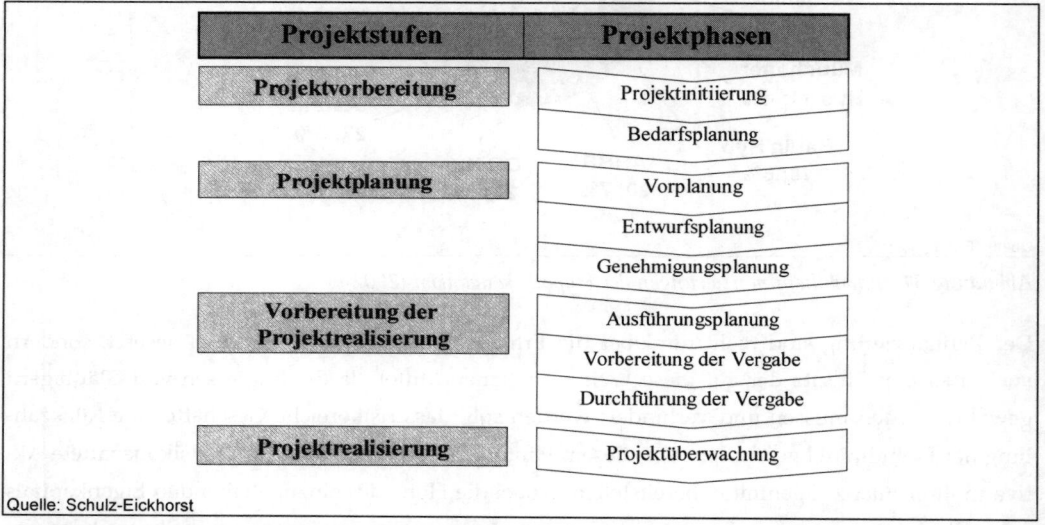

Abbildung 52: Stufen und Phasen des Planungs- und Bauprozesses

Abbildung 52 zeigt, dass planerische **Dienstleistungen in verschiedener Form und in verschiedenen Phasen** notwendig sind. Den ersten planerischen Schritt bildet im Rahmen der **Projektvorbereitung** die Bedarfsplanung, bei der vor dem Hintergrund einer Zielvorstellung und möglicher Restriktionen die Eckpunkte des Projektes abgesteckt werden. In der darauf folgenden **Projektplanung** wird der Hauptteil der planerischen Arbeit durchgeführt, wobei es nicht nur um die Planung von technischen Elementen geht, sondern auch um die Planung der Abläufe. Schließlich folgt im Rahmen der **Vorbereitung der Projektrealisierung** die Planung der Ausführung.

Im Rahmen eines jeden Immobilienprojektes fallen somit eine Vielzahl von Planungsaufgaben an, die in der Verantwortung unterschiedlicher Verantwortungsträger liegen. Gemäß der Honorarordnung für Architekten und Ingenieure (HOAI) unterscheidet man hier zwischen Objektplanern und Fachplanern (vgl. Abbildung 53).

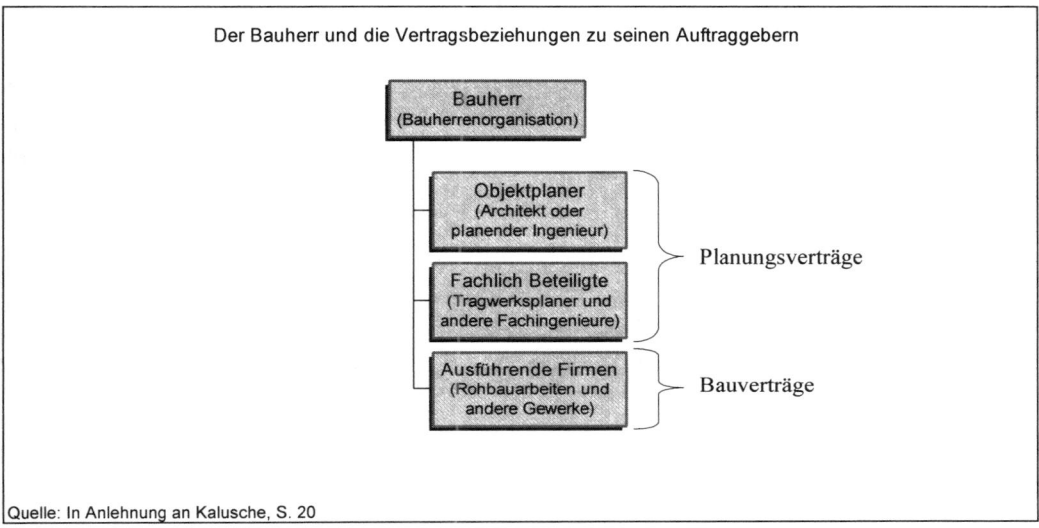

Abbildung 53: Der Bauherr und seine Vertragsbeziehungen

Als **Objektplaner** werden dabei vor allem planende Architekten und Ingenieure bezeichnet. Da deren jeweiliges Fachgebiet jedoch nicht alle notwendigen Planungsaufgaben abdecken kann, werden zusätzlich Fachplaner hinzugezogen, welche sich gemäß HOAI mit den Bereichen der Tragwerksplanung (Statik), Technischen Ausrüstung, Thermischen Bodenphysik, Bodenmechanik, Erd- und Grundbau sowie vermessungstechnischen Leistungen auseinandersetzen (vgl. Kalusche, S. 183). Rund 41.000 Ingenieure sind in Deutschland im Rahmen der Bundesingenieurkammer (BingK) organisiert, welche sechzehn deutsche Länderingenieurkammern auf Bundesebene und bei der Europäischen Union vertritt. Das offizielle Sprachrohr für deutsche Architekten stellt die Bundesarchitektenkammer dar, die in ihrem Bereich eine dem BingK ähnliche Funktion übernimmt und insgesamt die Interessen von ca. 114.000 Architekten wahrnimmt.

Im weiteren Sinne gehört zu der Gruppe der Planer ebenfalls die Gruppe der Stadtplaner, die über die von ihr verabschiedeten Pläne (z.B. Bebauungsplan, Grünordnungsplan, Erschließungspläne...) einen erheblichen Einfluss auf den Erfolg und die Durchführbarkeit eines Immobilienprojektes ausübt.

3.6.2 Projektsteuerer

Gemäß § 1 der Berufsordnung des Deutschen Verbandes der Projektmanager in der Bau- und Immobilienwirtschaft e.V. (DVP) beinhaltet **Projektsteuerung** die „neutrale und unabhängige Wahrnehmung delegierbarer Auftraggeberfunktionen in technischer, wirtschaftlicher und rechtlicher Hinsicht im Sinne von § 31 HOAI (Honorarordnung für Architekten und Ingenieure)". Sie ist damit abzugrenzen von der **Projektleitung,** die sich mit dem nicht delegierbaren Teil der Auftraggeberfunktion auseinandersetzt. § 31 HOAI definiert für die Projektsteuerung die folgenden acht Aufgabenfelder (vgl. Abbildung 54). Generell ist es die Aufgabe der Projektsteuerung, die Erreichung „der grundlegenden Projektzielgrößen, die in der Projektentwicklung als Rahmenbedingungen erarbeitet wurden" sicherzustellen (Kyrein, S. 363).

- Klärung der Aufgabenstellung, Erstellung und Koordinierung des Programms für das Gesamtprojekt,

- Klärung der Voraussetzungen für den Einsatz von Planern und anderen an der Planung fachlich Beteiligten (Projektbeteiligte),

- Aufstellung und Überwachung von Organisations-, Termin- und Zahlungsplänen, bezogen auf Projekt und Projektbeteiligte,

- Koordinierung und Kontrolle der Projektbeteiligten, mit Ausnahme der ausführenden Firmen,

- Vorbereitung und Betreuung der Beteiligung von Planungsbetroffenen,

- Fortschreibung der Planungsziele und Klärung von Zielkonflikten,

- laufende Information des Auftraggebers über die Projektabwicklung und rechtzeitiges Herbeiführen von Entscheidungen des Auftraggebers,

- Koordinierung und Kontrolle der Bearbeitung von Finanzierungs-, Förderungs- und Genehmigungsverfahren.

Quelle: § 31 HOAI

Abbildung 54: Aufgabenfelder der Projektsteuerung

Über den deutschen Markt für Projektsteuerung liegen nur sehr wenige Daten vor. Der fachliche Hintergrund von Projektsteuerern ist tätigkeitsbedingt oft technischer Natur, wobei Architekten und Ingenieure in der Branche überwiegen. Professor Dr. Claus Jürgen Diederichs, erster Vorsitzender des DVP e.V., schätzt dass in Deutschland ca. 8000 Projektsteuerer auf Honorarbasis operieren und sich ein jährliches Marktvolumen von ca. 1,5 Mrd. Euro aufteilen. Diese Schätzung, die lediglich die Projektsteuerung für fremde Rechnung umfasst, umfasst vor allem die Mitglieder des

Deutschen Verbandes der Projektmanager in der Bau- und Immobilienwirtschaft e.V. (DVP), die Mitglieder der Deutschen Gesellschaft für Projektmanagement e.V. (GPM), die Mitglieder des Verbandes unabhängig beratender Ingenieure und Consultants e.V. (VUBIC) sowie die Mitarbeiter von ca. 150 Bauunternehmen mit entsprechenden Projektsteuerungsabteilungen. Namhafte Unternehmen auf dem Gebiet der Projektsteuerung umfassen unter anderen die Drees und Sommer AG, die Homola Projektmanagement AG, die Assmann Beraten und Planen GmbH, die DU Diederichs Projektmanagement AG und & Co. KG sowie die SMV Bauprojektsteuerung Ingenieurgesellschaft mbH und die Bovis Lend Lease I'RE AG.

3.6.3 Sachverständige

Sachverständige beschäftigen sich zu einem großen Anteil mit der Immobilienbewertung. In der Bundesrepublik Deutschland besteht, anders als in anderen Staaten, keine gesetzlich geregelte Zulassung zum Sachverständigenwesen, sodass sich Sachverständiger nennen kann, wer sich dazu berufen fühlt. Dennoch muss zwischen verschiedenen Arten von Sachverständigen unterschieden werden (vgl. Sohni, S. 8ff.):

Sachverständige der Gutachterausschüsse sind als einzige Sachverständige an die Regelungen der WertV und der WertR gebunden. Normalerweise werden sie in Kreisen und kreisfreien Städten angetroffen, wobei jedoch ein Gutachterausschuss sich aus nur einer geringen Anzahl von Gutachtern zusammensetzt. Sachverständige der Gutachterausschüsse setzen die Kaufpreissammlungen fest, welche wertvolle Einsichten in die Struktur und das Volumen lokaler Immobilientransaktionen beinhalten. Für gewöhnlich erfolgt die Berufung zum Sachverständigen eines Gutachterausschusses nach Landesrecht.

Staatlich anerkannt aus dem Kreis der übrigen Sachverständigen ist die Gruppe der **öffentlich bestellten und vereidigten Sachverständigen**, die hauptsächlich von IHKs oder Handwerksgruppen gemäß § 36 der Gewerbeordnung (GewO) oder § 91 der Handwerksordnung (HwO) bestellt werden, nachdem sie in schriftlicher und mündlicher Form die notwendigen Fachkenntnisse und Erfahrungen nachgewiesen haben. Sie sind nicht gesetzlich an die WertV bzw. die WertR gebunden, halten sich jedoch im Regelfall an deren Vorgaben. Öffentlich bestellte und vereidigte Sachverständige erhalten erleichterten Zugang zu den Kaufpreissammlungen der Gutachterausschüsse.

Eine weitere Gruppe am Markt bilden die **zertifizierten Sachverständigen**, deren Zahl in den letzten Jahren stark zugenommen hat. Die Qualität der Zertifizierung hängt von der zertifizierenden Institution ab und kann daher nicht per se vorausgesetzt werden. **Hypzert** stellt eine der führenden zertifizierenden Institutionen am Markt dar und zertifiziert vor allem Mitarbeiter der Hypothekenbanken, die im Rahmen der Kreditvergabe unabhängige Wertgutachten zu erstellen haben.

Davon abzugrenzen sind die **freien Sachverständigen**, die keine öffentliche Prüfung abgelegt haben. Ihre Grenzen finden sie lediglich in den Regelungen gegen den unlauteren Wettbewerb in dem Sinne als die Bezeichnung nicht irreführend verwendet wird oder eine öffentliche Bestellung suggerieren darf.

In Deutschland ist das Sachverständigenwesen hauptsächlich in den folgenden Verbänden organisiert (vgl. Sohni, S. 49):

- Das IfS Institut für Sachverständigenwesen e.V. regruppiert nicht nur Immobiliensachverständige, sondern alle Arten von Sachverständigen. Es ist jedoch Fachinstitut des Bundesverbandes der öffentlich bestellten, vereidigten und qualifizierten Sachverständigen (BVS).

- Der BVS selbst stand ursprünglich nur tatsächlich öffentlich bestellten und vereidigten Sachverständigen offen, hat sich jedoch im Lauf der Zeit auch für andere Sachverständige geöffnet, sofern diese eine entsprechende Qualifikation nachweisen können.

- Schließlich ist das Sachverständigenwesen auch regional gegliedert in die Landesverbände öffentlich bestellter und vereidigter Sachverständiger.

Es ist zu erwarten, dass das deutsche Sachverständigenwesen und die deutschen Wertermittlungsstandards im Rahmen der Harmonisierung der Wertermittlung zunehmend in den Hintergrund treten und durch internationale Wertermittlungsstandards beeinflusst werden. Als maßgebliche standardsetzende Organisationen sind in diesem Zusammenhang vor allem die Royal Institution of Chartered Surveyors (RICS), die The European Group of Valuer's Associations (TEGoVA) und das International Valuation Standards Committee (IVSC) zu nennen.

3.6.4 Makler

„Makler ist, wer gegen Entgelt den Abschluss von Verträgen oder die Gelegenheit zum Abschluss von Verträgen vermittelt" (Falk et al., S. 573). Je nach Tätigkeitsfeld unterscheidet man zwischen Zivil- und Handelsmaklern, wobei Immobilienmakler zu der Gruppe der Zivilmakler zählen und damit den Bestimmungen des BGB (§ 652ff.) sowie den öffentlich-rechtlichen Vorschriften der **Makler- und Bauträgerverordnung (MaBV)** unterliegen. In Deutschland bedarf es zur Ausübung der Maklertätigkeit im Immobilienbereich keines besonderen Fachkundenachweises. Es genügt eine Erlaubnis der zuständigen Gewerbebehörde. Der Grabener Verlag geht von einer deutschlandweiten Zahl von ca. 11.600 Vollerwerbsbetrieben (keine nebenberufliche Tätigkeit) aus, von denen ca. 4.500 im Ring Deutscher Makler (RDM) und ca. 2.500 im Verband Deutscher Makler für Grundbesitz, Hausverwaltung und Finanzierung (VDM) organisiert sind. Unterschieden wird hierbei zwischen Wohnungsmaklern und Gewerbemaklern.

Der **Wohnungsmakler** vermittelt sowohl Kaufverträge als auch Mietverträge über Wohnraum und ist damit zusätzlich an die Sondervorschriften des **Wohnungsvermittlungsgesetzes** gebunden, die hauptsächlich dem Schutz des Mieters gelten. Es begrenzt die rechtlich zulässige Höhe der Vermittlungsprovision auf zwei Monatsmieten zuzüglich Umsatzsteuer. Außerdem sieht es vor, dass eine Provision Verwaltern und Eigentümern bei der Verwaltung von Wohnungen im Bestand untersagt ist. Das Gros der wohnungswirtschaftlichen Immobilienmakler setzt sich aus kleinen Unternehmen zusammen. Es gibt jedoch auch überregional aktive Unternehmen, zu denen beispielsweise Landesbausparkassen, BHW Immobilien, Eschner & Partner sowie Engel & Völkers gehören.

Gewerbemakler beschäftigen sich als Intermediäre zwischen Mietern und Vermietern wie zwischen Käufern und Verkäufern mit allen Arten von gewerblichen Immobilien (Büroimmobilien, Einzelhandelsimmobilien, etc.). Durch die zunehmende Komplexität auf dem Immobilienmarkt ändern sich zunehmend die Anforderungen, die an Gewerbemakler gestellt werden. Der Immobilienmakler „entwickelt sich dabei immer mehr vom reinen Nachweis- und Vermittlungsmakler zum universalen Fachberater, der neben der Markttransparenz auch das notwendige Know-how in allen Bereichen der Immobilienwirtschaft aufweisen sollte" (Falk et al., S. 456). Zu den größten gewerblichen Maklern auf dem deutschen Immobilienmarkt zählen internationale wie nationale Unternehmen (z.B. Jones Lang LaSalle, DTZ Zadelhoff Tie Leung, ATIS REAL und Aengevelt), jedoch verfügen regionale Marktteilnehmer häufig über eine sehr hohe Durchdringung in einzelnen Märkten (z.B. Grossmann & Berger in Hamburg, Schauer und Schöll in München und Brockhoff & Partner im Ruhrgebiet).

3.6.5 Berater

Bei vielen immobilienwirtschaftlichen Transaktionen ist eine umfassende Rechtsberatung notwendig, die nur von spezialisierten und möglichst personalstarken **Kanzleien** erbracht werden kann. Dies trifft auf internationale Akquisitionen, Kreditsyndizierungen und Fondstrukturierungen ebenso zu wie auf die Käufe großer Immobilien- oder Darlehensportfolien und die Strukturierung und Emission von Wertpapieren im Rahmen einer Asset Securitisation. Zu den größten – zumeist durch einen Zusammenschluss von deutschen mit englischen oder amerikanischen Unternehmen entstandenen – Kanzleien, die mit derartigen Mandaten betraut sind, gehören vor allem Clifford Chance (CC), Freshfields Bruckhaus Deringer (FBD), Linklaters, Oppenhoff & Rädler (LOR) und Lovells. Die Mandatsvergabe wird normalerweise zu einem nicht unerheblichen Maße von öffentlichen Rankings wie dem Juve-Handbuch und dem englischsprachigen Pendant Chambers Global beeinflusst, die sowohl Kanzleien als auch einzelne Juristen bewerten. Für Deutschland stehen derzeitig in den durch Befragung von Mandanten, Anwälten und Akademikern aus dem In- und Ausland entstandenen Ranglisten FBD und CC an erster bzw. zweiter Stelle.

Eine nicht zu unterschätzende Funktion am Immobilienmarkt übernehmen ebenfalls die **Wirtschaftsprüfungsgesellschaften**, die oft gleichzeitig über Wirtschaftsprüfungs-, Rechtsberatungs- und Immobilienberatungsabteilungen verfügen, durch die sie für den Kunden Synergien realisieren können. Wichtige Unternehmen in diesem Bereich in Deutschland waren vor der Enron-Affäre vor allem die „Big Five" Arthur Andersen, Deloitte & Touche, PricewaterhouseCoopers, KPMG und Ernst & Young. Nach dem Ende von Arthur Andersen im Jahr 2002 fusionierten in Deutschland das personalstarke Real Estate-Team von Arthur Andersen und das Team von Ernst & Young und übernahmen als Ernst & Young Real Estate die Führungsposition unter den verbleibenden „Big Four" im Immobilienbereich.

Daneben bieten **Unternehmensberatungen** wie beispielsweise The Boston Consulting Group, Mercer Management Consulting und Roland Berger Beratungsleistungen in einzelnen Bereichen der Immobilienbranche an. Beispiele für derartige Leistungen sind die klassische Strategieberatung bei Immobilien-Aktiengesellschaften, die Optimierung von Kostenstrukturen im Facilities Management oder die Entwicklung von Risikomanagementsystemen im Rahmen der Projektentwicklung.

Schließlich spielen internationale **Beratungsunternehmen der Immobilienbranche**, die wie CB Richard, Cushman & Wakefield, Healey and Baker oder Jones Lang LaSalle aus Zusammenschlüssen von internationalen Maklern und Beratern bzw. Investoren hervorgegangen sind, eine zunehmende Rolle.

3.6.6 Facilities Manager/Immobilienverwalter

Während der Begriff des **Facilities Managements** häufig in Verbindung mit gewerblichen Immobilien genutzt wird, wird der Begriff **Immobilienverwaltung** im Zusammenhang mit wohnwirtschaftlichen Immobilien verwandt. Allgemein gesagt bezweckt Facilities Management (FM) die „Integration von Menschen, Prozessen, Immobilien und Anlagen, um den Unternehmenszweck zu unterstützen und nachhaltig zu gewährleisten" (vgl. Schulte/Pierschke, S. 39). Akteure an diesem atomistisch geprägten Markt sind (vgl. Staudt/Kriegesmann/Thomzik, S. 53):

- Bauplaner,
- Bauerrichter,
- Bauausstatter,
- Anbieter infrastruktureller Dienstleistungen (z.B. Sicherheit, Wartung, Reinigung),
- Versorgungsunternehmen,
- Unternehmensberater,

- Softwareanbieter und

- Sonstige Anbieter (z.B. Immobilienbetreiber, Entsorger).

Laut einer aktuellen Studie des InterConnection Consulting Group (IC) aus Wien erreichte der deutsche FM-Markt im Jahr 2002 einen Jahresumsatz von 51 Mrd. Euro, wobei das externe Facilities Management mit ca. 30 Mrd. Euro einen überwiegenden und voraussichtlich noch steigenden Anteil hat. Eine Teilmenge von 8-10% des externen Facilities Managements entfällt dabei auf ein integriertes, ganzheitliches Facilities Management. Es sei davon auszugehen, dass sich ihre Zahl aufgrund eines zunehmenden Trends hin zu Komplettangeboten erhöhen werde. „Gründe dafür sind die zunehmende Standardisierung, Rationalisierung (vor allem durch moderne Gebäudetechnik) und die Nachfrage nach Komplett- und Sammelverträgen auf Kosten von Einzelleistungen" (zitiert nach Engelhardt, S. 11). IC prognostiziert in diesem Zusammenhang eine Konzentration auf höchstens fünf Anbieter, die innerhalb der nächsten drei bis vier Jahre anstünde.

3.6.7 Immobilienbetreiber

Betreiberimmobilien liegen dann vor, wenn das Management des Objektes bei einem Betreiber liegt, dessen Geschäftstätigkeit weitestgehend von der Nutzenziehung aus der Immobilie abhängt, wobei er jedoch nicht unbedingt über das Eigentum an der Immobilie verfügt (z.B. Hotels oder Seniorenimmobilien). So stellt ein Hotel, das von einem Betreiber gepachtet wird, für diesen einen reinen Produktionsfaktor im Rahmen der durch ihn erbrachten Dienstleistung dar.

Immobilienbetreiber sind vor allem für **Sonderimmobilien,** also Hotels, Seniorenimmobilien, Sportimmobilien und Freizeitimmobilien wie Urban Entertainment Center, Multiplexkinos und Musicaltheater von großer Bedeutung. So steht und fällt beispielsweise der Erfolg von Hotelimmobilien in vielen Segmenten mit dem Renommée des Betreibers, da Banken sich bei der Finanzierung daran orientieren und Kunden sich standortunabhängig auf die gewohnten Qualitätsstandards verlassen wollen. Abbildung 55 bietet einen Überblick über die größten Hotelbetreiber Deutschlands.

Auch bei **Einzelhandelsimmobilien** kommt es stark auf den Betreiber des Centers bzw. das **Centermanagement** an, da dieser die Verantwortung für Mietvertragswesen, Marketing und Öffentlichkeitsarbeit, technisches Gebäudemanagement, infrastrukturelles Gebäudemanagement, Sortimentsoptimierung und das Berichtswesen übernimmt. Größter Center Manager ist in Deutschland die ECE, wobei das Eigentum an der Immobilie und der Betrieb hier ebenfalls nicht zwangsläufig einhergehen (beispielsweise betreibt die ECE das Main-Taunus-Zentrum vor Frankfurt, ohne jedoch Eigentümer zu sein).

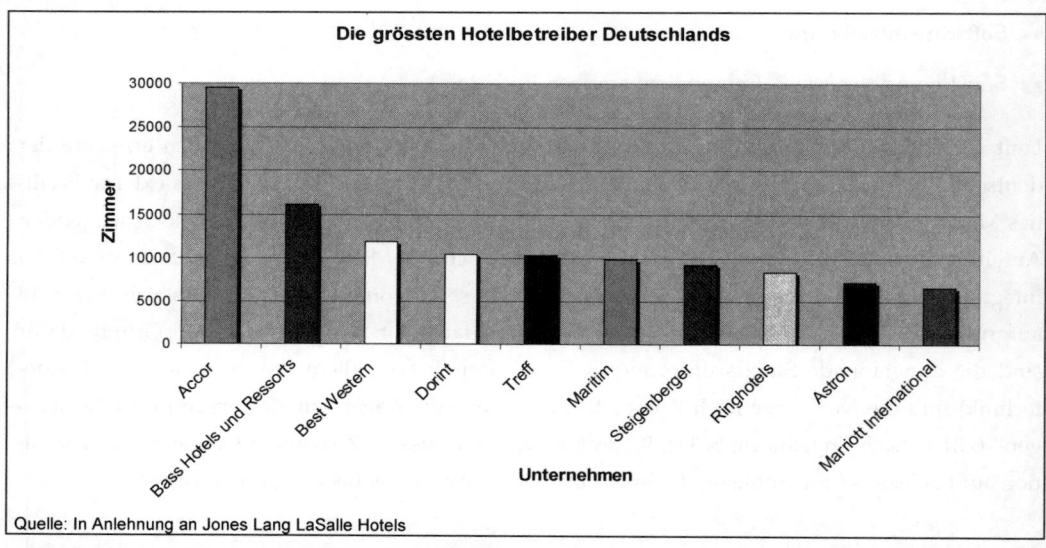

Abbildung 55: Die größten Hotelbetreiber Deutschlands 2001

Für **Freizeitimmobilien** gilt, dass die sorgfältige Betreiberauswahl eine Kernbedingung für den Erfolg einer Freizeitimmobilie darstellt. Erfolgsfaktoren sind hier vor allem Seriosität, Bonität und Finanzstärke sowie Managementerfahrung. Je nach Art der Immobilie sind verschiedene Akteure auf dem Markt aktiv (vgl. Westdeutsche Immobilienbank):

- **Freizeit- und Themenparks** wurden traditionell durch Familienunternehmen betrieben. Inzwischen sind jedoch auch internationale Unternehmen und von ihnen betriebene Freizeitparks wie der Warner Movie Park in Bottrop-Kirchhellen und das Legoland Deutschland in Günzburg anzutreffen. Disney, die Tussaud-Gruppe sowie Anheuser-Busch stellen weitere international bekannte Betreiber von Freizeitparks dar.

- **Themengastronomie:** Bisher haben sich am Markt vor allem Eigenentwicklungen (z.B. diverse Erlebnisbrauereien) sowie nationale und internationale Franchiseunternehmen bzw. Filialunternehmen (Planet Hollywood, Rank als Betreiber der Hard Rock Cafés, Levy Group mit Dive!, Dave & Buster's, etc.) positioniert.

- **Musicaltheater:** Bevor sie kürzlich in Schwierigkeiten geriet, konnte die Stella AG mit Musicals wie „Cats", „Phantom der Oper", „Miss Saigon", „Les Misérables" lange Zeit ihre Positionierung als einzig erfolgreiches Unternehmen am Markt behaupten. Weitere Akteure am Markt reichen von Andrew Lloyd Webber, dem Autor diverser Musicals (Firma „The Really Useful Group") bis zu mehreren kleinen Unternehmen, die sich im Markt allerdings alle noch nicht durchsetzen konnten.

- Das erste **Multiplexkino** in der Bundesrepublik Deutschland wurde im Oktober 1990 im Hürth-Park von UCI eröffnet. Seitdem hat eine Vielzahl von Anbietern den Markt betreten, was zu einer gewissen Übersättigung des Marktes führte.

- **Freizeitbäder** werden hauptsächlich durch Kommunen betrieben, was nicht zuletzt daran liegt, dass sie sich häufig als defizitär erweisen.

3.7 Immobiliennutzer

Der Nutzer einer Immobilie wird mit seinen Bedürfnissen gelegentlich nachrangig berücksichtigt, sollte jedoch im Fokus der Aufmerksamkeit beim unternehmerischen Handeln aller Marktteilnehmer stehen. Besonders wichtig ist die Nutzerorientierung der Projektentwicklung; dies gilt für alle Immobilientypen.

Da der Nutzer das „unbekannte Wesen" darstellt, versuchen empirische Untersuchungen den Nutzerbedürfnissen auf den Grund zu gehen. Eine aktuelle Studie der Kienbaum Management Consultants, Berlin/Düsseldorf, aus dem Jahr 2003/2004 offenbarte stark divergierende Vorstellungen von Mietern und Vermietern der deutschen Wohnungswirtschaft, die zu einer nicht optimalen Erfüllung der Bedürfnisse des Mieters führten. So maßen Mieter beispielsweise der regelmäßigen Kommunikation mit dem Vermieter und dem Internetauftritt des Vermieters einen deutlich geringeren Stellenwert bei als dieser selbst. Entgegengesetzt verhielt es sich bei der Einrichtung eines zentralen Beschwerdemanagements, das Mietern deutlich wichtiger erschien.

Eine Studie der IVG identifizierte die Erwartungen von gewerblichen Mietern und unterschied darin zwischen den so genannten „harten" und den „weichen" Nutzerzufriedenheitsfaktoren. Zu den harten Nutzerzufriedenheitsfaktoren zählten hier Miethöhe, Vertragsgestaltung und Zustand des Mietgegenstandes, während weiche Faktoren standardisierte Kundeninformation, Service-Orientierung und (im Gegensatz zu den oben präsentierten Ergebnissen aus der Wohnungswirtschaft) die persönliche Kommunikation einschlossen (vgl. Rücker, S. 155f.). Ebenso wie die wohnwirtschaftlichen Mieter zeigten sie nur wenig Interesse am Internetauftritt des Vermieters.

Es ist davon auszugehen, dass eine detaillierte Auseinandersetzung mit den Bedürfnissen der Mieter vor dem Hintergrund demographisch und wirtschaftlich bedingt stagnierender bis sinkender Nutzerzahlen in Zukunft immer mehr an Bedeutung gewinnen wird.

3.8 Zusammenfassung und Ausblick

Immobilienökonomie ist eine interdisziplinäre Wissenschaft, die eine Vertrautheit im Umgang mit Erkenntnissen unterschiedlichster Disziplinen und Fachgebiete erfordert. Hierbei sollte nicht übersehen werden, dass sich hinter jeder dieser Disziplinen und hinter jedem dieser Fachgebiete eine Fülle von Marktteilnehmern verbirgt, die für den Erfolg vieler Immobilienprojekte an der einen oder anderen Stelle eine entscheidende Rolle spielen. Dieses Kapitel hatte daher zum Ziel, die Charakteristika und Strukturen dieser Marktteilnehmer darzustellen, die alle gemeinsam als die institutionelle Aspekte einen festen Bestandteil des Hauses der Immobilienökonomie bilden und nicht von ungefähr eine seiner tragenden Säulen darstellen. Es kann hierbei jedoch nur einen ersten Einblick bieten, da sich das institutionelle Gefüge aufgrund zunehmender Internationalisierung und struktureller Veränderung der Immobilienwirtschaft im Wandel befindet. Grenzüberschreitende Transaktionen erfordern zunehmend eine Kenntnis der strukturellen und institutionellen Eigenheiten nicht nur des eigenen Marktes, sondern auch ausländischer Immobilienmärkte, während gleichzeitig verschiedene ausländische Marktteilnehmer in Abhängigkeit von ihrer Geschäftsstrategie an unterschiedlichen Zeitpunkten im Immobilienzyklus Engagements in Deutschland anstreben. In Anbetracht der Tatsache, dass Immobilienmärkte regional geprägt sind, erhöht sich somit die Notwendigkeit von Netzwerken und Partnerschaften zwischen Mitgliedern unterschiedlicher Gruppierungen und Nationalitäten. Jeder, der sich in Theorie oder Praxis mit der Immobilienökonomie auseinandersetzt, sollte sich dessen bewusst sein.

Literaturverzeichnis zu Kapitel 3

Alda, W.: Offene Immobilienfonds, in: Schulte, K.-W./Bone-Winkel, S./Thomas, M. (Hrsg.): Handbuch Immobilien-Investition, Köln 1998, S. 533-571.

Becker, J./Cofalka, S.: Immobilien-Spezialfonds, in: Schulte, K.-W./Bone-Winkel, S./Thomas, M. (Hrsg.): Handbuch Immobilien-Investition, Köln 1998, S. 573-593.

Bone-Winkel, S.: Das strategische Management von offenen Immobilienfonds unter besonderer Berücksichtigung der Projektentwicklung von Gewerbeimmobilien, in: Schulte, K.-W. (Hrsg.): Schriften zur Immobilienökonomie, Band 1, Köln 1994.

Bulwien, H.: Überblick über den Immobilienanlagemarkt in Deutschland, in: Schulte, K.-W./Bone-Winkel, S./Thomas, M. (Hrsg.): Handbuch Immobilien-Investition, Köln 1998, S. 37-75.

Bundesgeschäftsstelle Landesbausparkassen: Markt für Wohnimmobilien 2003, Bundesgeschäftstelle Landesbausparkassen, Berlin 2003.

Diederichs, C. J.: Grundlagen der strategischen und taktischen Bauunternehmensführung, in: Diederichs, C.J. (Hrsg.): Handbuch der strategischen und taktischen Bauunternehmensführung, Wiesbaden 1996, S. 47-81.

Diederichs, C. J.: Grundlagen der Projektentwicklung/Teil 1, in: Bauwirtschaft, 1994, Heft 11, S. 43-49.

Dieterich, H./Dransfeld, E./Voß, W.: Urban Land and Property Land Markets in Germany, London 1993.

Drobinski, M.: Zinsen für den lieben Gott, in: Süddeutsche Zeitung, 29. Mai 2002, S. 16.

Engelhardt, A.: IC-MARKTSTUDIE – Fünf große Anbieter bleiben übrig, in: Immobilien Zeitung, Nr. 04/2004, 12.02.2004, S. 11.

Falk, B./Haber, G./Spitzkopf, H./Winden, S./de Witt, S.: Fachlexikon Immobilienwirtschaft, 3. Aufl., Köln 2004.

Jones Lang LaSalle Hotels, Ownership Profile Germany, in: Hotel Property Digest – Europe 3rd Ed. 2001.

Kalusche, W.: Projektmanagement für Bauherren und Planer, 1. Aufl., München 2002.

Kolwitz, K.: Die Kirche entdeckt den Markt, in: Immobilien Wirtschaft und Recht, 04/2004, S. 10-12.

Kyrein, R.: Immobilien-Projektmanagement, Projektentwicklung und -steuerung, 2. Aufl., Köln 2002.

Lazard Asset Management: Stiftungen in Deutschland, in: Hintergrund, September 2003.

Loipfinger, S.: Marktanalyse der Beteiligungsmodelle, Griesstätt 2004.

Marhold, K.: Baumarketing, in: Diederichs, C.J. (Hrsg.): Handbuch der strategischen und taktischen Bauunternehmensführung, Wiesbaden 1996, S. 309-344.

Markowitz, H. M.: Individual versus Institutional Investing, in: Financial Services Review, 1(1): 1-8, 1991, S. 1-8.

Pfarr, K.: Grundlagen der Bauwirtschaft, Essen 1984.

Pfnür, A./Hedden, N.: Ergebnisbericht zur empirischen Untersuchung „Corporate Real Estate 2002 – Institutionalisierung des betrieblichen Immobilienmanagements", Arbeitsbereich öffentliche Wirtschaft am Fachbereich Wirtschaftswissenschaften der Universität Hamburg, Arbeitspapier Nr. 28, 2002.

Roulac, S. E.: Implications of Individual Versus Institutional Real Estate Investing Strategies, in: Schwartz, Jr. A.L./Kapplin, S.D., Real Estate Research Issues, Vol. 2, 1995, S. 35-58.

Rücker, T.: Konzeption und Implementierung eines Kunden-Management und Informationssystems, in: Schulte, K.-W./Brade, K. (Hrsg.): Handbuch Immobilien-Marketing, Köln 2001, S. 149-168.

Scharpenack, F./Nack, U./Haub, C.: Immobilien-Aktiengesellschaften, in: Schulte, K.-W./Bone-Winkel, S./Thomas, M. (Hrsg.): Handbuch Immobilien-Investition, Köln 1998, S. 655-687.

Schulte, K.-W./Bone-Winkel, S./Rottke, N.: Grundlagen der Projektentwicklung aus immobilienwirtschaftlicher Sicht, in: Schulte, K.-W./Bone-Winkel, S. (Hrsg.): Handbuch Immobilien-Projektentwicklung, 2., akt. und erw. Aufl., Köln 2002, S. 27-90.

Schulte, K.-W./Pierschke, B.: Begriff und Inhalt des Facilities Managements, in: Schulte, K.-W./Pierschke, B. (Hrsg.): Facilities Management, Köln 2000, S. 31-40.

Schulte, K.-W./Väth, A.: Finanzierung und Liquiditätssicherung; in: Diederichs, C. J. (Hrsg.): Handbuch der strategischen und taktischen Bauunternehmensführung, Wiesbaden 1996, S. 47-81.

Schulten, A./Rometsch, G.: Strukturmerkmale und Organisation der Projektentwickler in Deutschland, in: Schulte, K.-W./Bone-Winkel, S. (Hrsg.): Handbuch Immobilien-Projektentwicklung, 2., akt. und erw. Aufl., Köln 2002, S. 535-545.

Schulz-Eickhorst, A.: Die Bauherren-Architekten-Beziehung: eine institutionenökonomische Problemanalyse mit Lösungsansätzen, in: Schulte, K.-W. (Hrsg.): Schriften zur Immobilienökonomie, Band 19, Köln 2002.

Sohni, M.: Sachverständigenwesen in Deutschland und Europa, in: VDH Verband deutscher Hypothekenbanken e.V. (Hrsg.): Studienschriften, Dezember 1997.

Spars, G.: Die Wohnungs- und Immobilienwirtschaft im Licht der Neuen Institutionenökonomik, in: Gondring, H.-P. (Hrsg.), Handbuch der Immobilienwirtschaft, Stuttgart 2001, S. 29-47.

Staudt, E./Kriegesmann, B./Thomzik, M.: Facility Management – Der Kampf um Marktanteile beginnt, Frankfurt am Main 1999.

Straßheimer, P.: Public Real Estate Management, in: Schulte, K.-W./Schäfers, W. (Hrsg.): Handbuch Corporate Real Estate Management, Köln 1998, S. 857-887.

Verband Deutscher Hypothekenbanken: Jahresbericht 2002, Berlin 2003.

Walbröhl, V.: Die Immobilienanlageentscheidung im Rahmen des Kapitalanlagemanagements institutioneller Anleger – eine Untersuchung am Beispiel deutscher Lebensversicherungsunternehmen und Pensionskassen, in: Schulte, K.-W. (Hrsg.): Schriften zur Immobilienökonomie, Band 15, Köln 2001.

Walz, E.: Immobilien im Portfolio von Versicherungsunternehmen, in: Schulte, K.-W./Bone-Winkel, S./Thomas, M. (Hrsg.): Handbuch Immobilien-Investition, Köln 1998, S. 623-654.

Wensierski, P.: Kirche – Diskret wie Schweizer Banken, in: DER SPIEGEL, Nr. 49, 03.12. 2001, S. 56.

Westdeutsche Immobilienbank (Hrsg.): Der Freizeitmarkt und seine Bedeutung für die Immobilienwirtschaft, Marktbericht Nr. 3, Düsseldorf 1997.

Wiegand, K.: Stiftungen in Deutschland, Studie, Bridges Kanzlei Wiegand, München 2002.

4 Phasenorientierte Aspekte des Immobilienmanagements

4.1   Lebenszyklus von Immobilien

Nico Rottke, Martin Wernecke

4.1 Lebenszyklus von Immobilien

Nico Rottke, Martin Wernecke

4.1.1 Einführung

Die phasenorientierten Aspekte des Immobilienmanagements, die Gegenstand dieses vierten Kapitels sind, orientieren sich am **Immobilien-Lebenszyklus**. Dieser auch in der Praxis geläufige Begriff ist durch seinen organischen Bezug auf Geburt, Leben und Tod sicher auf Anhieb verständlich. Doch seine inhaltliche Auslegung und die Bedeutung verbundener Konzepte sind nicht eindeutig bestimmt.

4.1.1.1 Begriff des Immobilien-Lebenszyklus

Als Immobilien-Lebenszyklus wird die zeitliche Abfolge der Prozesse von der Entstehung eines Gebäudes über verschiedene Nutzungen hinweg bis zum Abriss bezeichnet. Dabei können Zeiten der Nutzung durch Leer- und Teil-Leerstände unterbrochen sein – teilweise einhergehend mit Renovierungen, Umbauten und anderen umstrukturierenden Maßnahmen (vgl. Abbildung 56, äußerer Kreis).

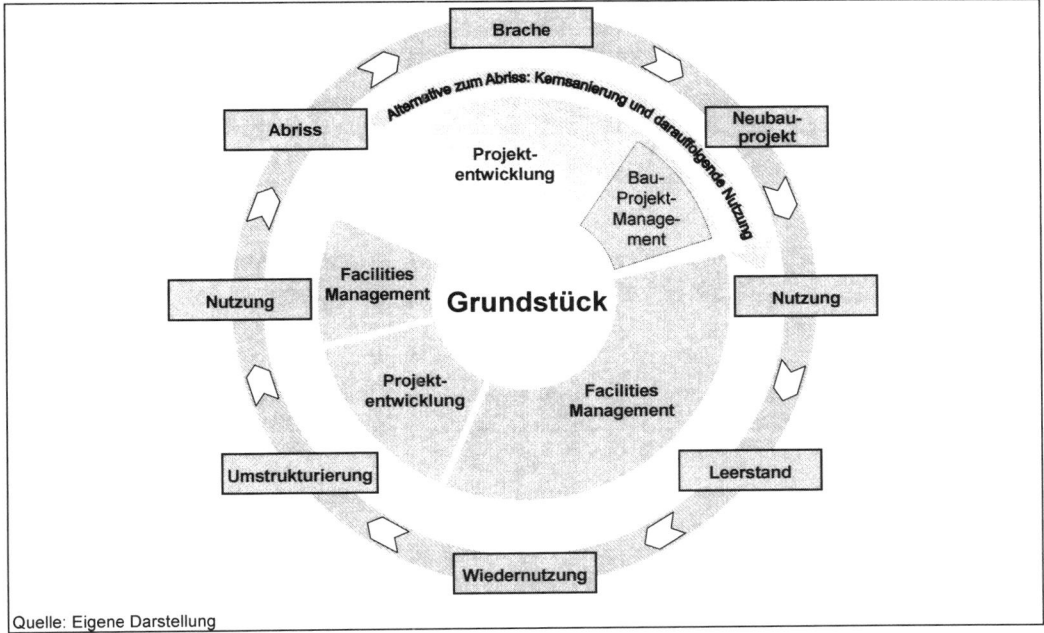

Quelle: Eigene Darstellung

Abbildung 56: Der prozessuale Immobilien-Lebenszyklus

Die Managementaufgaben unterscheiden sich während dieser Phasen erheblich, was zu einer Spezialisierung der Immobilienwirtschaft und eigenständigen Managementbereichen geführt hat (vgl. Abbildung 56, innerer Kreis). Diese finden sich in der Systematik des Hauses der Immobilienökonomie als die „phasenorientierte Managementaspekte" Projektentwicklung, Bau-Projektmanagement und Facilities Management wieder (vgl. dazu ausführlich Kapitel 1.3).

Am Beginn des Immobilien-Lebenszyklus steht die Projektentwicklung als Kombination von Standort, Idee und Kapital (vgl. Kapitel 4.2), zu der auch das mit der Lenkung von Qualitäten, Quantitäten und Terminen befasste Bau-Projektmanagement gehört (vgl. Kapitel 4.3). Die anschließende Nutzungsphase und ihr kaufmännisches, technisches und infrastrukturelles Management ist Gegenstand des Facilities Managements (vgl. Kapitel 4.4). Durch Umstrukturierungen, wie sie beispielsweise beim Umbau einer Lagerhalle zu einem Squash-Center stattfinden, kann ein Gebäude im Laufe seines Lebens mehrfach Gegenstand erneuter Projektentwicklungen, dazugehörender Baumassnahmen und sich anschließender Nutzungen werden.

Zeitlich erstreckt sich der Immobilien-Lebenszyklus über die **tatsächliche Lebensdauer** des betrachteten Gebäudes, also den realisierten Zeitraum von der Entstehung bis hin zu einer Kernsanierung oder dem Abriss. Als Kernsanierung wird hier eine bauliche Maßnahme verstanden, deren Investitionsvolumen den Verkehrswert des bestehenden Gebäudes übersteigt.

Die tatsächliche Lebensdauer ist von verschiedenen Einflüssen, darunter technischen und ökonomischen, abhängig. Das Ende der **technischen Lebensdauer** ist erreicht, wenn die Immobilie ihre Funktion nicht mehr erfüllen kann und dieser Zustand auch durch Reparaturen oder Sanierung nicht mehr hergestellt werden kann (vgl. Simons/Hirschberger/Stölting, S. 3), so dass sie danach nur als Ruine weiter bestehen kann. Bis zu diesem Zeitpunkt können bei entsprechender Instandhaltung und Qualität der ursprünglichen Bausubstanz sogar mehrere 100 Jahre vergehen.

Die **wirtschaftliche Lebensdauer** ist zumeist wesentlich kürzer als die technische. Sie endet, wenn das Grundstück durch eine alternative Nutzung unter Berücksichtigung aller Kosten eine höhere Rentabilität erwirtschaften kann. Das Eintreten dieses Zustandes geschieht meist unbemerkt, weil nicht fortlaufend alle Alternativen untersucht und miteinander verglichen werden können. Außerdem können vertragliche Verpflichtungen oder gesetzliche Einschränkungen (z.B. Kündigungsschutz) einer neuen Nutzung entgegenstehen. Ob unbeabsichtigt oder erzwungen – oft wird eine Immobilie noch Jahre lang weiter genutzt, obwohl die wirtschaftliche Lebensdauer bereits überschritten wurde.

Die ökonomisch beste alternative „Nutzung" kann im Übrigen auch im Leerstand bestehen, wenn Instandhaltungsaufwendungen und andere Kosten nicht durch entsprechende Erträge abgedeckt sind und auch keine andere rentable Nutzung möglich erscheint. Deshalb ist eine zusätzliche Unterscheidung zwischen wirtschaftlicher Lebensdauer und **Nutzungsdauer** notwendig.

Die Nutzungsdauer beschreibt den Zeitraum der tatsächlichen Nutzung und kann, weil die Akteure nicht zwangsläufig ökonomisch handeln, den Zeitraum der wirtschaftlichen Nutzung sowohl unter- als auch überschreiten. Beispiele für solche Verhaltensweisen sind außerökonomische Zielvorgaben (z.B. Erhalt eines Kulturdenkmals) oder fehlerhafte Entscheidungen. Bei rein ökonomischer Handlungsweise wird die tatsächliche Lebensdauer aber der wirtschaftlichen Lebensdauer entsprechen. Anhand von Abbildung 57 wird die Abgrenzung der Begriffe an einem Beispiel verdeutlicht.

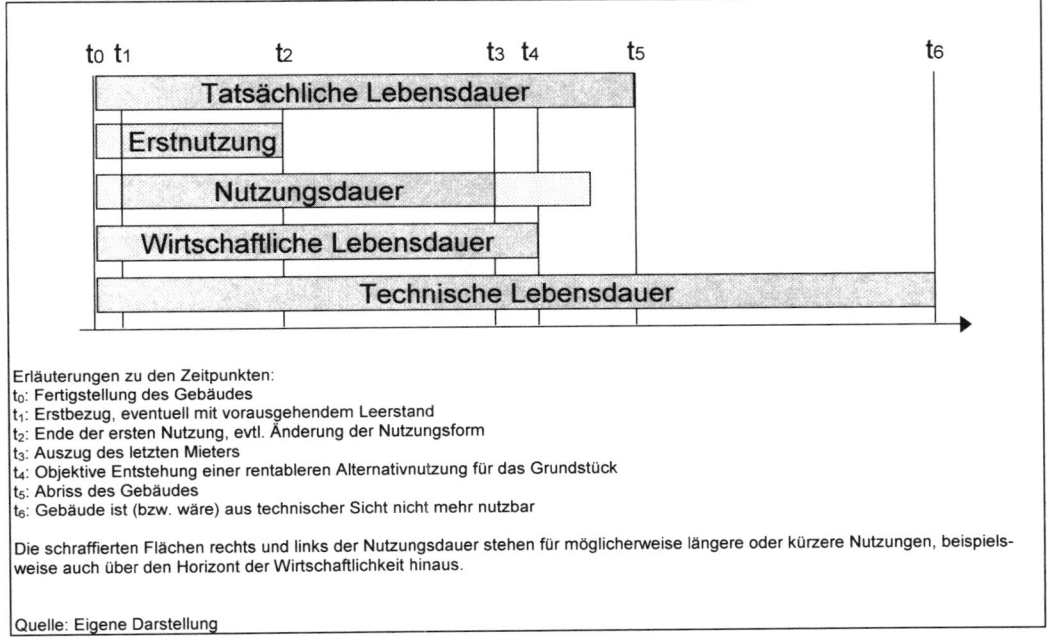

Abbildung 57: Lebensdauer-Begriffe

Die Begriffe „Immobilien-Lebenszyklus" und „Lebensdauer" beziehen sich hier also ausschließlich auf das Gebäude selbst, und damit nicht auf dessen jeweilige, zumeist kurzlebigere Art der Nutzung oder den Bezug zu einem Eigentümer. In Literatur und Praxis finden sich aber unterschiedliche Bedeutungen. So wird bei der Diskussion von Betreiberimmobilien (z.B. bei Hotel- und Freizeitimmobilien) unter Praktikern mit dem Lebenszyklus meist die Dauer der ersten Nutzung verstanden. Und aus Sicht der Investoren beginnt die Lebenszyklusbetrachtung typischerweise mit dem Kauf und endet mit der Veräußerung. Deshalb muss bei Angaben zu Lebensdauern immer auf den zugrunde liegenden Bezug – „Gebäude", „Eigentümer" oder „Nutzung" – geachtet werden.

4.1.1.2   Immobilientypen und Lebenszyklusdauer

Aufgrund abweichender Nachfrage- und Angebotscharakteristika bei den verschiedenen Immo-bilientypologien und ihrer Nutzungen variieren die Zeitspannen, nach denen Immobilien voll-ständig revitalisiert werden müssen, um weiterhin nachhaltig Ertrag erwirtschaften zu können. Wichtige Determinanten sind in diesem Zusammenhang Drittverwendungsfähigkeit und Nut-zungsflexibilität. Beide nehmen normalerweise mit zunehmender Spezialisierung und Dynamik der Nutzungsanforderungen ab, wodurch auch die wirtschaftliche Lebensdauer verkürzt wird. Dieser Zusammenhang wird in Tabelle 11 deutlich, in der für die wichtigsten Immobilienarten Anhaltswerte für wirtschaftliche Lebensdauern aufgeführt sind.

Wegen der Einmaligkeit jeder einzelnen Immobilie, aber vor allem aufgrund unterschiedlicher Begriffsdefinitionen schwanken hierzu die Angaben in der Literatur. So bezieht sich beispielswei-se die häufig anzutreffende Einschätzung, dass die Lebensdauer von Gewerbeimmobilien ab-nimmt, oft lediglich auf die kürzer werdenden Intervalle zwischen technischen Umrüstungen. Diese führen jedoch nur dazu, dass Immobilien in ihrem Lebenszyklus häufiger umstrukturiert werden müssen, was nicht zwangsläufig mit einer Verkürzung ihrer wirtschaftlichen Lebensdauer einhergeht. Wegen dieser begrifflichen Unsicherheit werden in Tabelle 11 eigene Schätzwerte an-gegeben, die sich aus Gesprächen mit Vertretern der Branche ergaben und auch wegen der groben Einteilung in fünf Typen nur als Anhaltspunkte dienen können.

Immobilienart	Wirtschaftliche Lebensdauer (in Jahren)
1) Büroimmobilien	20 – 50
2) Wohnimmobilien*	30 – 50

3) Einzelhandelsimmobilien
  a) Solitäre (Kaufhäuser/SB/Fachmärkte)
  b) Innerstädtischer Einzelhandel
	10 – 25
	20 – 50

4) Industrieimmobilien
  a) klassisch produzierend
  b) Logistikzentren, etc.
	>50
	10 – 30

5) Hotelimmobilien	20 – 50

*Tabelle 11: Immobilientypen und wirtschaftliche Lebensdauer (eigene Schätzung); *fremdgenutzt*

4.1.1.3   Institutionen und Lebenszyklus-Phasen

Analog zur prozessualen Gliederung der Wissensgebiete Projektentwicklung, Bau-Projekt-management und Facilities Management gibt es auch bei vielen Institutionen eine Fokussierung auf Teile des Lebenszyklus. Dies gilt beispielsweise für Investoren (kurzfristige Finanzintermediäre und langfristige Investoren), Projektentwickler, planende Institutionen, Immobilienfinanzierer, Bauunternehmen, viele Immobiliendienstleister und Immobiliennutzer (vgl. Kapitel 3). In Abbildung 58 wird dieser zeitliche Zusammenhang beispielhaft und vereinfacht dargestellt.

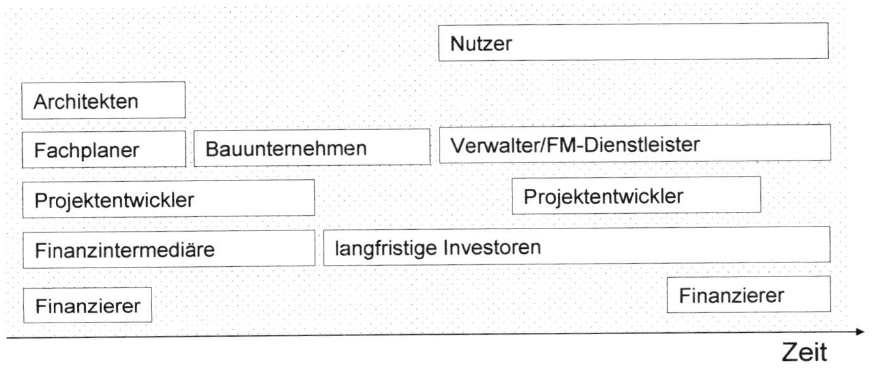

Nutzer

Architekten

Fachplaner   Bauunternehmen   Verwalter/FM-Dienstleister

Projektentwickler   Projektentwickler

Finanzintermediäre   langfristige Investoren

Finanzierer   Finanzierer

Zeit

Quelle: Eigene Darstellung

Abbildung 58: Institutionen während des Lebenszyklus

Doch nicht alle Institutionen haben sich phasenspezifisch spezialisiert. So werden Bauunternehmen und Projektentwickler in vielen Phasen des Immobilien-Lebenszyklus tätig, während z.B. Verwalter nur in der Nutzungsphase agieren (vgl. Brauer, S. 8).

4.1.1.4   Drei Dimensionen des Lebenszyklus

Die Prozesse während des Lebenszyklus lassen sich drei Dimensionen zuordnen, die sich gegenseitig beeinflussen und die wirtschaftliche Lebensdauer der Immobilie determinieren. Diese sind die technische, die marktbezogene und die finanzwirtschaftliche Dimension.

- In der **technischen Dimension** befinden sich das Grundstück und der physische Baukörper, der die Prozesse der Planung und Entstehung sowie der Veränderung, Alterung und des Abrisses durchläuft.

- Die **Marktdimension** erfasst die exogenen Einflüsse, d.h. das gesamte sozioökonomische Umfeld der Immobilie.

- In der **finanzwirtschaftlichen Dimension** schließlich bewegen sich die mit der Immobilie verbundenen Zahlungsströme.

Abbildung 59 verdeutlicht die Zusammenhänge zwischen den drei Dimensionen des Immobilien-Lebenszyklus, denen die Gliederung des restlichen Kapitels folgt.

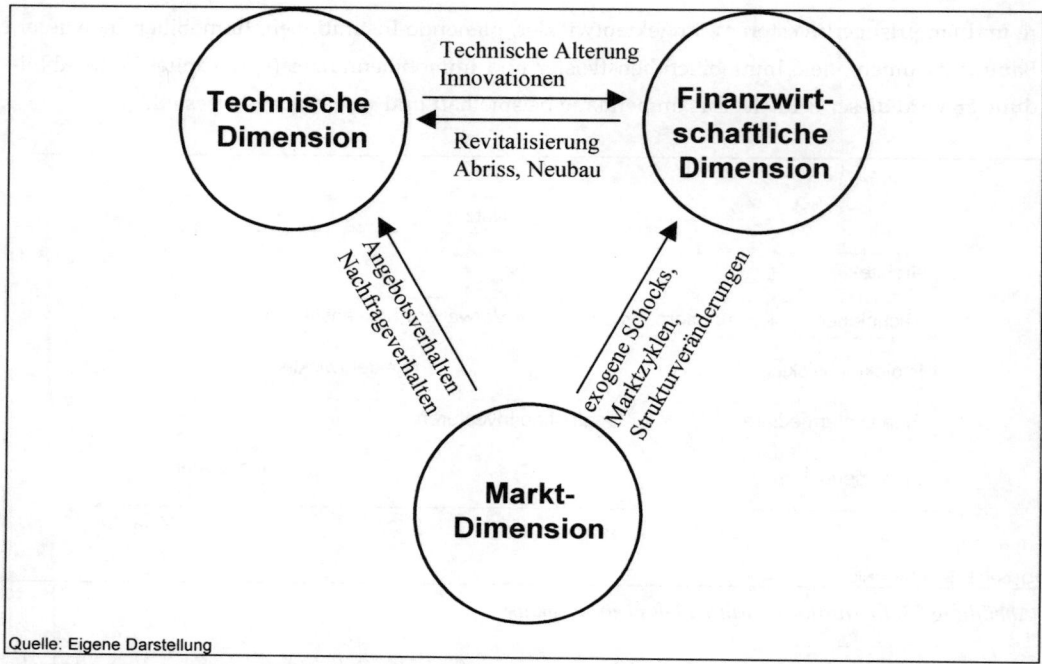

Quelle: Eigene Darstellung

Abbildung 59: Drei Dimensionen des Lebenszyklus

4.1.2 Technische Dimension

Entlang der technischen Dimension des Immobilien-Lebenszyklus erstrecken sich alle technisch-physikalischen Prozesse während der Erstellung und der Nutzung bis zum Abriss eines Gebäudes. Zeitlich steht bei den meisten Immobilienarten einer relativ kurzen Bau- und Abrisszeit eine sehr lange Nutzungsdauer gegenüber (vgl. Preuß/Schöne, S. 8).

4.1.2.1   Erstellungsphase

Zur Erstellung, der „Geburt" des Gebäudes, gehören die Phasen der Projektentwicklung und des Bau-Projektmanagements, innerhalb derer Standort, Idee und Kapital einen Kombinationsprozess durchlaufen, der im Zeitablauf immer wieder auf Nutzenoptimalität hinterfragt wird (vgl. Punkt 4.1.1.1). Am vorläufigen Ende des Kombinationsprozesses steht eine nutzbare Immobilie. Die Höhe ihrer potenziellen Nutzenstiftung hängt unter anderem ab von der Qualität des Nutzungskonzeptes, dem architektonischen Erscheinungswert des Gebäudes, den Fachplanungen und der technischen Realisation, also den verwendeten Materialien und der Qualität der Bau- und Ausbauleistungen.

Dieses mit der Fertigstellung erreichte Nutzungspotenzial wird auch als **Nutzungsvorrat** bezeichnet. Dem Nutzungsvorrat steht aus technischer Sicht das Potenzial an möglicher Abnutzung, der **Abnutzungsvorrat** gegenüber.

4.1.2.2 Nutzungsphase und Abnutzung

Während dieser Phase erfüllt die Immobilie ihre Funktion als Raum für Produktion (z.B. Administrations- und Produktionsflächen), Handel (z.B. Einzelhandelsgeschäfte, Einkaufscenter), Dienstleistung (z.B. Schulungsräume) und Konsum (z.B. Wohnungen). Ihrer Nutzung steht die **Abnutzung** gegenüber.

Bezeichnung		Bauart/Baustoff	Technische Lebensdauer
...	...	...	
4.	Bauteile		
4.1.	Dachhaut	... doppelte Papplage Dachziegel	 20-30 100 ...
4.2.	Dachstuhl	Holz Stahl	80-100 80-100
4.3.	Dachrinnen, Fallrohre	Stahlblech, verzinkt Zinkblech Kupferblech	15-20 40 100
4.4.	Putz		
	Außenwandputz	Kalk- oder Kalkzementmörtel Trockenmörtel (Edelputz) Zementmörtel	40-60 40-60 40-80
	Innendeckenputz auf Putzträgern in Wohn- und Arbeitsräumen	alle Mörtelgruppen	80
	Innendeckenputz auf Massivdecken in Wohn- und Arbeitsräumen	alle Mörtelgruppen	100
4.5.	Fußböden		
	Estrich	Zementmörtel auf Unterbeton	100
	Plattenböden im Mörtelbett in Wohn- und Arbeitsräumen	Hartbrandziegel Natursteinplatten Steinzeugplatten	80-100 100 100
	Holzböden	Weichholz Hartholz	40-60 80-100
	Beläge	Textilbeläge Spachtelmasse Linoleum Korkplatten	5-10 10-20 20-30 30-40
	Treppenstufen	Kunststoff Weichholz Hartholz	30-40 50-60 100
	...	...	...
Quelle: WertR, Anlage 5 (Ausschnitt)			

Tabelle 12:   *Technische Lebensdauer von baulichen Anlagen und Bauteilen*

Abnutzung ist die unvermeidbare Abnahme des Abnutzungsvorrates und tritt in vielen Formen auf, beispielsweise als:

- Verschleiß (Reibung),
- Alterung,
- Korrosion,
- Ermüdung,
- Witterung (vgl. E DIN 31051, Abschnitt 321, sowie GEFMA/Glauche, S. 3).

Die Abnutzung folgt zwar physikalischen Gesetzmäßigkeiten, behält aber aufgrund der Vielzahl möglicher Einflüsse auch zufällige Eigenschaften. Deshalb lässt sich die Vorausschau nur in Form von Erwartungswerten und anderen statistischen Kenngrößen bilden. Im Verhältnis zu den im nächsten Abschnitt beschriebenen exogenen Einflüssen sind die Unsicherheiten hier aber relativ gering.

Als Beispiel für eine Erwartungswertbildung in Bezug auf verschiedene Gebäudeteile zeigt Tabelle 12 einen Ausschnitt aus den Lebensdauerannahmen in der Wertermittlungsrichtlinie (WertR). Detaillierte Angaben zu Lebenserwartungen, Verschleißfunktionen, Ausfallwahrscheinlichkeiten von Bauteilen können der umfassenden ingenieurwissenschaftlichen Literatur zur Baustoffkunde entnommen werden (vgl. stellvertretend Härig/Günther/Klausen und Hiese/Backe).

Neben der Abnutzung können auch **Beschädigungen** den Nutzungsvorrat reduzieren. Beschädigungen entstehen nicht zwangsläufig, sondern haben einen ausgeprägt zufälligen Charakter. Auslöser für Beschädigungen sind beispielsweise das Einwirken von Naturgewalten, unbeabsichtigte Beschädigungen beispielsweise durch Fehlbedienung, beabsichtigte Beschädigungen (Vandalismus) und sonstige Schadensereignisse wie Brand oder Schimmelpilzbefall.

Eine dritte Quelle der Abnahme des Nutzungsvorrates liegt in exogenen Einflüssen, die u.a. zu einem geänderten Bedarf der Nutzer führen. Exogene Einflüsse auf den Lebenszyklus werden in Abschnitt 4.1.3 behandelt.

Die Abnahme des Abnutzungsvorrates durch Abnutzung und Beschädigung wird durch **Instandhaltung**, d.h. Wartung, Inspektion und Instandsetzung verlangsamt (vgl. Voss, S. 132), bzw. durch Schwachstellenbeseitigung und Modernisierung aufgehoben oder sogar überkompensiert (vgl. Punkt 4.4.5.2).

Die gewerkabhängige Geschwindigkeit der **Kapitalwertminderung** bei Immobilien ist beispielhaft in Abbildung 60 dargestellt. Demnach nutzen sich der technische Ausbau am schnellsten, Grund und Boden dagegen i.d.R. überhaupt nicht ab. Ausnahmen bilden beispielsweise Bodenbelastungen oder -verseuchungen, die eine alternative Zukunftsnutzung je nach Grad der Belastung unter Umständen völlig ausschließen.

4.1.2.3   Ende der technischen Lebensdauer und Abriss

Mit dem Abriss endet die tatsächliche Lebensdauer des Gebäudes, welche wie erwähnt nur selten durch das Ende der technischen Lebensdauer bestimmt ist. Häufig ist der Abriss bereits Teil einer erneuten Projektentwicklung und markiert so den Beginn eines neuen Zyklus (vgl. Abbildung 56). Auslöser für den Abriss können aber auch beispielsweise Baufälligkeit und damit verbundene gesetzliche Auflagen sein. In einigen Fällen, wie z.B. bei Kraftwerken, ist die Regelung von Form und Zeitpunkt des Abrisses sogar bereits Teil der ursprünglichen Bau- bzw. Betriebsgenehmigung.

Der Abriss selbst ist ein technischer Vorgang, dessen Komplexität von Art und Vielzahl der verwendeten Baumaterialien, dem Gebäudetyp und den gesetzlichen Rahmenbedingungen bestimmt wird.

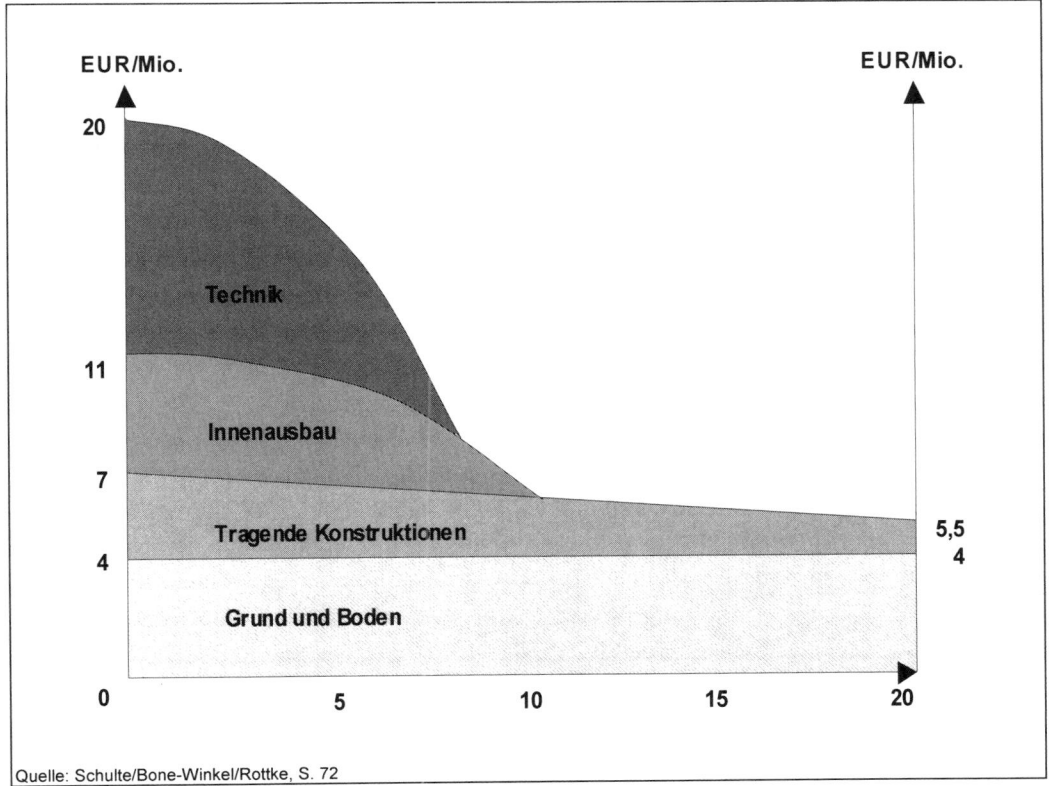

Quelle: Schulte/Bone-Winkel/Rottke, S. 72

Abbildung 60: Abbau des Nutzungsvorrats als Kapitalwertminderung

4.1.3 Markt-Dimension

Der Lebenszyklus der Immobilie verläuft nicht im isolierten Raum, sondern innerhalb eines volkswirtschaftlichen Kontextes (vgl. Phyrr et al., S. 4). Er wird durch exogene Schocks, mikro- und makroökonomische Zyklen, aber auch durch den Werte- und Strukturwandel verkürzt oder verlängert.

4.1.3.1   Marktzyklen und exogene Schocks

Der Immobilienmarkt besteht aus ökonomischer Sicht aus mehreren Teilmärkten, auf denen verschiedene Güter bzw. Leistungen gehandelt werden. Diese Teilmärkte sind:

- der Anlage- oder Vermögensmarkt,
- der Neubaumarkt,
- der Markt für Flächennutzung,
- sowie der meist als exogen betrachtete Kapitalmarkt (vgl. Wernecke).

Jeder dieser Teilmärkte ist Schwankungen unterworfen, deren Wirkung auf die einzelne Immobilie und ihren wirtschaftlichen Lebenszyklus zeitverzögert sein kann (**Timelag**). Deshalb ist der Begriff des Immobilienzyklus (oft auch: Marktzyklus oder fälschlich: Schweinezyklus) von dem des Immobilien-Lebenszyklus zu differenzieren.

Ein Immobilienzyklus bezieht sich makroökonomisch regional auf Teilmärkte wie beispielsweise Frankfurt oder München, anlagespezifisch auf Anlage-, Neubau- oder Vermietungsmärkte und typologisch auf Anlagekategorien wie beispielsweise Büro-, Einzelhandels- oder Wohnimmobilien. Es existiert eine Fülle von volkswirtschaftlichen Größen, die Immobilienzyklen beeinflussen und im Zeitverlauf schwanken lassen, beispielsweise konjunkturelle und demographische, aber auch zufällige Ereignisse.

Die **Royal Institution of Chartered Surveyors** definiert Immobilienzyklen als wiederkehrende, aber unregelmäßige Fluktuationen – wechselseitig aufsteigende und fallende Bewegungen, die von der mathematischen Idealvorstellung eines Zyklus abweichen, sich aber insgesamt im Ablauf ähneln (vgl. RICS, S. 9). Als Indikator für Immobilienzyklen schlägt die RICS die Gesamtrendite vor, wie sie auch dem **Deutschen Immobilien Index** (DIX) unter dem Begriff „total return" in der Summe von Ertrag- und Wertänderungsrendite als Performancemaßstab zugrunde liegt. Der Zyklus selbst beeinflusst die meisten Variablen der Immobilienwirtschaft, obwohl einige diese Auswirkungen früher, andere erst später erkennbar werden (**lead-lag-relationship**) (vgl. Rottke/Wernecke, S. 4). Immobilienzyklen und ihre Ursachen wirken sich unmittelbar auf den Immobilien-Lebenszyklus aus.

Ein Beispiel: Ändert sich das Nachfrageverhalten aufgrund einer wirtschaftlichen Schwächephase (beispielsweise gestiegene Arbeitslosigkeit) und es wird in der Folge weniger Bürofläche nachgefragt, so erhöht sich timelag-verschoben (auslaufende Mietverträge müssen beispielsweise in Betracht gezogen werden) der Leerstand derjenigen Bürogebäude, die den Nachfragern nach Büroraum den geringsten Grenznutzen versprechen. Der Leerstand kann sich auf unterschiedliche Weisen auf den Lebenszyklus auswirken. Zum einen gibt es technische Komponenten (beispielsweise Fensterverschlüsse, Thermostatventile, Armaturen) deren Funktionalität nur durch regelmäßigen Gebrauch erhalten bleibt. Weiterhin können geringere laufende Einnahmen bei mangelnder Liquidität des Eigentümers schnell zu einer Verschleppung von Instandhaltungsmaßnahmen und einer entsprechenden Beschleunigung der Alterung führen (vgl. Abbildung 59).

Abbildung 61 zeigt einen idealtypischen, sinusförmigen Immobilienzyklus, der durch die vier Phasen der Überbauung (Kontraktion), der Marktbereinigung (Rezession), der Stabilisierung (Erholung) und der Projektentwicklung (Expansion) gekennzeichnet ist.

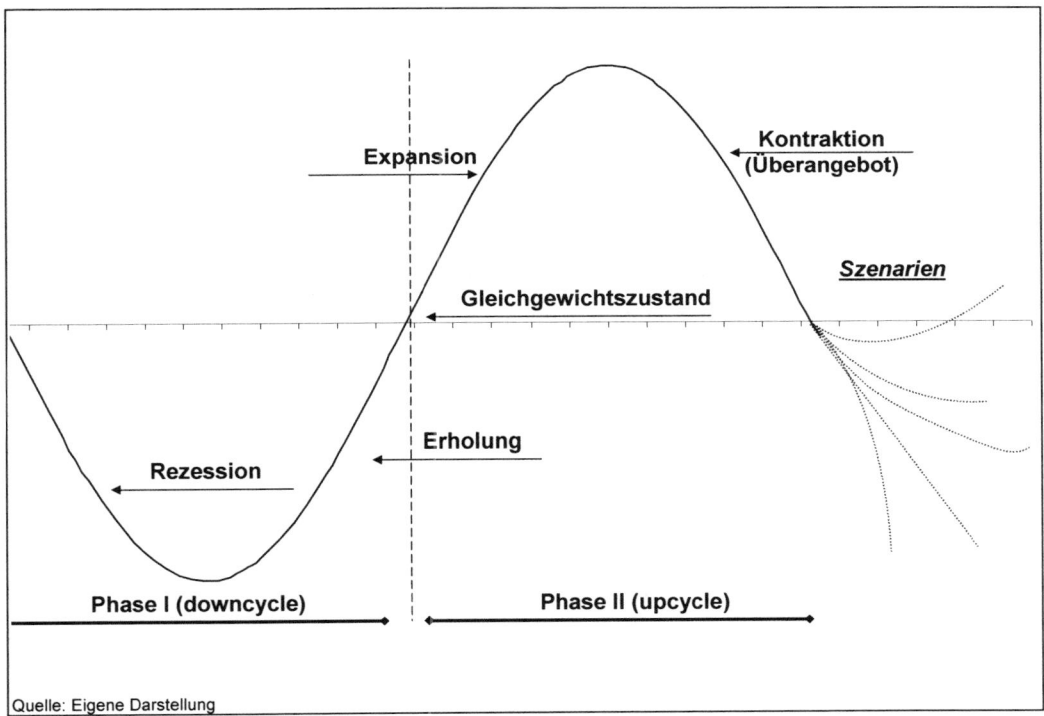

Quelle: Eigene Darstellung

Abbildung 61: Idealtypischer, sinusförmiger Immobilienzyklus

4.1.3.2   Werte- und Strukturwandel

Während exogene Schocks und Marktzyklen kurz- oder mittelfristig wirken, vollzieht sich der Werte- und Strukturwandel über Jahrzehnte hinweg. Meist kündigt er sich lange im Voraus an und ist prinzipiell vorhersehbar (vgl. Lachman, S. 1).

Aspekte des Werte- und Strukturwandels kommen aus allen Bereichen der Volkswirtschaft. Sie betreffen beispielsweise demographische Trends wie das Eigenheim-Kaufverhalten der **Baby-Boomer-Generation** oder Kapitalmarkttrends wie deren Nachfrageverhalten oder Einkommenssituation.

Weitere Beispiele sind verstärktes Umweltbewusstsein, neue technologische Möglichkeiten oder das Outsourcen von Arbeitsplätzen in Länder mit niedrigerem Lohnniveau.

Für den Wohnungs- und Büromarkt seien beispielhaft teilweise gegensätzlich wirkende Entwicklungen veranschaulicht, die zeigen, dass nahezu immer große Auswirkungen für den Immobilienmarkt bestehen.

Für den Wohnungsmarkt gilt:

- Der Trend zu Single-Haushalten verringert die durchschnittliche Haushaltsgröße und führt dazu, dass auch bei stagnierendem Bevölkerungswachstum der Bedarf an Wohnungen tendenziell steigen kann.

- Der Umstand, dass ältere Menschen trotz des zu großen Platzangebotes in ihren Wohnungen oder Einfamilienhäusern verbleiben („**Remanenzeffekt**"), führt zu einer Verknappung von Einfamilienhäusern und großen Wohnungen und schließlich zu einer Wohnungsnot in diesem Segment, wodurch junge, mehrköpfige Familien aus Kostengründen in kleine Geschoßwohnungsbauten verdrängt werden (vgl. Pfeiffer/Simons, S. 4 und Simons, S. 17).

- Gleichzeitig wird die Nachfrage nach Wohnraum durch den generellen Bevölkerungsrückgang langfristig negativ beeinflusst.

Darüber hinaus gilt für den Büromarkt:

- Die Alterung der Bevölkerung wirkt sich auf den Arbeitsmarkt direkt aus: Das Erwerbspersonenpotenzial sinkt, folglich ebenfalls die absolute Anzahl der Erwerbspersonen und mit diesen beispielsweise der Bedarf nach Büromarktfläche, der durch Zuwanderung nicht aufgefangen werden kann, denn:

- Fehlende Integration von Zuwanderern führt zu fehlender Qualifikation im Berufsleben und zur Zunahme von unqualifizierten Tätigkeiten für dieses Beschäftigtensegment. Durch das Schrumpfen des Sektors des verarbeitenden Gewerbes und die gleichzeitige zunehmende

Tertiärisierung fehlt dieses Erwerbspersonenpotenzial zukünftig als Nachfrager von Büroraum (vgl. Simons, S. 13).

• Die Entwicklung des Internets führt einerseits zu einem starken Produktivitätsanstieg des Heimarbeitsplatzes, andererseits offensichtlich zu einem erhöhten Bedarf an flexiblen, qualitativ hochwertigen Büroflächen mit kurzen Vertragslaufzeiten, da sich virtuelle Institutionen nicht mehr an einen persönlichen Standard-Arbeitsplatz binden lassen (vgl. Friedrichs, S. 62).

In Anbetracht der teilweise äußerst negativen Auswirkungen der oben genannten Trends erscheint das Setzen langfristig stabilisierender Rahmenbedingungen von staatlicher Seite wünschenswert. Maßnahmen, die in diese Richtung zielen, werden zwar häufig diskutiert, ihre Umsetzung scheitert aber häufig wegen der Schwere ihrer Auswirkungen. Nachstehend werden Beispiele für solche Eingriffe auf dem Wohnungs- und dem Büromarkt genannt:

• Wohnungsmarkt: Anbieten von Wohnalternativen an **„Empty-Nester"-Haushalte** zur Reduzierung der aufkeimenden Wohnungsnot im Einfamilienhausbereich oder Aufbrechen homogener Einfamilienhausgebiete, um die Ausdünnung ganzer Stadtteile zu vermeiden (vgl. Simons, S. 18).

• Büromarkt: Verlängerung der Lebensarbeitszeit an beiden Enden in Form von Verkürzung der Schul- und Studienzeit, Abschaffung der Wehrpflicht, Renteneintrittsalter mit 70 oder erfolgreiche Integration von ca. 200.000 Ausländern p.a. und insbesondere Ausländerinnen in den Arbeitsmarkt, einschließlich des tertiären Sektors.

4.1.4 Finanzwirtschaftliche Dimension

Bei der Betrachtung der finanzwirtschaftlichen Dimension beschränkt sich der Blick auf die mit der Immobilie und ihrem Lebenszyklus verbundenen Zahlungsströme. Technische Prozesse und äußere Einflüsse werden allein unter dem Gesichtspunkt ihrer Zahlungswirksamkeit betrachtet.

Die Besonderheiten des Immobilien-Lebenszyklus, Spezifika bei einigen Mietvertrags-Typen und die ständige Veränderung von Marktgegebenheiten führen zu charakteristischen Zahlungs- und Risikostrukturen, welche die Immobilieninvestition zu einer eigenständigen **Anlageklasse** („Asset Class") machen. Diese Spezifika bestehen sowohl auf der Einnahmen- wie der Ausgabenseite. Zur systematischen Erfassung der finanzwirtschaftlichen Dimension wird daher die Terminologie der Immobilien-Investitionsrechnung übernommen (vgl. Kapitel 5.4), nach der zwischen Investitionsausgaben, laufenden Ausgaben und Einnahmen, sowie dem Veräußerungserlös differenziert wird. Im Unterschied zur Investitionsbetrachtung aber, bei der Beginn und Ende des Betrachtungshorizontes auch durch Kauf und Verkauf bestimmt sein können, beginnt die Lebenszyklusbetrachtung immer mit dem Neubau und endet mit dem Abriss oder einer Kernsanierung. Zwischenzeitliche Eigentümerwechsel und damit verbundene Zahlungen werden bei dieser Betrachtungsweise ignoriert.

4.1.4.1   Investitionsausgabe

Als Anfangsauszahlung wird im Falle einer Neubauinvestition die Summe aller – ggf. aufgezinsten – Zahlungen im Zusammenhang mit dem Grundstückserwerb und der Erstellung des Gebäudes bezeichnet. Sie hängt sowohl von Marktgegebenheiten (Grundstückspreise, Baukonjunktur) als auch von projektsteuerungsbezogener Beeinflussung durch das Qualitäts- und Kostenmanagement ab. Die Investitionsausgabe ist im Vergleich zu den nachfolgenden einzelnen Einnahmen und Ausgaben der Nutzungsphase sehr hoch, wenngleich letztere in der Summe meist ein Vielfaches ausmachen. Im Zusammenspiel mit den in Abschnitt 4.1.3 beschriebenen Markfluktuationen erlangt das Timing einen großen Einfluss auf die Rentabilität der Investition, denn sowohl die Baukosten als auch die vereinbarten Mieten bei der Erstvermietung hängen ganz erheblich von der Konjunktur der Bau- und Immobilienbranche ab.

4.1.4.2   Laufende Ausgaben

Zu den laufenden Ausgaben zählen die für die Verwaltung, den Betrieb und die Instandhaltung notwendigen Zahlungen. Nicht zahlungswirksame **Bewirtschaftungskosten** wie beispielsweise Abschreibungen finden in dieser Betrachtung keine Berücksichtigung. Dagegen sind auf die Mieter umgelegte Bewirtschaftungskosten zwar ebenfalls nicht zahlungswirksam, werden aber von diesen als gleichwertige Kostenkomponente gesehen. Mittelbar beeinflussen sie daher die erzielbare Kaltmiete und sind deshalb in die Lebenszyklus-Überlegungen einzubeziehen.

Bei den Bewirtschaftungskosten sind vor allem die **Instandhaltungskosten** von der Position im Lebenszyklus abhängig. Gegen Ende der Lebenserwartung von Bauteilen steigen Ausfallwahrscheinlichkeiten oft nahezu sprunghaft an, so dass es zu wiederkehrend anfallenden Ausgaben kommt, die im Falle einer Sanierung zu einem sehr großen Ausgabenblock kumulieren können.

4.1.4.3   Laufende Einnahmen

Auch die laufenden Einnahmen aus der Vermietung hängen davon ab, wo sich die Immobilie auf der Zeitachse befindet. In diesem Zusammenhang ist die Bildung von Qualitätsklassen hilfreich. Neubauinvestitionen werden meist in einer oberen Qualitätsklasse durchgeführt. Dies ist oft schon deshalb der Fall, weil die Verwendung aktueller Gebäudetechnik einen Modernitätsvorsprung mit sich bringt. Im Laufe der Alterung erleidet eine Immobilie durch Abnutzung, Beschädigungen, aber auch durch sich ändernde Nutzungsanforderungen Einbußen in Bezug auf ihre

Wettbewerbsfähigkeit. Die erzielbare Miete sinkt im Verhältnis zum Topsegment, und gleichzeitig steigt das Leerstandsrisiko. Dieser Abstieg in niedrigere Qualitätskategorien wird auch als **Filtering-Down-Prozess** bezeichnet (vgl. Becker, S. 15ff.). Umgekehrt führen Verbesserungen in Form von Umbauten oder Sanierungen unter Umständen zu einem Wechsel (**Filtering-Up**) in eine höhere Qualitätskategorie.

Das gestiegene Ertragsrisiko in niedrigeren Qualitätskategorien schlägt sich normalerweise in höheren Renditeforderungen von Investoren nieder. Bei gegebenen Erträgen werden deshalb niedrigere Preise gezahlt. Es kann somit ökonomisch sinnvoll sein, durch Sanierung oder Umbau in eine höhere Qualitätskategorie zu wechseln, wenn der entstehende Wertzuwachs der Immobilie die Investitionskosten übersteigt.

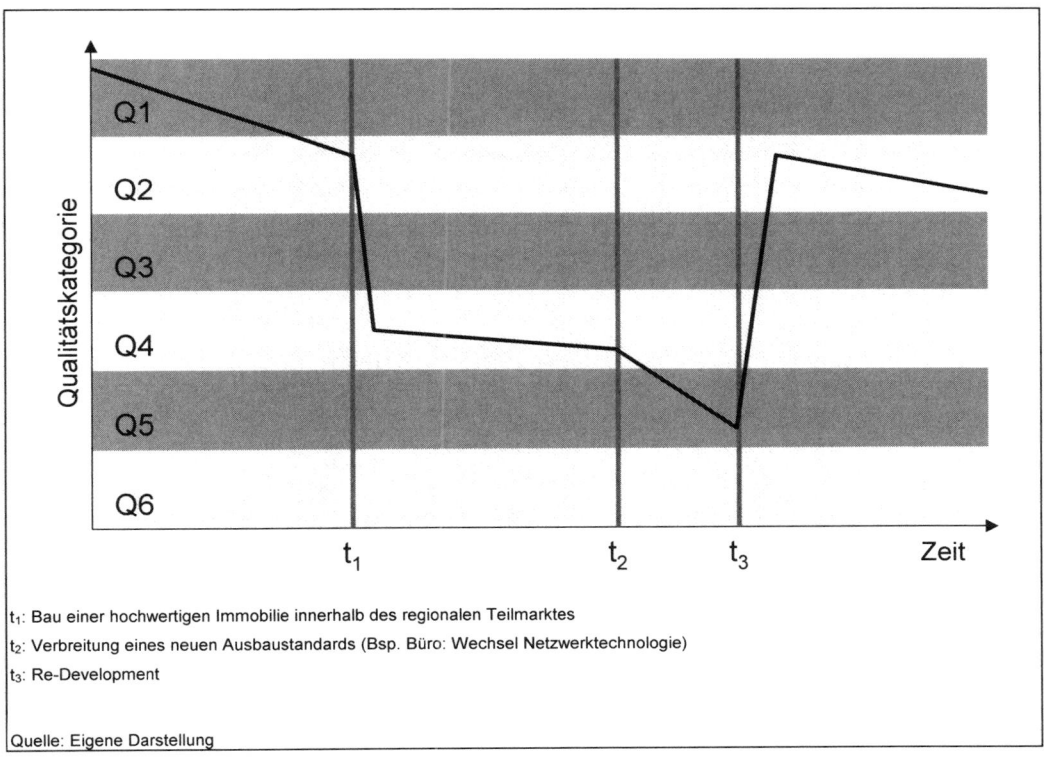

Abbildung 62: „Filtering-Prozesse" als Wechsel zwischen Qualitätskategorien

In Abbildung 62 wird ein **Filtering-Prozess** am Beispiel einer fiktiven Büroimmobilie verdeutlicht. Es werden hier Qualitätskategorien von Top-Neubau (Q1) bis kaum nutzbare Altbausubstanz (Q6) gebildet. Ausgehend vom obersten Segment sinkt der Qualitätsstandard der Immobilie zunächst langsam. Dies ändert sich schlagartig mit der Fertigstellung eines Büro-Neubaus in unmittelbarer

Nähe zum Zeitpunkt t_1, der zu einer Verschiebung der Qualitätsstandards der einzelnen Klassen und einem Abstieg der betrachteten Immobilie führt. Eine weitere Rückstufung erfolgt durch eine angenommene technologische Änderung in t_2 (beispielsweise Etablierung eines neuen EDV-Vernetzungsstandards), die dazu führt, dass der technische Ausbau der Immobilie nicht mehr den Erfordernissen entspricht. Dieses Manko wird bei einem Re-Development in t_3 behoben, die ursprüngliche Top-Klassifizierung wird aber nicht mehr erreicht.

4.1.4.4   Abriss oder Kernsanierung

Theoretisch besteht (unter Beachtung mietvertraglicher, gesetzlicher oder anderer Restriktionen) jederzeit die Möglichkeit, ein bestehendes Gebäude abzureißen und durch ein Neuprojekt zu ersetzen, oder es im Zuge einer Kernsanierung zu einem Quasi-Neubau aufzuwerten. Dies ist dann wirtschaftlich, wenn die geforderte Verzinsung der Investitionskosten (einschließlich des Abrisses) durch die erwarteten Mehreinnahmen erbracht wird. An diesem Zeitpunkt ist das Ende der wirtschaftlichen Lebensdauer erreicht.

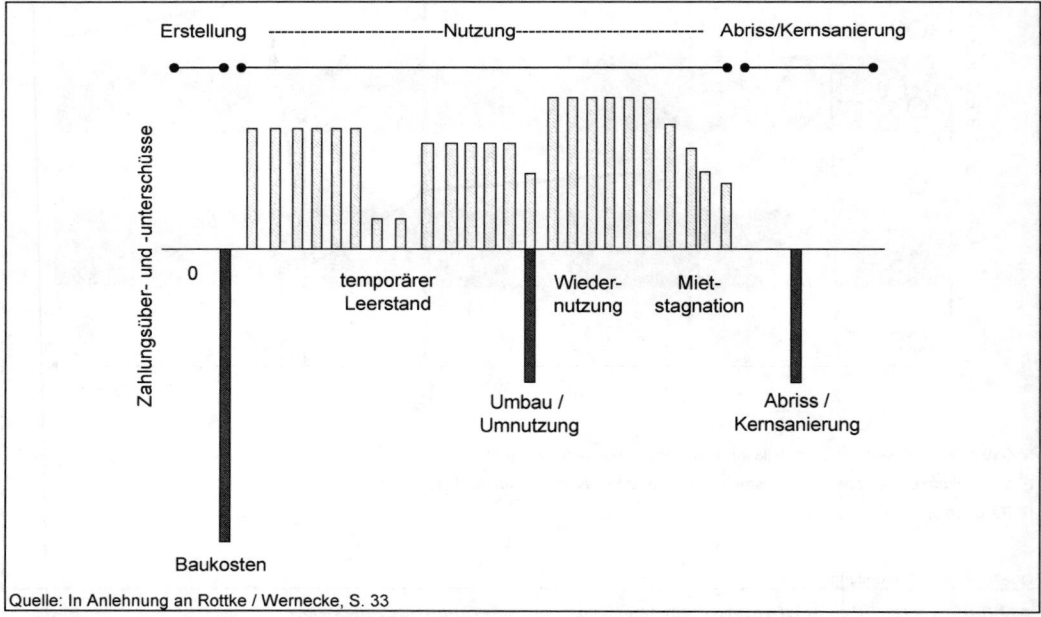

Abbildung 63: Laufende Einnahmenüber- und -unterschüsse im Immobilien-Lebenszyklus

Am Ende der wirtschaftlichen Betrachtung des Immobilien-Lebenszyklus stehen somit die Abrisskosten, bzw. im Fall einer Kernsanierung alle Kosten, die für die Freilegung der bleibenden Gebäudebestandteile und für Entsorgung anfallen. In der Investitionsanalyse für ein Neubauprojekt stellen diese (geschätzten) Kosten eine Wertminderung des Grundstücks dar und haben damit einen direkten negativen Einfluss auf die Projektrendite.

Abbildung 63 stellt einen beispielhaften Zahlungsstrom über den Immobilienzyklus hinweg dar.

4.1.5 Fazit

Anhand der vorangegangenen Ausführungen sollte verdeutlicht werden, wie die komplexe Interaktion der technischen Aspekte des Immobilien-Lebenszyklus in Verbindung mit externen Veränderungen auf die finanzwirtschaftlichen Eigenschaften der Immobilieninvestition wirkt.

Die in Abschnitt 4.1.1 angesprochene Spezialisierung auf die zeitlichen Phasen des Immobilien-Lebenszyklus führt aber zu Schnittstellen und Kompetenzbrüchen, die eine Optimierung der Gesamtrentabilität erschweren oder sogar unmöglich machen. So kann eine möglichst kostengünstig gebaute Immobilie später höhere Nutzungskosten haben, die den ursprünglichen Vorteil um ein Vielfaches kompensieren. Ähnliche Verluste ergeben sich auch für außerökonomische Zielvorgaben wie beispielsweise beim ökologisch optimierten Bauen. Neue Herangehensweisen, u.a. durch Ansätze bei der Vertragskonstruktion in der Projektentwicklung und Bewirtschaftung in Richtung einer ganzheitlichen Sicht („life cycle costing") zählen deshalb neben der Internationalisierung und der Schaffung höherer Markttransparenz sicher zu den wichtigen aktuellen Bestrebungen bei der Professionalisierung der Immobilienwirtschaft.

Diese Veränderungen stellen die Beteiligten vor enorme Herausforderungen, weil für den Blick über die Lebensphasen hinweg Generalisten benötigt werden. Ihre Sicht muss sich neben den Lebenszyklusphasen zugleich über alle drei angesprochenen Dimensionen, also die technische, die marktbezogene und die finanzwirtschaftliche Dimension erstrecken, was beträchtliche intellektuelle Ressourcen und eine umfassende interdisziplinäre Ausbildung erfordert. Mit den Markterfordernissen wird sich deshalb auch das Profil der Akteure ändern (vgl. Kapitel 1.4).

Im weiteren Verlauf dieses vierten Kapitels werden die phasenbezogenen Managementaspekte der Projektentwicklung, des Bau-Projektmanagements und des Facilities Managements im Detail vorgestellt.

Literaturverzeichnis zu Kapitel 4.1

Becker, K.: Analyse des konjunkturellen Musters von wohnungswirtschaftlichen und gewerblich-industriellen Bauinvestitionen, Berlin 1998.

Brauer, K.-U.: Einführung in die Immobilienwirtschaft, in: Brauer, K.-U. (Hrsg.): Grundlagen der Immobilienwirtschaft, 3., vollst. überarb. Aufl., Wiesbaden 2001, S. 3-45.

E DIN 31051 (Entwurf 2001-10): Grundlagen der Instandhaltung (Entwurf), Ausgabe Oktober 2001, Beuth Verlag, Berlin.

Friedrichs, K.: Integrale Gebäudeplanung, in: Schulte, K.-W./Pierschke, B. (Hrsg.): Handbuch Facilities Management, Köln 2000, S. 57-80.

GEFMA / Glauche, U.: Stellungnahme des Richtlinienausschusses der GEFMA zum Neuentwurf 2001-10 der DIN 31051, v. 18.01.2002.

Härig, S./Günther, K./Klausen, D.: Technologie der Baustoffe. Handbuch für Studium und Praxis. 2003.

Hiese, W./Backe, H. (Hrsg.): Baustoffkunde. Für Ausbildung & Praxis, Düsseldorf 2001.

Lachman, L. M.: America's real estate megatrends, IFE Institute for Fiduciary Education, Sacramento, March 2003.

Pfeiffer, U./Simons, H.: Immobilienmarkt 2030, Kurzfassung des gleichnamigen Gutachtens im Auftrag der Bayerischen Landesbank, Empirica, Berlin 1999.

Preuß, N./Schöne, L. B.: Real Estate und Facility Management – Aus Sicht der Consultingpraxis, Berlin 2002.

Phyrr, S. et al.: Real Estate Investment – Strategy, Analysis, Decisions, 2. Aufl., New York 1989.

Rottke, N./Wernecke, M.: Management im Immobilienzyklus, Fachbeiträge aus der Immobilien Zeitung 2001 und 2002 (Nachdr.), Wiesbaden 2002.

Royal Institution of Chartered Surveyors (RICS): Understanding the Property Cycle, Main Report: Economic Cycles and Property Cycles, London 1994.

Schulte, K.-W./Bone-Winkel, S./Rottke, N.: Grundlagen der Projektentwicklung aus immobilienwirtschaftlicher Sicht, in: Schulte, K.W./Bone-Winkel, S. (Hrsg): Handbuch Immobilien-Projektentwicklung, 2., akt. und erw. Aufl., Köln 2002, S. 27-90.

Simons, K./Hirschberger, H./Stölting, D.: Lebensdauer von Bauteilen und Baustoffen, Abschlussbericht einer Forschungsarbeit im Auftrage des Bundesministers für Raumordnung, Bauwesen und Städtebau, Bonn 1987.

Simons, H.: Perspektiven des Westdeutschen Wohnungs- und Büromarktes bis 2030, empirica working paper, Berlin 2000.

Voss, R.: Instandhaltungsmanagement, in: Schulte, K.-W. / Pierschke, B. (Hrsg.): Handbuch Facilities Management, Köln 2000, S. 131-163.

Wernecke, M.: Büroimmobilienzyklen – Eine Analyse der Ursachen, der Ausprägungen in Deutschland und der Bedeutung für Investitionsentscheidungen, in: Schulte, K.-W. (Hrsg.): Schriften zur Immobilienökonomie, Band 31, Köln 2004.

4.2 Projektentwicklung

Stephan Bone-Winkel, Björn Isenhöfer, Philip Hofmann

4.2   Projektentwicklung

Stephan Bone-Winkel, Björn Isenhöfer, Philip Hofmann

4.2.1   Einführung

4.2.1.1   Begriffsbestimmung der Projektentwicklung

Hinsichtlich des Begriffs und der Funktion der **Projektentwicklung** bestehen in der Immobilienwirtschaft sehr unterschiedliche und teilweise unklare Vorstellungen. Eine klare definitorische Abgrenzung oder gar eine gesetzliche Regelung der Projektentwicklungstätigkeit – wie sie etwa für die Baubetreuung oder die Projektsteuerung geschaffen wurde – liegen nicht vor (vgl. Wagner, S. 665).

Jedoch hat die folgende, auf die Produktionsfaktoren des Projektentwicklungsprozesses abstellende **Definition** von Diederichs im deutschsprachigen Raum Verbreitung erlangt und wird aus diesem Grund den nachfolgenden Ausführungen zugrunde gelegt: „Durch Projektentwicklung sind die Faktoren Standort, Projektidee und Kapital so miteinander zu kombinieren, dass einzelwirtschaftlich wettbewerbsfähige, arbeitsplatzschaffende und -sichernde sowie gesamtwirtschaftlich sozial- und umweltverträgliche Immobilienobjekte geschaffen und dauerhaft rentabel genutzt werden können" (Diederichs, 1994, S. 43).

Wenn man in wirtschaftlicher Hinsicht Immobilien als „ Space and money over time" definiert, dann wäre Projektentwicklung im Graaskampschen Sinne auch als Produktion von **Raum-Zeit-Einheiten** zu begreifen, die in Geld-Zeit-Einheiten transferiert werden können.

Das Begriffsverständnis von Diederichs wird durch Abbildung 64, in welcher der Faktor „Zeit" ergänzt wurde (vgl. Schulte/Bone-Winkel/Rottke, S. 33f.), wiedergegeben. Es werden **zwei Wirkungsebenen** der Projektentwicklung angesprochen: Zum einen wird die **gesamtwirtschaftliche** Ebene berührt, auf welcher die Frage zu beantworten ist, inwieweit die Bauinvestition bzw. die Immobilie als deren Ergebnis öffentlichen Belangen entgegenkommt. Zum anderen wird die **einzelwirtschaftliche** Ebene angesprochen, die im Folgenden im Zentrum des Interesses steht.

Als einzelwirtschaftliches Effizienzkriterium für die erfolgte Entwicklung nennt Diederichs die Wettbewerbsfähigkeit der Bauinvestition. Diese ist Ergebnis der von der Immobilie ausgehenden Nutzenstiftung bzw. ihrer Problemlösungskapazität. Der Aspekt der **Wettbewerbsfähigkeit** stellt die Funktion der Projektentwicklung zugleich in einen übergeordneten strategischen bzw. unternehmenspolitischen Zusammenhang. Demnach kann Projektentwicklung aus der Sicht eines Immobilienunternehmens auch als ein strategischer Ansatz zum Aufbau von Erfolgspotenzialen und – damit verbunden – zur Erzielung von verteidigungsfähigen Wettbewerbsvorteilen vor der Branchenkonkurrenz interpretiert werden (vgl. Diederichs, 1994, S. 46).

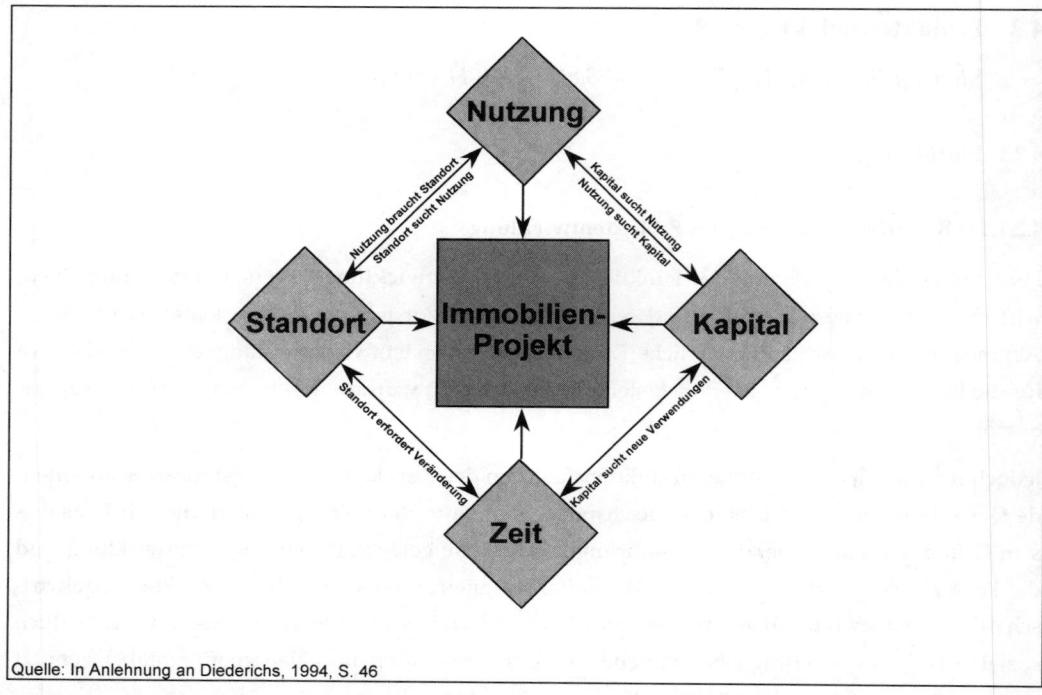

Quelle: In Anlehnung an Diederichs, 1994, S. 46

Abbildung 64: Ausgangssituationen der Projektentwicklung

4.2.1.2   Ausgangssituationen der Projektentwicklung

Abbildung 64 verdeutlicht, dass grundsätzlich **drei Ausgangssituationen** einer Projektentwicklung unterschieden werden können.

So kann zunächst ein bereits vorhandenes **Grundstück**, für das der Grundstückseigentümer eine höherwertige Nutzung anstrebt, den Ausgangspunkt einer Projektentwicklung markieren. In der Immobilienpraxis dürften mehr als zwei Drittel der Entwicklungen vom Grundstück ausgehen. Hier seien beispielhaft solche Projektentwicklungen angeführt, die Non-Property-Unternehmen (Unternehmen, deren Hauptgeschäftszweck nicht im Bereich Immobilien liegt) im Zuge der gestiegenen Bedeutung des Corporate Real Estate Management (betriebliches Immobilienmanagement) auf ihren nicht mehr betriebsnotwendigen Grundstücken verwirklicht haben (vgl. dazu ausführlich Kapitel 6.2).

Darüber hinaus kann der Ausgangspunkt einer Projektentwicklung auch in einer **Projektidee** bzw. einem konkreten Nutzerbedarf liegen, die bzw. den der Projektentwickler an einem geeigneten Standort umsetzen soll. Als typische Beispiele eines solchen Ablaufs gelten die Projektentwicklungen von Shopping-Centern, die nach der Wiedervereinigung auf der „grünen Wiese" in Ostdeutschland umgesetzt worden sind. Dabei stand nicht die Aufwertung der „grünen Wiese" im Vordergrund, sondern die Suche westdeutscher Einzelhandelsketten nach adäquaten Standorten – insbesondere vor dem Hintergrund, dass innerstädtische Grundstücke wegen der ungeklärten Eigentumsverhältnisse mit zu großen Risiken behaftet waren.

Schließlich können Projektentwicklungsprozesse auch durch nach geeigneter Verwendung suchendes **Kapital** insbesondere von institutionellen Investoren begründet werden. Entsprechen in einer solchen Situation die am Markt befindlichen Immobilienobjekte nicht den hohen Anforderungen der Investoren, so kann das Kapital langfristig nur in neue Projektentwicklungen investiert werden.

Diese drei Ausgangssituationen der Projektentwicklung sind unter dem Einfluss des Faktors „**Zeit**" zu betrachten. Grund und Boden sind unverwüstlich und haben theoretisch eine unbefristete Nutzenstiftung, solange die möglichen Kosten einer Beräumung oder einer Sanierung des Bodens noch eine Wirtschaftlichkeit des Gesamtprojektes zulassen. Da sich auch über die Zeit hinweg durch externe Veränderungen, wie z.B. Bauplanänderungen, der den höchsten Ertrag bringende Nutzen für ein Grundstück ändert, erfordert der Standort regelmäßig Veränderung. Ebenso sind Engagements in Projekte fristiger Natur, sodass auch das Kapital im Laufe der Zeit neue Verwendungen sucht. In diesem Sinne muss der Faktor Zeit in der Projektentwicklung Berücksichtigung finden. Wie wichtig insbesondere Timing in Bezug auf Projektentwicklung ist, verdeutlichen Immobilien-Lebenszyklen und Immobilien-Marktzyklen, die den Preismechanismus-, Konstruktions- und Entscheidungs-Timelags unterworfen sind (vgl. hierzu ausführlich Kapitel 4.1).

4.2.2 Modelle zur Erklärung von Projektentwicklungsprozessen

4.2.2.1 Überblick

Hinsichtlich der inhaltlichen Beschreibung und Konzeptualisierung des Projektentwicklungsprozesses existieren in der anglo-amerikanischen Literatur eine Reihe von Modellen. Healey hat diese Modelle systematisiert und **drei grundlegende Ansätze** zur Beschreibung der Projektentwicklung identifiziert, denen die Modelle zugeordnet werden können (vgl. Healey, 1990, S. 4ff.; Healey, 1991, S. 219ff.)

*   Gleichgewichtsmodelle („Equilibrium models"), die auf der Grundlage volkswirtschaftlicher Ansätze davon ausgehen, dass Projektentwicklungsaktivitäten durch Angebots- und Nachfragebewegungen zustande kommen, die am Markt durch Mieten, Renditen und Kaufpreise induziert werden.

- Institutionenmodelle („Agency models") welche vor dem Hintergrund behaviouristischer bzw. institutionenökonomischer Überlegungen die an dem Projektentwicklungsprozess beteiligten Akteure und ihre Beziehungen in den Mittelpunkt der Betrachtung stellen.

- Phasenmodelle („Event-sequence models"), die sich aus betriebswirtschaftlicher Sicht auf das Management des Projektentwicklungsprozesses konzentrieren und diesen hierfür in einzelne Phasen zerlegen.

Neben den drei oben genannten Ansätzen identifiziert Healey einen weiteren Ansatz, den sie als **Strukturmodell** bezeichnet. Dieser liegt zu wesentlichen Teilen in der marxistischen Systemauffassung begründet und untersucht in erster Linie das Spiel der Kräfte von Kapital, Arbeit und Eigentum innerhalb des Produktionsprozesses sowie dessen Einfluss auf das bauliche Umfeld und die kapitalistische Gesellschaft. Auch wenn Strukturmodelle vom analytischen Standpunkt her bestechend sind, sollen sie aufgrund ihrer einseitigen, dialektischen Orientierung hier nicht näher behandelt werden (vgl. Bone-Winkel, S. 49).

4.2.2.2 Gleichgewichtsmodelle („Equilibrium Models")

4.2.2.2.1   Grundlagen

Gleichgewichtsmodelle veranschaulichen die Entstehung und die Wirkungsweise von Angebots- und Nachfrageüberschüssen sowie Preisschwankungen auf Teilmärkten. Sie gehen von der grundlegenden Annahme aus, dass Nachfrage nach Raumnutzungen Projektentwicklungsprozesse induziert. Es wird im Rahmen von Ursache-Wirkungsketten ferner vorausgesetzt, dass Mieten, Renditen und Kaufpreise in der Lage sind, das Verhalten der Marktteilnehmer zu lenken und ein **Gleichgewicht von Angebot und Nachfrage** herzustellen (vgl. Healey, 1991, S. 220; Shafer, S. 34ff.).

Dieser theoretischen Sichtweise ist jedoch entgegenzuhalten, dass sich die reale Entwicklung des Immobilienmarktes aus verschiedenen Gründen anders verhält. Die Besonderheiten der Immobilie, insbesondere die Aspekte der Standortfixierung, der Produktionsdauer, der Langlebigkeit und der Nichtteilbarkeit, stehen sowohl in kontraktiven als auch in expansiven Marktphasen einem raschen Ausgleich von Angebot und Nachfrage entgegen. Aufgrund der starken Segmentierung des Immobilienmarktes in heterogene Teilmärkte kommt das Problem hinzu, dass die Marktteilnehmer nur unzureichende Informationen über Verhalten und Erwartungen der jeweils anderen Marktteilnehmer besitzen (vgl. Bone-Winkel, S. 50).

Es ist somit davon auszugehen, dass Gleichgewichtsmodelle aufgrund ihres überwiegend **statischen und deterministischen Charakters** nicht in der Lage sind, das komplexe Geschehen realer Projektentwicklungsprozesse hinreichend zu erklären.

Ein anderes Ergebnis wäre zu erzielen, wenn das klassische Gleichgewichtsmodell dynamisiert würde. Die Grundlage hierfür könnte das so genannte „**Cobweb-Theorem**" liefern, welches davon ausgeht, dass die Anbieter in einer Situation vollständiger Konkurrenz ihr Angebot erst mit einperiodiger Verzögerung an den Preis anpassen, während die Nachfrager sofort reagieren. Eine weitere Prämisse ist, dass die Anbieter nicht aus ihren Erfahrungen lernen und dementsprechend die erwarteten Verhaltensänderungen für die nachfolgende Periode vorwegnehmen (vgl. Bone-Winkel, S. 50).

Die dadurch erklärten **Gleichgewichtsschwankungen** besitzen auch in empirischer Hinsicht eine gewisse Relevanz. Auch bei Beobachtung der tatsächlichen Verhältnisse auf dem Immobilienmarkt können hier mit hoher Gewissheit Angebots- und Nachfrageschwankungen bzw. zyklische Marktbewegungen festgestellt werden.

Erst in jüngster Zeit werden verstärkt Forschungsbemühungen im Bereich der „Real Estate Economics" sichtbar, die Phänomene und Mechanismen der Immobilienmärkte untersuchen.

4.2.2.2.2 Einfaches Gleichgewichtsmodell

Abbildung 65 zeigt in einem einfachen Modell anhand der drei Märkte Nutzermarkt, Anlegermarkt und Developermarkt das Zusammenspiel von Angebot und Nachfrage. Der vierte Markt, der Kapitalmarkt, ist exogen durch den Zins gegeben (vgl. Keogh, S. 58ff.).

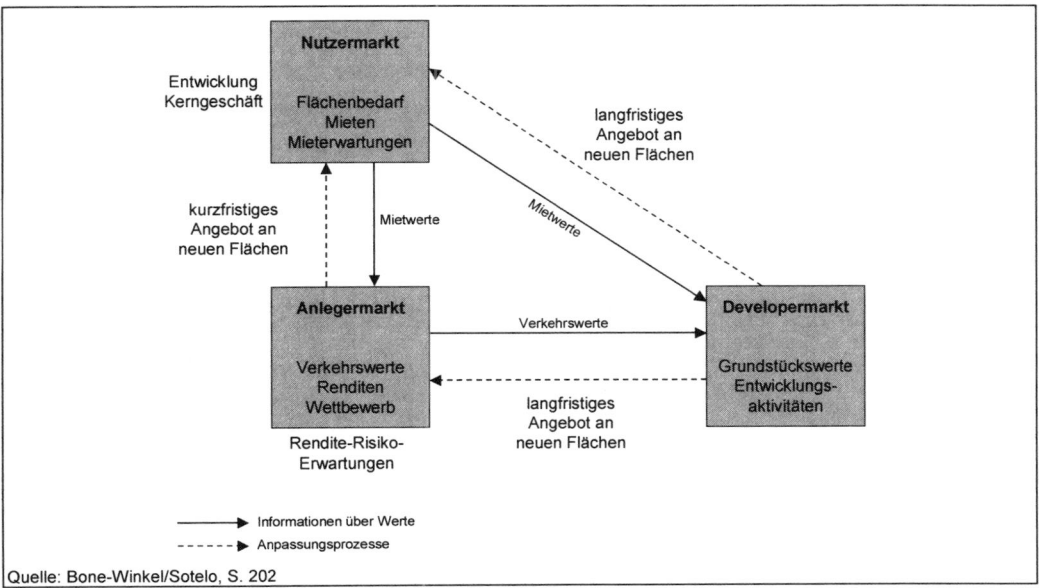

Abbildung 65: Gleichgewichtsmodell zur Erklärung der Schwankungen am Nutzer-, Anleger- und Developermarkt

Folgendes **Beispiel auf dem Büromarkt** ist denkbar: Durch die Konjunktur bedingt schaffen Unternehmen Arbeitsplätze im Dienstleistungsbereich und mieten die Nutzer mehr Bürofläche an. Da das Angebot kurzfristig konstant ist, steigen die Mietwerte und somit auf dem Anlegermarkt die Verkehrswerte. Auf dem Developermarkt wird registriert, dass höhere Renditen auf dem Anlegermarkt zu erwirtschaften sind, also wird die Entwicklungsaktivität gesteigert. Nach einem Entwicklungslag wird nach einigen Jahren ein erhöhter Prozentsatz zum Bestandsmarkt hinzugefügt und die Mietwerte sinken wieder. Das laginduzierte Problem des Immobilienmarktes, das hohe Schwankungsbreiten und spekulative Blasenbildung verursacht, wird in Kapitel 4.1 behandelt. Ganz entscheidend ist in diesem Zusammenhang, dass exogene Faktoren wie die Entwicklung des Kerngeschäftes auf Nutzerseite und die Rendite/Risiko-Erwartungen der Investoren das Geschehen am Projektentwicklungsmarkt beeinflussen. Nicht der Mietpreis induziert ein Nachfrageplus, sondern die Schaffung von Arbeitsplätzen.

Ebenso steuert nicht das Angebot an verfügbaren Kaufobjekten das Verhalten der Anleger, sondern die über den Erwerb erzielbare Rendite im Vergleich zu erzielbaren Renditen bei Alternativinvestitionen am Kapitalmarkt.

4.2.2.3   Institutionenmodelle („Agency Models")

4.2.2.3.1 Grundlagen

Institutionenmodelle konzentrieren sich auf die **Akteure im Projektentwicklungsprozess**. Dabei ist jede Phase dieses Prozesses durch die Zusammenarbeit und den individuellen Beitrag einer Vielzahl von Akteuren gekennzeichnet. Das Erfassen der Schlüsselfiguren, ihrer Rollen, Interessen, Ziele und Beziehungen bildet eine der wesentlichen Voraussetzungen für das Verständnis des Projektentwicklungsprozesses.

4.2.2.3.2 Das Institutionenmodell nach Graaskamp

Dem Modell von Graaskamp folgend, konstituiert sich der Projektentwicklungsprozess aus der dynamischen Interaktion von **drei Gruppen** von Akteuren:

- Die Gruppe der Flächenkonsumenten (Space Consumer Group) umfasst zum einen die individuellen Mieter einer Immobilie und die so genannte „owner-occupiers", d.h. die selbstnutzenden Immobilieneigentümer. Die Entscheidungen dieser Gruppe von Akteuren sind vorrangig von Standort, Raumangebot und den Gesamtnutzungskosten der Immobilie abhängig. Zum anderen sind die Immobiliennutzungen der öffentlichen Hand („Collective Users"), die in aller Regel auf politischen Bedarfsentscheidungen beruhen, und die Gruppe der potenziellen bzw. zukünftigen Immobiliennutzer zu nennen (vgl. Bone-Winkel, S. 61).

- Der Gruppe der Flächenproduzenten (Space Production Group) können diejenigen Akteure zugerechnet werden, die durch die Einbringung ihres Wissens und ihrer Erfahrungen („Site Specific Expertise") zu dem Prozess der Transformation von Raum-Zeit-Einheiten in Geld-Zeit-Einheiten beitragen. Im Einzelnen sind dies Developer, Planer, Finanzierungsinstitute, Bauunternehmen sowie Serviceunternehmen.

- Zur Gruppe der öffentlichen Infrastrukturanbieter (Public Infrastructure Group) gehört die gesamte Bandbreite der Anbieter öffentlicher Leistungen („Off-site Services and Facilities"), die erforderlich sind, um die Immobiliennutzung funktionsfähig zu erhalten – insbesondere Infrastruktureinrichtungen, Versorgungsunternehmen und Behörden (Bauaufsicht, Ordnungs-/Gewerbeaufsichtsamt, etc.) (vgl. Bone-Winkel, S. 61).

- Die ökonomischen und politischen Relationen zwischen den Angehörigen der drei Gruppen können vielfältige Formen annehmen und bewegen sich zwischen den Polen Harmonie und Disharmonie, Wohlstrukturiertheit und Chaos. Dem Projektentwickler kommt in diesem Beziehungsgeflecht die **Rolle eines Koordinators und Katalysators** („Agent") für die Pluralität der Interessen zu. Er übernimmt in aller Regel nicht alle mit dem Projektentwicklungsprozess einhergehenden Aufgaben in eigener Regie, sondern stellt vielmehr den „Principal Agent" unter den Projektbeteiligten dar und übt Konzeptionierungs-, Motivations-, Integrations-, Entscheidungs- und Risikofunktionen innerhalb des Prozesses aus (vgl. Fraser, S. 239).

Während in der Vergangenheit vor allem die Beziehungen zwischen der „Space Production Group" und der „Public Infrastructure Group" von dem Gegensatz privater bzw. einzelwirtschaftlicher und öffentlicher bzw. gemeinwirtschaftlicher Interessen geprägt war, deutet sich heute eine Änderung der Verhältnisse in der Praxis an, welche in dem Begriff des **„Public Private Partnership"** (PPP) zum Ausdruck kommt. Nach dem vom Bundesministerium für Verkehr, Bau- und Wohnungswesen im August 2003 herausgegebenen Leitfaden zu Public Private Partnership im öffentlichen Hochbau kann man es „abstrakt beschreiben als eine langfristige, vertraglich geregelte Zusammenarbeit zwischen öffentlicher Hand und Privatwirtschaft zur Erfüllung öffentlicher Aufgaben[…]" (BMVBW, S. 1). Der Ursprung dieser Idee wird häufig auf die Initiative zur Revitalisierung der Stadt Pittsburgh im Jahre 1943 zurückgeführt (vgl. Kunzmann, S. 7ff.).

Ursache hierfür ist die Einsicht, dass größere Entwicklungsvorhaben nicht nur einer der beiden Gruppen überantwortet werden können, sondern gemeinsamer Anstrengungen beider Seiten bedürfen. Die Institutionalisierung des Public Private Partnership führt zu einem tragfähigen Interessenausgleich und gewandelten Rollenverständnis bei öffentlicher Hand und privaten Unternehmen. Sie bewirkt ebenfalls die **Beschleunigung des Projektentwicklungsprozesses** durch die Parallelisierung von Verfahren und die gemeinsame Erledigung von Aufgaben (vgl. Bone-Winkel, S. 62).

Neuere Ansätze bemühen sich, den PPP-Gedanken auf eine breitere Basis zu stellen und in ein Model des „**Urban Processing**" zu überführen, bei dem die Grenzen zwischen Stadtentwicklung und Projektentwicklung aufgehoben werden.

4.2.2.4   Phasenmodelle („Event-Sequence Models")

Phasenmodelle beschreiten einen pragmatischeren Weg, um den Projektentwicklungsprozess zu charakterisieren. Im Allgemeinen handelt es sich hier um deskriptive Modelle, die die in der Realität auftretenden Prozesse der Immobilienentwicklung in einzelne **idealtypische Phasen** zerlegen. Sie kommen dabei den traditionellen **Ablaufschemata** von Produktions- und Dienstleistungsprozessen recht nahe, bei welchen sich die Herstellung eines Produktes bzw. die Erstellung einer Dienstleistung in mehreren aufeinander folgenden Schritten vollzieht. Am Anfang des Prozesses stehen im Falle der Projektentwicklung die drei bereits genannten Faktoren Standort, Projektidee und Kapital, am Ende steht das nutzungsbereite Immobilienobjekt (vgl. Bone-Winkel, S. 51).

Phasenmodelle sind sehr gut dazu geeignet, die Komplexität und Dynamik des Projektentwicklungsprozesses zu erfassen. Dabei durchlaufen Development-Projekte eine „**Development Pipeline**" mit wechselnder Geschwindigkeit, abhängig von Standort, baulichen Faktoren und den Fähigkeiten und Zielen der Projektbeteiligten. Die mittlere Durchlaufzeit in Deutschland beträgt ca. drei bis fünf Jahre. In der Praxis wird der Projektablauf i.d.R. durch **Netzpläne** abgebildet. Außerdem treten im konkreten Projektablauf Überlappungen, parallele Abläufe und Rückkopplungseffekte auf.

Abbildung 66 zeigt ein fünfstufiges Phasenmodell der Projektentwicklung und des Bau-Projektmanagements in Analogie zu den HOAI-Phasen (vgl. Abschnitt 4.3.5), das vom Projektanstoß bis zur Inbetriebnahme den Prozess der Projektentwicklung abbildet.

Unter **Bau-Projektmanagement** selbst wird die Wahrnehmung aller wirtschaftlichen, rechtlichen und technischen, organisatorischen und terminlichen Aufgaben zur zielgerichteten Abwicklung eines Immobilienprojektes verstanden. Dabei stellen Kosten, Qualität und Termine die zentralen Kriterien dar (vgl. Diederichs, 1996, S. 31).

Das **Phasenmodell des Projektentwicklungsprozesses** nach Bone-Winkel unterscheidet ebenfalls **fünf Phasen** (vgl. Abbildung 67). Dieses Modell stützt sich dabei jedoch weniger auf die Inhalte der Planungs- und Bauabwicklung, sondern vielmehr auf die Abbildung der wesentlichen **Entscheidungsschritte** in der Entstehung und Realisierung eines Immobilien-Projektes. Dieses Phasenmodell wird als Referenzmodell dazu benutzt, die einzelnen Phasen der Projektentwicklung im nun folgenden Kapitel zu erläutern.

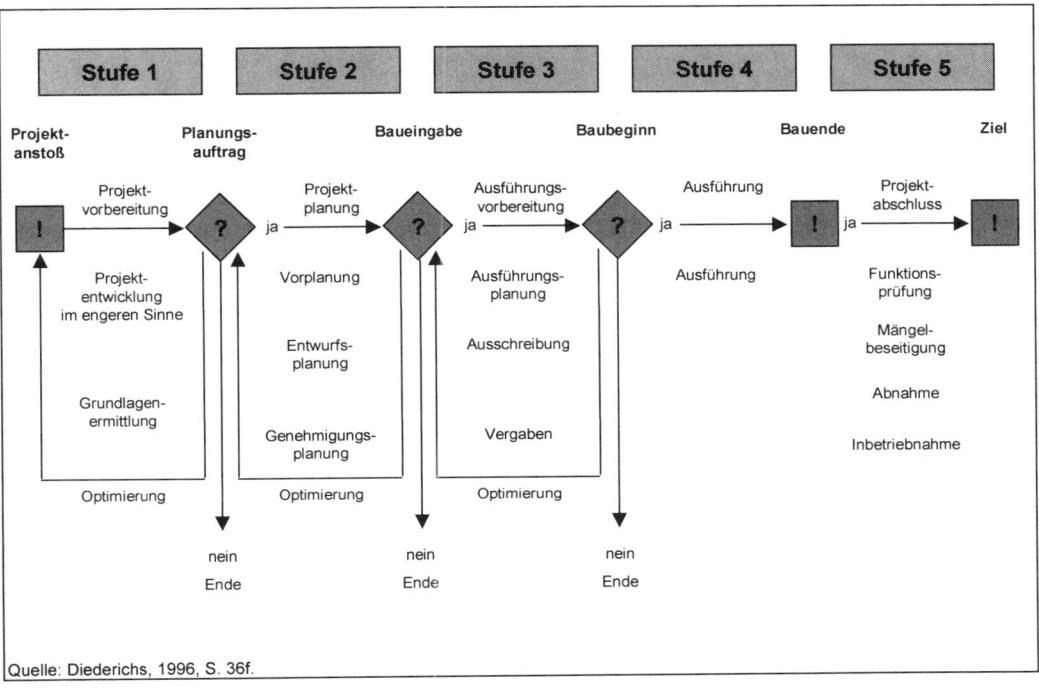

Abbildung 66: Immobilien-Projektentwicklung und Bau-Projektmanagement

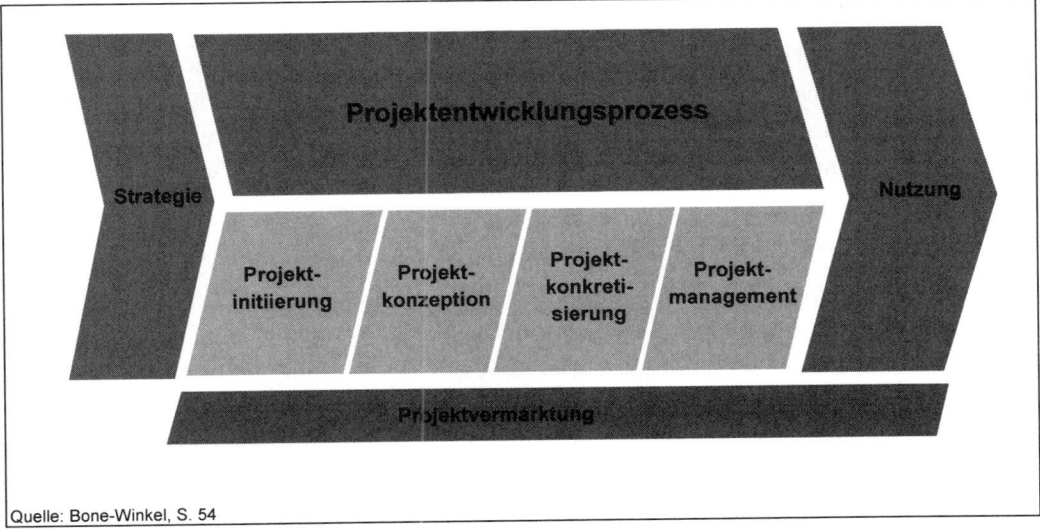

Abbildung 67: Phasenmodell des Projektentwicklungsprozesses

4.2.3 Phasen der Projektentwicklung

4.2.3.1 Grundlagen

Der **Projektentwicklungsprozess** umfasst sämtliche Tätigkeiten, die erforderlich sind, um ein Projekt von der Initiierung bis zur Baufertigstellung und Nutzungsübergabe heranzubilden. Das vorliegende Modell baut dabei auf dem Phasenmodell der School for Advanced Urban Studies der University of Bristol (SAUS) auf (vgl. Barrett/Stewart/Underwood, o.S.). Daraus entwickelte Bone-Winkel ein ursprünglich vierphasiges Modell.

Auf einer zielorientierten Strategie beruhend gliedert sich der Projektentwicklungsprozess in **vier Hauptkomponenten**. Die Projektinitiierung, die Projektkonzeption, die Projektkonkretisierung und das Projektmanagement. Es schließt sich die Nutzungsphase an die Phase des Projektentwicklungsprozesses an. Während der Nutzungsphase übernimmt das Facilities Management die Bewirtschaftung der Immobilie. Facilities Management umfasst das ganzheitliche Betreiben von Gebäuden und Anlagen mit dem Ziel, die Wertschöpfung durch die Immobilie zu optimieren (vgl. Bone-Winkel, S. 51ff.).

Dieses Modell wurde zu einem fünfphasigen Modell verfeinert. Sowohl der Projektentwicklungsprozess als auch die Nutzungsphase werden dauerhaft von der fünften Phase, der Projektvermarktung, begleitet. Im Folgenden werden die fünf Phasen näher erläutert.

4.2.3.2 Projektinitiierung

In Abbildung 68 findet sich eine detaillierte Darstellung des fünfstufigen Projektentwicklungsprozesses, welche die Inhalte der einzelnen Phasen – beginnend mit der Projektinitiierung – im Detail visualisiert. Die Phase der Projektinitiierung lässt sich allgemein nach drei Ausgangssituationen für Projektentwicklungen differenzieren, die im Folgenden genau beschrieben werden.

4.2.3.2.1 Standort sucht Projektidee

Sofern der Standort vorgegeben ist, wenn also entweder der Projektentwickler oder ein Investor ein bereits vorhandenes Grundstück zu entwickeln beabsichtigen (vgl. dazu Punkt 4.2.1.3), besteht die Aufgabe des Projektentwicklers zunächst in der Suche nach einer für das Grundstück geeigneten Projektidee bzw. Nutzungskonzeption. Die häufig vertretene Auffassung, dass eine erfolgreiche Projektentwicklung vor allem von den drei Faktoren „Lage, Lage, Lage" abhänge, muss in dieser Ausgangssituation relativiert werden, da der Standort bereits vorgegeben und damit für den Projektentwickler nicht frei wählbar ist.

Obwohl sich der Prozess der **Ideengenerierung** bei jeder Projektentwicklung anders darstellt, spielt er sich grundsätzlich auf zwei Ebenen ab. Einerseits auf der **Ebene von Analysen und Fak-**

ten und andererseits auf der **Ebene von Inspiration und Vision** (vgl. Nell/Emenlauer, S. 118). Demzufolge wird zunächst vorausgesetzt, dass der Projektentwickler über die Zusammenhänge und das aktuelle Geschehen des Immobilienmarktes informiert ist. Zu diesem Zweck sollte er sich permanent mit der Analyse der Angebots- und Nachfragesituation und dem Verhalten der Wettbewerber beschäftigen. Für ihn sind vor allem die sich wandelnden Anforderungen von Nutzern an Immobilien und die daraus resultierenden Charakteristika bereits erfolgreich am Markt platzierter Objekte von Interesse. Über die Beschäftigung mit dem Immobilienmarkt hinaus sollte er sich auch mit soziokulturellen, politisch-rechtlichen, makroökonomischen und technologischen Rahmenbedingungen auseinandersetzen, da diese direkt und indirekt sowohl auf die Nutzer als auch auf die Projektentwicklung wirken.

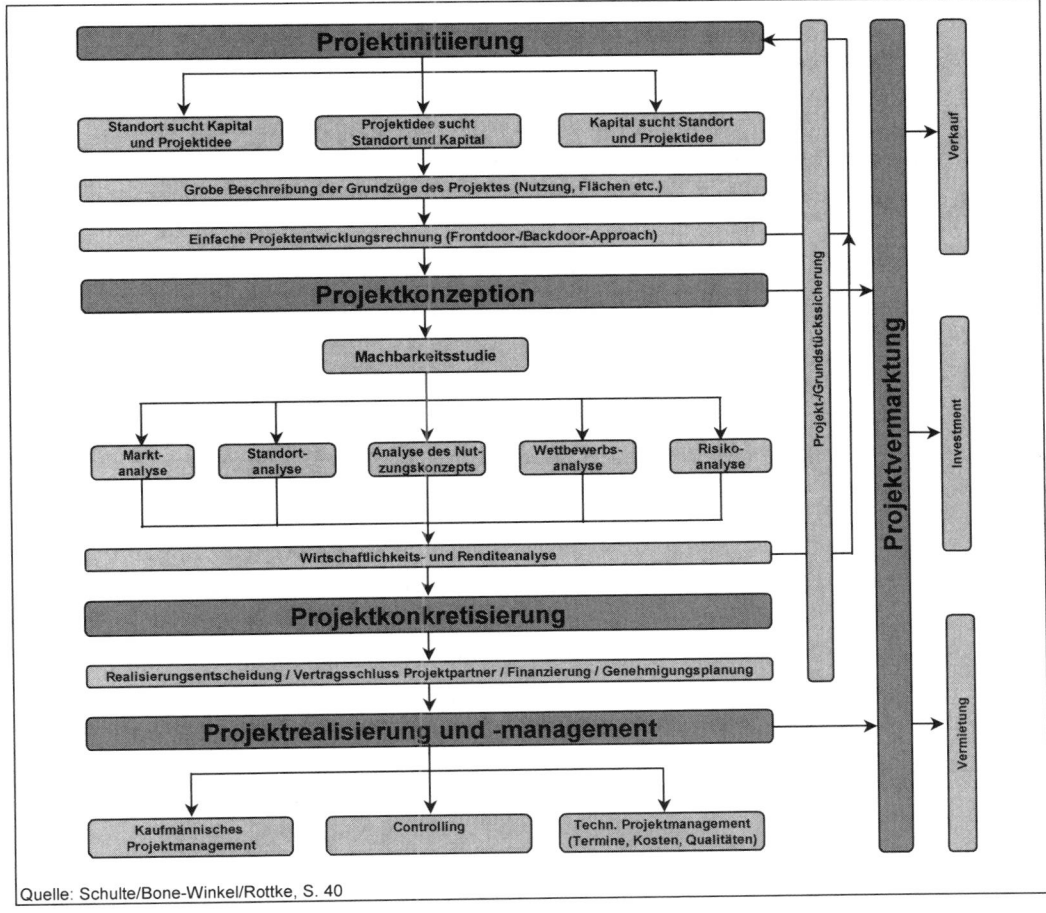

Quelle: Schulte/Bone-Winkel/Rottke, S. 40

Abbildung 68: Detailliertes Phasenmodell des Projektentwicklungsprozesses.

Solche permanent durchzuführenden Marktbeobachtungen sind durch eine **grobe Standortanalyse** (vgl. hierzu ausführlich Kapitel 5.1) zu ergänzen, die darauf abzielt, die Eignung des vorgegebenen Grundstücks für unterschiedliche Immobiliennutzungen festzustellen. Grob deshalb, weil diese Phase des Projektentwicklungsprozesses durch maximale Unsicherheit gekennzeichnet ist und noch nicht feststeht, ob die Projektentwicklung überhaupt durchgeführt wird. Demzufolge wird der Projektentwickler die kostspielige Durchführung detaillierter Analysen noch nicht riskieren wollen, sondern sich zunächst mit einer **Voruntersuchung des Grundstücks** begnügen. Hieraus lassen sich ohne großen Aufwand erste Erkenntnisse über die Eignung ableiten, z.B. hinsichtlich:

- Grundstücksgröße,

- Zuschnitt,

- Zufahrtsmöglichkeiten,

- Anbindung an Straßen und den ÖPNV,

- Nachbarschaftliche Nutzungen bzw. Umfeldstruktur,

- Altlastenverdachtsmomente.

Anschließend sollte der Projektentwickler Einsicht in das Grundbuch sowie den Bebauungs- und evtl. Flächennutzungsplan nehmen, um sich über die Eigentümerfrage, mögliche Belastungen sowie Art und Maß der zulässigen Bebauung zu informieren, so weit er diese nicht ohnehin kennt (vgl. Stich, S. 387ff.).

Auf der Grundlage der Einschätzung des Immobilienmarktes und seiner Rahmenbedingungen sowie der Qualität des vorgegebenen Standortes und seines Umfeldes besteht die Aufgabe des Projektentwicklers dann darin, die besondere Eignung des vorgegebenen Grundstücks für eine bestimmte Immobiliennutzung herauszuarbeiten und hierfür ein **grobes Nutzungskonzept** und eine erste **überschlägige Wirtschaftlichkeitsberechnung** zu entwickeln. Hierzu reichen die analytischen Fähigkeiten alleine nicht mehr aus, vielmehr bedarf es zunehmend des **Talents des Projektentwicklers**, aus dem Zusammenspiel der analysierten Fakten und Erfahrungen mit ähnlichen Projekten ein intuitives Gespür für die Erstellung eines Nutzungskonzeptes zu entwickeln, das sowohl dem Standort als auch der gegenwärtigen Lage auf dem Immobilienmarkt und vor allem den Bedürfnissen potenzieller Nutzer gerecht wird.

Ein solches Nutzungskonzept muss nicht notwendigerweise völlig neu sein. So lassen sich Konzepte, die der Projektentwickler oder ein Konkurrent anderenorts bereits erfolgreich realisiert hat, durchaus übernehmen, sofern sie den geänderten Standortbedingungen und dem „**genius loci**" des Grundstückes entsprechend angepasst und nicht nur bloß kopiert werden, was vor dem Hintergrund der standortbedingten Einzigartigkeit von Immobilien wenig Erfolg versprechend sein würde.

Neben dem Projektentwickler kann die **Initiative zur Projektinitiierung** auch aus dessen **Umfeld** hervorgehen, sei es von Seiten potenzieller Auftraggeber, zu denen insbesondere Grundstückseigentümer, Investoren und Nutzer zu zählen sind, oder von dritter Seite, etwa von Stadtplanern, politischen Institutionen, Architekten, Maklern, Gutachtern, Bauunternehmern, Interessenvertretern und Initiativen. Dabei gilt es allerdings zu beachten, dass all diese **Institutionen** den Projektentwicklungsprozess auch entscheidend behindern können, sofern sich ihre Interessen mit denen des Projektentwicklers nicht in Übereinstimmung bringen lassen. Aus diesem Grund ist es für den Projektentwickler unabdingbar, die Interessen der durch die Projektentwicklung betroffenen Institutionen bereits in der Projektinitiierungsphase zu identifizieren und entsprechend zu berücksichtigen.

4.2.3.2.2 Projektidee sucht Standort

Sofern die **Projektidee** vorgegeben ist, die sowohl vom Projektentwickler als auch aus dessen Umfeld stammen kann, besteht die Aufgabe des Projektentwicklers zunächst in der Suche nach einem geeigneten Standort. In diesem Zusammenhang interessieren zunächst die **Informationsquellen**, die den Projektentwickler bei seiner Suche nach einem solchen Standort unterstützen. An erster Stelle stehen dabei möglichst intensive **persönliche Kontakte** zu denjenigen Marktteilnehmern, die an Grundstückstransaktionen beteiligt sind. Aus diesem Grund wird der Projektentwickler das regelmäßige Gespräch mit anderen Projektentwicklern, Maklern und Beratern, Gutachtern, Marktforschern, Investoren, Financiers, Anwälten und Notaren, Unternehmern sowie Vertretern von öffentlichen Institutionen, insbesondere der Bau- und Planungsämter, der Wirtschaftsförderung und der Industrie- und Handelskammer suchen.

Darüber hinaus wird der Projektentwickler regelmäßig die (Fach-)**Presse** hinsichtlich stadtentwicklungspolitischer Veränderungen, Standortveränderungen bzw. -verlagerungen oder sonstigen Nachrichten und Informationen mit potenziellen Auswirkungen auf Angebot und Nachfrage auf dem Flächenmarkt auswerten. Der Zugriff auf professionelle, computergestützte **Datenbanken**, wie sie beispielsweise in den USA und Großbritannien existieren, ist in Deutschland erst eingeschränkt möglich. Demgegenüber setzen Anbieter von Grundstücken und Flächen inzwischen nahezu ausnahmslos auf internetbasierte Präsentationen, die eine schnelle und häufig tiefgehende Prüfung der Objekte ermöglichen.

Aus Sicht des Projektentwicklers ist es unabdingbar, sich im Laufe der Zeit hierzu eine **eigene Wissensbasis** aufzubauen, nicht zuletzt auch vor dem Hintergrund, dass das Grundstück zu den kritischen Erfolgsfaktoren einer Projektentwicklung zählt. Dabei resultiert die große Bedeutung

des Grundstücks für den Entwicklungserfolg zunächst aus der Tatsache, dass die Grundstückskosten bei vielen innerstädtischen Projektentwicklungen nach den Baukosten den höchsten Kostenblock repräsentieren und gleichermaßen der Wert und insbesondere die Wertsteigerungsmög-
lichkeiten des Projektes über den Wert von Grund und Boden bestimmt werden.

Die verschiedenen auf diese Weise in Erfahrung gebrachten Grundstücke sind dann vor dem Hintergrund der vorgegebenen Nutzungskonzeption im Rahmen einer groben Standortanalyse auf ihre **Eignung** zu untersuchen – dabei ist zu berücksichtigen, dass unterschiedliche Nutzungen unterschiedliche Standorte erfordern. Anhand dieser wenigen, den Ansprüchen der Projektinitiierungsphase jedoch durchaus angemessenen Informationen lassen sich die Grundstücke
i.d.R. bereits recht gut einordnen.

Im nächsten Schritt hat dann die Auswahl des für die vorgegebene Projektidee am besten geeigneten Grundstücks zu erfolgen. Hierzu wird gemeinhin eine **Nutzwertanalyse** durchgeführt, bei der
zunächst die einzelnen Standortfaktoren entsprechend ihrer Bedeutung für die zugrunde liegende
Nutzung gewichtet und anschließend die jeweiligen Zielerfüllungsgrade der Grundstücke bestimmt werden. Anhand dieses Verfahrens lässt sich die Eignung eines Standortes für eine bestimmte Nutzung quantitativ beurteilen (vgl. dazu ausführlich Kapitel 5.1).

4.2.3.2.3 Kapital sucht Standort und Projektidee

Auf die explizite Darstellung dieser **dritten Ausgangssituation** kann an dieser Stelle verzichtet
werden, da die zugrunde liegenden Aufgabengebiete in dieser Phase des Projektentwicklungsprozesses denen der beiden dargestellten Ausgangssituationen entsprechen.

Hat der Projektentwickler also entweder eine geeignete Projektidee (Ausgangssituation 1) oder ein
geeignetes Grundstück (Ausgangssituation 2) identifiziert, wird er gegen Ende der Projektinitiierungsphase noch eine **einfache Projektentwicklungsrechnung** (vgl. hierzu Punkt 4.2.5.5) durchführen. Eine solche Rechnung – bei der die aus Erfahrungswerten abgeleiteten erwarteten Gesamtkosten des Projektes den erwarteten Gesamterträgen gegenübergestellt werden – soll
Aufschluss darüber geben, ob das bisher nur in den Grundzügen umrissene Projekt wirtschaftlich
tragfähig scheint und damit die zur Verfeinerung unabdingbaren detaillierteren Analysen, die je
nach vorhandener Fachkompetenz teilweise den kostspieligen Einsatz externer Berater erfordern,
rechtfertigt.

Ist dies der Fall, stellt sich für den Projektentwickler damit die Frage nach Art und Zeitpunkt der
Sicherung des ausgewählten Grundstücks (Ausgangssituation 2). Sofern es der Wettbewerb um
das Grundstück und die Interessenlage des Eigentümers zulassen, sollte dieses im gegenwärtigen
Stadium des Projektentwicklungsprozesses noch nicht gekauft werden, da erst im Rahmen der
sich anschließenden Projektkonzeptionsphase die Entscheidung darüber fallen kann, ob das initi-

ierte Projekt tatsächlich wirtschaftlich tragfähig ist und in die Tat umgesetzt werden soll. Unter Risikogesichtspunkten sollte sich der Projektentwickler deshalb um eine **Option oder Anhandgabevereinbarung** auf das Grundstück bemühen, deren Prämie dann mit dem Eigentümer auszuhandeln ist. Sollte dem Eigentümer ein Optionsvertrag nicht ausreichen, so könnte sich der Projektentwickler unter Umständen auch für einen **Kauf unter aufschiebender Bedingung** (z.B. unter der Maßgabe, dass ein bestimmtes Baurecht realisiert wird) entscheiden. Da der Kauf in einem solchen Fall jedoch nur durch Nichterfüllung der vereinbarten Bedingung unwirksam würde, sollte sich bereits in der Projektinitiierungsphase sehr deutlich abzeichnen, dass das Projekt tatsächlich realisierbar ist.

4.2.3.3 Projektkonzeption

4.2.3.3.1 Aufgaben und Ziele

Wie in Abbildung 68 dargestellt wird nun das aus der Projektinitiierung grob umrissene Projekt einer systematischen **formalen Analyse** unterworfen, die den Projektentwickler in die Lage versetzen soll, die Realisierungsfähigkeit des Projektes anhand detaillierter Daten und Prognosen zu verifizieren und den anderen an der Projektentwicklung beteiligten Institutionen, insbesondere den potenziellen Financiers, Nutzern und Investoren sowie der Öffentlichkeit, nachvollziehbar begründen zu können. Zu diesem Zweck sind folgende Analysen durchzuführen:

- Standort- und Marktanalysen,
- Analyse des Nutzungskonzeptes,
- Wettbewerbsanalysen,
- Risikoanalysen,
- Wirtschaftlichkeitsanalysen.

Für diese Vielzahl von Analysen hat sich der Oberbegriff **Machbarkeitsstudie („Feasibility Analysis")** herausgebildet. Die Feasibility Analysis setzt voraus, dass ein Projekt nicht nur den Zielen des Projektentwicklers, sondern auch den Zielen der übrigen beteiligten Institutionen, insbesondere denjenigen der potenziellen Nutzer und der Öffentlichkeit, Rechnung trägt. Das Projekt muss darüber hinaus in einem bestimmten zeitlichen Rahmen umsetzbar sein und zwar unter Beachtung eventuell auftretender Probleme in wirtschaftlicher, technischer, rechtlicher oder sozialer Hinsicht und vor dem Hintergrund der vorhandenen, nicht nur finanziellen, sondern auch personellen und persönlichen Ressourcen des Projektentwicklers. Nichtsdestotrotz kann die Feasibility Analysis den Erfolg einer Projektentwicklung nicht garantieren, auch dann nicht, wenn obige Bedingungen erfüllt sind; sie trägt vielmehr dazu bei, **Entwicklungsrisiken aufzudecken**, darzustellen und zu werten. Gleichzeitig sind die in der Machbarkeitsstudie gesetzten Prämissen während der gesamten Entwicklungszeit des Projektes laufend zu hinterfragen. Bei erkennbaren Abweichungen, die sich zum Teil bereits als „schwache Signale" ankündigen, ist der Analyseprozess wieder in Gang zu setzen und das Nutzungskonzept gegebenenfalls anzupassen. Es ist wichtig festzuhalten, dass das Projekt am Ende der Projektkonzeptionsphase immer noch gestoppt werden kann. Aufgrund der umfangreichen Analysetätigkeiten, die zumindest teilweise auch den Einsatz spezialisierter Berater erfordern, ist ein Abbruch in diesem Stadium des Projektentwicklungsprozesses allerdings mit höheren Kosten verbunden als nach Ende der Projektinitiierungsphase.

Die der Feasibility Analysis zugrunde liegenden einzelnen **Analysearten** werden im Folgenden näher präzisiert. Dabei ist zu berücksichtigen, dass in der Praxis aufgrund zeitlicher, personeller oder finanzieller Restriktionen häufig auf einzelne Analysen verzichtet wird. Dies ist insbesondere der Fall, wenn das Projekt scheinbar einfach ist, also z.B. bereits ein langfristiger Mietvertrag und eine Baugenehmigung vorliegen. Die Durchführung sämtlicher Analysen insbesondere zu Zwecken der Risikoreduktion und zur Prüfung der Drittverwendungsfähigkeit ist jedoch dringend anzuraten, da die Beeinflussbarkeit des Projektes in dieser Phase noch gegeben ist und selbst ein Abbruch häufig die bessere Alternative als das sture Festhalten an einer von Gremien genehmigten ist.

4.2.3.3.2 Standort- und Marktanalysen

Eine **Standort- und Marktanalyse** (auch **STOMA**; vgl. ausführlich Kapitel 5.1) ist die Informationsgrundlage vieler immobilienwirtschaftlicher Entscheidungen und gehört in den meisten Fällen auch zu den notwendigen Vorarbeiten für die Präsentation gegenüber Gremien. Aus der Beschreibung der Rahmenbedingungen ergeben sich, ob ausdrücklich formuliert oder als unausgesprochene Konsequenz, Aussagen mit Prognosecharakter.

Das Ziel der **Marktanalyse** ist die kurz- und mittelfristige Abschätzung des Vermietungs- und Verkaufserfolges einer Nutzungskonzeption für ein Objekt oder Projekt. Dazu wird die Angebots- und Nachfragesituation auf den Anlage- und Vermietungsmärkten untersucht. Die Untersuchung erstreckt sich dabei im Wesentlichen auf den relevanten Teilmarkt, z.B. Büroflächen in Citylagen. Der korrekten Abgrenzung des relevanten Marktes kommt hier besondere Bedeutung zu.

In der **Angebotsanalyse** beginnt man zunächst mit dem Flächenbestand, der segmentiert nach verschiedenen Kriterien (Lagen, Qualitäten, etc.) durch maßgebliche Größen wie Leerstandsrate und Flächenangebot charakterisiert wird. Zum Bestand kommen geplante Flächen hinzu, je nach Entwicklungszustand mit unterschiedlichen Realisierungshorizonten und -wahrscheinlichkeiten. Die **Nachfrageanalyse** beschäftigt sich einerseits mit dem aktuellen Flächenbedarf, der zunächst durch vorhandene Gesuche sichtbar wird, aber auch anhand der momentanen Absorptionsrate kurzfristig abgeschätzt werden kann. Mittelfristig entscheidet das grundsätzliche Potenzial des Nutzungssegmentes, also z.B. das Branchenwachstum, über den voraussichtlichen Trend der Nachfrageentwicklung. In der **Preisanalyse** wird das Niveau und die jüngere Entwicklung von differenzierten Miet- und Kaufpreisen untersucht (vgl. Rottke/Wernecke, o.S.).

Die sorgfältige Analyse ist die Voraussetzung, die richtige Schlussfolgerung aber der entscheidende Erfolgsfaktor der Marktanalyse. Die Beschreibung der Dynamik von Angebot, Nachfrage und Preisen erlaubt eine Einschätzung des aktuellen Status im Immobilienzyklus und damit der mittelfristig zu erwartenden Markttendenzen.

Aus Sicht des Projektentwicklers genießt die **Standortanalyse** einen ebenso hohen Stellenwert wie die Marktanalyse. In diesem Stadium des Projektentwicklungsprozesses geht es darum, die Ergebnisse der bereits in der Projektinitiierungsphase eingeleiteten, jedoch noch sehr groben Standortanalyse kritisch zu überprüfen und weiter zu präzisieren.

So werden die räumlichen Rahmenbedingungen eines Objektes oder Projektes betrachtet. Üblicherweise wird zwischen **Makrostandort** (Stadt, Umland) und **Mikrostandort** (Grundstück) unterschieden. Diese räumliche Differenzierung hat auch einen zeitlichen Aspekt; von größeren Diskontinuitäten abgesehen, wie z.B. dem Regierungsumzug Bonn/Berlin, nehmen viele Entwicklungen auf der Makroebene einen relativ gleichmäßigen Verlauf (Verkehrsstruktur, Wirtschaftsstruktur, Image) oder sind sogar längerfristig konstant (Entfernung zu Nachbarstädten, Zentralörtlichkeit). Bei den Elementen der Mikroebene gibt es zwar ebenfalls stabile Größen (Grundstücksgröße und -zuschnitt), andere Größen aber können sich manchmal innerhalb weniger Jahre in ihrer Ausprägung oder Bedeutung ändern (Sozialstruktur, Prestige der Lage) (vgl. Rottke/Wernecke, o.S.).

4.2.3.3.3 Analyse des Nutzungskonzeptes

Auf der Grundlage der gewonnenen Erkenntnisse über die Charakteristika des Mikro- und Makrostandortes des Projektes, über die Konzeption von Konkurrenzimmobilien in diesem Teilmarkt sowie über die gegenwärtigen und zukünftigen Bedürfnisse der avisierten Nutzergruppe, kann der Projektentwickler nun mit einem Architekten für das initiierte, bisher jedoch nur grob umrissene Projekt **erste Planungsunterlagen strukturieren**. Dabei ist es Aufgabe des Projektentwicklers, dem Architekten einen detaillierten Einblick in die angestrebte Funktion – also in das Nutzungskonzept – der projektierten Immobilie zu vermitteln. Die Aufgabe des Architekten besteht dann darin, die Vorgaben des Projektentwicklers in eine architektonisch anspruchsvolle Immobilie umzusetzen, die dem gewählten Standort gerecht wird und sich harmonisch in die Umgebung einfügt, die – ohne den festgelegten Kostenrahmen zu überschreiten – vor allem größtmögliche

Flexibilität im Hinblick auf potenzielle Nutzungsänderungen bietet und die zugleich so konzipiert ist, dass in der Nutzungsphase ein einwandfreier und kostengünstiger Betrieb gewährleistet ist.

Um die Arbeit des Architekten zu unterstützen, sollte der Projektentwickler bereits in diesem Stadium des Entwicklungsprozesses **Spezialisten** aus den Bereichen Projektmanagement, Facilities Management und Vermarktung in das Team aufnehmen, die aufgrund ihrer Erfahrung zur rechtzeitigen Identifizierung und Korrektur konzeptioneller Planungsdefizite beitragen können. Dabei sollte sich das Team, hier illustriert an der Entwicklung einer Büroimmobilie, u.a. mit den folgenden Planungsaspekten eingehend auseinandersetzen:

- **Büroraumkonzeption**: Sämtliche Raumkonzeptionen lassen sich den **vier Grundformen** Großraumbüro, Gruppenbüro, Zellenbüro oder Kombibüro zuordnen. Großraum- und Gruppenbüros bedingen eine sehr spezifische unternehmensbezogene Nutzung. Sie eigneten sich daher bislang kaum für spekulative Projektentwicklungen, Projekte also, die ohne vorher feststehenden Nutzer begonnen werden. Dagegen ermöglichen Zellen- und Kombibüros, die sich bei geschickten Grundrisslösungen sogar im gleichen Gebäude verwirklichen lassen, ein hohes Maß an Nutzungsflexibilität.

- **Typologie der Gebäude**: In Abhängigkeit vom gewählten Büroraumkonzept ergeben sich zwangsläufig unterschiedliche **Grundrissgestaltungen**, welche die gesamte Konfiguration des Baukörpers wesentlich beeinflussen. Für spekulative Projektentwicklungen eigneten sich bislang insbesondere zweibündige Anlagen, in denen sich sowohl Zellenbüros als auch Gruppenbüros sowie gegebenenfalls Kombibüros verwirklichen lassen und die bei guter Auslegung des Gebäuderasters zudem den Vorteil sehr wirtschaftlicher Bauweise aufweisen. In jüngerer Zeit setzt sich jedoch, getrieben von neuen Arbeitsplatzkonzepten in der Wirtschaft, eine höhere Gebäudetiefe durch. Diese ermöglicht grundsätzlich jede der angesprochenen Grundrisslösungen, wenngleich bei einem reinen Zellengrundriss sich hier eine reduzierte Flächeneffizienz ergibt.

- **Primärstruktur:** Die Primärstruktur eines Bauwerks bezeichnet dessen **Tragwerksstruktur** (Rohbau). Bei der spekulativen Projektentwicklung von Bürobauten wird in Deutschland die Konstruktion in Stahlbetonskelettbauweise favorisiert, da Skelettbauten insbesondere im Hinblick auf in der Zukunft potenziell erforderliche Nutzungsänderungen eine ausgezeichnete Anpassungsfähigkeit aufweisen. Dabei führt der Wunsch des Projektentwicklers nach höchstmöglicher Flexibilität einer gleichermaßen wirtschaftlichen Konstruktion zwangsläufig zu Rastersystemen. Auch der Geschosshöhe kommt verstärkt Bedeutung zu, da insbesondere Großraumlösungen eine lichte Höhe oberhalb von 3 m erfordern.

- **Sekundärstruktur:** Als Sekundärstruktur eines Bauwerks wird dessen **Innenausbau** verstanden. In diesem Zusammenhang sind neben den Aspekten der Bauphysik, die u.a. den Schall- und Brandschutz betreffen, insbesondere Fragen hinsichtlich der Decken-, Wand- und Bodenkonstruktion zu analysieren.

- **Tertiärstruktur:** Die **Haustechnik** bildet die Tertiärstruktur eines Bauwerks. Hierzu zählen u.a. die Heizungs- und Klimatechnik, die Beleuchtungstechnik, die Energieversorgung sowie die Aufzüge. Entscheidungen über den Qualitätsstandard der einzubauenden Tertiärstruktur sollten vor allem den Aspekten der Wartungsfreundlichkeit bzw. Wartungsfreiheit sowie der Alterungsbeständigkeit Rechnung tragen und sich darüber hinaus an der ermittelten Bedürfnisstruktur der avisierten Zielgruppe orientieren. So kann beispielsweise das Vorhandensein einer Klimaanlage für manche Nutzer eine unabdingbare Voraussetzung für eine Anmietung darstellen, gleichzeitig aber andere Nutzer aufgrund der erforderlichen höheren Miete sowie zusätzlicher Betriebskosten von einer Anmietung abhalten.

- **Technologischer Fortschritt: Innovationen** bedingen zunehmend die Arbeit des Architekten. So führt beispielsweise die Entwicklung von Wireless-LAN Systemen zum Verzicht auf die Installation von Doppelböden und trägt somit zur Senkung der Baukosten bei.

Häufig arbeitet das gesamte Planungsteam von Architekten, Fachingenieuren und Gutachtern in den HOAI-Phasen der Grundlagenermittlung und Vorplanung auf **Akquisitionsbasis**. Erst bei Projekterfolg bzw. bei definitiver Realisierungsentscheidung wird ein Honorar fällig und eine Weiterbeauftragung in Aussicht gestellt. Gleichwohl sind die Anforderungen an die Planung hoch. Die Planungsunterlagen sollten so detailliert sein, dass sie den Projektentwickler im Rahmen seiner Überzeugungsarbeit bei den Behörden, Financiers, potenziellen Nutzern und Investoren hinreichend unterstützen und die Realisierungsentscheidung ermöglichen.

4.2.3.3.4 Wettbewerbsanalysen

Wie schon an anderer Stelle erwähnt, laufen die einzelnen Analyseschritte im Rahmen der Feasibility Analysis nicht sequenziell, sondern zumeist parallel und auch mit Schleifen ab. Dies gilt insbesondere für die Wettbewerbsanalyse, welche die Markt- und Standortanalyse sowie die Analyse des Nutzungskonzeptes integriert, indem die **relative Marktposition** der projektierten Immobilie im Vergleich zu den wichtigsten Konkurrenzimmobilien bestimmt wird. Die Wettbewerbsanalyse beginnt mit der Identifikation geeigneter Konkurrenzimmobilien im relevanten Marktsegment und ist somit eng verbunden mit der Untersuchung der Angebotssituation im Rahmen der Marktanalyse. Zu den **Konkurrenzimmobilien** zählen sowohl bereits bestehende als auch genehmigte, im Bau befindliche oder projektierte Immobilien, die zunächst mit ihren Grunddaten zu erfassen sind. Hierzu gehören der Name des Grundstückseigentümers, die Adresse, die Grundstücksgröße, die Nutzfläche, die Leerstandsquote, das Baujahr bzw. das Jahr der voraussichtlichen Fertigstellung sowie – bei genehmigten, im Bau befindlichen oder projektierten Immobilien – eventuell Angaben über den Projektentwickler und das mit der Vermarktung beauftragte Maklerunternehmen. Ferner sind bereits erfolgte (Vor-)Vermietungen oder Beteiligungen von Investmentpartnern und die jeweilige Deal-Struktur festzuhalten.

Im nächsten Schritt hat der Projektentwickler eine **Checkliste** derjenigen Kriterien zu erstellen, anhand derer die projektierte Immobilie mit den Konkurrenzimmobilien verglichen werden soll; grundsätzlich handelt es sich dabei vor allem um die Mietkonditionen sowie Faktoren der Standortattraktivität und Gebäudeattraktivität. Insofern bestehen enge Wechselbeziehungen zwischen der Wettbewerbsanalyse einerseits und der Analyse von Markt, Standort und Nutzungskonzept andererseits. Im dritten Schritt sind die **Vergleichskriterien** zunächst gemäß ihrer Bedeutung zu gewichten und anschließend für das initiierte Projekt und die Konkurrenzimmobilien im Hinblick auf ihren jeweiligen Erfüllungsgrad zu bewerten. Aus den Kriteriengewichten und den Erfüllungsgraden kann schließlich ein **Attraktivitätsindex** abgeleitet werden, mit dem sich die relative Wettbewerbsposition des initiierten Projekts bestimmen lässt.

Aus der relativen Wettbewerbsposition des initiierten Projekts kann der Projektentwickler wertvolle Rückschlüsse auf die Stärken und Schwächen des bestehenden Nutzungskonzepts ziehen. Damit stellt die Wettbewerbsanalyse ein wichtiges Instrument im Rahmen der kontinuierlich erforderlichen **Überprüfung des Nutzungskonzepts** dar, die auf die bestmögliche Anpassung an die Bedürfnisse der potenziellen Nutzer ausgerichtet ist und zugleich die weitestgehende Differenzierung von den Angeboten der Konkurrenz anstrebt. Zu berücksichtigen ist, dass die relative Stärke eines Analyseprojektes noch nicht dessen erfolgreiche Vermietung garantiert, da diese auch von der Nachfrageentwicklung abhängt.

Da der Auswahl und Gewichtung der oben genannten Kriterien eine gewisse Subjektivität anhaftet und darüber hinaus die Kriterien je nach Objekt durch beliebige Faktoren ergänzt werden können, empfiehlt es sich, Wettbewerbsanalysen durch Team-Arbeit zu objektivieren. Grundsätzlich kann hinsichtlich der Positionierung eines Projektes festgestellt werden, dass in jüngerer Zeit nicht die Orientierung an durchschnittlichen Standards, sondern gerade das „**Abweichen von der Norm**" bei Designkonzept, Arbeitsplatzgestaltung und Marktauftritt besonderen Erfolg zeigte.

4.2.3.3.5 Risikoanalysen

Sofern die Sonderform der nutzerbezogenen Projektentwicklung, bei der schon zu Beginn des Entwicklungsprozesses der Endnutzer oder Investor feststeht, außer Acht gelassen wird, zählt die Projektentwicklung von Immobilien zu den **risikoreichsten** unternehmerischen Aktivitäten überhaupt, da sie Investitionen relativ hoher Kapitalbeträge in die Schaffung von Produkten erfordert, die in Bezug auf Zeit und Raum sehr fixiert sind und einen i.d.R. relativ kleinen Markt bedienen, über dessen zukünftige Nachfrage Unsicherheit besteht.

Das **Maß des Risikos** wird an einer einfachen Rechnung deutlich. Wenn der durchschnittliche Trading Profit des Developers tatsächlich bei rund 15% liegt, dann genügt dieser Ertrag in den meisten Fällen, um anderthalb bis zwei Jahre Leerstand zu finanzieren. Zieht man von dem Bruttoertrag die eigenen Kosten des Developers und einen Eigenkapitalverzinsungsbetrag ab, dann dürfte lediglich eine Jahresmiete abzudecken sein. In der Praxis genügt dieser Deckungsbeitrag häufig nicht, um für alle Risiken, insbesondere für die Vermietungsrisiken aus der Projektentwicklung, aufzukommen.

In diesem Zusammenhang spielt die Tatsache, dass im Verlauf des Projektentwicklungsprozesses die Gewissheit über den wahrscheinlichen Erfolg oder Misserfolg zwar steigt, gleichzeitig aber die **Manövrierfähigkeit** sinkt, eine große Rolle. Anders gesagt besitzt der Projektentwickler am Anfang des Prozesses bei maximaler Unsicherheit die maximale Manövrierfähigkeit, am Ende des Prozesses hingegen die maximale Sicherheit ohne die ggf. für Anpassungen gewünschte Manövrierfähigkeit (vgl. Byrne/Cadmann, S. 5). Welchen Investitionsrisiken Projektentwicklungen im Detail unterworfen sind, zeigt in einem Überblick Abbildung 69.

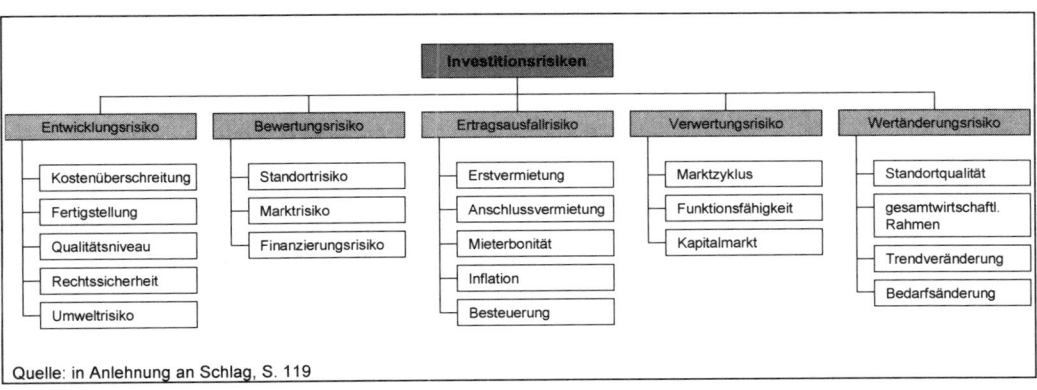

Abbildung 69: Risiken der Projektentwicklung

Die Einstellung von Projektentwicklern gegenüber Risikofaktoren variiert erheblich. Insgesamt lässt sich allerdings feststellen, dass Projektentwickler weit weniger Gebrauch von Instrumenten des **Risikomanagements** machen – etwa dem Einsatz der Entscheidungstheorie – als andere Branchen. Dies ist zum Teil darauf zurückzuführen, dass die in erster Linie von kleinen und mittelgroßen Unternehmen dominierte Projektentwicklerbranche größtenteils so organisiert ist, dass wesentliche Entscheidungen zentral von der Geschäftsführung gefällt werden, wobei Erfahrung und Intuition häufig eine größere Rolle spielen als durch Analysen abgeleitete Fakten. Solche Organisationsformen charakterisieren mitunter auch die großen Projektentwicklungsunternehmen. Nichts desto trotz wird ein formalerer Ansatz der **Entscheidungsfindung**, der auch Risikoaspekten sehr viel stärker Rechnung trägt, erforderlich werden. Teilweise wird er bereits praktiziert. Dies gilt insbesondere vor dem Hintergrund der – durch den wachsenden Einfluss von offenen Immobilienfonds, Immobilien-AGs, Versicherungen, Pensionskassen und Finanzdienstleistern begründeten – zunehmenden **Institutionalisierung** der Immobilienmärkte und damit letztlich auch der Projektentwicklung. In diesem Zusammenhang besteht die Aufgabe der Risikoanalyse darin, die Entscheidungsbasis der Projektentwickler durch die Identifizierung sowohl der beeinflussbaren, als auch der außerhalb des Einflusses liegenden Risikoaspekte zu verbessern (vgl. Byrne/Cadman, S. 3ff.). Spekulative Projektentwicklungen bergen gemeinhin die folgenden **Risikoarten**, die sich nicht immer eindeutig voneinander abgrenzen lassen:

Das **Entwicklungsrisiko** einer jeden Projektentwicklung besteht zunächst darin, dass durch eine nicht marktkonforme Projektkonzeption im Sinne unzureichender Standort- und Nutzungsadäquanz Schwierigkeiten bei der angestrebten Vermietung bzw. Veräußerung auftreten können. Dieses Risiko ist um so höher, je mehr sich der Projektentwickler von seinem angestammten Marktsegment entfernt und versucht, Immobilienprojekte, mit denen er keine Erfahrung hat, an Standorten, mit denen er nicht vertraut ist, in Größendimensionen, die seine persönlichen und finanziellen Fähigkeiten überfordern, zu entwickeln (vgl. Sorenson, S. 11). Wie in anderen Wirtschaftszweigen auch lässt sich in der deutschen Projektentwicklungsbranche angesichts des steigenden Wettbewerbsdruckes seit geraumer Zeit eine zunehmende Spezialisierung der Unternehmen auf bestimmte Immobilienarten und/oder Regionen feststellen (vgl. Isenhöfer, S. 30ff.).

Darüber hinaus lassen sich auch das Prognoserisiko und das Planungsrisiko letztlich als Entwicklungsrisiken auffassen. Dabei bezeichnet das **Prognoserisiko** die Gefahr, dass die in den unterschiedlichen Analysen prognostizierten Rahmenbedingungen, auf deren Grundlage die Entscheidung über die Durchführung der Projektentwicklung abgeleitet wurde, in der Wirklichkeit nicht eintreten. Unter **Planungsrisiko** soll verstanden werden, dass die im Rahmen der Projektinitiierung und Projektkonzeption zu erbringenden Analysen und Planungen zu dem Ergebnis kommen können, dass das Projekt aus wirtschaftlichen, technischen oder planungsrechtlichen Gründen nicht umsetzbar ist und demzufolge gestoppt wird, sodass die bereits erbrachten, mitunter umfangreichen Vorleistungen des Projektentwicklers verloren gehen. Zur **Reduzierung des Entwicklungsrisikos** empfehlen sich u.a. folgende Maßnahmen:

- gewissenhafte Einschätzung der eigenen Fähigkeiten und Ressourcen,

- Auswahl fachlich versierter und erfahrener Projektpartner,

- systematische und umfassende Analysetätigkeit (Markt-, Standort-, Nutzungskonzept-, Wettbewerbs-, Risiko- und Rentabilitätsanalysen),

- rechtzeitige Aufnahme der Projektvermarktung,

- Risikoteilung durch Bildung strategischer Allianzen,

- Überwälzung von Risiken auf Projektbeteiligte.

Die **Zeit** zählt zu den größten Risikofaktoren innerhalb des Projektentwicklungsprozesses. So resultiert das Überschreiten der geplanten Entwicklungs- und/oder Vermarktungsdauer wegen des bei den meisten Projekten hohen Fremdkapitalanteils in einer zusätzlichen Zinsbelastung, die den kalkulierten Gewinn des Projektentwicklers sehr schnell aufzehren kann. Dabei können die Gründe für Abweichungen von den zeitlichen Vorgaben sowohl interner Natur sein, etwa durch die mangelhafte Organisation des Projektteams, als auch externer Natur sein, etwa durch langfristige Genehmigungsverfahren. Darüber hinaus kann das Überschreiten der Entwicklungs- und/oder Vermarktungsdauer dazu führen, dass sich die ehemals günstigen Rahmenbedingungen hinsichtlich der Nachfrage- und Wettbewerbssituation verschlechtern (vgl. Graaskamp, S. 243). Schließlich können Fristüberschreitungen auch zu Schadensersatzanspruch führen, wenn vertraglich gesetzte Fertigstellungsfristen nicht eingehalten werden (z.B. gegenüber Mietern oder Erwerbern).

Zur **Reduzierung des Zeitrisikos** empfehlen sich u.a. folgende Maßnahmen:

- professionelle Projektorganisation (Zeitplanung, Terminplanung und Kontrolle),

- Projektmanagement und Projektsteuerung,

- regelmäßige Kommunikation mit sämtlichen Projektbeteiligten,

- Auswahl fachlich versierter und erfahrener Projektpartner,

- rechtzeitige Aufnahme der Projektvermarktung,

- Einbau von Puffern in Fertigstellungsfristen,

- Überwälzung von Risiken (z.B. Ankauf des Grundstücks in Abhängigkeit vom Baurecht, Baubeginn erst bei erfolgreicher Vermarktung).

Projektentwicklungen unterliegen grundsätzlich der **Genehmigungserfordernis** durch die zuständige Bauaufsichtsbehörde. Das Risiko für den Projektentwickler besteht nicht so sehr darin, dass die Baugenehmigung verweigert wird, da das Projekt hierfür öffentlich-rechtlichen Vorschriften entgegenstehen müsste. Aufgrund des Ermessens- und Entscheidungsspielraums der Bauaufsichtsbehörde oder Einwänden von Seiten der Nachbarn bzw. betroffenen Dritten wird die Genehmigung möglicherweise aber nur mit Auflagen erteilt, die unter Umständen die Wirtschaftlichkeit des Projektes in Frage stellen. Häufig wird auch die bauherrenseitig gewünschte Ausnutzung des Grundstücks kritisch gesehen, wobei die früher zumeist betriebene BGF-Maximierung heute eher als Optimierung gesehen wird. In diesem Zusammenhang sind auch Verzögerungen durch langwierige Genehmigungsverfahren zu nennen, die allerdings nicht in den Bereich des Genehmigungsrisikos, sondern in den des Zeitrisikos fallen.

Zu den von Projektentwicklern am meisten gefürchteten Auflagen zählen zweifelsohne die seitens der Städte zunehmend geforderten Investoren- und/oder Architektenwettbewerbe. Diese lassen sich zwar städtebaulich gut argumentieren und werden vom Entwickler zur Generierung guter Planungslösungen begrüßt, führen aber häufig zu schwer steuerbaren Prozessen, funktional unwirtschaftlicheren Lösungen und zeitlichen Ineffizienzen.

Zur **Reduzierung des Genehmigungsrisikos** empfehlen sich u.a. folgende Maßnahmen:

- frühzeitige und regelmäßige Kommunikation mit den jeweiligen Genehmigungsbehörden und Vertretern beteiligter Dritter,

- Berücksichtigung öffentlicher Interessen bereits in der Projektkonzeptionsphase,

- Einholen eines Bauvorbescheides oder Durchführung eines Wettbewerbes,

- zeitliche Koordinierung der Planung und Genehmigung,

- Aufbau eines positiven öffentlichen Images sowohl des Projektes als auch des Projektentwicklungsunternehmens durch Public Relations-Maßnahmen.

Das **Finanzierungsrisiko** zählt zu den existenziellen Risiken der Projektentwicklung, da aufgrund der i.d.R. unzureichenden Eigenkapitalausstattung der Projektentwicklungsunternehmen die Durchführung der Entwicklung an die Bereitstellung erheblicher Fremdkapitalmittel geknüpft ist.

Vor dem Hintergrund der bereits praktizierten Basel II-Richtlinien wird insbesondere für die mittelständisch geprägten Developer die Möglichkeit zur Projektentwicklung zunehmend von ihrer Fähigkeit abhängen, strategische Allianzen mit kapitalstarken Partnern zu bilden (vgl. Isenhöfer, S. 269ff.).

Mit dem Fremdkapitalanteil an der Gesamtinvestitionssumme setzt sich der Projektentwickler darüber hinaus einem außerhalb seines Einflussbereichs liegenden Zinsänderungsrisiko aus. In diesem Zusammenhang ist anzumerken, dass steigende Zinsen oft einen Niedergang der Werte von Immobilien zur Folge haben (vgl. Sorenson, S. 8), sodass die Rentabilität des Projektes neben höheren Finanzierungskosten zusätzlich durch einen niedrigeren potenziellen Verkaufswert belastet wird. Ein weiterer Aspekt des Finanzierungsrisikos bezieht sich auf das Problem, dass unabhängig vom Erfolg der Projektentwicklung der Kapitaldienst für das aufgenommene Fremdkapital zu leisten ist und sich damit jede Verzögerung, vor allem im Rahmen der Projektrealisierung und Projektvermarktung, wie bereits unter dem Aspekt des Zeitrisikos diskutiert, unmittelbar auf den Developer-Gewinn auswirkt.

Zur **Reduzierung des Finanzierungsrisikos** empfehlen sich u.a. folgende Maßnahmen:

- Vermeidung finanzieller Engagements (z.B. Grundstückskauf) vor der endgültigen Entscheidung über die Projektdurchführung,

- Festzinsvereinbarungen oder Zins-Hedging (Zins-Cap-Vereinbarungen/Zins-Collar-Vereinbarungen),

- Risikoteilung durch Bildung strategischer Allianzen (z.B. Joint-Venture-Finanzierung),

- Private-Equity- oder Venture-Capital-Beteiligungen,

- Berücksichtigung ausreichender Reserven im Projektbudget (zur Abdeckung von Cost-Overrun- und Interest-Shortfall-Risiken).

Boden- und Baugrundrisiken „ergeben sich weniger aus den allgemein sichtbaren topographischen Verhältnissen, sondern vielmehr aus nur durch sorgfältige Untersuchungen feststellbaren Eigenschaften wie Kontaminationen aus Altlasten, Nutzungseinschränkungen oder Bauzeitverzögerungen aus vorgefundenen Baudenkmälern, Einschränkungen der zulässigen Bodenpressung bzw. Zusatzkosten aus erforderlichen Sondergründungen, Überraschungen aus unerwarteten hydrogeologischen Verhältnissen mit dem Erfordernis besonderer Auftriebssicherungen und Abdichtungsmaßnahmen" (Diederichs, 1996, S. 46).

Zur **Reduzierung des Boden- und Baugrundrisikos** empfehlen sich u.a. folgende Maßnahmen:

- umfangreiche Baugrunduntersuchungen (Baugrundgutachten/Altlastenuntersuchungen),

- professionelle Vertragsgestaltung beim Grundstückskauf, z.B. Übernahme von Garantien, Kauf unter aufschiebender Bedingung (vgl. Usinger, S. 493ff.).

Das **Kostenrisiko** ergibt sich in erster Linie aus der langen Entwicklungsdauer von Immobilienprojekten, die eine hinreichend genaue Kostenprognose in einem frühen Stadium des Projektentwicklungsprozesses erheblich erschwert. So wirken sich sämtliche bereits dargestellten Risikofaktoren direkt auf die Kosten und damit letztlich auf den potenziellen Developer-Gewinn aus. In diesem Zusammenhang sind insbesondere die Palette der Baugrundrisiken, langwierige Genehmigungsverfahren, an die Genehmigung geknüpfte zusätzliche Auflagen, Bauzeitverzögerungen infolge unvorhersehbarer Ereignisse sowie nachträgliche Änderungen der Pläne zu nennen. Kostenüberschreitungen können jedoch auch infolge ungenauer Ausschreibungen, Pläne und Anforderungsprofile entstehen. Das bei komplexeren Projekten mit Pauschalverträgen häufig entstehende Thema des Nachtragsmanagements erfordert auch eine professionelle und frühzeitige rechtliche Begleitung des Vorhabens.

Zur **Reduzierung des Kostenrisikos** empfehlen sich u.a. folgende Maßnahmen:

- Kostenplanung und Kostenmanagement nach DIN 276,

- professionelle Vertragsgestaltung mit Planern und ausführenden Unternehmen,

- Auswahl fachlich versierter und erfahrener Projektpartner,

- Einrichtung eines professionellen Projektmanagements, gegebenenfalls über Einschaltung externer Berater (z.B. für Projektsteuerung und baubegleitende Rechtsberatung).

4.2.3.3.6 Wirtschaftlichkeitsanalysen

Wirtschaftlichkeits- und Renditeanalysen in Form von Investitionsanalysen setzen sich zielgerichtet und systematisch mit den sich aus der Realisation eines Investitionsvorhabens ergebenden wirtschaftlichen Konsequenzen auseinander (vgl. ausführlich Kapitel 5.4). Investitionsrechnungen müssen so angelegt sein, dass sich Immobilien mit anderen Kapitalanlagen rechnerisch vergleichen lassen (vgl. Schulte, 1995, S. 45). Die **Investitionsrechnung** bedient sich dabei verschiedener Verfahren, die sich in klassische und moderne Verfahren aufteilen lassen.

Die **klassischen Verfahren** unterteilen sich wiederum in statische und dynamische Methoden. Statische Methoden wie eine Amortisationsrechnung weisen den Vorteil auf, sehr einfach zu sein, haben aber den Nachteil, mit Erlösen und Kosten zu operieren, einfache oder keine Zinsrechnung zu gebrauchen und mit Durchschnittsgrößen zu arbeiten. Diese Nachteile werden in den dynamischen Methoden berücksichtigt, die eine Zinseszinsrechnung einführen, periodenspezifische Größen benutzen und mit Ein- und Auszahlungen, respektive Einnahmen und Ausgaben operieren. Es sei vor allem auf die Kapitalwertmethode und die Interne Zinsfuß-Methode verwiesen.

Während die oben genannten klassischen Methoden auf versteckten, pauschalen nicht frei wählbaren und häufig unrealistischen Annahmen beruhen, können bei den **modernen Verfahren** die Prämissen frei gewählt und beispielsweise in einem Vollständigen Finanzplan (VOFI) transparent, differenziert und realitätsnah abgebildet werden. Das Konzept Vollständiger Finanzpläne unterscheidet sich von den zuvor dargestellten Methoden hauptsächlich dadurch, dass alle mit der Investition verbundenen Zahlungen explizit abgebildet werden. Auf diese Weise wird eine vergleichsweise exakte und transparente Erfassung sämtlicher Zahlungsreihen und der sich ergebenden finanzwirtschaftlichen Konsequenzen ermöglicht (vgl. Schulte/Ropeter, S. 139f.).

Für eine ausführliche Darstellung der Investitionsanalyse von Immobilien sei auf Abschnitt 5.4.1 verwiesen. Ein detailliertes Rechenbeispiel für eine so genannte einfache Projektentwicklungsrechnung findet sich im Anschluss in Punkt 4.2.5.5.

4.2.3.4 Projektkonkretisierung

Die Bestätigung des Erfolgspotenzials eines Projektes durch die Machbarkeitsanalyse hat die Einleitung einer Verhandlungs- und Entscheidungsphase zur Folge. Spätestens zu diesem Zeitpunkt treten die anderen **Projektbeteiligten** in den Entwicklungsprozess ein. Hierzu gehören Grundstückseigentümer, Architekten und Ingenieure, Baubehörden und andere öffentliche Interessenträger, bauausführende Unternehmen, Finanzierungsinstitute, Nutzergruppen, spezielle Dienstleistungsunternehmen der Immobilienwirtschaft (Projektsteuerer, Berater, Makler, etc.), sowie, falls nicht für den eigenen Bestand entwickelt wird, Investoren.

Folglich beinhaltet die Projektkonkretisierung die Grundstückssicherung, die architektonische Gestaltung, die Erwirkung der Baugenehmigung, die Vergabe der Bauleistungen, die Verhandlung mit Mietinteressenten, den Abschluss der Finanzierung, sonstige vertragliche Bindungen (Beratungs- und Maklerverträge, etc.) sowie gegebenenfalls die Verhandlungen mit potenziellen Investoren.

War die **Entscheidung über die Realisierung des Projektes** bislang nur vorbehaltlich, so kann diese letztlich erst mit der Baufreigabe und unter der Voraussetzung erfolgen, dass die übrigen Verhandlungen ein bestimmtes, vom Developer festzulegendes Anspruchsniveau, z.B. bezüglich Finanzierungszusage, Vermietungsstand und Bauleistungsvergabe, erreicht haben. Selbstverständlich findet die Projektkonkretisierung nicht in der logischen Sekunde der Realisierungsentscheidung statt. Vielmehr finden Vereinbarungen und Verhandlungen zur Konkretisierung der Projektdurchführung bereits vom ersten Moment der Beschäftigung mit dem Projekt an statt, typischerweise seien hier nur die Grundstücksankaufsverhandlungen genannt. Ebenso werden einzelne Verträge auch erst nach der Realisierungsentscheidung abgeschlossen, so z.B. Mietverträge mit Nutzern oder Verträge mit bauausführenden Firmen.

Eine der Kernaufgaben des Projektentwicklers besteht darin, die einzelnen **Verträge** so auszuhandeln, dass sie in zeitlicher und inhaltlicher Hinsicht das gewünschte Projektergebnis vorwegnehmen, alle Risiken auf dem Weg dahin jedoch beherrschbar machen. Dies gelingt durch die Einfügung aufschiebender Bedingungen und die Strukturierung von Abhängigkeiten dergestalt, dass der Projektenwicklungsprozess Schritt für Schritt mit jeweiligen Exitmöglichkeiten durchlaufen wird.

4.2.3.5 Projektmanagement

Mit Abschluss der Projektkonzeption und der aus den positiven Ergebnissen der Wirtschaftlichkeits- und Renditeanalysen abgeleiteten Entscheidung, das Projekt tatsächlich zu realisieren, tritt dieses in die Phase des Projektmanagements. In diesem Stadium werden die Ergebnisse der Projektinitiierung und Projektkonzeption in **konkrete Pläne** umgesetzt und es wird mit dem Bau, also der Ausführung der Pläne, begonnen (vgl. dazu ausführlich Kapitel 4.3).

Im Rahmen der Projektmanagement-Phase übernimmt der Projektentwickler die **Rolle des Bauherrn**. In diesem Zusammenhang unterliegen ihm i.d.R. die nicht delegierbaren Aufgaben der Projektleitung, wohingegen er delegierbare Aufgaben auch auf Projektsteuerer übertragen kann. Es sei allerdings darauf hingewiesen, dass die Frage, welche Aufgaben vom Projektentwickler/Bauherrn im Einzelfall wahrzunehmen sind, in besonderer Weise von der Organisation des Projektmanagements im Sinne einer Einzel- oder Gesamtbeauftragung abhängt.

Schwerpunkt der Aufgabe in der Projektdurchführung ist das **Management von Qualität, Kosten und Terminen**. Innerhalb des Projektteams muss der Projektsteuerer insbesondere darauf achten, dass Änderungen in den Rahmenbedingungen unverzüglich zu einer Überprüfung der noch bestehenden Einflussmöglichkeiten auf das Projekt führen. In Abstimmung mit der Projektvermarktung muss er darauf achten, dass Mehr- und Minderkostenüberlegungen auf der Bauseite nicht zu Qualitätseinbußen führen.

Generell übernimmt der Entwickler in dieser Phase die Rolle des aktiven, Einfluss nehmenden Bauherren, der Entscheidungen trifft, Verträge aushandelt und schließt sowie gegebenenfalls notwendige Änderungen im Projektkonzept oder im -verlauf anstößt.

4.2.3.6   Projektvermarktung

Mit der nahenden Fertigstellung des Bauprojektes beginnt die intensive Phase des **Projekt-Marketings**, nachdem einzelne Marketingaufgaben bereits den gesamten Projektentwicklungsprozess begleitend wahrgenommen werden müssen (vgl. McMahan, S. 393). Das Marketing erstreckt sich im Rahmen dieser Phase vor allem auf die Vermietung und die Veräußerung des Projektes, welche grundsätzlich in jedem Entwicklungsstadium des Prozesses erfolgen können. Die mit dem Marketing in Verbindung stehenden Aufgaben können zum Teil auf Dritte, d.h. Maklergesellschaften, übertragen werden. Da der langfristige Erfolg der Immobilie sehr stark von der funktionsgerechten Vermietung im Allgemeinen und der Findung eines angemessenen Mietermixes im Besonderen beeinflusst wird, behalten viele Developer das Marketing im eigenen Hause (vgl. Levy/Maloomian, S. 288ff.).

Das **primäre Ziel** des Projektmarketings kann darin gesehen werden, Nutzer zu finden und das Projekt vor den Risiken des Preiswettbewerbs zu schützen (vgl. Graaskamp, S. 633). Im Mittelpunkt steht daher der Aufbau und die Sicherung einer „**Unique Selling Proposition" (USP)**, die dem Projekt im Auge des späteren Nutzers oder Investors einen Nutzenvorteil gegenüber Konkurrenzprojekten bzw. -objekten verleiht und auf diesem Wege neben dem Preis andere, wichtige Wettbewerbsdeterminanten einführt.

Der Projektentwicklungsprozess endet mit der Fertigstellung, Nutzungsübergabe und Verwertung des Projektes. Für den Fall, dass das Projekt nicht zur Veräußerung bestimmt ist, wird es in den Bestand des Developers eingestellt. In einer **Lebenszyklusbetrachtung** der Immobilie beginnt an diesem Punkt die Phase der Nutzung und damit des **Objektmanagements**, die sich bis zu einem erneuten Re-Development der Immobilie erstreckt. Dem operativen Objektmanagement obliegt es zunächst, die laufende Nutzungs- bzw. Funktionsfähigkeit der Immobilie zu erhalten. Darüber hinaus umfasst es in weiterem Sinne aber auch alle Aufgaben – vom Marketing über das Controlling bis hin zur Flächenrevitalisierung – die die Wettbewerbsfähigkeit der Immobilie nachhaltig sichern und ausbauen.

Besonders hohe Anforderungen stellt das Objektmanagement eines Shopping-Centers, da hier der so genannte Centermanager mit seinem Team nicht nur für die Funktionsfähigkeit der Immobilie und den bestmöglichen Ausgleich zwischen Vermieter- und Mieterinteressen einsteht, sondern darüber hinaus durch gezielte Publikumsaktionen und PR-/Werbemaßnahmen auch für eine stetige Frequentierung des Centers durch kaufwillige Kunden Sorge trägt, was sich letztlich direkt auf die von den Mietern dort erzielbaren Einzelhandelsumsätze auswirkt.

Im Phasenablauf des Projektentwicklungsprozesses ist mit zunehmender Konkretisierung grundsätzlich von einer abnehmenden Gesamtkomplexität des Projektes einerseits, andererseits aber auch von einer schwindenden Beeinflussbarkeit des Projektes, insbesondere bezüglich des Kapitalengagements bzw. der Kostenbindung, auszugehen.

Zusammenfassend ist festzuhalten, dass mit Hilfe von Phasenmodellen die Komplexität und Dynamik des Projektentwicklungsprozesses in idealtypischer Form wiedergegeben werden können. Gleichwohl muss eingeräumt werden, dass die einzelnen Phasen in der Realität nicht immer in der angegebenen Form durchlaufen werden und bei konkreten Projekten in aller Regel Überlappungen, parallele Abläufe und Rückkopplungseffekte auftreten, die durch die Phasenmodelle nicht hinreichend darstellbar sind. Beispiel hierfür ist etwa das Projekt-Marketing, dessen Instrumentarium bereits in einer frühen Phase des Projektentwicklungsprozesses eingesetzt werden kann bzw. sollte, da eine frühzeitige Vermietung das Projekt überhaupt erst realisierbar, weil (fremd)finanzierbar, macht, Risiken reduziert und den Projekterfolg bzw. die Veräußerungsfähigkeit des Projektes an einen Investor begünstigt.

4.2.4 Markt und Formen der Projektentwicklung

4.2.4.1 Akteure der Projektentwicklung

Der Projektentwicklungsprozess ist durch die **interdisziplinäre Zusammenarbeit** einer Vielzahl von Akteuren gekennzeichnet, die vor allem daraus resultiert, dass es dem Projektentwickler vor dem Hintergrund der Vielschichtigkeit der Problemstellungen i.d.R. nicht möglich sein dürfte, sämtliche Aufgaben selbst durchzuführen. Seine Aufgabe besteht vielmehr darin, den Projektentwicklungsprozess zu koordinieren und die effiziente Zusammenarbeit zwischen seinem Entwicklungsteam und externen Akteuren sicherzustellen.

Gemäß Abbildung 70 lassen sich die folgenden Akteure der Projektentwicklung in Deutschland identifizieren:

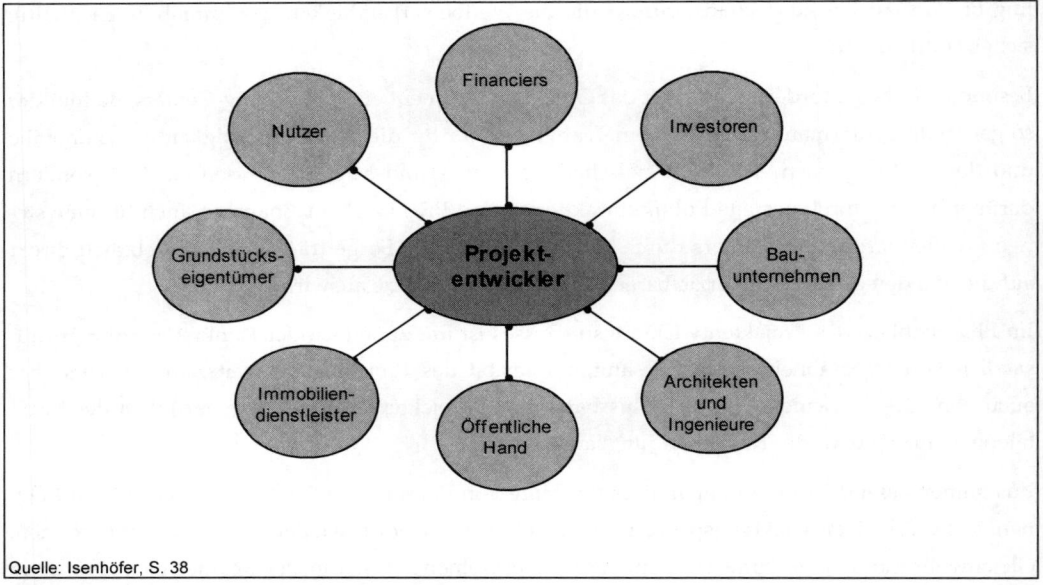

Quelle: Isenhöfer, S. 38

Abbildung 70: Akteure der Projektentwicklung

4.2.4.1.1 Grundstückseigentümer

Grundstückseigentümer, die dem Projektentwicklungsprozess entweder aktiv unterstützend, diesen eventuell sogar initiierend oder aber passiv ablehnend gegenüberstehen, können prinzipiell nach **drei unterschiedlichen Gruppen** klassifiziert werden. Die erste Gruppe umfasst die öffentlichen Grundstückseigentümer, d.h. Bund, Länder, Städte und Gemeinden, aber auch Institutionen wie zum Beispiel die Kirche und Stiftungen. Der zweiten Gruppe sind die Unternehmen des primären, sekundären und tertiären Sektors zuzuordnen, für die Grund und Boden in erster Linie einen Produktionsfaktor darstellen, die diesen mitunter allerdings auch zu Zwecken der Kapitalanlage halten können. Der dritten Gruppe schließlich gehören die privaten Eigentümer an, die Grund und Boden entweder als Gebrauchsgut zu Wohnzwecken oder aber als direkte/indirekte Kapitalanlage besitzen.

4.2.4.1.2 Nutzer

Die Nutzerseite tritt als Nachfrager von Projektentwicklungen in Erscheinung. Nachgefragt werden vor allem die Nutzungsarten Wohnen, Büronutzung, Einzelhandel, Gastronomie und Unterhaltung. Die Nutzer bestehen einerseits aus **Unternehmen** sämtlicher Wirtschaftsbereiche, die Gebäude u.a. zu Zwecken der Verwaltung, Forschung, Produktion, Lagerung oder des Verkaufs nachfragen. Andererseits besteht sie aus **Privatpersonen**, die Projektentwicklungen in Form verschiedenen Wohnimmobilien (Einfamilienhäuser, Apartments, Lofts, etc.) zur Bewohnung nachfragen.

Grundsätzlich stellt sich für den Nutzer immer die Frage, ob er ein Objekt selbst erstellen soll, oder ob er die Erstellung an einen Projektentwickler oder Bauträger überträgt (**Make or buy-Entscheidung**). Diese Frage muss für jeden Nutzer anhand seiner persönlichen Situation (Erstellungskompetenz, Eigenkapitalsituation, Kapazitätsressourcen, Kostenkalkulation, etc.) individuell entschieden werden. Bei einer „Buy-Entscheidung" sind die privaten und öffentlichen Nutzer im Idealfall so früh wie möglich in den Projektentwicklungsprozess einzubinden, damit nicht „am Markt vorbei gebaut" wird.

4.2.4.1.3 Financiers

Als Financiers werden diejenigen Institutionen verstanden, die dem Projektentwickler Fremdkapital zur Verfügung stellen, wobei sich zwischen kurzfristigen (Bau-)Financiers und langfristigen Financiers unterscheiden lässt (vgl. ausführlich Kapitel 5.3). Die **kurzfristigen Financiers**, zu denen insbesondere die Geschäftsbanken sowie die Hypothekenbanken gehören, finanzieren die Projektentwicklung entsprechend dem Baufortschritt bis zur Fertigstellung zuzüglich ggf. einer gewissen Vermarktungsdauer. Dabei beschränkt sich ihr Risiko für den Fall, dass der Projektentwickler eine langfristige Anschlussfinanzierung oder sogar einen Endinvestor vorweisen kann, auf die nicht termin- oder budgetgerechte Fertigstellung des Projektes, weshalb ihre Finanzierungszusage entscheidend von der Qualifikation und Bonität des Projektentwicklers und seiner Partner abhängt (vgl. Miles/Haney/Berens, S. 58f.).

Sofern dem Projektentwickler der Verkauf des Projektes vor Fertigstellung noch nicht gelungen ist oder er beabsichtigt, das Projekt in den eigenen Bestand zu übernehmen, sollte auch die **langfristige Finanzierung** möglichst frühzeitig gesichert sein. Als Anbieter kommen dabei vor allem Hypothekenbanken, aber auch Geschäftsbanken in Betracht, deren Risiko wesentlich höher ist als das der kurzfristigen Financiers und die aus diesem Grund den vom Projektentwickler vorgelegten Marktanalysen und den darauf basierenden Rentabilitätsuntersuchungen besondere Bedeutung beimessen werden. Wegen des langfristigen Charakters der Finanzierung sollte im Hinblick auf die Vergabeentscheidung die Konzeption des Projektes und dessen Fähigkeit zur Erwirtschaftung des Kapitaldienstes eine wesentlich größere Rolle spielen als die Bonität des Projektentwicklers. Dieses Argument wird auch immer wieder angeführt, wenn das prozyklische Handeln der Financiers kritisiert wird (vgl. Rottke/Wernecke, o.S.).

Allerdings bleibt festzuhalten, dass heute angesichts der intensiven Diskussion der Basel II-Richtlinie die Banken bei der Entscheidung über kurz- und langfristige Finanzierungen von Projektentwicklungen stärker als zuvor auf die Bonität der Projektentwickler abstellen.

4.2.4.1.4 Investoren

Investoren treten ebenso wie die Nutzer als Anbieter und als Nachfrager von Projektentwicklungen in Erscheinung. Dabei handelt es sich insbesondere um die **institutionellen Investoren**, zu denen die Anbieter offener und geschlossener Immobilienfonds, Versicherungen, Pensionskassen und Leasinggesellschaften zu zählen sind, sowie darüber hinaus in geringerem Ausmaß auch um Unternehmen und Private zu Zwecken der Kapitalanlage. Ferner sind Immobilien-AGs und andere in- und ausländische Kapitalsammelstellen sowie Finanzintermediäre den institutionellen Investoren zuzurechnen.

Punkt 4.2.4.2 geht näher auf die Unterschiede zwischen privaten oder institutionellen Investoren und der öffentlichen Hand ein. Beispielsweise werden bei institutionellen Investoren **moderne Investitionsformen** wie Private Equity oder Opportunity Funds im Single- oder Multi-Asset-Portfolio behandelt.

4.2.4.1.5 Bau-Unternehmen

Hinsichtlich der Zusammenarbeit mit Bauunternehmen lassen sich grundsätzlich **drei Auftragsarten** unterscheiden. Eher die Ausnahme stellt die Einzelvergabe von Gewerken dar, die zwar kostengünstig, bei unzureichender Erfahrung zugleich jedoch auch sehr risikoreich ist. Zu Zwecken der Risikoreduktion und aus organisatorischen Vereinfachungsgründen schließt der Projektentwickler die Verträge gemeinhin mit Generalunternehmern oder Generalübernehmern ab.

Die besondere Problematik von Nachträgen, die insbesondere bei sehr komplexen Projekten wie etwa Shopping-Centern unausweichlich sind und die damit i.d.R. auch bei Generalunternehmerverträgen zu mitunter deutlichen Überschreitungen zuvor garantierter Kosten und Termine führen, sei hier nur am Rande erwähnt.

Gelegentlich erbringen Bauunternehmen auch Planungs- und Entwicklungsleistungen, dies in erster Linie aber zur Auftragssicherung und zur Erweiterung des Leistungsangebotes in Richtung so genannter Auftrags- oder Bestellerbauten. Eine dezidierte spekulative Projektentwicklung ist bei Bauunternehmen heute nicht mehr anzutreffen.

4.2.4.1.6 Architekten und Ingenieure

Der Architekt ist in erster Linie mit der Umsetzung des vom Projektentwickler entworfenen Nutzungskonzepts in eine kostengerechte, funktionale, flexible und architektonisch anspruchsvolle Immobilie betraut. Neben dieser **Planungsaufgabe** übernimmt er häufig auch beratende Funktionen sowie die Auswahl von Fachingenieuren und sonstigen Planern und darüber hinaus die Dokumentation des Bauprozesses (vgl. dazu ausführlich Schulz-Eickhorst, S. 21ff.)

Die Aufgaben der Fachingenieure erstrecken sich u.a. auf folgende Bereiche:

- Baugrunduntersuchungen,

- Baugrubensicherung,

- Bauphysik (Schall-/Wärme-/Brandschutz),

- Baustatik,

- Verkehrsplanung,

- Außenanlagen,

- Innenarchitektur/Raumgestaltung/Design,

- haustechnische Gewerke,

  a) HLS (Heizung/Lüftung/Sanitär),

  b) Elektrotechnik/Fördertechnik/zentrale Leittechnik.

Zum letzten Punkt „Gewerke" ist anzumerken, dass diese auch zusammengefasst werden können. Gegebenenfalls ist auch eine Vergabe als Generalplanung möglich.

4.2.4.1.7 Öffentliche Hand

Die erforderliche Zusammenarbeit zwischen der öffentlichen Hand und Projektentwicklern ergibt sich zunächst aus der Tatsache, dass es zur Realisierung von Bauvorhaben **baurechtlicher Genehmigungen** bedarf. Darüber hinaus gewinnt in jüngster Zeit jedoch die Art der Zusammenarbeit des **Public Private Partnership** an Bedeutung (vgl. Punkt 4.2.2.3.2). Dabei bilden Offenheit und Ehrlichkeit das Fundament der Partnerschaft, deren rechtliche, wirtschaftliche und technische Realisierung durch die projektspezifischen Gegebenheiten bestimmt wird.

Ausschlaggebend für die Bildung von PPPs sind von Seiten der öffentlichen Hand vor allem die leeren öffentlichen Kassen, wohingegen sich Projektentwickler von PPPs insbesondere die Verkürzung der Genehmigungszeiten und die Unterstützung bei der Schaffung gesellschaftspolitischer Akzeptanz versprechen, die im Rahmen der Projektentwicklung immer wichtiger wird (vgl. Kirsch, S. 101ff.).

4.2.4.1.8 Immobilien-Dienstleister

Die Liste möglicher Dienstleister rund um die Projektentwicklung ist so vielfältig, dass an dieser Stelle lediglich auf die bedeutendsten eingegangen werden kann. Hierzu zählen grundsätzlich:

- Immobilienberater, die den Projektentwickler in erster Linie bei den umfangreichen Markt-, Standort-, Nutzungs-, Wettbewerbs- und Risikoanalysen unterstützen können,

- Immobilienbewerter, die unabhängige Gutachten für die potenziellen Financiers und Investoren erstellen,

- Immobilienmakler, die zur möglichst frühzeitigen Identifizierung potenzieller Nutzer oder Investoren beitragen sollen,

- Immobilienverwalter, aus deren langjähriger Erfahrung mit dem Betrieb von Immobilien wertvolle Hinweise für die Planung neuer Projekte abgeleitet werden können,

- sowie Rechtsanwälte, Steuerberater, Versicherungsmakler, Public-Relations- und Werbeagenturen, etc.

4.2.4.2   Nachfrager nach Projektentwicklungsleistungen

Die **Struktur der Nachfrage** nach Projektentwicklungen ist naturgemäß einem ständigen Wandel unterworfen. Die Zielsetzung der handelnden Akteure (private Investoren, institutionelle Investoren und Unternehmen der öffentlichen Hand) orientiert sich dabei an einer angemessenen Rentabilität, Sicherheit und Liquidität.

Die Rentabilität wird dabei häufig durch den Begriff der „**Performance**" ersetzt, d.h. die Summe von Ausschüttungsrendite und Wertsteigerung, bezogen auf den Fondsanteil beispielsweise eines offenen Immobilienfonds. Mit Sicherheit in der Kapitalanlage wird die Wahl der Objekte selbst angesprochen und die Maßnahmen des Managements zu Risikostreuung nach Standorten, Projektarten, -größen, -mietern und -alter (vgl. Bone-Winkel, S. 112). Unter Liquidität wird die Gewährleistung der jederzeitigen Zahlungsbereitschaft verstanden. Sie ist Grundvoraussetzung und Nebenbedingung jeden unternehmerischen Handelns.

Private Investoren fragen Immobilien aus zwei Gründen nach: sie werden entweder zur **Selbstnutzung** z.B. für das Unternehmen erworben und in das firmeninterne Corporate Real Estate Management eingebracht oder als **Kapitalanlage** gehalten, entweder durch eine Direktanlage in eine spezifische Immobilie, oder durch ein indirektes Investment in z.B. Immobilienfonds oder Immobilien-AGs. In den letzten Jahren ist verstärkt die Form der Venture-Capital/Private-Equity-

Vergabe durch entsprechend ausgerichtete Unternehmen in den Vordergrund getreten. Privatinvestoren vergeben, solange sie nicht direkt auf die Vergabe von Venture Capital spezialisiert sind oder diesen Finanzierungsbereich als Geschäftsfeld etabliert haben, aber meist nur an firmeneigene Spin-offs oder Tochtergesellschaften Venture-Capital-Mittel.

Die Portfolios **institutioneller Investoren** setzen sich entweder aus so genannten „**Single Asset Portfolios**" oder aus „**Multiple Asset Portfolios**" zusammen. Portfolios offener oder geschlossener Immobilienfonds bestehen z.B. aus Single Asset Portfolios und investieren ausschließlich in Immobilien. Auch Immobilien-AGs und Venture-Capital-Gesellschaften investieren meist nur in Immobilien, da die Unternehmen Kernkompetenz in einem speziellen Bereich besitzen. Große Versicherungsunternehmen sowie Pensionskassen oder ausländische Opportunity Funds hingegen koordinieren häufig Multiple Asset Portfolios mit mehreren „Asset Classes". Neben einer Anlage in Immobilien wird aus Diversifikationsgründen noch in andere Anlageklassen investiert.

Das **Leasing-Geschäft** kann nur eingeschränkt in den institutionellen Bereich eingeordnet werden, da es sich hier in aller Regel um maßgeschneiderte Finanzierungslösungen für spezifischen Flächenbedarf handelt.

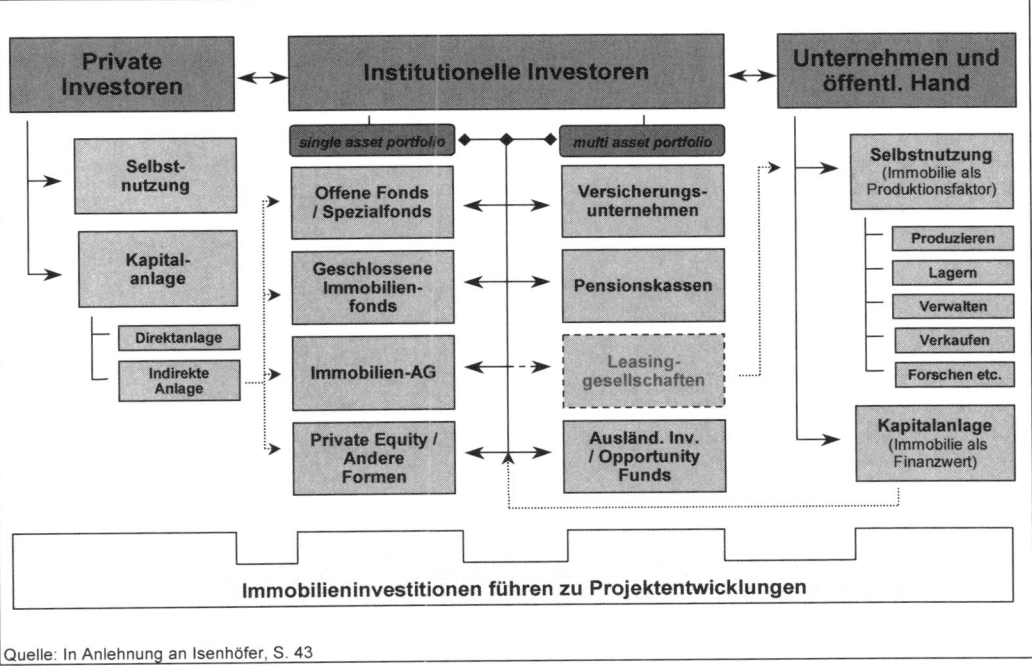

Quelle: In Anlehnung an Isenhöfer, S. 43

Abbildung 71: Nachfrager von Projektentwicklungen

Die Unternehmen, die ihren Kernbereich nicht im Immobiliengeschäft haben (**Non-Property-Companies**) sowie die öffentliche Hand spielen eine immer größere Rolle. Entweder sie entwickeln für den eigenen Bedarf oder sie weisen nicht betriebsnotwendige Flächen aus, die an den Markt abgegeben oder einer neuen Nutzung zugeführt werden. Bauen diese Non-Property-Companies ihr Immobilienmanagement zu einem eigenen Geschäftsfeld aus, so werden sie zwangsläufig Wettbewerber der bestehenden Immobilienunternehmen (vgl. Abbildung 71).

4.2.4.3   Anbieter von Projektentwicklungen

Aus Anbieter-Sicht können **drei verschiedene Developer-Typen** unterschieden werden:

- Service-Developer (Projektentwickler als Dienstleister),
- Trader-Developer (Projektentwickler im engeren Sinne),
- Investor-Developer (Projektentwicklung für den eigenen Bestand).

Diese Developer-Typen können in alle Immobilienarten auf regionaler, nationaler oder internationaler Ebene investieren (vgl. Abbildung 72).

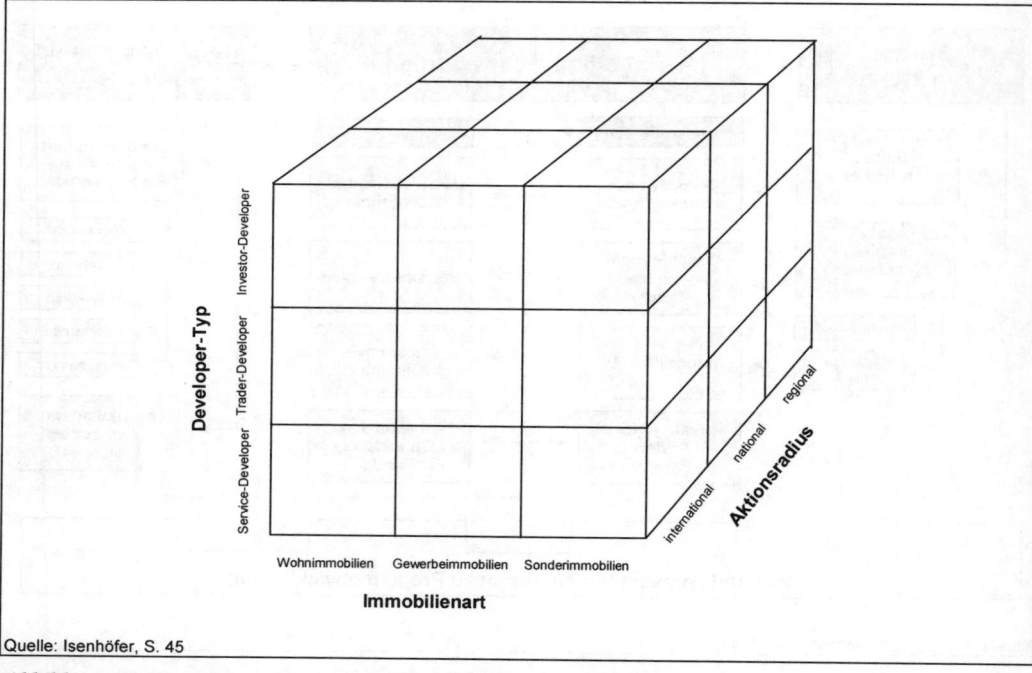

Quelle: Isenhöfer, S. 45

Abbildung 72: Klassifizierung von Projektentwicklungsunternehmen

Der **Service-Developer** erbringt eine Dienstleistung im Sinne der Entwicklung eines Projektkonzeptes bis zur Planungsreife bzw. Baufreigabe mit anschließendem Projektmanagement und ggf. Übernahme von Marketing, Vermietung und Verwertung. Auftraggeber sind häufig größere Bestandshalter mit Kapazitätsengpässen oder Non-Professionals/Eigennutzer. Konzeption und Koordination stehen im Mittelpunkt der Beauftragung. Diese erfolgt i.d.R. nur phasenweise, wobei sich der abgeschlossene Vertrag an den Wertschöpfungsstufen und den Exitüberlegungen orientiert.

Diese Form des Projektentwicklers war in Deutschland aufgrund des bislang fehlenden Leistungsbildes und der geringen Markttransparenz wenig verbreitet. Die Honorarstrukturen orientieren sich bis dato häufig an Maklerprovision, HOAI-Leistungen oder DVP-Leistungen. Mit steigender Professionalisierung innerhalb der Branche nimmt die Nachfrage nach Projektentwicklungen in Form von **Dienstleistungen** zurzeit allerdings stark zu.

Der **Trader-Developer** leistet Projektentwicklung im engeren Sinn und erbringt diese von der Initiierung bis zur Fertigstellung auf eigene Rechnung und eigenes Risiko. Nach Fertigstellung steht die Immobilie zum Verkauf an einen Endinvestor oder zur Vermarktung in einer früheren Phase des Projektentwicklungsprozesses an einen Intermediär. Aufgrund des bekannten Eigenkapitalmangels von reinen Projektentwicklungsgesellschaften werden als Finanzierungsmethoden neben der klassischen Baufinanzierung vor allem innovative Finanzierungsformen wie Projektfinanzierungen, Mezzanine-Finanzierungen, Participating Mortgages oder Private-Equity-Finanzierungen gewählt sowie projektbezogene Joint Ventures (vgl. hierzu Kapitel 5.3).

Der **Investor-Developer** ist für die Projektentwicklung von der Initiierung bis zur Fertigstellung verantwortlich. Die fertig gestellten Immobilien gehen in den eigenen Bestand über. Grundsätzlich ist der Investor-Developer dem Trader-Developer sehr ähnlich; durch die zeitliche Verschiebung des Exits, d.h. der Vermarktung des Projektes, ändert sich jedoch auch häufig die Zielstruktur und das Anspruchsniveau an die Projekte.

Während die klare Abgrenzung der Developer-Typen in der Theorie gelingt, zeichnet die Praxis ein anderes Bild (vgl. dazu weiterführend Schulten/Rometsch, S. 537ff.). Veränderte Rahmenbedingungen wie gestiegene Finanzierungsanforderungen führen dazu, dass die Grenzen zwischen den Typen verschwinden. In der nachfolgenden Fallstudie (vgl. Abschnitt 4.2.5) soll dies anhand des Beispiels einer Equity-Partnerschaft deutlich gemacht werden, innerhalb derer der Entwickler sowohl Eigenschaften des Service-Developers als auch solche des Trader-Developers übernimmt.

4.2.4.4 Wertschöpfung in der Projektentwicklung

Die Wertschöpfung in der Immobilien-Projektentwicklung lässt sich anhand von sieben Wertschöpfungsbausteinen charakterisieren. Bei der Durchführung einer klassischen Projektentwicklung werden üblicherweise alle Bausteine durchlaufen; der Beitrag der einzelnen Bausteine zur gesamten Werschöpfung variiert dabei von Projekt zu Projekt. Abbildung 73 zeigt die Anordnung der einzelnen Bausteine in Verbindung mit dem zuvor beschriebenen Projektentwicklungsprozess.

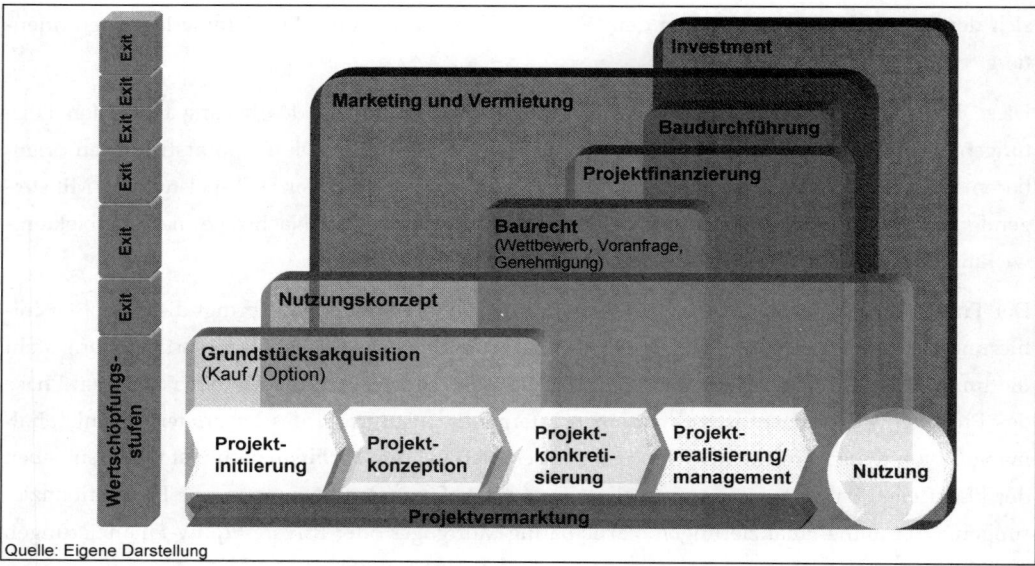

Quelle: Eigene Darstellung

Abbildung 73: Wertschöpfungsbausteine im Projektentwicklungprozess

Quelle: Eigene Darstellung

Abbildung 74: Bedeutung der Bausteine Finanzierung, Vermietung und Verkauf für die Wertschöpfung in der Projektentwicklung

Die Darstellungsweise in Abbildung 73 verdeutlicht, dass alternative Abfolgen möglich sind. Dies wird in Abbildung 74 anhand der drei wichtigen Bausteine Finanzierung, Vermietung und Verkauf gezeigt.

Die Wertschöpfungsbausteine stellen gleichzeitig Exit-Möglichkeiten für den Projektentwickler dar, deren Realisierung unter anderem abhängig von der Art des Projektentwicklers und dessen Engagement im Projekt ist.

4.2.4.5 Anforderungen an den Projektentwickler

Abschließend sei auf die Rolle des Projektentwicklers selbst in der Organisation hingewiesen, der entscheidend zum Gelingen oder Scheitern einer Projektentwicklung beiträgt. Nicht jede Persönlichkeit ist geeignet, die interdisziplinären Anforderungen zu erfüllen, die an einen Developer gestellt werden. Es kristallisieren sich wesentliche Bereiche heraus, in denen eine hohe Kompetenz abverlangt wird:

Kreativität und Intuition stellen die Kernkompetenzen dar, die ein Projektentwickler benötigt, um am Markt erfolgreich zu sein. Ohne das „gewisse Händchen" oder die „Spürnase" wird sich kein Erfolg einstellen. Ein Projektentwickler muss in der Lage sein, kreative Nutzungsideen zu entwickeln und Marktnischen aufzudecken. Ein Standortpotenzial muss für ihn ersichtlich sein und von ihm erkannt werden. Er muss in der Lage sein, Nachfrageentwicklungen richtig einzuschätzen.

Die oben genannte Kreativität muss durch Fähigkeiten unterlegt sein, die dem Projektentwickler die Möglichkeit geben, seine **Intuition analytisch zu hinterfragen**: Marktkenntnisse auf den drei Märkten, dem Vermietungsmarkt, dem Investitionsmarkt und dem Grundstücksmarkt, sind genauso von Nöten wie Kenntnisse über Anbieter- und Nachfragestrukturen, Mieterinteressen und Investorenwünsche. Es obliegt dem Projektentwickler, Entscheidungskriterien zu definieren, die er dem handelnden Nachfrager unterstellt. Somit muss er Lagekenntnisse besitzen, um Trends richtig erkennen zu können.

Neben analytischen Fähigkeiten ist **kaufmännisches und juristisches Handwerkzeug** unabdingbar. Sowohl die rechtlichen Aspekte der Immobilienökonomie wie Baurecht, Grundstücks- oder Vertragsrecht, als auch die steuerlichen Aspekte gehören zum täglichen Handwerkszeug. Der Projektentwickler muss in der Lage sein, den Projektentwicklungsprozess vollständig zu begleiten, weshalb er nicht nur in Investitionsrechnung und Finanzierungswesen geschult sein muss, sondern ebenfalls im ganzheitlichen und prozessbegleitenden Marketing seiner Projekte.

Zu den entscheidenden interdisziplinären Grundlagen der Immobilienökonomie gehören auch die **technischen Kenntnisse**. Neben grundlegenden Kenntnissen der Architektur, verschiedener Bauverfahren, Bauweisen und ihren Besonderheiten ist es notwendig, dass der Projektentwickler

Kenntnis über diverse Qualitäten und Kosten von Bausubstanz besitzt, sowie ein funktionierendes Terminmanagement hat und koordinieren kann, sodass ein Projekt schlüsselfertig an einem vorher terminierten Tag auch übergeben werden kann.

Der Projektentwickler muss ebenfalls eine Persönlichkeit sein, die in der Lage ist, neben den oben genannten **„Hard Skills"** auch **„Soft Skills"** einzusetzen. Es wird von ihm die Führung sehr heterogener Gruppen mit den unterschiedlichsten Interessen verlangt. Während einzelne Projektbeteiligte nur ihren Bereich (z.B. Denkmalschutz oder Finanzierung) optimieren müssen, hat der Entwickler den Gesamterfolg im Blick. Dies erfordert die Fähigkeit, **Prozesse simultan zu optimieren** und im Hinblick auf das Ganze auch Kompromisse mit einzelnen Beteiligten auszuhandeln. Dies erfordert neben Verhandlungsgeschick auch erhebliche positive Energie, um ein Projekt auch gegen Widerstände in Richtung eines Pareto-Optimums voranzutreiben. Durch die Interdisziplinarität der Projektentwicklung ist er auf ein Team von Spezialisten angewiesen und muss deshalb teamfähig und kein „Einzelkämpfer" sein. Auch muss er im Umgang mit der Öffentlichkeit geschult und gegenüber politischen und gesellschaftlichen Entwicklungen aufgeschlossen sein.

Insgesamt lässt sich feststellen, dass die oben genannten Anforderungen nur selten in einer Person vereinigt werden können. Vielmehr kommt es darauf an, dass sie innerhalb des Projektteams gewährleistet sind und marktgerecht dem Projekt zugute kommen.

4.2.5 Fallstudie „Projektorganisation und Wirtschaftlichkeitsberechnung"

Nachfolgend sollen anhand einer idealtypischen Fallstudie einige Aspekte des Projektentwicklungsprozesses vertiefend dargestellt werden. Die anlässlich der Fallstudie gewählte **Kooperationsform eines Joint Ventures** zwischen Entwickler und Kapitalgeber ist in der Praxis zunehmend anzutreffen. Als externer Partner tritt bei dieser Kooperationsform ein Eigenkapitalgeber mit spezifischen Gesellschafterrechten und Verzinsungsansprüchen auf, der so genannte Equity Partner (vgl. dazu ausführlich Fischer, S. 146ff.).

4.2.5.1 Projektinitiierung

Der AB Projektentwicklung GmbH wird von einem Makler ein brachliegendes innerstädtisches Grundstück in einer westdeutschen Großstadt zum Kauf angeboten. Zum Zeitpunkt des Angebotes befindet sich das Grundstück im Besitz eines ehemaligen Staatsunternehmens, welches sich im Zuge einer Restrukturierung von seinen Liegenschaften trennen möchte. Als Verkäufer ist das Unternehmen bereit, dem Käufer eine Option einzuräumen und den Kauf von der Realisierung des gewünschten Baurechts bzw. dem Erhalt der Baugenehmigung abhängig zu machen. Sollte dies nicht gelingen, kann der Entwickler von seinem Kauf zurücktreten und das Grundstück fällt wieder zurück an den Verkäufer.

Die **Rahmendaten des Projekts** sind in Tabelle 13 dargestellt. Neben Charakteristika des Grundstücks sind hier bereits die Vorgaben des bestehenden Bebauungsplans angeben, welche Art und Maß der baulichen Nutzung des Grundstücks beschreiben. Zusätzlich beinhaltet die Darstellung erste allgemeine Einschätzungen des Entwicklers zur gewünschten Ausnutzung, zur Flächeneffizienz und zur erzielbaren Miete.

Grundstück	Grundstücksgröße	2000 m²
	Lage des Grundstücks	Innenstadtlage (1a)
Art und Maß der Baulichen Nutzung	Grundflächenzahl (GRZ)	0,75
	Geschoßflächenzahl (GFZ)	5,00
	Bruttogrundfläche (BGF):	10.000 m²
Bebauung/Vermarktung	Flächeneffizienz	85%
	Stellplätze	50
	Mieterwartung pro m² Bürofläche/Monat	15 €
	Mieterwartung Stellplatz/Monat	100 €

Tabelle 13: Rahmendaten des Projektes

Aufgrund der Vorgaben des Bebauungsplans, der Standortfaktoren sowie aus Gründen der Wirtschaftlichkeit entscheidet sich die Geschäftsführung für die Entwicklung eines Bürogebäudes. Auf Basis der gestellten Rahmendaten führt das Entwicklungsunternehmen zunächst eine **wirtschaftliche Voreinschätzung des Projektes** durch. Anhand des Ergebnisses dieser ersten überschlägigen Berechnung ("Manschettenrechnung"), die den erzielbaren Verkaufspreis der Gesamtinvestition gegenüberstellt, zeigt sich das Potenzial des Projektes (vgl. Abbildung 75). Da die in diesem Stadium angegebenen Zahlen noch auf groben Schätzwerten beruhen, wird sich das Ergebnis der Kalkulation später ggf. noch verändern. In der Praxis zeigt sich jedoch häufig, dass erste Grobkalkulationen eine hohe Robustheit aufweisen. Sollte sich das Projekt auf Basis dieser Kalkulation nicht rechnen, so sind die einzelnen Parameter zu überprüfen und entsprechend zu modifizieren.

Der sich hier ergebende Saldo wird als Projektentwicklungsgewinn oder „**Trading Profit**" bezeichnet und liegt im vorliegenden Fall bei 15,5% der Gesamtinvestition. Die Höhe von 15% wird gemeinhin als Mindestgewinn bei spekulativen Projektentwicklungen angesehen, kann aber je nach Risikoeinschätzung der Kapitalgeber auch nach oben oder unten variieren (vgl. Schulte, 2002, S. 223).

In unserem Fall ist die Geschäftsführung des Entwicklungsunternehmens mit der Rendite der wirtschaftlichen Voreinschätzung zufrieden und beschließt, das Projekt zu initiieren. Für die Durchführung des Projektes sieht sich der Projektentwickler allerdings **veränderten Rahmenbedingungen** gegenübergestellt. Die zunehmende Professionalisierung der Immobilienbranche hat gleichsam zu einer Änderung des Prozesses der Projektentwicklung geführt. Die traditionelle Projektentwicklung, in der ein Entrepreneur spekulative Projekte auf Basis seines „Bauchgefühls" initiierte und Finanzierungszusagen und Genehmigungen oftmals auf Grund persönlicher Kontakte zustande kamen, existiert nicht mehr. Insbesondere die gestiegenen Anforderungen auf Seiten der Kapitalgeber führen dazu, dass Projektentwicklungen zunehmend transparenter werden. Kooperationen mit Kapitalgebern, Nutzern und Bestandshaltern werden neu gestaltet und auf **Basis von Partnerschaften** durchgeführt. Dies bedingt, dass **Wertschöpfungsstufen und Leistungsbilder** des Entwicklers definiert, Analysen strukturiert und Prozessschritte standardisiert werden müssen. Nur durch die Gewährleistung einer solchen professionellen Arbeitsweise ist es dem Entwickler möglich, Dritte zu einer Zusammenarbeit zu bewegen.

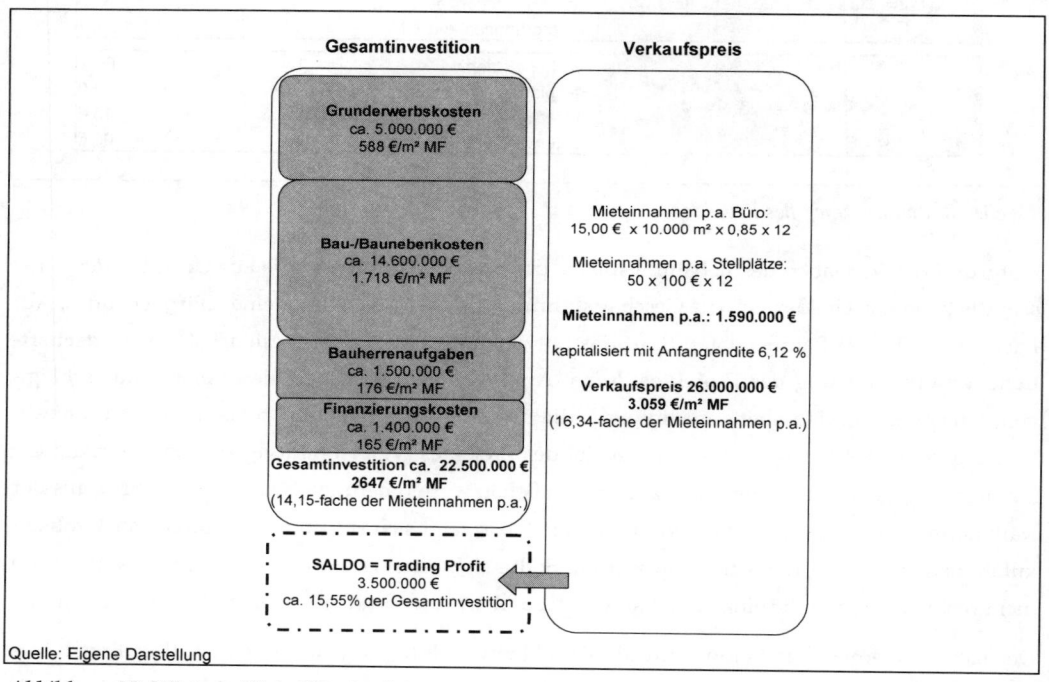

Abbildung 75: Wirtschaftliche Voreinschätzung

Die AB Projektentwicklung GmbH hat diese Tendenzen bereits frühzeitig erkannt und führt sämtliche Projektentwicklungen häufig als Partnerschaften durch. Diese so genannten **Equity-Partnerschaften** bzw. **Equity Joint Ventures** bezeichnen die Zusammenarbeit zweier oder mehrerer voneinander unabhängiger Unternehmen, die zur Realisierung des Kooperationszwecks ein Gemeinschaftsunternehmen gründen, als dessen Gesellschafter sie auftreten. Als zentrales Abwicklungsorgan innerhalb des Projektes dient die **Objektgesellschaft**, deren Geschäftsführung von Vertretern beider Partner wahrgenommen wird. Auf Grundlage des Gesellschaftervertrages stellt sie im Rahmen der Projektentwicklung die Rechtsform nach außen dar und ist de facto Eigentümerin des Immobilienprojektes, mit der die späteren Nutzer ihre Mietverträge abschließen (vgl. Abbildung 76).

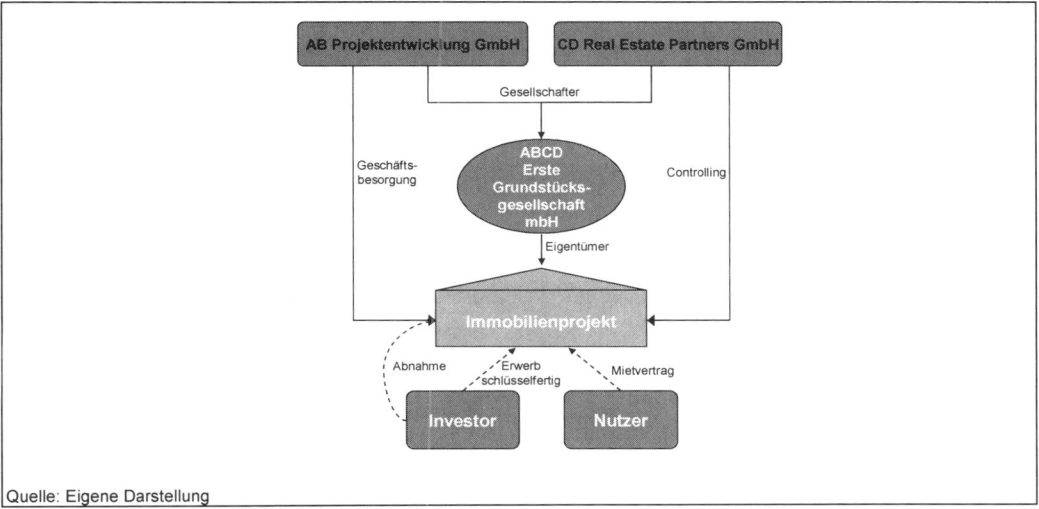

Quelle: Eigene Darstellung

Abbildung 76: Equity-Partnerschaft

Bei dieser Konstruktion wird der Verkauf der Immobilie an einen Endinvestor entweder als so genannter **Share Deal** durchgeführt, bei dem die Projektpartner ihre Anteile der Gesellschaft an den Investor verkaufen, oder als **Asset Deal**, bei dem das Objekt aus der Gesellschaft heraus verkauft und die Gesellschaft anschließend aufgelöst wird, was jedoch i.d.R. grunderwebsteuerrechtliche Nachteile mit sich bringt. Share Deals sind aufgrund der Risiken und der Intransparenz des Gesellschaftskaufs in Deutschland bis dato eher die Ausnahme.

Die AB Projektentwicklung GmbH beabsichtigt so auch für den vorliegenden Fall die Implementierung einer Equity-Partnerschaft und begibt sich auf die Suche nach einem potenziellen Partner. Diesen findet sie in der CD Real Estate Partners GmbH, deutsches Tochterunternehmen eines großen angelsächsischen Immobilieninvestors.

4.2.5.2   Gestaltung der Zusammenarbeit

Der Gestaltung der Zusammenarbeit zwischen Projektentwickler und Equity Partner kommt eine hohe Bedeutung zu. Insbesondere bei erst- oder einmaliger projektweiser Kooperation bestehen beiderseitige **Informationsasymmetrien** hinsichtlich Informationen, Know-how und Kapital, die von dem anderen Partner jeweils als **Verhaltensunsicherheiten** wahrgenommen werden. Diese werden durch die Komplexität der Aufgabenstellung und die hohen Auftragsvolumina zusätzlich verstärkt.

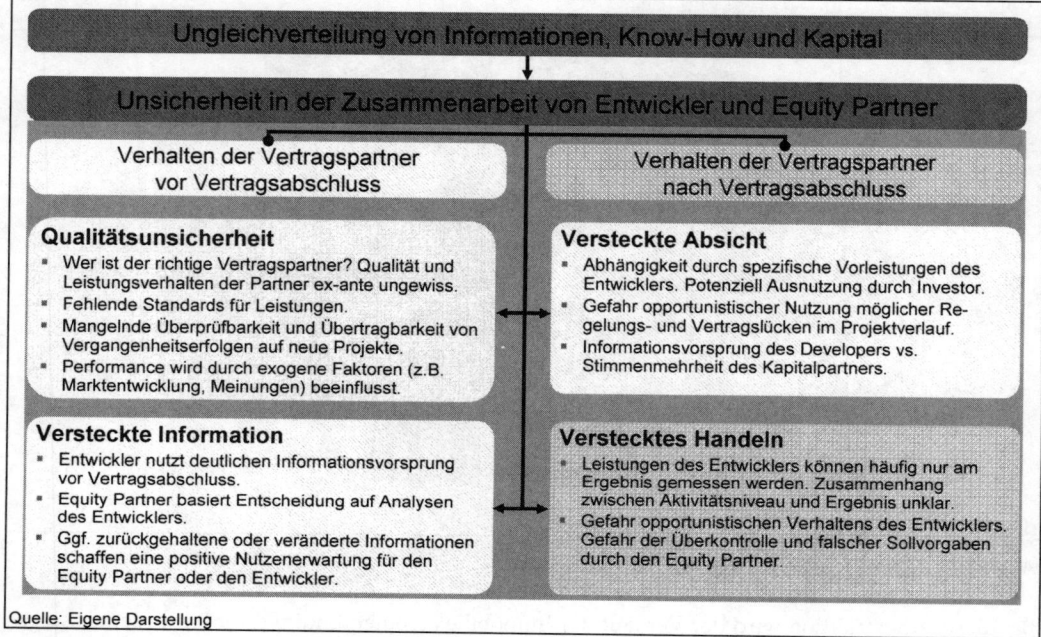

Abbildung 77: Verhaltensproblematik von Entwickler und Equity-Partner bei Joint Ventures

Insgesamt lassen sich die in Abbildung 77 dargestellten vier Typen von Verhaltensunsicherheiten in der Beziehung zwischen Equity Partner und Projektentwickler unterscheiden (vgl. Bone-Winkel/Fischer, S. 614ff.; Fischer, S. 109ff.).

Da die hier beschriebenen Verhaltensunsicherheiten leicht zum Scheitern der Zusammenarbeit führen können, hat die **Lösung dieser Konflikte** für beide Partner bereits vor Vertragsabschluss hohe Priorität.

Zunächst geht es darum, dass der Projektentwickler dem Investor bereits vor Vertragsabschluss ein **klares Bild seiner Leistungsfähigkeit** vermittelt. Die dazu benötigte Transparenz schafft der Entwickler durch Übermittlung von Signalen, beispielsweise durch Offenlegung des Bearbeitungsstandes und der relevanten Unterlagen. Zweiter Aspekt zur Erstellung eines überzeugenden Leistungsangebotes ist die **Definition eines Leistungsbildes** für die Projektentwicklung bereits vor Vertragsabschluss. Auf Basis der definierten Leistungen kann in einem nächsten Schritt eine für den Auftraggeber nachvollziehbare **Honorarstruktur** hergeleitet werden, die sich an den Wertschöpfungsstufen des Entwicklungsprozesses orientiert.

Die Wahl der Honorarstruktur hat ebenfalls hohe Bedeutung für die Zusammenarbeit der beiden Parteien nach Abschluss des Vertrages. Da der Projekterfolg nicht ausschließlich von den Entscheidungen des Entwicklers sondern zusätzlich von externen Faktoren abhängt, führt eine **erfolgsabhängige** Honorarstruktur zu einer zusätzlichen Risikoallokation zwischen den Vertragspartnern. Dies bedingt einen Interessensausgleich, der den Projektentwickler von der Wahl opportunistischer Handlungsstrategien abhält. Der Anteil des erfolgsabhängigen Honorars am Gesamthonorar korreliert mit der Risikobereitschaft des Projektentwicklers. Akzeptiert der Entwickler einen hohen Anteil erfolgsabhängiger Vergütung, zeigt er seine Bereitschaft zur Risikoübernahme und damit gleichzeitig seine Überzeugung vom Projekterfolg.

Aufgrund seiner gemeinhin eher schwachen EK-Ausstattung wird der Entwickler allerdings selbst bei absoluter Überzeugung vom Projekterfolg nicht umhin kommen, Teile des Honorars als Fixum oder Pauschale zu vereinbaren, um hiermit für die Dauer des Projektentwicklungsprozesses seinen Ressourcenaufwand finanzieren zu können.

Die Regelung der Zusammenarbeit auf diesen beiden Ebenen erfolgt mittels der **Kooperationsvereinbarung**, die detailliert Leistungsbeziehungen, Haftungsfragen und Gewinn- und Honorarverteilung vertraglich fixiert. Die Kooperationsvereinbarung wird rechtlich entweder in Form eines Gesellschaftsvertrages im Falle des Einsatzes einer Objektgesellschaft oder durch einen Joint Venture-Vertrag fixiert. Entscheidend für den Erfolg einer Projektpartnerschaft ist die Robustheit der Festlegungen vor dem Hintergrund der laufenden Projekte. Leistungsvereinbarungen, Haftungsübernahmen und Finanzierungszusagen müssen auch bei sich ändernden Rahmenbedingungen stabil bleiben, um das gefundene Gleichgewicht innerhalb der Partnerschaft nicht zu gefährden. In der Praxis zeigt sich, dass gerade in Konzernorganisationen diese Anforderungen nicht ohne weiteres gewährleistet werden können und übergeordnete politische Entscheidungen den Projektfortschritt mitunter sehr stark beeinflussen.

Oberstes Ziel der Projektpartnerschaft muss es sein, die Interessen beider Partner auf den Projekterfolg auszurichten und alle personellen, sachlichen und finanziellen Ressourcen bei Projektstart so bereitzustellen, dass das Projektergebnis im Rahmen eines beherrschbaren Korridors (Veränderung der Ausgangsprämissen) zu Ende geführt werden kann.

Die Zusammenarbeit von Projektentwickler und Equity Partner findet auf **zwei Ebenen** statt. Die erste Ebene beschreibt die Leistungsbeziehung zwischen Projektentwickler und Investor, in deren Rahmen der Projektentwickler als Auftragnehmer die Durchführung des Prozesses gewährleistet. Auf der zweiten Ebene wird der Projektentwickler durch seinen Kapitaleinsatz zum Gesellschafter des Equity Partners und partizipiert in Abhängigkeit der Höhe seines Gesellschafteranteils an Gewinnen bzw. Verlusten.

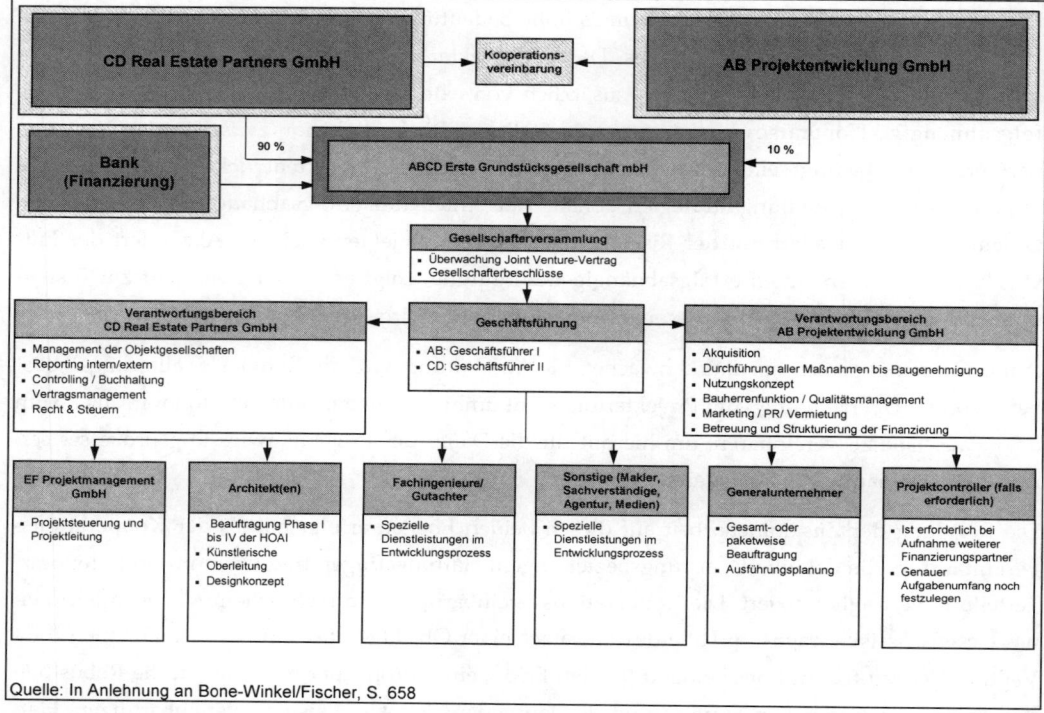

Quelle: In Anlehnung an Bone-Winkel/Fischer, S. 658

Abbildung 78: Projektorganisation

Die **Projektorganisation** (vgl. Abbildung 78) orientiert sich an der Aufgabenteilung innerhalb der Partnerschaft. Demnach kommen dem Entwickler die originären Projektentwicklungsleistungen zu. Die Durchführung des gesamten bzw. des teilweisen Entwicklungsprozesses liegt also beim Entwickler, der auch häufig Garantiefunktionen für Planung und Realisierung (Generalplanungs- und/oder GÜ-Leistungen) übernimmt oder koordiniert. Die Rolle des Equity Partners beschränkt sich weitgehend auf Finanzierungs-, Reporting- und Controlling-Funktionen. Darüber hinaus müssen im Verlauf des Entwicklungsprozesses Leistungen diverser externer Akteure (vgl. Punkt 4.2.4.1) eingekauft werden. Wichtig bei der Projektorganisation ist die klare Definition der Schnittstellen, die Vermeidung von Kompetenzüberschneidungen und eine klare Zuordnung aufgabenbezogener Weisungsrechte der Projektpartner.

4.2.5.3   Wertschöpfung und Leistungsbemessung

Innerhalb der Kooperationsvereinbarung wird die Vergütung der Equity Partner ausführlich geregelt. Zunächst geht es auf der **ersten Ebene** um die Vergütung der Entwicklungsleistungen (**Projektentwicklungs-Fees**), die seitens der AB Projektentwicklung GmbH im Entwicklungsprozess erbracht werden. Die Grundlage zur Bemessung der Entwicklungsleistungen ist wie bereits erwähnt die Definition eines **Leistungsbildes** für die Projektentwicklung. Dieses basiert auf spezifischen Wertschöpfungsstufen im Entwicklungsprozess, die oft mehrere Projektentwicklungsphasen umfassen. Das Prinzip ist dabei, dass mit Realisation einer neuen quantifizierbaren **Wertschöpfungsstufe** eine neue Leistungsphase einsetzt, an deren jeweiligem Ende Exit-Optionen für beide Vertragspartner stehen. Die Vergütung der AB Projektentwicklung GmbH für die einzelnen Phasen setzt sich aus einem **Basishonorar** und einem erfolgsabhängigen **Leistungshonorar** zusammen. Die Ausschüttung des erfolgsabhängigen Anteils ist an das Erreichen spezifischer „**Meilensteine**" gebunden, die vor Vertragsabschluss als Zielparameter definiert werden. Als Meilensteine fungieren beispielsweise der Erhalt der Baugenehmigung, der Vertragsabschluss mit Ankermietern, die Finanzierungszusage oder auch der Zeitpunkt der Vollvermietung (vgl. Bone-Winkel/Fischer, S. 658ff.).

Die hier dargestellten Leistungsphasen sind an den idealisierten Entwicklungsprozess angelehnt (vgl. Punkt 4.2.2.4) und korrespondieren demzufolge auch mit dessen einzelnen Phasen. Allerdings kann aufgrund des hohen Maßes an Heterogenität unterschiedlicher Entwicklungsprojekte keine Allgemeingültigkeit gewährleistet werden, vielmehr sind die Leistungsbilder den Bedürfnissen des jeweiligen Auftraggebers bzw. des jeweiligen Projektes anzupassen. In diesem Projekt wird die folgende Leistungsstruktur für die Projektpartner vereinbart, die Werte beziehen sich bereits auf die im Anschluss dargestellte Developer-Kalkulation (vgl. Punkt 4.2.5.5), in der von einem erfolgreichen Verkauf des Projektes bei Fertigstellung ausgegangen wird. Das vereinbarte Grundhonorar wird gemäß den erbrachten Leistungen auf die Projektpartner verteilt, wobei der überwiegende Teil der Projektentwicklungs-Fees mit 84% auf die Leistungen des Developers entfällt. Die Leistungen des Equity-Partners bestehend aus Controlling und Reporting-Aufgaben werden mit 16% der Fees vergütet (vgl. Tabelle 14).

Die **zweite Eben**e der Leistungsbemessung betrifft die **Gewinn- und Verlustpartizipation** der Kooperationspartner. Hierzu muss bereits in der Kooperationsvereinbarung festgelegt werden, zu welchem Zeitpunkt und in welcher Form ein Exit angestrebt werden soll. Im vorliegenden Fall wird von einem Verkauf des Projektes bzw. der Objektgesellschaft an einen externen Endinvestor ausgegangen, sobald die Projektfertigstellung erreicht ist. Die Ermittlung des potenziellen „**Net Trading Profit**" ist der Ausgangspunkt für die Verteilung des Gewinns. Dieser ergibt sich als **Saldo von Verkaufspreis und Investitionssumme**, wobei die Investitionssumme sowohl die direkten Baukosten als auch alle sonstigen Projektkosten (Zwischenfinanzierung, Honorar, Eigenkapitalverzinsung) berücksichtigt. Im Gesellschaftervertrag wird die Ergebnisverteilung dieses Gewinns mittels einer **Honorarfunktion** festgelegt, die in erster Linie vom Beteiligungsverhältnis der Equity Partner abhängig ist. Zusätzlich können Variablen aufgenommen werden, welche die Risiko-

und Rechteverteilung innerhalb des Joint Ventures als Determinanten der Ergebnisverteilung berücksichtigen (vgl. Fischer, S. 252ff.).

Leistungsphasen	Honorargrundlage	Grundhonorar		Projektentwickler		Investor	
LP1: Objektvorprüfung/-sicherung	Netto-Kaufpreis des Grundstücks	0,20%	9.000 €	100%	9.000 €	0%	0 €
LP2: Machbarkeitsstudie	Netto-Kaufpreis des Grundstücks	1,50%	67.500 €	100%	67.500 €	0%	0 €
LP3: Nutzungskonzept	Baukosten	0,50%	62.500 €	100%	62.500 €	0%	0 €
LP4: Projektfinanzierung	EK-Anteil 25%, Fälligkeit wie bei FK	10,00%	0 €	10%	0 €	90%	0 €
LP5: Objektankauf	Netto-Kaufpreis des Grundstücks	2,00%	90.000 €	50%	45.000 €	50%	45.000 €
LP6: Baurechtschaffung	Baukosten	1,00%	125.000 €	80%	100.000 €	20%	25.000 €
LP7: Baudurchführung	Baukosten	1,00%	125.000 €	80%	100.000 €	20%	25.000 €
LP8: Marketing/PR	Monatsmiete	0,6	79.500 €	100%	79.500 €	0%	0 €
LP9: Vermietung	Monatsmiete	0	0 €	0%	0 €	0%	0 €
LP10: Investment	Verkaufspreis	0,50%	128.800 €	100%	128.800 €	0%	0 €
GESAMT			687.300 €		592.300 €		95.000 €
davon: Deckungsbeitrag PE			687.300 €	86%	592.300 €	14%	95.000 €
EK Verzinsung			0 €	0%	0 €	0%	0 €

Quelle: in Anlehnung an Bone-Winkel/Fischer, S. 648

Tabelle 14: Honorarstruktur für Projektentwicklungsleistungen (Fallbeispiel)

So kommt es in der Praxis regelmäßig zu einer asynchronen Gestaltung dergestalt, dass der Entwickler mit zunehmendem Erfolg (gemessen am internen Zinsfuß IRR) einen höheren Anteil am erzielten Projektgewinn erhält, während er bis zu einer gewissen Mindestverzinsung gar keine Vergütung bekommt.

4.2.5.4   Durchführung der Projektentwicklung

Die Projektpartner verständigen sich darauf, dass vor endgültiger Unterzeichnung des Kooperations- und des Gesellschaftervertrages die Durchführung der **Machbarkeitsstudie** stehen muss. Eine solche fundierte Bestätigung der Voreinschätzung des Developers ist ebenfalls Voraussetzung für eine Finanzierungszusage der Bank. Konkret beinhaltet die Machbarkeitsstudie die folgenden Analysen (vgl. auch Punkt 4.2.3.3.1).

• Standort- und Marktanalysen,

• Analyse des Nutzungskonzeptes,

- Wettbewerbsanalysen,

- Risikoanalysen,

- Wirtschaftlichkeits-/Rentabilitätsanalysen.

An dieser Stelle soll exemplarisch für die Machbarkeitsstudie detailliert die Durchführung der einfachen Wirtschaftlichkeitsanalyse auf Entwicklerseite beschrieben werden, zur genauen Darstellung der einzelnen Teilanalysen sei auf die Kapitel 5.1 (Immobilienanalyse) und 5.4 (Immobilieninvestition) verwiesen (siehe zu den Analysen ausführlich Schulte/Bone-Winkel (Hrsg.), Handbuch Immobilien-Projektentwicklung, 2., akt. und erw. Aufl., Köln 2002).

4.2.5.5   Wirtschaftlichkeitsanalyse

4.2.5.5.1 Grundlagen

Die zu Beginn erfolgte Voreinschätzung der Wirtschaftlichkeit bildet die Basis für die detaillierte Wirtschaftlichkeitsanalyse im Rahmen der Machbarkeitsstudie. Zur Durchführung greift die AB Projektentwicklung GmbH auf die so genannte **„einfache Projektentwicklungsrechnung"** zurück.

Dabei handelt es sich um ein in der Praxis weit verbreitetes **statisches Verfahren** zur Ermittlung der Rendite eines Immobilienprojektes. Grundlage dieses Verfahrens sind zwei Vorgehensweisen zur Strukturierung von Projektentwicklungskalkulationen, die nachfolgend erläutert werden.

Beim so genannten **„Frontdoor-Approach"** interessiert den Entwickler die Attraktivität des Projektes aus Sicht eines potenziellen Investors. Dazu wird zunächst die Gesamtinvestitionssumme des Projektes bestehend aus den Projektkosten sowie einem Zuschlag für Wagnis und Gewinn hergeleitet. Diese ist gleichbedeutend mit dem Kaufpreis der Immobilie, also dem Preis, zu dem der Entwickler die Immobilie auf dem Investmentmarkt anbietet. Hauptkriterium des Investors für den Kauf der Immobilie ist die für ihn erzielbare Eigenkapitalrendite, die wiederum von den Mieterlösen des Objektes und seinen Finanzierungskonditionen abhängt.

Deshalb werden in einem nächsten Schritt zunächst Annahmen zu den Finanzierungskonditionen des Investors getroffen und anschließend der jährliche Kapitaldienst für das Fremdkapital sowie die geforderte Eigenkapitalverzinsung hergeleitet.

Diese Summe entspricht dem Jahresreinertrag, den das Objekt mindestens generieren muss. Addiert man hierzu eine Pauschale für Bewirtschaftungskosten ergibt sich der Jahresrohertrag, der von dem Immobilienprojekt minimal geliefert werden muss, um die Renditevorstellungen des Investors zu treffen. Vom Jahresrohertrag kann in einem letzten Schritt auf die erforderliche Monatsmiete pro m² Bürofläche geschlossen werden (vgl. Greer/Farrell, S. 347ff.).

Die hier beschriebene Vorgehensweise ist in Abbildung 79 dargestellt. Daneben wird der so genannte Backdoor-Approach gezeigt, dessen Vorgehensweise im Anschluss erläutert wird.

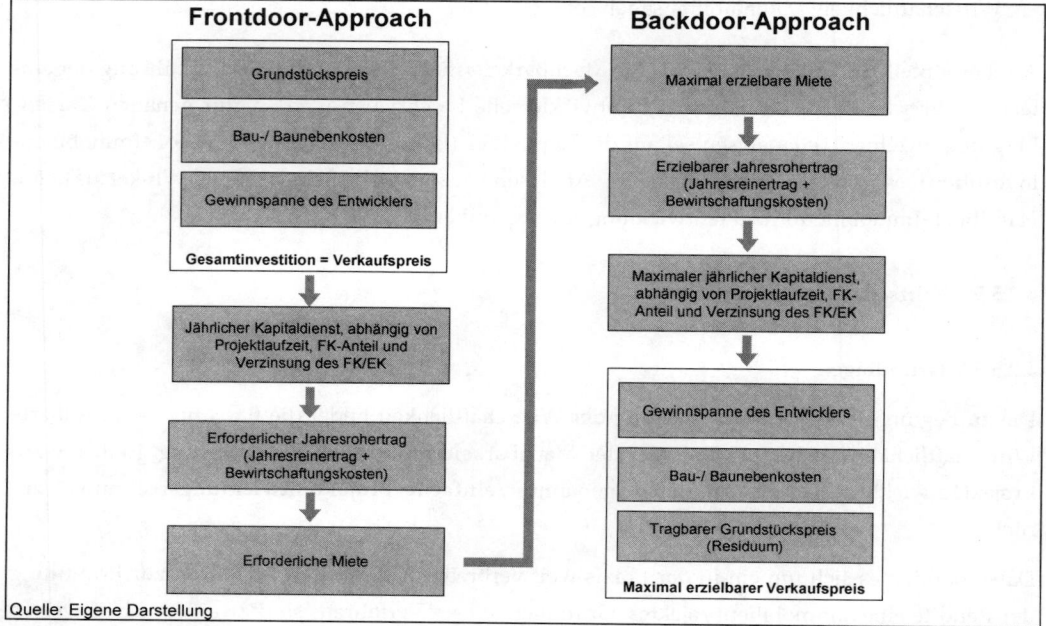

Abbildung 79: Frontdoor- und Backdoor-Approach

Während beim Frontdoor-Approach die Herleitung der erforderlichen Miete im Vordergrund steht, geht es beim „**Backdoor-Approach**" um die Ermittlung des tragbaren Grundstückspreises. Ausgangspunkt des Verfahrens ist die Prognose der maximal erzielbaren Büromiete pro m², von dem durch Subtraktion der Bewirtschaftungskosten auf den Jahresreinertrag geschlossen wird. In Verbindung mit den Finanzierungskonditionen kann dann der maximale jährliche Kapitaldienst festgelegt werden, von dem wiederum auf das insgesamt für die Investition zur Verfügung stehende Kapital rückgeschlossen werden kann. Dieses stellt dann die maximale Investitionssumme dar, die ein Investor für das Projekt zu zahlen bereit ist. Zieht der Entwickler nun die Projektkosten sowie den Zuschlag für Wagnis und Gewinn ab, verbleibt als Residuum der maximal tragbare Bodenpreis (vgl. Greer/Farrell, S. 351ff.).

Hier wird deutlich, das der zugrunde liegende Aufbau und die Methodik der beiden Vorgehensweisen prinzipiell gleich sind, sie unterscheiden sich lediglich hinsichtlich der jeweiligen Zielparameter. Während beim Frontdoor-Approach die erforderliche Büromiete hergeleitet wird, steht beim Backdoor-Approach die Ermittlung des gerechtfertigten Grundstückspreises im Vordergrund.

Dementsprechend gestaltet sich auch der Einsatz der beiden Kalkulationsweisen: Insbesondere bei Bebauung von Grundstücken, für die aufgrund mangelnder Vergleichbarkeit keine Bodenwerte zu ermitteln sind, wird das so genannte „**Residualwertverfahren**" (auch Restwertverfahren) herangezogen, das auf dem Backdoor-Approach basiert. Mit diesem Verfahren ist es dem Entwickler möglich, unter Beachtung seines Mindestgewinns den tragfähigen Bodenpreis für ein solches Grundstück herzuleiten (vgl. Kleiber/Simon/Weyers, S. 1404ff.). Die Ermittlung des **Residuums** ist auch in sinkenden Märkten besonders relevant, da Grundstücke dann i.d.R. „nach Gebot" bepreist werden und der Käufer eine eigene Wertermittlung durchführt. Gleiches gilt für den Erwerb von Grundstücken der öffentlichen Hand, da hier mittels Bieterverfahren veräußert wird.

Steht wie im vorliegenden Fall der Preis des Grundstücks durch das Angebot des Verkäufers bereits fest, bedient sich der Entwickler der „Frontdoor"-Variante, startet die Berechnung also mit der Herleitung der Investitionssumme, die maßgeblich von den Kosten des Projektes bestimmt wird. Deren Herleitung widmet sich demnach auch das folgende Kapitel.

4.2.5.5.2   Kosten

Die Kosten des Projektes lassen sich in die vier folgenden Gruppen einteilen:

- Grunderwerbskosten,
- Bau- und Baunebenkosten,
- Bauherrenaufgaben,
- Finanzierung.

An dieser Stelle sei zunächst auf die aktuelle Fassung der **DIN 276** von 1993 verwiesen. Diese Norm gliedert die „**Kosten im Hochbau**" detailliert nach drei Ebenen und gibt eine allgemein anerkannte Standardisierung zur Kostenermittlung vor. Die ersten beiden Ebenen sind in Tabelle 15 dargestellt. Die DIN 276 kennt vier Arten der Kostenermittlung, die sich nach dem Zeitpunkt im Entwicklungsprozess und dem Detaillierungsgrad unterscheiden. Je weiter das Projekt im Entwicklungsprozess fortgeschritten ist, desto höher die Genauigkeit der Kostenermittlung.

Während der Phase der Projektinitiierung erfolgt die **Kostenschätzung** noch aufgrund von Pauschalwerten pro m², die aus bereits abgeschlossenen vergleichbaren Projekten stammen. Qualitäts- und Ausstattungsunterschiede werden mit Ab- bzw. Zuschlägen ausgeglichen. Der Detaillierungsgrad der Kostenschätzung entspricht der Gliederung der ersten Ebene.

Mit Beginn der Projektkonzeption, also bei Durchführung der Machbarkeitsstudie, erfolgt eine **Kostenberechnung** bis zur zweiten Ebene, basierend auf der in Zusammenarbeit mit einem Architektenteam entwickelten Nutzungskonzeption für das Grundstück. Grundlage hierfür sind detaillierte Kostenkennwerte, die jährlich aktualisiert für verschiedene Gebäudetypen und -qualitäten veröffentlicht werden (vgl. dazu BKI).

1. Ebene	2. Ebene
100 Grundstück	110 Grundstückswert
	120 Grundstücksnebenkosten
	130 Freimachen
200 Herrichten und Erschließen	210 Herrichten
	220 Öffentliche Erschließung
	230 Nichtöffentliche Erschließung
	240 Ausgleichsangaben
300 Bauwerk - Baukonstruktionen	310 Baugrube
	320 Gründung
	330 Außenwände
	340 Innenwände
	350 Decken
	360 Dächer
	370 Baukonstruktive Einbauten
	390 Sonstige Maßnahmen für Baukonstruktionen
400 Bauwerk - Technische Anlagen	410 Abwasser-, Wasser-, Gasanlagen
	420 Wärmeversorgungsanlagen
	430 Lufttechnische Anlagen
	440 Starkstromanlagen
	450 Fernmelde- und informationstechnische Anlagen
	460 Förderanlagen
	470 Nutzspezifische Anlagen
	480 Gebäudeautomation
	490 Sonstige Maßnahmen für Technische Anlagen
500 Außenanlagen	510 Geländeflächen
	520 Befestigte Flächen
	530 Baukonstruktionen in Außenanlagen
	540 Technische Anlagen in Außenanlagen
	550 Einbauten in Außenanlagen
	590 Sonstige Maßnahmen für Außenanlagen
600 Ausstattung und Kunstwerke	610 Ausstattung
	620 Kunstwerke
700 Baunebenkosten	710 Bauherrenaufgaben
	720 Vorbereitung der Objektplanung
	730 Architekten- und Ingenieurleistungen
	740 Gutachten und Beratung
	750 Kunst
	760 Finanzierung
	770 Allgemeine Baunebenkosten
	790 Sonstige Baunebenkosten

Quelle: Deutsches Institut für Normung e.V., S. 14

Tabelle 15: Aufbau der DIN 276 (Ebenen 1 und 2)

Zu Beginn der anschließenden Projektmanagementphase wird der **Kostenanschlag** durchgeführt. Dieser basiert auf den endgültigen Planungen der Architekten und beinhaltet eine Aufgliederung bis zur dritten Ebene der DIN 276. Der Kostenanschlag bildet gleichzeitig die Basis für die Vergabe der einzelnen Gewerke.

Die Ermittlung der Kosten im Rahmen von Kostenberechnung und Kostenanschlag wird von Bauingenieuren erbracht und erfolgt zumeist anhand von Baupreistabellen, die jährlich aktualisiert detaillierte Preise zu den einzelnen Gewerken der DIN 276 ausweisen. Aufgrund der standardisierten Form der DIN 276 sind die Kosten der einzelnen Gewerke über Bauprojekte hinweg miteinander direkt vergleichbar.

Zuletzt wird bei Fertigstellung des Projektes die **Kostenfeststellung** durchgeführt, welche die Abrechnung der erbrachten Bauleistungen beinhaltet.

Die Orientierung an den Vorgaben der DIN 276 ist für die Durchführung von Projektentwicklungen allerdings nur eingeschränkt möglich, da einige wesentliche Kostenbestandteile nicht in das vorgegebene Schema integriert werden können. Während also die Ermittlung von Grundstückskosten und Baukosten inklusive Baunebenkosten im Rahmen der DIN 276 erfolgen kann, ist dies für das Honorar des Projektentwicklers, die Verzinsung des Eigenkapitals und Kosten im Zusammenhang mit der Vermarktung aufgrund fehlender Positionen innerhalb der Norm nicht bzw. nur sehr eingeschränkt möglich.

Dementsprechend kann die Developer-Kalkulation zur Ermittlung der Grunderwerbskosten und der Bau- und Baunebenkosten auf die Struktur der DIN 276 zurückgreifen, muss darüber hinaus jedoch weitere Parameter integrieren.

Grunderwerbskosten

Der Kaufpreis und die Erwerbsnebenkosten ergeben die gesamten **Grunderwerbskosten**. Erwerbsnebenkosten enthalten typischerweise Grunderwerbsteuer, Notar- und Gerichtskosten, Maklercourtage, Kosten für Bewertungsgutachten und Vermessungsgebühren. In der DIN 276 fasst die Kostengruppe 100 die Grundstückskosten zusammen. Im vorliegenden Fall liegt der vom Verkäufer geforderte Preis bei 2.250 Euro pro m² Grundstücksfläche bzw. bei 529 Euro/m² Mietfläche (MF). Die Höhe des Verkaufspreises wird aufgrund der 1a-Lage und der guten Baumaßzahlen (GFZ, GRZ) als gerechtfertigt angesehen (vgl. Tabelle 16).

Grundstück	2000 m² * 2.250 €	4.500.000 €
Grunderwerbsteuer	3,5% des Kaufpreises	157.500 €
Notarkosten	0,5% des Kaufpreises	22.500 €
Maklercourtage	2% des Kaufpreises	90.000 €
SUMME Grunderwerbskosten	561 €/m² MF	4.770.000 €

Tabelle 16: Grunderwerbskosten

Bau- und Baunebenkosten

Die **Baukosten** stellen i.d.R. den größten Kostenblock einer Projektentwicklung dar. Dementsprechend kommt deren Ermittlung bereits in der Machbarkeitsstudie eine hohe Bedeutung zu. Die von der AB Projektentwicklung GmbH durchgeführte Kostenberechnung beinhaltet die ersten beiden Ebenen der DIN 276 (Kostengruppe 200-600) und ergibt Baukosten pro m² BGF in Höhe von 1.250 Euro. Darin enthalten sind ebenfalls die Kosten für die 50 im ersten UG geplanten Tiefgaragenstellplätze.

Den größten Bestandteil der **Baunebenkosten** (Kostengruppe 700 der DIN 276) nehmen Architekten- und Ingenieurleistungen ein. Sie werden in der Rechnung basierend auf Erfahrungswerten pauschal mit 15% veranschlagt. Die genaue Vergütungsbestimmung erfolgt auf Basis der abzuschließenden Architekten- bzw. Ingenieurverträge. Referenz für die Vergütung ist die **Honorarordnung für Architekten und Ingenieure (HOAI)** , die detailliert die einzelnen Leistungsbilder und dazugehörige Honorarzonen vorschlägt, wobei in der Praxis vereinbarte Honorare von der HOAI abweichen können (vgl. Kyrein, S. 382-391; HOAI § 15). Dabei beschränkt sich die HOAI nicht auf reine Architektenleistungen wie Entwürfe oder Aufmasse sondern beinhaltet darüber hinaus Projektmanagementleistungen wie Qualitätsmanagement, Terminüberwachung, Kostenkontrolle und Projektleitung. Insbesondere beim Leistungsbild des Projektmanagements in der HOAI kommt es zu Schnittstellen mit dem Leistungsbild der Projektentwicklung (vgl. Punkt 4.2.5.3; siehe weiterführend dazu Heft 9 der AHO Fachkommission). Um dies zu synchronisieren, bedarf es einer exakten Leistungsdefinition in den spezifischen Verträgen.

Weiteres Element dieses Kostenblocks ist das Budget für **Unvorhergesehenes**, das hier mit 3,63% der gesamten Baukosten angesetzt wurde. Es ist nötig, um eventuelle Baukostenüberschreitungen bereits in diesem Stadium zu berücksichtigen (vgl. Tabelle 17). Die Erfahrung zeigt, dass selbst bei strikter Kostenkontrolle in der Bauphase Budgetüberschreitungen an der Tagesordnung sind, da im Projektverlauf häufig nutzungsbedingte Planungsänderungen notwendig werden, die wiederum zu Kostennachträgen der Bauunternehmen führen.

Baukosten	1.250 € *10.000 m² BGF	12.500.000 €
Baunebenkosten	pauschal 15% der Baukosten	1.875.000 €
Unvorhergesehenes	pauschal 3,63% der Bau- und Baunebenkosten	522.331 €
SUMME Bau-/Baunebenkosten	**1.753 €/m² MF**	**14.897.331 €**

Tabelle 17: Bau-/Baunebenkosten

Bauherrenaufgaben

Abweichend von der Systematik der DIN 276 können die Bauherrenaufgaben als eigene Kostengruppe in der Developerkalkulation behandelt werden.

Während Projektsteuerungs- und Projektleitungsaufgaben Teil der Baukosten sind und von externen Dienstleistern wahrgenommen werden, kalkulieren Entwickler in der Praxis regelmäßig eine **Projektmanagement-Fee** zur Deckung der eigenen laufenden Kosten über den Bearbeitungszeitraum. Dieses Vorgehen ist von Investoren und Finanzierern weithin akzeptiert (cost of doing business).

Je nach Größe der Projekte kann diese auf rund 5% der Bau- und Baunebenkosten angegeben werden. Damit werden die eigenen Aufwendungen und Managementleistungen getragen, ein Beitrag zu Wagnis/Gewinn des Developers darf jedoch nicht enthalten sein, um Interessenkonflikte zu vermeiden.

Die Position **Marketing/PR** der Developerkalkulation umfasst alle Kosten, die mit der Vermarktung, also der Vermietung bzw. dem Verkauf des Objektes in Zusammenhang stehen. Die Projektvermarktung hat eine Querschnittsfunktion inne und ist der Höhe nach abhängig vom Projektvolumen. Um dies in der Developerkalkulation auszudrücken, werden als Basis für die Berechnung sowohl Grunderwerbs- als auch Bau-/Baunebenkosten herangezogen. Angesetzt werden zwischen 1% und 2% der Kosten, im vorliegenden Fall 1,5%.

Die dritte Position der Bauherrenaufgaben ist die Position **Vermietung/Makler**. Sie beinhaltet die Innenprovision, die dem Makler bei erfolgreicher Vermietung vom Entwickler zu zahlen ist. Üblicherweise werden hierfür 3 Monatsmieten veranschlagt. Auch wenn im Maklergeschäft traditionell mit Außenprovisionen gearbeitet wird, hat sich im gewerblichen Bereich die Vergütung durch den Auftraggeber durchgesetzt, um auch hier Interessenkonflikte zu vermeiden (vgl. Tabelle 18).

Projektmanagement-Fee	pauschal 5% der Bau- und Baunebenkosten	718.750 €
Marketing/PR	pauschal 1,5% auf die Positionen Grunderwerbskosten und Bau-/Baunebenkosten	287.175 €
Vermietung/Makler	3 Monatsmieten	397.500 €
SUMME Bauherrenaufgaben	**165 €/m² MF**	**1.403.425 €**

Tabelle 18: Bauherrenaufgaben

Finanzierung

Aufgrund der hervorragenden Bonität des Equity Partners und dessen Eigenkapitaleinsatzes ist es dem Entwickler möglich, günstige Finanzierungskonditionen der beleihenden Banken zu erhalten. Im Rahmen der Wirtschaftlichkeitsberechnung geht die AB Projektentwicklung GmbH davon aus, dass eine 80%-ige Fremdfinanzierung mit einem Zinssatz von 4% p.a. realistisch ist. Bei Finanzierungsanträgen wird in der Praxis häufig davon ausgegangen, dass auch das Eigenkapital (EK) laufend zu verzinsen ist. Dabei sind je nach Bonität des Entwicklers und des Projektrisikos Margen von 3-8% auf den Euribor üblich. In unserem Beispiel wurde der Übersichtlichkeit halber von einer laufenden Verzinsung des Eigenkapitals abgesehen. Stattdessen erfolgt hier die Verzinsung des EK lediglich über den Erfolgsbeitrag (Trading Profit) nach den eingebrachten Anteilen der Projektpartner.

Um die einzelnen Finanzierungsbausteine unterscheiden zu können, orientiert sich die Rechnung am Rahmenterminplan des Projektes, der eine Gesamtlaufzeit von Projektinitiierung bis Fertigstellung von 26 Monaten vorsieht. Daran anschließend geht der Projektentwickler von einer zwölfmonatigen Vermietungsphase aus, innerhalb der er eine Vollvermietung des Objektes erreichen möchte, welche die Grundvoraussetzung für den anschließenden Verkauf darstellt.

Mit Inkrafttreten des Kaufvertrages werden zunächst die Kosten für das Grundstück fällig. Diese **Grunderwerbskosten** für das Grundstück fallen zu Beginn en bloc an und bedürfen einer Finanzierung für die gesamte Projektdauer von 26 Monaten. Im Folgenden werden die einzelnen Finanzierungsbestandteile berechnet, vereinfachend wird auf die Darstellung unterjähriger Verzinsung verzichtet.

(0,75 x 4.770.000 Euro) x (26/12) x 0,04 = 310.050 Euro

Nach 8 Monaten beginnt die 18-monatige Bauphase, die neben den **Bau- und Baunebenkosten** auch die Kosten für die **Bauherrenaufgaben** beinhaltet. Diese entstehen zu verschiedenen Zeitpunkten innerhalb des Entwicklungsprozesses. Die genaue Abbildung dieser unterschiedlichen Zeitpunkte ist im Rahmen der einfachen Developerkalkulation allerdings nicht zu leisten, dies ist nur auf Basis dynamischer Verfahren der Investitionsrechnung (vgl. Kapitel 5.4) möglich. Deshalb wird hier vereinfacht angenommen, dass die Kosten über die Bauzeit von 18 Monaten linear anfallen, dementsprechend nur über die Hälfte zu finanzieren sind.

16.300.756 Euro / 2 = 8.150.378 Euro

(0,75 x 8.150.378 Euro) x (18/12) x 0,04 = 366.767 Euro

Dritte Position der Finanzierungskosten stellen die Zinsen dar, die auf das gesamte eingesetzte Kapital für den Zeitraum zwischen Projektfertigstellung und Vollvermietung zu bezahlen sind.

Dieses Kapital setzt sich zusammen aus der Zwischensumme von Grunderwerbskosten, Bau-/Baunebenkosten, den Kosten für die Bauherrenaufgaben sowie den Finanzierungskosten für die 26-monatige Projektlaufzeit und beträgt 21.747.573 Euro (vgl. Tabelle 19).

Für diese **Leerstandsphase** werden hier 12 Monate veranschlagt.

(0,75 x 21.747.573 Euro) x (12/12) x 0,04 = 652.427 Euro

Aus der Addition aller hier dargestellten Kostenblöcke lässt sich die **Gesamtinvestitionssumme** des Projektes zum Verkaufszeitpunkt ermitteln. Diese ist die **erste Determinante** des wirtschaftlichen Erfolges der Projektentwicklung. Damit ergibt sich für die projektierte Immobilie eine Investitionssumme in Höhe von 22.400.000 Euro, deren Zusammensetzung in Tabelle 19 dargestellt ist.

Grunderwerbskosten	4.770.000 €	561 €/m² MF	21,3%
Bau-/Baunebenkosten	14.897.331 €	1.753 €/m² MF	66,5%
Bauherrenaufgaben	1.403.425 €	165 €/m² MF	6,3%
Finanzierungskosten bis Projektfertigstellung (26 Monate)	676.817 €	80 €/m² MF	3,0%
Zwischensumme	21.747.573 €	2.559 €/m² MF	
Finanzierung des Leerstandes (12 Monate)	652.427 €	77 €/m² MF	2,9%
SUMME Gesamtinvestition	22.400.000 €	2.635 €/m² MF	100,0%
dies entspricht ca. dem 14,09-fachen der Nettomiete p.a. bzw. einer statischen Anfangsrendite von 7,10%			

Tabelle 19: Zusammensetzung der Gesamtinvestition

4.2.5.5.3 Exit-Annahmen

Die **zweite Determinante** der einfachen Developerkalkulation bilden die Annahmen zur Vermietung bzw. zum Verkauf des Projektes, auch als **Exit-Annahmen** bezeichnet (vgl. Tabelle 20).

Im vorliegenden Fall liegt die Marktmiete für qualitativ hochwertige Büroflächen in zentraler Lage bei 18 Euro/m². Aufgrund der angespannten Marktsituation geht die AB Projektentwicklung GmbH allerdings davon aus, dass diese Miete in Zukunft nicht mehr erzielbar sein wird. Um dieser Annahme gerecht zu werden, wird in der Kalkulation ein geringerer Wert, nämlich 15 Euro/m² angesetzt. Zusätzlich wird davon ausgegangen, dass der zum Verkauf benötigte Vermietungsstand erst nach einer zwölfmonatigen Leerstandsphase erreicht werden kann. Für die Vermietung der Tiefgaragenstellplätze kann mit einer Monatsmiete pro Stellplatz von 100 Euro kalkuliert werden.

Exit-Annahmen			
Mieteinnahmen p.a. (Jahresreinertrag)			1.590.000 €
Einstandsfaktor / stat. Anfangsrendite	14,09	7,10%	2.635 €/m² MF
Angestrebter Trading Profit		15,00%	3.360.000 €
Angestrebter Verkaufspreis			25.760.000 €
Verkaufsfaktor / stat. Anfangsrendite	16,20	6,17%	3.031 €/m² MF
Return on Equity (RoE)	Trading Profit/Eigenkapitaleinsatz		60,00%
Dauer der Kapitalbindung			24 Monate

Tabelle 20: Exit-Annahmen

Dementsprechend ergeben sich jährliche **Brutto-Mieteinnahmen** (Jahresrohertrag) in der Höhe von: 15 Euro x 10.000 m² x 0,85 x 12 + 100 Euro x 50 Stellplätze x 12 = 1.590.000 Euro

Aus Sicht des Endinvestors wären diese Brutto-Mieteinnahmen noch um nicht-umlegbare Bewirtschaftungskosten zu korrigieren. Da diese jedoch je nach Einschätzung des Investors stark variieren, bleiben sie hier ohne Ansatz. Dementsprechend gilt für das Beispiel Bruttomiete gleich Nettomiete und es ergeben sich jährliche **Netto-Mieteinnahmen** (Jahresreinertrag) in Höhe von 1.590.000 Euro.

Gemeinsam mit der Investitionssumme bildet dieser Wert die wesentliche Grundlage für die Ermittlung des **Verkaufspreises**.

Setzt man die Investitionssumme ins Verhältnis zu den Netto-Mieteinnahmen, ergibt sich ein Wert von 14,09 der als **Einstandsfaktor** (oder auch Mietenmultiplikator) bezeichnet wird. Dessen Kehrwert (1/14,09) beläuft sich auf 7,10% und wird als **statische Anfangsrendite** bezeichnet.

Zur Ermittlung des Verkaufspreises muss der Entwickler den von ihm angestrebten Gewinn (Trading Profit) zur Investitionssumme addieren, der in diesem Falle bei 15,00% (3.360.000 Euro) der Gesamtinvestitionssumme liegt. Dies ergibt einen Verkaufspreis von 25.760.000 Euro. Analog zur Ermittlung des Einstandsfaktors erfolgt nun die Herleitung des **Verkaufsfaktors**, der die Perspektive des potenziellen Investors wiedergibt und im vorliegenden Falle bei 16,20 liegt. Ein Investor müsste also bereit sein, das 16,20-fache des Jahresreinertrags zu investieren, um eine statische Anfangsrendite von 6,17% zu erzielen. Dieses Verhältnis und die beiden zugehörigen Werte sind für Investoren die bekanntesten und entscheidenden Kriterien bei der Kaufentscheidung eines Objektes (vgl. Tabelle 20).

Die hier dargestellte Kennzahl **Trading Profit** (Bruttoertrag) ist nicht als jährliche Rendite zu verstehen, sondern stellt vielmehr eine dimensionslose Größe dar, die als Differenz der Investitionssumme und des Verkaufspreises die Gewinnspanne für den Developer angibt. Die vom Entwickler veranschlagten 15% der Investitionssumme werden gemeinhin als Mindestgewinn bei spekulativen Projektentwicklungen angesehen, können aber je nach Risikoeinschätzung der Kapitalgeber auch nach oben oder unten variieren. Der Trading Profit hat bei der Ermittlung des Verkaufspreises den Charakter einer **Residualgröße**. Ist also für den angestrebten Verkaufspreis kein Investor zu finden, wird der Entwickler den Verkaufspreis zu Lasten des Trading Profits nach unten senken. Im vorliegenden Fall gehen die Projektpartner allerdings davon aus, dass zum von ihnen geforderten Verkaufspreis ein Investor gefunden werden kann und kalkulieren deshalb mit der Richtgröße von 15%.

Vergleicht man die hier ermittelten Kosten und Exit-Kennzahlen mit denen der wirtschaftlichen Voreinschätzung (vgl. Punkt 4.2.5.1) wird deutlich, dass die grobe Schätzung bereits relativ genaue Werte lieferte. Zwar mussten einige Parameter nach oben bzw. nach unten angepasst werden, der Unterschied in der entscheidenden Größe – dem Trading Profit – liegt aber bei lediglich ca. 0,5 Prozentpunkten.

Die für den Entwickler neben dem Trading Profit wichtigste Kennzahl ist die des „Return on Equity" (RoE), welcher den Entwicklergewinn auf das eingesetzte Eigenkapital bezieht. Ziel des Entwicklers ist hier die Maximierung des RoE, indem er entweder den Trading Profit erhöht, oder das eingesetzte Eigenkapital und den Zeitpunkt dessen Einsatzes optimiert. So ist es für den Entwickler z.B. vorteilhaft, mit der finanzierenden Bank einen geringeren Eigenkapital-Ansatz bei gleichzeitiger Erhöhung der Zinsmarge oder bei zeitlicher Streckung des EK-Einsatzes (pro-ratarisch) zu verhandeln.

4.2.5.5.4   Kalkulation

Die in Tabelle 21 dargestellte „**Einfache Developerkalkulation**" (auch „Einfache Projektentwicklungsrechnung") fasst die zuvor beschriebenen Positionen Eckdaten, Kosten und Exit zusammen. Daraus ergeben sich die dargestellten Erträge. Vom erreichten Trading Profit (Brutto-Ertrag) sind die Kosten für die Projektentwicklungsleistungen in Höhe von 687.300 Euro (vgl. Tabelle 14) abzuziehen. Diese Leistungen werden häufig mit der bereits im Budget berücksichtigten Projektmanagement-Fee von 5% verrechnet. Auf eine separate Darstellung der EK-Verzinsung wurde hier wie bereits erwähnt verzichtet. Nach Abzug dieses Betrages ergibt sich als resultierende Größe der **Net Trading Profit** (Nettoertrag) in Höhe von 2.672.700 Euro, entsprechend 11,93% des Einstandes bzw. der Investitionskosten. Auf das eingesetzte Eigenkapital bezogen ergibt sich für die Projektpartner demzufolge eine **Eigenkapitalrendite** in Höhe von 47,73% (Net Trading Profit/ Eigenkapital).

Einfache Developerkalkulation

Eckdaten

	Grundstück	2.000 m²	
	BGF	10.000 m²	
	Effizienz	85,00%	= 8.500 m² MF(GiF)
	Mieterwartung Büro	15,00 €	
	Stellplätze 1. UG	50 Stück	100 €
	Eigenkapitalquote	25,00%	5.600.000 €

Kosten

1	Grundstück	2.000 m²	2.250 €	4.500.000 €	
2	Erwerbsnebenkosten		6,00%	270.000 €	
	Summe Grunderwerbskosten		561 €/m² MF	**4.770.000 €**	21%
3	Baukosten gesamt (inkl. TG)	10.000 m²	1.250 €	12.500.000 €	
4	Baunebenkosten	pauschal	15%	1.875.000 €	
5	Unvorhergesehenes	pauschal auf 3.-4.	3,63%	522.331 €	
	Summe Bau-/Baunebenkosten		1.753 €/m² MF	**14.897.331 €**	67%
6	Projektmanagement	pauschal auf 3-4	5%	718.750 €	
7	Marketing/PR	pauschal auf 1-4	1,5%	287.175 €	
8	Vermietung/Maklerprovision	innen	3 MM	397.500 €	
	Summe Bauherrenaufgaben		165 €/m² MF	**1.403.425 €**	6%
9	Zinsen Grunderwerb	26 Mon.	4,00%	310.050 €	
10	Zinsen Rest (Faktor 0,5)	18 Mon.	4,00%	366.767 €	
11	Zinsen Leerstand	12 Mon. auf 1.-10.	4,00%	652.427 €	
	Summe Finanzierungskosten		156 €/m² MF	**1.329.244 €**	6%
	Gesamtinvestition		2.635 €/m² MF	**22.400.000 €**	100%

Exit

Mieteinnahme p.a.			1.590.000 €
Einstandsfaktor / Zins	14,09	7,10%	
Angestrebter Trading Profit		15,00%	3.360.000 €
Angestrebter Verkaufspreis			**25.760.000 €**
Verkaufsfaktor / Zins	16,20	6,17%	3.031 €/m² MF

Ertrag

Trading Profit	**15,00%**	**vom Einstand**	**3.360.000 €**
davon Deckungsbeitrag PE	20,46%	vom Bruttoertrag	687.300 €
davon EK-Verzinsung	0,00%	vom Bruttoertrag	- €
Nettoertrag	**11,93%**	**vom Einstand**	**2.672.700 €**
Return on Equity			**60,00%**
Nettoertrag bezogen auf das EK			**47,73%**
IRR (EK zu 100% am Anfang, Rückfluß nach 24 Mon.)			**26,49%**

Tabelle 21: Einfache Developerkalkulation

Die Verteilung des Nettoertrags an die Projektpartner erfolgt gemäß dem Gesellschaftervertrag, im vorliegenden Fall also entsprechend den Anteilen am eingesetzten Eigenkapital von 10% (AB Projektentwicklung GmbH) und 90% (CD Real Estate Partners GmbH). Addiert man dazu die anteiligen Projektentwicklungs-Fees und die Eigenkapitalverzinsung, ergeben sich die in Tabelle 22 dargestellten Gesamteinkünfte für die Projektpartner.

Ergebnisverteilung		
	Entwickler	**Projektpartner**
PE-Fees	592.300 €	95.000 €
EK-Verzinsung	0 €	0 €
Gewinnbeteiligung	267.270 €	2.405.430 €
SUMME	859.570 €	2.500.430 €

Tabelle 22: Ergebnisverteilung

Ein weiteres häufig angewendetes Verfahren zur Renditeberechnung in der einfachen Developerkalkulation ist die **Interne Zinsfuß-Methode** (vgl. dazu ausführlich Kapitel 5.4). Der interne Zinsfuß einer Investition ist definiert als derjenige Zinssatz, bei dem der Kapitalwert der Investition den Wert Null annimmt. Er gibt die Verzinsung des zu jedem Zeitpunkt gebundenen Kapitals an. Als Teil der dynamischen Investitionsrechnung berücksichtigt die Methode bei der Renditeberechnung die Laufzeit des Projektes. In diesem Fall wird der interne Zinsfuß über 24 Monate berechnet. Die Anfangsinvestition besteht aus dem Eigenkapital der Projektpartner in Höhe von 5.600.000 Euro. Dem gegenüber stehen Rückflüsse aus dem Verkauf des Objektes am Ende der 24 Monate in Höhe von 8.960.000 Euro, bestehend aus Trading Profit und eingesetztem Eigenkapital. Damit ergibt sich ein interner Zinsfuß in der Höhe von 26,49%, wie in Tabelle 23 dargestellt.

Interner Zinsfuß		2004	2005	2006
IKV = 26,49%	-	5.600.000 €	- €	8.960.000 €
ohne Berücksichtigung PE-Fees		100%	0%	

Tabelle 23: Interner Zinsfuß der Developerkalkulation

Da die Kalkulation aufgrund des frühen Projektstadiums zahlreiche Annahmen enthält, ist eine gesonderte Betrachtung des dadurch entstehenden Risikos unerlässlich. Im Rahmen der einfachen Developerkalkulation bietet sich die Erstellung einer **Alternativenmatrix** an, in der durch Veränderung der wichtigsten Stellhebel der Kalkulation abweichende Szenarien dargestellt werden können. Wichtigste **Stellhebel** sind zum einen die Mieteinnahmen, zum anderen der Verkaufsmultiplikator. Ausgehend von den respektiven Werten in der Kalkulation werden diese Faktoren analog einer **Best Case-/Worst Case-Betrachtung** nach oben und nach unten variiert. Resultat ist die Alternativenmatrix mit insgesamt neun möglichen Ergebnissen, dargestellt in Tabelle 24. Festzustellen ist jedoch, dass es sich bei dieser Matrix keinesfalls um eine tatsächliche Best Case-

/Worst Case-Betrachtung handelt. Für den Entwickler stellt der Verlust des eingesetzten Eigenka-pitals den „Worst Case" dar. Dieser tritt beispielsweise dann ein, wenn das Projekt aufgrund feh-lender Vermietung nicht verkauft werden kann und die Objektgesellschaft illiquide wird.

Alternativenmatrix			
Miete ohne Stellplätze	- 10%	15,00 €	+10%
Faktor - 1	- 647.000 €	1.770.000 €	4.187.000 €
Faktor +/-0	784.000 €	**3.360.000 €**	5.936.000 €
Faktor + 1	2.215.000 €	4.950.000 €	7.685.000 €
Faktor - 1	-2,89%	7,90%	18,69%
Faktor +/-0	3,50%	**15,00%**	26,50%
Faktor + 1	9,89%	22,10%	34,31%

Tabelle 24: Alternativenmatrix

Die Variation des Verkaufsmultiplikators um ± 1 und der Mieteinnahmen um ± 10% resultiert in den hier angegebenen Abweichungen des Trading Profit vom Ausgangswert, dargestellt jeweils als absoluter Wert und als Prozentzahl. Im ungünstigsten Fall (Multiplikator -1, Mieten -10%) re-sultiert ein negativer Trading Profit von –2,89%, während sich im günstigsten Fall (Multiplikator +1, Mieten +10%) der Trading Profit mit 34,31% gar mehr als verdoppelt.

Damit wird ersichtlich, dass bereits kleine Änderungen der Stellhebel, ausgelöst beispielsweise durch Eintritt des Projektes in einen neuen Marktzyklus, das erwartete Ergebnis stark beeinflussen können. Das Instrument Alternativenmatrix gibt den Projektpartnern wichtige Informationen zur Beurteilung der Investition hinsichtlich **Risikogesichtspunkten** und verdeutlicht die Wichtigkeit einer akkuraten und konservativen Schätzung von Parametern bereits zum Zeitpunkt der Mach-barkeitsanalyse.

Kritisch an der Alternativenmatrix anzumerken ist allerdings die ausschließliche Betrachtung zweier Variablen der Kalkulation. Hinzu kommt, dass eine Variation um 10% auf keinen Fall den potenziellen Alternativenraum abdeckt, da in der Praxis auch deutliche Überschreitungen dieser Werte beobachtet werden. Anhand nachfolgender Übersicht (vgl. Tabelle 25) wird die Vielzahl der **Werthebel** einer Developerkalkulation ersichtlich, deren Variation eine Veränderung der Wert-schöpfung nach sich zieht.

Die Berücksichtigung dieser Variablen findet mithilfe der so genannten **Sensitivitätsanalyse** statt, die ein weiterführendes Instrument zur Risikoabschätzung darstellt. Durch sequenzielle Variation der einzelnen Stellhebel wird deren unterschiedlicher Einflussgrad auf das Ergebnis deutlich. Da-durch ist es möglich, die erfolgskritischen Faktoren zu identifizieren und im Anschluss einer ge-sonderten Analyse zu unterziehen bzw. deren Plausibilität besonders genau zu überprüfen (vgl. Greer/Farell, S. 310ff.).

Wesentliche Werthebel der Developerkalkulation		Beispielfall
1 Miethöhe (netto)	15,00 €/m²	1.590.000 €
2 Effizienz MF/BGF	85%	8.500 m²
3 EK-Quote	25,00%	5.600.000 €
3 Verkaufsfaktor	Faktor	16,20
4 Baukosten	1.250 €/m²	12.500.000 €
5 Planungszeit	Monate	8 Mon.
6 Bauzeit	Monate	18 Mon.
7 Leerstandszeitraum	Monate	12 Mon.
8 Zinssatz Fremdkapital	4,00%	1.329.244 €
9 Zinssatz Eigenkapital	0,00%	0 €

Tabelle 25: Werthebel der Developerkalkulation

4.2.5.5.5   Weiterführende Wirtschaftlichkeitsanalysen

Das hier vorgestellte Verfahren der einfachen Developerkalkulation stellt aufgrund seiner Übersichtlichkeit und Nachvollziehbarkeit das in der Praxis am häufigsten angewendete Verfahren zur Investitionsrechnung von Projektentwicklungen dar.

Da das Verfahren auf den Methoden der klassischen Investitionsrechnung aufbaut, gelten allerdings auch die an diesen Methoden geäußerten allgemeinen **Kritikpunkte**, die sich auf die versteckten und häufig unrealistischen Annahmen in den Modellen beziehen. Beispielhaft zu nennen sind hier die unzureichende Darstellung der unterschiedlichen Zahlungszeitpunkte, die dimensionslosen Renditekennzahlen des Trading Profit, aber auch die Wiederanlageprämisse des internen Zinsfußes.

Aufgrund dieser Kritikpunkte werden in der Praxis heute vermehrt Projektentwicklungsrechnungen eingesetzt, die auf den modernen Methoden der Investitionsrechnung basieren. Diesen gemeinsam ist das zugrunde liegende Konzept des Vollständigen Finanzplanes (**VOFI-Konzept**) (vgl. Kapitel 5.4), welches die explizite Abbildung aller mit der Investition im Zusammenhang stehenden Zahlungen auf Basis frei wählbarer Prämissen ermöglicht. Das VOFI-Konzept ist für Projektentwicklungsrechnungen insbesondere deshalb gut geeignet, weil das Entstehen der einzelnen Kosten realitätsgenau abgebildet werden kann. Die Kennzahl für die Wirtschaftlichkeit des Projektes ist die **VOFI-Rendite**, die das Endvermögen der Investition dem eingesetzten Eigenkapital unter Berücksichtigung der Kapitalbindungsdauer gegenüberstellt.

Allerdings bleibt anzumerken, dass auf internationaler Ebene das VOFI-Konzept eine untergeordnete Rolle spielt. Insbesondere Angelsächsische Investoren nutzen die dynamischen Methoden der klassischen Investitionsrechnung (**Discounted Cashflow-Analysis**, vgl. weiterführend Kapitel 5.4) und orientieren sich an der Renditekennzahl des Internen Zinsfußes.

Unabhängig von der gewählten Wirtschaftlichkeitsberechnung bleibt anzumerken, dass bei Projektentwicklungsrechnungen den zu treffenden Annahmen die höchste Bedeutung zukommt. Allzu oft kommt es vor, dass der Entwickler die Kostenseite unterschätzt, während er bei der Vermarktung zu optimistische Annahmen trifft. Dies verdeutlicht nochmals die Wichtigkeit der akkuraten Durchführung aller Teilanalysen der Machbarkeitsstudie, da deren Ergebnis gleichzeitig den Input für die Wirtschaftlichkeitsanalyse liefert.

Dies gilt umso mehr vor dem Hintergrund, dass wegen der Vielzahl der in eine Wirtschaftlichkeitsberechnung einzustellenden Parameter bereits kleinste prozentuale Abweichungen einzelner Positionen auf der Kosten- oder Erlösseite das Endergebnis maßgeblich nach oben oder unten beeinflussen können.

4.2.5.6   Schlussbemerkungen

Mit dem Nachweis der Wirtschaftlichkeit und einer zufrieden stellenden Sicherheit hinsichtlich der Vermietung ist die Voraussetzung für die Realisierung des Projektes und die Unterzeichnung des Joint Venture-Vertrages gegeben. Die Projektpartner können nun mit der tatsächlichen Durchführung beginnen. Typischerweise folgen als nächste Schritte die Finanzierungsverhandlungen und die Schaffung des benötigten Baurechts. Erst wenn diese beiden Schritte erreicht sind, werden die Projektpartner die Kaufoption ausüben. Gemeinhin wird der Übergang des Grundstücks in den Besitz der Objektgesellschaft als gleichbedeutend mit dem offiziellen Start des Projektes angesehen.

Literaturverzeichnis zu Kapitel 4.2

AHO Fachkomission (Hrsg.): Untersuchungen zum Leistungsbild des § 31 HOAI und zur Honorierung für die Projektsteuerung, Schriftenreihe Nr. 9 des AHO, Berlin 1996.

Barrett, S. M./Stewart, M./Underwood, J.: The Land market and the Development Process: A Review of Research and Policy, in: Occasional Paper No. 2, School of Advanced Urban Studies, University of Bristol 1978, o.S.

BKI, Baukosteninformationszentrum (Hrsg.): Baukosten 2003: Teil 1 – Kostenkennwerte für Gebäude, Stuttgart 2003.

BMVBW, Bundesministerium für Verkehr, Bau- und Wohnungswesen (Hrsg.): Public Private Partnership im öffentlichen Hochbau, Band 1: Leitfaden, http://www.bmvbw.de/Anlage17272/Band-I-Leitfaden.pdf, August 2003.

Bone-Winkel, S.: Das strategische Management von offenen Immobilienfonds – unter besonderer Berücksichtigung der Projektentwicklung von Gewerbeimmobilien, in: Schulte, K.-W. (Hrsg.): Schriften zur Immobilienökonomie, Band 1, Köln 1994.

Bone-Winkel, S./Fischer, C.: Leistungsprofil und Honorarstrukturen in der Projektentwicklung, in: Schulte, K.-W./Bone-Winkel, S. (Hrsg.): Handbuch Immobilien-Projektentwicklung, 2., akt. und erw. Aufl., Köln 2002, S. 609-672.

Bone-Winkel, S./Sotelo, R.: Warum werden Büroflächen (nicht) vermietet? – Einige grundlegende Anmerkungen über den Immobilienmarkt am Beispiel Berlins, GuG April 1995, S. 199-205.

Byrne, P./Cadman, D.: Risk, uncertainty and decision-making in property development, Cambridge 1984.

Diederichs, C. J.: Grundlagen der Projektentwicklung/Teil 1, in: Bauwirtschaft, 48. Jg. (1994), H. 11, S. 43-49.

Diederichs, C. J.: Grundlagen der Projektentwicklung, in: Schulte, K.-W. (Hrsg.): Handbuch Immobilien-Projektentwicklung, Köln 1996, S. 17-80.

Fischer, C.: Projektentwicklung: Leistungsbild und Honorarstruktur, in: Schulte, K.-W. (Hrsg.): Schriften zur Immobilienökonomie, Band 26, Köln 2003.

Fraser, W. D.: Principles of Property Investment and Pricing, London 1984.

Graaskamp, J. A.: Fundamentals of real estate development (1981), in: Jarchow, S.P. (Hrsg.): Graaskamp on real estate, Washington D.C. 1991, S. 228-265.

Greer G. E./Farrell, M. D.: Investment Analysis for Real Estate Decisions, 3. Aufl., o.O. 1993.

Healey, P.: Models of the development process – a review, in: Journal of Property Research, Vol. 8 (1991), S. 219-238.

Healey, P.: Understanding land and property development processes: some key issues, in: Land and Property Development in a Changing Context, P. Healey u. R. Nabarro (Hrsg.), 1990, S. 3-14.

Isenhöfer, B.: Strategisches Management von Projektentwicklungsunternehmen, in: Schulte, K.-W. (Hrsg.): Schriften zur Immobilienökonomie, Band 8, Köln 1999.

Kirsch, D.: Public Private Partnership - Eine empirische Untersuchung der kooperativen Handlungsstrategien in Projekten der Flächenerschließung und Immobilienentwicklung, in: Schulte, K.-W. (Hrsg.): Schriften zur Immobilienökonomie, Band 4, Köln 1997.

Keogh, G.: Use and Investment Markets in British Real Estate, in: Journal of Property Valuation and Investment, 12. Jg., 1994, H. 4, S. 58-72.

Kleiber, W./Simon, J./Weyers, G.: Verkehrswertermittlung von Grundstücken, 3. vollst. neu bearb. und erw. Aufl., Köln 1998.

Kunzmann, K. R.: Pittsburgh: Nichts ist erfolgreicher als der Erfolg, Dortmund (IRPUD) 1988.

Kyrein, R.: Immobilien–Projektmanagement, Projektentwicklung und-steuerung, 2., akt. und erw. Aufl., Köln 2002.

Levy, A.S./Maloomian, D.: Special considerations in developing an office building, in: Cushman, R.F./Evans, M.L./Levy, A.S. (Hrsg.): The Professionals' Guide to Commercial Property Development, Homewood 1988, S. 282-291.

McMahan, J.: Property Development, 2. Aufl., New York, St. Louis u.a. 1989.

Miles, M. E./Haney, R. L., Jr./ Berens, G.: Real Estate Development: Principles and process, 2nd Ed., Washington D.C. 1996.

Nell v., J./Emenlauer, R.: Die Entwicklung einer Nutzungskonzeption als Grundstein der Projektentwicklung, in: Schulte, K.-W./Bone-Winkel, S. (Hrsg.): Handbuch Immobilien-Projektentwicklung, 2., akt. und erw. Aufl., Köln 2002, S. 113-128.

Rottke, N./Wernecke, M.: Management im Immobilienzyklus, Folgen 1-16, in: Immobilien Zeitung: 6/2001-1/2002.

Schlag, A.: Innovative Formen der Kapitalanlage in Immobilien, Kiel 1994.

Schulte, K.-W.: Die richtige Rendite, in: FAZ, 9. Juli 1995, S. 45.

Schulte, K.-W.: Rentabilitätsanalyse für Immobilienprojekte, in: Schulte, K.-W./Bone-Winkel, S. (Hrsg.): Handbuch Immobilien-Projektentwicklung, 2., akt. und erw. Aufl., Köln 2002, S. 223-255.

Schulte, K.-W./Bone-Winkel, S. (Hrsg.): Handbuch Immobilien-Projektentwicklung, 2., akt. und erw. Aufl., Köln 2002.

Schulte, K.-W./Bone-Winkel, S./Rottke, N.: Grundlagen der Projektentwicklung aus immobilienwirtschaftlicher Sicht, in: Schulte, K.-W./Bone-Winkel, S. (Hrsg.): Handbuch Immobilien-Projektentwicklung, 2., akt. und erw. Aufl., Köln 2002, S. 27-90.

Schulte, K.-W./Ropeter, S.-E.: Quantitative Analyse von Immobilieninvestitionen – moderne Methoden der Investitionsanalyse, in: Schulte, K.-W./Bone-Winkel, S./Thomas, M. (Hrsg.): Handbuch Immobilieninvestition, Köln 1998, S. 125-170.

Schulten, A./Rometsch, G.: Strukturmerkmale und Organisation der Projektentwickler in Deutschland, in: Schulte, K.-W./Bone-Winkel, S. (Hrsg.): Handbuch Immobilien-Projektentwicklung, 2., akt. und erw. Aufl., Köln 2002, S. 535-545.

Schulz-Eickhorst, A.: Die Bauherren-Architekten-Beziehung -- Eine institutionenökonomische Problemanalyse mit Lösungsansätzen, in: Schulte, K.-W. (Hrsg.): Schriften zur Immobilienökonomie, Band 19, Köln 2002.

Shafer, T. W.: Real Estate Economics, Reston, 1975.

Sorenson, R. C.: Why real estate projects fail, in: The Journal of Commercial Bank Lending, April 1990, S. 4-11.

Stich, R.: Öffentliches Planungs- und Baurecht, , in: Schulte, K.-W./Bone-Winkel, S. (Hrsg.): Handbuch Immobilien-Projektentwicklung, 2., akt. und erw. Aufl., Köln 2002, S. 383-422.

Usinger, W.: Rechtliche Probleme bei Kauf- und Gewerbemietverträgen für Entwicklungsobjekte, , in: Schulte, K.-W./Bone-Winkel, S. (Hrsg.): Handbuch Immobilien-Projektentwicklung, 2., akt. und erw. Aufl., Köln 2002 , S. 489-532.

Wagner, K.-R.: Projektmanagement – Treuhandschaft – Immobiliendevelopment, in: Baurecht, 21. Jg., 1991, S. 665-676.

4.3 Bau-Projektmanagement

Carsten Fischer, Thorsten Bischoff

4.3   Bau-Projektmanagement

Carsten Fischer, Thorsten Bischoff

4.3.1   Einführung

Die Vorbereitung und Durchführung von Bauprojekten ist ein Prozess, bei dem zahlreiche Beteiligte auf verschiedenen Ebenen und aus verschiedenen fachlichen Richtungen zusammen arbeiten müssen. Die Erarbeitung der Teilleistungen bei der Planung und Realisierung eines Projektes muss so gesteuert werden, dass sie, technisch, wirtschaftlich und rechtlich vernetzt, auf allen Entwicklungsstufen des Projektes die Erlangung des genau definierten Zieles gewährleisten. Das Berufsbild des Projektmanagers folgt dieser Managementaufgabe.

Bau-Projektmanagement (Bau-PM) stellt grundsätzlich eine **originäre Aufgabe des Bauherrn** dar. Seine Managementfunktion besteht darin, die technischen, qualitativen, rechtlichen und wirtschaftlichen Ziele des komplexen Gesamtprojektes zu erreichen.

In Marktwirtschaften, die durch Spezialisierung und Tausch gekennzeichnet sind, halten die meisten Bauherren nur geringe bzw. gar keine Kapazitäten für Planungs- und Projektmanagementleistungen im eigenen Unternehmen vor. Oft übernehmen Investoren oder professionelle Projektentwickler und -manager die Funktion des Bauherrn, wobei sie sich zur Realisierung des Bauvorhabens verschiedenartige Leistungen auf den entsprechenden Märkten hinzukaufen. Auch bei den öffentlichen Auftraggebern werden Leistungen zunehmend von Externen ausgeführt. Daher gehören im heutigen Bau-Projektmanagement die Grundlagen der Beauftragung von Leistungen zum Basiswissen eines jeden Bauherrn.

Der vorliegende Beitrag ist folgendermaßen aufgebaut. Zunächst erfolgt eine thematische Einordnung des Bau-Projektmanagements in den Prozess der Projektentwicklung und der Organisation eines Immobilienprojektes. Darauf aufbauend werden die Handlungsbereiche des Projektmanagements bzw. der Projektsteuerung aufgezeigt, um dann eine umfassende Darstellung der Beauftragung von Planungs-, Ausführungs- und Projektsteuerungsleistungen zu geben.

4.3.2   Bau-Projektmanagement als Teilprozess der Immobilien-Projektentwicklung

Gemäß DIN 69901 ist **Projektmanagement** die Gesamtheit von Führungsaufgaben, -organisation, -techniken und -mitteln für die Abwicklung eines Projektes. In der praktischen Umsetzung bezieht sich der Begriff des Bau-Projektmanagements üblicherweise mehr auf technische und wirtschaftliche Aspekte, die direkt im Zusammenhang mit der Planung und Ausführung eines Bauvorhabens stehen (vgl. Schäfer/Conzen, S. 3). Nicht zum Bau-Projektmanagement zählen demgegenüber die Initiierung, Konzeption und Vermarktung eines Immobilienprojektes, d.h. das Entwickeln einer Projektidee, die Grundstückssicherung inklusive der Prüfung, Finanzierung und des Ankaufs sowie Marketing, Vermietung und der Objektverkauf. Bau-Projektmanagement umfasst somit die Aufgabenbereiche der Projektleitungs- und Projektsteuerungsfunktion in den Phasen der Ausführungsvorbereitung bzw. Baurechtschaffung sowie der Baudurchführung (vgl. Fischer, S. 215ff.).

4.3.3 Bau-Projektmanagement in der Organisation eines Immobilien-Projekts

Die **Aufbauorganisation** in einem Bauprojekt besteht i.d.R. aus folgenden Gruppen: Der Bauherrenschaft, den Objekt- und Fachplanern, den Projektsteuerern bzw. -managern sowie sonstigen Fachberatern und den ausführenden Unternehmen. Zusätzlich bestehen noch zahlreiche Schnittstellen zu Genehmigungs- und Aufsichtsbehörden (höhere Verwaltungs- und Genehmigungsbehörden, Straßenbaubehörde, Denkmalamt, Landwirtschafts- und Wasserbehörde, etc.) sowie zu Trägern öffentlicher Belange (Energieversorger, Wasserbetriebe, Telekommunikationsunternehmen, Verkehrsunternehmen, etc.).

Im Rahmen der Projektorganisation stellt der **Bauherr** bzw. die Bauherrenorganisation die Institution dar, die selbst oder durch Dritte ein Bauvorhaben für eigene oder fremde Rechnung wirtschaftlich und technisch vorbereitet und durchführt bzw. vorbereiten und durchführen lässt (vgl. Pfarr, S. 99). Die Funktion der Bauherrenschaft im Rahmen eines Bauprojektes wird daher durch die Investoren des Projektes bzw. durch deren Vertreter eingenommen. Aufgrund rechtlicher und steuerlicher Gründe übernimmt häufig eine so genannte Projektgesellschaft unterschiedlicher rechtlicher Ausprägung die Funktion der Bauherrenschaft. Die Gruppe der Fach- und Objektplaner sowie die Gruppe der ausführenden Unternehmen werden unter Punkt 4.3.5.1 ausführlich behandelt.

Optimale Bauwerke entstehen durch das Zusammenspiel klarer Zielvorgaben, kreativer Planung und professioneller Abwicklung (vgl. Sommer, S. 1). Die **Aufgaben des Bauherrn** zu Beginn des Projektes bestehen daher zunächst in der Definition und Festlegung der Zielvorgaben. Zum Erreichen dieser Zielvorgaben sind im Rahmen der Planung und Realisierung des Bauvorhabens folgende Aufgaben zu erfüllen:

- Aufbau einer Projektstruktur (Organisations- und Terminplan),

- Sicherstellung der Finanzierung und Vermarktung,

- Kostenermittlung und Bestimmung des Projektbudgets,

- Koordination und Steuerung der Projektbeteiligten,

- Vertragswesen (Abschluss sämtlicher Verträge mit Projektbeteiligten),

- Untersuchung von Zielkonflikten zu den Projektzielen und Entscheidung über die Fortschreibung der Ziele (Planungs- und Bauergebnisse vs. Projektziele),

- Entscheidungsfindung und Entscheidungssicherung,

- Sicherstellung der Genehmigungsfähigkeit,

- Überwachung der Termin-, Kosten- und Qualitätsziele.

Um diese Vielzahl von Bauherrenaufgaben bewältigen zu können, bedarf es des Einsatzes eines professionellen Projektmanagements. Diese Leistungen sind aufgrund der hohen Komplexität heutiger Bauvorhaben unverzichtbar (vgl. Kalusche 2002a, S. 12). Je nach Art, Komplexität und Dauer des Projektes ist zur Unterstützung und Entlastung des Bauherrn häufig eine zeitliche und fachliche Unterstützung durch externe Fachleute notwendig. Daher werden oft Projektsteuerungsleistungen an Dritte vergeben. Der Begriff **Projektsteuerung** findet seine offizielle Einführung in dem § 31 Projektsteuerung HOAI.

In der amtlichen Begründung zu § 31 HOAI in der Fassung vom 01.01.1977 heißt es: „Mit steigendem Bauvolumen wachsen die Anforderungen an den Auftraggeber, seine Vorstellungen von der Bauaufgabe in die Praxis umzusetzen, wobei er die Geschehensabläufe in technischer, rechtlicher und wirtschaftlicher Hinsicht zu koordinieren, zu steuern und zu überwachen hat [...]. Infolge der zunehmenden Kompliziertheit der Geschehensabläufe, insbesondere durch Einschaltung von anderen an der Planung fachlich Beteiligten, sind Auftraggeber ab einer bestimmten Größenordnung des Projektes nicht immer in der Lage, sämtliche Steuerungsleistungen selbst zu übernehmen. In der Praxis werden in diesen Fällen Aufträge für Leistungen bei der Projektsteuerung erteilt. Die Aufträge umfassen insbesondere Beratungs-, Koordinations-, Informations- und Kontrollleistungen" (AHO, S. 3).

Aus dem § 31 HOAI und den ergänzenden Arbeiten leitet sich folgende Definition für die Projektsteuerung ab:

„Unter **Projektsteuerung** wird die Wahrnehmung **delegierbarer Auftraggeberfunktionen** in organisatorischer, rechtlicher, technischer und wirtschaftlicher Hinsicht verstanden" (Kalusche 2002b, S. 313). Demzufolge obliegt die Wahrnehmung der nicht delegierbaren Auftraggeberfunktionen der Projektleitung. Fasst man die Wahrnehmung der Projektleitungs- und Projektsteuerungsaufgaben zusammen, so spricht man vom Projektmanagement als Ganzes.

Die **Projektleitung** als Entscheidungs- und Weisungsfunktion wird als Linienfunktion für **nicht delegierbare Bauherrenaufgaben** zwischen die Bauherrenschaft und die Dienst- und Werkleister des Projektes geschaltet. Im Grundsatz muss sie vom Bauherrn selbst wahrgenommen werden, da der Projektleitung stets die direkte Verantwortung für die Erreichung der Projekt- bzw. Auftragsziele obliegt (vgl. Kalusche 2002b, S. 307). Die nicht an Externe zu delegierenden Aufgaben des Projektleiters bestehen nach Kalusche (vgl. Kalusche 2002b, S. 309) in:

- Projektplanung und -controlling (Leistungen, Termine, Kosten),

- Projektorganisation,

- Erarbeitung von Strategien und Maßnahmen zur Erreichung der Zielvorgaben,

- Führung des Projektteams,

- Erfüllung interner Erfordernisse (Herbeiführung von Entscheidungen, Projektinformation, etc.),

- Gestaltung von Kundenbeziehungen,

- Risikomanagement sowie

- Projektadministration und Dokumentation.

Die auf die Projektsteuerung übertragbaren delegierbaren Auftraggeberfunktionen werden nach § 31 HOAI wie folgt beschrieben:

1. Klärung der Aufgabenstellung, Erstellung und Koordinierung des Programms für das Gesamtprojekt

2. Klärung der Aufgabenstellung für den Einsatz von Planern und anderen an der Planung fachlich Beteiligten (Projektbeteiligte)

3. Aufstellung und Überwachung von Organisations-, Termin- und Zahlungsplänen, bezogen auf Projekt und Projektbeteiligte

4. Koordinierung und Kontrolle der Projektbeteiligten, mit Ausnahme der ausführenden Firmen

5. Vorbereitung und Betreuung der Beteiligung von Planungsbetroffenen

6. Fortschreibung der Planungsziele und Klärung von Zielkonflikten

7. Laufende Information des Auftraggebers über die Projektabwicklung und rechtzeitiges Herbeiführen von Entscheidungen des Auftraggebers

8. Koordinierung und Kontrolle der Bearbeitung von Finanzierungs-, Förderungs- und Genehmigungsverfahren

Diese Projektsteuerungsleistungen werden vom Bauherrn in Form von Dienst- bzw. Beraterverträgen an externe Dritte vergeben. Projektsteuerer können sowohl als **Stabsstelle** in beratender Funktion in die Aufbauorganisation des Auftraggebers (Bauherrn) einbezogen als auch mit der Projektsteuerung in **Linienfunktion** beauftragt werden (vgl. AHO, S. 4). Da der Bauherr in diesem Fall allerdings Teile seiner ureigenen Führungsfunktion an externe Projektmanagement-Fachleute vergibt und der Projektsteuerer eine erhöhte Haftung übernimmt, ist die Projektsteuerung als Stabsstelle ohne direkte Weisungsfunktion eher als der Regelfall anzusehen (Aufbau- und Ablauforganisation, vgl. auch Punkt 4.3.4.2).

Der Projektsteuerer in der Stabsfunktion berät und entlastet die Projektleitung und trägt damit zur Sicherung des Projekterfolges bei. Es besteht ausschließlich ein Vertragsverhältnis zwischen dem Projektsteuerer und dem Bauherrn/Auftraggeber, d.h. der Projektsteuerer hat kein Vertragsverhältnis mit den anderen Projektbeteiligten. Folglich hat er ohne gesonderte Bevollmächtigung durch den Bauherrn – im Gegensatz zur Projektleitung – keine Weisungsbefugnis gegenüber den anderen Projektbeteiligten. Bei Einräumung einer Vollmacht sollten allerdings die Mitwirkungspflichten des Bauherrn ausreichend geklärt werden (vgl. Kalusche 2002b, S. 314).

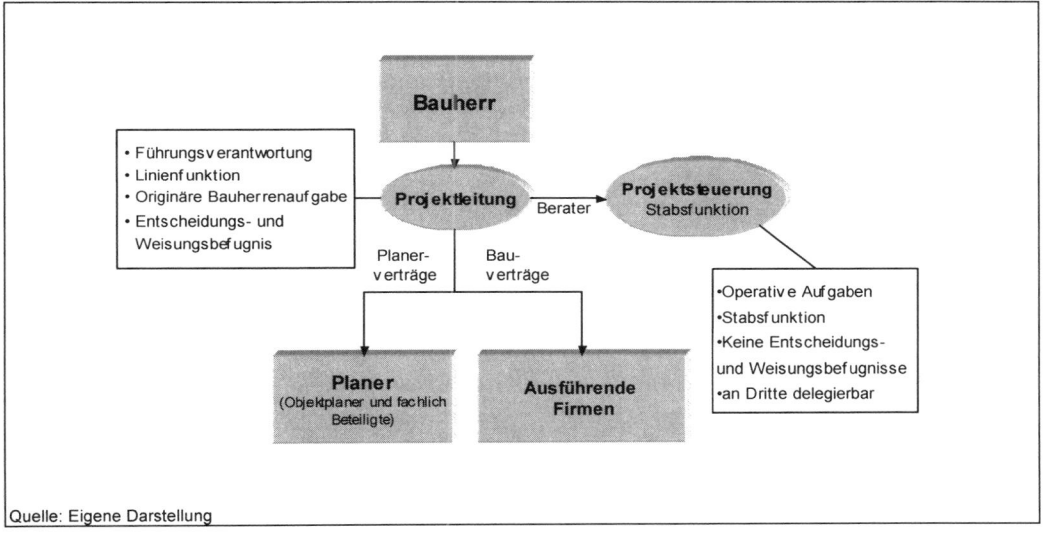

Quelle: Eigene Darstellung

Abbildung 80: Bau-Projektmanagement in der Bauherrenorganisation

Die Projektsteuerung kann insbesondere bei komplexen Bauvorhaben einen positiven Nutzen für das effektive Zusammenspiel der Projektbeteiligten schaffen, indem die Aufgaben fachlich und inhaltlich klar und umfassend formuliert sind, ein hohes Maß an Transparenz und Kommunikation für alle Projektbeteiligten geschaffen wird und eine zusätzliche Qualitäts-, Kosten- und Terminkontrolle im Interesse des Bauherrn erfolgt (vgl. Kalusche 2002b, S. 315f.).

Sommer beschreibt die **Vorteile des Bauherrn** bei der Beauftragung eines externen Projektsteuerungsbüros wie folgt (vgl. Sommer, S. 101):

- Die externen Mitarbeiter sind unvorbelastet von internen Vorgängen.

- Die externen Mitarbeiter werden nur projektbezogen eingesetzt und müssen anschließend nicht versorgt werden.

- Die externen Mitarbeiter sind von Beginn an in den Projektsteuerungsmethoden ausgebildet.

- Ein externes Büro steht unter Erfolgsdruck hinsichtlich der Ergebnisse.

- Der Projektleiter wird von Personalführungsaufgaben in diesem Bereich entlastet.

- Der Projektleiter kann jederzeit weitere Leistungen abfragen, ohne sich um Personalbeschaffung kümmern zu müssen.

Zusammenfassend ist die Organisation eines Immobilien-Projektes zunächst von der vorhandenen Bauherrenorganisation und deren Bereitschaft zur Aufgabendelegation abhängig. Dabei ist die Verteilung der Auftraggeberfunktion an Dritte projektspezifisch zu gestalten. Durch den Projektsteuerer erhält der Bauherr eine professionelle Unterstützung seiner Projektleitung (vgl. Abbildung 80).

4.3.4 Projektsteuerung

4.3.4.1 Handlungsbereiche

Im Rahmen des Projektmanagements stellt die Projektsteuerung eine häufig beauftragte und zugleich am weitesten strukturierte Teilleistung im Bauwesen dar. Die Aufgaben der Projektsteuerung und damit auch analog des Projektmanagements können in **vier Handlungsbereiche** zusammengefasst werden.

- A Organisation, Information, Koordination und Dokumentation

- B Qualitäten und Quantitäten

- C Kosten und Finanzierung

- D Termine und Kapazitäten

Die einzelnen Ziele der Handlungsbereiche können aufgrund der wechselseitigen Abhängigkeiten nicht alle gleichzeitig erfüllt werden. Daher besteht die eigentliche Managementaufgabe darin, den Zielerreichungsgrad ganzheitlich zu optimieren und die auftretenden Zielkonflikte zu reduzieren. In der Literatur wird deshalb auch oft der Begriff des **„Magischen Dreieck der Projektziele"** verwendet. Wobei der Handlungsbereich A als Voraussetzung für Projektmanagement/-steuerung angesehen wird und die Projektziele der Handlungsbereiche B, C und D zu optimieren sind.

Zur Verdeutlichung der Problematik dient folgendes Beispiel:

Ein Bauherr möchte ein 5-Sterne Luxushotel mit 500 Betten und einem anspruchsvollen Innendesign für 1.200 Euro pro m² BGF (Kostengruppen 300 + 400 nach DIN 276) in einer Bauzeit von 8

Monaten bauen. In diesem Fall liegt der voraussichtliche Zielkonflikt darin, dass eine sehr hohe Qualität, zu niedrigen Kosten, in einer extrem kurzen Bauzeit erreicht werden soll.

Im § 31 Projektsteuerung der HOAI sind allerdings die den zuvor beschriebenen Handlungsbereichen A – D zuzuordnenden Beratungs-, Koordinations-, Informations- und Kontrolltätigkeiten nicht umfassend und eindeutig definiert.

Daher sind die Aufgaben und besonders die Ergebnisse in Art und Umfang zu spezifizieren und im Verhältnis zur frei zu vereinbarenden Vergütung zu regeln (vgl. Kalusche 2002b, S. 314).

Zu diesem Zweck kann ein Entwurf des „Deutschen Verband der Projektsteuerer (DVP)" (heute: „Deutscher Verband der Projektmanager in der Bau- und Immobilienwirtschaft e.V.") und des „Ausschuss der Ingenieurverbände und Ingenieurkammern für die Honorarordnung (AHO)" zur **Leistungs- und Honorarordnung** herangezogen werden (vgl. Abbildung 81). Er enthält eine umfangreiche und transparente Leistungsbeschreibung der Projektsteuerung und kann als Basis für eine projektbezogene, vertragliche Vereinbarung verwendet werden. Allerdings sollte der Bauherr genau prüfen, welche einzelnen Leistungen des gesamten Leistungsbildes für das spezielle Projekt erforderlich sind.

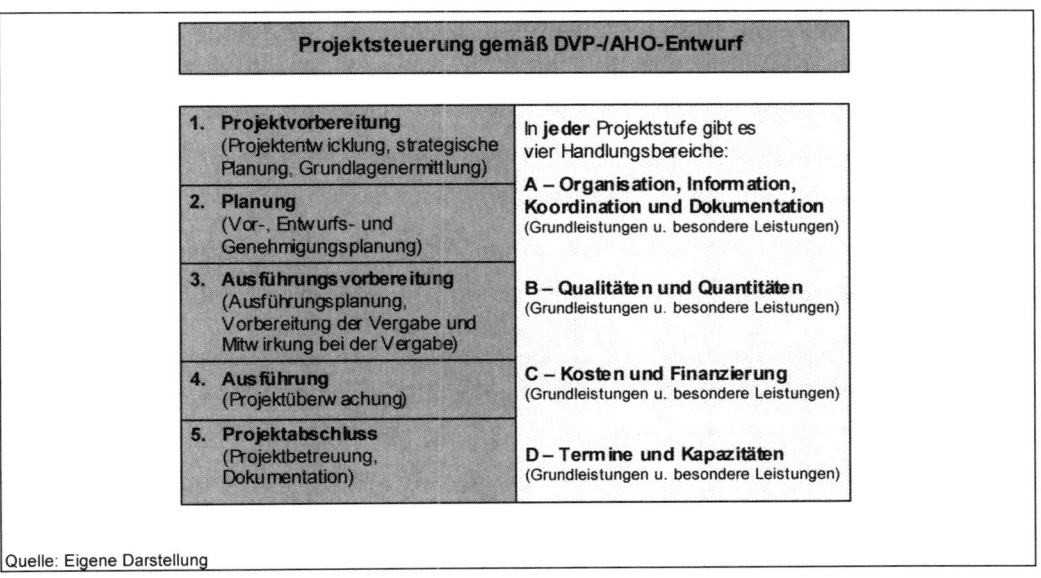

Abbildung 81: Projektstufen und Handlungsbereiche der Projektsteuerung gemäß DVP/AHO-Entwurf

Die neun Leistungsphasen der übrigen Fachbereiche der HOAI (vgl. auch Punkt 4.3.5.1) werden in dem Entwurf in fünf sachlich zusammenhängende Projektstufen zusammengefasst, die jeweils wieder in die vier bereits beschriebenen Handlungsbereiche unterschieden werden (vgl. Minuth,

S. 574). Die Handlungsbereiche sind wiederum in Grundleistungen und besondere Leistungen (analog Punkt 4.3.5.1) unterteilt.

4.3.4.2   Organisation, Information, Koordination und Dokumentation

Die Zielsetzungen für das Projekt und die Organisation der Zusammenarbeit sind vor dem Projektstart vom Bauherrn zu klären und darzustellen sowie gegebenenfalls fortzuschreiben (vgl. Kalusche 2002a, S. 29f.). Der Aufbau, die Einrichtung und die Pflege eines Projektorganisations- und Informationssystems, die Systematisierung von Entscheidungen sowie die Festlegung einer Dokumentationssystematik stellen eine unabdingbare Voraussetzung für eine zielgerichtete Planung, Kontrolle und Steuerung der angestrebten **Projektziele** dar, die sich aus den Teilzielen der Qualitäten und Quantitäten, der Kosten und Finanzierung sowie der Termine und Kapazitäten eines Projektes zusammensetzen.

„Nach einer Festlegung der Projektstruktur, d.h. nach Beantwortung der Frage, was, wer, wie, mit welchen Kompetenzen zu veranlassen, zu planen, auszuführen oder abzunehmen hat, ist die **Aufbau- und Ablauforganisation** des Projektgeschehens durch Verträge und Zuständigkeitsfestlegungen zu regeln" (Müller, S. 129).

Bei der **Aufbauorganisation** werden die Projektbeteiligten zu Funktionsträgern, denen die Aufgabenkomplexe (Teilaufgaben) des Projektes in Form von Verantwortungsbereichen, Weisungs- und Entscheidungsbefugnissen zugeordnet werden (vgl. Kalusche 2002a, S. 63ff.). Die typischen Formen der Aufbauorganisation sind die

- Linienorganisation (Weisungs- und Entscheidungsfunktion des Funktionsträgers),

- Stablinienorganisation (Beratungsfunktion des Funktionsträgers) und

- Matrixorganisation.

„Während bei der Aufbauorganisation die Bildung von Aufgabenkomplexen als statische Gebilde und ihre aufgabenbezogene Koordination im Vordergrund stehen, betrachtet man bei der **Ablauforganisation** unter zeitlichen und räumlichen Aspekten Aufgabenerfüllungsvorgänge im Sinne von Arbeitsprozessen" (Gabler, S. 2506f.), wie z.B.

- Abläufe bei der Vergabe von Planungs-, Ausführungs- und Projektsteuerungsleistungen,

- Abläufe bei der Freigabe von Ausführungs-, Bewehrungs-, Schalplänen, etc.

Folgende wesentliche Organisationsinstrumente sollten zur Erreichung der Zielvorgaben des Projektes eingesetzt werden:

- Einrichtung eines **Organisationshandbuches**, das die Aufgaben, Kompetenzen, Verantwortlichkeiten und die Zusammenarbeit sowie den Informationsfluss aller Projektbeteiligten einvernehmlich festlegt sowie die stets gleiche, effiziente Abwicklung anfallender Probleme und Entscheidungen sicherstellt.

- Aufbau eines **Informationssystems**, das sowohl die mündliche Kommunikation (sämtliche Formen von Projektmeetings), das Berichtswesen (Projektberichte, Protokolle, Abschlussbericht, etc.) als auch das Dokumentationswesen (Projekthandbuch, Ablagesystem) festlegt.

- Einführung eines **Projektstrukturplanes**, der das Gesamtprojekt in einzelne plan- und kontrollierbare Teilaufgaben gliedert.

Abbildung 82 zeigt exemplarisch den Aufbau eines Projekthandbuches.

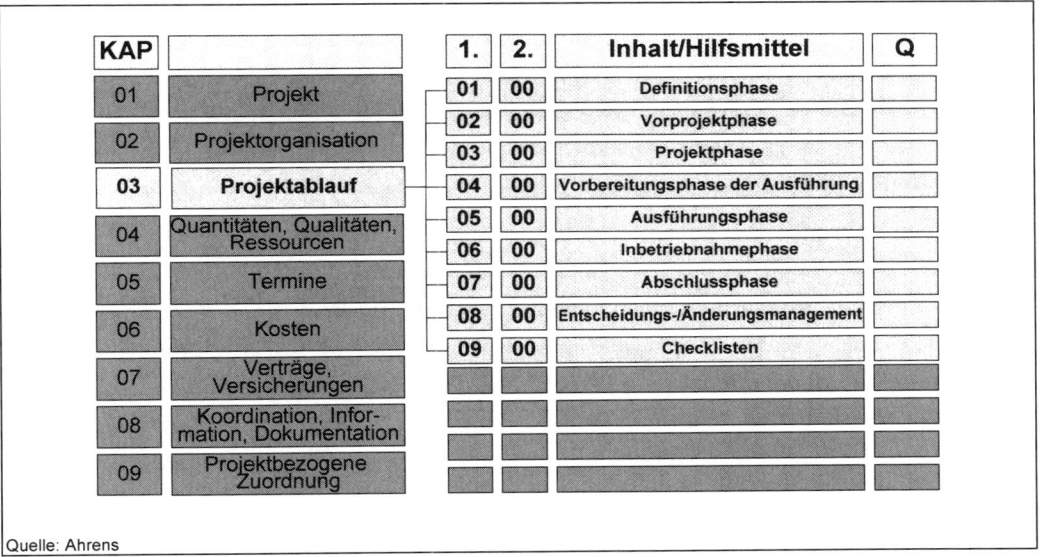

Abbildung 82: Exemplarischer Aufbau eines Projekthandbuchs

4.3.4.3   Qualitäten und Quantitäten

In den branchenunabhängigen, europaweiten Qualitätssicherungsnormen (EN ISO 9000, Qualitätsmanagementsysteme, Grundlagen und Begriffe, (12/00), S. 18f.) heißt es: „Qualität: Grad in dem ein Satz inhärenter (anhaftender, innewohnender) Merkmale Anforderungen erfüllt." Übertragen auf ein Bauvorhaben bedeutet **Qualität**, dass die Eigenschaften des Bauwerkes, die durch die Anforderungen, Vorgaben und Wünsche des Bauherrn definiert werden, durch die Projektbeteiligten zu erfüllen sind.

Kalusche empfiehlt deshalb für die praktische Anwendung (vgl. Kalusche 2002a, S. 103):

- Beschreibung der Vorgaben durch eindeutige und exakte Definition der Merkmale und Eigenschaften,

- Messbarkeit des Zielerreichungsgrades der getroffenen Vorgaben und

- Dokumentation des Zielerreichungsgrades der Qualität gegenüber Auftraggeber und Nutzer.

Die Verbesserung und Sicherung der Qualität ist als ein ganzheitlicher Managementansatz zu verstehen. Daher ist ein **Qualitätsmanagementsystem** einzuführen, das den gesamten Herstellungsprozess des Bauvorhabens mit einbezieht. Dieses System sollte neben Planung und Ausführung auch den Projektabschluss in Form einer ordnungsgemäßen Abnahme bzw. Übergabe und einer vollständigen und sinnvollen Dokumentation strukturieren. Durch eine fundierte Dokumentation werden dem späteren Nutzer die Informationen zur Verfügung gestellt, die die Voraussetzungen für einen effizienten Betrieb der Immobilie bzw. Anlage bilden. Im Baubereich ist mittlerweile die Einführung eines Qualitätsmanagementsystems nach **DIN ISO 9000-9004** weit verbreitet. Die Zertifizierung nach diesen Normen soll sowohl nach innen als auch nach außen den Qualitätsstandard des eigenen Unternehmens bzw. der Büros verbessern, sichern und auch im Wettbewerb kommunizieren.

Als geeignete Hilfsmittel zur Erfassung und Sicherung der Qualitäten eines Bauvorhabens haben sich in der Praxis eine Reihe von Programmen bewährt. Zunächst artikuliert der Bauherr seinen Bedarf an Planungs- und Bauleistungen in Form eines Betreiber- bzw. Betriebsprogramms des geplanten Bauvorhabens. Der festgestellte Bedarf wird anschließend in einem Nutzerbedarfsprogramm umgesetzt. Weiterführend ergeben sich aus den bestimmten Projektanforderungen das Funktions- (Zuordnung einzelner Arbeitsräume und -abläufe, etc.), Raum- (Zusammenstellung der erforderlichen Betriebsflächen, etc.) und Ausstattungsprogramm (Ausrüstung mit Betriebs- und Gebäudetechnik, etc.), die schließlich in ein **Gebäude- oder Raumbuch** überführt werden (vgl. Müller, S. 130).

Ein „Gebäude- oder Raumbuch ist ein räumliches Gebäudeinformationssystem, in welchem die für das Gebäude relevanten Informationen strukturiert abgelegt und verwaltet werden können. Es besitzt zentrale Dokumentations- und Informationsaufgaben" (GAEB, S. 53). Als zentrales Instrument zur Koordination und Kommunikation der Projektbeteiligten in der Vorbereitung der Planung, der Planung selbst und der Ausführung der Planung sowie der späteren Nutzung sind Änderungen unverzüglich in das Raumbuch einzuarbeiten, sodass die Projektziele immer am aktuellen Stand des Vorhabens gemessen werden können. Als weiteres Instrument zur Vorgabe von Qualitäten bieten sich Bemusterungen für verschiedenste Objekte an, z.B. von Fassadenelementen, Sanitärobjekten, etc.

Zur einheitlichen Beschreibung und Unterscheidung der in den verschiedenen Programmen festgelegten Flächen und Rauminhalte, gelten im Bauwesen die Normen der **DIN 277 (Grundflächen
und Rauminhalte von Bauwerken im Hochbau)**, auf deren Basis ein phasenübergreifendes Abstimmen, Überprüfen und Anpassen der Projektziele und -vorgaben erfolgen sollte (vgl. dazu ausführlich Kapitel 2.2).

4.3.4.4 Kostenmanagement und Finanzplanung

Unter **Kostenmanagement** ist die Gesamtheit aller Maßnahmen zur Kostenermittlung, zur Kostenkontrolle und zur Kostensteuerung zu verstehen. Das Kostenmanagement begleitet kontinuierlich alle Phasen der Baumaßnahme während der Planung und Ausführung. Kostenermittlungen
sind dabei die Vorausberechnungen der entsprechenden Kosten bzw. die Feststellung der tatsächlich entstandenen Kosten. In Abhängigkeit vom Planungs- bzw. Projektfortschritt erfolgen durch
den Projektsteuerer unterschiedliche **Stufen der Kostenermittlung**:

- Kostenschätzung zur Vorplanung,

- Kostenberechnung zur Entwurfsplanung,

- Kostenanschlag zur Vergabevorbereitung bzw. zur Ausführungsplanung,

- Kostenfeststellung nach Schlussabrechnung des Gesamtprojektes.

Die Kostenermittlung erfolgt auf Basis der **DIN 276**, die eine verbindliche Gliederung der
ermittelten Kosten für alle Bauwerke ermöglicht. Die **Kostengliederung** sieht drei
Kostengliederungsebenen vor, die durch dreistellige Ordnungszahlen gekennzeichnet sind. Die
nachfolgende Abbildung 83 gibt am Beispiel der Kostengruppe 3 "Bauwerk und Konstruktion"
einen exemplarischen Überblick über die Kostengliederungsstufen der DIN 276 (vgl. dazu
ausführlich Kapitel 4.2.5.5.2, Tabelle 15).

Eine **Kostenkontrolle** auf Basis der durchgeführten Kostenermittlungen muss demnach
permanent während der gesamten Planungsphase sowie während der Ausschreibung und der
eigentlichen Baudurchführung erfolgen. Es ist vom Projektsteuer sicherzustellen, dass der
vereinbarte Kostenrahmen nicht überschritten wird. Änderungen mit Kostenauswirkungen
müssen dokumentiert und auf der entsprechenden Bauherrenebene zur Entscheidung gebracht
werden (vgl. Sommer, S. 177ff.). Diese Vorgehensweise erfordert eine enge Zusammenarbeit
zwischen dem Projektsteuerer und sämtlichen Planungs- und Baubeteiligten. Ein **Soll-Ist-
Vergleich der Kosten** bildet die Grundlage für die Entscheidung von Kostensteuerungs-
maßnahmen. Dabei kann es sich um Vorschläge zur Planungs- und Projektoptimierung sowie um
Vorschläge zur Änderung der Ausführung handeln.

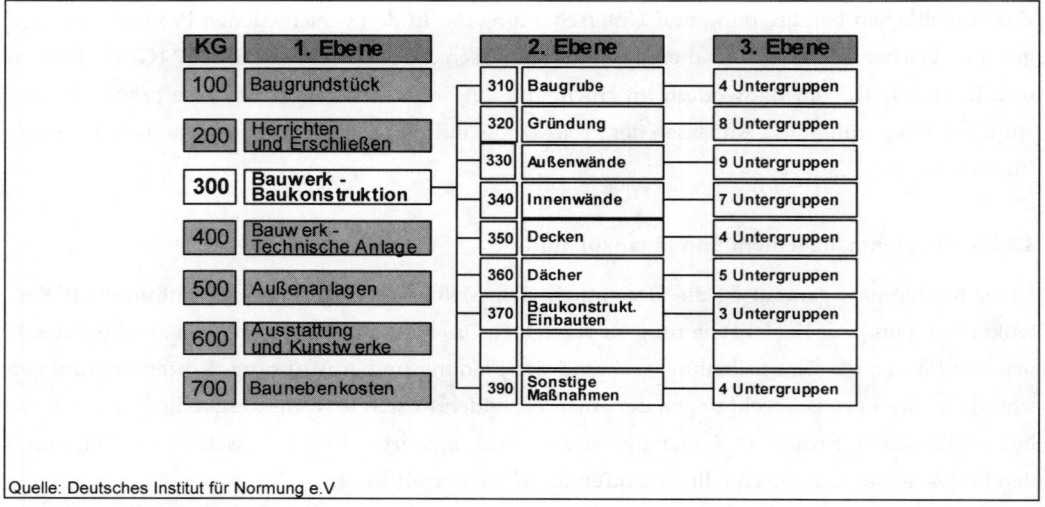

Quelle: Deutsches Institut für Normung e.V

Abbildung 83: Kostengruppe 3 nach DIN 276

Die **Finanzplanung** innerhalb des Bau-Projektmanagements beinhaltet Tätigkeiten zur Abschätzung des Mittelbedarfs und des Mittelabflusses. Diese Vorhersagen und deren Überprüfung sind zwingend notwendig, um die Investitionsmittel zur Verfügung zu stellen und dem Bauherren eine Sicherheit bezüglich der Höhe, der Disposition und der Verwendung der Mittel zu geben. An den Projektsteuerer werden häufig im Bereich der Kosten und Finanzierung folgende Grundleistungen übertragen (vgl. AHO, S. 39ff.):

- Mitwirkung beim Festlegen des Rahmens für Investitionen und Baunutzungskosten: Wichtig ist, dass neben der Ermittlung des Kostenrahmens für die Erstinvestition auch die Folgekosten abzuschätzen sind. Sie setzen sich aus den Baunutzungskosten nach DIN 18960 sowie den Personal- und Sachkosten der Nutzer zusammen.

- Mitwirkung beim Ermitteln und Beantragen von Investitionsmitteln: Ziel ist es, die betrags- und zeitgerechte Finanzierung des Projektes zu gewährleisten. Dazu sind auch Finanzierungsalternativen und Förderungsfähigkeit zu untersuchen.

- Prüfung und Freigabe von Rechnungen zur Zahlung: Ziel ist es, dass seitens des Auftraggebers nur vertraglich, fachlich bzw. sachlich und rechnerisch gerechtfertigte Ansprüche der Projektbeteiligten geleistet werden.

- Einrichtung, Fortschreibung und Abschluss der Projektbuchhaltung für den Mittelabfluss: In der Projektbuchhaltung erfolgt die Mittelabflußkontrolle.

- Überprüfung der Kostenermittlungen der Objekt- und Fachplaner sowie Veranlassen erforderlicher Anpassungsmaßnahmen.

- Phasenübergreifende Kostenkontrolle und -steuerung.

- Zusammenstellung und Aktualisierung der voraussichtlichen Baunutzungskosten.

- Vorbereitung und Mitwirkung bei der Vergabe unter Berücksichtigung der vorgegebenen Kostenziele.

- Prüfung von Nachträgen.

- Prüfung und Freigabe der Rechnungen zur Zahlung sowie Mitwirkung bei der Freigabe von Sicherheitsleistungen.

4.3.4.5 Terminmanagement

Unter **Terminmanagement** sind alle Aufgaben und Tätigkeiten des Projektmanagements zu verstehen, die zur Planung, Überwachung und Steuerung von Abläufen und Prozessen bei der Projektdurchführung erforderlich sind (vgl. Bohn/Heinzmann, S. 317). Als Instrument der Terminplanung sind Balkenpläne, Liniendiagramme, Terminlisten und Netzplantechnik gebräuchlich. Besonders die Netzplantechnik stellt dabei in diesem Zusammenhang aufgrund der Darstellungsmöglichkeit von komplexen Abhängigkeiten eines Bauvorhabens ein unverzichtbares Instrument des modernen Terminmanagements dar. Auf die Möglichkeit, mit Hilfe von Softwareprogrammen Projektablaufsimulationen darzustellen, sollte kein Bauherr verzichten.

Bei der Beauftragung von Terminmanagementleistungen im Rahmen der Projektsteuerung ist für den Bauherrn zudem wichtig, welche Leistungen er zu welchem Zeitpunkt vom Projektsteuerer erwarten und abrufen kann. Diese Leistungen sind abhängig vom Projektfortschritt, da die Terminplanung in einzelnen Stufen erfolgt, die sich durch den Detaillierungsgrad der Terminaussagen unterscheiden. Die Genauigkeit und Zuverlässigkeit der Terminaussage nimmt mit zunehmendem Projektfortschritt aufgrund des wachsenden Informationsgehaltes ständig zu. Die für den Projektmanager wichtigsten, aber auch schwierigsten Pläne sind daher der Rahmenterminplan und der Generalablaufplan, die er aus eigener Kenntnis und Erfahrung zu einem Zeitpunkt erstellen muss, zu dem die eingeplanten Projektbeteiligten meist noch gar nicht oder nur zum Teil vorhanden sind. Die Steuerungsterminpläne können dagegen i.d.R. mit den Projektbeteiligten abgestimmt werden (vgl. Bohn/Heinzmann, S. 323).

Eine **Rahmenterminplanung** wird für eine langfristige Projektbetrachtung erarbeitet, in der alle wichtigen Eckdaten des Gesamtprojektes dargestellt und verknüpft sind. Der Rahmenterminplan dient dazu, den gesamten terminlichen Ablauf des Projektes in seinen Umrissen darzustellen. Dazu sollte ebenfalls ein ausführlicher Bericht vom Projektsteuerer angefertigt werden. Als zweite Stufe der Terminplanung wird für eine mittelfristige Projektplanung der **Generalablaufplan** erstellt. Dieser Plan beinhaltet grundsätzlich die Vertragstermine des Bauprojektes und wird daher auch als Vertragsterminplan bezeichnet. Ein Generalterminplan muss die wesentlichen Einzelvorgänge der betroffenen Unternehmen sowie deren Vorgänger- und deren Nachfolgevorgänge betrachten. Hierzu gehören auch Planungsvorläufe und Lieferzeiten für wichtige Leistungsbestandteile. Die dritte Detaillierungsstufe der Terminplanung stellen die **Steuerungsterminpläne** dar. Sie dienen der kurzfristigen Terminsteuerung und -kontrolle und werden auf Grundlage des Generalterminplanes erstellt. Alle geplanten Vorgänge des Steuerungsterminplanes müssen nachvollziehbaren Verantwortungsbereichen oder Produktionsfaktoren angehören (vgl. Bohn/Heinzmann, S. 325). Für sehr kritische Einzelbereiche werden häufig noch Detailterminpläne erstellt, die allerdings i.d.R. von oder mit den ausführenden Unternehmen erarbeitet werden. Die nachfolgende Abbildung 84 fasst die einzelnen Planungsstufen des Terminmanagements zusammen.

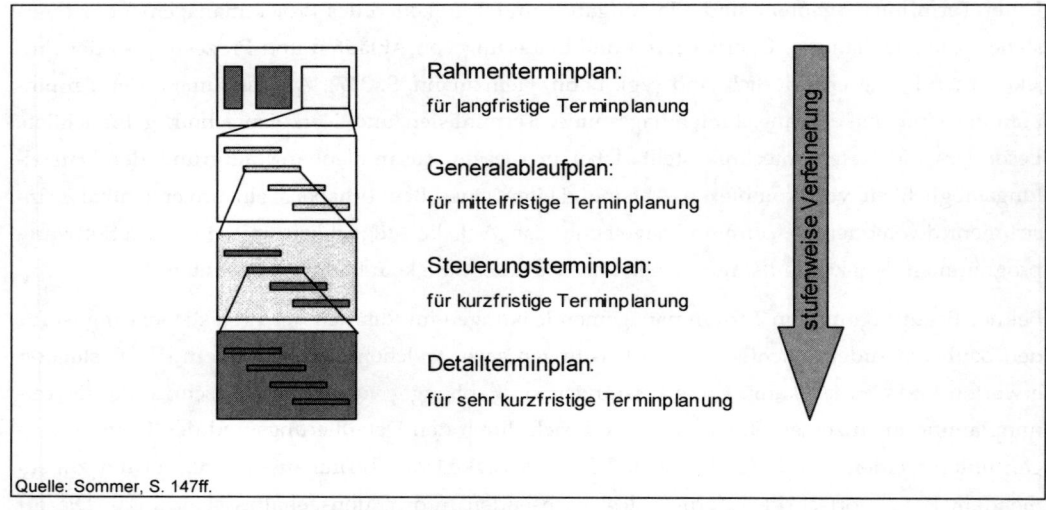

Abbildung 84: Stufenweiser Aufbau der Terminplanung

Für ein effektives Terminmanagement ist zudem wichtig, die Terminüberwachung und Terminsteuerung gezielt in Planungs- und Baubesprechungen durchzuführen und aktiv zu managen. Entsprechende Steuerungsmaßnahmen können Kapazitätserhöhungen, Änderung der Ablaufstruktur, Verkürzung der Folgevorgänge, Ausnutzung von Terminpuffern sowie besondere Maßnahmen wie z.B. Winterbau, etc. sein.

Ziel der Terminplanung ist auch die Optimierung der Kapazitäten. Dabei steht die zeitliche Verteilung von Personal und anderen Einsatzfaktoren im Mittelpunkt der Planung. Für einen aus betrieblicher Sicht optimal gestalteten Arbeitsablauf ist eine gleichmäßige und möglichst hohe Auslastung der Kapazitäten anzustreben. Dabei sind die technischen, organisatorischen und wirtschaftlichen Rahmenbedingungen zu berücksichtigen. In der Praxis sind allerdings oftmals die wirtschaftlichen Gesichtspunkte ausschlaggebend für den Einsatz der Ressourcen (vgl. Kalusche 2002a, S. 162ff.).

4.3.5 Beauftragung von Planungs-, Bau- und Projektsteuerungsleistungen

In seiner Funktion als Projektmanager vergibt der Bauherr Leistungen im Bereich der Projektsteuerung, der Planung und der Baurealisierung. Dabei hängt der Umfang der zu vergebenden Leistungen von den eigenen Ressourcen und deren Leistungsfähigkeit bzw. von der gewünschten Leistungsübernahme durch den Bauherrn ab. Diese Leistungsübernahme ist stark von der vom Bauherrn angestrebten Risikostruktur abhängig.

4.3.5.1 Planungsleistungen

4.3.5.1.1 Elemente der Beauftragung

Zur Verwirklichung seiner Ideen und damit des Bauvorhabens muss der Bauherr wichtige Entscheidungen in Bezug auf Gestaltung, Wirtschaftlichkeit und Funktionalität der Immobilie und deren Wirkung auf die Umwelt treffen. Zu diesem Zweck beauftragt er verschiedene Planer. Dabei stellen sich folgende Fragen:

- Welche Arten von Planern gibt es?
- Welche Planereinsatzform (Einzelplaner vs. Generalplaner) ist sinnvoll?
- Welche Verfahren zur Auswahl eines Planers stehen zur Verfügung?
- Welchen Charakter hat ein Planungsvertrag?
- Wie wird eine Planungsleistung vergütet?

4.3.5.1.2 Arten von Planern

An der Erstellung eines Bauvorhabens ist eine Vielzahl von Planern beteiligt. Die zentrale Rolle nimmt der **Objektplaner** ein. Er hat neben der Formfindung in gestalterischer, funktionaler, technischer und wirtschaftlicher Hinsicht, auch städtebauliche, bauphysikalische, energiewirtschaftliche, biologische und ökologische Anforderungen des Bauvorhabens zu berücksichtigen (§ 15 HOAI). Generell wird der Objektplaner schon frühzeitig in den Planungsprozess des Bauherrn mit einbezogen. In den Leistungsphasen Grundlagenermittlung und Entwurfsplanung unterstützt der Objektplaner den Bauherrn bei der Umsetzung einer Idee zu einem räumlichen Konstrukt. In den weiteren Phasen (LP 3-5) steht dann die Genehmigung und Umsetzung des Bauvorhabens in konkrete Planung sowie die Begleitung des Vergabe- und Ausführungsprozesses (LP 6-9) im Vordergrund.

Neben der Objektplanung sind allerdings auch spezielle **Fachplanungen** notwendig, die der Objektplaner nicht in seinem Leistungsspektrum hat. Allerdings ist es Aufgabe des Objektplaners, die Leistungen der Fachplaner fachlich zu koordinieren und in die Gesamtleistung zu integrieren (§ 15 HOAI).

Die **„Honorarordnung für Architekten und Ingenieure"**, kurz HOAI, systematisiert die unterschiedlichen Planungsleistungen wie folgt:

- Objektplanung – HOAI Teil II,

- Tragwerksplanung – HOAI Teil VII,

- Technische Ausrüstung – HOAI Teil IX,

- Thermische Bauphysik – HOAI Teil X,

- Schallschutz und Raumakustik – HOAI Teil XI,

- Bodenmechanik, Erd- und Grundbau – HOAI Teil XII,

- Vermessungstechnische Leistungen – HOAI Teil XIII,

- Sicherheits-/Gesundheitsschutz (SiGe).

Innerhalb der einzelnen Leistungen kann eine weitere Spezialisierung der beteiligten Planer stattfinden. So gibt es im Bereich der Technischen Ausrüstung wiederum Experten für Löschtechnik, Aufzugstechnik, Küchentechnik, Labortechnik, etc.

Die Gesamtplanungsleistung setzt sich aus Objektplanung und zahlreichen Fachplanungen zusammen. Der Bauherr schließt grundsätzlich mit jedem Einzelplaner einen Werkvertrag nach § 631ff. BGB ab. Als übergeordnete Aufgabe übernimmt der Objektplaner die fachliche **Koordinations- und Integrationspflicht** der Fachplanungen, aber nicht die werkvertraglichen Rechte und Pflichten der Fachplaner gegenüber dem Bauherrn.

Im Gegensatz dazu werden im Generalplanervertrag (vgl. Abbildung 85) Planungsleistungen (Architekten- und Ingenieurleistungen) zusammengefasst, für die der **Generalplaner** im Rahmen des Werkvertragsrechtes gegenüber dem Bauherrn einsteht. Die **Fachplaner** und der Bauherr haben keinerlei vertragliche Beziehung. Sie sind als Drittbeauftragte jeweils Erfüllungsgehilfen und Subunternehmer des Generalplaners (vgl. Minuth, S. 557). Zusammenfassend übernimmt der Generalplaner über die Objektplanung und die Fachplanungen hinaus auch Leistungen des Projektmanagements, wie z.B. Vertragsgestaltung, Abrechnungen, verantwortliche Koordination und Steuerung der Fachplaner, Haftungsübernahme, Abschluss eines Gesamtversicherungsschutzes für die Gesamtleistung sowie die Informationspflicht gegenüber dem Bauherrn (vgl. Kalusche 2002b, S. 191).

	Auftraggeber
+	• Übertragung von Schnittstellenrisiken • vereinfachte Kommunikation mit einem Ansprechpartner • Gesamthaftung des Generalplaners für alle Planungsleistungen • Reduzierung des Aufwands der Bauherrenorganisation, z.B. bei Rechnungsprüfung
–	• Generalplaner-Zuschlag • Abhängigkeit gegenüber Generalplaner • geringer Einfluss auf Subplaner

Quelle: Eigene Darstellung

Abbildung 85: Vor- und Nachteile des Generalplaners aus Auftraggebersicht

4.3.5.1.3 Vergabe von Planungsleistungen

Die **Auswahl des Architekten** stellt für den Bauherrn eine wichtige Entscheidung in Bezug auf Gestaltung, Wirtschaftlichkeit und Funktionalität der Immobilie und deren Wirkung auf die Umwelt dar (GRW 95, 1.2). Nicht zuletzt ist die Qualität der Architektur auch für spätere Nutzer ein wahrnehmbarer Indikator, der die Arbeitsleistung beeinflussen bzw. sich in der erzielbaren Miete widerspiegeln kann. Zur Architektenauswahl gibt es verschiedene Verfahren, Richtlinien und Vorschriften.

- Verhandlungsverfahren nach § 5 VOF (Verdingungsordnung für freiberufliche Leistungen),

- Wettbewerbe nach § 20 und § 25 VOF,

- Wettbewerbe nach GRW 95 (Grundsätze für Wettbewerbe auf den Gebieten der Raumplanung, des Städtebaues und des Bauwesens),

- Direktbeauftragung,

- Gutachterverfahren (Mehrfachbeauftragung nach HOAI).

Die beiden erstgenannten Vergaben von Architekten- und Ingenieurleistungen nach VOF sind allerdings nur für öffentliche Auftraggeber verpflichtend. Die Vorschriften der VOF sind anzuwenden, wenn der geschätzte Auftragswert den Schwellenwert von 200.000 Euro überschreitet (§ 2 Abs. 2 VOF). Für **private Bauherren** gilt die VOF nicht. Wettbewerbe nach § 20 und § 25 VOF werden auch auf den Grundlagen der GRW 95 durchgeführt.

Allgemein soll die i.d.R. für den öffentlichen Auftraggeber verpflichtende GRW 95 die Grundlage für eine faire, partnerschaftliche Zusammenarbeit aller am Wettbewerb Beteiligter bilden und die

Entwicklung der Baukultur in der Bundesrepublik Deutschland unter Verfolgung sozialer, ökonomischer, ökologischer und technologischer Ziele fördern (GRW 95, Präambel).

Der private Bauherr kann die Architektenleistung frei und direkt ohne Durchführung eines Wettbewerbes beauftragen (Direktbeauftragung). Generell ist die Architektenleistung in § 15 HOAI beschrieben. Sie kann sowohl durch Einzel- als auch durch Generalplaner erfolgen. Vor der Beauftragung sollte der Bauherr ein Anforderungsprofil des Architekten erstellen und anhand dessen überprüfen, ob der ausgewählte Architekt alle notwendigen Voraussetzungen erfüllt. Hilfreich ist es auch, Referenzen und bereits fertig gestellte Arbeiten bei der Entscheidung mit einzubeziehen.

Generell sind Wettbewerbe auch für den privaten Bauherrn sinnvoll, wenn er auf deren Grundlage wirtschaftliche und innovative Lösungen für sein Vorhaben sucht. Insbesondere bei städtebaulich anspruchsvollen Vorhaben kann durch die Durchführung eines Wettbewerbs eine optimierte Lösung mit einer hohen allgemeinen Akzeptanz erzielt werden.

Die Auflage zur Durchführung eines Wettbewerbes kann im Rahmen der Baurechtsdefinition seitens der Stadtplanung auch in einem Bebauungsplan- oder Vorhaben- und Erschließungsplanverfahren vorgeschrieben sein (vgl. Bohn/Heinzmann, S. 255).

Bei der freiwilligen Durchführung eines Wettbewerbs ist allerdings der mögliche projektspezifische Nutzen ins Verhältnis zu den Wettbewerbskosten zu setzen. Regelmäßig vereinbaren private Bauherren als Grundlage der Architektenwettbewerbe die GRW 95, denn Architekten dürfen sich nach den Berufsordnungen ihrer Architektenkammer nur an Wettbewerben beteiligen, die der jeweils gültigen Wettbewerbsordnung entsprechen.

Nach dem Ziel des Wettbewerbs werden zwei Arten von Wettbewerben unterschieden (GRW 95, 2.1.1):

- Ideenwettbewerbe,
- Realisierungswettbewerbe.

„In den **Ideenwettbewerben** wird eine Vielfalt von Ideen für die Lösung einer Aufgabe angestrebt, ohne dass eine Absicht zur Realisierung der Aufgabe besteht. Ein Ideenwettbewerb kann insbesondere der Vorbereitung eines Realisierungswettbewerbs oder der Ermittlung von Teilnehmern für einen beschränkten Wettbewerb dienen" (GRW 95, 2.1.1).

„**Realisierungswettbewerbe** sollen auf der Grundlage eines fest umrissenen Programms und bestimmter Leistungsanforderungen die planerischen Möglichkeiten für die Realisierung aufzeigen" (GRW 95, 2.1.2).

Die Wettbewerbe können in einer oder mehreren Wettbewerbsstufen in den Arten eines offenen Wettbewerbs, beschränkten Wettbewerbs (begrenzt offene Wettbewerbe, Einladungswettbewerbe und kooperative Verfahren) oder im vereinfachten Verfahren durchgeführt werden (GRW 95). Prinzipiell müssen die Verfasser bis zum Abschluss der Preisgerichtssitzung anonym bleiben (GRW 95, 1.6.1.2). Die Wettbewerbssumme bzw. die Preisgelder werden nach der geforderten Wettbewerbsleistung auf der Basis der HOAI und einer Berechnungstabelle bestimmt (GRW 95, 4.1.2). Der Auslober bestellt die Preisrichter und deren Vertreter, die Sachverständigen und die Vorprüfer sowie deren Hilfskräfte (GRW 95, 3.4.1.1). Aus Bauherrensicht sollte die Jury aus Persönlichkeiten, die eine allgemein hohe Akzeptanz erfahren und ein Verständnis für dessen Interessen mitbringen, zusammengesetzt sein.

Zwischen der Direktbeauftragung und dem Wettbewerb besteht noch die Möglichkeit ein Gutachterverfahren (Mehrfachbeauftragung nach HOAI) durchzuführen. Dabei begutachtet eine beschränkte Anzahl von Teilnehmern die städtebauliche Eingliederung eines Projektes. Die Vergütung der Teilnehmer richtet sich prinzipiell nach vergleichbaren Planungsleistungen gemäß HOAI (vgl. Bohn/Heinzmann, S. 257f.).

Abschließend ist darauf hinzuweisen, dass Wettbewerbe und Gutachterverfahren sehr sorgfältig vorbereitet werden sollten. Die entsprechenden Stellen wie beispielsweise die Architektenkammer und das Stadtplanungsamt sollten in Vorfeld konsultiert werden, damit spätere Streitigkeiten aus unberechtigten Honoraransprüchen oder der Verstoß gegen öffentliche Interessen aus Sicht des Bauherrn vermieden werden (vgl. Bohn/Heinzmann, S. 258).

4.3.5.1.4 Rechtsnatur und Vergütung

Bei dem **Architekten- und Ingenieurvertrag** handelt es sich nach heute unumstrittener Meinung wegen der Erfolgsbezogenheit und Ergebnisorientierung um einen Werkvertrag nach den §§ 631ff. des Bürgerlichen Gesetzbuches BGB. Dabei ist es unerheblich, ob Planungs- oder Bauleitungsleistungen übernommen werden. In Abgrenzung zum Bauvertrag schuldet der Architekt bzw. der Ingenieur nicht das „körperliche" Bauwerk, sondern dessen mangelfreie geistige Leistung, d.h. er hat eine technisch und wirtschaftlich einwandfrei Planung zu erbringen (vgl. W. Jagenburg, S. 502; Minuth S. 535).

Grundsätzlich wird empfohlen, einen Architekten- und Ingenieurvertrag immer schriftlich abzuschließen, obwohl im Allgemeinen keine Schriftform besteht. In der Praxis kommt es regelmäßig durch unklare mündliche Absprachen zu Abgrenzungsproblemen und Streitigkeiten bezüglich honorarfreier vorvertraglicher Akquisitionsleistungen, die im weiteren Verlauf des Bauvorhabens dem Bauherrn in Rechnung gestellt werden (vgl. W. Jagenburg, S. 504).

Die Kopplung von Grundstückskaufverträgen mit Ingenieur- und Architektenverträgen ist unzulässig. Als Folge gilt der „angebundene" Ingenieur- und Architektenvertrag als ungültig (vgl. W. Jagenburg, S. 501).

Aus Bauherrensicht ist es sinnvoll, den Architekt bzw. den Ingenieur stufenweise zu beauftragen. So sichert er sich einen maximalen **Leistungsanreiz** des Planers und erhält sich seine eigene Flexibilität. Insbesondere bei einem eventuellen Einsatz eines Generalunternehmers behält er sich so die Freiheit, neben den Bauleistungen auch die Ausführungsplanung an den Generalunternehmer zu vergeben (vgl. W. Jagenburg, S. 505f.).

Einen weiteren wichtigen Aspekt stellt die Übertragung der Nutzungsbefugnis des persönlichen Urheberrechts des Architekten bzw. des Ingenieurs an der Planung dar. „Ohne vertragliche Übertragung der Nutzungsbefugnis bekommt der Auftraggeber sonst unter Umständen Probleme, wenn er ohne Hinziehung des Architekten bzw. des Ingenieurs nach dessen Plänen bauen will. Das gilt auch bei späteren Um- und Erweiterungsbauten" (W. Jagenburg, S. 522).

Vertiefende Ausführungen zum Architekten- und Ingenieurvertrag sind u.a. bei Jagenburg und Usinger nachzulesen.

Grundsätzlich werden Architekten- und Ingenieurleistungen nach den Regelungen der Honorarordnung für Architekten und Ingenieure – kurz HOAI – vergütet. Als **zwingendes Preisrecht** ist die HOAI bis zu den Grenzen der anrechenbaren Kosten von 25.564.594 Euro bei Architektenleistungen (§ 16 Abs. 3), 15.338.765 Euro bei der Tragwerksplanung bzw. der Statik (§ 65 Abs. 2) und 3.834.689 Euro bei Ingenieurleistungen der Technischen Gebäudetechnik bzw. der Haus- und Gebäudetechnik (§ 74 Abs. 2) anzuwenden. Oberhalb dieser Grenzen kann das Honorar der jeweiligen Leistungen frei vereinbart werden (vgl. W. Jagenburg, S. 508f.). Unterhalb von 25.565 Euro ist ein Zeithonorar nach § 6 HOAI abzurechnen, so weit kein Pauschalhonorar vereinbart wurde (vgl. Minuth, S. 542). Innerhalb der Grenzen dürfen die nach HOAI festgesetzten Mindest- und Höchstsätze nicht unter- oder überschritten werden.

Ein Vergütungsanspruch besteht auch für „Berufsfremde", die Leistungen erbringen, die den Bestimmungen oder Leistungsbildern der HOAI entsprechen. Die Zugehörigkeit zu einem Berufsstand der Architekten oder Ingenieure ist somit keine Voraussetzung, um einen Anspruch auf Vergütung zu erlangen (HOAI, Einführung).

Die HOAI ist in **Leistungsbilder** (z.B. § 15 Objektplanung für Gebäude, Freianlagen und raumbildende Ausbauten; § 64 Tragwerksplanung, etc.) unterteilt. Entsprechend der beauftragten Leistungsbilder setzt der Planer die Programm- und Standardvorgaben des Auftraggebers stufenweise in Planungen und Leitungsbeschreibungen für die Ausführung um. Jedes Leistungsbild ist in Leistungsphasen untergliedert. Die neun Leistungsphasen des § 15 Objektplanung für Gebäude, Freianlagen und raumbildende Ausbauten lauten:

1. Grundlagenermittlung

2. Vorplanung (Projekt- und Planungsvorbereitung)

3. Entwurfsplanung (System- und Integrationsplanung)

4. Genehmigungsplanung

5. Ausführungsplanung

6. Vorbereitung der Vergabe

7. Mitwirkung bei der Vergabe

8. Objektüberwachung (Bauüberwachung)

9. Objektbetreuung und Dokumentation

In den Leistungsphasen werden wiederum die einzelnen Leistungen in **Grundleistungen** und **Besondere Leistungen** unterschieden. Grundleistungen umfassen die Leistungen, die zur ordnungsgemäßen Erfüllung eines Auftrags erforderlich sind. Sachlich zusammengehörige Leistungen sind zu jeweils in sich abgeschlossenen Leistungsphasen zusammengefasst (§ 2 Abs. 2 HOAI). Besondere Leistungen gehen über die Grundleistungen hinaus (§ 2 Abs. 3 HOAI).

Zu beachten ist, dass die HOAI Gebührentatbestände definiert und keine werkvertraglichen Leistungsdefinitionen darstellt. Daher ist unbedingt zu empfehlen, die Leistungsziele und Leistungserfolge zwischen dem Auftraggeber und dem Auftragnehmer vertraglich zu fixieren (vgl. Minuth, S. 540).

In wenigen Fällen kann durch schriftliche Vereinbarungen von den Regelungen der HOAI abgewichen werden (§ 4 Abs. 2, 3 HOAI). Dazu zählen u.a. Planung innerhalb der Familie oder eines Vereins, soziale Härtefälle, etc.

Des Weiteren sind einige Sonderfälle der Vergütung in den §§ 19-24, 27 geregelt. Beispielsweise ist in § 24 ein 20-33%-iger Umbauzuschlag für den erhöhten Schwierigkeitsgrad bei Umbauten und Modernisierungen geregelt.

Nach § 5 Abs. 4a HOAI sind Erfolgshonorare für besondere Leistungen mit einem Zuschlag bis zu 20% zulässig, wenn dadurch wesentliche Kostensenkungen erzielt werden. Bei Vereinbarungen von Pauschalhonoraren kann der Planer bei einer Unterschreitung der Mindestsätze dem Auftraggeber trotzdem die Mindestsätze in Rechnung stellen (vgl. Minuth, S. 545f.).

Für Generalunternehmer oder ähnliche Anbieter, die gleichzeitig Planungs- und Bauleistungen anbieten, können teilweise geringere Honorarprozentsätze vereinbart werden (vgl. W. Jagenburg, S. 515). Nähere Erläuterungen zur Vergütung und deren rechtlichen Folgen sind bei Usinger und Jagenburg nachzulesen.

Die Honorarberechnung nach HOAI wird anhand von Abbildung 86 erläutert. Zunächst werden jedoch einige Grundlagen der Berechnung beschrieben.

- Die Berechnung des Honorars bezieht sich auf die Vergütung der Grundleistungen der Leistungsphasen (§ 10 Abs 1. HOAI). Die Vergütung der Besonderen Leistungen ist vertraglich separat zu vereinbaren.

- Zur Berechnung sind vier Komponenten maßgebend: **Anrechenbare Kosten** (Kostenermittlung nach DIN 276 in der Fassung vom April 1981), Honorarzone (Schwierigkeitsgrad der Aufgabe), vereinbarter Honorarsatz (innerhalb der Mindest- und Höchstgrenzen) und Vomhundertsatz der Leistungen (Anteil der Leistung an den Leistungsphasen).

- Dreiteilung der Bemessungsgrundlagen nach dem Kostenermittlungsverfahren nach DIN 276: Die anrechenbaren Kosten und daraus abgeleitet das Honorar werden für die Leistungsphasen 1-4 nach der Kostenberechnung, LP 5-7 nach dem Kostenanschlag und LP 8-9 nach der Kostenfeststellung ermittelt bzw. bemessen. Reicht der Auftrag bzw. endet das Projekt jeweils vor der Kostenermittlung der LP 4, 7 und 9, gelten jeweils die Kostenermittlungen der Vorphasen.

- Die Honorarzone bestimmt sich aus dem Schwierigkeitsgrad des Bauvorhabens und wird mit Hilfe des § 11 HOAI nach einzelnen Bewertungsmerkmalen oder nach § 12 nach einer Objektliste ermittelt.

- Der Honorarsatz basiert auf einer vertraglichen Vereinbarung, die zwischen dem Mindest- und Höchstsatz liegt. Bei keiner Vereinbarung gilt die Mindestsatzfiktion.

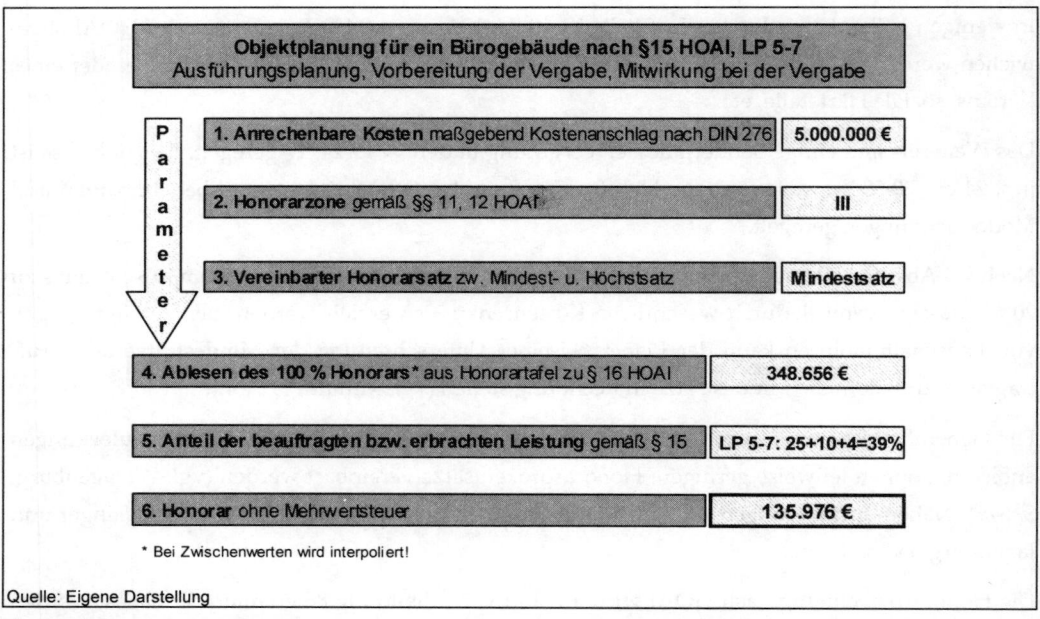

Abbildung 86: Beispiel zur Honorarberechnung für die Objektplanung eines Bürogebäudes

- „Aus den anrechenbaren Kosten, der Honorarzone und dem Honorarsatz ergibt sich nach den jeweiligen Honorartafeln, wie viel das volle Honorar bei vollem Leistungsbild beträgt" (W. Jagenburg, S. 514). Bei einer anteiligen Leistung gelten festgelegte Prozentsätze. Wird beispielsweise im Leistungsbild des § 15 „Objektplanung Gebäude" der HOAI nur die Leistungsphase 5 „Ausführungsplanung" ausgeführt, so werden gemäß Beispiel in Abbildung 86 nur 25% vom vollen Honorar vergütet. Nach den Sonderfällen, die in den §§ 19-24, 27 geregelt sind, können Zu- und Abschläge berücksichtigt werden.

In dem aufgeführten Beispiel entspricht das errechnete Honorar für die gesamte Objektplanung ungefähr 7% der anrechenbaren Kosten. Das Honorar ist nach § 8 HOAI fällig, wenn

- die Leistung vertragsgemäß erbracht,

- eine prüffähige Honorarschlussrechnung erstellt und

- diese dem Bauherrn überreicht worden ist.

4.3.5.2 Bauleistungen

4.3.5.2.1 Elemente der Beauftragung

Der private Bauherr bzw. Auftraggeber braucht sich bei der **Vergabe der Bauleistungen** nicht an die Bestimmungen der **„Verdingungsordnung für Bauleistungen, Teil A"** kurz VOB/A zu halten. Allerdings verwenden private Auftraggeber regelmäßig die aus langjähriger Erfahrung und vernünftigem Interessensausgleich erwachsenen Verfahrensregeln der VOB/A. Insbesondere bei der Inanspruchnahme von öffentlichen Fördermitteln ist jedoch auch der private Auftraggeber zur Anwendung der VOB/A verpflichtet (vgl. Heiermann/Riedl/Rusan, S. 311f.).

Öffentliche Auftraggeber müssen sich bei der Vergabe von Bauleistungen stets nach der VOB/A richten. Sie regelt den Verlauf des **Vergabeverfahrens** bis zum Vertragsabschluss (vgl. Putzier, S. 603). Neben der VOB/A existiert die VOB/B, nach der private Bauherrn regelmäßig ihre Vertragsbedingungen vereinbaren. Diese gelten dann als Allgemeine Geschäftsbedingungen.

Im Vergleich zum BGB-Werksvertragsrecht berücksichtigen sie die besonderen Gegebenheiten beim Bau in ausgewogener Weise.

Im weiteren Verlauf werden die grundlegenden Elemente, die ein Bauherr bei der Beauftragung einer Bauleistung entscheiden muss, dargestellt. Die verwendeten Begriffe und Abgrenzungen finden ihren Ursprung in der Systematik der VOB.

- Welche Vergabeart ist für das Projekt verpflichtend bzw. geeignet (öffentliche Ausschreibung, beschränkte Ausschreibung, freihändige Vergabe; bei privatem Auftraggeber: sinngemäße Verwendung)?

- Welche Form der Vergabe ist zu wählen (Fachlosvergabe, Schlüsselfertige Vergabe)?

- Welche Art der Leistungsbeschreibung vermittelt die Ziele und Vorstellungen des Bauherrn (Leistungsbeschreibung mit Leistungsverzeichnissen und mit Leistungsprogramm)?

- Welche Vertragsarten (Einheitspreisvertrag, Pauschalvertrag) stehen zur Auswahl?

- Welche Unternehmenseinsatzform (Fachunternehmer, Generalunternehmer, Generalübernehmer, Totalunternehmer, Totalübernehmer) ist für die Durchführung des Projektes sinnvoll?

4.3.5.2.2 Vergabearten und -form

Bei der Wahl der **Vergabeart und -form** kann der Bauherr verschiedene Ziele verfolgen. In Abhängigkeit der eigenen bzw. projektbezogenen Präferenzen kann er den Schwerpunkt auf folgende Ziele legen (vgl. Weeber/Bosch, S. 1).

- Kostensicherheit,

- Terminsicherheit,

- geringer Aufwand bei der Wahrnehmung der Bauherrenaufgaben,

- Übernahme eines geringen Risikos bei der Wahrnehmung der Bauherrenaufgaben,

- Qualitätssicherheit durch sehr detaillierte Festlegungen und starke Kontrolle der Leistungen und

- hohe Flexibilität bei den Änderungsmöglichkeiten.

Generell werden für öffentliche Auftraggeber drei Vergabearten (§ 3 VOB/A) unterschieden. Bei der Überschreitung eines Schwellenwertes sind die Verfahren EU-weit auszuschreiben (§§ 2ff. VgV: 5 Mio. Euro für Bauaufträge). Sie werden dann als Offenes Verfahren, Nichtoffenes Verfahren und Verhandlungsverfahren bezeichnet. Die Verfahren sind in den EG-Baukoordinierungsrichtlinien näher beschrieben.

- Öffentliche Ausschreibung – Offenes Verfahren (bei EU-weiter Ausschreibung),

- Beschränkte Ausschreibung – Nichtoffenes Verfahren (bei EU-weiter Ausschreibung),

- Freihändige Vergabe – Verhandlungsverfahren (bei EU-weiter Ausschreibung).

Bei **öffentlichen Auftraggebern** hat die Öffentliche Ausschreibung Vorrang vor der Beschränkten Ausschreibung und diese wiederum vor der Freihändigen Vergabe. Aus Sicht des Auftraggebers unterscheiden sich die Verfahren im Wesentlichen durch die Anzahl der am Wettbewerb teilnehmenden Bieter. Die Öffentliche Ausschreibung gewährleistet immer einen Wettbewerb einer unbeschränkten Bewerberzahl, die Beschränkte Ausschreibung begrenzt die Anzahl der Bewerber im Allgemeinen auf drei bis acht. Bei der Freihändigen Vergabe sollte ein Wettbewerb durch die Aufforderung von mehreren Bietern zur Angebotsabgabe erfolgen (vgl. Heiermann/Riedl/Rusam, S. 311).

Private und institutionelle Auftraggeber vergeben ihre Leistungen überwiegend in Beschränkten Ausschreibungen. Es werden sechs bis zehn Bieter zur Angebotsabgabe aufgefordert. Auf Basis der Leistungsinhalte und Preise wird mit den drei günstigsten Bietern verhandelt. Das wirtschaftlichste Angebot erhält dann den Zuschlag. In Abgrenzung zur durch die VOB geregelte Vergabe sind Preisverhandlungen ein fester Bestandteil der privaten Vergabe (vgl. Bohn/Heinzmann, S. 366).

Aus dem in § 4 VOB/A festgelegten Vergabegrundsatz „Einheitliche Vergabe, Vergabe nach Losen" kann eine grundsätzliche Unterscheidung in **„Vergaben nach Fachlosen" und „Schlüsselfertigen Vergaben"** getroffen werden. Generell ist die öffentliche Hand nach § 4 Absatz 3 VOB/A gehalten, die Bauleistungen verschiedener Handwerks- und Gewerbezweige getrennt nach Fachlosen zu vergeben. Aus wirtschaftlichen oder technischen Gründen dürfen allerdings auch mehrere Fachlose (Vergabe in Paketen, schlüsselfertige Vergabe) zusammen beauftragt werden (vgl. Heiermann/Riedl/Rusam, S. 353ff.).

Bei der Fachlosvergabe wird die Bauleistung in Fachlose aufgeteilt. Die Vergabe der Leistungen erfolgt an einzelne Unternehmen. Charakteristisch für diese Art der Vergabe ist die strikte Trennung zwischen der Bauausführung und der Planungsleistungen analog der Grundprinzipien der Handwerksordnung, der VOB, der HOAI sowie der mittelständisch geprägten Bauwirtschaft in Deutschland (vgl. Blecken/Boenert, S. 122).

Die Fachlosvergabe bietet dem privaten Bauherrn eine hervorragende Möglichkeit, jede einzelne Position anhand eines erstellten **Preisspiegels** mit den Konkurrenzangeboten zu vergleichen. Auf diese Art und Weise werden Verhandlungspotenziale ausgemacht. Dabei kann es zu erheblichen preislichen Unterschieden kommen. Beispielsweise verfolgen die Bieter unterschiedliche Taktiken, um ihre Deckungsbeiträge in den Positionen unterzubringen. Gerne wird ein überproportional großer Anteil der Deckungsbeiträge auf zwingend notwendige und damit nicht vom Bauherrn zu verändernde Positionen verteilt, wie z.B. auf die Baustelleneinrichtung. Daraus entsteht die Gefahr, dass der Bauherr bei späteren Veränderungen des Bausolls, Deckungsbeiträge für nicht geleistete Positionen zahlt.

Tendenziell wird sich ein privater Bauherr für eine Fachlosvergabe entscheiden, wenn er einen größtmöglichen Einfluss auf die Planung beibehalten möchte. Der wesentliche Aspekt besteht dabei in der Qualität und deren inhaltlicher Umsetzung. Voraussetzung ist allerdings, dass die Bauherrenorganisation über ausreichende Kapazitäten und das notwendige Know-how zur Erfüllung dieser Aufgaben verfügt. Analog ist auch die Rolle des Bauherrn in der Bauausführung zu sehen.

Institutionelle Bauherren werden überwiegend aus Gründen der eigenen Risikominimierung keine Fachlosvergabe durchführen (vgl. Bohn/Heinzmann, S. 372).

Bei der „Schlüsselfertigen Vergabe" bündelt der Bauherr die Bauausführungsleistungen. Beauftragt werden nicht einzelne Unternehmen, wie bei der Fachlosvergabe, sondern ein Hauptunternehmer. Des Weiteren werden Planungsleistungen und Projektmanagementaufgaben, die vormals zu den Aufgaben des Bauherrn gehörten, auf den Hauptunternehmer übertragen. Die wesentlichen Merkmale der „Schlüsselfertigen Vergabe" fassen Blecken/Boenert wie folgt zusammen (vgl. Blecken/Boenert, S. 125):

- Verantwortliche Übernahme von Planungs- und Bauausführungsleistungen.

- Übernahme aller oder eines großen Teils der delegierbaren Bauherrenaufgaben wie beispielsweise die Koordination, Beauftragung und Überwachung der an der Bauausführung beteiligten Unternehmen sowie der beteiligten Planer.

- Übernahme der Gesamthaftung für Kosten und Termine sowie Gewährleistung für das Bauprojekt bzw. für die mit der Planung und Ausführung des Bauprojektes zusammenhängenden Arbeiten und Lieferungen.

Die **Schlüsselfertige Vergabe** ist die am weitesten verbreitete Vergabeart bei privaten und institutionellen Bauherren. Das Termin- und Kostenrisiko wird dadurch weitgehend auf den Hauptunternehmer übertragen (vgl. Bohn/Heinzmann, S. 376).

Als eine Mischform zwischen der Fachlosvergabe und der Schlüsselfertigen Vergabe ist die **Vergabe von komplexen Fachlosen** anzusehen. Dabei werden mehrere Fachlose sinnvoll zu einer Einheit zusammengefasst. Oft werden Rohbau, Hülle (Fassade und Dach), Ausbau und Haustechnik an einen Unternehmer vergeben. Der Hauptmotivation beim Einsatz dieser Vergabe besteht im Vergleich zur Fachlosvergabe in einer Reduktion der vorhandenen Schnittstellen. Die Vergabe von komplexen Fachlosen erfolgt je nach Ausprägung der zusammengefassten Leistungsinhalte zwischen den beiden vorherigen Vergabearten.

Exkurs: Neben den genannten gibt es weitere, innovative Wettbewerbsmodelle. Zu ihnen zählen das verstärkt in den Niederlanden angewendete Bauteam und der Bausystemwettbewerb sowie die Target Modelle, wie etwa **Guaranteed Maximum Price (GMP)**. Die Modelle basieren auf einem verstärkt partnerschaftlichen Ansatz. Zur Erzielung der Projektziele wird eine Optimierungsphase eingeschoben. Vertiefende Ausführungen zu diesen Modellen können bei Weeber/Bosch und Blecken/Boenert nachgelesen werden.

In der folgenden Tabelle 26 sind die Gründe für die Wahl einer Vergabeart aus Auftraggebersicht zusammengefasst. Die einzelnen Punkte stellen tendenzielle Aussagen dar, die Anhaltspunkte zur Orientierung im Spektrum zwischen Fachlos- und Schlüsselfertiger Vergabe geben sollen.

	Gründe des Auftraggebers für die Wahl der Vergabeart	Tendenziell bevorzugt von
Fachlos-vergabe	• starke Einflussnahme des Bauherrn auf die Bauqualität • keine durchgängig abgeschlossene Planung bei Vergabebeginn • keine eindeutige Bausolldefinition möglich • voraussichtlich viele Änderungen in Bauausführung • direkte Kontroll- und Eingriffsmöglichkeiten des Bauherrn auf Teilleistungen der Auftragnehmer • Kostentransparenz für den Bauherrn • vorhandene Bauherrenorganisation für Planungs- und Koordinationsaufgaben • Anwendung der VOB/A bei öffentlichen Auftraggebern	•Öffentliche Auftraggeber • Wohnungs-baugesellschaften mit eigenen Bau-abteilungen • private Bauherren bei kleinen Projekten mit Architekten-unterstützung
Schlüssel-fertige Vergabe	• hoher Risikotransfer auf einen Vertragspartner und damit verbunden frühzeitige Sicherheit in Bezug auf Kosten-, Termin-, Planungs- und Gewährleistungsrisiken • Einbeziehung von Innovations-Know-how des Auftragnehmers in Planungs- und Ausführungsphase: Kostenreduktion und frühere Fertigstellung • fehlende Bauherrenorganisation für Planungs- und Koordinationsaufgaben	• institutionelle Bauherren • private Bauherren bei großen Projekten

Quelle: Eigene Darstellung

Tabelle 26: Gründe des Auftraggebers für die Wahl der Vergabeart

Die Begründung der Wahl der Vergabeart muss allerdings für jedes Projekt individuell beantwortet werden, wobei auch die Anwendung von Mischformen und innovativen Vergabemodellen geprüft werden sollte.

4.3.5.2.3 Ausschreibung

Die **Ausschreibung** bildet die Vertragsgrundlage der späteren Ausführung. Abweichungen von der ursprünglichen Ausschreibung können für den Bauherrn erhebliche finanzielle und organisatorische Folgen haben. Daher ist auf die Qualität der Ausschreibungsunterlagen besonders zu achten.

Die Eigenschaften des zu erstellenden Bauwerkes bzw. der Bauleistungen sind vorwiegend in der **Leistungsbeschreibung** zu bestimmen. „Unter Leistungsbeschreibung ist die Gesamtheit aller Unterlagen zu verstehen, in denen die zu erbringende Bauleistung dargestellt wird" (Putzier, S. 607).

In § 9 VOB/A sind allgemeine Grundsätze für eine ordnungsgemäße Aufstellung von Leistungsbeschreibungen aufgestellt. Sie gelten nicht nur bei der vertraglichen Vereinbarung bzw. im rechtlichen Geltungsbereich (z.B. für öffentliche Auftraggeber) der VOB, sondern auch bei BGB-Verträgen.

Das Herstellen der Leistungsbeschreibung ist als Teil der Ausführungsplanung nach HOAI geschuldet und in den Leistungsbildern der HOAI beschrieben (vgl. Heiermann/Riedl/Rusan, S. 466). An die Baubeschreibung wird die Anforderung gestellt, dass sie die geforderte Leistung eindeutig und so erschöpfend beschreibt, dass alle Bewerber die Baubeschreibung im gleichen Sinne verstehen müssen und ihre Preise sicher und ohne umfangreiche Vorarbeiten berechnen können (§ 9 Nr.1 VOB/A). Des Weiteren darf dem Auftragnehmer kein ungewöhnliches Wagnis aufgebürdet werden (§ 9 Nr.2 VOB/A). Neben der Leistungsbeschreibung zählen auch ungeschriebene Leistungsanforderungen, die durch die anerkannten Regeln der Technik umschrieben werden, als Vertragsinhalt (vgl. Putzier, S. 607).

Generell werden zwei Arten von Leistungsbeschreibungen unterschieden:

- Leistungsbeschreibung mit Leistungsverzeichnissen (im Regelfall nach VOB/A) und

- Leistungsbeschreibung mit Leistungsprogramm.

Nach § 9 Nr. 6-9 VOB/A soll bei der **Leistungsbeschreibung mit Leistungsverzeichnissen** die Leistung i.d.R. durch eine allgemeine Darstellung der Bauaufgabe (Baubeschreibung) und ein in Teilleistungen gegliedertes Leistungsverzeichnis beschrieben werden. Des Weiteren wird auf die freie Wahl der Darstellungsform durch Text, Zeichnungen, Probestücke, etc. und auf die explizite Miteinbeziehung von Leistungen, die nach den Vertragbedingungen, technischen Vertragsbedingungen oder der gewerblichen Sitte zu der geforderten Leistung gehören, hingewiesen. Abschließend wird die Gliederung der Leistungsverzeichnisse beschrieben. Zur Erstellung von Leistungsverzeichnissen gibt es zahlreiche Hilfsmittel wie **Musterleistungsverzeichnisse** und **Standardleistungsverzeichnisse**.

Die **Leistungsbeschreibung mit Leistungsprogramm** findet dann ihre Anwendung, wenn mit der Bauausführung auch der Entwurf für die Leistung dem Wettbewerb zu unterstellen ist, um die technisch, wirtschaftlich und gestalterisch beste sowie funktionsgerechte Lösung der Bauaufgabe zu ermitteln (§ 9 Nr. 10 VOB/A). Das Leistungsprogramm umfasst eine Beschreibung der Bauaufgabe aus der die Bewerber alle für die Entwurfsbearbeitung und ihr Angebot maßgebenden Bedingungen und Umstände erkennen können und in der sowohl der Zweck der fertigen Leistung als auch die an sie gestellten technischen, wirtschaftlichen, gestalterischen und funktionsbedingten Anforderungen angegeben sind (§ 9 Nr. 11 VOB/A). Von dem Bieter ist ein Angebot zu verlangen, das außer der Ausführung der Leistung, den Entwurf nebst eingehender Erläuterungen und eine Darstellung der Bauausführung sowie eine eingehende und zweckmäßig gegliederte Beschreibung der Leistung – gegebenenfalls mit Mengen- und Preisangaben der Teile der Leistung –

umfasst (§ 9 Nr. 12 VOB/A). Der Bauherr kann als Grundlage der Ausschreibung die Anforderungen der Bauleistungen in Form von **Raumbüchern** und **Funktionsdiagrammen** darstellen.

Die Wahl der Art der Leistungsbeschreibung kann wie auch die Wahl der Vergabeart an dem gewünschten Detaillierungsgrad, der direkten Einflussnahme des Bauherrn und an der Bestimmbarkeit des Bausolls festgemacht werden. Je stärker der Anteil an globalen Elementen in der Leistungsbeschreibung ist, desto sinnvoller ist der Einsatz einer Baubeschreibung mit Leistungsprogramm. Als klassische Beispiele für die Leistungsbeschreibung mit Leistungsverzeichnis dient die Fachlosvergabe an einen Fachunternehmer und für die Leistungsbeschreibung mit Leistungsprogramm die „Schlüsselfertige Vergabe" an einen Generalübernehmer.

4.3.5.2.4 Vertragsarten

Der **Bauvertrag** zwischen Auftraggeber und Auftragnehmer unterliegt generell dem Werkvertragsrecht des BGB (§§ 631ff.). Daraus folgt, dass der Auftragnehmer nicht nur eine vom Erfolg unabhängige Arbeitsleistung, sondern das vereinbarte Ergebnis der Bauarbeiten bzw. einen bestimmten Erfolg schuldet (vgl. Putzier, S. 602). Das gesetzliche Werkvertragsrecht unterscheidet keine bestimmte Vertragsart und demzufolge auch keine bestimmte Vergütungsart.

Gemäß § 5 VOB/A werden die Verträge nach der Art der Vergütung in **Leistungs- und Aufwandsverträge** unterschieden (vgl. Abbildung 87). Einheitspreis- und Pauschalvertrag sind Leistungsverträge. Die zu zahlende Vergütung richtet sich nach der erbrachten Leistung. Stundenlohnverträge und Selbstkostenerstattungsverträge sind Aufwandsverträge. Die Vergütung wird unabhängig von der erbrachten Leistung nach dem entstandenen Aufwand des Auftragnehmers berechnet (vgl. I. Jagenburg, S. 558). Die Systematik der Verträge nach VOB wird auch außerhalb ihres Geltungsbereiches angewandt.

Der **Einheitspreisvertrag** stellt gemäß § 5, Nr. 1 den Regelfall des Leistungsvertrages dar. Der Auftraggeber gibt in den Verdingungsunterlagen (Leistungsbeschreibung) „für technisch und wirtschaftlich einheitliche Teilleistungen, deren Menge nach Maß, Gewicht und Stückzahl" an. Die Leistungsbeschreibung erfolgt in Form eines Leistungsverzeichnisses. Mit dem Auftragnehmer werden für diese Leistungen Preise pro Einheit, die so genannten Einheitspreise vereinbart (vgl. Tabelle 27).

Beispiele für Teilleistungen sind: 125 m³ Beton B35; 400 m² Linoleum, marmoriert, d=2,0 mm oder 15 Stck. Handtuchhalter, 2-teilig, verchromt, 445 mm.

Der Angebotspreis ergibt sich aus der Addition sämtlicher Positionspreise, die sich wiederum aus der Multiplikation der Menge der Teilleistungen mit dem Einheitspreis ergeben. Der Angebotsendpreis stellt allerdings nur die vorläufige Auftragssumme dar. Die endgültige Vergütung ergibt sich aus der Menge der tatsächlich ausgeführten Leistung (bei VOB-Verträgen, gem. § 2 Nr.

2 VOB/B). Zu deren Berechnung wird die Menge der Teilleistung nach Fertigstellung mit einem Aufmass ermittelt. Der vertragliche bestimmte Einheitspreis bleibt grundsätzlich fix, solange nicht eine Veränderung des ursprünglichen Leistungsinhaltes oder eine Mengenänderung „ohne jeden Zugriff" von mehr als 10% erfolgt. Die Preisanpassungregelungen sind bei VOB-Verträgen nach § 2 Nr. 3 VOB/B geregelt, für BGB-Verträge gelten sie nicht (vgl. I. Jagenburg, S. 558).

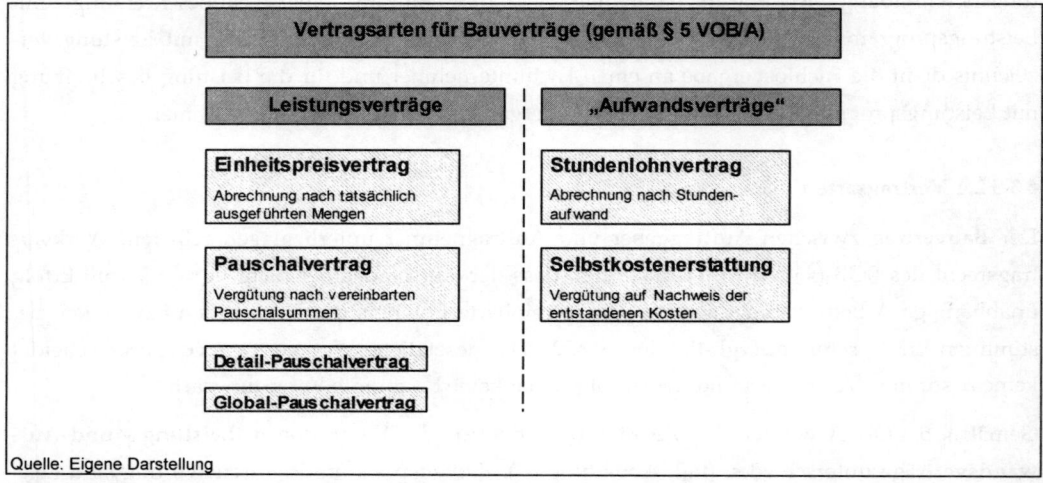

Quelle: Eigene Darstellung

Abbildung 87: Vertragsarten für Bauverträge (gemäß § 5 VOB/A)

	Auftraggeber	Auftragnehmer
+	• einfaches Änderungsmanagement • sichere Angebotsbewertung → geringer Vergabeaufwand • geringer Abrechnungsaufwand	• einfaches Änderungsmanagement • geringe Kalkulationsrisiken • einfache Angebotsbearbeitung • ggf. hohe Nachtrags-Einheitspreise durchsetzbar
–	• hoher Vorplanungsgrad • Vergütung erst nach Ausführung fixiert → späte Kostensicherheit • hoher Risikoanteil bei Auftraggeber (Planung) • hoher Planungs- und Betreuungsaufwand → hohe Kosten für den Auftraggeber • Risiko überhöhter Nachtrags-Einheitspreise	• ausgeprägter Preiswettbewerb • geringe Optimierungsmöglichkeiten → geringes operatives Ertragspotenzial • hoher Abrechnungsaufwand

Quelle: Blecken/Boenert, S. 186

Tabelle 27: Vor- und Nachteile des EP-Vertrag

Der **Pauschalvertrag** regelt für einen vertraglichen Leistungsumfang, das so genannte Bausoll, einen Festpreis. Die Gesamtvergütung steht im Gegensatz zum Einheitspreis nach Vereinbarung der Pauschalsumme fest. Die Höhe der vereinbarten Leistung ist grundsätzlich unabhängig von der tatsächlich erbrachten Leistung (vgl. Putzier, S. 610). Ein Aufmass der tatsächlich ausgeführten Leistungen findet nicht statt. Mengenänderungen innerhalb des vertraglich vereinbarten Bausolls spielen keine weitere Rolle, da beim Pauschalvertrag Preis und Leistung pauschaliert sind (vgl. I. Jagenburg, S. 558). Regelmäßig entstehen aus der unklaren Definition des Bausolls nachträgliche Streitigkeiten zwischen Bauherr und Auftragnehmer. Daher ist zu empfehlen, vor Vertragsabschluss eine exakte Klärung des Bausolls anzustreben (anhand von Plänen, Ausführungsunterlagen, etc.).

Bei **öffentlichen Bauherren** stellt die Anwendung eines Pauschalvertrags nur eine Ausnahmeregelung (gem. § 5 Nr. 1, Buchst. b, VOB/A) dar, „wenn eine Leistung nach Ausführungsart und Umfang genau bestimmt ist und mit einer Änderung bei der Ausführung nicht zu rechnen ist".

Generell werden die Pauschalverträge in Detail-Pauschalverträge, Einfache-Global-Pauschalverträge und Komplexe-Global-Pauschalverträge unterschieden.

Der **Detail-Pauschalvertrag** basiert wie der Einheitspreisvertrag auf einer detaillierten Beschreibung des Leistungsinhaltes in Form eines Leistungsverzeichnisses. Der Auftragnehmer übernimmt im Rahmen der Vertragsgrundlagen durch Pauschalierung der Mengen das Mengenrisiko der ausgeführten Leistungen. Nachträgliche Leistungsänderungen werden zusätzlich vergütet (vgl. Blecken/Boenert, S. 136). In der Praxis werden häufig zusätzliche Einheitspreislisten vertraglich vereinbart, mit deren Hilfe veränderte Bauausführungen abgerechnet werden (vgl. Bohn/Heinzmann, S. 366).

Im Mittelpunkt des **Komplexen-Global-Pauschalvertrages** steht das Leistungsziel. Ziel des Vertrages ist es beispielsweise ein Hotel, ein Stadion oder ein anderes Objekt zu errichten. Die zu erbringenden Leistungen werden nur grob mit globalen Anforderungen beschrieben. Meistens werden zu diesem Zweck **funktionale Ausschreibungen** angewendet (vgl. I. Jagenburg, S. 560). Nach Definition der Anforderungen des Objektes durch den Bauherrn, ist es oft Aufgabe des Auftragnehmers, die funktionalen Anforderungen in eine vollständige Objekt- und/oder Ausführungsplanung umzusetzen. Aufgrund der Komplexität der Vertragsinhalte ist die Vereinbarung von Vollständigkeitsverpflichtungen seitens des Auftragnehmers üblich. Dabei sind allerdings die AGB-Gesetze zu beachten (vgl. Tabelle 28).

Als Abstufung zwischen Detail-Pauschalvertrag und Komplexem-Global-Pauschalvertrag ist noch der **Einfache-Global-Pauschalvertrag** zu ergänzen, der auf Basis einer gewerkeweisen Kalkulation globale Elemente enthält (vgl. Weeber/Bosch, S. 37).

Auftraggeber	Auftragnehmer

+ • geringer Vorplanungsgrad
  frühe Kostensicherheit (scharfes Bau-Soll)
• geringer Planungsaufwand
• geringer Betreuungs- und Abrechnungsaufwand
  niedrige Auftraggeber-Kosten,
  weniger Schnittstellen
• geringe Planungsrisiken
• geringe Gewährleistungsrisiken, nur ein Ansprechpartner mit einheitlicher Frist
• einheitlicher, garantierter Fertigstellungstermin
	• reduzierter Preiswettbewerb
	• verbesserte Optimierungschancen
	• einfache Abrechnung

– • durch Risikoaufschlag vglw. höhere Angebote, inkl. Generalunternehmer-Zuschlag • hoher Vergabeaufwand • schwierige Abgrenzung zwischen Änderung und Komplettierung • Abwehr von Nachträgen (unscharfes Bau-Soll)	• hohe Kalkulationsrisiken • aufwendige Angebotsbearbeitung • hohe Angebotskosten • schwierige Abgrenzung zwischen Änderung und Komplettierung • Durchsetzbarkeit von Nachträgen

Quelle: In Anlehnung an Blecken/Boenert, S. 186

Tabelle 28: Vor- und Nachteile von Komplexen Global-Pauschalverträgen

Stundenlohnverträge werden bei „Bauleistungen geringen Umfangs, die überwiegend Lohnkosten verursachen" (§ 5 Nr. 2 VOB/A) angewandt. Zu diesen Arbeiten zählen Stemm-, Schlitz-, Bohr-, Aufräumarbeiten, etc., d.h. es handelt sich vornehmlich um nebensächliche Arbeiten, die auf jeder Baustelle anfallen, aber in ihrer Art und Umfang nicht vorhersehbar sind. Sie werden nur vergütet, wenn sie vor Beginn der Arbeiten vertraglich vereinbart sind (§ 2 Nr. 10 VOB/B).

Bei **Selbstkostenerstattungsverträgen** werden die tatsächlichen Selbstkosten des Auftragnehmers erfasst und mit einem Aufschlag für Gewinn vergütet. Aus Auftraggebersicht sind Mitwirkungsrechte bei der Vergabe der Subunternehmerleistungen unverzichtbar (vgl. Putzier, S. 599). Diese Vergütungsart ist mit enorm hohem Risiko für den Bauherrn verbunden, da der Aufwand des Auftragnehmers vorab nicht überschaubar ist (vgl. I. Jagenburg, S. 562). Nach § 5 Nr. 3 Abs. 2 VOB/A müssen daher bereits bei der Vergabe die Bemessung der Kosten, Löhne, Stoffkosten, Gerätevorhaltung, Gemeinkosten und der Gewinn festgelegt werden. In angelsächsischen Ländern finden diese als **„Cost Plus"** bezeichneten Verträge im Gegensatz zu Deutschland verbreitet Anwendung. Stellvertretend ist hier etwa der **GMP-Vertrag** (Guaranteed Maximum Price) zu nennen, der auf einem Generalunternehmervertrag mit vertraglichen Regelungen zur Selbstkostenerstattung zuzüglich eines Zuschlages basiert. Der GMP-Vertrag erfordert eine partnerschaftliche Zusammenarbeit zwischen Bauherr und Auftragnehmer. Nach der Aufstellung von Baukosten-

und Risikobudgets wird der garantierte Maximalpreis vertraglich vereinbart, sprich „gedeckelt". Ausgehend von diesem Kostenziel wird der weitere Planungs- und Bauprozess gemeinschaftlich optimiert. Die erzielten Kostenreduktionen teilen sich die Partner nach einem vorher festgelegten Verteilungsschlüssel.

4.3.5.2.5 Unternehmenseinsatzformen

Die Bauleistungen können in unterschiedlichen Unternehmensformen durchgeführt werden. Im Folgenden werden die wesentlichen Unternehmensformen, die auf einem unmittelbaren Vertragsverhältnis zum Bauherrn beruhen, dargestellt.

Der **Fachunternehmer** führt im Regelfall die ihm übertragenen Bauleistungen im eigenen Betrieb als „Alleinunternehmer" aus. Werden Leistungteile an Nachunternehmer vergeben, so wird er als „Hauptunternehmer" bezeichnet (vgl. Heiermann/Riedl/Rusam, S. 390f.). Der Fachunternehmer entspricht der in der VOB/A bevorzugten Unternehmensform und mündet regelmäßig in einer Fachlosvergabe. Die Leistungsinhalte werden in Leistungsverzeichnissen beschrieben und in Einheitspreisverträgen umgesetzt.

„Der **Generalunternehmer** unterscheidet sich vom Fachunternehmer dadurch, dass er Bauaufträge für mehrere Leistungsbereiche annimmt, ohne gleichzeitig gewerbsmäßig tätig zu sein oder alle Leistungen von seiner Kapazität her ausführen zu können". Im Vergabe-Handbuch zur VOB/A wird der Generalunternehmer als derjenige Hauptunternehmer bezeichnet, der sämtliche für die Herstellung einer baulichen Anlage erforderlichen Bauleistungen zu erbringen hat und wesentliche Teile hiervon selbst ausführt. In der Praxis handelt es sich bei den selbst ausgeführten Arbeiten meistens um Rohbauleistungen (vgl. Heiermann/Riedl/Rusam, S. 398).

Der **Totalunternehmer** übernimmt neben der Bauleistung auch Planungsleistungen, die er eigenverantwortlich ausführt. Dabei erbringt er einen wesentlichen Teil der Bauleistungen selbst (vgl. Heiermann/Riedl/Rusam, S. 401). Die Leistungsinhalte werden hauptsächlich im Sinne der VOB/A in Leistungsbeschreibungen mit Leistungsprogramm ausgeschrieben, die Leistungen werden in der „Schlüsselfertigen Vergabe" vergeben und in Pauschalverträgen umgesetzt.

Der Einsatz der folgenden Unternehmensformen ist nicht mit den Regelungen der VOB/A vereinbar und daher nicht für öffentliche Auftraggeber geeignet.

Der **Generalübernehmer** führt im Gegensatz zum Generalunternehmer keinerlei Bauleistungen selbst aus, sondern er vergibt sämtliche Leistungen an Nachunternehmer. Als reiner „Bauleistungsvermittler" nimmt er nur Managementfunktionen war (vgl. Heiermann/ Riedl/Rusam, S. 402).

In Abgrenzung zum Generalübernehmer übernimmt der **Totalübernehmer** zusätzlich zur Bauleistung auch Planungsleistungen. Die Planungsleistungen führt er selbst aus oder vergibt sie – wie auch die Bauleistungen – an Dritte (vgl. Heiermann/Riedl/Rusam, S. 403).

Der Einsatz der Unternehmensformen und der jeweils mögliche Vergabezeitpunkt sind in der folgenden Abbildung 88 anhand der Planungsphasen der HOAI dargestellt.

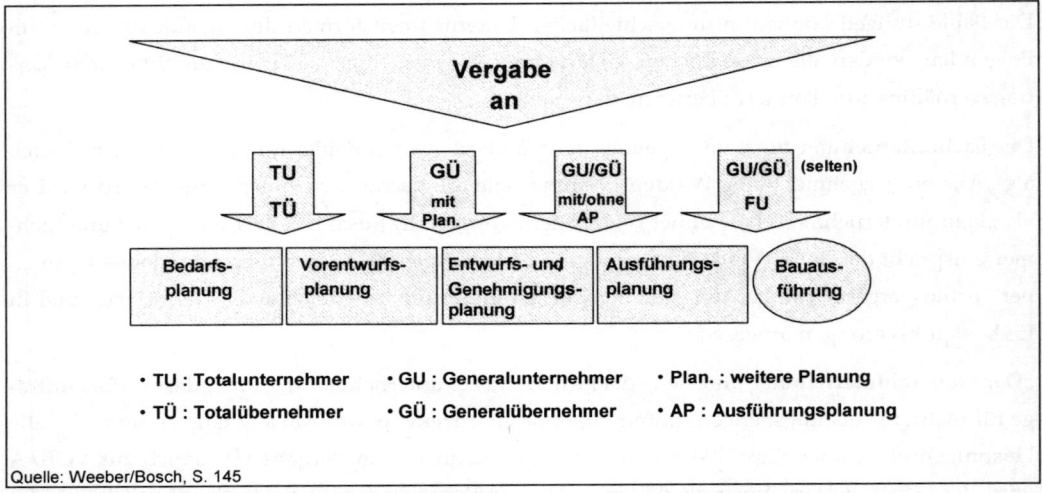

Quelle: Weeber/Bosch, S. 145

Abbildung 88: Vergabe an die Unternehmensformen nach den Planungsphasen der HOAI

4.3.5.3   Projektsteuerungsleistungen

4.3.5.3.1 Elemente der Beauftragung

Abgeleitet aus dem § 31 HOAI und dem Entwurf des DVP wurde von der Fachkommission Projektsteuerung des Ausschusses der Ingenieurverbände und Ingenieurkammern für die Honorarordnung e.V. (AHO) eine **Leistungs- und Honorarordnung Projektsteuerung** erarbeitet. Diese Vorschläge wurden zwar noch nicht in die HOAI aufgenommen, aber in der Praxis werden sie oft als Grundlage für die Gestaltung von Projektsteuerungsverträgen herangezogen (vgl. Minuth, S. 565).

Die Aufgaben, Handlungsfelder und die Einbindung der Projektsteuerung in die Bauherrenorganisation wurden im ersten Teil dieses Beitrages bereits intensiv erläutert (vgl. Abschnitt 4.3.3).

Zur Beauftragung einer Projektsteuerungsleistung sind allerdings folgende Sachverhalte zu erläutern.

- Wie grenzen sich Architekten- und Projektsteuerungsleistungen voneinander ab?

- Welche Rechtsnatur hat ein Projektsteuerungsvertrag (Dienst-, Werkvertrag oder Geschäftsbesorgungsvertrag)?

- Wie wird eine Projektsteuerungsleistung vergütet?

4.3.5.3.2 Abgrenzung von Architekten- und Projektsteuerungsleistungen

Die **Leistungsbilder** der Architekten bzw. Ingenieure und Projektsteuerer enthalten zahlreiche **Überschneidungen**. Insbesondere ein Vergleich der Grundleistungen des § 15 HOAI und des Leistungskatalogs in § 31 HOAI zeigen die Schwierigkeiten der Abgrenzung. Allerdings übernimmt der Projektsteuerer übergeordnete Koordinierungspflichten im Interesse des Bauherrn, während der Architekt objektbezogen die ausführenden Firmen im eigenen Interesse koordiniert (vgl. Minuth, S. 570ff.). Daher kann eine Abgrenzung aus dem unterschiedlichen Rollenverständnis zwischen Architekt und Projektsteuerer und der „organisatorischen Nähe" zum Bauherrn erfolgen.

Die Besonderen Leistungen des § 15 HOAI überschneiden sich wesentlich stärker mit den Aufgaben bzw. Grundleistungen des Projektsteuerers nach dem DVP/AHO-Entwurf (AHO, S. 8).

- Aufstellen eines Zeit- und Organisationsplanes (Leistungsphase 2),

- Aufstellen eines Finanzierungsplanes (Leistungsphase 2),

- Wirtschaftlichkeitsberechnung (Leistungsphase 3),

- Aufstellen, Überwachen und Fortschreiben eines Zahlungsplanes (Leistungsphase 8),

- Aufstellen, Überwachen und Fortschreiben von differenzierten Zeit-, Kosten- oder Kapazitätsplänen (Leistungsphase 8),

- Ermittlung und Kostenfeststellung zu Kostenrichtwerten (Leistungsphase 9).

Da die Besonderen Leistungen gesondert vergeben werden, sind die Schnittstellen zwischen den Leistungsbildern klar und eindeutig vom Bauherrn zu klären und zu definieren, um auch Überschneidungen in der Vergütung zu vermeiden. Zur besseren Kontrolle kann allerdings auch eine bewusste Doppelbeauftragung sinnvoll sein.

Aus Bauherrensicht ist es empfehlenswert, vor der Beauftragung von Architekten-, Ingenieur- und Projektsteuerungsleistungen eine detaillierte Abgrenzung der Leistungsinhalte vorzunehmen. Zu diesem Zweck sollte auch der Rat von unabhängigen Fachleuten und Juristen eingeholt werden.

4.3.5.3.3 Rechtsnatur und Vergütung

Gesetzlich sind **Projektsteuerungsverträge** keinem besonderen Vertragstyp zugeordnet. Im Einzelfall ist zu prüfen, ob der Schwerpunkt der Vertragselemente auf dem Werkvertrag (Erfolg einer Tätigkeit), dem Dienstvertrag (Tätigkeit als solche) oder dem Geschäftsbesorgungsvertrag liegt. Die Zuordnung hat erhebliche Konsequenzen auf die Fragen der Abnahme, Gewährleistung, Verjährung und Kündigung. Prinzipiell ist davon auszugehen, dass ein Vertrag, bei dem überwiegend Beratungs-, Informations- und Koordinationsaufgaben übertragen wurden, ein Dienstvertrag sein wird, da die Tätigkeit als solche dominiert. Werden zusätzlich Planungssteuerung, Ausführungsvorbereitung und Ausführungsplanung an den Projektsteuerer übertragen, ist zu vermuten, dass es sich um einen Werkvertrag handelt, „da dies alles umfassende Tätigkeiten mit dem geschuldeten Werkerfolg der optimalen Verwirklichung des Bauprojekts sind" (vgl. Minuth, S. 577). In der Abbildung 89 wird die rechtliche Einordnung von Projektsteuerungsverträgen zusammengefasst.

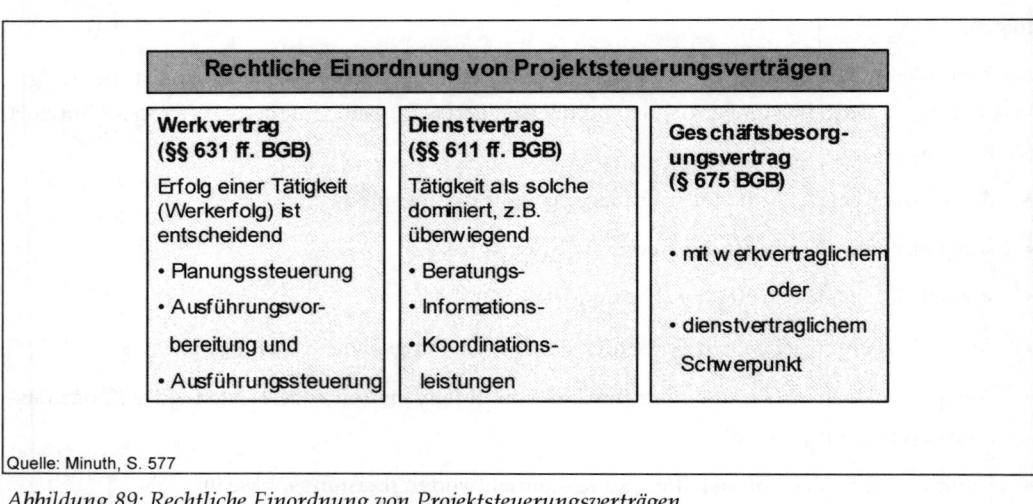

Abbildung 89: Rechtliche Einordnung von Projektsteuerungsverträgen

Die **Honorierung von Projektsteuerungsleistungen** ist in § 31 Abs. 2 HOAI geregelt:

§ 31 (2) HOAI: Honorare für Leistungen bei der Projektsteuerung dürfen nur berechnet werden, wenn sie bei der Auftragserteilung schriftlich vereinbart worden sind; sie können frei vereinbart werden.

Nach einem **Urteil des Bundesgerichtshofs** vom 9.1.1997 ist allerdings die schriftliche Vereinbarung vor Auftragerteilung als Voraussetzung für einen Honoraranspruch unbeachtlich. Insbesondere die Formvorschrift „schriftliche Honorarvereinbarung" wurde als nichtig erklärt. „Hintergrund dafür war insbesondere der in § 31 Abs. 2 HOAI enthaltene Widerspruch zu den gesetzlichen Vorschriften der §§ 611, 612, 631, 632 BGB, wonach auch ohne Schriftform und ohne zeitliche Fixierung eine Vergütung vereinbart werden kann oder als vereinbart gilt (vgl. Heiermann/Franke/Knipp, S. 388f.).

Im Gegensatz zur Honorierung der Architekten- und Ingenieurleistungen nach HOAI sind **Projektsteuerungsleistungen an keine Honorarordnung gebunden**. Es besteht kein zwingendes Preisrecht für diese Leistungen. Daher kann die Honorarhöhe frei vereinbart werden.

Der DVP/AHO-Entwurf gibt einen Vorschlag zur Berechnung des Honorars von Projektsteuerungsleistungen, der analog zu den anderen Leistungsbildern der HOAI erfolgt. Maßgebend für die Honorarermittlung sind die anrechenbaren Kosten des Projektes, die Honorarzonen, Honorartafeln und Honoraranteile in den 5 Projektstufen (siehe § 206 Honorartafel für die Grundleistungen der Projektsteuerung im DVP-/AHO-Entwurf). Die Honorarberechnung erfolgt analog zu Abbildung 86, in der die Ermittlung eines Honorars für die Objektplanung gemäß § 15 HOAI exemplarisch dargestellt ist. Als Beispiel beträgt dort das Honorar für eine Komplettbeauftragung der Grundleistungen der Projektsteuerung bei anrechenbaren Kosten von 5 Mio. Euro je nach Honorarzone zwischen 2 und 4% der anrechenbaren Kosten. Generell nimmt der prozentuale Anteil des Honorars bei steigenden anrechenbaren Kosten in der Honorartafel degressiv ab.

Eine Untersuchung der AHO-Fachkommission hat bei der Auswertung von 47 ausgewählten Hochbauprojekten mit durchschnittlichen anrechenbaren Kosten von ungefähr 28 Mio. Euro ergeben, dass der gewichtete Mittelwert des Honorars bei 1,5% der anrechenbaren Kosten liegt (vgl. AHO, S. 86f.). Knipp verweist auf Untersuchungen (vgl. Heiermann/Franke/Knipp, S. 389), die gezeigt haben, dass die vereinbarten Honorare durchschnittlich 0,4% bis 2,4% der tatsächlichen Kosten betragen. In der Praxis erfolgt die Vergütung oft über Pauschalhonorare und zeitabhängige Vergütungsformen.

Aufgrund der direkten Abhängigkeit des Honorars von den anrechenbaren Kosten sollte der Bauherr mit dem Projektsteuerer allerdings Leistungsanreize vertraglich vereinbaren, die zu einer wirtschaftlichen Optimierung des Bauvorhabens bzw. zu einer Kosteneinhaltung oder sogar Reduktion der Kosten führen.

4.3.6 Fazit

Der vorliegende Artikel hat die hohe Komplexität bei der Vorbereitung und Durchführung von Bauprojekten aufgezeigt. Der heutige Projektmanagement-Prozess ist durch sich verkürzende Projektzeiten, daraus resultierende Überschneidungen von Planung und Ausführung und einen sehr eng gespannten Kostenrahmen gekennzeichnet. Die zahlreichen Beteiligten auf verschiedenen Ebenen und aus verschiedenen fachlichen Richtungen zum Projekterfolg zu führen, ist die wesentliche Aufgabe des Bau-Projektmanagements. Der Projekterfolg begründet sich neben der Beherrschung der beschriebenen Projektmanagementleistungen in den Führungsqualitäten des Projektmanagers.

Literaturverzeichnis zu Kapitel 4.3

AHO-Fachkommission Projektsteuerung (Hrsg.): Untersuchungen zum Leistungsbild des § 31 HOAI und der Honorierung für die Projektsteuerung, Bundesanzeiger Bonn 1996.

Ahrens, H. J. (Hrsg.): Baumanagement-Projekthandbuch-Grundlagen: Anhang, GW 1998.

Blecken, U./Boenert, L.: Baukostensenkung durch Anwendung innovativer Wettbewerbsmodelle, Universität Dortmund Lehrstuhl Baubetrieb, Dortmund 2001.

Bohn, T./Heinzmann, O.: Management für Projektentwicklung und Planung, in: Schäfer, J./Conzen, G. (Hrsg.): Praxishandbuch der Immobilien-Projektentwicklung, München 2002, S. 269-292.

Fischer, C.: Projektentwicklung: Leistungsbild und Honorarstruktur, in: Schulte, K.-W. (Hrsg.): Schriften zur Immobilienökonomie, Band 26, Köln 2003.

Gabler: Wirtschafts-Lexikon, 13., vollst. überarb. Aufl., Wiesbaden 1993.

GAEB (Gemeinsamer Ausschuss Elektronik im Bauwesen): Regelungen für Informationen im Bauvertrag, Version 1.0 Ausg. November 1999.

Heiermann, W./Franke, H./Knipp, B. (Hrsg.): Baubegleitende Rechtsberatung, München 2002.

Heiermann, W./Riedl, R./Rusam, M. (Hrsg.): Handkommentar zur VOB Teile A und B, 9. Aufl., Wiesbaden 2000.

Jagenburg, I.: Der Bauvertrag, in: Schulte, K.-W. (Hrsg.), Immobilienökonomie, Band II: Rechtliche Grundlagen, München 2001, S. 541-610.

Jagenburg, W.: Der Architekten- und Ingenieurvertrag, in: Schulte, K.-W. (Hrsg.), Immobilienökonomie, Band II: Rechtliche Grundlagen, München 2001, S. 499-540.

Kalusche, W.: Projektmanagement für Bauherrn und Planer, 1. Aufl., München Wien 2002a.

Kalusche, W.: Projekt-Management in der Bauplanung und Bauausführung, in: Schulte, K.-W./Bone-Winkel, S. (Hrsg.), Handbuch Immobilien-Projektentwicklung, 2., akt. und erw. Aufl., Köln 2002b, S. 287-342.

Minuth, K.: Recht der Architekten und Ingenieure, in: Usinger, W. (Hrsg.): Immobilien – Recht und Steuern, 2., akt. und erw. Aufl., Köln 1999, S. 531-564.

Müller, W.-H.: Aufgaben, Leistungsbild und Honorierung von Projektsteuerungsleistungen, in: Motzel, E. (Hrsg.): Projektmanagement in der Baupraxis bei industriellen und öffentlichen Bauprojekten, Berlin 1993, S. 121-149.

Pfarr, K.: Grundlagen der Bauwirtschaft, Essen 1984.

Putzier, E.: Bauverträge, in: Usinger, W. (Hrsg.): Immobilien – Recht und Steuern, 2., akt. und erw. Aufl., Köln 1999, S. 591-654.

Sommer, H.: Projektmanagement im Hochbau, 2. Aufl., Berlin 1998.

Weeber, H./Bosch, S.: Vergabeverfahren und Baukosten, Bauforschung für die Praxis, Band 56, Stuttgart 2001.

4.4 Facilities Management

Barbara Pierschke, Andrea Pelzeter

4.4 Facilities Management

Barbara Pierschke, Andrea Pelzeter

4.4.1 Begriffsbestimmung

Seit 1986 der Begriff Facilities Management (FM) das erste Mal in der deutschen Fachpresse erwähnt worden ist, haben sich die damit verbundenen Assoziationen mehrfach gewandelt. Das Konzept stammt aus den USA, wo es sich mit der ergonomischen, produktionsverbundenen Arbeitsplatzoptimierung befasste. Seit den neunziger Jahren verbindet man mit FM das Aufspüren von Einsparpotenzialen bei den Betriebskosten. Parallel dazu hat sich jedoch ein umfassenderes Verständnis für die Aufgaben und Möglichkeiten des FM herausgebildet.

Entsprechend variieren die möglichen Definitionen. Das amerikanische Facility Management Institute (später **IFMA**) schuf 1983 auf Anfrage der „Library of Congress" folgenden Eintrag für die Katalogisierung von Informationen: „Facility Management ist die Praxis, den physischen Arbeitsplatz mit den Menschen und mit den Aufgaben der Organisation zu koordinieren, wobei die Grundsätze der Betriebswirtschaft, der Architektur und der Verhaltens- und technischen Wissenschaften integriert werden." (Kahlen, S. 36). Hier steht eindeutig der Arbeitsplatz im Zentrum der Aktionen des FM, was auch in der Formel: PEOPLE – PROCESS – PLACE zum Ausdruck kommt.

Die **GEFMA**, Deutscher Verband für Facility Management e.V., Bonn, setzt in ihrer Definition einen stärkeren Akzent auf das Gebäude: „Facility Management ist der ganzheitliche strategische Rahmen für koordinierte Programme, um Gebäude, ihre Systeme und Inhalte kontinuierlich bereitzustellen, funktionsfähig zu halten und an die wechselnden organisatorischen Bedürfnisse anzupassen. Damit deren höchste Werthaltigkeit erreicht wird, bedarf es der Zusammenführung technischer und betriebswirtschaftlicher Bereiche" (GEFMA 100).

In dieser Definition ist die Vielfalt der Bedeutungen von **„Facilities"** zu erkennen: Es handelt sich nicht nur um Gebäude, sondern auch um ihre „Systeme und Inhalte", die man auch als Anlagen und Einrichtungen bezeichnen kann. Die ethymologische Wurzel im lateinischen Wort „facilis" mit der Grundbedeutung „leicht" erklärt die angelsächsische Verwendung von „facilities" im Sinne von „Dingen oder Umständen, die etwas erleichtern"; hier erleichtern sie die Arbeit. Der nachfolgend verwendete Begriff „Facilities Management" entspricht dem Sprachgebrauch in Großbritannien wie auch in Kanada und unterstreicht durch den Plural die Offenheit der Bezeichnung für alles, was um den Arbeitsplatz herum erforderlich ist.

Die prozessorientierte Definition von Frank Seifert weist auf zukünftige Entwicklungsmöglichkeiten des FM hin: „Facility Management umfasst die Gesamtheit aller Prozesse zur Erbringung von kundenspezifischen Leistungen, die zur Unterstützung des Kerngeschäftes der Kunden von diesen als notwendig und sinnvoll erachtet werden. FM-Prozesse sind nicht an die physische Existenz von Gebäuden gebunden, denn die zukünftige Entwicklung virtueller Welten wird die Erstellung der Wertschöpfung von Gebäuden unabhängig machen" (Seifert, S. 30). Als Konsequenz aus dieser Definition wird in den folgenden Kapiteln der Mensch mit seinen Arbeits- und Lebensbedürfnissen zum Ausgangspunkt genommen für eine ganzheitliche Konzeption des FM (vgl. Abbildung 90).

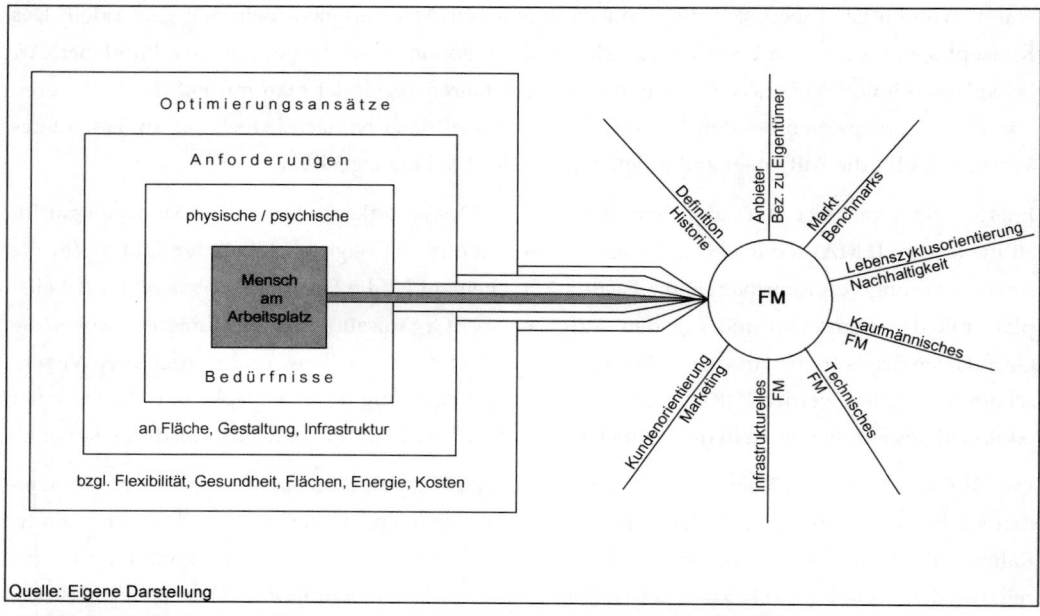

Quelle: Eigene Darstellung

Abbildung 90: FM – Ausrichtung an den Bedürfnissen des Menschen am Arbeitsplatz

Eine Abgrenzung zur Immobilien-Verwaltung lässt sich an Hand des umfassenderen Ansatzes von Facilities Management vornehmen. Während die Immobilien-Verwaltung ausschließlich in der Nutzungsphase agiert, ist das Facilities Management bereits in der Konzeptionsphase einer Immobilie für die Integration der späteren Nutzerbedürfnisse verantwortlich. Umgekehrt ist das phasenorientierte Facilities Management als eine praktische Maßnahme der strategiebezogenen Aspekte des Immobilienmanagements, des Corporate bzw. des Private Real Estate Managements (CREM bzw. PREM, vgl. Kapitel 6.2 bzw. 6.4) zu betrachten.

4.4.2 Zielsetzung von Facilities Management

Wirtschaftlichkeit ist die primäre Anforderung jeglichen betrieblichen Handelns. Dabei ist das Prinzip der Wirtschaftlichkeit nicht nur für die Gestaltung des Betriebsgeschehens, sondern auch für den Einsatz von Betriebsmitteln - insbesondere Immobilien - maßgeblich. Versteht man Wirtschaftlichkeit als die Relation zwischen Nutzen und Kosten, so liegt die Zielsetzung des Facilities Management entweder

* in der Maximierung des Nutzens, den eine Immobilie stiftet, oder

* in der Minimierung der Kosten, die eine Immobilie verursacht.

Als Nutzen können alle Funktionen verstanden werden, die eine Immobilie im Rahmen der betrieblichen Leistungserstellung erfüllt. Es sind dies insbesondere die Schutzfunktion, die Raumfunktion, die Tragfunktion, die Ordnungsfunktion sowie die Ver- und Entsorgungsfunktion. Von zentraler Bedeutung ist auch die physiologische und psycho-soziale Funktion von Immobilien. Die Leistungsfähigkeit und -bereitschaft der Mitarbeiter werden mitunter erheblich von der unmittelbaren räumlichen Umgebung wie der Akustik, der Beleuchtung, dem Klima oder der Raumgestaltung beeinflusst. Letztere muss den psycho-sozialen Bedürfnissen der Mitarbeiter nach Privatsphäre, Kommunikationsmöglichkeit, Territorialität aber auch nach Status Rechnung tragen. Nicht zuletzt erfüllen Immobilien eine **Geltungsfunktion**. Durch ihre architektonische Gestaltung im Hinblick auf Ästhetik, Komfort und Luxus dienen Immobilien häufig Repräsentations- und Imagezwecken, um eine bestimmte Corporate Identity bei Kunden und Mitarbeitern zu unterstützen bzw. zu erzeugen (vgl. Brittinger, S. 34ff.).

Je besser die ausdrücklichen, wie auch die nicht ausgesprochenen Anforderungen der Nutzer durch ein Gebäude erfüllt werden, d.h. je höher die Qualität der Arbeitsplätze ist, desto höher ist auch der Nutzen. Das Nutzenniveau drückt sich wiederum in der erzielbaren Miete und damit auch in der Rendite aus.

Der **Nutzen von Immobilien** ist in Relation zu den verursachten Kosten zu sehen. Dabei muss grundsätzlich zwischen drei Kostendimensionen unterschieden werden (vgl. Amelung, S. 44ff.):

1. Investitionsausgaben bzw. Baukosten

2. Baunutzungskosten

3. nicht unmittelbar quantifizierbare Kosten

Bei den **Baukosten** handelt es sich um Ausgaben für Maßnahmen zur Erstellung, zum Umbau und zur Modernisierung von Immobilien. Nach der DIN 276 zählen hierzu alle Aufwendungen für Güter, Leistungen und Abgaben, die für die Planung und Ausführung von Baumaßnahmen erforderlich sind. Es sind dies im einzelnen die Kosten für das Grundstück, die Kosten aller vorbereitenden Maßnahmen, um das Grundstück bebauen zu können, die Kosten von Bauleistungen und Lieferungen zur Erstellung des Bauwerks, die Kosten aller im Bauwerk eingebauten technischen Anlagen, die Kosten der Außenanlagen, die Kosten der Ausstattung und Kunstwerke sowie die Baunebenkosten.

Zu den **Baunutzungskosten** zählen nach DIN 18960 die Kapitalkosten, die Abschreibungen, die Verwaltungskosten, die Steuern, die Betriebskosten sowie die Bauunterhaltungskosten. Da Immobilien in der Regel zunächst unter dem Gesichtspunkt der Finanzierbarkeit gesehen werden, kommt es im Allgemeinen zu einer sehr einseitigen Betrachtung zugunsten der Investitionsausgaben, also der Baukosten. Diese eindimensionale Sichtweise ignoriert jedoch die Tatsache, dass die Baunutzungskosten, die sich im Laufe der Lebensdauer einer Immobilie häufig auf ein Vielfaches der ursprünglichen Herstellungskosten aufsummieren, bereits in der Planungs- und Erstellungsphase festgelegt werden. So verursachen vermeintlich „billigere" Investitionslösungen in der Langfristbetrachtung mitunter erheblich höhere Betriebs- und Bauunterhaltungskosten. Es ist daher notwendig, die Kosten über den gesamten Lebenszyklus einer Immobilie zu betrachten. In diesem Zusammenhang wird auch von Lebenszykluskosten gesprochen (vgl. Punkt 4.4.4.5).

Bei allen Überlegungen zu den Immobilienkosten als Wirtschaftlichkeitsmaßstab darf nicht außer Acht gelassen werden, dass Immobilien auch Kosten verursachen, die sich nicht bzw. nur sehr schwer quantifizieren lassen. Es handelt sich hierbei vor allem um den Einfluss von Immobilien auf die **Personal- und die Produktionskosten**. Beispielsweise können giftige Baumaterialien oder auch künstliche Belüftung und Beleuchtung bei den Mitarbeitern gesundheitliche Beschwerden wie Ermüdungserscheinungen, Kopfschmerzen, Allergien oder ähnliches hervorrufen. Dies schlägt sich zum einen in einer geringeren Produktivität der Mitarbeiter nieder, zum anderen in steigenden Personalkosten, bedingt durch erhöhten Krankenstand (vgl. Punkt 4.4.4.2).

Die vorangegangenen Ausführungen haben die Notwendigkeit deutlich gemacht, Immobilien sowohl in Bezug auf die Lebenszykluskosten, als auch vor dem Hintergrund eines vielschichtigen betrieblichen Wirkungszusammenhangs ganzheitlich zu betrachten.

4.4.3 Qualität des Arbeitsplatzes

Die Maßnahmen des Facilities Management müssen sich an der Effektivität messen lassen, mit der sie die Mitarbeiter in ihrer Leistungserstellung unterstützen. Im Folgenden werden daher die Bedürfnisse des Menschen zum Ausgangspunkt genommen für Ansätze zur Arbeitsplatzoptimierung. Die Effizienz dieses Vorgehens ergibt sich aus dem herausragenden Anteil der Personalkosten an den Gesamtkosten bei Dienstleistern: Im Sinne einer Faustformel entfallen 80% der Gesamtkosten auf Mitarbeiter/Personal, 12% auf Arbeitsplatzausstattung und 8% auf Gebäude und Bewirtschaftung (vgl. Steelcase Strafor, S. 19).

Die **Produktivität des Arbeitens** ist u.a. abhängig von den räumlichen Rahmenbedingungen. Die eher unbewussten Bedürfnisse des Menschen am Arbeitsplatz treten in der Regel erst ins Bewusstsein, wenn sie eben nicht befriedigt werden, wenn Zugerscheinungen, Lärm oder schlechte Luft die Leistungsfähigkeit und - noch bedeutender - die Motivation der Mitarbeiter beeinträchtigen.

4.4.3.1   Physische Bedürfnisse des Menschen am Arbeitsplatz

Die physischen Bedürfnisse des Menschen an seinem Arbeitsplatz lassen sich nicht mit einer einzigen Richtgröße definieren. Sie sind lediglich als Spannweite der individuell unterschiedlichen Wahrnehmung zu erfassen, jeweils in Abhängigkeit von der konkreten Tätigkeit und der damit verbundenen Bekleidung.

Thermische Behaglichkeit = „Fühlen"

Die gefühlte Raumtemperatur ist abhängig von vier Faktoren: von Temperatur, Feuchtigkeit und Geschwindigkeit der Luft sowie von der Temperatur der Oberflächen. Dabei ist Strahlungswärme durch warme Oberflächen wirksamer für das Behaglichkeitsempfinden als Wärme, die durch die Luft übertragen wird. Eine hohe Luftfeuchtigkeit verstärkt ebenfalls die Temperaturempfindung, was besonders im Sommer nachvollziehbar wird. Luftgeschwindigkeiten über 0,1 bis 0,3 m/sec. werden als Luftzug wahrgenommen und führen dadurch zu thermischer Unbehaglichkeit (vgl. Terhaag, S. 35).

Luftqualität = „Riechen"

Zum einen wird Raumluft nach ihrer geruchlichen Frische beurteilt. Zum anderen bemisst sich die Qualität der Raumluft nach der geruchsneutralen Belastung mit gesundheitsgefährdenden Stoffen: CO_2-Konzentration, TVOC-Konzentration (flüchtige organische Stoffe aus Baustoffen, z.B. Formaldehyd), Anteil von Kleinstpartikeln (Staub, Ruß), Schimmelsporen (durch Feuchte) und Bakterien.

Der Feuchtigkeitsgehalt der Luft sollte sich zwischen 40% und 70% bewegen. Zu trockene Luft trocknet die Schleimhäute aus und macht sie anfällig für Krankheitserreger. Zu hoher Feuchtigkeitsgehalt führt zu hygienischen Problemen: er fördert die Bildung von Bakterien und Schimmelpilzen.

Geräusche = „Hören"

Ein dauerhaft überhöhter Geräuschpegel (ab 90 dB(A)) schädigt das vegetative Nervensystem, ab 110 dB(A) leidet die Hörfähigkeit irreversibel. Lange vor dem Eintreten der gesundheitlichen Schäden ist eine laute Umgebung jedoch bereits anstrengend. Es kostet den Menschen Kraft, den Lärm zu ignorieren. Abhängig von der Büroorganisation kann aber auch eine fehlende Geräuschkulisse dazu führen, dass Einzelgeräusche wie z.B. Telefonate von Dritten störend wirken. Darüber hinaus ist die Art des Geräusches und der Informationsgehalt entscheidend: Vogelgezwischer nimmt man positiver wahr als Verkehrslärm.

Beleuchtung = „Sehen"

Jeder Tätigkeit kann eine optimale Beleuchtungsstärke zugeordnet werden. Neben der absoluten in Lux (lx) gemessenen Beleuchtungsstärke sind die Helligkeits-Kontraste von Bedeutung. Zu starke Helligkeitsunterschiede bewirken Blendung z.B. direkt einfallendes Sonnenlicht oder eine reflektierende weiße Tischoberfläche. Eine allzu gleichmäßige Ausleuchtung wirkt ermüdend, da Kontraste fehlen, die z.B. als Schatten die räumliche Wahrnehmung erleichtern. Durch ein erhöhtes Beleuchtungsniveau kann man die Aufmerksamkeit lenken und Sehschwächen ausgleichen z.B. für Brillenträger und ältere Menschen.

4.4.3.2 Psychische Bedürfnisse des Menschen am Arbeitsplatz

Unsere psychischen Veranlagungen sind vielfach nicht aus den Erfordernissen einer Dienstleistungsgesellschaft zu erklären. Sie sind vielmehr ein Relikt aus der Entwicklungsgeschichte des Menschen (vgl. Pelzeter 2003a, S. 16). Dennoch sind die psychischen Bedürfnisse ein wichtiger Faktor, der über das Wohlbefinden am Arbeitsplatz und über die Effektivität des Arbeitens mit entscheidet.

Tageslicht

Die Sonne ist nicht nur als stärkste und dazu kostenlose Lichtquelle zu verstehen, sondern auch als eine psychische Notwendigkeit. Tageslicht ist **dynamisch**: Tageszeit und Witterungsverhältnisse verändern den Lichtcharakter im Tagesablauf und wirken dadurch stimulierend auf den Menschen. Aus diesen Gründen wird in Deutschland durch die „Arbeitsstättenrichtlinien (ASR)" vorgeschrieben, dass Räume, die zum dauernden Aufenthalt von Personen vorgesehen sind, nicht ohne Fenster gebaut werden dürfen (ASR 7/1).

Kontrolle

Für unsere Vorfahren war es lebenswichtig, ihr Umfeld im Blick zu behalten, da überall Gefahren drohten. Daraus resultiert unser heutiges Bedürfnis, Tür und Raummitte im Blickfeld zu haben, während wir uns gleichzeitig „den Rücken freihalten" möchten durch eine schützende Wand oder ähnliches. In einem Raum mit verschiedenen, freien Sitzgelegenheiten wird man beobachten, dass jene Plätze, die diese Bedingungen am ehesten erfüllen, als erste besetzt sein werden.

Um uns vor unangenehmen Empfindungen bzw. unnötigem Energieverbrauch zu schützen, versuchen wir, unser physisches Umfeld hinsichtlich Licht, Wärme und Luft zu kontrollieren. Hier tragen individuelle Steuerungsmöglichkeiten sehr zur Zufriedenheit der Benutzer bei.

Reizdichte

So wie Licht und Schatten in einem als angenehm empfundenen Spannungsverhältnis stehen sollten, verhält es sich auch mit anderen Gegensätzen. Ein ausgewogenes, harmonisches Verhältnis
zwischen hart und weich, rund und eckig, Ordnung und Vielfalt, etc. wirkt ebenso entspannend
wie anregend. Unwillkürlich wird ein Muster gesucht, das weder zu viel noch zu wenig Informationen enthält.

Kommunikation

Die Fähigkeit zur Kommunikation hat unsere Evolution vorangetrieben. Entsprechend ist das
Wahrnehmen und In-Beziehung-Treten mit anderen von elementarer Bedeutung auch am Arbeitsplatz. Dabei möchten wir jedoch unsere Kommunikationsmöglichkeiten selber bestimmen,
d.h. den Grad der Privatheit nach unserem aktuellen Bedürfnis verändern können.

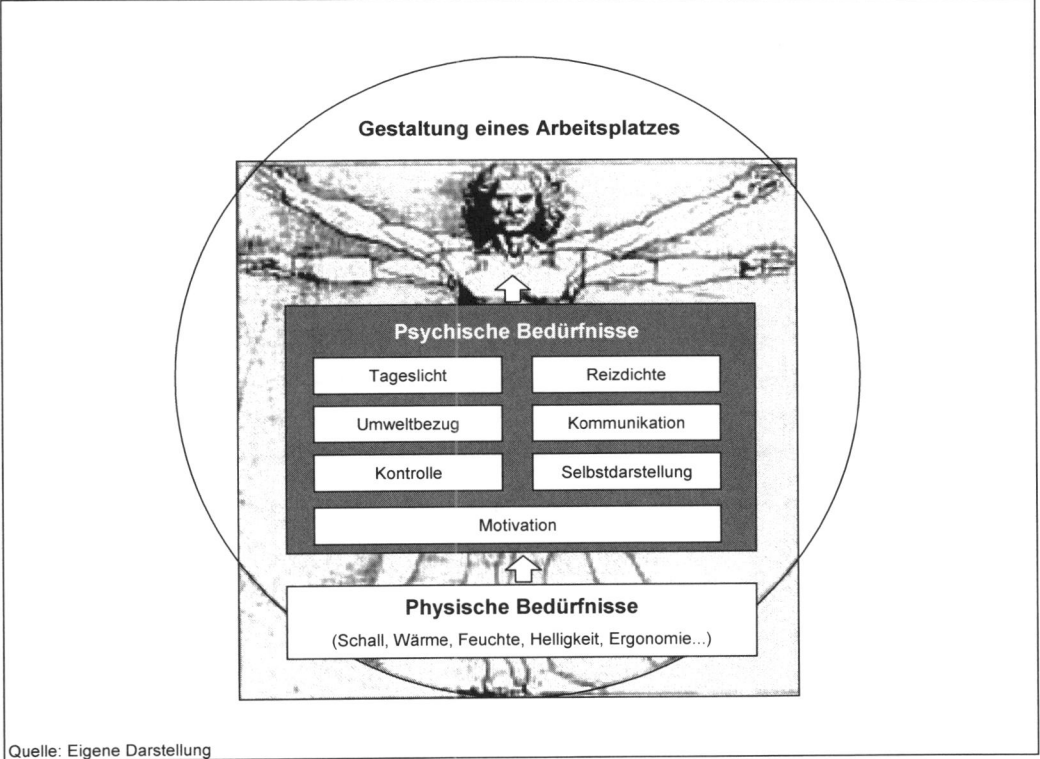

Quelle: Eigene Darstellung

*Abbildung 91: Bedürfnisse des Menschen am Arbeitsplatz als Maß für die optimale Gestaltung eines Ar-
beitsplatzes*

Selbstdarstellung

Das Besetzen von Territorium diente einmal zur Sicherung der Lebensgrundlage. Die Größe des beanspruchten und verteidigten Gebietes war ein Maßstab für die Macht des „Territorialherren", sie zeigte seine soziale Stellung an. Das Aneignen von Raum geschieht heute z.B. durch das Platzieren von persönlichen Gegenständen oder durch individuelles Verändern des Vorgefundenen.

Motivation

Neben der strukturell bedingten Motivation durch Aufgabe, Feedback, Anerkennung, etc. können die äußeren Umstände stimulierende Wirkung haben. Farben haben einen universellen Einfluss auf die Psyche und können entsprechend der geplanten Tätigkeit eingesetzt werden. Positiv besetzte Symbole wirken ebenfalls auf die Stimmung ein, z.B. Früchte, Blumen oder ein Bild.

4.4.3.3 Flächenbedarf

Die für einen Arbeitsplatz benötigte Fläche ist von einer Vielzahl von Faktoren abhängig. Vorrangig sind die ergonomischen Erfordernisse: Welche Tätigkeiten werden dort verrichtet, wie viel Bewegungsfläche erfordern sie und wie viel Platz benötigen die zugehörigen Hilfsmittel?

An den meisten Arbeitsplätzen wird heute mit „**Wissen**" gearbeitet. Wissen hat theoretisch keine Ausdehnung, praktisch erfordert es jedoch zu seiner Dokumentation in der Regel einen Computerarbeitsplatz und eine Aktenablage. Die maßstabsgebende Größe der Schreibtische hängt damit von der Bildschirmstellfläche ab und kann durch den Einsatz von Flachbildschirmen entsprechend reduziert werden. Auf den Menschen bezogen gelten – im Sinne einer Faustformel – die folgenden Maße: 50 cm Abstand zwischen Auge und Bildschirm, 80 cm Bewegungsfläche vor einem Schreibtisch (vgl. Neufert, S. 357, S. 361). Aus gesundheitlichen Gründen sollte ein Wechsel zwischen verschiedenen Arbeitshaltungen, mindestens zwischen Sitzen und Stehen möglich sein.

Flächenbedarf lässt sich auch ausdrücken als erforderlicher Abstand zwischen den einzelnen Arbeitsplätzen, sei es aus akustischen oder territorialen Gründen.

Wissensarbeit ist praktisch gleichbedeutend mit **Kommunikation**. Obwohl die Telekommunikation dazu einen wesentlichen Beitrag leistet, sind die Flächen für persönliche Gespräche besonders wichtig für die Qualität eines Arbeitsplatzes. Gesprächsflächen erfordern ca. 80 cm im Durchmesser für jede Person, gemessen von Ellenbogen zu Ellenbogen bzw. entsprechend dem Platzbedarf zum Stehen vor einem Stuhl, bevor man sich setzt. Gesprächszonen können dem Arbeitsplatz räumlich zugeordnet sein oder als spezielle Besprechungsräume ausgebildet werden. Informelle Kommunikation wird zunehmend als wertvoll für betriebsinterne Synergieeffekte erkannt. Man kann zufälliges Gespräch fördern durch Treffpunkte, die Raum und Anlass zum Verweilen anbieten.

4.4.3.4 Gestaltung

Die Qualität eines Raumes bemisst sich nach dem Ausmaß, in dem er sich für die beabsichtigte Nutzung eignet unter Beachtung der oben genannten physischen und psychischen Bedürfnisse der Nutzer. Dafür gibt es die verschiedensten Gestaltungsmöglichkeiten. Sie lassen sich beschreiben durch: Raumgröße, Raumhöhe, Proportion von Länge zu Breite zu Höhe; Material, Farbe und Struktur der Oberflächen; Lage und Größe der Öffnungsflächen (Fenster und Türen); Einrichtung, technische Ausstattung: Heizung, Lüftung, Sanitär, Elekto- und Kommunikationstechnik, etc. Alle diese raumspezifischen Angaben können in einem Raumbuch gesammelt werden, dokumentiert durch Auflistung und entsprechende Zeichnungen: Grundriss, Wandabwicklung und Deckenspiegel.

Gestaltung schafft einen **Mehrwert**, der über das Platzieren von räumlichen Gestaltmerkmalen und die Erfüllung von aktuellen Nutzeransprüchen hinausgeht. Entsprechend dem Satz: „Das Ganze ist mehr als die Summe seiner Teile" wirkt Gestaltung durch das Zusammenspiel der im Raumbuch dokumentierten physischen Eigenschaften. Beispiel: die raumprägende Wirkung einer farbig beschichteten Wandfläche ist davon abhängig, welche Beziehung sie zu den übrigen Farben des Raumes hat (Harmonie/Kontrast in Farbton und Intensität), welchen Wandflächenanteil sie einnimmt (in % und in Wahrnehmungsbereichen: oben/unten), wie sie beleuchtet wird (Tageslicht und künstliche Beleuchtung), wie ihre Oberfläche beschaffen ist (matt, glänzend, strukturiert) und wie sie im Raum verteilt ist (viele kleine Flächen, zusammenhängender Bereich oder rhythmisch unterbrochen z.B. durch Türen oder Fenster). Darüber hinaus trägt die Beziehung der gewählten Farbe zur Farbigkeit der übrigen Gebäudeteile (wiederkehrende Leitfarbe, Corporate Identity, Farbe als Informationssystem) sowie ihre psychologische Bedeutung zu ihrer gestalterischen Wirkung bei.

Vielfältige Bezüge u.a. zu dem Ort, seiner Geschichte und den Menschen, die dort wirken, verbreitern die Angebote zur Rezeption eines Gebäudes. Vielschichtige Gestaltung spricht **alle fünf Sinne** an. Beispiel: eine in Holz gefasste Fensterlaibung reizt zum Anfassen, tönt das einfallende Licht und weckt Assoziationen an den Geruch von Holz. Alle gestalterische Vielfalt dient jedoch dem übergeordneten Ziel der Schaffung eines **einprägsamen Ortes**, der erinnerbar und zur Identifikation geeignet ist.

Die **Potenziale** eines Raumes entscheiden darüber, ob er dauerhaft die Anforderungen der Nutzer erfüllen wird. Die Zukunftsfähigkeit eines Gebäudes gründet in verschiedenen Ansätzen: Flexibilität, Universalität, Vielfalt, Veränderbarkeit, Vorhaltung, Nachrüstbarkeit, etc. Beispielsweise erfreuen sich die Bauten der Gründerzeit (um 1900) großer Beliebtheit wegen der großzügigen Proportion ihrer Räume, die unterschiedlichste Nutzungen zulassen. Darüber hinaus entspricht ihr

Detailreichtum an Stuck, Holzprofilierung und Beschlägen dem menschlichen Bedürfnis nach Vielfalt und maßstabsgerechter Strukturierung.

4.4.3.5 Infrastruktur

Die Qualität eines Arbeitsplatzes hängt nicht nur mit der Gestaltung und Funktionalität der räumlichen Einheit zusammen, sondern auch mit ihrer **Versorgung, Vernetzung und Erreichbarkeit.** Dabei geht es um Fragen der räumlichen Nähe funktionaler Einheiten, der Anbindung an Gemeinschaftsflächen und der Gestaltung von Wegen durch das Gebäude. Ein- und Ausblicke machen einen Weg erlebnisreich, ebenso wirken angrenzende Zonen für Aktivitäten, Begegnung, Information, oder ein Wechsel der Raumeindrücke z.B. eng und weit, hell und dunkel, etc.

Versorgungsdienstleistungen können großen Einfluss auf die Arbeitszufriedenheit haben. Flächenbezogene Versorgungsdienstleistungen sind in ihrem Aufwand von der Größe der Fläche abhängig. Im Unterschied dazu sind die flächenunabhängigen Versorgungsdienstleistungen eine auf Personen bezogene Dienstleistung. Eine mangelhafte Gebäudereinigung emotionalisiert weit über die gesundheitlichen Aspekte von Hygienefragen hinaus. Flächenunabhängige **Service-Angebote** können sein: Postservice, Sekretariatsdienste, IT-Management, Fahrbereitschaft, Kinderbetreuung, Sicherheitsdienst, etc. Alles, was den Arbeitsprozess unterstützt, wird im Zusammenhang mit der Qualität des Arbeitsplatzes wahrgenommen. Der prozessorientierten FM-Definition von Frank Seifert folgend (vgl. Abschnitt 4.4.1), müsste auch die Betriebsorganisation und ihr System aus Leistungsanreizen, Vertrauen und Kontrolle, etc. als Teil des Arbeitsplatzes betrachtet werden. Dies verdeutlicht das enge Ineinandergreifen von organisatorischer Struktur und Facilities Management. Im Umkehrschluss lässt sich daraus die Forderung ableiten, Facilities Management als Bestandteil der Unternehmensführung zu integrieren.

In diesem Kapitel wurden elementare, nutzungsbezogene und strukturelle Anforderungen an die Qualität eines Arbeitsplatzes benannt: beginnend mit den grundsätzlichen, d.h. physischen und psychischen Bedürfnissen, die innerhalb der Spannbreite individueller Wahrnehmung erfüllt werden müssen, über die nutzungsbezogenen Anforderungen an eine Gestaltung, die auch für heute noch unbekannte zukünftige Nutzungen passend oder zumindest anpassbar sein sollte, bis hin zu den immateriellen Struktur- und Service-Anforderungen, die von einem Gebäude unabhängig gesehen werden können. Wie man ein Gebäude und seine Organisation daraufhin optimieren kann, ist Gegenstand des folgenden Abschnittes.

4.4.4 Ableitung von Optimierungsansätzen für Gebäude

Wie oben dargestellt, kann ein Gebäude nicht unabhängig von seiner Nutzung optimiert werden. Eine allzu spezifische Nutzeranpassung wird jedoch die Möglichkeiten einer Nachnutzung oder

Drittverwertung einschränken. In diesem Spannungsfeld müssen die verschiedenen Handlungsalternativen bewertet werden.

4.4.4.1 Flexibilität

Flexibel ist ein Gebäude, wenn es ohne großen Aufwand an Zeit und Kosten an eine Nutzungsänderung angepasst werden kann. Dafür gibt es unterschiedliche Strategien:

Universalität

Für alle Nutzungen offen sind Flächen, die nur wenige Einbauten haben (Schächte, Stützen, tragende Wände), sodass der Raum entsprechend der Arbeitsorganisation frei aufgeteilt werden kann.

Das universelle **Erschliessungskonzept** erfordert ein engmaschiges Netz, um auch eine unabhängige Nutzung kleinerer Raumeinheiten zu ermöglichen. Dies gilt besonders für die Vertikalerschliessung: Treppen oder Aufzüge können nur mit großem Aufwand nachträglich eingefügt werden.

Ebenso problematisch ist eine Veränderung der **Raumhöhe**. Großzügige Raumhöhe vereint verschiedene Vorzüge: sie bietet Ausbaureserven für Deckenabhängung, Leitungsführung und Doppelboden. Das größere Luftvolumen ist von Vorteil für die Luftqualität, insbesondere in Versammlungs- oder Besprechungsräumen. Räume ab 100 qm müssen laut Arbeitsstättenrichtlinien eine lichte Höhe von mindestens 3,00 m besitzen (ArbStättV § 23). Eine geringere Höhe reduziert die Möglichkeiten der Raumaufteilung und damit der Büroorganisation.

Die Notwendigkeit von **technischen Einrichtungen** zum Betreiben eines Gebäudes kann sich ebenfalls negativ auf seine Flexibilität auswirken. Werden Klimaanlagen oder mechanische Be- und Entlüftung wegen großer Gebäudetiefe erforderlich, so führt das nicht nur zu erhöhten Betriebskosten sondern möglicherweise auch zu Akzeptanzproblemen wegen gesundheitlicher Risiken. Ähnliche Nachteile haben Sprinkleranlagen, wenn der Brandschutz nicht auf andere Weise hergestellt werden kann, oder Befahranlagen, wenn Fensterflächen nicht von außen zugänglich sind. Ansätze zur Vermeidung von Technik (**„Low Tech"**) müssen bereits in die Konzeption eines Gebäudes eingebracht werden. Damit reduziert man die Störanfälligkeit eines Gebäudes und spart Kosten und Energie für Betrieb und Instandhaltung. Die Grenzen des Low-Tech-Ansatzes werden definiert durch die Anforderungen des Nutzers z.B. hinsichtlich der akzeptierten Schwankungsbreite von Raumtemperatur oder –feuchtigkeit.

Veränderbarkeit

Man kann Veränderungen bereits in das Planungskonzept miteinbeziehen, indem man variable oder mobile Elemente vorsieht, z.B. Schiebeelemente oder demontable Trennwände. Oder man reduziert den Umbauaufwand dadurch, dass der Ausstattungsstandard grundsätzlich gering gehalten wird, z.B. Einzelschränke statt Einbauküche, Gipskartonständerwände anstelle von Mauerwerk.

Vorhaltung

Im Bereich der technischen Infrastruktur werden häufig Medienanschlüsse vorgehalten, die momentan noch nicht gebraucht werden, aber im Zuge des technischen Fortschritts oder durch Umstrukturierungen erforderlich werden könnten. Diese Mehrinvestitionen werden jedoch unter Umständen gerade von der technischen Entwicklung überflüssig gemacht: z.B. sind Datenkabel an jedem denkbaren Schreibtischstellplatz für die zunehmend kabellose Datenübertragung nicht mehr erforderlich.

Die Statik eines Hauses kann **Lastreserven** vorhalten für eine spätere Erhöhung der Nutzlasten. Damit bleibt es möglich, Lager- und Archivräume zusätzlich einzurichten, oder eine grundsätzliche Umnutzung zu Gewerbeflächen vorzunehmen.

Nachrüstbarkeit

Für eine einfache Nachrüstung der **Versorgungsleitungen** gelten drei Voraussetzungen: Zugänglichkeit, Platzreserve und Flächenversorgung. Eine demontable Kanalverkleidung vereinfacht die Zugänglichkeit, Platzreserven dürfen nicht bereits während der Bauzeit ausgeschöpft werden und die Lage der horizontalen bzw. vertikalen Trassen muss einen sinnvollen Abstand zur versorgten Fläche einhalten. Dazu trägt auch die Grundrissgestaltung bei, indem sie zu versorgende Bereiche zusammenfasst. Eine Konzentration der Sanitärbereiche (horizontal und vertikal) vereinfacht und verbilligt die Führung der Versorgungsleitungen und erlaubt z.B. betretbare Schächte.

In den USA werden Bürogebäude teilweise so flexibel geplant, dass auch der **Umbau in Wohnungen** möglich ist. Nachdem dort bereits großflächig Hochhausetagen zu Wohnungen umgewandelt wurden, ist auch in Europa in Zeiten von Büroleerstand und gleichzeitiger Nachfrage nach zentral gelegenem Wohnraum eine Umnutzung von Büro- zu Wohnflächen denkbar. Dies kann bei der Platzierung von Sanitärzonen vorausschauend berücksichtigt werden (vgl. Daniels, S. 222).

4.4.4.2 Gesundheit

Den Wert der Gesundheit seiner Mitarbeiter kann man nur auf dem Umweg über die Kosten für deren Krankheit feststellen. Damit sind nicht die Aufwendungen für die medizinische Versorgung gemeint, sondern vielmehr der entgangene Gewinn, der nicht geschöpfte Mehrwert.

Das **Sick-Building-Syndrom** hat den gesundheitsbeeinträchtigenden Wirkungen von Arbeitsplätzen einen Namen gegeben. Typisch für das Sick-Building-Syndrom sind gesundheitliche Beschwerden, die nach dem Verlassen des Gebäudes üblicherweise wieder nachlassen. Die Symptome reichen von Kopfschmerzen, Ermüdungserscheinungen und Konzentrationsschwächen über Irritationen und Trockenheit der Schleimhäute bis zu Erkältungen und Allergien. Fachleute schätzen den volkswirtschaftlichen Schaden durch Arbeitsausfall in solchen Gebäuden in den Industrienationen mittlerweile auf rund 0,5 bis 1,0% des Bruttosozialproduktes (vgl. Gebbers/Glück S. 112: USA 55 Mrd. $ bei ca. 7000 Mrd. $ BSP in 1994). Auf Deutschland bezogen entspricht dies einem jährlichen Schaden von etwa 10 Milliarden Euro.

Auch ohne tatsächlichen Arbeitsausfall schadet es dem Unternehmen, wenn die Arbeitsumgebung die Menschen belastet, wenn sie **Energie zum Ausgleichen** der nicht an ihre physischen und psychischen Bedürfnisse angepassten Arbeitsbedingungen aufwenden müssen; Energie, die damit dem produktiven Prozess entzogen wird (vgl. Pelzeter 2003b, S. 41). Für die Gestaltung eines „gesunden" Arbeitsplatzes gibt es zahlreiche, einander ergänzende Ansätze.

Schadstoffe reduzieren

Schädigende Stoffe, die mit der Haut aufgenommen werden, sind außerhalb von speziellen Labors nicht zu erwarten. Mit der Atemluft aufgenommene Schadstoffe haben unterschiedliche Herkunft:

- **Ausdünstungen aus Baustoffen**, beispielsweise Isolieranstriche, Klebstoffe aller Art, Bodenbeläge, Dichtmassen, Dämmstoffe oder Holzschutzmittel. Hier hilft die Verwendung von natürlichen Baustoffen und die Rückbesinnung auf traditionelle Methoden zum Oberflächenschutz: z.B. Öl oder Wachs zur Versiegelung von Holzflächen.

- Zentrale Klimaanlagen können Bakterien und Schimmelsporen im Gebäude verteilen. **Dezentrale Klimaanlagen** reduzieren den Kreis der ggf. Betroffenen. Sie sind leichter zu revisionieren und unterstützen das Konzept der baulichen Flexibilität.

- Damit Staubpartikel gebunden bleiben und nicht in die Atemluft gelangen, muss die **Luftfeuchtigkeit** über 30% gehalten werden. Dazu ist während der Heizperiode eine Befeuchtung der Luft erforderlich. Dies kann außer durch mechanische Maßnahmen (Klimaanlage) auch durch Pflanzen oder durch eine Wasserfläche bewirkt werden.

- **Schimmel** benötigt zu seiner Entstehung hohe Feuchtigkeit. Zur Vermeidung von Schimmelbildung muss insbesondere in Neubauten und in Feuchträumen ausreichend gelüftet werden. Die durch den Bauprozess in ein Gebäude eingetragene Feuchtigkeitsmenge wird jedoch häufig unterschätzt. Da moderne Gebäude winddicht sein müssen, scheidet eine unbemerkte Lüftung zur Feuchtigkeitsabfuhr aus. Erforderlich ist ein bewusstes Lüften, sei es durch ausdrücklich eingewiesene Nutzer oder durch mechanischen Luftaustausch. Auch wenn die Luftfeuchtigkeit unter 70% gehalten wurde, kann es an besonders kalten Oberflächenbereichen zum Ausfall von Kondenswasser kommen. Diese so genannten Kältebrücken können baukonstruktiv vermieden werden durch möglichst gleichmäßige Wärmedämmung und durch thermische Abtrennung von auskragenden Bauteilen.

- Ob das **Rauchen** am Arbeitsplatz gestattet wird, ist eine Frage der Firmenphilosophie. Wenn sich jedoch Raucher und Nichtraucher Arbeitsräume teilen, muss die Belastung der Luftqualität durch das Rauchen begrenzt werden, sei es durch organisatorische Regelungen (Rauchen nur im Außenraum), oder sei es durch Einrichtung besonders belüfteter Bereiche, z.B. Rauchertheke mit Abzug und Dunstschürze.

Sauberkeit

Über den Reinigungsaufwand eines Gebäudes bezüglich Art und Frequenz der **Reinigung** entscheidet nicht nur die Gebäudenutzung, sondern auch die Gebäudekonzeption und die Wahl der Oberflächen. Während die Konzeption von Schmutzfängern und **Sauberlaufzonen** den Eintrag von Schmutz in ein Gebäude reduziert, vereinfacht eine **geradlinige Grundrisskonzeption** mit wenigen Vor- und Rücksprüngen den Reinigungsprozess. Für Nutzungen mit hohen hygienischen Anforderungen, z.B. in Krankenhäusern und Gastronomiebetrieben sind Kehlsockel vorgeschrieben, die die Entstehung von „Schmutzecken" schon im Ansatz verhindern. Am Boden befestigtes Mobiliar erschwert die Sauberhaltung ebenfalls; für Reinigungszwecke optimal sind dagegen verschiebbare Möbel z.B. auf Rollen, wandbefestigte Einbauten oder das System der Shaker (amerikanische Glaubensgemeinschaft), die alle kleineren Möbelstücke zum Aufhängen an umlaufenden Hakenleisten vorrichteten.

Die **Qualität der Oberflächen** ist der zweite Faktor, der die aufzuwendenden Reinigungskosten determiniert. Je nachdem, ob die Oberfläche aus Naturstein, Fliesenbelag, Linoleum, Laminat, Holz, Teppich, etc. besteht, muss sie unterschiedlich gereinigt und gepflegt werden. Hier besteht gleichzeitig ein Interessenkonflikt mit dem Schallschutz: geschlossenporige, harte Oberflächen sind unempfindlich auf mechanische und chemische Beanspruchung und können daher effektiv gereinigt werden. Andererseits wirken sie schallreflektierend und lassen als Bodenbelag Gehgeräusche entstehen.

Schallpegel absenken

Schall wird entweder durch die Luft oder durch einen Körper übertragen. Entsprechend zielt der **Luftschallschutz** auf das Dämmen von Geräuschen, die durch die Luft übertragen werden. Schwere, offenporige, biegeweiche Materialien sind hierfür besonders geeignet, z.B. gemauerte Wände aus schweren Steinen (d.h. nicht aus Porenbeton), Gipsputz, Gipskartonständerwände mit Schalldämmmatten oder Schallschutzpaneele (gelochtes Obermaterial lässt Schall eindringen, der von einer dahinter liegenden Dämmmatte „geschluckt" wird). Außer den Oberflächen können auch Einrichtungsgegenstände zum Schallschutz beitragen. Textilien, z.B. Vorhänge und offene Bücherschränke wirken schallschluckend; Glas ist dagegen hart, also schallreflektierend.

Noch vor den Maßnahmen zur Schalldämmung sollte die Möglichkeit zur konzeptionellen Reduzierung von Störpotenzialen genutzt werden. Eine **Zonierung**, d.h. Staffelung von leisen zu mittellauten und lauten Nutzungsbereichen und deren Zuordnung zu ggf. lauten oder leiseren Außenbereichen, z.B. Straßenseite mit Verkehrslärm vs. Gartenhof, verringert die Störungen durch die angrenzenden Bereiche ohne materiellen Aufwand.

Der **Trittschallschutz** beschäftigt sich mit o.g. Gehgeräuschen, die eine Form von Körperschall darstellen (Schuhabsatz versetzt Klangkörper Steinfußboden in Schwingungen). Entweder lässt ein weicher Bodenbelag keine Schwingungen entstehen, oder eine unter dem Bodenbelag befindliche Dämmlage verhindert das Durchdringen der Schwingungen durch die Bodenplatte in das darunterliegende Geschoss (z.B. Trittschalldämmung unter „schwimmendem" Estrich).

Für Räume mit mehreren Arbeitsplätzen ist der Unterschied zwischen Grundgeräuschpegel und Einzelgeräuschen von Interesse. Wenn einzelne Geräusche als Störung empfunden werden, kann man den Grundgeräuschpegel bewusst anheben, z.B. durch Wasserplätschern, Voliere mit Vogelzwitschern oder durch leise Musik.

Ergonomische Einrichtung des Arbeitsplatzes

Damit die Arbeitsplatzeinrichtung optimal an die individuellen körperlichen Verhältnisse des Nutzers angepasst werden kann, ist es sinnvoll, in Höhe und Neigung verstellbare Möbel auszuwählen. Was für Schreibtischstühle schon lange ein Standard ist, wird zunehmend auch für Arbeitstische angeboten. Höhenverstellbare Tische erlauben unterschiedliche Arbeitshaltungen, u.a. den Wechsel vom Sitzen zum Stehen, was zur Entlastung der Wirbelsäule von besonderer Bedeutung ist. Ablagen in entsprechender Höhe können als Stehpult fungieren, z.B. für das Telefonieren.

4.4.4.3 Flächen

Zur Bestimmung von Art und Dimension der benötigten Flächen ist eine genaue Analyse des Nutzerbedarfs erforderlich. Vorrangig wird dafür die Gestaltung der **Arbeitsprozesse** betrachtet, und erst in zweiter Linie die Anzahl der unterzubringenden Mitarbeiter samt ihrer Arbeitsmittel. Die Arbeitsprozesse befinden sich in einem Wandel: Tätigkeiten, die fest an den Ort, die Zeiten und die Struktur eines Büros gebunden sind, nehmen ab (vgl. Kelter, S. 4), u.a. durch Automatisierung und durch globale Verlagerungen, dagegen nehmen solche Aufgaben zu, die von räumlich, zeitlich und strukturell ungebundenen Mitarbeitern verrichtet werden. Dabei handelt es sich vor allem um die Arbeit in einem projektbezogenen Team, das seine Arbeitsabläufe nach den Erfordernissen des Projektes ausrichtet. Entsprechend entwickelt sich das Büro von einem Ort der

Sachbearbeitung zu einem **Ort der Kommunikation**; eine Beurteilung der Flächeneffizienz muss diese veränderten Funktionen berücksichtigen.

Büro-Konzepte

Aus den spezifischen Anforderungen des Nutzers - konzentriertes Arbeiten (z.B. Rechtsanwaltssozietäten) einerseits oder kommunikative Gruppenarbeit (z.B. Werbeagenturen) andererseits - ergeben sich die Vorgaben für die Gestaltung des Gebäudes bezüglich tragenden und nichttragenden Elementen, Flächengröße, Geschosshöhe, Deckentragfähigkeit, Raumaufteilung, etc., sowie an die technischen Anlagen, wie Beleuchtung, Raumlufttechnik, Förderanlagen, etc. Nachfolgend werden die wesentlichen Bürokonzepte kurz dargestellt.

- Das **Zellenbüro** (vgl. Abbildung 92) ist das älteste Bürokonzept mit der nach wie vor größten Verbreitung. Es besteht in der Regel aus Ein- bis Zwei-, aber auch aus Drei- oder Vierpersonen-Räumen. Die Raumgröße liegt zwischen 12 und 50 m² mit Raumtiefen von 4 bis 6 m. Aufgrund der geringen Raumtiefe ist eine natürliche Beleuchtung durch Tageslicht möglich, unterstützt durch künstliche Beleuchtung bei mangelnder Außenhelligkeit. Im Allgemeinen benötigen Zellenbüros nur Fensterlüftung und stationäre Heizung. Vor allem das Einpersonen-Zellenbüro ermöglicht unter akustischen und visuellen Gesichtspunkten ein weitgehend störungsfreies Arbeiten (vgl. Gottschalk, S. 16).

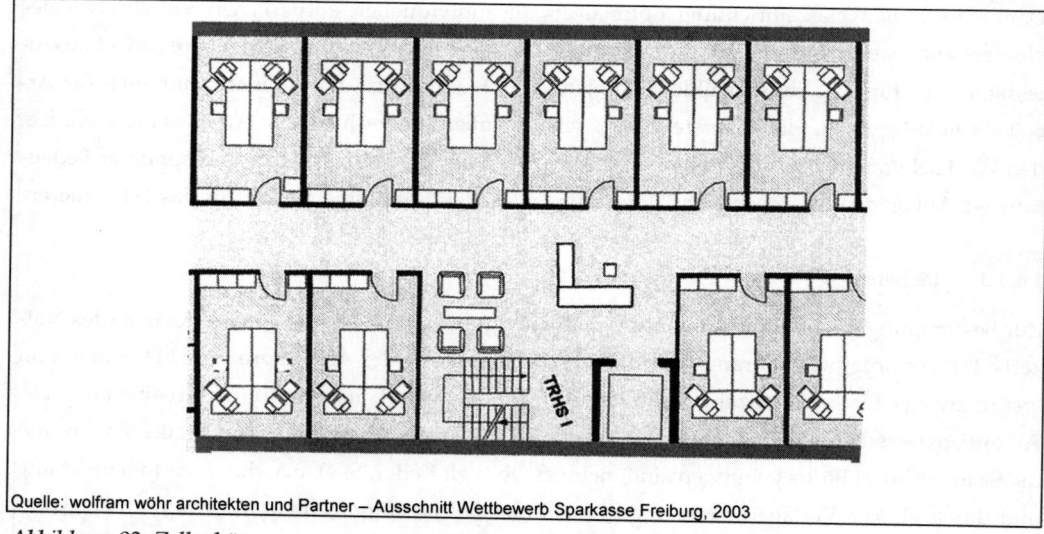

Quelle: wolfram wöhr architekten und Partner – Ausschnitt Wettbewerb Sparkasse Freiburg, 2003

Abbildung 92: Zellenbüro

- Mit dem Ziel, die Kommunikation zwischen den Mitarbeitern zu verbessern, wurde in Deutschland Anfang der 60er Jahre das **Großraumbüro** (vgl. Abbildung 93) eingeführt. Typisches Merkmal von Großraumbüros sind Raumtiefen von 20 bis 30 m, woraus sich Flächen von 800 bis 1000 m² ergeben, auf denen eine vielseitige und flexible Anordnung der Arbeitsplätze möglich ist. Großraumbüros können 20, 50, 100 und mehr Arbeitsplätze umfassen. Hier wird das Lernen vom Nachbarn gefördert, insbesondere wenn Teams mit ähnlichen Projekten aneinandergrenzen. Bedingt durch die großen Raumtiefen müssen Großraumbüros künstlich beleuchtet und klimatisiert werden. Die negativen Aspekte dieses Bürokonzepts - die „künstliche" Arbeitsumwelt (Klima, Beleuchtung) sowie massive akustische und visuelle Störfaktoren - führten zur Entwicklung des Gruppenbüros (vgl. Gottschalk, S. 17).

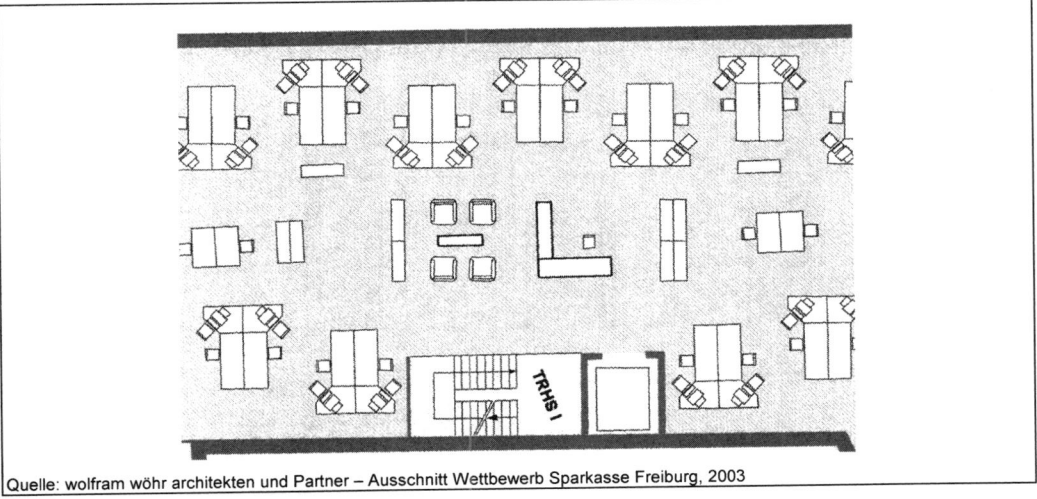

Quelle: wolfram wöhr architekten und Partner – Ausschnitt Wettbewerb Sparkasse Freiburg, 2003

Abbildung 93: Großraumbüro

- Das **Gruppenbüro** besteht aus 100 bis 300 m² großen Räumen, in denen Gruppen von 5 bis 25 Mitarbeitern arbeiten können. Die Raumtiefe beträgt etwa 6 bis 8 m. Kleine Gruppenbüros werden ähnlich wie Zellenbüros natürlich belichtet und belüftet, größere Gruppenbüros benötigen meist eine unterstützende (Teil-)Klimatisierung. Wie das Großraumbüro ermöglicht das Gruppenbüro viel Flexibilität und Kommunikation, sein Störfaktor ist jedoch geringer (vgl. Gottschalk, S. 17).

- Das **Kombibüro** (vgl. Abbildung 94) schafft die Voraussetzung für gute Kommunikation bei gleichzeitiger Minimierung akustischer und visueller Störungen. Das Kombibüro ist eine Kombination aus normierten Einzelräumen, die um eine multifunktional nutzbare Gemeinschaftszone angeordnet sind. Während die Einzelräume störungsfreies Arbeiten ermöglichen, finden in der Gemeinschaftszone alle eher kommunikativ geprägten Tätigkeiten statt. Hier befinden sich Besprechungsplätze, Ablagen und Pausenbereiche. Die Einzelräume sind mit durchschnittlich 10 bis 12 m² verhältnismäßig klein. Sie werden durch eine gläserne Trennwand von den Gemeinschaftsflächen abgetrennt. Die Raumtiefe der Gemeinschaftszone beträgt ca. 6 bis 8 m. Die Einzelräume können natürlich beleuchtet und belüftet werden. Die Gemeinschaftszone bedarf in der Regel künstlicher Beleuchtung und Klimatisierung (vgl. Lorenz/Struhk/Schneider, S. 58f.).

Die Eignung der gewählten Büroform für die spezifische Arbeitsstruktur des Unternehmens ist entscheidend für die Beurteilung der Bürogesamtqualität durch die Mitarbeiter, wie der „Office Index 2000" des Fraunhofer Institutes, Stuttgart (vgl. Kelter, S. 16) herausstellt. Besonders gute Zufriedenheitswerte wurden dort für die Büroformen Einzelbüro und Kombibüro ermittelt. Die besten Werte erhielt jedoch der **Büroformen-Mix**, der offenbar die meisten Optionen zur Anpassung der Büroform an die jeweilige Tätigkeit bietet und damit die Arbeit im Team am besten unterstützt.

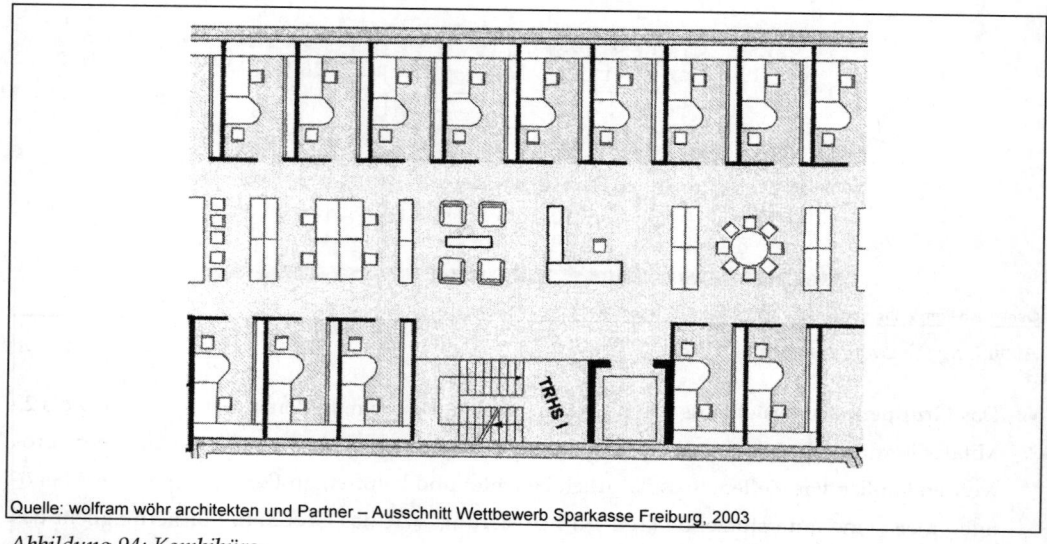

Quelle: wolfram wöhr architekten und Partner – Ausschnitt Wettbewerb Sparkasse Freiburg, 2003

Abbildung 94: Kombibüro

Flächen für Kommunikation

„80 Prozent aller Innovationen ... entstehen durch interpersonelle Kommunikation", so wird das Massachusetts Institute of Technology zitiert (Bullinger, S. 20). Kommunikation wird damit zu einem wertschöpfenden Prozess bei der Verarbeitung des Rohstoffes Information. Als Flächen für Kommunikation, als so genannte Mehrwertflächen zählen außer Besprechungsräumen auch Orte der informellen Kommunikation, wo die Menschen ungeplant zusammentreffen, z.B. an der gemeinsam genutzten Bürotechnik, an Informationsbereichen mit Zeitschriften/Bibliothek/ Internetcafe, oder an Kaffeebar/Teeküche/Kantine.

Durch eine sorgfältige Gestaltung dieser Bereiche und durch die Ausstattung mit besonderen Attraktoren, z.B. mit einem Tischkicker, wird nicht nur der Austausch von Gedanken und Informationen gefördert, sondern auch eine **Unternehmenskultur** geschaffen, die die zunehmend mobilen Mitarbeiter an ihren Arbeitgeber bindet. Zweckmäßig ist die Einbeziehung von „Touch Down"-Arbeitsplätzen für das spontane Arbeiten mit Netzanschluss in solche Gemeinschaftsflächen. So kann z.B. die häufig als dunkle Restfläche vernachlässigte Teeküche aufgewertet und weiterentwickelt werden zur Lounge mit Aufenthaltsqualität. Voraussetzung sind Tageslichtbezug und eine Fläche von ca. 32 m².

Maßnahmen zur Flächeneinsparung

Im Gegenzug zur Ausweitung der identitätsstiftenden und kommunikationsfördernden Flächen können die Flächen für das Arbeiten am Schreibtisch reduziert werden.

- **Non-territoriales Büro**
  Die Anwesenheit der Mitarbeiter an ihrem individuellen Arbeitsplatz hat sich stark reduziert: Einerseits durch hausinterne Mobilität, bedingt durch das Arbeiten in Projektteams, andererseits durch externe Mobilität, wenn vor Ort oder direkt beim Kunden gearbeitet wird. Gestützt durch die Möglichkeiten der Informations- und Kommunikationstechnik (IuK) wird zuhause, unterwegs und beim Kunden gearbeitet. Darauf antwortet das Konzept der offenen Bürostrukturen, auch bezeichnet als Flexible Office, Free Seating, e-place oder Business Club: Anstelle eines persönlichen Arbeitsplatzes wird der Platz bei Bedarf gebucht. Voraussetzungen dafür sind: „**Plug and Work**" mit Notebook, Mitnahme der persönlichen Telefonnummer an jeden Arbeitsplatz und „**Clear Desk Policy**". Dazu kommt – zumindest in der Einführungsphase – mobiler persönlicher Stauraum, der zum Transport der individuellen Aktenablage dient. In einem so genannten „Caddy" können z.B. drei Ordnerhöhen á 80 cm, d.h. 2,40 lfm Akten mitgeführt werden. Andererseits muss sowohl am Arbeitsplatz als auch an einem Caddyparkplatz entsprechende Stellfläche vorgesehen werden. Das nonterritoriale Bürokonzept wurde bei der dvg in Hannover mit einem Verhältnis von Arbeitsplatz/Mitarbeiter von 1/1,2 eingeführt. Neben einer Stärkung von Motivation und Produktivität konnte das Fraunhofer Institut eine Reduzierung der Einarbeitungszeit neuer Mitarbeiter um ein Drittel feststellen (vgl. Bullinger, S. 115).

- **Mehrfachnutzung**
  Beispiel: die Nutzung einer Kantine für Besprechungen als „Business-Restaurant" spart Flächenanteile für Besprechungsräume. Dazu ist jedoch eine kleinteilige Möblierung mit Medienausstattung und eine durchgängige Bewirtschaftung erforderlich.

- **Flächendifferenzierung**

  Entsprechend der Mobilität der Mitarbeiter ist es möglich, Arbeitsplätze auf spezielle Tätigkeiten zu optimieren und damit die an jedem Schreibtisch vorgehaltenen Flächen für unterschiedliche Tätigkeiten zu reduzieren. Beispiele: Denkerzelle ohne Ablagen, Schreibplatz ohne Besprechungsecke.

- **Verzicht auf hierarchiebedingte Flächenzuweisung**

  Die im Beamtenrecht dokumentierten Flächenansprüche je nach Gehaltsgruppe werden vielfach auch privatwirtschaftlich umgesetzt. Hier ist zu hinterfragen, ob die mit der Verantwortung steigende Zimmergröße in einem angemessenen Verhältnis steht zur sinkenden Anwesenheitsquote am eigenen Arbeitsplatz, die bei leitenden Mitarbeitern zu beobachten ist.

- **Auslagerung**

  Aus verschiedenen Gründen wird außerhalb des Büros gearbeitet: ungestörtes Arbeiten ist häufig zuhause am besten möglich, verstärkte Kundenorientierung führt zu vermehrter Anwesenheit beim Kunden vor Ort, nationale oder internationale Präsenz erhöht die Reisetätigkeit und erfordert das Arbeiten „unterwegs". Auch das Outsourcing von Routineprozessen verringert die benötigten Büroarbeitsflächen.

- **Archivflächen**

  Eine wesentliche Beschränkung des mobilen Arbeitens stellt die Abhängigkeit von umfangreichen Papierarchiven dar. Hier besteht lt. „Office Index 2000" großer Veränderungsdruck hin zu digitaler Dokumentation (vgl. Kelter, S. 22). Wenn die rechtlichen Voraussetzungen dafür geschaffen werden, wird der Arbeitsprozess von kürzeren Zugriffszeiten profitieren und die Flächen für Archivierung können für andere Zwecke genutzt werden.

- **Technikflächen**

  Flächenersparnisse ergeben sich aus der Tendenz zur Miniaturisierung der IuK-Technik. Dezentrale Technikanlagen z.B. für Lüftung können in Schränken oder Deckenabhängungen untergebracht werden, wodurch auf spezielle Technikräume verzichtet werden kann. Auch die Verwendung von Glasfaserkabeln erspart Elektro-Verteilerräume, die bei Kupferverkabelung alle 90 m vorzusehen sind.

4.4.4.4 Energie

Der Energieverbrauch eines Gebäudes gilt vielfach als Leitindikator für nachhaltiges Wirtschaften. Er kann für Bürogebäude zwischen 20 und 50% der Betriebskosten ausmachen (vgl. Hörner, S. 59). Auch für die Herstellung eines Gebäudes wird Energie aufgewendet: man spricht von „grauer Energie" oder von **Primärenergieinhalt** (PEI). Darüber hinaus wird zwischen erneuerbarer und nicht erneuerbarer Energie unterschieden, um den Verbrauch erschöpflicher Ressourcen zu erfassen und um aus der Knappheit folgende Preissteigerungen einkalkulieren zu können. Der mit der Energieumwandlung verbundene Schadstoffausstoß muss für den jeweiligen Rohstoff im Zusammenwirken mit der Umwandlungsanlage (Kraftwerk, Heizkessel) betrachtet werden.

Zur **Senkung des Energieverbrauchs** gibt es zwei einander ergänzende Strategien:

- Senkung des Bedarfs durch ein entsprechendes Gebäude- und Nutzungskonzept,

- Steigerung der Effizienz des Energieeinsatzes durch technische Maßnahmen.

Für Einsparungen, die vom Verhalten des Nutzers abhängig sind, ist es wesentlich, sowohl für eine entsprechende Einweisung der Nutzer zu sorgen, z.B. durch eine übersichtliche „Bedienungsanleitung" für das System „Gebäude", sowie für die Aufrechterhaltung der Nutzermotivation, z.B. durch verbraucherbezogene Erfassung und Abrechnung zur Veranschaulichung der realisierten Einsparungen.

Wärme

Energiebedarf für Wärme entsteht durch Lüftungs- und Transmissionswärmeverluste. Die Verluste über die Gebäudehülle sind umso größer, je höher das Temperaturgefälle ist zwischen innen und außen und je geringer der Wärmedurchlasswiderstand der Baumaterialien in der Gebäudehülle ist. Beispiele für wärmeenergie-einsparende Maßnahmen sind:

- **Kompakt bauen:**
  Ein günstiges A/V Verhältnis (außenluftberührte Oberflächen/Volumen) wird erreicht durch annähernd würfelförmige Volumen und durch Verzicht auf auskragende Bauteile, z.B. Erker, etc.

- **Wärmedämmung verbessern:**
  Zur Reduzierung der Wärmeverluste. Vermeidung von Wärmebrücken durch thermische Trennung von Bauteilen, die die Ebene der Wärmedämmung durchstoßen.

- **Zonierung der Nutzungen:**
  Staffelung von warm nach kalt zur Verringerung der Temperaturdifferenzen, z.B. durch Pufferzonen wie unbeheizte Atrien/Wintergärten oder Lager-/Kühlräume.

- **Orientierung:**
  Gebäudeöffnungen nach Süden für Wärmegewinne durch Sonneneinstrahlung und geschlossene Bereiche nach Norden zur Reduzierung der Wärmeverluste.

- **Reduzierung der Solltemperatur:**
  Eine Absenkung um 1° Celsius z.B. von 21° auf 20° Celsius spart 6% der Energiekosten, ganz ohne zusätzliche Investitionen (vgl. Land Salzburg, S. 27).

- **Verzicht auf Dauerlüftung:**

  Beispielsweise durch gekippte Fenster.

- **Energieeffiziente Technik:**

  z.B. Brennwertkessel, Kraftwärmekopplung (Blockheizkraftwerk BHK), Wärmerückgewinnung bei mechanischer Entlüftung, etc.

Kälte

Kühlung wird erforderlich, wenn im Gebäudeinneren mehr Wärme anfällt, als durch die Gebäudehülle verloren geht, bzw. durch Lüftung abgeführt werden kann. Wärmequellen sind u.a. technische Geräte, Menschen (jede Person strahlt 100 Watt Wärmeenergie ab; besonders spürbar in Versammlungsräumen) und vor allem die Sonneneinstrahlung. Wird die Luft nicht nur gekühlt, sondern auch aufbereitet, z.B. entfeuchtet, dann spricht man von Klimatisierung. Maßnahmen zur **Senkung des Kühlenergiebedarfs** können sein:

- **Sonnenschutz:**

  Wenn die Sonnenstrahlung nicht in das Gebäude gelangt, kann sich ihre Energie nicht in Wärme umwandeln. Daher sollte der Sonnenschutz außerhalb der Gebäudehülle angebracht werden. Stationärer Sonnenschutz, z.B. durch auskragende Balkonplatten, eignet sich besonders für Südfassaden und ist überdies praktisch wartungsfrei. Optimal sind in dieser Hinsicht Laubbäume, die im Sommer Schatten geben, im Winter jedoch – ohne ihr Laub - nicht zu viel Helligkeit wegnehmen. Für das flacher einfallende, stark blendende Sonnenlicht der Ost- und Westseiten ist ein beweglicher Sonnenschutz besser geeignet.

- **Speichermassen:**

  Massive Bauteile erwärmen sich langsam durch Aufnahme von Wärmeenergie aus der Luft und geben die gespeicherte Wärme wieder ab, wenn die Luft kälter ist als die umgebenden Bauteile. So wirken sie ausgleichend zwischen Tag und Nacht. Speichermassen können sein: schweres Mauerwerk, Naturstein, Beton, aber auch Wasserflächen. Voraussetzung für die Entfaltung der Speicherwirkung ist die direkte Berührung zwischen massivem Bauteil und Raumluft, d.h. der Verzicht auf Deckenabhängungen und Doppelböden.

- **Nachtauskühlung:**

  Durch Unterstützung der nächtlichen Auskühlung eines Gebäudes wird seine Wärmespeicherkapazität für den nächsten Tag weiter erhöht. Bodennahe Öffnungen in den unteren Gebäudebereichen erzeugen gemeinsam mit Öffnungen am höchsten Punkt des Gebäudes eine Kaminwirkung, ggf. unterstützt durch Ventilatoren. Man kann auch ein System von Hohlräumen innerhalb der Massivdecken vorsehen, das von Nachtluft durchspült wird und so zu einer schnelleren Auskühlung führt.

- **Raumhöhe:**

  Warme Luft sammelt sich oben im Raum.

- **Effiziente Kälteerzeugung:**

  Kälte wird meist durch Strom erzeugt und ist damit besonders kostenintensiv. Alternativen sind die Nutzung der gemäßigten Erdtemperatur zur Kühlung von in der Erde verlegten Luftkanälen oder ein Anschluss an Anlagen mit **Kraft-Wärme-Kopplung** (Kälteerzeugung über Absorptionskältemaschinen). Auch die Dimensionierung einer Anlage entscheidet über ihren Wirkungsgrad: sind die geforderten Spitzenlasten von den Normallasten weit entfernt, wird die Anlage unwirtschaftlich arbeiten.

- **Effiziente Kälteverteilung:**

  Direkt auf einzelne Arbeitsplätze bezogene Lüftungsauslässe wirken zielgenau und sind individuell steuerbar. Das Prinzip der **Quelllüftung** reduziert den Lüftungsbedarf, da sich die in Bodennähe austretende Zuluft nicht vollständig mit der Raumluft durchmischt („Frischluftsee im Bodenbereich" (vgl. Meyer, S. 79).

Lüftung

Maßstab für die Luftqualität in einem Raum ist nicht ihr Sauerstoff- sondern ihr **CO_2-Gehalt** (max. 0,1 bis 0,15 Vol.%), der auch als Indikator für die in der Raumluft enthaltenen Geruchs- und Schadstoffe dient. Der Frischluftbedarf pro Person beträgt zwischen 20 und 50 m³ je Stunde, abhängig von der verrichteten Tätigkeit und von sonstigen Raumluftbelastungen, z.B. Zigarettenrauch (vgl. Neufert, S. 123). Aus Frischluftbedarf und Raumluftvolumen ergibt sich die **Luftwechselzahl**, d.h. die Anzahl der Wechsel des gesamten Raumluftvolumens je Stunde. Da moderne Gebäude sehr winddicht sein müssen (DIN 4108, Teil 7), ist eine gezielte Frischluftzufuhr erforderlich.

- **Fenster-Stoßlüftung:**

  die einfachste, kostengünstigste und angenehmste Methode, soweit es den technischen Aufwand betrifft. Es entstehen jedoch Lüftungswärmeverluste. Um Fensterlüftung auch bei ungünstiger Gebäudegeometrie (zu große Gebäudetiefe oder –höhe) oder bei Lärm- und Abgasbelastung der Aussenluft zu ermöglichen, kann man Frischluftschächte vorsehen z.B. in Form von durchlüfteten Atrien oder Doppelfassaden.

- **Großes Raumvolumen:**

  wenn die Nutzung in bestimmten Intervallen erfolgt, kann ein aus der Nutzungszeit und der Personenanzahl errechnetes Raumvolumen die mechanische Lüftung zwischen den Intervall-, d.h. zwischen den Fensterlüftungs-Pausen überflüssig machen.

- **Abluftventilator:**

  nur in belasteten Räumen, z.B. Sanitärräumen und Küchen wird die Luft abgesaugt. Nach-strömöffnungen, z.B. im Fußbereich der Türen lassen die Luft aus den übrigen Räumen nach-strömen. Der dort entstehende Unterdruck saugt Frischluft an, die jedoch nicht aufbereitet o-der geheizt ist.

- **Zu- und Abluftsystem mit Wärmerückgewinnung:**

  Geführte Zuluft wird in einem Wärmetauscher von der abgesaugten Abluft erwärmt. Die da-durch mögliche Reduzierung der Lüftungswärmeverluste ist wesentlich für das Konzept von Passiv-Häusern.

- **Dezentrale Systeme:**

  Kleinere Anlagen können wirtschaftlicher auf die Anforderungen der einzelnen Nutzer ausge-legt werden und sind einfacher zu warten.

Strom

Die wesentlichen Stromverbraucher sind: Beleuchtung, Gerätebetrieb und Kälte- bzw. Wärmeer-zeugung. Nachfolgend werden Strategien zur Reduzierung des Stromverbrauchs dargestellt:

- **Künstliche Beleuchtung:**

  Eine geringe Anschlussleistung der Leuchtmittel (Energiesparleuchten, Farbtemperatur beach-ten!) senkt ihren Verbrauch je Stunde. Eine Steuerung durch Präsenzdetektoren in Verbindung mit einer Zeitschaltung vermindert die Anzahl der Stunden, in denen die künstliche Beleuch-tung erforderlich ist. Ebenso wirkt eine Mehrzonenregelung mit Helligkeitssensoren, die auf einfallendes Tageslicht reagiert (vgl. Bullinger, S. 133).

- **Erhöhung des Tageslichtquotienten:**

  Eine optimale Ausleuchtung mit Tageslicht erreicht man z.B. durch große Fensterflächen in Verbindung mit großer Raumhöhe bezogen auf die Raumtiefe, durch helle Oberflächen oder durch Lichtlenkung (Einspiegelung auf reflektierende Deckenflächen). Den Einsparungen an Beleuchtungsenergie mittels größerer Glasflächen steht ein erhöhter Aufwand gegenüber für Herstellung, Reinigung und Verschattung.

- **Geräte:**

  Niedrigerer Stromverbrauch von neuen Geräten kann ein Argument für den Ersatz alter Gerä-te sein. Der **Stand-By-Betrieb** stellt ebenfalls einen beachtlichen Kostenfaktor dar, der durch Steuerung oder durch Nutzergewohnheiten beeinflusst werden kann: 1/7 des Strombedarfs eines deutschen Haushaltes wird für Stand-by verbraucht, das ergibt bundesweite Stromkos-ten von ca. 2,5 Mio. Euro im Jahr (vgl. Wortmann).

- **Wärme-/Kälteerzeugung:**

Nachtspeicheröfen haben wegen ihrer geringen Energieeffizienz keine Zukunft mehr und sollten grundsätzlich ausgetauscht werden. Das Gleiche gilt für Warmwasserboiler, deren Notwendigkeit in Bürogebäuden hinterfragt werden kann. Neben der Nutzung von Wärmeenergie aus der Kraftwärmekopplung, kann Sonnenenergie genutzt werden: z.B. zur Erwärmung von Wasser durch Sonnenkollektoren: 1 m² Kollektorfläche für die Warmwassererwärmung kann jährlich 30-50 l Heizöl einsparen (vgl. Preisig, S. 44). Die Stromgewinnung durch Fotovoltaik wird durch die technische Entwicklung von der Silizium-Zelle zur -Folie an Attraktivität gewinnen, da sich diese Folie jeder beliebigen Oberfläche anpassen lässt.

- **Monitoring:**

Soweit das Nutzerverhalten ausschlaggebend für Stromersparnisse ist, kann die Motivation der Nutzer dadurch gestärkt werden, dass die sinkenden Verbräuche in regelmäßigen Abständen anschaulich dargestellt werden. So wird der Erfolg von verändertem Verhalten ablesbar, es entsteht ein Anlass zur Kommunikation, die die Akzeptanz für die erwünschten Verhaltensänderungen weiter verbessern kann.

4.4.4.5   Kosten

Die Bewirtschaftungskosten umfassen nach § 18 Abs. I WertV (Wertermittlungsverordnung) die Verwaltungs-, Betriebs- und Instandhaltungskosten sowie die Mietausfallwagnis. Hohe Bewirtschaftungskosten schmälern den Reinertrag und damit den Ertragswert einer Immobilie. Die Kostenkennwerte werden überwiegend in Kosten je m² ausgedrückt, wobei die Flächendefinition immer besonders zu beachten ist (vgl. Abschnitt 2.2.5).

Nun hängt aber der auf einer Bürofläche erwirtschaftete Mehrwert nicht in erster Linie von der Größe der zur Verfügung stehenden Fläche ab, sondern vielmehr von der Effizienz der wertschöpfenden Prozesse, die dort ablaufen, und davon, dass diese Prozesse von der Immobilie bestmöglich unterstützt werden. Dies führt zu einer **prozessorientierten Kostenbetrachtung** in Kosten je Aktivität, z.B. Gesamtgebäudekosten je Sachbearbeitungsvorgang.

Ein weiterer Nachteil der m²-Betriebskosten-Kennwerte ist die Tatsache, dass sie den Zusammenhang zwischen Investitions- und Betriebskosten nicht abbilden. Ein in der Bauphase kostengünstiges Material (z.B. Teppichbodenbelag) kann in der Nutzungsphase hohe Reinigungs- und Instandsetzungskosten zur Folge haben. Um hier zu einer ganzheitlichen Betrachtung von verschiedenen Konstruktions- oder Ausstattungs-Alternativen zu kommen, bietet sich das **Konzept der Lebenszykluskosten (LZK)** an. Erst wenn die entstehenden Kosten während des ganzen Lebenszyklus von Planung, Erstellung, Betrieb und Rückbau analysiert werden, kann die nachhaltig beste Lösung für den jeweiligen Einzelfall erkannt werden. Umgekehrt bedeutet dies, dass eine

Optimierung der Betriebskosten bereits in der Planungsphase beginnen muss, zumal in dieser Phase die Einflussmöglichkeiten noch am größten sind (vgl. Abbildung 95).

Da für die Berechnung der LZK zu weiten Teilen Kostenprognosen aufgestellt werden, ist auch eine Betrachtung von **Risiken als Kostenfaktoren**, bzw. eine Sensitivitätsanalyse erforderlich. Solche Risiken können sein: steigende Energiepreise, Einführung einer CO_2-Steuer für Immobilien, Entdeckung gesundheitsgefährdender Emissionen durch synthetische Baustoffe, etc.

Nach den Ausführungen zu neuen Kostenkonzepten, werden im Folgenden mögliche Strategien zur Senkung der Betriebs- und der Instandhaltungskosten vorgestellt.

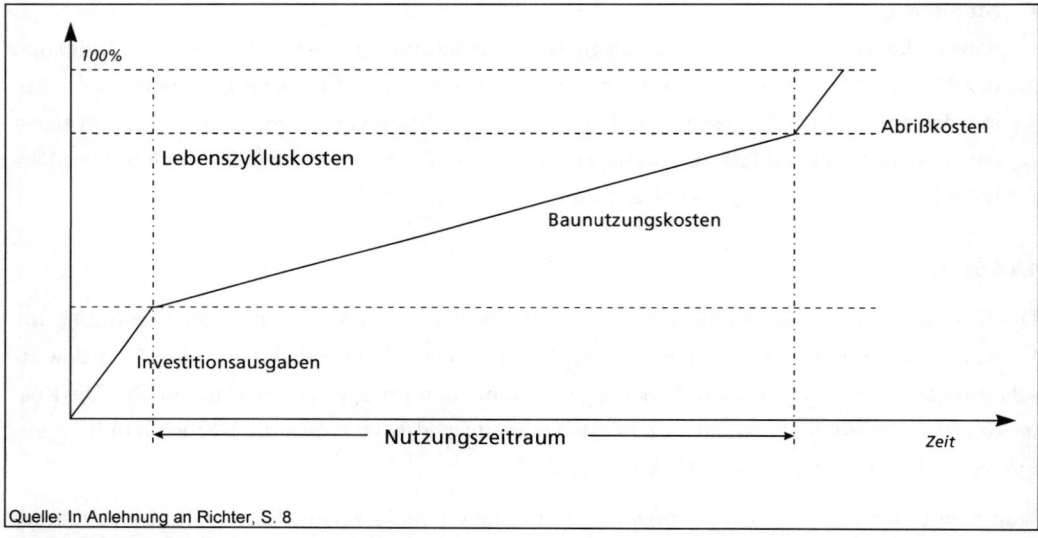

Quelle: In Anlehnung an Richter, S. 8

Abbildung 95: Lebenszykluskosten

Ansätze zur Minderung der Betriebskosten:

Alle in den vorangegangenen Kapiteln über Flächen und Energie aufgezählten Maßnahmen führen indirekt auch zu einer Einsparung von Betriebskosten. Weitere Optimierungspotenziale bestehen in:

- **Kommunikation mit Vertragspartnern:**
  Ein regelmäßiges „Lieferanten-Audit", in dem gegenseitige Probleme, Wünsche und Verbesserungsvorschläge besprochen werden, führt zu reduziertem Verwaltungs- und Materialaufwand bei der Vertragsabwicklung (vgl. Altmannshofer, S. 33).

- **Reinigung:**
  Je nach Reinigungsstrategie verändert sich der Aufwand für den Dienstleister. Wird anstelle

eines festen Putzplans eine Reinigung nach Bedarf vereinbart, so kann der Aufwand an der tatsächlichen Verschmutzung orientiert werden. Schmutzfänger und Sauberlaufzonen in den Eingangsbereichen reduzieren den Schmutzeintrag in das Gebäude.

- **Verbräuche:**

  Durch starke Preiserhöhungen der Kommunen für Wasser und Abwasser rücken auch in diesem Bereich die Verbräuche stärker ins Blickfeld. Wassersparende Maßnahmen sind: Einbau von Wasserspararmaturen und Verzicht auf Warmwasser z.B. in Bürotoiletten. Die Sammlung und Nutzung von Regenwasser zur Pflege der Grünanlagen (Zisterne mit Pumpe) ist wirtschaftlich attraktiv, da auch die anderenfalls erhobene Abwassergebühr entfällt. Die Installation eines Brauchwasser-Leitungsnetzes z.B. für Toilettenspülung ist dagegen aufwendiger bezüglich Technik und Investition.

Ansätze zur Minderung der Instandhaltungskosten

Abhängig von der Höhe der Ausfallkosten werden verschiedene Instandhaltungs-Strategien verfolgt (vgl. Hellerforth, S. 190f.). Nach der „Vorbeugestrategie" werden Bauteile unabhängig von ihrem Zustand nach einer bestimmten Betriebszeit ersetzt, z.B. sinnvoll für Sicherheitstechnik. In diesem Fall ist der ggf. noch vorhandene Restnutzen der ausgetauschten Teile geringer zu bewerten als der potenzielle Folgeschaden bei Ausfall. Den Gegenpol dazu bildet die Abwarte- oder auch „Feuerwehrstrategie" - der Ersatz eines Bauteils erst nach Ausfall, z.B. sinnvoll für Beleuchtungsmittel. Eine Weiterentwicklung der Vorbeugestrategie stellt die „Zustandsstrategie" dar. Regelmäßige Inspektionen ermöglichen eine optimale Ausnutzung der Bauteil-Lebensdauer bei gleichzeitiger Minimierung von Ausfallschäden.

Vorsicht ist geboten beim Verzögern von Instandhaltungsmaßnahmen an Bauteilen mit hohem Wert- und Kostenanteil, z.B. an den Hüllflächen eines Gebäudes (vgl. Hellerforth, S. 195f.). Den eingesparten, kapitalisierten Kosten für unterlassene Instandhaltung stehen hohe Kosten für Reparatur und Beseitigung von Folgeschäden gegenüber. Für die Planung, Budgetierung und Überprüfung von Wartung, Inspektion und Instandsetzung der verschiedenen Bauteile haben sich Checklisten bewährt (vgl. Hellerforth, S. 207f.).

Contracting

Durch die Bündelung von Nachfrage entsteht Marktmacht, die den Einkauf von Waren und Dienstleistungen zu besseren Konditionen ermöglicht. Insbesondere im Bereich der Energieversorgung hat sich Contracting etabliert. Bei der Vertragsgestaltung ist jedoch auf präzise Definition von Service- und Wartungsleistungen zu achten, z.B. wenn Herstellung und Betrieb von Wärmeversorgungs-Anlagen als Paket vergeben werden.

Outsourcing

Unter Outsourcing wird die **Auslagerung von Leistungen** des Gebäudemanagements an einen externen Dienstleister verstanden. Es lassen sich verschiedene Formen der Fremdvergabe unterscheiden. Zum einen kann die Fremdvergabe nur einzelne Teilleistungen betreffen, die anlassbezogen an verschiedene Anbieter vergeben werden. Zum anderen können ganze Leistungsbündel (z.B. technische Leistungen, kaufmännische Leistungen) fremd vergeben werden. Im Extremfall werden sämtliche Gebäudemanagement-Leistungen an einen externen Anbieter übertragen.

Als wesentlicher **Vorteil der Fremdvergabe** wird im Allgemeinen das Kosteneinsparungspotenzial genannt. So können externe Anbieter die Leistungen vielfach kostengünstiger erbringen, da sie auf diese spezialisiert sind (der Sekundärprozess wird zum Primärprozess). Sie verfügen zum einen über speziell ausgebildetes Personal, zum anderen führt die betriebstechnische Ausrüstung des externen Dienstleisters, die der Auftraggeber aufgrund der geringen Auslastung nicht vorhalten kann, zu einer weitaus höheren Produktivität der Leistungserbringung. Damit geht oftmals auch eine Verbesserung der Qualität der Leistungen einher. Ferner wird durch die Fremdvergabe mitunter eine höhere **Kostentransparenz** erreicht. Als weiteres Argument für die Fremdvergabe des Gebäudemanagements wird die Möglichkeit zur Konzentration auf das eigene Kerngeschäft genannt, da personelle Ressourcen nicht mehr an Sekundärprozesse gebunden sind. Damit vereinfachen sich auch Führungsaufgaben. Durch die Vergabe des kompletten Gebäudemanagements in eine Hand reduziert sich zudem der Steuerungsaufwand. Die Umstrukturierung bisheriger Fremdleistungen und die Zusammenfassung von Einzelleistungen bringen Synergien und Kostenvorteile.

Den genannten Vorteilen stehen teilweise erhebliche **Nachteile** gegenüber. So geht die Fremdvergabe des Gebäudemanagements erfahrungsgemäß mit einem Verlust des Know-hows einher, da die entsprechenden Stellen abgebaut werden. Damit begibt sich das Unternehmen zunehmend in die Abhängigkeit des externen Dienstleisters. Der Know-how Verlust ist auch vor dem Hintergrund der notwendigen **Kontrolle der Leistungsergebnisse** und dem Einholen von Vergleichsangeboten als negativ zu bewerten. Zudem relativieren sich oftmals die aufgezeigten Kostenvorteile. Beispielsweise sind die Kosten der Suche nach geeigneten Vertragspartnern und die daran anschließenden Vertragsverhandlungen in die Betrachtung mit einzubeziehen. Bei größeren Outsourcing-Projekten ist mit Vertragsverhandlungsdauern von mehreren Monaten, zum Teil bis zu einem Jahr und darüber, zu rechnen.

Zu hinterfragen ist auch der **Qualitätsvorteil**, da die Kenntnis der Dienstleister sowohl hinsichtlich der betrieblichen Anforderungen des Unternehmens, als auch bezüglich der zu betreuenden Objekte häufig mangelhaft ist. Als problematisch kann sich in vielen Fällen die Tatsache erweisen, dass dem Dienstleister weitgehende Einblicke in das Unternehmen ermöglicht werden; wodurch es zu einem Sicherheitsrisiko kommen kann.

Zwischen den beiden Extremen - umfassende Eigenleistung auf der einen Seite, komplette Fremdvergabe des Gebäudemanagement auf der anderen Seite - haben sich einige Alternativen entwickelt, die nachfolgend kurz dargestellt werden.

Von einer so genannten **Ausgründung** spricht man, wenn das Unternehmen eine Tochtergesellschaft gründet, auf die sämtliche Gebäudemanagement-Aktivitäten ausgelagert werden. Mit eigener Erfolgsverantwortung ausgestattet, bietet die Gesellschaft die Leistungen nicht mehr nur der eigenen Muttergesellschaft an, sondern auch Dritten. Der wesentliche Vorteil dieser Konstruktion besteht darin, dass das Tochterunternehmen zwar noch immer auf die eigene Muttergesellschaft ausgerichtet ist, der Auslastungsgrad durch die Übernahme von Gebäudemanagement-Leistungen für andere Unternehmen jedoch erhöht wird. Durch Agieren auf dem Drittmarkt werden Kundenbedürfnisse besser gewürdigt.

Eine andere Möglichkeit liegt in der **Kooperation** mit einem externen Dienstleister. Das Unternehmen gründet gemeinsam mit einem externen Leistungsanbieter eine Tochtergesellschaft und überträgt dieser die Durchführung der Facilities Management-Aktivitäten. Der Vorteil bei der Gründung einer gemeinsamen Betreibergesellschaft liegt in der Absicherung der Leistungsinhalte und -ergebnisse auf gesellschaftsrechtlicher Ebene. Gleichzeitig kann das Unternehmen aber vom Know-how des externen Anbieters partizipieren. Eine weitere Möglichkeit auf externes Know-how zurückzugreifen besteht in der Consultation eines Facilities-Management-Beraters.

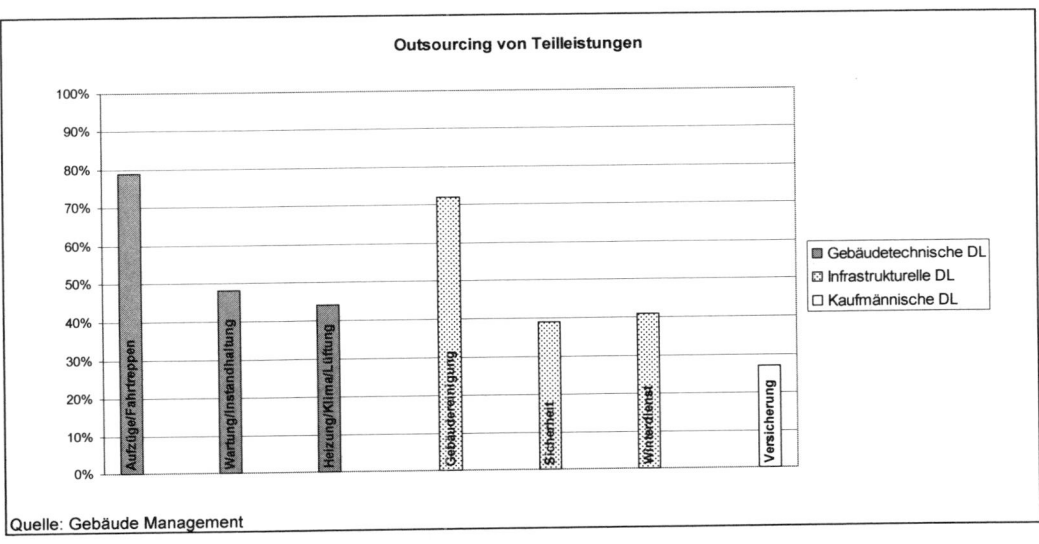

Abbildung 96: Outsourcing von Teilleistungen

Die **Praxis des Outsourcings** zeigt, dass vielfach nur Teilleistungen ausgegliedert werden, vorwiegend im Bereich der Gebäudetechnik, gefolgt von den infrastrukturellen Dienstleistungen (vgl. Abbildung 96). Dabei sind einige Outsourcing-Trends branchenspezifisch, z.B. wird in der Industrie die Gebäudereinigung zu 84% extern erbracht, Bewachung im Handel zu 88% extern, Winterdienst und die Wartung von Aufzügen/Fahrtreppen im Handel zu 100%. Die Kommunen liegen vorn in der Fremdvergabe der Betreuung von Heizung/Klima/Lüftung mit 78% (vgl. Gebäude Management, S. 5ff.).

Eine Befragung von deutschen Unternehmen mit mehr als 9.000 Mitarbeitern im Jahr 2002 zeigt, dass sich der Trend zur Fremdvergabe in den Bereichen Gebäudereinigung mit 84% und Sicherheit mit 52% weiter verstärkt hat (vgl. Pfnür/Hedden, S. 49).

4.4.5 Aufgaben des Facilities Managements in den verschiedenen Phasen des Immobilien-Lebenszyklus

Die bisherigen Ausführungen haben die Notwendigkeit deutlich gemacht, im Rahmen des Facilities Managements den gesamten Immobilien-Lebenszyklus zu betrachten, angefangen von der Planung und Erstellung, über die Nutzung bis hin zum Abriss. Da das Facilities Management in der zeit- und kostenintensiven Nutzungsphase einer Immobilie den hauptverantwortlichen Akteur darstellt, fällt ihm die Rolle des „Anwaltes der Nutzer" zu. Der Facilities Manager bekommt dadurch die Aufgabe, die aus der Nutzerperspektive sinnvollen Optimierungsansätze in alle betroffenen Lebenszyklusphasen einzubringen, insbesondere jedoch in die Planungsphase.

4.4.5.1 Facilities Management in der Planungs- und Erstellungsphase

Für ein ganzheitlich verstandenes Facilities Management ist die Planungs- und Erstellungsphase von zentraler Bedeutung. Wenngleich diese Phase im Lebenszyklus einer Immobilie nur eine verhältnismäßig kurze Zeitspanne einnimmt, werden hier die späteren Nutzungsfunktionalitäten festgelegt und grundlegende Kostenentscheidungen getroffen, die sich auf die gesamte Nutzungsdauer auswirken.

Die Basis jeglicher Planung bildet eine gezielte **Bedarfsermittlung** (vgl. Pierschke, S. 282f.). Nur wenn die Anforderungen, die ein Unternehmen an die Räumlichkeiten stellt, zuvor klar definiert worden sind, kann eine Immobilie geschaffen werden, die unter dem Gesichtspunkt der Wirtschaftlichkeit den betrieblichen Leistungserstellungsprozess nachhaltig unterstützt und gewährleistet. Dabei gestalten sich die Anforderungen an Immobilien je nach Unternehmenszweck sehr unterschiedlich. Es muss daher die Aufbauorganisation hinsichtlich Mitarbeiterzahl und -struktur, Arbeitsplatztypen und Kommunikationsströmen ebenso analysiert werden, wie die Gestaltung der Arbeitsprozesse bezüglich Raum, Zeit, Betriebsmittel und Mitarbeiter (Ablauforganisation).

Aus dieser Analyse ergibt sich die nutzungsspezifische Immobilienkonzeption, bei Bürogebäuden beispielsweise das nutzungsspezifische Bürokonzept (vgl. Punkt 4.4.3.3).

Mit der Wahl des **Bürokonzeptes** werden die späteren Betriebskosten determiniert. So müssen Großraumbüros, bedingt durch die hohen Raumtiefen, die sich aus der Größe der Räume ergeben, künstlich beleuchtet und klimatisiert werden. Auch Gruppenbüros benötigen meist eine unterstützende Klimatisierung. Gebäudetechnische Anlagen, wie Klimaanlagen oder auch Beleuchtungsanlagen, sind jedoch die Hauptverursacher von Stromkosten sowie Kosten für Bedienung, Wartung und Inspektion. Bei Zellenbüros ist hingegen meist eine stationäre Heizung und die Luftversorgung durch Fensterlüftung ausreichend. Die geringere Raumtiefe ermöglicht eine optimale Ausnutzung des Tageslichtes.

Die Nutzungsfunktionalität ist nur ein Aspekt, der bei der Planung von Immobilien beeinflusst wird. Ein weiterer Aspekt ist die **Nutzungsflexibilität** (vgl. Pierschke, S. 284). Während Aufbau- und Ablauforganisation eines Unternehmens über die Jahre meist einem tief greifenden Wandel ausgesetzt sind, bleiben Immobilien oft jahrzehntelang vollständig unverändert. Damit können sie zu einem erheblichen Hindernis für das Betriebsgeschehen werden. Werden bei der Gebäudeplanung allein die gegenwärtigen betrieblichen Anforderungen berücksichtigt, kann es bei einer Bedarfsveränderung notwendig werden, nicht nur den Ausbau oder die Gebäudetechnik zu verändern, sondern auch den Rohbau. Solche Veränderungen sind meist mit hohem baulichen und finanziellen Aufwand (Bauänderungskosten) verbunden und können zu massiven Störungen des Betriebsablaufs führen. Unbefriedigende Kompromisse sind in diesem Zusammenhang oft nicht zu vermeiden.

Um die **Bauänderungskosten** zu reduzieren, muss die Immobilie daher soviel Flexibilität hinsichtlich Grundriss, Achsraster, Geschosshöhe und Gebäudetechnik aufweisen, dass eine Anpassung an den Wandel der Nutzungsanforderungen mit geringem Aufwand möglich ist (vgl. Punkt 4.4.4.1). Mit der größeren Nutzungsflexibilität von Immobilien sind jedoch häufig auch höhere Investitionsausgaben verbunden. So ermöglicht eine kleine Rasterung zwar ein höheres Maß an Flexibilität, verursacht aber zugleich höhere Baukosten. Aus diesem Grunde ist die Flexibilität von Immobilien wirtschaftlich nur dann von Vorteil, wenn diese auch entsprechend ausgenutzt wird. Unter der Berücksichtigung der Lebenszykluskosten muss daher ein ausgewogenes Verhältnis zwischen Funktionalität und Flexibilität gefunden werden.

Auch in der **Erstellungsphase** sollte das Facilities Management Einfluss nehmen. So wirkt sich insbesondere die Qualität der Bauausführung erheblich auf die technische Lebensdauer und über die Bauunterhaltungskosten auch auf die wirtschaftliche Nutzungsdauer aus. Mangelhafte Ausführungsqualität kann die Gebrauchsfähigkeit einer Immobilie erheblich beeinflussen. Aber auch durch die Qualität der eingesetzten Baustoffe wird die Wirtschaftlichkeit einer Immobilie bestimmt. Beispielsweise kann der Einsatz von Leichtbeton aufgrund seines günstigen Wärme-dämmvermögens zu geringeren Betriebskosten führen. Andererseits können Baustoffe wie unter Punkt 4.4.4.2 beschrieben auch Quellen gesundheitsgefährdender Emissionen sein.

Bei der Ausführung von technischen Installationen ist aus Sicht des Facilities Management darauf zu achten, dass diese für spätere Instandhaltungsarbeiten bereits vorgerichtet werden, z.B. durch leichte Zugänglichkeit, Zerlegung in möglichst kleine, einzeln austauschbare Einheiten, ggf. durch elektronische Zustandsüberwachung.

Der ganzheitliche Ansatz des Facilities Managements setzt eine veränderte **Kooperation** zwischen den am Lebenszyklus einer Immobilie beteiligten Gruppen voraus. Im Sinne einer integralen Ge-samtplanung müssen Nutzer, Architekten, Fachingenieure und bauausführende Firmen eng zu-sammenarbeiten, da jeder Beteiligte über Informationen verfügt, die ein anderer wiederum braucht, um sie in seine Planungen einfließen zu lassen. Dies wird umso wichtiger, je mehr Spezi-alisten aufgrund der zunehmenden Komplexität von Bauwerken am Planungsprozess beteiligt sind.

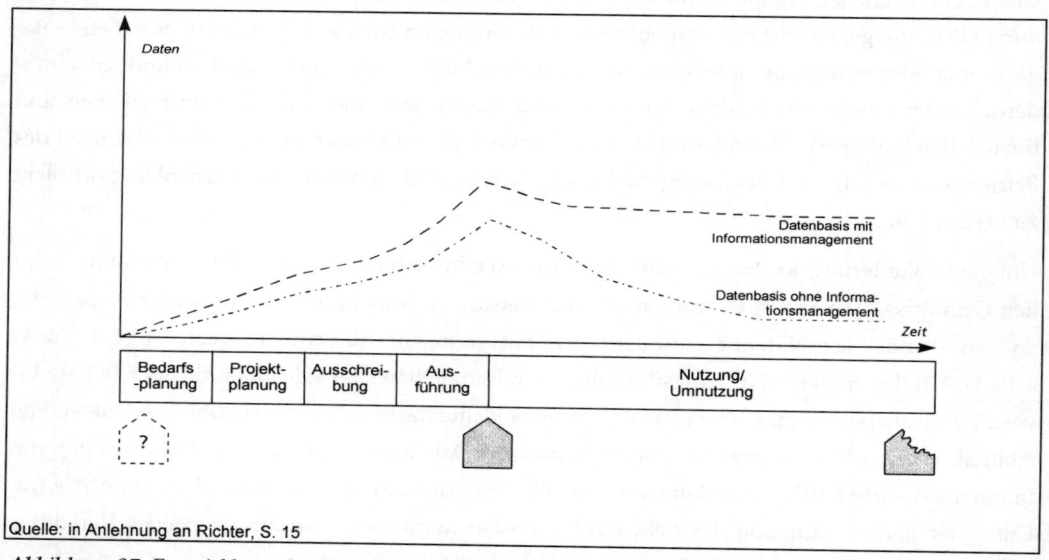

Abbildung 97: Entwicklung der Datenbasis im Laufe des Immobilien-Lebenszyklus

Auch für das **Informationsmanagement** ist die Planungs- und Erstellungsphase entscheidend. Al-le während der Planung und des Bauens gesammelten Daten werden in der Nutzungsphase benö-tigt. Diese Daten fallen jedoch in den verschiedensten Formaten an und werden mit anderen Ziel-vorstellungen strukturiert, als dies aus der Perspektive des Facilities Management erforderlich wäre. Eine Aufbereitung der ohnehin bereits vorhandenen Daten ist jedoch erheblich kostengünstiger zu realisieren als gar die komplette Neuerhebung, die notwendig wird, wenn –wie es nicht selten der Fall ist – die Dokumentation der Immobilie schon kurze Zeit nach der Bauübergabe nicht mehr aktualisiert wird (vgl. Abbildung 97). Daher sollte der Facilities Manager seine Datenanforderungen – auch bezüglich der Verwendung eines CAFM-Programmes - präzise beschreiben und die dafür erforderlichen Datenaufbereitungen als besondere Leistungen mit den verschiedenen Planern und den ausführenden Firmen vertraglich vereinbaren.

4.4.5.2   Facilities Management in der Nutzungsphase

Eine zentrale Funktion übernimmt das Facilities Management in der Nutzungsphase. In dieser - meist viele Jahre umfassenden - Phase müssen die Funktionen der Immobilie aufrechterhalten und an die sich wandelnden Nutzungsanforderungen eines Unternehmens angepasst werden. In der deutsprachigen Literatur wird üblicherweise zwischen kaufmännischem, technischem und infrastrukturellem Gebäudemanagement differenziert, seit kurzem ergänzt durch den Bereich Flächenmanagement.

Technisches Gebäudemanagement

Dem technischen Gebäudemanagement kommt in Rahmen des Facilities Management ein hoher Stellenwert zu. Ziel ist es, die Funktionsfähigkeit einer Immobilie unter Berücksichtigung sich verändernder Nutzungsanforderungen – nicht nur im Zuge des technischen Fortschritts – zu sichern.

Ähnlich wie Maschinen oder andere technische Arbeitsmittel müssen auch Immobilien betrieben werden. In Anlehnung an die DIN 32541, die das **Betreiben** von Maschinen und vergleichbaren technischen Arbeitsmitteln beschreibt, zählen hierzu die Inbetriebnahme, das Betätigen, die Instandhaltung und die Außerbetriebnahme. Die Inbetriebnahme ist letztlich ein Teil der Projektrealisierung. Sie schließt an die Bauphase an und endet nach einer Erstinspektion und der Feststellung etwaiger Mängel mit der Bauübernahme. In diesem Zusammenhang ist auch die Gewährleistungsverfolgung zu sehen, zu der alle Aktivitäten gehören, die der Sicherstellung der zugesagten Eigenschaften dienen. Darüber hinaus werden im Rahmen der Bauübernahme alle für die spätere Nutzung der Immobilie notwendigen Unterlagen, wie Gebäudepläne, Schaltpläne, Verzeichnisse der Gebäudetechnik, Instandhaltungsvorgaben, Betriebsanweisungen, etc. übergeben.

Der Begriff „**Betätigen**" bezieht sich in erster Linie auf gebäudetechnische Anlagen. Das Aufgabenspektrum beinhaltet das so genannte Stellen (z.B. das Ein- bzw. Ausschalten sowie das Steuern einer lufttechnischen Anlage), das Überwachen der Anlagen auf planmäßigen Betrieb, das Beheben von Störungen (z.B. die Aufzugsbefreiung) und das Veranlassen der vorgeschriebenen Überprüfungen der gebäudetechnischen Anlagen durch entsprechende Sachverständige.

Die **Instandhaltung** umfasst sämtliche Maßnahmen, die zur Erhaltung der Funktionsfähigkeit der Immobilie und der gebäudetechnischen Anlagen ergriffen werden müssen, um die durch Abnutzung, Alterung und Witterungseinwirkungen entstehenden baulichen und sonstigen Mängel und Schäden ordnungsgemäß zu beseitigen. Dabei wird gemäß DIN 31051 zwischen Inspektion, Wartung und Instandsetzung unterschieden (vgl. Abbildung 98). Die Inspektion dient der Feststellung und Beurteilung des (Ist)Zustandes der Immobilie, um Zustandsverschlechterungen und Schäden frühzeitig zu erkennen und entsprechende Gegenmaßnahmen einleiten zu können. Die Wartung zielt auf die Bewahrung des (Soll)Zustandes ab (z.B. Reinigungs-, Schmier- und Reparaturarbeiten). Zur Instandsetzung zählen sämtliche Aufgaben, die der Wiederherstellung des (Soll)Zustandes von Bauwerk oder gebäudetechnischen Anlagen dienen.

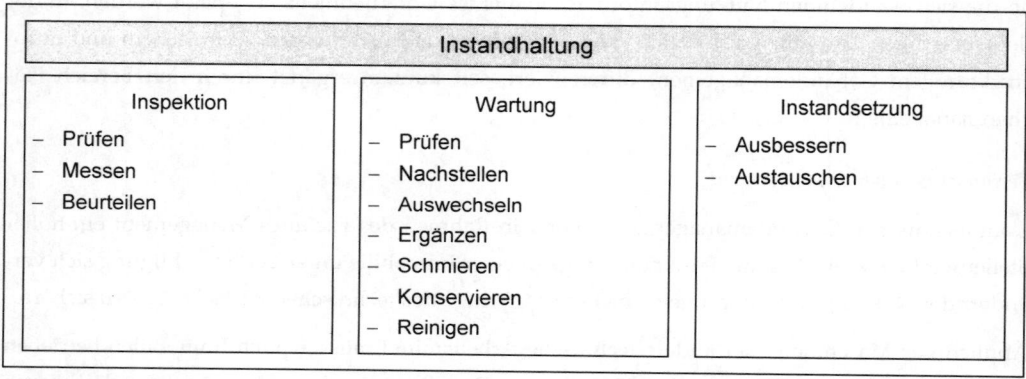

Abbildung 98: Instandhaltung nach DIN 31051

Das **Energiemanagement** umfasst sämtliche Maßnahmen, die der Sicherung eines niedrigen Energieverbrauchs dienen, wie sie unter Punkt 4.4.4.4 beschrieben sind.

Als **Modernisierung** werden bauliche Maßnahmen bezeichnet, die den Gebrauchswert einer Immobilie durch die Anpassung an den Stand der Technik nachhaltig erhöhen. Ein Beispiel hierfür ist die nachträgliche Installation einer Gebäudeleittechnik. Eng mit der Modernisierung verbunden ist die Sanierung. Sie dient der Wiederherstellung des Sollzustandes von Immobilien, die nicht mehr den technischen, ökologischen und/oder gesetzlichen Anforderungen entsprechen.

Zur **Dokumentation** gehören die Erfassung, Speicherung und Fortschreibung aller erforderlichen Daten und Informationen über den Bestand und die Betriebsführung wie Bestandsunterlagen, Verbrauchsdaten, Betriebsanweisungen und –protokolle, Abnahme- und Wartungsprotokolle. Im Rahmen des Informationsmanagements werden die für das Betreiben von Immobilien benötigten Informationen erfasst, ausgewertet und verknüpft. Zu den Aufgaben gehört die Konzeption, Bewertung und Entscheidung hinsichtlich des Einsatzes von Informations-, Kommunikations- und

Automatisierungssystemen jeglicher Art wie Gebäudeautomation, Brandmeldesysteme, Zugangs-kontrollen, etc.

Infrastrukturelles Gebäudemanagement

Das infrastrukturelle Gebäudemanagement bezieht sich auf geschäftsunterstützende Dienstleis-tungen. Es handelt sich hierbei um Leistungen, die von technischen, respektive baulichen Kompo-nenten der Immobilie abhängig sind. So sind Reinigungsdienste an Gebäudeflächen, Sicherheits-dienste an sicherheitstechnische Anlagen und Telekommunikationsdienste an entsprechende kommunikationstechnische Anlagen gekoppelt. Zu den Aufgaben des infrastrukturellen Gebäu-demanagements gehören (vgl. GEFMA 1996, S. 3ff.; DIN 32736, S. 5ff.):

- **Reinigungsdienste:**
  Deren Spektrum reicht von der einmaligen Bauendreinigung bzw. Grundreinigung nach Um-zügen über die regelmäßige Glas-, Fassaden- und Unterhaltsreinigung (z.B. Fußböden, Sani-tärräume, etc.) bis zur Reinigung der Außenanlagen.

- **Sicherheitsdienste:**
  Sie umfassen sämtliche Maßnahmen, die sowohl das Unternehmen als auch die Immobilie vor Bedrohungen von Außen, wie Diebstahl, Einbruch und Vandalismus, oder Bedrohungen von Innen, z.B. Feuer, Sabotage oder Spionage, schützen. Hierzu gehören Zugangskontrollen, Wachdienste, Schließdienste, Notrufdienste, Geld- und Wertdienste oder auch die Betriebsfeu-erwehr.

- **Umzugsmanagement:**
  Seine wesentliche Aufgabe ist die Planung des zeitlichen und logistischen Ablaufs von Umzü-gen. Die eigentliche Umzugsabwicklung beinhaltet das Verpacken, Demontieren, Transportie-ren, Montieren und Auspacken der Betriebs- und Arbeitsmittel, etc.

- **Gärtnerdienste:**
  Zum einen gehört dazu die Pflege der Pflanzen innerhalb der Immobilie, zum anderen die Pflege der Außenanlagen.

- **Winterdienste:**
  Sie umfassen alle Maßnahmen, die für den sicheren Zugang zu einer Immobilie erforderlich sind.

- **Parkraumbetreiberdienste:**
  Dazu gehören das Verwalten des Parkraums sowie das Abrechnen und Verwalten der Kassen-automaten.

- **Catering:**

  Dazu zählen alle Leistungen, die mit dem Betrieb einer Kantine oder Küche verbunden sind.

- **Hausmeisterdienste:**

  Sie umfassen Leistungen wie kleinere Sicherheitsinspektionen und Instandsetzungen, Aufzugswärterdienste oder die Gewährleistung der Objektsauberkeit und der Hausordnung.

- **DV-Dienstleistungen:**

  Es umfasst alle Leistungen, die zum Aufbau, zur Inbetriebnahme und zur Aufrechterhaltung der elektronischen Datenerfassung und –aufbereitung sowie des elektronischen Datenaustausches dienen.

- **Zentrale Telekommunikationsdienste:**

  Sie bestehen im Betreiben der Telefonzentrale bzw. eines Vermittlungsdienstes, im Erstellen und Aktualisieren eines internen Telefonbuches, in der Gebührenerfassung (z.B. für Privatgespräche) oder auch im Betreiben eines Call Centers.

- **Interne Postdienste:**

  Sie umfassen Aufgaben, die dem Versand und der Zustellung von Post und elektronischen Sendungen innerhalb der Immobilie(n) dienen.

- **Waren- und Logistikdienste:**

  Sie beinhalten sämtliche Leistungen, die das Zustellen von Frachtpostsendungen und –gütern sowie deren Versand sicherstellen. Hierzu gehören z.B. die Warenannahme und –eingangskontrolle, das Erstellen und Verwalten von Lieferunterlagen, die Beauftragung von Spediteuren, etc.

- **Ver- und Entsorgung:**

  Unter dem Begriff der Versorgung werden schließlich alle Maßnahmen subsumiert, die der Versorgung der Anlagen und Systeme mit Energie sowie Roh-, Hilfs- und Betriebsstoffen dienen. Reststoffe und Rückstände, die durch den Betrieb der gebäudetechnischen Anlagen entstehen, müssen ordnungsgemäß entsorgt werden. Das gleiche gilt für Abfallprodukte, die im Rahmen der betrieblichen Leistungserstellung anfallen. Dies ist die Aufgabe der Entsorgung.

Flächenmanagement

Das Flächenmanagement umfasst das Management aller verfügbaren Flächen im Hinblick auf ihre Nutzung und Verwertung. Dabei kann zwischen nutzerorientiertem, anlagenorientiertem, immobilienwirtschaftlich orientiertem und serviceorientiertem Flächenmanagement unterschieden werden (vgl. DIN 32736, S. 10f.). Das **nutzerorientierte Flächenmanagement** umfasst die Nutzungs- und Flächenplanung, die räumliche Organisation von Arbeitsprozessen und Arbeitsplätzen sowie die quantitative und qualitative Flächenoptimierung. Eng damit verbunden ist das **serviceorien-**

tierte **Flächenmanagement**. Es umfasst Aufgaben wie die Belegungsplanung, das Catering von Konferenz- und Schulungsräumen und die Bereitstellung entsprechender Medien- und Konferenztechnik.

Aufgabe des **anlagenorientierten Flächenmanagements** ist es, flächen- bzw. raumbezogen, die nutzerspezifischen Anforderungen hinsichtlich Lufttemperatur und –feuchtigkeit, notwendiger Netzanschlüsse, etc. zu analysieren und diese mit den Leistungen des technischen Gebäudemanagements zu verknüpfen.

Das **immobilienwirtschaftlich orientierte Flächenmanagement** beinhaltet die Erfassung und Bewertung von Leerständen, die Verknüpfung von Flächen und Räumen zu vermietbaren Einheiten sowie die Koppelung raumbezogener Bedarfsanforderungen und Servicelevels an Mietverträge und Mietnebenkostenabrechnungen.

Kaufmännisches Gebäudemanagement

Die Maßnahmen des technischen und infrastrukturellen Gebäudemanagements sowie des Flächenmanagements finden ihre Abbildung im kaufmännischen Gebäudemanagement. Zu den zentralen Aufgaben des kaufmännischen Gebäudemanagements zählen das Beschaffungsmanagement, die Objektbuchhaltung, das Kostenmanagement sowie das Vertragsmanagement (vgl. GEFMA 1996, S. 4f.; DIN 32736, S. 9f.).

Das **Beschaffungsmanagement** beinhaltet alle Leistungen, die der termingerechten und kostengünstigen Bereitstellung der für das Gebäudemanagement notwendigen Artikel und Leistungen dienen. Hierzu gehört die Auswahl von Lieferanten und Dienstleistern, die Vergabe der Aufträge sowie die Überprüfung von Lieferungen und Dienstleistungen z.B. hinsichtlich von Einsparungsmöglichkeiten.

Die **Kostenplanung** und –kontrolle umfasst die Erstellung von Kostenplänen, die laufende Erfassung der Istkosten, deren Vergleich mit den Sollkosten sowie die Veranlassung notwendiger Korrekturmaßnahmen. Unter dem Begriff Objektbuchhaltung werden sämtliche Aktivitäten subsumiert, die die ordnungsgemäße buchhalterische Verwaltung einer Immobilie sicherstellen. Dies beinhaltet

- die Erfassung und Abrechnung von Kapitalkosten, Abschreibungen, Steuern und Abgaben, Betriebskosten und sonstigen Kosten bzw. der Mieten und Mietnebenkosten bei angemieteten Immobilien,

- die Kontenführung,

- die Rechnungsprüfung und den Zahlungsverkehr (inkl. des Mahnwesens) und

- die Bearbeitung von Versicherungsfällen.

Ein weiterer wichtiger Aufgabenbereich des kaufmännischen Gebäudemanagements ist das **Vertragsmanagement**. Es umfasst die Gestaltung, die Überwachung sowie die Änderung von Verträgen, die mit Vermietern (bzw. Mietern), Dienstleistern, Lieferanten und Versorgungsträgern geschlossen werden.

4.4.5.3   Facilities Management in der Abrissphase

Vor dem Hintergrund knapper Ressourcen auf der einen Seite und überdurchschnittlich steigender Entsorgungskosten für Baureststoffe auf der anderen Seite ist es notwendig, sich im Rahmen des Facilities Management auch mit dem Abriss von Immobilien zu beschäftigen. Zielsetzung des Facilities Management in dieser Phase ist es vor allem, eine unter ökonomischen, aber auch ökologischen Gesichtspunkten optimale Entsorgung der Baureststoffe zu gewährleisten.

Bezüglich der Behandlung von **Baureststoffen** lassen sich vier verschiedene Strategien unterscheiden:

- die Vermeidung,

- die stoffliche Verwertung (Baustoffrecycling),

- die energetische Verwertung bzw. thermische Behandlung (Müllverbrennung)

- sowie die Deponierung (vgl. Philipp Holzmann AG, S. 121ff.).

Auch hier wird wieder deutlich, dass die grundlegenden Entscheidungen hinsichtlich der Entsorgungsmöglichkeiten von Baureststoffen bereits in der Planungs- und Erstellungsphase getroffen werden, wenn Bauart und Baustoffe einer Immobilie festgelegt werden. Beispielsweise wurde das 1904 erbaute Times-Tower-Gebäude in New York - nachdem sich die Nutzungsanforderungen im Laufe von 60 Jahren komplett verändert haben - nicht vollständig abgerissen. Vielmehr ließ man das Stahlskelett stehen und baute auf dieser Basis ein neues modernes Bürogebäude. **Recyclingmöglichkeiten** bestehen, mit wenigen Ausnahmen, für alle derzeit eingesetzten Baustoffe, wobei die mit der Aufbereitung verbundenen Kosten unterschiedlich hoch sind. Besonders problematisch ist die Verwendung von nicht wiederverwertbaren bzw. nicht brennbaren Baustoffen. Hier fallen, vor allem bei Sonderabfällen, z.B. kontaminiertem Bauschutt, hohe Kosten für die Deponierung an. Die Vorhersage, ob ein Baustoff am Ende seiner Nutzungszeit mit den dann gegebenen technischen Mitteln und mit vertretbarem Aufwand wiederverwertet werden kann, oder ob er kostenintensiv entsorgt werden muss, ist jedoch - wie das Beispiel Asbest verdeutlicht - nur bedingt möglich.

4.4.6 Markt für Facilities Management

Das Marktpotenzial in Deutschland für ein ganzheitliches, d.h. den gesamten Lebenszyklus einer Immobilie betrachtendes Facilities Management wurde für 2001 auf 389 Mrd. Euro geschätzt (vgl. Kriegesmann/Thomzik, S. 24). Es setzt sich zusammen aus ca. 259 Mrd. Euro für Planung und Erstellung von Immobilien und 130 Mrd. Euro für Aufwendungen in der Nutzungsphase (Potenzial Gebäudemanagement). Die Tatsache, dass nur ca. 31% der Gebäudenutzer eine Umstellung ihrer Gebäudebewirtschaftung in Erwägung ziehen und von diesen wiederum lediglich ein Drittel eine externe Vergabe für vorteilhaft halten (vgl. Kriegesmann/Thomzik, S. 24), zeigt die Schwierigkeiten, diesen Markt auch tatsächlich zu erschließen. Die GEFMA schätzt den Markt für Facilities Management im Jahr 2003 auf 50 Mrd. Euro (vgl. GEFMA/Helbing), wovon ca. 20,5 Mrd. unternehmensintern erbracht werden, insbesondere durch die öffentliche Hand. 4 Mrd. Euro entfallen auf **integrierte FM-Leistungen**, bei steigender Tendenz. Die verbleibenden 25,5 Mrd. Euro verteilen sich nach GEFMA-Schätzung auf die verschiedenen Bereiche des Facilities Management (vgl. Abbildung 99).

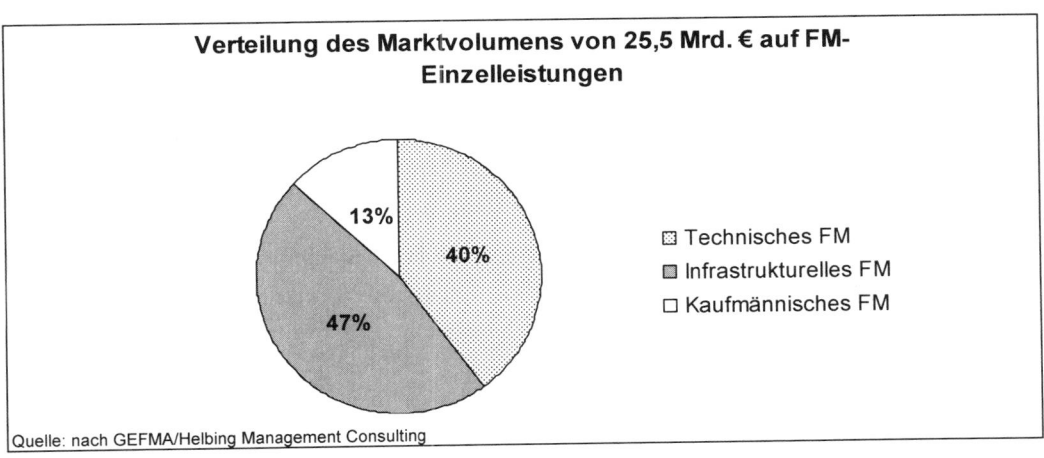

Abbildung 99: Marktvolumen FM-Dienstleistungen

Im infrastrukturellen FM entfällt der Hauptanteil der gesamt ca. 12 Mrd. Euro auf Reinigungsdienste (ca. 6,5 Mrd. Euro), gefolgt von Catering und Sicherheitsdiensten (je 2 Mrd. Euro).

Da der Gebäudebestand schon immer bewirtschaftet wurde, handelt es sich um keinen neuen Markt: Vielmehr sichern sich FM-Anbieter ihre Anteile durch Verdrängung bzw. Umstrukturierung. Einen Wettbewerbsvorteil schaffen sie sich dabei nicht alleine durch die Bündelung von Teilleistungen zu **Komplettangeboten**, es ist auch eine Auseinandersetzung mit der individuellen Problemlage der Kunden erforderlich, um im Dialog spezifische Angebotspakete entwickeln zu können (vgl. Kriegesmann/Thomzik, S. 26). Die Aussichten auf ein Marktwachstum werden kritisch beurteilt, da die jährliche Zunahme des Gebäudebestandes durch Optimierung und Automatisierung der Gebäudebewirtschaftung ungefähr ausgeglichen wird (vgl. GEFMA/Helbing).

Die **Anbieter von Facilities Management** entwickeln sich aus den verschiedensten Branchen. Zu nennen sind vor allem Anbieter, deren Herkunft im Anlagenbau (Heizung, Klima, Lüftung) liegt, sowie Anbieter aus den Bereichen Instandhaltung und Gebäudeinformation. Eine weitere große Gruppe kommt aus dem Segment Reinigungs- und Sicherheitsdienste. Darüber hinaus haben auch Softwareanbieter die Attraktivität des Marktes für Facilities Management erkannt. Hinzu kommen Projektentwickler und Bauunternehmen, die im Rahmen einer Neuordnung ihr Leistungsspektrum um den Bereich Facilities Management erweitert haben. Zunehmend treten auch ehemalige interne Dienstleistungscenter als Anbieter von Facilities Management-Leistungen auf. Sie machen sich die Erfahrungen aus dem Management ihrer eigenen Immobilien zunutze. Häufig steht ihnen hierfür überzähliges Personal aus abgebauten Unternehmensbereichen zur Verfügung. Verhältnismäßig klein ist die Anzahl der Anbieter, die ihren Ursprung im Bereich Immobilienverwaltung haben. Die vorangegangenen Ausführungen machen deutlich, dass das Angebot externer Dienste sehr unübersichtlich ist (vgl. Schneider, S. 194ff.).

In Deutschland gibt es bislang nur wenige Unternehmen, die in der Lage sind, das gesamte Spektrum des Facilities Management abzudecken (vgl. Blumenthal). Im Allgemeinen konzentrieren sich die Anbieter auf ihren ursprünglichen Leistungsbereich und offerieren nur Teilaspekte. Um Komplettangebote anbieten zu können, werden Leistungen an Subunternehmer weitergegeben oder strategische Allianzen mit anderen Anbietern eingegangen.

Die Anbieterstruktur ist geprägt von einigen wenigen großen Unternehmen, die zumeist internationalen Hintergrund haben, einigen mittelgroßen Anbietern und einer Vielzahl von kleinen bis sehr kleinen Anbietern; bei letzteren handelt es sich insbesondere um Softwareunternehmen.

4.4.7 Fazit

Facilities Management zeichnet sich durch seinen ganzheitlichen Ansatz aus: die Betrachtung einer Immobilie über ihren gesamten **Lebenszyklus** hinweg zielt auf eine nachhaltige Optimierung der baulichen Anlage. Daraus ergibt sich die Forderung, Facilities Management nicht erst in der Nutzungsphase sondern bereits in der Planungsphase eines Objektes zu implementieren. So kommt die zu Beginn des Gebäude-Lebenszyklus besonders hohe Effektivität von Einsparmaßnahmen optimal zum Tragen.

Ganzheitlich wird auch ein weit gefasster Lebenszyklus-Ansatz nur, wenn er den Nutzer in den Mittelpunkt aller Überlegungen stellt. Die Erfüllung der physischen und psychischen Bedürfnisse der **Menschen am Arbeitsplatz** ist der Bewertungsmaßstab für die Leistungen des Facilities Managements. Dabei befindet sich der Arbeitsplatz im Wandel von einer statischen zu einer dynamischen Größe: Die Analyse von **Arbeitsprozessen** sollte daher der erste Schritt bei der Konzeption eines nachhaltig effizienten Gebäudes sein.

Literaturverzeichnis zu Kapitel 4.4

Altmannshofer, R.: Partnerschaftliches Outsourcing-Konzept, in: Facility-Manager, 12/2002, S. 32-33.

Amelung, V.: Die Erstellung von Gewerbeimmobilien – Struktur und Wandel des Marktes unter besonderer Berücksichtigung der Vergabe architektonischer Planungsleistungen, Hallstadt 1994.

ArbStättV Arbeitsstättenverordnung: § 23 Raumabmessungen, Luftraum, 1.Mai 1976.

Blumenthal, I.: Anforderungen an ein Marketingkonzept für Facilities-Management-Dienstleistungs-unternehmen – Ein Vergleich zwischen Theorie und Empirie, in: Schulte, K.-W. (Hrsg): Schriften zur Immo-bilienökonomie, Band 28, Köln 2004.

Brittinger, T.: Betriebswirtschaftliche Aspekte des Industriebaues: eine Analyse der baulichen Gestaltung industrieller Fertigungsstätten, Berlin 1992.

Bullinger, H.-J. u.a.: Zukunftsoffensive OFFICE 21. Büroarbeit in der dotcom-Gesellschaft gestalten, Köln 2000.

Daniels, K.: Low-Thech Light-Tech High-Tech: Bauen in der Informationsgesellschaft, Basel 1998.

DIN 4108: Wärmeschutz und Energie-Einsparung in Gebäuden, Teil 7: Luftdichtheit von Gebäuden, Ausga-be 2001-08.

DIN 18960: Nutzungskosten im Hochbau, 1999-08.

DIN 31051: Grundlagen der Instandhaltung, 2003-06.

DIN 32541: Betreiben von Maschinen und vergleichbaren technischen Arbeitsmitteln, 1977-05.

DIN 32736: Gebäudemanagement, Begriffe und Leistungen, 2000-08.

Gebbers, J-O. / Glück, U.: "Sick building"-Syndrom, in: Schweiz Med Forum, Nr. 5, 2003, S. 109 – 113.

Gebäude Management (Hrsg.): Gebäudemanagement – Outsourcing von Dienstleistungen, Frankfurt a.M. 1998.

GEFMA 100: Facility Management: Begriffe, Struktur, Inhalte, Bonn 1996.

GEFMA, Helbing Management Consulting (Hrsg.): Facility Management in Deutschland – Status und Per-spektiven, Marktstruktur 2000, Bonn 2000.

Gottschalk, O.: Verwaltungsbauten: flexibel, kommunikativ-nutzerorientiert, Wiesbaden u.a. 1994.

Hellerforth, M.: Facility Managament: Immobilien optimal verwalten, Freiburg/Berlin/München 2001.

Hörner, K.-H.: Benchmarking als Werkzeug im Planungsprozeß, in: Die ökologische Herausforderung in der Architektur. Nachhaltigkeit, Bilanzierung, Normung, Recycling. Hrsg.: Volz, Michael, Tübingen 1999.

Kahlen, H.: Facility Management 1. Entstehung, Konzeptionen, Perspektiven, Berlin, Heidelberg 2001.

Kelter, J.: Office Index 2000. Ergebnisse einer empirischen Studie zur Untersuchung von Büro-arbeitswelten und zukünftigen Entwicklungen, Fraunhofer IAO, Stuttgart 2001.

Kriegesmann, B./Thomzik, M.: Noch immer vor dem Durchbruch?, in: Facility Management 4/2004, S. 23-26.

Land Salzburg (Hrsg.), Abt. 15 Wirtschaft, Tourismus und Energie: Energieratgeber. Informationen und Tipps zum Energiesparen im Haushalt, Salzburg 2001.

Lorenz, D./Struhk, H./Schneider, F.: Lean-office: Die ganzheitliche Optimierung des Büros, Murnau 1994.

Meyer, K.-H.: Energiesparende Lüftung und Kühlung, in: Wohltemperierte Architektur: neue Techniken des energiesparenden Bauens, Hrsg. Oswalt, Ph., 2. durchges. Auflage, Heidelberg 1995.

Neufert, Peter und Cornelius: Neufert Bauentwurfslehre, 37. erweiterte und überarbeitete Auflage, Braunschweig, Wiesbaden 2002.

Pelzeter, A.: Büroarbeitsplätze – Die Sehnsucht nach der Höhle, in: Immobilien Zeitung Nr. 16/2003, S. 16.

Pelzeter, A.: Krankmacher – nicht nur Schall und Rauch, in: Immobilien Zeitung Nr. 20/2003, S. 41.

Pfnür, A./Hedden, N.: Ergebnisbericht zur empirischen Untersuchung „Corporate Real Estate 2002 - Institutionalisierung des betrieblichen Immobilienmanagements", IÖP Universität Hamburg 2002.

PHILIPP HOLZMANN AG (Hrsg.): Gebäude von morgen: Forschungsbericht, Neu-Isenburg 1996.

Pierschke, B.: Facilities Management, in: Schulte, K.-W./Schäfers, W. (Hrsg.): Handbuch Corporate Real Estate Management, S. 271-308, 1. Aufl., Köln 1998.

Preisig, H. u.a.: Der ökologische Bauauftrag. Ein Leitfaden für die umweltgerechte und kostenbewusste Planung, München 2001.

Richter, P.: Objekt-Management, in: Baumanagement im Lebenszyklus von Gebäuden, 1996.

Schneider, H.: Outsourcing von Gebäude- und Verwaltungsdiensten, Stuttgart 1996.

Schulte, K.W./Pierschke, B. (Hrsg.): Facilities Management, Köln 2000.

Seifert, F.: Was ist Facility Management? in: Facility-Management: strategisches Immobilienmanagement in der Praxis.Hrsg.: Köllgen, R., Wiesbaden 1998.

Steelcase Strafor (Hrsg.): Menschen im Büro, Motivation durch Gestaltung, Herzogenrath 1990.

Terhaag, L.: Thermische Behaglichkeit, in: Wohltemperierte Architektur: neue Techniken des energiesparenden Bauens, Hrsg.: Oswalt, Ph., 2. durchges. Aufl., Heidelberg 1995.

Wortmann, K.: Stand-by-Kampagne der Energiestiftung Schleswig-Holstein, www.wirklich-aus.de, 2001.

5 Funktionsspezifische Aspekte des Immobilienmanagements

5.1 Immobilienanalyse

Björn Isenhöfer, Arno Väth, Philip Hofmann

5.1 Immobilienanalyse

Björn Isenhöfer, Arno Väth, Philip Hofmann

5.1.1 Spektrum der Immobilienanalysen

5.1.1.1 Systematisierung

In der Praxis wird die Immobilienanalyse zumeist mit der Markt- und Standortanalyse gleichgesetzt; letztere bilden nur zwei, jedoch sehr wichtige Teilelemente, die auch den Mittelpunkt dieses Kapitels bilden. Wie aus Tabelle 29 hervorgeht, ist zunächst zwischen Basisanalysen und Spezialanalysen zu trennen.

Immobilienanalysen	
Basisanalysen	**Spezialanalysen**
Standortanalysen	Bewertungsanalysen
Marktanalysen	Investitionsanalysen
Gebäudeanalysen	Finanzierungsanalysen
Mietanalysen	Machbarkeitsstudien

Tabelle 29: Das Spektrum der Immobilienanalysen

Die obige Systematisierung verdeutlicht, dass Basisanalysen die Grundlage von Spezialanalysen darstellen. Gleichzeitig erlaubt das dargestellte Raster, die einzelnen Untersuchungsgebiete inhaltlich voneinander abzugrenzen und griffig zu definieren.

Die **Basisanalysen** sind „reine" Immobilienanalysen mit spezieller Ausrichtung auf die einzelnen Charakteristika, Potenziale und Probleme der jeweiligen Liegenschaft. Die Untersuchungsgebiete umfassen Standort-, Markt- und Gebäudeanalysen; im Fall von Anlageobjekten tritt die detaillierte Mietanalyse als viertes Untersuchungsfeld hinzu.

Dagegen integrieren **Spezialanalysen** die Ergebnisse der Basisanalysen mit dem Ziel, immobilienbezogene Entscheidungen vorzubereiten und zu unterstützen. Daher erstrecken sie sich über den gesamten Lebenszyklus einer Immobilie, angefangen von Machbarkeitsstudien bei Projektentwicklungen über Bewertungen, Investitions- und Finanzierungsanalysen bis hin zu Machbarkeitsstudien für Re-Developments und Revitalisierungen.

Dabei kann es zwischen den einzelnen Untersuchungsgebieten zu **fließenden Übergängen und Wechselbeziehungen** kommen. So bestimmt zum Beispiel bei Basisanalysen der Standort immer auch den Markt in geographischer Hinsicht. Ähnliches gilt bei Spezialanalysen zum Beispiel inso-

fern, als Bewertungsanalysen auch ein wichtiger Bestandteil von Machbarkeitsstudien sein können. Aus diesen Gründen ist die Erstellung einzelner Teilanalysen eher die Ausnahme als die Regel (vgl. Clapp/Messner, S. 3f.).

Außerdem bleibt festzuhalten, dass die oben dargestellten Immobilienanalysen nicht immer zum
Ziel haben müssen, zu einem einzigen Ergebnis bzw. einer einzelnen Beurteilung zu führen. Statt-
dessen können sie auch explizit darauf ausgerichtet sein, eine Reihe verschiedener Szenarien bzw.
Alternativen zu erarbeiten, vorzustellen und kritisch zu beurteilen.

5.1.1.2   Arten von Immobilienanalysen

5.1.1.2.1 Basisanalysen

In der Literatur werden die Standortanalyse und die Marktanalyse in der Regel nicht getrennt definiert. Nach einer weit verbreiteten Begriffsbestimmung ist unter der Standort- und Marktanalyse
(STOMA) eine „ objektive, methodisch aufgebaute, fachlich fundierte Untersuchung der wesentlichen Rahmenbedingungen für eine Immobilieninvestition zu verstehen. Dazu gehört das systematische Sammeln, Gewichten und Bewerten von direkt und indirekt mit der künftigen Entwicklung
einer Immobilie im Zusammenhang stehenden Informationen über den (Makro- und Mikro-
)Standort, über den Nutzermarkt (wirtschaftliche Grundlagen des Flächenbedarfs) und über den
Immobilienmarkt (Angebot von, Nachfrage nach, Preis von Immobilien") (Muncke/Dziomba/
Walther, S. 133).

Eine andere Begriffsbestimmung orientiert sich am Lebenszyklus der Immobilie und unterstreicht
die Bedeutung der Standort- und Marktanalyse im Hinblick auf die Entscheidungsfindung bei
Immobilieninvestitionen: „Die Ansprüche an eine Standort- und Marktanalyse sind hoch. So muss
die Standort- und Marktanalyse alle für die Beurteilung der Entwicklungsmöglichkeiten der Immobilie notwendigen Rahmenbedingungen darstellen und die Faktoren bzw. Risiken aufzeigen,
die für einen nachhaltig erfolgreichen Betrieb der Immobilie relevant sind. Sie liefern somit die
wesentlichen Grundlagen für ein Immobilien-Investment" (vgl. Stadelmeyer/Falk, S. 351).

Da diese beiden Definitionsansätze die Standortanalyse nicht klar von der Marktanalyse abgrenzen, soll an dieser Stelle eine genauere Begriffsbestimmung dieser beiden Analysen erfolgen.

Anhand von **Standortanalysen** werden die Charakteristika eines Grundstücks und dessen Umfeldes in kritischer Art und Weise untersucht. Da sich Standorte nur über langfristige Zeithorizonte
verändern, sind diese Untersuchungen eher auf eine lange Sicht angelegt. Die Standortanalyse basiert i.d.R. sowohl auf einer Beurteilung des Mikrostandortes (das Grundstück und dessen unmit-
telbares Umfeld) als auch des Makrostandortes (Stadtteil, Stadt oder Ballungsraum). Lage, Größe
und Zuschnitt eines Grundstücks bestimmen dessen Nutzungspotenziale und definieren dadurch

den geographischen Umfang des Mikro- und Makrostandortes. Neben dieser Unterscheidung wird im Hinblick auf die Standortfaktoren gemeinhin nach „harten", d.h. quantifizierbaren Einflussfaktoren (beispielsweise Grundstücksgröße, Infrastruktur, Distanzen, etc.) und „weichen", d.h. schwer zu quantifizierenden Kriterien (beispielsweise Standortimage, Umfeldqualität oder die Qualität der Aussicht) unterschieden.

Die verschiedenen **Marktanalysen** bezwecken die Einschätzung der Angebots- und Nachfragesituation in Eigennutzer-, Anlage- und Vermietungsmärkten. In Abhängigkeit vom angestrebten Genauigkeitsgrad erfolgt eine „aggregierte Analyse", d.h. eine Untersuchung des Gesamtmarktes oder eine „disaggregierte Analyse", die auf einer genauen Differenzierung in räumliche und/oder sachliche Teilmärkte basiert. Darüber hinaus lassen sich Marktanalysen in „quantitative Analysen", d.h. Untersuchungen von Angebot und Nachfrage auf m²-Basis, und „qualitative Analysen" unterscheiden. Die qualitativen Analysen sind darauf ausgerichtet herauszufinden, welche Flächentypen und -standards im Markt gehandelt bzw. angeboten oder nachgefragt werden. In zeitlicher Hinsicht zielen Markterhebungen darauf ab, entweder die Marktentwicklung der Vergangenheit zu dokumentieren, die aktuelle Marktsituation (Marktmieten, Kaufpreise, Leerstand, etc.) darzustellen, oder auf Basis von Marktprognosen Schätzungen über die zu erwartenden Markttrends abzugeben. Diese können je nach Aufgabenstellung kurz-, mittel- oder langfristig angelegt sein. Wettbewerbsanalysen sind eine Sonderform der Marktanalyse, die auf dem direkten Vergleich konkurrierender Immobilien aus der Sicht potenzieller Nutzer oder Investoren beruhen. Ihr Ziel ist die objektivierte Bestimmung der relativen Marktposition eines Immobilienprojektes oder -objektes im Vergleich zu den jeweiligen Konkurrenzimmobilien. Eine weitere Sonderform sind Transaktionsanalysen, die auf detaillierten Auswertungen relevanter Miet- und Kauftransaktionen beruhen.

Die **Gebäudeanalysen** sind darauf ausgerichtet, die bauliche Gestaltung der Immobilie im Hinblick auf Ausstattungs- und Qualitätsstandards zu beurteilen und eventuelle Mängel oder Schäden festzustellen. Darüber hinaus ist die marktkonforme Ermittlung der vermietbaren Fläche ein Beurteilungskriterium. Immer bedeutender wird die Einschätzung der Nutzungsflexibilität, da die Marktgängigkeit einer Immobilie in hohem Maße dadurch beeinflusst wird. Während bei Wohn- und Sonderimmobilien die Flexibilität naturgemäß sehr eingeschränkt ist, gilt sie speziell bei Gewerbeimmobilien als besonders wichtig. So sollten beispielsweise Bürogebäude idealerweise im Hinblick auf Flächenstruktur (Einzelmieter und kleinteilige Vermietung), Konfigurationsmöglichkeiten (Zellen-, Kombi- und Gruppenbüros) sowie Ausstattungsstandard (Doppelböden, Decken, Klimaanlage, etc.) möglichst anpassungsfähig sein. Ein weiteres wichtiges Beurteilungskriterium ist die „Effizienz": Darunter versteht man die Flächeneffizienz (Anteil der vermietbaren Fläche an der Gesamtfläche), die Bewirtschaftungseffizienz (Höhe der Bewirtschaftungskosten) und die Nutzungseffizienz (Kosten-/Nutzenverhältnis der Gebäudeausstattung).

Im Rahmen von **Mietanalysen** werden Mieterbonität, Mietermix und Mietvertragsstrukturen (Laufzeiten, Umlageregelungen, Indexierung und Optionsrechte) untersucht. Sie dienen der Schätzung der Cash Flows sowie der Ermittlung eventueller Differenzen zwischen Vertrags- und Marktmiete. Im Falle leerstehender bzw. unvermieteter Flächen müssen in diesem Zusammenhang Überlegungen angestellt werden, welche Mietertypen für die einzelnen Flächen in Frage kommen und zu welchen Konditionen sie sich vermarkten lassen. Die relative Bedeutung der existierenden Mietverhältnisse nimmt mit der Vertragslaufzeit zu, da die Mietwertentwicklung dadurch vorbestimmt wird. Die Rendite und das Risiko von Immobilieninvestitionen stehen daher im direkten Zusammenhang damit. Dies gilt besonders im gewerblichen Immobilienbereich, der durch langfristige Mietverträge und relativ große Verhandlungsfreiheit charakterisiert ist.

5.1.1.2.2 Spezialanalysen

Bewertungsanalysen dienen der objektiven Ermittlung des Verkehrswertes mittels Vergleichs-, Ertrags- oder Sachwertverfahren und stellen insofern die Aufbereitung von Basisanalysen zum Zwecke der Wertermittlung dar. So ist zum Beispiel die Ableitung von Vergleichswerten oder die Ermittlung des Bodenwertes im Rahmen des Ertragswertverfahrens nur auf Grundlage detaillierter Standort- und Marktanalysedaten möglich. Andererseits ist zum Beispiel eine Gebäudeanalyse wesentlicher Bestandteil des Sachwertverfahrens (vgl. dazu ausführlich Kapitel 5.2; Immobilienbewertung).

Die Erstellung von **Investitionsanalysen** dient der qualitativen und quantitativen Beurteilung von Renditeobjekten. Die qualitative Analyse umfasst alle originären Untersuchungen, d.h. Standort-, Markt-, Gebäude- und Mietanalysen und stellt gewissermaßen eine „Vorselektion" dar. Darauf aufbauend werden im Zuge der quantitativen Analysen die individuellen Rendite-, Risiko- und Fungibilitätsaspekte der Immobilie beurteilt, die wichtige Eingangsgrößen der Investitionsrechnung darstellen. Deren Aufgabe liegt in der Feststellung der voraussichtlich erzielbaren Rendite bzw. der Bestimmung des vertretbaren Kaufpreises mittels „dynamischer" und „statischer" Methoden der Investitionsrechnung (vgl. dazu ausführlich Kapitel 5.4; Immobilieninvestition).

Die **Finanzierungsanalysen** sind in erster Linie auf die Ermittlung des Beleihungswertes ausgerichtet, der sich primär aus der Bonität des Investors sowie dem erwarteten Risikograd der Investition ergibt. Während früher im Rahmen der Immobilienfinanzierung die Prüfung des Kreditnehmers im Vordergrund stand, sind heutzutage in immer höherem Maße qualifizierte und detaillierte Prüfungen der Immobilien erforderlich. Dies gilt insbesondere bei der Finanzierung von Management- oder Auslandsimmobilien sowie bei der Finanzierung von Projektentwicklungen (vgl. dazu ausführlich Kapitel 5.3; Immobilienfinanzierung).

Eine **Machbarkeitsstudie** dient als Konzeptions- und Entscheidungsgrundlage bei Projektentwicklungen. Zu diesem Zweck werden Projektkonzeptionen erstellt und anschließend im Hinblick auf ihre wirtschaftliche Tragfähigkeit überprüft. Bei der Erstellung für Eigennutzer sind die Rahmenbedingungen relativ konkret, während bei spekulativen Developments die Entwicklung einer Nutzungskonzeption die anspruchsvollste Aufgabe darstellt. Leitgedanke ist hier die optimale Zusammenführung von Lage, Nutzung und Timing. Die entsprechende Konzeption wird im angelsächsischen Raum als "Highest and best use" bezeichnet und soll den Bodenwert als Residualgröße maximieren. Auf Basis von Standort-, Markt- und eventueller Gebäudeanalysen werden die spezifischen Stärken, Schwächen, Chancen und Risiken einer Immobilie mit dem Ziel untersucht, die wirtschaftlich optimale Nutzungsvariante zu erarbeiten. Die „Machbarkeit" eines konkreten Projektes kann allerdings nur durch die Einbeziehung entsprechender Bewertungs-, Investitions- und Finanzierungsanalysen beurteilt werden (vgl. dazu ausführlich Kapitel 4.2; Projektentwicklung).

5.1.1.3 Stellenwert der Standort- und Marktanalyse

Der Forschungsdisziplin der Standort- und Marktanalyse kam in der Vergangenheit in Deutschland nicht die gebührende Aufmerksamkeit zu. Selbst in Großbritannien und den USA, den Ländern mit der größten Forschungs- und Ausbildungstradition, gab es relativ wenige Veröffentlichungen zu diesem wichtigen Thema (vgl. Clapp, 1987, S. 1; Fanning/Grissom/Pearson et al., S. 5; Jaffe/Sirmans, S. 37).

Im Gegensatz zum geringen Stellenwert seitens der Theorie wurden von der Praxis im Verlauf des letzten Jahrzehntes immer höhere Anforderungen an Standort- und Marktanalysen gestellt. Die Notwendigkeit ausführlicher Standort- und Marktanalysen wurde den Akteuren insbesondere durch die hohe Zahl notleidender Projektentwicklungen in Verbindung mit den Sonder-AfA- basierten Investitionen im Osten der Republik aufgezeigt.

Die zunehmende räumliche und sachliche Differenzierung der Nutzerbedürfnisse, die immer kürzer werdenden Lebenszyklen der Objekte in Verbindung mit einer fortschreitenden Institutionalisierung der Immobilienwirtschaft haben die Analysestandards deutlich erhöht. Ließ sich die Analyse vor einigen Jahren noch als deskriptiv und vergangenheitsbezogen beschreiben, ist sie bereits heute zunehmend geprägt von analytischen Methoden, einer zukunftsgerichteten Sichtweise und professionelleren Analysten (vgl. Beyerle, o. S.).

Zur Vermittlung dieser Perspektive wird in diesem Kapitel versucht, einerseits die relevant erscheinenden theoretischen Ansätze zusammenzufassen und andererseits das grundlegende Praxiswissen kompakt und anwendungsorientiert zu vermitteln.

5.1.2 Standorttheorien

5.1.2.1 Überblick

Eine Reihe wirtschaftswissenschaftlich geprägter Ansätze zur Entwicklung von Standorttheorien wurde von deutschen Ökonomen ausgearbeitet, die als Pionierleistungen auf diesem Gebiet gelten. Obwohl diese Theorien teilweise sehr abstrakt angelegt sind, vermitteln sie nicht nur die Problematik der unternehmerischen Standortwahl, sondern auch hilfreiches Hintergrundwissen zur wirtschaftlichen Entstehung von Standortstrukturen. Da die Wertentwicklung bei Immobilien in erster Linie von der Dynamik der örtlichen Wirtschaftsaktivität abhängt, können sie insofern zum Verständnis der Zusammenhänge beitragen.

Schließlich schafft erst die Existenz von Arbeitsplätzen – sei es im primären, sekundären oder tertiären Sektor oder im öffentlichen Bereich – eine kaufkräftige Nachfrage nach „Raum" für die unterschiedlichsten Nutzungen (vgl. Wurtzebach/Miles, S. 41). Deshalb werden die folgenden vier als besonders relevant erscheinenden Standorttheorien nachfolgend kurz vorgestellt:

- Die Standorttheorie der Landwirtschaft von v. Thünen
- Die Standorttheorie der Industrie von Weber
- Die Theorie der Zentralen Orte von Christaller
- Die Theorie der Wachstumspole von Perroux.

Zwei Einschränkungen unterliegen die dargestellten Theorien allerdings: Einerseits betrachten sie die Standortproblematik in erster Linie aus der Sicht von Unternehmen, andererseits basieren diese Erklärungsansätze wegen ihrer quantitativen Ausrichtung lediglich auf harten Standortfaktoren, primär dem Kriterium der räumlichen Distanz. Die Wirkungen externer Effekte (weiche Standortfaktoren, Agglomerationswirkungen, etc.) lassen sich nicht in die Betrachtung einbeziehen und werden deshalb wegdefiniert. Da deren Bedeutung jedoch zunimmt, wird der Stellenwert dieser Kriterien gegen Ende dieses Abschnitts ebenfalls diskutiert. Dadurch sollen auch die Grenzen der Theorien im Hinblick auf ihre Übertragbarkeit auf die Praxis aufgezeigt werden.

5.1.2.2   Standorttheorie der Landwirtschaft von v. Thünen

Der erste Ansatz einer modellhaften Durchdringung von räumlichen Nutzungsstrukturen – und damit Standortstrukturen – findet sich in von Thünen's Werk „Der isolierte Staat in Bezug auf Landwirtschaft und Nationalökonomie" aus dem Jahr 1826. Johannes von Thünen sah sich als ostelbischer Großgrundbesitzer gleichzeitig der Kommerzialisierung der Landwirtschaft durch die Entstehung eines Weltmarktes und dem damit einhergehenden Übergang von der traditionellen extensiven Dreifelderwirtschaft zu vielfältigeren Nutzungsformen gegenüber (vgl. Läpple, 1986, S. 174).

Insbesondere interessierte ihn, wie sich Ackerland in Abhängigkeit von bestimmten Preisniveaus durch standortadäquaten Anbau einzelner Früchte optimal nutzen lässt. Thünens Ansatz ist gewissermaßen die Grundlage des „Highest and best use", der sich bei landwirtschaftlicher Nutzung über den Ertrag, den Preis und die Transportkosten der Früchte ergibt (vgl. Wurtzebach/Miles, S. 42). Die Basis seines Modells bildet die Annahme einer homogenen Fläche, in deren Mitte ein zentraler Markt – die Stadt – liegt. Daraus resultierten die „Thünen'schen Kreise", die in einfacher Weise darstellen, wie mit zunehmender Entfernung vom zentralen Markt die Bodennutzung extensiver werden sollte (siehe Abbildung 100). Ab einer gewissen Distanz ist die landwirtschaftliche Produktion nicht mehr rentabel, da die Kosten – vor allem für Transporte – die erzielbaren Erträge übertreffen. Die ideale Nutzungsstruktur wären daher ringförmige „Monokulturen", die sich um den zentralen Markt gruppieren.

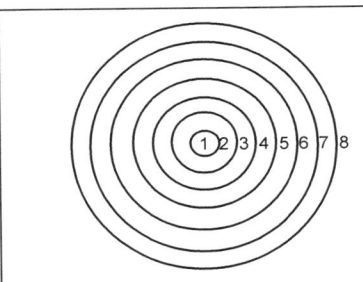

	1. Der zentrale Markt
	2. Gemüse- und Milchwirtschaft
	3. Forstwirtschaft
	4. Fruchtwechselwirtschaft
	5. Koppel- und Feldgraswirtschaft
	6. Dreifelderwirtschaft
	7. Viehzucht
	8. Jagd

Quelle: v.Thünen

Abbildung 100: Standortmodell der Landwirtschaft von v. Thünen (1826)

Durch das Konzept der Differentialrente lassen sich die Distanzen rechnerisch exakt ermitteln, innerhalb derer gewisse Landnutzungen wirtschaftlich sinnvoll sind. Preisunterschiede bzw. -verschiebungen schlagen sich unmittelbar in der Nutzung der Flächen nieder, denn der Reingewinn wird maximiert, indem die Nutzung in Abhängigkeit vom Standort optimiert wird (vgl. Läpple, S. 176).

Da diese Theorie am Anfang des 19. Jahrhunderts entstand, wundert es nicht, dass sie sich ausschließlich auf die Landwirtschaft bezieht. Abgesehen von vielen vereinfachenden Annahmen wird jedoch erstmals ein geschlossener Ansatz zum Zusammenhang zwischen Transport- und Produktionskosten und der daraus resultierenden optimalen Nutzungsstruktur entwickelt (vgl. Wurtzebach/Miles, S. 41).

5.1.2.3 Standorttheorie der Industrie von Weber

Die industrielle Standorttheorie begründete Webers Veröffentlichung „Über die Standortwahl der Industrien" (1909 und 1923). Den historischen Rahmen dieser Veröffentlichung setzt der Prozess der industriellen Verstädterung, die sich aus der Industrialisierung und der damit einhergehenden Bevölkerungsexplosion ergeben hat (vgl. Läpple, S. 181). Innerhalb Webers Werks lassen sich zwei Standorttheorien unterscheiden: Erstens die **„Reine Theorie des Standortes"**, deren Zweck in der mikroökonomisch geprägten Erklärung der Standortwahl und räumlichen Anordnung von Industriebetrieben liegt. Zweitens die **„Kapitalistische Theorie des Standortes"**, die auf Basis deduktiver Erklärungsansätze die Auswirkungen des Großkapitalismus auf Arbeitsmarkt, Bevölkerung und die Entwicklung von Städten beschreibt.

Die „Reine Theorie des Standortes" ist daher eingebettet in die „Kapitalistische Theorie des Standortes", die den einschneidenden Wandel der Wirtschafts-, Bevölkerungs-, und Gesellschaftsstruktur und deren räumliche Auswirkungen erklärt (vgl. Läpple, S. 182). Aufgrund ihrer deskriptiven und soziologischen Prägung ging diese Arbeit jedoch in der ökonomischen Forschung weitgehend unter. Stattdessen setzten sich Ökonomen primär mit der „Reinen Theorie des Standortes" auseinander, die auch als „allgemeine Theorie des Standortes" bezeichnet wird. Trotzdem erscheint die Feststellung wichtig, dass Weber nicht primär die Entwicklung eines Modells der unternehmerischen Standortwahl, sondern eine Erklärung des tief greifenden wirtschaftlichen Strukturwandels der Gründerzeit anstrebte.

Webers **Reine Theorie** begründet den Begriff des „Standortfaktors". Er definiert diesen Begriff „als einen Kostenvorteil, der für eine wirtschaftliche Tätigkeit dann eintritt, wenn sie sich an einem bestimmten Ort (...) vollzieht" (vgl. Weber, 1909, S. 16 aus Heuer, S. 44). Der Begriff wird weiter präzisiert, indem er zwischen „generellen" und „speziellen" Standortfaktoren unterscheidet. Nach seiner Meinung haben generelle Standortfaktoren, d.h. allgemein verfügbare Faktoren, die für alle Industrien bedeutend sind, Deglomerationswirkung. Im Gegensatz dazu können spezielle Standortfaktoren, d.h. Kriterien, die nur für einzelne Wirtschaftszweige oder Unternehmen relevant sind, Agglomerationen erzeugen (vgl. Holz, S. 31).

Die unterschiedliche geographische Verfügbarkeit einzelner Standortfaktoren führt auf diese Weise zu divergierenden wirtschaftlichen Entwicklungen einzelner Regionen. Da seiner Meinung nach für Standortentscheidungen regionale Faktoren relevant sind, vollzieht sich die eigentliche Standortwahl i.d.R. auf lokaler Ebene und wird deshalb primär durch die Transportkosten bestimmt. Unternehmen sollten sich deshalb am so genannten „Transportkostenminimalpunkt" ansiedeln.

Dieser mikroökonomische Ansatz der Industriestandortlehre stellt das erste theoretische Modell der unternehmerischen Standortwahl dar. Aufgrund des hohen Abstraktionsgrades, der Verwendung eines mechanischen Analogons zur Feststellung des Transportkostenminimalpunktes und der vielen einschränkenden Prämissen stieß er allerdings auf Kritik und wurde durch andere Ökonomen überarbeitet. Die zunehmende Komplexität konnte zwar die Realitätsnähe des Modells steigern, die Grundgedanken bleiben allerdings dieselben.

Im Gegensatz dazu stellt Webers **Kapitalistische Theorie** die so genannte „kapitalistische Arbeitsunterlage", d.h. den Arbeitsmarkt, in den Mittelpunkt der Betrachtungen. Deren Ausgangspunkt war die Beobachtung, dass die „Milieubedingungen" des Kapitalismus – hohe Beschäftigungs- und Bevölkerungskonzentrationen – dazu führen, dass die relative Bedeutung der Transportkosten sinkt. Zusätzlich forcieren Produktivitätssteigerungen und Transportkostensenkungen infolge technologischen Fortschritts die Umschichtung der Produktion von schweren geringwertigen Massengütern zu wertschöpfungsintensiven Gütern. In der Folge wird die Transportkostenorientierung durch die Arbeitskostenorientierung ersetzt (vgl. Läpple, S. 185).

Die Wechselwirkungen zwischen Arbeitsmarkt und Kapitalismus beeinflussen daher die Entwicklung der Städte bzw. Städteagglomerationen in hohem Maße. „Was es also bei der heutigen Standortlehre zu erklären gilt sind nicht bloß, wie beim landwirtschaftlichen Körper, die Gesetze der Verteilung der einzelnen Produktionsarten über die Fläche, sondern auch die Zusammenhänge und Verhältnisse, durch die sie im Wege ihrer Standortorientierung jene merkwürdigen Wirtschafts- und Bevölkerungskolosse schaffen, die wir in den Industriebezirken und im Großstadtaufbau der modernen Wirtschaft vor uns sehen" (vgl. Läpple, S. 181).

Das Erkenntnisinteresse der Standorttheorie sollte daher nicht nur aus dem Blickwinkel der Betriebswirtschaftslehre gesehen werden, sondern auch vor dem Hintergrund der zahlreichen Wechselwirkungen und Kopplungseffekte mit der Beschäftigungs- und Bevölkerungsentwicklung. Nicht zuletzt wegen dieser ganzheitlichen Betrachtungsweise stieß dieser Ansatz auf eine geringe Resonanz seitens der Vertreter der „reinen Lehre". Trotz aller Einschränkungen und Kritik hat Weber den Grundstein der modernen Standorttheorien gelegt, und vor allem die kapitalistische Theorie verdeutlicht die Interdisziplinarität der Standortproblematik.

5.1.2.4 Theorie der Zentralen Orte von Christaller

Im Gegensatz zur industriellen Standortlehre von Weber befasst sich das Standortmodell von Christaller mit der Verteilung von Produzenten und Konsumenten innerhalb eines festgelegten Gebiets. Sein 1933 veröffentlichtes Werk „Die Zentralen Orte in Süddeutschland" stellt nach eigener Aussage eine „ökonomisch-geographische Untersuchung über die Gesetzmäßigkeit der Anzahl, Verteilung und Größe der städtischen Siedlungen dar" (vgl. Christaller, S. 3 (Vorwort) aus Heuer, S. 50). In diesem Modell werden wirtschaftliche Beziehungen zwischen den einzelnen Akteuren der Stadt (Produzenten) und des Umlands (Konsumenten) anhand idealtypischer räumlicher Strukturen erläutert, wobei **„Zentrale Orte"** grundlegende Bedeutung haben.

Darunter versteht Christaller Städte, die üblicherweise im Mittelpunkt einer Region liegen und gegenüber den sie umgebenden „dispersen Ortschaften" aufgrund der Übernahme zentraler Funktionen durch „relativen Bedeutungsüberschuss" gekennzeichnet sind. Der Grad der Zentralität steigt mit dem Angebot „zentraler" Güter und Dienste, die wiederum durch die Anzahl der zentralen Einrichtungen vor Ort bestimmt wird. Diese umfassen Institutionen (1) der Verwaltung, (2) von kultureller und kirchlicher Bedeutung, (3) von sanitärer Bedeutung, (4) von gesellschaftlicher Bedeutung, (5) zur Organisation des wirtschaftlichen und sozialen Lebens, (6) des Handels und des Geldverkehrs, (7) gewerbliche Einrichtungen, (8) des Arbeitsmarktes sowie (9) Einrichtungen des Verkehrs (vgl. Christaller, S. 139 aus Heuer, S. 51).

Die jeweilige Anzahl der genannten Einrichtungen an einem Zentralen Ort würde sich als Zentralitätsmaßstab anbieten, eine relative Bestimmung des Zentralitätsgrades ist auf diese Weise allerdings nicht möglich. Daher verwendet Christaller die Anzahl der Telefonanschlüsse als Zentralitätsindikator. Durch die Telefonformel (vgl. Abbildung 101) leitet er eine Hierarchie von zehn Zentralitätsstufen ab, angefangen vom „hilfszentralen Ort" bis hin zum so genannten „Reichshauptort" (vgl. Christaller, S. 50 aus Heuer, S. 58).

Christaller stellte anhand seiner Untersuchungen empirisch fest, dass „zentrale Güter höherer Ordnung" mit einem entsprechend großen Einzugsbereich in „zentralen Orten höherer Ordnung" angeboten werden müssen, um eine flächendeckende Versorgung zu gewährleisten. Umgekehrt erfolgt die Distribution „zentraler Güter niederer Ordnung" durch „zentrale Orte niederer Ordnung".

$$Z_z = T_z - E_z * (T_g / E_g)$$

Z_z = Zentralitätsgrad

T_z = Anzahl der Telefonanschlüsse innerhalb des zentralen Orts

T_g = Anzahl der Telefonanschlüsse innerhalb des Gebietes

E_z = Einwohnerzahl des zentralen Ortes

E_g = Einwohnerzahl des Gebietes

Quelle: HEUER, S. 50

Abbildung 101: Telefonmethode von Christaller (1933)

Falls also ein Gebiet flächendeckend und gleichmäßig versorgt werden soll, lässt sich dies am besten dadurch erreichen, dass alle zentralen Orte dieselbe Entfernung voneinander haben, d.h. wenn diese Orte auf den Eckpunkten gleichseitiger Dreiecke liegen, die sich zu Sechsecken ergänzen (vgl. Heuer, S. 52). Diese Überlegung führt zur Entwicklung des „Bienenwabensystems", das die ökonomisch idealtypische Verteilung der zentralen Orte innerhalb eines Marktgebietes beschreibt (vgl. Abbildung 102).

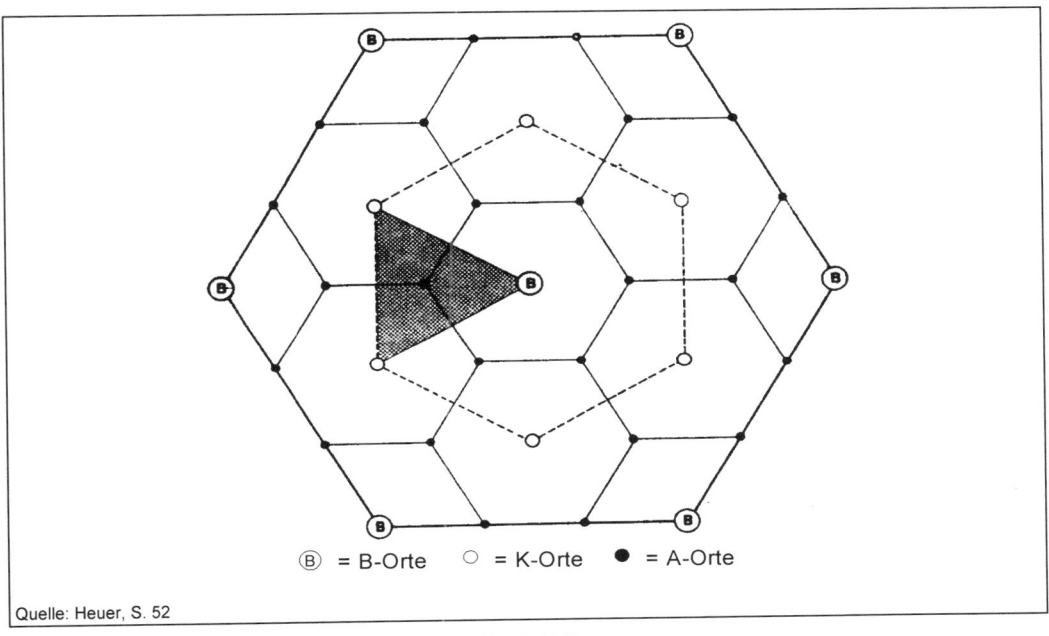

Quelle: Heuer, S. 52

Abbildung 102: Bienenwabensystem von Christaller (1933)

Der zentrale „Bezirkshauptort" (B-Ort) in Abbildung 102 versorgt sein Umland mit „zentralen Gütern". Während „Güter höherer Ordnung" aufgrund der Größe des Absatzgebietes i.d.R. großräumig angeboten werden, ist das Angebot an „Gütern niederer Ordnung" – aufgrund des kleineren Einzugsgebietes – üblicherweise eher kleinräumig. Diese Unterversorgung des Umlandes führt dazu, dass sich um einen „Bezirkshauptort" sechs so genannte „Kreisstädtchen" (K-Orte) entwickeln, deren wirtschaftliche Funktion in der Versorgung ihrer entsprechend kleineren Bienenwabe besteht. Falls der Absatzradius der Güter niederer Ordnung weiter sinkt, entstehen zusätzlich um jedes „Kreisstädtchen" nochmals sechs „Amtsstädtchen" (A-Orte). Die Hierarchie und räumliche Struktur der Zentren ergibt sich insofern aus der Entwicklung eines flächendeckenden Versorgungsnetzes.

Die Kritik an der Theorie der zentralen Orte basiert auf den vielen einschränkenden Prämissen des Modells: Die Annahme einer gleichmäßigen Verteilung der Ressourcen, der Bevölkerung, der Kaufkraft und der Bedürfnisse ist in der Tat realitätsfern, denn Topographie, Transportsystem sowie Sondereinflüsse durch regionale Spezialisierung werden ignoriert (vgl. Holz, S. 20). Kritiker stellten die Aussagekraft seiner Erhebung, die eigentlich die Theorie empirisch belegen sollte, in Frage (vgl. Fanning/Grissom/Pearson, S. 94). Darüber hinaus wird bemängelt, dass das Modell ungeeignet zur Erklärung der Entwicklung von Industriestandorten erscheint, da es einseitig distributions- und absatzorientiert ist.

Allerdings ist die wabenförmige Erschließung von Marktgebieten das theoretisch optimale Vorgehen bei der Standortwahl von Dienstleistungsunternehmen sowie bei der Ansiedlung von Einrichtungen der öffentlichen Hand. Deshalb wird die Theorie auch als Standortbestimmungslehre des tertiären Sektors und der öffentlichen Hand betrachtet (vgl. Heuer, S. 56). Die Umsetzung der Theorie der Zentralen Orte erfolgte durch das Bundesraumordnungsgesetz, in dem die „Schaffung gleichwertiger Lebensbedingungen im Bundesgebiet" explizit als Ziel formuliert wurde (vgl. Holz, S. 20). Nach einem Jahrzehnt der Diskussionen und des Widerstands einiger Bundesländer wurde es 1975 mit folgender Zielbestimmung verabschiedet (vgl. Hübler, S. 115): „Gleichwertige Lebensbedingungen im Sinne dieses Programms sind gegeben, wenn für die Bürger in allen Teilräumen des Bundesgebietes ein quantitativ und qualitativ angemessenes Angebot an Wohnungen, Erwerbsmöglichkeiten und öffentlichen Infrastruktureinrichtungen in zumutbarer Entfernung zur Verfügung steht und eine menschenwürdige Umwelt vorhanden ist; in keinem dieser Bereiche soll ein bestimmtes Niveau unterschritten werden." Die daraus abgeleiteten Handlungsziele zum Ausgleich regionaler Disparitäten führten zu Maßnahmen zur Verbesserung der Infrastruktur, der regionalen Wirtschaftsstruktur und der Umweltqualität im Zuge der räumlichen Entwicklungspolitik. Insofern wurde Christallers Konzept der **„dezentralen Konzentration"** erfolgreich auf die Praxis der Raumplanung und -entwicklung übertragen.

5.1.2.5   Theorie der Wachstumspole von Perroux

Im Gegensatz zum Modell von Christaller, das primär das Verhältnis zwischen einer einzelnen Stadt und deren Umland charakterisiert, ist die vom Franzosen Perroux formulierte Theorie der regionalen Wachstumspole (1952) auf Standortbeziehungen zwischen einzelnen Regionen ausgerichtet. Ausgangspunkt ist die Beobachtung, dass wirtschaftliches Wachstum selten gleichmäßig stattfindet, sondern oft auf bestimmte „Wachstumspole" konzentriert ist.

Diese regionalen Agglomerationen werden durch bestimmte Wachstumsbranchen geprägt, die auf ihre Umgebung einen dominierenden Einfluss – quasi eine „Vormachtstellung" – ausüben (vgl. Heuer, S. 61). Typisch ist für diese Wachstumsbranchen eine monopolistische oder oligopolistische Struktur. Der Grad der Dominanz bestimmt sich einerseits über Größe, Verhandlungsmacht und Art der „motorischen Industrien", andererseits über Anzahl ihrer Zulieferer und Abnehmer innerhalb der Region und deren Diversifikationsgrad (vgl. Heuer, S. 62). Die langfristigen wirtschaftlichen Impulse, die von diesem Wachstumspol für eine Region ausgehen, hängen in hohem Maße vom Lebenszyklusstadium der motorischen Industrien ab.

Je nachdem, ob die Expansion dieser Schlüsselindustrien zu Ausbreitungs- oder Polarisierungseffekten führt, kommt es entweder zur Dezentralisation oder zur Konzentration des wirtschaftlichen Wachstums um einen „Wachstumspol". Die Polarisierungseffekte können auch geographische (Entstehung kleinräumiger Konzentration), institutionelle (Ansiedlung zentraler Einrichtungen), infrastrukturelle (Errichtung neuer Verkehrsanbindungen), politische (Entwicklung neuer Machtzentren) und psychische (Entstehung einer Wachstumsatmosphäre) Dimensionen haben.

Die Ausrichtung der Theorie der Wachstumspole auf große und wachstumsstarke Schlüsselindustrien verdeutlicht, dass Perroux weiträumige Agglomerationen nationaler Bedeutung als geographischen Bezugspunkt seiner Überlegungen nimmt. Im Gegensatz zu Christaller entstehen zentrale Orte letztlich durch Innovation und nicht durch das Versorgungsprinzip. Insofern ist das Modell nicht auf eine statische Optimierung von Standort- bzw. Marktstrukturen ausgerichtet, sondern auf die Erklärung der regionalen Konzentration des Wachstums über langfristige Zeiträume.

Die Problematik der wirtschaftlichen Abhängigkeit von Wachstumspolen innerhalb einer Region wird besonders deutlich, wenn diese negativen strukturellen oder konjunkturellen Einflüssen unterliegen. Darüber hinaus wird anschaulich dargestellt, wie der wirtschaftliche Diversifikationsgrad eines Agglomerationsraumes dessen wirtschaftliche Stabilität beeinflusst. Obwohl sich das Modell auf Industrieunternehmen als Wachstumspole gründet, lässt es sich ebenso auf den tertiären und den öffentlichen Sektor übertragen; auch intersektorale Verschiebungen können berücksichtigt werden (vgl. Holz, S. 23). Trotz des deskriptiven Charakters erscheint das Modell der Wachstumspole als anschaulicher Erklärungsansatz der Entwicklung von Agglomerationen.

5.1.2.6 Praxisbedeutung

Eingangs wurde durch die Ansätze von v. Thünen, Weber und Christaller verdeutlicht, wie Standortentscheidungen in der Landwirtschaft, der Industrie, dem Dienstleistungsgewerbe und dem öffentlichen Sektor theoretisch optimiert werden können. In jedem Fall ist die räumliche Distanz und deren Auswirkung auf die Kostenstruktur ein relevantes Entscheidungskriterium. Da die Distanz zu relevanten Orten bzw. Einrichtungen relativ leicht bestimmbar ist, handelt es sich dabei um den klassischen harten Standortfaktor. Die Theorie der Wachstumspole deutet jedoch bereits an, dass der größte Engpass für die Formulierung einer „reinen Standortlehre" in dem Problem der externen Effekte liegt, die sich durch Agglomerationseffekte und weiche Standortfaktoren ergeben können. Dies führt dazu, dass rein ökonomisch orientierte Standorttheorien das Problem nie ganzheitlich abbilden können.

So stellte zum Beispiel Porter in seiner Studie „The Competitive Advantage of Nations" fest, dass infolge wirtschaftlicher Spezialisierung zahlreiche Städte oder Regionen bestimmte Industrien beheimaten, die Weltmärkte dominieren. Diese wirtschaftlichen Ballungszentren mit geographischer Konzentration bestimmter Schlüsselindustrien entwickeln sich aus der Vielzahl von Abnehmer- und Zuliefererbeziehungen, den so genannten „Forward-" und „Backward-Linkages" (vgl. Porter, S. 156).

Durch diese Agglomerationseffekte ergeben sich für ortsansässige Unternehmen global wirksame Wettbewerbsvorteile, die durch erhöhte Effizienz, Spezialisierung, Innovationen und Kooperationen zum Ausdruck kommen (vgl. Porter, S. 157).

Räumlich verursachte Kostendifferenzen lassen sich zwar rechnerisch exakt ermitteln, bei der quantitativen Ermittlung von Ersparnissen oder wirtschaftlichen Vorteilen durch die geschilderten Agglomerationseffekte stößt allerdings jede Theorie an ihre Grenzen. Zusätzlich scheint sich die relative Bedeutung der Standortfaktoren zu polarisieren: Einerseits wächst die Anzahl standortunabhängiger Unternehmen (so genannte „footloose industries") ständig an, denn sowohl Transportsysteme als auch Produktionsprozesse werden immer effizienter und damit auch billiger (vgl. Diller, S. 107f.).

Andererseits sind Unternehmen in zunehmendem Maße in Abhängigkeit von ihren Produkt- und Fertigungsstrukturen oftmals entweder rohstoff-, arbeits-, energie-, absatz-, klima- oder kulturorientiert, d.h. ihre Standortwahl wird einseitig dominiert (vgl. Alonso, S. 37). Insbesondere durch den Prozess der Tertiärisierung wird die Standortwahl zunehmend durch weiche Standortfaktoren beeinflusst. Dabei lassen sich sowohl unternehmens- als auch personenbezogene Standortfaktoren unterscheiden.

Die **unternehmensbezogenen weichen Standortfaktoren** zielen in erster Linie auf die Wirtschaftsfreundlichkeit am jeweiligen Standort ab, die primär durch das politische und wirtschaftliche Kleinklima bestimmt wird. Zusätzlich ist das Image der Stadt, der Region bzw. des Landes von großer Bedeutung. Auch Karrieremöglichkeiten können hier eine Rolle spielen. Abbildung 103 illustriert anhand der Ergebnisse einer Umfrage des Deutschen Instituts für Urbanistik (DIFU), wie hoch die Bedeutung dieser Standortfaktoren mittlerweile von deutschen Unternehmen eingeschätzt wird.

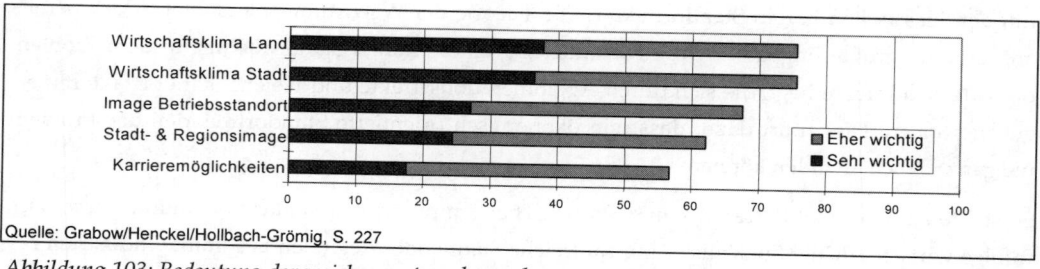

Abbildung 103: Bedeutung der weichen unternehmensbezogenen Faktoren

Die dargestellten Umfrageergebnisse spiegeln in Prozentangaben wider, welche Standortfaktoren von Unternehmen im Einzelnen als „eher wichtig" oder „sehr wichtig" bezeichnet wurden.

Die **personenbezogenen weichen Standortfaktoren** beziehen sich auf die Attraktivität des Standorts aus der Sicht der Arbeitnehmer. Tendenziell steigen mit dem Anteil der hochqualifizierten Arbeitskräfte die Anforderungen an das Umfeld, d.h. Kriterien wie Wohn- und Umweltqualität sowie die Ausbildungsinfrastruktur treten immer mehr in den Vordergrund. Die ebenfalls auf der DIFU-Umfrage basierende Abbildung 104 veranschaulicht, wie die relative Wichtigkeit dieser Faktoren aus Unternehmenssicht beurteilt wird.

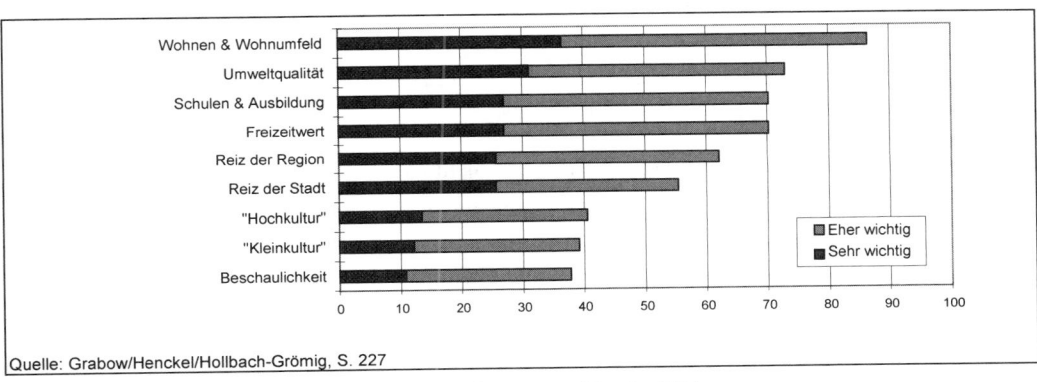

Quelle: Grabow/Henckel/Hollbach-Grömig, S. 227

Abbildung 104: Bedeutung der weichen personenbezogenen Standortfaktoren

Anhand Abbildung 104 wird deutlich, dass auch der subjektiv empfundene Reiz einer Region oder Stadt bzw. deren Freizeitwert zu den relevanten Beurteilungskriterien zählt, während Faktoren wie „Hochkultur" (Oper, Theater, etc.), „Kleinkultur" (Kneipen, Nachtleben, etc.) oder gar die „Beschaulichkeit" des Unternehmensstandortes weit weniger bedeutend sind.

Nach der Betrachtung der DIFU-Umfrageergebnisse im Hinblick auf die Bedeutungsgrade der weichen Standortfaktoren sollen auch die „Rankings" der harten Standortfaktoren kurz vorgestellt werden. Wie Abbildung 105 belegt, werden die einzelnen Beurteilungskriterien durch den Faktor Verkehrsanbindung dominiert. Daran schließt sich ein Mittelfeld von Kriterien wie Arbeitsmarkt, Flächen- und Mietkosten, Höhe der lokalen Abgaben, Flächen- bzw. Büroangebot, Branchenkontakte und Umweltschutzauflagen an. Tendenziell weniger wichtig sind Kriterien wie die Nähe zu Absatzmärkten, die Verfügbarkeit von Fördermitteln oder die Nähe zu Lieferanten, zu Hochschulen und Forschungseinrichtungen oder zum Stammunternehmen (vgl. Abbildung 105).

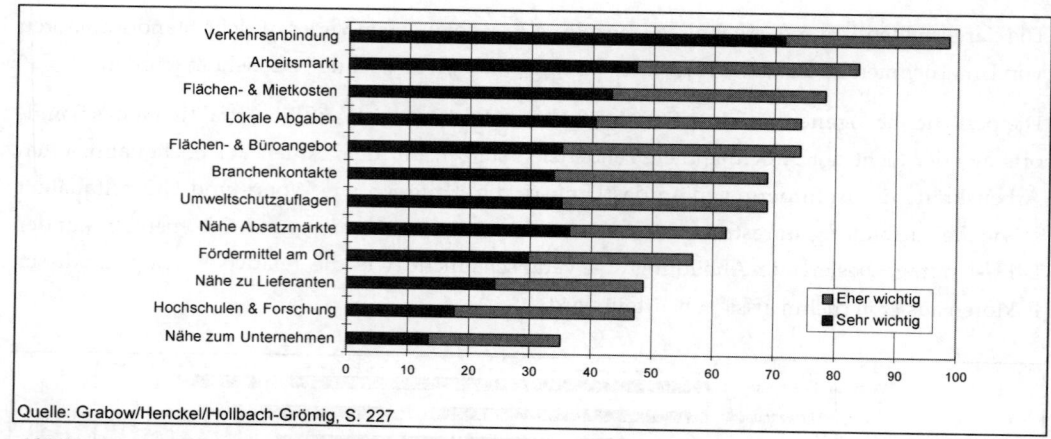

Quelle: Grabow/Henckel/Hollbach-Grömig, S. 227

Abbildung 105: Bedeutung der harten Standortfaktoren

Insgesamt sind die weichen Faktoren offensichtlich nicht ganz so bedeutend wie die harten Fakto-ren, aber anscheinend wird ihnen mittlerweile eine annähernd hohe Bedeutung beigemessen. Die Frage bleibt allerdings, ob bei Standortentscheidungen die „hard facts" – mit all ihren Auswir-kungen auf die Kostenstruktur – nicht doch ein größeres Gewicht haben, als durch die DIFU-Erhebung suggeriert wird. Denn obwohl die relative Bedeutung externer Effekte – z.B. Arbeits-markt, Branchenkontakte oder die Nähe zu Lieferanten, Abnehmern und Forschungseinrichtun-gen – in der dargestellten Form quantifiziert werden kann, ist die Höhe der daraus resultierenden Ersparnisse in einem ganzheitlichen Ansatz de facto nur schwer darstellbar, wenn nicht sogar unmöglich.

Ferner bleibt zu berücksichtigen, dass die jeweiligen Ausprägungen in hohem Maße branchenab-hängig sind und bestimmte Standortfaktoren so genannte „Killerkriterien" darstellen können. Verallgemeinerungen der Standortanforderungen sind daher unpraktikabel. In Deutschland stel-len sich die harten Standortfaktoren – nicht zuletzt aufgrund der ausgleichenden Eingriffe in die Raumentwicklung durch die öffentliche Hand – oftmals vergleichbar dar, d.h. die weichen Fakto-ren sind häufig für die Entscheidung „für" oder „gegen" einen Standort ausschlaggebend.

Ein ganz besonderes Problem bei der Entwicklung einer Theorie der unternehmerischen Stand-ortwahl ist allerdings der weit verbreitete Mangel an Rationalität bei der Entscheidungsfindung, der zum Leidwesen der Wissenschaft jeder Theorie widerspricht. So zieht Alonso, nachdem er in einer Veröffentlichung eine Reihe von Theorien zur Standortwahl vorgestellt hat, ein eher nüch-ternes Fazit:

„Wir haben bisher ausschließlich die logische Struktur der Standorttheorie der Unternehmungen diskutiert. Es stellt sich allerdings die Frage, ob Unternehmen oder Projektplaner tatsächlich die hier dargestellten Methoden verwenden. Viele tun es natürlich nicht. In vielen Fällen beruht die

Entscheidung auf einer Laune: Der Unternehmer wird einfach seine Geschäfte in einer Stadt betreiben, in der er geboren und aufgewachsen ist, oder in einer Stadt, die ihn durch eine clevere Werbekampagne dazu überredet hat. Irrationale Entscheidungen in einer auf Wettbewerb basierenden Wirtschaft haben jedoch in der Regel schwere Folgen. Das Überleben der Besten bedeutet jedoch, gleichgültig wie die Entscheidung gefällt wurde, dass nur die Industriebetriebe, die einen guten Standort aufweisen, bestehen können" (Alonso, S. 40).

5.1.3 Stadtentwicklungstheorien

5.1.3.1 Überblick

In der ersten Hälfte dieses Jahrhunderts entstanden in den USA eine Reihe sozioökonomisch geprägter Theorien zur Stadtentwicklung. Im Gegensatz zu den rein wirtschaftlich orientierten Standorttheorien beziehen diese sich explizit auf geographische Strukturen. D.h. ihnen liegt jeweils eine konkrete Stadtstruktur bzw. ein Stadtmodell zugrunde, das durch jeweils verschiedene gesellschaftliche Ursachen und Prozesse begründet wird. Bei den hier dargestellten Modellen handelt es sich im Einzelnen um:

- Das Ringmodell von Burgess,

- das Sektorenmodell von Hoyt,

- das Axialmodell von Hurd,

- das Mehr-Kerne Modell von Ullman und Harris.

Obwohl die Modelle in erster Linie deskriptiv angelegt sind, geben sie auf anschauliche Art wertvolle Hinweise zum räumlichen Wachstum und der Entwicklung von Städten. Die Klarheit der Grundgedanken sowie die Anschaulichkeit der Modelle führen dazu, dass die entwickelten „Standortmuster" leicht nachvollziehbar sind. Obwohl es sich um idealtypische Modelle handelt, sind die dargestellten Strukturtypen in der Praxis oft in Kombinationen festzustellen. Daher ist eine direkte Übertragung dieser Modelle im Rahmen von Standort- und Marktanalysen i.d.R. nicht möglich. Dennoch lassen sich unter Umständen indirekte Parallelen ziehen, die dazu beitragen können, zukünftige Standortstrukturen in einem bestimmten Markt besser einzuschätzen.

5.1.3.2 Ringmodell von Burgess

Thünens Ringmodell wurde 1925 von dem US-Soziologen Burgess aufgegriffen und in dessen Publikation „The Growth of the City" weiterentwickelt, indem es auf die Entwicklung von Städten übertragen wurde (vgl. Fanning/Grissom/Pearson, S. 80). Daraus entstand das so genannte „Ringmodell" bzw. die „Concentric Theory". Grundlage dieses Ansatzes sind empirische Beobachtungen des Wachstums einer Reihe amerikanischer Städte. Das daraus entwickelte Modell basiert auf der Bestimmung fünf typischer Nutzungsarten, die sich ringförmig aneinander anschließen (vgl. Abbildung 106).

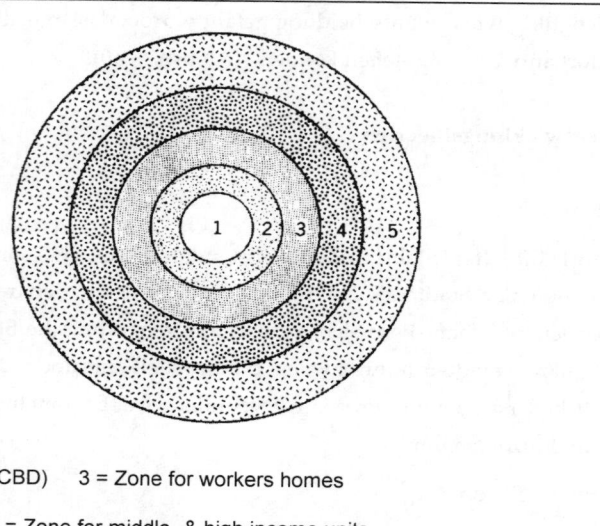

1 = Central Business District (CBD)   3 = Zone for workers homes

2 = Zone of transition   4 = Zone for middle- & high income units

5 = Commuter zone

Quelle: Wurtzebach/Miles, S. 53

Abbildung 106: Das Ringmodell von Burgess (1925)

Folgende Nutzungsklassen konnte Burgess grob systematisieren: Im Kernpunkt des Modells steht der von ihm als „Central Business District" (CBD) bezeichnete Kernbereich – das wirtschaftliche Herz der Stadt – das von gewerblichen Nutzungen dominiert wird (1). Um diesen Kern lagert sich die Transitional Zone, eine Gegend, die durch Industrienutzung und durch „schlechte" Wohnviertel gekennzeichnet ist (2);"...this may be an area of considerable poverty and crime..." (vgl. Fanning/Grissom/Pearson, S. 80). Daran schließen sich – in Abhängigkeit vom Einkommen – die Wohngürtel der Arbeiter (3), der Mittel- und Oberklasse (4) sowie der wohlhabenden Pendler (4) an (vgl. Wurtzebach/Miles, S. 53). Hinter diesen fünf „Ringen" liegen noch landwirtschaftlich genutzte Flächen, die oft spekulativ zum Zweck von Suburban Developments erworben werden (vgl. Fanning/Grissom/Pearson, S. 81). Mit zunehmendem Wachstum der Stadt können so genannte „Overflow Effects" entstehen, da sich gleichzeitig die einzelnen Ringe i.d.R. weiter ausdehnen. Dadurch kommt es zu Umnutzungs- und Verdichtungserscheinungen in den zentralen Zonen und zunehmender „Suburbanization" in Randlagen. Burgess entwickelte auf Basis dieses Modells auch den Prozeß des „Filtering". Darunter versteht man die sukzessive Wanderung von wohlhabenden Einwohnern in die attraktiveren Lagen, die dazu führt, dass weniger Wohlhabende deren ehemalige Wohngebiete übernehmen (vgl. Wurtzebach/Miles, S. 52).

Obwohl das Ringmodell stark vereinfacht ist, erklärt es die damaligen Strukturen in typologisierender, aber anschaulicher Weise, denn seinerzeit waren die meisten Städte noch durch einen dominanten CBD charakterisiert. Die größte Schwäche des Modells liegt darin, dass die dargestellten Ringstrukturen selten der Stadtentwicklung zugrunde liegen. Ausschlaggebend dafür sind gewachsene Strukturen, Topographie, Transportmöglichkeiten und „Zoning-Policies", die sich langfristig auswirken. Außerdem wurde kritisiert, dass sich Burgess als Soziologe primär mit der Nutzungsform „Wohnen" auseinandersetzte und gewerbliche Nutzungen bei seinen Überlegungen weitgehend ignorierte.

Typisch sind diese Ringstrukturen für mittelalterliche europäische Städte, da diese meist durch ringförmige Stadtmauern oder Verteidigungswälle umgeben waren, die die Stadtentwicklung geographisch fokussierten. Um den zentralen Marktplatz mit Schloß, Rathaus und Kirche verliefen die – oft ebenfalls ringförmig angelegten – Straßenzüge mit einer Mischung von Gewerbe- und Wohnnutzungen. Allerdings siedelten damals die ärmeren Schichten schutzlos vor den Toren der Städte. Diese Strukturen sind auch heute noch in historischen Altstädten wieder zu erkennen, beispielsweise Rothenburg ob der Tauber. Am Beispiel einer traditionsreichen Großstadt wie Frankfurt am Main wird jedoch deutlich, wie sich der Central Business District aus dem alten Stadtzentrum – hier in das Bankenviertel – verlagern kann.

5.1.3.3 Sektorenmodell von Hoyt

Die Kritik am Ringmodell führte 1934 zur Entwicklung des Sektorenmodells durch den Stadtökonom Hoyt. Wie der Titel von Hoyts Veröffentlichung „Recent Distortions of the Classical Models of Urban Structure" bereits andeutet, zielt sein Ansatz darauf ab, die Auswirkungen technischen Fortschritts – insbesondere der aufkommenden Transportmittel Auto und Bahn – auf die Stadtstruktur darzustellen (vgl. Fanning/Grissom/Pearson, S. 83). Wie das Burgess-Modell geht auch dieses Modell von einem einzelnen Kern aus. Der Unterschied liegt jedoch darin, dass Sektoren statt Ringe das Stadtbild prägen. Hoyt erklärt diese Beobachtungen damit, dass sich diese Zonen einerseits aus dem Verkehrswegenetz, andererseits aus der Landschaftsgestalt und der jeweiligen Planungspraxis ergeben. Außerdem führt die Entstehung kultureller und wirtschaftlicher Cluster zur Bildung sektoraler Strukturen – „Quite naturally, higher income groups lived in homes that commanded the highest prices, and lower income groups lived in lower priced dwelling units" (Wurtzebach/Miles, S. 54). Die sektoralen Strukturen spiegeln übrigens auch die damals noch weit verbreitete Rassensegregation US-amerikanischer Städte wider (vgl. Abbildung 107).

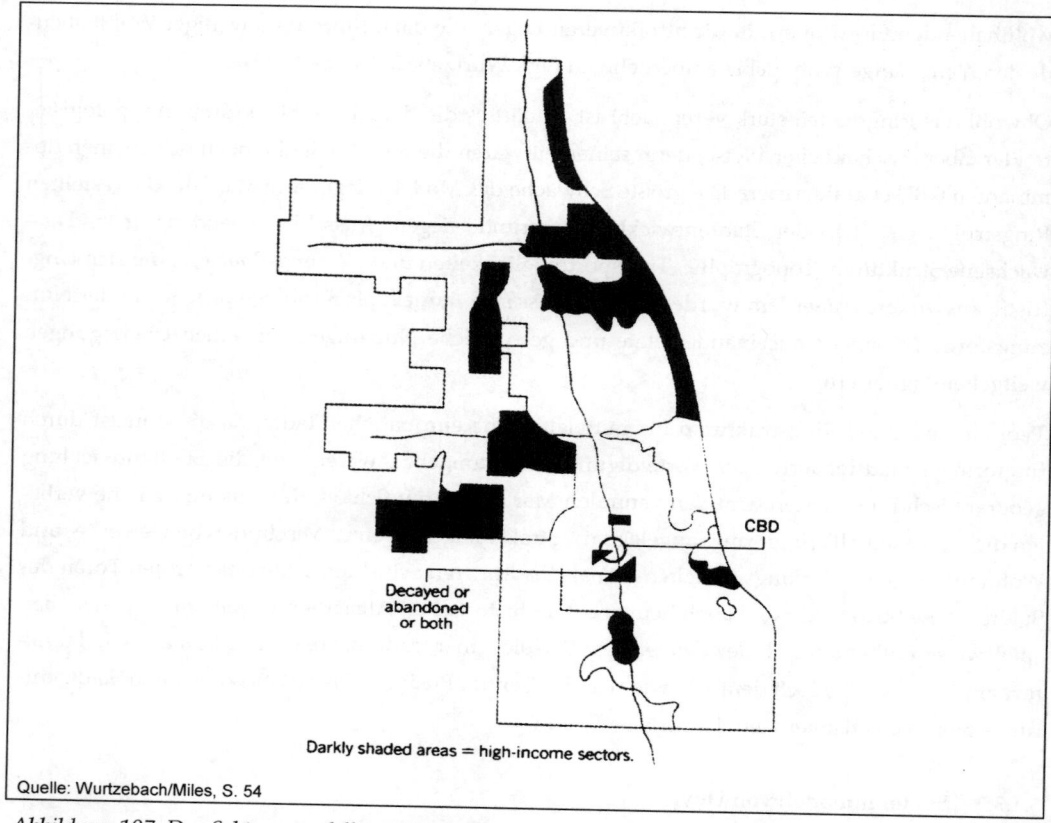

Quelle: Wurtzebach/Miles, S. 54

Abbildung 107: Das Sektorenmodell von Hoyt (1934)

Das Modell gibt ein realistischeres Bild städtischer Strukturen als das Ringmodell, denn sektorale Entwicklungskonzepte liegen der Entstehung zahlreicher Städte zugrunde. Insbesondere der Verlauf von Ring- und Ausfallstraßen oder öffentlichen Verkehrsnetzen prägt die Entwicklung derartiger Städte. Wie Burgess stellte auch Hoyt fest, dass sich „Overflow-Effects" im Bereich gewerblicher Nutzungen in einer Expansion der einzelnen Sektoren entlang der Verkehrskorridore niederschlagen. Mit dieser Entwicklung geht oft eine weitere Ausdehnung der Wohngebiete in die attraktiv gelegene Umgebung einher.

Diese sektoralen Entwicklungskonzepte sind nicht nur an den Stadtentwicklungen der Gründerzeit zu erkennen, sondern sind auch heute noch von ungebrochener Aktualität. So werden beispielsweise großflächige Einzelhandelsbetriebe oft entlang bedeutender Ausfallstraßen errichtet oder industrielle Nutzungen primär an Standorten mit guter Infrastruktur angesiedelt (Autobahn-, Bahnhofs- und Hafennähe). Im Gegensatz dazu werden Wohngebiete häufig an exponierten und landschaftlich attraktiven Standorten ausgewiesen, wodurch sich ebenfalls sektorale Strukturen entwickeln. Das Grundproblem sektoraler Strukturen ist jedoch die damit einherge-hende „Zersiedelung" der Stadt und die daraus resultierenden Verkehrsbelastungen. Nur durch ein gut ausgebautes Transportsystem lassen sich die einzelnen Sektoren miteinander funktionell verknüpfen, um so die Nachteile der räumlichen Fragmentierung aufzuheben.

5.1.3.4   Axialmodell von Hurd

Das Axialmodell stellt eine Hybridform aus Ring- und Sektorenmodell dar. Aus diesem Grund wird es oft als eine Verknüpfung der beiden Modelle interpretiert, obwohl es bereits im Jahre 1903 durch Hurd („The Principles of Land Values") publiziert wurde. Interessanterweise hat Hurd das Axialmodell erarbeitet, um die Entscheidungsfindung bei Immobilieninvestoren und -finanzierern zu erleichtern. Seine umfassenden und detaillierten Studien zur Gründung und der Weiterent-wicklung von Städten ließen ihn folgende Schlüsse ziehen (vgl. Fanning/Grissom/Pearson, S. 89):

- Städte wachsen organisch und sind durch einen Evolutionsprozess charakterisiert; zunehmen-de Differenzierung geht mit steigender Integration einher.

- Städte entstehen fast immer an Standorten mit guter Anbindung an die Außenwelt, denn „ac-cessibility" ist die Grundvoraussetzung jeder Art von „economic activitity".

- „Accessibility" und „economic activities" sind ausschlaggebend für die organische Entwick-lung von der monozentrischen zur axialen Struktur.

Ähnlich wie im Sektorenmodell werden auch hier Wasserstraßen, Bahnlinien und Straßen als die jeweiligen Entwicklungsachsen gesehen, wobei allerdings die Bedeutung gewachsener Zentren-strukturen in die Betrachtung einfließt. Deshalb wird Hurds Stadtmodell auch als das „Modell der radialen Korridore" bezeichnet. Die „Distanz zum CBD" als raumprägendes Kriterium bei Burgess wird also durch den Einflussfaktor der „Pendeldauer zum CBD" ersetzt (vgl. Wurtzebach/Miles, S. 53).

Diese evolutorische Betrachtung übertrug Hurd auf das Wachstum der Städte, indem er nachwies, dass sich Wachstumsprozesse i.d.R. entlang der relevanten Transportadern konzentrieren (siehe Abbildung 108). Im Gegensatz zum Sektorenmodell entstehen jedoch nicht zerstreut liegende Zo-nen, sondern organische Strukturen mit sternförmigem Erscheinungsbild. Das Ringmodell von Burgess wird quasi durch die Entstehung von Verkehrsadern „aufgeweicht".

In der Praxis sind diese Entwicklungsachsen oft in Kombination mit so genannten „Satellitenstäd-ten" bzw. „Städtenetzen" zu beobachten. Ein besonders anschauliches Beispiel sind hier die Vor-städte um Paris, die in den letzten Jahrzehnten regelrecht „aus dem Boden gestampft wurden". Die Entstehung derartiger Strukturen wird sowohl durch den systematischen Ausbau des Öffent-lichen Personennahverkehrs als auch die stetige Zunahme der Bedeutung des Individualverkehrs forciert. Darüber hinaus ist jedoch eine Planungspolitik erforderlich, die eine gewisse Konzentration des Wachstums entlang der Verkehrsadern anstrebt.

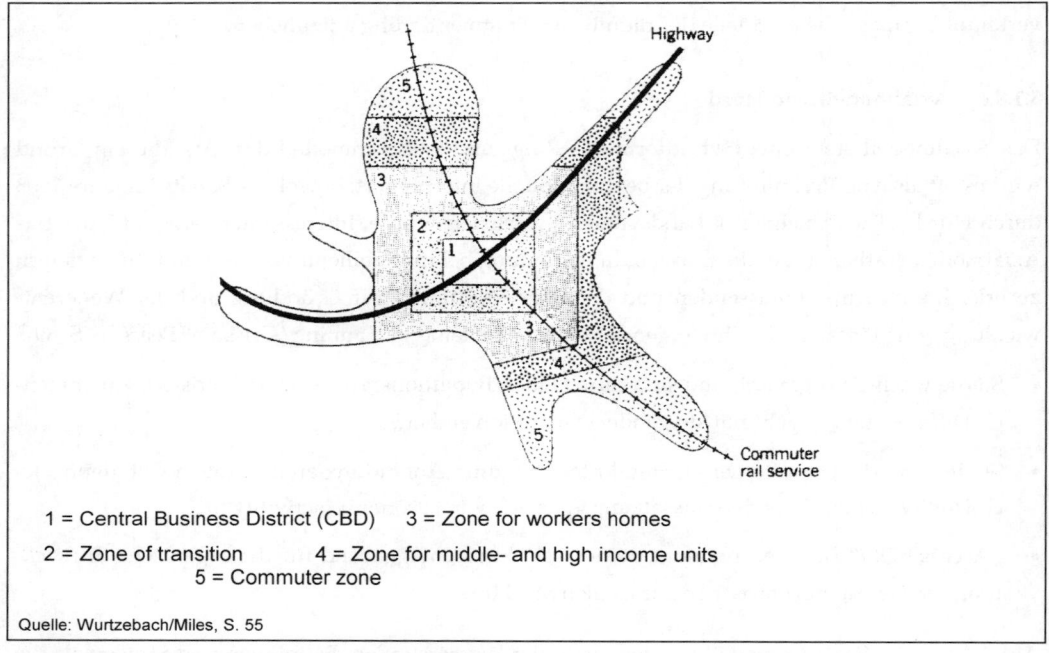

1 = Central Business District (CBD)   3 = Zone for workers homes

2 = Zone of transition   4 = Zone for middle- and high income units

5 = Commuter zone

Quelle: Wurtzebach/Miles, S. 55

Abbildung 108: Das Axialmodell von Hurd (1903)

5.1.3.5 Mehr-Kerne Modell von Ullman und Harris

Eine weitere Modifikation der dargestellten Ansätze stellt das von Ullman und Harris entwickelte „Mehr-Kerne-Modell" dar, das 1945 in der Veröffentlichung „The Nature of Cities" vorgestellt wurde (vgl. Fanning/Grissom/Pearson, S. 86). Im Gegensatz zu den vorangehenden Ansätzen wird die Annahme eines einzigen Zentrums aufgehoben. Stattdessen wird in diesem Modell ein polyzentrisches Entwicklungsmodell skizziert, d.h. die Existenz mehrerer Kerne nebeneinander wird als Grundstruktur städtischer Nutzungsstrukturen begriffen (siehe Abbildung 109).

Die Entstehung verschiedener Zentren wird von Ullman und Harris einerseits auf wirtschaftliche und politische Einflüsse, andererseits auf die überragende Bedeutung des Individualverkehrs zurückgeführt. Zusätzlich führt das Clustern von bestimmten Gruppen in bestimmten Zonen zur Entstehung so genannter „Mini-CBDs", die auf die Arbeits- und Lebensgewohnheiten der Bevölkerung dieser Cluster ausgerichtet sind (vgl. Wurtzebach/Miles, S. 56).

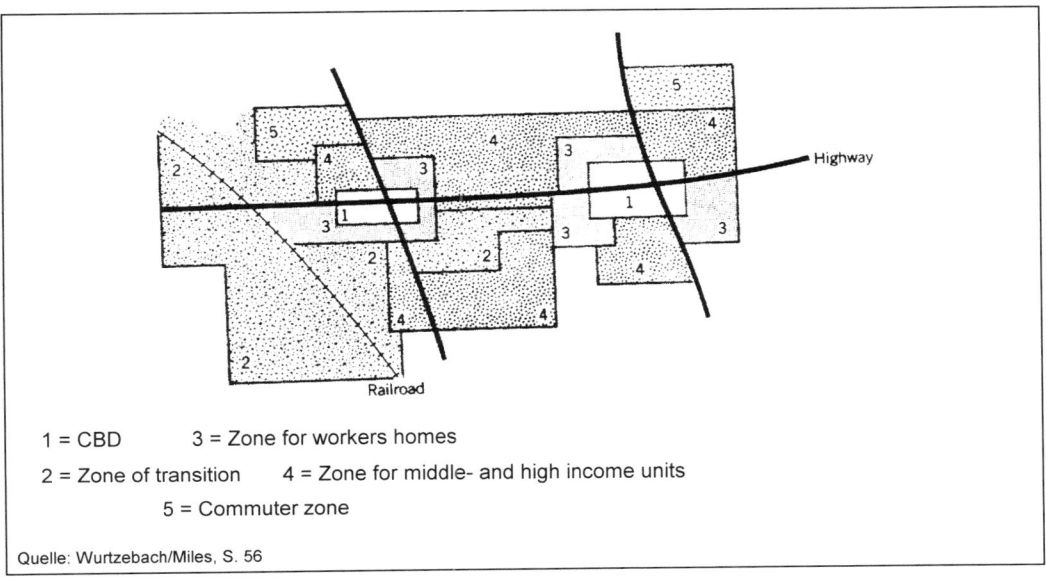

1 = CBD   3 = Zone for workers homes

2 = Zone of transition   4 = Zone for middle- and high income units

                5 = Commuter zone

Quelle: Wurtzebach/Miles, S. 56

Abbildung 109: Das Mehr-Kerne Modell von Ullman und Harris (1945)

Diese polyzentrischen Strukturen kommen jedoch in erster Linie in Großstädten oder zusammen-wachsenden Stadtregionen zum Tragen. So ist Berlin z.B. durch eine Reihe von Zentren geprägt, wie zum Beispiel der Ku'damm in Charlottenburg, die Schloßstraße in Steglitz oder der Alexanderplatz in Berlin-Mitte. Die Verflechtung mit Potsdam via „Avus" ist ebenfalls ein Beispiel für die axiale Entwicklung, die sich durch radiale Korridore ergeben kann.

5.1.3.6 Praxisbedeutung

Die dargestellten Modelle sind in der idealtypischen Form selbstverständlich selten in der Realität anzutreffen; allerdings liegen die einzelnen Entwicklungsformen häufig in Kombination städtischen Strukturen zugrunde. So ist beispielsweise eine konzentrische Ringstruktur oftmals im Altstadtbereich zu beobachten, während Cityrandlagen häufig durch axiale Entwicklungsmuster charakterisiert sind. Die Anordnung der Erholungs- und Wohngebiete sowie der Gewerbe- und Industriegebiete entspricht dagegen oftmals sektoralen Mustern. In bestimmten Verknüpfungen zwischen einzelnen Städten über so genannte „Städtenetze" lässt sich des Öfteren das Mehr-Kerne-Modell wieder erkennen; bei größeren Städten ist es jedoch auch häufig innerhalb des Stadtgebiets anzutreffen.

Insofern dürfen die dargestellten Muster nicht als statische Kategorien der Stadtentwicklung aufgefasst werden. Stattdessen müssen sie als Bausteine zur systematisierenden Erklärung von urbanen Entwicklungsprozessen betrachtet werden. Dabei ist jedoch zu berücksichtigen, dass ihre

Übertragung auf reale Verhältnisse nur dann sinnvoll ist, wenn die einzelnen Modelle an die situativen Gegebenheiten entsprechend angepasst werden. Dazu gehört oftmals die Kombination der einzelnen Modelle, wenn sie auf eine konkrete Situation angewandt werden.

5.1.4 Standortanalyse

5.1.4.1   Standortsegmentierung

Immobilien können nicht isoliert untersucht werden, da sie immer in eine gewachsene Umgebung und bestehende Nutzungsstrukturen eingebunden sind. Vor diesem Hintergrund lassen sich allgemein drei Untersuchungsebenen darstellen, die einerseits aufeinander aufbauen, andererseits aber auch fließend ineinander übergehen.

Auf der ersten Ebene steht die jeweilige Lage der **Parzelle** mit der Vielzahl der sie prägenden Eigenschaften: Der Grundstückszuschnitt definiert sie zwar geographisch, jedoch sollten die unmittelbar angrenzenden Parzellen in die Betrachtung einbezogen werden. Das nähere Umfeld der Immobilie bestimmt den **Mikrostandort** mit all seinen Charakteristika.

Mikrostandorte bestehen aus der unmittelbaren Umgebung des Projektstandortes und lassen sich durch ihre Merkmale Topographie, Transportadern oder Nutzungsstrukturen ebenfalls geographisch abgrenzen. Der Mikrostandort ist wiederum ein Teil des **Makrostandortes** und insofern Bestandteil übergeordneter Nutzungsstrukturen.

Die Ausdehnung des Mikro- und Makrostandortes wird über Art, Größe und Nutzungspotenzial der jeweiligen Immobilie bestimmt. Je nach Projektgröße handelt es sich bei dem Mikrostandort beispielsweise um das nahe Umfeld, den Stadtteil, das Entwicklungsgebiet oder den Teilraum der Stadt mit ähnlichen Merkmalen. Der Makrostandort wird vom großräumlichem Verflechtungsgebiet, also der Stadt, der Gemeinde oder der Region bestimmt (vgl. Muncke/Dziomba/Walther, S. 143).

Der Zusammenhang zwischen den drei Ebenen Parzelle, Mikrostandort und Makrostandort kann mit den aus der Biologie bekannten Wechselbeziehungen zwischen Zelle, Organ und Organismus verglichen werden (vgl. Abbildung 110).

Die Darstellung veranschaulicht, dass Standorte – d.h. Grundstücke, Stadtteile oder auch ganze Städte bzw. Stadtregionen – durch „lebendige" Strukturen geprägt sind, die sich ebenso wie Organismen langfristig entwickeln und durch entsprechende Lebenszyklen gekennzeichnet sind. Aus diesem Grund erlangt die Beurteilung lokaler bzw. regionaler Entwicklungstrends und Wachstumsstrukturen oftmals mehr Bedeutung als die detaillierte Beurteilung der Liegenschaft per se.

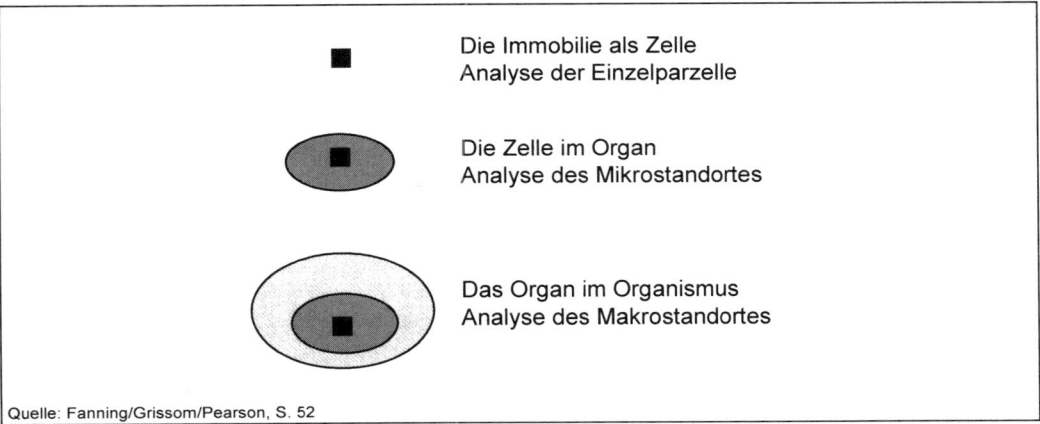

Abbildung 110: Das Konzept der Immobilie als Zelle

Die Beurteilung der wirtschaftlichen Basis, Struktur und Entwicklungsperspektiven des Makrostandortes stellt also eine wichtige Grundvoraussetzung für die Beurteilung des Mikrostandortes der zu analysierenden Parzelle dar. Dies gilt besonders vor dem Hintergrund der Standortgebundenheit und der vergleichsweise langfristigen Nutzungsdauer von Immobilien. Bei Großprojekten kann die tief greifende Analyse der wirtschaftlichen und räumlichen Entwicklung des Makrostandortes zum Hauptbestandteil der Standortanalyse werden.

5.1.4.2 Makrostandort

5.1.4.2.1 Relative Bedeutung

Die Bedeutung des Makrostandortes für die Wertentwicklung einer Immobilieninvestition wird tendenziell unterschätzt, denn traditionell steht der Mikrostandort im Zentrum der Betrachtungen. So setzen sich zum Beispiel lokal oder regional agierende Privatinvestoren selten bewusst mit „ihrem" Makrostandort auseinander, da sie nur in diesem einen Markt auftreten. National agierende institutionelle Investoren wie zum Beispiel Versicherungen streben dagegen eine sinnvolle Risikostreuung über die wichtigsten bundesdeutschen Ballungsräume an, während bei offenen Immobilien-Publikumsfonds Auslandsinvestitionen zunehmend an Bedeutung gewinnen. Die daraus resultierenden Diversifikationsstrategien basieren folglich auf mehr oder weniger detaillierten Analysen einzelner Städte, Städtenetze oder Stadtregionen.

Ähnlich verhält sich die Situation auf Seiten der Nutzer. Während sich zum Beispiel die Standortanalyse bei Wohnungssuchenden i.d.R. auf wenige Mikrostandorte, oft auch Stadtviertel, beschränkt, müssen zum Beispiel überregional expandierende Einzelhändler eine Reihe verschiedenster Städte oder Regionen auf ihre Standortattraktivität hin untersuchen. Für sie stehen dann Analysekriterien wie die räumliche Struktur der einzelnen Marktgebiete, die örtliche Wettbewerbsstruktur sowie das verfügbare Kaufkraftpotenzial im Vordergrund, um auf Basis dieser Analysen potenzielle Makrostandorte auszuwählen.

Folglich gilt sowohl für Investoren und Nutzer aber auch für Projektentwickler, dass tendenziell mit zunehmender Projekt- bzw. Objektgröße die relative Bedeutung des Makrostandorts im Vergleich zum Mikrostandort steigt und vice versa. Die traditionell überragende Bedeutung der kleinräumigen Lage wird insofern bei Großprojekten eindeutig relativiert.

Wie unterschiedlich sich die Immobilienmärkte in zahlreichen westdeutschen Städten beispielsweise aus der Sicht von Investoren entwickelt haben, belegt Abbildung 111. Diese Übersicht basiert auf der systematischen Auswertung der Miet- und Preisentwicklung für bestimmte Wohn- und Gewerbeimmobilientypen durch die Bulwien AG.

Die dargestellte Erhebung bezieht sich den betrachteten Zeitraum von 1974 bis 2003. Aufgrund der unzureichenden Langfristwerte für Ostdeutschland und Gesamtberlin werden nur westdeutsche Standorte untersucht.

Während für einen Teil der Standorte die Miet- und Preisentwicklung am Wohn- und Gewerbeimmobilienmarkt relativ einheitlich verlief, sind andere Standorte durch eine divergierende Wertentwicklung charakterisiert. Deutlich erkennbar ist jedoch das Nord-/Süd-Gefälle des ehemaligen Westdeutschlands.

Auf den vorderen Rängen liegen zumeist Städte aus den süddeutschen Ballungsräumen Rhein-Main (Wiesbaden, Frankfurt, Mainz) und Rhein-Neckar (Stuttgart, Ulm, Tübingen, Heidelberg, Karlsruhe) sowie einige Städte in Bayern (München, Augsburg, Regensburg, Rosenheim).

Diese hohen Zuwächse gehen allerdings mit geringeren laufenden Renditen einher, denn infolge der hohen Miet- und Preisentwicklung geben sich Anleger in Städten wie Stuttgart, Frankfurt oder München mit einer vergleichsweise geringeren laufenden Verzinsung der Mieteinnahmen zufrieden. Dies wirkt sich entsprechend auf die Höhe der Liegenschaftszinssätze in diesen Städten aus.

Wie Abbildung 111 ferner zeigt, sind Standorte in einigen Bundesländern wie Niedersachsen und Schleswig-Holstein durch deutlich schwächere Wertentwicklungen charakterisiert. Die Stadtstaaten Hamburg und Bremen sowie das Saarland bzw. Saarbrücken entwickelten sich ebenfalls schwach. Diese Entwicklung hängt einerseits mit dem Strukturwandel in diesen Regionen zusammen, der z.B. durch den Niedergang von Montanindustrien im Saarland ausgelöst wurde oder durch die Schließung von Werften in Bremen. Vielleicht lässt sich diese Entwicklung aber auch durch die politischen Rahmenbedingungen in diesen Bundesländern erklären.

Miet- und Preisentwicklung Gewerbeimmobilien
1975 - 2003, Rangfolge der Städte als Veränderungsrate p.a.

1	Wiesbaden	3,8 %	18	Würzburg	2,3 %	35	Köln	1,9 %
2	München	3,5 %	19	Nürnberg	2,3 %	36	Hamburg	1,9 %
3	Frankfurt	3,2 %	20	Göttingen	2,3 %	37	Krefeld	1,9 %
4	Stuttgart	3,1 %	21	Bamberg	2,3 %	38	Freiburg	1,8 %
5	Mainz	3,0 %	22	Karlsruhe	2,2 %	39	Braunschweig	1,8 %
6	Regensburg	2,9 %	23	Münster	2,1 %	40	Lübeck	1,8 %
7	Rosenheim	2,9 %	24	Kassel	2,1 %	41	Kaiserslautern	1,7 %
8	Düsseldorf	2,9 %	25	Darmstadt	2,1 %	42	Bochum	1,4 %
9	Essen	2,7 %	26	Hannover	2,0 %	43	Saarbrücken	1,4 %
10	Heidelberg	2,6 %	27	Mannheim	2,0 %	44	Hildesheim	1,3 %
11	Osnabrück	2,6 %	28	Gießen	2,0 %	45	Kiel	1,2 %
12	Dortmund	2,6 %	29	Siegen	2,0 %	46	Bielefeld	1,2 %
13	Passau	2,6 %	30	Trier	2,0 %	47	Oldenburg	1,2 %
14	Aachen	2,5 %	31	Wuppertal	1,9 %	48	Bremen	1,2 %
15	Ulm	2,4 %	32	Tübingen	1,9 %	49	Bonn	0,8 %
16	Koblenz	2,4 %	33	Ludwigshafen	1,9 %			
17	Augsburg	2,4 %	34	Duisburg	1,9 %			

Für Berlin liegen keine Langfristwerte vor.

Miet- und Preisentwicklung Wohnimmobilien
1975 - 2003, Rangfolge der Städte als Veränderungsrate p.a.

1	Wiesbaden	4,2 %	18	Kaiserslautern	3,3 %	35	Passau	2,6 %
2	München	4,1 %	19	Augsburg	3,2 %	36	Kiel	2,6 %
3	Rosenheim	3,9 %	20	Gießen	3,2 %	37	Münster	2,6 %
4	Regensburg	3,9 %	21	Bamberg	3,2 %	38	Bonn	2,6 %
5	Tübingen	3,8 %	22	Koblenz	3,2 %	39	Düsseldorf	2,6 %
6	Heidelberg	3,8 %	23	Ulm	3,1 %	40	Osnabrück	2,6 %
7	Karlsruhe	3,7 %	24	Kassel	3,1 %	41	Wuppertal	2,5 %
8	Mainz	3,6 %	25	Ludwigshafen	3,0 %	42	Lübeck	2,5 %
9	Frankfurt	3,6 %	26	Hamburg	3,0 %	43	Göttingen	2,4 %
10	Würzburg	3,5 %	27	Nürnberg	3,0 %	44	Siegen	2,4 %
11	Darmstadt	3,5 %	28	Essen	2,8 %	45	Hannover	2,4 %
12	Trier	3,4 %	29	Dortmund	2,8 %	46	Bochum	2,3 %
13	Mannheim	3,4 %	30	Bielefeld	2,8 %	47	Saarbrücken	2,3 %
14	Köln	3,4 %	31	Braunschweig	2,7 %	48	Hildesheim	2,2 %
15	Stuttgart	3,3 %	32	Oldenburg	2,7 %	49	Bremen	2,0 %
16	Aachen	3,3 %	33	Krefeld	2,7 %			
17	Freiburg	3,3 %	34	Duisburg	2,7 %			

Für Berlin liegen keine Langfristwerte vor.

Quelle: Bulwien AG

Abbildung 111: Die Bedeutung des Makrostandortes für die Miet- und Preisentwicklung

Die Analyse des Makrostandortes gewinnt vor dem Hintergrund der polyzentrischen Strukturen des bundesdeutschen Immobilienmarktes besondere Bedeutung. Anders als zum Beispiel in Großbritannien, Frankreich oder Belgien gibt es in Deutschland nicht eine dominante Metropole, in der politische und öffentliche Einrichtungen und Wirtschaftsunternehmen konzentriert sind.

Stattdessen ist der deutsche Immobilienmarkt durch einen lebhaften Wettbewerb zwischen Städten bzw. Stadtregionen mit eigenständigen Profilen geprägt.

Dominante Standorte sind Berlin, Hamburg, Frankfurt und München, gefolgt von Düsseldorf, Köln und Stuttgart, aber auch Dresden, Leipzig, Nürnberg, Essen, Dortmund und Hannover sind durchaus bedeutende Standorte. Die ostdeutschen Städte Chemnitz, Erfurt, Magdeburg, Potsdam,

Rostock und Schwerin spielen noch eine geringe Rolle. Die polyzentrische Struktur der Bundesrepublik Deutschland erleichtert einerseits institutionellen Investoren die Diversifikation ihrer Immobilienportfolios, denn die einzelnen Ballungsräume entwickeln sich i.d.R. nicht einheitlich, andererseits erhöht die Nicht-Existenz einer dominanten Metropole den Informationsaufwand bei der Entscheidungsfindung erheblich.

Insbesondere in den Neuen Bundesländern sind Analysen der jeweiligen Makrostandorte von großer Bedeutung, da sich dort noch immer ein gewaltiger Strukturwandel vollzieht, der nicht nur wirtschaftliche, gesellschaftliche und sozialpolitische Dimensionen hat. Ganze Regionen bestimmen ihren „Standort" neu und versuchen, durch entsprechende Maßnahmen die Weichen für eine positive Zukunft zu stellen. Eingehende Analysen der Stärken und Schwächen, aber auch der Chancen und Risiken der jeweiligen Städte oder Regionen erscheinen dort besonders erforderlich.

5.1.4.2.2 Harte Standortfaktoren

Der erste Schritt bei der Analyse des Makrostandortes gilt üblicherweise der **Bestimmung der räumlichen Ausdehnung und Struktur**. Diese geographische Abgrenzung wird durch die jeweiligen Nutzungspotenziale des Grundstücks mitbestimmt, denn dieselbe Parzelle kann in Abhängigkeit vom Nutzungskonzept verschiedene räumliche Standortstrukturen auf Makroebene haben. So wären zum Beispiel für ein Grundstück an einem Autobahnkreuz, das sich sowohl für einen Möbelmarkt, ein Einkaufszentrum oder einen Freizeitpark eignet, verschiedene Ausdehnungen des Einzugsgebietes – und damit des Makrostandortes – zugrunde zu legen.

Eine wichtige Fragestellung ist in diesem Zusammenhang, ob man sich an den existierenden **politischen Grenzen** oder den **wirtschaftlichen Zusammenhängen** der örtlichen Wirtschaft orientiert. Ersteres hat den Vorteil, dass man relativ leicht auf genaue statistische Daten zurückgreifen kann, während im zweiten Fall immobilienwirtschaftlich sinnvollere Standortabgrenzungen möglich sind. Dafür muss allerdings eventuell in Kauf genommen werden, dass exakte Daten nicht verfügbar sind und deshalb im Rahmen der weiteren Analyse Datenschätzungen erforderlich werden können. Einen guten Beispielfall für dieses Problem liefert der Rhein-Main-Raum, der oft anhand der hessischen Landesgrenzen abgegrenzt wird (Frankfurt, Wiesbaden, Hanau und Darmstadt). Plausibler sind allerdings Definitionen, die Mainz (Rheinland-Pfalz) und Aschaffenburg (Bayern) einbeziehen.

Erst durch die genaue geographische Abgrenzung des Makrostandortes wird es möglich, die **Bevölkerungsstruktur** zu untersuchen und entsprechend zu dokumentieren. Im Zuge derartiger Betrachtungen spielen Migrationstrends eine bedeutende Rolle, wobei zwischen intra- und interregionalen Wanderungstrends unterschieden wird. Während intraregionale Migrationstrends das Wanderungsverhalten innerhalb des Makrostandortes – beispielsweise vom Stadtzentrum in die

Peripherie – untersuchen, zeigen interregionale Wanderungstrends, wie sich die Gesamtbevölkerung durch Abwanderung oder Zuzüge verändert.

Daneben interessieren die **Alters-, Einkommens- und Haushaltsstruktur** sowie die Erwerbsquote und die daraus resultierende Kaufkraft. Ebenso aussagekräftige soziodemographische Indikatoren sind der Ausländeranteil oder die Arbeitslosenrate. Dabei sollte berücksichtigt werden, dass die Aussagekraft dieser Kennzahlen durch konkrete Vergleiche mit den entsprechenden Kennzahlen anderer Städte oder den jeweiligen Durchschnittswerten (auf Landes- oder Bundesebene) erheblich gesteigert oder auch relativiert werden kann. Darüber hinaus ist die Veränderung der Kennzahlen im Zeitablauf von großem Interesse, da Trends erkannt und dokumentiert werden können.

Mindestens ebenso wichtig wie die Analyse der Bevölkerungsentwicklung ist die Untersuchung der **Beschäftigungs- und Wirtschaftsentwicklung** innerhalb des Makrostandortes. Eine repräsentative Kennziffer der Stärke der örtlichen Wirtschaft ist die örtlich erzielte Wertschöpfung, gemessen durch das Bruttoinlands- oder Bruttosozialprodukt pro Arbeitnehmer. Ebenso aufschlussreich sind Kennzahlen wie die Tertiärisierungsquote und das Gewerbesteueraufkommen sowie die Entwicklung dieser Kennzahlen im regionalen Vergleich und im Zeitablauf.

Der **Diversifikationsgrad der lokalen Wirtschaftsstruktur** spiegelt sich in der Beschäftigungsentwicklung nach Berufs- und Wirtschaftssektoren wider. Derartige Statistiken sind zwar nur für die sozialversicherungspflichtig Beschäftigten verfügbar, dafür allerdings auf jährlicher Erhebungsbasis. Die Entwicklung der Freiberufler lässt sich lediglich durch statistische Umrechnungskennziffern einschätzen. In diesem Zusammenhang ist ebenfalls zu untersuchen, „wo" örtliches Wirtschaftswachstum stattfindet, d.h. in welchen Stadtgebieten es zur Schaffung neuer Arbeitsplätze kommt und auf welche Wirtschaftssektoren diese entfallen. Aufschlussreich sind analoge Untersuchungen, „wo" die Stadt wirtschaftlich Schrumpfungsprozessen ausgesetzt ist.

Tendenziell stabilisiert eine vielfältige Wirtschaftsstruktur den örtlichen Immobilienmarkt, da die Konjunkturempfindlichkeit reduziert wird und einseitige Abhängigkeiten von bestimmten Arbeitgebern oder Branchen vermieden werden können. Falls dennoch wenige große Arbeitgeber die **wirtschaftlichen „Anker"** einer Stadt oder einer Region sind, spielt deren Branchenzugehörigkeit sowie Verflechtung mit örtlichen Zulieferern eine wichtige Rolle.

Die Bedeutung **zentraler Einrichtungen der öffentlichen Hand** (Ministerien, Behörden, Gerichte, Verwaltungen, Organisationen und Verbände) ist ebenfalls in Betracht zu ziehen, da diese die örtliche Wirtschaftsstruktur tendenziell stabilisieren. Ebenso wichtig ist die Zentralität im Handel (Einzelhandel, Großhandel sowie Speditionen, Lager und Warenumschlag, etc.) sowie im Mediensektor (Zeitungen, Sender, Verlage, etc.). Örtliche Forschungs- und Bildungseinrichtungen (Universitäten, Fachhochschulen und Forschungseinrichtungen, Institute, F&E-Abteilungen von

Großunternehmen, Krankenhäuser, etc.) können ebenfalls prägend sein und die Beschäftigungs-struktur entsprechend beeinflussen.

Nach diesen Merkmalen ist die **infrastrukturelle Zentralität** besonders bei Gewerbeimmobilien ein relevantes Kriterium. Darunter versteht man zunächst die Lage im Raum – d.h. die jeweiligen Entfernungen zu anderen wichtigen Städten – sowie die Anbindung an den Straßenverkehr, Au-tobahn, Bahn, Flughafen oder Wasserstraßen bzw. Hafenanlagen. Da infrastrukturelle Einrichtun-gen historisch langsam wachsen, handelt es sich hier oft um langfristig wirksame Standortvor- oder -nachteile. Daher ist die Einbeziehung aktueller Planungen wichtig.

Im Zuge der oben erläuterten Analysen des Makrostandortes sollten auch **Funktionsveränderun-gen** im Zeitablauf dokumentiert und ausgewertet werden. Dies gilt insbesondere in den Neuen Bundesländern. So kann es beispielsweise durch infrastrukturelle Maßnahmen zu einer Anreiche-rung, Verlagerung oder Wiederbelebung von Funktionen kommen. Die Stadt Leipzig hat zum Bei-spiel durch die Errichtung des neuen Messegeländes an die jahrhundertealte Tradition als Messe-standort angeknüpft und durch die Ansiedlung von BMW und Porsche neue Funktionen hinzugewonnen. Ein anderes Beispiel wäre Dresden, das sich auf seinen Status als ehemalige Re-sidenzstadt und Kulturmetropole besinnt.

Mindestens ebenso wichtig sind aber auch Funktionseinbußen, die beispielsweise durch Schrump-fung, Verlagerung, Schließung örtlicher Unternehmungen oder zentraler Einrichtungen entstehen können. Wie langfristig sich derartige Funktionsveränderungen hinziehen können, zeigt der Um-zug der Bundesregierung von Bonn nach Berlin. So wurden die für Berlin erhofften wirtschaftli-chen Impulse für den Immobilienmarkt durch die Umzugsverzögerung mitverschoben. Der spe-kulative Vorratsbau, der primär auf den für 1995 erhofften Umzugssog ausgerichtet war, kam dadurch einige Jahre zu früh auf den Markt.

Vor allem bei Ballungsräumen, die durch Städtenetze charakterisiert sind, bleibt die Frage zu un-tersuchen, inwieweit **regionale Kooperation oder Konfrontation** zwischen den einzelnen Kom-munen vorliegt. Dieser Aspekt ist nicht nur im Hinblick auf die Funktionsfähigkeit des Öffentli-chen Personennahverkehrsnetzes von großer Bedeutung. Auch im Zuge der Wirtschaftsförderung, bei raumübergreifenden Flächenplanungen, regionalen Infrastrukturmaßnahmen sowie der jewei-ligen örtlichen Baulandpolitik erscheint die Qualität der regionalen Zusammenarbeit relevant. Dies gilt insbesondere bei Städten, deren „Speckgürtel" außerhalb ihres eigentlichen Stadtgebiets liegt.

5.1.4.2.3 Weiche Standortfaktoren

Neben den oben dargestellten harten Standortfaktoren sind auch auf Ebene des Makrostandortes gewisse „weiche" Kriterien zu berücksichtigen. Eine exakte Abgrenzung zwischen weichen und harten Standortfaktoren gestaltet sich allerdings schwierig, da zwischen ihnen Wechselwirkungen bestehen. So sind gute harte Standortfaktoren häufig mit positiven Images verbunden, beispielsweise die Aufwertung einer Stadt durch die Ansiedlung einer Universität. Andererseits wirken innerstädtische Schnellstraßentrassen, die an sich einen positiven harten Standortfaktor darstellen, als Barrieren und senken somit beispielsweise die Passantenfrequenz am Standort (vgl. Muncke/Dziomba/Walther, S. 145).

Kennzeichnend für weiche Standortfaktoren ist insbesondere, dass erst die subjektive Einschätzung ihrer Ausprägung bedeutsam ist (vgl. Grabow/Henckel/Hollbach-Grömig, S. 66). So stellt das Image einen prägenden Faktor eines jeden Standortes dar. Die Vorstellungen, die man mit der Attraktivität einer Stadt bzw. Region verbindet, resultieren aus bestimmten Charakteristika, die unbewusst bestimmte „Imagebilder" entstehen lassen. Zu nennen wären hier zum Beispiel die Mentalität der Einwohner (Schwaben in Stuttgart), die örtliche Wirtschaft (Banken in Frankfurt), das gewachsene Stadtbild (Altstadt in Heidelberg) oder sportliche Einrichtungen (Schalke 04 in Gelsenkirchen), die man intuitiv mit einer Stadt verbindet.

Ferner ist die **natürliche Attraktivität** des Standortes sowie des Umlandes in Betracht zu ziehen, da die Wohn- und Lebensqualität dadurch deutlich geprägt wird. Nicht zu unterschätzen ist vor allem im Hinblick auf die Attraktivität als Wirtschaftsstandort das gesamte wirtschaftliche und politische Kleinklima, das mit einer Region verbunden wird. Die örtliche Genehmigungspraxis, die Baulandpolitik, sowie die Grundhaltung gegenüber Investoren wären hier als Beispiele zu nennen.

In der Summe entsteht beispielsweise bei München das Image der „Weltstadt mit Herz" aus den einzelnen Imagebildern, in denen sich auch unbewusst das Image Bayerns kristallisiert (Alpen, Seen, Lederhose, Weißwurst, Brez'n, Maß Bier, CSU, Siemens, BMW, FC Bayern,...). Umgekehrt gibt es allerdings auch zahlreiche Regionen mit relativ ungünstigen Ausgangspositionen im Hinblick auf die Lebensqualität, deren Image entsprechend ist.

5.1.4.3 Mikrostandort

5.1.4.3.1 Relative Bedeutung

Die Bedeutsamkeit des Mikrostandorts im Vergleich zur Lage der Einzelparzelle kann nur objektspezifisch beurteilt werden. Generelle Aussagen lassen sich daher schlecht treffen, denn letztendlich sind beide Blickwinkel relevant. So sind z.B. bei Geschäftshäusern innerhalb von Fußgängerzonen die genaue Grundstückslage sowie der Zuschnitt ausschlaggebend für das Umsatzpotenzial des Einzelhandels und damit für die erzielbare Miethöhe. Ähnliches gilt zum Beispiel für eine Tankstelle an einer vielbefahrenen Straße. Andererseits gibt es wiederum Nutzungsarten, die neben einer geeignet erscheinenden Parzelle einen Mikrostandort mit einer gewissen Größenordnung voraussetzen, um wirtschaftlich tragfähig zu sein, wie zum Beispiel Super- oder Fachmärkte.

Vor dem Hintergrund dieser Überlegungen muss man sich allerdings stets vor Augen halten, dass **Standortdefizite** – egal auf welcher Ebene – für eine Immobilie immer einen Vermarktungsnachteil darstellen. Aus diesem Grund sind ungünstige Standorte i.d.R. nicht nur als erste von Abschwächungen im Markt betroffen, sondern auch in vergleichsweise hohem Maße. Dies gilt selbstverständlich auch für den Fall, dass technisch anspruchsvolle Immobilien errichtet werden, denn selbst die aufwendigste Immobilie wird an einem ungünstigen Standort schnell zum Problemobjekt.

In diesem Zusammenhang konnten in den letzten Jahren oft Versuche beobachtet werden, die darauf abzielten, **„Standorte zu schaffen"**. Beispiele sind hier Canary Wharf, ein immenser Bürokomplex im Osten der Londoner City oder La Defense, ein neu entwickelter Bürostandort im Osten des Pariser Zentrums. Insbesondere in den Neuen Bundesländern wurde oft auf die Geschichte und Tradition von Straßen oder Stadtvierteln zurückgegriffen, um deren einstige Funktionen zu revitalisieren und so „Standorte wiederzuschaffen". Ein Beispiel für diese Bemühungen ist die Friedrichstraße in Berlin-Mitte mit Projekten wie dem Hofgarten am Gendarmenmarkt und den Friedrichstadtpassagen. Diese Projekte greifen ebenso wie die Projekte am Potsdamer Platz/Leipziger Platz traditionelle Nutzungsstrukturen auf.

Diese Spekulation mit dem so genannten **„Genius Loci"** ist allerdings vergleichsweise riskant. Erforderlich ist nicht nur ein erheblicher Kapitaleinsatz, um überhaupt die „kritische" Masse zu erreichen, sondern auch ein entsprechendes finanzielles Durchhaltevermögen in der Vermarktungsphase, die unter Umständen ein Jahrzehnt dauern kann. Zuletzt wäre noch darauf hinzuweisen, dass vor allem bei bebauten Grundstücken die Analyse des Mikrostandortes oft mit der Gebäudeanalyse verknüpft ist, denn eine vorhandene Bebauung kann Nutzungspotenziale und -strukturen relativ genau festlegen bzw. einschränken. Im Fall von denkmalgeschützten Bestandsbauten gilt dies in besonderem Maße.

5.1.4.3.2 Harte Standortfaktoren

In einem ersten Schritt geht es bei der Analyse des Mikrostandortes darum, **Lage und Beschaffenheit des Grundstücks** genauer zu untersuchen, um anhand der grundstücksspezifischen Charakteristika die Nutzungspotenziale zu ermitteln. Dies gilt sowohl für bebaute als auch für unbebaute Grundstücke. Deshalb ist in diesem Zusammenhang zunächst relevant, ob es sich um einen „integrierten" oder einen „solitären" Standort handelt.

Integrierte Standorte liegen i.d.R. innerhalb eines gewachsenen, etablierten Umfelds, während Parzellen, die aufgrund ihrer isolierten Lage nicht in ihr Umfeld eingebunden sind, als **solitäre**

Standorte bezeichnet werden. Ein gutes Beispiel für diese Zusammenhänge stellt der Messeturm in Frankfurt am Main dar. Vom solitär stehenden Bürohochhaus zwischen einer Ausfallstraße und den Messehallen wandelt er sich in den letzten Jahren langsam zu einem integrierten Standort, nachdem in unmittelbarer Nachbarschaft das Congress Center mit einem Maritim-Hotel, die Bürotürme Castor und Pollux sowie Erweiterungsbauten der Messe errichtet wurden und in naher Zukunft ein Urban Entertainment Center am Standort entstehen soll. Während sich bei solitären Standorten die Qualität des Umfeldes durch die Art der Nutzung und Bebauung kaum beeinflussen lässt, sind bei integrierten Lagen die Möglichkeiten, auf ihre Standortqualitäten Einfluss zu nehmen, sehr beschränkt, da das Umfeld „etabliert" und oft regelrecht „eingewachsen" ist. Komplementäre Nutzungen können sich in diesen Fällen aufgrund der Synergieeffekte gegenseitig ideal ergänzen und sich dadurch gegenseitig aufwerten. Dies ist übrigens auch die Grundidee bei großen Mixed-Use Projekten. Im Gegensatz dazu sind konkurrierende Nutzungen dadurch charakterisiert, dass sie sich einschränken oder gar ausschließen.

Die **Nahversorgungsattraktivität** eines Standortes, d.h. die Anzahl, Struktur und Qualität der in der näheren Umgebung angebotenen Dienstleistungen sowie die Grundversorgung mit relevanten Gütern, lässt sich relativ leicht objektiv beurteilen. Mit zunehmender Zentralität verringert sich i.d.R. die Distanz zu Einkaufsmöglichkeiten, Banken oder Postämtern. Im Gegensatz dazu sind Sport-, Erholungs- und Freizeiteinrichtungen oft in der Peripherie angesiedelt. Hilfreich ist hier die Erstellung einer Liste, die sämtliche Einrichtungen wie Hotels, Restaurants, Einkaufsgelegenheiten, etc. innerhalb einer bestimmten Distanz (beispielsweise 300 m oder 500 m) aufführt. Bei Gewerbeimmobilien ist eine ähnliche Übersicht der lageprägenden Nutzer ebenfalls sehr aufschlussreich; Abwanderungen und Neuansiedlungen sind besonders interessant, da sich daraus eventuell Trends erkennen lassen.

Neben der Lage bestimmen **Grundstücksgröße und -zuschnitt** das Nutzungspotenzial in hohem Maß, denn die Ausrichtung und Anordnung der Baukörper kann dadurch unter Umständen erheblich eingeengt werden. Diese Merkmale lassen sich anhand eines Flurkartenausschnitts oder eines Lageplans dokumentieren. In diesem Zusammenhang wären auch die jeweiligen Zugangs- und Zufahrtsmöglichkeiten entsprechend zu überprüfen und zu dokumentieren.

Die Summe der **natürlichen Eigenschaften** einer Parzelle (bzw. der Umgebung) prägen deren Nutzungspotenzial ebenfalls in hohem Maß, insbesondere im Wohnungsbereich. Hier ist Topographie, Exposition sowie die Flora und Fauna des Grundstücks oftmals in hohem Maße wertbildend. Allerdings können Auflagen des Natur- bzw. Umweltschutzes auch problematisch sein, beispielsweise wenn ein charakteristischer alter Baumbestand erhalten werden muss und so die Bebaubarkeit einschränkt. Auch eine Lage am Wasser kann einerseits sehr attraktiv sein, andererseits jedoch durch die Hochwasserproblematik beeinträchtigt werden. Nicht zuletzt kann auch die natürliche Qualität und Attraktivität des gesamten Umfeldes, beispielsweise eine schöne Aussicht auf die Landschaft, Parks und Seen, einen großen Einfluss auf den Wert einer Parzelle haben.

Mit der Analyse der **infrastrukturellen Erschließung** assoziiert man i.d.R. zunächst die Anbindung an den **Individualverkehr**. Die Straßenerschließung sollte mindestens aus einem Weg, einer Zufahrt oder einer Straße bestehen, wobei die Charakteristika der Straßenführung zu berücksichtigen sind. Darunter fallen Kriterien wie Breite, Anzahl der Spuren, Verkehrsführung sowie deren baulicher Zustand. Ergänzend sollte auch der bauliche Zustand von Radwegen oder Gehsteigen in Augenschein genommen werden.

Ebenso wichtig ist die Anbindung an den **öffentlichen Personennahverkehr** (ÖPNV). Darunter versteht man die Entfernung zu Bus-, U-Bahn- und S-Bahn-Haltestellen sowie die angebotenen Anschlussmöglichkeiten und die jeweiligen Taktfrequenzen. Es sollte nicht nur geprüft werden, ob entsprechende Haltestellen in der Nähe sind, sondern auch welche Qualität diese Anbindungen aufweisen, d.h. wie lange die Fahrzeiten zu zentralen Einrichtungen sind.

Neben dieser eher lokal orientierten Einbindung in das öffentliche Verkehrsnetz ist die Qualität der **überregionalen Verkehrsanbindung** zu prüfen, d.h. die Nähe zu Autobahnen und Bundesstraßen sowie Ausfallstraßen und Brücken. Ebenfalls in diese Rubrik einzuordnen ist die Nähe zu örtlichen Bahnhöfen und Intercity-Stationen. Die Feststellung der räumlichen und zeitlichen Distanz zum nächsten Flughafen rundet die angestellten Betrachtungen ab. Bei gewerblichen Immobilien sollten auch die geltenden Gewerbesteuersätze berücksichtigt werden. Bei industriellen Nutzungen erscheinen darüber hinaus auch die Höhe der lokalen Abgaben sowie die Höhe der Nebenkosten (für Wasser, Energie, etc.) relevant.

Speziell bei **unbebauten Grundstücken** ist eine Reihe weiterer Kriterien zu berücksichtigen: So sind Untersuchungen der Bodenbeschaffenheit ein wichtiges Analysekriterium, da die Natur des Baugrundes immer auch die Baukosten beeinflusst. Durch entsprechende Bodengutachten lassen sich hier potenzielle Risiken frühzeitig erkennen. Besonders bei der Umnutzung ehemaliger Gewerbe- oder Industrieflächen bleibt die Problematik von Altlasten von ungebrochener Aktualität, da deren Beseitigung mit hohen Kosten verbunden sein kann. Eventuell ist eine Parzelle auch auf Fliegerbomben oder so genannte „Bodendenkmäler" zu untersuchen.

Bei unbebauten Grundstücken ist ebenfalls die **technische Erschließung**, d.h. die Ver- und Entsorgung des Grundstücks, zu klären. Darunter werden die Leitungsanschlüsse für Wasser und Abwasser, Strom und Gas sowie die relevanten Telekommunikationseinrichtungen zusammengefasst. Da diese Erschließungsmaßnahmen allerdings i.d.R. unterirdisch erfolgen, kann es vor allem bei älteren Bestandsobjekten relativ schwierig sein, den Verlauf und baulichen Zustand der bestehenden Erschließungsstränge zu rekonstruieren.

Nach den genannten typischen „harten Standortfaktoren" lassen sich auch eine ganze Reihe rechtlicher Regelungen in dieser Richtung interpretieren. An erster Stelle ist hier das **Grundbuchrecht** zu nennen, denn schließlich geht es zunächst darum, wie sich die Eigentumsverhältnisse darstellen. Insbesondere in den Neuen Bundesländern ist dieser Aspekt relevant. Neben der Eigentümerfrage ist in diesem Zusammenhang bedeutsam, inwiefern eventuelle Grundstücksbelastungen (beispielsweise Geh- oder Fahrtrechte angrenzender Eigentümer) oder Dienstbarkeiten die Nutzungs- oder Bebauungsmöglichkeiten einschränken. Da derartige Rechte im Grundbuch eingetragen sind, ist deren Recherche relativ unproblematisch.

Nächster Punkt ist üblicherweise eine Überprüfung des geltenden **Baurechts**. Zu diesem Zweck ist die Ausweisung der gestatteten Nutzungsmöglichkeiten in aktuellen Flächennutzungs- und Bebauungsplänen in Erfahrung zu bringen. Falls für ein Gebiet kein Bebauungsplan vorliegt, ist zu untersuchen, ob Baurecht nach §34 BauGB (Innenbereich) vorliegt. Im Zweifelsfall wären entsprechende Vorschriften hinsichtlich Art und Maß der baulichen Nutzung beim Bauamt zu erfragen. Ebenfalls relevant ist die Frage, ob das Grundstück in einem festgelegten Planungsgebiet liegt und zum Beispiel die Verkehrserschließung, die Nutzungsstruktur oder die Bebauung geändert werden soll. Im Rahmen dieser Nachforschungen sollten auch langfristige Absichten der Kommune, bestehende Planungen zu ändern bzw. zu überarbeiten, in Erfahrung gebracht werden. Abschließend bleibt im Zuge der rechtlichen Betrachtung festzustellen, ob die Übernahme eventuell erforderlicher Erschließungsmaßnahmen rechtlich eindeutig geregelt ist.

In Großstädten sind darüber hinaus **Verordnungen und Satzungen** zu beachten. So schreibt zum Beispiel die hessische Bauordnung die Errichtung einer bestimmten Anzahl an Parkplätzen vor, während die Stadt Frankfurt am Main durch ihre Stellplatzsatzung im Innenstadtbereich deren Errichtung bei der Erstellung von Bürogebäuden größtenteils verbietet. Dafür fordert die Stadt für jeden Parkplatz, der vorgeschrieben ist, aber nicht errichtet werden darf, eine Ablöse, die für den Innenstadtbereich 10.000 Euro und für das übrige Stadtgebiet 7.500 Euro beträgt. Ähnlich verhält es sich in Berlin-Mitte, wo maximale Traufhöhen von 21 m vorgeschrieben werden. Dieses Maß orientierte sich früher an der Länge der Feuerwehrleiter, wird allerdings heute nur zu dem Zweck beibehalten, ein einheitliches Erscheinungsbild der Fassaden zu gewährleisten (so genannte „Kritische Rekonstruktion"). Ein weiteres typisches Beispiel wäre ein Verlangen der Kommune, einen Architektenwettbewerb auszuloben, der Investoren viel Geld, kostbare Zeit und einige Nerven kosten kann. Nicht zuletzt kann dadurch auch die Funktionalität und Effizienz einer Immobilie leiden, da oftmals die Außenwirkung der Immobilien zu deren dominierendem Beurteilungskriterium wird.

Eventuell bietet sich auch im Rahmen einer Standortanalyse an, die **Akquisition von angrenzenden Grundstücken** zu überprüfen, wenn sich dadurch das Nutzungspotenzial vergrößern lässt. Durch den gezielten Ankauf einzelner Parzellen lassen sich Projekte realisieren, die in der Summe höhere Ertragschancen erwarten lassen. Allerdings kann sich die Arrondierung aber auch erheblich verzögern und dadurch zur Entstehung von Vorratsgrundstücken führen, die erst zu ungünstigen Vermarktungszeitpunkten baureif werden. Dies gilt insbesondere, wenn Nachbarn den Wert ihrer Grundstücke regelrecht hochpokern wollen. Insofern sollten Arrondierungen nicht nur im Hinblick auf Kosten- und Nutzenwirkungen, sondern auch bezüglich potenzieller Risiken überdacht werden.

5.1.4.3.3 Weiche Standortfaktoren

Der typische weiche Standortfaktor schlechthin ist das **Prestige der Lage**. Das Image, das mit gewissen Städten, Vierteln, Quartieren oder Straßenzügen assoziiert wird, ist oft ausschlaggebend für die erfolgreiche Vermarktung von Immobilien. So kann beispielsweise die „Adresse" eines Objektes aufgrund des damit verbundenen Renommees zu einer Prämie bei Miet- oder Kaufpreisen führen. Beispiele dafür wären im gewerblichen Bereich der Ku'damm in Berlin, der Jungfernstieg in Hamburg, die Königsallee in Düsseldorf oder die Maximilianstraße in München. Dies gilt analog bei Wohnimmobilien, so sind beispielsweise renommierte Taunusorte wie Kronberg oder Königstein präferierte „Frankfurter" Wohnlagen.

Ausschlaggebend für ein gutes Standortimage sind die **Qualität der Bebauung**, die **Attraktivität des Umfelds** sowie die **lageprägenden Nutzer;** ein schlechtes Image ergibt sich vice versa. Dabei ist allerdings oft festzustellen, dass sich Imagebilder kleinräumig an Straßenzügen orientieren.

Darüber hinaus ist die **Exposition** der Liegenschaft in zweifacher Hinsicht ein relevanter „weicher" Standortfaktor: Einerseits kann die Sichtbarkeit besonders wichtig sein wie zum Beispiel bei Hotels und Einzelhandelsimmobilien, andererseits kann die Qualität der Aussicht ein bedeutendes Entscheidungskriterium für potenzielle Interessenten darstellen – so zum Beispiel bei Büro- oder Wohnimmobilien.

Vor allem im Hinblick auf Projektentwicklungen ist die **Grundhaltung der Öffentlichkeit, der Anwohner sowie der verantwortlichen Politiker** gegenüber einem Standort von großer Bedeutung. Dabei stößt man nicht selten sowohl auf positive und negative Einstellungen als auch auf völlige Unentschlossenheit gegenüber der Standortentwicklung. In erster Linie ist dabei allerdings die Haltung der angrenzenden Grundstückseigentümer von Bedeutung. Darüber hinaus bleibt die Frage, inwiefern die Kommune mit ihrer Einstellung Investoren gegenüber eher auf Konfrontation oder Kooperation ausgerichtet ist. Nicht zuletzt ergibt sich auf dieser Basis eventuell die Möglichkeit einer höherwertigen Nutzung oder einer Verbesserung der Grundstücksauslastung.

Bei Projektentwicklungen kann auch die **„Presse"**, die ein Standort genießt, von großer Bedeutung sein. Dies gilt insbesondere für Bereiche, die von Architekten als „städtebaulich sensibel" bezeichnet werden. Positive Darstellungen innerhalb der Medien stellen die günstigste Art der Öffentlichkeitsarbeit dar. Dagegen können negative Schlagzeilen das Standortmarketing erschweren.

5.1.4.4 Standortbewertungsmethoden

Standortanalysen lassen sich auf rein deskriptiver Basis erstellen; in diesem Fall führt eine – mehr oder weniger – ausführliche Schilderung von Vor- und Nachteilen hinsichtlich einzelner Standortfaktoren zu einer Gesamtbeurteilung. Die Anwendung einer derartigen Methode ist allerdings wenig transparent und nur schwer nachvollziehbar.

Um eine objektive Gewichtung und Bewertung der verschiedenen Standortfaktoren vorzunehmen, empfiehlt sich die Anwendung eines bzw. einer Kombination der im Folgenden dargestellten Instrumente.

Analogiemethode

Innerhalb der Analogiemethode orientiert sich der Entscheider an bereits erfolgreich am Markt platzierten Projekten. Anhand deren Standortspezifika werden Erfolgsfaktoren hergeleitet, die als Entscheidungsgrundlage für die Auswahl eines neuen Standortes fungieren. Zusätzlich können Immobilienmakler und Beratungsunternehmen Hinweise zur Herleitung eines Anforderungsprofils geben (vgl. Väth/Hoberg, S. 98).

Insbesondere für die erste Einschätzung eines Standortes im Rahmen der Projektinitiierung (vgl. dazu Punkt 4.2.3.2.1) stellt die Analogiemethode ein hilfreiches und kostengünstiges Instrument dar. Die vergangenheitsorientierte Methodik birgt aber auch Risiken, da für die Zukunft jederzeit mit Änderungen der Marktbedingungen einerseits, mit Änderungen der Nutzeranforderungen andererseits zu rechnen ist und demnach die Gefahr von Fehlentscheidungen ansteigt. Des Weiteren ist die Übertragung der Erfolgsfaktoren auf Projekte an unterschiedlichen Makrostandorten nicht empfehlenswert (vgl. Ertle-Straub, S. 165f.).

Stärken-Schwächen-Analyse

Die Herkunft dieser Analysemethode ist das strategische Management, wo sie als so genannte SWOT-Analyse (Strength, Weaknesses, Opportunities, Threats) als eine Kombination von Stärken-Schwächen und Chancen-Risiken durchgeführt wird. Für die Standortanalyse werden ausgewählte Standortbedingungen aufgelistet und alternative Standorte anhand einer Skala (beispielsweise von „sehr gut" bis „problematisch") bewertet. Das Resultat ist in Abbildung 112 wiedergegeben und bietet eine gute Visualisierung der Standortkriterien.

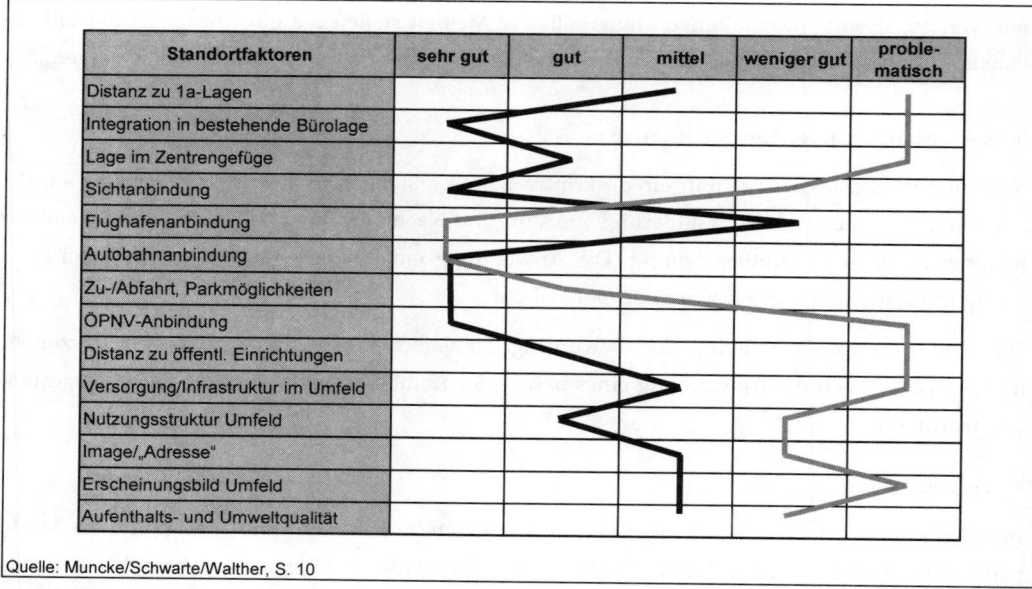

Standortfaktoren	sehr gut	gut	mittel	weniger gut	proble-matisch
Distanz zu 1a-Lagen					
Integration in bestehende Bürolage					
Lage im Zentrengefüge					
Sichtanbindung					
Flughafenanbindung					
Autobahnanbindung					
Zu-/Abfahrt, Parkmöglichkeiten					
ÖPNV-Anbindung					
Distanz zu öffentl. Einrichtungen					
Versorgung/Infrastruktur im Umfeld					
Nutzungsstruktur Umfeld					
Image/„Adresse"					
Erscheinungsbild Umfeld					
Aufenthalts- und Umweltqualität					

Quelle: Muncke/Schwarte/Walther, S. 10

Abbildung 112: Stärken-Schwächen-Analyse zweier Standorte im Vergleich

Nutzwertanalyse

Bei der Nutzwertanalyse handelt es sich um eine so genannte Scoring-Methode. Diese Methoden werden bei mehrdimensionalen Entscheidungen zur Bewertung von Alternativen eingesetzt. Die Vorgehensweise bei **Nutzwertanalysen** ist relativ leicht verständlich und stellt sich folgendermaßen dar: Zunächst wird eine Checkliste der relevanten Prüfkriterien erstellt und deren relative Bedeutung durch Gewichtungen konkretisiert. In einem zweiten Schritt wird dann abgeschätzt, inwieweit das jeweilige Prüfkriterium auf einer Skala von 0-100% erfüllt wird. In einem dritten Schritt wird durch Multiplikation dieser einzelnen Zielerfüllungsgrade mit dem jeweiligen Gewicht der so genannte Teilnutzwert des speziellen Kriteriums ermittelt. Diese Kennziffer gibt an, inwieweit die konkrete Anforderung erfüllt wird. Durch Addition der einzelnen Teilnutzwerte zum Gesamtnutzwert kann in einem vierten Schritt beurteilt werden, inwieweit ein Standort den nutzungsspezifischen Ansprüchen entspricht bzw. inwiefern ein bestimmtes Nutzungskonzept den Gegebenheiten des Standortes gerecht wird.

In Tabelle 30 ist eine derartige Nutzwertanalyse exemplarisch dargestellt; dabei geht es im vorliegenden Fall darum, die Eignung eines Standortes für zwei verschiedene Nutzungskonzepte zu beurteilen. Zu diesem Zweck werden zunächst drei Oberziele definiert, die im Beispielfall auf die Beurteilung der „Liegenschaft", des „Umfeldes" sowie des „Verkehrs" ausgerichtet sind (vergleiche zur Vorgehensweise beispielsweise Muncke, S. 114ff.). In einem zweiten Schritt werden diese

Oberziele durch Unterteilung in einzelne Unterziele konkretisiert. So wird beispielsweise das Ziel Liegenschaft durch genauere Kriterien wie „Bezirkszugehörigkeit", „Viertelzugehörigkeit", „Werbesichtanbindung", etc. präzisiert.

Zielkriterien	Zielerfüllungsgrad (Skala von 0-100)	1. Variante		2. Variante	
		Gewichtung	Teilnutzen	Gewichtung	Teilnutzen
Teilziel A: Liegenschaft					
A1 Bezirkszugehörigkeit	70	12%	8,40	5%	3,50
A2 Viertelzugehörigkeit	60	12%	7,20	5%	3,00
A3 Werbesichtanbindung	10	10%	1,00	4%	0,40
A4 Nutzfl. über 8.000 m² mögl.	80	5%	4,00	2%	1,60
A5 Grundstückszuschnitt	40	4%	1,60	1%	0,40
A6 Alt / Restbebauung	30	1%	0,30	1%	0,30
A7 Unterbauung	20	5%	1,00	2%	0,40
Summe Teilziel A:		**49%**	**23,50**	**20%**	**9,60**
Teilziel B: Umfeld					
B1 Agglomerationseffekte	100	4%	4,00	10%	10,00
B2 Integrierte Lage	90	6%	5,40	15%	13,50
B3 Höhenentwicklung der Umgebung	80	1%	0,80	2%	1,60
B4 Straßenprofil	70	2%	1,40	5%	3,50
B5 Bauzustand der Nachbarprojekte	100	1%	1,00	2%	2,00
B6 Entf. zu zentralen Einrichtungen	100	2%	2,00	5%	5,00
B7 Versorgung mit EH und Gastronomie	90	3%	2,70	8%	7,20
B8 Entfernung zu Grün- & Freizeitfl.	90	1%	0,90	2%	1,80
Summe Teilziel B:		**20%**	**18,20**	**49%**	**44,60**
Teilziel C: Verkehr					
C1 Fußgängerfreundlichkeit	40	2%	0,80	2%	0,80
C2 Fußgängerfrequenz	60	2%	1,20	2%	1,20
C3 Übergeordneter ÖPNV	50	10%	5,00	10%	5,00
C4 Tram / Bus	50	2%	1,00	2%	1,00
C5 ÖPNV-Frequenz	70	2%	1,40	2%	1,40
C6 Erreichbarkeit	100	7%	7,00	7%	7,00
C7 Anfahrbarkeit	90	3%	2,70	3%	2,70
C8 Parkplatzsituation	90	2%	1,80	2%	1,80
C9 KfZ-Frequenz	90	1%	0,90	1%	0,90
Summe Teilziel C:		**31%**	**21,80**	**31%**	**21,80**
Gesamtnutzwert (A,B & C)		**100%**	**63,5**	**100%**	**76,00**

Quelle: Muncke, S. 119

Tabelle 30: Die Nutzwertanalyse am Praxisbeispiel

Der Vorteil einer derart quantitativ angelegten Untersuchung liegt darin, dass in Form einer Matrix zunächst einmal alle relevanten Eigenschaften zusammengefasst und in übersichtlicher Form den jeweiligen Ausprägungen gegenübergestellt werden können. Durch die Definition von Oberzielen und zugehörigen Unterzielen ist es zudem möglich, den Genauigkeitsgrad zu erhöhen.

Problematisch ist allerdings die Kriterienauswahl sowie deren Gewichtung, da hier subjektive Beurteilungen leicht das Ergebnis verzerren können. Eine gewisse Objektivität kann bei der Anwendung dieses Verfahrens wohl nur gewährleistet werden, wenn diese Raster im Team erstellt, gewichtet und ausgewertet werden. Die Vorteile dieser Methodik liegen darin, dass „Filtern" anhand von Ausschlusskriterien möglich wird und sich die Schlüsselfaktoren bei der Beurteilung gut darstellen lassen.

Real Estate Norm (REN)

Bei der in den Niederlanden Anfang der 90er Jahre entwickelten **Real Estate Norm (REN)** handelt es sich ebenfalls um eine Scoring-Methode. In der Anwendung ähnelt sie der Nutzwertanalyse, sie stellt sich jedoch weitaus differenzierter dar. Das Ziel der REN ist eine objektive Bewertung der Qualität von Bürostandorten und -gebäuden. Dazu wurden ca. 200 Kriterien mit diversen Subkriterien zur Standort- und Gebäudebewertung definiert. Für das zu untersuchende Projekt werden im Einzelfall die relevanten Kriterien herausgesucht und auf einer Skala von 1 bis 5 anhand mehrerer Unterkriterien vorab definiert. Um Interpretationsmöglichkeiten auszuschließen, wird die jeweils beste Ausprägung (5) anhand eines Beispiels visualisiert. Das so entstandene individuelle Soll-Profil wird nun mit dem Ist-Profil, also den Ausprägungen des zu untersuchenden Projektes, abgeglichen.

Kriterium	Bedeutung	Soll-Profil	Punktwert entspricht	Ist-Profil	Punktwert entspricht	Abgleich
Image des Umfeldes	A	5	Nationale und internationale Unternehmen	3	lokale und regionale Unternehmen	-2
Nähe zum nächsten Autobahnanschluß	A	5	weniger als 1 km	4	zwischen 1 und 5 km	-1
Öffentliche Parkplätze innerhalb 200m	B	4	zwischen 75 m und 100 m	2	zwischen 25 und 50 m	-2
Nähe zur nächsten Bahnstation	A	5	weniger als 500 m	3	zwischen 1000 und 1500 m	-2
Nähe zur nächsten Bushaltestelle	B	3	zwischen 1000 und 1500 m	5	weniger als 500 m	2
Nähe zu einem internationalen Flughafen	C	3	zwischen 20 und 30 km	1	mehr als 50 km	-2
Nahversorgungseinrichtungen innerhalb 10 Min. fußläufig	A	3	zwischen 6 m und 20 m	1	keine	-2
Insgesamt		28		19		-9
Insgesamt nur A		18		11		-7

Quelle: Ertle-Straub, S. 177

Abbildung 113: Standortanalyse mittels Real Estate Norm (REN)

Anhand der drei Abstufungen A, B und C erfolgt eine Gewichtung der Teilkriterien. Werden alternative Standorte mittels der REN untereinander verglichen, erfolgt die Beurteilung zunächst anhand der Summe aller mit A gewichteten Kriterien. Ist keine zweifelsfreie Entscheidung möglich, werden im nächsten Schritt die B-Kriterien herangezogen, zuletzt die C-Kriterien. In der Abbildung 113 ergibt sich eine Abweichung des Gesamtwertes von 9 Punkten, bei der Betrachtung der Faktoren mit A-Priorität liegt die Abweichung bei 7 Punkten.

Vorteile der REN bestehen in der vollständigen Erfassung der Entscheidungskriterien und der normierten Vorgehensweise, die Schwachstellen liegen in der isolierten Erfassung von Standortfaktoren, die Interdependenzen der Faktoren untereinander lassen sich nicht abbilden (vgl. Ertle-Straub, S. 175ff.).

Conjoint-Analyse

Ein weiteres Verfahren zur Analyse von Standorten stellt die Conjoint-Analyse dar. Hierbei handelt es sich um eine Methode, die auf Basis empirisch ermittelter Gesamtnutzenwerte den Nutzenbeitrag einzelner Produktkomponenten ermittelt. Für die Standortanalyse bietet sich diese Methode insbesondere im Hinblick auf die Erforschung subjektiv empfundener Standortpräferenzen potenzieller Nutzer an (vgl. dazu ausführlich Ertle-Straub, S. 180ff.). Die sich ergebenden Präferenzen können dann beispielsweise in Kombination mit der Nutzwertanalyse zur Bewertung alternativer Standorte herangezogen werden.

5.1.5 Marktanalyse

5.1.5.1 Marktsegmentierung

Generell lassen sich in Abhängigkeit von dem Verhältnis zwischen Eigentümer und Nutzer folgende vier Arten von Marktanalysen unterscheiden:

- Markt für eigengenutzte Flächen (Eigennutzermarkt),
- Markt für Immobilien-Anlageobjekte (Anlagemarkt),
- Markt für Mietflächen (Vermietungsmarkt),
- Markt für unbebaute Grundstücke (Grundstücksmarkt).

Für den Eigennutzer ist das Kaufpreisniveau der Flächen (per m²) i.d.R. der Hauptgesichtspunkt und dementsprechend der Fokus seiner Markterhebungen. Im Gegensatz dazu bildet für den Anleger die mit seiner Investition erzielbare Rendite das ausschlaggebende Entscheidungskriterium. Daher interessieren ihn in erster Linie die Entwicklung von Nettoanfangsrenditen bzw. Multiplikatoren im Anlagemarkt sowie die Entwicklungstrends im Mietmarkt. Für den Mieter schließlich ist primär das Mietpreisniveau der nachgefragten Flächen inklusive der Nebenkosten (per m²) im Verhältnis zur gebotenen Gebäude- und Standortqualität entscheidungsrelevant. Das Grundstück und seine Lage stellen einen zentralen Knappheitsfaktor für miteinander konkurrierende Nutzungsmöglichkeiten dar (vgl. zu den vier Teilmärkten ausführlich Wernecke).

Für einzelne Objekte sind eventuell alle vier Märkte von Bedeutung. So kann beispielsweise eine Eigentumswohnung entweder durch einen Eigennutzer bezogen oder durch einen Kapitalanleger zur Vermietung erworben werden. Die Preise für vermietete und leerstehende Wohnflächen können natürlich in Abhängigkeit von der Marktsituation divergieren; prinzipiell gilt dasselbe für Gewerbeimmobilien.

In diesem Zusammenhang ist ferner darauf hinzuweisen, dass die Situation auf dem Vermietungsmarkt den Anlagemarkt insofern beeinflusst, als steigende Mietniveaus i.d.R. Wertsteigerungserwartungen bei Investoren hervorrufen. In der Konsequenz geben sich Anleger mit geringeren laufenden Renditen zufrieden. Dies gilt allerdings auch vice versa, wodurch es immer wieder zu zyklischen Wertschwankungen kommt. Aus diesen Gründen sollten Marktanalysen alle vier Markttypen in Betracht ziehen.

Allerdings lässt sich der Immobilienmarkt per se aufgrund der Heterogenität der Nutzungsformen nicht als **Gesamtmarkt** (aggregierte Analyse) untersuchen. Deshalb beschäftigt man sich üblicherweise mit einzelnen **Teilmärkten** (disaggregierte Analyse). Als erstes Differenzierungskriterium kommen hier die jeweiligen Nutzungsarten bzw. die jeweiligen Gebäudetypen in Frage, die sich folgendermaßen grob systematisieren lassen:

- Wohnimmobilien (Eigentumswohnungen, Ein-, Zwei- & Mehrfamilienhäuser und sonstige Wohnimmobilien),

- Gewerbeimmobilien (Büro-, Handel-, und Logistikimmobilien sowie Gewerbeparks),

- Industrieimmobilien (Produktionsgebäude, Werkstätten, Lagerhallen und Industrieparks),

- Sonderimmobilien (Hotel-, Freizeit-, Sozial-, Kultur-, Verkehrs- und Infrastrukturimmobilien sowie Gastronomie).

Im Rahmen von Marktanalysen können die oben dargestellten Nutzungsarten vertiefend im Hinblick auf spezielle sachliche bzw. räumliche Teilmärkte untersucht werden. Eine derartige Erhöhung des Detaillierungsgrades steigert zwar die Aussagekraft, verursacht i.d.R. jedoch auch entsprechend höhere Kosten. So bietet sich beispielsweise bei Wohnimmobilien in sachlicher Hinsicht folgende Differenzierung bezogen auf die einzelnen Gebäudetypen an:

- Eigentumswohnungen,

- Ein- & Zweifamilienhäuser,

- Mehrfamilienhäuser,

- Sonstige (Luxusvillen, Ferienhäuser, etc.).

Die einzelnen Gebäudetypen können in einer weiteren Differenzierung sachlich unterschieden werden, die beispielsweise auf gebäudespezifische Aspekte bezogen ist. Segmentierungskriterien wären hier beispielsweise:

- Baujahr und Bauzustand (Neubau, Bestandsbau, sanierter Altbau, etc.),

- Größe (Beispielsweise 1, 2, oder 3 Zimmer – Eigentumswohnung, etc.),

- Ausstattungsstandard (Balkon, Tiefgarage, Bäder, etc.).

Analog dazu lässt sich der Gewerbeimmobilienmarkt genauer sachlich differenzieren, indem beispielsweise nach folgenden Nutzerarten segmentiert wird:

- Immobilien für produzierende Unternehmen (Lager, Distribution, etc.),

- Immobilien für Dienstleistungsunternehmen (Büro, Hotels, etc.),

- Immobilien für Einzelhandelsunternehmen (Ladenlokale, Fachmärkte, etc.),

- Immobilien für „Non-Profit" Organisationen (Öffentliche Verwaltung, Kultur, etc.).

Über diese sachlichen Differenzierungsmöglichkeiten hinaus können Marktanalysen auch nach räumlichen Kriterien unterschieden werden: So lassen sich beispielsweise – in Anlehnung an eine Erhebung der **gif** (Gesellschaft für Immobilienwirtschaftliche Forschung e.V.) folgende Standortkategorien im gewerblichen Immobilienbereich unterscheiden:

- City,

- Cityrand,

- Übriges Stadtgebiet,

- Umland.

Diese recht grobe Klassifikation kann weiter präzisiert werden, um den Aussagegehalt der Marktanalyse zu substantiieren. Die Cityrandlage lässt sich beispielsweise in Abhängigkeit von der Himmelsrichtung folgendermaßen genauer definieren:

- Cityrand-Nord,

- Cityrand-West,

- Cityrand-Süd,

- Cityrand-Ost.

Wenngleich sich die Durchführung einer disaggregierten Marktanalyse sehr aufwendig gestaltet und in diesem Zusammenhang auf die nicht unerhebliche Datenerhebungsproblematik hinzuweisen ist, werden diese Nachteile durch die entsprechend detaillierten und differenzierten Erkenntnisse über die Marktsituation sowie die daraus resultierende Möglichkeit, konkrete Beurteilungen auf Projekt- bzw. Objektebene durchführen zu können, kompensiert.

Aufgrund der mangelnden Datenverfügbarkeit und der generellen Intransparenz des Marktes geben sich jedoch viele Marktteilnehmer mit aggregierten Marktanalysen zufrieden. Für Wohnimmobilien stellen die Maklerverbände RDM und VDM Informationen über viele Städte bereit. Für Gewerbeimmobilien sind seit einigen Jahren relativ detaillierte Marktberichte von überregional tätigen Maklerunternehmen verfügbar. Allerdings beschränken sich diese Publikationen i.d.R. auf die großen Märkte. Das Ziel solcher Analysen ist es, die allgemeinen Entwicklungen des Flächenangebots, des Flächenabsatzes und des Leerstandes abzubilden. In den Veröffentlichungen von Gewerbeimmobilienmaklern findet sich oft auch eine Darstellung mit der Entwicklung der Spitzenmieten. Da sich allerdings nur ein geringer Bruchteil des Marktgeschehens in diesem hochpreisigen Segment abspielt, ist dieser Mietpreisindikator wenig repräsentativ. Das durchschnittliche Mietniveau sollte stattdessen in Betracht gezogen werden.

Der Vorteil aggregierter Marktanalysen (beispielsweise in Form von City-Reports und Marktberichten) besteht darin, dass sie einen schnellen Überblick über die Marktsituation ermöglichen, Trends relativ gut erkennbar machen und vergleichsweise leicht zu erstellen sind. Dem stehen die Nachteile eines undifferenzierten Marktbildes verbunden mit generellen Ungenauigkeiten gegenüber. Es spricht deshalb vieles dafür, die Marktanalyse disaggregiert auszugestalten.

Dies gilt insbesondere für Projektentwickler und Großinvestoren. Wie oben erläutert, müssen für systematisches Immobilienresearch jedoch zunächst räumliche bzw. sachliche Teilmärkte abgegrenzt werden. Aufgrund der Datenerhebungsproblematik sind gute Kontakte zu wichtigen Marktteilnehmern, Immobilienmaklern, Gutachterausschüssen sowie den relevanten Ämtern nach wie vor die Grundvoraussetzung für detailliertere Analysen, obgleich sich in jüngster Zeit eine erhebliche Verbesserung der Datenlage ergeben hat. Professionelle Dienstleister bieten komplexe Datenbankanwendungen an, mit deren Hilfe detaillierte Marktanalysen für einzelne Marktsegmente möglich sind (vgl. hierzu die unter Punkt 6.1.3.1.3 vorgestellten Systeme sowie den Punkt 5.1.6.2 dieses Kapitels).

Einen guten Einstieg in die Analyse des relevanten Marktsegmentes bietet die Untersuchung der Vergangenheitsentwicklung sowie der aktuellen Marktsituation. Hier lässt sich im Groben ableiten, in welcher Phase des Zyklus sich der Markt befindet. Diese Vergangenheitsorientierung ist in der Praxis weit verbreitet. Sie resultiert insbesondere aus der Prognoseproblematik. Diesbezüglich stellt weniger die Prognose der Angebotsseite, als vielmehr die Einschätzung der Nachfrageentwicklung bzw. des Zukunftsbedarfs das entscheidende Problem dar. Generell gilt, dass mit zunehmendem Prognosehorizont die Unsicherheit exponentiell ansteigt. Miet- oder Kaufpreisniveaus langfristig, d.h. über einen Zeitraum von beispielsweise fünf bis zehn Jahren, annähernd genau vorherzusagen, ist nahezu unmöglich (vgl. dazu ausführlich Rottke/Wernecke, o. S.).

5.1.5.2 Quantitative Marktanalyse

Die quantitative Marktanalyse ist darauf ausgerichtet, **Angebot und Nachfrage in Form von m²-Angaben** auszuweisen. Hier steht also nicht im Vordergrund, welche qualitativen Flächenstandards den Markt prägen. Statt dessen ist relevant, wie sich Angebot und Nachfrage im betrachteten Marktsegment im Hinblick auf die Fragen „Wer", „Was", „Wo" und „Wann" entwickeln und „Wie viel" – bezogen auf Miet- und Kaufpreise – für diese Flächen anzusetzen ist.

Durch den Zeitraumbezug wird hier die Unterscheidung in zeitpunktbezogene Daten (Stichtagsprinzip) und zeitraumbezogene Daten (i.d.R. Jahre als Bezugsspanne) erforderlich. Da diese Analysen primär für die Gewerbeimmobilienmärkte in den Großstädten erstellt werden, beziehen sich die nachfolgenden Ausführungen nur auf diesen Bereich.

5.1.5.2.1 Flächenangebot

Im Zusammenhang mit der Analyse des Flächenangebotes sind die folgenden Begriffe relevant und sollen nachfolgend kurz erläutert werden:

- Verfügbares Flächenangebot,

- Leerstand,

- Neufertigstellungen,

- Gesamtbestand.

Beim **verfügbaren Flächenangebot** handelt es sich um eine zeitraumbezogene Größe, die üblicherweise jährlich ermittelt wird. Darunter versteht man die Summe der Flächen, die potenziellen Nutzern innerhalb eines Jahres zur Anmietung zur Verfügung standen. Deshalb lässt sich diese Kennziffer nur rückwirkend ermitteln. Sie setzt sich aus dem Leerstand des Vorjahres zuzüglich der im Analysejahr freigestellten Bestandsflächen sowie der fertig gestellten, aber noch nicht vermieteten Neubauflächen zusammen. Um diese Definition des verfügbaren Flächenangebotes operationalisierbar zu machen, ist es erforderlich, die darin enthaltenen anderen Größen ebenfalls zu definieren:

Der **Leerstand** ist eine zeitpunktbezogene Größe, die aus dem aktuellen Angebot an unvermieteten Bestandsflächen und fertig gestellten Neubauflächen besteht. Im Leerstand sollten Neubauflächen, die erst nach dem Analysestichtag fertig gestellt werden, nicht berücksichtigt werden, da diese nicht bezugsfertig sind. Gelegentlich wird Leerstand auch als „Angebotsreserve" bezeichnet. Selbstverständlich ist ein gewisses Leerstandsniveau für einen funktionsfähigen Markt erforderlich, da es sonst zu Knappheitsmieten und deren unerwünschten Nebenerscheinungen kommen würde. Wie hoch die Leerstandsrate in einem ausgeglichenen Markt ist, kann jedoch nicht eindeutig beantwortet werden. Insbesondere stellt hier der Sockelleerstand ein besonderes Problem dar, da hierunter alle Objekte fallen, die aufgrund von Überalterung und damit fehlender Nutzungsadäquanz nicht mehr marktgängig sind. Die Leerstandsrate bzw. -quote entspricht dem Anteil des Leerstandes am Gesamtbestand.

Die **Neufertigstellungen** stellen eine zeitraumbezogene Größe dar, die alle Neufertigstellungen sowie vollständig renovierten bzw. sanierten Objekte des Analysezeitraums umfasst; üblicherweise werden diese jährlich erfasst. Die Neufertigstellungen sind daher der Anteil des jeweils verfügbaren Angebots, der Neubauqualität aufweist.

Beim **Gesamtbestand** handelt es sich um eine zeitpunktbezogene Größe, die sich aus dem Gesamtbestand des Vorjahres zuzüglich der im Analysezeitraum neu errichteten Flächen zusammensetzt. Idealerweise sollten auch Flächenabgänge durch Abriss berücksichtigt werden. Der Gesamtbestand ist allerdings nicht statistisch erfasst, da es keine offiziellen Aufstellungen der einzelnen Objekte und ihrer Flächenstruktur gibt. Verfügbar sind lediglich Statistiken der Baugenehmigungen und -fertigstellungen.

Deshalb beruhen Schätzungen des Gesamtbestandes i.d.R. auf der Hochrechnung des Bedarfs und werden insofern von der Nachfrageseite abgeleitet. So wird beispielsweise bei Büroimmobilien der Gesamtbestand üblicherweise durch Multiplikation einer geschätzten Bürobeschäftigtenzahl mit einer Schätzung des durchschnittlichen Flächenbedarfs pro Büroarbeitsplatz hochgerechnet. Entsprechend lässt sich beispielsweise der Wohnungsbestand über die Bevölkerungsanzahl und die Durchschnittsfläche pro Einwohner (über Stichprobe ermittelt) abschätzen. In einigen Städten existieren allerdings auch relativ genaue Erhebungen zum Flächenbestand.

Die Prognose der mittelfristigen Angebotsentwicklung stellt sich erwartungsgemäß wesentlich schwieriger als die Bestimmung des aktuell verfügbaren Flächenangebotes dar. Allerdings ist gerade diese Größe für alle Akteure auf dem Immobilienmarkt, insbesondere die Projektentwickler, Investoren und Nutzer, von höchster Relevanz. Die Problematik liegt darin begründet, dass zum aktuellen Leerstand nicht nur die im Bau befindlichen Flächen addiert werden müssen, sondern auch Flächen von Projekten, die sich bis dato erst im Bau-, Genehmigungs- oder Planungsstadium befinden und als so genannte „Development-Pipeline" bezeichnet werden. Über einen Zeitraum von zwei bis drei Jahren ist dies relativ unproblematisch, da die betreffenden Objekte bereits im Bau sind. Über längere Prognosezeiträume kann auch Rückgriff auf Projektplanungen bzw. die Statistik der Baugenehmigungen genommen werden. Die Realisierung geplanter oder bereits genehmigter Projekte ist jedoch – nicht zuletzt aufgrund der Finanzierungsproblematik – oft fraglich. In diesen Fällen können nur Annahmen anhand von Realisierungswahrscheinlichkeiten zu einer Einschätzung der Angebotsentwicklung führen.

Noch mehr Analyseaufwand bereitet die Prognose der Flächenabgänge durch Überalterung. Diese Flächen stehen am Ende ihres Lebenszyklus und werden durch Abriss oder im Zuge einer, wegen fehlender Nutzungsadäquanz notwendigen, Umwidmung vom analysierten Markt genommen. Dementsprechend sind sie vom prognostizierten Flächenangebot zu subtrahieren.

5.1.5.2.2 Flächennachfrage

Unbestreitbar zählt die Analyse der Flächennachfrage zu den anspruchsvollsten Aufgaben im Rahmen der Standort- und Marktanalyse. Auch hier gilt, dass sich die Flächennachfrage nur über relativ kurze Zeiträume hinreichend konkret prognostizieren lässt. Dies ist u.a. darauf zurückzuführen, dass sich die Entscheidungen der Nachfrager an einer Vielzahl von Einflussfaktoren ausrichten müssen, deren Entwicklung gleichsam unsicher ist. Hierzu zählen u.a. die folgenden Faktoren:

- Konjunkturentwicklung,
- Bevölkerungsstruktur und -entwicklung,
- Beschäftigungsstruktur und -entwicklung,
- Auslastung und Auftragssituation,
- Geldwertstabilität,
- Realeinkommen und Sparverhalten,
- Zukunftserwartungen der Nutzer,
- Wirtschaftliche Entwicklung der Nutzer,
- Steuergesetzgebung und -rechtsprechung,
- Subventionspolitik (insbesondere im Wohnungsmarkt),
- Finanzierungskonditionen und -möglichkeiten.

Vor diesem Hintergrund beschränkt sich die Mehrzahl der Marktanalysten bei der Prognose der zukünftigen Flächennachfrage auf die Beschreibung von kurz- bis mittelfristigen Trends (Zeitraum von bis zu fünf Jahren) und die Analyse der durchschnittlichen Flächennachfrage in der Vergangenheit. So wird die durchschnittliche Flächennachfrage rückwirkend anhand der Kennziffern „Flächenabsatz" und „Netto-Flächenabsorption" ermittelt. Bevor auf diese beiden Indikatoren näher eingegangen wird, sollte darauf hingewiesen werden, dass **Flächennachfrage nicht gleichbedeutend ist mit Flächenbedarf**, sondern sich dieser erst dann in Nachfrage wandelt, wenn am Markt tatsächlich konkret nach neuen Flächen gesucht wird (vgl. Muncke/Dziomba/Walther, S. 173).

Der **Flächenabsatz** ist eine zeitraumbezogene Größe, unter die man die innerhalb einer üblicherweise einjährigen Periode getätigten Neuvermietungen von Bestands- und Neubauflächen subsumiert. In der Praxis wird der Flächenabsatz auch als „Vermietungen", „Flächenumsatz" oder „vermietete Flächen" bezeichnet. Anschlussmietverträge oder die Wahrnehmung von Mietverlängerungsoptionen seitens der Mieter sollten im Flächenabsatz nicht berücksichtigt werden. Ob der Abschlusszeitpunkt des Mietvertrages oder der Beginn der Vertragslaufzeit zugrundegelegt werden soll, ist hier strittig. In Anlehnung an die Büromarkterhebungen der **gif** wird der Vertragsabschluß zur zeitlichen Zuordnung herangezogen, da sich dadurch das Nachfrageverhalten besser zeitlich zuordnen lässt.

Die **Netto-Flächenabsorption** ist ebenfalls eine zeitraumbezogene Größe, die das vom Markt innerhalb des Analysezeitraums tatsächlich aufgenommene Flächenangebot kennzeichnet. Üblicherweise wird die Netto-Absorption ermittelt, indem der am Ende des Analysezeitraums entstandene Leerstand vom verfügbaren Flächenangebot des Analysezeitraums subtrahiert wird. Die Netto-Absorption stellt eine dem „Vermietungsumsatz" oder der „Leerstandsrate" überlegene Analysegröße dar, da sie die auf Umzügen basierende Flächennachfrage eliminiert und somit nur die neu im Markt entstandene Flächennachfrage ausweist. Tabelle 31 zeigt, wie sich die Netto-Flächenabsorption auf Gesamtmarktebene ermitteln lässt.

Die drei nebeneinander gestellten Fälle illustrieren im Hinblick auf den Gesamtmarkt, dass der Flächenabsatz in keinem Verhältnis zur Netto-Flächenabsorption stehen muss, da bei deren Ermittlung die Auswirkungen von Umzügen eliminiert werden.

		Beispiel 1	Beispiel 2	Beispiel 3
	Leerstand Ende 2002	400.000	400.000	400.000
./.	Bestandsabgang in 2003	50.000	50.000	50.000
+	Neufertigstellungen in 2003	300.000	300.000	300.000
=	Verfügbares Angebot in 2003	650.000	650.000	650.000
./.	Leerstand Ende 2003	500.000	600.000	700.000
=	**Flächenabsorption 2003**	**+ 150.000**	**+ 50.000**	**- 50.000**
versus	**Leerstandsänderung 2003**	**+ 100.000**	**+ 200.000**	**+ 300.000**
versus	**Flächenabsatz 2003**	**200.000**	**200.000**	**200.000**

Tabelle 31: Ermittlung der Netto-Flächenabsorption an drei Beispielfällen

Die Aussagekraft der Netto-Flächenabsorption lässt sich anhand des folgenden Beispielfalls erläutern: Ein Unternehmen, das bisher drei Büros mit jeweils 500 m², 300 m² und 200 m² angemietet hat, zieht dort aus, um die Flächen in einem neu errichteten Objekt auf 800 m² zu konsolidieren. Durch diese Transaktion wird einerseits der Leerstand bei Neubauten reduziert (800 m²), andererseits werden Bestandsflächen freigestellt (1.000 m²). Durch diesen Umzug entsteht zwar ein Flächenabsatz von 800 m², dennoch hatte diese Transaktion eine negative Netto-Flächenabsorption von 200 m² (1.000 m² – 800 m²) und eine entsprechende Erhöhung des Leerstandes zur Folge.

Positive Netto-Flächenabsorption findet daher nur statt, wenn neue Mieter auf dem Markt auftreten, oder wenn die im Markt präsenten Mieter insgesamt größere Flächen anmieten. Umgekehrt führen Wegzüge und Flächenreduktion unter Umständen zu negativen Absorptionsraten, d.h. steigenden Leerstandsraten trotz eines hohen Flächenabsatzes. Dies ist beispielsweise der Fall, wenn die Mieter überwiegend von älteren Bestandsflächen in flexible und effiziente Neubauflächen umziehen und dabei gleichzeitig ihren Flächenbedarf minimieren.

Eine gute Schätzung des Vermarktungspotenzials eines bestimmten Projektes erhält man, indem das dadurch entstehende Flächenvolumen in Relation zum jährlichen Flächenabsatz gestellt wird, da sich daraus der erforderliche Marktanteil bei den Vermietungen ableiten lässt. Wird beispielsweise ein Büroobjekt mit 10.000 m² in einer Großstadt errichtet, in der im Durchschnitt ca. 50.000 m² p.a. vermietet werden, wäre ein Marktanteil von ca. 20% beim Flächenabsatz erforderlich, sofern der Vermarktungszeitraum nicht über ein Jahr betragen soll.

5.1.5.2.3 Miet- und Kaufpreise

Preise ergeben sich grundsätzlich aus dem Zusammenspiel von Angebot und Nachfrage, das sich in einer Reihe von Vergleichstransaktionen dokumentiert. Daher können Analysen der aktuellen Marktmieten oder der Marktkaufpreise letztlich nur auf Analysen von entsprechenden Vergleichstransaktionen basieren. Zu diesem Zweck sollten diese in den relevanten Teilmärkten erhoben und nach objektspezifischen Kriterien adjustiert werden. Vorrangige Informationsquellen sind hier aktuelle Nutzerbefragungen, seriöse Maklerunternehmen, das Datenmaterial der örtlichen Gutachterausschüsse sowie die Datenbanken von spezialisierten Marktforschungsinstituten. Insofern rundet die Analyse entsprechender Transaktionen die Ergebnisse aus den beiden vorangegangenen Analysen von Flächenangebot und -nachfrage ab.

Allerdings ist es kaum möglich, aus der direkten Gegenüberstellung von Angebots- und Nachfrageprognosen konkrete Preisprognosen abzuleiten. Daher geht es hier prinzipiell um eine Einschätzung, ob sich der Markt voraussichtlich stabil entwickelt, oder ob ein Angebots- oder Nachfrageüberhang zu erwarten ist. Falls sich ein Ungleichgewicht andeutet, sind die aktuellen Marktpreise entsprechend zu korrigieren. Anstelle einer pauschalen Anpassung und einer „Punktschätzung" ist es allerdings plausibler, Miet- und Kaufpreisspannen anzugeben. Die Angabe eines derartigen Korridors verdeutlicht die mit den jeweiligen Prognosen verbundene Unsicherheit.

5.1.5.3 Qualitative Marktanalyse

Die qualitative Marktanalyse untermauert die quantitativen Angebots- und Nachfrageanalysen um die Aspekte Standort- und Gebäudequalität. Stand also im Rahmen der Angebotsanalyse zunächst die Frage im Vordergrund, wie viele Flächen neu errichtet wurden, wie viele leerstehen und wieviele verfügbar sind, verschiebt sich der Fokus hier auf die Frage, wo diese Flächen angesiedelt sind und wie diese Flächen im Hinblick auf Größe, Funktionalität, Effizienz, Ausstattungsstandards und Bauqualität konzipiert sind. Analog hierzu beschäftigt sich die qualitative Nachfrageanalyse nicht mehr mit der Frage, wie viele Flächen nachgefragt wurden bzw. in Zukunft potenziell nachgefragt werden, sondern damit, welche Anforderungen von Seiten der Nutzer an solche Flächen gestellt werden.

Die Erweiterung der quantitativen zur qualitativen Marktanalyse ist demzufolge insbesondere für Projektentwickler von großer Bedeutung, da sich aus der Konzeption erfolgreicher und weniger erfolgreicher Immobilien einerseits und den Anforderungen aus Sicht der Nutzer andererseits wichtige Rückschlüsse für die Gestaltung eigener Immobilienprojekte ziehen lassen. Handelt es sich um so genannte nutzerbezogene Projektentwicklungen, bei denen der Endnutzer bereits zu Beginn feststeht, lassen sich dessen Anforderungen problemlos bestimmen. Schwieriger hingegen wird es bei spekulativen Projektentwicklungen, die sich den Bedürfnissen noch nicht identifizierter Nutzer anpassen können müssen.

Hier bedarf es der regelmäßigen Kommunikation mit potenziellen Nutzern, um aus den erwartungsgemäß verschiedenartigen Anforderungen einen „gemeinsamen Nenner" herauszukristallisieren. Indirekt lassen sich die Nutzeranforderungen möglicherweise auch aus den Erfolgsfaktoren von bereits am Markt etablierten Immobilien ableiten. Hierzu können Immobilienmakler oder auch spezialisierte Beratungsunternehmen wertvolle Hinweise geben.

Folgende, auf das Beispiel einer Büroimmobilienentwicklung bezogene Fragestellungen sind für den Projektentwickler von besonderem Interesse. Dabei sollte allerdings immer eine Durchschnittsbetrachtung zugrunde gelegt werden:

- Wie groß sind die nachgefragten Flächen?

- Wie viel Fläche wird dem einzelnen Mitarbeiter zur Verfügung gestellt?

- Welche Raumkonzeptionen werden präferiert?

- Welche technischen Einrichtungen werden vorausgesetzt und welche werden zusätzlich vergütet?

- Welche Dienstleistungen werden erwartet und welche werden zusätzlich vergütet?

- Wie viel Stellplätze werden benötigt?

- Welche Anforderungen werden an die Standortqualität gestellt?

- Welche Anforderungen werden an die Bauqualität und Architektur gestellt?

Auf der Basis dieser Informationen kann der Projektentwickler nachfolgend ein **Anforderungs-profil** ableiten, das als Grundlage weiterer Planungen dienen kann. Ein solches Anforderungsprofil kann sich auch für solche Investoren als sehr hilfreich erweisen, die ihre Anlageentscheidungen von der Nutzungsadäquanz alternativer Immobilienobjekte abhängig machen. Hierzu kann auch die unter Punkt 5.1.4.4 kurz dargestellte Conjoint-Analyse eingesetzt werden.

Vor dem Hintergrund der langfristigen Nutzungsdauer von Immobilien ist ein auf diese Weise entwickeltes Anforderungsprofil der Nutzer auch im Hinblick auf potenzielle Veränderungen in der Zukunft zu untersuchen. Hierzu sind neben den erwarteten wirtschaftlichen Rahmenbedingungen der Nutzergruppe auch die Einflüsse soziokultureller (z.B. verändertes Arbeits- und Freizeitverhalten, Wandel der Einstellung zur Umwelt), politisch-rechtlicher (z.B. Veränderungen und Entwicklungen des Bau- und Planungsrechts, Kaufvertragsrechts, Mietrechts, Steuerrechts), makroökonomischer (z.B. Entwicklung der Gesamtwirtschaft und einzelner Branchen, Zinsentwicklungen) und technologischer (z.B. Informations- und Kommunikationstechnologie) Trends auf nationaler oder sogar internationaler Ebene in die Überlegungen einzubeziehen.

Erst durch die Analyse der qualitativen Aspekte wird es letztendlich möglich, im Zuge des strategischen Immobilienmarketings Marktnischen identifizieren zu können und dadurch die jeweilige Immobilie als „Produkt" zu differenzieren. Die Aussagekraft der quantitativen Analyse wird dadurch nicht nur erheblich substantiiert, sondern unter Umständen wird es dadurch möglich, Immobilien zu konzipieren, die sich auch in tendenziell „überbauten" Märkten erfolgreich vermarkten lassen (vgl. ergänzend auch Abschnitt 5.5.2).

5.1.5.4 Praxisbeispiel: Büromarkterhebung der gif

Ein gutes Beispiel für eine systematische und detaillierte Markterhebung stellt die jährliche Büromarkterhebung durch einen Arbeitskreis der Gesellschaft für Immobilienwirtschaftliche Forschung (**gif**) dar. Im Rahmen dieser Erhebung wird die Vermietungssituation in den Büromärkten der bedeutendsten Investitionsstandorte Frankfurt, Berlin, München, Hamburg, Düsseldorf, Stuttgart Dresden und Leipzig seit 1995 jährlich untersucht. Im Rahmen so genannter Maklerrunden kommen die führenden Maklerhäuser und großen Investoren der jeweiligen Teilmärkte zusammen und führen eine systematische Erfassung und Bewertung der Vermietungstransaktionen durch.

Die Disaggregation erfolgt nach Standorten (Stadtgebiet und Umland) und Nutzer (Mieter und Eigennutzer). Zusätzlich werden die Transaktionen nach einzelnen Größenklassen klassifiziert:

- bis 500 m²,

- 500 m² bis 5000 m²,

- 5000 m² und größer.

Aus den Vermietungstransaktionen wird für den jeweiligen Teilmarkt sowohl eine Spitzenmiete als auch eine Durchschnittsmiete für das gesamte Stadtgebiet ermittelt.

Darüber hinaus erfolgt eine Einschätzung der Angebotssituation, wobei das aktuell verfügbare Angebot (Leerstand) als auch das mittelfristige Neuangebot (Fertigstellung von Büroflächen im aktuellen und im darauf folgenden Jahr) beurteilt wird. Daraus lassen sich Schätzungen hinsichtlich der voraussichtlichen Mietpreisentwicklung ableiten.

Die detaillierten Erhebungsergebnisse werden ausschließlich den Teilnehmern zugestellt, für die sich die Markttransparenz sehr erhöht, denn erst durch das Poolen von Transaktionsdaten entsteht ein repräsentatives Bild der Marktsituation. Es bleibt zu hoffen, dass sich solche Initiativen auch auf andere Segmente des Immobilienmarktes ausdehnen, z.B. den Bereich der Einzelhandelsimmobilien.

5.1.6 Datenerhebung und -aufbereitung

Die relevanten Informationen und Daten lassen sich zum einen im Zuge von eigenständigen Erhebungen („Field-Research"), zum anderen am Schreibtisch („Desk-Research") gewinnen. Sowohl bei der Standort- als auch bei der Marktanalyse sind beide Erhebungsformen relevant, da sie als ergänzende Methoden der Daten- und Informationsgewinnung anzusehen sind (vgl. zur Datenerhebung auch die Punkte 6.1.3.1.1).

5.1.6.1 Field-Research

Im Zuge der Standortanalyse ist naturgemäß der erste Schritt ein Besuch vor Ort, um die Verhältnisse persönlich in Augenschein zu nehmen. Hier sollte aber nicht nur das konkrete Grundstück genauer betrachtet werden, sondern auch das gesamte Umfeld. Da die gewonnenen Erkenntnisse dieser Begehungen die Grundlage der Standortanalyse darstellen, sollte man sich dafür genügend Zeit nehmen. Durch mehrmaligen Besuch zu verschiedenen Tageszeiten lässt sich ein besseres Gefühl für das „Eigenleben" des Standortes gewinnen. Dabei können unter Umständen Probleme erkannt werden, die bei einer eher schnellen Betrachtung nicht auffallen, wie beispielsweise die nächtliche Lautstärke der Disko im Nachbaranwesen, gravierende Parkplatzprobleme oder der allmorgendliche Verkehrsstau.

Im Zuge dieser Ortsbesichtigungen sind auch die unmittelbaren Nachbar- oder Konkurrenzobjekte einer Analyse zu unterziehen, da sich aus deren Vermarktungserfolg Rückschlüsse hinsichtlich der Flächenstandards ziehen lassen. Darüber hinaus sollte versucht werden, durch Befragungen bzw. Interviews mit Maklern, Repräsentanten von Marktforschungsinstituten, Projektentwicklern, Investoren sowie Vertretern der öffentlichen Hand an das relevante „Insiderwissen" über das Marktgeschehen zu kommen.

5.1.6.2 Desk-Research

Ergänzend zu den direkten Erhebungen lassen sich eine Reihe von Veröffentlichungen verwenden, in denen bereits relevante Informationen und Daten in übersichtlicher Form zusammengestellt sind. Dazu zählen unter anderem:

- Statistische Veröffentlichungen (Bund, Land, Kommune), insbesondere ökonomische, sozioökonomische Daten, Baugenehmigungs- und Baufertigstellungsstatistiken, teilweise auch Prognoserechnungen,

- Veröffentlichungen der städtischen Wirtschaftsförderung sowie der örtlichen Industrie- und Handelskammern,

- Jahresberichte der Gutachterausschüsse (Vergleichstransaktionen werden statistisch aufgearbeitet und ausgewertet),

- Immobilien-Marktführer (sofern vorhanden), Marktberichte, City-Reports,

- Immobilienmarktberichte von Banken und Hypothekenbanken,

- Transaktionsdaten von spezialisierten Immobilienmaklern,

- Marktpublikationen des RDM/VDM (primär Wohnimmobilien),

- Mietspiegel der Wohnungsämter,

- Standort- und Marktanalysen sowie Wirtschaftsanalysen und -prognosen von Marktforschungsinstituten,

- Veröffentlichungen zur Standortentwicklung (Bücher, Planungsgeschichte, alte Fotoaufnahmen, aktuelle Planungen),

- Unterlagen zur Stadt- und Landesplanung vom Bauamt (insbesondere Flächennutzungs- und Bebauungspläne),

- Unterlagen zur Verkehrsplanung (speziell bei anstehenden Änderungen),

- Unterlagen zur Erschließung (Tiefbauamt),

- Unterlagen zur Landschafts- und Begleitgrünplanung,

- Unterlagen zum Öffentlichen Personennahverkehr (Netz, Takt, aktuelle Planungen und Vernetzungen zwischen den einzelnen Verkehrsmitteln),

- Verkehrszählungen,

- Parkplatzsituation,

- Luftaufnahmen des Areals und des Umfeldes,

- Straßenpläne und Straßenansichten,

- Grundbuch, Baulastenverzeichnis, Bauakten, etc.,

- Flurkartenausschnitte.

Darüber hinaus bieten spezialisierte Dienstleister kostenpflichtige Datenbankanwendungen an, die im Rahmen von Markt- und Standortanalysen zum Einsatz kommen können. Deren Analyseerfolg ist in erster Linie abhängig von der zugrunde liegenden Datenbasis der konkreten Produkte, die einer ständigen Pflege und Erweiterung bedarf. Im Folgenden sind drei Beispiele dargestellt.

- Das RIWIS-System (Regionales Immobilienwirtschaftliches Informationssystem) der Bulwien AG ermöglicht den Zugriff auf detaillierte markt-/planungsrelevante Daten an 440 deutschen Standorten. Es ist modular aufgebaut und bietet neben der Erstellung von Markt- und Standortanalysen grundstücksbezogene Informationen von Konkurrenzobjekten, die Möglichkeit zur Erstellung von Prognosen und die Bewertung anhand von Scoring-Modellen.

- Die Feri Research GmbH bietet mit dem Feri Immobilienmarkt Rating detaillierte Informationen zu einer Anzahl von Standorten und vergleicht diese innerhalb eines Rating-Systems untereinander. Ergänzend dazu kann mit Hilfe des Feri Immobilien Management Systems (FIMS) die Bewertung von Einzelobjekten erfolgen sowie eine Steuerung des gesamten Portfolios vorgenommen werden (vgl. dazu Punkt 6.1.3.1.3).

- Die so genannte Vermietungsdatenbank der Deutschen Immobiliendatenbank (DID) GmbH hat sich die umfassende Abbildung des Vermietungsgeschehens auf dem deutschen Markt in den Sektoren Büro, Wohnen und Handel zum Ziel gesetzt. Hervorzuheben ist die umfassende Datenbasis, da die Anwendung u.a. auf sämtliche mietvertragsbezogenen Daten des Deutschen Immobilien Indes (DIX) seit 1996 zurückgreifen kann. Integriert ist ein geographisches Informationssystem (GIS), welches den Nutzern die Analyse der Marktdaten im geographischen Zusammenhang ermöglicht.

5.1.6.3 Datenaufbereitung

Standort- und Marktanalysen sollten weder eine Sammlung von Statistiken („Zahlengrab") noch die unkritische Wiedergabe von Sekundärinformationen („Prosastil") sein. Das Ziel muss immer sein, die gewonnenen Daten und Informationen zunächst systematisch zu erheben, auszuwerten, zu ergänzen und dann entsprechend zu dokumentieren. Auf die Grenzen der Datenverfügbarkeit sowie Einschränkungen im Zuge ihrer Erhebungen sollte hingewiesen werden.

Dabei lassen sich keine allgemeinen „Grundsätze" und Vorgehensweisen definieren, da der Zweck je nach Aufgabenstellung sehr unterschiedlich sein kann. Allerdings sollte man sich immer das Ausgangsproblem vor Augen halten und einen entsprechenden „roten Faden" in die Analysen einbauen.

5.1.7 Zusammenfassung und Wertung

5.1.7.1 Handlungsfelder

Entsprechend der definitorischen Abgrenzung lassen sich Standortanalysen einerseits geographisch nach Makrostandort und Mikrostandort gegeneinander abgrenzen, andererseits nutzungsspezifisch nach den jeweils relevanten harten und weichen Standortfaktoren. Ziel ist letztendlich die Bestimmung der Bodenpreise auf Basis einer Beurteilung des Nutzpotenzials.

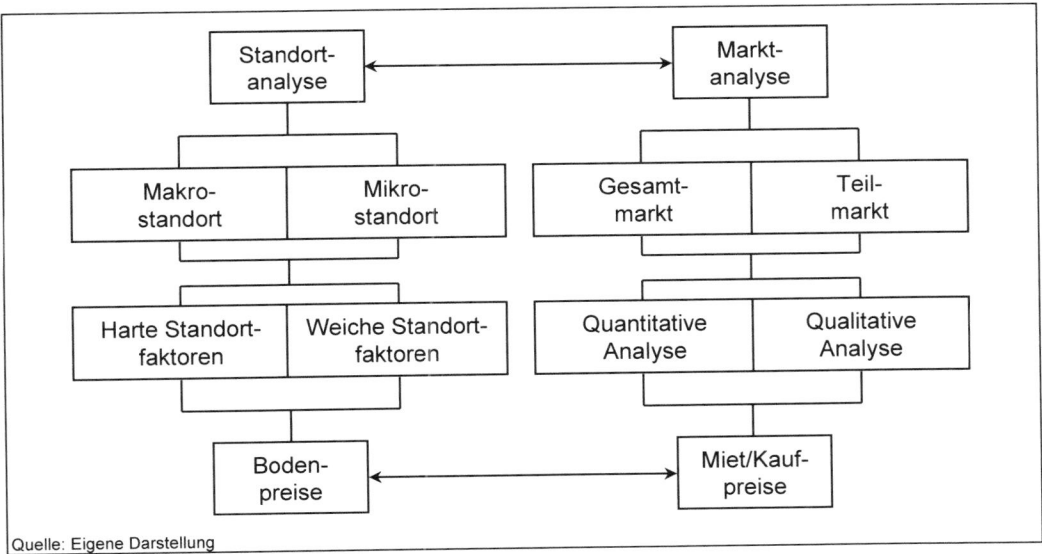

Abbildung 114: Handlungsfelder der Standort- und Marktanalyse

Ähnlich können Marktanalysen auf der einen Seite nach dem Detaillierungsgrad in Untersuchungen des Gesamtmarktes oder des Teilmarktes unterschieden werden, auf der anderen Seite nach der Erhebungsweise in quantitative und qualitative Analysen. Hier ist das eigentliche Ziel die Bestimmung der erzielbaren Miet- und Kaufpreise. Damit ergibt sich die in Abbildung 114 dargestellte Übersicht der Tätigkeitsbereiche bei Standort- und Marktanalysen.

Die dargestellte Systematisierung ist allerdings in der Praxis nicht so trennungsscharf wie die Abbildung auf den ersten Blick suggeriert, denn es bestehen erhebliche Wechselwirkungen. So definiert beispielsweise einerseits der Standort immer auch den Markt in geographischer Hinsicht, andererseits beeinflusst die Marktsituation wiederum die Standortstrukturen. Die beiden Analysearten sind daher durch intensive Wechselbeziehungen charakterisiert.

5.1.7.2   Chancen und Risiken

Standort- und Marktanalysen unterliegen naturgemäß einer Reihe von Restriktionen – auch wenn sie von professionellen Beratern oder kompetenten Fachleuten durchgeführt werden. Diese Beschränkungen lassen sich allgemein auf die Besonderheiten von Grundbesitz, insbesondere jedoch die Intransparenz der Märkte zurückführen. Daher sollten die Analysen immer über die aktuelle Marktsituation hinausgehen und stattdessen eine realistische, mittel- bis langfristige Betrachtung zugrunde legen.

Darüber hinaus muss man sich im Klaren darüber sein, dass sich der Grad der Nachfragemobilität potenzieller Nutzer oder Investoren nur in begrenztem Maße einschätzen lässt. Andererseits können Märkte umgekehrt auch eine Eigendynamik entfalten, die sich ex ante kaum vorhersagen lässt. Insbesondere der gewerbliche Immobilienmarkt unterliegt erheblichen Schwankungen, während der Markt für Wohnimmobilien noch relativ stabil ist. Risiken stehen also immer Chancen gegenüber.

Besonders problematisch ist die Einschätzung der Marktsituation bei spekulativen Projektentwicklungen. Während sich bei vergleichsweise kleinen Objekten an etablierten Standorten die nachhaltig erzielbaren Mieterträge (bzw. die zu erwartenden Verkaufserlöse) i.d.R. noch relativ gut einschätzen lassen, können Großprojekte an Pionierstandorten nur sehr schwer beurteilt werden. Da hier versucht wird, einen „Standort zu schaffen", gilt es, die Stärken und Schwächen aber auch Chancen und Risiken besonders gewissenhaft abzuwägen. Trotzdem ist der wirtschaftliche Erfolg derartiger Großprojekte oftmals schicksalhaft an die wirtschaftliche Entwicklung des Makrostandortes und die Akzeptanz durch potenzielle Kernnutzer geknüpft.

Deshalb stößt die Immobilienökonomie als Wissenschaft bei Standort- und Marktanalysen für Projektentwicklungen schnell an ihre Grenzen, denn Ideenreichtum, Vorstellungskraft und Mut zum

Risiko sind mindestens genauso wichtige Voraussetzungen für unternehmerischen Erfolg wie detaillierte Marktuntersuchungen.

5.1.7.3   Stärken und Schwächen

Aus den Besonderheiten von Immobilien und ihren Märkten entwickelten sich eigene Spielregeln der Immobilienbranche. Nachfolgende Beispiele sollen einige dieser Branchenweisheiten wiedergeben:

- Zum Thema Standortanalyse: „Bei Immobilien sind drei Dinge entscheidend: Lage, Lage und nochmals Lage!"

- Zum Thema Marktanalyse: „Eine gute Immobilie vermietet sich von selbst!"

- Zum Thema Eigenbestand: „Wo wir sind, ist die 1a-Lage!"

- Zum Thema Anlageentscheidungen: „Immobilien werden mit dem Bauch gekauft, im Kopf finanziert und auf dem Hintern ausgesessen!"

Diese Mentalität drückt sich in der Praxis unter anderem darin aus, dass Anlageentscheide – selbst bei institutionellen Investoren – oftmals mittels Multiplikatoren auf Basis statischer Nettoanfangsrenditen getroffen werden. Der Ertragswert wird also ausschließlich durch zwei Zahlen bestimmt: Die Marktmiete und den Marktmultiplikator (bzw. Marktrendite). Da diese Kalkulationsgrundlage sehr einfach ist, überrascht es nicht, dass detaillierte Standortuntersuchungen und differenzierte Marktanalysen relativ selten sind. Stattdessen verlässt man sich in der Praxis oft auf eine Ortsbesichtigung. Dies wirft die Frage auf, ob das Urteil aus dem Bauch des erfahrenen Praktikers wirklich aussagekräftiger ist als akribisch dokumentierte Standort- und Marktanalysen.

Deren großer Vorteil liegt jedoch darin, dass sich subjektive Erwartungen und Ansichten einer objektiven Einschätzung und Beurteilung gegenüberstellen lassen: Durch diese realistische Darstellung von Stärken und Schwächen aber auch Chancen und Risiken kann die Qualität von Entscheidungen unterstützt und dadurch (hoffentlich) verbessert werden. Wenn die Ergebnisse in Form von Szenarien oder Sensitivitäten dargestellt werden, lässt sich das Risiko eingrenzen oder zumindest abschätzen.

Obwohl das subjektive Gefühl immer in die konkrete Entscheidung einfließen wird, bleibt folgendes Fazit: „Kopf" – eine objektive Standort- und Marktanalyse – und „Bauch" – das gute Gefühl – ist immer besser als nur „Bauch"!

Literaturverzeichnis zu Kapitel 5.1

Alonso, W.: Standorttheorie, in: Barnbrock, J. (Hrsg.): Materialien zur Ökonomie der Stadtplanung, Braunschweig 1975, S. 15- 44.

Beyerle, T.: Immobilienresearch, Teil 1-2, in Immobilien Zeitung, 4/2003-5/2003.

Bulwien AG (Hrsg): Handbuch Immobilien-Research in Deutschland, Stand März 2003.

Christaller, W.: Die zentralen Orte in Süddeutschland, Darmstadt 1968 (Original 1933).

Clapp, J. M.: Handbook for real estate market analysis, Englewood Cliffs NJ, 1987.

Clapp, J. M./Messner, S. D.: Introduction: Applications of Urban Economics and Regional Science to Real Estate, in: Clapp, J. M./Messner, S. D. (Hrsg.): Real Estate Market Analysis – Methods and Applications, New York 1988.

Diller, C.: Weiche Standortfaktoren, in: Arbeitshefte des Instituts für Stadt- und Regionalplanung, Technische Universität Berlin 1991.

Ertle-Straub, S.: Standortanalyse für Büroimmobilien, in: Pelzl, W. (Hrsg.): Reihe Immobilienmanagement, Band 4, Norderstedt 2003.

Fanning, S. F./Grissom, T. V./Pearson, T. D.: Market Analysis for Valuation Appraisals, Chicago IL 1994.

Grabow, B./Henckel, D./Hollbach-Grömig, B.: Weiche Standortfaktoren, in: Deutsches Institut für Urbanistik (Hrsg.): Schriften des Deutschen Instituts für Urbanistik, Band 89, Stuttgart/Berlin/Köln 1995.

Heuer, H.: Sozioökonomische Bestimmungsfaktoren der Stadtentwicklung, Stuttgart 1975.

Hübler, K. H.: Funktionsräumliche Arbeitsteilung aus raumpolitischer Sicht, in: Beiträge der Akademie für Landesforschung und Raumplanung, Hannover 1981, S. 112-122.

Holz, I.-H.: Stadtentwicklungs- und Standorttheorien unter Einbeziehung des Immobilienmarktes, Mannheim 1994.

Jaffe, A. J./Sirmans, C. F.: Fundamentals of Real Estate Investment, Englewood Cliffs NJ 1995.

Läpple, D.: Essay über den Raum, in: Häußermann, H. et al.: Stadt und Raum – Soziologische Analysen, Pfaffenweiler 1991, S. 157-207.

Muncke, G.: Standort- und Marktanalyse in der Immobilienwirtschaft – Ziele, Gegenstand, methodische Grundlagen, Datenbasis und Informationslücken, in: Schulte, K.-W. (Hrsg.): Handbuch Immobilien-Projektentwicklung, Köln 1996, S. 101-164.

Muncke, G./Dziomba, M./Walther, M..: Standort- und Marktanalysen in der Immobilienwirtschaft – Ziele, Gegenstand, methodische Grundlagen und Informationsbeschaffung, in: Schulte, K.-W./Bone-Winkel, S. (Hrsg.): Handbuch Immobilien-Projektentwicklung, 2., akt. und erw. Aufl., Köln 2002, S. 131-200.

Muncke, G./Schwarte, M./Walther, M.: Markt- und Standortanalyse, Teil 9 – Standortwahl für Büroprojekte: Aus dem Bauch heraus?, in Immobilien Zeitung, Nr. 3, 01.02.2001, S. 10.

Porter, M. E.: The competitive advantage of nations, New York 1990.

Rottke, N./Wernecke, M.: Management im Immobilienzyklus, Folgen 1-16, in: Immobilien Zeitung: 6/2001-1/2002.

Stadelmeyer, A./Falk, M.: Immobilien Market Research, in: Falk, B. (Hrsg.): Gewerbe-Immobilien, 6., überarb. und erw. Aufl., Landsberg/Lech 1996, S. 339-358.

Thünen, J. H.: Der isolierte Staat, Stuttgart 1966 (Original 1826).

Väth, A./Hoberg, W.: Qualitative Analyse von Immobilieninvestitionen, in: Schulte, K.-W./Bone-Winkel, S./Thomas, M. (Hrsg.): Handbuch Immobilien-Investition, Köln 1998, S. 79-123.

Weber, A.: Über den Standort der Industrien, Erster Teil: Theorie des Standortes, Tübingen 1909.

Wernecke, M.: Büroimmobilienzyklen – Eine Analyse der Ursachen, der Ausprägungen in Deutschland und der Bedeutung für Investitionsentscheidungen, in: Schulte, K.-W. (Hrsg.): Schriften zur Immobilienökonomie, Band 31, Köln 2004.

Wurtzebach, C. H./Miles, M. E.: Modern Real Estate, 4.Aufl., New York 1991.

5.2 Immobilienbewertung

Gerrit Leopoldsberger, Matthias Thomas, Philipp Naubereit

5.2 Immobilienbewertung

Gerrit Leopoldsberger, Matthias Thomas, Philipp Naubereit

5.2.1 Einführung

Im Rahmen des Immobilienmanagements stellt die Bewertung von Immobilien eine zentrale Funktion dar. **Zahlreiche Anlässe** machen eine Immobilienbewertung erforderlich (vgl. Tabelle 32).

• An- bzw. Verkauf	• Firmenübernahmen
• Beleihung	• Performance Messung
• Enteignung	• Informationszwecke
• Versteigerung	• Versicherungsabschluss
• Vermögensauseinandersetzung	• steuerliche Gründe
• Nachlassregelungen	• …

Tabelle 32: Anlässe der Immobilienbewertung

Aufgrund der besonderen Eigenschaften des Wirtschaftsgutes Immobilie sowie des Immobilienmarktes stehen Marktpreise als Anhaltspunkt für die zu bewertenden Immobilien nur selten zur Verfügung. Bei der Wertermittlung von Immobilien ist man somit auf Wertgutachten von Sachverständigen angewiesen.

In den folgenden Abschnitten wird zunächst auf das Sachverständigenwesen eingegangen. Im Anschluss werden die unterschiedlichen Wertbegriffe und die Verfahren der Immobilienwertermittlung dargestellt. Neben den in Deutschland vorrangig angewandten Methoden der Verkehrswertermittlung werden die gebräuchlichsten angelsächsischen Verfahren erläutert. Die Einbeziehung angelsächsischer Bewertungsmethoden erscheint sinnvoll, da diese Bewertungsverfahren im Zuge der Internationalisierung der Immobilienmärkte zunehmend auch in Kontinentaleuropa Verwendung finden.

5.2.2 Sachverständigenwesen in Deutschland und Großbritannien

5.2.2.1 Ausbildung der Sachverständigen

Für die Qualität der Immobilienbewertung ist die fachliche Qualifikation der Gutachter von entscheidender Bedeutung.

Gegenwärtig wird die Mehrzahl der deutschen Immobilienbewertungen von Architekten und Bauingenieuren vorgenommen, mit der Konsequenz, dass häufig technische Aspekte in den Gutachten betont werden. Neben den unzureichenden Ausbildungsmöglichkeiten ist in Deutschland zudem weder der Begriff des „Sachverständigen" gesetzlich definiert, noch existiert ein Berufsgesetz für Sachverständige, sodass grundsätzlich jeder, der über besondere Sachkunde auf einem bestimmten Gebiet zu verfügen glaubt, sich als Sachverständiger bezeichnen kann (vgl. Kleiber/Simon/Weyers 2002, S. 152).

Dagegen verfügen die Bewerter in Großbritannien i.d.R. über ein Diplom in „Real Estate Management" o.ä. und sind Mitglied in der Royal Institution of Chartered Surveyors (RICS).

5.2.2.2 Institutionelle Organisation der Sachverständigen

In Deutschland existieren **zahlreiche Berufsorganisationen**, in denen, neben anderen Berufen, auch Immobiliensachverständige zusammengeschlossen sind. Hierzu zählen unter anderem:

- Bundesverband öffentlich bestellter und vereidigter Sachverständiger e. V. (BVS)
- Bund der öffentlich bestellten Vermessungsingenieure (BDVI)
- Bundesverband der Immobilien-Investment-Sachverständigen (BIIS)
- Bundesverband Deutscher Grundstücks-Sachverständiger (BDGS)
- Deutscher Verein für Vermessungswesen (DVW)
- Bundesverband Ring Deutscher Makler (RDM)
- RICS Deutschland e. V.

Für den angelsächsischen Raum sind vor allem von Bedeutung:

- Royal Institution of Chartered Surveyors (RICS)
- Appraisal Institute
- American Society of Appraisers
- The Appraisal Foundation

5.2.2.3 Rolle des Sachverständigen

Im Gegensatz zu den britischen Chartered Surveyors, die neben der Gutachterfunktion auch als Makler und Berater tätig sind, beschränkt sich die Rolle deutscher Immobiliensachverständiger regelmäßig auf die Erstellung von Gutachten, ohne dass sie direkt am Kauf bzw. Verkauf oder der Vermietung des zu bewertenden Objektes beteiligt sind. Auf diese Weise bleibt die Unabhängigkeit des Sachverständigen weitgehend gewahrt, er besitzt jedoch keinen direkten Kontakt zum Marktgeschehen; dies ruft die Gefahr hervor, dass der Sachverständige nicht aktuelle Informationen verwendet.

Kennzeichnend für den deutschen Gutachter ist die Tendenz zum „Einzelkämpfer", da er meist allein die Gutachten erstellt und unterschreibt. In Großbritannien hingegen sind Chartered Surveyors vor allem als Angestellte in den Grundstücksabteilungen von Unternehmen, Behörden, Verbänden und in Immobilienberatungsunternehmen anzutreffen. Bewertungen komplexerer Objekte werden üblicherweise von größeren Sachverständigenbüros vorgenommen. Als Sachverständiger tritt nicht ein einzelner Chartered Surveyor auf, sondern vielmehr ein Unternehmen, auch wenn der für die Bewertung Verantwortliche letztendlich das Gutachten als Einzelperson zu unterschreiben hat (vgl. Morgan, S. 382ff.).

Anders als in Großbritannien werden in Deutschland, auch wegen des Fehlens eines einheitlichen Berufsbildes, bei unterschiedlichen Bewertungsanlässen verschiedene Gruppen von Sachverständigen zu Rate gezogen. So werden beispielsweise Bewertungen im Zusammenhang mit Kreditvergaben hauptsächlich von bankinternen Gutachtern vorgenommen, während bei Erbauseinandersetzungen oder Scheidungen häufig **öffentlich bestellte und vereidigte Sachverständige** mit der Wertermittlung beauftragt werden. Diese haben – im Gegensatz zu den so genannten **freien Sachverständigen** – eine Prüfung der Sachkunde und persönlichen Eignung vor der jeweiligen Industrie- und Handelskammer absolviert. Eine weitere Gruppe stellen die **Sachverständigen der Gutachterausschüsse** dar. Ihre Berufung erfolgt nach Landesrecht und sie sind als einzige Sachverständige an die Regelungen der **Wertermittlungsverordnung (WertV)** gebunden.

Das übergeordnete **Ziel** der deutschen **Gutachterausschüsse** ist es, durch verdichtete Informationen den Grundstücksmarkt für die interessierte Öffentlichkeit transparenter zu gestalten und so eine marktgerechte Preisfindung zu ermöglichen. Die Hauptaufgabe der auf lokaler Ebene agierenden Gutachterausschüsse besteht in der Ermittlung der Verkehrswerte von Grundstücken und grundstücksgleichen Rechten, wobei die auf Antrag erstellten Gutachten jedoch keine bindende Wirkung haben. Der in § 193 Baugesetzbuch (BauGB) abgegrenzte Aufgabenbereich umfasst darüber hinaus die Erstellung und Veröffentlichung von Kaufpreissammlungen, die Ermittlung von Bodenrichtwerten und die Bereitstellung von weiterem Datenmaterial, wie z.B. Aufstellungen über Liegenschaftszinssätze oder Bewirtschaftungsdaten.

In Großbritannien findet sich keine den Gutachterausschüssen äquivalente Institution. Aus diesem Grund sind einige der führenden Immobilienberatungsfirmen dazu übergegangen, eigene Datenbanken aufzubauen und Indizes zu veröffentlichen, die jedoch zumeist lediglich einen Teil des Immobilienmarktes abbilden. Daten zur Entwicklung des Gesamtmarktes werden von den Finanzbehörden erfasst und bilden die Grundlage für die Marktberichte des Inland Revenue Valuation Office. Diese staatliche Behörde erstellt jedoch keine Indizes für den Immobilienmarkt (vgl. Crosby 1996, S. 268ff.).

5.2.2.4   Haftung des Sachverständigen in Deutschland

Ein Sachverständiger ist grundsätzlich verpflichtet, sein Gutachten unter Beachtung der ihm obliegenden Sorgfaltspflicht zu erstellen. Bei der Erstellung eines Gutachtens für einen privaten Auftraggeber wird er grundsätzlich im Rahmen eines **Werkvertrages** tätig, da er nicht nur eine Dienstleistung, sondern einen Erfolg, nämlich ein objektiv mangelfreies, für die Zwecke des Auftraggebers verwendbares Gutachten, schuldet.

Er haftet daher, wenn er dieser Pflicht nicht nachkommt und das Gutachten fehlerhaft ist. Dies ist dann der Fall, wenn:

- dem Gutachterauftrag nicht entsprochen wurde,

- das Gutachten eine objektiv falsche Aussage enthält,

- die Feststellungen und Schlussfolgerungen nicht dem neuesten Stand der Wissenschaft und Technik entsprechen,

- der Gutachter aufgrund seiner Sachkunde hätte erkennen müssen, dass der Auftrag nicht zu dem gewünschten Erfolg führen kann,

- das Gutachten lückenhaft ist und dem Sachverhalt nicht ausreichend Rechnung trägt,

- ein zwar fehlerfreies Gutachten aufgrund nicht unwesentlicher Mängel in der Darstellung für den Auftraggeber nicht nachvollziehbar ist,

- ein – zwar richtiges Ergebnis – im Wege sachlich unvertretbarer Methoden gewonnen wurde,

- der Sachverständige in nicht nachprüfbarer Weise nur das Ergebnis seiner Untersuchung mitteilt.

Bei den so genannten verschuldensunabhängigen Gewährleistungsansprüchen, die dem Gläubiger aus dem Werkvertragsrecht (§ 631ff. BGB) entstehen, haftet der Sachverständige unabhängig davon, ob ihm vorsätzliches oder fahrlässiges Verhalten vorgeworfen werden kann. So hat der Auftraggeber das Recht auf Nacherfüllung, d.h. Korrektur des Gutachtens durch den Sachverständigen, oder auf Minderung, folglich Kürzung des Honorars. Letzteres erscheint jedoch nur dann sinnvoll, wenn das Gutachten zwar an Mängeln leidet, aber im Wesentlichen verwertbar ist. Alternativ kann der Gläubiger vom Vertrag zurücktreten.

Weit interessanter in diesem Zusammenhang ist die Schadensersatzpflicht des Gutachters. Auch diese Rechtsfolge setzt einen Fehler voraus, verlangt aber – im Gegensatz zu den Ansprüchen und Rechten des Auftraggebers wegen Mängeln – zusätzlich, dass der Fehler schuldhaft, somit vorsätzlich oder fahrlässig, verursacht wurde. Der zu leistende Schadensersatz erfasst alle unmittelbaren und mittelbaren Nachteile, die kausal auf das schädigende Verhalten zurückzuführen sind. Darunter fallen insbesondere solche Schäden, die aus Vermögensdispositionen herrühren, die der Auftraggeber im Vertrauen auf die Richtigkeit des Sachverständigengutachtens vorgenommen hat.

Der Sachverständige ist auch zum Ersatz von Aufwendungen verpflichtet, die dem Gläubiger durch die Fehlerhaftigkeit des Gutachtens entstanden sind. Dazu zählen z.B. die Kosten für ein neues Gutachten, das in Auftrag gegeben werden muss, da das vorliegende nicht verwertbar ist.

Eine große Bedeutung im Rahmen von Schadenersatzansprüchen gegenüber Sachverständigen haben die Ansprüche von dritten Personen, die das Gutachten nicht selbst in Auftrag gegeben haben, aber aufgrund dieses Gutachtens Vermögensdispositionen getroffen haben (z.B. bei der beleihungswertorientierten Kreditvergabe von Banken). Obwohl nicht Vertragspartei, kann der Dritte in der Weise in vertragliche Sorgfalts- und Obhutspflichten einbezogen sein, dass er bei deren Verletzung vertragliche Schadensersatzansprüche geltend machen kann. Denn schließlich weiß der Gutachter, dass Sachverständigengutachten ihrem Wesen nach dazu bestimmt sind, im Rechtsverkehr verwendet zu werden. So verfolgt der Auftraggeber immer einen bestimmten Zweck, für den er das Gutachten in Auftrag gibt (vgl. Tabelle 32). Zur Vermeidung einer uferlosen vertraglichen Haftung des Gutachters hat die Rechtsprechung Drittschäden bislang nur dann bejaht, wenn folgende Voraussetzungen erfüllt waren:

- objektive Abgrenzbarkeit der zu schützenden dritten Person oder Personengruppe,
- erhebliche Bedeutung des Gutachtens für den Dritten,
- Zielsetzung des Gutachtens, von dem Dritten als Grundlage wesentlicher Maßnahmen auf wirtschaftlichem, rechtlichem oder tatsächlichen Gebiet verwendet zu werden,
- Erkennbarkeit der besonderen Bedeutung und Funktion des Gutachtens gegenüber einem Dritten für den Sachverständigen sowie Anlass für den Dritten, auf die Richtigkeit des Gutachtens vertrauen zu dürfen.

Nach der neueren Rechtsprechung des Bundesgerichtshofs (vgl. BGH NJW, 2001, S.514) ist jedoch zu erwarten, dass vermehrt auf den adäquaten Ursachenzusammenhang zwischen fehlerhaftem Gutachten und Schadenseintritt abgestellt wird, was zu einer erheblichen Haftungserweiterung der Sachverständigen führen dürfte. In keinem Fall aber stehen dem Dritten weitergehende Rechte als dem Auftraggeber zu. Demzufolge sind vertragliche Haftungsbeschränkungen auch bei einem Drittschaden wirksam.

Grundsätzlich ist es möglich, die Haftung durch vertragliche Vereinbarungen zu begrenzen, daher ganz oder teilweise auszuschließen. Unzulässig ist jedoch der Haftungsausschluss bei vorsätzlicher und grob fahrlässiger Pflichtverletzung. Zeitliche Haftungsbeschränkungen oder Beschränkungen der Höhe nach bei leichter Fahrlässigkeit können auch durch Allgemeine Geschäftsbedingungen (AGB) getroffen werden, sofern diese Bestandteil des Vertrags zwischen Sachverständigem und Auftraggeber geworden sind.

5.2.3 Deutsche Bewertungsverfahren

5.2.3.1 Einführung in die Wertlehre

In Deutschland werden überwiegend **vier unterschiedliche Wertbegriffe** verwendet:

* der Verkehrswert,

* der Beleihungswert,

* der Versicherungswert,

* der Einheitswert bzw. steuerlicher Bedarfswert.

In den folgenden Abschnitten werden diese Begriffe näher erläutert.

5.2.3.1.1 Verkehrswert

Der Begriff des Verkehrswertes wird im § 194 BauGB definiert:

„Der Verkehrswert wird durch den Preis bestimmt, der in dem Zeitpunkt, auf den sich die Ermittlung bezieht, im gewöhnlichen Geschäftsverkehr nach den rechtlichen Gegebenheiten und tatsächlichen Eigenschaften, der sonstigen Beschaffenheit und der Lage des Grundstücks oder des sonstigen Gegenstands der Wertermittlung ohne Rücksicht auf ungewöhnliche oder persönliche Verhältnisse zu erzielen wäre."

Der Begriff des Verkehrswertes baut dabei auf mehreren Fiktionen auf: Der Verkehrswert ist ein frei von subjektiven Betrachtungsweisen allein an den objektiven Merkmalen eines Grundstücks orientierter Wert und bemisst sich nach den folgenden normativen Vorgaben (vgl. Kleiber/ Simon/Weyers 2002, S. 100f., 404):

* Der Verkehrswert bestimmt sich auf der Grundlage aller tatsächlichen und rechtlichen Eigenschaften eines Grundstücks (beispielsweise Lage und Zustand, Angebot und Nachfrage am

Markt, Kaufkraft, etc.), die für jedermann innerhalb eines bestimmten Grundstücksteilmarktes wertbeeinflussend sind.

- Der Verkehrswert bestimmt sich nach den Anschauungen des **„gewöhnlichen Geschäftsverkehrs [...] ohne Rücksicht auf ungewöhnliche oder persönliche Verhältnisse."** Unter dem Begriff des gewöhnlichen Geschäftsverkehrs wird dabei der Handel auf einem freien Markt verstanden, wobei weder Käufer noch Verkäufer unter Zeitdruck, Zwang oder Not stehen und allein objektive Maßstäbe gelten.

- Der Verkehrswert bestimmt sich nach den allgemeinen Wertverhältnissen, die zu dem Zeitpunkt, auf den sich die Verkehrswertermittlung bezieht, auf dem Grundstücksteilmarkt vorherrschen. Der Verkehrswert ist eine zeitabhängige Größe, die nur zum Wertermittlungsstichtag Gültigkeit hat, da zum einen der Zustand des Grundstücks hinsichtlich der tatsächlichen und rechtlichen Eigenschaften und zum anderen die Lage auf dem Grundstücksmarkt kontinuierlichen Änderungen unterworfen sind.

Es ist daher unter dem Verkehrswert begrifflich derjenige Wert zu verstehen, der im allgemeinen Grundstücksverkehr am wahrscheinlichsten zu erzielen ist. Damit soll der Verkehrswert eher ein durchschnittlicher Zeitwert sein, der im Mittelfeld der zum Vergleich herangezogenen Transaktionen liegt. Der Verkehrswert soll somit einen interindividuellen Wert repräsentieren, den das Grundstück für jedermann hat.

Gleichwohl muss deutlich zwischen den Begriffen **„Wert"** und **„Preis"** unterschieden werden. Der Begriff des Wertes beruht auf einer Schätzung und muss nicht in jedem Fall mit dem real ausgehandelten und bezahlten Preis übereinstimmen. Daher kann auch von einem einzelnen Kaufpreis nicht auf die allgemeinen Wertverhältnisse auf dem Grundstücksmarkt geschlossen werden. Letztendlich wird der Preis einer Sache im Normalfall zwischen den einzelnen Wertvorstellungen von Käufer und Verkäufer liegen.

Hinsichtlich der Genauigkeit von Verkehrswertermittlungen ist festzuhalten, dass der Verkehrswert keine mathematisch genau ermittelbare Größe ist. Das Element der Schätzung spielt dabei eine nicht unbeträchtliche Rolle. So werden unterschiedliche Gutachter bei der Bewertung eines Grundstücks zum selben Bewertungsstichtag i.d.R. zu voneinander abweichenden gutachterlichen Ergebnissen kommen. In der Rechtsprechung wird von einem Genauigkeitsgrad von ± 20 bis $\pm 30\%$ ausgegangen. Im Allgemeinen kann jedoch ein Genauigkeitsgrad von $\pm 10\%$ angenommen werden. Daher werden die ermittelten Verkehrswerte üblicherweise auch auf- bzw. abgerundet (vgl. Kleiber, S. 6).

Neben der Information von potenziellen Käufern bzw. Verkäufern über den „Wert" von Grundstücken dient die Ermittlung des Verkehrswertes beispielsweise als Bemessungsgrundlage von Entschädigungen für durch Enteignung eintretenden Rechtsverlust nach § 95 Abs. 1 Satz 1 BauGB. Bei Zwangsversteigerungsverfahren wird ebenfalls nach § 74a Abs. 5 des Zwangsvollstreckungsgesetzes (ZVG) als Grundstückswert der Verkehrswert festgesetzt. Der Verkehrswert ist im Zwangsversteigerungsverfahren unter anderem für die 7/10 bzw. 5/10 Grenze von Bedeutung, bei der ein Berechtigter eine Versagung des Zuschlags beantragen kann bzw. von Amts wegen der Zuschlag versagt wird.

Der Verkehrswert wird des Weiteren bei offenen Immobilienfonds angewendet. Für diese ist die jährliche Ermittlung des Verkehrswertes bei Bestandsobjekten laut § 79 des Investmentgesetz (InvG) vorgeschrieben. Die jährliche Wertermittlung dient zur Ermittlung des Wertes der Fondsanteile und damit auch zur Bestimmung des Ausgabe- bzw. Rücknahmepreises des Anteilscheines. Im InvG wird zudem geregelt, dass die Sondervermögen nach § 67 Abs. 3 InvG vor Erwerb neuer Objekte bzw. nach § 82 Abs. 1 InvG vor Veräußerung von Bestandsobjekten Verkehrswertermittlungen durchführen lassen müssen, da ein Erwerb nur zu einem Preis, der dem Verkehrswert entspricht oder leicht oberhalb des Verkehrswertes liegt, erfolgen darf. Bei einer Veräußerung darf der Verkaufserlös den Verkehrswert nicht oder nur geringfügig unterschreiten.

Weitere Anwendungsbereiche des Verkehrswertbegriffs finden sich unter anderem auch noch bei Versicherungsgesellschaften, im Haushaltsrecht, im Bergrecht sowie im Flurbereinigungsverfahren.

5.2.3.1.2 Beleihungswert

Der Beleihungswertbegriff ist gesetzlich nicht definiert, sondern entspricht im allgemeinen Sprachgebrauch dem Begriff des Verkaufswertes, der im § 12 Abs. 1 des Hypothekenbankgesetz (HBG) beschrieben wird:

„Der bei der Beleihung angenommene Wert des Grundstücks darf den durch sorgfältige Ermittlung festgestellten Verkaufswert nicht übersteigen. Bei der Feststellung dieses Wertes sind nur die dauernden Eigenschaften des Grundstücks und der Ertrag zu berücksichtigen, welchen das Grundstück bei ordnungsgemäßer Wirtschaft jedem Besitzer nachhaltig gewähren kann."

Der Beleihungswert **darf den Verkehrswert eines Grundstücks nicht überschreiten**. Bei der Ermittlung des Beleihungswertes ist in besonderem Maße auf die dauernden Eigenschaften und die Nachhaltigkeit der Erträge des Grundstücks abzustellen. Dies bedeutet, dass der Beleihungswert so festgesetzt werden soll, dass er auch bei ungünstigen Verhältnissen auf dem Grundstücksmarkt im freihändigen Verkauf mindestens realisiert werden kann. Daraus folgt, dass Überbewertungen, beispielsweise durch

- die Mitbewertung von Luxusausstattungen,

- nicht allgemein als honorierbar geltende Sonderbauteile,

- den Ansatz überhöhter Baulandpreise oder von Höchstmieten,

vermieden werden müssen (vgl. Stannigel, S. 244f.). Die jeweiligen Hypothekenbanken haben spezifische Anweisungen über die Beleihungswertermittlung zu erlassen, die der Genehmigung der Bundesanstalt für Finanzdienstleistungsaufsicht (BaFin) bedürfen. Diese Anweisungen enthalten Begriffsbestimmungen, Wertermittlungsgrundsätze und -methoden sowie Detailregelungen. Dabei bestehen hinsichtlich der Methodik der Wertermittlung zwischen der Verkehrswert- und der Beleihungswertermittlung keine nennenswerten Unterschiede. Als Grundlage für die Ableitung des Beleihungswertes ist der Verkehrswert geeignet. Dabei müssen jedoch zwingender Weise ausreichende objektspezifisch differenzierte Sicherheitsabschläge berücksichtigt werden (vgl. Kleiber/Simon/Weyers 2002, S. 2403ff.).

Im Zuge der Harmonisierung der europäischen Immobilienbewertung wurde das Konzept des Beleihungswerts als **„Mortgage Lending Value"** in die europäischen Bewertungsstandards der **TEGoVA (The European Group of Valuers' Associations)** aufgenommen (vgl. hierzu Abschnitt 5.2.5). Der Mortgage Lending Value ergibt sich aus einer vernünftigen Einschätzung der zukünftigen Vermarktungschancen des Bewertungsobjektes. Hierzu werden die nachhaltigen Eigenschaften des Grundstücks, die normalen und lokalen Marktgegebenheiten sowie die gegenwärtige und alternativ mögliche Nutzungsform der Immobilie berücksichtigt. Spekulative Elemente dürfen bei der Bewertung jedoch nicht berücksichtigt werden. Eine Immobilienbewertung auf der Grundlage des Mortgage Lending Value stellt für Kreditinstitute eine Bewertung und Einschätzung des mit der Finanzierung einer Immobilie verbundenen Risikos dar, wie es auch gemäß der neuen Baseler Eigenkapitalverordnung für Banken vorgesehen ist.

5.2.3.1.3 Versicherungswert

Der Versicherungswert wird definiert in § 9 Nr. 1 der Allgemeinen Wohngebäude-Versicherungsbedingungen (VGB 2000 – Wert 1914):

„Versichert ist der ortsübliche Neubauwert der im Versicherungsschein bezeichneten Gebäude entsprechend seiner Größe und Ausstattung sowie seines Ausbaus ausgedrückt in den Preisen des Jahres 1914 (Versicherungswert 1914). Hierzu gehören auch Architektengebühren sowie sonstige Konstruktions- und Planungskosten."

Der Versicherungswert findet Anwendung bei der Versicherung von baulichen Anlagen gegen Feuer-, Leitungswasser- und Sturmschäden. Dabei wird üblicherweise nur der Gebäudewert ermittelt, da Grund und Boden als unzerstörbar gelten. Hinsichtlich des Leistungsumfangs der Versicherung im Schadensfall wird der Versicherungswert unterschieden in:

- Neuwertversicherung,

- gleitende Neuwertversicherung,

- Zeitwertversicherung,

- Versicherung zum gemeinen Wert.

Bei der Neuwertversicherung wird der ortsübliche Neubauwert als Versicherungssumme gewählt, wobei im Schadensfall der Ersatz des Neuwertes der baulichen Anlagen gewährt wird. Hierbei muss die Entwicklung der Neubaukosten im Zeitablauf beobachtet und die Versicherungssumme entsprechend angepasst werden, damit im Schadensfall nicht der Einwand der Unterversicherung von Seiten der Versicherungsgesellschaft geltend gemacht werden kann. Bei der gleitenden Neubauwertversicherung passt sich die Versicherungssumme im Zeitablauf automatisch den Schwankungen in den Preis- und Wertverhältnissen an, jedoch kann auch hier eine Unterversicherung vorliegen, falls die Versicherungssumme niedriger als der Versicherungswert ist. Neuwert- und gleitende Neuwertversicherungen sind hauptsächlich im Bereich der Versicherung von Wohn- und Geschäftshäusern üblich.

Im Bereich der Versicherung von nicht zu Wohnzwecken dienenden Gebäuden, beispielsweise von Gebäuden, die landwirtschaftlich genutzt werden, kommt die Zeitwertversicherung in Betracht. Bei der Zeitwertversicherung wird der Neubauwert abzüglich Abnutzung der baulichen Anlagen als Versicherungssumme festgelegt. Wird als Versicherungssumme hingegen der gemeine Wert festgelegt, so ist darunter der vom Versicherungsnehmer erzielbare Verkaufspreis des Grundstücks zu verstehen (vgl. Kleiber/Simon/Weyers 1998, S. 1622ff.).

5.2.3.1.4 Einheitswert

Der Einheitswert des Grundbesitzes diente in der Vergangenheit als Bemessungsgrundlage für die **Grundsteuer**, die **Vermögensteuer** sowie für die **Erbschaft- und Schenkungsteuer**.

Der Einheitswert ist in § 9 Abs. 2 des Bewertungsgesetzes definiert:

„Der gemeine Wert wird durch den Preis bestimmt, der im gewöhnlichen Geschäftsverkehr nach der Beschaffenheit des Wirtschaftsgutes bei einer Veräußerung zu erzielen wäre. Dabei sind alle Umstände, die den Preis beeinflussen, zu berücksichtigen. Ungewöhnliche oder persönliche Verhältnisse sind nicht zu berücksichtigen."

Die Definition des Einheitswertes unterscheidet sich von der des Verkehrswertes nach § 194 BauGB hinsichtlich des Wertermittlungsstichtages und der Bewertungsmethodik. So ist als Bewertungsstichtag bei der Ermittlung der Einheitswerte der 1.1.1964 festgelegt worden. Bei der Bewertungsmethodik zur Ermittlung der Einheitswerte handelt es sich um eine pauschalierte Massenbewertung, bei der gegenüber der Ermittlung von Verkehrswerten nach der WertV Vereinfachungen vorgenommen worden sind.

In den neuen Bundesländern konnten aufgrund fehlender Bewertungsgrundlagen keine Einheitswerte zum 1.1.1964 festgestellt werden. Daher wurden Einheitswerte herangezogen, die nach den Wertverhältnissen am 1.1.1935 festgestellt worden sind oder noch festgestellt werden.

In den alten Bundesländern wurden 140% des Einheitswertes als Bemessungsgrundlage der jeweiligen Steuer angesetzt, mit Ausnahme der Grundsteuer, bei der der Einheitswert selbst Bemessungsgrundlage war. In den neuen Bundesländern differenzierte der Ansatz, je nach Nutzungsart, zwischen 100% des Einheitswerts 1935 bei Mietwohngrundstücken und bis zu 600% des Einheitswerts 1935 bei unbebauten Grundstücken.

Aus der Hauptfeststellung der Einheitswerte zum 1.1.1964 resultierte die steuerliche Bevorzugung der Immobilie im Vergleich zu anderen Anlageformen im Bereich der Vermögen-, Erbschaft- sowie Schenkungsteuer. So hatte ein 1963 errichtetes Gebäude den gleichen Einheitswert wie ein 1994 an gleicher Stelle neu erbautes Gebäude, obgleich die Verkehrswerte beträchtlich voneinander abweichen dürften. Der Einheitswert hatte sich somit immer mehr von den „realen" Wertverhältnissen entfernt, die durch das Konzept des Verkehrswertes gemessen werden (vgl. Thomas 1995b, S. 266). Auf diesem Sachverhalt beruhte die Diskussion über die Verfassungsmäßigkeit der Erhebung einheitswertabhängiger Steuern. Das Bundesverfassungsgericht hat am 18. August 1995 entschieden, dass dieser Verstoß gegen den Gleichheitsgrundsatz verfassungswidrig ist. Der Gesetzgeber musste daher bis Ende 1996 bei der Vermögensteuer und der Erbschaftsteuer eine verfassungskonforme Lösung finden. Nach den neuen Regelungen wird auf die Einheitsbewertung des Grundbesitzes grundsätzlich verzichtet und eine Bedarfsbewertung zur Ermittlung des **steuerlichen Grundbesitzwertes** für Zwecke der Erbschaft- und Schenkungsteuer sowie der Grunderwerbsteuer eingeführt. Für Zwecke der Grundsteuer verbleibt es jedoch bei den bisherigen Einheitswerten.

5.2.3.1.5 Steuerlicher Grundbesitzwert

Seit dem 1. Januar 1996 werden Einheitswerte für die Ermittlung der Erbschaft- und Schenkungsteuer und seit dem 1. Januar 1997 für die Ermittlung der Grunderwerbsteuer nicht mehr verwendet. Der Gesetzgeber sieht neue Grundbesitzwerte vor, die nach neuen Vorschriften zu ermitteln sind. Da die Bewertung nur bei Bedarf vorgenommen wird, wie z.B. im Rahmen von Erbfällen oder Grundstücksschenkungen, spricht man auch von der **Bedarfsbewertung**. Grundsätzlich unterscheidet das für die Bedarfsbewertung maßgebliche Bewertungsgesetz (BewG) zwischen land- und forstwirtschaftlichem Vermögen sowie Grundvermögen. Die Bedarfsbewertung des immobilienökonomisch relevanten Grundvermögens wird im Weiteren erläutert.

Prinzipiell kann bei der Ermittlung des steuerlichen Grundbesitzwerts des Grundvermögens in **unbebaute und bebaute Grundstücke** unterschieden werden. Aus dieser Zuordnung lässt sich das weitere Vorgehen ableiten. Hierbei ist zu berücksichtigen, unter welchen Bedingungen ein Grundstück als unbebaut gilt. Ein Grundstück ist als unbebaut anzusehen, wenn sich auf ihm keine benutzbaren Gebäude befinden oder zur Nutzung vorgesehene Gebäude im Bau befinden. Die Benutzbarkeit beginnt nach § 145 Abs. 1 BewG im Zeitpunkt der Bezugsfertigkeit.

Der Wert eines unbebauten Grundstücks bestimmt sich aus der Fläche des Grundstücks in m² multipliziert mit dem für das Grundstück maßgeblichen, um 20 v. H. reduzierten, Bodenrichtwert:

Grundbesitzwert = Bodenrichtwert/m² × 80% × Fläche des Grundstücks in m²

Die Bodenrichtwerte der Gutachterausschüsse müssen für Zwecke der Bedarfsbewertung nicht nur in hinreichender Dichte vorliegen, sondern auch zum Stichtag 1.1.1996, da bei der Bedarfsbewertung stets die Wertverhältnisse zum 1.1.1996 maßgebend sind. Für die korrekte Bedarfswertermittlung muss das zu bewertende Grundstück mit den typischen Merkmalen des Bodenrichtwertgrundstücks übereinstimmen. Bei Abweichungen sind Anpassungen vorzunehmen. Die Erbschaftsteuer-Richtlinien 2003 (ErbStR) sehen in R 161 Anpassungen bezüglich der Geschossflächenzahl, der Grundstücksgröße und der Grundstückstiefe vor, in Abhängigkeit der Berücksichtigung dieser Merkmale in der Bodenrichtwertkarte. Weiterhin sind hier Abschläge für im Bebauungsplan ausgewiesene Frei- und Verkehrsflächen vorgesehen, soweit diese nicht in die Ermittlung des Bodenrichtwerts eingeflossen sind. Schließlich ist auch der Erschließungszustand des zu bewertenden Grundstücks zu berücksichtigen.

Neben dem ermittelten Grundstückswert sind im Bau befindliche Gebäude separat zu betrachten. Ein Gebäude gilt bereits als im Bau befindlich, wenn auf dem Grundstück Abgrabungen begonnen worden sind oder Baustoffe für die planmäßige Errichtung des Gebäudes geliefert wurden (§ 145 Abs. 1 BewG). Dabei ist der Gebäudewert in Relation der zum Besteuerungszeitpunkt angefallenen Herstellungskosten zu den Gesamtherstellungskosten anzusetzen. Obergrenze für den kumulierten Wert des unbebauten Grundstücks inklusive der im Bau befindlichen Gebäude ist der Wert des Grundstücks nach Fertigstellung des Gebäudes (§ 149 BewG).

Befinden sich auf dem Grundstück Gebäude, die keiner oder nur einer unbedeutenden Nutzung zugeführt werden können, so ist das Grundstück als unbebaut zu behandeln. Voraussetzung für die Einordnung des Gebäudes als unbedeutende Nutzung ist eine Jahresmiete, die weniger als 1% des Bedarfswerts des unbebauten Grundstücks beträgt (§ 145 Abs. 2 BewG).

Das BewG betrachtet alle Grundstücke, die nicht den Tatbestand eines unbebauten Grundstücks erfüllen, als bebaute Grundstücke (§ 146 BewG). Bebaute Grundstücke werden mit Hilfe eines **vereinfachten Ertragswertverfahrens** bewertet. Das Ertragswertverfahren kommt zur Anwendung unabhängig davon, ob es sich um ein Grundstück handelt, das zu Wohnzwecken dient, oder eine gewerbliche Nutzung vorliegt. Dabei wird nicht berücksichtigt, ob es sich um ein typisches Ertragsobjekt handelt oder eine Sachwertorientierung vorzuziehen wäre. Die Verwendung des Ertragswertverfahrens ist, unter der Voraussetzung des Vorliegens einer tatsächlichen Miete oder einer ermittelbaren üblichen Miete, vorgeschrieben.

Im vereinfachten Ertragswertverfahren ergibt sich der Grundstückswert nach § 146 BewG als:

- das 12,5fache der im Durchschnitt der letzten drei Jahre vor dem Besteuerungszeitpunkt erzielten Jahresmiete,

- vermindert um die Wertminderung wegen des Alters des Gebäudes.

Betriebskosten (nach Anlage 3 zu § 27 II. BV) werden bei der Ermittlung der Jahresmiete nicht berücksichtigt. Es handelt sich um eine Nettokaltmiete. Liegt keine tatsächliche Miete vor, so kann die übliche Miete, ebenfalls als Durchschnitt für ein Jahr ermittelt, verwendet werden. Die Jahresmiete ist als Sollmiete zu errechnen. Maßgeblich ist die vertraglich vereinbarte Miete, unabhängig davon, ob Mietpreisbindungen bestehen. Die tatsächlich gezahlte Miete ist nicht von Relevanz, bei Mietausfällen wird demnach trotz des geringeren Ertrags eine Bewertung auf Grundlage der vereinbarten Miete vorgenommen. Bestandteile der Jahresmiete sind auch (vgl. Mannek, S. 26):

- Mieteinnahmen für Stellplätze,

- Mieteinnahmen für Nebengebäude (z.B. Garagen),

- Vergütungen für außergewöhnliche Nebenleistungen, die nicht die Raumnutzung betreffen (z.B. Reklamenutzung oder das Aufstellen von Automaten),

- Vergütungen für Nebenleistungen, die die Raumnutzung betreffen, jedoch nur einzelnen Mietern zugute kommen (z.B. Einbau einer Klimaanlage, Nutzung eines Schwimmbads),

- Untermietzuschläge,

- Baukostenzuschüsse und Mietvorauszahlungen, soweit sie auf die Miete anzurechnen sind,

- Zahlungen des Mieters an Dritte für den Eigentümer, soweit es sich nicht um Betriebskosten im Sinne des § 27 II. BV handelt (z.B. Erschließungskosten),

- Leistungen des Mieters, die nicht in Geld bestehen, soweit sie nicht gleichzeitig als Betriebskosten zu berücksichtigen wären (z.B. die Übernahme der Grundstücksverwaltung).

Nicht in die Jahresmiete einzubeziehen sind insbesondere:

- Einnahmen für die Überlassung von Maschinen und Betriebsvorrichtungen,

- Einnahmen für die Überlassung von Einrichtungsgegenständen (z.B. bei möblierten Wohnungen),

- Dienstleistungen, die nicht die Grundstücksnutzung betreffen (z.B. Reinigungsdienste),

- Zuzahlungen Dritter außerhalb des Mietverhältnisses,

- Aufwendungszuschüsse im öffentlich geförderten Wohnungsbau.

Für den Fall, dass das bebaute Grundstück nicht oder vom Eigentümer oder dessen Familie selbst genutzt wurde, so wird die übliche Miete angesetzt. Dies ist auch vorgesehen, wenn das Grundstück unentgeltlich anderen zur Nutzung überlassen wurde oder an Angehörige (im Sinne des § 15 der Abgabenordnung) oder Arbeitnehmer des Eigentümers vermietet wurde. Als übliche Miete ist die Miete anzusetzen, die für nach Art, Lage, Größe, Ausstattung und Alter vergleichbare, nicht preisgebundene Grundstücke von fremden Mietern bezahlt wird (§ 146 Abs. 3 BewG). Auch bei der üblichen Miete handelt es sich um eine Nettokaltmiete (ohne Betriebskosten). Die Ermittlung erfolgt durch Ableitung aus Vergleichsmieten, Mietspiegeln und Mietgutachten (R 172 ErbStR).

Für die Alterswertminderung des Gebäudes werden 0,5% pro Jahr von Fertigstellung bis zum Wertermittlungszeitpunkt angesetzt. Sie ist auf maximal 25% begrenzt. Aus Vereinfachungsgründen wird die Alterswertminderung pauschalierend auf den gesamten Wert angewendet, der sich durch Multiplikation der Jahresmiete mit dem Vervielfältiger ergibt. Durch dieses Vorgehen wird auch eine Wertminderung für den Grund und Boden abgezogen, weil dieser im Vervielfältiger pauschal enthalten ist. Zu berücksichtigen ist, dass bei Baumaßnahmen, die die gewöhnliche Nutzungsdauer des Gebäudes um mindestens 25 Jahre verlängern, ein fiktives Bezugsjahr – entsprechend der verlängerten Nutzungsdauer für die Alterswertminderung anzusetzen ist (§ 146 Abs. 4 BewG). Die geschätzte Verlängerung der Nutzungsdauer in Jahren wird somit – sofern sie mindestens 25 Jahren beträgt – dem Fertigstellungsjahr hinzugerechnet. Anstatt eines tatsächlichen Fertigstellungsjahres 1960 würde somit bei einer Baumaßnahme, welche die Nutzungsdauer um 30 Jahre verlängert, als fiktives Baujahr 1990 für die Ermittlung der Alterswertminderung angesetzt.

Nach § 146 Abs. 5 BewG ist für bebaute Grundstücke, die ausschließlich zu Wohnzwecken genutzt werden und nicht mehr als zwei Wohnungen enthalten, der ermittelte Grundstückswert um 20% zu erhöhen. Diese Regelung berücksichtigt die Tatsache, dass derartige Gebäude im Allgemeinen nicht zu Renditezwecken, sondern zum Eigengebrauch vorgesehen sind. Hier ist - auch bei tatsächlicher Vermietung – das Verhältnis zwischen Miete und Herstellungskosten meist geringer als bei reinen Renditeobjekten (vgl. Mannek, S. 27). Untergrenze für den nach dem vereinfachten Ertragswert ermittelten Grundstückswert bildet der Wert, mit dem der Grund und Boden allein als unbebautes Grundstück anzusetzen wäre (§ 146 Abs. 6 BewG).

Für den Fall, dass ein bebautes Grundstück nicht vermietet ist und eine übliche Miete nicht ermittelbar ist, bestimmt sich der Grundstückswert aus der Summe des Wertes von Grund und Boden und des Wertes der Gebäude (§ 147 Abs. 1 BewG). Dieses Verfahren wird auch als **Bilanzwertverfahren** bezeichnet. Der Wert des Grund und Bodens wird gemäß der Wertermittlung für ein unbebautes Grundstück vorgenommen, mit der Abwandlung, dass anstelle eines Abschlags von 20% auf den Bodenrichtwert 30% abgezogen werden. Der Wert der Gebäude wird nach den ertragsteuerlichen Bewertungsvorschriften ermittelt; maßgebend ist der Wert im Besteuerungszeitpunkt (§ 147 Abs. 2 BewG). Somit werden Gebäude mit den Anschaffungs- oder Herstellungskosten angesetzt, die um die jeweils ertragsteuerlich zulässigen Absetzungen für Abnutzung zu kürzen sind. Außenanlagen, insbesondere Wege- und Platzbefestigungen, werden nicht berücksichtigt (R 178 Abs. 3 ErbStR).

Die Abgrenzung zwischen vereinfachtem Ertragswertverfahren und Bilanzwertverfahren ergibt sich aus den Tatbeständen der nicht vorliegenden Vermietung und der nicht ermittelbaren üblichen Miete. Jedoch verweist § 147 Abs. 1 BewG auf Gebäude, welche zur Durchführung bestimmter Fertigungsverfahren, zu Spezialnutzungen oder zur Aufnahme bestimmter technischer Einrichtungen errichtet wurden, die insbesondere nach dem Bilanzwertverfahren zu bewerten sind. Hierbei werden zwei Gebäudegruppen unterschieden. Zum einen Gebäude, bei denen grundsätzlich davon auszugehen ist, dass keine üblichen Mieten ermittelt werden können. Zu solchen Gebäuden zählen z.B. Badehäuser, Tankstellengebäude, Theater und Werkstattgebäude. Zum anderen Gebäude, bei denen davon auszugehen ist, dass keine üblichen Mieten ermittelbar sind, es allerdings denkbar ist, dass sich auf dem regionalen Grundstücksmarkt Mieten finden lassen. Ist dies der Fall, so erfolgt die Bewertung nach dem Ertragswertverfahren auf Basis der üblichen Miete des regionalen Mietmarktes. Hierzu zählen z.B. Bankgebäude, Lagerhäuser, Messehallen und Privatschulen (R 178 ErbStR). Bei aufwändig gestalteten Wohngrundstücken kommt eine Bewertung als Sonderfall gemäß § 147 BewG nicht in Betracht. Die besondere Ausstattung oder Gestaltung des Grundstücks ist bei der Schätzung der üblichen Miete angemessen zu berücksichtigen (R 171 Abs. 7 ErbStR).

Das pauschalierte Vorgehen im Rahmen der Bedarfsbewertung birgt die Gefahr erheblicher Überbewertungen im Einzelfall. Daher wurde sowohl für die Bedarfsbewertung für unbebaute Grundstücke als auch für bebaute Grundstücke die Möglichkeit für den Steuerpflichtigen eröffnet, einen niedrigeren gemeinen Wert (Verkehrswert) nachzuweisen (§§145 Abs. 3 und 146 Abs. 7 BewG). Als Nachweis ist ein Gutachten des örtlich zuständigen Gutachterausschusses oder eines Sachverständigen für die Bewertung von Grundstücken erforderlich, wobei dies nicht bindend für die Feststellung des Gründstückswerts ist, sondern der Beweiswürdigung durch das Finanzamt unterliegt. Weiterhin kann ein im gewöhnlichen Geschäftsverkehr innerhalb eines Jahres vor oder nach dem Besteuerungszeitpunkt zustande gekommener Kaufpreis für das zu bewertende Grundstück als Nachweis dienen (R 163 ErbStR bzw. R 177 ErbStR). Im Rahmen des Bilanzwertverfahrens kann nur ein niedrigerer Wert für Grund und Boden nachgewiesen werden (R 179 Abs. 2 ErbStR), der Nachweis eines niedrigeren Werts für das gesamte Grundstück ist nicht möglich (R 179 Abs. 5 ErbStR).

5.2.3.2   Normierte und nicht normierte Verfahren der Wertermittlung

Innerhalb der Verfahren der Wertermittlung von Grundstücken wird zwischen den normierten und den nicht normierten unterschieden. Als normierte Verfahren werden diejenigen Verfahren bezeichnet, die in der WertV geregelt sind. Hierzu zählen das Vergleichswertverfahren (§§ 13 bis 14 WertV), das Ertragswertverfahren (§§ 15 bis 20 WertV) sowie das Sachwertverfahren (§§ 21 bis 25 WertV).

Die WertV enthält anerkannte Grundsätze für die Ermittlung von Verkehrswerten für Grundstücke und grundstücksgleiche Rechte in nahezu allen Bereichen. Grundsätzlich sind lediglich die Gutachter der örtlichen Gutachterausschüsse, die als Behörde für den Bereich der kreisfreien Städte bzw. Gemeinden gebildet werden, an die Regelungen der WertV gebunden. Im Rahmen der Ermittlung von Grundstückswerten als Ergebnis ihrer Bewertungstätigkeit müssen sie – unter Anwendung eines oder mehrerer normierter Verfahren – einen Verkehrswert feststellen. Andere Gutachter, wie beispielsweise die öffentlich bestellten und vereidigten Sachverständigen oder aber auch die Gruppe der freien Sachverständigen, sind nicht an die Regelungen der WertV gebunden und somit grundsätzlich frei in der Wahl der Bewertungsverfahren. Dabei ist jedoch zu berücksichtigen, dass die normierten Verfahren der Wertermittlung ein anerkanntes Regelwerk darstellen, sodass Abweichungen hiervon i.d.R. im Gutachten zu begründen sind (vgl. Zimmermann/Heller, S. 36ff.).

Dient die Wertermittlung nicht der Bestimmung eines objektivierten Verkehrswertes, sondern der Ermittlung eines subjektiven, entscheidungsorientierten Wertes, so sind Abweichungen von den normierten Verfahren oftmals sinnvoll. Zu den nicht normierten Verfahren der Wertermittlung zählen vor allem die **Discounted Cash Flow Methode** (DCF-Methode) und das **Residualwertverfahren**.

Bei der DCF-Methode werden die zukünftig aus einem Grundstück anfallenden Zahlungen auf den Bewertungsstichtag abgezinst. Da diese Vorgehensweise nicht in der WertV geregelt ist, wird von einem nicht normierten Verfahren gesprochen, obgleich die Methode hinsichtlich der ökonomischen Interpretation der Bewertungsergebnisse mit dem klassischen Ertragswertverfahren gemäß WertV ein hohes Maß an Übereinstimmung aufweist. Einerseits kann als Ergebnis der DCF-

Methode ein objektivierter Wert im Sinne des Verkehrswertes ermittelt werden; fließen jedoch subjektive Zukunftseinschätzungen, wie beispielsweise Prognosen der Marktentwicklung, in die Bewertung ein, so wird der subjektive Grundstückswert bzw. ein Entscheidungswert durch das Verfahren abgebildet.

Das Residualwertverfahren zielt darauf ab, den unter Berücksichtigung von Planungs- und Entwicklungsprämissen maximal tragfähigen Grundstückspreis für einen Investor zu ermitteln. Da hierbei individuelle Einflussgrößen, wie beispielsweise investorenspezifische Planungsausführungen oder Baukostenverhältnisse, einen bedeutenden Einfluss ausüben, stellt das Ergebnis der Anwendung des Residualwertverfahrens häufig einen subjektiven Wert dar.

Die grundlegende Vorgehensweise der DCF-Methode sowie des Residualwertverfahrens wird im Rahmen der Darstellung der angelsächsischen Methoden in den Punkten 5.2.4.3.3 und 5.2.4.5 ausführlich erläutert. Die folgenden Ausführungen konzentrieren sich daher auf die in der WertV verankerten Verfahren zur Ermittlung eines objektivierten Grundstückswertes im Sinne des Verkehrswertbegriffes.

5.2.3.3 Verfahren der Verkehrswertermittlung

Zur Ermittlung des Verkehrswertes eines Grundstücks stehen dem Sachverständigen gemäß § 7 WertV das Vergleichswertverfahren, das Ertragswertverfahren sowie das Sachwertverfahren zur Verfügung. Der Verkehrswert eines Grundstücks ist jedoch nicht mit dem Ergebnis eines der vorher genannten Verfahren gleichzusetzen, sondern aus dem Ergebnis des angewendeten Verfahrens unter Berücksichtigung der Lage auf dem Grundstücksmarkt zu bemessen. Zur Ermittlung des Verkehrswertes können auch mehrere Verfahren herangezogen werden, wobei der Verkehrswert dann aus deren Ergebnissen unter Würdigung ihrer Aussagefähigkeit zu bemessen ist.

Die Wahl des Bewertungsverfahrens ist nach der Art des Gegenstands der Wertermittlung, unter Berücksichtigung der im gewöhnlichen Geschäftsverkehr bestehenden Gepflogenheiten, vorzunehmen. Grundsätzlich werden die drei Wertermittlungsverfahren von der Rechtsprechung als gleichrangig angesehen.

Im Normalfall wird das in den §§ 13 und 14 der WertV geregelte **Vergleichswertverfahren** zur Ermittlung des Bodenwertes von Grundstücken herangezogen. Zur Ermittlung des Verkehrswertes bebauter Grundstücke eignet sich das Vergleichswertverfahren im Allgemeinen nicht, da dem Sachverständigen nicht genügend zeitnahe vergleichbare Transaktionen zur Verfügung stehen.

Das **Ertragswertverfahren** wird zur Bewertung von bebauten Grundstücken angewendet, bei denen die Verzinsung des investierten Kapitals für die Preisbildung im gewöhnlichen Geschäftsverkehr ausschlaggebend ist. Dies sind Mietwohn- und Geschäftsgrundstücke, gemischt genutzte

Grundstücke, Gewerbe-, Industrie- und Garagengrundstücke. Gesetzlich geregelt ist das Ertragswertverfahren in den §§ 15 bis 20 WertV.

Das **Sachwertverfahren** ist nach Abschnitt 3.1.3 der Wertermittlungsrichtlinien (WertR) bei Grundstücken anzuwenden, bei denen es für die Werteinschätzung am Markt nicht in erster Linie auf den Ertrag ankommt. Als Anwendungsbeispiele werden individuell gestaltete – insbesondere eigengenutzte – Ein- und Zweifamilienhausgrundstücke aufgeführt. Für den Fall, dass ortsübliche Mieten nicht feststellbar sind, soll das Sachwertverfahren ebenfalls bei der Bewertung eigengenutzter Fabrikanlagen, Lagerhallen und anderer gewerblicher Objekte Anwendung finden.

Demgegenüber wird jedoch auch die Auffassung vertreten, dass es nicht auf die Eigentumsverhältnisse und die Frage ankomme, ob der Grundstückseigentümer zugleich der Nutzer sei, sondern dass für die Entscheidung über die Anwendung des Sachwertverfahrens lediglich die Art der jeweiligen Nutzung ausschlaggebend sei. Es wird darauf hingewiesen, dass bei der Entscheidung über den Kauf eines eigengenutzten Einfamilienhauses der Aspekt der ersparten Miete einen bedeutenden Einfluss habe. Zudem wachsen – aufgrund der gestiegenen Mobilität der Bevölkerung – die Bedeutung der bei einer Vermietung erzielbaren Miete sowie die Finanzierbarkeit der Belastungen aus dem Grundstückserwerb durch die Mieterträge (vgl. Zimmermann/Heller, S. 86, 93). Daher ist letztendlich die Argumentation zur Anwendung des Sachwertverfahrens bei Einfamilienhäusern im Hinblick auf die These, dass das Verfahren Anwendung findet, „in denen eine **nicht auf Ertragserzielung** gerichtete Eigennutzung" vorliegt (vgl. Kleiber, S. 8), abzulehnen.

Der Sachwert als Ausgangspunkt für die Wertermittlung eines Fabrikgrundstückes kann grundsätzlich keine sachgerechte Methode zur Wertermittlung sein. Für den Fall der Veräußerung eines vormals eigengenutzten Fabrikgrundstücks ist für einen zukünftigen Erwerber, der die aufstehenden baulichen Anlagen im Rahmen seiner eigenen Geschäftätigkeit nutzen möchte, der Umfang der Verwendungsmöglichkeit der Gebäude entscheidend und nicht allein die Tatsache ihrer Existenz – mit der Folge, dass auch neue bauliche Anlagen mit einem hohen Sachwert vom Grundstück entfernt werden können (vgl. Zimmermann/Heller, S. 88). Daher ist auch bei Fabrikgrundstücken der Tatbestand der indirekten Ertragserzielung aus dem Grundstück in den Vordergrund zu stellen.

5.2.3.4   Vergleichswertverfahren

5.2.3.4.1 Verfahrensablauf

Der Preisvergleich bildet das zentrale Element des Vergleichswertverfahrens, wobei zwischen dem unmittelbaren und dem mittelbaren Preisvergleich unterschieden werden kann. Beim unmittelbaren Preisvergleich wird der Verkehrswert idealtypisch **direkt aus Vergleichspreisen ab-**

geleitet, die zeitgleich mit dem Bewertungsstichtag für gleichartige Grundstücke vereinbart wurden. Da nur in Ausnahmefällen Vergleichsgrundstücke vorhanden sind, die in allen Zustandsmerkmalen mit dem zu bewertenden Grundstück übereinstimmen und für die darüber hinaus zeitnahe Vergleichspreise vorliegen, findet in der Praxis der so genannte mittelbare Preisvergleich Anwendung. Hierbei werden auch Kaufpreise von Grundstücken zum Vergleich zugelassen, die sich hinsichtlich ihrer Zustandsmerkmale und des Transaktionszeitpunktes vom zu bewertenden Objekt unterscheiden. Durch diese Vorgehensweise lässt sich einerseits das Vergleichspreismaterial vergrößern, andererseits werden jedoch Umrechnungen der Vergleichspreise auf den Bewertungsstichtag und auf die Merkmalsausprägungen des Bewertungsobjektes erforderlich (vgl. Kleiber/Simon/Weyer 2002, S. 1025f.).

Der Aufbau des Vergleichswertverfahrens ist in den §§ 13 und 14 WertV nur in den Grundsätzen, nicht aber in den Einzelheiten festgelegt. Wie Abbildung 115 zeigt, vollzieht sich die Verkehrswertermittlung in mehreren Stufen.

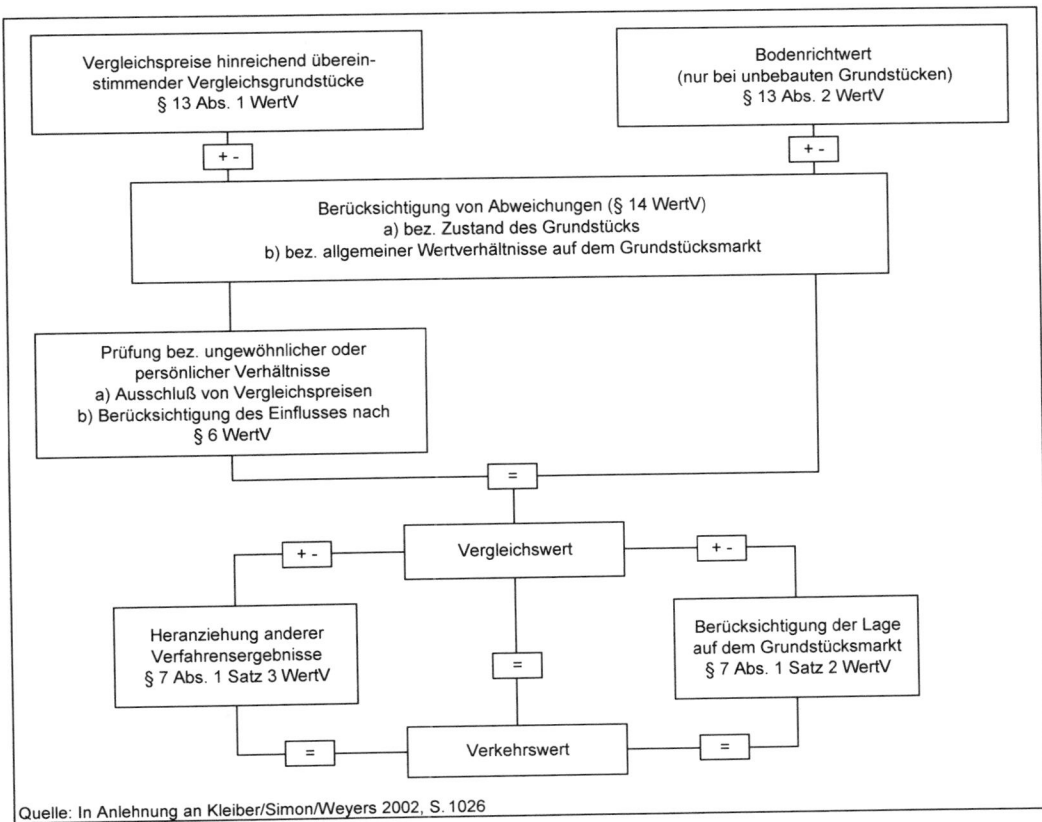

Quelle: In Anlehnung an Kleiber/Simon/Weyers 2002, S. 1026

Abbildung 115: Schematischer Ablauf des Vergleichswertverfahrens

Den Ausgangspunkt der Bewertung bildet wie bei jeder Verkehrswertermittlung die Qualifizierung des Zustands des zu bewertenden Grundstücks und die Feststellung des Wertermittlungsstichtags. Hierauf aufbauend erfolgt beim Vergleichswertverfahren im ersten Schritt die Suche nach Kaufpreisen, die für vergleichbare Objekte auf dem Grundstücksmarkt erzielt wurden.

Unterscheiden sich die in Betracht gezogenen Vergleichsgrundstücke in ihren Zustandsmerkmalen vom zu bewertenden Objekt und bestehen darüber hinaus Unterschiede zwischen der allgemeinen Wertentwicklung auf dem Grundstücksmarkt, welche Einfluss auf die Höhe der Vergleichspreise ausgeübt hat, und der aktuellen Marktsituation, so sind diese Unterschiede im zweiten Schritt durch Umrechnung der einzelnen Vergleichspreise zu berücksichtigen. Im Anschluss sind die Vergleichspreise dahingehend zu prüfen, ob der Preisbildungsprozess durch ungewöhnliche oder persönliche Verhältnisse beeinflusst wurde. Ist dieser Fall gegeben, so sind die entsprechenden Vergleichspreise von der weiteren Wertermittlung auszuschließen oder um den Einfluss, soweit er quantifizierbar ist, zu berichtigen. Ausgehend von den vergleichbar gemachten Vergleichspreisen lässt sich schließlich durch Berechnung des arithmetischen Mittels der Vergleichswert ableiten. Die Überleitung vom Vergleichswert zum Verkehrswert erfolgt zum einen durch Wertkorrekturen hinsichtlich der Lage auf dem Grundstücksmarkt, soweit diese im Zuge der Vergleichswertermittlung nicht ausreichend Berücksichtigung gefunden haben sollte. Zum zweiten können Anpassungen erforderlich werden, wenn abweichende Ergebnisse aus anderen Bewertungsverfahren vorliegen, die in die Ermittlung des Verkehrswertes Eingang finden sollen (vgl. Kleiber/Simon/Weyers 2002, S. 1026f.).

5.2.3.4.2 Voraussetzungen für die Anwendung des Vergleichswertverfahrens

In § 13 Abs. 1 WertV ist bestimmt, dass bei Anwendung des Vergleichswertverfahrens die Kaufpreise solcher Grundstücke heranzuziehen sind, die im Hinblick auf die wertbeeinflussenden Merkmale mit dem zu bewertenden Grundstück hinreichend übereinstimmen. Der unbestimmte Rechtsbegriff der **„hinreichenden Übereinstimmung"** wurde durch die Rechtsprechung insoweit konkretisiert, dass Vergleichsgrundstücke vor allem bezüglich der folgenden Kriterien Übereinstimmungen aufweisen sollen:

- Lage,

- Art und Maß der baulichen Nutzung,

- Bodenbeschaffenheit,

- Größe,

- Grundstücksgestalt,

- Erschließungszustand.

Bei baulichen Anlagen sind darüber hinaus das Alter, der Bauzustand und der Ertrag als Kriterien zu berücksichtigen.

Da aufgrund der individuellen Charakteristika von Grundstücken eine vollständige Übereinstimmung von Vergleichsgrundstücken und dem Bewertungsobjekt nur in Ausnahmefällen vorliegen dürfte, stellt sich die Frage, in welchem Ausmaß Abweichungen zulässig sind. Die Rechtssprechung geht hierbei davon aus, dass die Abweichungen, die sich in den Zu- bzw. Abschlägen auf die Vergleichspreise niederschlagen, eine Größenordnung von 30 bis 35% nicht übersteigen dürfen (vgl. Kleiber/Simon/Weyers 2002, S.1030f.).

Neben der hinreichenden Übereinstimmung der wertbeeinflussenden Charakteristika der Vergleichsgrundstücke setzt die Anwendung des Vergleichswertverfahrens voraus, dass die Vergleichspreise zu einem Zeitpunkt vereinbart wurden, der dem Wertermittlungsstichtag möglichst nahe kommt. Erfüllen die zum Vergleich herangezogenen Objekte diese Bedingung nicht, so lassen sich die Kaufpreise mittels Indexierung auf den Zeitpunkt der Wertermittlung umrechnen. Hierbei ist jedoch im Einzelfall zu prüfen, über welchen Zeitraum hinweg die Einbeziehung von Kaufpreisen der Vergangenheit in die Wertermittlung sinnvoll ist.

Die Forderung nach einer „genügenden" Anzahl von Vergleichspreisen ergibt sich indirekt aus § 13 Abs. 1 Satz 2 WertV. Welche Anzahl von Vergleichspreisen als „genügend" anzusehen ist, hängt entscheidend von den Verhältnissen des Einzelfalles ab. So können bereits wenige geeignete Vergleichspreise, die über eine hohe Aussagekraft verfügen, als Bewertungsgrundlage ausreichen (vgl. Kleiber/Simon/Weyers 2002, S.1031f.).

Lassen sich in der unmittelbaren Nachbarschaft des zu bewertenden Grundstücks keine geeigneten oder nicht genügend Vergleichsgrundstücke identifizieren, so besteht die Möglichkeit, alternativ gemäß § 13 Abs. 1 Satz 2 WertV Objekte aus „vergleichbaren Gebieten", wie beispielsweise Gemeinden, die hinsichtlich ihrer Einwohnerzahl und ihrer großräumigen Lage der Belegenheitsgemeinde ähneln, zum Vergleich heranzuziehen (vgl. Kleiber/Simon/Weyers, 2002, S.1032).

Eine weitere anerkannte und bewährte Ersatzlösung bei fehlenden Vergleichspreisen stellt die Verwendung von Bodenrichtwerten im Rahmen der Bodenwertermittlung gemäß § 13 Abs. 2 Satz 1 WertV dar. **Bodenrichtwerte** sind durchschnittliche Lagewerte von Grund und Boden, die von den Gutachterausschüssen der kreisfreien Städte und der Landkreise ermittelt werden. Dabei wird für eine Mehrzahl von Grundstücken mit im Wesentlichen gleichen Nutzungs- und Lageverhältnissen – so genannte Bodenrichtwertzonen – ein durchschnittlicher Wert ermittelt, der sich auf einen Quadratmeter Grundstücksfläche bezieht (vgl. Kleiber/Simon/Weyers 2002, S.490). Diese Bodenrichtwerte können für unbebaute Gebiete wie auch für bebaute Gebiete ermittelt werden. In bebauten Gebieten ist nach § 196 BauGB der Bodenrichtwert mit dem Wert zu ermitteln, der sich ergeben würde, wenn der Boden unbebaut wäre. Da sich die Bodenrichtwerte immer nur auf lage- oder gebietstypische Grundstücke beziehen, ist der Bodenrichtwert nicht mit dem Vergleichswert bzw. dem Verkehrswert des unbebauten zu bewertenden Grundstücks gleichzusetzen. Dessen besondere Eigenschaften sind nicht in den Bodenrichtwerten erfasst, sodass Abweichungen zwischen dem zu bewertenden Grundstück und den typischen Verhältnissen des Bodenrichtwertgrundstücks durch Zu- oder Abschläge berücksichtigt werden müssen (vgl. Simon/Kleiber, S. 109).

Im Rahmen der Vergleichswertermittlung von bebauten Grundstücken sieht § 14 Abs. 3 WertV die Möglichkeit vor, neben oder anstelle von Kaufpreisen von Vergleichsgrundstücken Vergleichsfaktoren zu verwenden. Die empirische Ableitung von Vergleichsfaktoren aus der Kaufpreissammlung in Form von so genannten Ertrags- bzw. Gebäudefaktoren obliegt den Gutachterausschüssen. Ertragsfaktoren sind definiert als Quotient aus dem erzielten Kaufpreis und dem nachhaltig erzielbaren Ertrag und werden als Durchschnittsfaktor aus den Preisen vergleichbarer Grundstücke berechnet. Durch Multiplikation des Ertrags des zu bewertenden Grundstücks mit dem entsprechenden Ertragsfaktor lässt sich der Vergleichswert ableiten. Ertragsfaktoren finden vorrangig bei der Wertermittlung von Grundstücken Verwendung, bei denen der nachhaltig erzielbare Ertrag im Vordergrund steht. Demgegenüber werden Gebäudefaktoren eingesetzt, wenn der Sachwert der baulichen Anlagen entscheidend ist. Die Gebäudefaktoren werden berechnet, indem der Kaufpreis auf eine Raum- oder Flächeneinheit bezogen wird. Analog zu den Ertragsfaktoren lässt sich durch Multiplikation der durchschnittlichen Gebäudefaktoren mit der entsprechenden Fläche des Bewertungsobjektes der Vergleichswert ermitteln (vgl. Sommer/Piehler, S. 9f.).

Die Verwendung von Angeboten, die im Rahmen einer Ausschreibung abgegeben wurden, als Datenbasis für die Verkehrswertermittlung ist keine allgemein anerkannte und in der WertV geregelte Verfahrensweise. Soll sie dennoch zur Anwendung kommen, so ist zu prüfen, ob es sich bei den vorliegenden Ausschreibungsergebnissen um Preisangebote handelt, die von spekulativen Einflüssen weitgehend frei sind und somit einen Rückschluss auf den erzielbaren Preis erlauben. Noch ungeeigneter für die Verkehrswertbestimmung erscheint die Verwendung von Preisen aus Zeitungsanzeigen, da diese i.d.R. nur Wunschpreise darstellen (vgl. Kleiber/Simon/Weyers 2002, S. 1077f.).

5.2.3.4.3 Berücksichtigung von Abweichungen

In § 14 WertV findet sich die Forderung, Unterschiede zwischen den Vergleichsgrundstücken und dem zu bewertenden Grundstück durch Zu- oder Abschläge oder in anderer geeigneter Weise zu berücksichtigen. Hierbei sind nicht nur Anpassungen für Unterschiede hinsichtlich der wertbeeinflussenden Merkmale vorzunehmen, sondern es sind darüber hinaus auch die seit der Veräußerung der Vergleichsgrundstücke eingetretenen Veränderungen der allgemeinen Wertverhältnisse bei der Umrechnung der Vergleichspreise einzubeziehen.

Auf welche Weise die Anpassungen erfolgen sollen, ist in § 14 WertV nicht näher bestimmt. Die Vorschrift enthält lediglich in Satz 3 den Hinweis, dass vorhandene Indexreihen und Umrechnungskoeffizienten heranzuziehen sind.

Während sich Vergleichspreise, die in der Vergangenheit vereinbart wurden, bei Vorliegen geeigneter Bodenpreisindizes ohne größere Schwierigkeiten auf die allgemeinen Marktverhältnisse zum Zeitpunkt des Wertermittlungsstichtags umrechnen lassen, erweist sich die Berücksichtigung von Unterschieden in den Zustandsmerkmalen als weitaus schwieriger. Mittels angemessener Zu- oder Abschläge sollen die Abweichungen der Vergleichsgrundstücke ausgeglichen werden, die beispielsweise bezüglich der Lageverhältnisse, der Nutzbarkeit, der Grundstücksgröße, der Grundstückstiefe, des Grundstückszuschnitts sowie der Bodenbeschaffenheit und des Erschließungs- und Entwicklungszustands bestehen. Die Bemessung der Zu- und Abschläge erfolgt i.d.R. auf Basis von Schätzungen, die eine fundierte Kenntnis der Vergleichsobjekte voraussetzen. Eine Vereinfachung der Anpassungsrechnungen ergibt sich, wenn **Umrechnungskoeffizienten** für das relevante Gebiet vorliegen. Mit Hilfe dieser Koeffizienten ist es möglich, den Bodenwert eines Grundstücks, beispielsweise in Abhängigkeit vom Maß der baulichen Nutzung oder der Grundstückstiefe, zu ermitteln. Ebenso lässt sich für Wohneigentum mittels geeigneter Umrechnungsfaktoren der Quadratmeterwert aus der Wohnfläche ableiten (vgl. Kleiber/Simon/Weyers 2002, S. 1192ff.).

Alternativ zu den genannten Vorgehensweisen können auch mathematisch-statistische Methoden zum Einsatz kommen. So lassen sich mit Hilfe von Regressionsanalysen Zielgrößen, wie beispielsweise der Bodenwert, als Funktion einer oder mehrerer Einflussgrößen darstellen. Die Regressionsmodelle bieten einerseits den Vorteil, Abweichungen mehrerer Merkmale gleichzeitig berücksichtigen zu können, andererseits setzen sie jedoch voraus, dass eine unter statistischen Gesichtspunkten ausreichende Zahl an Vergleichspreisen vorliegt (vgl. Kleiber/Simon/Weyers 2002, S. 1187). Darüber hinaus können aufgrund des hohen Abstraktionsgrades der Modelle Schwierigkeiten hinsichtlich der Nachvollziehbarkeit und Umsetzbarkeit der Ergebnisse auftreten (vgl. Freise, S. 74).

5.2.3.4.4 Ermittlung des Vergleichswertes und Ableitung des Verkehrswertes

Im Anschluss an die Umrechnung der Vergleichspreise auf die Zustandsmerkmale sowie den Wertermittlungsstichtag des zu bewertenden Grundstücks und nach erfolgter Überprüfung der

Kaufpreise auf Einflüsse durch ungewöhnliche oder persönliche Verhältnisse lässt sich der Vergleichswert durch Berechnung des arithmetischen Mittels ableiten.

Das folgende Beispiel verdeutlicht die Vorgehensweise:

Für sechs Eigentumswohnungen, die sich in unmittelbarer Nachbarschaft zu der zu bewertenden Wohnung befinden, konnten die folgenden Vergleichspreise ermittelt werden:

1.250 Euro/m², 1.050 Euro/m², 1.200 Euro/m², 1.350 Euro/m², 1.400 Euro/m², 1.250 Euro/m²

Der arithmetische Mittelwert berechnet sich wie folgt:

$$\overline{x} = \frac{\sum x_i}{m} = \frac{1.250 + 1.050 + 1.200 + 1.350 + 1.400 + 1.250}{6} = 1.250$$

Mit: x_i = Vergleichspreis

  m = Anzahl der Vergleichspreise

Der Vergleichspreis beträgt somit 1.250 Euro/m².

Indem den Vergleichspreisen **Gewichte** (p_i) zugeordnet werden, lassen sich Unterschiede bezüglich der Aussagekraft der einzelnen Preise berücksichtigen. Der Vergleichswert entspricht dann dem gewogenen arithmetischen Mittel und bestimmt sich nach folgender Formel:

$$\overline{x} = \frac{\sum x_i \times p_i}{\sum p_i}$$

Bei dem berechneten Vergleichswert handelt es sich um einen Zwischenwert. Um zum Verkehrswert zu gelangen, können weitere Anpassungen erforderlich werden. So sind Korrekturen des Vergleichswerts vorzunehmen, wenn die Lage auf dem Grundstücksmarkt im Rahmen des Bewertungsverfahrens nicht hinreichend Berücksichtigung gefunden hat. Darüber hinaus sind die Ergebnisse anderer Wertermittlungsverfahren nach Prüfung ihrer Aussagefähigkeit in die Verkehrswertermittlung einzubeziehen. Für den Fall, dass keine Anpassungen erfolgen, entspricht der Vergleichswert dem Verkehrswert (vgl. Kleiber/Simon/Weyers 2002, S. 1035).

5.2.3.4.5 Kritische Würdigung des Vergleichswertverfahrens

Das Vergleichswertverfahren weist einerseits eine Reihe von Vorteilen auf. So handelt es sich bei der Vergleichswertermittlung um eine sehr einfache, intuitiv verständliche, aber dennoch sehr zuverlässige Wertermittlungsmethode, die im Bereich der Bodenwertermittlung von dominanter Bedeutung ist. Darüber hinaus orientiert sich das Vergleichswertverfahren in seiner Vorgehensweise stärker als das Ertragswert- oder das Sachwertverfahren an den Verhältnissen des Grundstücksmarktes. Nicht zuletzt verfügen Verkehrswertgutachten auf Basis des Vergleichswertverfahrens aufgrund ihrer Anschaulichkeit über eine hohe Akzeptanz (vgl. Möckel, S. 4.2.1/1).

Bei der Beurteilung des Vergleichswertverfahren ist jedoch andererseits zu berücksichtigen, dass die Zuverlässigkeit der Ergebnisse entscheidend von der Erfüllung der materiellen Voraussetzungen abhängig ist, zu denen vor allem die Verfügbarkeit einer ausreichenden Anzahl geeigneter Vergleichspreise, Vergleichsfaktoren, Preisindizes sowie Umrechnungskoeffizienten zählt.

5.2.3.5 Ertragswertverfahren

5.2.3.5.1 Verfahrensablauf

Beim Ertragswertverfahren wird der Ertragswert als Summe der Barwerte aller bei ordnungsgemäßer Bewirtschaftung eines Grundstücks nachhaltig erzielbaren Reinerträge einschließlich des Barwertes des Bodenwertes ermittelt (vgl. Kleiber, S. 11f.).

Der schematische Ablauf des Ertragswertverfahrens lässt sich der Abbildung 116 entnehmen.

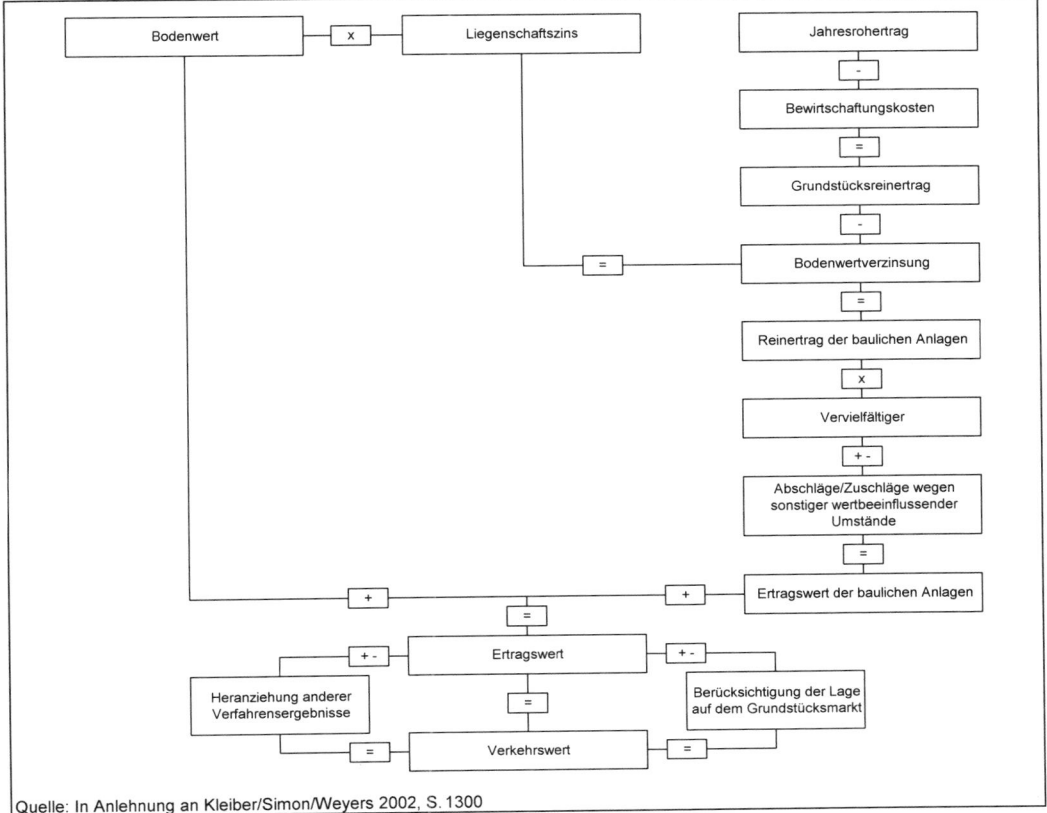

Abbildung 116: Schematischer Ablauf des Ertragswertverfahrens

Wird die Vorgehensweise zur Ermittlung des Ertragswertes formelmäßig beschrieben, so lautet diese:

$$EW = \left(RoE - BewK - z \times BW\right) \times \frac{(1+z)^n - 1}{(1+z)^n \times z} + BW$$

mit: **EW** = Ertragswert des Grundstücks **BW** = Bodenwert

   RoE = Jahresrohertrag $\dfrac{(1+z)^n - 1}{(1+z)^n \times z}$ = Vervielfältiger

   BewK = Bewirtschaftungskosten

   z = Liegenschaftszinssatz

   n = Restnutzungsdauer der baulichen Anlagen

5.2.3.5.2 Ermittlung des Jahresrohertrags

Ausgangspunkt für die Ermittlung des Ertragswertes der baulichen Anlagen ist der jährliche Rohertrag, der sich aus den bei ordnungsgemäßer Bewirtschaftung und zulässiger Nutzung nachhaltig erzielbaren Mieten und Pachten ergibt. Umlagen, die zur Deckung von Betriebskosten gezahlt werden, bleiben unberücksichtigt. Unter dem Begriff der **nachhaltigen Einnahmen** ist auf ortsübliche, durchschnittliche Mieten und Pachten für vergleichbare Grundstücke abzustellen. Hierdurch können die tatsächlich erzielten Mieteinnahmen teilweise von den nachhaltig erzielbaren Erträgen abweichen. Ist dies der Fall und beruht die Abweichung auf einer nicht kurzfristig lösbaren rechtlichen Bindung, so ist im Rahmen der Ertragswertermittlung vom nachhaltigen Rohertrag auszugehen und die Abweichung in Form eines Zu- oder Abschlags wegen sonstiger wertbeeinflussender Umstände zu berücksichtigen (vgl. Simon/Kleiber, S. 182ff.).

5.2.3.5.3 Ermittlung der Bewirtschaftungskosten

Die vom Jahresrohertrag abzuziehenden Bewirtschaftungskosten setzen sich nach § 18 WertV aus

- der Abschreibung,
- den bei gewöhnlicher Bewirtschaftung nachhaltig entstehenden Verwaltungskosten,
- den Betriebskosten,
- den Instandhaltungskosten sowie
- dem Mietausfallwagnis zusammen.

Die Kosten sind in der Höhe anzusetzen, wie sie bei normalen, die Art der Nutzung berücksichtigenden Verhältnissen mit fremdem Personal für ein unverschuldetes Grundstück laufend entstehen (vgl. Kleiber/Simon/Weyers 2002, S. 1611). Überdurchschnittliche Kosten, die aus einer unvernünftigen Wirtschaftsweise resultieren, müssen ebenso außer Betracht bleiben wie unterdurchschnittliche Kosten, die durch eine Muster- oder Idealbewirtschaftung anfallen (vgl. Simon/Kleiber 1996, S. 190).

Die **Abschreibung** ist nach § 18 WertV bereits in den Vervielfältiger eingerechnet und muss daher nicht weiter berücksichtigt werden.

Die **Verwaltungskosten** sind in § 18 WertV definiert als die Kosten der zur Verwaltung des Grundstücks erforderlichen Arbeitskräfte und Einrichtungen, die Kosten der Aufsicht sowie der gesetzlichen oder freiwilligen Prüfung des Jahresabschlusses und der Geschäftsführung. Zu den bei der Verwaltung eines Grundstücks anfallenden Leistungen gehören folgende Tätigkeiten:

- Vermietung,

- Mietbuchhaltung,

- Abrechnung von Nebenkosten, Betriebskosten, Steuern und Abgaben,

- Mietanpassungen, Mietänderungen,

- Erstellen des Wirtschaftsplans,

- Planung, Beauftragung, Überwachung und Abrechnung von Instandhaltungs-, Wartungs- und Pflegearbeiten,

- Rechnungsprüfung, Zahlungsverkehr,

- Erstellen der Jahresabschlussrechnung,

- Bearbeitung von Versicherungsfällen.

Die Verwaltungskosten werden, sofern nicht objektspezifische Angaben vorliegen, üblicherweise in Höhe von bis zu ca. 230 Euro je Wohnung nach § 26 Abs. 2 der II. BV (Berechnungsverordnung) und 3% bis 8% des Rohertrages bei Geschäftsgrundstücken angesetzt, wobei die Verwaltungskosten weitgehend von der Nutzungsart und der Größe des Grundstücks, von der Größe der Gemeinde sowie von Anzahl und sozialer Struktur der Mieter abhängen (vgl. Ross/Brachmann/Holzner, S. 301).

Die **Betriebskosten** sind nach § 18 WertV die Kosten, die durch das Eigentum am Grundstück oder durch den bestimmungsgemäßen Gebrauch des Grundstücks sowie seiner baulichen und sonstigen Anlagen laufend entstehen. I.d.R. trägt der Mieter neben der Miete die Betriebskosten in voller Höhe. Dabei können Betriebskosten nur dann gesondert erhoben werden, wenn der Mietvertrag eine entsprechende Regelung enthält. Im Bereich der Gewerbeimmobilien sind grundsätzlich alle Betriebskosten umlagefähig, während im Wohnimmobilienbereich nur diejenigen Betriebskosten auf den Mieter umgelegt werden dürfen, die in Anlage 3 zu § 27 der II. BV aufgeführt werden. Dies sind beispielsweise die Kosten der Wasserversorgung, die laufenden öffentlichen Lasten des Grundstücks, die Schornsteinreinigung und die Kosten der Sach- und Haftpflichtversicherung für das Gebäude. Die Betriebskosten sind bei der Wertermittlung grundsätzlich nach ihrer tatsächlichen Höhe anzusetzen, soweit diese sich im Rahmen einer ordnungsgemäßen Bewirtschaftung halten. Als Betriebskosten werden im Rahmen der Ertragswertermittlung nur diejenigen Kosten berücksichtigt, die nicht vom Vermieter auf den Mieter umgelegt werden. Vielfach lassen sich die tatsächlichen Betriebskosten im Einzelnen nicht genau feststellen, sodass auf Erfahrungssätze zurückgegriffen werden muss, die sich (ohne Berücksichtigung der Grundsteuer) auf 5% bis 12% des Jahresrohertrages belaufen (vgl. Simon/Kleiber 1996, S. 196).

Die **Instandhaltungskosten** sind nach § 18 WertV die Kosten, die infolge Abnutzung, Alterung und Witterung zur Erhaltung des bestimmungsgemäßen Gebrauchs der baulichen Anlagen während ihrer Nutzungsdauer aufgewendet werden müssen. Durch diese Aufwendungen soll die dauerhafte Ertrags- und Renditefähigkeit des Objekts gewährleistet werden. Die in Ansatz gebrachten Instandhaltungskosten sind eine kalkulatorische Größe, die dem langjährigen Durchschnitt der tatsächlich aufzuwendenden Instandhaltungskosten entsprechen soll, da die Instandhaltungskosten nicht laufend in gleicher Höhe, sondern zyklisch anfallen (vgl. Ross/ Brachmann/Holzner, S. 299). Grundsätzlich obliegt die Instandhaltungs- und Instandsetzungspflicht dem Vermieter, wobei sich im Bereich der Wohnraumvermietung Instandhaltungen kleinen Umfangs und Schönheitsreparaturen vertraglich auf den Mieter übertragen lassen. Bei der Vermietung von Gewerbeflächen kann darüber hinaus vereinbart werden, dass der Mieter auch die Kosten der Unterhaltung von Dach und Fach zu übernehmen hat, sodass diese mietvertraglichen Vereinbarungen jeweils bei der Ermittlung der Instandhaltungskosten berücksichtigt werden müssen. Die Instandhaltungskosten werden im Rahmen des Ertragswertverfahrens zwischen 5% und 22% des Rohertrages angesetzt (vgl. Simon/Kleiber, S. 199). Die Auswahl des Rohertrages als Bezugsgröße für die prozentual zu bemessenden Instandhaltungskosten wird jedoch kritisiert, da dieser Ansatz einen parallelen Verlauf der Entwicklung von Roherträgen und Instandhaltungskosten unterstellt. Konsequenz dieser Vorgehensweise wäre, dass ein Anstieg des Rohertrages aufgrund eines gestiegenen Mietniveaus zugleich zu einem Anstieg der Instandhaltungskosten führen würde. Daher ist es vorzuziehen, als Bezugsgröße anstatt des Rohertrages einen Flächenbezug zu wählen, wobei als Instandhaltungskosten nach § 28 Abs. 2 II. BV in Abhängigkeit des Alters der Immobilie zwischen 7,10 Euro und 11,50 Euro pro m² und Jahr anzusetzen sind. In § 26 Abs. 4 II. BV ist überdies ab dem 1. Januar 2005 eine Verknüpfung der Instandhaltungs- und Verwaltungskosten mit der Entwicklung des vom Statistischen Bundesamt erhobenen Lebenshaltungskostenindex vorgesehen.

Das **Mietausfallwagnis** ist nach § 18 WertV das Wagnis einer Ertragsminderung, die durch uneinbringliche Mietrückstände oder Leerstand von zur Vermietung bestimmtem Raum entsteht. Durch das Mietausfallwagnis sollen auch die Kosten der Rechtsverfolgung auf Zahlung, Aufhebung eines Mietverhältnisses oder Räumung gedeckt werden. Das Mietausfallwagnis wird für Wohngrundstücke üblicherweise in Höhe von 2% des Jahresrohertrages quantifiziert, während bei ausschließlich gewerblich genutzten Objekten das Mietausfallwagnis mit 4% des Rohertrages kalkuliert wird (vgl. Kleiber/Simon/Weyers 2002, S.1642). Bei gewerblich genutzten Grundstücken sind jedoch neben der Lage des Grundstücks in besonderem Maße die Bonität der Mieter und die Mietvertragsgestaltung von Bedeutung, sodass bei langfristigen gewerblichen Mietverträgen mit Mietern erstklassiger Bonität das Mietausfallwagnis mit ca. 0,5% bis 1% angesetzt werden kann (vgl. Ross/Brachmann/Holzner, S.303).

5.2.3.5.4 Ermittlung des Bodenwertes

Der Bodenwert ist im Rahmen des Ertragswertverfahrens nach § 15 WertV getrennt vom Ertragswert der baulichen Anlagen zu ermitteln, wobei gemäß § 15 Abs. 2 WertV das Vergleichswertverfahren zur Ermittlung des Bodenwertes vorgeschrieben wird. Dabei ist der Gesetzgeber davon ausgegangen, dass die Ermittlung des Bodenwertes eines bebauten Grundstücks über den Preisvergleich mit unbebauten Grundstücken erfolgt, da Grund und Boden eines bebauten Grundstücks nur in Ausnahmefällen selbständiger Gegenstand des Grundstücksverkehrs sind (vgl. Kleiber/Simon/Weyer 2002, S.1098).

Teilweise wird die Meinung vertreten, dass der Bodenwert eines bebauten Grundstücks im Allgemeinen niedriger als der Bodenwert eines unbebauten Grundstücks und von Qualität und Alter der aufstehenden Gebäude abhängig sei. Daher müsse bei bebauten Grundstücken eine „Bodenwertdämpfung" vorgenommen werden. Die Anwendung gedämpfter bzw. ungedämpfter Bodenwerte dürfte jedoch auf das Ergebnis der Verkehrswertermittlung keine Auswirkung haben, da sich lediglich das Verhältnis des Wertanteils der baulichen Anlagen zum Wertanteil des Bodens verändert. Das Repartitionsproblem, die verursachungsgerechte Aufteilung des Gesamtwertes eines bebauten Grundstücks auf Boden und Gebäude, kann jedoch allenfalls in Ausnahmefällen gelöst werden; daher ist der Gesetzgeber einer Vorgehensweise gefolgt, nach der als Bodenwert jener Wert angesetzt wird, den das Grundstück in unbebautem Zustand hätte (vgl. Kleiber/Simon/Weyers 2002, S.1098ff.).

5.2.3.5.5 Ableitung des Liegenschaftszinssatzes

Der Liegenschaftszins ist nach § 11 WertV der Zinssatz, mit dem sich der Verkehrswert von Grundstücken im Durchschnitt marktüblich verzinst. Der Liegenschaftszins wird auf der Grundlage geeigneter Kaufpreise und der ihnen entsprechenden Reinerträge für gleichartig bebaute und genutzte Grundstücke unter Berücksichtigung der Restnutzungsdauer der Gebäude ermittelt. Dies geschieht durch „Umkehrung" des Ertragswertverfahrens, d. h. Auflösung der Formel zur Ertragswertermittlung und Suche nach dem Liegenschaftszinssatz.

Der Liegenschaftszinssatz wird für Gebäude mit einer langen Restnutzungsdauer (>50 Jahre) als ungewogenes arithmetisches Mittel des Verhältnisses der Grundstücksreinerträge zu den Kaufpreisen folgendermaßen bestimmt (vgl. Kleiber/Simon/Weyers 2002, S.990):

$$z = \frac{\sum_{i=1}^{n} \frac{RE_i}{KP_i}}{m}$$

mit: **RE** = Reinertrag des Grundstücks = RoE – BewK

     KP = Grundstückskaufpreise

     z = Liegenschaftszinssatz

     m = Anzahl der Kaufpreise

Jedoch muss bei der Ermittlung von Liegenschaftszinsen aus Kaufpreisen für Gebäude mit einer kurzen **Restnutzungsdauer (<50 Jahre)** eine **iterative Suche des Liegenschaftszinses** vorgenommen werden. Für Gebäude mit einer kurzen Restnutzungsdauer ergibt sich der Liegenschaftszins daher durch:

$$z = \left(\frac{RE}{KP} - \frac{q}{q^n - 1} \times \frac{KP - BW}{KP} \right) \times 100$$

mit: **q** = 1 + z

Da sich z nicht isolieren lässt, muss durch die Einführung der Näherungslösung

$$z' = \frac{RE}{KP} \times 100 \text{ und } q = 1 + \frac{z'}{100}$$

der Liegenschaftszins iterativ in mehreren Rechengängen hinreichend genau ermittelt werden (vgl. Schulz-Kleessen, S.14f.).

Liegenschaftszinssätze können innerhalb einer Region und über unterschiedliche Nutzungsarten hinweg starken Schwankungen unterliegen, sodass die Ableitung von allgemeingültigen Erfahrungssätzen nicht möglich ist.

Nach Abschnitt 3.5.4 der WertR ist der Liegenschaftszins nach der Art des Grundstücks und der Lage auf dem Grundstücksmarkt zu bestimmen, wobei auf die vom örtlichen Gutachterausschuss ermittelten und veröffentlichten Liegenschaftszinssätze zurückgegriffen werden soll. Denn nach § 193 Abs. 3 des BauGB gehört es zu den Aufgaben des Gutachterausschusses, die zur Grundstücksbewertung erforderlichen Daten zu ermitteln. Jedoch wird gerade in der Praxis diese Aufgabe der Gutachterausschüsse unbefriedigend gelöst, weshalb teilweise keine Liegenschaftszinssätze verfügbar sind. Ist für ein Grundstück kein marktorientierter Liegenschaftszinssatz feststellbar, so kann auf Liegenschaftszinssätze aus vergleichbaren Gebieten zurückgegriffen werden, die auch in anderen Gemeinden liegen können. Hilfsweise werden dann in Abschnitt 3.5.4 der WertR 2002 je nach Nutzungsart des Grundstücks Liegenschaftszinssätze zwischen 5 und 6,5% als Anhaltspunkt genannt, die teilweise von den in der Literatur genannten Zinssätzen, die zwischen 2,5 und 9% liegen, abweichen.

Die von den Gutachterausschüssen für Grundstückswerte ermittelten Liegenschaftszinssätze liegen i.d.R. **deutlich unter der Umlaufrendite langfristiger festverzinslicher Wertpapiere**. Diese Tatsache wird in der Literatur damit begründet, dass Grund und Boden als Sachwert gegenüber Geldvermögen wertbeständiger sei, sodass sich Immobilieneigentümer im Allgemeinen mit einer geringeren Verzinsung begnügen. Die auch von der Gesetzgebung in § 11 der WertV gewählte Interpretation des Liegenschaftszinssatzes als Zinssatz, mit dem sich der Verkehrswert von Liegenschaften im Durchschnitt verzinst, weist darauf hin, dass der Gesetzgeber den Liegenschaftszins als internen Zins einer rein eigenkapitalfinanzierten Immobilieninvestition in einer Welt ohne Steuern begreift.

Die Interpretation des Liegenschaftszinssatzes als **interner Zinsfuß bzw. sicherer Diskontierungszinssatz** sowie der Vergleich des Liegenschaftszinssatzes mit der Performance alternativer Kapitalanlagen ist jedoch fehlerhaft und abzulehnen. Durch die Verwendung von nachhaltigen Roherträgen und nachhaltigen Bewirtschaftungskosten können die Reinerträge vom tatsächlichen Zahlungsstrom abweichen, da das Ertragswertverfahren nach der WertV auf teilweise kalkulatorische Aufwands- und Ertragsgrößen abstellt (vgl. Bals, S. 257f.). Dies wird vor dem Hintergrund des § 17 WertV besonders deutlich, der besagt, dass für den Fall, dass für die Nutzung von Grundstücken oder Teilen eines Grundstücks keine oder vom üblichen abweichende Entgelte erzielt werden, die bei einer Vermietung oder Verpachtung nachhaltig erzielbaren Einnahmen zugrunde zu legen seien. Das heißt, dass bei der Ermittlung des Ertragswertes einer leer stehenden, aber grundsätzlich vermietungsfähigen Immobilie der aktuelle Leerstand nicht im Rohertrag berücksichtigt wird, obgleich die unvermietete Immobilie keine Mietzahlungen erzeugt. Die Formel zur Ermittlung des Liegenschaftszinssatzes unterstellt somit bei einer leer stehenden Immobilie den Anfall von Mieterträgen, während bei der Ermittlung des internen Zinsfußes, der die durchschnittliche Verzinsung des jeweils gebundenen Kapitals repräsentiert, keine kalkulatorischen Einnahmen, sondern – den tatsächlichen Gegebenheiten entsprechend – ein negativer Zahlungsstrom angesetzt würde, der aus den beim Vermieter verbleibenden Bewirtschaftungskosten resultiert.

Liegenschaftszinssätze sollten daher nicht als „Zinssätze" interpretiert werden, sondern als **Vergleichsfaktoren**, welche die Zukunftserwartungen der Marktteilnehmer implizit beinhalten. Liegt beispielsweise der Liegenschaftszins für ein Gebäude oberhalb der Umlaufrendite festverzinslicher Wertpapiere, so weist dies darauf hin, dass die Immobilienmarktteilnehmer eher mit zukünftigen Wertrückgängen bzw. mit stabilen Wertverhältnissen rechnen, während für den Fall, dass der Liegenschaftszins unterhalb der Umlaufrendite festverzinslicher Wertpapiere liegt, eher Wertzuwächse erwartet werden (vgl. Sprengnetter, S. 6.2.5.16f.).

5.2.3.5.6 Ermittlung der Bodenwertverzinsung

Der Reinertrag des Grundstücks, welcher die Differenz zwischen Rohertrag und den Bewirtschaftungskosten darstellt, wird in einem weiteren Schritt um die Verzinsung des Bodenwertes gemindert. Da der Wert der baulichen Anlagen nach § 15 WertV getrennt vom Bodenwert zu ermitteln ist, muss eine Schlüsselung des Reinertrags auf eine angemessene Bodenwertverzinsung und auf den Reinertrag der baulichen Anlagen erfolgen. Diese Aufteilung wird vorgenommen, da Grund und Boden ein unvergängliches Gut sind, während die aufstehenden Gebäude auch bei ordnungsgemäßer Instandhaltung nur eine begrenzte Nutzungsdauer haben. Die Bodenwertverzinsung ergibt sich durch die Multiplikation des aus dem Vergleichswertverfahren ermittelten Bodenwerts mit dem Liegenschaftszins.

Im Allgemeinen ist der Bodenwert, der zur Ermittlung der Bodenwertverzinsung herangezogen wird, identisch mit dem Bodenwert, der zur Ermittlung des Grundstücksertragswertes dem Ertragswert der baulichen Anlagen zugerechnet wird. Für den Fall jedoch, dass Bodenflächen selbstständig bebaut werden können, ist dieser Teil des Bodenwertes nicht bei der Ermittlung der Bodenwertverzinsung anzusetzen. Für diesen Teil des Bodens kann kein bestehendes Gebäude zugewiesen werden, sodass eine Verzinsung dieses Bodenwertanteils unterbleibt (vgl. Falk, III 2.2. S. 18).

Für die Ermittlung der Bodenwertverzinsung findet üblicherweise der gleiche Liegenschaftszins Anwendung wie bei der Kapitalisierung des Reinertrags der baulichen Anlagen, da Grund und Boden sowie das aufstehende Gebäude eine Einheit bilden. Ausnahmen von der Anwendung eines identischen Zinssatzes können bei der Bewertung von Grundstücken mit Gebäuden gemacht werden, die in Bauabschnitten errichtet werden. Ansonsten besteht die Möglichkeit, dass kein Reinertrag der baulichen Anlagen mehr verbleibt. In diesen Fällen wird ein entsprechend geminderter Zinssatz angewendet (vgl. Simon/Kleiber 1996, S. 202). Die Bemessung dieser Minderung wird jedoch für Außenstehende kaum plausibel nachvollziehbar sein.

5.2.3.5.7 Bestimmung des Vervielfältigers

Der Vervielfältiger bzw. Rentenbarwertfaktor wird aus der Restnutzungsdauer der baulichen Anlagen sowie aus dem Liegenschaftszinssatz berechnet. § 16 WertV legt fest, dass als **Restnutzungsdauer** die Zahl von Jahren anzusetzen ist, in denen die baulichen Anlagen bei ordnungsgemäßer Unterhaltung und Bewirtschaftung voraussichtlich noch wirtschaftlich genutzt werden können. Bei der Ermittlung des Ertragswertes ist allein die **wirtschaftliche Nutzungsdauer** und nicht die **technische Lebensdauer** von Bedeutung. Die wirtschaftliche Nutzungsdauer ergibt sich i.d.R. durch Subtraktion des Gebäudealters von der wirtschaftlichen Gesamtnutzungsdauer. Ein Orientierungsrahmen für die wirtschaftliche Gesamtnutzungsdauer (GND) unterschiedlicher Gebäude findet sich in Tabelle 33.

Die wirtschaftliche Restnutzungsdauer der baulichen Anlagen kann insbesondere durch Modernisierungen verlängert bzw. durch unterlassene Instandhaltung verkürzt werden. § 16 Abs. 4 WertV bestimmt, dass derartige Sachverhalte bei der Ermittlung der wirtschaftlichen Restnutzungsdauer zu berücksichtigen sind. In diesen Fällen wird von einem fiktiven Baujahr ausgegangen, welches über Verhältnisrechnungen ermittelt wird (vgl. Simon/Kleiber 1996, S.136f.).

Da es zur Ermittlung der wirtschaftlichen Restnutzungsdauer von Gebäuden im Gegensatz zu anderen Investitionsgütern keine abgesicherten, analytisch-wissenschaftlich fundierten Verfahrensweisen zur Bestimmung der optimalen Nutzungsdauer gibt, wird die vorher beschriebene ungenaue Bestimmung der Restnutzungsdauer zum Teil in der Literatur scharf kritisiert (vgl. Morgan/Harrop, S.128). Zudem mehren sich die Stimmen, dass die Nutzungsdauern von Gebäuden gesunken sind (vgl. Gop, S.49; Keunecke, S.54f.). Vor allem gilt dies für moderne Büro- und Verwaltungsgebäude in erstklassiger innenstädtischer Lage, bei denen Mieter erhöhte Ansprüche an die Nutzungsflexibilität stellen und die daher ohne umfassende Modernisierung bereits nach 15-20 Jahren Nutzungsdauer nicht mehr marktgängig sein dürften.

Gebäudetyp	wirtsch. GND in Jahren
Einfamilienhäuser (entsprechend Qualität)	60–100
Fertighaus in Massivbauweise	60–80
Siedlungshaus	50–60
Mietwohngebäude	60–80
Gemischt genutzte Gebäude mit einem gewerblichen Mietertragsanteil bis 80%	50–70
Verwaltungs- und Bürogebäude	50–70
Gewerbe- und Industriegebäude	40–60
Tankstellen	10–20
Einkaufszentrum/SB-Märkte	30–50
Quelle: Kleiber/Simon/Weyers 2002, S.1511	

Tabelle 33: Durchschnittliche wirtschaftliche Gesamtnutzungsdauer von Gebäuden

Hinsichtlich der Sensitivität haben die Parameter „wirtschaftliche Restnutzungsdauer" sowie „Liegenschaftszins" einen unterschiedlichen Einfluss auf den Rentenbarwertfaktor und somit auf das Ergebnis der Ertragswertermittlung. Eine fehlertheoretische Betrachtung zeigt, dass sich bei einem Liegenschaftszins, der über 5% liegt, und einer wirtschaftlichen Restnutzungsdauer von über 60 Jahren Schätzungsunsicherheiten hinsichtlich der wirtschaftlichen Restnutzungsdauer nur geringfügig auf den Rentenbarwertfaktor auswirken, während Schätzungsunsicherheiten hinsichtlich des Liegenschaftszinssatzes erheblichen Einfluss auf den Rentenbarwertfaktor haben. Bei einer verbleibenden kurzen wirtschaftlichen Restnutzungsdauer von unter 15 Jahren sinkt der Einfluss des Liegenschaftszinssatzes auf den Rentenbarwertfaktor, während der Einfluss der Restnutzungsdauer ansteigt (vgl. Möckel, S. 4.3.5/11f.).

5.2.3.5.8 Berücksichtigung sonstiger wertbeeinflussender Umstände

Nach der Verkehrswertdefinition des § 194 BauGB sind die rechtlichen Gegebenheiten, die tatsächlichen Eigenschaften und die sonstige Beschaffenheit des Grundstücks zu berücksichtigen. § 19 WertV schreibt vor, dass Umstände, die den Grundstückswert beeinflussen, jedoch im Rahmen der Ertragswertermittlung weder bei der Ermittlung des Rentenbarwertfaktors, des Rohertrages noch der Bewirtschaftungskosten berücksichtigt wurden, durch Zu- oder Abschläge zu berücksichtigen sind.

Als Beispiele für solche **Zu- oder Abschläge** werden beispielhaft in der WertV sowie in den Abschnitten 3.5.1 bzw. 3.5.8 der WertR die nachhaltige Nutzung des Grundstücks für Werbezwecke, wohnungs- oder mietrechtliche Bindungen mit Abweichung der tatsächlich gezahlten Miete von der nachhaltig erzielbaren Miete sowie vorhandene Baumängel bzw. Bauschäden genannt.

Einnahmen aus der entgeltlichen Nutzung von Gebäude- oder Grundstücksteilen als Werbeträger werden typischerweise nicht dem Rohertrag zugeordnet, da es sich bei diesen Einnahmen nicht notwendigerweise um nachhaltig erzielbare Erträge handelt. Darüber hinaus werden in diesen Fällen i.d.R. lediglich die Verwaltungskosten als Bewirtschaftungskosten angesetzt und es wird üblicherweise ein im Vergleich zum Liegenschaftszinssatz erhöhter Kapitalisierungszins verwendet (vgl. Möckel, S. 4.3.2/25).

Ab- oder Zuschläge aufgrund des Abweichens der tatsächlichen von der nachhaltig erzielbaren Miete erfolgen in Höhe des Barwerts der Differenz zwischen Vertragsmiete und nachhaltiger Miete (vgl. Kleiber/Simon/Weyers 2002, S. 1319).

Die Berücksichtigung von Baumängeln bzw. Bauschäden als sonstige wertbeeinflussende Umstände kann durch Berücksichtigung der Mangel- bzw. Schadensbeseitigungskosten erfolgen, sofern diese Umstände nicht bereits durch den Ansatz eines niedrigeren Rohertrages bzw. einer verkürzten wirtschaftlichen Restnutzungsdauer berücksichtigt worden sind (vgl. Simon/Kleiber, S. 224f.).

5.2.3.5.9 Ableitung des Verkehrswertes

Der nach den Vorschriften der §§ 15 bis 18 WertV ermittelte Ertragswert des Grundstücks kann aufgrund des § 7 WertV nicht mit dem Verkehrswert des Grundstücks gleichgesetzt werden. Der Verkehrswert ist aus dem Ergebnis des angewandten Verfahrens unter Berücksichtigung der Lage auf dem Grundstücksmarkt abzuleiten. Die dabei zu wählende Vorgehensweise wurde jedoch vom Gesetzgeber nicht geregelt. Die Literatur zur Wertermittlung weist darauf hin, dass diese geforderte Ableitung des Verkehrswertes fundierte Marktkenntnisse voraussetzt, um die objektivierten Ansätze der vorhergehenden Wertermittlung durch für Außenstehende schwer nachvollziehbare Schätzungen an die örtliche Angebots- und Nachfragesituation anzupassen. Marktanpassungsfaktoren lassen sich beispielsweise durch Beobachtung des Verhältnisses der tatsächlich gezahlten Kaufpreise zum jeweils ermittelten Ertragswert bestimmen (vgl. Klocke, S. 130). Durch die differenzierte Auswahl des Liegenschaftszinssatzes kann eine Marktanpassung im Rahmen des Ertragswertverfahrens weitgehend vermieden werden.

Abschließend verdeutlicht das folgende **Beispiel** nochmals die Vorgehensweise des Ertragswertverfahrens:

Für ein Mehrfamilienhaus aus dem Jahre 1936 sind folgende Daten gegeben:

*   zehn abgeschlossene Wohneinheiten,

*   Gesamtwohnfläche (WF) von 1.000 m²,

*   Nettokaltmiete von 5 Euro/m²,

*   Verwaltungskosten je Wohnung von 225 Euro p. a.,

*   Ansatz des Mietausfallwagnisses mit 2% des Rohertrags,

*   Instandhaltungskosten pro m² Wohnfläche von 12,50 Euro p. a.,

*   Restnutzungsdauer von 30 Jahren,

*   Liegenschaftszinssatz von 5%,

*   Bodenwert 100.000 Euro,

*   Wertermittlungsstichtag: 31. 12. 2003.

5 €/m² WF × 1.000 m² × 12	60.000 €/Jahr
abzüglich nicht umlagefähiger Bewirtschaftungskosten:	
Verwaltungskosten: 10 × 225 €	−2.250 €/Jahr
Mietausfallwagnis: 2% von 60.000 €	−1.200 €/Jahr
Instandhaltung: 12,50 € × 1.000 m²	−12.500 €/Jahr
Reinertrag	**44.050 €/Jahr**
abzüglich Bodenwertverzinsungsbetrag: 100.000 € × 5%	−5.000 €/Jahr
Reinertragsanteil der baulichen Anlage	**39.050 €/Jahr**
Vervielfältiger bei Restnutzungsdauer von 30 Jahren und 5% Liegenschaftszins lt. Anl. zur WertV: 15,37	
Ertragswert der baulichen Anlagen: 39.050 €/Jahr × 15,37	**600.200 €**
zuzüglich Bodenwert:	100.000 €
Ertragswert	**700.200 €**

5.2.3.6 Sachwertverfahren

5.2.3.6.1 Verfahrensablauf

Das Sachwertverfahren ist in den §§ 21 bis 25 WertV beschrieben. Es steht im Gesetz gleichrangig neben dem Vergleichs- und dem Ertragswertverfahren. Während aber vorgenannte Verfahren Werte ausweisen, die aufgrund von Markttransaktionen und -informationen ermittelt worden sind, werden beim Sachwertverfahren marktferne Werte errechnet, die so genannten Herstellungswerte. Deshalb ist abschließend an eine Bewertung nach dem Sachwertverfahren zu überprüfen, ob die ermittelten Werte vom Markt akzeptiert werden würden. Gegebenenfalls ist eine Anpassung der Werte vorzunehmen.

Nach § 21 WertV sind bei Anwendung des Sachwertverfahrens die Werte des Bodens, der baulichen Anlagen und der sonstigen Anlagen getrennt zu ermitteln. Der schematische Ablauf des Sachwertverfahrens ist in der nachfolgenden Abbildung 117 dargestellt.

5.2.3.6.2 Ermittlung des Bodenwertes

Wie beim Ertragswertverfahren wird auch beim Sachwertverfahren zweistufig vorgegangen, d. h. der Bodenwert und der Wert des Gebäudes sind getrennt zu ermitteln und anschließend zu summieren. § 21 Abs. 2 WertV schreibt vor, den Bodenwert nach den Regeln des Vergleichswertverfahrens zu ermitteln. Bei der Ermittlung des Bodenwertes spielt es keine Rolle, ob ein Grundstück bebaut ist oder nicht. Beim Bodenwert wird von der Fiktion des unbebauten Grundstücks ausgegangen (§ 196 Abs. 1 BauGB).

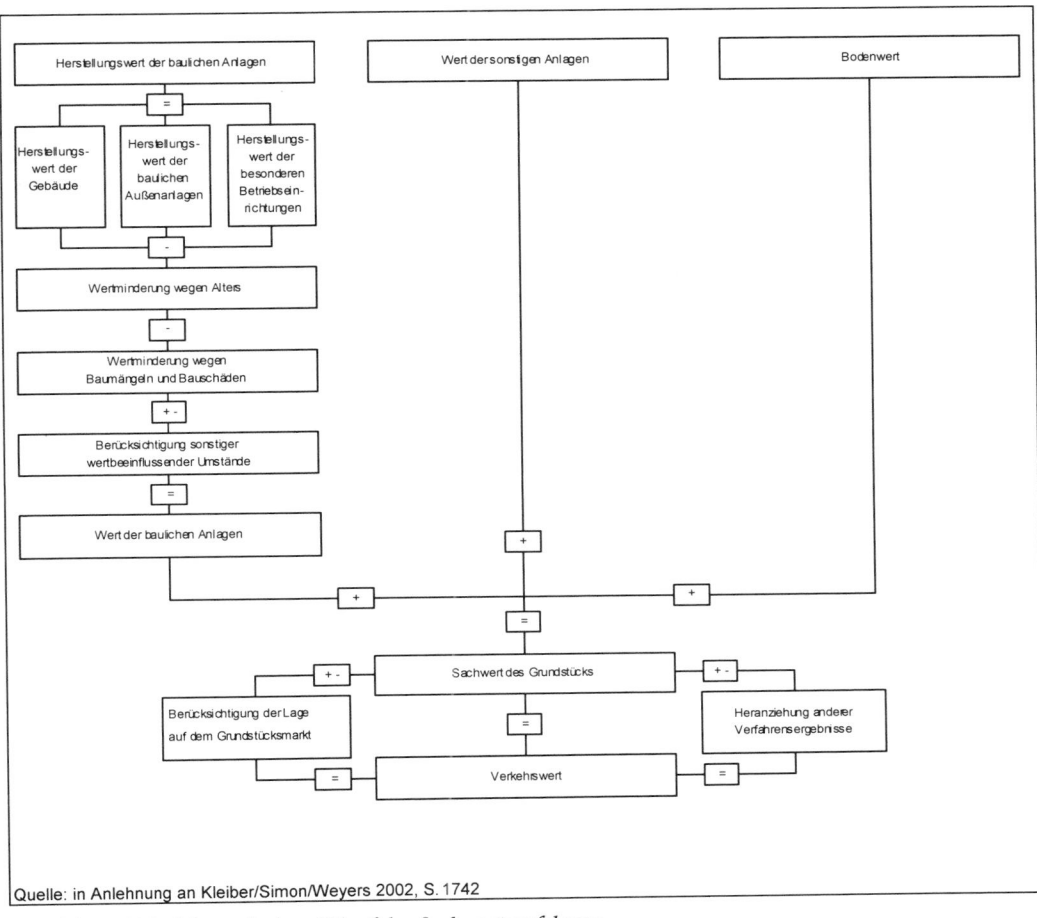

Quelle: in Anlehnung an Kleiber/Simon/Weyers 2002, S. 1742

Abbildung 117: Schematischer Ablauf des Sachwertverfahrens

5.2.3.6.3 Wertermittlung der baulichen Anlagen

(a) Wert der Gebäude

Der Wert der baulichen Anlagen ist nach § 21 Abs. 1 WertV auf Grundlage ihrer Herstellungskosten zu ermitteln. Unter baulichen Anlagen versteht das Gesetz Gebäude, Außenanlagen und
besondere Betriebseinrichtungen. Die Gebäude sind innerhalb dieser Gruppe der bedeutendste
Einzelposten. Der korrekten Ermittlung des Gebäudeherstellungswertes muss daher besonderes
Augenmerk gewidmet werden.

Der § 21 Abs. 3 WertV schreibt vor, dass die Ermittlung der **Herstellungswerte von Gebäuden**
unter Berücksichtigung ihres Alters, baulicher Mängel und Schäden sowie sonstiger wertbeeinflussender Umstände zu erfolgen hat. Ausgegangen wird dabei von den **Normal-**

herstellungskosten. Die Legaldefinition in § 22 WertV legt den Begriff der Normalherstellungskosten auf eine einzelne Raum- oder Flächeneinheit fest. In der Literatur und von Sachverständigen wird dieser Begriff aber häufig als das Ergebnis der Berechnung verstanden, bereits korrigiert durch Zu- und Abschläge für nicht erfasste Bauteile sowie ergänzt um die Baunebenkosten für Planung, Baudurchführung und Baugenehmigungen. Unter Zugrundelegung dieses Begriffsumfanges lässt sich die Ermittlung des Herstellungswertes wie folgt darstellen:

> **Normalherstellungskosten**
>
> – Alterswertminderung
>
> – Baumängel und Bauschäden
>
> <u>+/–   Sonstige wertbeeinflussende Umstände</u>
>
> **= Herstellungswert**

Zur Ermittlung der Normalherstellungskosten wird gemäß DIN 277 entweder die Brutto-Grundfläche (in m²) oder der Brutto-Rauminhalt (in m³) zugrunde gelegt. Dieser Wert wird mit den Erfahrungswerten für die entsprechende Einheit und das Bezugsjahr multipliziert und das Ergebnis mit dem Baupreisindex für das Bezugsjahr umgerechnet. Alle Bauteile, die nicht in der Bruttogeschoßfläche oder im umbauten Raum enthalten sind, sind durch Zu- oder Abschläge zu bewerten. Um auf die Normalherstellungskosten zu kommen, müssen die Baunebenkosten hinzugerechnet werden.

Die Erfahrungswerte sind in der Literatur häufig tabellarisch dargestellt. In vielen Fällen wird die Definition des umbauten Raumes nach DIN 277 i.d.F. von 1950 zugrunde gelegt, wobei unbeachtet bleibt, dass die DIN 277 bereits mehrfach geändert wurde. Zurzeit ist die Fassung von 1987 aktuell. Die tabellierten Erfahrungswerte unterscheiden sich aber nicht nur i.d.F. der DIN-Norm, sondern auch in den Bezugsjahren: Sie sind häufig für 1913, 1914, 1936, 1958, 1964 und 1980 ausgerechnet. Je nach Autor sind dabei die Baunebenkosten oder die Mehrwertsteuer bereits enthalten oder nicht.

Schematische Darstellung:

> **Brutto-Grundfläche (in m²) bzw. Brutto-Rauminhalt (in m³) des Gebäudes**
>
> x   m²-Preis (bzw. m³-Preis)
>
> <u>x   Baupreisindex (für das Bezugsjahr)</u>
>
> **= vorläufige Normalherstellungskosten**

+/– Zu- oder Abschläge für einzelne Bauteile

+ Baunebenkosten

= **Normalherstellungskosten**

Die derzeit maßgebliche Quelle für Normalherstellungskosten sind die Tabellenwerke der **NHK 2000**. Die NHK 2000 gehen aus den vom Sächsischen Bauinstitut (GESBIG) im Auftrag des Bundesministeriums für Raumordnung, Bauwesen und Städtebau (heute Bundesministerium für Verkehr, Bau- und Wohnungswesen) abgeleiteten Werten hervor, die zunächst als NHK 95 eingeführt wurden. Mit der Einführung des Euro wurden die Tabellenwerke unter der Bezeichnung NHK 2000 fortgeführt.

Bei den NHK 2000 handelt sich um Bundesmittelwerte nach dem Preisstand von 2000. Baunebenkosten wurden nicht miteinbezogen. Die Werte sind einschließlich einer Mehrwertsteuer von 16% berechnet worden. Als Bezugsgrundlage für die Ermittlung der Herstellungswerte baulicher Anlagen kommt derzeit nur die Brutto-Grundfläche (BGF) nach der DIN 277 (i.d.F. von 1987) in Frage, da sich die NHK 2000 in ihrer aktuellen Fassung – mit wenigen Ausnahmen – nur auf diese Einheit beziehen (vgl. 3.6.1.1.1 Anlage 7 WertR 2002). Zu den Ausnahmen, die sich auf den Brutto-Rauminhalt (BRI) (auch nach DIN 277 i.d.F. von 1987) beziehen, zählen Industriegebäude, Werkstätten und Lagergebäude. Hier sind die Normalherstellungskosten nur auf den Brutto-Rauminhalt ausgewiesen.

Die Einführung der NHK 2000 bringt mehrere Verbesserungen in der Anwendungspraxis mit sich: Dem Sachverständigen stehen nun aktuelle (zum Preisniveau von 2000) und fundierte Normalherstellungskosten mit überörtlicher Ableitung zur Verfügung. Deren Bezugsgrundlage bildet eine Flächeneinheit mit normierter Grundlage (DIN 277 i.d.F. von 1987). Schließlich sind auch die neuen, vom Statistischen Bundesamt veröffentlichten, Baupreisindexreihen auf das Basisjahr 2000 bezogen (vgl. Kleiber/Simon/Weyers 2002, S. 1747f.).

Die **Baunebenkosten** werden – soweit sie nicht bereits in den Erfahrungswerten berücksichtigt sind – über einen prozentualen Zuschlag ausgewiesen. Einer getrennten Darstellung ist i.d.R. der Vorzug zu geben, da so die unterschiedliche Planungsintensität besser berücksichtigt werden kann. Zu den Baunebenkosten gehören nach § 22 WertV die Kosten für die Planung und die Baudurchführung (hier können die Honorare laut der HOAI angesetzt werden), die behördlichen Genehmigungskosten und die in unmittelbarem Zusammenhang mit der Herstellung erforderlichen Finanzierungs- und Versicherungskosten. Letztere belaufen sich im Regelfall auf 8 bis 22% der Normalherstellungskosten.

Die **Wertminderung** wird als Verhältnis von Gesamtnutzungsdauer und verbleibender Nutzungsdauer (Restnutzungsdauer) als prozentualer Wert ausgedrückt. § 23 WertV lässt es offen, ob man einen linearen Verlauf der Abnutzung unterstellt oder „von einer mit zunehmenden Alter sich verändernden Wertminderung" ausgeht. Es sind zwar von verschiedenen Autoren progressive und degressive Wertminderungsverläufe aufgestellt worden – sie sind aber entweder empirisch nicht belegt oder sie unterscheiden sich nur minimal vom linearen Werteverzehr. Da die Restnutzungsdauer und die Gesamtnutzungsdauer ohnehin nur grobe Schätzungen darstellen, sollte der linearen Wertminderung der Vorzug gegeben werden. Ein Vortäuschen von Exaktheit wird so vermieden.

Bei der Schätzung der Gesamtnutzungsdauer kann wieder auf tabellierte Werte für verschiedene Immobilienarten zurückgegriffen werden. Die Restnutzungsdauer wird nicht anhand des Alters des Gebäudes geschätzt, sondern ausgehend vom baulichen Zustand. Bei Gebäuden, bei denen die Instandhaltung vernachlässigt wurde, kann sie also erheblich geringer sein als die Gesamtnutzungsdauer abzüglich des Alters. Umgekehrt verlängert sich die Restnutzungsdauer bei gerade renovierten/sanierten Gebäuden entsprechend. Die errechnete Wertminderung wegen Alters ist von den Normalherstellungskosten abzuziehen.

Baumängel sind auf Planungs- und Bauausführungsfehler zurückzuführen. **Bauschäden** können auch durch sonstige Umstände entstanden sein. Die Kosten für die Beseitigung der Mängel und Schäden sowie eines eventuell bestehenden Instandhaltungsrückstaus sind bei der Wertermittlung auszuweisen. Sie werden von den Normalherstellungskosten abgezogen. Bei der Schätzung der Wertminderung wegen baulicher Mängel bzw. aufgrund von Schäden ist zu beachten, dass eine Schadensbeseitigung u. U. teurer ist als eine Neubauleistung. Des Weiteren müssen Beseitigungskosten und ermittelte Restnutzungsdauer in einem sinnvollen Verhältnis zueinander stehen. Besteht die Absicht, die Mängel und Schäden beseitigen zu lassen, so sollte ein Angebot vor der Wertermittlung eingeholt werden und dieses der Wertminderung zugrunde gelegt werden.

In § 25 WertV werden **sonstige wertbeeinflussende Umstände** beispielhaft aufgezählt: Neben wirtschaftlicher Überalterung und überdurchschnittlichem Erhaltungszustand ist besonders ein erhebliches Abweichen der tatsächlichen von der maßgeblichen Nutzung erwähnt. Wirtschaftliche Überalterung liegt dann vor, wenn das Gebäude nicht optimal an heutige Nutzungszwecke anzupassen ist. Dies gilt für Wohngebäude (überhöhte Decken) ebenso wie für industriell genutzte Grundstücke (mehrgeschossige Fertigung).

Weichen tatsächliche Nutzung und rechtlich zulässige Nutzung stark voneinander ab, so ist unter Umständen ein Zu- oder Abschlag erforderlich. Dies kann z.B. aus einer heute nicht mehr zulässigen Bebauung herrühren (mit Bestandsschutz) oder aus einer Unterausnutzung, die aber so ungünstig auf dem Grundstück liegt, dass eine weitere Bebauung ausgeschlossen ist. Diese Art des Zu- oder Abschlags betrifft also nicht den Gebäudewert, sondern in erster Linie den Wert des Bodens.

Die WertR ergänzt § 25 WertV unter Punkt 3.6.1.1.9; hier wird als zusätzlicher Umstand ein geringer Wert der baulichen Anlagen genannt. Der Sachwert eines Grundstückes ist in diesem Fall gleich seinem Bodenwert, der ggf. um Abbruchkosten bzw. Erlöse aus dem Verkauf des Abbruchsmaterials zu bereinigen ist.

(b) Wert der Außenanlagen

Der Begriff der Außenanlagen ist in der DIN 276 Teil 2 Nr. 5 definiert: Demnach werden zu den Außenanlagen alle baulichen Maßnahmen, die nicht Gebäude sind, gerechnet. Neben Wegen und Stellflächen sind dies u.a. Spielplätze, Tore und Türen, Skulpturen, Ver- und Entsorgungsleitungen vom Gebäude bis zur Grundstücksgrenze und Stützmauern.

Wenn keine besonders aufwendige Gestaltung eine einzelne Wertermittlung notwendig macht, kann der Wert der Außenanlagen als ein Zuschlag auf den Gebäudewert ermittelt werden. Dabei ist eine gleiche Restnutzungsdauer wie beim Gebäude zu unterstellen.

(c) Wert der besonderen Betriebseinrichtungen

Unter dem Begriff „Besondere Betriebseinrichtungen" werden Personen- und Lastenaufzüge, Müllbeseitigungsanlagen, Haussprechanlagen, Förderanlagen, Gleisanlagen, etc. zusammengefasst. Die Herstellungswerte für die besonderen Betriebseinrichtungen sind analog zu den Verfahren zur Ermittlung der Herstellungswerte bei Gebäuden zu errechnen. Auch für die wichtigsten Betriebseinrichtungen kann auf tabellierte Werte zurückgegriffen werden.

5.2.3.6.4 Wertermittlung der sonstigen Anlagen

Der Begriff der „Sonstigen Anlagen" ist etwas irreführend; gemeint sind hier Nutz- und Ziergärten. Laut der amtlichen Begründung zu § 21 WertV ist der Wert von Nutz- und Ziergärten bereits im Bodenwert enthalten. Auf eine besondere Wertfeststellung kann daher verzichtet werden, wenn es sich nicht um besonders wertvolle, parkartige Anpflanzungen handelt.

5.2.3.6.5 Ermittlung des Sachwertes

Der Sachwert eines Grundstückes ergibt sich aus der Summe der Werte, die für den Boden, die baulichen Anlagen und ggf. für die sonstigen Anlagen ermittelt worden sind. Dieser Wert stellt auf den Substanzwert des Grundstücks zum Wertermittlungsstichtag ab, d.h. es handelt sich eher um „Wiederherstellungskosten" als um einen Preis, der am Grundstücksmarkt zu erzielen wäre.

5.2.3.6.6 Ableitung des Verkehrswertes

Abschließend verdeutlicht das folgende **Beispiel** die konkrete Vorgehensweise des Sachwertverfahrens:

Für ein freistehendes Einfamilienhausgrundstück, Baujahr 1983, sind folgende Daten gegeben:

- Wertermittlungsstichtag: 31.12.2003,

- freistehendes Einfamilienhaus mittleren Ausstattungsstandards mit Keller-, Erd-, Obergeschoss und nicht ausgebautem Dachgeschoss,

- BGF lt. DIN 277 (1987): 200 m²,

- Grundstücksgröße: 700 m²,

- Bodenrichtwert gemäß Bodenrichtwertkarte: 150 Euro/m²,

- Normalherstellungskosten einschließlich Baunebenkosten (Wertverhältnisse 2000): 650 Euro /m²,

- Baupreisindex 2003 (Basis 1995): 98,7,

- Baupreisindex 2000 (Basis 1995): 98,7,

- Alterswertminderung nach Ross laut Anlage 8 A WertR 2002 (Baujahr 1983, Alter 20 Jahre, Gesamtnutzungsdauer 100 Jahre): 12%,

- Durchschnittlich gestaltete Außenanlagen: Erfahrungssatz 5%.

Bodenwert des Grundstücks: 150 €/m² × 700 m²	105.000 €
$650 € = \dfrac{98,7 \text{ (Baupreisindex 2003)}}{98,7 \text{ (Baupreisindex 2000)}} \times 650 € \text{ (NHK 2000)}$	
Gebäudeherstellungswert: 200 m² × 650 €/m²	130.000 €
abzüglich Alterswertminderung von 12%:	−15.600 €
Wert der baulichen Anlagen	+114.400 €
Wert der Außenanlagen: pauschal 5% von 114.400 €	+5.720 €
Grundstückssachwert:	**225.120 €**

Da das Sachwertverfahren nur einen Substanzwert des Grundstücks errechnet, muss der Sachwert i.d.R. an die **Lage auf dem Grundstücksmarkt** angepasst werden, um den Verkehrswert zu erhalten. Hierin liegt ein Schwachpunkt des Sachwertverfahrens, da diese Anpassung einen Verfahrensbruch darstellt. Während der Sachwert nach mehr oder weniger exakten Verfahren berechnet worden ist, wird bei der Marktanpassung vom Sachverständigen quasi verlangt, dass er den Verkehrswert praktisch schon kennt, um den Sachwert an den Verkehrswert angleichen zu können.

Sinnvollerweise wird der Ertragswert über das Ertragswertverfahren (bzw. der Vergleichswert über das Vergleichswertverfahren) ermittelt werden und der Verkehrswert aus dem Vergleich aus Ertrags- (bzw. Vergleichs-) und Sachwert hergeleitet werden. Eine einfache Durchschnittsbildung ist dabei unzulässig. Der Verkehrswert wird im Ergebnis mehr oder weniger nah am Sach- oder Ertragswert (bzw. Vergleichswert) liegen. Warum der eine Wert stärker als der andere berücksichtigt wird, ist ausführlich zu begründen.

5.2.3.6.7 Kritische Würdigung des Sachwertverfahrens

In der Marktanpassung des Sachwertes an den Verkehrswert ist die größte Schwäche des Sachwertverfahrens zu sehen. Wenn hilfsweise das Ertragswertverfahren (bzw. Vergleichswertverfahren) verwendet werden muss, um den Verkehrswert nach dem Sachwertverfahren zu ermitteln, stellt sich die Frage, warum der Sachverständige nicht gleich und ausschließlich ein marktnahes Wertermittlungsverfahren wählt. Wenn der Sachverständige auf die Anwendung des Ertragswertverfahrens (bzw. Vergleichswertverfahrens) verzichtet und den Sachwert direkt an den Verkehrswert anpasst, gibt er damit zu verstehen, dass er den Marktwert bereits vor Anwendung des Sachwertverfahrens gekannt hat. Auch wenn solche Gutachten generell zu kritisieren sind, so stellt sich auch hier die Frage, warum der Sachverständige das Sachwertverfahren überhaupt angewandt hat.

Es erscheint daher angebracht, das Sachwertverfahren i.d.R. nur dann anzuwenden, wenn es um die Ermittlung von Wiederherstellungskosten geht. Dies kann bei der Ermittlung von Versicherungswerten der Fall sein. Der Sachwert kann als Grundlage auch gerechtfertigt sein, wenn die verschiedenen Körperschaften der öffentlichen Hand Immobilien untereinander verkaufen, vorausgesetzt die Alternative zum Kauf wäre nur der Neubau durch die kaufende Körperschaft.

Auch wenn das Sachwertverfahren in der WertV gleichberechtigt neben dem Ertragswertverfahren und dem Vergleichswertverfahren steht, so ist generell zum Zwecke der Verkehrswertermittlung den marktnäheren Verfahren der Vorzug zu geben.

5.2.4 Angelsächsische Bewertungsverfahren

5.2.4.1 Einführung in die Wertlehre

In Großbritannien existieren, der Tradition des Case Law folgend, keine den deutschen Vorschriften vergleichbaren gesetzlichen Regelungen in Bezug auf die Wertermittlung von Grundstücken. Die Entwicklung von Bewertungsregeln und deren Durchsetzung in der Praxis obliegt den Berufsverbänden (vgl. Thomas 1995a, S. 36).

Das von der Royal Institution of Chartered Surveyors (RICS) herausgegebene **„Appraisal and Valuation Manual" („Red Book")** enthält zahlreiche Bewertungsvorschriften, so genannte „Practice Statements" (PSs), und darüber hinaus Anhänge zu den PSs sowie erläuternde „Guidance Notes" (GNs), die in ihrer Funktion den deutschen Wertermittlungsrichtlinien nahe kommen. Jedoch sind nur die Mitglieder der RICS an die Einhaltung der Vorschriften des Red Book verpflichtend gebunden und haben in ihren Gutachten anzugeben, dass die Bewertung in Übereinstimmung mit den PSs erfolgt ist. Abweichungen sind nur in zu begründenden Einzelfällen möglich.

Für welche Bewertungsanlässe die Vorschriften des Red Book Anwendung finden, wird im ersten Teil klar definiert. Hierzu zählen unter anderem die Bewertung von Grundstücken für Bilanzierungszwecke, die Bewertung des Immobilienvermögens von Pensionsfonds sowie die Bewertung von Immobilien im Rahmen der Kreditvergabe. In Abhängigkeit vom jeweiligen Bewertungszweck und Immobilientyp sind der Wertermittlung gemäß PS Nr. 3 unterschiedliche Wertbegriffe zugrunde zu legen.

Der am häufigsten verwendete Wertbegriff war bis zur 4. Auflage des Red Book der so genannte **„Open Market Value" (OMV)**. Er wurde definiert als der beste Preis, der für ein Grundstück zum Zeitpunkt der Wertermittlung erzielbar ist. Voraussetzung für die Ermittlung des OMV ist zum einen die Existenz einer zum Verkauf bereiten Person („willing seller") und zum anderen die Einräumung eines angemessenen Zeitraums, in dem Verkaufsverhandlungen stattfinden können.

Im Zuge der Überarbeitung des Red Book wurde in dessen 5. Auflage der OMV zugunsten des an den International Valuation Standards des IVSC (International Valuation Standards Committee) orientierten und auch von der TEGoVA übernommenen **„Market Value" (MV)** aufgegeben. Die vom IVSC und der TEGoVA gemeinsam geprüfte Definition des Market Value beschreibt den Marktwert als den „estimated amount", für welchen ein Immobilienvermögen am Tag der Bewertung zwischen einem verkaufsbereiten Veräußerer und einem kaufbereiten Erwerber, nach angemessener Vermarktungsdauer, in einer Transaktion im gewöhnlichen Geschäftsverkehr ausgetauscht werden sollte, wobei jede Partei mit Sachkenntnis, Umsicht und ohne Zwang handelt (RICS, PS 3.2). Bemerkenswerter Unterschied zur Definition des Market Value zum Open Market Value ist der Schritt vom „best price" zum „estimated price", was eine deutliche Annäherung zur Definition des deutschen Verkehrswerts darstellt. In der vergleichenden Betrachtung weisen die Definitionen des Verkehrswertes und des Market Value weitere Ähnlichkeiten auf. So sind beide Werte unabhängig von den besonderen Interessen der Käufer bzw. Verkäufer und unter Annahme eines gewöhnlichen Geschäftsverkehrs zu ermitteln.

Während sich früher zum deutschen Beleihungswertkonzept in Großbritannien kein entsprechendes Äquivalent fand, wurde mit der 5. Auflage des Red Book das Konzept des **„Mortgage Lending Value" (MLV)** eingeführt, das sich auf die EU-Richtlinie 98/32/EG stützt und mit der

Definition des Blue Book zum MLV übereinstimmt (vgl. Punkt 5.2.3.1.2). Das Red Book erlaubt Bewertungen, die im Rahmen von Kreditvergaben durchgeführt werden, sowohl auf Basis des Mortgage Lending Value als auch nach der Market Value Definition laut EU-Richtlinie 89/647/EG bzw. 98/32/EG vorzunehmen (vgl. RICS, PS 6.2). Hierbei ist zu beachten, das die Definition des Market Value laut der o. g. EU-Richtlinien nicht mit dem Market Value nach dem Red Book und den European Valuation Standards identisch ist. Die EU-Definition des Market Value ist auf die EU-Richtlinie 91/674/EWG über den konsolidierten Jahresabschluss von Versicherungs-unternehmen zurückzuführen und stellt keinen international anerkannten Standard dar. Dies ist jedoch insofern zu relativieren, als dass die von der RICS und der TEGoVA vertretene Definition des Market Value als eine Erweiterung der EU-Definition gesehen und an deren Stelle verwendet werden kann (vgl. TEGoVA, S4.08). Die RICS betont zudem im Kommentar zu PS 6.2, dass die Verwendung des Market Value nach der Red Book Definition, unter Berücksichtigung der Kom-mentare, ein identisches Ergebnis liefert.

Grundsätzlich äquivalent zum deutschen Versicherungswert ist der angelsächsische Begriff des "Insurance-reinstatement cost assessment", bei dem die Wiederherstellungskosten der baulichen Anlagen ermittelt werden. Ein analoger Wertbegriff zum deutschen Einheitswert existiert auf-grund der unterschiedlichen Rahmenbedingungen nicht (vgl. Thomas 1995b, S. 268).

Im Gegensatz zur deutschen WertV enthalten die Richtlinien der RICS keine Vorgaben darüber, welche Methoden bei der Wertermittlung anzuwenden sind. In den folgenden Abschnitten wer-den daher die in der britischen Bewertungspraxis gebräuchlichsten Verfahren dargestellt.

5.2.4.2   Direct Value Comparison Approach / Comparative Method

5.2.4.2.1 Anwendungsbereich und Vorgehensweise

Die Grundlage der Wertermittlung bilden bei der Comparative Method die Marktpreise vergleich-barer Objekte, so genannte „comparables", aus denen unter Berücksichtigung der Besonderheiten der zu bewertenden Immobilie ihr Preis abgeleitet wird. Die Suche nach geeigneten Vergleichsob-jekten wird dabei durch die Heterogenität des Grundstücksmarktes erschwert. Behelfsweise wer-den Grundstücke zum Vergleich herangezogen, die in möglichst vielen Merkmalen Überein-stimmungen aufweisen. Unterschiede können sich beispielsweise aus der Lage der Grundstücke oder aus dem Zustand der Gebäude ergeben. Mit Hilfe von Zu- bzw. Abschlägen, deren Bemes-sung weitgehend dem Bewerter überlassen ist, wird versucht, die Vergleichbarkeit nachträglich herzustellen. Je mehr Anpassungen jedoch aufgrund unterschiedlicher Merkmalsausprägungen notwendig sind, desto stärker verringert sich auch die Zuverlässigkeit der Bewertungsergebnisse (vgl. Johnson/Davies/Shapiro, S. 39ff.).

Der Anwendungsbereich dieser vom Ansatz her sehr einfachen und direkten Bewertungsmethode beschränkt sich daher vornehmlich auf Wohnhäuser, Wohnungen und unbebaute Grundstücke, für die sich ausreichend vergleichbare Objekte finden lassen, wie es typischerweise bei englischen Reihenhäusern der Fall ist.

5.2.4.2.2 Vergleich der Comparative Method mit dem deutschen Vergleichswertverfahren

Hinsichtlich der prinzipiellen Vorgehensweise und des Anwendungsbereiches stimmen die Comparative Method und das Vergleichswertverfahren überein. Die Anwendungshäufigkeit dieser Methode scheint jedoch in Großbritannien besonders bei der Bewertung von Einfamilienhäusern größer zu sein als in Deutschland, wo teilweise dem Sachwertverfahren der Vorzug eingeräumt wird.

Die höhere Akzeptanz von Preisvergleichen in der britischen Bewertungspraxis lässt sich mit der höheren Transparenz der Immobilienmärkte, vor allem in Ballungszentren wie London, erklären. In Deutschland wird die Anwendung des Vergleichswertverfahrens zum einen durch die differenziertere Struktur der regionalen Immobilienmärkte behindert. Zum anderen ist für Sachverständige, die nicht dem Gutachterausschuss angehören bzw. nicht öffentlich bestellt und vereidigt sind, der direkte Zugang zu den Kaufpreissammlungen der Gutachterausschüsse erschwert (vgl. Rüchardt, S. 310).

Die Betrachtung der bei der Bewertung zugrunde gelegten Vergleichspreise zeigt, dass deutsche Gutachter eher auf aggregiertes Zahlenmaterial zurückgreifen, während britische Bewerter sich stärker an den Besonderheiten des einzelnen Grundstücks orientieren und sich bemühen, individuell passende Vergleichsobjekte ausfindig zu machen (vgl. Downie/Schulte/Thomas, S. 139f.).

5.2.4.3   Income Approach / Investment Method

5.2.4.3.1 Grundlagen

Der Wert einer Immobilie wird nach der „Investment Method" auf Basis des Barwertes der zukünftigen Einzahlungsüberschüsse bestimmt. Dieses Verfahren findet daher besonders häufig Anwendung bei der Bewertung von Immobilien, bei denen die Trennung von Eigentum und Besitz zu Erträgen, beispielsweise in Form von Mieten, führt (vgl. Johnson/Davies/Shapiro, S. 14f.).

Voraussetzung für die Berechnung des „Investment Value" ist einerseits die Kenntnis der Nettoerträge der zu bewertenden Immobilie, die sich aus der gezahlten Miete abzüglich der beim Vermieter anfallenden Kosten ergeben und andererseits die Auswahl eines angemessenen Diskontierungsfaktors (vgl. Baum/Mackmin/Nunnington, S. 44).

Im Folgenden werden die notwendigen Rechnungskomponenten und ihre Bestimmungsfaktoren dargestellt.

(a) Current Rent / Rental Value

Die Sammlung von Informationen bezüglich der gegenwärtig gezahlten Mieten („**current rent**") bildet die Grundlage für die Bewertung der Immobilie nach der Investment Method. Dabei ist nicht nur die Miethöhe, sondern auch die zeitliche Verteilung der Zahlungen zu beachten. Für die Wertermittlung ist darüber hinaus der Mietwert des Grundstücks, der so genannte „**rental value**", von Bedeutung, da Abweichungen der vertraglich vereinbarten Mietzahlungen vom aktuellen Mietwert in den Berechnungen besonders berücksichtigt werden müssen. Die Schätzung des gegenwärtigen Mietwertes des Bewertungsobjektes und die Prognose seiner zukünftigen Entwicklung erfordert eine genaue Marktbeobachtung, um aus den für vergleichbare Immobilien gezahlten Mieten Rückschlüsse ziehen zu können. Sowohl die Höhe der Miete als auch der Mietwert werden unter anderem beeinflusst von der Ausgestaltung der Mietverträge, den besonderen Charakteristika der betrachteten Immobilie sowie dem Verhältnis von Angebot und Nachfrage (vgl. Johnson/Davies/Shapiro, S. 45ff.).

(b) Outgoings

Zu den „**Outgoings**" zählen vor allem die Aufwendungen für Instandhaltung und Versicherungen sowie Steuern. Ziel bei der Gestaltung der Mietverträge ist es, diese Lasten im Rahmen so genannter „**full repairing and insuring leases**" weitgehend dem Mieter aufzubürden. Auf diese Weise vereinfacht sich die Wertermittlung, da nur die beim Vermieter verbleibenden Verwaltungskosten bei der Bewertung berücksichtigt werden müssen. Aufwendige Schätzungen, wie beispielsweise der jährlichen Instandhaltungskosten, erübrigen sich somit. Verbleiben hingegen Verpflichtungen beim Vermieter, so wirkt sich dies negativ auf den Investment Value der Immobilie aus, da mit inflationsbedingten Kostensteigerungen bei gleich bleibenden Mieteinnahmen gerechnet werden muss, die die Nettoerträge schrumpfen lassen (vgl. Johnson/Davies/Shapiro, S. 63f.).

Hinsichtlich der Outgoings werden in den Beispielen, die in den nachfolgenden Abschnitten zur Verdeutlichung der grundsätzlichen Vorgehensweisen des Income Approach dienen sollen, Vereinfachungen getroffen:

Zum einen basieren die Beispielrechnungen auf der Annahme, dass „full repairing and insuring leases" vereinbart wurden und somit die gezahlten Mieten die Nettoerträge darstellen. Jährlich anfallende „management fees", deren Höhe sich durchschnittlich auf 1,5% der gezahlten Miete beläuft und die i.d.R. vom Vermieter zu tragen sind, werden in den Rechnungen nicht explizit berücksichtigt. Darüber hinaus werden so genannte „initial cost", wie beispielsweise Notarkosten, die im Zusammenhang mit dem Abschluss der Kauf- bzw. Mietverträge anfallen, ignoriert. Diese werden in Großbritannien üblicherweise mit 2,75% des Kaufpreises angesetzt. Hierbei ist zu beachten, dass die Berücksichtigung durch eine Korrektur des Capital Value um den Faktor: $1{,}0275^{-1}$ vorgenommen wird. Eine weitere Vereinfachung besteht schließlich darin, dass steuerliche Aspekte i.d.R. vernachlässigt werden (vgl. Baum/Mackmin/Nunnington, S. 54ff.).

(c) Yields

Die Ermittlung eines angemessenen Kalkulationszinsfußes für die Diskontierung der Nettoerträge kann auf Basis einer Analyse der Renditen erfolgen, die bei vergleichbaren Transaktionen in der näheren Vergangenheit erzielt wurden. Der so abgeleitete Zinssatz wird als **„all risks yield" (A-RY)** bezeichnet. Bei dieser Vorgehensweise stellt sich jedoch das Problem der Vergleichbarkeit, da die Höhe des Diskontierungsfaktors von zahlreichen Einflussgrößen abhängig ist. So resultiert beispielsweise die Vereinbarung von Verträgen mit ungewöhnlich langen Zeiträumen zwischen den Mietanpassungen („rent revisions") oder mit teilweiser Übernahme der Outgoings durch den Vermieter in einem erhöhten Kalkulationszinsfuß. Ebenso sind Zuschläge für Mietausfälle bei mangelhafter Bonität der Mieter notwendig.

Alternativ ließe sich der ARY ausgehend von der weitgehend risikofreien Verzinsung festverzinslicher Wertpapiere ermitteln. Diese müsste einerseits nach oben angepasst werden, um dem größeren Risiko und der geringeren Liquidität von Immobilieninvestitionen gerecht zu werden. Andererseits müssten Abschläge vorgenommen werden, da bei Immobilieninvestitionen, im Gegensatz zu festverzinslichen Wertpapieren, das erwartete Wachstum des Kapitals und der Mieten berücksichtigt werden muss, welches den Investor einen niedrigeren Yield akzeptieren lässt. Diese eher theoretische Vorgehensweise zur Ermittlung des angemessenen Diskontierungsfaktors erweist sich jedoch besonders in Hinblick auf die Festlegung der Zu- bzw. Abschläge als wenig praktikabel. Ist der Kalkulationszinsfuß gefunden, so kann der **Rentenbarwertfaktor („year's purchase")** abgeleitet werden, der bei Vorliegen einer ewigen Rente dem Kehrwert des ermittelten ARY entspricht (vgl. Enever/Isaac, S. 88).

Im Rahmen des Investment Approach lassen sich neben dem ARY weitere Yield-Typen unterscheiden (vgl. o. V., S. 117f.):

- Als **„initial yield"** wird die **statische Anfangsrendite** einer Immobilieninvestition bezeichnet. Sie bestimmt sich aus dem Verhältnis der Nettoerträge zu Beginn der Vertragslaufzeit und dem Kaufpreis. Für den Fall, dass die betrachtete Immobilie „rack-rented", d. h. zum vollen Marktwert, vermietet wurde, entspricht der ARY dem Initial Yield.

- Demgegenüber stellt der „**current yield**" die **aktuelle Rendite** zum Zeitpunkt der Bewertung dar und ergibt sich aus der Gegenüberstellung der gegenwärtig erzielten Nettoerträge zum Kaufpreis.

- Dem Begriff der „**internal rate of return**" (**IRR**) kommt im Zusammenhang mit Discounted Cash Flow Analysen besondere Bedeutung zu. Die IRR repräsentiert den Zinssatz, bei dem die Summe der diskontierten Nettoerträge gleich der Investitionsausgabe für die Immobilie ist (**interner Zinsfuß**). Hinsichtlich der Darstellungsweise bestehen zwei Möglichkeiten: Zum einen kann die IRR als „equated yield" ausgedrückt werden. Das Mietwertwachstum ist hierbei nicht in der Höhe des Yield enthalten, sondern wird bei der Schätzung der zukünftigen Cash Flows berücksichtigt. Zum anderen lässt sie sich als „equivalent yield" darstellen, welcher die Erwartungen in Bezug auf die Wachstumsrate – ähnlich wie der ARY – implizit erfasst.

- Werden Discounted Cash Flow Analysen nicht zur Bestimmung der IRR, sondern zur Ermittlung des Kapitalwertes der Investition eingesetzt, so ist die Vorgabe eines Kalkulationszinssatzes erforderlich. Dieser wird als „**target rate of return**" bezeichnet und sollte das spezifische Investitionsrisiko widerspiegeln.

In den folgenden Abschnitten werden alternative Verfahren zur Ermittlung des Investment Value erläutert, die sich in so genannten „**Growth Implicit Models**" und „**Growth Explicit Models**" unterteilen lassen.

5.2.4.3.2 Growth Implicit Models

Kennzeichnend für so genannte „Growth Implicit Models" ist der Verzicht auf explizite Prognosen zukünftig erwarteter Mietwertsteigerungen. Vereinfachend werden die gegenwärtig erzielbaren Nettoerträge entsprechend einer ewigen Rente als im Zeitablauf konstant angenommen und kapitalisiert. Die Erwartungen des Bewerters hinsichtlich des Mietwertwachstums werden jedoch implizit im Diskontierungsfaktor, dem ARY, berücksichtigt (vgl. Enever/Isaac, S. 103).

Die Bewertung von „**rack-rented properties**", d.h. von Grundstücken, deren Miete dem vollen Marktwert entspricht, stellt den einfachsten Anwendungsfall dar. Voraussetzung ist, dass regelmäßige Mietanpassungen vertraglich vorgesehen sind, um die gezahlten Mieten dauerhaft auf dem Marktniveau zu halten. Der Investment Value der betrachteten Immobilie ergibt sich auf Grundlage dieser Annahmen durch Diskontierung der aktuellen Mieterträge als ewige Rente mit dem ARY bzw. durch Multiplikation mit dem Vervielfältiger, d.h. dem Year's Purchase, der dem Kehrwert des ARY entspricht (vgl. Enever/Isaac, S. 88).

Beispiel

Für ein modernes Bürogebäude wurde vor drei Monaten ein „full repairing and insuring"-Mietvertrag über eine Gesamtlaufzeit von 25 Jahren mit regelmäßigen Mietanpassungen im Abstand von fünf Jahren vereinbart. Die gegenwärtig gezahlte Nettomiete („net rent") von £40.000 p. a. entspricht dem aktuellen Mietwert und wird als ewige Rente („perpetuity") mit einem marktabgeleiteten ARY in Höhe von 5,5% diskontiert.

Die Berechnung des Kapitalwertes („capital value") erfolgt in der in Großbritannien üblichen Schreibweise gemäß der Formel (vgl. Thomas 1995a, S. 82):

Net Income × Year's Purchase (YP) = Capital Value	
Net Rent	£40.000
YP perpetuity	
@ 5,5% (= 1 / 0,055)	18,182
Capital Value	**£727.280**

Der Investment Value der betrachteten Immobilie beträgt in diesem einfachen Fall £727.280.

Entgegen dem obigen Beispiel entsprechen in der Realität die gegenwärtig erzielten Mieterträge nur selten dem aktuellen Marktwert. Stattdessen muss der Gutachter bei der Bewertung zwischen mehreren Mietniveaus differenzieren. I.d.R. wird zwischen der Miete, die bis zur nächsten Mietanpassung bzw. Vertragserneuerung festgesetzt ist, und der für den daran anschließenden Zeitraum prognostizierten Miete unterschieden. Hierbei können zwei Fälle auftreten:

1. Zum einen kann die gezahlte Miete unter dem aktuellen Mietwert liegen (**„under-rented property"**). Als Begründung hierfür lassen sich zwischenzeitliche Mietwertsteigerungen, inflationäre Entwicklungen, aber auch zu Beginn des Mietverhältnisses an den Vermieter gezahlte Prämien heranziehen, die eine Festsetzung der Miete unter Marktwert rechtfertigen (vgl. Johnson/Davies/Shapiro, S. 118, 190).

2. Andererseits kann es sich bei dem betrachteten Bewertungsobjekt auch um ein **„over-rented property"** handeln, dessen Mietwert unterhalb der vertraglich festgelegten Miete liegt. Dieser Fall trat Anfang der 90er Jahre besonders bei Büroimmobilien im Großraum London auf. Der Betrag, um den die Mietzahlungen den Mietwert übersteigen, wird als **„overage"** oder **„froth"** bezeichnet. Neben konjunkturell bedingten Mietwertreduktionen können auch außergewöhnlich lange Zeiträume zwischen den Mietanpassungen für das Entstehen einer Overage verantwortlich sein. Jedoch ist in diesem Spezialfall der Ansatz einer höheren Miete als Kompensation für den Verzicht auf häufigere Rent Reviews zu interpretieren (vgl. Crosby 1991/1992, S. 522).

Hinsichtlich der Vorgehensweise bei der Bewertung der unterschiedlichen Mietniveaus herrscht unter britischen Gutachtern Uneinigkeit. Im Rahmen der so genannten „**Two Income Models"** lassen sich zwei Ansätze abgrenzen:

- Eine Möglichkeit besteht in der vertikalen Aufspaltung der Einkommensströme in zwei Blöcke, die als „**Term"** und „**Reversion"** bezeichnet werden (vgl. Abbildung 118). Ersterer umfasst die gegenwärtig gezahlte Miete bis zur nächsten Mietanpassung, während die Reversion den sich daran anschließenden Einkommensstrom darstellt.

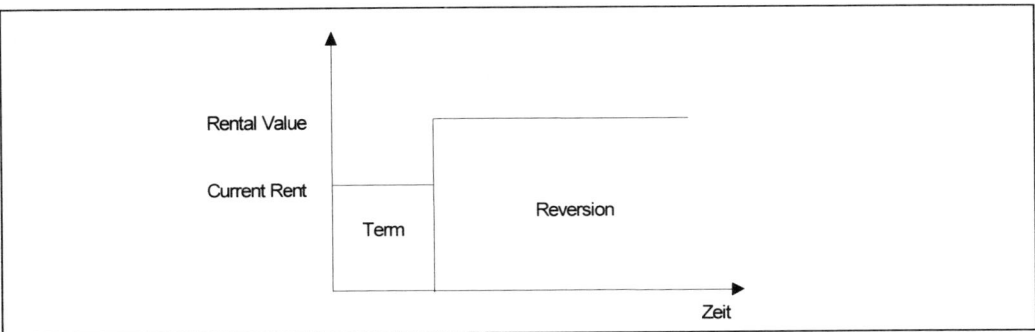

Abbildung 118: Term and Reversion Model

- Alternativ können die unterschiedlichen Einkommensniveaus horizontal in ein so genanntes „**core income"** und ein „**top slice"** unterteilt werden (vgl. Abbildung 119). Dabei wird die gegenwärtige Miete als in der Zukunft andauernder Zahlungsstrom interpretiert. Erwartete Mieterhöhungen werden durch das Top Slice repräsentiert. Diese Vorgehensweise wird in der Literatur als „hardcore model", „layer method" oder auch als „top-slicing approach" bezeichnet (vgl. Enever/Isaac, S. 135.).

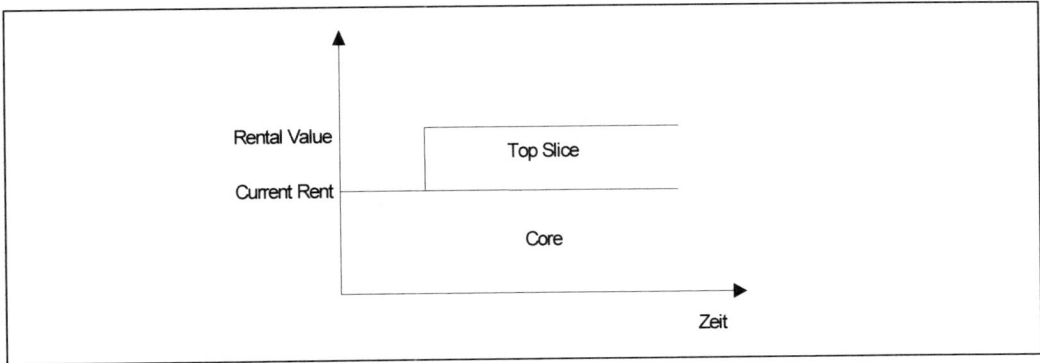

Abbildung 119: Top Slicing Model

Beide Ansätze werden im Folgenden anhand von Beispielen näher erläutert.

(a) Term and Reversion Approach (TRA)

Um den Investment Value auf Basis des Term and Reversion Approach zu ermitteln, sind die unterschiedlichen Einkommensströme des Term und der Reversion einzeln zu diskontieren (vgl. Enever/Isaac, S. 135f.).

Die Höhe der Mieten für den Zeitraum der Reversion, das so genannte „reversionary income", bestimmt sich für den Fall, dass die für die Dauer des Term festgelegten Mietzahlungen (**„current rent"**) unter den aktuellen Marktmieten liegen, aus dem zum Bewertungszeitpunkt geschätzten gegenwärtigen Mietwert (**„current rental value"**). Dieser wird als ewige Rente mit dem ARY auf den Zeitpunkt der Mietanpassung kapitalisiert und der so ermittelte Kapitalwert der Reversion anschließend um die Dauer des Term diskontiert.

Für die während des Term anfallenden Mieten wird ebenfalls der Barwert im Bewertungszeitpunkt errechnet. Bei der Diskontierung des Term findet jedoch ein Zinssatz Verwendung, der i.d.R. um 0,5 bis 1% niedriger ist als der ARY. Die intuitive Festsetzung des Diskontierungsfaktors unterhalb des ARY lässt sich mit der größeren Sicherheit des „term income" begründen, da es einerseits vertraglich fixiert ist und andererseits unterhalb des aktuell erzielbaren Marktwertes liegt.

Aus der Summe der Barwerte des Term und der Reversion ergibt sich schließlich der **Investment Value**.

Das folgende **Beispiel** verdeutlicht nochmals die Vorgehensweise des TRA (vgl. Thomas 1995a, S. 83):

Die aus dem vorangegangenen Beispiel bereits bekannte Büroimmobilie erbringt zurzeit Nettomieterträge in Höhe von £40.000 p.a. Die nächste Mietanpassung ist in zwei Jahren vorgesehen. Der aktuelle Mietwert der Immobilie wird auf £45.000 p.a. geschätzt und der marktabgeleitete ARY wird mit 5,5% beziffert. Die folgende Abbildung 120 verdeutlicht die Mietentwicklung.

Anstatt, wie im obigen Beispiel, das Term Income aufgrund der vermuteten höheren Sicherheit dieses Einkommensstroms mit einem niedrigeren Kalkulationszinsfuß zu diskontieren, könnte der ARY als einheitlicher Diskontierungsfaktor auf Term und Reversion angewandt werden, wodurch der errechnete Investment Value um £520 auf £808.960 sinken würde.

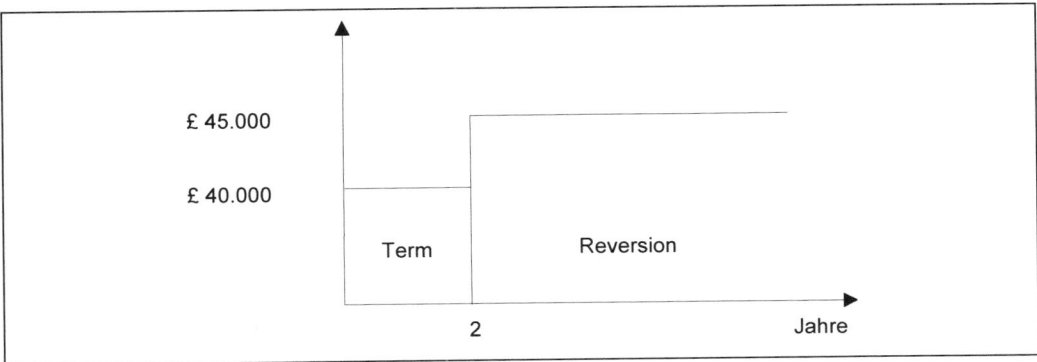

Abbildung 120: Darstellung des TRA für das Beispiel

Current Rent	£ 40.000	
YP für zwei Jahre @ 5%	1,859	
Term		£ 74.360
Current Rental Value	£ 45.000	
YP perpetuity @ 5,5%	18,182	
Diskontierung um zwei Jahre	0,898	
Reversion		£ 735.120
Investment Value		**£ 809.480**

Diese Vorgehensweise lässt sich mit dem Argument rechtfertigen, dass Risikoabschläge vom ARY nicht für einzelne Zahlungsströme, sondern nur bei Abweichungen des Gesamtrisikos der Investition von dem der Vergleichsobjekte mit gleichem ARY vorgenommen werden sollten.

(b) Top Slicing Approach (TSA)

Anders als beim TRA, für den die vertikale Aufteilung der Einkommensströme kennzeichnend ist, nimmt der Top Slicing Approach eine **künstliche horizontale Aufspaltung der Mieterträge** vor (vgl. Enever/Isaac, S. 145).

Der Investment Value ermittelt sich nach dieser Methode aus der Summe der Kapitalwerte des **Hardcore** und des **Top Slice**. Der Barwert des Hardcore wird mittels Diskontierung der bei Under-rented Properties unter dem Mietwert liegenden Miete als ewige Rente berechnet. Die im Zuge von späteren Rent Reviews vorgenommenen Mietanpassungen an den Current Rental Value werden durch das Top Slice erfasst und ebenfalls als ewige Rente zunächst auf den Zeitpunkt der Mieterhöhung diskontiert und anschließend nochmals auf den Bewertungszeitpunkt abgezinst (vgl. Johnson/Davies/Shapiro, S. 190f.).

Als äußerst problematisch erweist sich bei dieser Vorgehensweise die Wahl der Diskontierungs-zinssätze. Meist wird der „marginal yield", der auf das Top Slice angewandt wird, intuitiv höher als der „core yield" angesetzt, um die relative Unsicherheit der Mieterhöhungen zu berücksichtigen (vgl. Enever/Isaac, S. 145).

Der Marginal Yield lässt sich zwecks Umgehung subjektiv festgesetzter Risikozuschläge auch mathematisch aus der Gegenüberstellung des Mieterhöhungsbetrages und des Kapitalwertes des Top Slice herleiten (vgl. Isaac/Steley, S. 65f.):

$$\text{Marginal Yield} = \frac{\text{Marginal Rent}}{\text{Capital Value of Marginal Rent}}$$

Auch hier soll das bereits bekannte **Beispiel** zur Verdeutlichung der Vorgehensweise (vgl. Abbildung 121) des TSA dienen (vgl. Thomas 1995a, S. 84).

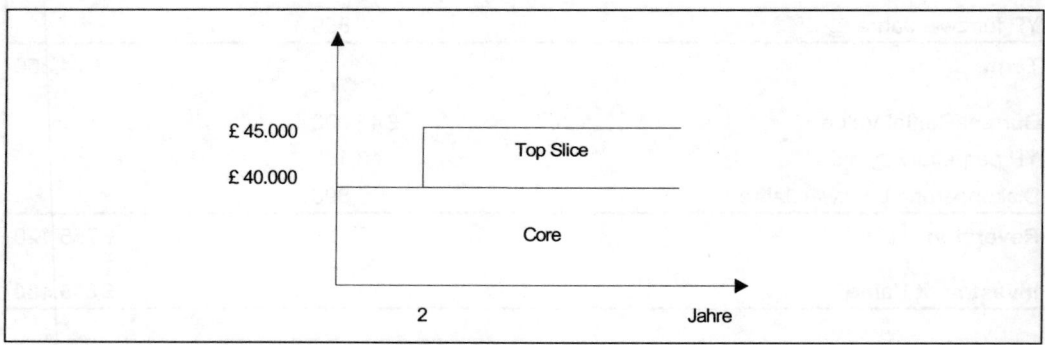

Abbildung 121: Darstellung des TSA für das Beispiel des Under-rented Property

Current Rental Value	£ 45.000
YP perpetuity @ 5,5% (ARY)	18,18
	£ 818.100
Current Rent	£ 40.000
YP perpetuity @ 5%	20
	£ 800.000
Capital Value of Marginal Rent	≈ **£ 18.000**

Der intuitiv um 0,5% niedriger angesetzte Diskontierungsfaktor der Current Rent drückt die größere Sicherheit des Einkommens aus. Durch Einsetzen in die Formel errechnet sich bei einer Marginal Rent von £45.000 – £40.000 = £5.000 ein Marginal Yield von £5.000 / £18.000 = 0,28, also 28%. Wird der errechnete Marginal Yield bei der Ermittlung des Investment Value angewandt, so ergibt sich ein Bewertungsergebnis, welches dem nach dem TRA berechneten Investment Value von £809.480 nahezu gleichkommt:

Current Rent	£40.000	
YP perpetuity @ 5%	20	
Hardcore		£800.000
Marginal Rent	£5.000	
YP perpetuity @ 28%	3,5714	
Diskontierung um zwei Jahre	0,6104	£10.899
Top slice		
Investment Value		**£810.899**

Die Schwierigkeiten bei der Bestimmung des angemessenen Marginal Yield können durch die Anwendung eines einheitlichen Zinssatzes umgangen werden. Diese Vereinfachung lässt sich hier auch damit rechtfertigen, dass Aufschläge auf den ARY lediglich bei Abweichungen des Gesamt-risikos der Investition von dem der Vergleichsobjekte vorgenommen werden sollten. Zudem wird bei Diskontierung mit einem Einheitszinssatz ein Vergleich der Bewertungsergebnisse nach dem TRA und dem TSA möglich, da nur unter dieser Annahme die Methoden bei gleichen Ausgangs-daten zu identischen Ergebnissen gelangen (vgl. Baum/Mackmin/Nunnington, S.63).

Ausgelöst durch die Entwicklung auf dem Londoner Immobilienmarkt wurde der TSA in den letzten Jahren verstärkt im Zusammenhang mit der Bewertung von **Over-rented Properties** disku-tiert. Bei Vorliegen einer **Overage** aufgrund eines Absinkens des Mietwertes unter die vertraglich vereinbarte Miete bleibt die grundsätzliche Vorgehensweise des TSA erhalten, jedoch ändert sich die Bewertung und Anordnung der „layer", sowie die Höhe der Diskontierungsfaktoren.

Der Wert des Hardcore wird durch die Diskontierung des Current Rental Value mit dem ARY als ewige Rente bestimmt. Das Top Slice Income resultiert aus der Differenz der gegenwärtig gezahl-ten Miete und dem aktuellen Mietwert und wird über die noch verbleibende Laufzeit des Lease abgezinst. Bei der Diskontierung des Top Slice findet ein höherer Kalkulationszinsfuß Anwen-dung, da es sich um ein vertraglich gesichertes Einkommen handelt, welches lediglich durch die mangelnde Zahlungsfähigkeit des Mieters gefährdet ist. Die Höhe des Diskontierungsfaktors des Top Slice kann entweder intuitiv durch Zuschläge auf den ARY oder marktorientiert bestimmt werden, indem die Rendite vergleichbarer Immobilien oder alternativer Kapitalanlagen als Maß-stab herangezogen wird (vgl. Crosby/Goodchild, S.68, 75f.).

Beispiel

Für ein Bürogebäude wurde ein „full repairing and insuring lease" mit „upwards-only"-Miet-anpassungen im Abstand von fünf Jahren vereinbart, dessen Restlaufzeit noch 17 Jahre beträgt. Die Mietzahlungen wurden bei der letzten Rent Review vor drei Jahren auf £ 150.000 p. a. fixiert. Der aktuelle Mietwert vergleichbarer Immobilien ist jedoch in der Zwischenzeit auf £ 125.000 p. a. gesunken. Der marktabgeleitete ARY beträgt 7%. Zur Diskontierung des Top Slice wird ein Zins-satz in Höhe von 15% verwendet (vgl. Thomas 1995a, S. 85). Die Abbildung 122 verdeutlicht den Zusammenhang.

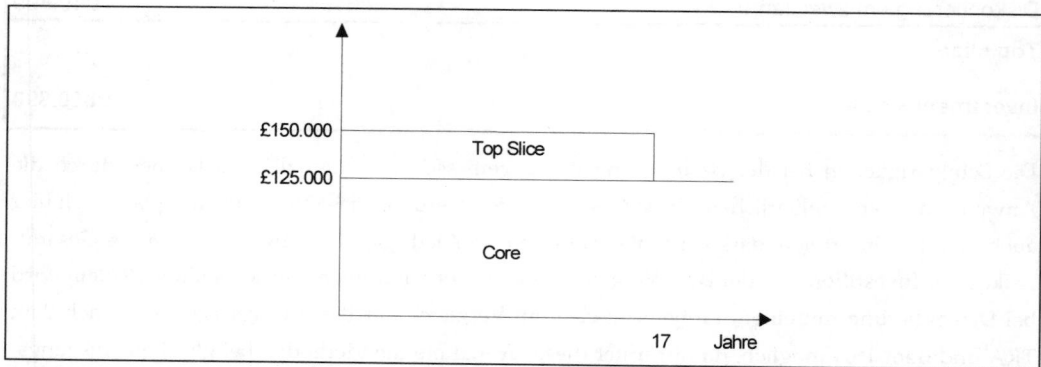

Abbildung 122: Darstellung des TSA für das Beispiel des Over-rented Property

Current Rental Value	£ 125.000	
YP perpetuity @ 7%	14,2857	
Core		**£ 1.785.712**
Overage	£ 25.000	
(£ 150.000–£ 125.000 = £ 25.000)		
YP für 17 Jahre @ 15%	6,0472	
Top Slice		**£ 151.180**
Investment Value		**£ 1.936.892**

Die Anwendung des TSA zur Bewertung von Over-rented Properties erfährt zunehmend Kritik. Der Grund hierfür liegt in der Kapitalisierung des Top Slice über die gesamte Restdauer des Miet-vertrages. Aufgrund des im ARY bereits implizit berücksichtigten Mietwertwachstums kann der Fall eintreten, dass der Mietwert noch während der Laufzeit des Lease auf das vertraglich fixierte Mietniveau ansteigt, sodass ein Teil der Overage doppelt bewertet wird.

Die traditionellen Growth Implicit Models, die auch heute noch in der britischen Bewertungspraxis aufgrund ihrer Einfachheit häufig Anwendung finden, weisen bei genauerer Betrachtung zahlreiche Mängel auf. Hauptansatzpunkt der Kritik bilden dabei die stark vereinfachenden, realitätsfremden Annahmen in Bezug auf die Höhe und zeitliche Verteilung der Einkommensströme einerseits und die Wahl der Diskontierungsfaktoren andererseits (vgl. Thomas 1995a, S. 86).

Hinsichtlich der Entwicklung der Nettoerträge wird auf explizite Prognosen verzichtet und stattdessen die **Konstanz der aktuellen Werte** unterstellt. Darüber hinaus wird im Rahmen der traditionellen Methoden zur Vereinfachung von jährlich nachschüssig anfallenden Zahlungsströmen ausgegangen, während in der Praxis vierteljährliche, vorschüssige Mietzahlungen die Norm sind.

Die Festlegung angemessener Kalkulationszinsfüße stellt das größte Problem der Growth Implicit Models dar. Die Bemessung von Auf- bzw. Abschlägen zur Anpassung marktabgeleiteter Vergleichszinssätze an die Gegebenheiten des konkreten Bewertungsobjektes liegt weitgehend im Ermessen des Gutachters und ist für Außenstehende kaum nachvollziehbar (vgl. Scarrett, S. 76, 93). Eine weitere realitätsfremde Annahme ist die Konstanz der im ARY implizit enthaltenen Wachstumsrate des Mietwertes über den gesamten Bewertungshorizont (vgl. Crosby 1991, S. 523f.).

Bei Veränderungen der Mieterträge, die nicht im ARY erfasst werden können, wird die Differenzierung unterschiedlicher Einkommensniveaus erforderlich. Wie in den vorangegangenen Erläuterungen deutlich wurde, liegt das Hauptproblem der Two Income Models in der Bestimmung geeigneter Diskontierungsfaktoren für die einzelnen Einkommensströme. Mathematische Herleitungen des angemessenen Yield zur Umgehung intuitiver Schätzungen sind nur bedingt geeignet, da sie wie in der durchgeführten Beispielrechnung, zu unrealistischen Ergebnissen führen können (vgl. Johnson/Davies/Shapiro, S. 191f.).

Besonders im Zusammenhang mit der Bewertung von Over-rented Properties erweisen sich die Growth Implicit Models als problematisch, da sie nicht in der Lage sind, die Dauer der Overage sowie die Reduktion ihres Wertes im Zeitablauf zu berücksichtigen. Nur durch Inkaufnahme komplexer Rechnungen lassen sich Überbewertungen vermeiden.

Die zunehmende Kritik der Growth Implicit Models hat in den letzten Jahren zu einer verstärkten Hinwendung zu so genannten Growth Explicit Models geführt, die einige der aufgezählten Mängel der traditionellen Methoden umgehen (vgl. Thomas 1995a, S. 86). Sie werden in den folgenden Abschnitten dargestellt.

5.2.4.3.3 Growth Explicit Models

Die Ermittlung des Investment Value erfolgt im Rahmen der Growth Explicit Models auf Basis so genannter „**Discounted Cash Flow Analysen**" (DCF-Analysen), die ursprünglich nur im Bereich der Investitionsrechnung eingesetzt wurden. Wie auch die Growth Implicit Models basieren diese

Methoden auf der Diskontierung der Nettoerträge der zu bewertenden Immobilie. Die Growth Explicit Models unterscheiden sich jedoch von den traditionellen Methoden vor allem durch **differenziertere** Annahmen, die die Realitätsnähe erhöhen sollen. So ist für DCF-Analysen besonders die explizite **Berücksichtigung des Mietwertwachstums** in der Höhe der prognostizierten Nettoerträge kennzeichnend (vgl. Scarrett, S. 94f.).

Die Growth Explicit Models können zum einen auf dem Kapitalwert, dem **„Net Present Value"** **(NPV)**, und zum anderen auf dem internen Zinsfuß, der **„Internal Rate of Return" (IRR)**, basieren.

Die Berechnung eines NPV erfordert neben Informationen bezüglich der aktuell gezahlten Miete, des gegenwärtigen Mietwertes, der vertraglich vereinbarten Mietanpassungsintervalle und des erwarteten Mietwertwachstums die Festsetzung eines angemessenen Diskontierungszinsfußes. Die Höhe des Kalkulationszinsfußes orientiert sich zumeist an den individuellen Renditeforderungen des Investors, der so genannten „target rate". Alternativ kann auch der Fremdkapitalzinssatz zur Diskontierung herangezogen werden oder die Verzinsung alternativer risikoäquivalenter Kapitalanlagen, in der sich die Opportunitätskosten der Immobilieninvestition widerspiegeln (vgl. Isaac/Steley, S. 27).

Im Folgenden werden zwei Varianten der Growth Explicit Models vorgestellt: der Short-Cut Discounted Cash Flow Approach und die Discounted Cash Flow Analyse.

(a) Short-Cut Discounted Cash Flow Approach

Die Short-Cut-DCF-Methode, die auch als **„real value approach"** bezeichnet wird, ähnelt in ihrer Vorgehensweise den traditionellen Growth Implicit Models. Sie stellt jedoch insofern eine Weiterentwicklung dar, als Mietwertsteigerungen explizit berücksichtigt werden. Zunächst muss daher ausgehend vom ARY und der Target Rate die Wachstumsrate des Mietwertes bestimmt werden, worauf hier jedoch nicht näher eingegangen wird.

Im Rahmen der Short-Cut-DCF-Methode werden die Einkommensströme in Term und Reversion unterteilt. Während sich der Wert des Term weiterhin aus der Diskontierung der vertraglich vereinbarten Miete bis zur nächsten Rent Review ableitet, verkompliziert sich die Bewertung der Reversion, da der geschätzte aktuelle Mietwert erst mit der berechneten Wachstumsrate inflationiert werden muss, bevor der Kapitalwert ermittelt wird (vgl. Goodchild, S. 86).

Das folgende **Beispiel** verdeutlicht die Vorgehensweise der Short-Cut-DCF-Methode (vgl. Thomas 1995a, S. 87):

Für ein Bürogebäude wurde auf Basis eines Mietvertrages mit Mietanpassungen im Abstand von fünf Jahren eine jährliche Miete in Höhe von £40.000 fixiert, die noch bis zur nächsten Rent Review in drei Jahren gültig ist. Der Mietwert wird gegenwärtig auf £50.000 geschätzt. Der ARY beträgt 5% und die Target Rate des Investors ist mit 10% gegeben.

Berechnung der **erwarteten Wachstumsrate g („Implied Rental Growth")**:

$$(1+g)^5 = \frac{\text{YPperpetuity@5\%} - \text{YPfür5Jahre@10\%}}{\text{YPperpetuity@5\%} \times \text{PVfür5Jahre@10\%}}$$

$$= \frac{20 - 3,7908}{20 \times 0,6209} = 1,3053$$

$$g = 1,3053^{1/5} - 1 = 0,0547 = 5,47\%$$

Current Rent	£40.000	
YP für drei Jahre @ 10%	2,4869	
Term		£99.476
Current Rental Value	£50.000	
Aufzinsung um drei Jahre @ 5,47%	1,1732	
Inflationierter Mietwert	£58.660	
YP perpetuity @ 5%	20	
Diskontierung um drei Jahre @ 10%	0,7513	
Reversion		£881.425
Investment Value		**£980.901**

Die Short-Cut-DCF-Methode lässt sich analog auch bei der Bewertung von Over-rented Properties einsetzen.

Die Short-Cut-DCF-Methode erweist sich im Vergleich zu Growth Implicit Models nur durch die explizite Berücksichtigung des Mietwertwachstums als vorteilhaft, welches jedoch weiterhin als im Zeitablauf konstant angesetzt wird. Die schematische Berechnung der Wachstumsrate aus der Differenz der Target Rate und des ARY ist kritisch zu beurteilen, da das eigentliche Wachstumspotenzial der Immobilie nicht analysiert wird. Hinsichtlich des Diskontierungszinssatzes sind auch im Rahmen der Short-Cut-DCF-Methode intuitive und damit schwer nachvollziehbare Anpassungen seitens des Bewerters möglich. Neben diesen Kritikpunkten zeigt sich zudem, dass die Ergebnisse der Short-Cut-DCF-Methode nicht wesentlich von denen der traditionellen Ansätze abweichen (vgl. Crosby 1991, S. 523f.).

(b) Discounted Cash Flow Analysen

Als Entscheidungsgrundlage für Immobilieninvestitionen werden zunehmend DCF-Analysen eingesetzt, die nicht nur das Wertwachstum im Zeitablauf, sondern auch Faktoren wie Abschreibung,

Inflation, Instandhaltungsaufwendungen, Finanzierungskosten und Steuern explizit berücksichtigen (vgl. Crosby/Goodchild, S. 72).

Im Gegensatz zu den traditionellen Methoden werden bei diesen Berechnungen meist vierteljährlich oder monatlich vorschüssig anfallende Zahlungsströme unterstellt.

Voraussetzung für die Durchführung solch detaillierter Analysen ist die Verfügbarkeit entsprechenden Datenmaterials. Neben subjektiven Einschätzungen lassen sich mathematische Modelle zur Prognose von Mieten und Zinsentwicklungen heranziehen. Mit Hilfe von Sensitivitätsanalysen können die kritischen Grenzwerte einzelner Faktoren ermittelt werden, und durch den Einsatz von Szenario-Techniken lassen sich die Konsequenzen alternativer Umweltentwicklungen antizipieren (vgl. Bannermann, S. 248ff.).

Der Aufbau einer einfachen DCF-Analyse ist in Tabelle 34 dargestellt. Den Berechnungen wurden folgende Annahmen zugrunde gelegt:

- Es handelt sich um ein modernes Bürohaus in guter Innenstadtlage.

- Das Objekt wurde zum 1. 1. 2003 für 12 Mio. Euro erworben.

- Die Erwerbsnebenkosten betragen 6%.

- Der Reinertrag im ersten Jahr beträgt 600.000 Euro (Anfangsrendite 4,75%).

- Die Mieten sind an die Lebenshaltungskosten gebunden und werden jährlich voll der Indexveränderung angepasst.

- Der Mietvertrag ist für 11 Jahre fest ohne Option abgeschlossen.

- Der Lebenshaltungskostenindex erhöht sich um 2,5% jährlich.

- Der Mietwert des Objekts steigt um 4,5% jährlich.

- Im Dezember 2013 wird das Objekt auf Basis der aktuellen Marktmiete vermietet.

- Im Dezember 2014 wird das Objekt auf Basis einer Anfangsrendite von 5% veräußert. Hierbei fallen wiederum Erwerbsnebenkosten in Höhe von 6% an.

- Der Diskontierungszinssatz beträgt 7,92%.

Der Vorteil detaillierter DCF-Analysen liegt in der Vielzahl der Faktoren, die explizit berücksichtigt werden können. Hiermit verbindet sich jedoch gleichzeitig die Notwendigkeit komplizierterer Berechnungen, da der Bewerter gezwungen ist, genaue Annahmen hinsichtlich der Höhe und des zeitlichen Anfalls von Ein- und Auszahlungen zu treffen. Die von den Befürwortern traditioneller Methoden geäußerte Kritik, dass der Bewerter keine Prognosen über die des Current Rental Value hinaus wagen sollte, ist nicht stichhaltig, da auch im Rahmen der traditionellen Ansätze durch die Festlegung des ARY versteckte Annahmen getroffen werden. Als problematisch erweist sich bei den detaillierten DCF-Analysen die Wahl des Diskontierungsfaktors, dessen Höhe weitgehend von den Renditeforderungen des Investors oder seinen Finanzierungs- bzw. Opportunitätskosten abhängig ist.

Jahr	Mietwert	Miet-Cash Flow	Veräußerungs- Cash Flow	Gesamt-Cash Flow	Barwert der Zahlungen	Barwert
2002	600.000 €					12.724.685 €
2003	627.000 €	600.000 €		600.000 €	555.967 €	
2004	655.215 €	615.000 €		615.000 €	528.045 €	
2005	684.700 €	630.375 €		630.375 €	501.526 €	
2006	715.511 €	646.134 €		646.134 €	476.338 €	
2007	747.709 €	662.288 €		662.288 €	452.415 €	
2008	781.356 €	678.845 €		678.845 €	429.694 €	
2009	816.517 €	695.816 €		695.816 €	408.113 €	
2010	853.260 €	713.211 €		713.211 €	387.617 €	
2011	891.657 €	731.042 €		731.042 €	368.150 €	
2012	931.782 €	749.318 €		749.318 €	349.661 €	
2013	973.712 €	768.051 €		768.051 €	332.100 €	
2014	1.017.529 €	973.712 €	18.831.223 €	19.804.935 €	7.935.059 €	

Quelle: Eigene Darstellung

Tabelle 34: DCF-Analyse für das Beispiel

5.2.4.3.4 Vergleich der Investment Method mit dem deutschen Ertragswertverfahren

Die britische Investment Method und das deutsche Ertragswertverfahren stimmen hinsichtlich ihres Anwendungsbereiches weitgehend überein. Gemäß Abschnitt 3.1.2 der WertR kommt das Ertragswertverfahren – analog zur Investment Method – bei der Bewertung von bebauten Grundstücken in Betracht, die vorwiegend der Ertragserzielung dienen. Hierzu zählen Mietwohn- und Geschäftsgrundstücke sowie gemischt genutzte Grundstücke, aber auch Sonderimmobilien wie beispielsweise Hotels oder Kliniken. Unterschiede zwischen dem deutschen und britischen Verfahren bestehen vor allem in der methodischen Vorgehensweise.

In § 15 der WertV wird der Ertragswert als die Summe aus dem Barwert der baulichen Anlagen und dem separat zu ermittelnden Bodenwert definiert. Diese für das deutsche Ertragswertverfahren charakteristische, getrennte Bewertung von Boden und Gebäuden steht im Gegensatz zur britischen Bewertungspraxis, die – außer bei der Ermittlung der Depreciated Replacement Cost – Boden und Gebäude als eine Einheit betrachtet (vgl. Simon, S. 139).

Grundlage für die Ermittlung des Ertragswertes der baulichen Anlagen ist der nachhaltig erzielbare Reinertrag, der sich als Differenz aus Rohertrag und Bewirtschaftungskosten ergibt.

Bei der Ermittlung des Rohertrages ist gemäß § 17 WertV besonders die Nachhaltigkeit der erzielbaren Einnahmen zu beachten. I.d.R. wird die vertraglich vereinbarte Nettokaltmiete als nachhaltig erzielbarer Rohertrag angesetzt. Hierbei bleibt die Entwicklung des Rohertrages nach Ablauf des Mietvertrages meist unberücksichtigt. Bei Abweichungen der tatsächlichen Erträge von den ortsüblichen sind die Erträge anzusetzen, die sich nachhaltig erzielen lassen. Dies ist insbesondere der Fall bei Immobilienobjekten mit Leerstand, deren tatsächliche Erträge unterhalb der erzielbaren Erträge liegen. In der deutschen Praxis scheint aufgrund der Forderung nach **Nachhaltigkeit der Roherträge** eine vergleichsweise stärkere Orientierung an statistischen Daten als in Großbritannien vorzuliegen. Als Nettokaltmiete werden daher oft anstelle der vertraglich vereinbarten Mieten die einen Durchschnittswert repräsentierenden ortsüblichen Vergleichsmieten angesetzt (vgl. Simon/Kleiber, S. 184f.).

Um zum Reinertrag zu gelangen, sind gemäß § 18 WertV Bewirtschaftungskosten, wie Mietausfallwagnis, Instandhaltungskosten, nicht umlegbare Betriebs- und Verwaltungskosten, in Abzug zu bringen. Aufgrund der in Großbritannien häufig anzutreffenden „full repairing and insuring leases" müssen dort die erzielten Mieteinnahmen i.d.R. nur noch in Höhe der beim Vermieter verbleibenden Verwaltungskosten gemindert werden, um die Net Rent zu erhalten (vgl. Johnson/Davies/Shapiro, S. 63ff.).

Ebenso wie die Growth Implicit Models geht das deutsche Ertragswertverfahren im Normalfall von der Konstanz der Nettoerträge im Zeitablauf aus. Die in den vorangegangenen Abschnitten ausführlich diskutierte Term-Reversion-Problematik ist auch in Deutschland bekannt. Obwohl in den Mietverträgen häufig eine Bindung der Mieten an die Entwicklung des Lebenshaltungsindex vereinbart wird, können die Marktmieten über den gezahlten Mieten liegen. Im Gegensatz zur britischen Praxis ist es in Deutschland jedoch nicht möglich, antizipierbare Mieterhöhungen in die Bewertung einzubeziehen. Dies lässt sich damit begründen, dass nach deutschem Recht „Upwards-Only"-Mietanpassungsklauseln nicht zulässig sind. Aufgrund der daraus resultierenden größeren Unsicherheit hinsichtlich der zukünftigen Mietanpassungen können diese im Rahmen einer vorsichtigen Bewertung nicht berücksichtigt werden (vgl. Downie/Schulte/Thomas, S. 148).

Im Gegensatz zu den britischen Verfahren, die den Ertragswert direkt aus der Kapitalisierung der Nettoerträge als ewige Rente ermitteln, muss nach dem deutschen Verfahren – aufgrund der Trennung von Boden- und Gebäudebewertung – zunächst der Bodenwertverzinsungsbetrag abgezogen werden, um zum Reinertragsanteil der baulichen Anlagen zu gelangen.

Der Bodenwertverzinsungsbetrag ergibt sich aus der Multiplikation des Bodenwertes mit dem Liegenschaftszinssatz. Die Ermittlung des Bodenwertes erfolgt dabei i.d.R. auf Basis des Vergleichswertverfahrens.

Der Liegenschaftszinssatz wird in § 11 Abs. 1 der WertV als der Zinssatz definiert, „mit dem der Verkehrswert von Liegenschaften marktüblich verzinst wird". Somit weist der deutsche Liegenschaftszinssatz große Ähnlichkeit mit dem britischen All Risks Yield (ARY) auf; ebenso wie der ARY ist er auf Basis von Kaufpreisen und Reinerträgen vergleichbarer Grundstücke zu ermitteln. Anders als in Großbritannien muss jedoch beim deutschen Ertragswertverfahren die Restnutzungsdauer der Gebäude Berücksichtigung finden. Bei der empirischen Berechnung des Liegenschaftszinssatzes ist „nach den Grundsätzen des Ertragswertverfahrens" vorzugehen. Mathematisch bedeutet dies eine Auflösung der Formel zur Berechnung des Ertragswertes nach dem Liegenschaftszinssatz (vgl. Punkt 5.2.3.5.5).

Durch Kapitalisierung des Reinertrags der baulichen Anlagen mit einem Vervielfältiger, der in Abhängigkeit vom Liegenschaftszinssatz und von der Restnutzungsdauer der Gebäude zu ermitteln ist, ergibt sich der Ertragswert der baulichen Anlagen.

Das Gebäudealter und der allgemeine Zustand der Gebäude wird nach der deutschen Ertragswertmethode in der Länge der Restnutzungsdauer berücksichtigt, während in Großbritannien diese Faktoren durch entsprechende Anpassungen des Diskontierungszinsfußes erfasst werden.

Im nächsten Schritt kann der Ertragswert der baulichen Anlagen um Zu- oder Abschläge korrigiert werden, soweit besondere wertbeeinflussende Umstände vorliegen, die noch nicht berücksichtigt wurden. Im Gegensatz zu den traditionellen britischen Verfahren werden diese Korrekturen explizit vorgenommen und nicht implizit in der Höhe des Diskontierungszinsfußes erfasst.

Der Gesamtertragswert ergibt sich nach dem deutschen Verfahren durch die Addition von Bodenwert und Ertragswert der baulichen Anlagen. Anhand der Formel lässt sich zeigen, dass der Liegenschaftszinssatz für den Fall einer kurzen Restnutzungsdauer niedriger als der ARY ist, der sich aus dem Verhältnis von Reinertrag und Ertragswert bestimmt und somit dem ersten Term der aufgelösten Formel entspricht.

Bei Betrachtung sehr langer Restnutzungsdauern, worunter meist Zeiträume von über 50 Jahren verstanden werden, nähern sich das deutsche und das britische Ertragswertverfahren an. Dies lässt sich wiederum anhand der Formeldarstellung des deutschen Ertragswertverfahrens zeigen. Ausgangspunkt bildet auch hier die Gleichung (vgl. Kleiber/Simon/Weyers 2002, S. 990ff.):

$$EW = (RE - z \times BW) \times V + BW$$

Durch Umformung ergibt sich: $EW = RE \times V + \dfrac{BW}{q^n}$

Für n>50 kann der über die Restnutzungsdauer der baulichen Anlage diskontierte Bodenwert vernachlässigt werden, sodass sich die Ertragswertformel wie folgt verkürzen lässt:

$$EW = RE \times V$$

In dieser Form entspricht sie der bereits bekannten Grundformel des Investment Approach:

Capital Value = Net Income × Year's Purchase (YP)

Wird die Gleichung nach dem Vervielfältiger V aufgelöst, der für n>50 dem Kehrwert des Liegenschaftszinses entspricht, so ergibt sich:

$$V = \frac{EW}{RE} = \frac{1}{z} \quad \text{bzw.} \quad z = \frac{RE}{EW} = \frac{1}{V}$$

Bei ausreichend langen Restnutzungsdauern bestimmt sich der Liegenschaftszinssatz aus dem Verhältnis von Reinertrag und Ertragswert und entspricht somit dem britischen ARY, unter der Voraussetzung, dass die betrachtete Immobilie zur vollen Marktmiete vermietet wird.

Zusammenfassend lässt sich festhalten, dass die Differenzen in den Verfahrensweisen bei Betrachtung langer Restnutzungsdauern aufgehoben werden, da bei genügend großem n die Trennung von Boden- und Gebäudebewertung nicht mehr ins Gewicht fällt.

5.2.4.4   Cost Approach

5.2.4.4.1 Anwendungsbereich und Vorgehensweise

Der Cost Approach, der auch als „**Contractor's Method**" oder „**Depreciated Replacement Cost Approach**" (**DRC-Approach**) bezeichnet wird, findet vor allem bei Bewertungen für Bilanzierungszwecke Verwendung. Hinsichtlich der Bewertungsobjekte beschränkt sich der Anwendungsbereich des Cost Approach auf so genannte „**Specialised Properties**", wie beispielsweise Kirchen, Krankenhäuser, Schulen, etc., für die sich aufgrund ihrer besonderen Eigenschaften und geringen Transaktionshäufigkeit kaum Vergleichsobjekte am Markt finden lassen. Die wenigen verfügbaren Vergleichspreise sind meist durch die individuellen Nutzungsvorstellungen der Erwerber geprägt, da Specialised Properties nur selten in ihrer ursprünglichen Nutzung verbleiben. Sie können daher häufig dem Investor lediglich als Anhaltspunkt für den maximal akzeptablen Preis dienen (vgl. Connellan/Baldwin, S. 50).

Die **Depreciated Replacement Cost** sind im Red Book (vgl. RICS, PS 3.3) definiert. Danach ermittelt sich der Wert eines Grundstücks aus der Summe des Bodenwertes und der Kosten, die für die Neuerrichtung eines vergleichbaren Gebäudes anfallen würden. Letztere sind um Abschläge zu reduzieren, die nicht nur das Alter und den Bauzustand, sondern auch Wertminderungen berücksichtigen, die daraus resultieren, dass die bestehenden Gebäude geänderten funktionalen Anforderungen nicht mehr gerecht werden (vgl. RICS, Appendix 3.1).

Der Wert des Bodens wird üblicherweise auf Basis der Comparative Method oder der Residual Method ermittelt. Dabei sind wertbeeinflussende Faktoren, wie beispielsweise die Existenz von Baugenehmigungen oder das Vorhandensein von Gebäuden, in die Bewertung einzubeziehen (vgl. Scarrett, S. 181).

Die Schätzung der Baukosten kann einerseits auf der Annahme beruhen, dass eine exakte Kopie des bestehenden Gebäudes erstellt werden soll, andererseits können die Kosten ermittelt werden, die für ein so genanntes **„simple substituted building"** anfallen würden, welches zwar in der Funktion, nicht aber hinsichtlich der Ausführung, dem bestehenden Gebäude gleichkommt. Die Kosten sind in beiden Fällen auf Basis aktueller Preise zu schätzen, wobei sich bei älteren Gebäuden Probleme aufgrund geänderter Materialien und Baumethoden ergeben können (vgl. Scarrett, S. 175f.).

Als Grundlage für die Kostenschätzung lassen sich so genannte **„unit costs"**, so beispielsweise die Kosten pro Bett in Krankenhäusern oder Hotels, heranziehen. Kostenangaben pro Kubikmeter eignen sich besonders für Gebäude, die durch ein großes Raumvolumen gekennzeichnet sind, wie z.B. Kirchen. Am häufigsten finden jedoch flächenbezogene Kostensätze Anwendung. Hierbei ist zu beachten, dass sowohl der Flächenzuschnitt, als auch die regionale Lage des Bewertungsobjektes entscheidenden Einfluss auf die Kosten pro Quadratmeter bzw. square foot ausüben können. Informationen über durchschnittliche Kostensätze sind zum einen über den „Building Cost Information Service" der RICS erhältlich, zum anderen lassen sie sich aus Referenzwerken, wie **„Spon's Architects' and Builders' Price Book"**, entnehmen (vgl. Scarrett, S. 176f.).

Die ermittelten Kosten sind entsprechend der wirtschaftlichen und funktionalen Veralterung der bestehenden Gebäude sowie unter Berücksichtigung besonderer Einflussfaktoren, wie Umweltschutzauflagen und Bebauungsplänen, um Abschreibungen zu korrigieren. Hinsichtlich der anzuwendenden Abschreibungsmethode existieren keine besonderen Vorschriften. In der Praxis werden Gebäude üblicherweise nach der so genannten „straight-line depreciation method" abgeschrieben, die durch jährlich gleich bleibende Abschreibungsraten gekennzeichnet ist. Ausgehend von den geschätzten „gross replacement cost" werden durch Multiplikation mit dem Abschreibungsfaktor – der dem Verhältnis von Restnutzungs- zu Gesamtnutzungsdauer entspricht – die „net replacement cost" ermittelt. Der jährliche Abschreibungsbetrag lässt sich mittels Division der Net Replacement Cost durch die Restnutzungsdauer errechnen (vgl. Connellan/Baldwin, S. 53). Die Abschreibungen können alternativ geometrisch-degressiv nach der „declining balance method" vorgenommen werden. Hinsichtlich des Abschreibungsprozentsatzes orientiert man sich zumeist an Durchschnittswerten (vgl. Baum, S. 39f.).

Als problematisch erweist sich die Bestimmung der verbleibenden wirtschaftlichen Nutzungsdauer der Gebäude. Da genaue Angaben zur Restnutzungsdauer oft nicht möglich sind, können
vereinfachend Zeitspannen angegeben werden (vgl. RICS, GN 5.4.2).

Obwohl der Cost Approach auch im Zusammenhang mit Bewertungen zu steuerlichen Zwecken
eine wichtige Rolle spielt, wird er als **„method of last resort"** betrachtet, die nur dann
herangezogen werden sollte, wenn keine Möglichkeit zur Anwendung alternativer Methoden
besteht. Die Kritik bezieht sich dabei vor allem auf die Verquickung von Kosten und Wert einer
Immobilie (vgl. Scarrett, S. 171).

5.2.4.4.2 Vergleich des Cost Approach mit dem deutschen Sachwertverfahren

Hinsichtlich des Anwendungsbereiches und der Anwendungshäufigkeit bestehen zwischen dem
deutschen Sachwertverfahren und dem britischen Cost Approach deutliche Unterschiede.

Während britische Gutachter nur in Ausnahmefällen auf den Cost Approach zurückgreifen, wird
das Sachwertverfahren in Deutschland recht häufig angewandt, besonders im Zusammenhang
mit der Bewertung von Grundstücken, bei denen die **Eigennutzung** im Vordergrund steht. Hierzu
zählen vor allem Ein- und Zweifamilienhäuser, die in Großbritannien vornehmlich auf Basis des
Vergleichswertverfahrens bewertet werden. Darüber hinaus findet das Sachwertverfahren, analog
zum Cost Approach, bei der Wertermittlung von Verwaltungsgebäuden, Schulen oder Krankenhäusern Anwendung. Die Zurückhaltung britischer Bewerter in Hinblick auf den Einsatz des Cost
Approach begründet sich damit, dass der Sachwert nicht als der Verkehrswert eines Grundstücks
angesehen wird, da seine Ermittlung nicht auf marktbezogenen Daten basiert
(vgl. Morgan, S. 383). Im Gegensatz hierzu ist das Sachwertverfahren in § 7 der WertV ausdrücklich als zulässige Methode zur Verkehrswertermittlung genannt.

Bezüglich der methodischen Vorgehensweise stimmen der Cost Approach und das Sachwertverfahren weitgehend überein. Analog zu den Vorschriften des Red Book ist der deutsche Sachwert aus der Summe des Bodenwertes und des Wertes der baulichen Anlagen zu ermitteln. Die
Ermittlung des Wertes der baulichen Anlagen erfolgt in Deutschland und Großbritannien auf Basis der Normalherstellungskosten, die unter Zuhilfenahme von durchschnittlichen Erfahrungssätzen für den Neubau der Anlagen in ihrer bestehenden Form zu schätzen sind (vgl. Si-
mon/Kleiber, S. 43). Die Kosten für die baulichen Anlagen sind in beiden Ländern um
Abschreibungen wegen Alters und wegen Baumängeln bzw. -schäden zu reduzieren. Im Gegensatz zur britischen Bewertungspraxis ist die Unterstellung eines funktional gleichwertigen Simple
Substitute Building in Deutschland ebenso wenig möglich wie Abschreibungen für Wertminderungen aufgrund geänderter funktionaler Anforderungen an die Immobilie, wie sie die Vorschriften der RICS vorsehen. Andererseits können in Deutschland sonstige wertbeeinflussende Um-

stände, wie beispielsweise die wirtschaftliche Überalterung der Anlagen mittels Zu- bzw. Abschlägen Berücksichtigung finden.

5.2.4.5 Residual Approach

Der Residual Approach wird von Bauträgern und Investoren zur Ermittlung der Bodenwerte von entwicklungsreifen Grundstücken eingesetzt, für die sich keine Vergleichswerte finden lassen. Dabei kann es sich um unbebautes Land oder auch um Grundstücke mit abrissbereiten Gebäuden handeln. Den Ausgangspunkt des Residual Approach bildet die Schätzung des Wertes des fertig gestellten Projektes, von dem dann in einem zweiten Schritt die Entwicklungskosten und eine angemessene Gewinnmarge abgezogen werden. Der Wert des Projektes lässt sich entweder auf Basis des antizipierten Verkaufspreises ermitteln oder durch Kapitalisierung der erwarteten Mieteinnahmen für den Zeitpunkt der Projektvollendung (vgl. Johnson/Davies/Shapiro, S. 165f.).

Problematisch ist hierbei, dass Schätzungen auf Basis gegenwärtig erzielbarer Mieten und Vergleichspreise vorgenommen werden, obwohl sich die Wertverhältnisse bis zum Zeitpunkt der Fertigstellung des Projektes in der Zukunft entscheidend geändert haben können. Dies gilt ebenfalls für die Kosten des Projektes. Zu diesen zählen Baukosten, Finanzierungskosten, Abrisskosten, Abfindungen und Kosten, die im Zusammenhang mit der Gewährung der Baugenehmigung, z.B. aufgrund von speziellen Auflagen, auftreten. Nach Abzug der Kosten sind die Gewinnanforderungen des Developers zu berücksichtigen, die als Prozentsatz entweder vom Projektwert oder von den Gesamtkosten berechnet werden können. Die Höhe der Profitmarge ist abhängig vom Projektrisiko, der Projektdauer, aber auch von der Wettbewerbsintensität (vgl. Johnson/Davies/Shapiro, S. 170f.).

Der nach Abzug der Kosten und des Developergewinns verbleibende Differenzbetrag wird als der „Residual Value" bezeichnet. Er repräsentiert nicht den Wert des Grundstücks im engeren Sinne, sondern vielmehr den Betrag, den der Investor **maximal zu seinem Erwerb ausgeben kann**. Für den Fall, dass der Investor bereits Eigentümer des Grundstücks ist oder sein Preis bereits feststeht, kann die Methode in abgewandelter Form zur Ermittlung der maximal zulässigen Baukosten oder der erforderlichen Mieteinnahmen eingesetzt werden (vgl. Scarrett, S. 127, 139).

Die Kritik am Residual Approach bezieht sich vor allem auf die deduktive Vorgehensweise, die in einer starken Abhängigkeit der Ergebnisse von den zugrunde gelegten Informationen und Annahmen resultiert. Nichtsdestotrotz findet die Residualwertmethode wegen ihrer methodischen Einfachheit auch in Deutschland häufig Anwendung (vgl. ergänzend Punkt 4.2.5.5).

5.2.4.6   Profits Approach

Der Profits Approach wird bei der Bewertung von Immobilien angewandt, deren Wert maßgeblich durch das in ihnen ruhende **Potenzial zur Umsatz- und Gewinnrealisierung** geprägt ist;
zu diesem Immobilientyp zählen beispielsweise Theater, Kinos oder Hotels (vgl. Baum/Mack-
min/Nunnington, S. 135).

Das Grundprinzip der Wertermittlung nach dem Profits Approach besteht in der Kapitalisierung
der nachhaltig durch den Betreiber erzielbaren, jährlichen Nettoerträge (vgl. Colborne/Hall, S. 45).

In der einfachsten Variante, die auch als **„Total Earnings Method"** bezeichnet wird, werden die
durchschnittlichen Bruttojahreserträge, meist ausgehend von den Rechnungslegungsdaten der
letzten Jahre, ermittelt und die Betriebskosten sowie ein angemessener Gewinnanteil abgezogen.
Der Differenzbetrag entspricht der maximal forderbaren Miete, die – mit einem Vervielfältiger
multipliziert – den Wert der Immobilie ergibt.

Die Schwächen dieser Vorgehensweise liegen zum einen in der Heranziehung vergangenheitsorientierten Datenmaterials und in der Vernachlässigung von nicht quantifizierbaren Faktoren,
wie z.B. der Qualität des Managements, die entscheidenden Einfluss auf die erzielbaren Erträge
ausüben kann. Zum anderen ist die Festlegung der Gewinnmarge und des Kapitalisierungsfaktors
problematisch, wobei letzterer die Analyse vergleichbarer Markttransaktionen erfordert (vgl. Col-
borne/Hall, S. 45f.).

Die **„Capitalised Earnings Method"** stellt eine ausgefeiltere Variante des Profits Approach dar,
mit der einige der oben genannten Schwächen umgangen werden können. Die Grundlage dieser
Methode bildet eine Analyse der zukünftig erzielbaren Cash Flows, die auf Basis der in der Vergangenheit erzielten Erträge prognostiziert werden. Auf diese Weise lassen sich konjunkturell bedingte Ertragsschwankungen, wie sie beispielsweise für den Hotelsektor typisch sind, berücksichtigen. Über- bzw. Unterbewertungen, die bei der Total Earnings Method als Folge der Kapitalisierung eines Durchschnittsertrages auftreten können, werden auf diese Weise vermieden.
Darüber hinaus ist es möglich, Aufwendungen für Instandhaltung oder Umbauten explizit in die
Betrachtung einzubeziehen (vgl. Menorca, S. 212ff.).

Als problematisch erweist sich jedoch bei der Anwendung der Capitalised Earnings Method die
Schätzung der Cash Flows über längere Zeiträume und die Wahl des Yield, der zur Diskontierung
der Cash Flows eingesetzt wird.

Die auf Basis des Profits Approach gewonnenen Werte können je nach Gutachter sehr unterschiedlich ausfallen, da ebenso wie beim Residual Approach zahlreiche Annahmen getroffen werden müssen. Es empfiehlt sich daher, die ermittelten Werte nach Möglichkeit mit den Ergebnissen
anderer Methoden zu vergleichen.

5.2.5 Ausblick

Die vorangegangenen Ausführungen haben gezeigt, dass zwischen der deutschen und angelsächsischen Wertermittlungspraxis Unterschiede hinsichtlich der Definition der Wertbegriffe sowie bezüglich der methodischen Vorgehensweise und des Anwendungsbereiches der Bewertungsverfahren bestehen.

Bereits Ende der 70er Jahre wurden die Diskrepanzen bei der Immobilienbewertung in Europa erkannt und führten 1977 zur Gründung des Interessenverbandes **TEGOVOFA (The European Group of Valuers of Fixed Assets)**. In diesem Verband sind Vertreter der Immobilienberufe aus allen Mitgliedsstaaten der EU und darüber hinaus assoziierte Mitglieder aus anderen europäischen Ländern zusammengeschlossen.

Am 11. Mai 1997 wurde die TEGOVOFA mit ihrer 1992 gegründeten Schwesterorganisation **EU-ROVAL** zur **TEGoVA** verschmolzen. Bei der Verschmelzung wurde der Verband nach belgischem Recht registriert und darf sich als internationaler Verband bezeichnen. Die TEGoVA stellt zurzeit den einzigen europäischen Dachverband für die in der Bewertung von Immobilien, Zubehör, Einbauten und Ausrüstung tätigen Sachverständigen dar. Das primäre Ziel des Verbands liegt in der Formulierung und Veröffentlichung von Bewertungsstandards und in deren Verbreitung und Akzeptanz sowohl innerhalb Europas, als auch in den sich entwickelnden Märkten in Zentral- und Osteuropa. Mit dieser Zielsetzung wird die Nähe zum IVSC deutlich, das eine vergleichbare Agenda auf internationaler Ebene verfolgt.

Die **Richtlinien** der TEGoVA werden seit 1985 in den **European Valuation Standards (Blue Book)** veröffentlicht, deren Hauptziel die Harmonisierung der Bewertungspraxis in den verschiedenen Mitgliedsstaaten und der Europäischen Union ist. Das Blue Book lässt sowohl eine **große Übereinstimmung** mit den **International Valuation Standards der IVSC** als auch eine starke Anlehnung an das **Red Book** der **RICS** erkennen. Dies lässt sich auf die intensive Zusammenarbeit mit beiden Organisationen und die internationale Ausrichtung der TEGoVA zurückführen.

Die Harmonisierung der europäischen Immobilienbewertung wird über die Bestrebungen der TEGoVA hinaus, zusätzlich durch die für 2005 anstehende Pflicht für börsennotierte Unternehmen in Europa nach den International Accounting Standards (IAS) zu bilanzieren, vorangetrieben. Hier ist vor allem auf den „Fair Value" der IAS zu verweisen. Im Rahmen der Bilanzierung nach IAS können Immobilien zu ihrem **beizulegenden Zeitwert** (Fair Value) angesetzt werden (vgl. IASB, IAS 40; vgl. auch Kapitel 7.3 Rechnungswesen, insbesondere Immobilien-Rechnungslegung). Nach IAS 40 wird der beizulegende Zeitwert definiert als „der Betrag, zu dem ein Vermögenswert zwischen sachverständigen, vertragswilligen und voneinander unabhängigen Geschäftspartnern getauscht werden könnte." Des Weiteren wird hier festgehalten, dass der beizulegende Zeitwert „i.d.R." dem Marktwert entspricht, was als Schnittstelle zu den IVS und dem Blue Book gewertet werden kann. Die Richtlinie empfiehlt zudem den Zeitwert auf der Grundlage einer Bewertung durch einen unabhängigen Gutachter, der eine entsprechende berufliche Qualifikation und aktuelle Erfahrungen mit der Lage und Art der zu bewertenden Immobilie hat, zu bestimmen. Mit dem Inkrafttreten der **Bilanzierungspflicht** nach IAS in 2005 ist folglich eine große Nachfrage nach professioneller und standardisierter Immobilienbewertung zu Bilanzierungszwecken im europäischen Raum zu erwarten.

Ein weiterer Faktor in der Harmonisierung ist die wachsende Öffnung der RICS für eine standardisierte europäische Bewertung, die in der Neufassung des Red Book – im Besonderen im Schritt vom Open Market Value zum Market Value – ihren Ausdruck findet.

Abschließend lässt sich festhalten, dass die Harmonisierungsbestrebungen der IVSC in der Form des White Book und der TEGoVA in Europa, die nicht nur der Mitarbeit der Verbände, sondern auch der Unterstützung der einzelnen Sachverständigen bedürfen, trotz der beträchtlichen Schwierigkeiten einen entscheidenden Schritt in der Professionalisierung und Integration der europäischen Immobilienmärkte darstellen.

Literaturverzeichnis zu Kapitel 5.2

Bals, W.: Die ökonomische Position von Anteilinhabern offener Immobilienfonds – eine Analyse, in: Europäische Hochschulschriften: Reihe 5, Band 1501, Frankfurt 1994.

Bannermann, S.: Sensitivity Analysis for Property Appraisal, in: Journal of Property Valuation & Investment, No. 3, 1993, S. 248-256.

Baum, A.: Property investment depreciation and obsolence, London 1991.

Baum, A./Mackmin, D./Nunnington, N.: The Income Approach to Property Valuation, London 2002.

Colborne, A./Hall, P. C. L.: The Profits Method of Valuation, in: Journal of Property Valuation & Investment, No. 1, 1992, S. 43-49.

Connellan, O./Baldwin, R.: The Cost Approach to Valuation, in: Journal of Property Valuation & Investment, No. 1, 1992, S. 50-56.

Crosby, N.: Over-Rented Freehold Investment Property Valuations, in: Journal of Property Valuation & Investment, No. 2, 1991/1992, S. 517-524.

Crosby, N., in: Adair, A. et al.: European Valuation Practice-Theory an Techniques, London 1996, S. 265-303.

Crosby, N./Goodchild, R.: Reversionary Freeholds: Problems with Over-renting, in: Journal of Property Valuation & Investment, No. 1, 1992, S. 67-81

Downie, M. L./Schulte, K.-W./Thomas, M., in: Adair, A. et al.: European Valuation Practice – Theory and Techniques, London 1996, S. 125-152.

Enever,N./Isaac,D.: The Valuation of Property Investments, 6. Aufl., London 2002.

Falk, B. (Hrsg.): Immobilienhandbuch, Band 3, 3. Aufl., Landsberg/Lech 1992, Loseblattsammlung, 48. Nachlieferung, November 2002.

Freise, J.: Vergleichswertverfahren für bebaute Grundstücke, in: Grundstücksmarkt und Grundstückswert, Heft 2, 1993, S. 72-76.

Goodchild, R.: Valuation – Issues for the 1990s, in: Estates Gazette, 29. 2. 1992, S. 85-86.

Gop, R.: Kritik an deutschen Bewertungsmethoden, in: FAZ, 14. Oktober 1995, S. 49.

International Accounting Standards Board (Hrsg.): International Accounting Standards 2002: Deutsche Ausg., Stuttgart 2002.

Isaac, D./Steley, T.: Property Valuation Techniques, London 1991.

Johnson, T./Davies, K./Shapiro, E.: Modern Methods of Valuation of Land, Houses and Buildings, 9. Aufl., London 2000.

Keunecke, K. P.: Immobilienbewertung, Berlin 1994.

Kleiber, W.: WertR 02 : Wertermittlungsrichtlinien 2002, 8. Aufl., Köln 2003.

Kleiber, W./Simon, J./Weyers, G.: Verkehrswertermittlung von Grundstücken, 3. Aufl., Köln 1998.

Kleiber, W./Simon, J./Weyers, G.: Verkehrswertermittlung von Grundstücken, 4. Aufl., Köln 2002.

Klocke, W.: Wertermittlungsverordnung: Praxis, Wiesbaden 1990.

Mannek, Wilfried: Steuerliche Bedarfsbewertung für Zwecke der Erbschaft-/Schenkungsteuer, in: Der Sachverständige, Heft 7-8, 2000, S. 22-31.

Menorca, E. S.: Hotel Valuations: the Income Capitalisation Approach, in: Journal of Property Valuation & Investment, No. 3, 1993, S. 211-216.

Möckel, R., in: Gerardy, T./Möckel, R. (Hrsg.): Praxis der Grundstücksbewertung Band 2, Landsberg/Lech, Loseblattsammlung, 59. Nachlieferung, Februar 2003.

Morgan, J. F. W.: Internationale Immobilienbewertung aus der Sicht eines Chartered Surveyors, in: Der langfristige Kredit, Heft 12, 1989, S. 380-387.

Morgan, J. F. W./Harrop, M. J.: Neue Ansätze der Bewertung und Beurteilung von Anlageobjekten, in: Grundstücksmarkt und Grundstückswert, Heft 3, 1991, S. 128-132.

o. V.: Yields and rates of interest, in: Estates Gazette, 4. 9. 1993, S. 117-118.

RICS – The Royal Institution of Chartered Surveyors: Appraisal and Valuation Manual, London 2003, Loseblattsammlung, 5. Aufl., Februar 2003.

Ross, F.-W./Brachmann, R./Holzner, P.: Ermittlung des Bauwertes von Gebäuden und des Verkehrswertes von Grundstücken, 28. Aufl., Hannover 1997.

Rüchardt, K.: Bemerkungen zur Immobilienbewertung in Deutschland und Großbritannien, in: Grundstücksmarkt und Grundstückswert, Heft 6, 1991, S. 307-312.

Scarrett, D.: Property Valuation – The five methods, London 1991.

Schulz-Kleessen, W.-E.: Ertragswert/Liegenschaftszins, in: Der Sachverständige, Nr. 9, 1993, S. 12-16.

Simon, J.: Europäische Standards für die Immobilienbewertung, in: Grundstücksmarkt und Grundstückswert, Heft 3, 2000, S. 134–141.

Simon, J./Kleiber, W.: Schätzung und Ermittlung von Grundstückswerten: eine umfassende Darstellung der Rechtsgrundlagen und praktischen Möglichkeiten einer zeitgemäßen Verkehrswertermittlung, 7. Aufl., Neuwied 1996.

Sommer, G./Piehler, J. (Hrsg.): Grundstücks- und Gebäudewertermittlung für die Praxis, Freiburg i. Br. 1995, Loseblattsammlung, Stand 2003.

Sprengnetter, H. O.: Handbuch zur Ermittlung von Grundstückswerten, Band VI, o. O., Loseblattsammlung, 21. Ergänzungslieferung, Augst 2002.

Stannigel, H.: Beleihungswert und Beleihungsgrenze von Immobilien im Blickfeld des Kreditprüfers, in: Grundstücksmarkt und Grundstückswert, Heft 5, 1991, S. 244-245.

TEGoVA – The European Group of Valuers' Associations: European Valuation Standards 2003, Fifth Ed., London 2003.

Thomas, M.: Income Approach versus Ertragswertverfahren, in: Grundstücksmarkt und Grundstückswert, Heft 1, 1995a, S. 35-38 (Teil 1); Heft 2, 1995a, S. 82-90 (Teil 2).

Thomas, M.: Immobilienwertbegriffe in Deutschland und Großbritannien, in: Die Bank, Heft 5, 1995b, S. 263-268.

Zimmermann, P./Heller, R. E.: Der Verkehrswert von Grundstücken, München 1995.

5.3 Immobilienfinanzierung

Felix Iblher, Christoph Pitschke, Nico Rottke, Nicole Schreiber,
Marc Breidenbach, Dominik Lucius

5.3 Immobilienfinanzierung

Felix Iblher, Christoph Pitschke, Nico Rottke, Nicole Schreiber,
Marc Breidenbach, Dominik Lucius

5.3.1 Einführung

Felix Iblher

Das Eigenkapital der Investoren reicht i.d.R. zur Realisierung eines Objektes nicht aus, sodass andere Finanzierungsquellen einbezogen werden müssen. Selbst wenn Eigenkapital in ausreichendem Maße vorhanden ist, können im Einzelfall Gründe für eine anteilige Fremdfinanzierung sprechen, z.B. die steuerliche Bevorzugung des Fremdkapitals.

Zur Abdeckung der Finanzierungslücke zwischen geplanter Investitionssumme und einzusetzendem Eigenkapital bietet sich eine Vielzahl von Finanzierungsalternativen an. Neben den traditionellen Verfahren etablieren sich, ausgehend vom Gewerbeimmobilien-Sektor, zunehmend innovative Finanzierungsinstrumente, deren Entstehung sowohl auf Anbieter- als auch auf Nachfragerseite begründet ist (vgl. Abbildung 123). Die Auswahl des richtigen Finanzierungskonzeptes bildet letztlich die Voraussetzung für eine erfolgreiche Immobilieninvestition.

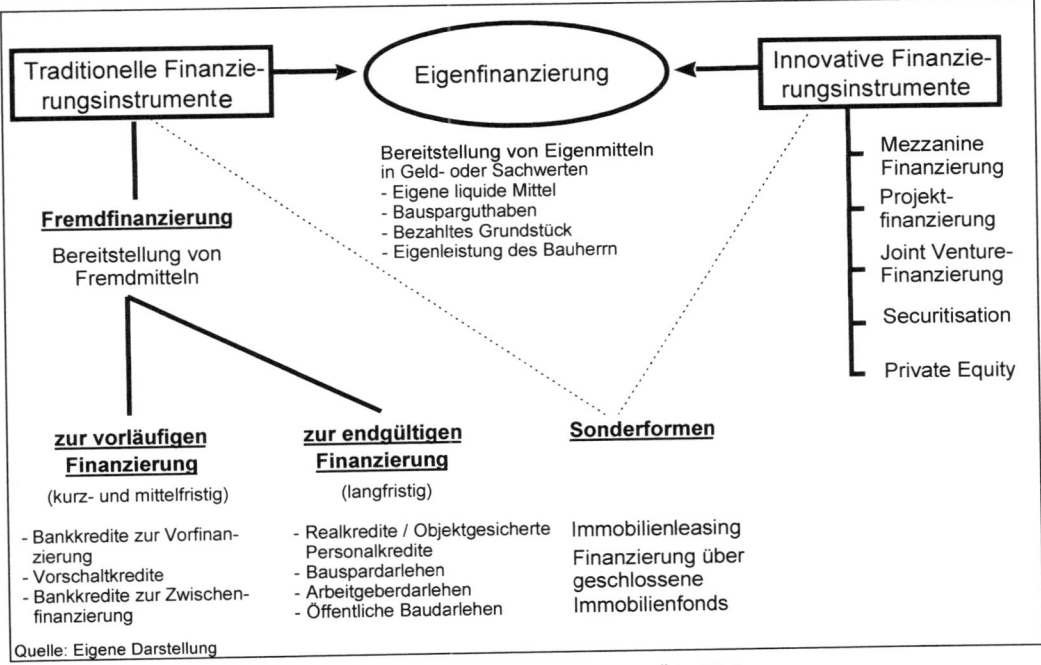

Abbildung 123: Instrumente zur Finanzierung von Immobilien im Überblick

5.3.2 Grundlagen

Felix Iblher, Christoph Pitschke

5.3.2.1 Systematisierung der Immobilienfinanzierung

Felix Iblher

5.3.2.1.1 Traditionelle Immobilienfinanzierung

Unter der traditionellen Finanzierung wird im Allgemeinen das grundpfandrechtlich gesicherte Darlehen im erstrangigen und im nachrangigen Finanzierungsraum verstanden. Dieses Finanzierungskonzept stellt heute die am häufigsten angewandte Finanzierungsmethode in der Bundesrepublik Deutschland dar.

Im Folgenden wird zunächst auf die Determinanten der Immobilienfinanzierung eingegangen.

Jede Finanzierung ist durch die Bestandteile Zins, Tilgung, Belastung und Steuervorteile gekennzeichnet. Zusammen mit der Darlehenshöhe ergibt sich aus diesen Bestandteilen die Belastung für den Kreditnehmer. Die zentrale Komponente bei der Finanzierungsplanung stellt der (monatliche) Kapitaldienst dar, welcher sich aus der Zins- und Tilgungsleistung, die zusammen Annuität bilden, bestimmt. Ergeben sich für den Kreditsuchenden zu hohe Belastungen, so ist sowohl die wirtschaftliche Existenz des Objektes als auch des Kreditnehmers gefährdet. Notwendig wird somit eine Finanzierungsplanung, die die Einflußfaktoren einer erfolgreichen Immobilienfinanzierung individuell an die Erfordernisse des Bauherrn anzupassen vermag (vgl. Tabelle 35).

Bei der Finanzierung müssen viele Einzelentscheidungen getroffen werden, die sich den Determinanten der Immobilienfinanzierung zuordnen lassen. Die Kenntnis und das Verstehen der Darlehenskonditionen sowie sämtlicher Neben- und Zusatzkosten bzw. anderer preisbeeinflussender Faktoren sind zunächst Grundvoraussetzung für einen Vergleich verschiedener Finanzierungsangebote.

Eine wichtige Rolle spielt das Zins- und Tilgungskonzept. Die Kauf- und damit die Finanzierungsnachfrage wird in erheblichem Maße durch das derzeitige und zukünftige Zinsniveau beeinflusst, da sich der maximale Kreditrahmen eines potenziellen Käufers an der erwarteten Höhe der Zinszahlungen und seiner finanziellen Tragfähigkeit orientiert.

Auch bei der Wahl des Finanzierungsinstrumentes hat das Zinsniveau eine entscheidende Bedeutung. In einer Niedrigzinsphase wird der rationale Bauherr sich für ein Darlehen mit einer langen Zinsbindungsfrist entscheiden, während er in einer Hochzinsphase nicht für lange Zeit an hohe Zinsen „gekettet" sein möchte. In letzterem Fall bietet sich für den Bauherrn eine **Vorschaltfinanzierung** an (vgl. Jenkis, S. 4). Diese Form des Baufinanzierungskredites, der überwiegend im Kontokorrent-Bereich (Personalkredit) angesiedelt ist, ermöglicht dem Kreditnehmer bei sinkendem

Zinsniveau einen schnellen Umstieg in langfristige (Dauer-)Finanzierungsmittel. Handelt es sich um einen dinglich gesicherten Überbrückungskredit, so spricht man von einer Vorschalthypothek.

Einflußfaktoren einer erfolgreichen Immobilien-Finanzierung				
Elemente der Immobilien-Finanzierung	Finanzierungs-ziele	Zielkonflikte	Finanzierungs-konzepte	Gesamt-konzept
- Zinsen	- Niedriger Zinsaufwand	z.B. Bauspar-darlehen:	- Zinskonzept	Schlüssiges Gesamtkon-zept, das auf die individu-ellen Verhält-nisse und auf die Art der Objektnutzung ausgerichtet ist
- Tilgung	- Schnelle Ent-schuldung	niedriger Zins-aufwand und schnelle Ent-schuldung, aber hohe monatliche Belastung sowie niedrige Verzinsung in der Anspar-phase	- Tilgungs-konzept	
- Belastung	- Niedrige (monat-liche) Belastung		- Belastungs-konzept	
- Steuern	- Hohe Steuer-ersparnis		- Steuerkonzept	

Tabelle 35: Einflußfaktoren einer erfolgreichen Immobilienfinanzierung

Eine andere Finanzierungsart stellt das (Bank-)**Vorausdarlehen** dar. Es handelt sich dabei um ein grundbuchlich abgesichertes Baudarlehen, dessen Tilgung ausgesetzt wird. Statt der Tilgung erfolgt eine Einzahlung auf einen bereits abgeschlossenen Bausparvertrag, bei dessen Zuteilung schließlich das Vorausdarlehen abgelöst wird.

Für den Kreditgeber sind diese Vorfinanzierungsformen, für die keine einheitlichen Begriffsverwendungen gebräuchlich sind, mit hohem Risiko behaftet. Einerseits werden sie häufig lediglich aufgrund persönlicher Bonität gewährt, andererseits stehen dinglich gesicherten Hypotheken oft noch keine tatsächlichen Sachwerte gegenüber, aus denen der Kreditgeber seine Forderungen befriedigen könnte. Folglich wird der Kreditgeber versuchen, das zusätzlich übernommene Risiko einer Zwischenfinanzierung mit einem höherem Zins und weiteren Sicherheiten abzudecken. Von einer **Zwischenfinanzierung** spricht man im Allgemeinen, wenn die endgültige Finanzierung rechtsverbindlich zugesagt ist, die Auszahlung dieses Darlehens allerdings erst zu einem späteren Zeitpunkt erfolgt (vgl. Jenkis, S. 5). Beispiele hierfür sind die verbindlich zugesagten I. und II. Hypotheken, die erst entsprechend dem Baufortschritt oder nach Baufertigstellung valutiert werden, wobei die Handwerkerrechnungen jedoch schon früher anfallen. Wenn aufgrund unzutreffender Kalkulationen oder wegen unerwarteter Ereignisse höhere Baukosten als geplant auftreten, kann eine **Nachfinanzierung** notwendig werden. Das Risiko der Baukostenüberschreitungen trägt allein der Bauherr, mit der Folge einer Eigenkapitalaufstockung, da eine Erhöhung des Kreditrahmens aufgrund der oben beschriebenen Determinanten oft schwierig bis unmöglich sein kann.

Neben dem Zinselement kommt der Darlehensrückzahlung (Tilgungselement) bei der Finanzierungsentscheidung hohe Bedeutung zu. Hier sind in der Praxis im Wesentlichen drei Varianten anzutreffen. Bei einem **Annuitätendarlehen** zahlt der Schuldner eine gleich bleibende Jahresrate (bestehend aus einem Zins- und Tilgungsanteil), wobei im Zeitablauf der Zinsanteil sinkt und der Tilgungsanteil steigt. Die Höhe der Annuität errechnet sich aus dem Produkt von Kreditsumme und Annuitätenfaktor. Die Formel zur Ermittlung des Annuitätenfaktors lautet:

$$\frac{i \times (1+i)^n}{(1+i)^n - 1} \qquad \text{wobei}: \quad i = \text{Zinssatz}, \quad n = \text{Anzahl der Jahre}$$

Um einen glatten Annuitätenbetrag zu erhalten, wird in Darlehensverträgen oftmals die so genannte abgerundete Annuität ermittelt. Sie ergibt sich aus dem Zinssatz und dem Tilgungssatz bezogen auf die ursprüngliche Darlehenssumme. Handelt es sich bei der zu ermittelnden Tilgungsdauer um keine glatte Zahl, so bedarf es zusätzlich der Ermittlung der Restzahlung.

Beispiel:

Darlehenssumme x Tilgungssatz	=	100.000 Euro x	1%
Darlehenssumme x Zinssatz	=	100.000 Euro x	8%
Annuität	=	9.000 Euro	

Die Berechnung der Tilgungsdauer errechnet sich nach der Formel:

Annuität	=	Barwert (K_0)	x	Annuitätenfaktor
9.000	=	100.000	x	0,09

Der errechnete Annuitätenfaktor von 0,09 für einen Zinssatz von 8% liegt zwischen den Annuitätenfaktoren für 28 Jahre (0,0949) und 29 Jahre (0,0896). Zur Darlehenstilgung muss folglich 28mal die volle Annuität sowie eine Restzahlung in Höhe von 5.034,07 Euro entrichtet werden. Diese lässt sich folgendermaßen errechnen:

Darlehensbetrag in t_0		100.000,00 Euro
./. Annuität x Rentenbarwertfaktor	9.000 x 11,0510784	99.459,71 Euro
Darlehensrestschuld bezogen auf t_0		540,29 Euro

Da dieser Betrag dem Darlehensnehmer insgesamt 29 Jahre zur Verfügung stand, müssen hierauf für diesen Zeitraum noch Zinsen berechnet werden.

$$\text{Restzahlung} \quad = \quad 540,29 \text{ Euro} \ \times \ (1 + 0,08)^{29}$$

$$= \quad 5.034,07 \text{ Euro}$$

Eine zweite, allerdings selten verwendete Form ist das **Abzahlungs- oder Ratendarlehen**. Hier findet die Tilgung in jährlich gleich bleibenden Raten statt, während die zu zahlenden Zinsen jeweils nur noch auf die Restschuld berechnet werden und so die zu zahlende Jahresleistung von Jahr zu Jahr abnimmt. Eine letzte Variante, das **endfällige Darlehen**, ist dadurch gekennzeichnet, dass während der Laufzeit lediglich Zinszahlungen anfallen, die Tilgung aber bis zum Ende der Laufzeit ausgesetzt wird. Eine endfällige Tilgung wird meist bei der Kombination einer Hypothek mit einem Bauspar- oder Lebensversicherungsvertrag genutzt. Hypothekarkredite sind i.d.R. mit einer Tilgung von 1% im Jahr zu festen oder variablen Zinskonditionen ausgestattet, während Bauspardarlehen, deren Darlehenszins über die gesamte Laufzeit fest ist, eine wesentlich schnellere Tilgung mit 5% – 7% im Jahr vorschreiben.

Tabelle 36 stellt die drei Finanzierungsalternativen Annuitäten-, Abzahlungs- und Festdarlehen gegenüber. Zugrunde gelegt wurden ein Fremdkapitalbedarf von 300.000, ein Nominalzins von 8% und eine Laufzeit von 15 Jahren. Die Auszahlung des Darlehens erfolgt zum 1.1. des Jahres t_1 zu 100%, die Zins- und Tilgungsverrechnung geschieht monatlich. Alle Angaben erfolgen in Euro und beziehen sich auf das jeweilige Gesamtjahr.

Annuitätendarlehen

Jahr	Restschuld (Jahresanfang)	Zinsen	Tilgung	Kapitaldienst	Restschuld (Jahresende)
1	300.000,00	24.000,00	11.048,86	35.048,86	288.951,14
2	288.951,14	23.116,09	11.932,77	35.048,86	277.018,36
3	277.018,36	22.161,47	12.887,39	35.048,86	264.130,97
4	264.130,97	21.130,48	13.918,39	35.048,86	250.212,58
5	250.212,58	20.017,01	15.031,86	35.048,86	235.180,73
6	235.180,73	18.814,46	16.234,41	35.048,86	218.946,32
...	...	...	...	...	...
14	62.501,40	5.000,11	30.048,75	35.048,86	32.452,65
15	32.452,65	2.596,21	32.452,65	35.048,86	0,00
Σ		225.732,95	300.000,00	525.732,95	

Abzahlungsdarlehen

Jahr	Restschuld (Jahresanfang)	Zinsen	Tilgung	Kapitaldienst	Restschuld (Jahresende)
1	300.000,00	24.000,00	20.000,00	44.000,00	280.000,00
2	280.000,00	22.400,00	20.000,00	42.400,00	260.000,00
3	260.000,00	20.800,00	20.000,00	40.800,00	240.000,00
4	240.000,00	19.200,00	20.000,00	39.200,00	220.000,00
5	220.000,00	17.600,00	20.000,00	37.600,00	200.000,00
6	200.000,00	16.000,00	20.000,00	36.000,00	180.000,00
...	...	...	...	...	...
14	40.000,00	3.200,00	20.000,00	23.200,00	20.000,00
15	20.000,00	1.600,00	20.000,00	21.600,00	0,00
Σ		192.000,00	300.000,00	492.000,00	

Festdarlehen

Jahr	Restschuld (Jahresanfang)	Zinsen	Tilgung	Kapitaldienst	Restschuld (Jahresende)
1	300.000,00	24.000,00	0	24.000,00	300.000,00
2	300.000,00	24.000,00	0	24.000,00	300.000,00
3	300.000,00	24.000,00	0	24.000,00	300.000,00
4	300.000,00	24.000,00	0	24.000,00	300.000,00
5	300.000,00	24.000,00	0	24.000,00	300.000,00
6	300.000,00	24.000,00	0	24.000,00	300.000,00
...	...	...	...	...	...
14	300.000,00	24.000,00	0	24.000,00	300.000,00
15	300.000,00	24.000,00	300.000	324.000,00	0,00
Σ		360.000,00	300.000,00	66.000,00	

Tabelle 36: Modellrechnung verschiedener Darlehensformen

Anhand der Tabelle wird deutlich, dass die drei Finanzierungsalternativen unterschiedliche Bindungsverläufe besitzen. Graphisch dargestellt sind diese in Abbildung 124.

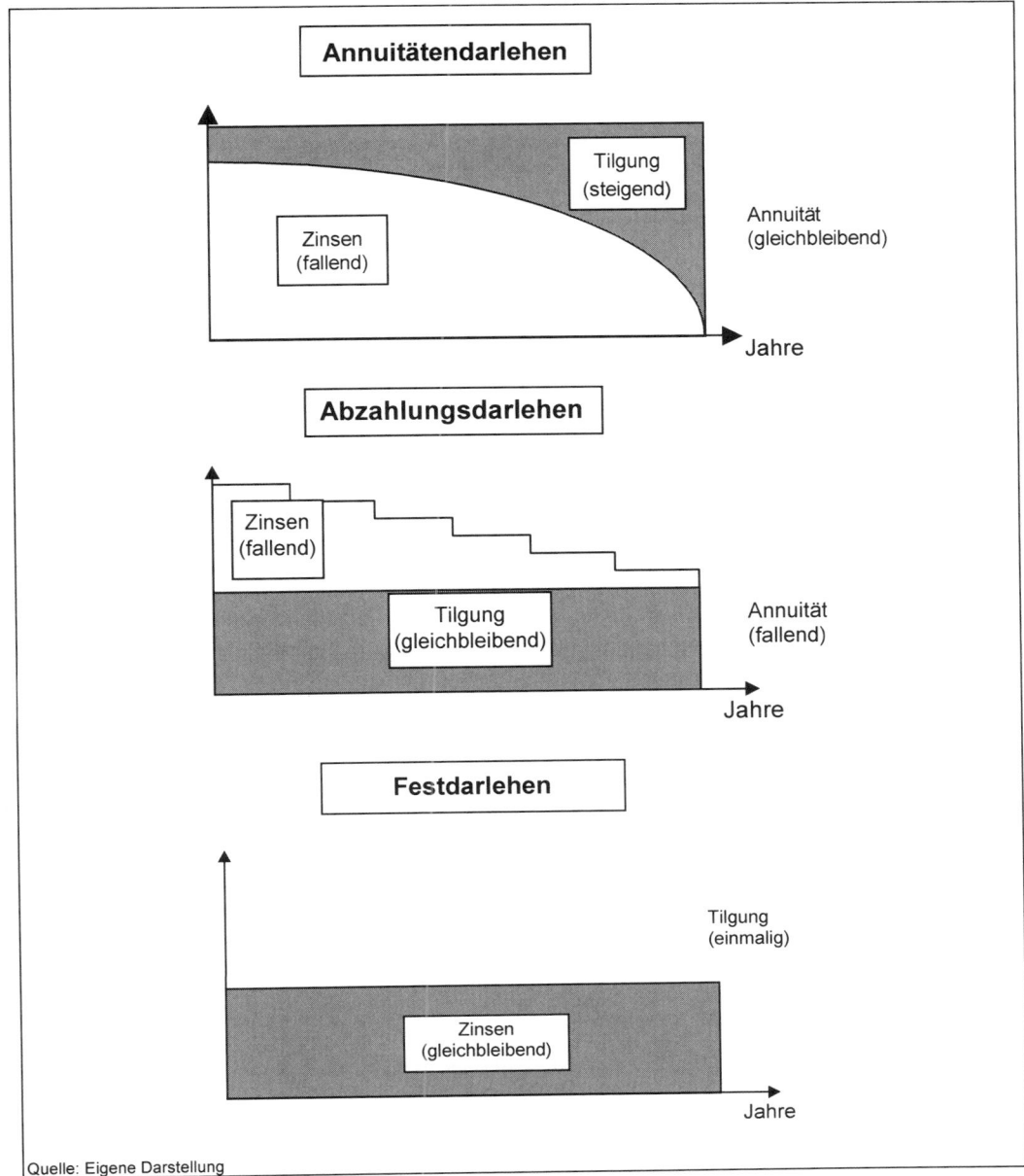

Abbildung 124: Bindungsverläufe verschiedener Darlehensformen

Neben den zuvor beschriebenen Determinanten Zinsen, Tilgung und Darlehenshöhe sind im Rahmen der Finanzierungsplanung auch steuerliche Auswirkungen zu berücksichtigen.

5.3.2.1.2 Innovative Finanzierung

Üblicherweise werden die Grenzen der traditionellen Finanzierung durch den Deckungsumfang, der seinerseits durch das Einkommen und den Wert der Immobilie festgelegt wird, determiniert. Im Allgemeinen können damit zwischen 70 bis 75% der Herstellungskosten der Immobilie abgesichert werden. Dies entspricht i.d.R. einer bis zu 60% des Beleihungswertes erstrangig abgesicherten Hypothekenfinanzierung und einem 20-prozentigen Nachrangdarlehen, welches üblicherweise durch die Bonität des Kreditnehmers abgesichert wird.

Bei dieser Vorgehensweise ergeben sich allerdings zwei Probleme:

- Größenordnungen der heutigen Projekte überschreiten oftmals die erforderlichen Eigenmittelressourcen der Projektentwickler.

- Eine weitergehende Finanzierung besteht in dem Ersatz von Eigenkapital durch fremde Mittel. Gleichsam bedeutet dies eine Zunahme des Risikos des Kreditgebers, ohne die Beteiligung am Gewinn bzw. an den unternehmerischen Entscheidungen.

Aus dieser Situation entstand der Bedarf nach alternativen Finanzierungskonzepten, insbesondere für große Immobilienprojekte.

Zu den **innovativen Finanzierungsformen**, die in der deutschen Finanzierungslandschaft mittlerweile eine gewisse Verbreitung erlangt haben, gehören die Mezzanine-Finanzierung, die Participating Mortgage-Finanzierung, Real Estate Private Equity, das Immobilienleasing und die Real Estate Securitisation.

5.3.2.2 Zivilrechtliche Grundlagen der Finanzierung
Felix Iblher

5.3.2.2.1 Darlehensvertrag

Die Grundform der langfristigen Fremdfinanzierung (Laufzeit größer als vier Jahre) ist das Darlehen, welches die Überlassung von Geld für eine gewisse Zeit beinhaltet. Der Begriff Kredit kann weiter als der des Darlehens verstanden werden. In diesem Zusammenhang soll er aber synonym benutzt werden.

Ein **Darlehensvertrag** ist ein „schuldrechtlicher Vertrag, durch den vertretbare Sachen [...] in das Vermögen des Darlehensnehmers übertragen werden und die Abrede getroffen wird, Sachen gleicher Art, Güte und Menge zurückzuerstatten" (Putzo, S. 668). Der Darlehensgeber verpflichtet sich zur Überlassung der vereinbarten Geldmittel an den Darlehensnehmer, welcher die Zahlung der vereinbarten Gebühren und Darlehenszinsen sowie die Rückzahlung des Darlehensbetrages zusagt. Der Darlehensvertrag enthält entsprechende Vereinbarungen über die Art, Höhe, Laufzeit, Tilgung und Kündigungsmöglichkeiten des Kredits. Außerdem spezifiziert er die Kosten und die Besicherung des Kredits sowie den Gerichtsstand und umfasst Allgemeine Geschäftsbedingungen. Der Vertrag endet durch Ablauf der Zinsbindungsfrist oder durch Zeitablauf.

Der Darlehensvertrag unterliegt dem Verbraucherkreditgesetz, welches seit dem 01.01.2002 Teil des BGB ist. Daher muss er nach § 492 Abs. 1 Satz 1 BGB Schriftform aufweisen, anderenfalls ist er nichtig (§ 494 Abs. 1 BGB). Zumindest die Erklärung des Kreditnehmers muss eigenhändig unterschrieben werden. Eine Unterzeichnung mit Hilfe von Unterschriftsstempel, Faksimile oder anderen mechanischen Hilfsmittel ist nicht zugelassen. Zur Erfüllung der Schriftform kann die Urkunde entweder vom Darlehensnehmer durch eigenhändige Namensunterschrift oder durch notariell beglaubigtes Handzeichen unterzeichnet werden (§ 126 Abs. 1 BGB).

Durch diese relativ strikte Regelung soll der Verbraucher vor übereilten Entscheidungen geschützt werden. Es soll ihm ausreichend Möglichkeit gegeben werden, sich über die mit dem Vertrag verbundenen finanziellen Belastungen zu informieren und Angebote verschiedener Anbieter zu vergleichen.

Bei der immer öfter nachgefragten **internetbasierten Immobilienfinanzierung** ergibt sich die Problematik, dass keine der Alternativen zur Erfüllung der Schriftform im Rahmen einer über den Computer getätigten Geschäftstransaktion realisierbar ist.

Um diesen Missstand zu beseitigen, erließ der Gesetzgeber am 16.05.2001 das Gesetz über Rahmenbedingungen für elektronische Signaturen (SigG 2001). Das Signaturgesetz spezifiziert drei Arten von elektronischen Signaturen – die elektronische, die fortgeschrittene elektronische und die qualifizierte elektronische Signatur (§ 2 Nr. 1-3 SigG 2001). Die Rechtswirkung der elektronischen Unterschrift ist Gegenstand des Gesetzes zur Anpassung der Formvorschriften des Privatrechts an den modernen Rechtsgeschäftsverkehr. Dieses Gesetz führt zwei neue Formvorschriften ein – die elektronische sowie die Textform (§§ 126a, 126b BGB). Die elektronische Form ersetzt im elektronischen Geschäftsverkehr die eigenhändige Unterschrift, wenn das Dokument eine qualifizierte elektronische Signatur aufweist. Die qualifizierte elektronische Signatur kann ausschließlich ihrem Inhaber zugeordnet werden und erlaubt dessen Identifizierung. Außerdem beruht sie auf einem gültigen qualifizierten Zertifikat (§ 2 Nr. 1-3, 6,7 sowie § 7 SigG 2001). Operativ wird die qualifizierte elektronische Signatur derzeit mittels einer Chipkarte und PIN ermöglicht. Mit einem an den Computer angeschlossenen Lesegerät können Dokumente elektronisch signiert werden.

Die qualifizierte elektronische Signatur leistet dementsprechend die Erfüllung der bisherigen Schriftformerfordernisse. Daher böte sie beste Voraussetzungen zur effektiven und vergleichsweise einfachen elektronischen Unterzeichnung eines Darlehensvertrags, bei der Kosten für den Anbieter sowie den Kunden gespart werden und eine Verkürzung der Dauer bis zur Auszahlung der Finanzierungsmittel erreicht wird. Das BGB schließt den Abschluss des Darlehensvertrags in elektronischer Form und damit die Anwendung der digitalen Signatur für Darlehensverträge bisher jedoch explizit aus (§ 492 Abs. 1 Satz 2 BGB). Der Online-Darlehensabschluss wird dadurch in Deutschland zurzeit verhindert. Grund für die Regelung sind die auch auf europäischer Ebene verfolgten politischen Zielsetzungen, das unwiderrufliche Eingehen von finanziell folgenschweren Entscheidungen von Privatpersonen per Mausklick zu verhindern und die Überschuldung privater Haushalte in der EU zu bekämpfen (vgl. Iblher, S. 241ff.).

Das Kündigungsrecht eines Kreditvertrages bestimmt sich nach den vertraglichen Regelungen zwischen Kreditgeber und Kreditnehmer oder – wenn vertraglich keine Vereinbarung getroffen wurde – nach den Vorschriften des § 489 BGB. Darlehen mit veränderlichem Zinssatz können demnach jederzeit mit einer Kündigungsfrist von drei Monaten gekündigt werden. Für Darlehen mit Festzinssatz besteht für die Dauer der Zinsbindung grundsätzlich kein Kündigungsrecht. Die Höchstbindungsdauer beträgt 10 Jahre, sodass der Kreditnehmer ein Darlehen mit einer vereinbarten Zinsbindungsdauer von mehr als 10 Jahren, nach Ablauf von 10 Jahren nach der Auszahlung unter Einhaltung einer Frist von sechs Monaten kündigen kann. Während der Kreditnehmer somit eine Kündigungsoption hat, ist die Bank an ihre zugesagte Beibehaltung der Zinskonditionen über die 10 Jahre hinaus gebunden (vgl. § 489 Abs. 1 Nr. 3 BGB).

5.3.2.2.2 Versicherungsvertrag

Beim **Versicherungsdarlehen** werden ein Darlehens- und ein Versicherungsvertrag gekoppelt. Für den Darlehensvertrag und die Sicherung der Rückzahlungsansprüche gelten die oben genannten Punkte. Zusätzlich zu dem Darlehensvertrag wird ein Versicherungsvertrag zwischen Versicherer, der nicht notwendigerweise identisch mit dem Darlehensgeber sein muss, und Versicherungsnehmer abgeschlossen (vgl. Goll/Steinhaus, S. 4ff.). Nach Antrag des Versicherungsnehmers und positiver Entscheidung durch den Versicherer kommt es mit Übersendung und Zugang des Versicherungsscheins innerhalb der Bindungsfrist zum Vertragsschluss. Der Versicherer ist branchenüblich während einer Dauer von sechs Wochen an das von ihm abgegebene Angebot gebunden (vgl. Goll/Steinhaus, S. 26). Der Versicherungsschein enthält die beiderseitigen Leistungsverpflichtungen wie Versicherungssumme, Beginn und Ablauf der Versicherung, Tarif, sowie Beitragshöhe, Zahlungsweise und -dauer. Damit die Darlehensschuld am Ende der Laufzeit mit der Versicherungsleistung getilgt wird, wird eine schuldrechtliche Tilgungsvereinbarung oder eine Abtretung der Versicherungsleistung an den Kreditgeber vereinbart. Der Abtretungsgläubiger erwirbt durch die Abtretung die gesamten Gestaltungs- und Leistungsrechte aus dem Versicherungsvertrag. Abtretungsberechtigt ist der verfügungsberechtigte Versicherungsnehmer, wobei der Abtretungsvertrag keinen Formvorschriften unterliegt (vgl. Schöpe, S. 44).

5.3.2.3 Sachenrechtliche Grundlagen der Finanzierung

Felix Iblher

Zur Sicherung der Rückzahlungsansprüche werden bei Immobilienfinanzierungen i.d.R. Realsicherheiten bestellt. Der Darlehensnehmer verpflichtet sich, unter Berücksichtigung der relevanten Wirksamkeitserfordernisse wie notarielle Beurkundung und Grundbucheintrag eine Sicherheit für den Darlehensgeber einzurichten. Diese Sicherheit wird in Form eines Grundpfandrechtes realisiert, welches eine Verpfändung von unbeweglichem Vermögen darstellt (dingliche Sicherung). **Grundpfandrechte** werden ins Grundbuch eingetragen. Das Grundbuch ist ein öffentliches Register über die Rechtsverhältnisse an Grundstücken sowie Erbbaurechten und Wohneigentum, welches (außer in Baden-Württemberg) von den Grundbuchämtern bei den Amtsgerichten geführt wird. Zu den Grundpfandrechten zählen neben der Rentenschuld vor allem Hypotheken und Grundschulden. Allgemein versteht man unter Grundpfandrechten die Verpfändung von Grundstücken und anderen Gegenständen zur Sicherung von Forderungen in der Weise, dass bei Zahlungsverzug aus dem Grundstück Geldleistungen zur Bedienung der Forderungen durch das Instrument der Zwangsvollstreckung forciert werden können. Die Ausgestaltungsformen Hypothek und Grundschuld räumen dem Darlehensgeber als Sicherungsnehmer ein Verwertungsrecht an dem Grundstück des Darlehensnehmers oder eines Dritten als Sicherungsgeber ein (vgl. Jährig/Schuck, S. 295ff.). Hypothek und Grundschuld unterscheiden sich durch ihre unterschiedliche Beziehung zur Forderung aus dem Darlehensvertrag.

Die **Hypothek** ist das zur Sicherung einer persönlichen Forderung bestimmte dingliche Recht, aufgrund dessen der Berechtigte (= Gläubiger) Befriedigung aus dem Grundstück verlangen kann. Die Hypothek ist streng akzessorisch, d.h. sie entsteht nur, wenn auch die zu sichernde Forderung entstanden ist. Wenn das Darlehen z.B. nicht ausgezahlt wird, eine Hypothek aber bereits bestellt wurde, ist sie als solche nicht entstanden. Wird der Gläubiger später aus dem Grundstückserlös nicht oder nicht ganz befriedigt, kann er die persönliche Forderung noch während der nächsten 30 Jahre aufgrund eines vollstreckbaren Schuldtitels betreiben. Der Hypothekenbrief kann, ohne dass die Änderung im Grundbuch eingetragen sein muss, abgetreten, verpfändet oder sonst im Geschäfts- oder Privatleben verwendet werden. Die Akzessorität bewirkt, dass mit der Abtretung einer durch eine Hypothek gesicherten Forderung automatisch auch die Hypothek auf den neuen Gläubiger übergeht, d.h. Forderung und Hypothek sind unzertrennbar. Soweit die der Hypothek zugrunde gelegte Forderung durch den Eigentümer zurückgezahlt ist, wandelt sich die Hypothek gemäß § 1177 Abs. 1 BGB in eine Eigentümergrundschuld.

Im Gegensatz zur Hypothek ist die **Grundschuld** nicht vom Bestand einer Forderung abhängig und damit ein abstraktes Sicherungsrecht. Sie stellt schlechthin die zu zahlende Schuld dar, unabhängig von der Existenz eines Schuldscheins, eines Schuldtitels einer Forderung oder ähnlichem (vgl. §§ 1191, 1192 BGB). Dies macht die Grundschuld zu einem deutlich flexibleren Sicherungsinstrument als die akzessorische Hypothek. Die Grundschuld ist nicht auf eine bestimmte Forderung beschränkt, Forderungen können ausgewechselt werden oder es können mehrere Forderungen gesichert sein. Bei der Grundschuld wird die Beziehung zu einer Forderung nicht, wie bei der Hypothek, kraft Gesetz hergestellt, sondern durch einen Sicherungsvertrag, die so genannte Sicherungszweckerklärung, der laufend geändert und damit den jeweiligen Erfordernissen angepasst werden kann. Die genannten Vorteile haben dazu geführt, dass i.d.R. die Grundschuld, nicht die Hypothek, als Sicherungsinstrument im Rahmen der Immobilienfinanzierung bevorzugt wird. In der Praxis wird häufig auch dann von Hypothekendarlehen gesprochen, wenn eine Grundschuld zugrunde liegt.

Das durch ein **Grundpfandrecht** erlangte Maß der Sicherheit richtet sich nach dem Rang des Grundpfandrechtes im Grundbuch. Der Rang beschreibt die Reihenfolge, die für die Befriedigung der Gläubiger in der Zwangsversteigerung maßgeblich ist. Der Inhaber eines erstrangigen Grundpfandrechtes wird zuerst befriedigt, Inhaber nachrangiger Grundpfandrechte folgen an nachgeordneter Stelle. Gleichrangige Sicherheiten werden anteilig befriedigt. Demnach ist das erstrangige Grundpfandrecht sicherer als das zweitrangige, dieses wiederum sicherer als ein drittrangiges. Die Sicherheit erstrangiger Grundpfandrechte im Sinne eines Nichtausfalls in der Zwangsversteigerung rührt vielfach aus den für gewisse Darlehensgeber gesetzlich festgelegten Beleihungsgrenzen her (vgl. Reeb, S. 252). Sie bezeichnen den Wert, bis zu dem ein Grundstück nach gesetzlichen und/oder satzungsmäßigen Vorschriften mit Grundpfandrechten belastet werden darf (§ 11 Hyp-BankG).

5.3.2.4 Anbieter von Immobilienfinanzierungen
Felix Iblher

Der deutsche Markt der Anbieter von Immobilienfinanzierungen kann durch eine Zweiteilung charakterisiert werden. Einerseits existieren Universalanbieter, die nebeneinander verschiedene Arten von Immobilien finanzieren. Andererseits gibt es Anbieter, die sich auf die Finanzierung eines bestimmten Immobilientyps beschränken. Im Folgenden soll nach einem Überblick über die Marktstrukturen zuerst auf die Universal- dann auf die Spezialanbieter eingegangen werden.

5.3.2.4.1 Marktstrukturen und -entwicklungen aus Anbietersicht

Der Markt für Finanzierungen ist stark von deutschen Anbietern dominiert. Dies rührt von der hohen Wettbewerbsintensität, die in den letzten drei Jahrzehnten des vergangenen Jahrtausends durch die Kreditbanken verstärkt wurde. Des Weiteren herrscht auf dem deutschen Markt verglichen mit anderen europäischen Ländern eine sehr hohe Vielfalt an Finanzierungsangeboten, sodass es für ausländische Anbieter schwierig ist, sich auf dem deutschen Markt zu etablieren (vgl. Jokl, S. 67).

Der Markt für Wohn- und Gewerbeimmobilienfinanzierungen wird durch Zusammenschlüsse geprägt. Im europäischen Vergleich weist der deutsche Markt für Bankdienstleistungen die geringste Konzentration auf. Dementsprechend wird eine stärkere Konsolidierung erwartet. Bei den Hypothekenbanken ist bereits ein klarer Konzentrationstrend zu attestieren. Sie reagieren damit auf die Nachfrage von internationalen Investoren und Ratingagenturen nach global platzierten Jumbopfandbriefen und diversifizierten Produkten wie strukturierten Finanzierungen und alternativen Finanzierungsinstrumenten (vgl. Iblher/Lucius, S. 82ff.). Vor dem Hintergrund eines schrumpfenden Kreditgeschäfts und fast ausschließlichem Wachstum des Auslandsgeschäfts, versuchen die Hypothekenbanken auch durch die Erweiterung der Geschäftstätigkeit auf ausländische Märkte den neuen Anforderungen gewachsen zu sein (vgl. Spitzkopf, S. 614f.).

Das Universalbankprinzip tritt dabei zunehmend an die Stelle der starken Spezialisierung, die der Gesetzgeber mit der Einführung des Hypothekenbankgesetzes 1900 und dessen Spezialbankenprinzip eingeläutet hatte. Bei der Universalbank endet der Trend zu größeren Konzernen allerdings noch nicht. Es entstehen vielmehr durch große Akquisitionen und Fusionen Allfinanzkonzerne, die die ganze Palette an Finanzdienstleistungen anbieten.

Im Bereich der Refinanzierung verändern sich mit den neuen Vorschlägen zur Eigenkapitalunterlegung der Europäischen Kommission einerseits und der Bank für internationalen Zahlungsausgleich („Basel II") andererseits auch die Eigenkapitalanforderungen für Immobilienfinanzierer. Da Hypothekenkredite in Europa weit überwiegend in der Bilanz stehen, sind sie mit Eigenkapital zu unterlegen. Der Wettbewerb zwischen den Mitteln der Refinanzierung Pfandbrief und den im angloamerikanischen Raum populären Mortgage Backed Securities (MBS), die nicht in der Bilanz der Bank erscheinen, könnte durch diese Regelungen zugunsten der MBS beeinflusst werden (vgl. Hardt, S. 336ff.; O'Reilly/Hardt, S. 122ff.).

5.3.2.4.2 Kategorisierung der Anbieter

Sieben Gruppen von Anbietern von und Vermittlern bei Immobilienfinanzierungen sollen im Folgenden beschrieben werden.

Kreditbanken

Die Gruppe der Kreditbanken setzt sich zusammen aus den Großbanken (Dresdner Bank, Deutsche Bank, Commerzbank und Bayerische Hypo- und Vereinsbank), den Regionalbanken und sonstigen Kreditbanken (einschließlich der Privatbankiers sowie der Deutschen Postbank AG) und den Zweigstellen ausländischer Banken. Es handelt sich um privatrechtliche Unternehmensformen, die grundsätzlich alle Bankgeschäfte mit Ausnahme des Pfandbriefgeschäfts betreiben. Im Kreditgeschäft überwiegen die kürzerfristigen Ausleihungen. Deshalb erfolgt die Refinanzierung zum größeren Teil über den Geldmarkt und über die Passivseite ihrer Bilanz. Kreditbanken emittieren zudem Bankschuldverschreibungen (vgl. Jenkis, S. 18). Aufgrund der breiten Palette an Refinanzierungsmöglichkeiten bieten die Kreditbanken Hypothekardarlehen mit einer weiten Spanne von Zinsen an. Dabei unterliegen die Ausleihungen keinerlei rechtlichen Restriktionen hinsichtlich des Beleihungsumfangs. Die Kreditvergabe orientiert sich neben der Werthaltigkeit des Objektes auch an den persönlichen finanziellen Verhältnissen des Darlehensnehmers, sodass die Grenzen zwischen Hypothekar- und Personalkredit, bzw. zwischen erstrangigem und nachrangiger Finanzierung verschwimmen (vgl. Jokl, S. 81f.). Zunehmend werden die deutschen Banken auch im Geschäft mit innovativen Immobilienfinanzierungen aktiv.

Sparkassen, Girozentralen und Landesbanken

Die Sparkassen sind überwiegend öffentlich-rechtliche Sparkassen und dann als Anstalten des öffentlichen Rechts organisiert, daneben verbleiben einige wenige freie Sparkassen, die Stiftungen des privaten Rechts oder wirtschaftliche Vereine sind. Als gemeinnützige Kreditinstitute haben sie den öffentlichen Auftrag, die Kreditversorgung der Bevölkerung sowie die sichere Geldanlage in ihrem Geschäftsgebiet sicherzustellen. Die Gewährung von Realkrediten ist ein besonderer Schwerpunkt in der durch die Sparkassengesetze der Länder und der jeweiligen Satzung festgelegten Geschäftstätigkeit. Als örtliche Kapitalsammelstellen akkumulieren sie in bedeutendem Maße Geldkapital, welches traditionell zur Gewährung kleiner und mittlerer Hypotheken genutzt wird (vgl. Jenkis, S. 25f.).

Der Sparkassenbereich ist dreistufig organisiert. Über den Sparkassen auf der lokalen Ebene stehen die Landesbanken/Girozentralen auf der Länderebene. Auf der dritten Ebene ist die DEKA Bank angesiedelt, die Spitzeninstitut des Sparkassenbereichs ist und sich wie die Landesbanken durch die Ausgabe von Kommunalobligationen und Pfandbriefen refinanziert. Zudem können Landesbanken, Girozentralen und größere Sparkassen sonstige Bankschuldverschreibungen emittieren. Da die Sparkassen auf der untersten Ebene nicht das Recht zur Emission von Kommunalobligationen und Pfandbriefen besitzen, nutzen sie die Bankschuldverschreibungen in Form von Sparkassenbriefen bzw. Sparkassenobligationen als Mittel zur Kapitalbeschaffung. Da die Sparer diese Papiere mit einer Laufzeit von 4-10 Jahren als nahezu gleichwertig zu Kommunalobligationen oder Pfandbriefen ansehen, haben die Sparkassen ein mächtiges Instrument der Refinanzierung in der Hand, welches sie auch ohne Pfandbriefprivileg in die Lage versetzt, Hypotheken mit einer Laufzeit von bis zu zehn Jahren zu gewähren. Dies ist einer der Gründe für die starke Stellung der Sparkassen in der Wohnungsbaufinanzierung. Die zusätzlich wegen der vielen Bankstellen sehr ortsnahe Tätigkeit beim Kunden lässt sie in besonderem Maße in Konkurrenz zu den Pfandbriefinstituten treten (vgl. Jokl, S. 79f.).

Zweite Quelle der Refinanzierung der Sparkassen und sämtlicher anderer Kreditinstitute ist der so genannte Bodensatz, ein durch das Bundesaufsichtsamt für das Kreditwesen bestimmter Prozentsatz der Sicht- und Termineinlagen, der ständig zur Verfügung steht und zur Finanzierung langfristiger Darlehen verwandt werden kann.

Im Bereich der Gewerbeimmobilienfinanzierung stellen die Sparkassen eine bedeutende Finanzierungsquelle für mittelständische Unternehmen dar. Im spezifischen Feld der innovativen Immobilienfinanzierung agieren auf Seite der Sparkassen wegen der meist großen Volumina hauptsächlich die Landesbanken.

Kreditgenossenschaften

Auch die Kreditgenossenschaften gehören zu den Universalbanken. Sie verstehen sich als eine einheitliche genossenschaftliche Bankengruppe, die die ursprünglich gewerblich orientierten Volksbanken und die ursprünglich als ländliche Kreditgenossenschaften geführten Raiffeisenbanken umfasst. Mit dem größten Bankstellennetz in Deutschland suchen die Kreditgenossenschaften größtmögliche räumliche Kundennähe, wobei sie speziell den Kunden verpflichtet sind, die als Mitglieder Eigenkapital investiert haben. Im Rahmen des Genossenschaftsverbundes, dem auch Hypothekenbanken und die Bausparkasse Schwäbisch Hall angehören, bieten sie eine breite Palette an wohnungsorientierten Finanzierungsmöglichkeiten an. Die Darlehensvergabe der Genossenschaftsbanken ist wie die der Kreditbanken nicht durch rechtliche Beschränkungen des Beleihungsraums limitiert.

Ähnlich der Struktur bei den Sparkassen dienen den regional tätigen Kreditgenossenschaften Genossenschaftliche Zentralbanken zur Refinanzierung. Allerdings haben diese kein Emissionsrecht für Kommunalobligationen und Pfandbriefe. Zu Zwecken der Refinanzierung begeben die genossenschaftliche Zentralbanken statt dessen Bankschuldverschreibungen. Das Spitzeninstitut, die durch die Fusion der DG Bank und der GZ Bank entstandene DZ Bank, besitzt zusätzlich das den Zentralbanken fehlende Emissionsrecht.

Die Rolle der Kreditgenossenschaften bei der Gewerbeimmobilienfinanzierung verhält sich ähnlich wie die der Sparkassen. Die innovative Immobilienfinanzierung liegt für die Kreditgenossenschaften bisher weniger im Fokus.

Realkreditinstitute

Im Gegensatz zu den Universalbanken sind die Realkreditinstitute neben den Bausparkassen und den Kreditinstituten mit Sonderaufgaben Spezialbanken.

Realkreditinstitute sind durch das über 100 Jahre bestehende Hypothekenbankgesetz (HBG) limitiert auf die Rolle als Kapitalgeber für den Wohnungs-, Gewerbe- und Staatskredit. Ihr Hypothekengeschäft orientiert sich am Objekt, weshalb die Hypothekenbanken Objektkredite und nicht Personalkredite gewähren. Für die Immobilienfinanzierung sind zwei Gruppen der Realkreditinstitute relevant, die privaten Hypothekenbanken, fast ausschließlich als Aktiengesellschaft geführte Töchterinstitute von Banken, und die öffentlich-rechtlichen Grundkreditanstalten.

Beide Arten der Realkreditinstitute unterliegen einer strengen öffentlichen Kontrolle. Für jedes Institut ist ein staatlicher Treuhänder eingesetzt, der die Werthaltigkeit der Deckungsmasse überwacht. Außerdem wird für jede einzelne Beleihung von einem Sachverständigen eine Schätzung oder ein Gutachten des Objekts erstellt. Der Raum zur Vergabe eines erstrangig besicherten Kredits erstreckt sich dabei auf 60% des in diesem Gutachten ermittelten Beleihungswertes.

Über erstrangig besicherte Ausleihungen hinaus dürfen die privaten Hypothekenbanken im nachrangigen Beleihungsraum Darlehen gewähren, wenn sie eine öffentlich-rechtliche Bürgschaft vorweisen können. Ansonsten ist das Volumen nachrangiger Darlehen auf 15% ihres Darlehensbestandes beschränkt (vgl. Köpfler, S. 628, 637).

Die öffentlich-rechtlichen Grundkreditanstalten haben mehr Freiraum bei ihren Ausleihungen. Die Refinanzierung über Pfandbriefe ist zwar auch bei diesen auf Darlehen im erstrangigen Beleihungsraum begrenzt, für Kredite des nachrangigen Beleihungsraums benötigen sie aber naturgemäß keine öffentlich-rechtliche Bürgschaft. Ferner ist das Volumen der nachrangigen Beleihungen nicht limitiert.

Zur Refinanzierung des langfristigen Kreditgeschäfts bedienen sie sich nahezu ausschließlich der Ausgabe von Schuldverschreibungen am Kapitalmarkt. Das klassische Refinanzierungsinstrument ist der Pfandbrief, der von beiden Gruppen der Realkreditinstitute aufgrund des ihnen gewährten Pfandbriefprivilegs emittiert wird. Pfandbriefe sind festverzinsliche Wertpapiere, die der Beschaffung von langfristigen Finanzierungsmitteln für mit Grundpfandrechten gesicherte Kredite dienen. Die Refinanzierung von Darlehen im nachrangigen Beleihungsraum ohne öffentlich-rechtliche Bürgschaft darf nicht mit Pfandbriefen, sondern nur mit nichtdeckungspflichtigen Schuldverschreibungen erfolgen (vgl. Köpfler, S. 637).

Bausparkassen

Die Bausparkassen stellen die einzige Institutsgruppe dar, die nahezu ausschließlich Wohnungsfinanzierung betreibt. Das Bausparkassengesetz, regelt als ein institutsspezifisches Gesetz ihre Geschäftstätigkeit. Danach sind Bausparkassen Kreditinstitute, die Einlagen von Bausparern entgegennehmen und aus den angesammelten Beträgen nach einer bestimmten Wartezeit den Bausparern Darlehen für wohnungswirtschaftliche Maßnahmen gewähren (vgl. § 1 Ziff. 1 BausparkG). Die Gruppe besteht aus den privaten Bausparkassen, die fast alle als Aktiengesellschaft geführt werden, und den öffentlichen Bausparkassen, von denen acht unselbständige Abteilungen einer Landesbank oder Sparkasse und die anderen eigenständige Unternehmen sind. Die privaten Bausparkassen hatten 2001 mit ca. 70% der gesamten Auszahlungen für Wohnungsfinanzierungen der Bausparkassen die größere Bedeutung auf dem Markt. Außerdem sind verschiedene Großbanken und Lebensversicherer an privaten Bausparkassen beteiligt.

Refinanzieren sich die Realkreditanstalten in erster Linie durch die Ausgabe von Pfandbriefen und Kommunalschuldverschreibungen, nimmt diese Rolle bei den Bausparkassen das Kollektivsystem der eigenen Sparer wahr. Es herrscht eine Identität zwischen der Gruppe der Kreditgeber und der der Kreditnehmer. Die Bausparkassen sind die Vermittler und Organisatoren dieses objekt- und zweckgebundenen Sparens und Finanzierens (vgl. Jenkis, S. 23f.).

Die Bausparkassen haben innerhalb der Immobilienfinanzierung die Aufgabe, als Financiers des zweitrangigen Raums Mittel für diesen durch Kapitalmarktmittel nicht abgedeckten Bereich bereit zu stellen. Bausparkassen komplettieren somit die Gesamtfinanzierung.

Kreditinstitute mit Sonderaufgaben

Kreditinstitute, die für bestimmte kreditwirtschaftliche Spezialaufgaben gegründet wurden, wirken ebenfalls bei der Immobilienfinanzierung mit. So gewährt z.B. die Kreditanstalt für Wiederaufbau, ursprünglich zur Verteilung der Gelder des Marshallplans gegründet, heute zinsgünstige Darlehen an Finanzierende (vgl. Jährig/Schuck, S. 34). Eine ähnliche Aufgabe nimmt die Deutsche Siedlungs- und Landesrentenbank wahr. Ihre Schwerpunkte liegen im Bereich der mittel- und langfristigen Kredite für die private Wohnungsfinanzierung sowie der Refinanzierung von Banken und Sparkassen (vgl. Jokl, S. 85). Zur Refinanzierung bedienen sich die Kreditinstitute mit Sonderaufgaben ebenfalls der Emission von Schuldverschreibungen.

Weitere Anbieter

Versicherungsunternehmen vergeben Versicherungsdarlehen, die nicht auf einem kollektiven Sparsystem basieren, aber dennoch nicht über den Kapitalmarkt refinanziert werden müssen. Versicherungsunternehmen weisen aufgrund des hohen Prämienaufkommens einen hohen Liquiditätszufluss auf. Sie agieren als Kapitalsammelstellen und können der langfristigen Natur der Anlagegelder entsprechend langfristige Ausleihungen vornehmen.

Das Versicherungsaufsichtsgesetz verlangt von Versicherungsunternehmen, ihr Vermögen so anzulegen, „dass möglichst große Sicherheit und Rentabilität bei jederzeitiger Liquidität [...] unter

Wahrung angemessener Mischung und Streuung erreicht wird" (§ 54 Versicherungsaufsichtsgesetz). Zugelassene Anlagen umfassen u.a. den Erwerb von Immobilien und die Gewährung von Darlehen.

Lebensversicherungen sind für rund 85% aller Versicherungshypotheken verantwortlich, wobei sie zu 95% Wohnungsbau finanzieren. Überwiegend werden die Mittel dabei den Versicherungskunden zum Zweck des Eigentumserwerbs zur Verfügung gestellt. Die Finanzierung von Mietwohnungsbau haben sie seit dem zweiten Weltkrieg reduziert, da die erzielbaren Renditen als zu gering eingestuft werden. Die restlichen 15% teilen sich Pensions-, Sterbe- und Krankenkassen, sowie Schadens- und Unfallversicherungen. An den Kapitalneuanlagen der Versicherungen macht die Wohnungsfinanzierung insgesamt weniger als 10% aus (vgl. Jokl, S. 82f.).

Zur Einflussnahme auf die Bautätigkeit und den Immobilienbestand unterstützt der **Staat** durch direkte und indirekte Zuschüsse die Immobilienfinanzierung. Auf die verschiedenen Instrumente und ihre Einsatzvoraussetzungen soll bei der Darstellung der Finanzierungsprodukte näher eingegangen werden.

Vermittler

Die bisher genannten Marktteilnehmer können übergreifend durch ihre Finanzierungsfunktion charakterisiert werden. **Vermittler** oder **Makler** finanzieren im Gegensatz dazu selbst keine Immobilien, sie sind Intermediäre zwischen Nachfragern und Anbietern. Sie werden der Anbieterseite zugeordnet, da sie für die Nachfrager das Angebot strukturieren, den Vertrieb übernehmen und Finanzierungsquellen erschließen. „Mortgage brokers match borrowers with investors" (Mettling/Cortesi, S. 3). Sie sind ausschließlich für die im englischen Sprachraum so genannte „Origination" der Darlehen verantwortlich. D.h., sie generieren Kreditverträge für die finanzierenden Institutionen und beraten Darlehensnehmer zu deren Ausgestaltung. In den USA spielen die Mortgage Broker eine große Rolle. Etwa die Hälfte aller Darlehensverträge für Wohnimmobilien wird über Makler abgeschlossen, die mit einer Vielzahl von finanzierenden Instituten zusammenarbeiten.

5.3.2.5 Auswirkungen von Basel II auf die Immobilienfinanzierung
Christoph Pitschke

Die Globalisierung, der steigende Ertragsdruck für Bank- und Finanzdienstleister und die bankenaufsichtliche Regulierung durch die **Neue Baseler Eigenkapitalvereinbarung** (**Basel II**) haben erhebliche Konsequenzen für die Finanzierung von gewerblichen Immobilien-Projektentwicklungen. **Eigenkapital** stellt gerade in Zeiten hoher Shareholder-Erwartungen einen bedeutenden Kostenfaktor bei der Kreditvergabe dar, sodass sich die Eigenkapitalunterlegungspflichten unmittelbar auf die Finanzierungskonditionen auswirken (vgl. Hagen, S. 44). War es bisher in Deutschland üblich, insbesondere Projektentwicklungen mit nur geringem Einsatz von Eigenmitteln zu finanzieren, so wird sich diese Praxis durch Basel II nicht weiter fortsetzen lassen.

Derzeit erlebt die mittelständisch geprägte Projektentwicklungsbranche einen tiefgreifenden Strukturwandel. Bedingt durch die aktuelle konjunkturelle Schwächephase sind Aufträge beziehungsweise Projekte Mangelware, dazu kommt die gesunkene Bereitschaft der Banken, Projekte mit Krediten zu finanzieren. Die Geschäftszahlen des Verbandes Deutscher Hypothekenbanken, die für das Jahr 2003 einen Rückgang an inländischen Gewerbekreditzusagen von 38% ausweisen, sind ein Beleg für diese Entwicklung (vgl. Verband Deutscher Hypothekenbanken).

Basel II wurde nach mehrfach revidierten Zeitplänen Ende Juni 2004 verabschiedet und soll zu Beginn des Jahres 2007 über das **Kreditwesengesetz** in Kraft treten. Mit dieser Überarbeitung der geltenden Baseler Eigenkapitalvereinbarung (Basel I) sollen die regulatorischen Eigenmittelanforderungen der Banken stärker an den tatsächlichen Risiken des Bankgeschäfts orientiert werden, um somit die Stabilität des internationalen Bankensystems zu stärken. Die bisher pauschale Eigenkapitalunterlegung von Kreditrisiken wird einer risikoangepassten Bewertung gemäß der Bonität der Kreditnehmer weichen. Dazu müssen die Kreditinstitute künftig auf Ratings zurückgreifen, wobei ihnen zur Wahl gestellt wird, Agentur-Ratings zu verwenden oder bankinterne Ratings durchzuführen. Die Kreditkonditionen werden daher künftig vom **Rating** des Kreditnehmers abhängen (vgl. Deutsche Bundesbank, S. 16).

Vor dem Hintergrund einer internationalen Bankenkrise wurde der **Baseler Ausschuss für Bankenaufsicht**, bestehend aus Vertretern der Zentralbanken und Bankaufsichtsbehörden der erweiterten G10-Staaten 1974 gegründet und verabschiedete 1988 den ersten Eigenkapitalakkord (Basel I) der 1992 über die 4. Novelle des Kreditwesengesetzes in nationales Recht umgesetzt wurde.

Demnach sind gewichtete **Risikoaktiva** (z.B. Forderungen an Bankkunden bzw. Kredite) eines Kreditinstituts mit 8% Eigenkapital zu unterlegen. Auf der Gesamtbankebene müssen Kreditinstitute zur Sicherung der ihnen anvertrauten Vermögenswerte damit ihre Ausleihungen auf das 12,5-fache des ihnen zur Verfügung stehenden Eigenkapitals beschränken.

Um allerdings dem unterschiedlichen Risikogehalt der Vermögenswerte gerecht zu werden, werden Risikogewichtungsklassen von 0, 20, 50 und 100% unterschieden. Der Gewichtungsfaktor gibt an, ob zur Bestimmung des regulatorisch notwendigen Eigenkapitals ein Kredit nominal (100%), hälftig (Gewichtung 50%), zu einem Fünftel (Gewichtung 20%) oder nicht (Gewichtung 0%) betrachtet wird. Dem entsprechend ergeben sich auf den Nominalbetrag eines Kredits bezogene Eigenkapitalanforderungen von 8, 4, 1,6 und 0%. Für die Immobilienfinanzierung sieht Basel I vor, dass Kredite zur Finanzierung von Gebäuden, die Wohnzwecken dienen, mit 4% Eigenkapital zu unterlegen sind, also nur zu 50% gewichtet werden. Kredite auf gewerbliche Immobilien dagegen werden mit 100% gewichtet. Eine wesentliche Neuerung unter Basel II ist es, dass für bestimmte gewerbliche Immobilienkredite eine 50%-ige Eigenkapitalunterlegung angewendet werden kann. Diese Regelung greift bei im Wesentlichen selbstgenutzten oder vermieteten Büros und vielseitig nutzbaren Geschäftsräumen für den Teil des Kredites, der den niedrigeren Wert von 50% des Marktwertes oder 60% des Beleihungswertes nicht überschreitet. Um diese Ausnahmeregelung anwenden zu dürfen, müssen Kreditinstitute der Bankenaufsicht zudem nachweisen, dass ihre Verluste aus gewerblichen Hypothekendarlehen sich in bestimmten Grenzen bewegen. Diese Ausnahmeregelung greift definitionsgemäß nur für Bestandsobjekte. Für Projektentwicklungen bzw. für Projekte in der Bauphase gilt diese Ausnahmeregelung nicht, d.h., es wird auch unter Basel II weiterhin eine 100%-ige Risikogewichtung gelten (vgl. Hagen, S. 43).

5.3.2.5.1 Situation der Banken

Die deutsche Bankenlandschaft befindet sich derzeit in einem umfassenden Umstrukturierungsprozess. Die Wettbewerbsintensität auf dem Kreditmarkt ist hoch und es sind nur relativ geringe Kreditmargen erzielbar. Im internationalen Vergleich liegt die Eigenkapitalverzinsung deutscher Banken (**Return on Equity** - RoE) deutlich unter dem Renditeniveau der meisten ausländischen und insbesondere angloamerikanischen Wettbewerber (vgl. Weber 2002b, S. 514ff.). Die Ergebnisse der Banken werden nicht nur durch erhebliche administrative Kosten, durch das sehr ausgeprägte Filialnetz, die Euro-Einführung und hohe IT-Investitionen, sondern auch durch regulatorisch bedingte Kostenbelastungen, wie etwa durch die Vorbereitung auf die künftigen Eigenkapitalvorschriften nach Basel II und die Erfüllung der Mindestanforderungen für das Kreditgeschäft (MaK) belastet (vgl. Weber 2002a, S. 399). Verschärft wurde diese Kostenentwicklung in den letzten Jahren durch steigende Insolvenzzahlen und entsprechend hohe Kreditausfälle und Wertberichtigungen.

Das Geschäftsfeld der gewerblichen Immobilienfinanzierung ist dabei besonders in das Zentrum des Interesses der Bankvorstände gerückt, denn für viele Banken stellt die Immobilienfinanzierung einen Großteil des Kreditvolumens dar. Der Wertbeitrag, den dieses Geschäftsfeld leistet und das Eigenkapital, das es bindet, wird daher unter Berücksichtigung der damit verbundenen Kreditrisiken besonders geprüft. Die einem Kreditinstitut entstehenden Eigenkapitalunterlegungspflichten wirken sich über den Zinssatz unmittelbar auf die **Finanzierungskonditionen** aus. Grundsätzlich besteht dieser aus vier Komponenten (vgl. Grunert et al. 2002b, S. 1047), wie aus Abbildung 125 hervorgeht.

Die **Refinanzierungskosten** der Bank, die auch als Markteinstandszins bezeichnet werden, ergeben sich aus dem Zinssatz, zu dem die Bank sich Kapital einkaufen bzw. sich refinanzieren kann (z.B. **EURIBOR**). Dieser ist abhängig vom bankeigenen Rating und von der Zinsbindungslaufzeit bei normal verlaufender Zinsstrukturkurve.

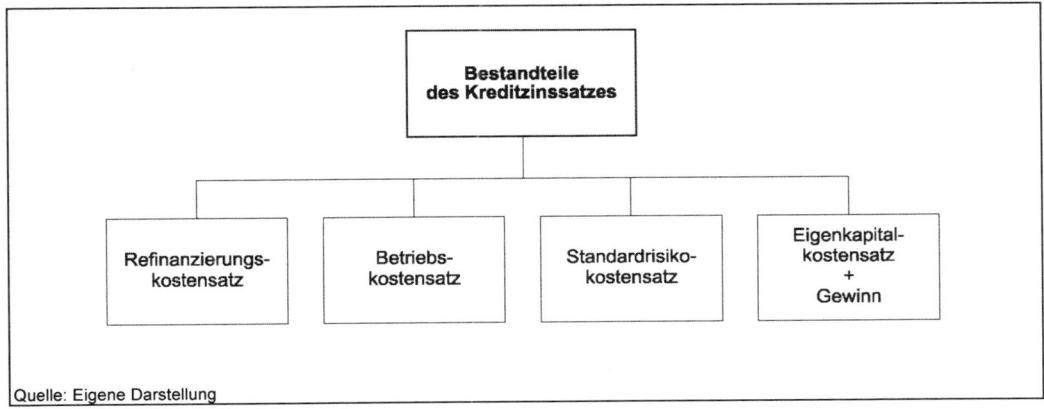

Abbildung 125: Bestandteile des Kreditzinssatzes

Die Betriebskosten enthalten sämtliche dem Kreditinstitut entstehenden Kosten, die in der Kreditbearbeitung und -verwaltung begründet sind. Sie sind damit abhängig von der ablauforganisatorischen Effizienz der jeweiligen Bank.

Die **Standardrisikokosten** bilden das von der Bank wahrgenommene Risiko eines Kreditengagements durch einen Risikoaufschlag auf den risikofreien Zins bzw. Refinanzierungskostensatz ab.

Die **Eigenkapitalkosten** basieren auf der gewünschten Eigenkapitalverzinsung der Eigenkapitalgeber des jeweiligen Kreditinstituts. In dieser Position werden Kosten an die Kreditnehmer weitergegeben, die im Rahmen der Eigenkapitalunterlegung von Krediten entstehen. Da das regulatorische Eigenkapital risikolos und niedrigverzinslich vorgehalten werden muss, entstehen einem Kreditinstitut Opportunitätskosten. Zudem wird eine Gewinnmarge in den Zinssatz eingepreist.

Die Höhe des Zinssatzes bzw. die Kreditkonditionen werden maßgeblich durch das Ergebnis eines Ratings beeinflusst: Zum einen die Höhe der Standardrisikokosten bzw. die Risikoprämie und zum anderen das risikoadäquat bereitzustellende Eigenkapital der Bank (vgl. Plesser, S. 668; Hagen, S. 44).

5.3.2.5.2 Bonitätsbeurteilung durch Rating

„Ein **Rating** ist definiert als durch Symbole einer festgelegten, ordinalen Skala ausgedrückte Meinung über die zukünftige Fähigkeit eines Kapitalnehmers zur vollständigen und termingerechten Zahlung der Tilgung und Verzinsung seiner Schulden" (Berblinger, S. 31). Rating findet vor dem Hintergrund einer potenziellen oder bestehenden Vertragsbeziehung zwischen Kapitalgeber und Kapitalnehmer statt. Dabei überlässt der Kapitalgeber dem Kapitalnehmer Zahlungsmittel und erhält dafür im Gegenzug Anwartschaften auf künftige Zahlungen in Form verbriefter Zahlungsversprechen. Durch Symbole einer Ratingskala oder durch eine semantische Verknüpfung dieser

Symbole werden die komplexen Zusammenhänge zu einer Bonitätsbeurteilung verdichtet, die Rückschlüsse auf das Ausfallrisiko erlaubt. Je schlechter ein Ratingurteil ausfällt, desto höher wird künftig der von einem Kreditinstitut verlangte Kreditzins sein und vice versa.

Nach der Neuen Baseler Eigenkapitalvereinbarung wird den Banken die Anwendung von zwei Ratingansätzen zur Wahl gestellt:

- Standardansatz

- Interner Ratingansatz, bzw. IRB-Ansatz (Internal Ratings-based Approach).

Während der auf Agenturratings beruhende Standardansatz zwar schon zu einer risikoadäquateren Eigenkapitalunterlegung als bisher führt, ist die tabellarische Einteilung in Risikoklassen dennoch als grob zu bezeichnen (vgl. Hagen, S. 47). Die Zuordnung der Risikogewichte zu den entsprechenden Ratings geht aus Tabelle 37 hervor.

Rating	AAA bis AA-	A+ bis A-	BBB+ bis BB-	Unter BB-	Nicht beurteilt
Risikogewicht	20 %	50 %	100 %	150 %	100 %

Quelle: Eigene Darstellung

Tabelle 37: Risikogewichtung im Standardansatz

Eine differenziertere und risikoadäquatere Betrachtung ergibt sich jedoch im IRB-Ansatz. Zwar erfolgt die Berechnung der Eigenkapitalunterlegung wie im Standardansatz grundsätzlich nach der Formel:

- Kreditbetrag x Risikogewicht x 8 % (Solvabilitätskoeffizient),

doch wird das Risikogewicht durch die Verknüpfung der Faktoren

- Ausfallwahrscheinlichkeit (Probability of Default, PD);

- Verlustquote bei Ausfall (Loss Given Default, LGD);

- Effektive Restlaufzeit des Darlehens (Maturity, M);

- Erwartete Forderungshöhe bei Ausfall (Exposure at Default, EAD)

berechnet (vgl. Hagen, S. 47).

Zur standardisierten Ermittlung der Eigenkapitalunterlegung werden den Banken vom Baseler Ausschuss hierzu mathematische Risikogewichtungsfunktionen vorgegeben. Kreditinstitute müs-

sen inhaltliche und formale Mindestanforderungen an die Schätzung von Ausfallwahrscheinlichkeiten im IRB-Basisansatz erfüllen, um die Risikogewichtungsfunktion anwenden zu dürfen (vgl.
Baseler Ausschuss für Bankenaufsicht, S. 79ff.).

Im Rahmen des internen Ratings wird unterschieden zwischen dem einfachen IRB-Basisansatz
und dem fortgeschrittenen Ansatz. Während im IRB-Basisansatz die Faktoren M, LGD und EAD
durch die Aufsichtsbehörden vorgegeben und lediglich die Ausfallwahrscheinlichkeit vom Institut selbst geschätzt wird, dürfen Institute, die erhöhte Anforderungen erfüllen, im Rahmen des
fortgeschrittenen Ansatzes alle vier Parameter selbst bestimmen.

Die Einführung des Internen Ratingansatzes neben dem Standardansatz war für das Kreditgeschäft der europäischen Banken von großer Bedeutung, da im Gegensatz zu den USA in Europa
erst wenige Unternehmen ein externes Rating aufweisen (vgl. Hagen, S. 47). Für die Immobilienfinanzierung gilt dies in noch stärkerem Maße, denn nur im fortgeschrittenen IRB-Ansatz können
die wesentlichen Elemente der Immobilienfinanzierung zum Tragen kommen und damit zu einer
Reduzierung des erforderlichen Eigenkapitals beitragen. Allein dann kommt der Sicherungswert
der Grundschuld adäquat zum Ausdruck, da die Verlustquoten von der Bank selbst geschätzt
werden dürfen (vgl. Hagen, S. 51).

Eine vom Department of Real Estate der European Business School in 2003 durchgeführte empirische Studie zeigt, dass der interne Ratingansatz von deutschen Kreditinstituten gegenüber dem
Standardansatz eindeutig favorisiert wird (vgl. Abbildung 126).

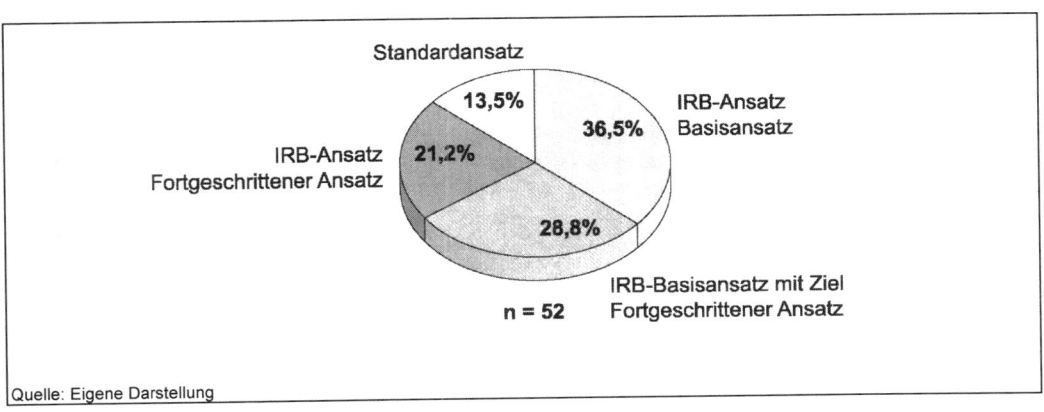

Quelle: Eigene Darstellung

Abbildung 126: Wahl des Ratingansatzes

Von 205 in der gewerblichen Immobilienfinanzierung befragten Banken, von denen 52 auf diese
Frage geantwortet haben (Rücklaufquote 25,37%), planen lediglich 13,5% den Standardansatz anzuwenden. 65,3% der Banken hat den Basisansatz des Internen Ratingansatzes gewählt. Davon
geschieht dies bei 28,8% der Institute mit der Zielsetzung, in der Zukunft auf den fortgeschritte-

nen IRB-Ansatz überzugehen. Diese abwartende Haltung ist damit zu erklären, dass diese Banken die Anforderungen des fortgeschrittenen Ansatzes zur Schätzung der Parameter LGD, EAD und M noch nicht erfüllen. 21,2% der Banken sind offenbar bereits zur eigenständigen Einschätzung aller notwendigen Ratingparameter in der Lage, so dass sie sich für die fortgeschrittene Variante des Internen Ratingansatzes entschieden haben (vgl. Pitschke/Breidenbach, S. 21ff.).

Im IRB-Ansatz sind die fünf Forderungsklassen Banken, Retail, Unternehmen, Staaten und Beteiligungen vorgesehen (vgl. Baseler Ausschuss für Bankenaufsicht, S. 45), wie aus Abbildung 127 hervorgeht.

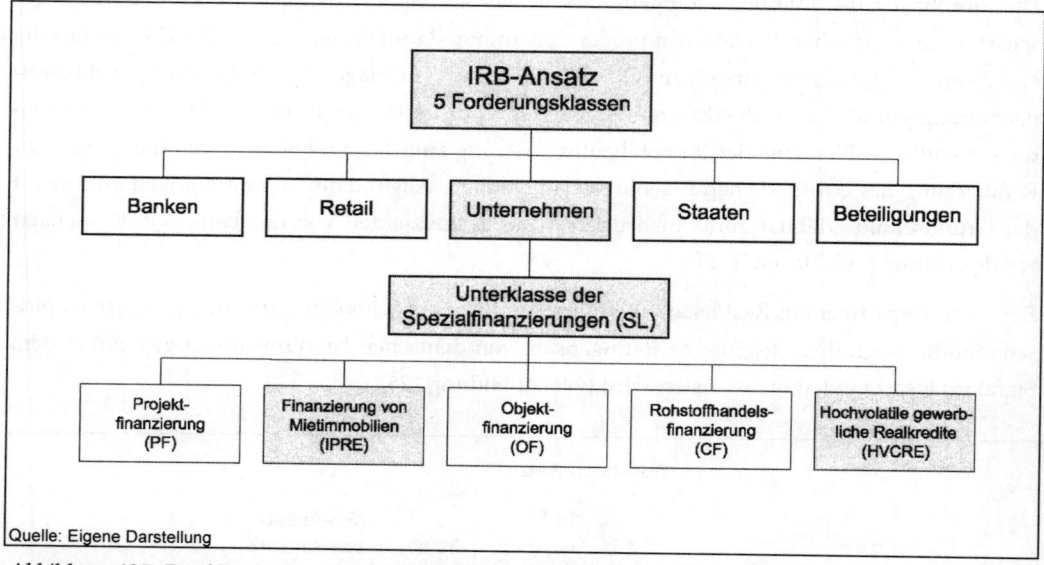

Abbildung 127: Fünf Forderungsklassen des IRB-Ansatzes

Für die Finanzierung gewerblicher Immobilien-Projektentwicklungen, ist die Forderungsklasse „Unternehmen" relevant, die zwei Unterklassen (Spezialfinanzierungen) für die gewerbliche Immobilienfinanzierung vorsieht (vgl. Baseler Ausschuss für Bankenaufsicht, S. 47f.):

- IPRE – (Income-Producing Real Estate) bezieht sich auf zu Vermietungszwecken erstellte Immobilien bzw. auf Bestandsimmobilien, bei denen der Verwertungserlös im Falle des Ausfalls primär auf den aus dem Objekt erzielten Einnahmen beruht.

- HVCRE – (High-Volatility Commercial Real Estate) gilt für gewerbliche Immobilien, die eine höhere Volatilität der Verlustrate als IPRE-Spezialfinanzierungen aufweisen. Hierunter fallen in erster Linie Entwicklungsimmobilien.

Die Zuordnung zu diesen Klassen erfolgt, sofern die Kapitaldienstleistungen zur Rückführung des ausgereichten Darlehens in Form von Miet-, Leasing- oder Verkaufserlösen in erster Linie direkt aus dem Immobilienobjekt stammen. Darlehensnehmer ist dabei in der Regel eine Zweck-, Bauträger- oder Vermietungsgesellschaft.

Kreditinstitute, die den Mindestanforderungen an die Schätzung von Ausfallwahrscheinlichkeiten im Rahmen des IRB-Basisansatzes nicht gerecht werden und damit diese mathematische Bestimmung der **Eigenkapitalunterlegung** nicht anwenden dürfen, können ihren Kreditengagements bestimmte Risikogewichte zuordnen (vgl. Basel Committee on Banking Supervision, S. 61). Die Definition dieser Risikogewichte befindet sich in Tabelle 2 des Anhang 4 der Neuen Baseler Eigenkapitalvereinbarung (vgl. Basel Committee on Banking Supervision, S. 198ff.). Diese Variante wird als auf „aufsichtsrechtlichen Zuordnungskriterien basierender Ansatz" bzw. „Elementaransatz" bezeichnet. Die in Tabelle 38 aufgeführten Risikogewichte sind den aufsichtsrechtlichen Kategorien in der Klasse IPRE zugeordnet:

Sehr gut	Gut	Mittel	Schwach	Ausgefallen
70%	90%	115%	250%	0%

Quelle: Eigene Darstellung

Tabelle 38: IPRE-Risikogewichte

Die in Tabelle 39 aufgeführten Risikogewichte sind den aufsichtsrechtlichen Kategorien in der Klasse HVCRE zugeordnet:

Sehr gut	Gut	Mittel	Schwach	Ausgefallen
95%	120%	140%	250%	0%

Quelle: Eigene Darstellung

Tabelle 39: HVCRE-Risikogewichte

Die Risikogewichte liegen bereits im Bonitätsbereich „Mittel" deutlich über der derzeitigen Standardrisikogewichtung nach Basel I von 100 Prozent, was einer stärkeren Differenzierung der Kreditkonditionen führen wird. Für die Banken ist demnach tendenziell eine höhere Eigenkapitalunterlegung notwendig, die durch eine höhere Marge auf die Kunden umgelegt werden muss (vgl. Abbildung 128).

Es ist davon auszugehen, dass der zunehmende Konkurrenz- und Performancedruck um den Faktor Eigenkapital im Bankensektor unter sonst gleichen Bedingungen zu steigenden Kredit- bzw. Kapitalkosten für solche Unternehmen bzw. Finanzierungen führen wird, die kein gutes Rating erhalten werden (vgl. Grunert et al. 2002b, S. 1045ff.). Übersteigen die ggf. durch die zusätzliche Eigenkapitalunterlegung eines Kreditengagements entstehenden Kosten die am Markt realisierbare Kreditmarge, so kann es zu einer Verweigerung einer Kreditzusage kommen.

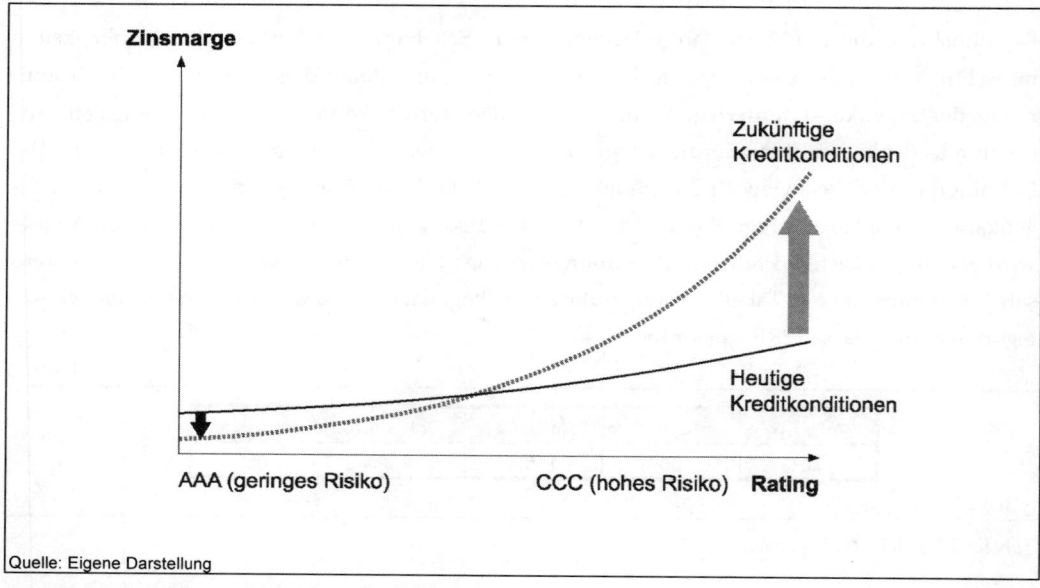

Quelle: Eigene Darstellung

Abbildung 128: Spreizung der Kreditkonditionen

Banken werden nur noch selektiv gewerbliche Immobilien-Projektentwicklungen finanzieren. Dies wird durch das derzeit restriktive Kreditvergabeverhalten der Banken reflektiert, Immobilien-Projektentwicklungen zu finanzieren. In der oben angeführten Studie haben 51 der Banken zu dieser Frage Stellung bezogen, von denen 26,9% es ablehnen, derzeit Projektentwicklungen zu finanzieren (vgl. Abbildung 129).

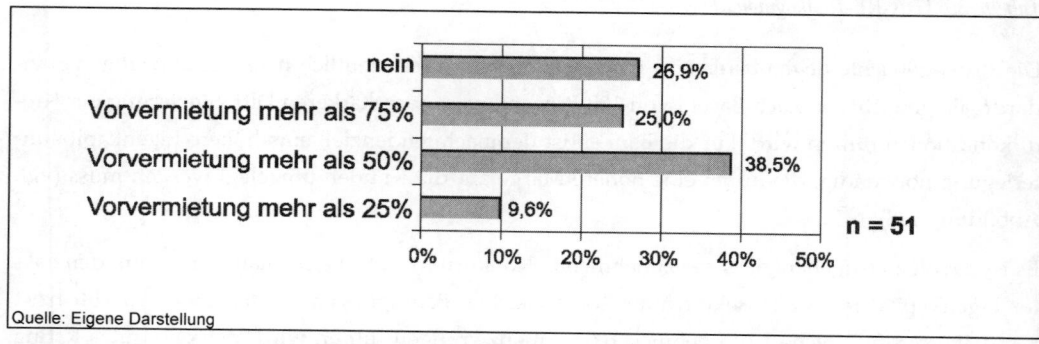

Quelle: Eigene Darstellung

Abbildung 129: Bereitschaft der Banken zur Finanzierung gewerblicher Projektentwicklungen

63,5% (25,0%+38,5%) der Institute verlangen dafür einen Vorvermietungsstand von mehr als 50%. Lediglich 9,6% der Institute verlangt einen Vorvermietungsstand von nur 25%.

5.3.2.5.3 Reaktionsalternativen von Banken und Projektentwicklern

Die zukünftige Kreditstrategie der Banken im Geschäftsfeld der gewerblichen Immobilienfinanzierung steht vor diesem Hintergrund im Zentrum des Interesses. Als Reaktion auf Basel II und auf die aktuelle Ertragsschwäche bleibt den Banken nur die Wahl zwischen einer aktiven und einer passiven Reaktionsalternative.

5.3.2.5.3.1 Passive Reaktionsalternative der Banken

Banken, die eine eher passive Strategie und damit nicht den fortgeschrittenen IRB-Ansatz wählen, werden künftig mit der Problematik konfrontiert, dass sie bei niedrigen Kreditrisiken eine tendenziell höhere Eigenkapitalbelastung durch die standardisierten Wertvorgaben der Aufsichtsbehörden haben werden als die Banken mit den feineren Risikomesssystemen. Daraus folgend werden sie mit den niedrigeren Konditionen, die ihre Wettbewerber den Kreditnehmern mit guten Projekten bzw. Sicherheiten bieten, nicht mithalten können.

Andererseits verlangen feinere Risikomesssysteme bei höheren Kreditrisiken eine risikoadäquate und damit höhere Eigenkapitalunterlegung. Kunden mit höherem Risikoprofil werden demnach passive Banken, deren Eigenkapitalerfordernis durch Standardwerte determiniert ist, bevorzugen. Dadurch ist eine risikomäßige strukturelle Portfolioverschlechterung von Banken mit weniger feinen Risikomesssystemen ceteris paribus determiniert.

Das Kerngeschäft mit dem Segment Development-Finanzierungen werden demnach primär aktive Banken mit verfeinerten Risikomessverfahren durchführen, wodurch aufgrund der hohen Ressourcenanforderungen eine Oligopolisierung von Bankadressen eintreten dürfte. Diese absehbare Entwicklung wird dazu führen, dass für Developer tendenziell weniger, aber dafür professionellere Finanzierungsadressen verfügbar sein werden.

5.3.2.5.3.2 Aktive Reaktionsalternative der Banken

Im Unterschied zum zuvor erläuterten Szenario für passive Banken bietet sich den aktiven Finanzierern die Möglichkeit, aus der absehbaren Oligopolisierung und dem geringeren Finanzierungsangebot für Developer die risikomäßig akzeptablen Finanzierungen herauszufiltern, für die höhere Margen als bisher realisiert werden können. Zusätzlich bieten sich attraktive Möglichkeiten, über innovative Finanzierungsformen, insbesondere durch Mezzanine-Nachrangdarlehen, den Ertrag auf das eingesetzte Eigenkapital zu erhöhen.

Weiterhin besteht die Möglichkeit, ein Joint Venture mit Eigenkapitalbeteiligung in die Finanzierungsstruktur einzubringen. Die aktive Reaktionsalternative erfordert dafür innerhalb der Bank einen Aufbau von immobilienbezogenem Know-how und eine entsprechende geschäftspolitische Grundhaltung bzw. Kreditstrategie (vgl. Stinner, S. 18f.).

Die Banken, die zukünftig im Geschäftsfeld der gewerblichen Immobilienfinanzierung engagiert bleiben, müssen ihre Erträge über höhere Zinsmargen und Risikoprovisionen steigern, um einen positiven Wertbeitrag auf der Gesamtbankebene leisten zu können. Das wird in der Konsequenz zu höheren Zinssätzen und für Projektentwickler zu höheren Kapitalkosten führen.

5.3.2.5.3.3 Reaktionsalternativen der Projektentwickler

Projektentwickler haben ebenfalls die Wahl zwischen einer passiven und aktiven Reaktionsalternative. Vor dem Hintergrund der abgeleiteten Entwicklungen in der Finanzierungslandschaft ist von einer Verdrängung von solchen Projektentwicklungsunternehmen auszugehen, die sich nicht rechtzeitig auf die bankenaufsichtlichen Änderungen einstellen und nach geeigneten Handlungsoptionen suchen. Angesichts der mit der aktuellen Risikoaversion einhergehenden Verringerung der Finanzierungsbereitschaft der Banken führt eine passive Strategie eines Projektentwicklungsunternehmens unweigerlich zu einer suboptimalen Position gegenüber den Wettbewerbern. Die aktive Reaktionsalternative ist daher der einzig gangbare Weg für Developer, sich in den verändernden Märkten mittel- bis langfristig zu behaupten.

Aktive Reaktionsalternative der Projektentwickler

Projektentwicklungsunternehmen, die unter den Bedingungen einer konjunkturell gedämpften Nachfrage und erschwerter Finanzierungsbedingungen am Markt bestehen wollen, müssen pro-aktiv geschäftspolitische Maßnahmen ergreifen (vgl. Schulte, S. 53ff.). Hierzu zählen in erster Linie eine verbesserte Transparenz, die pro-aktive Offenlegung von Risiken und Referenzprojekten, die Stärkung der Eigenkapitalbasis sowie der Aufbau von strategischen Partnerschaften sowie das Angebot von Service Developer-Leistungen.

Dies wird auch durch die Frage nach den Anforderungen der Banken an Projektentwickler belegt. Neben einem möglichst hohen Vorvermietungsstand fordern die befragten Institute von ihren Kunden mehrheitlich den Einsatz von mehr Eigenkapital, mehr **Transparenz** sowie die pro-aktive Offenlegung von Risiken. Die Abbildung zeigt die durchschnittliche Häufigkeit der Antworten der Banken auf die Frage nach den Anforderungen an Projektentwicklungsunternehmen. Daraus sind deutlich die Prioritäten der Banken bei der Kreditvergabe erkennbar.

Die Strukturierung der Finanzierung durch den Einsatz von **Mezzanine-Nachrangdarlehen**, **Joint-Ventures** und **Private Equity** kann vor dem Hintergrund der sich ändernden Rahmenbedingungen in der Finanzierung eine Alternative darstellen (vgl. Doswald, S. 68f.). Dabei werden sich Developer allerdings darauf einstellen müssen, Finanzierungspartner am Projektgewinn partizipieren zu lassen. Bei Finanzierungen über Eigenkapitalpartnerschaften muss das Projektentwicklungsunternehmen zudem eine unternehmerische Mitsprache in Kauf nehmen. Deren Anteil am Projektgewinn ist i. d. R. deutlich höher als die zahlbare Risikoprovision bei einem Mezzanine-Nachrangdarlehen an eine Bank.

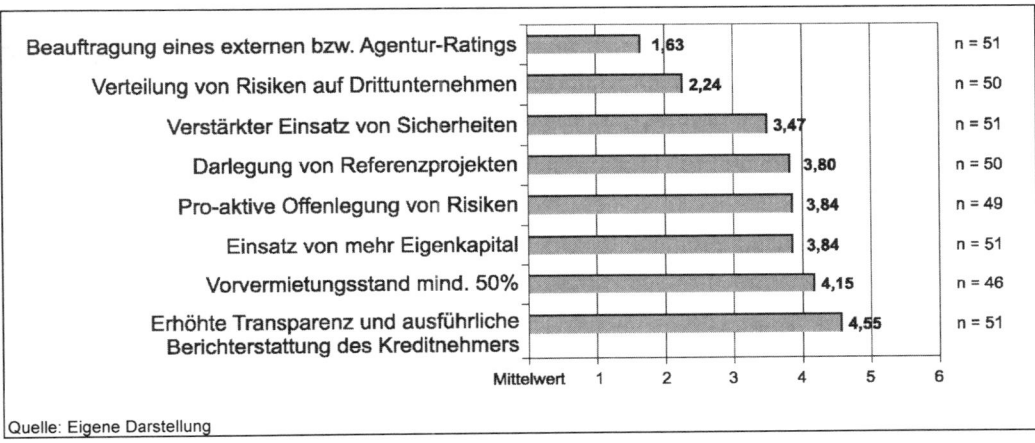

Abbildung 130: Anforderungen der Banken an Projektentwickler

Die risikogerechte Eigenkapitalunterlegung von Kreditengagements wird die Bedeutung der Machbarkeitsstudien im Vorfeld der Kreditvergabe verstärken, um maßgebliche Risiken identifizieren zu können. Durch die Fokussierung der Banken und der Private Equity-Investoren auf die **Due Diligence** im Rahmen der Kapitalvergabe wird es zu einer Erhöhung der Qualität des zukünftigen Immobilienangebots kommen. Developer werden daher in Zukunft mehr Anstrengungen in Standort- und Marktanalysen investieren müssen, insbesondere hinsichtlich der Marktfähigkeit und **Drittverwendungsfähigkeit** des Nutzungskonzeptes. Dabei ist von ihnen volle Transparenz und Überprüfbarkeit ihrer Leistungen in allen Phasen des Entwicklungsprozesses gefordert. Neben den Transparenzerfordernissen auf der Projektebene müssen Projektentwicklungsunternehmen künftig auf eine sachliche Selbstdarstellung und auf die Erfüllung von Publizitätsanforderungen Wert legen. Dadurch sollen Kapitalgebern insbesondere qualitative Aspekte, wie etwa die interne Organisation, Kompetenz, Referenzobjekte sowie die Netzwerke mit anderen Projektentwicklungsakteuren offengelegt werden. Die Entwicklung unabhängiger Benchmarks für unternehmens- und objektbezogene Ratings stellt dabei eine große Herausforderung für die Immobilienwirtschaft dar. Um zukünftig eine objektive und standardisierte Erfassung von Rating-Kriterien für Immobilienfinanzierungen sicherzustellen, besteht in der Immobilienökonomie erheblicher Forschungsbedarf.

5.3.2.5.4 Fazit

Zusammenfassend bleibt festzuhalten, dass durch die Regelungen von Basel II die klassische Immobilienfinanzierung zunehmend an Bedeutung verliert. Es ist allerdings auch nach Basel II für Banken und Immobilieninvestoren möglich, gewinnbringend zu kooperieren. Dies ist durch die Strukturierung von Finanzierungen beispielsweise durch den Einsatz innovativer Finanzierungsinstrumente möglich. Dazu müssen jedoch beide Seiten ihre traditionellen Sichtweisen aufgeben: Projektentwickler sind aufgefordert, die Bank am Projektgewinn zu beteiligen und auf Seiten der Bank bedarf es einer Kreditstrategie, in der verankert ist, dass gegen Zahlung einer risikoadäquaten Marge sowie einer gewinnabhängigen **Risikoprovision** ein erhöhter Beleihungsauslauf akzeptiert wird (vgl. weiterführend zum gesamten Punkt 5.3.2.5 Pitschke, 2004).

5.3.3 Finanzierung von Wohnimmobilien

Felix Iblher

5.3.3.1 Nachfrage und Besonderheiten der Wohnimmobilienfinanzierungen

Die Nachfrage nach Finanzierungen für Wohnimmobilien setzt sich aus den privaten Haushalten, Wohnungsunternehmen und sonstigen Investoren wie Versicherungen, anderen Unternehmen und Immobilienfonds sowie öffentlichen Institutionen und Organisationen ohne Erwerbszweck zusammen. Diese geht von den privaten Haushalten aus, die einerseits Finanzierungen für selbstgenutzte Wohnimmobilien und andererseits für zu vermietendes Wohneigentum nachfragen. Letztere Nachfragekomponente ist nur solange der Nachfrage nach privaten Wohnfinanzierungen zuzurechnen, wie der Haushalt nicht durch entsprechende Kauf- und Verkaufstätigkeit zum Gewerbebetrieb wird.

Die Nachfrage kann nach den Kriterien Umfang und Struktur beschrieben werden. Was den **Umfang** betrifft, so entfallen auf den Privatsektor mehr als 80% der insgesamt von deutschen Banken vergebenen Darlehen. Die größte Kreditnehmergruppe sind dabei die unselbständigen Privatpersonen. Mit einem Anteil von circa drei Viertel an allen Krediten bildet die Finanzierung von Immobilien den überwiegenden Anteil der Fremdkapitaldispositionen von unselbständigen Privatpersonen.

Die **Struktur** der Nachfrage nach Immobilienkrediten lässt sich anhand der Belastungsquote, der Eigenkapitalquote sowie der Höhe des durchschnittlich zu finanzierenden Objektwertes und der nachgefragten Objektart darstellen.

Die **Belastungsquote** beschreibt das Verhältnis von monatlichen Zins- und Tilgungszahlungen eines Darlehens zum monatlichen Nettoeinkommen eines Haushaltes. Im Durchschnitt hielt sie sich in Deutschland während der letzten Jahre relativ stabil und lag nach der letzten Erhebung des Verbandes deutscher Hypothekenbanken im Jahr 2000 bei 34%. Die **Eigenkapitalquote** ist definiert als der Quotient von Eigenmitteln und der Gesamtsumme einer Immobilieninvestition. Sie sank in fünf Jahren um 5% auf 30% im Jahr 2000. Zusammen mit einer positiven Einkommensentwicklung in der zweiten Hälfte der 90er Jahre führte dies dazu, dass neuen Haushaltssegmenten die Bildung von Immobilieneigentum ermöglicht worden ist (vgl. Verband deutscher Hypothekenbanken, S. 16).

Der durchschnittliche **Objektwert** inklusive aller Nebenkosten, die mit dem Bau oder Erwerb einer Immobilie in Verbindung stehen, lag im Jahr 2000 bei 258.500 Euro. Verglichen mit dem jährlichen Haushaltseinkommen resultiert eine im internationalen Maßstab sehr hohe Immobilienpreis-Einkommensrelation von 6,3. Für Neubauten lag diese Relation in Deutschland bei 6,8 und für Bestandsimmobilien bei 5,7. Dabei sind deutliche regionale Unterschiede im Bundesgebiet festzustellen. Das Preisniveau liegt in Süddeutschland mit 321.800 Euro um 24% über dem Bundesdurchschnitt. Außerdem ist ein deutliches Preisgefälle abhängig vom Verdichtungsgrad der Bebauung zu konstatieren. Während die Haushalte in Agglomerationsräumen mit herausragenden Zentren für eine Immobilie mehr als 281.600 Euro aufbringen mussten, reichten in ländlichen Räumen mit geringer Dichte im Durchschnitt 208.700 Euro für den Erwerb eines Eigenheimes aus. Verantwortlich für die regionalen Gesamtkostenunterschiede ist das Gefälle der Grundstückskosten; die Baukosten erweisen sich als regional wesentlich stabiler. D.h., dass die Nachfrage nach privaten Immobilienfinanzierungen in Deutschland von dem Standort der Immobilie stark beeinflusst wird.

Die Struktur der Nachfrage nach der gewünschten **Objektart** unter Berücksichtigung der finanziellen Verhältnisse zeigt eine deutliche Tendenz zum Einfamilienhaus. Drei von vier Haushalten wollen in einem solchen, nur etwa 20% in einem Mehrfamilienhaus wohnen. Das freistehende Einfamilienhaus steht bei den verschiedenen Formen des Einfamilienhauses mit 32% an erster Stelle vor dem Bungalow mit großem Garten mit 21%. Drei- bis viergeschossige Wohnblocks und Hochhäuser liegen in der Gunst der Immobilienfinanzierer mit 10% respektive 1% weit unten. Diese Vorlieben zeichnen sich auch deutlich in der Bautätigkeit und damit der Finanzierung ab. Der Bau von selbstgenutzten Ein- und Zweifamilienhäusern wird zu 90% von privaten Haushalten durchgeführt (vgl. Jokl, S. 90).

Zusammenfassend lässt sich konstatieren, dass der Fremdkapitalanteil an einer Finanzierung tendenziell wächst und klare Präferenzen für Einfamilienhäuser bei der Verwendung des Darlehens sichtbar sind.

5.3.3.2   Finanzierung selbstgenutzter Wohnimmobilien

5.3.3.2.1 Ablauf einer Wohnimmobilienfinanzierung

Der Ablauf einer Wohnimmobilienfinanzierung kann in die in Abbildung 131 dargestellten sechs Phasen unterteilt werden (vgl. für die folgenden Abhandlungen, wenn nicht anders zitiert, Iblher, S. 42ff.):

In der **1. Phase** findet ein erster Kontakt zwischen Finanzierungsnachfrager und -anbieter statt. Die Initiative geht dabei i.d.R. vom Kreditnehmer aus, der aufgrund einer Immobilientransaktion ein Finanzierungsbedürfnis hat oder eine Verlängerung oder Umstrukturierung einer existierenden Finanzierung anstrebt. Ist der erste Kontakt etabliert, bietet der Financier dem potenziellen Darlehensnehmer Informationen über Konditionen und Ablauf für den Kunden relevanter Finanzierungslösungen an. Der Verbraucher holt idealtypischerweise von verschiedenen Finanzdienstleistern Konditionen ein. Alternativ kann ein Hypothekenmakler in dieser Phase die Informationsbesorgung für den Kunden übernehmen.

Entweder aufgrund eigener Anfragen bei Kreditgebern oder auf Basis seiner zur Verfügung stehenden Informationen wird er dem Kunden verschiedene Angebote erläutern und eine bestimmte Finanzierungslösung vorschlagen.

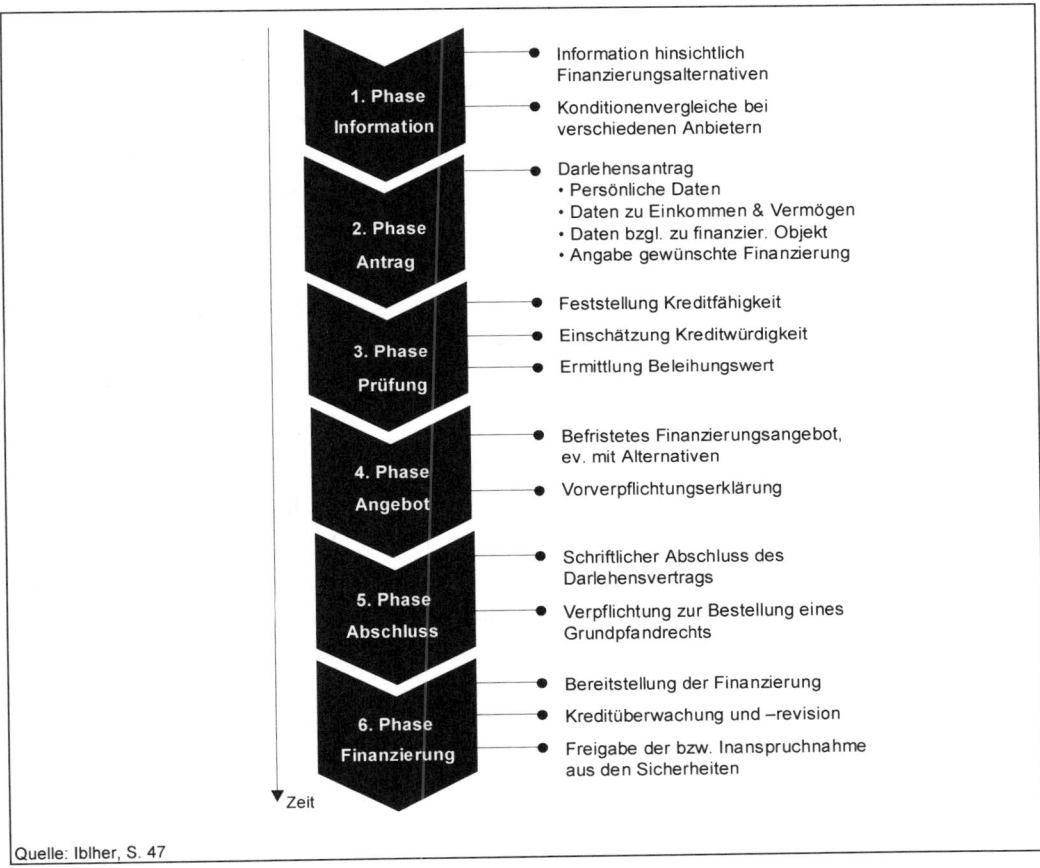

Quelle: Iblher, S. 47

Abbildung 131: Prozesskette der traditionellen Immobilienfinanzierung

In der **2. Phase** wendet sich der Kunde an ein oder mehrere finanzierende Institute, Hypothekenmakler oder Berater. Diese Dienstleister lassen dem Kreditkunden einen Darlehensantrag zukommen oder füllen diesen gemeinsam mit ihm aus. Der Antrag besteht üblicherweise aus einem Formular zur Selbstauskunft. Persönliche Daten zur Person, Informationen zu Einkommen und Vermögen sowie Angaben hinsichtlich des zu finanzierenden Objektes und der gewünschten Finanzierung werden abgefragt.

Diese Darlehensanfrage wird in der **3. Phase** durch das finanzierende Institut geprüft. Drei Elemente werden dabei analysiert. Erstens führt die Feststellung der Kreditfähigkeit im positiven Falle zu dem Urteil, dass der Kunde rechtswirksam Kreditverträge schließen kann, weil er voll geschäftsfähig ist. Zweitens wird im Rahmen der Einschätzung der Kreditwürdigkeit beurteilt, ob von dem Kreditnehmer eine vertragsgemäße Erfüllung der Kreditverpflichtungen erwartet werden kann. Zu diesem Zweck sind wiederum zwei Aspekte zu prüfen: Die persönliche und die materielle oder sachliche Kreditwürdigkeit (vgl. Grill/Perczynski, S. 236f.).

Die Frage der persönlichen Kreditwürdigkeit zielt auf die Zuverlässigkeit und die fachlichen, kaufmännischen Qualifikationen des Kreditnehmers. Traditionell war die Beurteilung der persönlichen Kreditwürdigkeit mit der Dauer der Beziehung zwischen Kreditgeber und -nehmer verbunden. In Zeiten der stark auf die einzelne Transaktion und deren Preis als Entscheidungskriterium des Kunden konzentrierten Geschäftsbeziehungen hat sich die Bedeutung der langfristigen Zusammenarbeit abgeschwächt, sodass eine Kreditwürdigkeitsprüfung aufgrund persönlicher Kriterien oftmals unergiebig ist. Dadurch ergibt sich der Zielkonflikt, dass der Kunde einerseits nur schwierig beurteilt werden kann, andererseits eine Beurteilung aber notwendig wäre, weil der Kunde das Element im Finanzierungsprozess ist, welches am meisten Unsicherheitspotenzial birgt.

Dementsprechend hat die Beurteilung der materiellen Kreditwürdigkeit an Bedeutung gewonnen. Hierbei werden die wirtschaftlichen Verhältnisse des beantragenden Haushalts geprüft. Nach § 18 KWG darf ein Kreditinstitut einen Kredit von insgesamt mehr als 250.000 Euro nur gewähren, wenn es sich vom Kreditnehmer dessen wirtschaftliche Verhältnisse offen legen lässt. Der private Haushalt, dessen Situation nicht wie im KWG gefordert, anhand der Jahresabschlüsse geprüft werden kann, wird auf Basis seiner Vermögens-, Schulden- und Einkommensverhältnisse beurteilt. Dabei soll die gegenwärtige sowie die in Zukunft erwartete Einkommens- und Vermögenssituation in Relation zu den aus dem Darlehensvertrag resultierenden Zins- und Tilgungszahlungen Auskunft über die Sicherheit der Zahlungen geben. Um den Grad der Sicherheit beurteilen zu können, werden regelmäßig folgende Unterlagen herangezogen (vgl. Grill/Perczynski, S. 236f.):

- Einkommensnachweise bzw. Vermögensübersichten,

- Unterlagen der Kontoführung,

- Auskünfte externer Dritter,

- Grundbuchauszüge,

- Auszüge aus dem Güterrechtsregister,

- SCHUFA-Auskunft.

Drittens benötigt der Kreditgeber für die Kreditentscheidung außerdem noch die objektbezogenen Unterlagen zur Prüfung des Projektes/der Immobilie. Der Kunde stellt dem Financier, je nachdem ob es sich um einen Neubau oder um ein Bestandsobjekt handelt, die in Tabelle 40 genannten Unterlagen zur Verfügung.

Bei Neubauobjekten	Bei Bestandsobjekten
• Grundbuchauszug • Abzeichnung der Flurkarte • Baupläne (möglichst genehmigt) und Bauzeichnungen, -beschreibungen und -berechnungen sowie Kostenvoranschläge • Bescheinigung über Erschließungsbeiträge • Abschrift des Kaufvertrages bei Kauf eines Neubaues • Abschrift des Erbbaurechtsvertrages bei Bauerstellung zu Lasten eines Erbbaurechts	• Grundbuchauszug • Abzeichnung der Flurkarte • Lichtbilder des Gebäudes • Abschrift des Kaufvertrages bei Kauf eines Grundstückes • Abschrift des Erbbaurechtsvertrages bei Belastung eines Erbbaurechts • Baupläne (möglichst genehmigt) und Bauzeichnungen, -beschreibungen und -berechnungen sowie Kostenvoranschläge bei Erweiterungen, Umbauten und Modernisierungen • Gebäudeversicherungsnachweis • Wertgutachten (falls vorhanden)
Quelle: Herrling/Mayländer, S. 188; Grill/Perczynski, S. 317	

Tabelle 40: Objektbezogene Unterlagen zur Kreditentscheidung

Aufgrund der Unterlagen entscheidet der Finanzdienstleister, ob und zu welchen Konditionen er dem Kunden ein Darlehen anbieten kann. An diesem Punkt ist eine Sollbruchstelle für den Fall vorgesehen, dass der Antragsteller die Vergabekriterien nicht erfüllt. Der Kunde wird dann benachrichtigt; der Prozess ist damit abgeschlossen. Im Falle einer positiv ausfallenden Kreditentscheidung ermittelt das Institut den Beleihungswert und die Beleihungsgrenze. Bei der Bestimmung der Darlehenshöhe berücksichtigt der Finanzierer die bereits im Grundbuch eingetragenen Lasten.

Ergebnis der Prüfung ist ein auf die Situation des Kunden individuell abgestimmtes schriftliches Finanzierungsangebot der Bank, welches der Kunde in der **4. Phase** erhält. Der Kunde kann nun entscheiden, ob er das Angebot grundsätzlich annehmen will. Sollte er dies z.B. aufgrund einer im Vergleich zur vor der Antragstellung veränderten persönlichen Situation oder eines besseren Konkurrenzangebotes nicht bejahen, kann der Prozess hier wiederum beendet werden. Das Finanzierungsangebot ist i.d.R. auf ein oder zwei Wochen befristet und enthält typischerweise verschiedene Alternativen zu Zinshöhe, -bindungsdauer und Disagio. Der Kunde wählt die von ihm gewünschte Option und unterschreibt das Dokument. Damit kommt es zu einer Konditionsvereinbarung zwischen ihm und dem Kreditgeber. Es handelt sich um eine für die Parteien bindende Vorverpflichtungserklärung, die noch nicht den Kreditvertrag darstellt.

Wenn der Kunde dem Angebot schriftlich zugestimmt hat, bereitet die Bank in **Phase 5** die für den Darlehensvertrag und dessen Besicherung notwendigen Dokumente vor. Neben dem Kreditvertrag sind dies typischerweise die Verpflichtung zur Grundpfandrechtbestellung, die eine Zweckerklärung umfasst:

- die Abtretung der Rückgewährungsansprüche,

- sowie die Negativverklärung.

Nach dem Abschluss des Kreditvertrages durch Angebot und Annahme bestellt der Kreditnehmer zugunsten des Kreditinstituts das vereinbarte Grundpfandrecht. Dazu erteilt der Grundstückseigentümer in einer notariell beglaubigten Urkunde seine Zustimmung zur Belastung seines Grundstücks, verbunden mit dem Auftrag, diese Belastung in das Grundbuch einzutragen (vgl. Grill/Perczynski, S. 317).

In **Phase 6** erfolgt auf Grundlage der vorliegenden Unterlagen die eigentliche Finanzierung im Sinne der Bereitstellung der Barmittel. Diese Übertragung von Liquidität findet im Fall des Kaufes einer Immobilie durch Überweisung auf das Treuhandkonto des Notars oder direkt auf das Konto des Kreditnehmers bzw. das Konto des Immobilienverkäufers statt. Im Falle des Neubaus einer Immobilie erfolgt die Auszahlung des Darlehens im Zuge des Baufortschrittes. Die Bank weist die Zahlungen an den jeweiligen Ersteller der Bauleistungen an.

Die Phase der Finanzierung umfasst auch die sich an die Auszahlung anschließende Zeit, während der der Kunde Zinsen und Tilgungen zahlt. Diese Phase enthält auch die Aktivitäten der Kreditüberwachung und Kreditrevision. Hier geht es um die Kontrolle der Einhaltung der Vertragsbedingungen (speziell der Zahlungsströme), die Überprüfung der Kreditwürdigkeit und Sicherheiten in regelmäßigen Zeitabständen und die Risikoeinschätzung des Kreditnehmers. Nach vollständiger Rückführung werden die Sicherheiten freigegeben bzw. bei Nichteinhaltung der Vertragsbedingungen die Inanspruchnahme aus den Sicherheiten eingeleitet (vgl. Grill/ Perczynski, S. 246). In den USA wird dieser Bereich, als „Loan Servicing" bezeichnet, oft an dritte Dienstleister ausgelagert (vgl. Shenkel, S. 308f.).

5.3.3.2.2 Finanzierungsinstrumente

5.3.3.2.2.1 Eigenkapital und die Eigenleistung des Bauherrn

Eigenkapital sind alle Finanz- und Sachmittel, die der Finanzierende selbst zur Deckung des Finanzierungsvolumens bereitstellen kann. Bei der Finanzierung mit Eigenkapital wird vorhandenes Vermögen, welches in Sach- oder Finanzvermögen angelegt ist, umgeschichtet in Immobilienvermögen. In Sachmitteln gebundenes Eigenkapital kann z.B. in Form des Grundstücks, auf dem gebaut werden soll, vorliegen. Bei anderen von dem Immobilienprojekt unabhängigen Sachmitteln muss erst eine Umwandlung in Geldmittel stattfinden. Je höher die Fungibilität des jeweiligen Vermögensgegenstandes ist, desto einfacher und zeitlich weniger aufwendig kann die Umschichtung erfolgen. Bei Finanzmitteln in Form von Wertpapieranlagen oder Beteiligungen spielt die Fungibilität der entsprechenden Anlagen ebenfalls eine wichtige Rolle. Sie wird z.B. durch den Termin, zu dem Anlagen gekündigt werden können, oder die Möglichkeit, einen Fondsanteil zu verkaufen, determiniert (vgl. Jenkis, S. 95).

Da es wegen des fehlenden steuerlichen Schuldzinsenabzugs nicht vorteilhaft ist, für eigengenutzte Wohnimmobilien anstatt verfügbarem Eigenkapital Fremdkapital einzusetzen, dient das Eigenkapital in diesem Falle zur Minimierung des Bedarfes an Fremdkapital. Sowohl bei der Finanzierung von eigengenutzten als auch bei fremdgenutzten Immobilien ist Eigenkapital für die Kreditinstitute ein Zeichen der Bonität des Kreditnehmers. Diese haben aus Gründen der Risikoverringerung regelmäßig ein Interesse an einer möglichst hohen Eigenkapitalquote. Außerdem müssen Nebenkosten der Immobilie, wie Grunderwerbsteuer, Makler-, Notar- und Schätzgebühren durch Eigenkapital gedeckt werden, da sie ursprünglich nicht finanziert wurden.

Das während der Laufzeit der Finanzierung erwirtschaftete Einkommen des Haushalts wird für den Kapitaldienst herangezogen. Neben den Zahlungen von Zinsen und Tilgung wird das Einkommen aber auch zur Deckung der Lebenshaltungskosten und Nebenkosten der Immobilie verwendet. Deshalb ist neben der Eigenkapitalquote die Belastungsquote ein weiterer wichtiger Indikator. Ein Maßstab zur Beurteilung eines Finanzierungskonzepts entsteht, wenn die Eigenkapitalquote und die Belastungsquote in Kombination betrachtet werden, welche in folgenden **Finanzierungsregeln** (vgl. Tabelle 41) festgehalten werden.

Finanzierungsregeln	Eigenkapitalquote	Belastungsquote
Goldene Finanzierungsregel (33/33)	min. 33%	max. 33%
Silberne Finanzierungsregel (30/40)	min. 30%	max. 40%
Bronzene Finanzierungsregel (20/50)	min. 20%	max. 50%

Tabelle 41: Finanzierungsregeln

Die „goldene Finanzierungsregel", besagt z.B., dass eine Finanzierung i.d.R. von solidem Charakter ist, wenn die Eigenkapitalquote mindestens 33% und die Belastungsquote maximal 33% beträgt.

Abweichend von dieser Faustregel wird bei sehr hohem und sicherem Nettoeinkommen von bedeutend geringeren Eigenkapitalquoten ausgegangen. Der Wettbewerb unter den Finanzierungsanbietern hat sogar dazu geführt, dass der früher durch Eigenkapital oder Surrogate zu finanzierende Anteil bei entsprechender Bonität vollständig kreditierbar geworden ist. Bei einer solchen **Vollfinanzierung** entspricht der Kaufpreis des Objektes der Darlehenssumme. Bei einer Finanzierung von mehr als 100% des Kaufpreises spricht man von einer **Überfinanzierung**. Regelmäßig erfolgt hierbei auch die Finanzierung von Bauzeitzinsen, Finanzierungs- und Mietgarantiegebühren aus der Investitionsphase. Wird zusätzlich noch ein Disagio mitfinanziert, so macht das Bruttodarlehen nicht selten bis zu 125% des Marktwertes aus.

Übersteigt das Fremdkapital deutlich den Kaufpreis, so treffen die auch sonst üblichen Finanzierungsrisiken den risikofreudigen Kreditnehmer umso härter. Neben dem Zinsänderungsrisiko schlägt insbesondere Risiko der Veräußerung besonders zu Buche. Letzteres besteht, wenn beim Verkauf des Objektes der Veräußerungserlös nicht ausreicht, um die Restschulden abzulösen.

Ein Ersatz von Eigenkapital stellen **Eigenleistungen** in Form des Wertes der geleisteten Selbsthilfe. Durch entsprechende vom Bauherrn, der Bauherrengemeinschaft oder Freunden erbrachte Arbeitsleistungen an der Immobilie entsteht Sacheigenkapital. Selbsthilfe am Bau setzt handwerkliches Können und ausreichende freie Kapazitäten des Bauherrn voraus. Es besteht auf der Seite des Finanzierenden oft eine Tendenz, aufgrund mangelnder Kenntnisse der am Bau zu erbringenden Tätigkeiten, die eigenen Leistungen zu überschätzen (vgl. Köpfler, S. 641).

Daneben kann eine Erhöhung der Eigenkapitalquote durch so genannte **Eigenkapitalsurrogate** erreicht werden. Als Eigenkapitalersatzmittel kommen folgende Kapitalanlagen in Frage:

- Policedarlehen und Lebensversicherungsverträge, deren Ablaufleistungen zur Deckung des Finanzierungsbedarfs an die Bank abgetreten werden können,

- Sparbriefe,

- Bausparverträge.

Ist das Laufzeitende der vorstehend genannten Anlagen noch in weiter Ferne, so empfiehlt sich ihr Einsatz als Tilgungsersatz bei Langfristdarlehen. Insbesondere gilt dies für langlaufende Bauspar- und Versicherungsverträge.

Im umgekehrten Fall, d. h. bei naher Zuteilung des Bausparvertrages oder bevorstehender Auszahlung der Ablaufleistung ist es sinnvoll, einen tilgungsfreien Zwischenkredit aufzunehmen und mit dem Bausparguthaben bzw. der Ablaufleistung zu tilgen.

5.3.3.2.2.2 Realkredite und objektgesicherte Personalkredite

Bankdarlehen für den Immobilienbereich werden von allen Universal- und Spezialbanken vergeben. Die für den Immobilienbereich relevanten Darlehen dieser Kreditgeber existieren in der Form von Realkrediten und objektgesicherten Personalkrediten.

Als **Realkredit** wird ein (mittel- und) langfristiger Kredit definiert, dessen Verzinsung und Rückzahlung (im Gegenteil zum Personalkredit) jederzeit unabhängig von der Person des Kreditnehmers durch das beliehene Grundstück gewährleistet ist. Realkredite werden durch ein erstrangiges Grundpfandrecht gesichert und sind das typische Instrument zur langfristigen Finanzierung von Wohnimmobilien im erstrangigen Besicherungsraum. Dabei haftet primär das Grundstück mit dem Gebäude, die Bonität des Schuldners ist nur sekundär bedeutsam. Die Höhe des Realkredits wird von dem Beleihungswert der Immobilie bestimmt. Realkredite dürfen bis zu einer Höhe von maximal 60% des Beleihungswertes ausgegeben werden, um deckungsstockfähig zu sein (vgl. König, S. 51). Sie werden landläufig auch als Hypotheken-, Hypothekardarlehen bezeichnet.

Wurden bis Anfang der 70er Jahre Realkredite zu festen Konditionen für die volle Laufzeit vereinbart, läutete die Realkreditreform die Abschnittsfinanzierung ein. Dabei wird das Darlehen weiterhin für die volle Laufzeit vertraglich vereinbart, aber die Zins- und seltener die Tilgungskonditionen werden nur für einen bestimmten Zeitraum festgeschrieben. D.h., es findet in bestimmten Abständen eine Anpassung der Konditionen an die Situation auf den Kapitalmärkten statt, wodurch ein Interessenausgleich zwischen Pfandbriefkäufern und Darlehensnehmern erfolgt (vgl. Jenkis, S. 2, 17). Die Abstände der Anpassung richten sich nach der vertraglich fixierten Zinsbindungsdauer, die in Deutschland i.d.R. 5, 10, oder 15 Jahre beträgt (vgl. Jokl, S. 35, 74).

Darlehen, die die für Realkredite gesetzlich festgelegte maximale Beleihung mit 60% des Beleihungswertes überschreiten, werden in zwei Arten unterteilt: Ein Darlehen gilt einmal noch als Realkredit, wenn es gegen die Eintragung eines zweitrangigen Grundpfandrechtes gewährt wird, aber zusätzlich durch Bürgschaft der öffentlichen Hand gesichert ist. Wird ein Darlehen andererseits gegen Eintragung eines zweitrangigen Grundpfandrechtes aber ohne öffentlich-rechtliche Bürgschaft gewährt, handelt es sich um einen **gedeckten Personalkredit**. Der Personalkredit zielt vermehrt auf die Bonität des Darlehensnehmers als Vergabekriterium ab, da das nachrangige Grundpfandrecht im Falle der Zwangsversteigerung eine geringere Sicherheit als eine erstrangige Besicherung darstellt. Der Raum der zweitrangigen Besicherung ist heute hauptsächlich die Domäne von Kredit- und Genossenschaftsbanken, Sparkassen und Bausparkassen sowie öffentlichen

Grundkreditanstalten. Private Hypothekenbanken sind dort nur innerhalb der gesetzlichen Schranken aktiv (vgl. Köpfler, S. 628, 637).

5.3.3.2.2.3 Bauspardarlehen

Bausparverträge werden in Deutschland als ein zentraler Baustein der Wohneigentumsfinanzierung angesehen (vgl. Cieleback). Der Bausparer verpflichtet sich mit Abschluss des Bausparvertrages gegenüber der Bausparkasse zur Einzahlung der Bausparbeiträge. Damit erhält er einen Rechtsanspruch auf Gewährung eines Bauspardarlehens. Es handelt sich bei einem Bausparvertrag daher um ein kombiniertes Spar- und Finanzierungsinstrument. Der Bausparer zahlt die vereinbarte Summe entweder regelmäßig über einen gewissen Zeitraum in Raten bis zum Erreichen der Mindestansparsumme oder als Einmalzahlung ein. Der Vergabezeitpunkt des Bauspardarlehens wird durch ein Zuteilungsverfahren ermittelt. Maßgeblich für die Reihenfolge der Zuteilung ist eine Bewertungszahl, die das Sparer-Kassen-Leistungsverhältnis (vgl. § 7 BausparkV) ausdrückt. Die Bewertungszahl wird an besonderen Stichtagen aus der Höhe des Bausparguthabens und der Dauer, für die der Bausparer sein Spargeld der Gemeinschaft zur Verfügung gestellt hat, errechnet. Die Mindestansparsumme beträgt üblicherweise 40 bis 50% der Bausparsumme, die Mindestlaufzeit beträgt i.d.R. etwa vier Jahre. Eine wichtige Rolle bei der Zuteilung spielen außerdem die Entwicklung der Zuteilungsmasse, die vom Bausparneuaufkommen beeinflusst wird, aus welchem wiederum das Gesamtausleihvolumen gedeckt sein muss, und die Zuteilungspolitik der Bausparkasse. Die Höhe des Bauspardarlehens berechnet sich nach der Differenz der vertraglichen Bausparsumme und des erbrachten und verzinsten Sparbetrages. In der Höhe des Bauspardarlehens hat der Kreditnehmer einen rechtsverbindlichen Anspruch auf Zuteilung. Die Bausparkasse darf allerdings vor der Zuteilung nach § 4 Abs. 5 BausparkG keinen verbindlichen Termin des Kapitalzuflusses angeben.

Gemäß § 7 Abs. 1 Bausparkassengesetz müssen Bauspardarlehen grundpfandrechtlich gesichert sein. Die Beleihung erfolgt i.d.R. durch ein nachrangiges Grundpfandrecht, darf allerdings ohne zusätzliche Sicherheit 80% des Beleihungswertes der Immobilie nicht übersteigen. Der Vielzahl von unterschiedlichen Tarifen der Bausparkassen gemein sind die im Vergleich zu anderen Finanzierungsformen relativ niedrigen Sollzinsen, die das Spiegelbild zu den während der Ansparphase gering verzinsten Sparbeiträgen bilden. Charakteristisch sind ferner hohe Tilgungsraten zwischen 4,5 und 7%, welche in einer relativ kurzen Laufzeit der Darlehen von etwa 10 bis 16 Jahren resultieren.

Das Bauspardarlehen schließt typischerweise eine eventuelle Finanzierungslücke zwischen erstrangigem Realkredit und Eigenkapital. Gleichzeitig führt der über das Bausparen initialisierte Vorsparprozess zu einer Erhöhung der Eigenkapitalquoten, welche in Deutschland auch dadurch regelmäßig über denen des europäischen Auslands liegen (vgl. Krupp, S. 61).

Bausparverträge dienen auch dem Ziel, Kunden in relativ jungem Alter durch die wegen staatlicher Förderung attraktiv erscheinenden Bausparverträge an das jeweilige Kreditinstitut zu binden. Der Bausparvertrag kann als ein Baustein im gesamten Vertriebskonzept den Startpunkt für ein Cross-Selling weiterer Produkte des Instituts bilden. Nur etwa ein Drittel aller Bausparverträge werden für eine Baufinanzierung eingesetzt (vgl. Hemmerde, S. 116).

5.3.3.2.2.4 Versicherungsdarlehen

Um dem Sicherheitsziel des Versicherungsaufsichtsgesetzes zu genügen, werden Darlehen der Versicherer im Allgemeinen nur im erstrangigen Beleihungsraum gewährt. Versicherungsunternehmen gewähren entsprechend grundpfandrechtlich gesicherte Darlehen zur Finanzierung von Immobilien typischerweise gegen Abschluss einer Lebensversicherung. Dies kann in zweierlei Formen geschehen:

- Tilgungsversicherung für Festdarlehen und

- Policendarlehen.

In der ersten Form dient die Lebensversicherung dazu, die Rückzahlung eines Darlehens zu einem bestimmten Zeitpunkt zu gewährleisten. Dazu werden typischerweise ein Festdarlehen und eine kapitalbildende Lebensversicherung gekoppelt. Der Darlehens- und der Versicherungsvertrag verfügen über identische Laufzeiten und sind betragsmäßig einander angepasst. Es wird eine Tilgungsaussetzung bis zur Endfälligkeit vereinbart, sodass der Darlehensnehmer ausschließlich die Zinsen des Darlehens zahlt. Statt der Tilgung werden Beiträge einer Kapitallebensversicherung entrichtet. Wenn der Zeitpunkt der Rückzahlung des Darlehens erreicht ist, erreichen die Versicherungsprämien zuzüglich der steuerfreien Gewinnanteile die Höhe der Darlehenssumme, sodass das Fremdkapital in einer Summe durch die in demselben Zeitpunkt fällige Versicherungsleistung getilgt werden kann. Die Tilgungsaussetzung wird durch Abtretung der Versicherungsansprüche an den Kreditgeber abgesichert. Durch die Gestaltung der Tilgungsversicherung als gemischte Erlebens- und Todesfallversicherung wird bei Versicherungsablauf oder im Todesfall die Versicherungsleistung in Form der Kapitalsumme in Höhe des Darlehens fällig. Damit wird einerseits die Tilgung des Darlehens bei Fälligkeit gewährleistet und andererseits wird dem Todesfallrisiko des Darlehensnehmers begegnet (vgl. Schöpe, S. 37f.).

Wird die Lebensversicherung als Policendarlehen ausgestaltet, erhält der Versicherungsnehmer ein Darlehen, welches durch einen Lebensversicherungsvertrag insoweit gesichert ist, als die Versicherungsleistung zur Tilgung des Darlehens verwandt wird. Im Gegensatz zur Tilgungsversicherung existiert eine bereits angesparte Lebensversicherung mit einem der Darlehenssumme entsprechend hohen Rückkaufswert, Kredit- und Darlehensvertrag werden nicht zeitgleich abgeschlossen. Die Koinzidenz der beiden Faktoren beim Policendarlehen limitiert die Anwendungsmöglichkeiten auf Einzelfälle (vgl. Meyer-Scharenberg, S. 1212).

Im Vergleich zum Realkredit in der Form eines Annuitätendarlehens kann die Versicherungslösung dem Kreditnehmer durch die Anrechnung der Prämienzahlungen als Vorsorgeaufwendungen einerseits steuerliche Vorteile bieten. Die beiden Formen Tilgungsversicherung und Policendarlehen unterscheiden sich dabei steuerrechtlich nicht. Andererseits wirkt sich eine Zinserhöhung, wenn die Darlehensdauer nicht mit der Zinsbindungsfrist übereinstimmt, aufgrund der nicht um Tilgungen verminderten Restschuld negativ auf die Zahlungsbelastung des Kreditnehmers aus.

Das hohe Liquiditätsaufkommen durch die eingezahlten Prämien der Versicherungssparer, die in erster Linie an die langfristige Vorsorge und nicht an kurzfristige Renditemaximierung denken, können die Versicherungsunternehmen zur Darlehensvergabe nutzen. Daher liegen die Zinssätze für Darlehen der Versicherer oft unter denen von Kreditinstituten.

5.3.3.2.2.5 Staatliche Förderung

Anders als die bisher besprochenen Finanzierungsoptionen, welche immer Zins- und Tilgungszahlungen umfassen, erfordert staatliche Förderung nur zum Teil Kapitaldienst. Neben zinsbegünstigten Darlehen durch den Staat werden Immobilieninvestitionen auch über **direkte Zuschüsse** gefördert. Zuschüsse müssen im Gegensatz zu Darlehen nicht zurückgezahlt werden, sie gehen dem Haushalt als Einkommen zu.

Die staatlichen Instrumente der direkten Förderung treten in drei Formen auf: Die Eigenheimzulage (direkte Zuschüsse), die Bausparförderung (direkte Zuschüsse) und die Förderung des sozialen Wohnungsbaus (Darlehen und direkte Zuschüsse).

Die **Eigenheimzulage** trat ab 1996 an die Stelle der Grundförderung und des Baukindergeldes. Sie ist im Gegensatz zu der alten Regelung eine einheitliche, von der steuerlichen Progression unabhängige Förderung, die sich aus Fördergrundbetrag und Kinderzulage zusammensetzt. Mit Wirkung zum 01.01.2004 sind bei der Förderung durch die Eigenheimzulage einige Änderungen in Kraft getreten. Diese gelten für Bauherren und Erwerber, die nach dem 31.03.2003 den Bauantrag für ihr Eigenheim stellen bzw. den notariellen Kaufvertrag abschließen. Der Fördergrundbetrag wird nach wie vor für 8 Jahre gewährt, allerdings beträgt er nun für Alt- und Neubauten gleichermaßen lediglich 1% der Herstellungs- und Anschaffungskosten, zuzüglich innerhalb der ersten beiden Jahre anfallenden Instandsetzungs- und Modernisierungsaufwendungen. Die maximale jährliche Förderung ist auf 1.250 Euro begrenzt, die Förderung für Ausbauten und Erweiterungen wird gestrichen. Zum Vergleich, die alte Regelung sah eine Förderung von 5% der Herstellungs- und Anschaffungskosten für Neubauten und 2,5% für Altbauten vor.

Die Eigenheimzulage wird nur gewährt, wenn die Summe der positiven Einkünfte (d.h. ohne Berücksichtigung von Verlusteinkunftsarten) im Jahr des Einzugs und im Vorjahr 70.000 Euro für Alleinstehende bzw. 140.000 Euro für Verheiratete nicht überschreitet. Eine eventuelle Überschreitung in den Jahren danach und während der Förderung ist irrelevant. Je steuerlich zu berücksichtigendem Kind erhöhen sich die Einkommensgrenzen um 30.000 Euro. Die Förderung pro Kind beträgt 800 Euro im Jahr.

Die zweite Form der staatlichen Zuschüsse ist die **Bausparförderung**, die sich aus der Wohnungsbauprämie und der Arbeitnehmersparzulage zusammensetzt und deren Höhe mit Wirkung zum 01.01.2004 neu geregelt wurde.

Die Wohnungsbauprämie beträgt 8,8% auf maximal 512 Euro Sparleistung im Jahr bei Ledigen bzw. 1024 Euro Sparleistung bei Ehegatten. Einkommensgrenzen zur Gewährung der Wohnungsbauprämie liegen bei 25.600 Euro bei Ledigen bzw. 51.200 Euro bei Ehegatten. Die Arbeitnehmersparzulage beträgt 9% auf maximal 470 Euro Sparleistung im Jahr, die Einkommensgrenzen zur Gewährung der Förderung liegen bei 17.900 Euro für Ledige und 35.800 Euro für Ehegatten. Die beiden Förderungen werden allerdings nicht auf ein und dieselben Bausparbeiträge gewährt.

Die dritte Form staatlicher **Förderung** bezieht sich auf den **sozialen Wohnungsbau.** Im öffentlich geförderten sozialen Wohnungsbau werden öffentliche Mittel zur Deckung der für den Bau oder den Erwerb entstehenden Gesamtkosten, laufenden Aufwendungen oder der für Finanzierungsmittel zu entrichtenden Zinsen und Tilgungen eingesetzt. Die Förderung des Wohnungsbaus ist eine Gemeinschaftsaufgabe von Bund, Ländern und Kommunen. Der Bund ist zuständig für die bundeseinheitliche Rahmengesetzgebung. Über die Ausgestaltung und Durchführung der Maßnahmen, sowie den Einsatz öffentlicher Mittel entscheiden die Bundesländer. Förderung existiert sowohl für selbstgenutzte als auch für vermietete Wohnimmobilien. Zusammenfassend lassen sich die verschiedenen Förderungsoptionen grundsätzlich zwei Arten der öffentlichen Förderung des Wohnungsbaus zuordnen (vgl. Köpfler, S. 644): Zinslose oder niedrigverzinsliche Darlehen stellen erstens eine Kapitalsubvention dar. Dieser zinsverbilligte Kapitaleinsatz wirkt miet- und lastensenkend. Zuschüsse sind zweitens Ertrags- oder Aufwandssubventionen, die die aus den Kapital- oder Baukosten resultierenden laufenden Aufwendungen des Bauherrn reduzieren. Konsequenz beider Arten ist die Erweiterung des Finanzierungsspielraums des Bauherrn und damit die Anregung der Bautätigkeit von Wohnraum.

Der Staat kann auch durch **indirekte öffentliche Zuschüsse** die Mittel eines Finanzierenden erhöhen. Indirekte Zuschüsse haben im Gegensatz zu direkten Zuschüssen, die das Einkommen durch Einzahlungen steigern, verminderte Aufwendungen zur Folge. Die entsprechenden Instrumente in direktem Zusammenhang mit der Immobilieninvestition sind **Vorkostenabzug** und Sonderabschreibungen.

Vorkosten sind Aufwendungen, die vor dem Einzug im Zusammenhang mit der Herstellung oder Anschaffung des Wohneigentums entstehen und im Fall der Vermietung oder Verpachtung der Wohnung als Werbungskosten abgezogen werden könnten, aber nicht zu den Herstellungs- oder Anschaffungskosten gehören. Sie können im Jahr ihrer Entstehung wie Sonderausgaben von der Summe der Einkünfte abgezogen werden (vgl. § 10e Abs. 6 EStG).

Nach dem Auslaufen der **Sonderabschreibungen** für Gebäude im Rahmen des Fördergebietsgesetzes werden weitere Sonderabschreibungen nur noch gewährt für Aufwendungen an Baudenkmälern sowie Gebäuden in Sanierungsgebieten und städtebaulichen Entwicklungsbereichen. In beiden Fällen können erhöhte Absetzungen jährlich mit bis zu 9% der Herstellungs- bzw. Anschaffungskosten der entsprechenden Maßnahmen angesetzt werden. Zum Nachweis der Voraussetzungen für Gebäude in einem Sanierungsgebiet/Entwicklungsbereich ist eine Bescheinigung der Gemeinde über Durchführung der Maßnahmen, für Baudenkmäler ein Beleg der Denkmalschutzbehörde erforderlich (vgl. § 7h und § 7i EStG).

5.3.3.2.2.6 Verbundfinanzierung

Ein weiterer Aspekt bei der Betrachtung der Produkte auf dem Markt der Immobilienfinanzierung ist die Verbund- oder Komplettfinanzierung. Hierbei handelt es sich nicht um ein einzelnes Produkt sondern ein Konzept für den gesamten Fremdkapitalbedarf der Immobilieninvestition aus der Hand eines einzigen Anbieters. Dabei werden bestimmte der bisher geschilderten Finanzierungsinstrumente, die auch von verschiedenen Instituten stammen können, zu Lösungen für den Kunden kombiniert. Typischerweise werden bei einem solchen Konzept ein Realkreditinstitut und eine Bausparkasse und/oder eine Lebensversicherungsgesellschaft eingebunden. Als Beispiel für eine Verbundfinanzierung kann die Kombination eines erstrangigen Realkredits einer Hypothekenbank mit einem nachrangigen Bauspardarlehen dienen, welches die Finanzierungslücke zwischen 60-prozentigem Beleihungswert und dem Eigenkapitaleinsatz des Kunden schließt. Zur Besicherung wird häufig nur eine einheitliche Grundschuld für den gesamten Darlehensbetrag bestellt, wodurch die Kosten geringer gehalten werden können (vgl. Herrling/Mayländer, S. 178). Grundsätzlich lassen sich zwei Formen unterscheiden. Die Verbundfinanzierung resultiert im ersten Fall in einer für den Kunden individuellen Lösung, deren Finanzierungsbausteine der Berater des federführenden Instituts entsprechend der Situation des Kunden arrangiert (vgl. Köpfler, S. 633). In der zweiten Form wird unabhängig von der Finanzierungslage des Kunden eine feststehende Kombination abgestimmter Bausteine als Paket an den Kunden verkauft.

Für den Finanzierenden ergeben sich als Vorteil geringere Transaktionskosten, weil die Suche und Kombination der einzelnen Finanzierungsbausteine bei unterschiedlichen Anbietern für den Kunden entfallen. Resultat für die Finanzdienstleister ist idealerweise die Möglichkeit, aufgrund der Komplexität und damit geringer Vergleichbarkeit der Produkte höhere Gewinnmargen zu realisieren. Die Unternehmen, oft Allfinanzanbieter, erhalten zudem ein genaueres Bild des Kunden, da nicht nur ein bestimmter Finanzierungsausschnitt sondern das gesamte Finanzierungsverhalten des Kunden bekannt wird.

5.3.3.3 Finanzierung vermieteter Wohnimmobilien

5.3.3.3.1 Einführung

Bei der Finanzierung von vermieteten Wohnimmobilien ist eine gänzlich andere Betrachtungsweise vonnöten als bei der Finanzierung von selbstgenutztem Wohneigentum. Bei der Neuerstellung vermieteter Wohnungen spielen steuerliche Gesichtspunkte, wie später in Punkt 5.3.3.3.3 dargestellt wird, eine besondere Rolle; dies gilt insbesondere für die Investoren, die nicht wohnungswirtschaftliche Unternehmer sind, also die privaten Anleger im Miet-Wohnungsbau.

Primäre Zielgröße des Kapitalanlegers ist die „Nach-Steuer-Rentabilität". Daneben existieren in Bezug auf Immobilien auch andere Ziele; so wird die Immobilie oft als eine Art „zusätzliche Altersversorgung" in Form von regelmäßig zufließenden Mieteinnahmen, der Senkung eigener Mietausgaben durch spätere Selbstnutzung oder aber durch Realisierung einer eventuellen Wertsteigerung und Transformation in liquidere Anlageformen, angesehen. Auch der Inflationsschutz stellt einen wesentlichen Aspekt dar.

In Abhängigkeit von der individuellen Zielsetzung sowie der persönlichen Situation des Bauherrn kommt der „richtigen" Finanzierung hohe Bedeutung zu. Nicht zuletzt die unterschiedliche steuerliche Behandlung von Eigen- und Fremdkapital ist für einen höheren Verschuldungsgrad gegenüber selbstgenutzten Wohnimmobilien mit verantwortlich. Da Investitionen in vermietete Wohnimmobilien als Kapitalanlagen erworben werden, ist der Darlehensnehmer meist nicht bereit, seinen Lebensstandard zugunsten der Immobilienfinanzierung einzuschränken; die monatliche Belastung sollte entsprechend gering sein.

Auf weitere finanzierungsrelevante Gesichtspunkte wird in Kapitel 5.4 zur Immobilieninvestitionsrechnung näher eingegangen.

5.3.3.3.2 Finanzierungsinstrumente

Grundsätzlich stehen hier ebenfalls die in Punkt 5.3.2.2.2 behandelten Finanzierungsinstrumente zur Verfügung. Aufgrund verschiedener Zielsetzungen ergeben sich im Gegensatz zu den selbstgenutzten Wohnimmobilien jedoch einige Unterschiede bei der tatsächlichen Inanspruchnahme.

Bei der Finanzierung von Mietobjekten spielen Bausparverträge eine untergeordnete Rolle, weil die schnelle Tilgung die Höhe der abzugsfähigen Zinsaufwendungen reduziert. Während bei der Finanzierung von selbstgenutztem Wohneigentum „Finanzierung aus einer Hand" und Bausteinkombinationsprodukte eine zunehmende Rolle spielen, bleibt die Finanzierung von vermieteten Wohnimmobilien sehr traditionell. Eine Kombination von Annuitätendarlehen und Festhypothek mit endfälliger Tilgung und Absicherung über eine Kapital-Lebensversicherung ist meist die günstigste Finanzierung. Ein Annuitätendarlehen kann für den Darlehensnehmer allerdings vorteilhaft sein, wenn mit einer fallenden Steuerprogression bei Eintritt in den Ruhestand zu rechnen ist.

Das Festdarlehen mit endfälliger Tilgung und Absicherung über Kapital-Lebensversicherung wird häufig bei der Finanzierung von vermieteten Wohnimmobilien eingesetzt. Der Darlehensnehmer zahlt während der Laufzeit durch die Tilgungsaussetzung gleich bleibend hohe Zinsen sowie Beiträge für die Lebensversicherung. Die Prämienhöhe hängt dabei vom Alter des Versicherungsnehmers ab. Deshalb bietet sich unter Umständen der Abschluss der Versicherung auf ein jüngeres Familienmitglied an. Allerdings muss in diesem Fall für die Eventualität des Todes des Darlehensnehmers zusätzlich eine Risikoversicherung abgeschlossen werden.

Da nur die Anschaffungs- und Herstellungskosten inklusive einiger Anschaffungsnebenkosten sowie der einmaligen Finanzierungsnebenkosten durch ein Festdarlehen mit kombinierter Kapitallebensversicherung absicherbar sind, wird der verbleibende Finanzierungsbedarf zumeist durch ein Annuitätendarlehen gedeckt.

Ein eigenkapitalfinanziertes Disagio senkt die laufenden Zinszahlungen und führt zu sofort abzugsfähigen Werbungskosten. Trotzdem ist ein Disagio bei vermieteten Wohnimmobilien meist nur dann sinnvoll, wenn ein kurzfristiger Steuervorteil erzielt werden soll. Bei einem eigenkapitalfinanzierten Disagio sinkt der Nominalzinssatz und damit reduzieren sich auch die langfristig abzugsfähigen Zinsaufwendungen. Wird das Disagio mitfinanziert (Agio), führt dies bei gleicher Tilgung zu einer höheren Restschuld.

Bisher wurde von der Finanzverwaltung bei einem Zinsfestschreibungszeitraum von mindestens fünf Jahren ein Disagio von bis zu 10% in voller Höhe zum Werbungskostenabzug zugelassen. Diese Grenze wurde nunmehr auf 5% gesenkt. Die Neuregelung ist erstmals auf Darlehensverträge anzuwenden, die nach dem 31.12.2003 abgeschlossen werden.

5.3.3.3.3 Steuerliche Aspekte und staatliche Förderung

Die Finanzierung fremdgenutzter Wohnimmobilien wird in erheblichem Maße steuerlich gefördert. Hauptsächlich trifft dies für den Geltungsbereich des Einkommensteuergesetzes zu. Unter steuerlichen Gesichtspunkten beruht das Grundprinzip einer Investition in fremdgenutzten Immobilien auf der Verrechenbarkeit der Einkünfte aus Vermietung und Verpachtung mit den übrigen Einkunftsarten. Positive Einkünfte werden mit negativen Einkünften aus der Immobilieninvestition gesenkt und reduzieren somit das zu versteuernde Einkommen und folglich die

Steuerschuld. Voraussetzung für die Absetzung von Verlusten ist jedoch die langfristige Gewinnerzielungsabsicht. Deshalb sollen im Folgenden die steuerlich wirksamen Positionen im Rahmen der Finanzierung von vermietetem Wohneigentum näher erläutert werden.

Als **Werbungskosten** für die Erzielung und den Erhalt von Einkünften aus Vermietung und Verpachtung voll abzugsfähig sind die Kosten der Geldbeschaffung (Disagio, Schätzkosten, Notarkosten und Grundschuldbestellungskosten), Schuldzinsen, Abschreibung auf Gebäudekosten, Erhaltungsaufwendungen sowie laufende Bewirtschaftungskosten (Grundsteuer, Müllabfuhr, Wasser, Hausversicherungen, Hausmeister, Schornsteinfeger, Reinigung, etc.). Bei den Geldbeschaffungskosten nicht abzugsfähig sind jedoch die Tilgungszahlungen. Auf der Grundlage der in der Anfangsphase durch Vermittlungs-, Baubetreuungsgebühren und Provisionen besonders hohen Werbungskosten basieren die Bauherrenmodelle. Kapitalanleger schließen sich hierbei über einen Treuhänder zu einer Bauherrengemeinschaft zusammen, die vor allem Eigentumswohnungen errichtet. Als Steuersparmodellen sind diesen Verfahren aber inzwischen enge Grenzen gesetzt worden. So sieht der Bundesfinanzgerichtshof die für diese Konstruktion entscheidende Bauherreneigenschaft als nicht gegeben sondern die Anleger als Erwerber, die die Kosten steuerlich nicht geltend machen können (vgl. Jokl, S. 50f.).

Besondere Bedeutung kommt den **Gebäudeabschreibungen** (Absetzungen für Abnutzung) zu. Aufgrund der in § 7 Abs. 4 EStG geregelten niedrigen linearen Abschreibungssätze für vermietete Gebrauchtimmobilien (2% bzw. 2,5%) ist unter diesem Blickwinkel hauptsächlich der Erwerb oder die Errichtung von Neubauten interessant, bei denen degressive Absetzungen gem. § 7 Abs. 5 EStG zur Anwendung kommen. Ausgehend von den Herstellungs- bzw. Anschaffungskosten für das Gebäude betragen die Abschreibungssätze seit 01.01.2004 4% für die ersten 8 Jahre, 2,5% für die nächsten 9 Jahre und 1,25% für die folgenden 32 Jahre.

Sonderabschreibungen werden nur noch in den Spezialfällen von Baudenkmälern sowie Gebäuden in Sanierungsgebieten und städtebaulichen Entwicklungsbereichen gewährt. Erhöhte Absetzungen können jährlich mit bis zu 9% der Herstellungs- bzw. Anschaffungskosten der entsprechenden Maßnahmen angesetzt werden (vgl. Punkt 5.3.2.2.2.5).

Zusätzlich zu den steuerlichen Aspekten im Rahmen der Finanzierung erfolgt, ebenso wie bei selbstgenutzten Immobilien, eine Förderung des sozialen Wohnungsbaues. Allgemein gelten folgende Voraussetzungen: Neubau von vermieteten Wohnungen, Antrag und Bewilligung vor Baubeginn, Belegungsbindung (Vermietung nur an Mieter mit Wohnberechtigungsschein), Mietpreisbindung (Einhaltung der Kosten- bzw. Höchstdurchschnittsmiete) und Einhaltung von bestimmten Wohnflächenobergrenzen. Grundsätzlich bestehen zwei Arten der öffentlichen Förderung. Bei der **Kapitalsubvention** stellt die öffentliche Hand Mittel als zinslose oder niedrigverzinsliche Baudarlehen zur Verfügung. Dieses zinsverbilligte Kapital wirkt miet- und lastensenkend. Die **Ertrags- oder Aufwandssubvention** wird dem Bauherrn in Form von Aufwendungshilfen gewährt, die seine laufenden Aufwendungen durch Kapital- und Bewirtschaftskosten reduzieren. Die Bewilligung von Aufwendungshilfen geschieht i.d.R. nur für einen bestimmten Zeitraum (z.B. 15 Jahre). Außerdem sinkt die Förderung im Zeitablauf sukzessive um einen bestimmten Betrag. Um die aus dieser Förderungsdegression entstehenden Härtefälle auszugleichen, haben nahezu alle Bundesländer gesonderte Förderprogramme aufgelegt, die Härteausgleich oder auch Mietgarantie genannt wurden (vgl. Jenkis, S. 644).

5.3.4 Finanzierung von Gewerbeimmobilien

Nico Rottke, Nicole Schreiber, Marc Breidenbach, Dominik Lucius

5.3.4.1 Nachfrage und Besonderheiten der Gewerbeimmobilienfinanzierungen

Die Nachfrage nach Finanzierungen für Gewerbeimmobilien (zur Definition von Gewerbeimmobilien vgl. Punkt 2.1.3.3) besteht einerseits aus Nachfragern nach kurz- bis mittelfristigen Krediten während der Phase der Projektentwicklung, andererseits aus Nachfragern nach langfristigen Krediten zur endgültigen Finanzierung. Zu letzteren gehören neben den institutionellen Investoren (Offene und geschlossene Immobilienfonds, Immobilien-AGs, Versicherungen, Pensionskassen und Leasinggesellschaften) auch Non-Property-Companies, die öffentliche Hand sowie private Investoren.

Die Besonderheiten bei der Finanzierung von Gewerbeimmobilien sind auf die im Vergleich zu Wohnimmobilien meist bedeutend **höheren Finanzierungsvolumina** zurückzuführen. Während dieser hohe Kapitalbedarf in der Vergangenheit größtenteils mit traditionellen grundpfandrechtlich erst- wie nachrangig gesicherten Fremdfinanzierungen gedeckt werden konnte, ist in jüngster Zeit ein deutlicher Rückgang dieser Finanzierungsmittel zu verzeichnen. Fremdfinanzierungen von 90 oder gar 100%, die bis vor einiger Zeit die Regel darstellten, sind heute nur noch die Ausnahme. Die hohen Wertberichtigungen, die seit den 90er Jahren bei vielen Immobilienfinanzierern vorgenommen werden mussten, haben den Verantwortlichen eindrucksvoll die assymetrische Chancen-/Risikoverteilung traditioneller Finanzierungsinstrumente aufgezeigt.

Als Reaktion wurden mit dem Baseler Eigenkapitalakkord (Basel II) strikte branchenweite Richtlinien geschaffen, deren Ziel in einer risikoadjustierten Bewertung von Kreditrisiken liegt. Zentrale Bestandteile von Basel II sind Kreditnehmer- und objektspezifische Finanzierungskonditionen, die einerseits zu erhöhten Anforderungen beim Eigenkapitaleinsatz beitragen, andererseits einen Anstieg der Margen auf Seiten der Banken herbeiführen (vgl. dazu Punkt 5.3.2.5).

Insbesondere für Unternehmen, die nicht über eine hohe Eigenkapitalausstattung verfügen, entsteht spätestens mit Inkrafttreten von Basel II in 2006 eine **Finanzierungslücke**, die durch alternative Finanzierungsinstrumente zu schließen ist.

Da viele Projektentwickler und Investoren nicht in der Lage sind, den weiteren Kapitalbedarf aus eigenen Mitteln aufzubringen, oder nicht willens sind, das Risiko eines hohen Eigenkapitalengagements einzugehen, haben sich verschiedene Alternativen zur traditionellen Immobilienfinanzierung entwickelt. Aufbauend auf der traditionellen Finanzierung liegt der Fokus der folgenden Ausführungen auf den innovativen Finanzierungsinstrumenten, denen infolge geänderter Rahmenbedingungen als Substitute traditioneller Finanzierungsinstrumente eine immer größere Bedeutung zukommt.

5.3.4.2   Gesellschaftsrechtliche Finanzierungsformen

Dominik Lucius

Unter den gesellschaftsrechtlichen Finanzierungsformen werden eigenständige Immobiliengesellschaften verstanden, die mit dem Ziel der Immobilienfinanzierung gegründet werden (zu den Gesellschaftsformen vgl. Maschmeier, S. 414). In der Finanzierungspraxis wird je nach Ausgestaltung zwischen drei unterschiedlichen Konstruktionen unterschieden: Immobilien-Projektfinanzierung, geschlossener Immobilienfonds und Joint Venture.

5.3.4.2.1 Immobilien-Projektfinanzierung

Die Projektfinanzierung wurde ursprünglich als eine gesellschaftsrechtliche Antwort auf die Finanzierungsanforderungen kapitalintensiver Infrastrukturprojekte konzipiert. Mittlerweile handelt es sich dabei um ein etabliertes Finanzierungsvehikel, welches auch in der Immobilienfinanzierung weit verbreitet ist.

Im Unterschied zur traditionellen Finanzierung wird bei Projektfinanzierungen eine **rechtlich eigenständige Immobilien-Projektgesellschaft** (Special Purpose Vehicle bzw. Entity) meist in Form einer Kapitalgesellschaft für die Entwicklung der Immobilie gegründet (vgl. Abbildung 132). Aufgrund der Rechtsfähigkeit der Immobilien-Projektgesellschaft als juristische Person kann diese Kreditverträge abschließen, wodurch die Finanzierung unmittelbar an die Immobilien-Projektgesellschaft erfolgt. Eigentümer der Projektgesellschaft sind i.d.R. die Projektinitiatoren (vgl. Achleitner 2000, S. 438).

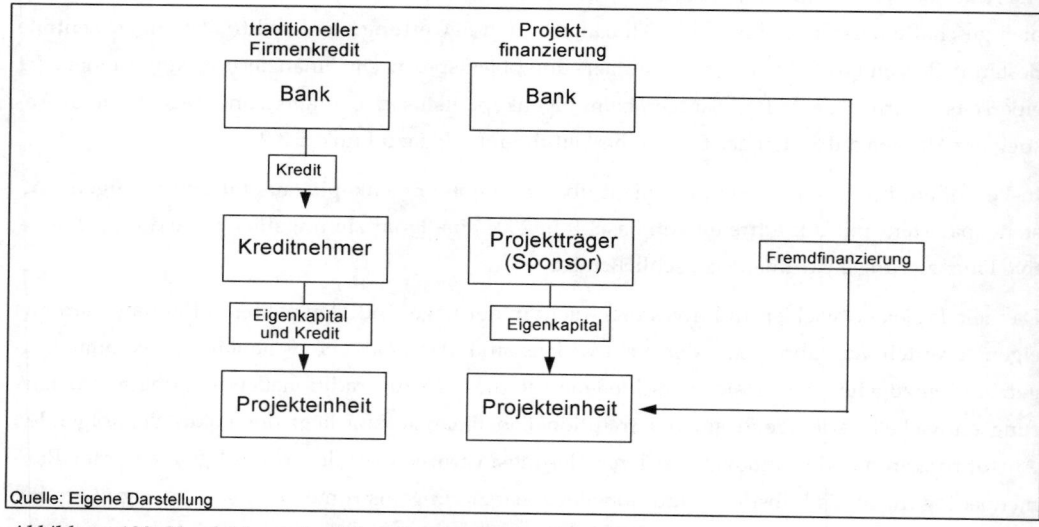

Abbildung 132: Vergleich von traditionellem Firmenkredit und Projektfinanzierung

In der Praxis tritt das gesellschaftsrechtliche Projektfinanzierungsvehikel in vielfältiger vertraglicher Ausgestaltung und in Kombination mit unterschiedlichen Finanzierungsinstrumenten auf. Allen Projektfinanzierungen gemeinsam sind drei konstituierende Merkmale: Risk Sharing, Cash Flow Related Lending und Off Balance Sheet Financing.

Das Risk Sharing ist eine grundlegende Voraussetzung für die Projektfinanzierung und wird deshalb als deren wichtigstes Merkmal angesehen. Im Gegensatz zu traditionellen Krediten steht bei der Projektfinanzierung häufig keine ausreichende Haftungsmasse zur Verfügung. Um dennoch ein für den Kreditgeber akzeptables Finanzierungsrisiko zu schaffen, wird der Kreis der Haftungspflichtigen über die Projektgesellschaft hinaus erweitert, indem genau definierte Projektrisiken auf die Projektbeteiligten verteilt werden. Während der Projektentwicklung treten die Projektinitiatoren gegenüber dem Kreditgeber meist als alleinige Träger sämtlicher Projektrisiken auf und versuchen ihren Haftungsumfang durch vertragliche Verpflichtung anderer Projektbeteiligter zu verringern. Dabei werden bestimmte typische Strukturierungsinstrumente zur Risikoverteilung eingesetzt. In der Tabelle 42 wird eine Übersicht über typische Risikoarten, allgemeine Beschränkungs- und rechtliche Strukturierungsmöglichkeiten gegeben (in Anlehnung an Röver, S. 159).

Entsprechend den Haftungsansprüchen der Kreditgeber gegenüber den Projektinitiatoren wird bei der Projektfinanzierung zwischen Limited- und Non-Recourse-Financing unterschieden. Beim **Non-Recourse-Financing** haben die Kreditgeber bis auf das Eigenkapital keine Rückgriffmöglichkeiten auf das sonstige Vermögen der Projektinitiatoren. Damit tragen die Kreditgeber letztlich das gesamte unternehmerische Risiko der Projektgesellschaft. Für die Projektinitiatoren sind mit dieser Variante hohe Zinsen verbunden. Insgesamt ist diese Art der Projektfinanzierung für beide Seiten meist uninteressant und dementsprechend selten in der Praxis anzutreffen. Beim **Limited-Recourse-Financing** haben die Kreditgeber nur in einem begrenzten Umfang und bestimmten Tatbeständen die Möglichkeit, auf das Vermögen der Projektinitiatoren zur Tilgung des Darlehens zurückzugreifen. In der Projektfinanzierungspraxis werden häufig Regressansprüche gegen die Projektinitiatoren für den Fall der Nicht-Fertigstellung der Immobilie vereinbart. Für die Projektinitiatoren bedeutet dies, dass die Haftungsmodalitäten unter den Projektbeteiligten in umfassenden Verträgen geregelt sein müssen. Das Full-Recourse-Financing wird nicht als eine Variante der Projektfinanzierung betrachtet, da hier wie bei der traditionellen Finanzierung mehr die Bonität des Kreditnehmers als der Erfolg des Immobilienprojektes im Vordergrund steht (vgl. Nevitt/Fabozzi, S. 3).

Technische Risiken		
Projektrisiko	**Allgemeine Risikobeschränkungsmöglichkeiten**	**Rechtliche Strukturierungsmöglichkeiten**
• Fertigstellungsrisiko	• Dokumentation des Generalunternehmers (GU)	• GU-Vertrag mit Vertragsstrafen • Fertigstellungsgarantie der Initiatoren • Technischer Fertigstellungstest
• Technisches Umsetzungsrisiko	• Machbarkeitsstudie • Überprüfung durch bankeigenen Ingenieur oder unabhängigen Berater • Einsatz erprobter Technologien	• GU-Vertrag mit Gewährleistung • Fertigstellungsgarantie der Initiatoren • Technischer Fertigstellungstest
Wirtschaftliche Risiken		
Projektrisiko	**Allgemeine Risikobeschränkungsmöglichkeiten**	**Rechtliche Strukturierungsmöglichkeiten**
• Kostenrisiko • Investitionskosten während der Erstellung • Betriebskosten während der Betriebsphase	• Machbarkeitsstudie • Überprüfung durch bankeigenen Ingenieur oder unabhängigen Berater • Dokumentation des GU • Rückstellung für Kostenüberschreitung	• GU-Vertrag mit Festpreis • Fertigstellungsgarantie der Initiatoren • Zusätzliche Kreditlinie • Betriebsmittelkreditlinie • Nachschussverpflichtung durch den Initiator
• Mietpreisrisiko	• Marktanalyse • Bonitätsprüfung der Mieter	• Abschluss langfristiger Mietverträge • Vormietverträge
• Zinsänderungsrisiko	• Zinsprognosen • Kapitalmarktzinsen als Indikator	• Langfristige Zinsbindung • Derivatgeschäfte • Termingeschäfte • Swaps, Forward Rate • Optionsgeschäfte • Caps, Floors, Collars
• Wechselkursrisiko	• Wechselkursprognosen • Kapitalmarktzinsen als Indikator	• Verträge in stabiler Währung • Preisgleit- und Wertsicherungsklauseln • Derivatgeschäfte
• Steueränderungsrisiko	• Finanzpolitische Analysen	• Bestätigung der Steuerbehörden • Rechtsgutachten
• Sachschäden	• Gutachten zum Umfang der Versicherungsverträge	• Sachversicherungsverträge

Tabelle 42: Bedeutende Projektrisiken und Beschränkungsmöglichkeiten

Das **Cash Flow Related Lending** ist bedingt durch erwähnte geringe Projekthaftungsmasse und beinhaltet die Orientierung der Finanzierung am zu erwartenden Projekt-Cash Flow. Dies ist gleichbedeutend mit einem Wechsel von der traditionellen vermögensorientierten hin zu einer **erfolgsorientierten Finanzierung**. Für die Kreditgeber folgt hieraus, dass das Finanzierungsvolumen und die Struktur des Schuldendienstes vor allem aus dem Projekt-Cash Flow abgeleitet werden und deshalb Wirtschaftlichkeits- und Risikoanalysen von herausragender Bedeutung für die Finanzierungsentscheidung sind. Als Cash Flow-Größe dient der finanzwirtschaftliche Einzahlungsüberschuss nach Steuern, welcher zur Bedienung des Schuldendienstes zur freien Verfügung steht. Steht der voraussichtliche Cash Flow nach eingehender Risikoanalyse fest, wird als Beurteilungskriterium meist das so genannte **Debt Service Coverage Ratio** (DSCR) verwendet. Diese Kennzahl gibt Auskunft, ob der laufende Cash Flow ausreicht, um den Schuldendienst zu einem bestimmten Zeitpunkt zu decken. I.d.R. verlangen Finanzierungsinstitute einen DSCR von 1,1 bis zu 1,35.

Unter **Off Balance Sheet Financing** wurde lange Zeit die Bilanzneutralität der Projektfinanzierung für die Projektinitiatoren verstanden. In der neueren Literatur wird diese Meinung nicht mehr uneingeschränkt geteilt. Erstens kommt es durch die Ausweisung der Beteiligung zu einer direkten Beeinträchtigung der Bilanz in Form der Verschlechterung der Anlagendeckung (Eigenkapital/Anlagevermögen). Zweitens greift in den meisten Fällen die Konsolidierungspflicht nach § 290 HGB, sodass eine direkte Berücksichtigung der Projektfinanzierung bei den Projektinitiatoren stattfindet. Und drittens sind nach § 251 HGB die Haftungsverhältnisse offen zu legen, d.h., Bürgschaften, Gewährleistungsverträge und Eventualverbindlichkeiten sind unter der Bilanz auszuweisen. Inwieweit das Off Balance Sheet tatsächlich als ein konstituierendes Merkmal betrachtet werden kann, ist deshalb fraglich. Unbestritten kann die Projektfinanzierung zu einer im Vergleich zur traditionellen Finanzierung geringeren Belastung der Projektinitiatoren-Bilanz führen (vgl. Tytko, S. 9).

Bei der Projektfinanzierung handelt es sich um ein für Gewerbeimmobilien weit verbreitetes gesellschaftsrechtliches Finanzierungsvehikel. Die Gründe hierfür sind vielfältig. Zuerst ist die Möglichkeit der Haftungsbegrenzung der Projektinitiatoren zu nennen. Trotz der genannten Einschränkungen der Bilanzneutralität kommt es bei der Verwendung einer Projektgesellschaft gegenüber der traditionellen Immobilienfinanzierung insgesamt zu einer Erweiterung der Finanzierungsmöglichkeit für andere Immobilienprojekte. Zudem erlaubt die mit der Projektfinanzierung verbundene umfassende Risikostrukturierung eine große Flexibilität bei der Gestaltung von Kreditmodalitäten. Schließlich ist die unternehmerische Selbständigkeit der Projektinitiatoren zu erwähnen. Diese wird i.d.R. nur bei Verstößen gegen die Kreditvereinbarungen durch Mitspracherechte des Kreditinstituts eingeschränkt.

5.3.4.2.2 Geschlossene Immobilienfonds

Eine andere Form der immobilienspezifischen Gesellschaftskonstruktion ist der geschlossene Immobilienfonds. Die Finanzierung des Fonds basiert sowohl auf der Aufnahme von Fremdkapital als auch auf dem Verkauf von Anteilen an der Immobiliengesellschaft. Auf diese Weise fungiert der geschlossene Immobilienfonds als Kapitalsammelstelle und ermöglicht die Finanzierung auch von sehr großen oder mehreren Projekten. Geschlossene Immobilienfonds werden sowohl bei der Entwicklung als auch beim Kauf von Immobilien aufgelegt und üblicherweise in der Rechtsform der KG und seltener als GbR geführt. Die Erwerber der Fondsanteile gewähren Eigenkapital und werden deshalb steuerlich wie Teileigentümer der Immobilie mit entsprechender Verrechnungsmöglichkeit anfänglicher Verlustzuweisungen behandelt. Die Verzinsung des Eigenkapitals basiert auf dem Gewinn der Fondsgesellschaft sowie der Wertentwicklung der Immobilie. Die Rechte der Anteilzeichner beschränken sich aus Gründen der Praktikabilität und der Handlungsfähigkeit der Fondsgeschäftsführung i.d.R. auf Auskunfts- und Kontrollrechte, sodass die Selbständigkeit der Fondsinitiatoren meist erhalten bleibt. Die Risikoposition der Anteilseigner ist von der Rechtsform abhängig. Der GbR-Anteilseigner haftet für die Verbindlichkeiten des Fonds mit seinem gesamten Vermögen. Für vertragliche Verbindlichkeiten kann die Haftung durch ausdrückliche Vereinbarung mit den Vertragspartnern limitiert werden; eine Haftungsbeschränkung für gesetzliche Schuldverhältnisse ist grundsätzlich nicht möglich. Der KG-Anteilseigner tritt i.d.R. als Kommanditist auf und haftet deshalb mit Eintragung der Haftungssumme im Handelsregister nur bis zur Höhe seiner Einlage (vgl. Opitz, S. 91ff.).

Das Mindestvolumen, welches durch einen geschlossenen Immobilienfonds aufgrund der Emissionskosten platziert werden sollte, beträgt ca. 7 Mio. Euro. Die Emissionskosten belaufen sich auf ungefähr 15 bis 20% der Herstellungskosten und nehmen mit steigendem Umfang des zu finanzierenden Objektes prozentual ab.

Aufgrund der Streichung steuerlicher Sonderprivilegien für Immobilien insbesondere im Osten Deutschlands ist der Markt für die steuerlich motivierten geschlossenen Immobilienfonds stark eingebrochen. Heute dominieren die rendite- und anlageorientierten Fonds.

5.3.4.2.3 Joint Venture-Finanzierung

Eine dritte Form der gesellschaftsrechtlichen Strukturierung ist das **Joint Venture**. Dabei handelt es sich um einen Zusammenschluss juristischer oder natürlicher Personen zu einer Immobiliengesellschaft. Häufig werden Joint Ventures von Projektentwicklern initiiert und unter Einbeziehung eines Finanzierungsinstitutes und teilweise auch weiteren Anteilseignern gegründet. Das Ziel des Zusammenschlusses ist die Entwicklung oder Verwaltung einer oder mehrerer Immobilien unter gemeinsamer Führung und Einbringung des jeweilig spezifischen Fachwissens. Die Finanzierung der Gesellschaft wird über die Eigenkapitalanteile der Joint Venture-Partner und Fremdkapital gewährt, das i.d.R. vom beteiligten Finanzinstitut gestellt wird. Die Verzinsung des Eigenkapitals berechnet sich aus dem Gesellschaftsgewinn sowie der Wertentwicklung der Immobilie (vgl. Abbildung 133).

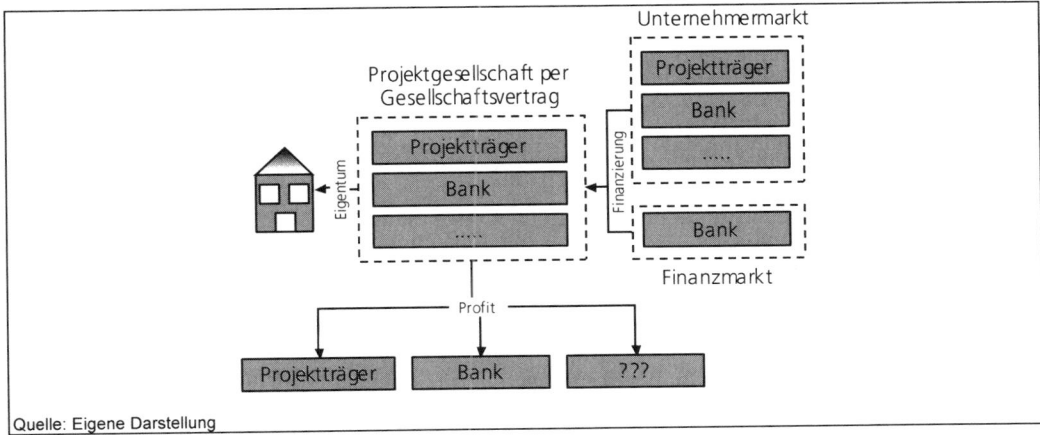

Abbildung 133: Gesellschaftsrechtliche Strukturierung eines Joint Ventures

Das herausragende Merkmal einer Joint Venture-Finanzierung ist die Übernahme einer aktiven Rolle der Joint Venture-Partner im Management der Immobiliengesellschaft, welche über die den üblichen Rechten und Pflichten eines Eigenkapitalgebers hinausgeht. Diese Mitsprache- und Gestaltungsmöglichkeit bedeutet für den Projektinitiator einen teilweisen Verlust der unternehmerischen Selbständigkeit sowie einen Verzicht auf Teile des Entwicklergewinns. Demgegenüber stehen die bereits erläuterten Vorteile einer eigenständigen Projektgesellschaft. Die Beteiligung an einem Joint Venture erfordert von einem Finanzierungsinstitut ein anderes Know-how als bei der reinen Fremdkapitalgewährung. Die Übernahme eines erhöhten wirtschaftlichen Risikos geht mit dem Vorteil einer besseren Einbindung in die unternehmerische Entscheidung und Kontrolle einher sowie mit der Aussicht auf eine hohe Verzinsung des Eigenkapitalanteils durch eine Beteiligung am Verkaufspreis oder der Vermietung des Objektes.

Die Joint Venture-Finanzierungsgesellschaft-Finanzierung häufig mit der Beteiligung von Finanzierungsinstituten wurde vermehrt in den 1990er Jahren eingesetzt. Nach verschiedenen wirtschaftlichen Misserfolgen ist diese Art des Finanzierungsvehikels heute jedoch seltener anzutreffen.

5.3.4.3 Mezzanine Money: Finanzierung durch eigen- und fremdkapitalähnliche Mittel

Dominik Lucius

5.3.4.3.1 Grundmodell

Neben den gesellschaftsrechtlichen Finanzierungsvehikeln wurden verschiedene innovative Fremdfinanzierungsinstrumente entwickelt, um den hohen Kapitalbedarf unter Berücksichtigung der individuellen Immobilienrisikostrukturen zu decken. Im Folgenden werden ausgewählte innovative Instrumente anhand durchgängiger Kriterien charakterisiert. Es sei angemerkt, dass die Instrumente in Deutschland nicht sehr weit verbreitet sind, aber insbesondere in den USA häufig verwendet werden, weshalb sie in der Literatur unter der englischen Bezeichnung geführt werden.

Die Bezeichnung **Mezzanine** – ursprünglich eine italienische Bezeichnung für ein Zwischengeschoß – wird in Finanzmärkten für Finanztitel verwendet, die Risiko-Rendite-Charakteristika aufweisen, die zwischen denen von Eigenkapital und Investment-Grade-Anleihen liegen.

Im Rahmen der Immobilienfinanzierung handelt es sich bei der **Mezzanine-Finanzierung** um einen Sammelbegriff für unterschiedliche Finanzierungsformen, welche in der Finanzierungsebene zwischen erstrangig besichertem Fremdkapital und Eigenkapital anzusiedeln sind. Handels- und steuerrechtlich werden Mezzanine-Instrumente wie Fremdkapital behandelt. Aufgrund der nachrangigen Besicherung sowie teilweiser Gewinnbeteiligungen und der damit verbundenen höheren Risiken und Renditen weisen sie aber auch eigenkapitalähnliche Charakteristika auf (vgl. Pitschke/Kreuter, S. 12). Aus diesem Grund werden Mezzanine-Finanzierungen teilweise auch als Hybrid- oder Zwitter-Finanzierungen bezeichnet.

Mezzanine-Kapital wird sowohl bei Projektentwicklungen, Re-Developments als auch Umfinanzierungen in einem Mindestvolumen von 500.000 Euro vor allem in der Form von **Nachrang- und partiarischen Darlehen** gewährt. Es wird eingesetzt, um die Finanzierungslücke zwischen der erstrangigen Fremd- (40-70%) und der Eigenkapitalfinanzierung (bis zu 10%) in einer Höhe von bis zu 50% des Immobilienwertes bzw. der Projektkosten zu schließen. I.d.R. liegt der Mezzanine-Anteil an der Finanzierung aber nicht über 25% (vgl. Rudnitsky, S. 142).

Das **Grundmodell** einer Mezzanine-Strukturierung sieht vor, dass ein nachrangiges Darlehen der Projektgesellschaft gewährt wird, die auch die Erstrangfinanzierung in Anspruch nimmt. Allerdings muss die Nachrangigkeit dann vertraglich zusätzlich sichergestellt werden. Abweichend hiervon kann die Mezzanine-Finanzierung auch dem Eigenkapitalgeber direkt gewährt werden, wodurch die Nachrangigkeit prinzipiell eintritt. In diesem Fall wird aber häufig trotzdem noch eine Gläubigervereinbarung abgeschlossen.

Im Erstrangfinanzierungsvertrag kann die **Besicherung** von Nachrangfinanzierungen über die Immobilie ausgeschlossen sein, sodass alternative Sicherheiten gestellt werden müssen. Erhält der Eigenkapitalgeber die nachrangige Finanzierung, so kann ein Pfandrecht auf dessen Anteil an der Objektgesellschaft oder eine Bürgschaft oder Garantie einer involvierten Muttergesellschaft als Sicherheit dienen (vgl. Heemann/Brandes, S. 21).

Der **Kapitaldienst** wird in Abhängigkeit der Gläubigervereinbarung geleistet. Generell gilt, dass die **Tilgung** des Nachrangdarlehens erst einsetzt, wenn sämtliche Forderungen aus dem erstrangigen Darlehen vollständig erfüllt wurden. Dies geschieht normalerweise am Ende der Darlehenslaufzeit durch Verkauf oder Refinanzierung der Immobilie. Für die Abgeltung der **Finanzie-rungskosten** existieren unterschiedliche Möglichkeiten. Zum einen können laufende Zinszahlungen vereinbart werden, soweit sie durch die Gläubigervereinbarung zugelassen sind und aus dem Netto-Cashflow nach Bedienung der Erstrangfinanzierung der Objektgesellschaft erbracht werden können (so genanntes Lock-Box-Arrangement). Reicht der Netto-Cashflow hierfür nicht aus, werden die Finanzierungskosten zum anderen zusätzlich oder vollständig aus dem Verkaufswert der Immobilie (so genannter Equity-Kicker bis zu 1% des Finanzierungsvolumens) befriedigt. Die Höhe der Finanzierungskosten richtet sich nach der Art der Besicherung sowie dem involvierten Risiko und kann bei 800 Punkten über dem Libor liegen (vgl. Ballard/Muldavin, 2000, S. 38).

Die **Laufzeit** von Mezzanine-Finanzierungen reicht von 1½ bis 3 Jahren bei Projektentwicklungen und Re-Developments und bis zu 7 Jahren bei Umfinanzierungen.

Die **Kontroll- und Mitspracherechte** des Kreditgebers sind bei Mezzanine-Finanzierungen ähnlich gering wie bei traditionellen Kreditfinanzierungen. Allerdings kann die Verletzung bestimmter Kreditauflagen (Covenants) in Bezug auf die geplante Bauzeit, Baukosten und Vermietungssituation dazu führen, dass das Finanzierungsinstitut weitergehende Kontroll- und Mitspracherechte erhält (vgl. Neumann, S. 10f.).

Große **Verbreitung** haben Mezzanine-Finanzierungen insbesondere in Verbindung mit verbrieften Finanzierungen, da sie von Ratingagenturen den traditionellen Nachrangfinanzierungen wegen des scheinbar geringeren Ausfallrisikos vorgezogen werden (vgl. B. Murray, S. 59). In Deutschland wird Mezzanine-Kapital bisher eher selten bei der Finanzierung von Immobilienprojekten eingesetzt.

Als **Beispiele** von Mezzanine-Finanzierungen seien der Frankfurter Messeturm, der Londoner Tower Place, The Investment Building in Washington D.C. und das First Union Financial Center in Miami genannt.

Strukturell können die Convertible und die Participating Mortgage ebenfalls als Formen der Mezzanine-Finanzierung aufgefasst werden.

5.3.4.3.2 Convertible Mortgage

Die Convertible Mortgage ist ein i.d.R. nachrangig gesicherter Hypothekarkredit, der zu einem Zinssatz unter Marktzinsniveau ausgegeben wird und für diese Zinsdifferenz ein teilweises oder vollständiges Wandlungsrecht des gewährten Fremdkapitals in eine Eigenkapitalbeteiligung beinhaltet (vgl. Abbildung 134).

Das Motiv für die Initiatoren liegt vor allem im dem günstigen Zinssatz zu Beginn des Projektes und in der gestiegenen Beleihungskapazität des Objektes, ohne Dritten Mitspracherechte gewähren zu müssen. Die Kreditgeber auf der anderen Seite erhoffen sich von der Option, von einer positiven Wertentwicklung der Immobilie profitieren zu können, ohne sich den Risiken einer ungünstigen Wertentwicklung aussetzen zu müssen, eine potenziell höhere Rendite. Durch die Ausübung der Option können sie zudem einen Inflationsschutz in Anspruch nehmen. Allerdings bestehen durch die Nachrangigkeit des Darlehens und die fehlenden Mitspracherechte beachtliche Risiken für den Darlehensgeber.

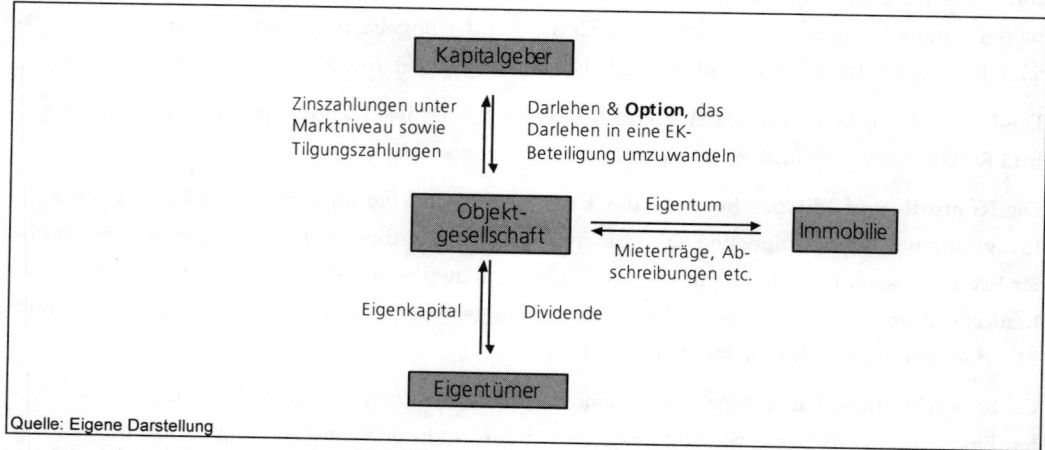

Abbildung 134: Struktur einer Convertible Mortgage-Finanzierung

5.3.4.3.3 Participating Mortgage

Bei der Participating Mortgage handelt es sich ebenfalls um einen i.d.R. nachrangig gesicherten Hypothekarkredit, der zu einem Zinssatz unter Marktzins ausgegeben wird und dafür mit einem besonderen Partizipationsrecht des Kreditgebers an der Immobilie ausgestattet ist (vgl. Abbildung 135).

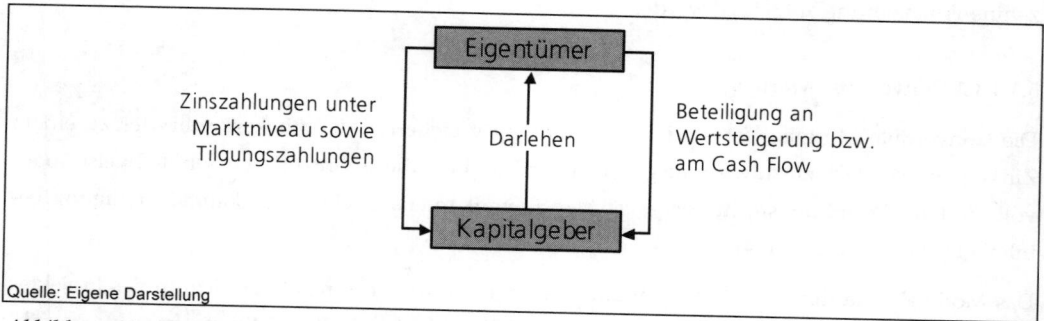

Abbildung 135: Struktur einer Participating Mortgage-Finanzierung

Das Partizipationsrecht kann in unterschiedlichen Formen auftreten. Das Kreditinstitut kann am laufenden Cash Flow oder auch an der Wertsteigerung der Immobilie (Shared Appreciation Mortgage) beteiligt werden. Ein Wandlungsrecht des gewährten Fremdkapitals in eine Eigenkapitalbeteiligung ist nicht vorgesehen.

Die Motive und die Risiken bei einer Participating Mortgage-Finanzierung sind ähnlich wie die bei der Convertible Mortgage.

5.3.4.4 Real Estate Private Equity: Finanzierung durch externes Eigenkapital
Nico Rottke

5.3.4.4.1 Begriff

Die typischen Bestandteile einer strukturierten Immobilienfinanzierung setzen sich aus dem erstrangigen Kredit (senior loan), dem nachrangigen Kredit (junior loan), dem mezzaninen Kapital und dem Eigenkapital zusammen (vgl. Doetsch, S. 56). Das Eigenkapital selbst kann dabei im Rahmen der Außenfinanzierung in internes Eigenkapital differenziert werden, das beispielsweise ein Kreditnehmer in eine Finanzierung einbringt und in externes Eigenkapital, das von neuen Kapitalgebern als Finanzierungsbaustein an eine Transaktion herangetragen wird. Dieses internes Eigenkapital substituierende externe Beteiligungskapital, wird im Folgenden **Real Estate Private Equity (REPE)** genannt.

Die grundsätzliche Bedeutung des Begriffs REPE kann in einem Quadranten-Modell dargestellt werden. Als Ordnungskriterien dienen die Finanzierungsstruktur (Fremdkapital vs. Eigenkapital) und die Börsennotierung (public vs. private). Es ergibt sich folgendes Bild (vgl. Tabelle 43).

	Private	*Public*
Equity	*Real Estate Private Equity*	*Real Estate Public Equity*
Debt	*Real Estate Private Debt*	*Real Estate Public Debt*

Tabelle 43: Quadranten-Modell

Folglich versteht man unter REPE grundsätzlich nicht-börsennotiertes Eigenkapital, im o.g. Sinne also externes fremdkapitalersetzendes Eigenkapital und – in einer weiten Fassung des Begriffs – eigenkapitalähnliche Mittel.

Diese allgemeine Definition, unter die auch Finanzierungen mit Anlageprodukten wie geschlossene und unter Umständen sogar offene Immobilienfonds fallen, entspricht allerdings nicht dem praktischen Wortgebrauch. Aus diesem Grund wird eine engere Abgrenzung vorgenommen:

REPE im eigentlichen Sinne ist **Beteiligungskapital**, das von externen Investoren mit einem meist hohen Fremdkapitaleinsatz für kurz- bis mittelfristige Investitionen in allen typologischen und geographischen Immobilienmärkten zur Verfügung gestellt wird. Bei Bedarf wird aktive Managementunterstützung geleistet.

Anlagekategorien können Bestands- und Entwicklungsobjekte oder -portfolios, Not leidende Immobilienkredite sowie Immobilienunternehmen sein. Zur Realisierung einer überdurchschnittlich hohen **Eigenkapitalrendite** besteht von vorneherein die Notwendigkeit zur Veräußerung (vgl. Rottke/Holzmann 2003, S. 29).

Die Gruppe der externen Investoren setzt sich aus Fonds, Banken, Investmentmanagern und Direktinvestoren zusammen. Für REPE-Investoren und -Transaktionen sind weiterhin folgende Eigenschaften charakteristisch:

- die fehlende Börsennotierung des Kapitals, respektive die Ausklammerung aus dem regulatorischen Bankenbereich (keine Eigenkapitalunterlegung der zu vergebenden Mittel),

- das Einwerben von Eigenmitteln meist über Fondslösungen (vgl. Hünlein, S. 45),

- die Investition in einen **blind pool** oder seltener in bereits bekannte Projekte/Objekte,

- die professionelle Vorgehensweise in der Prüfung, Verhandlung und dem Management gemäß angelsächsischer Methoden,

- die hohe Erwartung an die zu erzielende EK-Rendite in Verbindung mit einer hohen Risikobereitschaft sowie

- das straffe Zeitmanagement aufgrund der Anwendung des relativen Kriteriums Internal Rate of Return (IRR) und des absoluten Kriteriums Whole Dollar Profit (WDP – beispielsweise „double equity") als Erfolgsmaß auf das eingesetzte Eigenkapital (vgl. Rottke/Holzmann 2003, S. 29).

5.3.4.4.2 Charakteristika von Real Estate Private Equity-Gesellschaften

Verschiedene Typen von Investoren vergeben REPE. In Tabelle 44 werden ihre wichtigsten Eigenschaften anhand des Ordnungskriteriums der Risikoneigung tabellarisch dargestellt.

In der Mehrzahl akquirieren REPE-Gesellschaften Kapital über Fondslösungen. Diese Fonds können nach verschiedenen Merkmalen wie Trägerschaft, Fondsgröße, Risikoklasse oder Investitionsvolumen klassifiziert werden (vgl. Murer, S. 45ff.). Dabei stellt die Klassifizierung nach der Trägerschaft die aussagefähigste dar, denn hier treten deutliche Verhaltensunterschiede zu Tage. Eine Unterteilung nach Größenordnung dagegen zielt auf die Finanzkraft des Unternehmens ab, also auf die Fähigkeit, bei Transaktionen in hohen Größenordnungen mitbieten zu können. Andere Klassifizierungen, beispielsweise nach Risiko, generieren innerhalb des Hochrisikosegments, also REPE im eigentlichen Sinne, kaum weiteren Mehrgewinn. Auch eine Einteilung anhand des Investitionsvolumens, beispielsweise bezogen auf Deutschland, erscheint kaum geeignet. Zwar können a priori Ist-Werte vergangener Transaktionen bezogen auf einzelne Länder angegeben werden, doch werden Soll-Werte in Form von Quoten immer ungenaue Schätzwerte sein, da Investitionen von REPE-Fonds in diesem Segment ex definitione rein opportunitätsgetrieben vorgenommen werden. Sie sind ex ante nicht auf bestimmte Regionen oder Länder fixiert.

	Charakteristika von REPE-Gesellschaften		
	REPE i.w.S.	REPE im eigentliche Sinne	
Risikoklasse	gering	überdurchschnittlich	hoch
Investorentypen	Core Investors	Principal (Core Plus/ Value Enhanced) Investors	Opportunistic Investors
angestrebte EK-Verzinsung (in %)	5-10	10-16	>20
Branchen	Versicherungen, Fonds, Ausländische Pensionskassen	Banken, Versicherungen, Industrie-Konzerntöchter, Value Enhanced-Fonds	REPE-Fonds, u.a.: Opportunity Funds Development-Fonds
Kapitalmanagement	Eigenmittel	Eigenmittel, teilweise Fremdmittel	Fremdmittel, teilweise Eigenmittel
Immobilientyp	Bestand, stabile Einnahmen	Problemimmobilien, Bestand, Sanierung	Problemimmobilien, Sanierung, Entwicklung
(Vor-)Vermietung (in %)	>90	0-50; alternativ: hoher Anteil auslaufender Mietverträge	0-30 oder mehr
FK-Anteil (in %)	0-30% (bis zu 50% möglich)	30-70%	60-90%; Objekt- beleihung (non-recourse)
Halteperiode (in Jahren)	7-15	3-7	1-3
Quelle: In Anlehnung an LendLease, Immobilien Manager, in: Hardebusch 2002, S. 10; vgl. ebenfalls Falzon/Halle/McLemore 2003, S. 71-73, Rottke 2004, Kap. 2.			

Tabelle 44: Charakteristika von REPE-Gesellschaften

In Bezug auf die Trägerschaft lassen sich Fonds von REPE-Gesellschaften grundsätzlich in vier Typen unterteilen (vgl. Brown, S. 291 und Murer, S. 45f.):

- Fonds von Investmentbanken,

- Fonds von Private Equity-Häusern,

- Fonds von Private (Real Estate) Investment-Firmen,

- Fonds von institutionellen Investoren.

Fonds von Investmentbanken wie Whitehall (Goldman Sachs), MSREF (Morgan Stanley) oder Peabody (JP Morgan) sind die ältesten Marktteilnehmer im Bereich des High Yield-Immobilieninvestments und verfügen neben einer hohen Reputation und meist hervorragend ausgebildetem Management über die längste Erfahrung. Investmentbanken legen einen hohen Anteil an Eigenmitteln in die Investments ihrer Fonds an (meist ca. 20%), um institutionellen Kunden sowie **High Net Worth Individuals (HNWIs)** das große Vertrauen in das eigene Managementteam und die eigene Investitionsstrategie zu signalisieren. Der hohe Eigenanteil unterscheidet Investmentbanken von anderen Investortypen.

Fonds von Private Equity-Häusern kommen aus der traditionellen Private Equity-Branche und betrachten das Immobilienengagement als eine spezielle Spielart des generellen Private Equity, vor allem des Leveraged Buyout-Geschäftes. Dieses Verständnis drückt sich in der Umstellung des Begriffes zu „Private Equity Real Estate" aus. Aufgrund der negativen Entwicklung der weltweiten Aktienmärkte im Zuge des Platzens der spekulativen Blase der New Economy ist die Immobilienbranche für Private Equity-Häuser interessant geworden. Zwar sind Eigenkapitalrenditen wie im Hightech- oder auch **Buyout**-Bereich nicht zu erwarten, doch steht im Immobiliensektor neben einem stabilen Cash Flow (bei Bestandsinvestments) auch meistens ein Gegenwert in Form einer Immobilie. Sollte das Investment scheitern, kann anstatt eines Totalverlustes eine Immobilie veräußert und der entstandene Schaden begrenzt werden. In Deutschland sind Häuser wie Doughty Hanson oder The Carlyle Group tätig.

Fonds von Private (Real Estate) Investment-Firmen befinden sich i.d.R. vollständig im Besitz der Partner und fokussieren meistens sehr stark oder ausschließlich auf die Immobilienbranche. Die Unternehmensgründer verfügen über langjährige Erfahrung im Immobilienbereich und sind oft ehemalige führende Mitarbeiter von Real Estate Consulting Firmen oder Investmentbanken. Aufgrund des meist noch nicht fortgeschrittenen Unternehmensalters bewegen sich die Fonds in Bezug auf ihre Größe im Gegensatz zu den milliardenschweren Fonds der Investmentbanken im mittleren Bereich. Beispielhaft können Starwood Capital, The Blackstone Group, J.E. Robert Partners oder Orion Capital Management genannt werden.

Schließlich benutzen große **institutionelle Investoren** ihre internen Immobilien-Investmentmanager, um in der Mehrzahl über Fondslösungen Eigenmittel und Gelder von Dritten anzulegen. Firmen wie AXA Real Estate Investment Managers, PRICOA oder Henderson sind Beispiele (vgl. Brown, S. 291).

Neben diesen vier Kategorien, die fast ausschließlich von angloamerikanischen Unternehmen besetzt sind, beginnt die deutsche Immobilieninvestmentbranche, eigene Produkte anzubieten. So legt beispielsweise das Unternehmen BVT Projektentwicklungsfonds mit deutschen Immobilienprojekten und einer prognostizierten Nettoeigenkapitalrendite von 15-20% auf, während die Deutsche Structured Finance, eine Tochter der Aareal Bank, eine „unternehmerische Immobilienbeteiligung mit Projektentwicklungspotenzial" an den Markt gebracht hat, die bei Undurchführbarkeit der geplanten Projektentwicklungen eine Rendite von 4% vor Steuern in Aussicht stellt und bei wie vorgesehen realisierter Projektentwicklung im optimistischen Szenario eine Vorsteuer-IRR von 17% p.a. bietet (vgl. Zitelmann, S. 8f.). Doch ergibt sich im Wettbewerb mit etablierten angloamerikanischen Anbietern eine Reputationsproblematik für deutsche Anbieter. Diese ist mit ihrem fehlenden Track Record sowie im Vergleich wesentlich geringerem Fondsvolumen erklärbar.

5.3.4.4.3 Ansprüche an Joint Venture-Partner

Ein **REPE-Geber** stellt an den Joint Venture-Partner und die Projekte hohe Ansprüche. Um eine Transaktion im Joint Venture gemeinsam durchzuführen, sind folgende Punkte für eine Beteiligung des Kapitalgebers kritische Voraussetzung (vgl. Reich, S. 18):

- Das Projekt verspricht ausreichend Wertsteigerungspotenzial und Wettbewerbsvorteile.
- Es besteht die Möglichkeit des Investors, die Wertschöpfung positiv zu beeinflussen.
- Das Projekt wird durch den lokalen Joint Venture-Partner entsprechend aufbereitet.
- Projekt und Partner stimmen mit der Fondsstrategie weitestgehend überein.
- Das Management ist kompetent, erfahren und beweist Willen zur Transparenz.
- Das Management ist bereit, Mitspracherechte zu gewähren.
- Es besteht die Möglichkeit des Investors, Controlling-Instrumente zu implementieren.
- Der Exit ist von Beginn des Engagements an geplant.

Bei Investitionen eines **REPE-Gebers** auf Unternehmensebene muss zusätzlich bedacht werden, dass der Projektpartner selbst als Unternehmen einen Cash Flow aus einem klar fokussierten Kerngeschäft generiert. Dieses sollte mit der Strategie des externen REPE-Gebers vereinbar sein. Auch sollte die Performance des Projektentwicklers von Bilanzkontinuität ohne „Leichen im Keller" geprägt sein (vgl. Lohmer, S. 8).

5.3.4.4.4 Grundstruktur einer Real Estate Private Equity-Transaktion

Grundsätzlich besteht eine REPE-Transaktion im Sinne des kompletten Finanzierungs- und Investitionsprozesses aus fünf Hauptbeteiligten:

- der REPE-Gesellschaft und deren Fonds als (externer) Investor,
- dem lokalen Projektpartner vor Ort (respektive dem beteiligungswilligen Unternehmen),
- dem Verkäufer des Investitionsobjektes,
- den finanzierenden Banken und
- den originären institutionellen oder privaten Investoren.

Häufig wird ein solches Geschäft von zahlreichen Transaktionsbeteiligten, beispielsweise Investmentbanken, Beratern oder Vermittlern, begleitet.

Lokalisiert das Fonds-Management eines REPE-Fonds oder dessen lokaler Joint Venture-Partner vor Ort ein potenziell lukratives Investment, so wird dieses in einer strengen **Due Diligence-Phase**, oft in Konkurrenz zu anderen potenziellen Investoren, geprüft. Das Investment Committee und der General Partner als entscheidende Instanzen des Fonds werden in ihrer Investitionsentscheidung von internen und externen Beratern (beispielweise Finanz-, Rechts-, Technik- und Steuerabteilungen) sowie dem **Advisory Board**, bestehend aus prominenten Wirtschaftsgrößen und ggf. großen Investoren des Fonds, unterstützt. Wird die Investition von dem den Zuschlag erhaltenden **REPE-Fonds** für beteiligungswürdig eingestuft, so entnimmt der General Partner als Verantwortlicher Mittel aus dem Fonds. Eine solche Investition kann beispielsweise ein heterogenes Portfolio potenziell hochwertiger, aber ebenfalls sanierungsbedürftiger Büroimmobilien sein, das sich z.B. auf A- und B- Standorte wie Frankfurt, München, Hannover und Trier verteilt.

Diese fließen in die Beteiligung, beispielsweise als Joint Venture mit lokalem Partner, als Unternehmensbeteiligung oder als Direktbeteiligung in eine Objektgesellschaft (Special Purpose Vehicle) ein. Der Fonds partizipiert an Joint Ventures oder Unternehmen i.d.R. mit über 50%, um wertschöpfende Strategien unmittelbar umsetzen zu können.

Um kurzfristig über genügend liquide Mittel zu verfügen, werden im Rahmen des Fundraisings bei Initiierung des Fonds Eigenmittel von originären meist institutionellen Investoren wie Versicherungen und Pensionskassen, aber auch von Stiftungen oder vermögenden Privatpersonen (**HNWIs**) akquiriert, die auf Abruf für eine bestimmte Zeit bereit stehen. Die originären Investoren wissen dabei i.d.R. nicht, in welche Anlagekategorien oder spezifische Objekte oder Projekte der Fonds investiert (Blind Pool-Prinzip). Sie übertragen dem Fonds-Management per „**discretion**" die Vollmacht über die zur Verfügung gestellten Mittel. Während der Laufzeit, die bei Opportunity Funds ca. drei bis sieben Jahre mit Option auf ein bis zwei weitere Jahre beträgt, findet zwischen Fonds-Management und originärem Investor ein regelmäßiges Reporting über den Verlauf des Investments statt. Einzelne Objekte innerhalb des Fonds können durchaus lediglich Haltedauern von 12 Monaten bis zu drei Jahren aufweisen. Großvolumige originäre Investoren können einen Sitz im Advisory Board der Fondsgesellschaft inne haben, um aktiv Einfluss auf die Anlagestrategie zu nehmen (vgl. Abbildung 136).

Da die Rendite der Fondsinvestments für den originären Investor als Eigenkapitalrendite anhand einer internen Kapitalverzinsung auf Jahresbasis p.a. berechnet wird, ist es für den Fonds entscheidend, die Investments so kurz wie möglich zu halten, um die interne Eigenkapitalverzinsung zu erhöhen. Meist wird eine risikoadäquate IRR von angestrebten >20% avisiert.

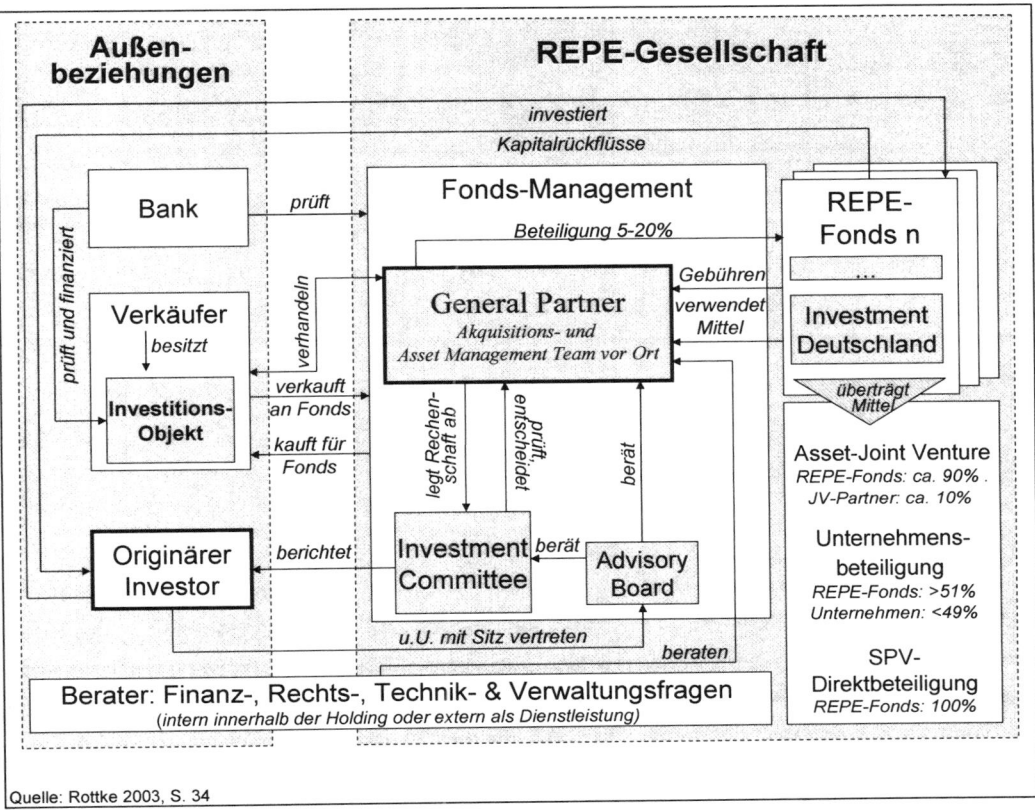

Quelle: Rottke 2003, S. 34

Abbildung 136: Grundstruktur einer Real Estate Private Equity Transaktion

Da die IRR keine Aussagekraft über den absoluten Wertzuwachs des eingesetzten Eigenkapitals gewährt, ist es oft ein zusätzlich explizit angegebenes Ziel eines Opportunity Funds, das Eigenkapital über die Gesamtlaufzeit des Fonds mindestens zu verdoppeln (WDP, beispielsweise **double equity**).

5.3.4.4.5 Wertschöpfungsstrategien von Real Estate Private Equity-Gesellschaften

Grundsätzlich können vier abgrenzbare Wertschöpfungsstrategien für REPE-Gesellschaften identifiziert werden (vgl. Rottke/Holzmann 2003 und 2004):

- Abschlagsgeschäfte (Discount Deals),
- (Re-)Development,
- Performance Management und
- Finanzmanagement.

Diese bewegen sich auf verschiedenen Ebenen: Während Wertschöpfung durch Abschlagsge-schäfte und Finanzmanagement i.d.R. jeweils bei Erwerb respektive Verkauf zu bestimmten Zeit-punkten generiert werden kann, sind (Re-)Development und Performance Management Strate-gien, die während des Investitionshorizontes in Zeiträumen Mehrwert schaffen.

Wertschöpfung durch Abschlagsgeschäfte zielen darauf ab, ein Immobilienobjekt, -portfolio oder -unternehmen mit einem Abschlag zu erwerben und später zum Marktwert oder darüber zu ver-äußern. Grundsätzlich notwendig für diese Form der Strategie ist das Timing im Sinne eines be-wussten antizyklischen Ausnutzens von Immobilienzyklen. Abschlagsgeschäfte können bei-spielsweise in Auktionen, Portfolio- und Privatkäufen sowie bei dem Erwerb Not leidender Immobilienkreditportfolios durchgeführt werden.

Übernehmen und privatisieren REPE-Fonds börsennotierte Immobilienunternehmen, ist Wert-schöpfung durch Umstrukturierung und Verkauf eines Teils des Immobilienbestandes erzielbar. Das Ziel besteht darin, einen Verkaufserlös zu erzielen, der substanziell höher als der Börsenwert ist.

Wertschöpfung durch (Re-)Development stellt eine klassische Wertschöpfungsstrategie auf Im-mobilienmärkten dar: Durch die Entwicklung eines neuen und das Re-Development eines beste-henden Immobilienprojektes kann, verbunden mit dem einhergehenden Projektentwicklungsrisi-ko, ein hohes Maß an Wertschöpfung generiert werden. Für Re-Developments im Speziellen kommen vor allem Problemimmobilien in Frage, die durch gezielte Veränderungsmaßnahmen für den Markt neu positioniert werden können.

Wertschöpfung durch Performance Management zielt darauf ab, die Cash Flow-Ströme einer Immobilie über die Haltedauer zu optimieren, um das Objekt schließlich bei Verkauf anhand einer höheren Mieteinnahme zu kapitalisieren. Aktive Veränderungen durch Miet- und Entmietungs-management, Vertrags- und Objektmanagement oder die Implementierung Kosten reduzierender Systeme tragen dazu bei, Risiken zu minimieren, Kosten zu reduzieren und Erträge zu erhöhen.

Wertschöpfung durch Finanzmanagement setzt wie die Wertschöpfung durch Abschlagsgeschäf-te im Gegensatz zum Performance Management und (Re-)Development nicht an der Immobilie als solche an. Durch strukturierte Finanzierungsmethoden kann die Wertschöpfung eines Immo-bilieninvestments erhöht werden, z.B. durch Ausnutzen eines hohen Fremdkapitalhebels. Dieser bewirkt, dass zum Teil mehr als 50% einer internen Eigenkapitalverzinsung nicht aus dem eigent-lichen Projekt, sondern aus der Fremdkapital-Eigenkapital-Relation generiert werden. Darin liegt im Falle eines negativen Projektverlaufes ebenfalls das Risiko.

Finanzverhandlungen in Bezug auf Bankenmarge, Zinssatz, Zinsdeckelungen, Gewinnbeteiligun-gen, etc. helfen, ein Projekt auch in wirtschaftlich schwierigen Zeiten überhaupt zu finanzieren. Rechtliche und steuerliche Optimierungen (z.B. Share vs. Asset Deal; Einsparen der Grunderwerbsteuer) können die Wertschöpfung ggf. weiter steigern, tragen aber unter Umständen zu einer hohen Komplexität und schwer abschätzbaren Spätfolgen für ein Investment bei.

Die o.g. Strategien sind nicht überschneidungsfrei und werden überlagernd oder gemeinsam genutzt. Sie sind in vielen Fällen als notwendigerweise komplementäre Elemente einer Transaktion aufzufassen und schließen einander nicht aus (vgl. Rottke/Holzmann 2003, S. 28).

Allen Strategien ist gemeinsam, dass spezialisiertes Wissen zum Einsatz kommt, dass eine Kapitalsammelstelle, meistens ein Fonds, mit Eigenkapital zur Investition bereit steht, dass eine Situation vorliegt, in der Eigenkapital dringend benötigt wird und dass eine hohe Risikobereitschaft, Flexibilität sowie Transaktionsmotivation der teilnehmenden Parteien besteht (vgl. J. C. Murray, S. 10; vgl. weiterführend zum gesamten Punkt 5.3.4.3 Rottke 2004).

5.3.4.5 Finanzierung durch Immobilienleasing
Nicole Schreiber

5.3.4.5.1 Einführung

5.3.4.5.1.1 Begriff und Formen des Immobilienleasing

Immobilienleasing ist eine Form der mittel- und langfristigen Vermietung von Grundstücken, Gebäuden und sonstigen Betriebsanlagen. Der Vermieter (Leasinggeber) verpflichtet sich im Rahmen eines Leasingvertrages, dem Mieter (Leasingnehmer) das Leasingobjekt gegen periodische Zahlung eines Entgelts (Leasingraten) für eine vereinbarte Grundmietzeit zur Nutzung zu überlassen. Bei dem zugrundeliegenden Vertrag handelt es sich allgemein um einen Finanzierungs-Leasingvertrag, der im Gegensatz zum Operate-Leasing während der Grundmietzeit unkündbar ist. Nach Ablauf der Mietzeit bieten bereits bei Vertragsabschluss vereinbarte Optionsrechte dem Leasingnehmer die Möglichkeit, eine Verlängerung der Mietzeit zu verlangen (Mietverlängerungsoption) oder das Leasingobjekt zu bestimmten Konditionen zu erwerben (Kaufoption).

Der Leasinggeber errichtet oder erwirbt ein Gebäude oder Betriebsanlagen entsprechend den Präferenzen des Leasingnehmers. Es lassen sich folgende Formen des Immobilienleasing unterscheiden:

- **Neubau-Leasing**: Das Leasingobjekt wird i.d.R. schlüsselfertig zum Festpreis (GÜ-Vertrag) durch die Leasinggesellschaft errichtet und anschließend an den Leasingnehmer vermietet.

- **Buy-and-lease**: Der Leasinggeber erwirbt eine Bestandsimmobilie von Dritten und verleast diese an den Leasingnehmer.

- **Sale-and-lease-back**: Die Leasinggesellschaft erwirbt ein bereits bestehendes Objekt aus dem

Bestand des Leasingnehmers und vermietet dieses anschließend an den Leasingnehmer zurück.

- **Geschlossene Immobilienleasingfonds**: Zur Finanzierung des Leasingobjektes beteiligen sich private oder gewerbliche Anleger an der Objektgesellschaft.

Der wirtschaftliche Erfolg des Immobilienleasing ist vor allem in der flexiblen Handhabung des Vertragswerkes begründet. Der Leasingvertrag läßt sich zwar den gesetzlichen Vertragstypen nicht eindeutig zuordnen, er ist jedoch nach herrschender Meinung als eine besondere Form des Mietvertrages nach § 535 BGB zu qualifizieren (vgl. Westphalen, S. 618). Diese fehlende gesetzliche Verankerung bietet den Vertragspartnern eine Flexibilität, die über die Möglichkeiten eines reinen Miet- oder Kaufvertrages hinausgeht. So ermöglichen Immobilienleasingverträge dem Mieter i.d.R. die Chance, durch Inanspruchnahme eines notariellen Ankaufsrechts die Immobilie zum steuerlichen Restbuchwert zu erwerben und damit eine eventuelle Wertsteigerung zu realisieren (vgl zu den Grundlagen des gewerblichen Immobilienleasing ausführlich Vaaßen, S. 8ff.).

5.3.4.5.1.2 Grundlegende Funktionsweise des Immobilienleasing

An einem Immobilienleasing-Engagement sind grundsätzlich drei Parteien beteiligt: eine Leasinggesellschaft, ein Leasingnehmer und eine bzw. mehrere finanzierende Banken. Ist das Leasingobjekt noch zu erstellen, so tritt als vierte Partei ein Baudienstleister hinzu. I.d.R. wickelt die Leasinggesellschaft das Leasinggeschäft über eine so genannte Objektgesellschaft (Besitzgesellschaft) ab, deren Anteile durch die Leasinggesellschaft als Holding gehalten werden.

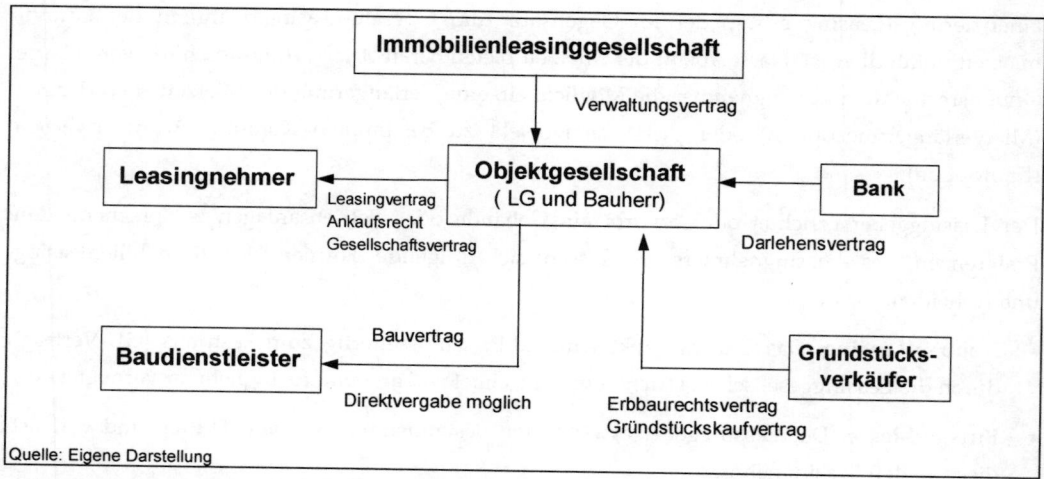

Abbildung 137: Funktionsweise des Immobilienleasing

Diese Objektgesellschaft schließt als Eigentümerin des Gebäudes zum einen den Immobilienleasingvertrag mit dem Leasingnehmer, zum anderen Darlehens- bzw. Forfaitierungsverträge mit den refinanzierenden Banken. Ein Immobilienleasing-Geschäft besteht somit aus einer Vielzahl von einzelnen Verträgen, die individuell auf den Leasingnehmer ausgerichtet werden können.

Die Abbildung 137 gibt eine schematische Übersicht über die Grundkonzeption des Immobilienleasing mit seinen Vertragsbeziehungen.

5.3.4.5.1.3 Vertragsparteien und Leasingobjekte

Das Immobilienleasing wird im Gegensatz zum Mobilienleasing von wenigen Gesellschaften geprägt, an denen überwiegend Kreditinstitute beteiligt sind. Neben der Finanzierung des Objektes hat eine Leasinggesellschaft eine Vielzahl von Funktionen und Aufgaben zu erfüllen, die sich aus der Erstellung von Bauinvestitionen ergeben: Als Investorin und wirtschaftliche Eigentümerin des Leasingobjektes übernimmt sie die Investitions- und Eigentümerfunktion, als Baudienstleister die Bauherren- und Baubetreuungsfunktion, während der Laufzeit des Mietvertrages die Verwaltungs- und Vermietungsfunktion. Je nach Umfang der vom Leasinggeber übernommenen Serviceleistungen spricht man vom umfassenden Fullservice-, Brutto- oder Netto-Leasing.

Eine Immobilienleasing-Finanzierung bietet sich für Unternehmen sämtlicher Wirtschaftsbereiche sowie für die öffentliche Hand an. Bezüglich der Interessen der Leasingnehmer ist festzustellen, dass gerade beim Immobilienleasing die Gruppe derjenigen Kunden wächst, die über die Kapitalbeschaffung hinaus zusätzliche Dienstleistungen in Anspruch nehmen. Hier sind insbesondere kleine und mittlere Unternehmen zu nennen, die nur selten Bautätigkeiten ausführen müssen.

Allgemein können Handelsgebäude, Geschäfts- und Bürogebäude, Produktions- und Lagerhallen sowie sonstige Bauten (z.B. Parkhäuser) geleast werden. Dabei liegt die wertmäßige Untergrenze der Investitionssumme üblicherweise bei 2,5 Mio. Euro. Das entscheidende Kriterium für die Leasingfähigkeit eines Wirtschaftsgutes ist seine Drittverwendungsfähigkeit, d.h. ein Leasingobjekt muss wirtschaftlich selbständig verwertbar und nutzbar sein (vgl. Feinen, S. 28ff.). Dem Leasinggeber ist eine spätere Verwertung des Gebäudes grundsätzlich dann möglich, wenn das Mietobjekt eine flexible Nutzung und Multifunktionalität bietet. Ist hingegen die Immobilie ausschließlich auf die Bedürfnisse eines Mieters zugeschnitten und somit nicht drittverwendungsfähig, entsteht oftmals der Fall des Spezialleasing, bei dem sich – wie noch zu sehen sein wird – die Vor- und Nachteile des Leasingengagements für den Leasingnehmer verschieben.

5.3.4.5.2 Vertragsbeziehungen und Abwicklung von Immobilienleasing-Geschäften

5.3.4.5.2.1 Vertragsformen beim Immobilienleasing

Bei den Vertragsformen ist zwischen **Teilamortisationsmodellen** im engeren Sinne sowie **Mieterdarlehensmodellen** zu unterscheiden (vgl. Gabele/Dannenberg/Kroll, S. 34ff.). Die Leasingraten decken in beiden Fällen nur zum Teil die Investitionskosten; das Refinanzierungs-darlehen wird während der Grundmietzeit maximal in Höhe der kumulierten Abschreibung getilgt. Nach Ablauf der Grundmietzeit verbleibt ein offenstehendes Restdarlehen in Höhe von mindestens dem steuerlichen Restbuchwert. Bei einem Vertrag mit Kaufoption entspricht der Ankaufspreis regelmäßig dem linear abgeschriebenen Buchwert, womit sich der Leasingnehmer eine mögliche Wertsteigerung sichert. Bei einem Vertrag ohne Kaufoption muss der Leasing-nehmer das Objekt an die Leasinggesellschaft zurückgeben, die das Objekt verwertet. Abbildung 138 zeigt den beschriebenen Ablauf von Teilamortisationsverträgen im engeren Sinne.

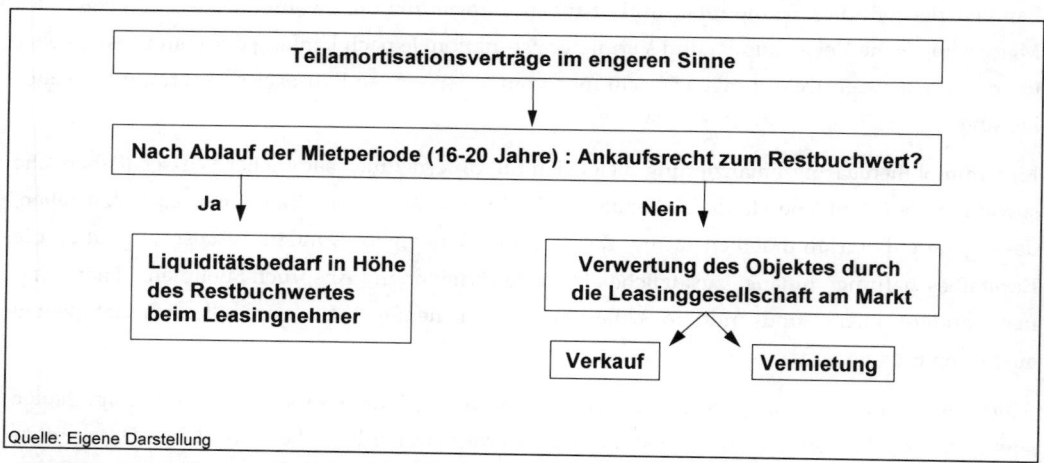

Abbildung 138: Teilamortisationsverträge im engeren Sinne

Beim Mieterdarlehensmodell zahlt der Leasingnehmer zusätzlich zur Leasingrate eine Mietvorauszahlung in Höhe der Differenz zwischen Leasingrate (= steuerliche AfA) und dem Kapitaldienst der Leasinggesellschaft (vgl. Gabele/Dannenberg/Kroll, S. 46ff.). Zum Vertragsende entspricht die Summe aller Mieterdarlehen dem Ankaufspreis. Damit werden die Investitions-kosten bereits während der Vertragslaufzeit voll vom Leasingnehmer bezahlt. Bei Ausübung der Kaufoption erfolgt eine Verrechnung zwischen Optionspreis und Mieterdarlehen, bei Verzicht auf den Erwerb hat der Leasingnehmer einen Rückzahlungsanspruch.

Der Unterschied zwischen beiden Varianten liegt in der jährlichen liquiditätsmäßigen Belastung, die beim Teilamortisationsvertrag im engeren Sinne geringer ist als beim Mieterdarlehensmodell.

Insbesondere bei langen Abschreibungszeiten, aus denen hohe steuerliche Restbuchwerte resultieren, verlangen die Leasinggesellschaften oftmals Verträge mit Mieterdarlehen, um eine schnellere Rückführung des Refinanzierungsdarlehens zu erreichen.

5.3.4.5.2.2 Vertragsleistungen des Leasingnehmers

Auf den Leasingnehmer kommen im Einzelnen folgende Zahlungsverpflichtungen zu (vgl. Gabele/Dannenberg/Kroll, S. 90ff.):

(1) Leasingraten

Bei den Leasingraten handelt es sich um die Hauptleistungspflicht des Leasingnehmers. Sie dienen der Leasinggesellschaft zur Rückführung und Verzinsung des eingesetzten Kapitals. Die Leasingraten werden auf Basis der Amortisation und Verzinsung des eingesetzten Kapitals sowie einer Verwaltungs-, Risiko- und Gewinnmarge der Leasinggesellschaft kalkuliert (so genannte Kostenmiete). Bei den in der Praxis relevanten Teilamortisationsverträgen entspricht der Amortisationsanteil häufig in der Summe den steuerlichen Abschreibungen. Die Abschreibungsbeträge ergeben sich wiederum aus den Gesamtinvestitionskosten des Objektes, die damit zur Haupteinflußgröße bei der Kalkulation von Leasingraten werden.

(2) Mietnebenkosten

Hierbei handelt es sich um objektbezogene Nebenkosten, die dem Leasingnehmer gesondert neben den Leasingraten in Rechnung gestellt werden. Insbesondere lassen sich folgende Aufwandspositionen nennen: Grundsteuer, Grunderwerbsteuer, Finanzierungsnebenkosten, Versicherungsprämien, evtl. anfallende Gewerbesteuer, Erbbaurechtszahlungen (sofern diese nicht den Gesamtinvestitionskosten zugerechnet werden) sowie Abgaben und Beiträge.

(3) Einmalige Sonderzahlungen

Einmalige Sonderzahlungen fallen bei Vertragsabschluss an. Der Leasingnehmer vergütet hiermit der Leasinggesellschaft die Kosten, die ihr zu Beginn der Vertragslaufzeit durch Planung und Konzeption entstanden sind. Sie werden i.d.R. als Prozentsatz der Gesamtinvestitionskosten erhoben.

(4) Vormieten

Die vom Leasingnehmer während der Bauzeit zu zahlenden Vormieten dienen dazu, die Finanzierungskosten der Leasinggesellschaft vor Vertragsbeginn zu decken. Sie setzen sich zusammen aus Zinszahlungen während der Bauzeit, Bereitstellungsprovisionen und Baubetreuungsgebühren.

5.3.4.5.2.3 Gründung von Objektgesellschaften

Zur Abwicklung des Leasinggeschäfts gründet die als Holding agierende Leasinggesellschaft zunächst eine **Objektgesellschaft**, deren Gesellschaftszweck der Erwerb des Grundstücks sowie die Erstellung und Vermietung des Leasingobjektes ist. Die Regelung von gesellschaftsrechtlichen Bestimmungen erfolgt im Rahmen eines Gesellschaftsvertrages, der Aspekte wie Übertragung von Gesellschaftsanteilen, Haftungs- und Beteiligungsquoten sowie Stimmrechtsverteilungen vertraglich festlegt. Die Objektgesellschaft läßt sich ihre Geschäftstätigkeit i.d.R. durch einen Geschäftsbesorgungsvertrag von der Leasinggesellschaft vergüten. Die Gründung der Objektgesellschaft erfolgt zur klaren finanziellen, organisatorischen, rechtlichen und steuerlichen Abgrenzung der einzelnen Objekte. Die Konzeption der Objektgesellschaft ist vom jeweiligen Einzelfall und den damit verbundenen rechtlichen und ökonomischen Anforderungen abhängig.

In der Praxis findet man grundsätzlich zwei Varianten von Objektgesellschaften: Zum einen ist ausschließlich die Leasinggesellschaft an der Objektgesellschaft beteiligt, zum anderen ist eine zusätzliche Beteiligung des Leasingnehmers möglich (vgl. Gabele/Dannenberg/Kroll, S. 66ff.). Eine Gestaltung ohne Beteiligung des Leasingnehmers erfolgt in erster Linie unter gewerbesteuerlichen Gesichtspunkten. Da die Objektgesellschaft ohne Leasingnehmerbeteiligung nur ihren eigenen Grundbesitz verwaltet, kann sie die erweiterte Kürzung des § 9 Nr. 1 S. 2 GewStG in Anspruch nehmen. Hierdurch kommt eine volle Kürzung des Ertrages der Einkünfte aus Vermietung und Nutzung des Objektes bei der Gewerbeertragsteuer in Betracht. Als Rechtsform wird i.d.R. die GmbH gewählt. Hingegen werden Objektgesellschaften mit Beteiligung des Leasingnehmers in der Rechtsform der Personengesellschaft nach dem Mitunternehmerkonzept besteuert. Durch die Beteiligung bekommt der Leasingnehmer entsprechend seiner Kapitalbeteiligung steuerliche Verluste und negatives Betriebsvermögen zugewiesen, was er mit positiven Einkünften aus anderer Geschäftstätigkeit verrechnen kann. Daneben können Investitionszulagen und die Übertragung der § 6 b Rücklage nach EStG geltend gemacht werden. Die Möglichkeit der erweiterten Kürzung bei der Gewerbesteuer entfällt jedoch.

5.3.4.5.2.4 Finanzierung des Leasingobjektes

Im Immobilienleasing erfolgt die Fremdkapitalbeschaffung i.d.R. über eine **Darlehenfinanzierung**. Dabei tritt die Objektgesellschaft als Darlehensnehmerin gegenüber den Banken auf. Eine Absicherung des Darlehens kann durch Grundpfandrechte am Leasingobjekt, Abtretung der Leasingraten oder Zusatzsicherheiten des Leasingnehmers erfolgen. Die Darlehen sind zumeist mit einer Zinsanpassungsvereinbarung an die jeweilige Kapitalmarktsituation ausgestattet, die sich mit einer Mietanpassungsklausel gegenüber dem Leasingnehmer deckt. Die Kongruenz von Zinsbindungsfristen mit den Ansprüchen des Leasinggebers auf Mietzinsanpassung ist erforderlich, um das Zinsrisiko aus der Refinanzierung für die Leasinggesellschaften zu senken.

Alternativ zur traditionellen Fremdfinanzierung kann die Leasinggesellschaft sich durch **Forfaitierung von Leasingforderungen** refinanzieren (vgl. Gabele/Dannenberg/Kroll, S. 81ff.). Bei der Forfaitierung verkauft die Leasinggesellschaft die zukünftigen Leasingraten an die refinanzierende Bank zum Barwert, wobei sie als Leasinggeber weiterhin für den rechtlichen Bestand der Forderungen (Verität) sowie die Freiheit von Einreden und Einwendungen haftet. Mit dem Forderungsverkauf kann die Leasinggesellschaft ihre Verpflichtungen aus dem Kauf des Objektes und die Kosten der Akquisition schon bei Vertragsbeginn decken. Für den Leasingnehmer kommt es zu einem Gläubigerwechsel, in dem die refinanzierende Bank zum unmittelbaren Gläubiger wird. Die Forfaitierung erfolgt in erster Linie zur Lösung der noch darzustellenden Dauerschuldproblematik bei der Gewerbesteuer.

5.3.4.5.3 Steuerliche Aspekte des Immobilienleasing

5.3.4.5.3.1 Immobilienleasing-Erlass

Zur Beurteilung der steuerlichen Wirkungen des Immobilienleasing ist zunächst zu klären, wer das Leasingobjekt bilanziert und wie die Leasingraten steuerlich zu beurteilen sind. Damit die später aufgeführten Vorteile des Immobilienleasing greifen, ist eine steuerliche Zurechnung des Leasingobjektes bei der Leasinggesellschaft nötig, d.h. die Leasinggesellschaft muss das Mietobjekt bilanzieren. Ausgangspunkt für die Bilanzierung ist die steuerliche Zurechnung des Wirtschaftsgutes beim wirtschaftlichen Eigentümer, der nicht zwangsläufig mit dem zivilrechtlichen Eigentümer übereinstimmen muss. Zivilrechtliches Eigentum und wirtschaftliches Eigentum fallen nach § 39 Abs. 2 Ziff.1 AO dann auseinander, wenn der Mieter den rechtlichen Eigentümer (Leasinggeber) auf Dauer von der Einwirkung auf den Leasinggegenstand ausschließen kann. In diesem Fall wird der Leasingnehmer zum wirtschaftlichen Eigentümer und hat das Leasingobjekt zu bilanzieren.

Die steuerliche Zurechnung des wirtschaftlichen Eigentums für **Teilamortiationsverträge** ist im Immobilienleasing-Erlass vom 23.12.1991 geregelt (vgl. BMF-Schreiben, S. 112f.). Demzufolge sind Immobilienobjekte immer dann dem Leasingnehmer zuzuordnen, wenn

- die Grundmietzeit über 90% der betriebsgewöhnlichen Nutzungsdauer beträgt und eine Kaufoption vereinbart wurde, deren Kaufpreis geringer als der Restbuchwert bei linearer Abschreibung ist;

- die Grundmietzeit über 90% der betriebsgewöhnlichen Nutzungsdauer beträgt und eine Mietverlängerungsoption mit Mieten unter 75% der ortsüblichen Miete vereinbart wurde;

- es sich um ein so genanntes Spezialleasing handelt, d.h. das Leasingobjekt kann ausschließlich vom Leasingnehmer wirtschaftlich sinnvoll genutzt werden und eine Drittverwendungsfähigkeit liegt nicht vor.

Bei den beiden erstgenannten Vertragstypen hat eine Zurechnung auch dann beim Leasingnehmer zu erfolgen, wenn er „besondere Verpflichtungen" übernimmt, die unter anderem folgende Ausgestaltung annehmen:

- Der Leasingnehmer trägt die Gefahr des zufälligen Untergangs.

- Der Leasingnehmer ist zum Wiederaufbau verpflichtet, auch wenn er die Zerstörung nicht zu vertreten hat.

- Der Leasingnehmer stellt den Leasinggeber von allen Ansprüchen Dritter frei, die sich aus dem Leasingobjekt ergeben könnten.

Festzuhalten bleibt, dass sich eine Zurechnung beim Leasingnehmer immer dann vermeiden läßt, wenn die Grundmietzeit kürzer als die oben genannten 90% der betriebsgewöhnlichen Nutzungsdauer ist bzw. auf die steuerschädliche Ausgestaltung der Kauf- oder Mietoption verzichtet wird. Durch den Ausschluss der Übernahme von besonderen Verpflichtungen können seit dem Teilamortisationserlaß die Risiken des zufälligen Untergangs nicht mehr auf den Leasingnehmer abgewälzt werden. Der Leasinggeber muss sich daher entsprechend absichern. Die Versicherungskosten können – soweit wie möglich – im Rahmen der Mietnebenkosten steuerunschädlich auf den Leasingnehmer übertragen werden. Die verbleibenden Risiken sind vom Leasinggeber zu tragen.

5.3.4.5.3.2   Einzelsteuerliche Wirkungen

Um die leasingspezifischen Steuerwirkungen darzustellen, sind die auftretenden Steuerfolgen beim Leasinggeber und Leasingnehmer zu untersuchen. Ausgangspunkt ist dabei das steuerrechtlich anerkannte Leasing, bei dem im Gegensatz zum Spezialleasing eine Aktivierung des Leasingobjektes in der Bilanz des Leasinggebers erfolgt. Die Auswirkungen des Leasing betreffen vor allem die Steuerarten Einkommen- und Körperschaftsteuer, Gewerbeertragsteuer sowie Umsatzsteuer (vgl. Gabele/Dannenberg/Kroll, S. 115ff.).

(1) Einkommen- bzw. Körperschaftsteuer

Beim Leasinggeber unterliegt das Einkommen je nach Rechtsform der Objektgesellschaft der Einkommen- oder Körperschaftsteuer. Das Einkommen wird als steuerlicher Gewinn ermittelt: Ertragspositionen sind die Leasingraten, denen als wesentliche Aufwandspositionen die Abschreibungen und Refinanzierungskosten gegenüberstehen.

Für den Leasingnehmer sind die Leasingraten in vollem Umfang als Betriebsausgaben absetzbar. Bei den Mieterdarlehensmodellen sind die Mietvorauszahlungen im Gegensatz zu den Leasingraten aufwandsneutral, d.h. sie werden in der Bilanz des Leasingnehmers als Forderung gegen die Leasinggesellschaft ausgewiesen. Bei Ausübung der Kaufoption am Ende der Grundmietzeit werden die Mieterdarlehenszahlungen mit dem Kaufpreis des Objektes verrechnet (Aktivtausch). Das Leasingobjekt ist nun zum Optionspreis in der Bilanz des Leasingnehmers zu aktivieren und über die restliche Nutzungsdauer des Objektes abzuschreiben.

(2) Gewerbeertragsteuer

Soweit der Leasinggeber als Gewerbebetrieb einzuordnen ist, ist der Ertrag gewerbesteuerpflichtig. Als Besonderheit der Gewerbeertragssteuer ist zu beachten, dass die aus der Refinanzierung des Objektes resultierenden Dauerschuldzinsen beim Gewerbeertrag hinzuzurechnen sind. Im Ergebnis führt die Hinzurechnung zu einer Verteuerung der Fremdfinanzierung, die bei einer Überwälzung auf den Leasingnehmer die Leasingraten entsprechend erhöht. Diese Belastungen können durch Forfaitierung der künftigen Leasingraten vermieden werden. Durch Umwandlung der Refinanzierungsschuld in eine Überlassungsverpflichtung ist anstelle des Darlehens auf der Passivseite der Bilanz ein Abgrenzungsposten zu bilanzieren, womit eine Hinzurechnung entfällt. Betreibt der Leasinggeber jedoch lediglich die Grundstücksverwaltung, so steht ihm die erweiterte Kürzung bei der Gewerbeertragsteuer zu (§ 9 Nr. 1 S. 2 GewStG).

Beim Leasingnehmer sind die in den Leasingraten enthaltenen Zinsanteile voll abzugsfähig, sodass die Hinzurechnungsvorschriften nicht greifen.

(3) Umsatzsteuer

Die Tätigkeit der Leasinggesellschaft ist nach § 4 Nr. 12 a UStG umsatzsteuerbefreit, soweit sich ihre Tätigkeit auf das Vermieten und Verpachten von Grundbesitz erstreckt. Es besteht jedoch nach § 9 UStG die Option, auf die Steuerbefreiung zu verzichten. Diese Optionsmöglichkeit wird regelmäßig in Anspruch genommen, um die während der Bauphase anfallenden Umsatzsteuern auf die Bauleistungen in Abzug bringen zu können. Zu beachten ist jedoch, dass die Optionsmöglichkeit des § 9 UStG seit 1994 nur noch zugelassen ist, wenn der Leistungsempfänger ausschließlich Umsätze verwendet, die den Vorsteuerabzug nicht ausschließen.

5.3.4.5.4 Finanzierung über Immobilienleasingfonds

Eine weitere Form der Finanzierung eines Leasingobjektes ist die Fondsfinanzierung. Diese liegt vor, wenn eine Leasingobjektgesellschaft zur Finanzierung der Immobilie neben Fremdmitteln von Kreditinstituten auch Eigenkapital von Privaten oder Unternehmen einsetzt. Beim

Fondsleasing kommt nur der geschlossene Fonds vor, der sich – im Gegensatz zu den offenen Fonds – auf einen festen Anlegerkreis begrenzt. Die Anleger eines geschlossenen Leasingfonds werden zu Gesellschaftern der Objektgesellschaft, die zumeist in der Rechtsform einer Personengesellschaft gegründet wird.

Die steuerlichen Vorteile liegen wie bei den geschlossenen Immobilienfonds vor allem darin, dass die ertrag- und substanzsteuerlichen Ergebnisse der Gesellschaft dem Anleger anteilig zugerechnet werden. So kann dieser die entsprechenden Verlustzuweisungen, die beispielsweise aus Sonderabschreibungen resultieren, bereits in der Anfangsphase mit positiven Einkünften aus anderen Tätigkeiten verrechnen. Die substanzsteuerliche Entlastung, die sich bisher aus den niedrigen bewertungsrechtlichen Ansätzen der Immobilie bei der Bemessungsgrundlage von Vermögen-, Erbschaft- und Schenkungsteuer ergab, ist mit der Neuregelung der Einheitsbewertung, die rückwirkend ab dem 01.01.1996 Gültigkeit hat, eingeschränkt worden.

Im Gegensatz zu den traditionellen Immobilienfonds fehlt den Leasingfonds jedoch eine wichtige Renditekomponente: Der Fondsanleger nimmt i.d.R. an einer möglichen Wertsteigerung aus der Immobilie nicht teil, da diese im Allgemeinen dem Leasingnehmer durch Ausübung der Kaufoption vorbehalten ist. Andererseits profitiert der Anleger eines Leasingfonds von der langfristigen Anmietung eines bonitätsstarken Mieters (Leasingnehmers), die dem Fonds über die gesamte Laufzeit weitgehend risikofreie Mieteinnahmen sichert.

Auch für den Leasingnehmer ist die Fondsfinanzierung oftmals vorteilhaft. Aufgrund der steuerlichen Verlustzuweisungen ist der Anleger regelmäßig mit einer Verzinsung seiner Einlage, die unter dem allgemeinen Kapitalmarktniveau liegt, zufrieden. Diese niedrigeren Finanzierungskosten können in Form von Mietminderungen an den Leasingnehmer weitergegeben werden.

5.3.4.5.5 Betriebswirtschaftliche Beurteilung des Immobilienleasing

Die Beurteilung der Vorteilhaftigkeit von Immobilienleasing erfolgt üblicherweise anhand eines betriebswirtschaftlichen Vergleichs zwischen Leasingfinanzierung und traditioneller Kreditfinanzierung. Als Beurteilungskriterien werden sowohl quantitative als auch qualitative Faktoren herangezogen. Im Rahmen einer quantitativen Analyse erfolgt anhand von Wirtschaftlichkeitsberechnungen ein reiner Finanzierungskostenvergleich. Einzubeziehen sind steuerliche Aspekte, die Finanzierungsmöglichkeiten der Leasinggesellschaft sowie die Gesamtinvestitionskosten des Objektes.

Neben diesen quantitativen Aspekten nehmen weitere qualitative Faktoren wie Liquiditäts-, Risiko- und Flexibilitätsaspekte einen großen Einfluß auf die Investitionsentscheidung eines potenziellen Leasingnehmers. Ebenfalls in die Betrachtung einzuschließen sind Bilanzeffekte und Dienstleistungen der Leasinggesellschaften. Die Gewichtung der nachfolgend aufgezählten

Argumente ist vom Leasingnehmer selbst aufgrund seiner unternehmensspezifischen Situation vorzunehmen (vgl. Gabele/Dannenberg/Kroll, S. 139ff.):

- Durch die Kombination der Immobilie als Sicherheit einerseits und der langfristig vertraglich festgeschriebenen Mietzahlungen andererseits ermöglicht das Immobilenleasing eine 100 prozentige Fremdfinanzierung. Interessant ist dies für expandierende ertragsstarke Unternehmen, die ihre vorhandenen Eigenmittel statt für eine Bauinvestition rentabler im Umlaufvermögen einsetzen können.

- Mit der Übernahme der gesamten Investitionskosten durch die Leasinggesellschaft ist eine Schonung des Eigenkapitals und der Liquidität verbunden. Hier wird in der Praxis jedoch häufig übersehen, dass langfristige Eigenkapital- und Liquiditätsbelastungen durch die Leasingraten und Mieterdarlehenszahlungen bestehen.

- Immobilienleasing ist für den Leasingnehmer bilanzneutral (off-balance-Effekt). Bei schematischer Anwendung der Bilanzkennziffern bleiben bestehende Kreditspielräume erhalten. Dieser Vorteil sollte aber nicht überschätzt werden, da Leasinggeschäfte als sonstige finanzielle Verpflichtungen im Anhang des Jahresabschlusses auszuweisen sind. Interessanter kann es für den Leasingnehmer sein, durch die Leasingfinanzierung seine Bilanz zu verkürzen, um somit Prüfungs- und Offenlegungspflichten nur für kleinere Größenklassen erfüllen zu müssen.

- Die Zahlung von gleich bleibenden Leasingraten ermöglicht eine langfristig klare Kalkulationsbasis. Zudem besteht eine Kostenkongruenz, d.h. die Leasingraten können aus den Erträgen durch die Nutzung des Objektes beglichen werden („pay-as-you-earn"-Effekt). Dieser Aspekt ist jedoch keine Besonderheit des Leasing, sondern gilt zugleich für die traditionelle Kreditfinanzierung.

- Durch den Verkauf eines bereits bestehenden Objektes mit anschließender Rückmiete (sale-and-lease-back) können die in betriebseigenen Immobilien gebundenen Potenziale ausgeschöpft werden. Vorteile ergeben sich für den Leasingnehmer vor allem in der Freisetzung von stillen Reserven sowie hohen Liquiditätszuflüssen durch den Verkaufserlös. Dagegen entstehen Liquiditätsbelastungen durch die ausgelöste Grunderwerbsteuer sowie die zukünftigen Leasingraten.

- Der Leasingnehmer kann die umfassenden Serviceleistungen der Leasinggesellschaft bei der Planung, Bauabwicklung und Überwachung in Anspruch nehmen. Durch gezieltes Baumanagement und Erfahrung in der Durchführung größerer Bauvorhaben können die Leasinggesellschaften Kosten- und Zeitvorteile an den Leasingnehmer weitergeben.

Zusammenfassend ist festzustellen, dass die Entscheidung zwischen Immobilienleasing und anderen Finanzierungsformen nicht grundsätzlich zugunsten des Immobilienleasing getroffen werden kann. Dennoch können die Merkmale Service und Know-how der Leasinggesellschaft in vielen Fällen den Ausschlag zugunsten des Immobilienleasing geben.

5.3.4.6 Securitisation: Finanzierung durch Immobilien-Verbriefung
Marc Breidenbach

5.3.4.6.1 Asset-Securitisation

Die Praxis des Forderungsverkaufs ist schon sehr alt. Schon 1880 kam es zum ersten Mal zu Forderungsverkäufen zwischen einzelnen Firmen. Die Forderungsverbriefung ist hingegen eher eine junge Finanzmarktinnovation, die in den USA entstanden ist. Bei „Securitisation"oder „Asset-Securitisation"handelt es sich um einen Oberbegriff für „wertpapiermäßige Verbriefung von Forderungen", dessen Wortbildung aus dem englischen Wort für Wertpapier (Security) entstanden ist. Entsprechend der amerikanischen Terminologie der Securitisation wird im Deutschen der Begriff der „Forderungsverbriefung" bzw. der „Verbriefung" gebraucht. Wertpapiere, in denen die Forderungen verbrieft werden, werden im Englischen als „Asset-Backed Securities"bezeichnet, was im Deutschen treffend mit „aktivagestützte Wertpapiere bzw. Schuldscheine" übersetzt werden kann. Entstanden ist die Asset-Securitisation in Amerika mit der Entwicklung von Mortgage-Backed Securities (MBS) zu Beginn der 80er Jahre (vgl. Rosar, S. 5ff.).

Bei der Securitisation ist die Idee folgende: "Es werden Zahlungsansprüche verbrieft, um auf diese Weise die Voraussetzung für den Handel der verbrieften Forderungen auf dem Sekundärmarkt zu schaffen." Die Asset Securitisation muss vom Factoring abgegrenzt werden, da beide sehr ähnlich sind. Das Factoring weist eine Reihe von vergleichbaren Eigenschaften zur Securitisation auf: Es kommt zu einem Forderungsverkauf an ein anderes Unternehmen und damit zur Schaffung von Liquidität. Trotz dieser Übereinstimmungen unterscheiden sich die beiden Instrumente dadurch, dass bei ABS die Refinanzierung über den Kapitalmarkt erfolgt, während beim Factoring die Finanzierung über die Bilanz des Forderungskäufers (Factors) erfolgt. Außerdem können ABS-Konstruktionen häufig günstigere Finanzierungskonditionen bieten als der Verkauf an einen Factor.

Gab es am Anfang nur Transaktionen mit einer großen Zahl homogener Aktiva (Assets), so hat sich das Spektrum auf Transaktionen mit kleinen und teilweise sehr unterschiedlichen Aktiva, wie z.B. auch Immobilien Assets erweitert: „What started as true sales of large pools of homogenous assets has spread to allow the technology to be used for more diverse, unique asset types." (Rose, S. 1).

Im Folgenden wird zunächst die Grundstruktur der Securitisation dargestellt

Asset-Backed Securities sind komplexe Finanzgebilde, aus denen komplexe Cash Flows und kritische Rechtsbeziehungen resultieren. Jede Forderungsverbriefung zu Asset-Backed Securities erfordert eine individuelle Strukturierung. Hierbei sind in erster Linie die Besonderheiten des Einzelfalls, d.h. insbesondere die Art der zu verbriefenden Forderungen, zu berücksichtigen, damit eine optimale Struktur der jeweiligen Verbriefung garantiert ist. Wenn es somit auch keine standardisierte Verbriefungsform gibt, lassen sich doch sämtliche Verbriefungen auf eine gewisse Grundstruktur zurückführen.

Ausgangspunkt der Asset-Securitisation sind die Forderungen eines **Gläubigers** gegenüber einer Mehrzahl verschiedener **Schuldner**. Aus diesen Forderungen ergeben sich Zahlungsverpflichtungen, d.h. zukünftige Cash Flows der Schuldner gegenüber dem Gläubiger. Der Gläubiger ist also der **Originator** der Forderungen. Der Originator beauftragt im ersten Schritt einen **Arrangeur** um die Transaktion zu strukturieren.

Mit der Gründung einer **Ein-Zweckgesellschaft** (**Special-Purpose-Vehicle [SPV]**) beginnt der **strukturelle Teil** einer Securitisation (vgl. Abbildung 139). Der strukturelle Teil bezeichnet die Strukturierung und den Ablauf der Transaktion vor Emission der Wertpapiere. Hier werden zuerst die zur Verbriefung geeigneten Aktiva vom Originator in einem Pool zusammengefasst. Dann wird dieser Pool von Aktiva nahezu regresslos an die von dem **Arrangeur** eigens für die Verbriefung geschaffene Zweckgesellschaft (Special-Purpose-Vehicle [SPV]) verkauft.

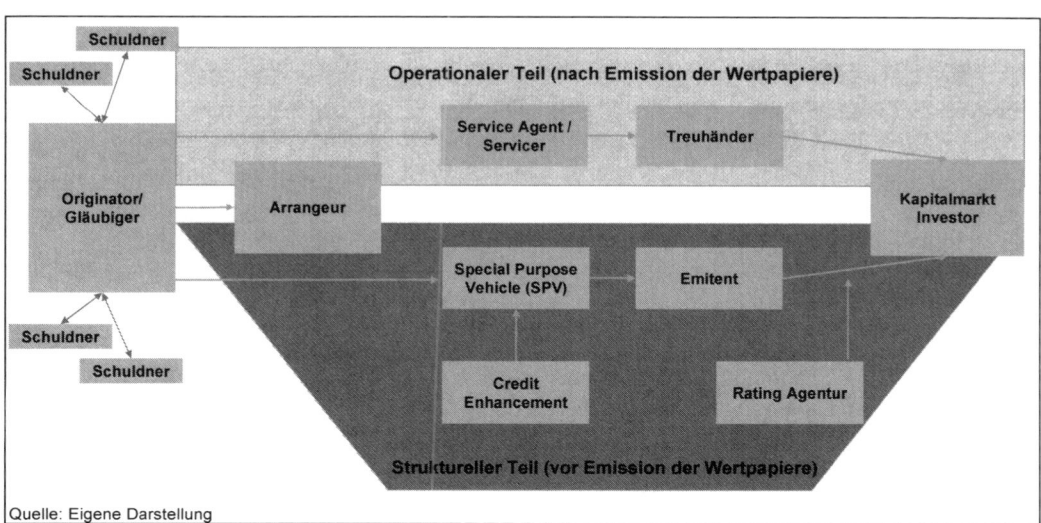

Abbildung 139: Grundstruktur einer Securitisation Transaktion

Die in dem Pool zusammengefassten Aktiva sind die Unterlage für die Asset-Backed Security - Papiere. Das SPV sollte eine rechtlich und wirtschaftlich selbständige, in einer möglichst restriktionsfreien und steuerneutralen Rechtsordnung gegründete, unabhängige Gesellschaft sein und mit minimalem Eigenkapital ausgestattet werden. Die Zweckgesellschaft refinanziert sich am Kapitalmarkt durch die Emission von ABS-Papieren. Die Emission erfolgt durch die Einbeziehung eines Emittenten, meist ein Bankenkonsortium, das oft aus Investmentbanken, aber auch aus Geschäftsbanken oder beidem besteht. Der Emittent platziert dann die Wertpapiere bei Kapitalmarkt-Investoren, welche zum großen Teil institutionelle Investoren sind. Die zwischengeschalteten Ratingagenturen nehmen für das Wertpapier eine Qualitätseinstufung vor, indem Sie sowohl die zugrunde liegenden Aktiva als auch die Emissionsstruktur prüfen. Im Allgemeinen erteilen die Ratingagenturen ein hohes Rating für ABS-Transaktionen, da diese meist eine hohe Diversifikation der Aktiva (Forderungen) aufweisen. Nach dem Konzept der Securitisation wird das Kreditrisiko des verbrieften Forderungsbestands von den Investoren getragen. Um trotzdem ein erstklassiges Rating – das in der Praxis notwendige Vorraussetzung für die Emissionsfähigkeit der Papiere ist – zu erzielen, kann es sich als notwendig erweisen, eine Verbesserung der Kreditfähigkeit (Credit Enhancement) der emittierten Papiere vorzunehmen. Dieses könnten eine Rückkaufzusage (Recourse), eine Ausfallgarantie (Guaranty), eine Übersicherung des Forderungsbestandes (Overcollateralization), eine Nachordnung (Subordination), ein Reservekonto (Spread Account) oder Akkreditive, Garantien und Swaps sein.

Der **operationale Teil** der Transaktion beginnt nach der Emission der Wertpapiere am Kapitalmarkt (vgl. Abbildung 139). Ab diesem Zeitpunkt werden die Zahlungsströme aus dem Aktivapool (Forderungspool) direkt dazu aufgewendet, die Zinsen und die Tilgung an die Investoren zu bezahlen. Das Forderungsportfolio steht dabei einschließlich aller Zusatzsicherheiten als Haftungsmasse zur Verfügung. Dabei ist zu beachten, dass das übertragene Forderungsportfolio verwaltet werden muss. Diese Aufgabe wird von dem **Service-Agent** übernommen. Zur Überwachung der Transaktion wird ein **Treuhänder** in die Struktur miteinbezogen, dem ein vorrangiges Zugriffsrecht auf den Aktivapool des SPV zusteht. Er ist darüber hinaus als Hauptzahlstelle für die Weiterleitung der Zahlungsströme an die Investoren verantwortlich (vgl. Ohl, S. 32ff.).

Sollen in Deutschland entstandene Forderungen verbrieft werden, so ergeben sich hinsichtlich des rechtlichen Umfelds drei rechtliche Fragestellungen: zum einen die rechtliche Beziehung zwischen Originator und SPV, zum anderen rechtliche Fragen bei der Etablierung und dem Management des SPV's und schließlich die möglichen rechtlichen Probleme bei der Emission und der Bedienung der ABS. Bei der Beziehung zwischen Originator und SPV sind besonders die Fragen zum Forderungsverkauf und zur Konkurssicherheit des SPV von größter Wichtigkeit. Voraussetzung für eine funktionierende ABS-Finanzierung ist zuerst, dass die Forderungen rechtswirksam an das SPV übertragen und übergegangen sind. Dies nennt man einen „echter Verkauf" – „True Sale". Wo diese Voraussetzung nicht erfüllt ist, ist der Originator weiterhin der Inhaber der Forderungen. Die Folge ist, dass die Gläubiger des Originators im Konkursfall direkten Zugriff auf die verbrieften Aktiva hätten.

Die zweite wichtige Fragestellung ist die Konkurssicherheit des SPV („**Bankruptcy Remoteness**"). Hierzu gibt es einen Kriterienkatalog von drei Punkten, der von Ratingagenturen gefordert wird. Er soll sicherstellen, dass das SPV nur in Konkurs gehen kann, wenn die Erlöse des Forderungspools und die Absicherungsmechanismen nicht ausreichen, die ABS zu bedienen. Erstens müssen die Aktivitäten der Zweckgesellschaft durch ihre Satzung auf den Ankauf der Forderungen und die Begebung der ABS beschränkt sein. Zweitens dürfen keine Schuldverhältnisse eingegangen werden, da deren Nichterfüllung den Konkurs des SPV zur Folge haben könnte. Drittens ist die Abtretung der Rechte aus den Forderungen durch die Zweckgesellschaft an eine dritte Partei nicht zulässig (vgl. Bartelt, S. 12ff.).

Die Bestimmung verbriefbarer Aktiva orientiert sich an einigen Kriterien. Die Verbriefung von Forderungen setzt juristisch gesehen zunächst einen Forderungsverkauf (§ 433 BGB) und eine Forderungsabtretung (§ 398 BGB) voraus. Dabei muss der zu verbriefende Aktivbestand bestimmte rechtliche und wirtschaftliche Merkmale erfüllen, damit eine ABS-Transaktion überhaupt möglich wird.

Abtretbarkeit und Pfändbarkeit

Der Originator der Forderungen kann nur solche Forderungen verkaufen, die er juristisch an den Käufer abtreten kann.

Verkauf

Solange es sich bei der ABS-Transaktion nicht um eine synthetische Struktur handelt, ist beim Verkauf der Aktiva unbedingt darauf zu achten, dass es sich um einen „**echten Verkauf**" („**True Sale**") und nicht um eine Darlehensgewährung handelt. Würde der Aktivaverkauf als Darlehen eingestuft, so bedeutete dies eine Bilanzverlängerung und damit eine Verschlechterung der Eigenkapitalquote. Von Bedeutung ist ferner die Frage, wie der Forderungsverkauf im Falle der Insolvenz des Originators eingestuft ist. Stellt sich heraus, dass es sich bei dem Verkauf der Forderung nicht um einen true sale gehandelt hat, wird der Konkursverwalter den Kaufvertrag anfechten, sodass die Forderungen in die Konkursmasse fließen und das SPV seine Forderungen verliert.

Forderungsvolumen

Da Asset-Backed Transaktionen aufgrund ihrer komplexen Natur hohe Fixkosten verursachen, muss ein gewisses Mindestvolumen des Forderungsportfolios vorliegen, damit die Transaktion wirtschaftlich tragbar ist (vgl. Möller, S. 86ff.).

Das kritische Volumen beträgt hierbei 250 Mio. Euro für Kapitalmarktplatzierungen und 50-70 Mio. Euro für private Platzierungen. Wird diese Größe von einem Originator nicht erfüllt, ergibt sich immer noch die Möglichkeit, auf Multiseller-Modelle zurückzugreifen.

Forderungsverwaltung

Der Originator muss die Forderungen, die er verkaufen will, nicht nur juristisch, sondern auch technisch von seinem gesamten Forderungsbestand abtrennen können. Dazu ist eine ausreichend leistungsstarke EDV-Ausstattung notwendig.

Struktur der Aktiva

Die erste Basisanforderung, die sich an die Struktur der Aktiva ergibt, besteht darin, dass sich von den zu verbriefenden Vermögensgegenständen ein Cash Flow ableiten lässt: „If it flows, securitize it! (vgl. Paul, S. 186). Nur so können die den Wertpapierkäufern zustehenden Zahlungen von dem allgemeinen Cash Flow des Originators getrennt werden. Darüber hinaus sollte der Aktivapool eine Vielzahl von möglichst homogenen und kleinen Forderungen gegen möglichst viele Schuldner enthalten. Außerdem sind zur Abschätzung des Risikos der zu verbriefenden Aktiva folgende historische Daten und Erfahrungswerte notwendig: Wie hoch ist die Ausfallrate? Wie viele Zahlungen gehen nicht termingerecht ein? Wie oft wird eine Schuld vorzeitig getilgt?

Auch ist eine regionale, demographische und bonitätsmäßige Diversifikation der Schuldner bzw. der Aktiva von Vorteil. Nötig ist ferner eine gewisse Mindestlaufzeit von Forderungen. In der Literatur wird insoweit eine durchschnittliche Mindestlaufzeit von einem Jahr vorgeschlagen.

Geeignete Aktiva

Für Verbriefungen geeignete Aktiva können in der folgenden Abbildung 140 begutachtet werden. Hierbei handelt es sich um die verschiedenen Subkategorien der Asset-Securitisation.

Asset Securitisation ist der Oberbegriff für die folgenden Sub-Asset Klassen:

- **Mortgage-Backed Securities (MBS)**
  Mortgage-Backed Securities umfasst die Verbriefung von Realkrediten, bzw. Immobiliendarlehen. Hierbei kann es sich um Wohnimmobiliendarlehen – Residential Mortgage-Backed Securities (RMBS) – oder um gewerbliche Immobiliendarlehen – Commercial Mortgage-Backed Securities (CMBS) – handeln. Ein besonderes Charakteristikum der Verbriefung von Realkrediten in Deutschland ist, dass es sich hierbei meist um Portfoliotransaktionen handelt, bei denen die verbrieften Darlehen jedoch nicht zum Zwecke der Verbriefung originiert wurden. Dies grenzt Deutschland besonders von den USA und Großbritannien ab.

- **Asset-Backed Securities im engeren Sinne (ABS i.e.S.)**

Bei den klassischen Asset-Backed Securities werden jegliche Forderungsbestände verbrieft. Hierbei kann es sich um Auto Finanzierungsforderungen, Leasing Forderungen, Konsumentenkredit Forderungen, Kreditkarten Forderungen, Forderungen aus Lieferung & Leistung (L&L) und zukünftige Forderungen handeln. Die einzige Verbriefung in dieser Kategorie, die nicht direkt eine Forderungsverbriefung darstellt, ist die Whole Business Securitisation (WBS). Hierbei wird der Geschäftsbetrieb (Going Concern) eines Unternehmens, also das Unternehmen selbst verbrieft.

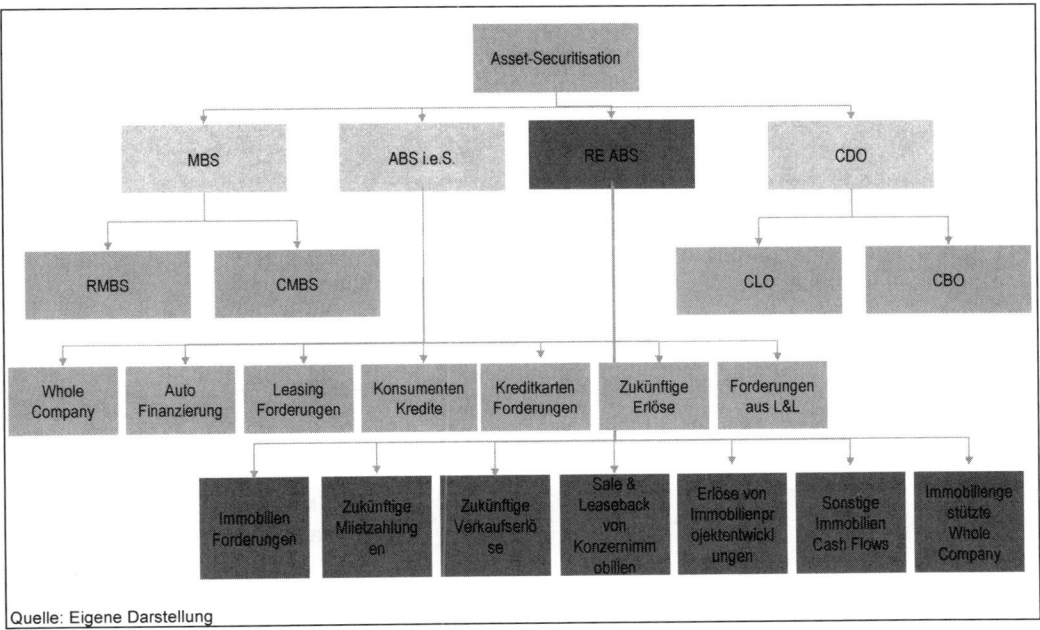

Quelle: Eigene Darstellung

Abbildung 140: Aufteilung aller Aktiva-Klassen (inkl. RE ABS)

- **Real Estate Asset-Backed Securities**
  Real Estate Asset-Backed Securities stellen die Sub-Assetklasse für alle Immobilienaktiva dar. Hierbei kann es sich sowohl um die Verbriefung von Cash Flows handeln, wie auch um die Verbriefung der Immobilien (Gebäude & Land) selbst. Zu den Sub-Assetklassen gehören: Immobilien-Mietforderungen, zukünftige Mietzahlungen, zukünftige Verkaufserlöse, Sale-and-Leaseback Zahlungen von verkauften Konzernimmobilien, zukünftige Erlöse von Immobilienprojektentwicklungen, Sonstige Immobilien Cash Flows (z.B. Ticketverkäufe von Fußball-Stadien) und immobiliengestützte Whole Business Securitisations.

- **Collateralised Debt Obligations (CDO)**
  Die Verbriefung von Krediten – d.h. Collateralised Loan Obligations (CLO) – und Schuldver-

schreibungen – Collateralised Bond Obligations (CBO), nennt man Collateralised Debt Obligations (CDO).

Die Originatoren von Collateralised Debt Obligations und Mortgage-Backed Securities sind Banken. Ihre Motive für die Durchführung solcher Transaktionen sind erstens die Entlastung der Bilanz, d.h. Entlastung des regulatorischen Eigenkapitals unter den Baseler Eigenkapitalregelungen (Basel I und bald Basel II), und zweitens die Refinanzierung (Funding) ihrer Kredite. Dahingegen sind die Originatoren von Asset-Backed Securities und Real Estate Securitisation/Real Estate Asset-Backed Securities (RE ABS) Nicht-Banken, d.h. Unternehmen oder Staatsorgane. Aus immobilienökonomischer Sicht kann man die verschiedenen Asset-Klassen in ein Diagramm einteilen, das man in Banken und Nicht-Banken und Immobilien-Aktiva und Nicht-Immobilienaktiva einteilt (vgl. Achleitner 2002, S. 411ff.), dargestellt in Abbildung 141.

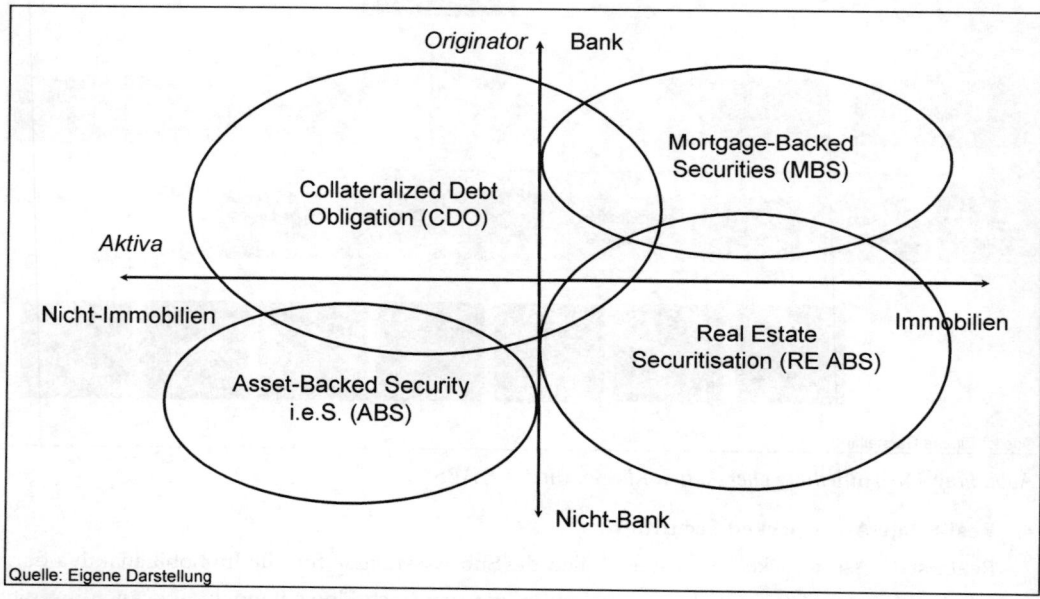

Quelle: Eigene Darstellung

Abbildung 141: Einordnung der Aktiva-Klassen

Bei ABS-Finanzierungen sind Nutzen und Kosten abzuwägen

Durch ABS-Finanzierungen lassen sich für den Originator der Forderungen eine Reihe möglicher Vorteile erzielen (vgl. Böhmer, S. 28f.):

• Die Risikoposition des veräußernden Unternehmens wird aufgrund der Risikoallokation im Rahmen der Aktivaverbriefung erheblich verbessert. Daraus ergibt sich eine bessere Einschätzung der Unternehmung bei weiteren Finanzengagements.

- Die Securitisation kann als eine Ergänzung zu den traditionellen Formen der Kapitalbeschaffung gesehen werden, als eine neue zusätzliche Finanzierungsquelle für den Originator.

- Ist die Verschuldungsgrenze eines Unternehmens ganz oder fast ganz ausgeschöpft, sodass es nicht mehr in der Lage ist, neues Fremdkapital aufzunehmen, so bietet die Finanzmittelbeschaffung über ABS einen Ausweg für den Originator.

- Durch die Bündelung und den Verkauf von ansonsten illiquiden Aktiva wird die Geld- und Kapitalbindung verringert und die Liquidität erhöht.

- Der Originator kann durch den Forderungsverkauf eine Bilanzverkürzung erreichen, in der Literatur auch als Off-Balance Sheet Financing bezeichnet.

- Durch ABS-Transaktionen wird indirekt auf internationale Kapitalmärkte zugegriffen. Publikationseffekte können für den Originator vermieden werden und Originatoren, die normalerweise keinen Zugang zum Kapitalmarkt hätten, können sich so dennoch über den Kapitalmarkt refinanzieren.

- Das Rating der ABS-Transaktion ist nicht an die Bonität des Originators gebunden, sondern an den der Transaktion unterliegenden Asset-Pool. Somit können einerseits ungeratete Unternehmen und anderseits Unternehmen mit schlechterer Bonität Marktkonditionen mit höchstem Rating erzielen.

- Der Originator kann die Verwaltung der Forderungen weiter beibehalten und erhält somit die Beziehung zum Kunden aufrecht. Außerdem erwirtschaftet er dadurch eine Service-Gebühr.

Asset-Backed Securities Transaktionen sind nicht immer vorteilhaft:

- Die entstehenden Kosten bei der Transaktion können so groß sein, dass sich die Securitisation nicht mehr lohnt. Die Kosten werden bestimmt durch Investment Banking Fees der Strukturierer, Honorare für Rechtsanwälte, Steuerberater und Wirtschaftsprüfer, und für Listing Gebühren an der Börse. Darüber hinaus müssen sowohl das Rating der Transaktion, sowie das Credit Enhancement eingepreist werden.

- Die Risiken lassen sich nur bei Gewährung einer entsprechenden Risikoprämie auf die ABS-Investoren verlagern. Diese Risikoprämie ist begründet durch die zeitlich unsicheren Tilgungszahlungen, die Möglichkeit, dass Kreditausfälle eintreten, die nicht vollständig durch Garantien und Versicherungen abgedeckt sind, und auch durch einen Liquiditätsaufschlag.

Eine Verbriefung von Vermögensgegenständen wird nur dann stattfinden, wenn die Erträge die Kosten übersteigen. Die Erträge sind im Vergleich zu anderen Finanzierungsalternativen zu ermitteln. Die Kosten werden üblicherweise in laufende und einmalige Kosten unterteilt. Einmalige

Kosten bestehen sowohl aus einmaligen Fremdleistungskosten als auch aus einmaligen auflaufen-den Steuern. Laufende Kosten hingegen sind gemäß dieser Definition laufende Fremdleistungs-kosten, Kosten der Nutzung des Kapitals und jährliche Steuern. Bei einem Blick auf die auflaufen-den Kosten wird deutlich, dass aufgrund der komplexen und komplizierten Transaktionsstruktur erhebliche Kosten verursacht werden, die bei normalen Anleiheemissionen nicht entstehen wür-den.

5.3.4.6.2 Real Estate Securitisation – Real Estate Asset-Backed Securities

Der direkte Kapitalmarktzugriff stellt für Immobilienunternehmen (Bestandshalter und Corpora-tes) eine alternative Finanzierungsmöglichkeit dar. So kann die Begebung einer Real Estate Securi-tisation (Real Estate Asset-Backed Security – RE ABS) traditionelle Finanzierungsinstrumente, wie Realkredit oder Bankkredit, ersetzen und führt somit zu einer Erweiterung der Finanzierungsquel-len. Eng verbunden hiermit ist der Trend zur **Desintermediation** des Kreditgebers (vgl. Abbil-dung 142).

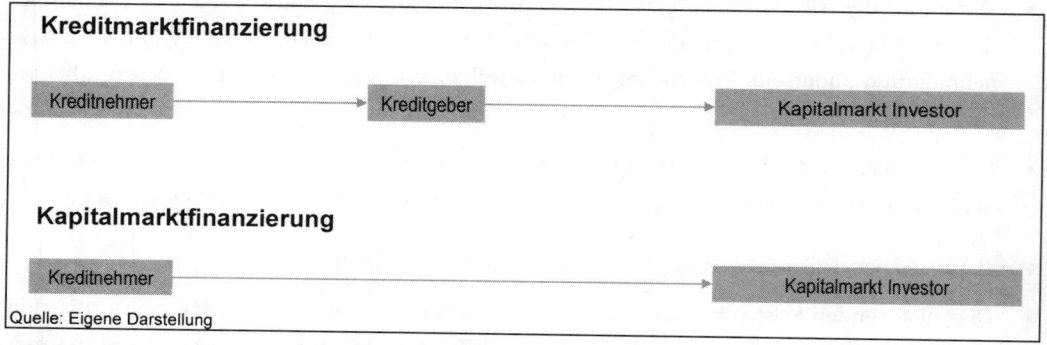

Abbildung 142: Desintermediation des Kreditgebers

Führte im traditionellen Kreditmarkt der Weg immer direkt zum traditionellen Kreditgeber, der Hypothekenbank, so ist die aktuelle Tendenz, dass Kapitalnachfrager und -anleger sich am Kapi-talmarkt begegnen, um Finanztransaktionen unter der Umgehung der Banken als Kreditgeber di-rekt miteinander vorzunehmen. Banken agieren bei dieser Kapitalmarktfinanzierung lediglich als Vermittler zwischen den Parteien. Hiermit schaffen es die Banken trotzdem an der Vergabe von Finanzierung Geld zu verdienen, ohne zu viel wertvolles Eigenkapital einzusetzen, wie es bei der traditionellen Kreditmarktfinanzierung der Fall gewesen wäre.

Immobilienverbriefung bzw. **Real Estate Securitisation** stellt die Umwandlung illiquider Immo-bilienaktiva in handelbare Wertpapiere (Real Estate Asset-Backed Securities) dar. Bei den verbriefbaren Aktiva handelt es sich um alle erdenklichen Immobilienforderungen und physische

Aktiva, die einen konstanten und prognostizierbaren Cash Flow aufweisen. Da jede Immobilie auf Cash Flows basiert, d.h. Mieterlöse und Verkaufserlöse der Immobilie, eignen sich Immobilien-Assets sehr gut für die Securitisation am Kapitalmarkt. Real Estate Securitisation stellt damit eine alternative, innovative und kapitalmarktorientierte Immobilienfinanzierungsform dar (vgl. Rügemer/Siemes, S. 769ff.).

Real Estate Asset-Backed Securities unterscheiden sich von Mortgage-Backed Securities in der Form, dass Mortgage-Backed Securities von Banken originiert werden, wobei RE ABS aus den Unternehmen heraus originiert werden. Bei MBS handelt es sich allerdings um Realkredite, aus denen die Zins- und Tilgungszahlungen vorher originierter Darlehen verbrieft werden, wohingegen der Darlehensnehmer bei Real Estate Securitisations keinen Darlehensvertrag eingeht, sondern sich dadurch finanziert, dass er zukünftige Cash Flows verkauft.

Darüber hinaus macht diese Abgrenzung auch für Investoren Sinn, denn bei RE ABS handelt es sich um originäre Immobilien Cash-Flows, wohingegen MBS nur derivative Immobilien Cash-Flows verbrieft.

Finanzierung durch die Begebung einer Real Estate Asset-Backed Security Anleihe

Eine Immobilien-Verbriefung folgt wie jede andere Securitisation der oben beschriebenen Transaktionsstruktur. Bei RE ABS Anleihe handelt es sich allerdings um ein Wertpapier, dass mit Immobilien Cash Flows unterlegt ist. Hierbei kommt ein bestimmter Ablauf zum Tragen. Dieser Ablauf der Real Estate Asset-Backed Security Emission wird anhand der folgenden Abbildung 143 verdeutlichend dargestellt.

Schritt 1: Die Immobilie gehört dem Kreditnehmer. Er möchte die Immobilie finanzieren oder refinanzieren. Dabei geht er nicht den traditionellen Weg des Realkredits, sondern er möchte die Finanzierung durch eine Kapitalmarkttransaktion einholen. Hierzu zieht er die Mietzahlungen und die Immobilienwerte seiner Immobilien heran.

Schritt 2: Da der Kreditnehmer selber diese Transaktion nicht durchführen kann, ist er auf einen Arrangeur angewiesen, der sowohl die strukturelle, wie auch die operationelle Seite der Transaktion aufsetzt und die Wertpapiere am Kapitalmarkt platziert. Hierfür bekommt er ein Beratungs- bzw. Strukturierungshonorar.

Schritt 3: Der Arrangeur findet Kapitalmarktinvestoren, hauptsächlich institutionelle Investoren und platziert die Real Estate Asset-Backed Securities mit diesen.

Schritt 4: Die Kapitalmarktinvestoren bezahlen dem Originator einen Preis, der sich aus dem Nettobarwert der Mietzahlungen und Immobilienwerten minus Credit Enhancement zusammensetzt.

Schritt 5: Während der Laufzeit der Real Estate ABS bezahlt der Originator den Kapitalmarktinvestoren Zins und Tilgung auf ihre Wertpapiere. Diese Zahlungen werden natürlich vom Treuhänder überwacht und speisen sich aus den Mietzahlungen und möglichen Verkaufserlösen der Immobilie.

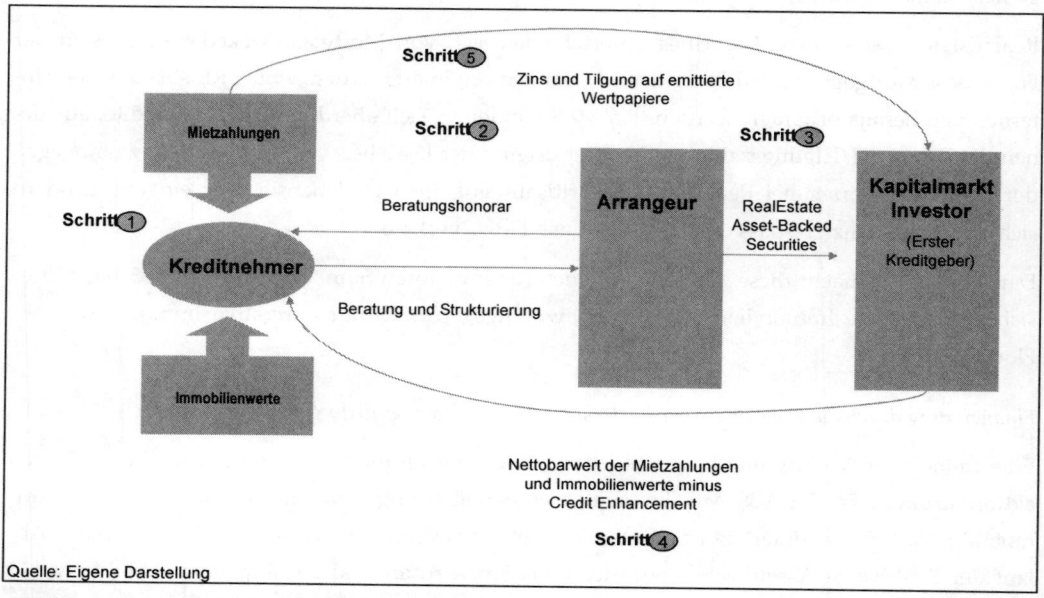

Quelle: Eigene Darstellung

Abbildung 143: Immobilien Asset-Backed Security Emission

Diese Darstellung beschreibt einen idealtypischen Prozess, der die grundlegende Idee der Immobilienverbriefung beschreibt. In der Praxis sind die Transaktionsstrukturen wesentlich komplexer und aufwendiger. Dies liegt hauptsächlich am regulatorischen, rechtlichen, steuerrechtlichen und bilanziellen Umfeld in Deutschland. Waren die Rahmenbedingungen bisher so schlecht, dass sich eine Ausbreitung dieses Finanzierungskonzeptes noch nicht durchsetzen konnte, so ist das Umfeld im Umbruch begriffen. So wird es in Zukunft eine Verbesserung der problematischen Rahmenbedingungen geben und eine starke Ausbreitung der Asset-Securitisation in Deutschland bleibt zu erwarten.

Literaturverzeichnis zu Kapitel 5.3

Achleitner, A.-K.: Handbuch Investment Banking, 2. überarb. und erw. Aufl., Wiesbaden 2000.

Achleitner, A.-K.: Handbuch Investment Banking, 3. Aufl., Wiesbaden 2002.

Ballard, T./Muldavin, S.: Does Mezzanine Real Estate Investing Make Sense Today?, in: Real Estate Finance, 2000, Vol. 17, No. S. 37-46.

Bartelt, N.: Asset-Backed Securities – Ein Produkt für deutsche Banken, in: Jacob, A.-F., Trends in Finance and Banking, Wiesbaden 1999.

Berblinger, J.: Marktakzeptanz des Rating durch Qualität, in: Büschgen, H. E./Everling, O. (Hrsg.): Handbuch Rating, Wiesbaden 1996, S. 21-110.

Böhmer, M.: Die arbitragefreie Bewertung von Asset-Backed Securities und der zugrundeliegenden Finanzaktiva mittels eines zeit- und zustandsdiskreten optionsbasierten Ansatzes, in: Lang, Peter, Europäische Hochschulschriften, Reihe 5 – Volk- und Betriebswirtschaft, Diss., Frankfurt a. M. 1996.

Brown, D.: Investment fund vehicles for pan-European real estate: A technical and commercial review, in: Briefings in Real Estate Finance, Vol. 2, No. 4, 2003, S. 289-301.

Bundesministerium der Finanzen (BMF): BMF-Schreiben vom 23.12.1991 – IV B2 – S2170 – 115/91, in: Der Betrieb, 1992, S. 112-113.

Cieleback, M.: Bausparen und Optionstheorie, in: Schulte, K.-W. (Hrsg.): Schriften zur Immobilienökonomie, Band 18, Köln 2002.

Deutsche Bundesbank: Die neue Baseler Eigenkapitalvereinbarung (Basel II), in: Deutsche Bundesbank Monatsbericht April 2001, S. 15-44.

Doetsch, W.: Die individuell strukturierte Finanzierung – eine Produktinnovation der Westdeutsche ImmobilienBank, in: Chancen und Risikoaspekte des Immobilien-InvestmentBanking, Marktbericht XII, Mainz, Juni 2002, S. 53-61.

Doswald, H.: Auswirkungen von Basel II auf die Immobilienwirtschaft, in: Verband deutscher Hypothekenbanken (Hrsg.): Professionelles Immobilien-Banking, Berlin 2002, S. 65-73.

Falzon, R./Halle, M./McLemore, R.: Private Equity Investment Opportunities in Real Estate, in: The Journal of Private Equity, Spring 2003, S. 68-78.

Feinen, K.: Das Leasinggeschäft, 3. Aufl., Frankfurt am Main 1990.

Gabele, E./Dannenberg, J./Kroll, M.: Immobilienleasing, 4. Aufl., Wiesbaden 2001.

Goll, H. P./Steinhaus, H.-J.: Handbuch der Lebensversicherung, Karlsruhe 1992.

Grill, W./Perczynski, H.: Wirtschaftslehre des Kreditwesens, 37., überarb. Aufl., Stuttgart, 2003.

Grunert, J./Kleff, V./Norden, L./Weber, M.: Mittelstand und Basel II – Der Einfluss der neuen Eigenkapitalvereinbarung für Banken auf die Kalkulation von Kreditzinsen, in: Zeitschrift für Betriebswirtschaft, 72. Jg., Nr. 10/2002b, S. 1045-1064.

Hagen, L.: Der Hypothekarkredit in Basel II, in: Verband deutscher Hypothekenbanken (Hrsg.): Professionelles Immobilien-Banking, Berlin 2002, S. 41-52.

Hardebusch, C.: Projektfinanzierung – Auf Partnersuche, in: Immobilien Manager, 4/2002, S. 10-14.

Hardt, J.: Refinanzierung von Hypothekendarlehen in Europa: Auswirkungen der vorgeschlagenen Kapitaladäquanz, in: Der langfristige Kredit, 52. Jg., Nr. 10, 2001, S. 336-339.

Heemann, M./Brandes, P. O.: Interessenausgleich zwischen Senior- und Mezzanine-Darlehensgeber bei der Immobilienfinanzierung, in: Der Syndikus, 2002, November/Dezember, 28. Ausg., S. 20-25.

Hemmerde, W.: Baufinanzierung und Bausparen bei der Postbank, in: Der langfristige Kredit, 51. Jg., Nr. 4, 2000, S. 115-119.

Herrling, E./Mayländer, R.: Bankdienstleistungen kundenorientiert verkaufen, 2., überarb. und erw. Aufl., Wiesbaden 1994.

Hünlein, M.: High Yield-Immobilienanlageprodukte für institutionelle Anleger – Es fehlen noch Konzepte für deutsche Investoren, in: Handelsblatt, Investor & Geldanlage, Sonntag, Nr. 187, 29. September 2002, S. 45.

Iblher, F.: Internetbasierte Immobilienfinanzierung. Auswirkungen des Electronic Business auf die Finanzierung privater Wohnimmobilien, in: Schulte, K.-W. (Hrsg.): Schriften zur Immobilienökonomie, Band 23, Köln 2003.

Iblher, F./Lucius, D.: Innovative Real Estate Financing in Germany. A Financial Desert?, in: Journal of Property Management, Vol.21, No. 1, March 2003.

Jährig, A./Schuck, H.: Handbuch des Kreditgeschäfts, Wiesbaden 1982.

Jenkis, H.: Grundlagen der Wohnungsbaufinanzierung, München/Wien 1995.

Jokl, S.: Wohnungsfinanzierung, in: Büschgen, H. E./Kopper, H. (Hrsg.): Taschenbücher für Geld, Bank und Börse, Band 48, 3., völlig neu erarb. Aufl., Frankfurt/Main 1998.

König, R.: Die optimale Baufinanzierung, 2. Aufl., Freuburg u.a. 1999.

Köpfler, T.: Die Wohnungsbaufinanzierung, in: Jenkis, Helmut (Hrsg.): Kompendium der Wohnungswirtschaft, 4., erg. Aufl., München 2001, S. 627-647.

Krupp, G.: Tendenzen bei der Immobilienfinanzierung, in: Engels, W. (Hrsg.): Immobilienanlage und Immobilienfinanzierung, Frankfurt/Main 1993.

Lohmer, S.: Private-Equity-Investitionen: Projekt stockt – Profit in Gefahr!, in: Immobilien Zeitung, Best Practice Ausland, Nr. 22, 24.10.2002, S. 8.

Maschmeier, R.: Personen- und Kapitalgesellschaften, in: Usinger, Wolfgang: Immobilien – Recht und Steuern, 2. akt. und erw. Aufl., Köln 1999, S. 403-443.

Mettling, S.R./Cortesi, G.R.: Modern Residential Financing Methods: Tools of Trade, 2. Aufl., Chicago 1990.

Meyer-Scharenberg, D. E.: Finanzierung mit Lebensversicherungen. Strategien zur steueroptimalen Gestaltung, 2. Aufl., München 1996.

Möller, K.: Asset-Backed-Securities – ein neues Verbundprodukt?, in: Sparkasse, 114. Jg., Februar 1997, S. 86-89.

Murer, A.: Fondsklassifizierung und Erfolgsfaktoren für Real Estate Private Equity Fonds, Diplomarbeit, Universität Hohenheim, Fakultät V – Wirtschafts- und Sozialwissenschaften, eingereicht am 1. April 2003.

Murray, B.: U.S. Opportunistic Investment in European Real Estate, Master's Thesis in Real Estate Development, Massachusetts Institute of Technology, Massachusetts, September 2001.

Murray, J. C.: Recharacterization Issues in Real Estate Transactions, unter http://www.firstam.com/faf/html/cust/jm-rechar.html, Santa Ana 2000.

Neumann, K.: Mezzanine-Kapital bei Immobilienfinanzierungen – eine Form von Beteiligungskapital, in: IKB Immobilienbrief, 2002, Nr. 3, S. 10-11.

Nevitt, P. K./Fabozzi, F. (2000): Project Financing, 7. ed., London 2000.

Ohl, H.-P.: Asset-Backed Securities: Ein innovatives Instrument zur Finanzierung deutscher Unternehmen, in: Hagenmüller, K. F./Engels, W./Kolbeck, R., Schriftenreihe für Kreditwirtschaft und Finanzierung, Band 17, Wiesbaden 1994.

Opitz, G.: Finanzierung durch geschlossene Immobilienfonds, in: Schulte, K.-W./Achleitner, A.-K./Schäfers, W./Knobloch, B.: Handbuch Immobilien-Banking, Köln 2002, S. 89-117.

O'Reilly, P./Hardt, J.: The Future of the European Mortgage Markets Part II: Mortgage Bonds vs MBS, in: Der langfristige Kredit, 52. Jg., Nr. 4, 2001, S. 122-124.

Paul, S.: Neue Chancen und Risiken für Kreditinstitute durch Asset Backed Securities?, in: Süchting, Joachim (Hrsg.), Schriftenreihe des Instituts für Kredit- und Finanzwirtschaft, Band 20, Bochum 1994.

Pitschke, C.: Die Finanzierung gewerblicher Immobilien-Projektentwicklung unter besonderer Berücksichtigung von Basel II, in: Schulte, K.-W. (Hrsg.): Schriften zur Immobilienökonomie, Band 30, Köln 2004.

Pitschke, C./Kreuter, M.: Mezzanine-Finanzierungen – Win-Win-Situation für Developer und Banken, in: Immobilien Manager, Nr. 7 u. 8/2003, S. 12-14.

Pitschke, C./Breidenbach, M.: Banken in der Orientierungsphase, in: Immobilien Manager, Nr. 11/2003, S. 21-23.

Plesser, J.: Aktuelle Entwicklungen in der gewerblichen Immobilienfinanzierung, in: Immobilien & Finanzierung, 56. Jg., Nr. 19/2003, S. 668-670.

Putzo, H.: Bürgerliches Gesetzbuch, in: Palandt, O. (Hrsg.): Bürgerliches Gesetzbuch, Beck'sche Kurzkommentare, Band 7, 60., neubearb. Aufl., München 2001.

Reeb, H.: Recht der Kreditfinanzierung, München 1994.

Reich, P.: Projektentwicklung – Private Equity: Gläserne Partner gesucht, in: Immobilien Manager, Nr. 10, Oktober 2002, S. 16-18.

Rosar, M.: Asset-Backed Securities – Chancen und Risiken einer derivaten Finanzinnovation, in: Berichte aus der Betriebswirtschaft, Diss., Aachen 2000.

Rose, J. et al.: The Expanding Universe of Securitisation, in: Standard & Poor's Structured Finance, 20.11.2000, S. 1-14.

Rottke, N.: Alternative Finanzierungsform – Real Estate Private Equity soll Unternehmen in der Immobilienbranche helfen, knapper werdendes Eigenkapital zu ersetzen, in: Immobilien Wirtschaft und Recht, Nr. 9, Sept. 2003, S. 32-34.

Rottke, N.: Investitionen mit Real Estate Private Equity, in: Schulte, K.-W. (Hrsg.): Schriften zur Immobilienökonomie, Band 29, Köln 2004.

Rottke, N./Holzmann, C.: Discount Deals und (Re)Development – Wertschöpfungsstrategien von Opportunity Funds, in: Immobilien Manager 12/2003, S. 28-30.

Rottke, N./Holzmann, C.: Performance- und Finanzmanagement – Wertschöpfungsstrategien von Opportunity Funds, in: Immobilien Manager 1+2/2004, S. 20-22.

Röver, J.-H.: Projektfinanzierung, in: Siebel, U. R. (Hrsg.): Projekte und Projektfinanzierung. Handbuch der Vertragsgestaltung und Risikoabsicherung bei deutschen und internationalen Projekten, München 2001.

Rudnitsky, H.: Halfway House, in: Institutional Investor, 2000, Vol. 34, No. 8, S. 142.

Rügemer, R./ Siemes, M.: Property Securitisation – eine Kapitalmarktfinanzierung für Immobilien, in: Schulte, K.-W./Achleitner A.-K./Schäfers, W./Knobloch, B. (Hrsg.): Handbuch Immobilien-Banking, Köln 2002, S. 757-788.

Schöpe, B.: Immobilienfinanzierung, zugl. Diss. Fernuniv. Hagen 1999, Lohmar, Köln, 2000.

Schulte, K.-W.: Basel II - Zur Sache, in: Frankfurter Allgemeine Zeitung, Nr. 136, 15.06.2001, S. 53.

Schulte, K.-W./Achleitner A.-K./Schäfers, W./Knobloch, B. (Hrsg.): Handbuch Immobilien-Banking, Köln 2002.

Shenkel, W. M.: Real Estate Finance and Analysis, Homewood, Illinois 1998.

Spitzkopf, H. A.: Big is beautiful: Größe sichert Zukunft der Hypothekenbanken, in: Der langfristige Kredit, 52. Jg., Nr. 17, 2001, S. 614-616.

Stinner, J.: Immobilienfinanzierung 2002 - Klassischer Kredit reicht nicht, in: Immobilien & Finanzierung, 53. Jg., Nr. 1-2/2002, S. 18-19.

Tytko, D.: Grundlagen der Projektfinanzierung, Stuttgart 1999.

Vaaßen, N.: Gewerbliches Immobilienleasing – eine quantitative und qualitative Analyse aus Sicht des Leasingnehmerns, in: Schulte, K.-W. (Hrsg.): Schriften zur Immobilienökonomie, Band 10, Köln 1999.

Verband deutscher Hypothekenbanken (Hrsg.): Struktur und Entwicklung der Eigenheim- und Gewerbefinanzierung der deutschen Hypothekenbanken, Frankfurt/Main 2000.

Verband Deutscher Hypothekenbanken: Jahresbericht 2003, Kreditgeschäft der Hypothekenbanken, http://www.hypverband.de.

Weber, M.: Bankenmarkt Deutschland: I. Der Strukturwandel, in: Die Bank, Nr. 6/2002a, S. 398-404.

Weber, M.: Die deutschen Banken im europäischen Bankenmarkt, in: Die Bank, Nr. 8/2002b, S. 514-519.

Westphalen, F. von: Der Leasingvertrag, 4. Aufl., Köln 1992.

Zitelmann, R.: Immobilien-Anleger entdecken das Risiko, in: 06/03 news – Sonderausg., Immobilien News der Woche, 10.02.2003, S. 1-13.

5.4   Immobilieninvestition

Stephan Bone-Winkel, Karl-Werner Schulte, Ramon Sotelo,
Georg J. Allendorf, Sven-Eric Ropeter-Ahlers

5.4 Immobilieninvestition

Stephan Bone-Winkel, Karl-Werner Schulte, Ramon Sotelo,
Georg J. Allendorf, Sven-Eric Ropeter-Ahlers

5.4.1 Einführung
Karl-Werner Schulte

Immobilien konkurrieren mit Aktien, festverzinslichen Wertpapieren und Kapital-Lebensversicherungen um die Gunst privater Anleger. Diese treffen ihre Entscheidungen im Wesentlichen nach den Kriterien Rentabilität, Sicherheit und Fungibilität. Der Gesichtspunkt der Steuerersparnis, der eigentlich als Element der Rentabilität anzusehen ist, gewinnt dabei recht oft – vor allem am Jahresende – die Bedeutung eines dominanten Zieles. Trotz der häufig als investitionshemmend angesehenen Mietgesetzgebung und -rechtsprechung (vgl. Eßmann/Michels) legen vor allem private Investoren große Teile ihres Vermögens in Mietwohnungen an, wobei zwischen freifinanziertem und sozialem Wohnungsbau zu unterscheiden ist. Ob sich solche Investitionen „rechnen", darüber gehen die Meinungen auseinander. Voraussetzung zur Beantwortung dieser Fragestellung ist im Einzelfall die Durchführung einer Investitionsrechnung.

Auch bei institutionellen Immobilieninvestoren, z.B. Versicherungsunternehmen, besteht grundsätzlich die Alternative, das vorhandene Eigenkapital am Kapitalmarkt anzulegen; eine Ausnahme bilden lediglich die offenen Immobilienfonds, die nach dem Gesetz zur Modernisierung des Investmentwesens und zur Besteuerung von Investmentvermögen (Investmentmodernisierungsgesetz) mindestens 51% des Grundstücks-Sondervermögens in Immobilien anlegen müssen. Aber auch und gerade bei institutionellen Anlegern dürfen Entscheidungen über Immobilieninvestitionen nicht „aus dem Bauch" getroffen werden, da den Entscheidungsträgern eine besondere Verantwortung für die Gesamtperformance zukommt.

Der vorliegende Beitrag beschreibt im ersten Teil die Beurteilung direkter Immobilienanlagen anhand einer Investitionsrechnung. Hier wird zunächst auf die Anforderungen und auf die Gewinnung von Informationen eingegangen, auf denen Investitionskalküle basieren. Danach werden die existierenden Methoden der Investitionsrechnung kurz dargestellt. Abschließend wird das Konzept vollständiger Finanzpläne auf die Vorteilhaftigkeitsanalyse von Wohn- und Gewerbeimmobilien angewandt.

Im zweiten Teil werden indirekte Immobilienanlagen vorgestellt. Ferner wird der Zusammenhang zwischen Anlegerpräferenzen und Immobilieneigenschaften einerseits und den Immobilienanlageformen andererseits untersucht.

5.4.2 Beurteilung direkter Immobilienanlagen

Karl-Werner Schulte, Georg J. Allendorf, Sven-Eric Ropeter-Ahlers

5.4.2.1 Anforderungskatalog für Investitionsrechnungen

5.4.2.1.1 Allgemeine Anforderungen

Die Hauptaufgabe der Investitionsrechnung besteht darin, langfristige Kapitaldispositionen rechnerisch zu fundieren. Zwei Fragestellungen stehen im Vordergrund:

- Lohnt sich die geplante Investition? Dies ist die Frage nach der absoluten Vorteilhaftigkeit einer Investition, d.h. ob es aus rein wirtschaftlichen Überlegungen sinnvoll ist, die Investition zu tätigen oder diese zu unterlassen.

- Ist die betrachtete Investition besser als andere, alternativ mögliche Investitionen? Dies ist die Frage nach der relativen Vorteilhaftigkeit einer Investition gegenüber den Alternativen, d.h. ob es sinnvoll ist, die Mittel für Vorhaben A, B oder C einzusetzen.

Als Anforderung an die Investitionsrechnung folgt hieraus, dass sie sowohl eine Aussage über die absolute Vorteilhaftigkeit eines Investitionsvorhabens liefern als auch einen Vergleich mit alternativen Investitionen (relative Vorteilhaftigkeit) ermöglichen muss.

Um die (absolute oder relative) Vorteilhaftigkeit einer Investition beurteilen zu können, muss bei jeder Investitionsrechnung zunächst die Gesamtheit des Investitionsvorhabens auf seine monetäre Dimension, d.h. Einnahmen und Ausgaben, reduziert werden.

Obwohl für Investitionsrechnungen nur die genannten finanzwirtschaftlichen Termini benutzt werden sollten, finden im Folgenden auch einschlägige Begriffe aus der Praxis Verwendung, wie etwa Mieterträge und Bewirtschaftungskosten, die der Erfolgsrechnung zuzurechnen sind. Der Verzicht auf begriffliche Exaktheit erhöht jedoch den Anwendungsbezug der Darstellung.

Da jede Investition die langfristige Bindung finanzieller Mittel in einem Investitionsobjekt bedeutet, liegen die resultierenden Mittelrückflüsse und ein eventuell notwendiger zusätzlicher Kapitaleinsatz mehr oder weniger weit in der Zukunft. Dem Investor kann es jedoch nicht gleichgültig sein, ob er beispielsweise 100.000 Euro in einem Jahr oder erst in 10 Jahren erhält oder zahlt. Die hierin zum Ausdruck kommende Zeitpräferenz, frühere Einnahmen späteren Einnahmen und spätere Ausgaben früheren Ausgaben vorzuziehen, begründet die Anforderung an eine Investitionsrechnung, dem Zeitbezug einer Zahlung in geeigneter Form Rechnung zu tragen.

Um für den Anwender eine geeignete Entscheidungsgrundlage bieten zu können, muss die Investitionsrechnung einerseits alle für die Vorteilhaftigkeitsanalyse relevanten Informationen und Rahmenbedingungen (z.B. Finanzierung und Besteuerung) exakt abbilden, so weit es die Prognoseunsicherheiten erlauben. Andererseits sollte die Investitionsrechnung die eingehenden Daten, den Rechenweg und die Prämissen übersichtlich und nachvollziehbar darstellen. Diese Anforderungen erfüllen nicht alle Methoden der Investitionsrechnung in gleicher Weise.

5.4.2.1.2 Spezielle Anforderungen für Immobilien

Investitionsrechnungen für Immobilien sollten von ihrer Konzeption her generell so angelegt sein, dass sich Immobilien mit anderen Kapitalanlagen rechnerisch vergleichen lassen (vgl. Schulte 1995). Spezielle Anforderungen leiten sich aus den Besonderheiten des Wirtschaftsgutes Immobilie ab.

- Immobilien zeichnen sich im Vergleich zu maschinellen Anlagen i.d.R. durch eine äußerst lange Lebensdauer aus; die wirtschaftliche Nutzungsdauer liegt bei einigen Immobilienarten dagegen weit darunter.

- Der Wert einer Immobilie setzt sich aus dem Wert des bebauten Grund und Bodens und dem Wert der aufstehenden Bauten zusammen. Während bei Maschinen am Ende ihrer Nutzungsdauer nur noch ein Restverkaufserlös zu erzielen ist, verläuft die Wertentwicklung bei Immobilien grundsätzlich anders. Zumindest für Grund und Boden konnten für einen langen Zeitraum mehr oder weniger kontinuierliche Wertsteigerungen beobachtet werden. Darüber hinaus kann sich auch für die Bausubstanz ein Wertzuwachs ergeben. Viele Immobilieninvestitionen sind daher in der Praxis auch durch die vom Investor angenommenen Wertsteigerungspotenziale motiviert.

- Der Besteuerung und hier insbesondere den Steuervorteilen kommt bei Immobilieninvestitionen eine höhere Bedeutung zu, als bei anderen Investitionsobjekten.

Aufgrund der langen Kapitalbindungsdauer, des großen Gewichtes des Veräußerungserlöses und der Bedeutung der steuerlichen Einflüsse sollte der Planungszeitraum für Immobilien-Investitionsrechnungen ausreichend lang angesetzt werden. Trotz der damit einhergehenden Prognoseunsicherheit muss versucht werden, die mit der Immobilieninvestition verbundenen Zahlungen differenziert und periodenspezifisch zu prognostizieren.

5.4.2.2 Datenkranz für immobilienbezogene Investitionsrechnungen

Bei der monetären Dimension einer Immobilieninvestition ist zwischen direkten, d.h. unmittelbar durch die Investition verursachten Zahlungen, und indirekten Zahlungen, die sich als Folgewirkung ergeben, zu unterscheiden (vgl. Abbildung 144). Grundsätzlich wird in den nachfolgenden Darstellungen aus Vereinfachungsgründen unterstellt, dass Zahlungen jeweils am Ende eines Jahres anfallen.

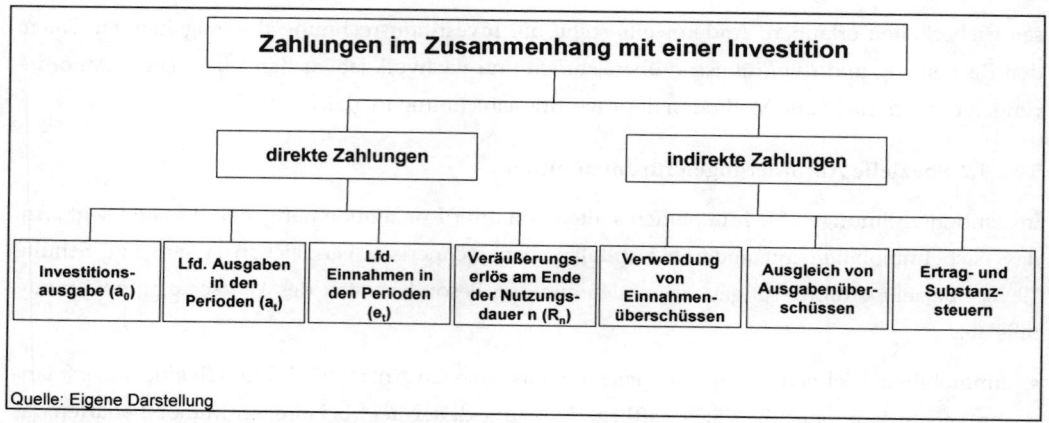

Quelle: Eigene Darstellung

Abbildung 144: Zahlungen im Zusammenhang mit einer Investition

5.4.2.2.1 Direkte Zahlungen

Für die konkrete Berücksichtigung in der Investitionsrechnung lassen sich die folgenden direkten Zahlungen identifizieren:

Die Investitionsausgabe (a_0)

Das Symbol a_0 repräsentiert die Investitionsausgabe, die entsprechend dem Index 0 dem Investitionszeitpunkt zuzuordnen ist.

Für die Ermittlung der Investitionsausgabe bei Immobilien ist danach zu differenzieren, ob der Investor das Objekt kauft oder selbst erstellt. Daraus ergibt sich die Unterscheidung in Anschaffungsausgaben und Herstellungsausgaben. Diese können durchaus von den **Anschaffungs- oder Herstellungskosten** abweichen, die sich nach steuerlichen Regelungen bestimmen und die Basis der abzugsfähigen Abschreibungen bilden. In diesem Zusammenhang kommt der Aufteilung der Anschaffungsausgaben in den Teil, der auf Grund und Boden und den Teil, der auf das Gebäude entfällt, große Bedeutung zu.

Zu der Investitionsausgabe gehört im Einzelnen:

- Kaufpreis,

- Grunderwerbsteuer,

- für die Besichtigung anfallende Ausgaben (An- und Rückreise, Verpflegung, etc.),

- Maklerprovision,

- Notar- und Grundbuchgebühren,

- Ausgaben für die Beschaffung und Bearbeitung der Finanzierung,

- Zinsen für Vor- und Zwischenfinanzierungen.

Zum Zeitpunkt der Durchführung der Investitionsrechnung für eine Immobilie dürfte der Kaufpreis zumindest mit hinreichender Genauigkeit feststehen. Die zusätzlich anfallenden Ausgaben lassen sich in Form eines prozentualen Aufschlags auf den Kaufpreis berücksichtigen. Neben der 3,5%-igen Grunderwerbsteuer werden i.d.R. 1-7% für Maklerprovision (in Abhängigkeit von der Nutzungsart und Größe des Objektes) und 1-2% für Notariatsgebühren angesetzt (vgl. Klug, S. 35f.).

Wird ein Bauvorhaben selbständig durchgeführt, fallen Herstellungsausgaben an. Infolge des vergleichsweise langen Erstellungszeitraums von Immobilien ergibt sich für den Bauherrn bei der Ermittlung der Baukosten und der hierdurch ggf. anfallenden Zwischenfinanzierungskosten ein entsprechender Prognosebedarf.

Zur Ermittlung der Baukosten stehen dem Investor verschiedene Möglichkeiten zur Verfügung. Beispielsweise kann eine erste Schätzung auf der Basis durchschnittlicher Kalkulationswerte pro Maßeinheit erfolgen. Als Maßeinheiten können dabei Kubikmeter Bruttorauminhalt, Quadratmeter Bruttogrundfläche oder Quadratmeter Nutzfläche dienen (vgl. Kalusche, S. 123). Dieses vereinfachte Verfahren wird vielfach bei einer ersten überschlägigen Kostenermittlung angewandt.

Darüber hinaus kann die Kostenermittlung mit Hilfe von Kostenrichtwerten für die verschiedenen geplanten Gewerke erfolgen. Dies ist das in der Praxis übliche Verfahren zur genaueren Schätzung der Baukosten.

Ein noch differenzierteres Verfahren stellt die Kostenermittlung mit Hilfe von Kostenrichtwerten für die einzelnen Bauelemente dar (vgl. Nixdorf, S. 57f.). Die in diesem Zusammenhang verwandten Kostenrichtwerte orientieren sich dabei an Erfahrungswerten. Informationen über Richtwerte können aus Checklisten, Datenbanken oder sonstigen Statistiken beschafft werden (vgl. Schulte/Ropeter, S. 196). Bei Verwendung älterer Richtwerte sollten diese durch eine entsprechende Indizierung an das aktuelle Baukostenniveau angepasst werden.

Die während der Bauzeit anfallenden Zinsen für Vor- und Zwischenfinanzierungen sind in die Investitionsausgabe einzubeziehen (vgl. Platz, S. 59). Ihre Ermittlung sollte sich am zeitlichen Verlauf der Inanspruchnahme der Finanzierungsmittel orientieren. In der Praxis geht man bei der Berechnung der Bauzeitzinsen allerdings häufig von einer durchschnittlichen Inanspruchnahme von 50% des gesamten Finanzierungsvolumens aus. Diese Vorgehensweise basiert auf der Annahme eines linearen Kostenverlaufes. Realitätsnähere Ergebnisse lassen sich gewinnen, wenn bei der Ermittlung der Bauzeitzinsen ein idealtypischer Kostenverlauf und ein dementsprechender Finanzierungsbedarf unterstellt wird.

Insgesamt spielt bei der Investition in eine Immobilie natürlich auch deren Finanzierung eine wichtige Rolle. Die Kapitalkosten der Fremdfinanzierung umfassen hierbei die für Kredite zu entrichtenden Sollzinsen sowie die Versicherungsbeiträge, falls eine Kapitallebensversicherung in die Finanzierung einer Immobilie „eingebaut" wird. Ein Problem liegt jedoch darin, dass der Planungszeitraum, auf dem die Investitionsrechnung basiert, i.d.R. über die Zinsbindungsfrist eines Kredites hinausreicht. In diesem Fall ist eine Prognose über den Zinssatz der Anschlussfinanzierung notwendig; hier könnte man sich an dem durchschnittlichen Effektivzinssatz für Hypothekendarlehen der letzten 10 Jahre orientieren oder unterstellen, dass eine Prolongation zum bisherigen Effektivzinssatz möglich ist (vgl. Geier/Krass, S. 172).

Im Falle der (teilweisen) Eigenfinanzierung werden die Kapitalkosten durch die Habenzinsen gebildet, die der Investor bei einer langfristigen Alternativanlage, z.B. in einer Bundesanleihe, erhalten könnte und die ihm infolge der Immobilieninvestition entgehen. Die entsprechenden Informationen über die Opportunitätskosten lassen sich der Wirtschaftspresse entnehmen oder durch eine Bankauskunft gewinnen. Reicht der Planungszeitraum für die Immobilieninvestition über die Laufzeit der alternativ möglichen Kapitalanlage hinaus, so ist eine Annahme über die Anschluss-Finanzanlage notwendig. Hier könnte beispielsweise die durchschnittliche Rendite der letzten 10 Jahre von Bundesanleihen oder von einjährigen Festgeldanlagen angesetzt werden.

Das höhere Risiko der Immobilieninvestition gegenüber einer quasi-sicheren Bundesanleihe sollte nicht durch einen Zuschlag auf die Kapitalkosten, sondern im Wege von Sensitivitätsanalysen berücksichtigt werden (vgl. Schulte 1986, S. 171f.).

Die Kapitalkosten werden bei den klassischen Verfahren der Investitionsrechnung implizit im Kalkulationszinsfuß erfasst, während sie bei den vollständigen Finanzplänen explizit in die Rechnung eingehen.

Die laufenden Einnahmen (e_t)

Das Symbol e_t repräsentiert die laufenden Einnahmen der einzelnen Jahre t des Planungszeitraumes.

Zu den laufenden Einnahmen gehören bei Immobilien die monatliche Grundmiete, der Nebenkostenanteil sowie sonstige Erlöse aus der Vermietung von Park-, Stell-, Werbe- und sonstigen Flächen. Gewerbliche Mietverhältnisse und Wohnraum-Mietverhältnisse unterliegen zwar generell denselben Bestimmungen des BGB, jedoch gelten für die Wohnraummiete zusätzliche Regelungen.

Im Gegensatz zu anderen Märkten kann sich die Miete als Preis für die Wohnungsnutzung auf dem Wohnungsmarkt nicht im freien Zusammenspiel von Angebot und Nachfrage bilden, sondern nur in einem engen durch den Gesetzgeber gesteckten Rahmen (vgl. Flehinghaus, S. 842ff.).

Im Einzelnen darf bei neu abgeschlossenen Mietverträgen die vereinbarte Miete nicht mehr als maximal 20% über der ortsüblichen Vergleichsmiete liegen (§ 5 Abs. 2 WiStG). Höhere Mieten gelten als Mietwucher und können strafrechtlich verfolgt werden (§ 302 Abs. 1 StGB). Nach § 2 MHG kann der Vermieter eine Zustimmung zur Mieterhöhung auf die ortsübliche Vergleichsmiete verlangen, wenn der Mietzins – abgesehen von den Erhöhungen nach §§ 3 bis 5 MHG – seit einem Jahr unverändert ist und der Mietzins sich innerhalb eines Zeitraumes von 3 Jahren – von den oben genannten Erhöhungen abgesehen – um nicht mehr als 20% erhöht.

Noch stärker reglementiert sind die Mieten im sozialen Wohnungsbau. In diesem Bereich darf der Vermieter höchstens die von der Förderstelle bewilligte Durchschnittsmiete pro Quadratmeter in Rechnung stellen. Die Bewilligungsmiete kann mit der gemäß II. Berechnungsverordnung (BV) errechneten Kostenmiete übereinstimmen. Hat der Investor allerdings einen Aufwandsverzicht geleistet, so liegt die Bewilligungsmiete unter der Kostenmiete (vgl. Kühne-Büning, S. 266ff.). Abweichend davon gilt das Kostenmietenprinzip bei der Inanspruchnahme von Mitteln im Rahmen der vereinbarten oder einkommensorientierten Förderung nicht. In diesem Falle orientiert sich die höchstzulässige Miete an der ortsüblichen Vergleichsmiete und wird im Zeitablauf dynamisiert (vgl. Schnurr, S. 778).

Bei gewerblichen Mietverhältnissen ist der Mietzins typischerweise ein (monatlicher, quartalsmäßiger, etc.) Festbetrag. Bei der Vermietung von Einzelhandelsflächen wird häufig zusätzlich ein umsatzabhängiger Mietzins vereinbart.

Mietzinsanpassungen sind bei mittel- und langfristigen Mietverträgen üblich. Verwandt werden in diesem Zusammenhang Staffelmietvereinbarungen, Wertsicherungsklauseln (auch Indexklauseln genannt), Leistungsvorbehaltsklauseln und Spannungsklauseln (vgl. Abbildung 145).

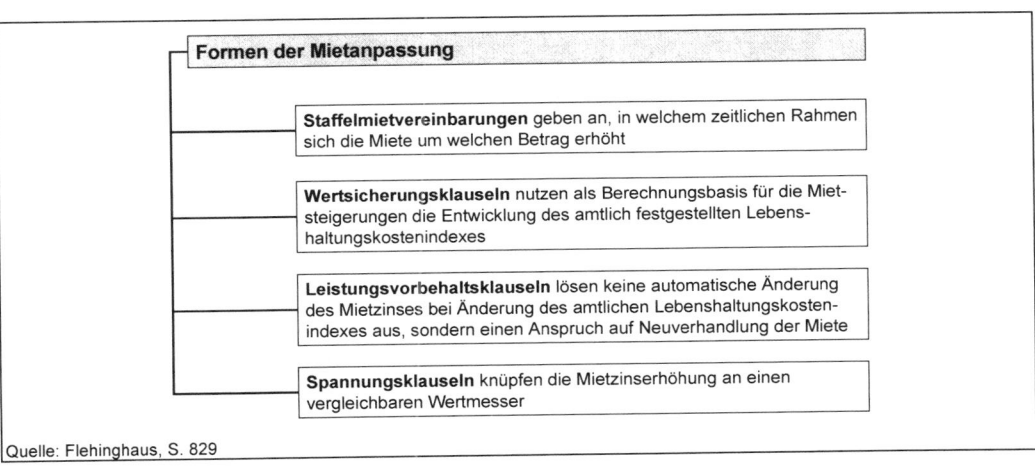

Abbildung 145: Formen der Mietanpassung

Da sich eine Mietprognose bei Wohn- und Gewerbe-Mietverhältnissen als schwierig erweist, kommt zumeist nur eine Extrapolation der in der Vergangenheit beobachteten Mietentwicklung unter Berücksichtigung der Merkmale der betrachteten Immobilie in Betracht. Die Grundlage für solche Analysen bilden dabei insbesondere Regressionsanalysen der verfügbaren historischen Indexdaten des Statistischen Bundesamtes oder anderer Datenlieferanten. Diese bilden den Ausgangspunkt für eine fundierte Extrapolation der zukünftigen Entwicklung und die darauf aufbauende, regelbasierte Prognose der Entwicklung indexierter Mietverträge. Als weitere Informationsquellen eignen sich – neben dem Mietspiegel – die Marktbeobachtungen großer Immobilienmakler und der Maklerverbände RDM und VDM sowie Veröffentlichungen in Fachzeitschriften.

Die voraussichtlichen Mietausfälle aufgrund von Leerständen sollten im Rahmen der Investitionsrechnung nicht pauschal als Mietausfallwagnis in die Kosten einbezogen, sondern direkt von den Mieterträgen abgesetzt werden. Diese Vorgehensweise ist aus Gründen der methodischen Korrektheit vorzuziehen, da es sich beim Mietausfallwagnis um eine kalkulatorische Kostenart handelt, die in der Investitionsrechnung nicht zu berücksichtigen ist.

Die laufenden Ausgaben (a_t)

Das Symbol a_t repräsentiert die laufenden Ausgaben der einzelnen Jahre t des Planungszeitraums. Hier ist zwischen umlagefähigen und nicht-umlagefähigen Bestandteilen zu unterscheiden.

Bei Wohnraummietverhältnissen ist die Umlage der Nebenkosten durch §§ 4 und 10 MHG auf die Betriebskosten i.S.v. § 27 II. BV bzw. der Anlage 3 zur II. BV beschränkt; dagegen hat der Vermieter i.d.R. die Instandhaltungs- und Verwaltungskosten zu tragen (vgl. Flehinghaus, S. 846f.). Bei gewerblichen Mietverhältnissen muss über die umzulegenden Nebenkosten eine besondere Vereinbarung getroffen werden. Üblicherweise trägt der Mieter die Betriebskosten, unter Umständen auch die Verwaltungskosten. Über die einzelnen Komponenten der Nebenkosten sind in einer Investitionsrechnung entsprechende Annahmen zu treffen.

Verwaltungskosten stellen Personal- und Sachkosten dar, die für Fremd- und Eigenleistungen im Rahmen der Gebäude- und Grundstücksverwaltung entstehen (vgl. Möller, S. 136). Die Ermittlung der Verwaltungskosten sollte im Zeitablauf inflationiert werden; als Index kann z.B. die durchschnittliche Steigerungsrate der Lebenshaltungskosten der letzten Jahre dienen (vgl. Kirchner, S. 18).

Die Höhe der Instandhaltungskosten ist primär von der Bauqualität, der Nutzungsintensität und den Wartungsintervallen abhängig. Die Instandhaltungskosten (vgl. Abbildung 146) werden gemäß DIN 31051 in Inspektions-, Wartungs- und Instandsetzungskosten gegliedert (vgl. Kautz, S. 100).

Die periodisch auftretenden Kosten für Inspektion und Wartung sollten analog zur Vorgehensweise bei den Verwaltungskosten aus Erfahrungswerten ermittelt und mit einem geeigneten Index inflationiert werden. Die aperiodisch anfallenden Instandsetzungskosten sind ihrem wahrscheinlichen zeitlichen Anfall entsprechend in die Investitionsrechnung einzubeziehen.

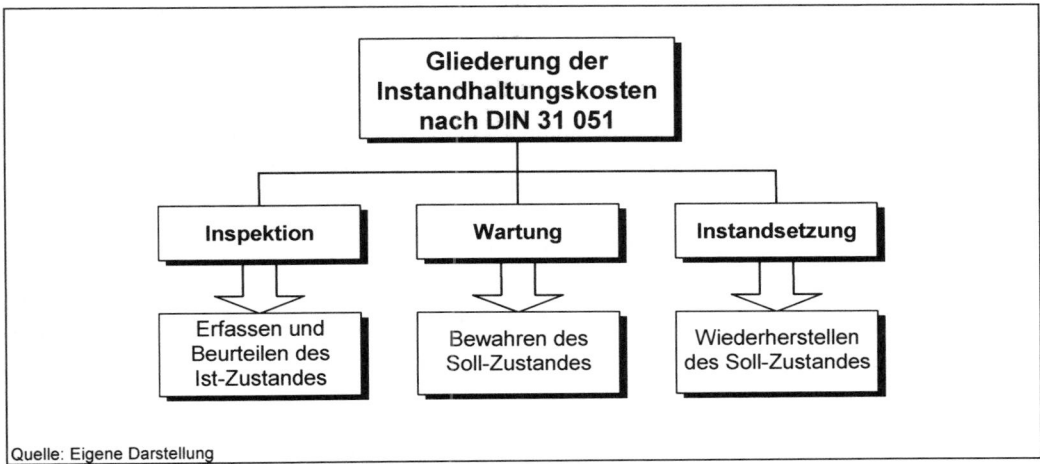

Quelle: Eigene Darstellung

Abbildung 146: Gliederung der Instandhaltungskosten

Die laufenden Einnahmen- bzw. Ausgabenüberschüsse ($\ddot{u}_t$)

Aus der Differenz der laufenden Einnahmen e_t und der laufenden Ausgaben a_t ergibt sich jeweils ein Einnahmen- bzw. Ausgabenüberschuss $\ddot{u}_t$. Zu den Prognoseproblemen bezüglich der beiden Komponenten ist auf die entsprechenden Ausführungen zu verweisen.

Der Veräußerungserlös (R_n)

Beim Verkauf einer Immobilie erzielt der Investor einen Veräußerungserlös, der mit dem Symbol R_n versehen wird. n steht dabei für die geplante wirtschaftliche Nutzungsdauer (= Planungshorizont der Investitionsrechnung), die hier vorgegeben wird, obwohl sie selbst ein ökonomisches Problem darstellt, das sich allgemein mit Hilfe von mathematischen Nutzungsdauer- und Ersatzzeitpunkt-Modellen lösen lässt (vgl. Schulte 1975). Allerdings existiert bislang keine wissenschaftliche Arbeit über dieses Problem mit einem immobilienbezogenen Lösungsansatz.

Der Planungshorizont sollte sich an der Vorstellung des Investors über die Anlagedauer orientieren. Dieser Ansatz wird jedoch zum Problem, wenn ein sehr langer Zeitraum unterstellt wird, da die Prognosegenauigkeit mit wachsender zeitlicher Entfernung abnimmt. Hier empfiehlt es sich, eher einen kürzeren Planungshorizont von 10-20 Jahren zu wählen und den Verkauf der Immobilie zu unterstellen, als Prognosen etwa über 50 Jahre vorzunehmen.

Eine Orientierungshilfe für die Prognose der Wertentwicklung von Immobilien liefert zunächst ein Blick in die Vergangenheit. Bis Mitte der 90er Jahre konnte man von steigenden Grundstückspreisen und häufig auch von Wertsteigerungen der aufstehenden Gebäude ausgehen (vgl. Geier/ Krass, S. 76ff.; Hübl/Möller/Günther, S. 14f.), obwohl die Entwicklung für verschiedene Marktsegmente und Standorte nicht einheitlich verlief (vgl. Altenseuer).

In der Praxis wurde der Veräußerungserlös einer Immobilie oft recht einfach bestimmt, indem die Investitionsausgabe anhand von in der Vergangenheit beobachteten Entwicklungen hochgerechnet wurde (Extrapolation). Dabei kamen vor allem die vom Statistischen Bundesamt veröffentlichten Indizes für Immobilienpreise oder Baulandpreise in Betracht.

Mit der Trendwende im Jahre 1995 sind vergangenheitsbasierte Prognosen weit schwieriger geworden. Der vom Marktforschungsinstitut Bulwien AG ermittelte Immobilienindex für Wohn- und Gewerbeimmobilien wies in dem Jahr erstmals seit seiner Erhebung in 1975 eine negative Entwicklung aus.

Eine weitere Möglichkeit zur Ermittlung des Veräußerungserlöses ist die Bestimmung des Verkehrswertes zum Ende des Planungszeitraums. Das dabei zu verwendende Verfahren ergibt sich aus den Überlegungen zur Bewertung von Immobilien, wie sie in Kapitel 5.2 beschrieben werden.

Wenn bereits die Ermittlung eines aktuellen Verkehrswertes mit Unsicherheit behaftet ist, so gilt dies erst recht für die Bestimmung eines künftigen Verkehrswertes am Planungshorizont. Damit stellt die Ermittlung des Veräußerungserlöses einer Immobilie sicherlich eines der schwierigsten Probleme der Investitionsrechnung dar. Da die Vorteilhaftigkeit einer Immobilieninvestition nicht unerheblich von der Wertentwicklung des Objektes abhängt, sind Prognosen mit besonderer Sorgfalt vorzunehmen, um der Gefahr zu entgehen, dass sich der Investor „reich rechnet".

5.4.2.2.2 Indirekte Zahlungen

Die indirekten Zahlungen im Zusammenhang mit Investitionen sind ebenfalls in einer Investitionsrechnung zu erfassen. Hierbei handelt es sich um die Verwendung von Einnahmenüberschüssen oder den Ausgleich von Ausgabenüberschüssen sowie um die steuerlichen Wirkungen des Investitionsvorhabens.

Annahmen über Einnahmen-/Ausgabenüberschüsse

Bei Einnahmenüberschüssen in einzelnen Jahren des Planungszeitraums stellt sich die Frage, wie diese verwandt werden sollen. Folgende Alternativen kommen in Betracht.

Reinvestition der freien Mittel in:

- Finanzanlagen, z.B. Wertpapiere, Festgeld.

- das betrachtete Objekt, z.B. zur Verbesserung der Substanz.

- andere Immobilienobjekte.

- Kredittilgung zur Verringerung der Zinsbelastung.

Umgekehrt ist eine Annahme darüber nötig, wie ein eventueller Ausgabenüberschuss, z.B. aufgrund einer geplanten Modernisierung, finanziert wird. Der Ausgleich ist grundsätzlich auf zwei Wegen möglich:

- Kreditaufnahme,

- Desinvestition durch Auflösung einer Finanzanlage oder Desinvestition durch Verkauf eines Immobilienobjektes.

Während bei den klassischen Verfahren der Investitionsrechnung das Problem durch implizite Annahmen „gelöst" wird, werden bei vollständigen Finanzplänen explizite Prämissen über die Verwendung von Einnahmen- und Ausgabenüberschüssen getroffen.

Steuern

Da die Besteuerung die (absolute und relative) Vorteilhaftigkeit beeinflusst, müssen Immobilien-Investitionsrechnungen die steuerlichen Auswirkungen berücksichtigen.

Das Steuersystem in Deutschland wird gegenwärtig von etwa 50 Steuerarten gebildet. Eine vermietete Immobilie wird beim Investor von folgenden Steuerarten tangiert (vgl. Werner):

- Körperschaftsteuer/Einkommensteuer, Kirchensteuer und Solidaritätszuschlag,

- Gewerbeertragsteuer,

- Grundsteuer,

- Erbschaft- und Schenkungsteuer,

- Grunderwerbsteuer,

- ggf. Umsatzsteuer.

Die Berücksichtigung von Steuern in Investitionsrechnungen für Immobilien ist aus mehreren Gründen schwierig:

- Um die anfallende Steuerlast zu ermitteln, muss eine Gesamtbetrachtung – mit Ausnahme der Grund- und Grunderwerbsteuer – des Einkommens und des Vermögens erfolgen, zu dem die vermietete Immobilie nur einen Teil beisteuert. Damit sind auch Annahmen über die Entwicklung dieser beiden Komponenten zu treffen, was zu einer weiteren Komplexitätserhöhung führt.

- Die immobilienbezogenen einkommensteuerlichen Regelungen hinsichtlich der Anschaffungskosten, der Herstellungskosten, des anschaffungsnahen Herstellungsaufwands, des Erhaltungsaufwands, der nachträglichen Herstellungskosten und der Abschreibungen, etc. sowie die Vorschriften zur Substanzbesteuerung sind äußerst umfangreich und kompliziert (zur Besteuerung vgl. ausführlich Oho/Schelnberger, S. 1299ff.).

- Die Prognose der Steuerlast wird durch die Unvorhersehbarkeit von Änderungen im Rahmen der Steuergesetzgebung und -rechtsprechung erschwert.

Aus den obigen Ausführungen folgt zunächst, dass sich für die gegenwärtigen steuerlichen Rahmenbedingungen ein zwar theoretisch genaues Entscheidungsmodell entwickeln lässt (vgl. dazu ausführlich Ropeter, S. 245ff.), aber die Ermittlung der darin eingehenden steuerrelevanten Daten schwierig und unsicher ist. Aber selbst wenn es möglich wäre, die notwendigen Informationen verlässlich zu beschaffen, würde sich ein praktisches Dilemma ergeben: das Modell wäre so komplex, dass es der „normale" Investor oder Leser nicht mehr verstehen würde. Dieser Widerspruch zwischen Exaktheit, Datenunsicherheit und Verständlichkeit kann nur dadurch aufgelöst werden, dass vereinfachende Annahmen über die steuerliche Sphäre des Investors getroffen werden.

5.4.2.3   Methoden der Investitionsrechnung

5.4.2.3.1 Typologisierung

Die in der allgemeinen Investitionstheorie entwickelten Ansätze lassen sich – wie in Abbildung 147 dargestellt – in einem ersten Schritt nach klassischen und modernen Methoden unterscheiden. Die „klassischen" Methoden verdanken ihre Bezeichnung der Tatsache, dass sie bereits in den 20er und 30er Jahren entstanden sind, wobei innerhalb dieser Gruppe wiederum zwischen statischen und dynamischen Methoden zu differenzieren ist. Die „modernen" Verfahren wurden erstmals 1975 umfassend dargestellt (vgl. Schulte 1975) und danach ständig weiterentwickelt (vgl. Schulte 1986; Grob; Kruschwitz).

Im Folgenden werden die wichtigsten Methoden allgemein und beispielhaft erläutert. Aus Platzgründen wird im Rahmen der Darstellung jedoch nur die Bestimmung der absoluten Vorteilhaftigkeit behandelt.

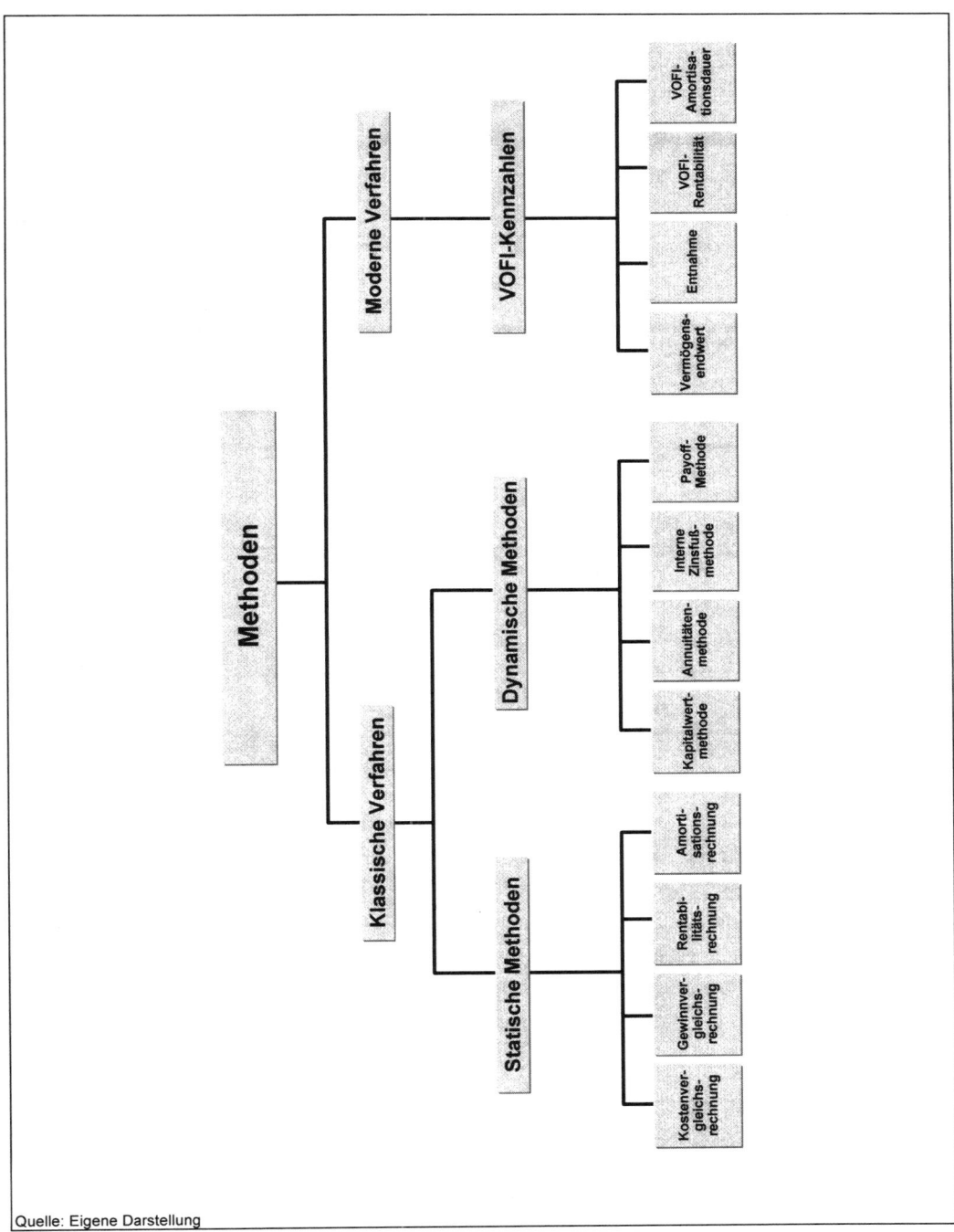

Quelle: Eigene Darstellung

Abbildung 147: Typologisierung der Methoden der Investitionsrechnung

5.4.2.3.2 Klassische Methoden

5.4.2.3.2.1 Unterschiede zwischen statischen und dynamischen Methoden

Die Unterschiede zwischen den statischen und dynamischen Methoden gehen aus der Abbildung 148 hervor.

Methoden / Merkmale	statisch	dynamisch
Zeitliche Unterschiede im Auftreten von Rechengrößen	Vernachlässigung (einfache/keine Zinsrechnung)	exakte Berücksichtigung (Zinseszinsrechnung)
Umfang der Prognosen	Durchschnittsgrößen	Periodenspezifische Größen
Rechenelemente	Erlöse und Kosten	Ein- und Auszahlungen bzw. Einnahmen und Ausgaben

Quelle: Eigene Darstellung

Abbildung 148: Unterschiede zwischen statischen und dynamischen Methoden

Eine im Immobilienbereich auch heute noch häufig angewandte statische Methode ist die „Anfangsrendite" oder „statische Anfangsrendite". Bei dieser Methode wird einfach die Jahresnettomiete zu der Investitionssumme ins Verhältnis gesetzt. Hierbei wird unterstellt, dass es während der Laufzeit der Investition weder zu Mietsteigerungen, noch zu einer Wertveränderung im Objekt kommt. Diese Effekte spielen gerade bei langen Investitionsdauern jedoch eine nicht unerhebliche Rolle, was konsequenterweise zu der allgemeinen Forderung nach Berücksichtigung der Zahlungszeitpunkte führt, die von den statischen Methoden jedoch nicht erfüllt werden kann. Folglich sind aus der Kritik an den statischen Ansätzen heraus die so genannten dynamischen Methoden entwickelt worden, die eine exaktere Abbildung der realen Sachverhalte ermöglichen.

5.4.2.3.2.2 Grundkonzept der dynamischen Methoden

Zu den dynamischen Methoden der Investitionsrechnung zählen:

- die Kapitalwertmethode,

- die Annuitätenmethode,

- die Interne Zinsfußmethode,

- die Payoff-Methode.

Allen diesen Verfahren ist gemeinsam, dass die mit einer Investition verbundenen direkten Zahlungen auf einen gemeinsamen Bezugspunkt (i.d.R. den Investitionszeitpunkt) diskontiert werden, um dem unterschiedlichen Zeitbezug von Zahlungen Rechnung zu tragen. Je weiter eine Einnahme oder Ausgabe in der Zukunft liegt, umso kleiner ist ihr Barwert.

Die zweite Bestimmungsgröße ist der zur Abzinsung verwandte Zinssatz, der so genannte Kalkulationszinsfuß. Je höher (niedriger) der Kalkulationszinsfuß, desto niedriger (höher) ist der Barwert einer künftigen Zahlung.

Damit kommt bei Anwendung der „klassischen Methoden" der Investitionsrechnung dem Ansatz des „richtigen" Kalkulationszinsfußes (KZF) besondere Bedeutung zu.

Hier ist wie folgt zu differenzieren:

- Für den Fall einer **vollständigen Eigenfinanzierung** der Investition:

  In diesem Fall muss der KZF die durch den Verzicht auf eine Alternativanlage entgangene Verzinsung widerspiegeln. Er ist daher definiert als Zinssatz einer risikofreien Kapitalanlage.

  $KZF = i^H$

- Für den Fall einer **vollständigen Fremdfinanzierung** der Investition:

  In diesem Fall ist es Aufgabe des KZF, die durch die Kreditfinanzierung entstandene Zinsbelastung abzubilden. Er ist folglich definiert als Zinssatz des aufgenommenen Kredits.

  $KZF = i^S$

- Für den Fall einer **Mischfinanzierung aus Eigen- und Fremdmitteln** hat der KZF eine Doppelfunktion. Er muss einerseits die von den Eigenkapitalgebern geforderte Verzinsung (= Verzinsung der entgangenen Alternativanlage) und andererseits die durch die anteilige Fremdfinanzierung verursachte Zinsbelastung widerspiegeln. Für die Ermittlung bietet sich daher die Bestimmung des gewogenen Mittelwerts an:

$$KZF = \frac{i^H \cdot EK + i^S \cdot FK}{EK + FK}$$

mit:

EK = Eigenkapitalanteil

FK = Fremdkapitalanteil

Im Folgenden werden nur die beiden wichtigsten klassischen Methoden der Investitionsrechnung, die Kapitalwert-Methode sowie die Interne Zinsfuß-Methode, behandelt.

5.4.2.3.2.3 Kapitalwert-Methode

Der Kapitalwert einer Investition ist die Differenz zwischen dem Barwert sämtlicher Rückflüsse (Einnahmenüberschüsse $ü_t$, Veräußerungserlös R_n) aus einer Investition und der Investitionsausgabe (a_0). Seine Berechnung erfolgt, indem sämtliche zukünftigen Einnahmen und Ausgaben zunächst für die jeweilige Periode saldiert und dann mit dem gewählten Kalkulationszinsfuß auf den Investitionszeitpunkt abgezinst werden. Von der Summe dieser diskontierten Zahlungen ist dann die Investitionsausgabe zu subtrahieren. Mathematisch ausgedrückt stellt sich diese Vorgehensweise wie folgt dar:

$$C_0 = \sum_{t=1}^{n} (e_t - a_t) \cdot (1+i)^{-t} + R_n \cdot (1+i)^{-n} - a_0$$
$$\text{oder mit } (e_t - a_t) = ü_t$$
$$C_0 = \sum_{t=1}^{n} (ü_t) \cdot (1+i)^{-t} + R_n \cdot (1+i)^{-n} - a_0$$

Dabei haben die verwandten Symbole folgende Bedeutung:

C_0 = Kapitalwert

e_t = laufende Einnahmen

a_t = laufende Ausgaben

i = Kalkulationszinsfuß

t = Zeitindex

R_n = Veräußerungserlös am Ende der Nutzungsdauer

n = Nutzungsdauer

a_0 = Investitionsausgabe

$ü_t$ = laufender Überschuss der einzelnen Investitionsjahre t

Eine Immobilieninvestition ist vorteilhaft (unvorteilhaft), wenn ihr Kapitalwert positiv (negativ) ist. Bei $C_0 = 0$ liegt Entscheidungsindifferenz vor. Von mehreren alternativen Immobilieninvestitionen ist jene mit dem höchsten Kapitalwert vorzuziehen.

Die Vorgehensweise zur Ermittlung des Kapitalwertes soll im Folgenden anhand einer stark simplifizierten Immobilieninvestition dargestellt werden.

Standardbeispiel

Betrachtet wird der Erwerb einer Immobilie in t_0 für 10.000 GE. In den folgenden 5 Perioden erwirtschaftet die Immobilie einen jährlichen Einnahmenüberschuss in Höhe von 540 GE pro Periode. In t_5 wird ein Verkauf zu 10.000 GE unterstellt. Zur Finanzierung der Investition stehen 8.000 GE an Eigenkapital zur Verfügung, sodass eine Kreditaufnahme ebenfalls in Höhe von 2.000 GE notwendig ist. Der Sollzinsfuß für den Kredit beträgt 7,5 % p.a., der Habenzinssatz für eine alternative Finanzanlage beläuft sich auf 5 % p.a. Damit folgt für das Standardbeispiel:

a_0 = 10.000

$\ddot{u}_t$ = 540

R_n = 10.000

i^H = 5%

i^S = 7,5%

i = $\dfrac{0,05 \cdot 0,8 + 0,075 \cdot 0,2}{0,2 + 0,8} = 0,055 = 5,5\%$

n = 5 Jahre

$$C_0 = \sum_{t=1}^{n} \ddot{u}_t \cdot (1+i)^{-t} + R_n \cdot (1+i)^{-n} - a_0$$

$$C_0 = 540 \cdot (1+0,055)^{-1} + 540 \cdot (1+0,055)^{-2} + 540 \cdot (1+0,055)^{-3}$$
$$+ 540 \cdot (1+0,055)^{-4} + 540 \cdot (1+0,055)^{-5} + 10.000 \cdot (1+0,055)^{-5} - 10.000$$

oder unter Verwendung des Rentenbarwertfaktors

$$C_0 = 540 \cdot \frac{(1+0,055)^{-5} - 1}{0,055 \cdot (1+0,055)^{-5}} + 10.000 \cdot (1+0,055)^{-5} - 10.000$$

$$C_0 = -43$$

Da der Kapitalwert bei einem Kalkulationszinsfuß von 5,5 % negativ ist, empfiehlt es sich, die Immobilieninvestition zu unterlassen.

Das Ergebnis einer solchen Berechnung (der Kapitalwert einer Investition) ist dementsprechend immer eine absolute Zahl. Diese drückt das „Mehr" bzw. „Weniger" des betrachteten Investitionsvorhabens gegenüber der – implizit durch den Kalkulationszinsfuß erfassten – Finanzanlage und/oder Kreditaufnahme aus.

Implizit steckt in der Kapitalwertmethode die Annahme, dass Einnahmenüberschüsse (Ausgabenüberschüsse) zum Kalkulationszinsfuß angelegt (ausgeglichen) werden können. Im vorliegenden Beispiel liegt der Kalkulationszinsfuß als Mischzinssatz zwischen dem Soll- und dem Habenzinssatz. Damit wird für die Wiederanlage der Einnahmenüberschüsse ein zu hoher Zinssatz bzw. für evtl. erforderliche Refinanzierungen ein zu geringer Zinssatz angenommen.

5.4.2.3.2.4 Interne Zinsfuß-Methode

Der interne Zinsfuß einer Investition ist als derjenige Zinssatz definiert, bei dem der Kapitalwert einer Investition den Wert Null annimmt; er gibt die Verzinsung des zu jedem Zeitpunkt gebundenen Kapitals an.

Um die „interne" Verzinsung der Investition zu ermitteln, wird in der oben bereits erläuterten Kapitalwert-Formel lediglich i (Kalkulationszinsfuß) durch r (gesuchter Zinssatz) ersetzt, die Formel gleich Null gesetzt

$$C_0 = 0 = \sum_{t=1}^{n} (\ddot{u}_t) \cdot (1+r)^{-t} + R_n \cdot (1+r)^{-n} - a_0$$

und anschließend nach der gesuchten Größe r aufgelöst.

Eine Immobilieninvestition ist vorteilhaft (unvorteilhaft), wenn ihr interner Zinsfuß den Kalkulationszinsfuß übersteigt (unterschreitet). Bei r = i liegt Entscheidungsindifferenz vor. Von mehreren alternativen Immobilieninvestitionen ist jene mit dem höchsten internen Zinsfuß vorzuziehen.

Für das Standardbeispiel lässt sich ein interner Zinsfuß von 5,4% ermitteln.

$$C_0 = 0 = \sum_{t=1}^{n} \ddot{u}_t \cdot (1+r)^{-t} + R_n \cdot (1+r)^{-n} - a_0$$

$$C_0 = 0 = 540 \cdot (1+r)^{-1} + 540 \cdot (1+r)^{-2} + 540 \cdot (1+r)^{-3}$$
$$+ 540 \cdot (1+r)^{-4} + 540 \cdot (1+r)^{-5} + 10.000 \cdot (1+r)^{-5} - 10.000$$

oder unter Verwendung des Rentenbarwertfaktors

$$C_0 = 0 = 540 \cdot \frac{(1+r)^{-5} - 1}{0,055 \cdot (1+r)^{-5}} + 10.000 \cdot (1+r)^{-5} - 10.000$$

$$r = 0,054 = 5,4\%$$

Da der interne Zinsfuß den Kalkulationszinsfuß von 5,5% nicht übersteigt, empfiehlt sich auch bei Anwendung der Internen Zinsfuß-Methode die Unterlassung der Immobilieninvestition.

Gleichzeitig stimmt im Standardbeispiel die statische Anfangsrendite mit dem internen Zinsfuß überein.

$$\text{Statische Anfangsrendite} = \frac{540}{10.000} = 0{,}054 = \text{interner Zinsfuß}$$

Dies ist immer dann der Fall, wenn die Einnahmenüberschüsse (ü) im Zeitablauf konstant sind und für das Objekt keine Wertsteigerung/-minderung angenommen wird ($R_n = a_0$).

Die Auflösung der Bestimmungsgleichung zur Ermittlung des internen Zinsfußes kann Probleme bereiten. Für eine zweiperiodige Investition (dies entspricht also einer zweijährigen Nutzungsdauer) lässt sich die Bestimmungsgleichung noch relativ unproblematisch auflösen (quadratische Gleichung). Bei Nutzungsdauern ab 3 Perioden muss die Lösung mittels so genannter „**Iterationsverfahren**" bestimmt werden; dabei wird von einer anfänglichen Schätzung ausgehend anhand eines mathematischen Algorithmus der Eingangswert solange variiert, bis das gesuchte Ergebnis erreicht wird. Darüber hinaus lässt sich nachweisen, dass das Ergebnis nur dann eindeutig ist, wenn die Struktur der zukünftigen Zahlungen lediglich einen einzigen Vorzeichenwechsel aufweist. Bei mehr als einem Vorzeichenwechsel können sich entsprechend dem Betrachtungszeitraum bis zu n (mit n = Länge des Betrachtungszeitraums) mathematisch korrekte Lösungen ergeben (vgl. Schulte 1986, S. 96ff.).

Dass es sich bei diesem Sachverhalt nicht um ein Problem „rein akademischer Natur" handelt, sollen die in Abbildung 149 dargestellten denkbaren Zahlungsstrukturen verdeutlichen. Dabei repräsentiert ein „+"einen Einnahmenüberschuss in der jeweils betrachteten Periode, während ein „-" für einen Ausgabenüberschuss steht.

Beispiele für Zahlungsstrukturen mit mehr als einem Vorzeichenwechsel:

Zahlungsstruktur: - ++++ - +++++...
↖ Modernisierung

Zahlungsstruktur: - +++++++++ -
↖ Abriß

Abbildung 149: Zahlungsstrukturen mit mehr als einem Vorzeichenwechsel

Offensichtlich sind insbesondere im Immobilienbereich also durchaus Konstellationen denkbar und nicht einmal sehr unwahrscheinlich, bei denen die Anwendung der Internen Zinsfuß-

Methode zu mehr als einem mathematisch korrekten Ergebnis führt. Da die Ermittlung des Internen Zinsfußes i.d.R. mittels eines Iterationsverfahrens (beispielsweise mit Hilfe eines PCs oder Taschenrechners) erfolgt, das bei der ersten gefundenen Lösung die Berechnung abbricht, bemerkt der Entscheider diese Tatsache nicht.

Von besonderer Bedeutung für die Interne Zinsfuß-Methode ist darüber hinaus die bereits im Rahmen der Kapitalwert-Methode angesprochene Wiederanlageprämisse, deren Ausprägung bei der Internen Zinsfuß-Methode jedoch unterschiedlich ist. Dazu ein – zugegebenermaßen – extremes Beispiel:

Betrachtet man die folgende Zahlungsreihe (vgl. Schulte 1986, S. 94ff.):

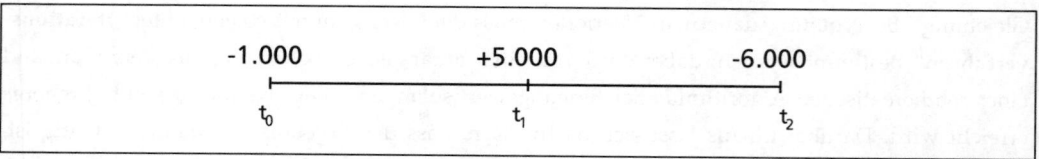

so erscheint es offensichtlich, dass dieses Investitionsvorhaben nicht sinnvoll sein kann.

Dennoch ergeben sich zwei interne Zinsfüße mit 100% bzw. sogar 200%. Die Anwendung der Internen Zinsfuß-Methode führt also zu einer überaus positiven Beurteilung des Vorhabens. Wie ist dies möglich?

Verständlich wird dieses Ergebnis nur vor dem Hintergrund der Wiederanlageprämisse der Internen Zinsfuß-Methode; diese besagt, dass Einnahmenüberschüsse zum internen Zinsfuß wiederangelegt werden. Für das obige Beispiel folgt daraus die Unterstellung, dass der Einnahmenüberschuss in t_1 für die Folgeperiode zu 100% bzw. sogar zu 200% reinvestiert wird.

Entspricht diese Annahme der Realität, was jedoch zu bezweifeln ist, so kann der Investor tatsächlich den berechneten internen Zinsfuß als Rendite erzielen, denn aus der Wiederanlage des Einnahmenüberschusses in Höhe von 5.000 würde der Investor bei 100% (200%) Verzinsung einen zusätzlichen Ertrag in Höhe von 5.000 (10.000) erzielen. Dementsprechend würde er in 2 Jahren bei einem Kapitaleinsatz von 1.000 ein Endvermögen von 4.000 bzw. 9.000 erreichen – dies entspricht genau einer Verzinsung von 100 bzw. 200% des ursprünglich investierten Betrags.

Ist es dem Investor jedoch nicht möglich, alle Einnahmenüberschüsse zum internen Zinsfuß wiederanzulegen, so führt die Anwendung dieser Methode zu einer erheblichen Überschätzung der Rentabilität des betrachteten Vorhabens. Dies gilt insbesondere dann, wenn der ermittelte interne Zinsfuß deutlich höher ist, als die vom Investor bei Zwischenanlagen erzielbare Rendite und umso mehr, je früher die Kapitalrückflüsse im Zeitablauf liegen.

5.4.2.3.2.5 Berücksichtigung von Steuern

Im Allgemeinen erfolgt die Steuererfassung bei den dynamischen Verfahren nach dem Standardmodell, bei dem sowohl die Einnahmenüberschüsse als auch der Kalkulationszinsfuß um steuerliche Einflussfaktoren korrigiert werden (vgl. Weigel, S. 14).

Kalkulations- zinsfuß \ Zahlungsreihe		unkorrigiert $ü_t$	korrigiert	
			$ü_t - s(ü_t - AfA_t)$	$ü_t - s(ü_t - AfA_t - i^s \cdot FK_{t-1})$
unkorrigiert	i	Nicht-Steuerfall	Basismodell	Zinsmodell
korrigiert	$i_s = i(1-s)$	-	Standardmodell	-
	$i_s = \dfrac{i}{1-s}$	Bruttomethode	-	-

Abbildung 150: Integration der Besteuerung in die Barwertmethoden

Im Rahmen des Standardmodells wird der Kalkulationszinsfuß durch den relevanten **Ertragsteuersatz** mittels des Faktors „s" korrigiert (vgl. Abbildung 150). Damit ist der steuerkorrigierte Kalkulationszinsfuß wie folgt definiert (vgl. Perridon/Steiner, S. 96):

$i_S = (1-s) \cdot i$

Die Gleichung für den Kapitalwert nach Steuern (C_{0S}) auf Basis des Standardmodells lautet dann:

$$C_{0s} = \sum_{t=1}^{n} \left[ü_t - s \cdot \left(ü_t - AfA_t \right) \right] \cdot \left(1 + i_s \right)^{-t} + \left[R_n - s \cdot \left(R_n - RBW_n \right) \right] \cdot \left(1 + i_s \right)^{-n} - a_0$$

mit

C_{0S} = Kapitalwert nach Steuern

AfA_t = Abschreibung der Periode t

s = Steuersatz

i_S = steuerkorrigierter Kalkulationszinsfuß

RBW_n = Restbuchwert am Ende der Nutzungsdauer

Der Abzugsfähigkeit der Abschreibungen bei der Ermittlung der Bemessungsgrundlage der Ertragsteuern wird durch die Kürzung des Periodenerfolges um den jeweiligen Abschreibungsbetrag Rechnung getragen. Die Besteuerung von Habenzinsen sowie die Abzugsfähigkeit von Sollzinsen kommt in der Korrektur des Kalkulationszinsfußes zum Ausdruck.

Die Ertragsteuerbelastung lässt sich bei exakter Vorgehensweise mit Hilfe eines so genannten „**Multifaktors** " bestimmen, der die individuelle steuerliche Position des Investors abbildet und die Besonderheiten der Abzugsfähigkeit einzelner Ertragsteuerarten von ihrer eigenen und von anderen Bemessungsgrundlagen berücksichtigt. Für die nachfolgenden Darstellungen sollen jedoch einige **vereinfachende Annahmen** getroffen werden, die zu einem pauschalen Ertragsteuersatz führen.

- Die Bemessungsgrundlagen für die Einkommen- bzw. Körperschaftsteuer und die Gewerbeertragsteuer sind identisch. Hinzurechnungen und Kürzungen bei der Gewerbeertragsteuer gleichen sich aus.

- Der Ertragsteuersatz, der auf die einheitliche Bemessungsgrundlage berechnet wird, ist vorgegeben und im Zeitablauf konstant.

- Die Ertragsteuerzahlung findet jeweils am Ende desjenigen Jahres statt, für das die Ertragsteuern berechnet worden sind („sofortige Besteuerung"). Damit werden Vorauszahlungen und Abschlusszahlungen nicht berücksichtigt.

- Die erste Abschreibung geht als volle Jahresabschreibung in die ertragsteuerliche Bemessungsgrundlage am Ende des ersten Jahres ein.

- Ein ertragsteuerlicher Verlust, der bei dem betrachteten Investitionsobjekt anfällt, wird durch Gewinne aus anderen unternehmerischen Aktivitäten oder Einkunftsarten im gleichen Jahr kompensiert, sodass der Sachinvestition eine Steuererstattung zuzurechnen ist („sofortiger Verlustausgleich"). Von einem Verlustvor- bzw. -rücktrag wird abstrahiert.

- Steuerliche Freibeträge sind ausgeschöpft.

Für eine Analyse der Determinanten der Besteuerung von Immobilien ist die Unterscheidung zwischen Betriebs- und Privatvermögen von besonderer Bedeutung.

Die Zuordnung einer Immobilie zum **Betriebsvermögen** hat folgende steuerlicher Konsequenzen:

- Alle aus der Immobilie resultierenden Einnahmen werden als Einkünfte aus Gewerbebetrieb behandelt.

- Kreditzinsen sind, sofern es sich um Dauerschuldzinsen handelt, zu 50% von der Bemessungsgrundlage der Gewerbeertragsteuer abzuziehen.

- Ein eventuell anfallendes Damnum bei Kreditfinanzierung muss aktiviert und über den Zeitraum der Zinsfestsetzung verteilt abgeschrieben werden. Gleiches gilt für periodenfremden Herstellungs- oder Modernisierungsaufwand.

- Es sind die für das Betriebsvermögen geltenden AfA-Sätze anzusetzen.

- Ein eventueller späterer Veräußerungsgewinn (Differenz zwischen Veräußerungserlös und Restbuchwert) muss versteuert werden.

Die Zuordnung einer Immobilie zum **Privatvermögen** hat bei Beachtung einiger Gestaltungsregeln folgende steuerliche Konsequenzen:

- Aus der Immobilie resultierende Einnahmen werden als Einkünfte aus Vermietung und Verpachtung behandelt und unterliegen somit nicht der Gewerbeertragsteuer.

- Alle laufenden Aufwendungen zur Erhaltung, Instandsetzung und Finanzierung inkl. eines eventuell anfallenden Damnums bei Kreditfinanzierung sind als Betriebsausgaben bzw. Werbungskosten in vollem Umfang sofort abzugsfähig.

- Es sind die für das Privatvermögen geltenden AfA-Sätze anzusetzen.

- Ein eventueller späterer Veräußerungsgewinn (Differenz zwischen Veräußerungserlös und Restbuchwert) ist nach Ablauf der zehnjährigen Spekulationsfrist steuerfrei.

Um den Kapitalwert nach Steuern und den internen Zinsfuß nach Steuern für das **Standardbeispiel** zu berechnen, müssen noch Annahmen über den Steuersatz „s", über die Aufteilung der Investitionsausgabe in Grundstück und Gebäude und über die Abschreibungsdauer getroffen werden. In den folgenden Rechnungen wird von einem Steuersatz von 50%, einem Gebäudewert von 5.000 GE und einer Abschreibungsdauer von 20 Jahren ausgegangen. In einem ersten Schritt muss nun der Kalkulationszinsfuß um die Steuerwirkungen korrigiert werden.

$i_S = (1-s) \cdot i = (1-0,5) \cdot 0,055 = 0,0275$

Die jährlichen Einnahmenüberschüsse nach Steuern ergeben sich als:

$\ddot{u}_t = \ddot{u}_t - s \cdot (\ddot{u}_t - AfA_t) = 540 - 0,5 \cdot (540-250) = 395$

Unterstellt man eine Besteuerung des Veräußerungsgewinns, so ergibt sich als Netto-Veräußerungserlös:

$R_{n_s} = R_n - s \cdot (R_n - RBW_n) = 10.000 - 0,5 \cdot (10.000-8.750) = 9.375$

Daraus ergibt sich der Kapitalwert als:

$$
\begin{aligned}
C_{0s} &= \sum_{t=1}^{n} \left[\ddot{u}_t - s \cdot (\ddot{u}_t - AfA_t)\right] \cdot (1+i_s)^{-t} + \left[R_n - s \cdot (R_n - RBW_n)\right] \cdot (1+i_s)^{-n} - a_0 \\
C_{0s} &= \sum_{t=1}^{5} \left[540 - 0,5 \cdot (540 - 250)\right] \cdot (1+0,0275)^{-t} \\
&\quad + \left[10.000 - 0,5 \cdot (10.000 - 8.750)\right] \cdot (1+0,0275)^{-5} - 10.000 \\
C_{0s} &= 8
\end{aligned}
$$

Da der Kapitalwert nach Steuern positiv ist, empfiehlt sich die Vornahme der Immobilieninvestition.

Es ergibt sich damit das erstaunliche Ergebnis, dass eine vor Steuern unvorteilhafte Investition (C_0 = -43) durch die Besteuerung vorteilhaft wird (C_{0_s} = +8). Dieses Phänomen wird in der Literatur als „Steuerparadoxon" bezeichnet (vgl. Schneider, S. 246ff.). Das Ergebnis suggeriert, dass der Investor „dank der Steuer" eine Vermögens- oder Einkommensmehrung erfährt; tatsächlich ist dies jedoch nicht der Fall, da der Kapitalwert nur den relativen Vermögensvor- oder -nachteil im Vergleich zu der durch den Kalkulationszinsfuß repräsentierten Alternativanlage misst. Geändert hat sich aber die Rangordnung zwischen der Immobilieninvestition und der alternativen Finanzinvestition. Die Besteuerung betrifft die alternative Finanzinvestition besonders „hart", da in dem Beispiel 50% der Zinserträge an den Fiskus fließen; dagegen bewirken Abschreibungsverrechnung und Abzug der Fremdkapitalzinsen einen „Dämpfungseffekt" bei der Immobilieninvestition. Durch die Besteuerung wird die Immobilie also relativ (zur Finanzinvestition) günstiger gestellt. Hier zeigt sich auf drastische Weise, dass der Kapitalwert nur das „Mehr" oder „Weniger" gegenüber der Finanzanlage und/oder Kreditaufnahme ausdrückt.

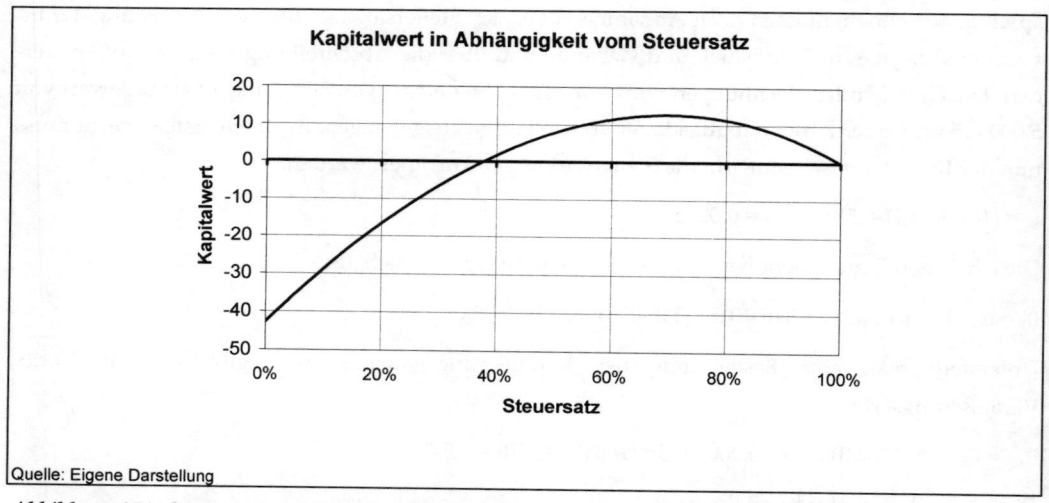

Quelle: Eigene Darstellung

Abbildung 151: Steuerparadoxon (Standardbeispiel)

Das Steuerparadoxon (wachsender Kapitalwert bei steigenden Steuersätzen) tritt allerdings nur bei Steuererhöhungen bis zu einem gewissen Ausmaß ein, denn bei einem Steuersatz von 100% sind naturgemäß Finanz- und Immobilieninvestition gleich unvorteilhaft. Die Abbildung 151 zeigt den Verlauf des Kapitalwertes in Abhängigkeit vom Steuersatz.

Der interne Zinsfuß nach Steuern ergibt sich durch iterative Lösung der Gleichung:

$$C_{0s} = 0 = \sum_{t=1}^{n} \left[\ddot{u}_t - s \cdot (\ddot{u}_t - AfA_t)\right] \cdot (1 + r_s)^{-t} + \left[R_n - s \cdot (R_n - RBW_n)\right] \cdot (1 + r_s)^{-n} - a_0$$

$$C_{0s} = 0 = \sum_{t=1}^{5} \left[540 - 0,5 \cdot (540 - 250)\right] \cdot (1 + r_s)^{-t}$$
$$+ \left[10.000 - 0,5 \cdot (10.000 - 8.750)\right] \cdot (1 + r_s)^{-5} - 10.000$$

$$r_s = 0,0277 = 2,77\%$$

Da der interne Zinsfuß nach Steuern größer als der steuerkorrigierte Kalkulationszinsfuß ist, empfiehlt sich die Vornahme der Investition.

5.4.2.3.3 Moderne Methoden

5.4.2.3.3.1 Basiskonzept Vollständiger Finanzpläne

Unter den modernen Methoden werden alle auf so genannten Vollständigen Finanzplänen (VOFI) basierenden Methoden zusammengefasst. Während die klassischen Methoden der Investitionsrechnung auf versteckten, pauschalen nicht frei wählbaren und häufig unrealistischen Annahmen beruhen, können bei den modernen Verfahren die Prämissen frei gewählt und im vollständigen Finanzplan transparent, differenziert und realitätsnah abgebildet werden.

Das Konzept Vollständiger Finanzpläne unterscheidet sich von den zuvor dargestellten Methoden hauptsächlich darin, dass alle mit der Investition verbundenen Zahlungen explizit abgebildet werden. Auf diese Weise wird eine vergleichsweise exakte und transparente Erfassung sämtlicher Zahlungsreihen und der sich ergebenden finanzwirtschaftlichen Konsequenzen ermöglicht.

Anders als bei den barwertorientierten Methoden werden darüber hinaus alle Zahlungen – statt auf den Investitionszeitpunkt – auf den Planungshorizont bezogen. Der Zeitpräferenz des Entscheiders wird dementsprechend über die Dauer der möglichen Wiederanlage bzw. der notwendigen Zwischenfinanzierung explizit Rechnung getragen. Die Zinssätze, zu dem diese Wiederanlagen oder Zwischenfinanzierungen erfolgen, können dabei frei und an der tatsächlichen Situation orientiert gewählt werden.

5.4.2.3.3.2 Endvermögen als Entscheidungskriterium

Das Ergebnis des VOFI stellt das Endvermögen des Investors bei Durchführung der Immobilieninvestition mittels einer absoluten Zahl dar. Um diese zur Beurteilung der absoluten und relativen Vorteilhaftigkeit des Vorhabens heranziehen zu können, muss zusätzlich zum Endvermögen der Investitionsalternative das Endvermögen der Unterlassungsalternative – repräsentiert z.B. durch eine risikofreie Finanzanlage – ermittelt werden. Bei vollständiger Fremdfinanzierung ist das Endvermögen der Unterlassungsalternative („Nichtstun") dagegen Null.

Die Immobilieninvestition ist vorteilhaft (unvorteilhaft), wenn das Endvermögen bei Vornahme der Immobilieninvestition (K_N^I) größer ist als das Endvermögen der Unterlassungsalternative (K_N^U). Bei (K_N^I) = (K_N^U) liegt Entscheidungsindifferenz vor.

Ergänzend kann auch der so genannte Vermögensendwert als Differenz der beiden Werte bestimmt werden ($\Delta K_N = K_N^I - K_N^U$), wobei ein positiver Vermögensendwert den Betrag angibt, um den das Endvermögen des Investors bei Durchführung des Vorhabens höher ist als bei Wahl der Unterlassungsalternative.

Für die Beurteilung der relativen Vorteilhaftigkeit ist für jede alternativ mögliche Investition ein Vollständiger Finanzplan aufzustellen. Diejenige Alternative, die das höchste Endvermögen aufweist, stellt dann das wirtschaftlich günstigste Vorhaben dar.

Für das Standardbeispiel (vgl. Tabelle 45) soll nun die grundlegende Funktionsweise des Konzeptes erläutert werden.

Erläuterung:

Betrachtet wird der Erwerb einer Immobilie in t_0 zu Anschaffungskosten von insgesamt 10.000. Die Investitionsausgabe (Ausgabe ⇨ negatives Vorzeichen; Einnahme ⇨ positives Vorzeichen) stellt die erste im VOFI zu erfassende direkte Zahlung dar ①.

Hierzu stehen 8.000 an Eigenkapital zur Verfügung, sodass weitere 2.000 als Kredit in Form eines Annuitätendarlehens aufgenommen werden müssen ③. Diese „Zahlungen" resultieren aus der Tatsache, dass zur Anschaffung insgesamt 10.000 aufgebracht werden müssen.

Des Weiteren werden für die folgenden 5 Jahre Netto-Mieteinnahmen (= Einnahmenüberschüsse) von jährlich 540 prognostiziert ②.

Für das Annuitätendarlehen ergibt sich ein jährlicher Kapitaldienst von 494. Der Kapitaldienst für den aufgenommenen Kredit ④ teilt sich in den Folgeperioden auf in Zinsen ⑤ (in t_1 beispielsweise 150 = 2.000 · 7,5%) und Tilgung ⑥ (in t_1 beispielsweise 344 = 494 - 150), wobei die Zinsbelastung entsprechend der Entwicklung des Kreditbetrages (Kredit der Periode = Kredit am Ende der Vorperiode abzüglich Tilgung der Vorperiode ⑥) durch die Folgeperioden fortgeschrieben wird (siehe ⑤ in den Perioden t_2 bis t_5).

Der Zahlungssaldo jeder Periode (in t_1 beispielsweise 540 - 494 = 46) steht dem Entscheider dann für eine mögliche Reinvestition beispielsweise in Form einer kurzfristigen Finanzanlage zur Verfügung. In diesem Beispiel wird eine Anlage für jeweils ein Jahr zu 4,5% Zinsen angenommen.

Diese Zwischenanlage führt in der Folgeperiode zu Guthabenzinsen und wird zurückgezahlt (⑦ in t_2 beispielsweise: $46 \cdot 4{,}5\% = 2$ Zinsen und Rückzahlung der investierten 46).

VOFI für die Immobilieninvestition	t_0	t_1	t_2	t_3	t_4	t_5
Direkte Zahlungen						
a_0 ①	-10.000					
$ü_t$		② 540	② 540	② 540	② 540	② 540
R_n						⑧ 10.000
Indirekte Zahlungen						
Eigenkapital ③	8.000					
Fremdkapital	2.000					
Zinsen FK ④		-150	-124	-96	-67	-34
Tilgung		⑥ -344	⑥ -370	⑥ -398	⑥ -428	⑥ -460
Reinvestition t_1		⑦ -46				
Habenzinsen (4,5%)			2			
Rückzahlung			46			
Reinvestition t_2			⑦ -93			
Habenzinsen (4,5%)				4		
Rückzahlung				93		
Reinvestition t_3				⑦ -143		
Habenzinsen (4,5%)					6	
Rückzahlung					143	
Reinvestition t_4					⑦ -195	
Habenzinsen (4,5%)						9
Rückzahlung						195
Endwert	0	0	0	0	0	10.250
Kredit nach Tilgung	2.000 ⑤	1.656 ⑤	1.286 ⑤	888 ⑤	460 ⑤	0
Annuität	-494	-494	-494	-494	-494	-494
Sollzinssatz langf.	7,5%	7,5%	7,5%	7,5%	7,5%	7,5%
Sollzinssatz Zwischenf.	9%	9,0%	9,0%	9,0%	9,0%	9,0%
Guthabenzinsen langf.	5,0%	5,0%	5,0%	5,0%	5,0%	5,0%
Guthabenzinsen kurzf.	4,5%	4,5%	4,5%	4,5%	4,5%	4,5%
VOFI-Rendite	**5,08%**					

Tabelle 45: VOFI für die Immobilieninvestition ohne Steuern (Standardbeispiel)

Um die Immobilieninvestition mit einer Alternativanlage vergleichen zu können, wird in t_5 ein hypothetischer Verkauf ohne Wertsteigerung unterstellt ⑧.

In der letzten betrachteten Periode erzielt der Investor dementsprechend:

10.000 aus dem hypothetischen Verkauf der Immobilie

+ 540 Netto-Miete

Er zahlt 34 Kreditzinsen und muss den (Rest)Kredit in Höhe von 460 tilgen.

Aus der Zwischenanlage in t_4 erhält er zusätzlich 9 an Guthabenzinsen und den angelegten Betrag in Höhe von 195.

540

+ 10.000

- 34

- 460

+ 9

+ 195

= 10.250

Der Kapitaleinsatz von 8.000 GE hat sich folglich in 5 Jahren zu einem Endvermögen in Höhe von 10.250 GE entwickelt.

Bei einer Finanzanlage des Eigenkapitals zu 5% und einer Wiederanlage der Zinserträge zu 4,5% ergibt sich ein Endvermögen von 10.188 GE (vgl. Tabelle 46).

Da das Endvermögen der Immobilieninvestition das Endvermögen der Finanzinvestition übersteigt, ist die Vornahme der Immobilieninvestition vorzuziehen.

Damit ergibt sich für das Standardbeispiel nach dem Endvermögen-Kriterium eine andere Empfehlung als bei Anwendung des Kapitalwert- und Internen Zinsfuß-Kriteriums.

$$
\begin{array}{l}
K_5^I = 10.250 > K_5^U = 10.188 \\
\quad \Rightarrow I > U \\[6pt]
C_0 = -43 \\
\quad \Rightarrow U > I \\[6pt]
r = 0,054 < i = 0,055 \\
\quad \Rightarrow U > I
\end{array}
$$

Da in vollständigen Finanzplänen die Kapitalkosten der Immobilieninvestition und die Wiederanlagen von Einnahmenüberschüssen bzw. die Zwischenfinanzierung von Ausgabenüberschüssen genauer erfasst werden, kann es zu einer abweichenden Beurteilung der Vorteilhaftigkeit gegenüber den klassischen Methoden kommen.

VOFI für die Finanzinvestition	t_0	t_1	t_2	t_3	t_4	t_5
Direkte Zahlungen						
a_0	-8.000					
$\ddot{u}_t$		400	400	400	400	400
R_n						8.000
Indirekte Zahlungen						
Eigenkapital	8.000					
Fremdkapital	0					
Zinsen FK		0	0	0	0	0
Tilgung		0	0	0	0	0
Reinvestition t_1		-400				
Habenzinsen (4,5%)			18			
Rückzahlung			400			
Reinvestition t_2			-818			
Habenzinsen (4,5%)				37		
Rückzahlung				818		
Reinvestition t_3				-1.255		
Habenzinsen (4,5%)					56	
Rückzahlung					1.255	
Reinvestition t_4					-1.711	
Habenzinsen (4,5%)						77
Rückzahlung						1.711
Endwert	0	0	0	0	0	**10.188**
Kredit nach Tilgung	0	0	0	0	0	0
Annuität	0	0	0	0	0	0
Sollzinssatz langf.	7,5%	7,5%	7,5%	7,5%	7,5%	7,5%
Sollzinssatz Zwischenf.	9,0%	9,0%	9,0%	9,0%	9,0%	9,0%
Guthabenzinsen langf.	5,0%	5,0%	5,0%	5,0%	5,0%	5,0%
Guthabenzinsen kurzf.	4,5%	4,5%	4,5%	4,5%	4,5%	4,5%
VOFI-Rendite	**4,95%**					

Tabelle 46: VOFI für die Finanzinvestition ohne Steuern (Standardbeispiel)

5.4.2.3.3.3 VOFI-Rentabilität als Entscheidungskriterium

Zur Transformation des durch eine absolute Zahl beschriebenen Endvermögens in eine Rendite-kennziffer stellt sich die Frage, mit welcher Verzinsung das zu Anfang eingesetzte Kapital über die Investitionsdauer zu dem mittels VOFI berechneten Endvermögen anwächst.

Hierbei ist wiederum zu unterscheiden, ob die Rendite ausschließlich bezogen auf das eingesetzte Eigenkapital (Eigenkapitalrendite) oder auf das insgesamt eingesetzte Kapital (Gesamtkapitalrendite) ermittelt werden soll. Da für den Investor insbesondere die Eigenkapitalrendite von entscheidender Bedeutung ist, soll ihre Ermittlung im Folgenden erläutert werden (zur Ermittlung der Gesamtkapitalrentabilität vgl. Grob, S. 140f.).

Grundlage der Eigenkapitalrendite stellt der Eigenkapitaleinsatz (EK_0) dar, bei dessen Investition in eine Immobilie das per VOFI ermittelte Endvermögen (K_N) erzielt werden kann. Gesucht ist also der Zinssatz r_{VOFI}, der EK_0 mit Zins und Zinseszins in N Jahren auf K_N anwachsen lässt. Mathematisch lässt sich dies wie folgt ausdrücken:

$$EK_0 \cdot \left(1 + r_{VOFI}\right)^N = K_N \quad \text{nach einer Umstellung}$$

$$\frac{K_N}{EK_0} = \left(1 + r_{VOFI}\right)^N \quad \text{folgt durch Radizieren:}$$

$$r_{VOFI} = \sqrt[N]{\frac{K_N}{EK_0}} - 1$$

Für das Basisbeispiel ergeben sich dementsprechend die folgenden Werte:

EK_0 = 8.000

N = 5

K_N = 10.250

$$r_{VOFI} = \sqrt[N]{\frac{K_N}{EK_0}} - 1 = \sqrt[5]{\frac{10.250}{8.000}} - 1 = 0,0508 = 5,08\%$$

Der Investor erzielt bezogen auf seinen Eigenkapitaleinsatz von 8.000 eine Rentabilität von ca. 5,08% p.a. Die VOFI-Rendite liegt damit unter dem internen Zinsfuß der Investition. Dies ist dadurch begründet, dass es sich beim internen Zinsfuß in der hier dargestellten Ausprägung um eine Gesamtkapitalrendite und bei der VOFI-Rendite um eine Eigenkapitalrendite handelt. Der Zusammenhang lässt sich auch aus der folgenden Abbildung 152 erklären.

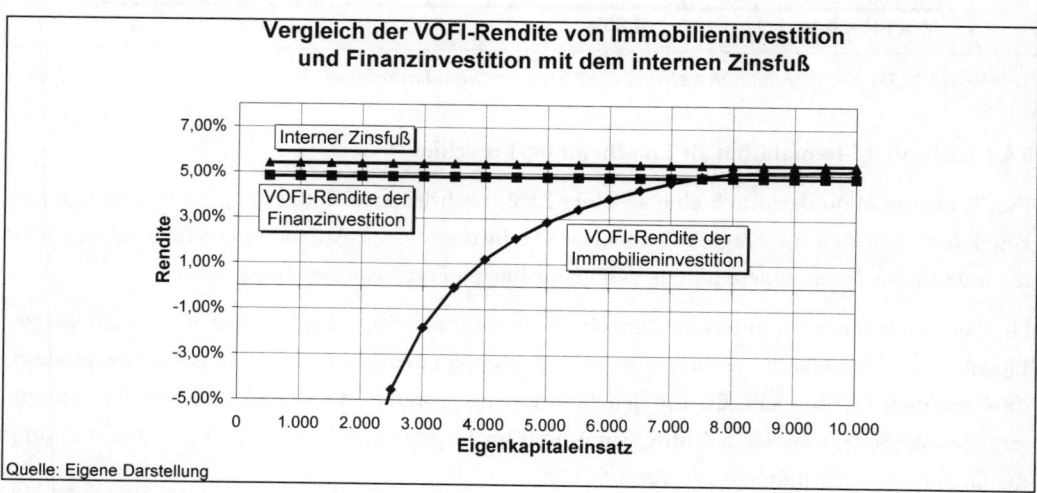

Abbildung 152: Interner Zinsfuß und VOFI-Rendite

Die Zunahme der VOFI-Rendite bei steigendem Eigenkapitaleinsatz ist ein Ergebnis des negativen Leverage-Effekts. Da die Gesamtkapitalrendite kleiner ist als der Sollzinssatz, steigt die Eigenkapitalrendite mit abnehmendem Fremdkapital.

Die VOFI-Rendite der Finanzinvestition liegt bei 4,95% und ist damit geringer als die der Immobilieninvestition; daher empfiehlt es sich, die Immobilieninvestition durchzuführen. Damit ergibt sich die gleiche Beurteilung wie anhand des Endvermögen-Kriteriums.

Die Ermittlung der VOFI-Rendite ist generell sowohl für Sach- als auch für Finanzinvestitionen möglich. Hinsichtlich ihres Einsatzes sind in der Praxis jedoch folgende drei Problemkonstellationen zu berücksichtigen:

- Die Investition wird ausschließlich mit Fremdkapital finanziert ($EK_0 = 0$).
  In diesem Fall liefert die Formel für die VOFI-Rendite kein Ergebnis, da die Division durch 0 nicht möglich ist. Dieser Fall stellt jedoch kein gravierendes Problem dar, da eine ausschließlich fremdfinanzierte Investition, die ein positives Ergebnis liefert immer eine unendliche Rendite aufweist, sodass sich ein Vergleich alternativer Investitionen über die Rendite in diesem Fall sowieso erübrigt.

- Bei der Investition wird zu mehr als einem Zeitpunkt Eigenkapital eingesetzt.
  Dieser Fall tritt im Bereich von Immobilieninvestitionen beispielsweise bei der Betrachtung von mehrjährigen Projektentwicklungen, dem Erwerb besonders großer Objekte, für die der Preis in mehreren Tranchen gezahlt wird, oder auch dem Erwerb von Anteilen an geschlossenen Immobilienfonds mit einer über mehrere Jahre verteilten Einzahlung auf. Hinsichtlich der Berechnung der VOFI-Rendite stellt sich nun das Problem, dass mittels des zugrunde liegenden VOFIs zwar problemlos das zu erwartende Endvermögen ermittelt werden kann, die Umrechnung in eine Rendite jedoch an den Limitationen der verwandten Formel scheitert, da in dieser lediglich EK_0 berücksichtigt werden kann. Weitere Eigenkapitaleinsätze (EK_1 bis EK_n) können zwar im VOFI abgebildet, nicht jedoch von der VOFI-Renditeformel verarbeitet werden (für eine detaillierte Darstellung dieser und der nachfolgend dargestellten Problematik sowie einen praxisorientierten Lösungsansatz siehe Ropeter, S. 186ff.).

- Der Investor tätigt innerhalb des Planungshorizontes Entnahmen.
  Sofern der Investor während der Laufzeit der Investition Entnahmen tätigt, werden Teile des Investitionserfolges vorzeitig realisiert. Die Berechnung des VOFIs ist zwar auch in diesem Fall problemlos möglich, allerdings muss sich der Anwender nun darüber im Klaren sein, dass der Erfolg der Investition in diesem Fall nicht mehr ausschließlich über das erzielte Endvermögen gemessen werden kann. Diese Tatsache schlägt sich auch in der Berechnung der VOFI-Rendite nieder. Es ist zwar mathematisch problemlos möglich, auch in diesem Fall eine VOFI-Rendite zu ermitteln, allerdings ist der ökonomische Inhalt der berechneten Größe äußerst problema-

tisch zu beurteilen, da aufgrund der vorangegangenen Entnahmen wesentliche Erfolgskomponenten in die Berechnung nicht eingegangen sind.

Durch die Transformation des Endvermögens in die VOFI-Rendite steht dem Anwender unter Berücksichtigung der zuvor erläuterten Problemkonstellationen eine einfache Kennzahl zur Verfügung, die einen direkten Vergleich alternativer Investitionsmöglichkeiten erlaubt und damit den seitens der Praxis gestellten Anforderungen an den Informationsgehalt einer Investitionsrechnung gerecht wird, ohne dabei auf eine solide theoretische Fundierung zu verzichten.

5.4.2.3.3.4 Berücksichtigung von Steuern

Steuerzahlungen des Investors stellen im vollständigen Finanzplan Ausgaben, Steuererstattungen des Finanzamtes dagegen Einnahmen dar. Sie werden in einer Nebenrechnung ermittelt, in der alle für die Besteuerung relevanten Sachverhalte explizit abgebildet sind.

Aufgrund der bereits geschilderten Komplexität des deutschen Steuersystems und der Vielzahl der zu berücksichtigenden Steuerarten gelten auch für die folgenden Ausführungen die vereinfachenden Annahmen zur Besteuerung. Diese Annahmen sind jedoch keineswegs zwingend notwendig, sondern können in einem entsprechend umfangreicheren VOFI vollständig an die reale Situation angepasst werden.

Im Standardbeispiel wird ein Ertragsteuersatz von 50% angenommen. Die Abschreibung des Objekts erfolgt linear über 20 Jahre. Die Jahresabschreibung beträgt 250 GE. Der Veräußerungsgewinn ist steuerpflichtig.

Das um Steuern erweiterte VOFI-Basiskonzept für die Investitionsalternative ergibt sich aus Tabelle 47.

Die Immobilieninvestition erzielt ein Endvermögen von 9.097; daraus ergibt sich eine VOFI-Rendite von 2,60% nach Steuern.

Erläuterung:

Für die Erfassung der steuerlichen Sachverhalte müssen zusätzlich zum VOFI zwei Nebenrechnungen durchgeführt werden; dabei handelt es sich um den Abschreibungsplan, in dem die Abschreibung und der Restbuchwert der jeweiligen Periode ermittelt werden, und die eigentliche steuerliche Nebenrechnung. Die Beziehungen zwischen diesen Rechnungen werden durch die entsprechenden Pfeile verdeutlicht:

① Zuerst wird der Einnahmenüberschuss der Periode in die steuerliche Nebenrechnung übertragen.

② Danach ist die Abschreibung der jeweiligen Periode dem Abschreibungsplan zu entnehmen und ebenfalls in die steuerliche Nebenrechnung einzustellen.

③ Als nächstes werden die Sollzinsen der Periode aus dem VOFI übernommen.

VOFI für die Immobilieninvestition mit Steuern

	t_0	t_1	t_2	t_3	t_4	t_5
Direkte Zahlungen						
a₀	-10.000					
ü_t		① 540	① 540	① 540	① 540	① 540
R_n						⑤10.000
Indirekte Zahlungen						
Eigenkapital	8.000					
Fremdkapital	2.000					
Zinsen FK		③-150	③-124	③-96	③-67	③-34
Tilgung		-344	-370	-398	-428	-460
Steuerzahlung		-70	-82	-94	-106	-744
Zwischenfinanzierung t1		24				
Sollzinsen			④-2			
Rückzahlung			-24			
Zwischenfinanzierung t2			63			
Sollzinsen				④-6		
Rückzahlung				-63		
Zwischenfinanzierung t3				117		
Sollzinsen					④ -10	
Rückzahlung					-117	
Zwischenfinanzierung t4					188	
Sollzinsen						④ -17
Rückzahlung						-188
Endwert	0	0	0	0	0	9.097
Kredit nach Tilgung	2.000	1.656	1.286	888	460	0
Annuität	-494	-494	-494	-494	-494	-494
Sollzinssatz langf.	7,5%	7,5%	7,5%	7,5%	7,5%	7,5%
Sollzinssatz Zwischenf.	9,0%	9,0%	9,0%	9,0%	9,0%	9,0%
Guthabenzinsen langf.	5,0%	5,0%	5,0%	5,0%	5,0%	5,0%
Guthabenzinsen kurzf.	4,5%	4,5%	4,5%	4,5%	4,5%	4,5%
Abschreibungsplan						
AfA-Satz		5%	5%	5%	5%	5%
AfA-Grundlage	5.000	5.000	5.000	5.000	5.000	5.000
AfA-Betrag		② 250	② 250	② 250	② 250	② 250
Buchwert	10.000	9.750	9.500	9.250	9.000	8.750 ⑥
Steuerliche Nebenrechnung						
Mieteinnahmen		540	540	540	540	540
- Abschreibungen		-250	-250	-250	-250	-250
+ Haben-/Sollzinsen		0	-2	-6	-10	+17
- Sollzinsen		-150	-124	-96	-67	-34
+ Veräußerungserlös		0	0	0	0	10.000
- Restbuchwert						-8.750
= Ergebnis vor Steuer		140	164	188	213	1.489
x Steuersatz		50%	50%	50%	50%	50%
= Steuerzahlung		⑦ 70	82	94	106	744

VOFI-Rendite nach Steuern 2,60%

Tabelle 47: VOFI für die Immobilieninvestition mit Steuern (Standardbeispiel)

④   Werden in einer Periode aus der Zwischenanlage von freien Mitteln Guthabenzinsen erzielt, so sind diese ebenfalls zu übernehmen.

⑤   Der Verkauf einer Immobilie aus dem Betriebsvermögen löst eine Steuerpflicht auf den Veräußerungsgewinn aus. Wird in der entsprechenden Periode das Objekt verkauft, so ist der Verkaufserlös in die steuerliche Nebenrechnung einzustellen.

⑥ Zur Ermittlung des Veräußerungsgewinns ist der Verkaufserlös ⑤ um den Restbuchwert ⑥ zu vermindern.

Entsprechend den vorangegangenen Vereinfachungen zur Steuerermittlung ergibt sich die Bemessungsgrundlage für die Steuerermittlung aus:

Mieteinnahmen (Einnahmenüberschuss) ①

+ Guthabenzinsen ④

+ ein eventueller steuerpflichtiger Veräußerungsgewinn (⑤ - ⑥)

- Abschreibungen ②

- Sollzinsen ③.

Durch Multiplikation der Bemessungsgrundlage mit dem Steuersatz wird die Steuerzahlung bestimmt.

⑦ Die Steuerzahlung wird in den VOFI als indirekte Zahlung eingestellt und vermindert als Ausgabe die für eine Reinvestition zur Verfügung stehenden Mittel. Umgekehrt wirkt eine Steuererstattung aufgrund eines negativen steuerlichen Ergebnisses.

Als VOFI-Rendite nach Steuern ergibt sich in diesem Fall:

$$r_{s\,VOFI} = \sqrt[N]{\frac{K_N}{EK_0}} - 1 = \sqrt[5]{\frac{9.097}{8.000}} - 1 = 0,0260 = 2,60\%$$

Das Endvermögen der Finanzinvestition beträgt 9.046 (vgl. Tabelle 48); daraus errechnet sich eine VOFI-Rendite nach Steuern von 2,49%. Ein Vergleich von Immobilieninvestition und Finanzinvestition zeigt, dass die Investitionsalternative vorzuziehen ist. Damit ergibt sich die gleiche Rangfolge wie im Nicht-Steuerfall.

Da das Endvermögen der Finanzinvestition nach Steuern geringer ist als das Endvermögen der Immobilieninvestition, empfiehlt sich die Vornahme der Immobilieninvestition.

VOFI für die Finanzinvestition mit Steuern

	t_0	t_1	t_2	t_3	t_4	t_5
Direkte Zahlungen						
a_0	-8.000					
$\ddot{u}_t$		400	400	400	400	400
R_n						8.000
Indirekte Zahlungen						
Eigenkapital	8.000					
Fremdkapital	0					
Zinsen FK		0	0	0	0	0
Tilgung		0	0	0	0	0
Steuerzahlung		-200	-205	-209	-214	-219
Reinvestition t_1		-200				
Habenzinsen (4,5%)			9			
Rückzahlung			200			
Reinvestition t_2			-405			
Habenzinsen (4,5%)				18		
Rückzahlung				405		
Reinvestition t_3				-614		
Habenzinsen (4,5%)					28	
Rückzahlung					614	
Reinvestition t_4					-827	
Habenzinsen (4,5%)						37
Rückzahlung						827
Endwert	0	0	0	0	0	**9.046**
Kredit nach Tilgung	0	0	0	0	0	0
Annuität	0	0	0	0	0	0
Sollzinssatz langf.	7,5%	7,5%	7,5%	7,5%	7,5%	7,5%
Sollzinssatz Zwischenf.	9,0%	9,0%	9,0%	9,0%	9,0%	9,0%
Guthabenzinsen langf.	5,0%	5,0%	5,0%	5,0%	5,0%	5,0%
Guthabenzinsen kurzf.	4,5%	4,5%	4,5%	4,5%	4,5%	4,5%
Abschreibungsplan						
AfA-Satz		0%	0%	0%	0%	0%
AfA-Grundlage	0	0	0	0	0	0
AfA-Betrag		0	0	0	0	0
Buchwert	0	0	0	0	0	0
Steuerliche Nebenrechnung						
Zinseinnahmen		400	400	400	400	400
- Abschreibungen		0	0	0	0	0
+ Habenzinsen		0	9	18	28	37
- Sollzinsen		0	0	0	0	0
+ Veräußerungserlös		0	0	0	0	0
- Restbuchwert						0
= Ergebnis vor Steuer		400	409	418	428	437
x Steuersatz		50%	50%	50%	50%	50%
= Steuerzahlung		200	205	209	214	219

VOFI-Rendite nach Steuern 2,49%

Tabelle 48: VOFI für die Finanzinvestition mit Steuern (Standardbeispiel)

5.4.2.4   Investitionsrechnung für Gewerbeimmobilien

Die Anwendung des VOFI-Konzeptes soll nun am Beispiel eines Bürogebäudes dargestellt werden (vgl. Tabelle 49 bis Tabelle 56). Das Fallbeispiel für Gewerbeimmobilien ist durch die folgenden Daten gekennzeichnet:

- Erwerb einer Gewerbeimmobilie für 44.800.000 Euro,

- Netto-Mieteinnahmen 3.700.000 Euro p.a., nachschüssig,

- auf das Gebäude entfallen 15.000.000 Euro,

- ein Verkauf erfolgt ohne Wertsteigerung nach 10 Jahren,

- Mischfinanzierung (50% Eigenkapital, 50% Fremdkapital),

- endfälliger Kredit, Sollzinsfuß 10%, 10 Jahre Laufzeit,

- Finanzinvestition, Habenzinsfuß 7% , 10 Jahre Laufzeit.

Aus didaktischen Gründen wurde der Soll-Zinsfuß mit 10% und für alle Kreditvarianten einheitlich angesetzt, um die Investitionsrechnungen leichter nachvollziehen zu können. Einige zusätzliche Annahmen dienen zur Demonstration, dass auch mit Immobilieninvestitionen verbundene Finanzierungsalternativen anhand von VOFIs gelöst werden können.

1. Der Investor hat die Wahl zwischen einem endfälligen Kredit, einem Annuitätendarlehen und einem Kredit mit freier Tilgung. Die Gesamtsumme aus Zins- und Tilgungszahlungen für das Annuitätendarlehen wurde von der Bank mit 3,559 Mio. Euro pro Jahr ermittelt.

   Die Annuität berechnet sich nach folgender Formel:

   $$\text{Annuität} = \text{Fremdkapital} \cdot \frac{i(i+1)^n}{(i+1)^n - 1} = 21.869 \cdot \frac{0,1 \cdot 1,1^{10}}{1,1^{10} - 1} = 3.559$$

2. Der Investor legt freie Liquidität zu einem Zinssatz von 5% p.a. für jeweils ein Jahr an.

Es wird im Folgenden angenommen, dass die Gewerbeimmobilie zum Betriebsvermögen zählt und der Ertragsteuersatz 50% beträgt.

Der VOFI für die Gewerbeimmobilie bei einem endfälligen Kredit ist in Tabelle 49 und Tabelle 50, bei einem Annuitätendarlehen in Tabelle 51 und Tabelle 52 und bei einem Kredit mit freier Tilgung in Tabelle 53 und Tabelle 54 dargestellt. Die Tabelle 55 und Tabelle 56 zeigen den VOFI für die Finanzinvestition.

	t_0	t_1	t_2	t_3	t_4	t_5	t_6	t_7	t_8	t_9	t_{10}
Direkte Zahlungen											
· a_0	-43.738										
· $\ddot{u}_t$		3.606	3.606	3.606	3.606	3.606	3.606	3.606	3.606	3.606	3.606
· R_n											43.738
Indirekte Zahlungen											
Kreditaufnahme	21.869										
Eigenkapital	21.869										
Zinsen		-2.187	-2.187	-2.187	-2.187	-2.187	-2.187	-2.187	-2.187	-2.187	-2.187
Steuerzahlung		-410	-435	-461	-487	-514	-542	-571	-600	-630	-3.661
Tilgung		0	0	0	0	0	0	0	0	0	-21.869
Reinvestition t_1		-1.010									
Habenzins 5%			50								
Rückzahlung			1.010								
Reinvestition t_2			-2.044								
Habenzins 5%				102							
Rückzahlung				2.044							
Reinvestition t_3				-3.105							
Habenzins 5%					155						
Rückzahlung					3.105						
Reinvestition t_4					-4.192						
Habenzins 5%						210					
Rückzahlung						4.192					
Reinvestition t_5						-5.307					
Habenzins 5%							265				
Rückzahlung							5.307				
Reinvestition t_6							-6.449				
Habenzins 5%								322			
Rückzahlung								6.449			
Reinvestition t_7								-7.620			
Habenzins 5%									381		
Rückzahlung									7.620		
Reinvestition t_8									-8.820		
Habenzins 5%										441	
Rückzahlung										8.820	
Reinvestition t_9										-10.050	
Habenzins 5%											502
Rückzahlung											10.050
Endvermögen											**30.179**
Kreditbetrag	21.869	21.869	21.869	21.869	21.869	21.869	21.869	21.869	21.869	21.869	0
Habenzinssatz	5%	5%	5%	5%	5%	5%	5%	5%	5%	5%	5%
Sollzinssatz	10%	10%	10%	10%	10%	10%	10%	10%	10%	10%	10%

Tabelle 49: VOFI für Gewerbeimmobilie mit Steuern (endfälliger Kredit) Teil 1

					endfällige Tilgung						
Finanzierungsplan											
Kreditaufnahme	21.869										
Kreditzinsen	0	-2.187	-2.187	-2.187	-2.187	-2.187	-2.187	-2.187	-2.187	-2.187	-2.187
Kredittilgung	0	0	0	0	0	0	0	0	0	0	-21.869
Kreditstand PE	21.869	21.869	21.869	21.869	21.869	21.869	21.869	21.869	21.869	21.869	0
Abschreibungsplan											
AfA-Satz		4%	4%	4%	4%	4%	4%	4%	4%	4%	4%
AfA-Grundlage		15.000	15.000	15.000	15.000	15.000	15.000	15.000	15.000	15.000	15.000
AfA-Betrag		600	600	600	600	600	600	600	600	600	600
Buchwert	43.738	43.138	42.538	41.938	41.338	40.738	40.138	39.538	38.938	38.338	37.738
Steuerliche Nebenrechnung											
Mieteinnahmen		3.606	3.606	3.606	3.606	3.606	3.606	3.606	3.606	3.606	3.606
Abschreibung		-600	-600	-600	-600	-600	-600	-600	-600	-600	-600
Habenzinsen		0	50	102	155	210	265	322	381	441	502
Solizinsen		-2.187	-2.187	-2.187	-2.187	-2.187	-2.187	-2.187	-2.187	-2.187	-2.187
Veräußerungserlös		0	0	0	0	0	0	0	0	0	43.738
Restbuchwert		43.138	42.538	41.938	41.338	40.738	40.138	39.538	38.938	38.338	37.738
Steuerpflichtiger Veräußerungsgewinn		0	0	0	0	0	0	0	0	0	6.000
Steuersatz		50%	50%	50%	50%	50%	50%	50%	50%	50%	50%
Ergebnis vor Steuer		819	870	921	974	1.029	1.084	1.142	1.200	1.260	7.322
Steuerzahlung		410	435	461	487	514	542	571	600	630	3.661

EK-Rendite	3,27%

Tabelle 50: VOFI für Gewerbeimmobilie mit Steuern (endfälliger Kredit) Teil 2

	t_0	t_1	t_2	t_3	t_4	t_5	t_6	t_7	t_8	t_9	t_{10}
Direkte Zahlungen											
▪ a_0	-43.738										
▪ $Ü_t$		3.606	3.606	3.606	3.606	3.606	3.606	3.606	3.606	3.606	3.606
▪ R_n											43.738
Indirekte Zahlungen											
Kreditaufnahme	21.869										
Eigenkapital	21.869										
Zinsen		-2.187	-2.050	-1.899	-1.733	-1.550	-1.349	-1.128	-885	-618	-324
Steuerzahlung		-410	-458	-509	-562	-616	-673	-732	-793	-857	-3.922
Tilgung		-1.372	-1.509	-1.660	-1.826	-2.009	-2.210	-2.431	-2.674	-2.941	-3.236
Reinvestition t_1		363									
Sollzins 11%			-40								
Rückzahlung			-363								
Reinvestition t_2			814								
Sollzins 11%				-90							
Rückzahlung				-814							
Reinvestition t_3				1.365							
Sollzins 11%					-150						
Rückzahlung					-1.365						
Reinvestition t_4					2.030						
Sollzins 11%						-223					
Rückzahlung						-2.030					
Reinvestition t_5						2.823					
Sollzins 11%							-311				
Rückzahlung							-2.823				
Reinvestition t_6							3.760				
Sollzins 11%								-414			
Rückzahlung								-3.760			
Reinvestition t_7								4.858			
Sollzins 11%									-534		
Rückzahlung									-4.858		
Reinvestition t_8									6.139		
Sollzins 11%										-675	
Rückzahlung										-6.139	
Reinvestition t_9										7.624	
Sollzins 11%											-839
Rückzahlung											-7.624
Endvermögen											**31.400**
Kreditbetrag	21.869	20.497	18.987	17.327	15.501	13.492	11.282	8.851	6.177	3.236	0
Habenzinssatz		5%	5%	5%	5%	5%	5%	5%	5%	5%	5%
Sollzinssatz		11%	11%	11%	11%	11%	11%	11%	11%	11%	11%

Tabelle 51: VOFI für Gewerbeimmobilie mit Steuern (Annuitätendarlehen) Teil 1

		annuitätische Tilgung [finanzmathematisch]									
Finanzierungsplan											
Kreditaufnahme	21.869										
Kreditzinsen	0	-2.187	-2.050	-1.899	-1.733	-1.550	-1.349	-1.128	-885	-618	-324
Kredittilgung	0	-1.372	-1.509	-1.660	-1.826	-2.009	-2.210	-2.431	-2.674	-2.941	-3.236
Kreditstand PE	21.869	20.497	18.987	17.327	15.501	13.492	11.282	8.851	6.177	3.236	0
Abschreibungsplan											
AfA-Satz		4%	4%	4%	4%	4%	4%	4%	4%	4%	4%
AfA-Grundlage		15.000	15.000	15.000	15.000	15.000	15.000	15.000	15.000	15.000	15.000
AfA-Betrag		600	600	600	600	600	600	600	600	600	600
Buchwert	43.738	43.138	42.538	41.938	41.338	40.738	40.138	39.538	38.938	38.338	37.738
Steuerliche Nebenrechnung											
Mieteinnahmen		3.606	3.606	3.606	3.606	3.606	3.606	3.606	3.606	3.606	3.606
Abschreibung		-600	-600	-600	-600	-600	-600	-600	-600	-600	-600
Habenzinsen		0	-40	-90	-150	-223	-311	-414	-534	-675	-839
Sollzinsen		-2.187	-2.050	-1.899	-1.733	-1.550	-1.349	-1.128	-885	-618	-324
Veräußerungserlös		0	0	0	0	0	0	0	0	0	43.738
Restbuchwert		0	0	0	0	0	0	0	0	0	37.738
Steuerpflichtiger Veräußerungsgewinn		0	0	0	0	0	0	0	0	0	6.000
Steuersatz		50%	50%	50%	50%	50%	50%	50%	50%	50%	50%
Ergebnis vor Steuer		819	916	1.018	1.123	1.233	1.346	1.464	1.586	1.713	7.844
Steuerzahlung		410	458	509	562	616	673	732	793	857	3.922
EK-Rendite	3,68%										

Tabelle 52: VOFI für Gewerbeimmobilie mit Steuern (Annuitätendarlehen) Teil 2

	t_0	t_1	t_2	t_3	t_4	t_5	t_6	t_7	t_8	t_9	t_{10}
Direkte Zahlungen											
a_0	-43.738										
$\bar{u}_t$		3.606	3.606	3.606	3.606	3.606	3.606	3.606	3.606	3.606	3.606
R_n											43.738
Indirekte Zahlungen											
Kreditaufnahme	21.869										
Eigenkapital	21.869										
Zinsen		-2.187	-2.086	-1.980	-1.869	-1.752	-1.629	-1.500	-1.365	-1.223	-1.074
Steuerzahlung		-410	-460	-513	-569	-627	-688	-753	-821	-892	-3.966
Tilgung		-1.010	-1.060	-1.113	-1.169	-1.227	-1.288	-1.353	-1.421	-1.492	-10.737
Reinvestition t_1		0									
Solizins 11%			0								
Rückzahlung			0								
Reinvestition t_2			0								
Solizins 11%				0							
Rückzahlung				0							
Reinvestition t_3				0							
Solizins 11%					0						
Rückzahlung					0						
Reinvestition t_4					0						
Solizins 11%						0					
Rückzahlung						0					
Reinvestition t_5						0					
Solizins 11%							0				
Rückzahlung							0				
Reinvestition t_6							0				
Solizins 11%								0			
Rückzahlung								0			
Reinvestition t_7								0			
Solizins 11%									0		
Rückzahlung									0		
Reinvestition t_8									0		
Solizins 11%										0	
Rückzahlung										0	
Reinvestition t_9										0	
Solizins 11%											0
Rückzahlung											0
Endvermögen											**31.567**
Kreditbetrag	21.869	20.859	19.799	18.686	17.518	16.291	15.002	13.649	12.229	10.737	0
Habenzinssatz		5%	5%	5%	5%	5%	5%	5%	5%	5%	5%
Sollzinssatz		11%	11%	11%	11%	11%	11%	11%	11%	11%	11%

Tabelle 53: VOFI für Gewerbeimmobilie mit Steuern (Kredit mit freier Tilgung) Teil 1

freie Tilgung

Finanzierungsplan

Kreditaufnahme	21.869										
Kreditzinsen	0	-2.187	-2.086	-1.980	-1.869	-1.752	-1.629	-1.500	-1.365	-1.223	-1.074
Kredittilgung	0	-1.010	-1.060	-1.113	-1.169	-1.227	-1.288	-1.353	-1.421	-1.492	-10.737
Kreditstand PE	21.869	20.859	19.799	18.686	17.518	16.291	15.002	13.649	12.229	10.737	0

Abschreibungsplan

AfA-Satz	4%	4%	4%	4%	4%	4%	4%	4%	4%	4%	4%
AfA-Grundlage	15.000	15.000	15.000	15.000	15.000	15.000	15.000	15.000	15.000	15.000	15.000
AfA-Betrag	600	600	600	600	600	600	600	600	600	600	600
Buchwert	43.738	43.138	42.538	41.938	41.338	40.738	40.138	39.538	38.938	38.338	37.738

Steuerliche Nebenrechnung

Mieteinnahmen		3.606	3.606	3.606	3.606	3.606	3.606	3.606	3.606	3.606	3.606
Abschreibung		-600	-600	-600	-600	-600	-600	-600	-600	-600	-600
Habenzinsen		0	0	0	0	0	0	0	0	0	0
Sollzinsen		-2.187	-2.086	-1.980	-1.869	-1.752	-1.629	-1.500	-1.365	-1.223	-1.074
Veräußerungserlös		0	0	0	0	0	0	0	0	0	43.738
Restbuchwert		43.138	42.538	41.938	41.338	40.738	40.138	39.538	38.938	38.338	37.738
Steuerpflichtiger Veräußerungsgewinn		0	0	0	0	0	0	0	0	0	6.000
Steuersatz		50%	50%	50%	50%	50%	50%	50%	50%	50%	50%
Ergebnis vor Steuer		819	920	1.026	1.137	1.254	1.377	1.506	1.641	1.783	7.932
Steuerzahlung		410	460	513	569	627	688	753	821	892	3.966

EK-Rendite 3,74%

Tabelle 54: VOFI für Gewerbeimmobilie mit Steuern (Kredit mit freier Tilgung) Teil 2

	t_0	t_1	t_2	t_3	t_4	t_5	t_6	t_7	t_8	t_9	t_{10}
Direkte Zahlungen											
* a_0	-21.869										
* $ü_t$		1.531	1.531	1.531	1.531	1.531	1.531	1.531	1.531	1.531	1.531
* R_n											21.869
Indirekte Zahlungen											
Kreditaufnahme	0										
Eigenkapital	21.869										
Steuerzahlung		-765	-784	-804	-824	-845	-866	-888	-910	-933	-956
Reinvestition t_1		-765									
Habenzins 5%			38								
Rückzahlung			765								
Reinvestition t_2			-1.550								
Habenzins 5%				78							
Rückzahlung				1.550							
Reinvestition t_3				-2.354							
Habenzins 5%					118						
Rückzahlung					2.354						
Reinvestition t_4					-3.179						
Habenzins 5%						159					
Rückzahlung						3.179					
Reinvestition t_5						-4.024					
Habenzins 5%							201				
Rückzahlung							4.024				
Reinvestition t_6							-4.890				
Habenzins 5%								244			
Rückzahlung								4.890			
Reinvestition t_7								-5.777			
Habenzins 5%									289		
Rückzahlung									5.777		
Reinvestition t_8									-6.687		
Habenzins 5%										334	
Rückzahlung										6.687	
Reinvestition t_9										-7.620	
Habenzins 5%											381
Rückzahlung											7.620
Endvermögen											
Kreditbetrag	0	0	0	0	0	0	0	0	0	0	0
Habenzinssatz	5%	5%	5%	5%	5%	5%	5%	5%	5%	5%	5%
Sollzinssatz	11%	11%	11%	11%	11%	11%	11%	11%	11%	11%	11%

Tabelle 55: VOFI für Finanzinvestition mit Steuern Teil 1

Steuerliche Nebenrechnung										
Zinseinnahmen	1.531	1.531	1.531	1.531	1.531	1.531	1.531	1.531	1.531	1.531
Abschreibung	0	0	0	0	0	0	0	0	0	0
Habenzinsen	0	38	78	118	159	201	244	289	334	381
Sollzinsen	0	0	0	0	0	0	0	0	0	0
Veräußerungserlös	0	0	0	0	0	0	0	0	0	0
Restbuchwert	0	0	0	0	0	0	0	0	0	0
Steuerpflichtiger Veräußerungsgewinn	0	0	0	0	0	0	0	0	0	0
Steuersatz	50%	50%	50%	50%	50%	50%	50%	50%	50%	50%
Ergebnis vor Steuer	1.531	1.569	1.608	1.648	1.690	1.732	1.775	1.820	1.865	1.912
Steuerzahlung	765	784	804	824	845	866	888	910	933	956

EK-Rendite	3,36%

Tabelle 56: VOFI für Finanzinvestition mit Steuern Teil 2

Die Ergebnisse der Berechnungen sind in Tabelle 57 zusammengefasst.

Alternativen	Endvermögen	VOFI-Rendite
Immobilieninvestition		
endfälliger Kredit	30.179	3,27%
Annuitätendarlehen	31.400	3,68%
freie Tilgung	31.576	3,74%
Finanzinvestition	30.445	3,36%

Tabelle 57: Zusammenfassung der Ergebnisse Gewerbeimmobilien mit Steuern

Daraus geht hervor, dass die Immobilieninvestition bei Finanzierung durch einen endfälligen Kredit unvorteilhaft wäre. Im vorliegenden Beispiel erweist sich ein Kredit mit freier Tilgung als optimal; aber auch bei einem Annuitätendarlehen wäre die Immobilieninvestition der Finanzinvestition überlegen.

5.4.2.5 Investitionsrechnung für Wohnimmobilien

5.4.2.5.1 Wirtschaftlichkeitsberechnung gemäß II. Berechnungsverordnung (II. BV)

Die Wirtschaftlichkeitsberechnung gemäß II. Berechnungsverordnung (BV) ist ein einperiodiges statisches Verfahren und bildet die Grundlage zur Ermittlung der Kostenmiete. Die Kostenmiete stellt derzeit im Bereich des öffentlich geförderten Wohnungsbaus den zentralen Rentabilitätsmaßstab dar (vgl. zur Wohnungsbauförderung Schulte/Allendorf/Crommen, S. 26ff.).

Die Vorteilhaftigkeit eines Investitionsobjektes kann mit der Wirtschaftlichkeitsberechnung gemäß II. BV anhand verschiedener Maßstäbe bestimmt werden, z.B. anhand des Vergleichs von Kosten- und bewilligter Durchschnittsmiete, des Periodengewinns-/verlusts oder der Eigenkapitalrentabilität.

Der Periodengewinn-/verlust ist die Differenz zwischen den Erträgen und Aufwendungen. Analog zur statischen Gewinnvergleichsrechnung ist ein Investitionsobjekt vorteilhaft, sofern es einen Gewinn erzielt.

Die Eigenkapitalrentabilität erhält man durch Division von Periodengewinn-/verlust und eingesetztem Eigenkapital; es handelt sich also um eine statische Anfangsrendite. Eine Investition gilt als vorteilhaft, wenn die Eigenkapitalrentabilität die vom Investor geforderte Mindestrendite übersteigt.

Nach der Investitionsrechnung gemäß II. BV ist die Wirtschaftlichkeit gegeben, solange die Kostenmiete die bewilligte Durchschnittsmiete nicht übersteigt. Die Vereinbarung einer unter der bewilligten Durchschnittsmiete liegenden Kostenmiete ist nach den Vorschriften der II. BV unzulässig. Folglich gibt es nur eine Konstellation, bei der die Vorteilhaftigkeit der Investition gegeben ist, nämlich bei Übereinstimmung von Kostenmiete und bewilligter Durchschnittsmiete.

Allerdings ist zu beachten, dass die in der II. BV festgesetzte Eigenkapitalverzinsung von 4% bzw. 6,5% dem Investor einen anfänglichen Gewinn bzw. eine entsprechende anfängliche Eigenkapitalrentabilität garantiert. Somit kann sich auch für den Fall, dass die Kostenmiete über der bewilligten Durchschnittsmiete liegt, ein Gewinn bzw. eine positive Eigenkapitalrentabilität ergeben. Die Vorteilhaftigkeit der Investition hängt in diesem Falle davon ab, ob die Eigenkapitalrentabilität die vom Investor geforderte Mindestrendite übersteigt.

Angesichts der erheblichen Schwächen der Wirtschaftlichkeitsberechnung gemäß II. BV wird hier nicht mehr auf dieses Verfahren eingegangen, sondern auf die zweite Auflage dieses Buches, S. 547-553 verwiesen.

5.4.2.5.2 Investitionsrechnung anhand des VOFI-Konzeptes

Die Anwendung des VOFI-Konzeptes soll nun am realen Beispiel einer freifinanzierten Eigentumswohnung veranschaulicht werden, die im Jahre 1996 von einem Bauträger zum Kauf angeboten wurde (vgl. dazu auch Schulte 1996). Sämtliche in die Investitionsrechnung eingegangenen Daten basierten im Planungszeitpunkt auf tatsächlichen Angeboten (Investitionsausgaben, Finanzierungskonditionen, Finanzanlagen), auf für wahrscheinlich gehaltenen Prognosen und den damals geltenden steuerlichen Regelungen. Trotz inzwischen fehlender Aktualität wurde die Fallstudie beibehalten, weil sich damit Lerneffekte verbinden lassen. Die Investitionsbeschreibung und die Bestandteile der Investitionsausgabe gehen aus der Abbildung 153 hervor.

Da vom Bauträger 20 Jahre Anmietung und eine 20%-ige Mieterhöhung nach 5 Jahren sowie Vermietungsservice durch den Bauträger garantiert werden, scheinen für den Kapitalanleger einige Prognoseprobleme zu entfallen.

Zur Finanzierung der Investitionsausgabe in Höhe von DM 455.000 wird DM 50.000 Eigenkapital eingesetzt. Das Darlehen wird endfällig getilgt, wobei eine bestehende Kapital-Lebensversicherung an die Bank abgetreten wird. Nähere Angaben zur Finanzierung gehen aus Abbildung 154 hervor.

Es wird angenommen, dass die Wohnimmobilie nach 12 Jahren veräußert wird und die Wertsteigerung 2,5% p.a. beträgt. Dabei dient als Basis nicht die Investitionsausgabe von DM 455.000, sondern der um Notar- und Gerichtskosten, Kosten der Darlehenssicherung und Grunderwerbsteuer reduzierte Betrag von DM 426.000. Unter diesen Annahmen ist mit einem Veräußerungserlös von DM 572.923 in t_{12} zu rechnen.

Weiter wird unterstellt, dass der nach 10 Jahren auslaufende Kredit zum gleichen Effektivzinssatz von 7,28 p.a. bis t_{12} prolongiert werden kann und liquide Mittel als Festgeld zu 5% p.a. wiederangelegt werden.

Investitionsbeschreibung

Eigentumswohnung im Vorort einer deutschen Großstadt mit Garage/Stellplatz
Wohnfläche: 82,33 m²
Bezugsfertigkeit: 30. 09. des Jahres t_0
Erwerbszeitpunkt: 1. Dezember des Jahres t_0
Vermietungsbeginn: Januar des Jahres t_1
Geplanter Veräußerungszeitpunkt: 31. Dezember des Jahres t_{12}
laufende Mieteinnahmen
(incl. Garage/Stellplatz)

t_1 - t_5 : lt. Vertrag	monatlich DM 1.422,00
	jährlich DM 17.064,00
t_6 bis t_{10} (20% Erhöhung lt. Vertrag)	monatlich DM 1.706,40
	jährlich DM 20.476,80
t_{11} bis t_{12} (Annahme : konstante Miete)	monatlich DM 1.706,40
	jährlich DM 20.476,80

Nebenkosten lt. Vertrag:
    Pauschale in t_1:   monatlich DM 116,15
                                       jährlich DM 1.393,80
    Abrechnung und Anpassung aufgrund der tatsächlichen
    Kosten (Annahme einer 2%igen Erhöhung pro Jahr)

Erwartete Wertsteigerung des Gebäudes: 2,5 % p.a.

Investitionsausgaben

1.	Kaufpreis		
	Grundstücksanteil:	60.000,00	
	Gebäudeanteil:	340.000,00	
	Zwischensumme		400.000,00
2.	Sonstige Ausgaben		
	Bauzeitzinsen	26.000,00	
	Gebühr für die Mietgarantie	6.000,00	
	Kosten der Darlehenssicherung		
	und sonstige Nebenkosten	9.000,00	
	Notar- und Gerichtskosten		
	sowie Grunderwerbsteuer	14.000,00	
	Zwischensumme		55.000,00

Gesamtsumme der Investition		**455.000,00**
Fälligkeiten: Kaufpreis	Dezember des Jahres t_0	
Sonstige Ausgaben	Dezember des Jahres t_0	

Abbildung 153: Investitionsbeschreibung Fallbeispiel Wohnimmobilien 1

Finanzierung der Wohnimmobilie

1. *Darlehen*
Brutto-FK   450.000,00
Disagio   45.000,00
(fällig im Dezember des Jahres t0)
Auszahlungsbetrag   405.000,00

Kreditaufnahmezeitpunkt: 1. Dezember des Jahres t_0
Nominalzinssatz: 5,65 %
Kreditlaufzeit: 12 Jahre
Zinsfestschreibungzeit: 10 Jahre
Bearbeitungsgebühr: 0,00
Zinsfälligkeit: nachschüssig
anfänglicher effektiver
Jahreszins nach PangV   7,280 %
Zinszahlung: 2.118,75 monatlich
                                25.425,00 jährlich

Nominalzinssatz von
t10 bis t 12   7,280 %
Endfällige Tilgung in t12 aus Verkaufserlös

2. *Eigenkapital*   50.000,00

Gesamtsumme der Finanzierung   **455.000,00**

Alternative Finanzinvestition

Kauf einer Bundesanleihe
    Rendite   6 % p.a.
    Laufzeit   10 Jahre

Anschluß-Finanzanlage
    Rendite (Festgeld)   5 %
    Laufzeit   2 Jahre
Annahme:
Freistellungsbeträge sind bereits gänzlich durch andere Finanzanlagen ausgeschöpft,
        d.h. Erträge unterliegen der vollen Besteuerung.

Wiederanlageprämisse

Einnahmenüberschüsse aus der Vermietung der Eigentumswohnung können zu
5 %p.a. wiederangelegt werden; gleiches gilt für die Reinvestition der Zinsen aus
einer Bundesanleihe.

Abbildung 154: Investitionsbeschreibung Fallbeispiel Wohnimmobilien 2

Für die Prognose zukünftige Zinssätze können die Daten der Vergangenheit herangezogen werden. Die Zinsentwicklung der letzten 15 Jahre zeigt die Abbildung 155 aus dem Bericht „Die Geldpolitik der Deutschen Bundesbank" vom Oktober 1995.

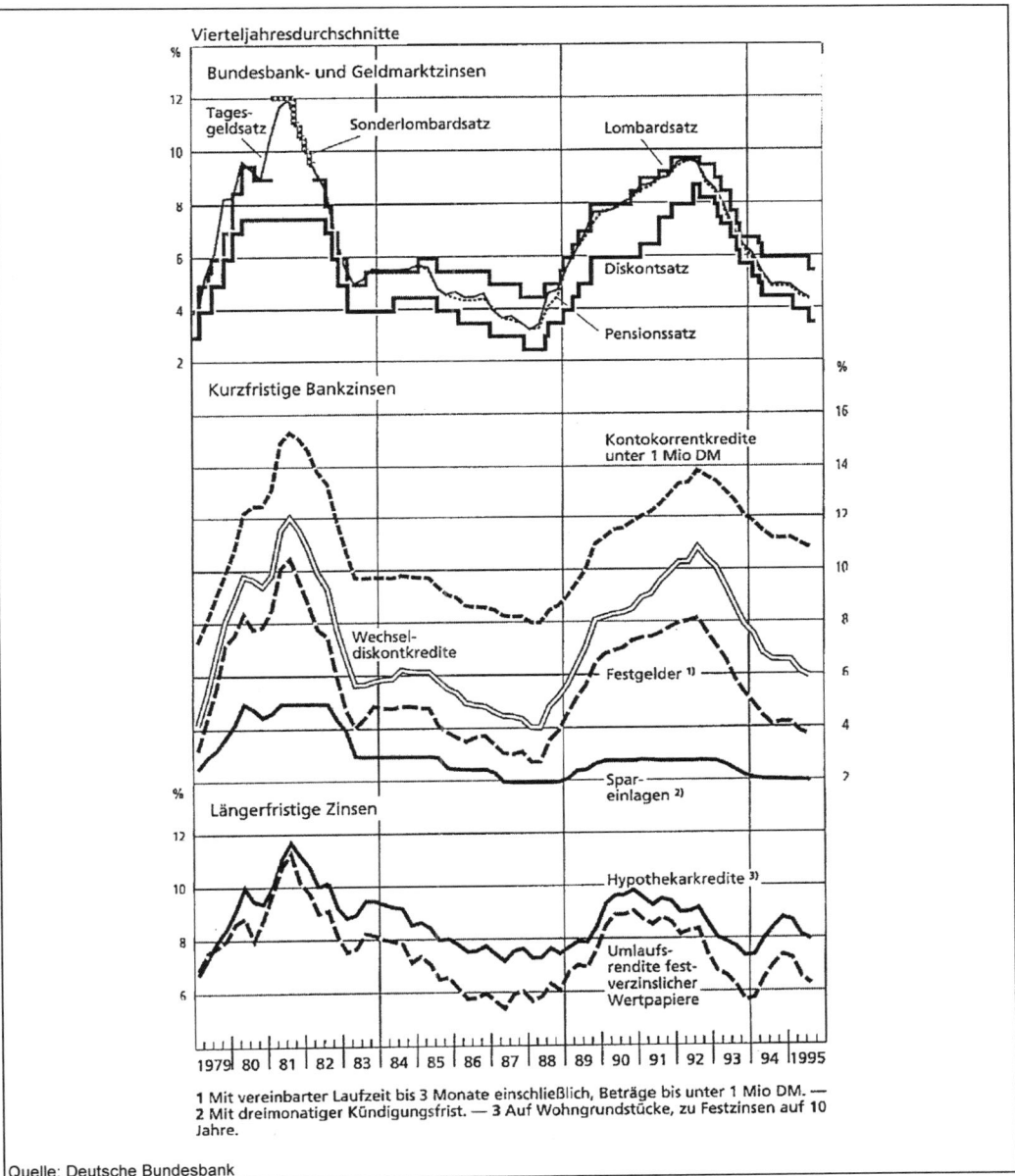

Vierteljahresdurchschnitte

Bundesbank- und Geldmarktzinsen

Tagesgeldsatz · Sonderlombardsatz · Lombardsatz · Diskontsatz · Pensionssatz

Kurzfristige Bankzinsen

Kontokorrentkredite unter 1 Mio DM · Wechseldiskontkredite · Festgelder [1] · Spareinlagen [2]

Längerfristige Zinsen

Hypothekarkredite [3] · Umlaufsrendite festverzinslicher Wertpapiere

1979 80 81 82 83 84 85 86 87 88 89 90 91 92 93 94 1995

1 Mit vereinbarter Laufzeit bis 3 Monate einschließlich, Beträge bis unter 1 Mio DM. — **2** Mit dreimonatiger Kündigungsfrist. — **3** Auf Wohngrundstücke, zu Festzinsen auf 10 Jahre.

Quelle: Deutsche Bundesbank

Abbildung 155: Zinsentwicklung

Nun zur Einkommensteuer-Situation:

Die Aufteilung der Investitionssumme ist wie folgt:

	Gebäude	Grund und Boden
Kaufpreis	340.000	60.000
Bauzeitzinsen	22.100	3.900
Grunderwerbsteuer sowie Notar- und Gerichtskosten	11.900	2.100
Summe	**374.000**	**66.000**

Die einmaligen Werbungskosten bei Anschaffung (Mietgarantie, Darlehenssicherung, etc.) betragen insgesamt DM 15.000.

Nach den für 1996 noch gültigen Bestimmungen zur degressiven Abschreibung (Jahressteuergesetz 1996) können die Herstellungskosten wie folgt abgeschrieben werden:

5,0% für die ersten 8 Jahre

2,5% für die folgenden 6 Jahre

1,25% für die restlichen 36 Jahre

Da die Eigentumswohnung im Dezember erworben wird, kann in t_0 eine Jahresabschreibung von DM 18.700 steuerlich geltend gemacht werden. Die Sollzinsen in Höhe von DM 25.425 pro Jahr sind ebenfalls steuerlich absetzbar, wobei in t_0 nur ein Monatsbetrag anfällt.

Für die Berücksichtigung von Steuern in der Investitionsrechnung ist es auch notwendig, den Ertragsteuersatz festzulegen; grundsätzlich bieten sich hier drei Möglichkeiten an:

• Durchschnittssteuersatz

• Grenzsteuersatz

• Tatsächlicher Steuersatz

Der Durchschnittssteuersatz ergibt sich durch die Division der gezahlten Steuer durch das Gesamteinkommen.

Der Grenzsteuersatz ist der Steuersatz, mit dem die letzte Geldeinheit des Einkommens versteuert wird.

Der tatsächliche Steuersatz der Investition wird durch das Verhältnis aus der durch die Investition verursachten Steuerlast und dem sich aus der Investition ergebenden Einkommen bestimmt.

Nur der tatsächliche Steuersatz kann die Steuerwirkung in einer Investitionsrechnung exakt abbilden. Die Verwendung des Grenzsteuersatzes führt zu einer Überschätzung, der Ansatz des Durchschnittssteuersatzes dagegen zu einer Unterschätzung der Steuerwirkung. Die folgende Abbildung 156 verdeutlicht den Zusammenhang zwischen Grenz- und Durchschnittssteuersatz.

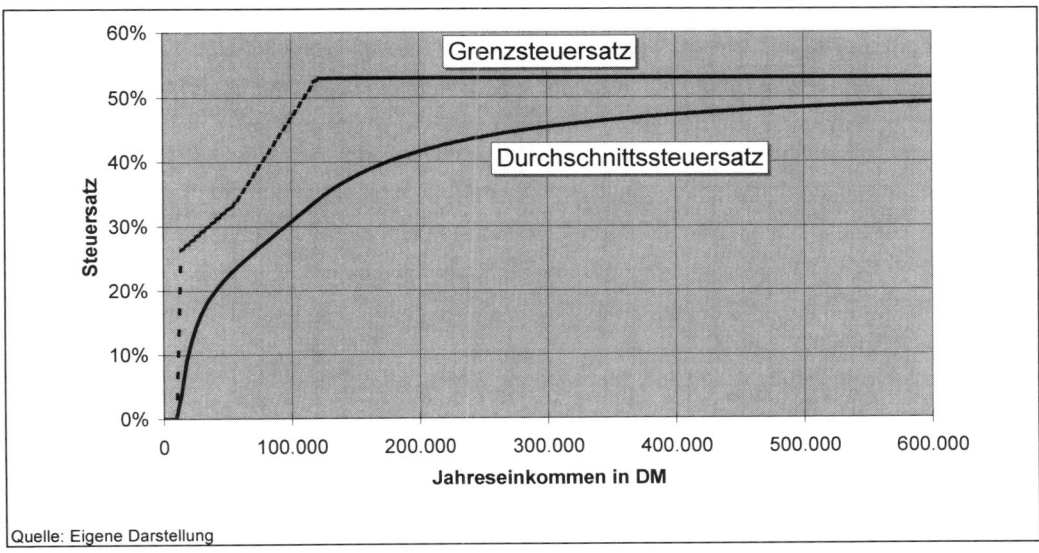

Quelle: Eigene Darstellung

Abbildung 156: Zusammenhang zwischen Grenz- und Durchschnittssteuersatz

Weiter wird angenommen, dass der Einkommensteuersatz – hier wird zur Vereinfachung der durchschnittliche Steuersatz angesetzt – des betrachteten Kapitalanlegers 50% beträgt.

Der VOFI für eine Investition in Wohnimmobilien (vgl. Tabelle 58 undTabelle 59) ist horizontal wie folgt aufgebaut:

- Der erste Teil enthält die direkten Zahlungen.

- Die indirekten Zahlungen gehen aus dem zweiten Teil hervor.

- Die steuerliche Betrachtung ist im dritten Teil abgebildet: Die Steuerzahlung bzw. -gutschrift geht als indirekte Zahlung in den zweiten Teil ein.

- Der vierte Teil enthält Informationen zur Berechnung der Abschreibungen und Restbuchwerte.

- Im fünften Teil sind Informationen zu Soll- und Habenzinsen, zur Wertsteigerung, zur Nebenkostenerhöhung sowie zum Steuersatz angegeben.

In t_0 erzielt der Kapitalanleger noch keine Mieterträge; er hat jedoch hohe Werbungskosten durch das Disagio, die Sollzinsen, die Abschreibung sowie diverse andere Werbungskosten. Daraus resultiert ein steuerlicher Verlust in Höhe von DM 80.819. Bei 50% Einkommensteuersatz wird eine Steuerersparnis von DM 40.409 erzielt, die nach Abzug der anteiligen Sollzinsen von DM 2.119 als Festgeld zu 5% für ein Jahr angelegt werden kann.

	t0	t1	t2	t3	t4	t5	t6	t7	t8	t9	t10	t11	t12
Direkte Zahlungen													
* a0	-455.000												
* et		17064	17064	17064	17064	17064	20477	20477	20477	20477	20477	20477	20477
* at Betrieb		-1.394	-1.422	-1.450	-1.479	-1.509	-1.539	-1.570	-1.601	-1.633	-1.666	-1.699	-1.733
* üt		15670	15642	15614	15585	15555	18938	18907	18876	18844	18811	18778	18744
* Rn													572.923
Indirekte Zahlungen													
Kreditaufnahme	450.000												
Disagio	-45.000												
Eigenkapital	50.000												
Zinsen	-2.119	-25.425	-25.425	-25.425	-25.425	-25.425	-25.425	-25.425	-25.425	-25.425	-25.425	-32.760	-32.760
Steuergutschrift	40409	13270	13148	13024	12896	12766	10927	10748	5889	5819	5747	9341	9358
Tilgung													-450.000
Rückzahlung Finanzanlage		38291	43720	49272	54948	60752	66685	74459	82411	85872	89403	93006	93015
Zinsen aus Finanzanlage		1915	2186	2464	2747	3038	3334	3723	4121	4294	4470	4650	4651
Reinvestition in Finanzanlage	-38.291	-43.720	-49.272	-54.948	-60.752	-66.685	-74.459	-82.411	-85.872	-89.403	-93.006	-93.015	0
Steuerliche Nebenrechnung													
Mieteinnahmen	0	17064	17064	17064	17064	17064	20477	20477	20477	20477	20477	20477	20477
Nebenkosten	0	-1.394	-1.422	-1.450	-1.479	-1.509	-1.539	-1.570	-1.601	-1.633	-1.666	-1.699	-1.733
Abschreibung	-18.700	-18.700	-18.700	-18.700	-18.700	-18.700	-18.700	-18.700	-9.350	-9.350	-9.350	-9.350	-9.350
Habenzinsen	0	1915	2186	2464	2747	3038	3334	3723	4121	4294	4470	4650	4651
Sollzinsen	-2.119	-25.425	-25.425	-25.425	-25.425	-25.425	-25.425	-25.425	-25.425	-25.425	-25.425	-32.760	-32.760
Disagio	-45.000												
Kosten der Darlehenss. etc.	-9.000												
Gebühr für Mietgarantie	-6.000												
Veräußerungserlös													0
Restbuchwert gesamt													0
Ergebnis vor Steuer	-80.819	-26.540	-26.297	-26.048	-25.793	-25.532	-21.853	-21.495	-11.779	-11.638	-11.494	-18.682	-18.716
Steuer	-40.409	-13.270	-13.148	-13.024	-12.896	-12.766	-10.927	-10.748	-5.889	-5.819	-5.747	-9.341	-9.358
Endvermögen	0	0	0	0	0	0	0	0	0	0	0	0	**215.930**
Kreditbetrag	450.000	450.000	450.000	450.000	450.000	450.000	450.000	450.000	450.000	450.000	450.000	450.000	0

Tabelle 58: VOFI für Wohnimmobilie mit Steuern Teil 1

	t0	t1	t2	t3	t4	t5	t6	t7	t8	t9	t10	t11	t12
Normale AFA	5,00%	5,00%	5,00%	5,00%	5,00%	5,00%	5,00%	5,00%	2,50%	2,50%	2,50%	2,50%	2,50%
AFA-Basis	374.000	374.000	374.000	374.000	374.000	374.000	374.000	374.000	374.000	374.000	374.000	374.000	374.000
Restbuchwert Gebäude	355.300	336.600	317.900	299.200	280.500	261.800	243.400	224.400	215.050	205.700	196.350	187.000	177.650
Restbuchwert Grund	66.000	66.000	66.000	66.000	66.000	66.000	66.000	66.000	66.000	66.000	66.000	66.000	66.000
Restbuchwert gesamt	421.300	402.600	383.900	365.200	346.500	327.800	309.100	290.400	281.050	271.700	262.350	253.000	243.650
Steuersatz	50,00%	50,00%	50,00%	50,00%	50,00%	50,00%	50,00%	50,00%	50,00%	50,00%	50,00%	50,00%	50,00%
Nominalzinssatz Darlehen	5,65%	5,65%	5,65%	5,65%	5,65%	5,65%	5,65%	5,65%	5,65%	5,65%	5,65%	7,28%	7,28%
Habenzinssatz Festgeld	5,00%	5,00%	5,00%	5,00%	5,00%	5,00%	5,00%	5,00%	5,00%	5,00%	5,00%	5,00%	5,00%

VOFI-Rendite Immobilie:	0,1297
VOFI.Rendite Finanzinv.:	0,0287
Endvermögensdifferenz Immobilieninvestition-Finanzinvestition	145.743

Tabelle 59: VOFI für Wohnimmobilie mit Steuern Teil 2

	t0	t1	t2	t3	t4	t5	t6	t7	t8	t9	t10	t11	t12
Direkte Zahlungen													
* a0	-50.000												
* üt		3.000	3.000	3.000	3.000	3.000	3.000	3.000	3.000	3.000	3.000		
* Rn											50.000		
Indirekte Zahlungen													
Eigenkapital	50.000												
Steuerzahlung	0	- 1.500	- 1.538	- 1.576	- 1.615	- 1.656	- 1.697	- 1.740	- 1.783	- 1.828	- 1.873	- 1.670	- 1.712
Rückzahlung Finanzanlage		0	1.500	3.038	4.613	6.229	7.884	9.582	11.321	13.104	14.932	66.805	68.475
Zinsen aus Finanzanlage		0	75	152	231	311	394	479	566	655	747	3.340	3.424
Reinvestition in Finanzanlage	0	-1.500	-3.038	-4.613	-6.229	-7.884	-9.582	-11.321	-13.104	-14.932	-66.805	-68.475	0
Steuerliche Nebenrechnung													
Zinseinnahmen	0	0	0	0	0	0	0	0	0	0	0	0	0
Habenzinsen Reinvestition	0	0	75	152	231	311	394	479	566	655	747	3.340	3.424
Sonstige Werbungskosten	0	0	0	0	0	0	0	0	0	0	0	0	0
Ergebnis vor Steuer	0	3.000	3.075	3.152	3.231	3.311	3.394	3.479	3.566	3.655	3.747	3.340	3.424
Steuer	0	1.500	1.538	1.576	1.615	1.656	1.697	1.740	1.783	1.828	1.873	1.670	1.712
Endvermögen	0	0	0	0	0	0	0	0	0	0	0	0	70.187
Steuersatz	50,00%	50,00%	50,00%	50,00%	50,00%	50,00%	50,00%	50,00%	50,00%	50,00%	50,00%	50,00%	50,00%
Habenzinsen Festgeld	5,00%	5,00%	5,00%	5,00%	5,00%	5,00%	5,00%	5,00%	5,00%	5,00%	5,00%	5,00%	5,00%
VOFI-Rendite	2,87%												

Tabelle 60: VOFI für Finanzinvestition mit Steuern

In den Folgejahren werden die Nettomieten um Sollzinsen und Abschreibungen gemindert; die Habenzinsen aus der Anlage der Steuerersparnis sind dagegen hinzuzurechnen.

In allen Jahren bis zum Veräußerungszeitpunkt t_{12} werden steuerliche Verluste realisiert. Dennoch ist anzunehmen, dass gegenüber dem Fiskus eine Gewinnerzielungsabsicht glaubhaft gemacht werden kann; ohne Berücksichtigung von weiteren Mietsteigerungen würde man nach etwa 40 Jahren zu einem steuerlichen Totalgewinn gelangen. Der Veräußerungsgewinn ist steuerfrei. Für die betrachtete Eigentumswohnung errechnet sich aufgrund der obigen Informationen ein Endvermögen nach Steuern in Höhe von DM 215.930 und eine VOFI-Rendite von 12,97%, jeweils nach Steuern. Bei einer Anlage in einer Bundesanleihe würden das Endvermögen DM 70.187 und die VOFI-Rendite lediglich 2,87% (vgl. Tabelle 60) betragen.

Variiert man die Annahmen über die Wertsteigerung der Immobilie und den Steuersatz, so ergibt sich die folgende Abbildung, die die Bandbreite der Ergebnisse der Sensitivitätsanalyse zeigt (vgl. Abbildung 157).

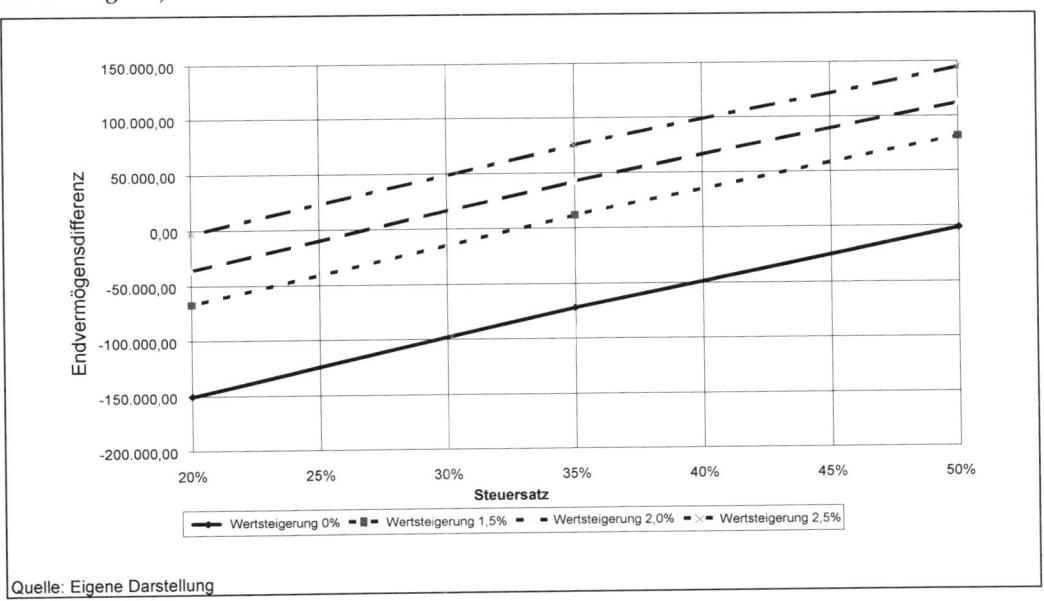

Quelle: Eigene Darstellung

Abbildung 157: Vermögensendwert (Endvermögensdifferenz) in Abhängigkeit von dem Steuersatz und der Wertsteigerung

Die Differenz zwischen dem jeweiligen Endvermögen, das mit der Eigentumswohnung und mit der Bundesanleihe erzielt werden kann, ist umso größer,

- je höher der Steuersatz des privaten Anlegers und
- je höher die Wertsteigerung der Immobilien

angenommen werden. Dagegen ist die Steigerungsrate der Nebenkosten nur von geringer Bedeutung.

Ob der Rentabilitätsvorsprung der Wohnimmobilie gegenüber der Finanzinvestition ausreicht, um das höhere Risiko abzudecken, muss jeder Anleger selbst entscheiden. Einen Eindruck über das Risiko, das mit der Immobilieninvestition verbunden ist, lässt sich durch Sensitivitätsanalysen gewinnen.

Um die Auswirkungen der Unsicherheit möglichst genau abzubilden, bietet es sich bei Immobilieninvestitionen an, die Sensitivitätsanalyse sowohl ceteris paribus für einzelne unsichere Größen als auch für mehrere unsichere Größen gleichzeitig durchzuführen.

Da sich die Investitionsalternativen in der Regel sowohl in der Höhe des Vermögensendwertes als auch in ihrer Empfindlichkeit unterscheiden, hängt die Vorteilhaftigkeitsentscheidung letztendlich von der subjektiven Risikoeinstellung des Investors ab.

Ein im Rahmen der Wirtschaftlichkeitsanalyse interessanter Aspekt ist die Frage nach der Stärke der Auswirkung einzelner Parameter auf die Rentabilität. Wenn der Investor einschätzen kann, welche Parameter einen besonders hohen bzw. einen zu vernachlässigenden Einfluss auf die Vorteilhaftigkeit der Investition haben, so kann er seine Investitionsstrategie entsprechend darauf abstimmen.

Eine mögliche konkrete Fragestellung bei dieser Form der Sensitivitätsanalyse lautet: Wie ändert sich die Zielgröße (z.B. der Vermögensendwert der Investition oder die VOFI-Rentabilität), wenn ein bestimmter Parameter der Investitionsrechnung um einen festen Prozentsatz variiert wird?

Im folgenden Beispiel werden diverse Parameter um ±20% verändert. Die Auswirkungen dieser Änderung auf die VOFI-Rentabilität sind bei den verschiedenen Parametern unterschiedlich groß. Dies kann in einem so genannten **„Tornado-Diagramm"** visualisiert werden. Die einzelnen Parameter sind nach der Stärke ihrer Auswirkung auf die VOFI-Rentabilität aufgelistet; oben steht der Parameter mit dem größten, ganz unten der mit dem geringsten Einfluss (vgl. Abbildung 158).

Es zeigt sich, dass die VOFI-Rentabilität sehr stark von der Höhe der Investitionsausgabe abhängt. Steigt a_0 auf 546.000 (d.h. +20%), dann sinkt die VOFI-Rendite auf 4,02% (d.h. -8,95%). Die Steigerungsrate der Nebenkosten, die im Beispiel mit 2% angenommen ist, hat dagegen nur einen sehr geringen Einfluss auf die VOFI-Rentabilität. Eine Veränderung von ± 20% führt nur zu einer um 0,1‰ gestiegenen oder gesunkenen VOFI-Rentabilität.

Zusammenfassend bleibt festzuhalten, dass Sensitivitätsanalysen wertvolle Instrumente darstellen, um „[...] Tragweite und Auswirkungen unsicherer Zukunftsvorstellungen deutlich [...]" (Schulte 1986, S. 176) zu machen. Sie sind aber nicht in der Lage, feste Entscheidungsregeln über die Vorteilhaftigkeit von Investitionen zu liefern.

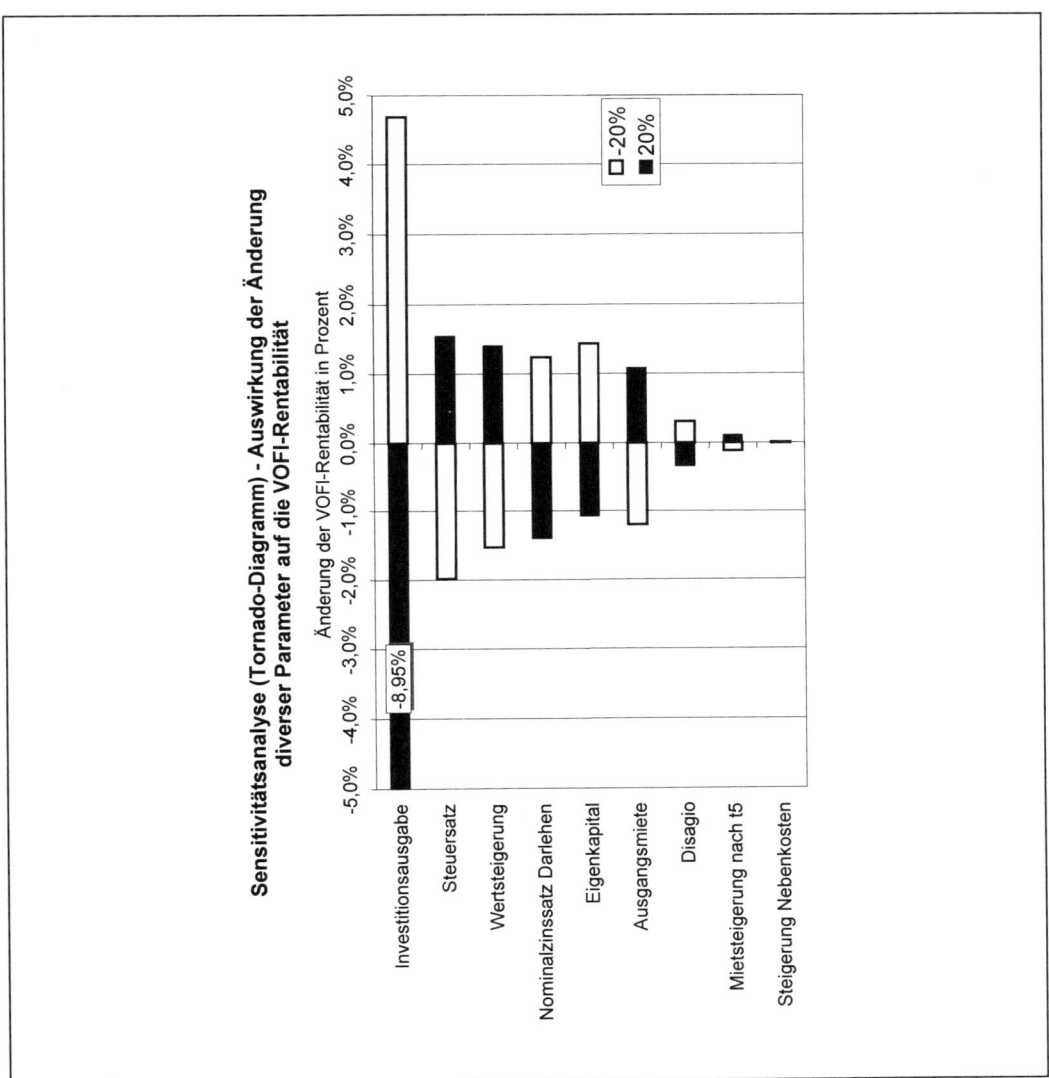

Abbildung 158: Tornado-Diagramm Wohnimmobilien

In der ex post-Betrachtung acht Jahre nach der Investition zeigt sich, dass der so positiv erscheinende Erwerb der Wohnimmobilie kein gutes Geschäft gewesen ist:

• Der Bauträger meldete in der Zwischenzeit Konkurs an. Die Anmietungs- und Mieterhöhungsgarantie erwies sich danach als wertlos.

• Ob überhaupt bis heute eine Wertsteigerung eingetreten ist, muss bezweifelt werden.

- Die Mieteinnahmen haben sich gegenüber der Ausgangsmiete nur unwesentlich erhöht; die Nebenkosten entwickelten sich planmäßig.

- Die Wiederanlage konnte nur zu deutlich niedrigeren Zinssätzen erfolgen.

Für den Investor bleibt nur die Hoffnung, dass die Eigentumswohnung von den derzeit erwarteten Mietsteigerungen profitiert und am Ende des Planungszeitraums doch das prognostizierte Rentabilitätsziel erreicht.

5.4.2.6   Ausblick

Die vorstehenden Ausführungen haben gezeigt, dass sich mit dem Konzept der Vollständigen Finanzpläne die Wirtschaftlichkeitsberechnung für Immobilieninvestitionen realitätsnah durchführen lässt. Darin zeigen sich vollständige Finanzpläne den herkömmlichen klassischen Investitionsrechnungsverfahren deutlich überlegen. Das Argument, dass mit den modernen Verfahren ein erheblich größerer Rechenaufwand verbunden ist, wird durch die neuen Generationen von Computern und Tabellenkalkulationsprogrammen entkräftet.

Die neue Technik eröffnet darüber hinaus ein Feld, das in diesem Kapitel nur kurz angesprochen wurde, nämlich die Risikoanalyse. Quantifizierbare Investitionsrisiken können durch die Simulation von verschiedenen Zukunftsszenarien wesentlich effizienter dargestellt werden. Moderne Computerprogramme erlauben die Simulation unter der Zuhilfenahme von modellierten Zufallsverteilungen für alle unsicheren Variablen einer Investition.

Nicht behandelt wurden in diesem Kapitel die besonderen Probleme bei Investitionsrechnungen für Sonderimmobilien (vgl. hierzu Busz) und im Rahmen des betrieblichen und öffentlichen Immobilienmanagements; bei letzterem besteht noch erheblicher Forschungsbedarf.

5.4.3 Beurteilung indirekter Immobilienanlagen

Stephan Bone-Winkel, Karl-Werner Schulte, Ramon Sotelo

5.4.3.1 Typologie von Immobilienanlageprodukten

Neben der Direktinvestition in Immobilien existiert eine Fülle indirekter Immobilienanlagen. Darunter versteht man die Investition in Immobilienanlageprodukte, bei denen ein spezifisches Regelwerk Informations-, Mitbestimmungs- und Zahlungsrechte definiert.

Die Tabelle 61 (entnommen aus Bone-Winkel, S. 675ff.; aktualisiert) gibt einen umfassenden Überblick über die Anlageformen

- offene Immobilienfonds,

- geschlossene Immobilienfonds,

- Immobilienaktien,

wobei nach Produkt, Anlagepolitik, Anleger und Anbieter differenziert wird.

	Offene Immobilienfonds	Geschlossene Immobilienfonds	Immobilienaktien
Das Produkt			
Definition und Gesellschafts-zweck	Kapitalanlagegesellschaften sind Kreditinstitute, deren Geschäftsbereich darauf gerichtet ist, Sondervermögen zu verwalten und Dienstleistungen oder Nebendienstleistungen nach § 7 Abs.2 InvG zu erbringen (§ 6 Abs. 1 InvG)	Geschlossene Immobilienfonds sind Personengesellschaften, deren Geschäftszweck auf den Erwerb von Grundstücken und grundstücksgleichen Rechten, deren Bebauung und Verwaltung ausgerichtet ist, wobei das im Investitionsplan ausgewiesene Eigenkapital von vornherein feststeht und in der Regel öffentlich zur Zeichnung angeboten wird.	Immobilienaktien sind Anteilscheine einer börsennotierten Aktiengesellschaft, deren Börsenwert maßgeblich durch den Wert des eigenen Immobilienbestandes beeinflusst wird. Die AG wurde entweder zum Zweck der Investition in Immobilien oder sonstiger immobilienbezogener Tätigkeiten gegründet oder hat ihren Gesellschaftszweck im Zeitablauf überwiegend auf den Geschäftsbereich Immobilien verlagert.
Rechts-form	Nicht rechtsfähiges Sondervermögen; Kapitalanlagegesellschaft nur als AG oder GmbH	KG oder GbR oder verwandte Konstruktionen	AG

Tabelle 61: Spezifika von Immobilienanlageprodukten

	Offene Immobilienfonds	Geschlossene Immobilienfonds	Immobilienaktien
Konstruk-tion	Der offene Fonds ist ein Im-mobilien-Sondervermögen, das von einer Kapitalan-lagegesellschaft (KAG) geführt wird. Die KAG ist Spezialkre-ditinstitut und unterliegt der Aufsicht der Bundesanstalt für Finanzdienstleistungsaufsicht (BaFin). Eine Depotbank über-wacht den Grundstücksbe-stand und verwahrt die zum Sondervermögen gehörenden liquiden Mittel. Sie gibt auch die Fondszertifikate aus.	KG: Eine KG ist Eigentümerin des Grundstücks. Der Anleger beteiligt sich als Kommanditist direkt oder über einen Treu-händer an der KG. Das KG-Vermögen ist Gesamthand-vermögen der Gesellschafter. Komplementäre sind i.d.R. na-türliche Personen, häufig die Initiatoren des Fonds. GbR: Eine Gesellschaft ist für eine Gemeinschaft der Anle-ger als Treuhänderin Eigen-tümer des Fondsvermögens.	Die Aktiengesellschaft ist Ei-gentümerin des Grundstücks-vermögens, entweder direkt oder über die Beteiligung an Grundstücksgesellschaften. Die Organe der AG (Vorstand, Aufsichtsrat, Hauptversamm-lung) und die Rechte und Pflichten der Aktionäre ent-sprechen der jeder anderen deutschen AG.
Emis-sions-prinzip	Offen (keine Beschränkung des Zeichnungsvolumens)	Geschlossen (Fonds wird bei Vollzeichnung geschlossen)	Stufenweise (durch Kapitaler-höhung)
Kapital	Min. 2,5 Mio. Euro	Keine Regelung	Min. 50.000 Euro
Anteil-schein	Inhaber- oder Namens-Wertpapier, Inhaberwertpapie-re girosammelverwahrfähig	Kein Wertpapier, lediglich Quittung oder Urkunde	Wertpapier in Form einer Na-mens- oder Inhaberaktie
Publizi-tätspflicht	Jahres- und Halbjahresbericht, ferner Verpflichtung zur be-wertungstäglichen Meldung des Sondervermögenbestan-des an die BaFin auf elektro-nischem Wege	In der Regel jährlicher Bericht gemäß Vertragsbedin-gungen, bei KG Buchfüh-rungs- und Bilanzierungspflicht	Geschäftsbericht, z.T. ad hoc Publizität
Haftung des An-legers	Auf den Anteil beschränkt	KG: Komplementäre haften unbeschränkt, Kommanditis-ten beschränkt bis zur Höhe der Einlage (Aufleben der per-sönlichen Haftung bei Ge-winnausschüttungen nach der Inanspruchnahme von (Son-der-)Abschreibungen) GbR: Grundsätzlich unbe-grenzte Haftung aller Gesell-schafter, typischerweise Haf-tungsbeschränkung aufgrund Treuhandkonstruktion oder GbR mit beschränkter Haftung	Auf den Anteil beschränkt

Tabelle 61: Spezifika von Immobilienanlageprodukten (Fortsetzung)

	Offene Immobilienfonds	Geschlossene Immobilienfonds	Immobilienaktien
Anlegerschutz	Umfangreiche Schutzvorschriften des InvG, sowohl zur Publizität als auch zur Anlagepolitik; Aufsicht durch die BaFin Geringe Kontroll- oder Mitwirkungsrechte der Anleger Seit 2002 freiwilliges Rating der offenen Immobilienfonds durch Ratingagenturen	Mit Inkrafttreten des geplanten Gesetzes zur Verbesserung des Anlegerschutzes (AnSVG) voraussichtl. in 2004 wird Prüfung und Genehmigung des Verkaufsprospektes durch die BaFin zur Pflicht.	Anlegerschutz durch umfangreiche gesetzliche Zulassungs-, Prüfungs- und Publizitätspflichten, z.B. Gesetz zur Verbesserung und Transparenz im Unternehmensbereich (KonTraG) Keine Vorgaben zur Anlagepolitik; keine Pflicht zur Offenlegung von Verkehrswerten, Transaktionen, Daten zur Bestandsentwicklung
Prospekthaftung	Ja	Ja	Ja
Fungibilität	Uneingeschränkt durch gesetzliche Rücknahmegarantie (§ 37 InvG), allerdings kann die KAG die Rückzahlung unter Vorliegen bestimmter Voraussetzungen um 1 Jahr verzögern (§ 81 InvG)	Eingeschränkt, initiatorenabhängiger Sekundärmarkt, Andienungsrecht nach Sperrfrist bei einzelnen Fonds	Uneingeschränkt, börsentäglich Verkauf der Aktien möglich, es sei denn der Handel wird ausgesetzt
Immobilienbewertung	Mindestens einmal jährlich durch Sachverständigenausschuss, sowie bei An- und Verkauf von Objekten (§ 70 Abs. 2 InvG) Nach § 79 Abs. 3 InvG sind sowohl der Wert des Anteils am Sondervermögen als auch der Ausgabe- und Rücknahmepreis börsentäglich zu ermitteln.	In der Regel keine laufende Bewertung nach WertV; „innerer Wert" des Anteils wird bei Anteilverkauf geschätzt	Gesamtbewertung des Immobilienbestandes durch die Börse, z.T. auch Angabe von Verkehrswerten oder Net Asset Value (NAV) im Geschäftsbericht
Bewertung der Anteile	Ergibt sich durch den Wert des Sondervermögens geteilt durch die Zahl der Anteile. Tägliche Berechnung des Zertifikatswertes durch Depobank	Keine laufende Wertfeststellung, Preisfindung erfolgt im Bedarfsfall durch den Initiator. Kein funktionierender unabhängiger Sekundärmarkt	Bewertung durch die Börse
Beleihungsmöglichkeit	Ja, wie andere Wertpapiere	Erschwert, da Fremdfinanzierung der Objekte in der Regel bereits vorliegt. Realisationsmöglichkeit nicht sichergestellt. Private Anteilsfinanzierung in Praxis üblich	Ja, wie andere Wertpapiere

Tabelle 61: Spezifika von Immobilienanlageprodukten (Fortsetzung)

	Offene Immobilienfonds	Geschlossene Immobilienfonds	Immobilienaktien
Eckdaten zur Besteuerung	Das Grundstückssondervermögen ist als Zweckvermögen steuerneutral (Ausnahme: Grund- und Grunderwerbsteuer); Besteuerung auf der Ebene des Anlegers; der Anleger erzielt Einkünfte aus Kapitalvermögen; Ertragsteile aus Veräußerungsgewinnen bleiben nach der Spekulationsfrist von 10 Jahren auf Fondsebene steuerfrei; Gewinne aus der Anteilscheinveräußerung bleiben nach einer Frist von 12 Monaten auf Anlegerebene steuerfrei.	Bei vermögensverwaltender Tätigkeit Einkünfte aus Vermietung und Verpachtung. Keine Besteuerung der Gesellschaft, nur der Gesellschafter; Beschränkung der Verlustverrechnung bei Haftungsbegrenzung; Veräußerungsgewinne nach Ablauf der Spekulationsfrist von 10 Jahren steuerfrei; Gefahr der steuerlichen Nicht-Anerkennung	Volle Besteuerung auf der Ebene der Gesellschaft; zusätzlich Besteuerung der Aktionäre im Rahmen von Einkünften aus Kapitalvermögen. Es ergeben sich gundsätzlich keine steuerlichen Vorteile durch die AG als Rechtsform (ggf. § 6b-Rückl.); Verluste der Gesellschaft können nicht durch die Gesellschafter geltend gemacht werden; Gewinne aus der Anteilsscheinveräußerung bleiben nach einer Frist von 12 Monaten steuerfrei.
Körperschaftsteuer	Befreit	Nein, da Personengesellschaft	Ja
Gewerbesteuer	Befreit	Nein, wenn vermögensverwaltende Tätigkeit (3 Objekt-Grenze)	Ja, aber vermeidbar wenn Objekte in Personengesellschaften
Erbschaft- und Schenkungsteuer	Steuerpflichtig, Bewertung zum aktuellen Rücknahmepreis	Steuerpflichtig	Steuerpflichtig, Bewertung zum aktuellen Börsenkurs
Grunderwerbsteuer	Keine beim Anteilserwerb	Keine beim Anteilserwerb	Keine beim Anteilserwerb

Tabelle 61: Spezifika von Immobilienanlageprodukten (Fortsetzung)

	Offene Immobilienfonds	Geschlossene Immobilienfonds	Immobilienaktien
	Die Anlagepolitik		
gesetzliche Anlagevorschriften	§§ 67 und 68 InvG setzen Rahmenbedingungen (zusätzliche Regelungen in Vertragsbedingungen): Uneingeschränkt erwerbsfähig sind nur drei Objektarten: Mietwohn-, Geschäfts- und gemischt genutzte Grundstücke (jeweils auch als Erbbaurecht). Baugrundstücke und unbebaute Grundstücke (ebenfalls als Erbbaurecht) dürfen bis zu einer 20%- Obergrenze, gemessen am Wert des Sondervermögens, erworben werden, sofern eine genehmigte Bauplanung für uneingeschränkt erwerbsfähige Objektarten vorliegt bzw. eine baldige Bebauung gemäß dieser Maßgabe bevorsteht. Die genannten Objektarten sind grundsätzlich auch außerhalb des EWR erwerbsfähig. Übersteigt deren Anteil allerdings 30% des Fondsvermögens, müssen Währungssicherungsinstrumente verwendet werden.	Keine Beschränkung der Anlagemöglichkeiten Detaillierte Anlagevorschriften sind nicht notwendig, da der Investitionsplan bei Emission des Fonds bereits fixiert und im Prospekt detailliert beschrieben ist; das Verfügungsrecht an den Anlageobjekten ist bereits gesichert. Davon ausgenommen sind blind pool-Fonds, bei denen die Anlageobjekte bei Auflegung des Fonds ganz oder teilweise unbestimmt sind.	Keine Beschränkung der Anlagemöglichkeiten Den Aktiengesellschaften ist daher auch die Übernahme von Grundstücksgesellschaften, die Beteiligung an Immobilienunternehmen oder branchenfremde Aktivitäten möglich.

Tabelle 61: Spezifika von Immobilienanlageprodukten (Fortsetzung)

	Offene Immobilienfonds	Geschlossene Immobilienfonds	Immobilienaktien
Anlage-spektrum (Quellen: Bundes-bank, BVI, Bulwien, Loipfinger)	Immobilien in erstklassigen oder integrierten City-Lagen der wichtigsten Standorte in Deutschland, Europa und Nordamerika Die Liegenschaften der im BVI organisierten Fonds verteilten sich gemäß Rechenschaftsberichten von 22 Fonds mit Geschäftsjahresende in 2003 wie folgt: 28,3% der Liegenschaften in den Euro-Ländern (ohne D), 13,5% in Europa außerhalb der Eurozone, 3,1% in außereurop. Ländern, 17,5% in Rhein-Main, 8,8% in Rhein-Ruhr, 23,5% in deutschen Großstädten und 5,3% in sonstigen deutschen Städten Nur Gewerbeimmobilien, kaum Wohn- oder Spezialimmobilien (Senioren, Kliniken, Freizeit), Betreiberimmobilien nur an erstklassigen Standorten mit vertraglich gesichertem Konzept Mittlere bis sehr große Objektvolumina (je nach Fonds)	Das Eigenkapital für geschlossene Deutschlandimmobilienfonds lag in 2003 bei 2,34 Mrd. Euro. Das Eigenkapitalvolumen für geschlossene Auslandsimmobilienfonds in 2003 lag bei 1,56 Mrd. Euro für die Vereinigten Staaten, 353,6 Mio. Euro für Österreich, 308 Mio. Euro für die Niederlande und 234 Mio. für sonstige Länder. Überwiegend investieren geschlossene Immobilienfonds sowohl in Deutschland als auch im Ausland in Büroimmobilien, in 2003 wurden 72% des Kapitals in Büroimmobilien investiert. Erwähnenswert ist darüber hinaus der EZH-Anteil mit >12%.	Häufig vorhandener Grundstücksbestand, z.B. vormals industriell genutzte Grundstücke Über die reine Anlage hinaus umfasst die Tätigkeit in der Regel die aktive Sanierung, Umnutzung, Entwicklung und die Verwertung der Bestandsobjekte.

Tabelle 61: Spezifika von Immobilienanlageprodukten (Fortsetzung)

	Offene Immobilienfonds	Geschlossene Immobilienfonds	Immobilienaktien
Anlage-streuung (Quellen: Bundes-bank, BVI, Bulwien, Loipfinger)	Ja, gesetzlich vorgeschrieben: Nach § 73 InvG gilt eine Einzelgrundstücksobergrenze von 15% des Sondervermögens. Außerdem gilt, dass der Gesamtwert der Immobilien, die jeweils mehr als 10% am Fondvermögen ausmachen, nicht mehr als 50% des Sondervermögens ausmachen darf. Als Immobilie ist auch eine aus mehreren Immobilien bestehende Einheit anzusehen. Diese Einschränkungen sind erst nach Ablauf einer Frist von 4 Jahren ab Zeitpunkt der Bildung des Sondervermögens wirksam(§ 74 InvG) Keine Vorschriften über das Ausmaß der Streuung nach einzelnen Anlageklassen, Nutzungssektoren, Regionen o.ä.	In der Regel liegt keine Streuung vor, da der Fonds nur aus einem Investitionsobjekt besteht; nur Mehr-Objekt-Fonds oder blind pool-Fonds bestehen aus mehreren Objekten, deren geringe Zahl jedoch regelmäßig nur eine eingeschränkte Risikostreuung ermöglicht (z.B. in Form von Ost-West-Fonds oder Wohn- und Gewerbefonds).	In der Regel ja Aufgrund des bei den meisten Aktiengesellschaften historisch gewachsenen Grundbesitzes ergibt sich häufig eine Konzentration auf einzelne Regionen, Objektkategorien oder Nutzungsarten.
Immobi-lienanteil am Fonds-vermögen	Liquiditätsanteil mind. 5% und max. 49% des Sondervermögens (§ 80 InvG)	Geringe Liquiditätsreserve üblich	Zum Teil erhebliche branchenfremde Aktivitäten
Fremdfi-nanzie-rung der Objekte	Gem. § 82 InvG bis max. 50% des Verkehrswertes, aber für Objekte in Deutschland unüblich	Abhängig von Konzeption (bei EK-Fonds gering, bei steuerorientierten Fonds z.T. sehr hoch)	In der Regel gering
Eigene Baupro-jekte	Ja, aber nur maximal 20% des Wertes des Sondervermögens	Ja	Ja
Beteili-gung an Gesell-schaften	Mehrheitsbeteiligungen an Grundstücksgesellschaften dürfen 49% des Fondvermögens ausmachen, Minderheitsbeteiligungen bzw. Joint-Venture-Beteiligungen können bis zu einem Maximum von 20% des Fondvermögens erworben werden.	Selten (u.U. Gefährdung der Einkunftsart Vermietung und Verpachtung)	Uneingeschränkt möglich

Tabelle 61: Spezifika von Immobilienanlageprodukten (Fortsetzung)

	Offene Immobilienfonds	Geschlossene Immobilienfonds	Immobilienaktien
Die Anleger			
Typische Anleger- zielgruppe	Sehr breiter Anlegerkreis; vor- sichtiger, sachwert-orientierter Anleger mit mittlerem Ein- kommen / Vermögen	Breiter Anlegerkreis; in der jüngsten Zeit Rückgang der steuersparorientierten Anle- ger, stattdessen vermehrt ver- mögende Anleger mit Aus- schüttungspräferenz (auch Vermögensübertragung)	Begrenzter Anlegerkreis; risi- kobewusster, stark ertragsori- entierter Anleger mit Vermö- gen (Kauf von Substanzaktien dient häufig der Diversi- fizierung der Vermögensanla- ge)
Perfor- mance- ziel	Auf langfristig kontinuierlichen Wertzuwachs mit geringem Risiko des Vermögensverlu- stes angelegt	Auf hohe, langfristig steigende Ausschüttungen ausgerichtet. Die Nutzung von Steuervortei- len ist nur mehr Sekundärziel	Auf die Wertsteigerung des Immobilienbestandes und ent- sprechende Kursentwicklung ausgerichtet
Risiko- grad	Aufgrund vorsichtiger Anlage- politik und Streuung bislang gering; evtl. Bewertungsprob- lem	Mittel, da in der Regel keine Streuung vorhanden, Fungibili- tät eingeschränkt; Risiko, dass Annahmen im Prospekt nicht eintreffen (z.B. Inflation, Ver- äußerungserlös)	Hoch aufgrund stärkerer un- ternehmerischer Orientierung, wahrscheinlicher Auswirkun- gen der allgemeinen Kurs- entwicklung am Aktienmarkt und damit allgemein höherer Kursvolatilität
Empfoh- lene Anla- gedauer	Mittel-, besser langfristig; als kurzfristige Anlage wegen Agio nicht geeignet	Langfristig, aufgrund des Kon- struktionsprinzips und steuerli- cher Rahmenbedingungen	Kurz-, mittel- oder langfristig; wg. geringer Transaktionskos- ten auch als Interimsanlage
Bequem- lichkeit	Managementaufwand für den Anleger gering	Managementaufwand für den Anleger gering, aber hohe Such- und Bewertungskosten	Managementaufwand für den Anleger gering (bei langfristi- ger Perspektive)

Tabelle 61: Spezifika von Immobilienanlageprodukten (Fortsetzung)

	Offene Immobilienfonds	Geschlossene Immobilienfonds	Immobilienaktien
	Die Anbieter		
Anbieter-struktur	26 offene Publikumsfonds, geführt von 15 Kapitalanlagegesellschaften. Gesellschafter der Kapitalanlagegesellschaft ist in der Regel die Depotbank.	Bei den geschlossenen Immobilienfonds erbringen 10% der Anbieter 58,7% des Marktvolumens. Der Anteil der bank- oder versicherergebundenen Initiatoren lag in 2003 lediglich bei ca. 39,9% des Anlagevolumens. Hohes Volumen statistisch nicht erfasster Produkte, die nicht oder nur begrenzt öffentlich zur Zeichnung angeboten werden.	Ca. 10 bis 15 bedeutsame „Immobilienwerte" in Deutschland; E&G DIMAX listet ca. 50 Werte mit einer Marktkapitalisierung von ca. 6,5 Mrd. Euro (Stand April 2004).
Marktbedeutung (Quellen: Bundesbank, Bulwien, BVI, Loipfinger, Ellwanger& Geiger)	Das gesamte Fondsvermögen (Stand) der offenen Immobilienpublikumsfonds per 31.12.2003 betrug ca. 85,1 Mrd. Euro. Im Schnitt hielten die Fonds zu diesem Zeitpunkt 22% ihres Vermögens als liquide Mittel Mittelaufkommen: ca. 13,9 Mrd. Euro in 2003 ca. 14,9 Mrd. Euro in 2002 ca. 8,0 Mrd. Euro in 2001	Das gesamte aggregierte Investitionsvolumen geschlossener Immobilienfonds lag in 2003 bei ca. 159,6 Mrd. Euro Investitionsvolumen. Platziertes Eigenkapital: ca. 4,76 Mrd. Euro in 2003 ca. 4,70 Mrd. Euro in 2002 ca. 4,35 Mrd. Euro in 2001 Fondsvolumen: ca. 11,25 Mrd. Euro in 2003 ca. 10,34 Mrd. Euro in 2002 ca. 9,01 Mrd. Euro in 2001	Eigens zum Zwecke des Immobilieninvestments gegründete Aktiengesellschaften gibt es in Deutschland zurzeit fast keine. Entwicklungsfähigkeit durch Börsengang von Konzern-Immobiliengesellschaften und Wohnungsbestandsgesellschaften.
Vertrieb der Anlagen	Meist über die Depotbank, z.T. auch direkt (Sparprogramme) und über externe Vertriebe	Banken und eigene oder externe Vertriebsgesellschaften	Banken
Wesentliche Anbieter (Auswahl)	AXA, CGI, CSAM, DB Real Estate, DEGI, DEFO, Deka, DIFA, HANSAINVEST, iii, KanAm, SEB, SKAG WestInvest	Alcas, Bayernfonds, Blue Capital, CFB, DB Real Estate, DCM, Falk, Fundus, Gebau, Geno Asset Finance, HL, HCI, HGA, Jamestown, LBB, MPC, Wert-Konzept	AIG, Deutsche Euroshop, Deutsche Wohnen, DIBAG, Harpen, IVG, RSE, TAG, Vivacon, WCM

Tabelle 61: Spezifika von Immobilienanlageprodukten (Fortsetzung)

Zu den offenen Fonds zählen neben den **Publikumsfonds** die **Spezialfonds**. Auch sie unterliegen dem InvG (vormals KAGG) und haben 1990 eine gesetzliche Grundlage gefunden. Spezialfonds verfügen über einen begrenzten Anlegerkeis von bis zu zehn Anlegern und eignen sich insbesondere für institutionelle Anleger. Während bis 1993 hauptsächlich Kirchen Spezialfonds als Investitionsform nutzten, haben steuerliche Änderungen dazu geführt, dass nunmehr auch ausländische institutionelle Anleger in Grundvermögen in Spezialfonds anlegen. Darüber hinaus schichten Versicherer und Pensionsfonds verstärkt von der direkten in indirekte Anlagen um und bevorzugen dabei das Vehikel der Spezialfonds. Dieser Bereich hat dadurch eine erhebliche Mittelzufuhr und ein starkes Anwachsen der Fondsanzahl erlebt. Da die steuerlichen und rechtlichen Regelungen denen bei offenen Publikumsfonds entsprechen, wird auf eine gesonderte Darstellung verzichtet.

5.4.3.2   Immobilienanlageprodukte und Drittverwendungsfähigkeit von Aktiva und Passiva

Immobilienanlageprodukte stehen im Spannungsfeld der Drittverwendungsmöglichkeiten von Aktiva und Passiva; dies wird im Folgenden näher beschrieben.

Die Frage der optimalen Finanzierung einer Investition, die i.d.R. als Frage der optimalen Finanzierungsstruktur eines Unternehmens behandelt wird, führt zu einem Grundproblem der betrieblichen Finanzwirtschaft, welches an dieser Stelle nicht mit der der Thematik gebührenden Breite behandelt werden kann. Skizzenhaft dargestellt ging die Entwicklung von der traditionellen goldenen Bankregel, einer horizontalen Finanzierungsregel, gemäß der Fristenkongruenz zwischen Aktiva und Passiva herrschen soll, über das Leverage-Theorem, nach dem aufgrund bestimmter Verhaltensannahmen eine Optimierung des Eigenkapitalanteils möglich ist, hin zur Irrelevanzthese der Finanzierungsstruktur nach Modigliani/Miller von 1958. Nach diesem Meilenstein gab es eine Reihe von Weiterentwicklungen im Sinne der Erhöhung des Gehaltes der Aussage mittels Reduktion der Annahmen, (vgl. Modigliani/Miller 1963; Stiglitz; Miller; Fama), als auch im Sinne der Relativierung der Annahmen, insbesondere durch Einbeziehung von Delegationskosten als Transaktionskosten aus der Agency-Theorie (vgl. Jensen/Meckling; Meyers) – sowie aufgrund des Betonens einer asymmetrischen Informationsverteilung zwischen Eigentümern und Managern (vgl. Meyers/Majluf).

Parallel und zunächst unabhängig von der betrieblichen Finanzwirtschaft verlief die Entwicklung der Transaktionskostenökonomie. Williamson zählt neben Klein, Crawford und Alchian zu den wichtigsten Vertretern der Transaktionskostenökonomie, deren Ursprung mit Coase „The Nature of the Firm" auf das Jahr 1937 datiert werden kann. Die ursprüngliche und die die Entwicklung der Transaktionskostenökonomie prägende Frage ist jene nach der optimalen Transaktion als Alternative zwischen der Bereitstellung einer Leistung innerhalb eines Unternehmens oder über den Markt (vgl. Coase).

Nach Williamson sind wesentliche Determinanten für die Transaktion die Faktorspezifität, die Unsicherheit und die Häufigkeit der Transaktion (vgl. Williamson 1990, S. 59ff.). Die Spezifität eines Faktors bedeutet, dass ein Akteur, der einen Faktor anbieten will, für diesen eine geringe Drittverwendungsfähigkeit hat, sodass bei einer Markttransaktion gerade auch im Zusammenhang mit der Annahme opportunistischen Verhaltens ein hohes Risiko besteht, Kosten zu versenken, was auch bei Antizipation durch den Anbieter zu hohen Transaktionskosten führt. Unterschiedliche Transaktionsformen reagieren auf die Faktorspezifität mit verschieden hohen Transaktionskosten, sodass die Transaktionsform funktionell von der Faktorspezifität in Abhängigkeit gebracht wird.

Mit Williamsons Aufsatz „Corporate Finance and Corporate Governance" (vgl. Williamson 1988) erfolgt die Übertragung der transaktionskostenökonomischen Überlegungen auf die Frage der optimalen Finanzierungsstruktur, indem die unterschiedlichen Finanzierungsformen, insbesondere die Finanzierung mit Fremdkapital und Nicht-Fremdkapital als Transaktionsform bzw. als Herrschaftsform identifiziert wird.

Williamsons Kernaussage kann an einem Beispiel erläutert werden: Erwirbt ein Unternehmer eine Maschine, die für seinen eigenen Bedarf zugeschnitten ist, so wird er keine Bank finden, die diese als Sicherungsobjekt für eine Finanzierung akzeptiert. Würde nämlich der Unternehmer insolvent, so hätte die finanzierende Bank eine Maschine, mit der kaum ein Dritter etwas anfangen könnte.

Nicht das Risiko gemessen als Streuung des Cash Flows des Unternehmens ist für die Fremdkapitalquote nach Williamson determinierend, sondern die Spezifität der Aktiva. Das Beispiel der jeweiligen Fremdkapitalquoten in der Bau- und Pharmaindustrie ist einschlägig: Es gibt – wenn überhaupt – nur wenig Branchen, die derartig stark ausgeprägten Zyklen und damit auch Risiken in Form von Streuung der Erträge aufweisen wie die Bauwirtschaft und trotzdem kann sie aufgrund der hohen Drittverwendungsfähigkeit der Aktiva mit einer sehr niedrigen Eigenkapitalquote auskommen. Dagegen hat die Pharmaindustrie eine recht stabile Nachfrage, weist jedoch aufgrund der geringen Drittverwendungsfähigkeit der Aktiva eine relativ hohe Eigenkapitalquote auf.

Williamson postuliert einen Zusammenhang zwischen der Drittverwendungsfähigkeit der zu finanzierenden Aktiva und der Frage, ob diese mit Fremdkapital finanziert werden können oder nicht. Ergänzend kann formuliert werden, dass das Gegenteil von Fremdkapital dabei nicht zwangsläufig Eigenkapital sein braucht, sondern alle Finanzierungsformen, die nicht direkt Fremdkapital sind, wie beispielsweise alle Arten von Mezzanine-Finanzierungen aber auch die hier zu behandelnden Immobilienanlagevehikel eine Alternative zum Fremdkapital sind (vgl. dazu auch Sotelo, S. 81ff.). Eine präzise Neuinterpretation von Williamson lautet: Drittverwendungsfähige Aktiva können und sollen mit Fremdkapital finanziert werden, nicht drittverwendungsfähige Aktiva können nicht mit Fremdkapital finanziert werden (vgl. Abbildung 159).

Aktiva	Passiva
Spezifische Aktiva	Nicht-Fremdkapital
Unspezifische Aktiva	Fremdkapital

Quelle: Eigene Darstellung

Abbildung 159: Neuinterpretation des Finanzierungspostulats von Williamson

Williamson erkennt die Finanzierung als Herrschaftsform (governance) und stellt den Zusammenhang zwischen der Spezifität der Aktiva und der Herrschaftsform her. Abbildung 160 stellt dies graphisch dar.

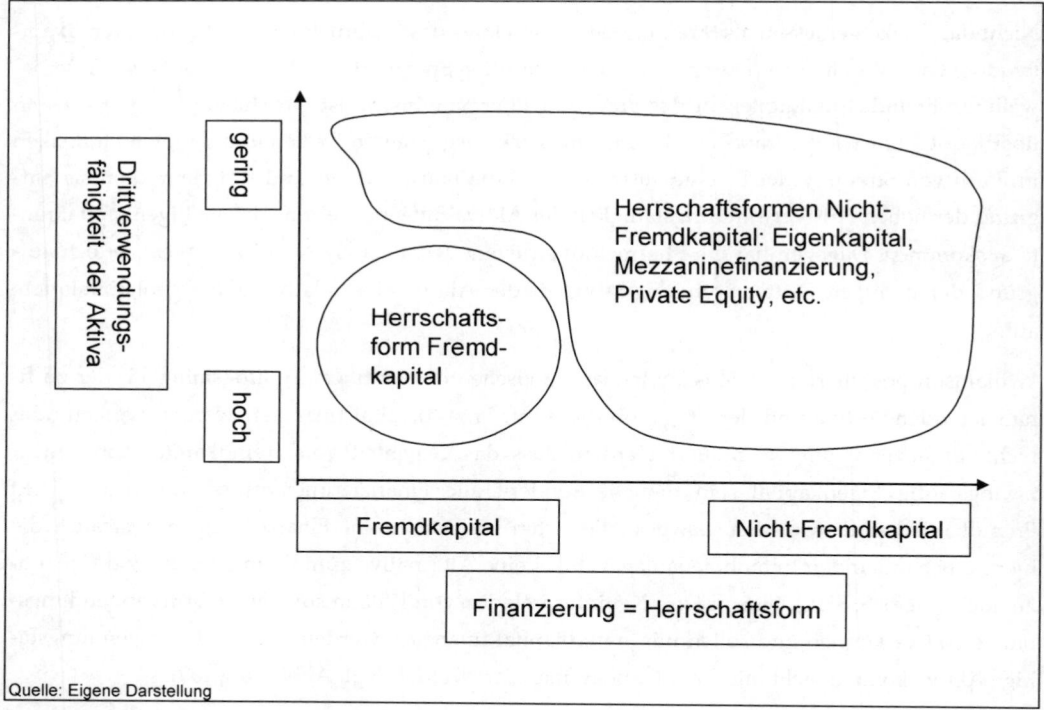

Quelle: Eigene Darstellung

Abbildung 160: Finanzierung nach Williamson

Die Zuordnung von Finanzierungen erfolgt hier ausschließlich nach dem Kriterium der Drittverwendungsfähigkeit der Aktiva.

Wenn unterschiedliche Immobilienanlageprodukte bzw. -vehikel als Finanzierungs- bzw. Herrschaftsformen begriffen werden und diese jeweils in unterschiedlicher, doch wohl in sich konsistenter Form Mitbestimmungs- und Informationsrechte sowie Zahlungsansprüche regeln, so kann quasi in Spiegelung des Gedankens von Williamson zur Drittverwendungsfähigkeit von Aktiva die Kategorie der Drittverwendungsmöglichkeit von Passiva eingeführt werden. Anlagevehikel sind zwischen der ersten und der zweiten Finanzierungsebene institutionenökonomisch als mehr (Fall des offenen Immobilienfonds) oder weniger (Fall des geschlossenen Immobilienfonds) standardisierte Regularia, d.h. Regelungen zu Mitbestimmungs- und Informationsrechten sowie Zahlungsansprüchen, definiert.

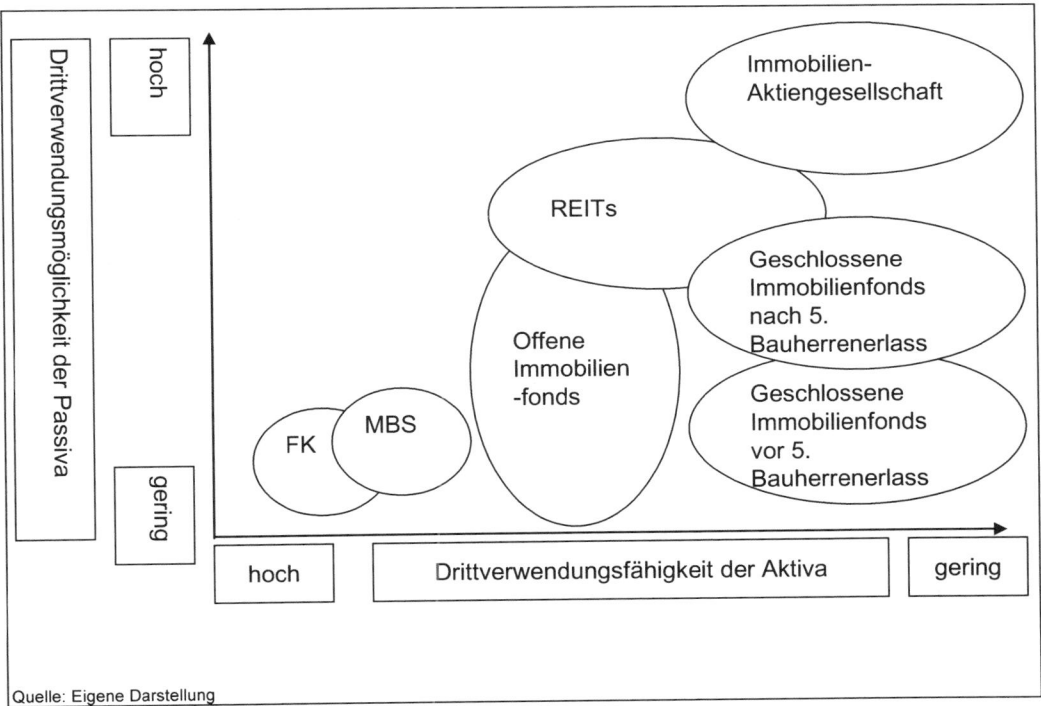

Quelle: Eigene Darstellung

Abbildung 161: Immobilienanlageprodukte im Spannungsfeld der Drittverwendungsfähigkeit der Aktiva und der Drittverwendungsmöglichkeit der Passiva

Die Kategorie der Drittverwendungsmöglichkeit beschreibt den Spielraum, welchen die jeweiligen Agenten (Vertreter des Anlagevehikels) gegenüber den Prinzipalen (Anleger) bei der Geschäftsbesorgung haben. Eine hohe Drittverwendungsmöglichkeit führt unter den Annahmen der beschränkten Rationalität (bounded rationality) und des opportunistischen Verhaltens (moral hazard), welche die Neue Institutionenökonomik voraussetzt, zu erhöhten Transaktionskosten, die sich auch in Form höherer Kapitalkosten realisieren. Andererseits verlangen bestimmte Aktiva bzw. die Kombination bestimmter Aktiva untereinander sowie mit anderen Produktionsfaktoren nach Spielräumen, da sonst eine geschäftliche Aktivität nicht möglich ist. Unterschiedliche geschäftliche Aktivitäten – auf die immobilienwirtschaftliche Dimension herunter gebrochen bedeutet dies: unterschiedliche Immobiliennutzungen – bedürfen jeweils verschieden weiter Spielräume. Finanzierungskosten können bezogen auf die Struktur der Regularia der Passiva minimiert werden, wenn nur so viel Drittverwendungsmöglichkeiten gewährt werden, wie sich aus der jeweiligen geschäftlichen Aktivität – immobilienwirtschaftlich: Flächennutzung – zwingend ergibt. Mit der Einführung der Drittverwendungsmöglichkeit von Passiva neben der Drittverwendungsfähigkeit von Aktiva kann – wie in Abbildung 161 ersichtlich – eine Matrix aus unterschiedlichen Finanzierungsmöglichkeiten erstellt werden, in die dann die Immobilienanlagevehikel zugeordnet werden können.

5.4.3.3   Anlegerpräferenzen und Immobilienanlageprodukte

Anleger-präferenzen	Offene Immobilienfonds	Geschlossene Immo-bilienfonds	Immobilienaktien
Anlagezeitraum	mittel- bis langfristig	langfristig	kurz-, mittel- oder langfristig
Verfügbarkeit des eingesetzten Kapitals	börsentäglich	praktisch nicht, Sekundärmärkte nur eingeschränkt verfügbar	börsentäglich
Mindestlosgröße	sehr gering	mittel bis hoch (ab ca. 30.000 Euro)	sehr gering
Risikostreuung	ja	i.d.R. nein	ja
steuerliche Behandlung	Einkünfte aus Kapitalvermögen	Einkünfte aus Vermietung und Verpachtung	Einkünfte aus Kapitalvermögen
Haftung über Einlage hinaus	nein	aufgrund steuerlicher Optimierung gelegentlich	nein

Tabelle 62: Anlegerpräferenzen und Immobilienanlageprodukte

Aus der Sicht des Anlegers können Anlageformen in Immobilien nach den individuellen Anlegerpräferenzen differenziert werden (vgl. Tabelle 62). So ergeben sich Unterschiede bei

*   der beabsichtigten Anlagedauer,
*   der Verfügbarkeit des eingesetzten Kapitals,

- der Mindestlosgröße des eingesetzten Kapitals,

- der Risikostreuung der Investitionen,

- der steuerlichen Behandlung der Investition und

- dem Umfang der Haftung.

5.4.3.4 Anlegerrechte und Immobilienanlageprodukte

Die oben genannten Kriterien sind abhängig von den individuellen Präferenzen des jeweiligen Anlegers. Unabhängig davon können Anlageformen in Immobilien jedoch auch nach dem Grad der Beobachtungsmöglichkeit des Erfolges und der Kontrollmöglichkeit der Leistung der Verwaltung durch die Anleger unterschieden werden. Hierbei sind zudem verschieden stark ausgeprägte behördliche Beaufsichtigungen sowie die Produktion öffentlicher Informationen auf Sekundärmärkten zu berücksichtigen.

Es gibt somit Unterschiede zwischen den Anlageformen bezüglich

- des Grades der Abhängigkeit des Investitionserfolges vom Verhalten der Verwaltung und damit des Grades der Delegation von Managementaufgaben an die Verwaltung,

- des Grades des Einflusses der Anleger auf die Verwaltung,

- der Möglichkeit des Anlegers, den Erfolg der Investition zu beobachten,

- des Maßes einer behördlichen Beaufsichtigung von Investitionen und Verwaltung,

- des Maßes der Möglichkeit, auf eine Sekundärmarktbewertung von Anteilen zurückzugreifen sowie

- der Möglichkeit für den Anleger, auf Sekundärmärkten die Anteile zu veräußern oder dem Emittenten die Anteile zurückzugeben.

Diese unterschiedlichen Ausgestaltungen der Kontroll-, Beobachtungs- und Sanktionsmöglichkeiten für den Anleger sind unabhängig von individuellen Präferenzen. Es besteht vielmehr ein Zusammenhang zwischen den Risiken und Wertentwicklungspotenzialen der Immobilieninvestition und der optimalen Anlageform.

Im Sinne der Neuen Institutionenökonomik können Anlageprodukte bzw. Finanzierungsinstitutionen als Kontrakte, bei dem die Informations-, Mitbestimmungs- und Zahlungsrechte unterschiedlich ausgestaltet sind, interpretiert werden. Tabelle 63 ordnet diese Eigenschaften den Finanzierungsformen zu.

Anlegerrechte	Offene Immobilienfonds	Geschlossene Immobilienfonds	Immobilienaktien
direkte Einflussmöglichkeit auf die Verwaltung/ Geschäftsbesorgung	keine	sehr gering über Gesellschafterversammlung	gering, für Kleinanleger über Hauptversammlung
behördliche Beaufsichtigung	sehr stark über Bundesanstalt für Finanzdienstleistungsaufsicht	keine	gering, über Börsenaufsicht
Beobachtungsmöglichkeit der Wertentwicklung	sehr hoch über Beobachtung von Rücknahmepreisen	keine direkte, nur indirekt über Abrechnungen	keine direkte, da Bewertung der Aktien auf Sekundärmärkten nach CAPM unabhängig vom NAV der Immobilienbestände
Möglichkeit der Veräußerung des Anteils an Sekundärmärkten	keine, aber Rücknahme ist mindestens gleichwertig	keine, weil kein funktionierender Sekundärmarkt, Emittenten agieren oft als Market-Maker	ja, bei Börsenzulassung
Einfluss auf Verwaltung durch Kapitalrücknahme	sehr hoch wg. börsentäglicher Rücknahmeverpflichtung	keiner, i.d.R. kann Gesellschaftsvertrag nicht vor Ablauf von 20 Jahren gekündigt werden	gering, Einfluss nur bei Kapitalerhöhungsverlangen der AG

Tabelle 63: Kontroll-, Sanktions- und Beobachtungsrechte bei Immobilienanlageformen

Es zeigt sich, dass nicht alle Anlageformen die jeweiligen möglichen Präferenzen (z.B. Verfügbarkeit oder Fungibilität des Kapitals) gleich gut erfüllen können. Dies beinhaltet, dass ein Anleger mit bestimmten Präferenzen in der Tendenz auf einzelne Anlageformen angewiesen ist.

5.4.3.5 Immobilieneigenschaften und -anlageprodukte

Zur Darstellung der Zusammenhänge zwischen Immobilien und Anlageformen sind Immobiliennutzungen bzw. -typen nach den Determinanten Risiko und Wertentwicklung zu unterscheiden (vgl. Tabelle 64).

Immobilientyp	optimale Vermietung	optimal vermietet ja/nein	Eigenschaften	
			Wertentwicklungspotenzial	Risiko
Einkaufen 1a-Lage	mittelfristige Verträge	ja	hoch	gering
		nein d.h. langfristige Verträge	mittel	gering
Einkaufen B-Lage	langfristige Verträge	ja	gering	gering

		nein d.h. keine langfristigen Verträge	gering	hoch
EKZ ndL	kurz- bis mittelfristige Verträge	ja	hoch	mittel
		nein d.h. zu langfristige Verträge	mittel	mittel
EKZ dL	mittelfristige Verträge, Anker mit langfristigen Verträgen	ja	gering	mittel bis hoch
		nein d.h. keine guten Anker, zu kurzfristige Verträge	gering	sehr hoch
Büro ndL	kurz- bis mittelfristige Verträge	ja	hoch	mittel
		nein d.h. zu langfristige Verträge	mittel	gering
Büro dL	mittel- bis langfristige Verträge	ja	gering	gering
		nein d.h. zu kurzfristige Verträge	gering	hoch
Wohnen dL	egal, da Mietrecht nicht dispositiv		gering	gering
Spezial ndL	mittel- bis langfristige Verträge	ja	hoch	mittel
		nein, d.h. kurzfristige Verträge	mittel	hoch
Spezial dL	langfristige Verträge	ja	gering	mittel
		nein, d.h. keine langfristigen Verträge	gering	sehr hoch

ndL = non-duplizierbare Lage, dL = duplizierbare Lage

Tabelle 64: Eigenschaften von typologisierten Immobilieninvestitionen

Definitionsgemäß kann mit einer realen Wertentwicklung in nicht duplizierbaren Lagen gerechnet werden. Das Risiko ist bei preisunelastischer Nachfrage, Betreiberimmobilien mit oligo- bzw. monopolistischen Betreibermärkten und bei Managementimmobilien jeweils relativ hoch. Bei Immobilien, die keine Managementimmobilien sind, hängt das Risiko primär von der langfristigen Vermietung ab. In nicht-duplizierbaren Lagen wird mit einer zu langfristigen Vermietung das Wertentwicklungspotenzial beschränkt. Tabelle 65 stellt den Zusammenhang zwischen den Eigenschaften der Immobilien und den notwendigen Kontroll- und Beobachtungsrechten der korrespondierenden Anlageform her.

Eigenschaften	Offene Immobilienfonds	Geschlossene Immobilienfonds	Immobilienaktien
Eignung zur Abbildung von Wertentwicklung	Ja, aufgrund täglicher Bewertung des Rücknahmepreises besteht beste Eignung zur Finanzierung von Immobilien mit Wertentwicklungspotenzial.	Nein, aufgrund fehlender Beobachtungsmöglichkeit von Performance keine Eignung zur Finanzierung von Immobilien mit Wertentwicklungspotenzial.	Nein, trotz täglicher Börsenbewertung der Aktien nur sehr eingeschränkte Eignung zur Finanzierung von Immobilien mit Wertentwicklungspotenzial, aufgrund Unabhängigkeit des NAV von der Marktkapitalisierung der AG.
Eignung zur Übernahme von Risiken	Nein, aufgrund Rücknahmeverpflichtung und damit verbundenem Risiko des Banken-Run, nur bedingte Eignung, Marktrisiken einzugehen. InvG und BaFin grenzen Markt- und Verhaltensrisiken folgerichtig ein. Insgesamt praktisch keine Fähigkeit, höhere Risiken zu übernehmen.	Nein, aufgrund geringen Einflusses auf Geschäftsbesorgung und fehlender Kapitalherabsetzungsmöglichkeit, Fungibilität und behördlicher Aufsicht keine Eignung zur Finanzierung von Risiken.	Ja, aufgrund Kontrolle über Aktienrecht , beschränkter Haftung der Anleger und fehlender Möglichkeit der Kapitalherabsetzung durch einzelne Anleger i.V.m. Beobachtungsmöglichkeit auf Sekundärmärkten Eignung, Risiken einzugehen. Aufgrund hoher Eigenkapitalkosten auch Notwendigkeit, Risiken zu übernehmen.

Tabelle 65: Zusammenhang zwischen Immobilieneigenschaften und Anlageformen

Tabelle 66 zeigt schließlich den Zusammenhang zwischen den jeweiligen Immobilientypen und den relativen Vorteilen der verschiedenen Anlage-/ Finanzierungsformen auf. Dabei wird in Tabelle 66 jeweils die in Tabelle 64 aufgezeigte optimale Vermietung angenommen.

Immobilientyp	Offene Immobilienfonds	Geschlossene Immobilienfonds	Immobilienaktien
Einkaufen 1a-Lage	geeignet, da Risiken gering und Wertentwicklungspotenzial hoch	nicht geeignet, da Wertentwicklungspotenzial nicht abbildbar	nicht geeignet, da Risiken und damit Rendite zu gering
Einkaufen B-Lage	nur bedingt geeignet, da geringe Wertentwicklungspotenzial	geeignet, da kein Wertentwicklungspotenzial und geringe Risiken	nur bedingt geeignet, da zu geringe Risiken

EKZ ndL	geeignet, da hohes Wertentwick-lungspotenzial	nicht geeignet, da Wertentwicklungspo-tenzial und mittlere Risiken	nur bedingt geeignet, da Wertentwicklungspo-tenzial und nur mittlere Renditen
EKZ dL	bedingt geeignet, da kein Wertentwicklungs-potenzial, und hohe Risi-ken	nur bei sehr langfristiger Vermietung geeignet	bedingt geeignet, da hohe Risiken
Büro ndL	geeignet, da geringe Risiken, und Wertentwicklungspotenzial	nicht geeignet, da Wertentwicklungspo-tenzial	nicht geeignet, da unzureichende Risiken und damit Renditen
Büro dL	nur bedingt geeignet, da keine Wertentwicklung	geeignet, da geringe Risiken und keine Wertentwicklung	nur bedingt (z.B. bei schlechter Vermietung) geeignet, da unzureichen-de Risiken
Wohnen dL	nur bedingt geeignet, da kein Wertentwicklungs-potenzial	geeignet, insbesondere bei Förde-rung, da geringe Risiken und kein Wertentwick-lungspotenzial	nicht geeignet, da unzureichende Risiken und Renditen
Spezial ndL	geeignet, sofern überschaubare Be-treiberrisiken wegen Wert-entwicklung	bedingt geeignet, je nach Vermietung	bedingt geeignet, wenn aufgrund Betreiber-marktes sehr hohes Risiko
Spezial dL	nicht geeignet, da kein Wertsteigerungs-potenzial und mittleres Ri-siko	bedingt geeignet, je nach Vermietung da mittleres Risiko	geeignet, wenn mittlere Risiken

Tabelle 66: Immobilientypen und ihre optimale Anlageform

Offene Immobilienfonds können nur beschränkt Risiken eingehen, weil Risiken immer auch eine asymmetrische Informationsverteilung zwischen Anlegern und Geschäftsbesorgern implizieren, die dazu führen könnte, dass unsichere Anleger vom Rücknahmerecht der Anteile vermehrt Gebrauch machen, was letztlich zu einem Banken-Run führen könnte. Aus diesem Grund schreibt auch das Investmentmodernisierungsgesetz den offenen Fonds eine risikoaverse Anlagepolitik vor. Da offene Immobilienfonds Wertentwicklung sehr gut abbilden können, investieren sie vornehmlich in 1a-Lagen. Typische Anlagegüter für offene Fonds sind Büroimmobilien und Einkaufszentren in sehr guten innerstädtischen Lagen. Ähnliche und teilweise identische Anlagekriterien wie die offenen Immobilienfonds haben die Versicherungen für den Deckungsstock sowie größtenteils auch die privaten Investoren, wie beispielhaft an dem Anforderungskatalog der ICN Immobilien Consult Nürnberg der Schickedanz-Gruppe erkennbar wird. Die offenen Immobilienfonds konnten sich in den letzten Jahren aufgrund der beschriebenen Eigenschaften, der Vertriebsstrukturen in Deutschland, aber auch im Zuge der Verschlechterung der Rahmenbedingungen für geschlossene Immobilienfonds (steuerliche Rahmenbedingungen, § 2 b EStG, ehemaliger § 2 Abs. 3 EStG, 5. Bauherrenerlass) sowie für Immobilienaktiengesellschaften (Abschaffung der

Anrechenbarkeit der Körperschaftsteuer auf die Einkommensteuer) relativ und absolut durchsetzen. Dies hat zur Folge, dass bestimmte Immobilienbewertungen, welche am Markt zu beobachten sind, im Aggregat nur noch mittels einer Finanzierung eben durch offene Immobilienfonds dargestellt werden können, was gerade auch angesichts der täglich fälligen Zertifikate der offenen Fonds ein Marktrisiko für den gesamten Anlagemarkt impliziert. Die institutionelle Stärkung der anderen Anlageformen bzw. die Schaffung neuer Formen wie beispielsweise die eines Deutschen REIT sollte zur Reduktion dieses Marktrisikos auch im Interesse der offenen Immobilienfonds sein.

Geschlossene Immobilienfonds sind aufgrund der beschränkten Einflussnahme des Anlegers auf die Geschäftsbesorgung in Verbindung mit der fehlenden Fungibilität der Anteile durch Veräußerung auf Sekundärmärkten oder durch Rückgabe an den Emittenten auch nicht geeignet, riskante Immobilien zu finanzieren. Aufgrund der mangelnden Fähigkeit, Wertentwicklung abzubilden, kommen zudem auch nur Grundstücke ohne Wertentwicklungspotenzial als Anlagegut in Betracht. Daher werden mit geschlossenen Immobilienfonds meist nur Immobilien in duplizierbaren Lagen finanziert; langfristig vermietete Supermärkte waren die Objekte der ersten Stunde. Geschlossene Immobilienfonds haben gegenüber den anderen Anlageformen den strategischen Vorteil, im Rahmen der Einkunftsart Vermietung und Verpachtung steuerliche Vorteile an die Anleger weitergeben zu können. Wenn, wie im Rahmen des Fördergebietsgesetzes geschehen, Immobilieninvestitionen mit hohen steuerlichen Vergünstigungen versehen werden, können diese Vorteile teilweise die in Tabelle 66 dargelegten relativen Nachteile der geschlossenen Immobilienfonds kompensieren. Vom Ergebnis investieren geschlossene Immobilienfonds dann gelegentlich in Immobilientypen, die strukturell den anderen Anlageformen vorbehalten sein sollten; so finden sich Investitionen in 1a-Lagen ebenso wie solche in riskante Immobilientypen wie Einkaufszentren auf der grünen Wiese. Subventionen im 2. Förderweg des sozialen Wohnungsbaus stellen sichere Einnahmen dar, die eine Finanzierung über geschlossene Immobilienfonds attraktiv erscheinen lassen. Der geschlossene Immobilienfonds eignet sich als Finanzierungsinstrument immer dann, wenn eine hohe Einnahmensicherheit unter Berücksichtigung steuerlicher Effekte und Subventionen zu erwarten ist.

Leasinggesellschaften und **Leasingfonds** investieren nach ähnlichen Kriterien wie geschlossene Immobilienfonds, wobei beim Leasing aufgrund der besonderen Risiken des Leasingnehmers auf Qualität und Drittverwendungsfähigkeit der Immobilie i.d.R. etwas stärker geachtet wird. Die Rahmenbedingungen für geschlossene Immobilienfonds haben sich in den letzten Jahren zunehmend verschlechtert. Dabei ist zwischen jenen steuerlichen Änderungen zu unterscheiden, die alle Bezieher der Einkunftsart Vermietung und Verpachtung und jenen, die grundsätzlich nur Anleger geschlossener Immobilienfonds betreffen, zu unterscheiden. Der 5. Bauherrenerlass hat die Drittverwendungsmöglichkeiten bei geschlossenen Immobilienfonds dramatisch erhöht, was aus volkswirtschaftlicher Sicht als staatlich verordnete Vermögensvernichtung interpretiert werden kann, insofern künstlich erhöhte Kapitalkosten, welche im Zusammenhang mit der erhöhten Drittverwendungsmöglichkeit auftreten, produziert werden.

Das Aktienrecht bietet **Immobilienaktiengesellschaften** mit dem unbeschränkt zur Verfügung stehenden Haftungskapital sowie der hohen Drittverwendungsmöglichkeit der Finanzierungsstruktur die notwendigen Rahmenbedingungen, um risikoreiche Investitionen zu finanzieren. Aufgrund der Anforderungen durch den Kapitalmarkt, welche sich formal über das Capital Asset Pricing Modell (CAPM) (vgl. Markowitz) abbilden lassen, sind Immobilienaktiengesellschaften wirtschaftlich auch gezwungen, risiko- und damit ertragsreiche Investitionen vorzunehmen. Obgleich die Aktien täglich an der Börse bewertet werden, kann eine Wertentwicklung praktisch nicht abgebildet werden, weil die Bewertung der Aktien nach CAPM erfolgt und damit in der Entwicklung grundsätzlich unabhängig von jener der Verkehrswerte (bzw. den NAVs, d.h. Net Asset Values) der gehaltenen Immobilien ist. Deutsche und europäische Immobilienaktien leiden systematisch unter hohen Discounts der Bewertung des Eigenkapitals durch die Börse vom NAV (vgl. Tabelle 67).

Jahr	NAV / Aktie	Kurs (Ultimo)	Discount
1998	15,15	14,06	7,2%
1999	15,73	16,20	-3,0%
2000	15,91	13,15	17,3%
2001	16,33	10,90	33,3%
2002	14,16	8,45	40,3%
Quelle: IVG			

Tabelle 67: Disagio der IVG-Aktie

Die Zukunft der Immobilienaktie als Anlagevehikel ist derzeit offen. Einerseits war der Rückzug der bis dahin größten Immobilienaktiengesellschaft, der Bayerischen Immobilien AG, ein Rückschlag; andererseits wird die IVG Immobilien AG immer mehr zu einem großen „European Player". Insgesamt ist das Marktsegment der Immobilien-AGs an der Deutschen Börse jedoch unbedeutend.

Neben den deutschen Anlageformen gewinnen die internationalen Produkte bei den Investoren zunehmendes Interesse. Darauf kann aus Platzgründen an dieser Stelle nicht eingegangen werden (vgl. dazu weiterführend Schulte/Bone-Winkel/Thomas sowie Väth).

Literaturverzeichnis zu Kapitel 5.4

Altenseuer, B.: Die Preisentwicklung von Wohnimmobilien, München 1995.

Bone-Winkel, S.: Immobilienanlageprodukte in Deutschland, in: Die Bank, 1996, Heft 11, S. 670-677.

Busz, P.: Seniorenimmobilien als Investitionsobjekte – Entwicklung und empirische Analyse eines Beurteilungsmodells, in: Schulte, K.-W. (Hrsg.): Schriften zur Immobilienökonomie, Band 25, Köln 2003.

Coase, R. H.: The nature of the firm, in: Economica, N. S. Vol. 4, 1937, S. 386-405, S. 388.

Drukarczyk, J.: Finanzierung, 8. Aufl., Stuttgart 1999.

Everding, D.: Zinsänderungsrisiken in Modellen der Investitionsrechnung, Wiesbaden 1994.

Eßmann, W./Michels, W.: Investitionen in den freifinanzierten Mietwohnungsbau, Münster 1996.

Fama, E. F.: The effects of a firm´s investment and financing decisions on the welfare of its security holders, in: The American Economic Review, 68, 1978, S. 272-284.

Flehinghaus, W.: Gewerbe- und Wohnungsmiete, Dauernutzungsrecht, in: Usinger, W. (Hrsg.): Immobilien – Recht und Steuern, Handbuch für die Immobilienwirtschaft, 2., vollst. überarb. u. erw. Auflage, Köln 1999, S. 811-853.

Geier, U./Krass, M.: Eigentumswohnungen als Kapitalanlage: Wohnungsmarktbetrachtungen und Finanzierungsempfehlungen, Wiesbaden 1995.

Grob, H. L.: Einführung in die Investitionsrechnung, 4. Aufl., München 2001.

Hübl, L./Möller, K. P./Günther, M.: Die Entwicklung des deutschen Wohnungsmarktes bis zum Jahr 2005, Bonn 1995.

Jensen, M. C./Meckling, W. H.: Theory of the firm: managerial behaviour, agency costs and ownership structure, in: Journal of Financial Economics 3, 1976, S. 305-360.

Kalusche, W.: Projektmanagement für Bauherren und Planer, München 2002.

Kautz, M.-W.: Revision der Instandhaltung von Bauwerken, in: Zeitschrift Interne Revision, 1989, Heft 2, S. 96-114.

Kirchner, J.: Vergleich der steuerlichen und direkten Förderung im Mietwohnungsbau, Darmstadt 1994.

Klug, W.: Selbstgenutztes Wohneigentum: Bauen, Kaufen, Finanzieren, in: Brunner, M. (Hrsg.): Geldanlagen mit Immobilien, Wiesbaden 1994.

Kruschwitz, L.: Investitionsrechnung, 9., neu bearb. Aufl., München 2003.

Kühne-Büning, L.: Direkte Förderung des Wohnungsbaus nach dem II. Wohnungsbaugesetz, in: Kühne-Büning, L./Heuer, J. H. B. (Hrsg.): Grundlagen der Wohnungs- und Immobilienwirtschaft, 3. überarb. und erw. Auflage, Frankfurt am Main 1994, S. 240-279.

Markowitz, H. M.: Portfolio selection, in: Journal of Finance 7, 1952, S. 77-91.

Meyers, S. C.: Determinants of corporate borrowing, in: Jl. of Financial Economics 5, 1977, S. 147-145.

Meyers, S. C./Majluf, N.S.: Corporate financing and investment decisions when firms have information that investors do not have, in: Journal of Financial Economics, 13, 1984, S. 187-221.

Miller, M. H.: Debt and taxes, in.: Journal of Finance, Vol. XXXII, No. 2, 1977, S. 261-275.

Modigliani, F./Miller, M. H.: The cost of capital, corporate finance, and the theory of investment, in: American Economic Review, 48, 1958, S. 261-297.

Modigliani, F./Miller, M. H.: Corporate income tax and the cost of capital, in: American Economic Review, 53, 1963, S. 433ff.

Möller, D.-A.: Planungs- und Bauökonomie: Wirtschaftslehre für Bauherren und Architekten, München/Wien 1988.

Nixdorf, B.: Verbesserung der Wirtschaftlichkeit von Bauobjekten unter Verwendung von Investitionsrechnungsverfahren, in: Schriftenreihe "Bau- und Wohnforschung" des Bundesministeriums für Raumordnung, Bauwesen und Städtebau, Band 04.089, Bonn 1983.

Oho, W./Schelnberger, F.-J.: Steuerfolgen verschiedener Rechts- und Finanzierungsformen der Immobilienentwicklung und -investition, in: Usinger, W. (Hrsg.): Immobilien – Recht und Steuern, Handbuch für die Immobilienwirtschaft, 2., vollst. überarb. u. erw. Auflage, Köln 1999, S. 1293-1354.

Perridon, L./Steiner, M.: Finanzwirtschaft der Unternehmung, 12. Aufl., München 2003.

Platz, J.: Immobilien-Management – Prüfkriterien zu Lage, Substanz, Rendite, Wiesbaden 1989.

Ropeter, S.-E.: Investitionsanalyse für Gewerbeimmobilien, in: Schulte, K.-W. (Hrsg.): Schriften zur Immobilienökonomie, Band 5, Köln 1997.

Schneider, D.: Investition, Finanzierung und Besteuerung, 7. Aufl., Wiesbaden 1992.

Schnurr, J.: Die neue Förderpolitik des Bundes: Erwartungen und Probleme, in: Der langfristige Kredit, 1994, Heft 23, S. 776-781.

Schulte, K.-W.: Optimale Nutzungsdauer und optimaler Ersatzzeitpunkt bei Entnahmemaximierung, Meisenheim am Glan 1975.

Schulte, K.-W.: Wirtschaftlichkeitsrechnung, 4. Aufl., Heidelberg/Wien 1986.

Schulte, K.-W.: Investition und Besteuerung, Vorlesungsmanuskript, Oestrich-Winkel 1989.

Schulte, K.-W.: Betriebliche Finanz- und Investitionsplanung, DSWR-Sonderheft 1991, S. 94 ff..

Schulte, K.-W.: Die richtige Rendite, in: FAZ, 9. Juli 1995, S. 45.

Schulte, K.-W.: Wohnimmobilien als Kapitalanlage, in: EUROPEAN BUSINESS SCHOOL Schloß Reicharts-hausen (Hrsg.): Erfahrung – Bewegung – Strategie, ebs Forschung, Band 3, Wiesbaden 1996, S. 137-169.

Schulte, K.-W./Allendorf, G.J./Crommen, M.: Investitionsrechnung im sozialen Wohnungsbau – Rentabili-tätsermittlung und Dimensionierung von Fördermitteln, Köln 1999.

Schulte, K.-W./Ropeter, S.-E.: Rentabilitätsanalyse für Immobilienprojekte, in: Schulte, K.-W. (Hrsg.): Hand-buch Immobilien-Projektentwicklung, Köln 1996, S. 165-221.

Schulte, K.-W./Bone-Winkel, S./Thomas, M. (Hrsg.): Handbuch Immobilieninvestition, Köln 1998.

Sotelo, R.: Ökonomische Grundlagen der Wohnungspolitik, in: Schulte, K.-W. (Hrsg.): Schriften zur Immobi-lienökonomie, Band 16, Köln 2001.

Stiglitz, J. E.: On the irrelevance of corporate financial policy, in: American Economic Review, 64, 1974, S. 851-866.

Väth, A.: Die Grundstücksinvestmentaktiengesellschaft als Pendant zum REIT, in: Schulte, K.-W. (Hrsg.): Schriften zur Immobilienökonomie, Band 11, Köln 1999.

Weigel, W.: Steuern bei Investitionsentscheidungen: ein kapitalmarktorientierter Ansatz, Universität Frank-furt am Main, Diss. 1989.

Werner, J..: Die Besteuerung von Gewerbeimmobilien in Europa. Effektive Steuerbelastung und Steuerbe-ständigkeit in einem Fünf-Länder-Vergleich, in: Schulte, K.-W. (Hrsg.): Schriften zur Immobilienökonomie, Band 20, Köln 2002.

Williamson, O. E.: Corporate finance and corporate governance, in: The Journal of Finance, Vol. CLIII, No. 3, July 1988, S. 567-591.

Williamson, O. E.: Die ökonomischen Institutionen des Kapitalismus, Tübingen 1990.

5.5 Immobilienmarketing

Kerstin Brade, Michael Bobber, Alexander Schmitt, Verena Sturm

5.5 Immobilienmarketing

Kerstin Brade, Michael Bobber, Alexander Schmitt, Verena Sturm

5.5.1 Einführung

5.5.1.1 Immobilienmarketing als ganzheitlicher Ansatz

Immobilienmarketing ist die Gesamtheit aller systematischen und zielgerichteten Maßnahmen, die zur Entwicklung, Preisfindung und Verbreitung von Immobilien und/oder immobilienspezifischen Dienstleistungen dienen, um Austauschprozesse zur Zufriedenheit individueller und organisationeller Ziele herbeizuführen. Sämtliche Aktivitäten werden hierbei von der aktuellen Situation und den Spezifika der jeweiligen Immobilienmärkte beeinflusst.

Immobilienmarketing wird vielfach als ein Instrument (miss-)verstanden, auf das zurückgegriffen wird, um kurzfristige Vermarktungserfolge zu erzielen, wenn ein Projekt in Schieflage gerät. Diese enge Fixierung auf ein instrumentelles Marketingverständnis im Sinne des Marketing-Mix deutet auf ein von innen nach außen gerichtetes Denken und Handeln hin und birgt die Gefahr von Integrationsdefiziten und der Vernachlässigung der Bedürfnisse einer Vielzahl von internen und externen Kunden- und Interessengruppen.

Die Komplexität des Produktes Immobilie und die Situation auf den jeweiligen Absatzmärkten (speziell gesättigte Immobilienmärkte) verlangen jedoch, dass Immobilienmarketing als ganzheitlicher Ansatz betrachtet wird. Darunter ist zu verstehen, dass der Einsatz des marketingpolitischen Instrumentariums nicht ad hoc, z.B. bei einer schlechten Vermarktungssituation als so genannte „Rettungsanker", zum Einsatz kommen darf. Vielmehr können die Instrumente nur erfolgreich sein, wenn diese in eine umfassende und **ganzheitliche Marketingkonzeption** integriert sind. Zudem erfordern die, einem ständigen Wandel unterworfenen, Kundenbedürfnisse und der verschärfte Wettbewerb in der Immobilienwirtschaft (Wandel von Verkäufer- zu Käufermärkten) eine integrative Abstimmung der Marketingmaßnahmen aller Beteiligten über den gesamten Lebenszyklus der Immobilie hinweg. Als Konsequenz ergibt sich für Immobilienunternehmen die Notwendigkeit einer Hinwendung zu einem **integrativ-prozessualen Marketingverständnis**, das sich durch eine unmittelbare langfristige Orientierung an der Anbieter-Nachfrager-Beziehung und deren Gestaltung auszeichnet (vgl. Mattmüller, S. 44).

Aufbauend auf der Anbieter-Nachfrager-Beziehung lässt sich Marketing als ein Tauschprozess ableiten, der in vier Funktionsphasen unterteilt ist:

Vorbereitung der Marktteilnahme

Der langfristige Wert einer Immobilie richtet sich nach ihrem Markterfolg im Immobilienzyklus. In der Phase der Vorbereitung gilt es daher, für den Tauschprozess alle Informationen zu generieren, analysieren und interpretieren, die für die spätere Erstellung von Marketing-Strategien notwendig sind. Um die Immobilie derart gestalten zu können, dass sie Bedürfnissen potenzieller Kunden auf Dauer gerecht werden kann, müssen sowohl bei der Ziel- und Strategiefestlegung (**strategisches Marketing** bzw. Marktprogrammerstellung), als auch bei der Ausgestaltung und dem Einsatz der Marketinginstrumente Erkenntnisse einfließen, die vor Planungsbeginn im Rahmen der **Marktforschung** sowie der Markt- und Standortanalyse gewonnen werden.

Sowohl das Produkt Immobilie als auch die verschiedenen Interessensgruppen am Immobilienmarkt zeichnen sich durch eine hohe Heterogenität aus. Daher ist Immobilienmarketing immer ein auf die individuelle Immobilie und deren Zielgruppen zugeschnittenes Konzept. Zur spezifischen Bearbeitung und Minimierung von Streuverlusten sollte der Gesamtmarkt daher in Teilsegmente untergliedert werden. Diese Segmente müssen untereinander heterogen, in sich aber möglichst homogen sein. Ein entsprechendes Vorgehen, in der Literatur als **Marktsegmentierung** bezeichnet, gewährleistet eine gezielte und erfolgswahrscheinliche Ansprache potenzieller Kunden (vgl. Böcker 1994, S. 25).

Anbahnung (Marktkommunikation)

Der Anbieter macht sein Objekt in dieser Phase mittels Kommunikationsmaßnahmen (z.B. Werbung) bei seiner Zielgruppe bekannt und versucht, ein positives Image aufzubauen (vgl. ausführlich Punkt 5.5.4.2).

Abschluss des Marktvertrages

Nach Verhandlungen über die Konditionen schließen Anbieter und Nachfrager einen Kauf- oder Mietvertrag für die Immobilie ab.

Realisierung

In der Realisierungsphase finden sowohl die Abnahme und Annahme von Leistung und Gegenleistung als auch eine Nachbetreuung im Sinne des After-Sales-Managements statt (vgl. Mattmüller, S. 51ff.). Diese kann bei Immobilien durch ein Facilities Management Unternehmen (z.B. Mietvertragsmanagement) gestaltet werden.

Zur übergreifenden Funktionsfähigkeit dieses Tauschprozesses bedarf es zudem eines übergeordneten systematischen Planungs- und Managementprozesses, der sich über die Stufen Konzeption, Planung, Ausführung und laufende Kontrolle vollzieht.

Das Ergebnis ist der **Integrativ-Prozessuale Marketingsansatz** (IPM), der in Abbildung 162 skizziert ist.

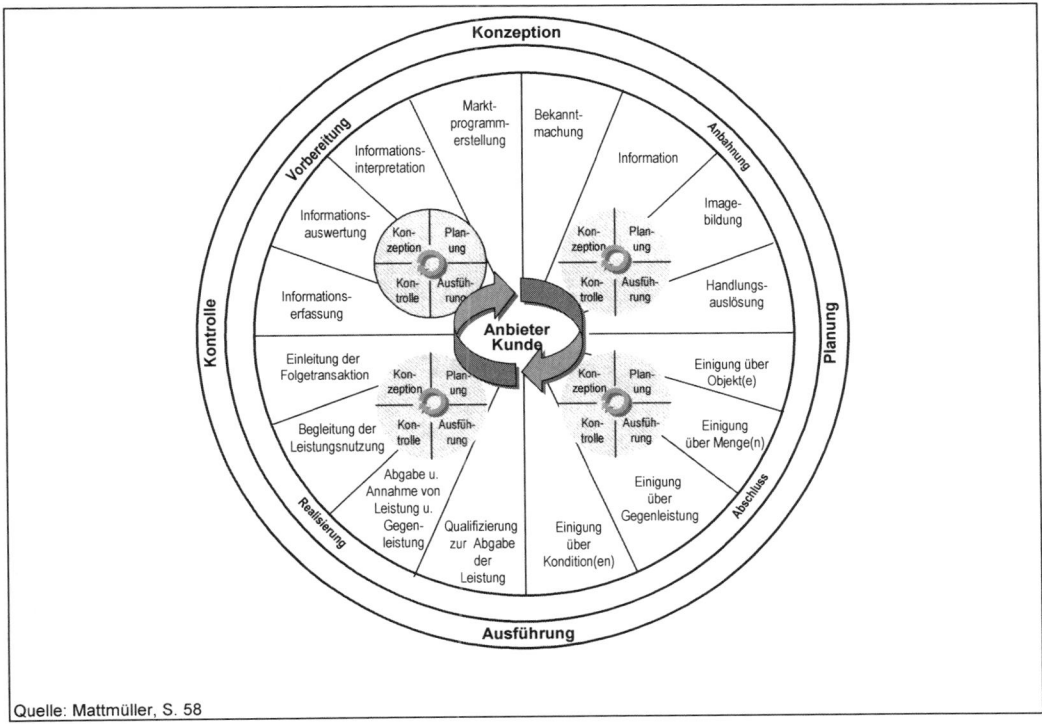

Quelle: Mattmüller, S. 58

Abbildung 162: Der Integrativ-Prozessuale Marketingansatz

Speziell in der Entstehungsphase einer Immobilie, der Phase der Projektentwicklung, ist eine enge Zusammenarbeit und Strategieabstimmung zwischen Projektentwickler, Vertrieb, dem Facilities Management Unternehmen und dem späteren Investor (so weit bekannt), unter Berücksichtigung gesellschaftlicher Rahmenbedingungen und möglicher Nutzeranforderungen, notwendig. Erst anschließend wird der Einsatz der Marketinginstrumente festgelegt.

Innerhalb des IPM kommen über die vier Phasen verteilt die aus dem Marketing-Mix bekannten **klassischen Marketinginstrumente** zum Einsatz. Zu letzteren werden in der Literatur vor allem die Produkt-, Preis-, Distributions- und Kommunikationspolitik gezählt (vgl. Nieschlag/Dichtl/Hörschgen, S. 20). Die besondere Komplexität und Langlebigkeit des Produktes Immobilie begründen die Notwendigkeit eines weiteren Instrumentes im Rahmen des Immobilienmarketing: der Servicepolitik (vgl. Falk 1995, S. 940ff.).

Die Aufgaben der Marketinginstrumente lassen sich in einem Kurzüberblick folgendermaßen charakterisieren:

- **Produktpolitik**: Welches Leistungsprogramm, welche Produkte (Immobilien bzw. Immobiliendienstleistungen) sollen wie gestaltet am Markt angeboten werden?

- **Servicepolitik**: Mit welchen immateriellen Leistungen wird der Absatz des Produktes/der Leistung am Markt begleitet bzw. die Kundenzufriedenheit erhöht?

- **Kommunikationspolitik**: Durch welche kommunikativen Maßnahmen soll auf Kenntnisse, Einstellungen und Verhaltensweisen von Marktteilnehmern eingewirkt werden?

- **Distributionspolitik**: Welche Möglichkeiten und Wege bestehen, um den Endnachfrager mit Leistungen und Produkten zu versorgen?

- **Kontrahierungspolitik**: Zu welchem Preis und sonstigen Bedingungen sollen die Leistungen am Markt angeboten werden?

Die Marketinginstrumente mit den jeweils zugehörigen Handlungsfeldern werden in den Abschnitten 5.5.2 – 5.5.6 ausführlich behandelt.

Im Rahmen der konkreten Planung der einzelnen Marketinginstrumente ist besonders deren zeitlicher Einsatz von Bedeutung. Alter und Zustand eines Objektes beeinflussen die Umsetzung konkreter Maßnahmen der einzelnen Instrumente. Hierbei ist zu unterscheiden, wann bzw. welche Instrumente in welcher Intensität eingesetzt werden.

Sehr anschaulich lässt sich dieser Zusammenhang am Beispiel des Produktlebenszyklus einer Immobilie (vgl. Abbildung 163) darstellen (vgl. zum Lebenszyklus von Immobilien auch Kapitel 4.1).

Bereits in der **Planungsphase**, d.h. sobald die Idee bzw. Vision eines Immobilienprojektes existieren, gibt es Ansätze der Produkt- und Distributionspolitik. Mit der Planung des Gebäudes entstehen erste Vorgaben, welche Zielgruppen als potenzielle Nutzer in Betracht kommen und wie die Struktur des Vertriebs aussehen soll.

In der **Realisierungsphase** kommen in erster Linie die Instrumente Produkt-, Kontrahierungs-, Kommunikations- und Distributionspolitik zur Anwendung. Nach Fertigstellung und Platzierung der Immobilie am Markt schließt sich die **Nutzungsphase** an. Zu diesem Zeitpunkt darf das Immobilienmarketing im Sinne einer ganzheitlichen Konzeption noch nicht beendet werden, soll die Immobilie langfristig erfolgreich vermarktet sein. Der begleitende Einsatz der Servicepolitik und des Facilities Managements können hierzu einen Beitrag leisten. Maßnahmen im Rahmen der Kommunikationspolitik sollten während der gesamten Lebensdauer einer Immobilie aufrechterhalten werden, um ein in der Realisierungs- und Vermarktungsphase positiv aufgebautes Image langfristig zu fördern und zu erhalten.

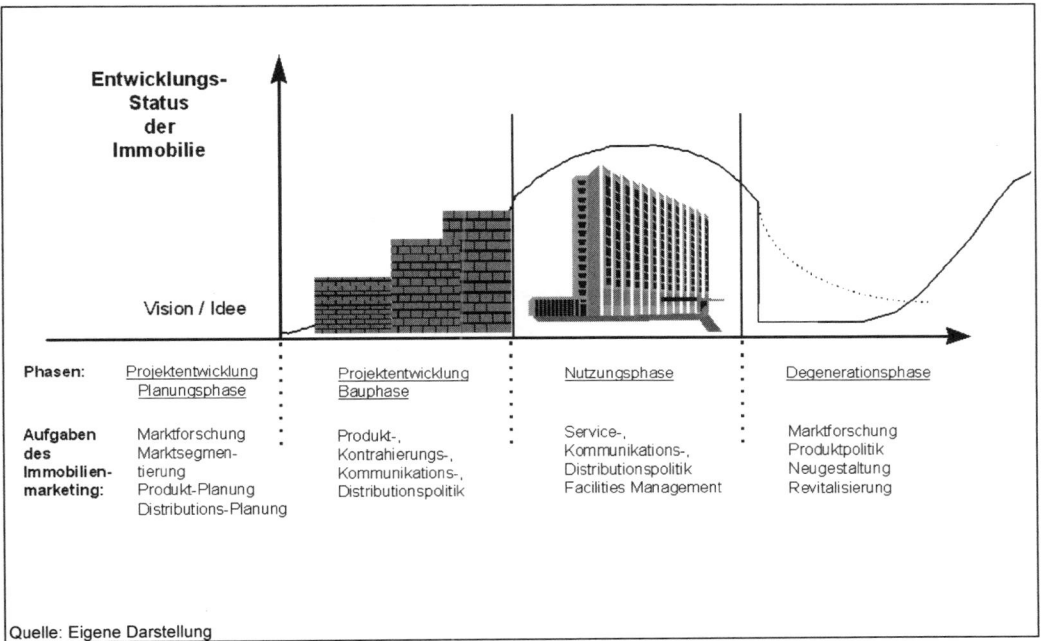

Abbildung 163: Produktlebenszyklus von Immobilien

In der **Degenerationsphase**, d.h. in der Lebenszyklusphase, in der die Immobilie in dem derzeitigen Zustand nicht mehr nutzbar ist, hängt die Art und Intensität der einzusetzenden Marketinginstrumente davon ab, ob es wirtschaftlich sinnvolle Möglichkeiten gibt, das Objekt zu revitalisieren oder ob als Verwertungsstrategie ein Abriss mit anschließender Neuentwicklung auf dem Grundstück die wirtschaftlichere Alternative darstellt.

5.5.1.2 Kundenzufriedenheit und Kundenloyalität als zentrale Zielgrößen des Immobilienmarketing

Im Zentrum eines integrativ-prozessualen Verständnisses von Immobilienmarketing steht die Anbieter-Nachfrager-Beziehung. Daraus lässt sich für Immobilienunternehmen die Konsequenz ableiten, den Transaktionsprozess im Hinblick auf eine möglichst lang andauernde Kundenloyalität und eine Maximierung der Kundenzufriedenheit zu gestalten.

Kundenzufriedenheit ist das Ergebnis der Erfüllung eines Soll-Ist-Vergleiches zwischen den ex ante-Erwartungen des Kunden mit dem ex post-Erlebnis der wahrgenommenen Leistung. Stellt sich Kundenzufriedenheit ein, kann daraus **Kundenloyalität** erwachsen. Das bedeutet, dass der Kunde bereit ist, Folgetransaktionen mit dem Immobilienunternehmen durchzuführen. Schränken zufriedene Kunden im Allgemeinen die aktive Suche nach Angebotsalternativen ein, ist dieses Verhalten in der Immobilienwirtschaft aufgrund der hohen Kosten von Immobilien nicht zwangsläufig der Fall, denn wachsendes Kostenbewusstsein und das Informationsinteresse der Kunden führen zu Angebotsvergleichen, die zu einem Anbieterwechsel (im Sinne von Umzug, anderer Makler, etc.) führen können. Daher kommt der aktiven Kundenbindung eine besondere Bedeutung zu. Hier tritt die Notwendigkeit von **Dialogsystemen** des Anbieters während der Nutzungsphase hervor, die eine aktive Pflege der Anbieter-Nachfrager-Beziehung ermöglichen sollen. Darunter fällt auch ein proaktives Beschwerdemanagement, welches für den Anbieter ein effektives Mittel darstellt, unzufriedene Kunden nicht zu verlieren und sogar für Folgetransaktionen zu gewinnen, sofern sich beim Kunden Beschwerdezufriedenheit einstellt.

Die Marketingaktivitäten eines Immobilienunternehmens dürfen sich aber nicht ausschließlich an externe Zielgruppen richten. Speziell in der Immobilienbranche kommt aufgrund der hohen Interaktionshäufigkeit mit Kunden der **Mitarbeiterzufriedenheit** eine große Bedeutung zu. Mitarbeiterzufriedenheit und -loyalität übertragen sich auf den Kunden, weshalb auch die Mitarbeiter eines Immobilienunternehmens als Zielgruppe im Fokus eines integrierten Marketingverständnisses stehen sollten.

5.5.2 Produktpolitik

5.5.2.1   Konzeption und Gestaltung der Produktpolitik

Innerhalb des Integrativ Prozessualen Marketingansatz (IPM) ist die Produktpolitik ein Teil der Marktprogrammerstellung, die so genannte **Objektprogrammerstellung**, die innerhalb der Vorbereitungsphase konzeptionell erfasst wird. In diesem Beitrag werden die Begriffe Objektprogramm und Produktpolitik aus Gründen der Übersichtlichkeit synonym verwendet. Die Objektprogrammerstellung schließt konzeptionell an die Phase der Marktforschung mit Datenerhebung, Auswertung und Interpretation an. Steht für ein Immobilienunternehmen fest, welche **strategischen Geschäftsfelder (SGF)** die Programmstruktur beinhalten soll, so sind im Anschluss bei der Konzeption des Objektprogrammes Überlegungen anzustellen, die über die konkrete Ausgestaltung der Angebotskomponente eines SGF Auskunft geben (vgl. Mattmüller, S. 165). Die konkrete Ausgestaltung der Produktpolitik basiert in wesentlichen Teilen auf Erkenntnissen, die durch die Marktforschung gewonnen wurden. Sowohl in Hinblick auf das Zielgruppenprogramm als auch auf die zielgruppenspezifische Objektpositionierung nimmt die Berücksichtigung zielgruppenrelevanter Ergebnisse eine wichtige Stellung ein. Von zentraler Bedeutung ist deshalb, dass nicht allein die physikalisch-technischen Aspekte einer Immobilie im Vordergrund stehen dürfen, sondern vielmehr deren Konzeption und Gestaltung auf die Nutzererwartungen abzustellen sind. Einzig und allein die Nachfrage entscheidet darüber, ob ein Produkt erfolgreich am Markt bestehen kann oder nicht. Spätere Änderungen grundsätzlicher Art am Objekt sind zum Teil nicht mehr oder nur noch mit zusätzlichem Kapitaleinsatz möglich, was aber die Konkurrenzfähigkeit der Immobilie negativ beeinflussen kann.

Vor allem auf Immobilienmärkten, die durch ein hohes Angebot und geringe Nachfrage geprägt sind, ist es für den einzelnen Anbieter von existenzieller Bedeutung, dass er ein Produkt anbieten kann, welches sich von der Konkurrenz positiv abhebt. Diese Aufgabe kommt zum großen Teil der Produktpolitik zu.

Man unterscheidet in der Produktpolitik grundsätzlich zwei Entscheidungsebenen:

* Die **Struktur des Objektprogrammes** (auch bekannt als Sortimentspolitik oder Leistungsprogramm).

* **Gestaltung des Objektes**, d.h. im vorliegenden Fall die Gestaltung der Immobilie.

Die erste Ebene beschäftigt sich also „mit dem Zusammenspiel der verschiedenen Produkte eines Objektprogrammes", die zweite Ebene mit der konkreten Ausgestaltung der Immobilie.

5.5.2.2 Sortimentspolitik

Die Sortimentspolitik umfasst sämtliche Entscheidungen eines Unternehmens, die mit der Erstellung, Erweiterung oder Eliminierung von Leistungsangeboten in Zusammenhang stehen (vgl. Bruhn, S. 159). Der Gestaltungsspielraum für die Struktur der Produktpolitik wird durch die Breite und Tiefe des Angebotes bestimmt:

* **Sortimentsbreite**: Anzahl unterschiedlicher Produktlinien, z.B. gleichzeitiges Angebot von Wohn-, Gewerbe- und Sonderimmobilien.

* **Sortimentstiefe**: Anzahl der Einzelprodukte innerhalb eines Sortiments, d.h. im Bereich Wohnimmobilien z.B. Fertighäuser, Ziegelhäuser und Holzhäuser. Weiterhin fallen darunter Überlegungen, ob Objekte als Gesamtes vermarktet, oder in Einheiten aufgeteilt und diese einzeln am Markt platziert werden sollen (z.B. Wohneigentum nach WEG oder Teileigentum bei Gewerbeimmobilien).

Grundsätzlich werden Entscheidungen der Sortimentspolitik durch das eigene Know-how, die finanziellen Ressourcen, die Kapazitätsaspekte und die strategischen Zielsetzungen des jeweiligen Anbieters bestimmt.

Sowohl die Sortimentsbreite als auch die Sortimentstiefe können erweitert oder gestrafft werden. Hierzu stehen mehrere Maßnahmen zur Verfügung.

5.5.2.2.1 Sortimentsbreite

- **Produktinnovation**, d.h. Entwicklung neuer Produkte. Als Beispiele sind vor allem neuartige Nutzungskonzeptionen zu nennen, wie Wellnesscenter, oder terrestrisch erreichbare Freizeitressorts für Kurzurlaube.

- **Produktelimination** d.h. Herausnahme aus dem Angebot eines Unternehmens. Hier werden Produkte nicht mehr neu am Markt angeboten. So entscheiden sich z.B. viele Unternehmen, keine Produkte mehr im Bereich des Wohnungsbaus anzubieten, sondern sich gänzlich auf Gewerbeimmobilien zu spezialisieren.

5.5.2.2.2 Sortimentstiefe

- **Produktdifferenzierung**, d.h. Veränderung bestehender Produkte. Dazu zählen z.B. Veränderungen in der Bauweise, wie die Verwendung von Holz anstelle von Ziegeln als Baustoff, besondere Berücksichtigung des Energieverbrauchs oder Verzicht auf Unterkellerung, um günstige Eigenheime anbieten zu können.

- **Produktstandardisierung**, d.h. Entfernung einzelner Varianten eines Produktes. Nachteile eines sehr ausdifferenzierten Angebotes können ein erhöhter Koordinationsaufwand und daraus entstehende Kostentreiber sein, denen keine Erlösbringer gegenüberstehen. So kann z.B. beim Angebot „Wohnimmobilien" dem Nachfrager nur eine begrenzte Anzahl an Ausbaustufen angeboten werden (vgl. Meyer 1996, S. 65ff.).

Zu beachten ist, dass bei allen erwähnten Optionen keine neuen Strategischen Geschäftsfelder entstehen bzw. deren Entstehung sinnvoll erscheinen. Der Grund hierfür liegt darin, dass eine so enge Verbundenheit zwischen dem bereits bestehenden Objekt und dem neuen Objekt vorliegt, dass sie innerhalb ein- und desselben SGF bearbeitet werden sollten. Hiervon abzugrenzen ist eindeutig die **Angebotsdiversifikation**.

- **Produktdiversifikation**, d.h. es werden bedarfsverwandte oder sonstige Produkte in das bereits vorhandene Angebotsprogramm aufgenommen. Es entsteht eine neues Strategisches Geschäftsfeld. Hierbei unterscheidet man **horizontale, vertikale und laterale Diversifikation**. Bei der horizontalen Diversifikation werden Produkte auf derselben Wirtschaftsstufe hergestellt. Beispielsweise stellt die Auflage eines Immobilienfonds durch einen traditionellen Bauträger eine Form der horizontalen Diversifikation seines Angebots dar. Bei der vertikalen Diversifikation werden zum bisherigen Angebot im Wertschöpfungsprozess vor- oder nachgelagerte Produkte hinzugenommen. Bietet ein Bauträgerunternehmen zusätzlich Dienste als Hausverwaltung an, stellt dies eine Form der vertikalen Diversifikation dar. Im Rahmen der lateralen Produktdiversifikation besteht kein Zusammenhang zwischen bisherigem und zusätzlichem Angebot. Die Wahl dieser Produktpolitik wird in erster Linie durch Aspekte der Risikostreuung bestimmt.

5.5.2.3 Instrumente der Produktpolitik

Nachdem nun die Struktur der Produktpolitik festgelegt wurde, muss sich das Immobilienunternehmen der Gestaltung des einzelnen Objektes widmen. Die Dimensionen produktpolitischer Entscheidungen sind vielfältiger Art.

Im Rahmen des Immobilienmarketing können sie sich auf folgende Punkte beziehen:

- Standortwahl,
- Formen der Akquisition,
- Objektgestaltung und Ausstattung,
- Fragen der Nutzungsflexibilität,
- Markenpolitik.

Im weiteren Verlauf werden die genannten Entscheidungen der Produktpolitik ausführlich behandelt.

5.5.2.3.1 Standortwahl

Die Wahl des Standortes ist für den Erfolg oder Misserfolg einer Immobilie von großer Bedeutung. Der Ausspruch von Praktikern „Lage, Lage, Lage" als die drei essenziellen Kriterien für den Erfolg einer Immobilie betont die Wichtigkeit der Standortwahl.

Standortentscheidungen lassen sich grundsätzlich in folgende Kategorien einteilen:

- national oder international,
- überregional, regional oder lokal,
- zentrale Innenstadt, übriges Stadtgebiet, Stadtrandlage und Peripherie.

Immobilien weisen im Rahmen der Produktpolitik unterschiedliche Standortanforderungen auf. So ist z.B. das Shopping Center auf der grünen Wiese auf eine gute Verkehrsanbindung (ÖPNV und Individualverkehr) angewiesen, Wohnimmobilien hingegen auf die Nähe zu Versorgungseinrichtungen, Schulen etc.

Die Auswahl der jeweiligen Standortkategorie muss entsprechend den strategischen Vorgaben der Unternehmensplanung erfolgen. Die anschließende Identifikation und Wahl eines konkreten

Standortes erfolgt unter Zuhilfenahme der Markt- und Standortanalyse, die in Kapitel 5.1 ausführlich dargestellt wird.

5.5.2.3.2 Formen der Akquisition

Der deutsche Immobilienmarkt zeichnet sich im Gegensatz zu anderen Ländern (z.B. USA) durch eine gewisse Knappheit an Bauland aus. Eine konsequente Beschaffungspolitik umfasst daher die aktive Suche über Anzeigen, Kontaktpflege zu Behörden und Ämtern, Bauträgern und Architekten sowie die Verfolgung von Marktbewegungen wie etwa Betriebsverlagerungen (z.B. Deutsche Post AG).

Anbieter von Immobilien müssen Entscheidungen dahingehend treffen, ob sie neue Objekte entwickeln und realisieren, oder ob sie bereits bestehende Immobilien akquirieren, um sie zu renovieren, revitalisieren oder einer komplett neuen Nutzung zuzuführen. Dementsprechend gibt es zwei grundsätzliche Vorgehensweisen, nämlich die Akquisition von:

* **unbebauten Grundstücken**, bzw. Grundstücken mit Bausubstanz, die aber keiner weiteren Nutzung zugeführt und deshalb abgerissen werden,

* **bebauten Grundstücken**, bei denen die vorhandene Bausubstanz erhalten bleibt.

5.5.2.3.3 Objektgestaltung und Ausstattung

Marktforschung, Marktbeobachtung, Fachwissen und Erfahrung stellen notwendige Grundlagen für die konkrete Gestaltung und Ausstattung der geplanten Immobilie dar, um sie entsprechend der gewählten Zielgruppe zu konzipieren und zu realisieren. Es sei hier nochmals erwähnt, dass eine Immobilie nur dann erfolgreich vermarktet werden kann (und dadurch werthaltig ist), wenn konkrete Nutzeranforderungen berücksichtigt werden, und sie sich zudem vom Angebot der Konkurrenz auf dem jeweiligen Marktsegment positiv abhebt.

Bedeutsame Gestaltungsaspekte sind:

* die Dimension bzw. Größenordnung

* und die Architektur einer Immobilie.

Dazu zählen die Aspekte Grundstücksgröße und -zuschnitt, Gebäudehöhe und -tiefe sowie Anzahl der Geschosse (GFZ), überbaute Grundstücksflächen (GRZ) und somit entstehende Gesamtfläche (BGF). Die Dimensionierung bzw. Größenordnung einer Immobilie hat bereits entscheidenden Einfluss auf deren mögliche Nutzung und daher auf die Zielgruppen, die mit dem Objekt angesprochen werden können. Je nach Ausprägung der genannten Größen kommen zum Teil unterschiedliche Gesetze oder Vorschriften zur Anwendung, die erheblichen Einfluss auf Architektur, Technik und demzufolge auch auf die Kosten des Objekts haben. Zum Beispiel fallen Gebäude, deren oberste Geschossfußböden die 22 m Höhenlinie überschreiten, unter die Hochhausrichtlinie. Für Hochhäuser gelten besondere bauliche Maßnahmen, wie z.B. doppelte Anzahl an Fluchttreppenhäusern, Feuerwehraufzüge mit eigenen Notstromaggregaten, Sprinkleranlage im gesamten Haus, verdoppelte Feuerwiderstandsklasse für die wichtigsten Bauteile, etc.

Die **Architektur** hat neben dem Entwurf der konstruktiven und technischen Elemente einer Immobilie ebenso **gestalterische Aufgaben (Design)**. Diese reichen über Art, Form und Anordnung der Baukörper und der Außenfassade bis hin zur Aufteilung der einzelnen Flächen im Gebäude und deren Ausstattung. Die genannten Aspekte wirken sich auf die Vermarktungsfähigkeit des Objektes aus, da sie neben der Funktion auch die Wirkung und Ausstrahlung der Immobilie auf den potenziellen Kunden entscheidend beeinflussen. Als Folge dieser Zusammenhänge werden häufig Verknüpfungen zwischen der Architektur, dem Design und der Namensgebung der Immobilie für Positionierungs- und Vermarktungszwecke hergestellt.

Im Rahmen der Produktgestaltung ist neben den genannten Kriterien die **Bauweise der Immobilien** hervorzuheben. Waren bis vor einigen Jahren noch Materialien im Gebrauch, die zwar technisch gute Eigenschaften besaßen, aber nach heutigen Erkenntnissen gesundheitsgefährdend sind (z.B. asbesthaltige Verkleidungen und formaldehydhaltige Holzschutzmittel), so stehen gegenwärtig neben ökonomischen besonders ökologische und gesundheitliche Aspekte im Vordergrund. Beispiele hierfür sind energiesparende Bauweise (erhöhter Wärmeschutz), schonender Umgang mit natürlichen Ressourcen (z.B. Verwendung von Brauchwasser zur Toilettenspülung, Einsatz von Sonnenkollektoren) oder im Bereich von Wohnimmobilien die Reduzierung von Baukosten durch Verwendung günstiger Materialien oder rationeller Bauverfahren (industrielle Vorfertigung).

Die **Qualität einer Immobilie** hat Auswirkungen auf den Angebotspreis des Objektes und somit auch auf die potenziellen Kundengruppen. Qualitätsaspekte können sich sowohl auf die sichtbaren als auch auf die für den Laien nicht sichtbaren Objektbestandteile beziehen. Beispiele für nicht sichtbare Qualitätsaspekte sind die Wärme- und Schallisolierung, Haustechnik, Verarbeitung und Ausführung der Gewerke, Haltbarkeit und Lebensdauer verwendeter Materialien sowie die Pflegebedürftigkeit einzelner Bauteile. Sichtbare Qualitätsaspekte sind z.B. die Gestaltung der Außenfassade, der Grünflächen außerhalb bzw. der Verkehrsflächen innerhalb des Gebäudes und die Ausstattung der einzelnen Einheiten mit sanitären Anlagen, Temperatur- und Lüftungssystemen, Art der Fußböden, Belichtung der Räume, etc. Je nachdem welche Zielgruppe mit dem Objekt angesprochen werden soll, kann die Strategie der Qualitätsführerschaft (hohe Qualität verbunden mit entsprechend hohen Preisen) oder die der Kostenführerschaft (günstige Preise verbunden mit entsprechend einfacherer Qualität) angewendet werden (vgl. Böcker 1994, S. 465f.).

Die **Schaffung von Standards** ist eine Produktstrategie, um ein Objekt in das Bewusstsein der Öffentlichkeit treten zu lassen. Durch die Dimension (z.B. Mall of America als größtes Einkaufs- und Vergnügungszentrum der Welt), die Geschichte (z.B. Empire State Building als lange Zeit höchstes Gebäude der Welt) oder die Architektur (z.B. Centre George Pompidou in Paris) kann dem Objekt weltweite Bekanntheit zugetragen werden, was jedoch noch nichts über den wirtschaftlichen Erfolg der Immobilie aussagt.

Die Gestaltung und Ausstattung von Immobilien muss sich an den Nachfragerstrukturen orientieren, wenn sie nicht von vornherein für den Eigenbedarf bestimmt ist, oder es sich um eine Projektentwicklung für einen konkreten Nutzer handelt (nutzerbezogene Projektentwicklung). Nachdem die Wünsche und Vorstellungen der potenziellen Kunden im Zeitablauf Veränderungen unterworfen sind, sollte ein andauernder Anpassungsprozess an die Nachfragerstrukturen erfolgen. Beispielsweise kann ein vor wenigen Jahren erfolgreich realisierter Typ von Wohneinheiten mit speziellen Gestaltungsmerkmalen (z.B. Splittlevel, das sind offen gestaltete Wohneinheiten, die sich über mehrere Ebenen verteilen, die jeweils durch Stufen voneinander getrennt sind) heute schon nicht mehr den Wünschen und Bedürfnissen der Kunden entsprechen.

5.5.2.3.4 Nutzungsflexibilität

Immobilien haben eine zu lange Lebensdauer, als dass nur kurzfristige Erfolgsaspekte berücksichtigt werden dürfen. Bestandsobjekte, die nach mehrjähriger Nutzung wieder auf dem Markt angeboten werden, weil ihre Miet-/Pachtverträge auslaufen bzw. nicht verlängert werden oder durch ihre Eigennutzer verkauft werden sollen, müssen tauglich für eine Drittverwendung sein. Diese Drittverwendungsfähigkeit sollte vor allem bei Objekten eingeplant werden, die entsprechend spezieller Nutzeranforderungen ausgestaltet werden, aber nicht die gesamte Lebensdauer an diesen gebunden sind. Beispielsweise sollte es möglich sein, Flächen in einer Gewerbeimmobilie, die aktuell durch ein Kino belegt sind, später im Rahmen vertretbarer Umbaumaßnahmen in Laden-, Gastronomie- oder Büroflächen umzuwidmen. Flexibilität wird für sämtliche Flächen im Objekt gefordert. Gemeint sind flexible Flächenaufteilungen innerhalb der jeweiligen Einheiten bis zur flexiblen Raumaufteilung ganzer Gebäudeetagen. Dieser Aspekt ist unter dem Gesichtspunkt der Flächenexpansion vorhandener Nutzer zu sehen. Für diese Gruppe wäre es vorteilhaft, über die Möglichkeit zu verfügen, sich auf benachbarte Flächen auszudehnen, um langfristig in dem Objekt bleiben zu können. Der Anschluss an die zusätzlichen Flächen sollte ohne große Nutzungsausfälle, bei vertretbaren Kosten und unter raumökonomischen Gesichtspunkten durchführbar sein.

5.5.2.3.5 Markenpolitik

Der Wandel vom Anbieter- zum Nachfragermarkt erfordert besondere Maßnahmen, um sich mit seinem Produkt von Konkurrenzprodukten abzuheben. Eine klassische Vorgehensweise, die mittlerweile auch in der Immobilienbranche Verwendung findet, ist die konsequente Verfolgung einer Markenpolitik. Ziele der Markenpolitik sind in erster Linie die **Bekanntmachung, Abgrenzung** zur Konkurrenz und **frühzeitige Positionierung** des Projektes/Objektes am Markt.

Die Markierung ist ein zentraler Aspekt der Gestaltung der Immobilie, da sie den Nutzern auf verschiedenste Weise Unsicherheiten in Hinblick auf Qualität und Vertrauenswürdigkeit des Produzenten beseitigt (zur ausführlichen Darstellung vgl. Tunder, S. 170). Sie ist für Nachfrager aber auch das Unterscheidungsmerkmal von anderen Produkten. Zunächst ist es die Aufgabe der Markenpolitik, auf zwei Ebenen eine strategische Entscheidung zu treffen:

- Bestimmung der Kompetenzbreite der Marke

- Bestimmung der Kompetenzhöhe der Marke

Die **Kompetenzbreite** einer Marke gibt an, wie viele Produkte unter einer Marke geführt werden. Man unterscheidet Einzel-, Familien-, und Dachmarken (vgl. Becker 1994, S. 470). Besteht für jedes einzelne Produkt eine eigene Marke, so spricht man von einer **Einzelmarke** (z.B. Frankfurter Welle). Gilt eine Marke für eine ganze Produktgruppe, dann spricht man von einer **Familienmarke** (z.B. City Quartier der DIFA). Das Kennzeichen der **Dachmarke** ist, dass hier das erstellende Immobilienunternehmen mit all seiner Kompetenz und seinem erarbeitetem Ruf und nicht das Objekt selbst im Vordergrund steht (z.B. DIFA als Offener Immobilienfonds).

Die **Kompetenzhöhe** der Marke beschreibt einen qualitativen Aspekt der Markenpolitik im Vergleich zum Wettbewerb. Hierbei unterscheidet man Premium-, klassische-, und Basismarke. Anbieter von **Premiummarken** im Immobilienmarkt wollen sich als Qualitätsführer behaupten und bieten dem Nutzer zusätzlich einen hohen emotionalen und psychologischen Zusatznutzen, was häufig einen höheren Preis im Vergleich zu den anderen Marken rechtfertigt. Beispiel hierfür im Wohnungsbau können verschiedene Hausmodelle sein. Die Premiummarke des Angebotes umfasst dann ein besonders innovatives Nutzungs- und Servicekonzept und ist technisch anspruchsvoll ausgestattet. Sie hebt sich stark positiv von der Konkurrenz ab. Anbieter von **klassischen Marken** sind dagegen keine Innovations- oder Qualitätsführer, sondern entsprechen in ihrer Leistung den entsprechenden Benchmarks. Die Preisbereitschaft der Nutzer liegt unter der der Premiummarke. Beispiel hierfür ist ein Wohngebäude, das den Qualitätsstandards des Marktes entspricht, im Gegensatz zur Premiummarke aber nicht mit, über den Marktstandard hinausgehenden, Services oder technischen Einrichtungen ausgestattet ist. Gebäude, die als **Basismarke** konzipiert werden, erfüllen lediglich Mindestanforderungen an Qualität. Beispiel hierfür kann ein

Wohngebäude sein, das vom Käufer selbst ausgebaut werden muss. Aufwendige technische Einrichtungen und Zusatzservices werden nicht angeboten (vgl. Mattmüller, S. 183 und Becker 1994, S. 482).

Wichtiger Bestandteil der Immobilienmarkenstrategie ist die konkrete Ausgestaltung der Marke. Bildmarken, d.h. Logos, haben eine große Bedeutung, allerdings nimmt die Namensgebung bei der Markenfindung einen besonderen Stellenwert ein. Aus diesem Grund sollen im Folgenden konkrete Hinweise zur Namensfindung gegeben werden.

Der **Name** ist der verbale Teil der Positionierung des Objektes. Er sollte unverwechselbar, einprägsam und leicht aussprechbar sein sowie positive Produktassoziationen bewirken (vgl. Kotler/Bliemel, S. 736ff.). Grundsätzliche **Möglichkeiten der Namensgebung** sind:

- **Informativ bzw. deskriptiv:** Hierzu gehören Aussagen über den Standort, die Zweckbestimmung oder die Philosophie des Objektes. Beispiele dafür sind „Messeturm" bzw. „MAIN-Tower" der Helaba (Frankfurt), „Unter den Linden 1", „Friedrichstadtpassagen" (Berlin) und „Gewerbe im Park" (mehrere Standorte).

- Beschreibung von **Gebäudestrukturen** oder **typischer Merkmale**, wie z.B. „ATRICOM" in Frankfurt (ATRICOM steht für das zentrale Atrium im Gebäude und Kommunikation; vgl. Becker, S. 28), „La Grande Arche" in Paris la Defense (der Name nimmt Bezug auf die Gebäudeform als Torbogen).

- **Personifizierung** oder Verwendung des Namens einer Unternehmung, wie z.B. „Trump-Tower" und „Rockefeller Center" (beide in New York), „Lloyds Building" (London), „Sony-Center" (Berlin) oder „Gruner + Jahr Verlagshaus" (Hamburg).

Bei der Namensgebung sollte beachtet werden, dass dieser keine Fehlinterpretationen zulässt bzw. es zu keinen Verwechslungen mit konkurrierenden Objekten kommt. Bei internationalen Vermarktungsstrategien wird von dem Namen des Objektes erwartet, dass dieser ohne Probleme in den jeweiligen Fremdsprachen beibehalten werden kann und keine unerwünschten Assoziationen möglich sind.

Weiterer Bestandteil der Markenpolitik einer Immobilie ist die **Entwicklung eines Logos**. Das Logo stellt die visuelle Darstellung charakteristischer Merkmale der Immobilie, des Namens oder Teile davon in werbewirksamer, ansprechender und einprägsamer Form dar. Grundlagen zur Entwicklung eines Logos werden häufig durch die Architektur bzw. den gestalterischen Aspekten einer Immobilie vorgegeben. Zur Anwendung kommen Name und Logo vor allem bei kommunikativen Maßnahmen, die in Abschnitt 5.5.4 weitergehend beschrieben werden.

5.5.3 Servicepolitik

5.5.3.1 Grundlagen der Servicepolitik

Die Produktpolitik als das zentrale Instrument zur Schaffung einzigartiger Leistungsvorteile gegenüber dem Konkurrenzangebot erfährt heute zunehmend eine sinnvolle Ergänzung durch Serviceleistungen. Servicepolitik stellt hierbei den koordinierten Einsatz immaterieller Leistungen dar, die das eigentliche Leistungsprogramm abrunden, um die unternehmenspolitischen Ziele der Kundennähe, einer intensiven Betreuung und optimalen Beratung zu gewährleisten und somit Kundenzufriedenheit zu erzielen, wobei insbesondere die erbrachte **Servicequalität** einen hohen Einfluss auf die Kundenzufriedenheit hat (vgl. Rapp, S. 171). Unter Servicequalität wird „die Erfüllung aller unfühlbaren Servicebestandteile, die durch Mitarbeiter des Unternehmens und/oder Servicesysteme am Kunden verrichtet werden, und es diesem ermöglichen, einen über das erwartete Produkt hinausgehenden Wert der Unternehmensleistung zu realisieren", verstanden (vgl. Rapp, S. 64). Service- oder Dienstleistungen lassen sich hierbei durch folgende charakteristische Besonderheiten von Sachleistungen abgrenzen (vgl. Corsten, S. 85ff.):

- Immaterialität,

- Simultaneität von Produktion und Verwertung,

- Direkter Kontakt zwischen Anbieter und Nachfrager,

- Unfähigkeit der Lagerung.

Während das klassische Marketing alle Handlungen eines Unternehmens – ausgerichtet auf die Bedürfnisse der Kunden – umfasst, bezieht Dienstleistungsmarketing den Konsumenten als Teil der Leistung mit ein. Die Literatur differenziert zudem nach den Trägern der Dienstleistung, indem sie funktionelle, d.h. von Sachleistungsbetrieben als „Neben"- Funktion zur Absatzförderung erbrachte, und institutionelle, d.h. von (reinen) Dienstleistungsunternehmen erbrachte Dienste unterscheidet (vgl. Meyer 1994, S. 11).

Im Rahmen des Immobilienmarketings gehen bei schwieriger Marktsituation immer mehr Anbieter von Immobilien dazu über, neben der reinen Vermarktung von Räumen und Gebäuden ein umfangreiches Servicepaket anzubieten. Serviceleistungen werden zunehmend als Differenzierungspotenzial genutzt, indem für den Kunden maßgeschneiderte Pakete angeboten werden. Demnach wird ein Grundstück nicht mehr nur zum Preis x angeboten, sondern dem Nachfrager werden beispielsweise ein Bebauungsvorschlag, eine Rentabilitätsrechnung, ein Finanzierungskonzept sowie Mietinteressenten geliefert.

Die Vermarktung von Immobilien wird heute durch modernes Facilities Management unterstützt, wobei Facilities Management bereits einen bedeutenden Teil immobilienspezifischer Serviceleistungen in sein Leistungsangebot integriert. Im Allgemeinen wird nach Leistungen der Flächenbewirtschaftung sowie der kaufmännischen und der technischen Betreuung unterschieden. Wird Facilities Management als Hauptfunktion eines Unternehmens verstanden, so handelt es sich um institutionelles Dienstleistungsmarketing (vgl. dazu ausführlich Kapitel 4.4).

5.5.3.2 Dimensionen von Serviceleistungen

Die Literatur bietet vielfältige Definitionen von Dienstleistungen, wobei sich für immobilienspezifische Serviceleistungen die umfassende Definition von Meffert/Bruhn (1995, S. 27) anbietet: „Dienstleistungen sind selbständige, marktfähige Leistungen, die mit der Bereitstellung (...) und/oder dem Einsatz von Leistungsfähigkeiten (...) verbunden sind (Potenzialorientierung). Interne (...) und externe Faktoren (also solche, die nicht im Einflussbereich des Dienstleisters liegen) werden im Rahmen des Erstellungsprozesses kombiniert (Prozessorientierung). Die Faktorenkombination des Dienstleistungsanbieters wird mit dem Ziel eingesetzt, an den externen Faktoren, an Menschen (zum Beispiel Kunden) oder deren Objekten (zum Beispiel Immobilie des Kunden) nutzenstiftende Wirkungen (zum Beispiel technische Wartung) zu erzielen (Ergebnisorientierung)". Diese Definition basiert auf der Differenzierung von Dienstleistungen in drei unterschiedliche Dimensionen (vgl. Corsten, S. 81ff.; Hilke, S. 10f.):

5.5.3.2.1 Potenzialorientierte Serviceleistungen

Hierbei steht das Potenzial (i.w.S. Mensch oder Maschine) des Anbieters von Serviceleistungen im Vordergrund, das die notwendige Voraussetzung darstellt, um Dienstleistungen zu erbringen. Exemplarisch können hier genannt werden:

- Umzugsmanagement,
- Parkhausmanagement,
- Zentraler Empfangsservice,
- Limousinen-/Shuttleservice,
- Cateringleistungen,
- Sicherheits-/Wachdienst,
- Konferenzservice,
- Büroservicekonzepte.

5.5.3.2.2 Prozessorientierte Serviceleistungen

Im Mittelpunkt steht hierbei die dienstleistende Tätigkeit, d.h. der Prozess und Vorgang der Leistungserstellung als synchroner Kontakt der Marktpartner bzw. deren Objekte („uno-actu-Prinzip"). Als Beispiele seien genannt:

- Objektbezogene Beratung, z.B. Innenarchitekturberatung, CAD-Flächen- und Raumplanung, Energiesparkonzept oder Wirtschaftlichkeitsberechnung,

- Finanzierungsberatung, z.B. Berechnung optimaler Steuervorteile, Erarbeitung von Anlagestrategien oder Vermittlung von Finanzierungen,

- Analysen, z.B. Markt- und Standortanalysen, Nutzerbedarfsanalysen oder Analyse der Ablauf- und Organisationsstruktur,

- Vermietungs-/Verkaufsmanagement, z.B. Beratung bei der Gestaltung von Miet- und Kaufverträgen, Vermietungsmanagement für Kapitalanleger oder Kundennachbetreuung (Betreuung von Mieter- und Werbegemeinschaften).

5.5.3.2.3 Ergebnisorientierte Serviceleistungen

Serviceleistungen stellen hierbei das immaterielle Ergebnis eines Prozesses der Dienstleistungserbringung dar. Gegenstand der Dienstleistung kann der Kunde selber sein, wie z.B. Schulungen, Ausbildungen, Seminare und/oder ein Objekt des Kunden, an dem die Leistung erbracht wird, wie z.B. Sprengung einer Fabrik, Instandhaltung, Renovierung der Immobilie. Einige Dienstleistungen können somit durchaus materielle Ergebnisse zur Folge haben (vgl. Meyer 1994, S. 12).

Eine weitere, in der Praxis vielfach anzutreffende Differenzierung der unterschiedlichen immobilienspezifischen Serviceleistungen besteht in der Trennung von **Standard-/oder Kernleistungen** (z.B. Reinigung, Winterdienst etc.), die grundsätzlich jedem Mieter zur Verfügung stehen und über die Nebenkosten abgerechnet werden, sowie **Zusatzleistungen** (z.B. 24 Std. Mieter-Hotline, VIP-Service, Boten- und Postdienste), die individuell kalkuliert und verrechnet werden. Während klassische Dienstleistungen wie z.B. die Objektverwaltung kostenpflichtig sind, werden zunehmend Dienstleistungen, insbesondere im Rahmen der Akquisitionsphase kostenlos angeboten.

Serviceleistungen können somit auch nach der zeitlichen Einteilung des Immobilien-Lebenszyklus in akquisitionsbezogene und nutzungsbezogene Dienstleistungen unterschieden werden. So sind den akquisitionsbezogenen Services z.B. ein Wirtschaftlichkeitsvergleich zwischen alter und neuer Fläche, die Analyse der Ablauf- und Organisationsstruktur, die Umzugsorganisation, etc. zuzurechnen. Unter nutzungsbezogenen Dienstleistungen sind diejenigen Leistungen zu subsumieren, die während der aktiven Nutzungsphase geboten werden, z.B. Parkhausmanagement, Sicherheitsdienst, Empfangsservice, Nebenkostenabrechnung. Bei den akquisitionsbezogenen Serviceleistungen handelt es sich primär um eine Nebenfunktion der Absatzförderung, somit um funktionelles Dienstleistungsmarketing. Nutzungsbezogene Dienstleistungen werden dahingehend zunehmend als Hauptfunktion verstanden (Facilities Management) und sind somit dem institutionellen Dienstleistungsmarketing zuzurechnen.

Im Bereich der Serviceleistungen bietet sich in der Immobilienbranche ein heute noch weitgehend unausgeschöpftes Potenzial, über neue Strukturen Kosten- und Leistungsüberlegenheit zu erzielen, wobei darauf zu achten ist, dass durch Serviceleistungen die Grenzen der Gewerblichkeit nicht überschritten werden.

5.5.4 Kommunikationspolitik

5.5.4.1   Grundlagen der Kommunikationspolitik

Im Bewusstsein der Immobilienbranche wird Marketing oftmals fälschlicherweise mit Werbung oder Kommunikation gleichgesetzt. Die Kommunikation ist jedoch nur ein Teilaspekt des Marketings, der im Rahmen eines integrativen Marketingansatzes eine zentrale Rolle in der Anbahnungsphase zukommt. Insbesondere aufgrund der produktgegebenen langen Entwicklungszeiten von Immobilien und der entsprechenden Öffentlichkeitswirkung wird die Bedeutung einer kontinuierlich bzw. längerfristig angelegten, abgestimmten **Marktkommunikation** deutlich. Die Kommunikationspolitik leitet sich aus dem strategischen Marketing und der Produkt-, Service-, Distributions- und Kontrahierungspolitik ab. Ihre Aufgabe ist es, entsprechend den Vorgaben der genannten Bereiche, Informationen vom Unternehmen (Anbieter) an die aktuellen bzw. potenziellen Zielgruppen (Käufer oder Mieter) und die interessierte Öffentlichkeit zu übermitteln (vgl. Böcker 1994, S. 358). Dahinter steht die Zielsetzung, das Objekt am relevanten Markt zu positionieren, angebotene Leistungen transparent zu machen, es gegenüber der Konkurrenz abzugrenzen und ein **positives Image** aufzubauen. Das Geheimnis des Absatzerfolges liegt in dem Maße, in dem ein Produkt/eine Leistung beim Interessenten als begehrenswert und rar empfunden wird. Kommunikationspolitik stellt dabei die bewusste Gestaltung sämtlicher Maßnahmen dar, die auf Kenntnisse, Einstellungen und Verhaltensweisen von Marktteilnehmern einwirken (vgl. Bruhn, S. 201ff.). Kommunikationsmaßnahmen können sowohl informativ als auch beeinflussend gestaltet werden. Reine Informationen vermitteln Kenntnisse über die Leistungsmerkmale des Produkts wie z.B. Lage, Größe, Typ, Bauweise und Ausstattung einer Immobilie. Im Rahmen der beeinflussenden Kommunikationsmaßnahmen sollen positive Assoziationen zum Produkt erzeugt und bestimmte Verhaltensweisen gefördert werden, indem auf existierende Einstellungen bewusst verstärkend eingewirkt wird.

Die Marktkommunikation stellt in der Immobilienbranche einen unverzichtbaren Teil der Absatzpolitik dar. Um Streuverluste zu vermeiden und um den unterschiedlichen Kommunikationszielen gerecht zu werden, sollte der Einsatz der Kommunikationsinstrumente einem systematischen Planungsprozess, der in die übergeordnete Marketingkonzeption eingebunden ist, unterworfen sein (vgl. Bruhn, S. 204).

5.5.4.2 Prozess der Kommunikationsplanung

5.5.4.2.1 Formulierung der Kommunikationsziele

Die Festlegung der Kommunikationsziele erfolgt in Abstimmung mit den Vorgaben aus den Unternehmens- und den daraus abgeleiteten Marketingzielen. Die Wahl der Kommunikationsziele sollte unter der Prämisse erfolgen, dass deren Erfüllung einen möglichst hohen Zielbeitrag zu den übergeordneten Unternehmenszielen gewährleistet (vgl. Bänsch, Sp. 1186-1200).

Die verbindliche Festlegung der Kommunikationsziele stellt den Ausgangspunkt einer systematischen Kommunikationsplanung dar. Grundsätzlich lassen sich hierbei **ökonomische Kommunikationsziele** wie z.B. umsatz-, absatz-, marktanteils- oder renditeorientierte Ziele sowie **psychologische Kommunikationsziele** unterscheiden (vgl. Bruhn, S. 204). Kennzeichnend für ökonomische Kommunikationsziele ist, dass sie zwar eindeutig quantifizierbar und somit messbar sind, direkte Erfolgszuordnungen zu den kommunikativen Maßnahmen jedoch nicht möglich sind. Die Gründe liegen vor allem darin, dass die Realisierung ökonomischer Kommunikationsziele nicht nur von den kommunikativen Maßnahmen, sondern vom gesamten Marketing-Mix des Unternehmens und einer Reihe weiterer Faktoren beeinflusst wird. Im Gegensatz dazu können Zusammenhänge zwischen kommunikativen Maßnahmen und deren Wirkung auf die psychologischen Kommunikationsziele hergestellt werden (vgl. Bruhn, S. 204). Im Rahmen der psychologischen Ziele (auch außerökonomische Ziele genannt; vgl. Nieschlag/Dichtl/Hörschgen, S. 579ff.) werden in der Marketingliteratur üblicherweise die folgenden drei Zielorientierungen in den Vordergrund gestellt (vgl. Kotler/Bliemel, S. 892):

- kognitiv-orientiert,

- affektiv-orientiert,

- konativ-orientiert.

Kognitiv-orientierte Kommunikationsziele sind mit dem angelsächsischen Kommunikationsziel „attention", dem Erwecken von Aufmerksamkeit für das Werbeobjekt, gleichzusetzen (vgl. Böcker 1994, S. 382). Neben dem Erwecken von Aufmerksamkeit geht es primär darum, den Bekanntheitsgrad zu steigern und Informationsverbesserung zu erzielen. Als Beispiele lassen sich anführen: die Count-Down-Zählung bis zur Eröffnung eines Shopping Centers (noch 7 Tage, noch 6 Tage...), oder die Sprengung eines Hochhauses zur Förderung der Bekanntheit einer Projektentwicklung (z.B. IDUNA Hochhaus in Hamburg). Die Gewinnung von Interesse ("interest") für das Produkt stellt die Grundlage für die affektiv-orientierten Kommunikationsziele dar. Weitere Schwerpunkte in diesem Zusammenhang sind der Aufbau bzw. die Pflege eines bestimmten Images sowie die Beeinflussung von Einstellungen. Das Entstehen von Nachfrage ("desire") am Werbeobjekt äußert sich in den konativ-orientierten Kommunikationszielen. Hier soll schließlich ein bestimmtes Verhalten, das Ergreifen von Aktionen ("action") hervorgerufen werden, wie z.B. die Kontaktaufnahme des potenziellen Mieters/ Käufers mit dem Vermieter/ Verkäufer oder das Anfordern weiterer Unterlagen zu der Immobilie.

5.5.4.2.2 Ermittlung der Zielgruppen (Werbesubjektplanung)

Eine Besonderheit im Immobilienmarketing stellt die äußerst komplexe Zielgruppenstruktur dar. Die Identifikation der relevanten Zielgruppen ist eine wesentliche Voraussetzung für den Einsatz kommunikationspolitischer Maßnahmen. Durch deren Kenntnis können die kommunikativen Maßnahmen zielgruppenspezifisch zugeschnitten werden, um dadurch vorhandene Streuungsverluste beim Einsatz der zum Teil sehr kapitalintensiven Kommunikationsinstrumente in Grenzen zu halten. Hierbei sind zunächst jene Personen und Organisationen zu identifizieren, die zur Realisierung der Marketing- und Kommunikationsziele angesprochen werden müssen (vgl. Abbildung 164). Diese Zielgruppen werden in einem nächsten Schritt möglichst genau beschrieben. Aufbauend auf den gewonnenen Erkenntnissen kann die optimale Zielgruppenerreichbarkeit in Erfahrung gebracht werden, d.h. es wird bestimmt, mit welchen Kommunikationsinstrumenten die vorbestimmte Zielgruppe am besten erreicht werden kann (vgl. Bruhn, S. 210).

Die potenzielle Zielgruppe umfasst somit sowohl aktuelle und potenzielle Kunden als auch Personen/Gruppen, die einen Einfluss auf die Entscheidungen der Interessenten ausüben können. Immobilienrelevante Zielgruppen werden deshalb im Folgenden in zwei Gruppen unterteilt, die sich jeweils durch ihren Informationsbedarf, ihre Erreichbarkeit und insbesondere hinsichtlich der Zielsetzung des Kommunikators unterscheiden (vgl. Abbildung 164).

- **Finale Zielgruppe**: Mieter, Käufer (Institutionelle Investoren, Kapitalanleger, Eigennutzer, Leasingnehmer, etc.)

- **Subfinale Zielgruppe**: Multiplikatoren, Meinungsbildner (Politiker, Presse, Architekten, Konkurrenz, Makler, Verbände etc.)

Während bei der Ansprache der finalen Zielgruppe, als der Gruppe der aktuellen und potenziellen Letztnachfrager, das direkte Ziel des Kommunikators, z.B. Kauf/ Verkauf/ Miete, im Vordergrund steht, soll durch die Berücksichtigung und Einbindung der subfinalen Zielgruppe diese primäre Zielsetzung verstärkt und positiv unterstützt werden. Als subfinale Zielgruppen werden in diesem Zusammenhang Personen, Organisationen etc. bezeichnet, die bezogen auf ihre einflussrelevanten Merkmale homogen sind und den Absatz an die Finalzielgruppen entweder direkt oder indirekt beeinflussen (vgl. Meyer/Mattmüller, S. 70). Die Identifizierung und Festlegung der jeweiligen Zielgruppe trägt zur Vermeidung von Streuverlusten bei und stellt eine wesentliche Grundlage für die Wahl der Kommunikationsinstrumente dar.

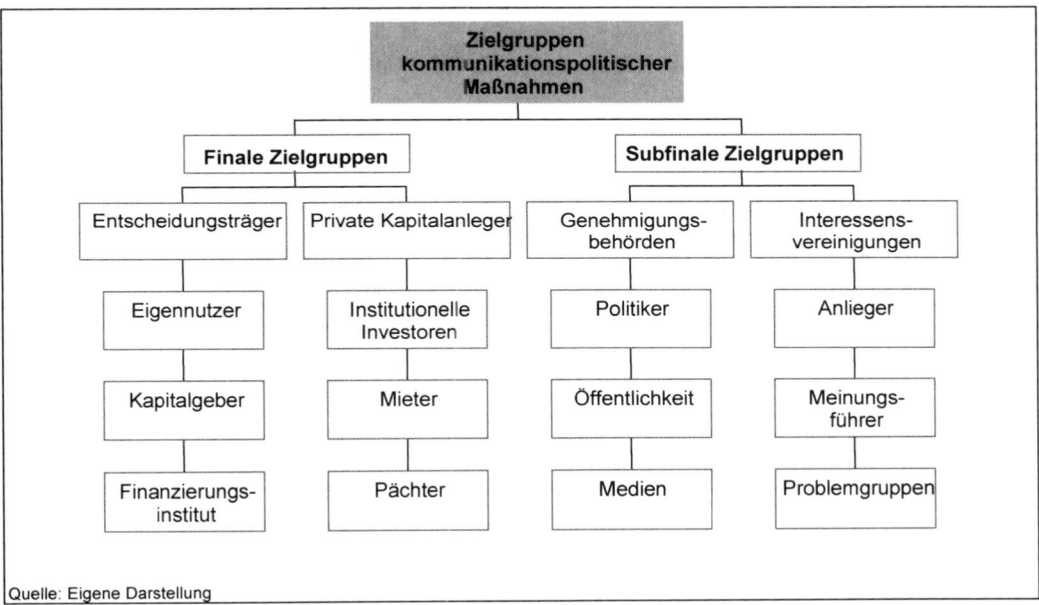

Abbildung 164: Zielgruppen kommunikationspolitischer Maßnahmen

5.5.4.2.3 Kommunikations- und Werbeobjektplanung

Im Mittelpunkt der Kommunikationspolitik steht die Festlegung der Kommunikationsstrategie. Hier werden verbindlich mittel- bis langfristige Verhaltenspläne festgelegt, die bestimmen, welche Botschaft für welche Objekte und unter dem Einsatz welcher Instrumente kommuniziert werden soll. Die Darstellung des Kommunikationsprozesses verdeutlicht die so genannte **Kommunikationsformel** von Lasswell (vgl. Weis, S. 364f.):

- **Wer** (Unternehmen, Kommunikator),
- **sagt was** (Botschaft),
- **über welchen Kanal** (Werbeträger, Vertrieb),

- **zu wem** (Zielperson, Zielgruppe),

- **mit welcher Wirkung** (Kommunikationserfolg, Käufer, Image, Einstellung)?

Dabei findet Kommunikation nur dann statt, wenn der Empfänger die Nachricht rezipiert und verarbeitet.

Die Wahl des **Kommunikationsobjektes** ist eine Grundsatzentscheidung, die am Anfang der strategischen Überlegungen steht. Hierbei wird zuerst festgelegt, ob das Unternehmen an sich oder die einzelne Immobilie den Kern der kommunikativen Maßnahmen darstellt. In einem nächsten Schritt werden die Inhalte der Kommunikationsbotschaft festgelegt, die sich an der Ausrichtung der jeweiligen **Kommunikationsstrategie** orientieren.

Folgende Grundtypen lassen sich unterscheiden (vgl. Bruhn, S. 214):

- **Bekanntmachungsstrategie**: Hierbei soll z.B. ein neues Immobilienprojekt, wie etwa die Entwicklungen am Potsdamer Platz in Berlin, der Öffentlichkeit vorgestellt und am Markt bekannt gemacht werden.

- **Informationsstrategie**: Im Vordergrund stehen Maßnahmen zur Vermittlung konkreter Produktinformationen, wie z.B. Flächeneffizienz, Ausstattung und technische Infrastruktur eines Bürogebäudes.

- **Imageprofilierungsstrategie:** Der Aufbau und der Erhalt eines gewünschten Images prägt bei der Wahl dieser Strategie sämtliche kommunikativen Maßnahmen. Als mögliche Beispiele können das „behindertengerechte Einkaufszentrum", das „Bürohaus der Zukunft" oder das „Passivhaus" genannt werden.

- **Konkurrenzabgrenzungsstrategie**: Bei der Wahl dieser Strategie wird das eigene Produkt zu vergleichbaren Konkurrenzobjekten abgegrenzt, indem die komparativen Vorteile in den Vordergrund sämtlicher Maßnahmen gestellt werden (z.B. eine niedrigpreisigere Immobilie mit besserer technischer Ausstattung).

- **Zielgruppenerschließungsstrategie**: Hierbei werden sämtliche kommunikative Maßnahmen auf spezielle relevante Zielgruppen fokussiert. Es kann sich dabei um bereits bestehende oder neue Zielgruppen handeln. Die Ansprache anderer Interessengruppen eines Immobilienprojektes wird im Rahmen dieser Strategie dagegen vernachlässigt (z.B. modernisierte Plattenbauwohnungen in Berlin speziell für Auszubildende und Studenten als potenzielle Mieter).

- **Kontaktanbahnungsstrategie**: Das Ziel dieser Strategie liegt darin, durch den gezielten Einsatz der Kommunikationsinstrumente eine möglichst hohe Anzahl an Kontakten mit der Zielgruppe zu erreichen. Erst in einem nachfolgenden Schritt werden die vorhandenen Kontakte auf ihre Qualität hin überprüft und entsprechend bearbeitet (z.B. Verteilung und Sammlung von Werbe-Kontaktformularen für ein neues Immobilienprojekt auf der Expo Real).

5.5.4.2.4 Bestimmung des Kommunikationsbudgets

Die Festlegung des Kommunikationsbudgets wird vor dem Hintergrund der formulierten Ziele vorgenommen. Im Mittelpunkt der Planung des Kommunikationsbudgets steht dabei die Beantwortung der Frage, welche finanziellen Mittel für die Planung und Durchführung von Kommunikationsmaßnahmen insgesamt zur Verfügung stehen, und wie sich diese Beträge auf die einzelnen Instrumente verteilen. Im Rahmen der klassischen Marketingliteratur werden dazu verschiedene Methoden diskutiert (Nieschlag/Dichtl/Hörschgen, S. 1068ff.; Tietz/Zentes, S. 286ff.). So können zur Verteilung des Budgets auf die einzelnen Instrumente zum einen **analytische Verfahren**, die funktionale Zusammenhänge zwischen Budget und zugehörigem Zielkriterium herstellen, und zum anderen **heuristische (nicht-analytische) Verfahren**, die anhand von Erfahrungssätzen und einfachen Entscheidungsregeln das Budget ermitteln, zugrunde gelegt werden. Gängige heuristische Entscheidungsansätze orientieren sich z.B. am Umsatz, der Finanzkraft des Unternehmens, am Wettbewerb sowie an festgelegten Zielen und Aufgaben (vgl. Kotler/Bliemel, S. 911ff.; Böcker 1994, S. 391ff.).

In der immobilienwirtschaftlichen Praxis kommen fast ausschließlich die heuristischen Verfahren zum Einsatz. Als Orientierungsgröße wird in den meisten Fällen das Investitionsvolumen herangezogen, von dem ein bestimmter Prozentsatz als Kommunikationsbudget veranschlagt wird. Die Werte bewegen sich aktuell im Bereich von etwa 0,5 bis max. 3% des Investitionsvolumens, was auf den immer noch relativ geringen Stellenwert des Immobilienmarketings in der Immobilienbranche hinweist. Im Gegensatz hierzu werden beispielsweise in der Konsumgüterbranche 10 bis 25% des Jahresumsatzes für Marktkommunikation veranschlagt (vgl. Oberhollenzer, S. 9).

5.5.4.2.5 Einsatz der Kommunikationsinstrumente (Werbemittel und Werbeträger)

Nach der Definition der Ziele, Zielgruppen und der Kommunikationsstrategie sowie des Budgets werden die zum Einsatz kommenden Kommunikationsinstrumente festgelegt.

Im Immobilienmarketing steht eine Vielzahl von Instrumenten zur Verfügung, die je nach der Zielsetzung des Kommunikators bzw. der Lebenszyklusphase des Objektes unterschiedlich Anwendung finden. Einen ersten Überblick stellt die Abbildung 165 dar.

Beim Einsatz der Kommunikationsinstrumente ist zwischen Werbemitteln und Werbeträgern zu unterscheiden.

Werbemittel sind materialisierte Werbebotschaften (Anzeigen, Radio- und TV-Spot, Plakate, etc.), die an die Stelle des unmittelbaren persönlichen Kontakts zwischen Werbungstreibenden und

Umworbenen treten. Da Werbemittel an **Werbeträger** (Zeitungen, TV, Radio, etc.) gebunden sind, sind sie reproduzierbar und so beliebig oft verwendbar (vgl. Mattmüller, S. 260).

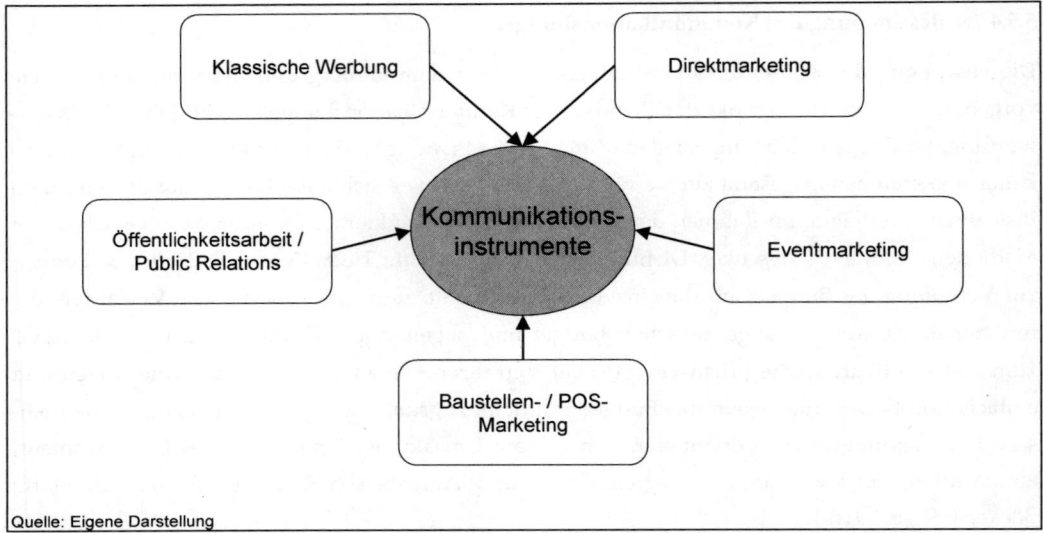

Quelle: Eigene Darstellung

Abbildung 165: Kommunikationsinstrumente im Immobilienmarketing

Um mögliche Reibungsverluste zwischen den einzelnen Instrumenten, deren zeitlichem Einsatz sowie den jeweiligen Inhalten zu vermeiden, sollten diese untereinander abgestimmt und koordiniert werden. Hierfür wird i.d.R. ein Kommunikations- bzw. **Mediaplan** erarbeitet, der u.a. auch eine zielgruppengerechte und planungsperiodenbezogene Aufteilung des Kommunikationsbudgets auf einzelne Werbeträger bzw. Medien beinhaltet (vgl. Bruhn, S. 220f.). Im Rahmen der Erstellung eines Mediaplans sind grundsätzlich alle Werbeträger auf ihre Vor- und Nachteile sowie Einsatzmöglichkeiten hin zu überprüfen (vgl. Böcker 1994, S. 399). Eine Darstellung der einzelnen Instrumente erfolgt in Punkt 5.5.4.3.

5.5.4.2.6 Gestaltung und Kontrolle der Kommunikationsmaßnahmen

Für die konkrete Umsetzung der kommunikativen Maßnahmen gibt es zwei grundsätzliche Vorgehensweisen: zum einen die Beauftragung von externen Beratern bzw. Agenturen sowie zum anderen die Planung und Durchführung der Maßnahmen durch eigene Mitarbeiter des Unternehmens. Die Entscheidung darüber sollte davon abhängen, über welches Know-how sowie personelle und zeitliche Ressourcen das eigene Unternehmen verfügt.

Der sich seit einigen Jahren verschärfende Wettbewerb in der Immobilienbranche, mit einer Verschiebung des Schwerpunktes von einem Anbieter- zu einem Nachfragermarkt, hat zahlreiche

Marketing- und Werbeagenturen dazu bewogen, spezielles Wissen auf diesem Sektor aufzubauen und mittlerweile erfolgreich am Markt anzubieten. Dadurch ist es heute möglich, im Immobilien- markt spezialisierte Berater und Dienstleister auch im Bereich der Kommunikation zu finden, auf dem noch vor wenigen Jahren nur klassische Marketing- bzw. Werbeagenturen mit überwiegen- der Erfahrung aus dem Konsumgüterbereich existent waren.

Den letzten Baustein im Rahmen der Kommunikationsplanung stellt die **Erfolgskontrolle** (Marke- tingcontrolling) der kommunikativen Aktivitäten dar, die sich mit der Analyse von Kommunika- tionswirkungen befasst, um gegebenenfalls Korrekturen vorzunehmen. Sie darf sich jedoch nicht nur auf die Überprüfung der konkreten Kommunikationsmaßnahmen beschränken. Vielmehr soll- ten im Sinne eines rollierenden Regelkreisprinzips sämtliche Stufen und Prämissen des Planungs- prozesses laufend auf ihre Richtigkeit und Angemessenheit hin überprüft werden (vgl. Böcker 1988, S. 25). Somit bezeichnet Marketing-Controlling den Einsatz und die Verbesserung von Pla- nungs-, Kontroll- und Informationssystemen im Immobilienmarketing-Bereich zur Erhöhung der Kommunikationseffizienz (vgl. Link/Gerth/Voßbeck, S. 14). Im Falle von gravierenden Änderun- gen im relevanten Kontext der Unternehmung können entsprechende Ziel- und Maßnahmenkor- rekturen bei den laufenden und zukünftigen Strategien berücksichtigt werden.

5.5.4.3 Darstellung der Kommunikationsinstrumente

5.5.4.3.1 Klassische Streuwerbung

Die bedeutsamste Form der Marktkommunikation im Hinblick auf die aufgewandten finanziellen Mittel stellt im traditionellen Marketing die Streuwerbung, auch als **Mediawerbung** bezeichnet, dar. Streuwerbung ist eine spezielle Form der Massenkommunikation, die mittels ausgewählter Medien versucht, relevante Zielgruppen zu einem bestimmten – den unternehmenspolitischen Zwecken dienenden – Verhalten zu bewegen (vgl. Nieschlag/Dichtl/Hörschgen, S. 989).

Diese Definition charakterisiert Streuwerbung als eine unpersönliche Kommunikationsform, die sich i.d.R. nur auf ein Produkt bezieht, aber eine breite, relativ unspezifizierte Zielgruppe an- spricht. Die Informationsaufnahme kann dabei entweder bewusst und freiwillig oder auch unbe- wusst (so genannte **unterschwellige Werbung**) erfolgen (vgl. Böcker 1994, S. 365). Bei dieser indi- rekten Ansprache durch Massenmedien ist nach der Art der Kontaktaufnahme zu unterscheiden.

Printmedien

Als Printmedien werden in der Immobilienbranche i.d.R. gedruckte Werbemittel wie z.B. Anzei- gen, Plakatwerbung, Beilagen in Zeitungen und Zeitschriften, Flyer und Postwurfsendungen ein- gesetzt.

Ein Großteil der Werbeausgaben in der Immobilienwirtschaft, vor allem bei Wohnimmobilien, wird dabei in die Schaltung von **Anzeigen** investiert. Ziel von Anzeigen ist es, in erster Linie Interesse zu wecken und den Leser zu einem bestimmten Verhalten zu motivieren. Das gewünschte Verhalten kann von der Beeinflussung vorhandener Einstellungen bis hin zur konkreten Reaktion, z.B. der Anmietung einer bestimmten Fläche, bei der Zielgruppe reichen.

Anzeigen können sowohl in Tageszeitungen (regional oder überregional) als auch in Zeitschriften, Fachjournals, etc. platziert werden. Die **Platzierung** in einem bestimmten Werbeträger wird zunächst davon abhängen, ob:

- ein konkretes Objekt beworben, oder

- die Förderung eines bestimmten Unternehmensimages erreicht werden soll.

I.d.R. besteht ein massiver Wettbewerb von gleichgerichteten und gleichartigen Anzeigen für Immobilien. Deshalb ist es für den einzelnen Anbieter von grundlegender Bedeutung, sich gegenüber der Konkurrenz abzugrenzen. Der **Gestaltung** der Anzeige kommt dabei eine Schlüsselrolle zu. In den Wirtschaftswissenschaften beschäftigt sich mit diesem Thema die Disziplin der Werbewirtschaft, die auf eine langjährige Forschungstradition zurückgreifen kann und über einen hohen Kenntnisstand verfügt (vgl. dazu Tietz, Bd. 1-3).

Wichtige Gestaltungsaspekte von Immobilienanzeigen sind:

- Bestimmung des Werbeobjekts (Immobilie oder Unternehmen),

- Art der Ansprache (informativ oder emotional),

- Anzahl der beworbenen Objekte (Einzel- oder Sammelanzeige),

- Festlegung eines Eye-Catchers (z.B. Überschrift, Grundriss, Landschaft, Menschen),

- Gestaltung des Layout (Verhältnis Text zu Grafik, Größe der Anzeige, etc.).

Anzeigenserien, d.h. wiederholtes Schalten von Anzeigen durch ein Unternehmen, können Wiedererkennungseffekte bei den Lesern hervorrufen, wobei als Voraussetzung bei der Gestaltung eine einheitliche Linie verfolgt werden muss. Dies kann durch die Verwendung von Firmenlogos, vergleichbaren Formen oder Gestaltungselementen erfolgen. Allerdings kann ein Objekt bei zu häufiger Schaltung auch „totgeworben" werden bzw. weist eine zu oft geschaltete Anzeige auf ein „Ladenhüter"-Objekt hin. Beim potenziellen Käufer entsteht dann beispielsweise der Verdacht auf eine schlechte Lage, Baumängel oder einen überhöhten Preis.

Bei **Plakatwerbung und Blow Up's** handelt es sich um eine Form der Außenwerbung, die sich i.d.R. dazu eignet, kurze Botschaften oder Bilder einem regional begrenzten Personenkreis bei geringen Kontaktzeiten zu übermitteln. In der Immobilienwirtschaft werden Plakate zur Positionierung von Unternehmen, zur Bekanntmachung bzw. Erinnerung von Projekten sowie als Aufforderung zur Kontaktaufnahme – oft parallel zu Printkampagnen – eingesetzt. Die Präsentation kann hierbei stationär an Plakatständern, Hauswänden, Bahn- und Bushaltestellen sowie Baustellengerüsten etc. stattfinden. Wird sie in unmittelbarer Nähe des Projektes platziert, z.B. bei Anbringung eines Blow Up's an einem Gerüst auf der Baustelle, indem beispielsweise per Computersimulation das Modell in Bahnen maschinell auf Folie gebracht wird, so handelt es sich um **Baustellenmarketing bzw. Point-of-Sale-Marketing** (vgl. hierzu auch Punkt 5.5.4.3.4). Die Bestückung und Pflege wird i.d.R. von speziellen Agenturen durchgeführt, die für ihre Dienstleistung Gebühren verlangen. Diese variieren je nach Standort, Größe, Qualität und Belegungsdauer. Unterschiede in der Qualität liegen vor allem in Lage (Passantenfrequenz zu Fuß, per Auto, Bus, Bahn etc.), Größe, Beleuchtung, Witterungsschutz, Layout und Pflege (vgl. Cleaveley, S. 123).

Weiterhin kann Außenwerbung als **mobile Verkehrsmittelwerbung** oder **Akzidenzwerbung** (Werbung an Transport-LKWs oder Fremdwerbung auf Taxis) gestaltet werden. Vorteile dieser Präsentationsform liegen in der Beweglichkeit des Plakatträgers, der eine räumlich gesehen größere Informationsreichweite ermöglicht. Einsetzbar ist diese Form z.B. zur Bekanntmachung neuer lokaler Einzelhandelsprojekte.

Sowohl bei stationären als auch bei mobilen Plakatpräsentationen ist zu berücksichtigen, dass erhebliche Streuverluste anfallen und daher mit diesem Medium nur bedingt eine zielgruppenspezifische Ansprache durchführbar ist.

Funkmedien

Die Schaltung klassischer Werbespots im überregionalen Rundfunk und Fernsehen, auch **FFF-Werbung** (Film-, Funk-, Fernsehwerbung) genannt, findet in immobilienwirtschaftlichen Vermarktungsstrategien bisher noch wenig Anwendung. Die Gründe hierfür liegen vor allem in der unspezifischen Zielgruppenansprache bei Nutzung dieser Medien. Die dabei auftretenden **Streuverluste** verursachen verhältnismäßig hohe Kosten für die Schaffung qualifizierter Kontakte im Vergleich zu anderen Medien.

Regionale Spartenprogramme eignen sich durch ihre räumlich begrenzte Ausstrahlung bedingt für Werbemaßnahmen im Immobilienbereich. Sinnvoll erscheint die Nutzung im Rahmen von Bekanntmachungs- und Erinnerungsstrategien von Projekten, Ankündigungen von Veranstaltungen im Zusammenhang mit der Immobilie sowie Imagekampagnen. In der Nutzungsphase beispielsweise zur Erhöhung der Frequenz eines Shopping Centers oder zur Unterstützung einer Eröffnungskampagne werden Spots vor allem in regionalen Radiosendern geschaltet. Zu beachten bleibt jedoch, dass eine eindeutige Zielgruppenselektion bei der Nutzung regionaler Fernseh- und Rundfunkanstalten nur beschränkt möglich ist.

Neue Medien

Zu den in der Vermarktung von Immobilien genutzten neuen Medien zählen insbesondere CD-ROMs, E-Mail und das Internet. Während **E-Mail** das Vorhandensein einer konkreten Adresse voraussetzt und somit ähnlich wie **CD-ROMs** vor allem im Direktmarketing Einsatz findet, kann das **Internet** sowohl passiv zum Informationsabruf (Webseite) als auch aktiv zur konkreten Kontaktaufnahme (Internet-E-Mail) genutzt werden.

Immobilienmarketing ist eines der Felder, in denen die bisher größte Anzahl an Electronic Commerce Anwendungen zu verzeichnen ist (Die Studie ‚Immo Media Research 2' stellte fest, dass über 40% der Befragten bei der Suche nach einer Immobilie zuerst das Internet konsultieren; vgl. Immo Media Research 2, S. 108).

In Deutschland hat sich anfänglich eine größere Zahl nationaler und regionaler **Immobilienbörsen** im Internet entwickelt, aus denen sich im Zuge der Krise der New Economy und einer Konsolidierungsphase eine Spitzengruppe von fünf Marktplätzen herausgebildet hat. Daneben ist eine deutliche Spezialisierung dieser Börsen auf bestimmte Objektarten festzustellen (vgl. Iblher, S. 76ff.). Aufgrund ihrer geringen Komplexität und ihrem hohen Standardisierungspotenzial stellen Wohnimmobilien die Mehrzahl der auf dem deutschen Markt im Internet angebotenen Objekte dar.

Die Zielsetzung der einzelnen Anbieter variiert dabei zum Teil erheblich voneinander. Von den größeren Anbietern werden meist konkrete Objekte, verknüpft mit zusätzlichen interaktiven Kommunikations- und Kontaktmöglichkeiten, angeboten. Dies bedeutet, dass ein Interessent beim Betrachten der Objektinformationen auf den Internetseiten mit dem Anbieter in Kontakt treten kann, um weitere Informationen online zu erhalten, Prospektmaterial anzufordern oder Beratungs- bzw. Besichtigungstermine zu vereinbaren. Anbieter von Immobiliendatenbanken bzw. -börsen, auch als **Online-Immobilienmakler** bezeichnet, ermöglichen individuelle Suchaufträge nach Immobilien, indem über die Angabe von Kenngrößen wie Lage (PLZ oder Stadtteil), Art, Größe (Zimmerzahl oder m²) und Preis eines gesuchten Objektes zielgenau Angebote gefunden werden können. Durch die Verwendung von digitalen Fotos oder graphischen Darstellungen besteht die Möglichkeit, optische Eindrücke des Objektes zu präsentieren. Beispielsweise erlauben es Visualisierungsinstrumente wie iPIX, sich online durch ein Gebäude zu bewegen. Bei dieser virtuellen Begehung erhält der Kauf- oder Mietinteressent ein sehr spezifisches Bild des Objektes und der Inneneinrichtung.

Im Gegensatz zu den eben dargestellten Möglichkeiten nutzen viele – gerade kleinere Immobilienanbieter – das Internet bisher lediglich dazu, ihr Unternehmen zu präsentieren.

Andere Anbieter haben sich im Zeitverlauf von einem reinen Immobilienverkaufsinstrument zu einem Portal entwickelt, welches die Immobiliensuche als Kontaktanbahnung nutzt und auf Umsätze abzielt, die Immobilienkäufer parallel zur Anschaffung durch die Nachfrage nach immobilienbezogenen Produkten und Dienstleistungen generieren (vgl. Iblher, S. 78).

Vielfach lassen sich Online-Anbieter anzeigen, wie oft die eigenen Daten von Dritten abgerufen wurden und führen auf diese Weise **Werbewirksamkeitskontrollen** durch.

Im Gegensatz zum Direktmarketing liegt der klassischen Streuwerbung, egal ob über Print-, Funk- oder Neue Medien, kein spezifiziertes Adressenpotenzial zugrunde. Um jedoch allzu große Streuverluste zu vermeiden und um dem Budgetrahmen gerecht zu werden, wird die Selektion zwischen den zur Verfügung stehenden Instrumenten auf der Basis einer Inter- und Intra-Mediaselektion vorgenommen. So erfolgt im Rahmen der **Inter-Mediaselektion** die Festlegung des Kernmediums, d.h. die Auswahl unter verschiedenen Werbeträgern (vgl. Bruhn, S. 213). So kann man beispielsweise zwischen Print- (Presse, Anzeigen) und Funkmedien (Radio, Fernsehen, etc.) auswählen, um in einem zweiten Schritt, der **Intra-Mediaselektion**, beispielsweise innerhalb der Printmedien eine Auswahl der Zeitungen zu treffen, die nach bestimmten Kriterien als Medium geeignet erscheint (vgl. Meffert 1998, S. 755ff.). Als Entscheidungsgrundlage bieten sich hier Kriterien quantitativer und qualitativer Art an. So lassen sich z.B. als quantitative Kriterien die Reichweite, Insertionskosten, Kontaktzahl etc. anführen; im Rahmen der qualitativen Kriterien wird eine Selektion nach Funktion, Image sowie den Darstellungsmöglichkeiten (farbliche und textliche Gestaltung) vorgenommen (vgl. Bruhn, S. 221; Böcker 1994, S. 365).

Im Immobilienmarketing bietet sich z.B. im Rahmen der Vermarktung von Eigentumswohnungen mit steuerlichen Begünstigungen ein zweistufiger Auftritt an; zum einen die Publikation von Anzeigen in überregionalen Zeitungen mit der Zielgruppe der Kapitalanleger, zum anderen in lokalen Blättern mit der Zielsetzung der Gewinnung von Eigennutzern sowie potenziellen Mietern.

5.5.4.3.2 Direktwerbung

Während sich die klassische Mediawerbung als Massenkommunikationsform an einen anonymen Markt wendet, konzentriert sich die Direktwerbung auf eine vorab festgelegte, klar umrissene Zielgruppe. Zielsetzung der Direktwerbung ist es, durch eine individuelle, direkte Ansprache der Zielpersonen kommunikative Ziele unmittelbar zu verwirklichen (vgl. Bruhn, S. 233). Die Direktwerbung umfasst somit sämtliche marktgerichteten Aktivitäten, die einstufige (direkte) Kommunikationswege nutzen, um Zielgruppen in individueller Einzelansprache zu erreichen (vgl. Dallmer, S. 4ff.). Durch die individuelle und gezielte Ansprache potenzieller Entscheidungsträger (Einzelumwerbung) können Streuungsverluste relativ gering gehalten werden. Ziel von Direktwerbeaktionen ist es, die Empfänger zu informieren und ihr Interesse zu gewinnen, um schließlich gewünschte Reaktionen hervorzurufen. Diese können von der Kontaktaufnahme zum Adressaten bis hin zum konkreten Abschluss von Verträgen reichen (vgl. Holland, S. 11ff.).

Die Qualität des Adressmaterials ist eine wesentliche Voraussetzung für erfolgreiche Maßnahmen der Direktwerbung. Die Adressen können sowohl eigenen Datenbanken entstammen als auch von Adressverlagen oder Full-Service Firmen kommen, die Datenbanken verkaufen oder zur vorübergehenden Nutzung anbieten.

Folgende Formen der Direktwerbung können unterschieden werden:

Persönlicher Kontakt

Dem persönlichen Kontakt kommt bei der Vermarktung von Immobilien eine hohe Bedeutung zu. Der zumeist hohe Informations- und Erklärungsbedarf stellt die Grundlage für den Aufbau eines intensiven Kommunikationsverhältnisses dar, wobei dem **persönlichen Beratungsgespräch** in diesem Kontext ein hoher Stellenwert zukommt. Im Rahmen des Direktvertriebs hat die Vermarktungsseite die Möglichkeit, durch fachliche und persönliche Qualifikation eine unmittelbare, interaktive Verbindung zum Kunden herzustellen und ein Vertrauensverhältnis aufzubauen (vgl. Kotler/Bliemel, S. 916).

Die **Telefonwerbung** zur direkten Ansprache potenzieller Kunden gehört in der Immobilienwirtschaft zu einem weit verbreiteten Mittel der Direktwerbung. Bei der Telefonwerbung können sowohl erste Kontakte geknüpft, als auch im Nachgang zu bereits durchgeführten Direktwerbeaktionen potenzielle Kunden kontaktiert werden, wobei jedoch das Telefonmarketing vor allem im Privatkundenbereich gewissen Restriktionen unterworfen ist (vgl. Holland, S. 20). Die unmittelbaren Reaktionsmöglichkeiten während des Telefonats machen dieses Instrument äußerst wirkungsvoll. Notwendige Voraussetzungen hierfür stellen allerdings das fachliche Know-how und die soziale Kompetenz der Gesprächspartner im Unternehmen dar.

Die Zielsetzung der telefonischen Ansprache besteht darin, den potenziellen Kunden neben der Befriedigung seiner Informationsbedürfnisse zu einem persönlichen Gespräch vor Ort zu bewegen.

Je nachdem, von welchem Gesprächsteilnehmer die Initiative zur Kontaktaufnahme kommt, lassen sich zwei Formen unterscheiden (vgl. Holland, S. 21f.):

- Aktive Telefonwerbung,

- Passive Telefonwerbung.

Werden vom Unternehmen potenzielle Kunden angerufen, um das Erreichen von Marketingzielen zu fördern, spricht man von der aktiven Telefonwerbung. Dagegen geht bei der passiven Telefonwerbung die Aktivität vom Kunden aus. Sein Verhalten ist i.d.R. eine Reaktion auf vorgelagerte Kommunikationsmaßnahmen des Unternehmens, die zum Ziel hatten, das Interesse beim Kunden für das eigene Produkt zu wecken und ihn zur Kontaktaufnahme zu motivieren.

Hat sich ein potenzieller Kunde zur Kontaktaufnahme entschlossen, müssen im Unternehmen personelle Kapazitäten vorhanden sein, um dessen Informations- und Beratungswünsche kompetent und unmittelbar bedienen zu können. Wird ein Kunde aufgrund nicht vorhandener oder unqualifizierter Gesprächspartner seinen Wünschen entsprechend unzureichend bedient, wird er für zeitlich nachgelagerte Marketingaktivitäten desselben Unternehmens kaum mehr erreichbar sein.

Medialer Kontakt

Wird Direktwerbung mit der Hilfe verschiedener Medien betrieben, so spricht man von einem medialen Kontakt (vgl. Deutscher Direktmarketing Verband, in: Weis, S. 428). Grundsätzlich kann hierbei weiter differenziert werden zwischen:

- schriftlicher Kontakt (Katalog, Broschüre, Prospekt, Mailing, Werbebrief, etc.),
- gegenständlicher Kontakt (Zusendung von Mustern, Give-Aways),
- elektronischer Kontakt (Tele- und Speichermedien).

Unter der gezielten **schriftlichen Kontaktaufnahme**, dem Direct-Mailing, versteht man selbständige Kommunikationsmittel, die gewöhnlich mit der Post verschickt werden. Das Mailing besteht i.d.R. aus einem persönlichen Anschreiben an die Zielpersonen, dem die wichtigsten Informationen zur Immobilie wie z.B. Exposé, Folder oder Prospekte beigelegt sind. Es ist sinnvoll, dem Mailing eine Antwortmöglichkeit beizulegen, die die Kontaktaufnahme des Kunden zum Unternehmen erleichtern soll. Hierzu eignen sich Antwortkarten, Coupons, die Nennung von Ansprechpartnern im Unternehmen oder Einladungen zu Beratungs- und Besichtigungsterminen.

Prospekte bzw. Broschüren – als eines der wichtigsten Instrumente im Immobilienmarketing – sollen den Kunden sachlich informieren und ihn gleichzeitig auf der Gefühlsebene positiv für das Objekt stimmen. Sie stellen die Grundlage für konkrete Vertragsverhandlungen dar und müssen deshalb sowohl inhaltlichen als auch rechtlichen Ansprüchen gerecht werden (Prospekthaftung). Je nach Zielsetzung lassen sich Verkaufsprospekte, Vermietungsprospekte und Imagebroschüren unterscheiden.

Verkaufs- und Vermietungsprospekte kommen unmittelbar bei der Zielgruppe des Unternehmens zum Einsatz. Sie werden sowohl bei persönlichen Gesprächen überreicht, als auch vorab an konkrete Interessenten verschickt. Mittels Prospekt sollen dem Kunden die relevanten Informationen über die Immobilie in anschaulicher und ansprechender Form präsentiert werden, um seine Entscheidung für einen Vertragsabschluss zu fördern. Der Inhalt und die Gestaltung sind die Bausteine erfolgreicher Prospekte, wobei folgende inhaltliche Elemente enthalten sein müssen:

- Angaben zur Lage des Objekts (Makro- und Mikrostandort),
- Objektbeschreibung mit Gesamt- und Detaildarstellungen,

- Baubeschreibung,

- Preise und Konditionen,

- Angaben zu den Vertragspartnern.

Imagebroschüren stellen im Gegensatz zu Vermarktungsbroschüren in erster Linie die Leistungsfähigkeit des eigenen Unternehmens in den Vordergrund. Hierzu können Leistungsspektren, Darstellungen bereits entwickelter oder verkaufter Objekte, Referenzen, Geschäftspartner, etc. angegeben werden. Daneben besteht die Möglichkeit, das zu vermarktende Objekt als Element in die Imagebroschüre zu integrieren. Das Ziel liegt dann nicht in der unmittelbaren Förderung von Vermietungs- bzw. Verkaufsaktivitäten, sondern in der Bekanntmachung und Positionierung des Objektes bei mittelbaren Zielgruppen, wie Nachbarn, Konkurrenten, lokalen Behörden, Politik etc.

Der **gegenständliche Kontakt** bezieht sich auf **Werbegeschenke** bzw. so genannte **Give-Aways**. Diese werden im Immobilienmarketing vor allem dazu verwendet, bei potenziellen Kunden und im Rahmen der Öffentlichkeitsarbeit ein gewünschtes Image und Bindungen zu den jeweiligen Zielgruppen zu fördern. Hinsichtlich der Auswahl der Artikel für Give-Aways existieren keine Grenzen, solange sie über bestimmte Eigenschaften verfügen, die zum Erfolg der Marketingzielsetzung beitragen. Beispielhaft sind hier die wichtigsten genannt:

- ausreichender Platz für das Aufbringen von Werbebotschaften, wie z.B. Logo oder Namen des Projektes oder des Unternehmens,

- häufige Wiederverwendbarkeit im Alltags- oder Berufsleben, um bei der Zielgruppe eine Vielzahl von Kontakten mit der Werbebotschaft zu gewährleisten,

- Einmaligkeit, um sich von gleichgerichteten Artikeln konkurrierender Projekte zu unterscheiden,

- günstiger Stückpreis, um das Marketingbudget nur gering zu belasten und hohe Losgrößen zu ermöglichen.

Typische Beispiele für Give-Aways in der immobilienwirtschaftlichen Praxis sind Taschenrechner, Maßbänder, Telefonkarten, Briefbeschwerer in der Form des Immobilienprojektes/-objektes, Uhren etc. Zum Einsatz kommen Give-Aways vor allem bei Veranstaltungen wie großen Immobilienmessen (MIPIM, Expo Real, Reallocation), Objektbesichtigungen oder Kundengesprächen.

Der **elektronische Kontakt** entsteht durch die optische Darstellung des zu vermarktenden Objektes über Objektvisualisierungen bzw. -simulationen. Je nachdem, ob die Immobilie bereits als fertiges Produkt existiert oder sich noch im Planungs- bzw. Realisationsstadium befindet, bieten sich unterschiedliche Formen der Visualisierung zu Marketingzwecken an. Fotos bzw. Filmaufnahmen sind nur möglich, wenn sich die Immobilie in einem fortgeschrittenen Baustadium befindet bzw.

bereits fertig gestellt ist, sowie bei Bestandsobjekten. In allen anderen Fällen muss auf Techniken zurückgegriffen werden, die künstlich den endgültigen Zustand des Projektes simulieren und visualisieren.

Die technisch einfachste und auch kostengünstigste Methode ist die der **Objektzeichnung**. Sie kann schwarzweiß oder koloriert im Rahmen verschiedener Mal- und Zeichentechniken hergestellt sein und im Detaillierungsgrad variieren.

Weitaus aufwendiger und daher auch kostenintensiver sind photorealistische Darstellungen, die per **Computersimulation** hergestellt werden. Hierzu stehen leistungsfähige Programme zur Verfügung, die sämtliche sichtbaren Materialien und Perspektiven der Außen- und Innengestaltung von Immobilien realitätsgetreu darstellen und dabei Lichteinfall und Schattenflächen je nach Tageszeit korrekt simulieren. Die auf diese Weise künstlich erzeugte Immobilie kann zudem in Originalbilder der Umgebung eingebunden werden, um Betrachtern einen perfekten Eindruck vom fertigen Objekt und seinen Wirkungen auf das Umfeld zu geben. Entsprechend können die entwickelten photorealistischen Darstellungen als Entscheidungsgrundlage für Planer, Bauherrn, Investoren oder Genehmigungsbehörden dienen, sowie als Vorlage für Prospekte, Plakate, Bauschilder, für Präsentationen, etc.

Zur Verstärkung der Marketingmaßnahmen wird gerne der kombinierte schriftliche, gegenständliche und elektronische Kontakt gewählt, indem ein Mailing mit Videoband und/oder CD-Rom oder ein Werbebrief mit einem Muster (z.B. Schlüsselanhänger mit Fassadenprobe) versandt wird.

Kombinierter personaler und medialer Kontakt

In der Marketingpraxis ist häufig der kombinierte personale und mediale Kontakt anzutreffen, indem in einem persönlichen Beratungsgespräch einleitend ein **Vermarktungsvideo** oder eine **Computersimulation** des entsprechenden Projektes gezeigt wird, um daraufhin im weiteren Verlauf des Gesprächs mit Hilfe einer **fact-map** oder einer CD-ROM, die detaillierte Pläne enthält, zu argumentieren.

Durch eine konsequente Orientierung auf die Zielgruppe ermöglicht die Direktwerbung eine weitgehende Vermeidung von Streuverlusten, folglich auch Zeit- und Kostenersparnisse. Der Erfolg der Direktwerbung ist jedoch unmittelbar mit der Qualität des zugrundegelegten Adressmaterials verbunden, wobei insbesondere die Aktualität und Genauigkeit der Adressen eine wichtige Rolle spielen. Als Vertriebsunterstützung wird hierbei eine vielfach auch selbstentwickelte Software eingesetzt, die fest vorgemerkte Suchinteressen nach bestimmten Kriterien speichert, wobei ein regelmäßiges Update zur Pflege der Datenbank selbstverständlich ist (Databasemanagement).

5.5.4.3.3 Event Marketing

Event Marketing stellt die Inszenierung von besonderen Ereignissen im Rahmen der Unternehmenskommunikation dar. Zielsetzung ist dabei, „durch erlebnisorientierte firmen- oder produktbezogene Veranstaltungen emotionale und physische Reize bei der Zielgruppe auszulösen, die deren Einstellung zum Produkt bzw. zum Unternehmen positiv beeinflussen sollen" (vgl. Zentes, S. 112). **Event Marketing** hat sich insbesondere im Einzelhandelsbereich, vor allem in der Marketingplanung von Shopping Centern, als erfolgreiches Maßnahmenprogramm etabliert. In Zeiten intensiven Wettbewerbs wird Event Marketing heute zunehmend, vor allem bei Großprojekten, frühzeitig als Marketinginstrument zur Differenzierung und Positionierung eingesetzt. Als besondere Events im Rahmen des Immobilienmarketing kommen sämtliche Anlässe in Frage, die mit dem Grundstück, der Baustelle oder dem fertigen Objekt in Zusammenhang stehen. Beispiele hierfür sind Abbruchfest, Grundsteinlegung, Erster Spatenstich, Richtfest, Eröffnung (wie Potsdamer Platz in Berlin), Einweihung, Inbetriebnahme, Saisonale Anlässe (wie Frühjahrsbeginn, Sommerfest, Oktoberfest), Tag der offenen Tür, kulturelle Veranstaltungen, Konzerte, Lesungen, Kunstaktivitäten wie Performances, Klangereignisse und Lichtprojektionen (z.B. Bauzaungalerie am Checkpoint Charlie in Berlin). Die besondere Chance des kulturellen Ortes „Baustelle" besteht darin, Schwellenängste zu nehmen und Kunst erfahrbar zu machen.

Events richten sich sowohl an unternehmensinterne als auch -externe Zielgruppen. Hierunter fallen die eigenen Mitarbeiter im Unternehmen, bauausführende Firmen, Planer und Berater, Makler, Finanzierungsinstitute, Behörden, lokale Politiker, Anwohner, von der Baumaßnahme Betroffene und sonstige Gruppen, die direkt oder indirekt mit der Immobilie in Verbindung stehen. Die kommunikativen Ziele von Events orientieren sich an dem System der übergeordneten Kommunikationsziele und der darüber stehenden Marketingziele. I.d.R. verfolgen Events die folgenden kommunikativen Ziele (vgl. Meffert 1998, S. 715):

* Schaffung , Stabilisierung oder Erhöhung der Bekanntheit des Objektes,

* Aufbau, Pflege oder Modifikation von Image bzw. Sympathie,

* Kontaktpflege zu potenziellen Zielgruppen,

* Vermittlung der Dialogorientierung,

* Demonstration der Leistungsfähigkeit von Objekt und Unternehmen.

Je nach Zielsetzung und Zielgruppe kann das Event stärker informierenden oder mehr unterhaltenden Charakter haben. Für alle Veranstaltungen gilt jedoch gleichermaßen, dass sie professionell geplant und durchgeführt werden müssen. Wird ein Event durch organisatorische Mängel und Pannen bei der Durchführung geprägt, kann ein negativer Eindruck bei den Teilnehmern und Besuchern verbleiben, und die kostenintensive Maßnahme hat ihr Ziel verfehlt.

Ein ineffizienter Einsatz des Event Marketing findet dann statt, wenn es sich lediglich aus einer Reihe von Einzelmaßnahmen, losgelöst vom Gesamtmarketingkonzept, zusammensetzt. Zielsetzung muss vielmehr sein, Event Marketing zum integrierten Bestandteil der Kommunikationsstrategie zu machen, um dadurch ein szenariobezogenes Erlebnis aufzubauen oder zu vermitteln (vgl. Kinnebrock, S. 50ff.).

Die genannten Maßnahmen dürfen nicht isoliert betrachtet und eingesetzt werden, sondern es bedarf deren Integration und Abstimmung mit Maßnahmen anderer Kommunikations- und Marketinginstrumente. Z.B. spielt Public Relations, mit Event Marketing unauflöslich verbunden, in etlichen Unternehmen eine Sonderrolle, sodass eine Verbindung zur Kommunikationsstrategie nur noch mit großer Mühe nachvollzogen werden kann (vgl. Kinnebrock, S. 51). Eine Zersplitterung der einzelnen Maßnahmen würde sich zudem negativ auf das Kommunikationsbudget auswirken. Ein positives Beispiel stellt auch in diesem Zusammenhang der Potsdamer Platz dar. Durch eine Reihe von koordinierten Events bereits während der Bauphase wurde dieses „künstliche" Quartier so bekannt gemacht, dass es heute gut angenommen wird.

5.5.4.3.4 Baustellen- / POS-Marketing

Eine besondere Form der Kommunikationspolitik stellt das Baustellen-Marketing oder **Point-of-Sale-Marketing** dar, bei dem unabhängig von speziellen Veranstaltungen und Events die vorhandenen Potenziale der Baustelle zum Erreichen der übergeordneten Marketingziele ausgeschöpft werden. Hierzu sind die am Ort der Projektentwicklung vorhandenen oder sich in der unmittelbaren Nähe mit direktem Projektbezug befindlichen Ansatzpunkte auf ihre Marketingpotenziale zu untersuchen und im Rahmen der Kommunikationspolitik in die übergeordnete Marketingstrategie zu integrieren.

Baustellen-Marketing begleitet i.d.R. die Entwicklungsphase, wobei der Schwerpunkt meist die Unterstützung der Vermarktung (z.B. Vermietungshinweise) darstellt. Möglichkeiten für ein systematisches Baustellenmarketing bieten Bauschilder, Vermietungs-/Verkaufsschilder, Fahnen, Bauzäune, Besucherplattformen, Mustereinheiten/Marketing-Suiten, Modelle und Baustellenpflege.

Bauschilder

Die klassische Informationsquelle an dem Ort des geplanten oder in Realisierung befindlichen Projektes stellt das laut Landesbauverordnung vorgeschriebene Bauschild dar. Hier erfolgt in erster Linie eine Information über den oder die Bauherren, die Art der Immobilie sowie eine Aufstellung der verantwortlichen Unternehmen für Planung und Durchführung des Projektes. Die Kombination des reinen Bauschildes mit Vermarktungsbotschaften wird i.d.R. aus Kostengründen durchgeführt.

Vermietungs- / Verkaufsschilder

Im Gegensatz zu Bauschildern steht bei Vermietungs- bzw. Verkaufsschildern der Erfolg des Absatzmarketings im Vordergrund. Dies wird durch eine attraktive Gestaltung (Bildmaterial, farbliche Gestaltung) sowie Angaben zu Ansprechpartnern, die die Interessenten mit konkreten Objektinformationen versorgen und für Beratungsgespräche zur Verfügung stehen, umgesetzt. Häufig werden diese Schilder in Eigenregie der mit dem Vertrieb beauftragten Abteilungen oder externen Partnern aufgestellt und weichen teils erheblich im Erscheinungsbild von den Bauschildern ab. Im Sinne einer einheitlichen Corporate Identity sämtlicher Einzelmaßnahmen ist es notwendig, eigene oder von externen Vertriebspartnern aufzustellende Vermietungs- bzw. Verkaufsschilder dem einheitlichen Konzept und Design anzupassen.

Bestimmende Faktoren für den erfolgreichen Einsatz des Vermarktungsschildes als Kommunikationsinstrument sind der Aufstellungsort, das Material, die Informationen/das Layout, die Beleuchtung und die Pflege.

Von einem oder mehreren Aufstellungsorten wird verlangt, dass jede Person, die in Sichtkontakt mit der Baumaßnahme kommt, möglichst direkt auf ein Vermarktungsschild stößt, um die wichtigsten Informationen über das Objekt zu erhalten. Dadurch erreicht man im Umfeld des Projektes eine hohe Kontakthäufigkeit mit den Botschaften. Um über die Aufstellungsdauer in konstant gutem Zustand zu bleiben, sollte das Schild witterungsfest ausgeführt sein. Neben den bereits genannten Angaben sind in Abstimmung mit den Vorgaben der Marketingstrategie Name und Logo sowie sonstige objektspezifische Informationen in werbewirksamer Form darauf darzustellen. Eine integrierte Beleuchtung ermöglicht die Informationsbereitstellung rund um die Uhr.

Fahnen

Eine weitere Möglichkeit, auf der Baustelle die Aufmerksamkeit potenzieller Zielgruppen zu wecken, stellt die Verwendung von Fahnen dar. Durch ihre Bewegungen im Wind werden sie leicht wahrgenommen, und können, wie Bau-, Vermietungs- oder Verkaufsschilder, gewünschte Informationen an Dritte übermitteln.

Bauzaun

Der klassische Bauzaun umschließt die Baustelle und soll unbeteiligte Personen von der Baumaßnahme fernhalten. Dies erfolgt sowohl aus Sicherheitsgründen als auch um einen ungestörten Bauablauf zu ermöglichen.

I.d.R. wird der Bauzaun blickdicht ausgeführt, nicht weiter genutzt bzw. gepflegt und verkommt zu einer künstlichen Barriere zwischen Umfeld und Projekt. Diese negativen Auswirkungen lassen sich vermeiden, wenn der Bauzaun als Kommunikationsinstrument verstanden und in die

Kommunikationspolitik integriert wird. Durch die Variation bestimmter Merkmale lassen sich unterschiedliche Wirkungen erzielen (vgl. Tabelle 68).

Gestaltungsmöglichkeiten für einen Bauzaun	
Transparenz	• Geschlossen, d.h. die Baustelle kann nicht eingesehen werden. • Offen, d.h. die Baustelle kann eingesehen werden (z.B. Potsdamer Platz, Berlin).
Material	• Künstlicher Zaun aus Metall, Holz etc. • Natürlicher Zaun, gestaltet durch Pflanzen
Nutzung	• Keine spezielle Nutzung • Öffentliche oder vermietete Plakatwand • Präsentation von Objektinformationen • Kulturelle Nutzung, wie z.B. Bilder oder Graphiken lokaler/internationaler Künstler

Tabelle 68: Gestaltungsmöglichkeiten für einen Bauzaun

Besucherplattform

Im Rahmen von Großprojekten kommen in den Tiefbauphasen häufig spektakuläre Techniken und Verfahren zur Anwendung, die das Interesse der Öffentlichkeit erwecken. Durch den Einsatz von dauerhaften Besucherplattformen, auf denen Interessierte Einblick in die Bautätigkeiten nehmen können, besteht die Möglichkeit, die Öffentlichkeit bereits in der Realisierungsphase an dem Projekt teilhaben zu lassen und frühzeitig ein positives Image aufzubauen (z.B. Lehrter Bahnhof, Berlin oder Infobox am Potsdamer Platz, Berlin).

Mustereinheit / Marketing-Suite

Im fortgeschrittenen Entwicklungsstadium eines Projektes besteht die Möglichkeit, je nach Immobilientyp, ein Musterbüro bzw. eine Musterwohnung zu Marketingzwecken einzurichten. Hierzu wird zu einem Zeitpunkt, indem sich das gesamte Objekt noch im Ausbaustadium befindet, eine einzelne Einheit vorzeitig fertiggestellt, um neben dem Grundriss und der Größe, vor allem Ausstattungsstandards und angebotene Auswahlmöglichkeiten darzustellen. Bei ungewöhnlichen Grundrissen bieten sich zudem konkrete Einrichtungsvorschläge (Möblierung / Technikeinrichtung) an, um potenziellen Interessenten Anregungen zu geben.

Die Wahl einer Mustereinheit im Objekt hängt von Kriterien ab, wie:

• Zugänglichkeit in der Baustelle,

• Sicherheit für Angestellte und Kunden,

• Attraktivität im Objekt,

• Aussicht auf die Umgebung.

Ist das Objekt noch nicht so weit fertiggestellt, dass die Einrichtung einer Mustereinheit möglich ist, kann auf eine so genannte Marketingsuite ausgewichen werden. Hierunter versteht man künstlich geschaffene Mustereinheiten, die sich nicht im Objekt selbst befinden, sondern vorübergehend entweder auf der Baustelle oder in deren näheren Umgebung errichtet werden. Größe, Grundriss und Ausstattung sind entsprechend den geplanten Einheiten im Objekt ausgeführt, um bestmöglich über das Produkt zu informieren. Hier sollte auch die Möglichkeit bestehen, ein Modell und Gebäudevisualisierungen auszustellen sowie gegebenenfalls ein Image- oder Projektvideo vorzuführen.

Die Kosten für eine Mustereinheit im Objekt fallen relativ gering aus, da hierbei nur der spätere Ausbaustand vorweggenommen wird und dadurch kaum zusätzliche Baukosten anfallen. Im Gegensatz dazu verursachen so genannte Marketingsuiten erheblich höhere Kosten, da sie nur für die Dauer der Vermarktungsaktivitäten speziell errichtet und danach wieder aufgelöst werden. Diese Form der Vermietungs-/Verkaufsförderung bietet sich deshalb nur für Objekte mit größerem Investitionsvolumen an.

Modelle

Architekturmodelle sind eine weitere Möglichkeit, den endgültigen Zustand einer Immobilie bereits in einem frühen Planungs- und Realisationsstadium zu veranschaulichen. Sie werden vorwiegend aus Plastik oder Holz von spezialisierten Modellbauern nach vorhandenen Planungsunterlagen angefertigt. Der Maßstab solcher Modelle beträgt i.d.R. ca. 1:1.000 bis 1:200. Bei Projekten mit mehreren Gebäudekomplexen finden auch weniger detaillierte Modelle Anwendung, deren Aufgabe vor allem darin besteht, die Gebäudestrukturen sowie die freiräumlichen Bezüge darzustellen.

Zum Einsatz kommen Modelle bei Vorgesprächen mit Entscheidungsträgern im Projektentwicklungsstadium sowie bei Kundenberatungen auf der Baustelle, in Musterbüros, direkt beim Kunden oder auf Messen.

Baustellenpflege

Die Umgebung einer Baumaßnahme ist während der Bauarbeiten hohen Belastungen in Form von Verkehrsbehinderung, Lärm und Schmutz ausgesetzt. Durch sorgfältige Planung und Abstimmung bei den einzelnen Gewerken, einen reibungslosen Bauablauf sowie eine zügige Beseitigung unvermeidbarer Beeinträchtigungen wie z.B. stark verschmutzte Straßen durch LKWs während der Abraumbeseitigung und Versperrung der Zufahrtswege für Nachbargrundstücke durch Baustellenfahrzeuge, können Widerstände von Betroffenen (z.B. Nachbarn) in Grenzen gehalten werden. Bei einer konstanten Pflege der sichtbaren Teile der Baustelle selbst besteht zudem die Möglichkeit, positive Assoziationen bei potenziellen Kunden auszulösen, indem vom optischen

Eindruck der Baustelle auf die spätere Objektqualität geschlossen wird (Baustelle als Visitenkarte des Unternehmens).

5.5.4.3.5 Öffentlichkeitsarbeit / Public Relations

Die synonym verwendeten Begriffe Public Relations (PR) und Öffentlichkeitsarbeit stehen für eine Form der Kommunikationspolitik, die im Immobilienmarketing zunehmend zum Einsatz kommt. Public Relations hat seine Ursprünge Ende des 19. Jahrhunderts in den USA, als Wellen der öffentlichen Kritik aufgrund massiver sozialer und ökonomischer Konsequenzen durch groß angelegte industrielle Investitionsprojekte entbrannten und sich die betroffenen Unternehmen dadurch zu öffentlichen Stellungnahmen gezwungen sahen (vgl. Meyer 1995, Sp. 2195f.).

Im Gegensatz zur Werbung, die in erster Linie dazu dient, Produkte zu vermarkten, steht die Schaffung einer für das Unternehmen positiv belegten „Atmosphäre der Offenheit und des Verständnisses" im Mittelpunkt von Public Relations (vgl. Nieschlag/Dichtl/Hörschgen, S. 994).

Es handelt sich hierbei vorrangig um eine Form der **Unternehmenskommunikation**. Häufige Ziele von **PR-Maßnahmen** sind (vgl. Bruhn, S. 236):

- Information über Unternehmensaktivitäten,

- Beeinflussung des Bekanntheitsgrades,

- Aufbau von Glaubwürdigkeit und Vertrauen,

- Schaffung eines Goodwill,

- Stellungnahme zu öffentlichen Streitpunkten.

Als Zielgruppen der Public Relations kommen im Rahmen des Immobilienmarketing sämtliche Gruppierungen in Frage, deren Mitglieder durch immobilienspezifische Tätigkeiten eines Unternehmens oder durch ein konkretes Immobilienprojekt bzw. -objekt in irgendeiner Form direkt oder indirekt betroffen sind (vgl. dazu auch Abbildung 164).

Zielsetzung der Öffentlichkeitsarbeit ist, über die Ansprache breiter Zielgruppen wie der generellen Öffentlichkeit, Multiplikatoren und Problemgruppen, die Positionierung bzw. Verankerung eines positiven Projektimages. Als kognitives Ziel kann zudem die frühzeitige Bekanntmachung des Projektes und des Standortes genannt werden. Die sachliche Auseinandersetzung mit unterschiedlichen Interessensgruppen muss deshalb während der Bauphase schon voll im Gange sein, wobei die Öffentlichkeitsarbeit eine sinnvolle Ergänzung durch die Kombination mit Events wie Kulturveranstaltungen und Ausstellungen erfährt.

PR/Öffentlichkeitsarbeit in der Immobilienwirtschaft lässt sich somit definieren als zielgerichtetes Bemühen von Institutionen, Unternehmen oder Personengruppen, um Verständnis für die eigenen Anliegen bezüglich immobilienspezifischer Entscheidungen und Handlungen in der Öffentlichkeit aufzubauen und zu pflegen (vgl. dazu auch Zitelmann, S. 9). Das **Corporate-Identity-Konzept** spielt hierbei eine besondere Rolle, denn nur unter der Voraussetzung, dass sämtliche nach außen gerichteten Unternehmensaktivitäten untereinander abgestimmt und schlüssig sind, lassen sich die genannten Ziele im Rahmen der Public Relations erreichen (vgl. Bruhn, S. 245ff.).

Grundsätzliche Erscheinungsformen von Public Relations im Rahmen des Immobilienmarketings sind:

- Pressearbeit,
- Maßnahmen des persönlichen Dialogs,
- Krisen-PR,
- Fachpublikationen.

Darauf wird im Folgenden näher eingegangen.

Pressearbeit

Durch die gezielte Übermittlung von Informationen an die relevante Presse wird versucht, eine sachliche Auseinandersetzung mit unterschiedlichen Interessengruppen anzustreben. In der öffentlichen Meinung nimmt das geschriebene Wort des Journalisten eine hohe Stellung ein, da Objektivität unterstellt wird. Von Journalisten publizierten Berichten über ein Projekt wird i.d.R. mehr Glauben geschenkt als Selbstdarstellungen aus dem Unternehmen. Die erzielbare Aufmerksamkeit und der Werbewirkungsgrad durch redaktionelle Beiträge über Produkte oder Unternehmen ist somit erheblich höher, als dies bei eigener Werbung möglich wäre. Die Gründe liegen vor allem in der Beurteilung der Presse als neutrales Medium, während die Werbung von Dritten häufig als beeinflussend eingestuft wird.

Zur erfolgreichen Nutzung dieses Kommunikationsinstrumentes bieten sich zwei Formen an:

- Pressekonferenzen,
- Presseinformationen.

Bei **Pressekonferenzen** besteht die Möglichkeit, gleichzeitig mehrere Medienvertreter mit den relevanten Informationen über das Objekt bzw. Projekt zu versorgen. Die Einflussmöglichkeiten auf deren redaktionelle Umsetzung sind im Vergleich zur direkten **Presseinformation** an ausgewählte Journalisten jedoch relativ gering. Aus diesem Grund ist Pressearbeit sehr delikat und erfordert viel Fingerspitzengefühl und das richtige Timing. Daher wird sie meistens vom Vorstand selbst oder von speziell geschultem Personal durchgeführt bzw. geleitet. Den Anlässen für Pressearbeit sind keine Grenzen gesetzt. Als Beispiele seien hier genannt Baubeginn, Bautenstandsmeldungen,

Einsatz besonderer Techniken auf der Baustelle (z.B. Schwimmbagger), Berichte über Events auf der Baustelle, Fertigstellung oder bedeutende Vertragsabschlüsse.

Maßnahmen des persönlichen Dialogs

Der persönliche Kontakt von Unternehmensvertretern mit relevanten Zielgruppen stellt eine weitere wichtige Kommunikationsform im Rahmen der Öffentlichkeitsarbeit dar. Umsetzungsmöglichkeiten für Maßnahmen des persönlichen Dialogs sind beispielsweise:

- **Vorträge** auf bzw. Veranstaltung von Informationsseminaren,

- Teilnahme an **Ausstellungen/Messen** (Expo Real, Reallocation, MIPIM, etc.),

- Geführte Projektbesichtigungen (z.B. Gruppen, Vereine),

- Kontaktpflege mit Journalisten,

- **Sponsoring.**

Krisen-PR

Während der Vermarktungsphase kann für ein Unternehmen im Immobilienbereich nichts Schlimmeres passieren als negative Schlagzeilen in den Medien aufgrund besonderer Vorkommnisse. Dadurch kann ein langfristig aufgebautes positives Objekt- oder Unternehmensimage in kürzester Zeit zerstört werden. Mögliche Krisen in der immobilienwirtschaftlichen Praxis sind beispielsweise:

- Finanzierungsprobleme bei Projektentwicklungen,

- Konflikte mit Nachbarn der Baumaßnahme,

- Demonstrationen gegen das Projekt,

- Verunreinigungen der Umwelt,

- Schwarzarbeiter oder Arbeitsunfälle auf der Baustelle,

- erhebliche Vermarktungs- bzw. Absatzprobleme.

Auch bei größter Vorsicht sind Krisensituationen nicht auszuschließen, jedoch können sie durch ein institutionalisiertes Risikomanagement antizipiert und in ihren ungefähren Folgen vorhergesehen werden. Im Rahmen der Krisen-PR wird nun versucht, das Unternehmen und seine Mitarbeiter auf solche Situationen systematisch einzustellen und vorzubereiten, um den möglichen Schaden in Grenzen zu halten. Für den Krisenfall werden Ansprechpartner im Unternehmen bestimmt und geschult, die durch aktive Kommunikationsbereitschaft versuchen, einen größtmöglichen Einfluss auf die anschließenden Meldungen in den Medien zu behalten. Hinter diesem Vorgehen steht die Grundmaxime, dass im Krisenfall die Schadensbegrenzung durch aktives Handeln eher möglich ist, als durch hilfloses Reagieren mit der Folge einer zwangsweisen Eigendynamik der Meldungen und Berichte in den Medien.

Fachpublikationen

Fachpublikationen wie z.B. Marktberichte und Unternehmensmagazine bieten die Möglichkeit, auf einer meist breiten Basis Marktkenntnis und Professionalität nachzuweisen und somit den eigenen Bekanntheitsgrad zu steigern. **Marktberichte** werden erarbeitet, um Entwicklungen auf den einzelnen Immobilienteilmärkten (z.B. m²-Preise, Leerstandsraten, Absatzvolumina) anschaulich darzustellen und Prognosen über zukünftige Trends abzugeben. Sie sind regional untergliedert und betrachten getrennt voneinander die einzelnen Immobilientypen (z.B. Büro, Einzelhandel, Wohnen). Zu unterscheiden sind Spezialberichte, die sich nur mit ausgewählten Regionen (z.B. Büromärkte Rhein-Main, München) oder Immobilientypen (z.B. Einzelhandel) befassen, von Globalberichten, die sämtliche bedeutenden Regionen eines Landes bezüglich der unterschiedlichen Immobilientypen untersuchen. Herausgegeben werden diese Berichte vor allem von großem Maklerorganisationen, die durch eigene Researchabteilungen über die notwendigen Informationen verfügen (z.B. Aengevelt Immobilien, DTZ Zadelhoff, ATIS Müller, Jones Lang LaSalle, Dr. Lübke, etc.).

Unter **Unternehmensmagazinen** werden Publikationen verstanden, die sowohl aktuelle Unternehmensinformationen als auch wichtige Sachthemen, wie z.B. Tendenzen in der Mietrechtsprechung, Entwicklungen auf den Kapitalmärkten, Förderrichtlinien etc., darstellen. Diese werden in redaktionellen Beiträgen verfasst und in verständlicher Weise präsentiert. Das Layout solcher Zeitschriften reicht von einfach kopierten und zusammengehefteten Blättern bis zu Hochglanzversionen im Stile einer Zeitschrift oder eines Magazins. Zielgruppen von Hauszeitschriften sind die bereits vorhandenen Kunden des Unternehmens (z.B. Kapitalanleger/Eigennutzer oder Mieter) sowie potenzielle Kunden. Aufgelegt werden Unternehmensmagazine von Unternehmen, die als Makler- und Beratungsunternehmen (z.B. „Zadelmarkt" von DTZ Zadelhoff, „Piazza" von Jones Lang LaSalle), offene Immobilienfonds (z.B. Deka Fonds Magazin), Immobilien-AGs (z.B. „Plan – Das Immobilien Journal von IVG") und in weiteren Bereichen in der Immobilienwirtschaft tätig sind.

Sowohl Marktberichte als auch Unternehmensmagazine beinhalten neben dem reinen Angebot von Fachinformationen weitere Funktionen. Zum einen versuchen diese Medien durch das angebotene Fachwissen die Sachkompetenz des herausgebenden Immobilienunternehmens in seinem Tätigkeitsgebiet zu vermitteln, auf der anderen Seite eröffnet es dem Herausgeber die Möglichkeit, konkrete Objekte anzubieten. Im Gegensatz zu Anzeigen in herkömmlichen Zeitungen und Fachzeitschriften liegt der Vorteil dieser Präsentationsform darin, dass hier das Angebot keiner unkontrollierten Konkurrenz ausgesetzt ist. Zur Nutzung dieser potenziellen Vorzüge muss jedoch gewährleistet sein, dass die Hauszeitung bzw. der Marktbericht bei potenziellen Kundengruppen verfügbar ist und zudem aufmerksam gelesen wird. Darüber bestimmen die Qualität und Aktualität der redaktionellen Beiträge, das Erscheinungsbild und -intervall sowie die Art und Weise der Verbreitung und Verfügbarkeit der genannten Medien.

5.5.5 Distributionspolitik

5.5.5.1 Funktionen der Distributionspolitik

Einen weiteren Instrumentalbereich im Rahmen des Marketingmix stellt die Distributionspolitik dar, die in der Literatur auch als Vertriebspolitik bezeichnet wird (vgl. Bruhn, S. 249ff.). Hierbei geht es um sämtliche Entscheidungen und Handlungen von Unternehmen, die im Zusammenhang mit dem Weg eines Produktes oder einer Leistung zum Endabnehmer stehen (vgl. Meffert 1998, S. 582).

Konzeptionen der Distributionspolitik aus dem Konsumgüterbereich lassen sich nicht ohne weiteres auf die Immobilienwirtschaft übertragen, da sich die genannten Produkte in wichtigen Merkmalen voneinander unterscheiden. Im Konsumgüterbereich fallen i.d.R. der Ort der Produktion mit jenem des Konsums oder der Weiterverarbeitung des Produktes auseinander. In diesem Fall kommt der Distribution daher in erster Linie eine Raumüberbrückungsfunktion zu, d.h. es geht darum, für die Nachfrager die Produkte am Ort des Konsums verfügbar zu machen (vgl. Böcker 1994, S. 294). Im Gegensatz dazu kann in der Immobilienwirtschaft die konkrete Nutzung der Immobilie nur dort stattfinden, wo sie sich gerade in der Realisierung befindet oder bereits als fertiges Objekt existiert.

Im Rahmen der Distributionspolitik im Immobilienmarketing geht es demnach vor allem darum, das Produkt am Absatzmarkt verfügbar zu machen und Angebot und Nachfrage zusammen zu führen. Das trifft sowohl für den Vertrieb von im Bau befindlichen Projekten, fertigen Objekten als auch für Teileinheiten von beiden zu.

Wie schon am Anfang des Kapitels erwähnt, bestehen enge Beziehungsgeflechte zwischen einzelnen Instrumenten des Immobilienmarketings. Die Distributionspolitik ist in ihren Einsatzmöglichkeiten von Vorgaben aus den Bereichen der Produkt- und Kommunikationspolitik abhängig. Versäumnisse in diesen Disziplinen wie z.B. bei der Konzeption, Entwicklung und Realisierung eines Immobilienprojektes sowie bei unsystematischen und unzureichenden Kommunikationsaktivitäten beeinträchtigen erheblich die Erfolgsaussichten distributionspolitischer Maßnahmen.

Besondere Bedeutung kommt im Rahmen der Distributionspolitik der **Wahl des optimalen Vertriebszeitpunktes** zu. Im Gegensatz zu Konsumgütern, die nur einer Distribution zugeführt werden können, wenn sie real existieren, besteht bei Immobilien die Möglichkeit, sie bereits zu einem Zeitpunkt zu vertreiben, in dem sie noch gar nicht real, sondern z.B. nur als Planung existieren. Häufig wird sogar eine bestimmte Vorvermarktungsquote von Finanzierungspartnern (z.B. Banken) gefordert, bevor für das Projekt gewährte Darlehen ausgezahlt werden. Bei einem überwiegend fremdfinanzierten Projekt kann somit erst nach dem Erreichen der geforderten Vorvermarktungsquote (Vermietung oder Verkauf) mit der Realisierung begonnen werden. Ein weiterer Aspekt für die Wahl des Vertriebszeitpunktes liegt in der Situation auf den relevanten Absatzmärkten. In Marktsituationen, die durch ein hohes Angebot an vergleichbaren Objekten bei geringer Nachfrage gekennzeichnet sind, kann es sinnvoll sein, Vertriebsaktivitäten zeitlich zu verschieben, wenn eine gewisse Erholung des Marktes oder z.B. die Vermarktung im unmittelbaren Projektumfeld gelegener Konkurrenzprojekte in naher Zukunft in Aussicht steht. Dadurch lässt sich unter Umständen vermeiden, dass Objekte durch zu lange Marktpräsenz und fehlende Nachfrage Schäden am Image erfahren, was sich negativ auf die weiteren Vermarktungschancen auswirken würde. Die Entwicklungs- und Realisierungsdauer für Neubauprojekte von ungefähr 2 bis 5 Jahren stellt die nötigen zeitlichen Variationsmöglichkeiten zur Verfügung. Handelt es sich dagegen um den Vertrieb von Bestandsobjekten, hängt der Zeitpunkt der Distribution davon ab, wann die Objekte oder einzelne Einheiten für neue Nutzer zur Verfügung stehen. Aufgrund von Kündigungsfristen, die vor allem bei Mietverträgen die Regel sind, kann sofort nach Bekanntwerden der bevorstehenden Beendigung des Mietverhältnisses mit entsprechenden Maßnahmen begonnen werden.

5.5.5.2 Wesenszüge von Distributionssystemen

Im Rahmen der Distributionspolitik stehen verschiedene Formen von Vertriebssystemen zur Wahl. Die Entscheidung für eine Alternative hängt dabei von unternehmensinternen und -externen Faktoren ab. Je nachdem, welches Distributionssystem gewählt wird, können voneinander abweichende vertragliche Gestaltungsmöglichkeiten und Vergütungsformen zum Einsatz kommen. In jedem Fall bedarf es eines Managements der Distributionspartner, um ein konstruktives Verhältnis sowie ergebnis- und zielorientiertes Zusammenwirken mit den Vertriebspartnern zu erreichen (vgl. Kotler/Bliemel, S. 1074ff.).

5.5.5.2.1 Formen von Distributionssystemen

Als Distributionssysteme kommen Eigen- und Fremdvertrieb sowie Sonderformen des Vertriebs in Betracht.

Der **Eigenvertrieb** ist eine direkte Vertriebsform, bei der keine dritten Personen oder Organisationen zwischen Anbieter und Nachfrager geschaltet werden. Der Verkauf oder die Vermietung der zu vermarktenden Einheiten werden direkt zwischen dem Eigentümer selbst (z.B. bei Eigentumswohnungen) oder dem gewerblichen Anbieter des Produktes (z.B. Architekt oder Projektentwickler) und dem Kunden herbeigeführt. In Unternehmen kann der Eigenvertrieb durch einzelne, fachkompetente Mitarbeiter (z.B. kaufm. Projektleiter) oder spezielle Vertriebsabteilungen durchgeführt werden.

Beim **Fremdvertrieb** handelt es sich um eine indirekte Vertriebsform, bei der externe Personen oder Organisationen mit dem Vertrieb beauftragt werden. Die wichtigsten externen Vertriebspartner stellen Maklerunternehmen, aber auch Immobilienabteilungen von Banken, Sparkassen und Versicherungen sowie freiberufliche Anlageberater dar. Hierbei kann nach der Spezialisierung in Vermietungs- und Verkaufs- bzw. Investmentmakler unterschieden werden. Im Rahmen der Globalisierung und Internationalisierung der Immobilienmärkte tritt die Spezialisierung zu Gunsten eines universalen Leistungsspektrums mit folgenden Tätigkeiten in den Hintergrund (vgl. Aengevelt/Aengevelt, S. 459f.):

- Nachweis / Vermittlung von Privatimmobilien (Vermietung, Verkauf),

- Nachweis / Vermittlung von Investments (private und institutionelle Anleger),

- Gewerbliche Vermietungen (Büro, Einzelhandel, Hotels etc.),

- Research / Beratung / Bewertung,

- Facilities Managament.

Sonderformen des Vertriebs stellen die offenen und geschlossenen Immobilienfonds sowie Immobilien-Aktiengesellschaften dar. Hier werden nicht die grundbuchmäßig aufgelassenen Teile eines Grundstücks vertrieben, sondern Anteile an einer Fondsgesellschaft, die den Eigentümer einer oder mehrerer Immobilien darstellt.

5.5.5.2.2 Kriterien zur Wahl eines Distributionssystems

Die Wahl eines der genannten Vertriebssysteme hängt von den Ausprägungen verschiedener unternehmensinterner und -externer Faktoren ab und spielt für den Vermarktungserfolg eine wichtige Rolle. Eine Übersicht relevanter Kriterien zur Wahl eines Distributionssystems stellt die folgende Tabelle 69 dar.

Auswahlkriterien für Distributionssysteme	
Kriterium	**Mögliche Ausprägungen**
Unternehmensstruktur	• Tätigkeitsfeld • Unternehmensgröße
Tätigkeitsgebiet	• regional • national • international
Personalsituation	• Mitarbeiterzahl • Mitarbeiterstruktur • Vorhandenes Know-how
Immobilientyp	• Wohnimmobilien • Gewerbeimmobilien • Sonderimmobilien
Vertriebskosten	• Fixe Kosten • Variable Kosten
Marktverhältnisse auf den Immobilienteilmärkten	• Anbietermarkt • Nachfragermarkt
Flexibilität des Unternehmens	• niedrig • hoch
Steuerungsmöglichkeit der Distributionsaktivitäten	• stark • schwach
Kontrollmöglichkeiten des Vertriebsbeauftragten	• vorhanden • nicht vorhanden
Quelle: Eigene Darstellung in Anlehnung an Falk 1992, S. 29	

Tabelle 69: Auswahlkriterien für Distributionssysteme

5.5.5.2.3 Kontraktmarketing

Zum Kontraktmarketing gehören alle vertraglich gestalteten und abgesicherten vertriebsbezogenen Kooperationsformen zwischen Marktteilnehmern (vgl. Zentes/Swoboda, S. 223). Diese kommen in der immobilienwirtschaftlichen Praxis bei den unter Fremdvertrieb genannten Formen in unterschiedlichen Ausprägungen zum Einsatz. Es lassen sich folgende Auftragsarten unterscheiden (vgl. Bethge, S. 133ff.):

Gesetzlicher Maklervertrag

Beim gesetzlichen Maklervertrag gibt es keine Einschränkung der Vertriebspartner, d.h. jeder Makler kann seine Dienste in Form von Nachweis- oder Vermittlungstätigkeiten anbieten. Wenn in Folge eines Nachweises oder der Vermittlung des Maklers ein Hauptvertrag (z.B. Miet- oder Kaufvertrag) zustande kommt, hat der Makler einen Anspruch auf eine Provision. Die gesetzlichen Regelungen hierzu finden sich vor allem in den §§ 652 ff. BGB. Leider führt in der Praxis die Frage, ob ein Maklervertrag zustande gekommen ist, häufig zu Problemen, weil die ursächliche Tätigkeit des Nachweis- oder Vermittlungsmaklers zur Begründung einer Provisionspflicht im Gesetz nicht eindeutig geregelt ist.

Einfacher Alleinauftrag

Bei dem so genannten einfachen Alleinauftrag verpflichtet sich der Auftraggeber gegenüber dem Makler, keinen anderen Makler für eine bestimmte Zeit mit dem Vertrieb der Immobilienprodukte zu beauftragen. Im Gegenzug ist der Makler zu einem intensiveren Einsatz mit dem Ziel der Verschaffung möglichst günstiger Vertragsbedingungen gegenüber seinem Auftraggeber verpflichtet (vgl. Schmidt, S. 428). Durch die Bindung an einen Vertriebspartner können schädliche Doppelansprachen von Interessenten vermieden und die Vertriebsaktivitäten des Maklers durch den Auftraggeber optimal mitbestimmt und kontrolliert werden. Für den Auftragnehmer liegen die Vorteile eines Alleinauftrages in der einfacheren wirtschaftlichen Kalkulierbarkeit seiner Dienstleistung und der besseren Planbarkeit der Ansprache potenzieller Interessenten (vgl. Aengevelt/Aengevelt, S. 462), ohne einer permanenten Gefahr, dass Mitbewerber durch so genannte „Massenansprachen" eine gezielte und zeitlich strukturierte Vorgehensweise zunichte machen.

Qualifizierter oder erweiterter Alleinauftrag

Bei dieser Auftragsform verpflichtet sich der Auftraggeber gegenüber dem Makler auch für den Fall zur Provisionszahlung, bei dem der Vertragsabschluss ohne Mitwirkung des Maklers zustande kommt. Das bedeutet, dass dem Auftraggeber das Recht zum Eigengeschäft untersagt wird. In der Rechtsprechung wird diese Form des Maklervertrages äußerst problematisch gesehen, weshalb der qualifizierte oder erweiterte Alleinauftrag nur eine untergeordnete Rolle spielt. Für beide Vertragsformen, den einfachen und den qualifizierten Alleinauftrag gilt, dass für den Auftraggeber keine Verpflichtung zum Abschluss des Hauptvertrages besteht und der Makler dann auch keinen Anspruch auf Ersatz der Aufwendungen hat (vgl. Schmidt, S. 428).

Erfolgsunabhängige Vergütung

Im Rahmen von kombinierten Makler- und Beraterverträgen besteht die Möglichkeit, eine feste Vergütung zu vereinbaren, die unabhängig vom Vermarktungserfolg gezahlt wird. Bei einer derartigen Beauftragung stehen i.d.R. andere Tätigkeiten, wie z.B. Markt- und Standortgutachten, Machbarkeitsstudien oder auch Wertgutachten im Vordergrund der vertraglich vereinbarten Leistung (vgl. Schulte, S. 24ff.).

5.5.5.2.4 Management der Distributionssysteme

Aufgrund ihres direkten Kontaktes mit den aktuellen und potenziellen Nachfragern der zu vermarktenden Immobilienprodukte, bedürfen sowohl die internen, insbesondere aber auch die externen Distributionspartner, einer engen Einbindung in die übergeordnete Marketingstrategie des Unternehmens. Durch kontinuierliche Information, enge Kooperation und das konstante Abstimmen sämtlicher Marketingmaßnahmen ist eine erfolgreiche Symbiose zwischen Anbieter und Vertriebspartner möglich. Eine notwendige Voraussetzung stellt dabei die konsequente Einbindung in die Corporate Identity des Immobilienanbieters dar.

Auf der anderen Seite stellt der Vertrieb eine hervorragende Informationsquelle (Feed back) für das Unternehmen dar. Aufgrund des unmittelbaren Kontakts der Vertriebsmitarbeiter mit den Kunden des Immobilienanbieters sind sie in der Lage, Veränderungen am Markt und hier besonders in den Bedürfnisstrukturen der Nachfrage frühzeitig zu erkennen. Die so gewonnenen Erkenntnisse und Erfahrungen stellen für den Anbieter notwendige Basisinformationen für die Überprüfung bereits gewählter Vermarktungsstrategien sowie für die Konzeption von Neuprojektentwicklungen dar. Aus diesen Gründen bieten Maklerunternehmen neben ihren ursprünglichen Nachweis- oder Vermittlungstätigkeiten umfangreiche Beratungsleistungen an, bei denen sie auf die genannten Kenntnisse und Erfahrungen zurückgreifen können.

5.5.6 Kontrahierungspolitik

5.5.6.1 Grundlagen der Kontrahierungspolitik

Sämtliche absatzpolitischen Maßnahmen, die die Gegenleistungen für die vom Unternehmen angebotenen Sach- und Dienstleistungen betreffen, bezeichnet man als Preis- oder Entgeltpolitik (vgl. Böcker 1994, S. 236). Mit geplanten Abweichungen vom Normal- oder Listenpreis und weiteren Zahlungsbedingungen beschäftigt sich zusätzlich die **Konditionenpolitik**. Wird mit der Preis- und Konditionenpolitik die Gesamtheit der unternehmerischen Maßnahmen zusammengefasst, die die Ausgestaltung der Gegenleistung für die eigene Leistung zum Gegenstand haben, spricht man von der Kontrahierungspolitik.

Als Marketinginstrument zeichnet sie sich allgemein durch einige Besonderheiten aus (vgl. Simon 1995, Sp. 2069):

- Änderungen des Preises üben häufig einen starken Einfluss auf den Absatz der Produkte aus. In verschiedenen empirischen Untersuchungen konnte nachgewiesen werden, dass Veränderungen des Preises über eine vielfach höhere Wirkung verfügen als die Änderung des Werbebudgets.

- Preis- und konditionenpolitische Maßnahmen lassen sich ohne große Zeitverzögerungen umsetzen, während produkt- und kommunikationspolitische Anpassungen längere Vorlaufzeiten benötigen oder gar nicht veränderbar sind.

- Nichtpreisliche Instrumente wirken oft erst mit zeitlichem Verzug, während Nachfrager auf kontrahierungspolitische Maßnahmen i.d.R. schneller Reaktionen zeigen.

Da Konkurrenten ebenfalls sehr schnell auf veränderte Preise reagieren können, ist es i.d.R. nicht möglich, sich nur über preispolitische Maßnahmen einen dauerhaften Wettbewerbsvorteil zu verschaffen (vgl. Simon, Sp. 2069).

Neben dieser allgemeinen Abgrenzung der Kontrahierungspolitik zu anderen Marketinginstrumenten sind jedoch die preisspezifischen Besonderheiten des Wirtschaftsgutes Immobilie zu berücksichtigen.

Der Immobilienmarkt ist generell durch eine geringe **Preiselastizität des Angebots** gekennzeichnet. Das bedeutet, dass bei steigenden wie sinkenden Preisen für Immobilienprodukte ein notwendiger Marktausgleich in Form einer Anpassung der Angebotsmenge erst mit einer zeitlichen Verzögerung (time lag) stattfindet. Bei steigenden Preisen verhindert vor allem die lange Produktionsdauer für Immobilien einen schnellen Marktausgleich, bei fallenden Preisen gibt es kaum wirtschaftlich sinnvolle Möglichkeiten, um das vorhandene Angebot kurzfristig zu verringern.

Bei der Betrachtung der **Preiselastizität der Nachfrage**, muss dahingehend unterschieden werden, ob es sich um den Markt für Vermietung von Immobilien oder um den Erwerbs- bzw. Anlagemarkt handelt.

Der Vermietungsmarkt zeichnet sich durch eine kurzfristig (ca. 1-3 Jahre) unelastische Nachfrage aus, d.h. Änderungen des Mietpreises führen kaum zu einer sofortigen Veränderung der Nachfrage. Die Gründe liegen im Wohnimmobilienbereich vor allem darin, dass auch bei einer im Preis gesunkenen vergleichbaren Wohnung der Mieter nur dann das Mietobjekt wechseln wird, wenn er über den Preisvorteil die anfallenden Transaktionskosten, wie z.B. Umzugskosten und Maklerprovisionen, mindestens ausgleichen kann (vgl. Kühne-Bühning, S. 61f.). Im Bereich der Vermietung von Gewerbeflächen führen die Langfristigkeit bereits bestehender Mietverträge sowie die Tatsache, dass Unternehmen ihre Mietflächenentscheidungen nicht nur an Preisen, sondern auch an innerbetrieblichen Vorgängen orientieren, zu einer unelastischen Nachfrage auf Preisänderungen (vgl. Bone-Winkel/Sotelo, S. 202).

Im Gegensatz dazu werden der private Erwerber sowie der private bzw. institutionelle Investor elastischer auf Veränderungen der Preise reagieren. Hat er sich grundsätzlich für den Erwerb einer Immobilie als Eigennutzer oder aus Anlagegesichtspunkten entschieden, wird vornehmlich der Zeitpunkt des Vertragsabschlusses von der Preisentwicklung beeinflusst.

Die Entscheidung für einen konkreten Anbieter eines Immobilienproduktes oder einer immobilienspezifischen Leistung wird, vergleichbare Qualität vorausgesetzt, unabhängig von der Preiselastizität der Nachfrage, vom Angebotspreis bestimmt werden. Der Anbieter, der eine vergleichbare Leistung zum günstigeren Preis bzw. zu besseren Konditionen als seine unmittelbaren Konkurrenten anbieten kann, wird den Kampf um die vorhandenen Kunden gewinnen können.

Ziel und Aufgabe der Kontrahierungspolitik bestehen demnach darin, in enger Abstimmung mit den anderen Marketinginstrumenten, die Preise derart festzusetzen und Regelungen für die Gewährung von Sonderkonditionen derart zu bestimmen, dass der Absatz der eigenen Produkte gefördert und die Gewinne maximiert werden (vgl. Simon, Sp. 2073).

In der Immobilienwirtschaft existieren zwei grundsätzliche **Formen von Preissystemen**:

- Verkaufspreis,

- Pacht- bzw. Mietzins.

Je nach zugrunde liegendem Vertragstyp kommen die unterschiedlichen Preissysteme zur Anwendung. Im Folgenden eine kurze Klassifizierung der bedeutendsten **absatzpolitischen Vertragstypen** in der Immobilienwirtschaft:

- Der **Kaufvertrag** ist ein gegenseitiger Vertrag, durch den sich der Käufer zur Zahlung des vereinbarten Kaufpreises, der Verkäufer zur Annahme des Kaufpreises und zur Übereignung und Übertragung einer Sache oder Übereignung eines Rechtes verpflichtet. Der Übergang des Eigentums ist beim Kaufvertrag dauerhaft (Rechtsgrundlagen §§ 305-514 BGB).

- Der **Pacht- bzw. Mietvertrag** ist ein gegenseitiger Vertrag, der die zeitlich begrenzbare Gewährung des Gebrauchs einer Sache gegen ein Entgelt regelt. Je nachdem, ob die Sache zum ausschließlichen Gebrauch oder auch zur Fruchtziehung gewährt wird, bezeichnet man die regelmäßigen Entgelte als Miet- oder Pachtzinsen. Beide zuletzt genannten Vertragstypen bilden im Gegensatz zum Kaufvertrag Dauerschuldverhältnisse (Rechtsgrundlagen §§ 535-597 BGB).

Eine weitere wichtige Unterscheidung bei der Bemessung des Preises und der Konditionen bestimmt sich durch den zu vermarktenden Immobilientyp. Je nachdem, ob es sich um Wohn-, Gewerbe- oder Sonderimmobilien handelt, gelten zum Teil unterschiedliche rechtliche Vorschriften und Gesetze (z.B. „Gesetz zur Regelung der Miethöhe" bei Wohnraum; MiethöheG).

5.5.6.2 Handlungsfelder der Kontrahierungspolitik

Im Rahmen der Kontrahierungspolitik stehen dem Anbieter von Immobilienprodukten verschiedene Handlungsfelder zur Verfügung, die sich aus dem Bereich der Preis-/ Entgeltpolitik und der Konditionenpolitik zusammensetzen (vgl. Abbildung 166).

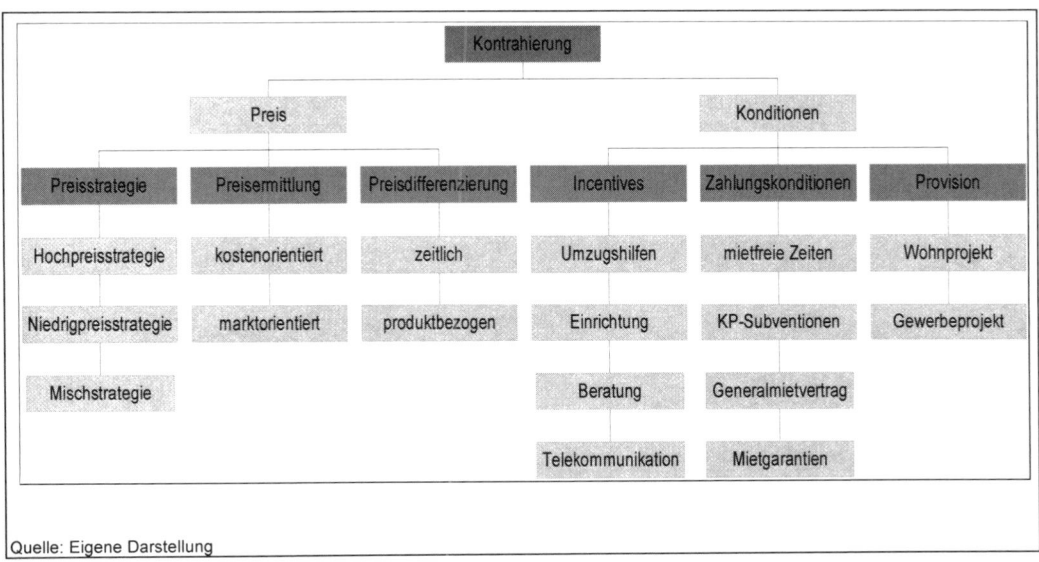

Quelle: Eigene Darstellung

Abbildung 166: Handlungsfelder der Kontrahierungspolitik

5.5.6.2.1 Preisstrategien

Eine strategische Entscheidung, die bereits in einem frühen Projektentwicklungsstadium getroffen werden muss, ist die **Wahl der Preisstrategie**. Sie steht in unmittelbarem Zusammenhang mit den Fragen der Produktpolitik. Als grundsätzliche Möglichkeiten gelten die Hochpreisstrategie, die Niedrigpreisstrategie sowie die Mischstrategie.

Im Rahmen der **Hochpreisstrategie**, auch als Strategie der **Qualitätsführerschaft** bezeichnet, werden besonders hochwertige Immobilienprodukte angeboten, um einen hohen Absatzpreis für das Gut am Markt zu rechtfertigen und zu realisieren (vgl. Kotler/Bliemel, S. 813f.). Beispielsweise sind für Einzelhandelsimmobilien in 1-A Lagen erheblich höhere Preise zu erzielen als für vergleichbare Objekte an schlechteren Standorten.

Im Gegensatz dazu wird im Rahmen der **Niedrigpreisstrategie** (auch als **Kostenführerschaf**t bezeichnet) versucht, Immobilienprodukte am Markt anzubieten, deren Preise dauerhaft niedriger als der Wettbewerb sind. Entsprechend werden hier Abstriche bei der Qualität oder der Ausstattung des Produktes in Kauf genommen (vgl. Böcker 1994, S. 465ff.). Als Beispiel hierfür können Reihenhäuser genannt werden, die in großer Anzahl in Siedlungen außerhalb von Stadtgebieten hergestellt werden, um Kostensenkungspotenziale zu erreichen (economies of scale, Erfahrungskurvenkonzept, günstige Grundstückspreise).

Wird die **Mischstrategie** gewählt, spricht der Anbieter mit seinen Immobilienprodukten mittlere Kundensegmente an, deren Preisakzeptanz zwischen denen der Hoch- und Niedrigpreisstrategie angesiedelt sind.

5.5.6.2.2 Preisermittlung

Bei der Bestimmung des Angebotspreises für Immobilienprodukte spielen verschiedene Faktoren eine Rolle. Hierzu zählen vor allem die Herstellungskosten, Preissituation auf den Absatzmärkten und Imageaspekte des Produktes bei der relevanten Zielgruppe.

Zur Ermittlung des Preises werden in der Theorie zwei grundsätzliche Verfahrenswege vorgeschlagen:

- Kostenorientierte Preisbestimmung,
- Marktorientierte Preisbestimmung.

Die **kostenorientierte Preisbestimmung** bezieht sich auf Verfahren der Kostenträgerrechnung. Sollen alle im Unternehmen anfallenden Kosten auf die Kostenträger verteilt werden, bezeichnet man diese Vorgehensweise als Vollkostenrechnung. Finden dagegen nur solche Kostenbestandteile Berücksichtigung, die in einem eindeutigen Verursachungszusammenhang mit den Kostenträgern stehen, handelt es sich um Verfahren der Teilkostenrechnung (vgl. Nieschlag/Dichtl/Hörschgen, S. 811f.).

Wichtige Kostenbestandteile zur Bestimmung des Preises von Immobilienprodukten sind:

- Grundstückskosten inkl. Erwerbsnebenkosten,
- Erschließungskosten,
- Baukosten,
- Baunebenkosten,
- Finanzierungskosten,
- Vermarktungskosten inkl. Vertrieb,
- Verwaltungskosten.

Auf die so ermittelten Kosten wird dann noch ein Gewinnaufschlag hinzugerechnet. Die Summe der Beträge bilden die Gesamtkosten, aus denen flächenanteilig der Angebotspreis ermittelt wird. Die Vermarktungschancen hängen davon ab, ob der Angebotspreis über oder unter dem Marktpreis für das Immobilienprodukt liegt.

Die in der Praxis zur Anwendung kommende Form der Preisfindung stellt die **marktorientierte Preisbestimmung** (Target Costing) dar. Sie stützt sich nicht ausschließlich auf Kostenbestandteile im Unternehmen, sondern orientiert sich an den preisbezogenen Reaktionen der Marktteilnehmer. Bei dieser Methode wird von dem Preis ausgegangen, der für das gewählte Produkt am Markt zum Zeitpunkt des Angebots durchsetzbar ist. I.d.R. wird in der Immobilienbranche mit Quadratmeterpreisen gerechnet. Diese werden auf die geplanten bzw. zur Verfügung stehenden Flächen bezogen, und in einer Rückrechnung werden dann die Auswirkungen dieses Preises unter Berücksichtigung der relevanten Kosten auf die Zielerreichung des Unternehmens analysiert (vgl. Diller, S. 158). Ein Unterschreiten der Kosten durch den erzielbaren Angebotspreis bedeutet einen Verlust, die Überschreitung der Kosten stellt einen potenziellen Gewinn für das Unternehmen dar. In der klassischen Entwicklerrechnung geht man von einer Gesamtrendite des Projektes nach Verkauf von ca. 15% (Projektgewinn: gesamte Projektkosten) aus. In schwierigen Marktsituationen stellen Renditen von 8-10% bereits gute Ergebnisse dar.

5.5.6.2.3 Preisdifferenzierung

Überlegungen der Preisdifferenzierung bieten sich in der Immobilienwirtschaft vor allem für Projekte bzw. Objekte an, die mehrere einzelne vermarktungsfähige Teileinheiten aufweisen (z.B. Eigentumswohnungen, Reihenhäuser, Büroeinheiten). Im Rahmen einer Preisdifferenzierung werden für vergleichbare oder sogar identische Teileinheiten unterschiedliche Preise verlangt. Häufig vorkommende **Formen der Preisdifferenzierung** bei der Vermarktung von Immobilienprodukten sind:

- zeitliche Preisdifferenzierungen,

- produktbezogene Preisdifferenzierungen.

Im Rahmen der **zeitlichen Preisdifferenzierung** werden für ein Immobilienprojekt Abschläge auf den Preis gewährt, wenn der Kunde in einem frühen Entwicklungsstadium vor der Fertigstellung des Objektes zu einem Vertragsabschluss bereit ist (so genannter Subskriptionspreis). Eine frühzeitige Vermarktung minimiert die Gefahr, dass zum Zeitpunkt der Beendigung der Baumaßnahme veränderte Situationen auf den Absatzmärkten in Form von Überangebot und sinkenden Marktpreisen vorherrschen. Auf der Kostenseite wirken sich die zeitlich gewährten Preisabschläge für den Anbieter kaum negativ aus, weil z.B. durch den frühzeitigen Eingang von Kaufpreisraten bei Zahlung nach Baufortschritt gemäß Makler und Bauträgerverordnung (insbesondere bei

Wohnprojekten) die anfallenden Zwischenfinanzierungszinsen für das Projekt vermindert und kalkulierte Risikozuschläge für eventuelle Vermarktungsprobleme entfallen können.

Im Rahmen von Mietverträgen erfolgen zeitliche Preisdifferenzierungen in der Form, dass auf den vertraglich vereinbarten Mietpreis im Verlauf der Jahre Aufschläge vorgenommen werden, um sich den verändernden Bedingungen am Markt, wie z.B. Inflation, anzupassen. Je nach Bemessung der Anfangsmiete und der Laufzeit der Verträge fallen die Anpassungen unterschiedlich hoch aus. Rechtlich zulässige Formen stellen, je nach Immobilientyp, die Indexierung, Staffelmiete und gesetzliche Mietpreiserhöhungen nach dem gültigen Mietspiegel dar.

Produktbezogene Preisdifferenzierungen bieten sich bei der Vermarktung von Wohnimmobilien an, um den potenziellen Nachfragerkreis zu erweitern. Hierbei werden z.B. unterschiedliche Ausbaustandards für Wohneinheiten angeboten, wobei der Preis entsprechend angepasst wird. Beispiele hierfür sind das Angebot von Eigentumswohnungen ohne verlegten Fußbodenbelag, ohne Kleinausbauten in den Sanitärbereichen, ohne Innenanstrich und gegebenenfalls ohne Dachausbauten. Zielgruppe dieser Maßnahmen sind handwerklich versierte Nachfrager, die durch den Einsatz der eigenen Arbeitsleistung ihre Anschaffungskosten reduzieren können. Häufig wird auch nach der Attraktivität der Einheiten im Gesamtobjekt (Lage, Ausrichtung, Lärmbelastung, Belichtung etc.) unterschieden und der Preis entsprechend variiert.

5.5.6.2.4 Kostenlose Zugaben / Incentives

Im Vermietungsbereich von Gewerbeimmobilien kommt in Zeiten geringer Nachfrage und hohem Angebot das Instrument der kostenlosen Zugaben (so genannte Incentives) zum Einsatz. Hierbei geht es um zusätzliche Anreize neben dem eigentlichen Mietobjekt, die den potenziellen Mieter zum Abschluss des Vertrages bewegen sollen. Durch die Gewährung kostenloser Zugaben kann eine ansonsten notwendige Anpassung des erforderlichen Mietpreises aus Anbietersicht an niedrigere Marktpreise eventuell vermieden werden. Aus Rentabilitätsaspekten kann es für den Vermieter sinnvoller sein, einmalig finanzielle Aufwendungen für kostenlose Zugaben zu leisten, als während der gesamten Laufzeit des Mietvertrages reduzierte Mieteinnahmen in Kauf zu nehmen.

Mögliche **Formen kostenloser Zugaben** sind:

- Gewährung von Umzugshilfen,

- Einbau von Küchen,

- Beratung bei der Büroeinrichtung durch Spezialisten,

- höhere Ausstattungsstandards.

5.5.6.2.5 Zahlungsbedingungen / -konditionen

Zahlungsbedingungen regeln in der Immobilienwirtschaft entsprechend dem zugrunde liegenden Vertragstyp den Ort und vor allem den Zeitpunkt der monetären Gegenleistung für die erbrachte Hauptleistung.

Im Rahmen von Miet- oder Pachtverträgen wird der Zeitpunkt der Entrichtung des Mietzinses im Gesetz geregelt (§ 551 BGB). Hier wird bestimmt, dass die Mietzahlung nach dem Ablauf der im Vertrag festgelegten Zeitabschnitte fällig wird, das heisst i.d.R. am Ende eines Monats. Im Gegensatz zur gesetzlichen Bestimmung wird in der Praxis häufig in den Mietverträgen die Fälligkeit des Mietzinses auf den Anfang des Abrechnungszeitraumes festgesetzt (vorschüssig).

Im Bereich von Kaufverträgen können die Vertragsparteien grundsätzlich die Zahlungsbedingungen frei vereinbaren, solange sie nicht gegen bestehende gesetzliche Vorschriften verstoßen (z.B. Gesetz zur Regelung des Rechts der Allgemeinen Geschäftsbedingungen, AGB-Gesetz). Eine Ausnahme bilden Kaufverträge mit Bauträgern. Hier kann es zum Zeitpunkt des Vertragsabschlusses möglich sein, dass die Leistung des Bauträgers, d.h. die schlüsselfertige Errichtung und Übergabe eines Bauwerks, noch nicht erbracht ist. Um trotzdem schon zu diesem Zeitpunkt Kaufpreiszahlungen zu ermöglichen, den Käufer aber gleichzeitig davor zu schützen, dass der vollständige Kaufpreis gezahlt ist und der Bauträger aus irgendwelchen Gründen (z.B. Konkurs) die Baumaßnahme nicht zu Ende führt, existieren weitere gesetzliche Vorschriften. Im § 3 Abs. 2 der Makler- und Bauträgerverordnung (MaBV) in Verbindung mit dem § 34 c Gewerbeordnung (GewO) wird für diese Verträge bestimmt, dass Kaufpreiszahlungen nur anteilig entsprechend dem jeweiligen Baufortschritt geleistet werden dürfen. Der Zahlungsplan der MaBV stellt 13 mögliche Teilzahlungen zur Verfügung, wobei nach aktueller Rechtssprechung nur noch 7 Teilzahlungen zulässig sind. Das bedeutet, dass entsprechend dem Bauablauf einzelne Teilzahlungen gebündelt werden müssen. Ein Verstoß gegen die genannten Regelungen hat zur Folge, dass weitere Teilzahlungen unzulässig sind und der Kaufpreis erst nach Fertigstellung des Objektes in Rechnung gestellt werden darf.

Zahlungskonditionen sind, wie die bereits dargestellten kostenlosen Zugaben, ein Instrument, um den Vertragsabschluss für den potenziellen Kunden attraktiver zu gestalten und sich eventuell von der Konkurrenz abzuheben. In Zeiten schwieriger Vermarktungssituation kommen Instrumente zum Einsatz wie:

- Mietfreie Zeiten/reduzierte Anfangsmieten,

- Kaufpreissubventionen,

- Generalmietverträge,

- Mietgarantien.

Mietfreie Zeiten werden in erster Linie im Bereich der Gewerbeimmobilien gewährt. Dem Mieter/Pächter wird hierbei zugestanden, dass am Anfang der Vertragslaufzeit für eine festgelegte Anzahl von Monaten der vereinbarte Mietzins nicht oder nur in reduzierter Form zu entrichten ist. Das Aussetzen bzw. Verringern der Anfangsmiete bezieht sich i.d.R. auf die Nettokaltmiete. Die anfallenden und zum Teil verbrauchsabhängigen Betriebskosten sind dagegen auch in der Anfangsphase des Mietverhältnisses vom Mieter zu entrichten. Vereinbarungen, in denen neben der Nettokaltmiete auch die Betriebskosten für eine bestimmte Zeit vom Vermieter übernommen werden, sind in der immobilienwirtschaftlichen Praxis eher selten.

Kaufpreissubventionen sind Abschläge vom Kaufpreis, die der Verkäufer in Kauf nimmt, um den potenziellen Käufer überhaupt zum Vertragsabschluss zu bewegen. Kaufpreissubventionen eignen sich bei Verträgen mit Kapitalanlegern/Investoren sowie bei Eigennutzern.

Zur Förderung des Verkaufs von Immobilien an Kapitalanleger/Investoren können vom Verkäufer auch so genannte Generalmietverträge oder auch Mietgarantien abgegeben werden. Hierbei handelt es sich um Instrumente zur Absicherung der regelmäßigen Einnahmen für den Kapitalanleger bzw. Investor, indem der Verkäufer zumindest für befristete Zeit das Vermieterrisiko übernimmt.

Bei einem **Generalmietvertrag** mietet der Verkäufer (i.d.R. der Projektentwickler) das Projekt ab Fertigstellung und Übergabe an den Käufer auf bestimmte Dauer (meist 5 Jahre) zu einem vorher festgelegten Mietzins. Der Verkäufer darf seinerseits die Flächen untervermieten, trägt dabei aber das Vermieterrisiko. Differenzbeträge zwischen Generalmiete und Untermietzins gehen zu Lasten des Generalmieters.

Im Gegensatz zum Generalmietvertrag tritt bei der Mietgarantie der Garantiegeber nicht als Zwischenvermieter auf. Der Verkäufer (Garantiegeber) übernimmt jedoch ähnlich zum Generalmietvertrag die Garantie für den regelmäßigen Eingang der Mietbeiträge beim Käufer/Investor (Garantienehmer). In der immobilienwirtschaftlichen Praxis existieren unterschiedliche **Formen von Mietgarantien**:

Garantie bestimmter Miet- und Nebenkosteneinkünfte

Bei dieser Form der Mietgarantie sichert der Garantiegeber dem Garantienehmer für einen bestimmten Zeitraum (i.d.R. mindestens 3 Jahre) jährliche Miet- und Nebenkosteneinkünfte in bestimmter Höhe ab. Werden aus bestehenden Mietverträgen weniger Einkünfte erzielt, muss der Garantiegeber die Differenzbeträge an den Garantienehmer ausgleichen.

Mietausfallgarantie

Die Absicherung, dass es für die Dauer der Garantiezeit keinen Leerstand im Objekt gibt, stellt eine schwächere Form der Mietgarantie dar. Hierbei garantiert der Verkäufer dem Investor, dass während der Garantiezeit die Mieterträge aus den abgeschlossenen Verträgen eingehen. Das bedeutet, dass auch nach einer anfänglichen Vollvermietung, der Garantiegeber noch nicht aus der Haftung entlassen ist. Fallen während der Garantiezeit Mieteinnahmen aus (z.B. durch Insolvenz des Mieters), haftet der Garantiegeber für die fehlenden Mieterträge.

Erstvermietungsgarantie

Die schwächste Form der Mietgarantie stellt die Abgabe einer Erstvermietungsgarantie dar. Bei dieser Form steht der Garantiegeber nur dafür ein, dass die Mietflächen zu einer vereinbarten Mindestmiete erstmalig vermietet werden. Für spätere Mietausfälle trägt dann alleine der Investor das Risiko.

Wird eine der genannten Mietgarantien durch den Garantienehmer in Anspruch genommen, stellt sie für den Garantiegeber eine zum Teil erhebliche finanzielle Belastung dar. Im Fall der Fälligkeit sämtlicher garantierter Beträge (z.B. das gesamte Vertragsobjekt ist für die Dauer der Garantiezeit unvermietet) kann es je nach Bonität des Garantiegebers zu einem Ausfall der garantierten Beträge kommen. Auf Seiten des Garantienehmers empfiehlt es sich daher, den Garantiegeber für diesen Fall auf seine Kapitalstärke zu überprüfen. Um einem möglichen Ausfallrisiko des Garantiegebers vorzubeugen, wird häufig eine Bankbürgschaft gefordert. Die Höhe des garantierten Betrages wird dabei in Abhängigkeit der Marktbedingungen und nachhaltigen Vermarktungschancen zwischen den Vertragspartnern ausgehandelt.

5.5.6.2.6 Absatzmittlerprovisionen

Bei der Wahl eines Fremdvertriebs im Rahmen der Distributionspolitik werden als Vermittlungsleistung so genannte **Vermittlungsprovisionen** gezahlt. Sowohl bei der Vermietung als auch beim Verkauf von Immobilienprodukten durch Absatzmittler werden Provisionen berechnet. Die Höhe schwankt je nach der vereinbarten Leistung und der Art des vermittelten Vertrages:

Wohnraum

- Mietvertrag: Nach dem Vierten Mietrechtsänderungsgesetz ist maximal eine Provision in Höhe von zwei Monatskaltmieten zuzüglich Mehrwertsteuer zulässig.

- Kaufvertrag: Die Höhe der Provision ist frei vereinbar und richtet sich nach der Ortsüblichkeit. I.d.R. liegt die Provision zwischen 2% und 6% des Kaufpreises.

Gewerberaum

- Mietvertrag: Die Höhe der Provision ist frei vereinbar und wird in dem Vielfachen einer Monatsmiete ausgedrückt. Sie bewegt sich üblicherweise zwischen 1,5 – 3 Monatsmieten.

- Kaufvertrag: Auch hier ist die Höhe der Provision frei von den Vertragsparteien vereinbar und bewegt sich zwischen 2% und 6% der Kaufpreissumme. Je höher der Kaufpreis ist, desto niedriger wird i.d.R. der prozentuale Anteil für die Provision gewählt.

Die Obergrenze für sämtliche frei vereinbarte Absatzmittlerprovisionen ist die Wuchergrenze nach § 138 BGB.

Ob Provisionszahlungen vom Anbieter oder Nachfrager des Immobilienproduktes übernommen werden, unterliegt individuellen Regelungen. Die gängigen Makler- und Vermittlungsaufträge sehen vor, dass die Kosten vom Nachfrager getragen werden. In schwierigen Marktsituationen kann jedoch die Übernahme der Provisionszahlung durch den Anbieter des Immobilienproduktes als Marketinginstrument eingesetzt werden.

5.5.7 Fazit

Vor dem Hintergrund eines stärker werdenden Wettbewerbsdrucks und wachsender Anforderungen der Kunden an Immobilienprodukte erfährt das Immobilienmarketing einen Bedeutungswandel in der Immobilienökonomie. Die Lage eines Objektes, Architektur und Ausstattung sind kein alleiniger Garant mehr für den Erfolg der Immobilie am Absatzmarkt.

Die ganzheitliche Zielorientierung im Rahmen des integrativ-prozessualen Marketings, die Ableitung des strategischen Marktprogramms unter Kenntnis relevanter Zielgruppen und ihrer Anforderungen sowie eine darauf abgestimmte individuelle Positionierung des Immobilienprojektes sind notwendige Voraussetzungen für den erfolgreichen Einsatz der Instrumente im Immobilienmarketing. Der Marketingmix, bestehend aus der Produkt-, Service-, Kommunikations-, Distributions- und Kontrahierungspolitik, muss sich dem strategischen Rahmen des integrativen Marketingansatzes unterordnen. Die Instrumente bedürfen zudem einer engen inhaltlichen Abstimmung und ständiger Kontrolle, um mögliche Erfolgspotenziale optimal ausnutzen und anpassen zu können. Die Notwendigkeit einer frühzeitigen Involvierung des Marketings in den Projektentwicklungsprozess wird durch den Produktlebenszyklus von Immobilien bestimmt und vorgegeben. Durch ein marktorientiertes ganzheitliches Marketingkonzept vor der eigentlichen Bauphase eines Immobilienprojektes können spätere Absatzprobleme im Voraus minimiert bzw. verhindert werden.

Literaturverzeichnis zu Kapitel 5.5

Aengevelt, L. W./Aengevelt, W. O.: Strategische Betrachtung und konsequente Umsetzung der Konditionen- und Vertriebspolitik, in: Schulte, K.-W. /Brade K.H.: Handbuch Immobilien-Marketing, Köln 2001.

Bänsch, A.: Kommunikationspolitik, in: Tietz, B. (Hrsg.): Handwörterbuch des Marketing, 2., vollst. überarb. Aufl., Stuttgart 1995, Sp. 1186-1200.

Becker, J.: Typen von Markenstrategien, in: Bruhn, Manfred (Hrsg.): Handbuch Markenartikel, Band I, Stuttgart 1994, S. 463-498.

Becker K. E. et.al. (Hrsg.): Forum Bauen und Leben. Lebensqualität im Bürohaus, Band 9, Bonn 1993.

Bethge, U.: Maklerrecht in der anwaltschaftlichen Praxis, Bonn 1995.

Böcker, F.: Marketing-Kontrolle, Stuttgart 1988.

Böcker, F.: Marketing, 5., erw. umd überarb. Aufl., Stuttgart 1994.

Bone-Winkel, S./Sotelo, R.: Warum werden Büroflächen (nicht) vermietet?, in: Grundstücksmarkt und Grundstückswert, 1995, Heft 4, S. 199-205.

Brade, K.: Strategischer Marketingplanungsprozeß für Büroimmobilien : Anwendung der Kausalanalyse zur Erforschung des Mieterverhaltens, in: Schulte, K.-W. (Hrsg.): Schriften zur Immobilienökonomie, Band 7, Köln, 1998.

Bruhn, M.: Marketing. Grundlagen für Studium und Praxis, 5., überarb. Aufl., Wiesbaden 2001.

Cleaveley, E.: The Marketing of industrial and commercial property, London 1984.

Corsten, H.: Die Produktion von Dienstleistungen. Grundzüge einer Produktionswirtschaftslehre des tertiären Sektors, Berlin 1985.

Dallmer, H.: Das System des Direct-Marketing – Entwicklung und Zukunftsperspektiven, in: Dallmer, H. (Hrsg.): Handbuch Direct-Marketing, 7. Aufl., Wiesbaden 1997, S. 4-19.

Diller, H.: Preispolitik, Stuttgart 1985.

Falk, B.: Immobilien-Handbuch, Wirtschaft, Recht, Bewertung, 3. Aufl., Loseblattsammlung in 2 Bänden.,24. Nachlieferung, Landsberg am Lech, Grundwerk 1992.

Falk, B.: Immobilienmarketing, in: Tietz, B.: Handwörterbuch des Marketing, 2. Aufl., Stuttgart 1995.

Fehr, B.: In Amerika wird der Hauskauf über Internet populär, in: FAZ, 5. Juli 1996, S. 39.

gif, Gesellschaft für Immobilienwirtschaftliche Forschung e.V.: Unveröffentlichte Untersuchung des Arbeitskreises „Marktanalyse/Bedarfsprognosen" zur Büroflächenvermietung in 1996.

Hilke, W.: Grundprobleme und Entwicklungstendenzen des Dienstleistungs-Marketing, in: Hilke, W. (Hrsg.), Dienstleistungs-Marketing, Wiesbaden 1989.

Holland, H.: Direktmarketing, München 1993.

Iblher, F.: Internetbasierte Immobilienfinanzierung, in: Schulte, K.-W. (Hrsg.): Schriften zur Immobilienökonomie, Band 23, Köln 2003.

Immo Media Research 2: Die große Analyse des Immobilienmarktes im Internet, Köln 2000.

Kinnebrock, W.: Integriertes Eventmarketing: vom Marketing-Erleben zum Erlebnismarketing, Wiesbaden 1993.

Kotler, P./Bliemel, F.: Marketing-Management, Analyse, Planung und Verwirklichung, 10., überarb. u. akt. Aufl., Stuttgart 2001.

Kühne-Bühning, L.: Besonderheiten des Wohnungsmarktes und soziale Marktwirtschaft, in: Kühne-Büning, L./Heuer, J.H.B. (Hrsg.): Grundlagen der Wohnungs- und Immobilienwirtschaft, 3., überarb. u. erw. Aufl., Frankfurt a. M. 1994, S. 56-71.

Link, J./Gerth, N./Voßbeck, E.: Marketing-Controlling: Systeme und Methoden für mehr Markt- und Unternehmenserfolg, München 2000.

Mattmüller, R.: Integrativ-Prozessuales Marketing: Eine Einführung, Wiesbaden 2000.

Mattmüller, R./Tunder, R.: Das Prozessorientierte Marketingverständnis, in: Jahrbuch der Absatz- und Verbrauchsforschung, Heft 4/1999, S. 435-451.

Meffert, H.: Marketing – Grundlagen marktorientierter Unternehmensführung, 8. Aufl., Wiesbaden 1998.

Meffert, H. (Hrsg.): Lexikon der aktuellen Marketing Begriffe, Wien 1994.

Meffert, H./Bruhn, M.: Dienstleistungsmarketing: Grundlagen, Konzepte, Methoden; mit Fallbei-spielen, Wiesbaden 1995.

Meyer, A.: Dienstleistungs-Marketing, 6. Aufl., Augsburg 1994.

Meyer, A.: Das Absatzmarktprogramm, in: Meyer, Paul (Hrsg.): Integrierte Markenfunktionen, 4., verb. Aufl., Köln 1996, S. 52-81

Meyer, J.-A.: Public Relations, in: Tietz, B. (Hrsg.): Handwörterbuch des Marketing, 2. vollst. überarb. Aufl., Stuttgart 1995.

Meyer, P. W./Mattmüller, R.: Strategische Marketing-Optionen, Stuttgart 1993.

Newman, M.: Marketing in Commercial Property, Estates Gazette, Suffolk 1997.

Nieschlag, R./Dichtl, E./Hörschgen, H.: Marketing, 19., überarb. u. erg. Aufl., Berlin 2002.

Oberhollenzer, H.: Die Mär vom Werbebudget oder: "Früher haben wir auch ohne Werbung verkauft", Starke Produktorientierung der Branche/Nur geringe Budgets für den Weg zum Kunden, in: Immobilien Zeitung, Nr. 17, 12.08.1999, S. 9.

Pepels, W.: Qualitäts- und Zufriedenheitsmessung als CRM-Basis, in: Helmke,S./Uebel, M./Dangelmaier, W.: Effektives Customer Relationship Marketing, 2., überarb. Aufl., Wiesbaden 2002, S. 39-70.

Rapp, R.: Kundenzufriedenheit durch Servicequalität: Konzeption – Messung – Umsetzung, Wiesbaden 1995.

Schmidt, J.: Immobilienvermittlung, in: Schulte, K.-W. (Hrsg.): Immobilienökonomie Band II – Rechtliche Grundlagen, München 2001.

Schulte, K.-W.: Rechtsordnung und Immobilienökonomie, in: Schulte, K.-W. (Hrsg.): Immobilienökonomie Band II – Rechtliche Grundlagen, München 2001.

Schulte, K.-W./Brade, K. (Hrsg.): Handbuch Immobilien-Marketing, Köln 2001.

Simon, H.: Preispolitik, in: Tietz, B. (Hrsg.): Handwörterbuch des Marketing, 2. Aufl., Stuttgart 1995, Sp. 2068-2085.

Tietz, B. (Hrsg.): Die Werbung: Handbuch der Kommunikations- und Werbewirtschaft, Bd. 1-3, Landsberg am Lech 1981/82.

Tietz, B./Zentes, H.: Die Werbung der Unternehmung, Reinbek bei Hamburg 1980.

Tunder, R.: Der Transaktionswert der Hersteller-Handel-Beziehung – Hintergründe, Konzeptualisierung und Implikation auf Basis der Neuen Institutionenökonomik, Wiesbaden 2000.

Weis, H. C.: Marketing, 10., überarb. und akt. Aufl., Ludwigshafen 1997.

Zentes, J./Swoboda, B.: Grundbegriffe des Marketing, 5., überarb. und erw. Aufl., Stuttgart 2001.

Zitelmann, R.: Immobilienmarketing 40: Öffentlichkeitsarbeit bei Immobilien-AGs, in: Immobilienzeitung, Nr. 13, 21. Juni 2001, S. 9.

6 Strategiebezogene Aspekte des Immobilienmanagements

6.1 Immobilien-Portfoliomanagement

Stephan Bone-Winkel, Matthias Thomas, Georg J. Allendorf,
Victoria Walbröhl, Björn-Martin Kurzrock

6.1 Immobilien-Portfoliomanagement

Stephan Bone-Winkel, Matthias Thomas, Georg J. Allendorf,
Victoria Walbröhl, Björn-Martin Kurzrock

6.1.1 Einführung

Moderne Ansätze des Portfoliomanagements sind im Wertpapierbereich weit verbreitet. Dies gilt in zunehmendem Maße auch für den Immobilienbereich. Hier agieren Investoren bei ihren Anlageentscheidungen traditionell noch eher objektbezogen und vernachlässigen daher nicht selten das wichtige Zusammenspiel von Rendite und Risiko der Einzelanlagen auf Portfolio-Ebene. Größere Immobilienanlagen erfordern eine systematische Entscheidungsplanung, -steuerung und -kontrolle, die neben der Objekt-Ebene auch die Portfolio- und die Investment-Ebene berücksichtigt. Ziel sollte dabei eine rendite-risiko-effiziente Kapitalallokation sein. Ein professionelles Immobilien-Portfoliomanagement ist bei den klassischen institutionellen Immobilieninvestoren wie Versicherungsunternehmen und Pensionskassen, Fonds und Immobilien-AGs, aber auch Non-Property-Unternehmen, öffentlichen Institutionen und vermögenden Privatanlegern, die bereits umfangreichere Immobilienbestände halten oder ein Immobilienportfolio aufbauen, empfehlenswert. Bei Verzicht auf ein eigenständiges Immobilien-Portfoliomanagement können die hiermit verbundenen Aufgaben an Dienstleister übertragen werden. Zu Anbietern eines Immobilien-Portfoliomanagements zählen Immobilienfonds, Immobilienmanagementgesellschaften, Banken und Beratungsunternehmen, wobei die Breite und Tiefe der Leistungsangebote in der Praxis deutlich variieren. Mit einer Definition und einem Leistungskatalog für „Real Estate Investment Management" hat die Gesellschaft für Immobilienwirtschaftliche Forschung e.V. (**gif**) eine Systematisierung vorgenommen, die in diesem Beitrag übernommen wird (vgl. gif 2002). Der von der **gif** gewählte Begriff Real Estate Investment Management findet auch in der angelsächsischen Literatur in dieser Form Verwendung. In Deutschland wird alternativ häufig der Begriff Asset Management gebraucht, der allerdings weder in der Theorie noch in der Praxis einheitlich definiert ist und im angelsächsischen Raum eher für objektnahe Dienstleistungen steht. Aufgrund der Mehrdeutigkeit von „Asset Management" wird der Ausdruck in diesem Beitrag nicht verwendet. Nach der folgenden weiterführenden Einordnung und Abgrenzung von „Real Estate Investment Management" ist das Kapitel entsprechend der Phasen eines Portfoliomanagements in die drei Abschnitte Portfolioplanung, Portfoliosteuerung und Portfoliocontrolling gegliedert.

Real Estate Investment Management ist gemäß gif-Definition die „umfassende, an den Vorgaben des Investors ausgerichtete Eigentümervertretung für ein Immobilienvermögen unter Kapitalanlagegesichtspunkten". Ziel eines Real Estate Investment Managements ist die Optimierung der Performance von direkten oder indirekten Immobilieninvestitionen. **Performance** kann dabei als erzielte Rendite oder im Sinne einer risikoadjustierten Performance zum Beispiel als Differenz der erzielten Rendite und einer adäquaten Vergleichsrendite (Benchmarkrendite) verstanden werden. Letzteres entspricht der Definition der Aktiven Rendite, auf die in Punkt 6.1.4.4.3 Bezug genommen wird. Nach der vorliegenden gif-Richtlinie kann Real Estate Investment Management nur in Einzelfällen auch eigengenutzte oder nicht primär der Ertragserzielung dienende Immobilien umfassen. Hierin liegt der Hauptunterschied zum Corporate Real Estate Management (vgl. ausführlich Kapitel 6.2) und zum Public Real Estate Management (vgl. ausführlich Kapitel 6.3), die sich auf Immobilienbestände von Non-Property-Unternehmen bzw. von öffentlichen Institutionen beziehen. In beiden Fällen dienen die Immobilienbestände nicht primär als Kapitalanlage. Vielmehr sind die jeweiligen Flächen i.d.R. betriebsnotwendig und nicht selten durch die Gesellschaft oder Institution nur angemietet. Umgekehrt kann Real Estate Investment Management Teil eines CREM (oder PREM) sein, wenn ein Non-Property-Unternehmen oder eine öffentliche Institution betriebs- wie auch nicht-betriebsnotwendige Immobilien aus Kapitalanlagegesichtspunkten hält und managt.

Real Estate Investment Management ist i.d.R. Bestandteil eines übergreifenden Kapitalanlagemanagements, das die optimale Kapitalanlagenstruktur in mehreren Anlageklassenportfolios (Aktien, Renten, Immobilien,...) bestimmt. Nach der **gif**-Definition umfasst Real Estate Investment Management die drei Ebenen Investment, Portfolio und Objekt. Die Funktionsbereiche des Real Estate Investment Managements auf Investment-, Portfolio- und Objekt-Ebene sind in Abbildung 167 zusammengefasst:

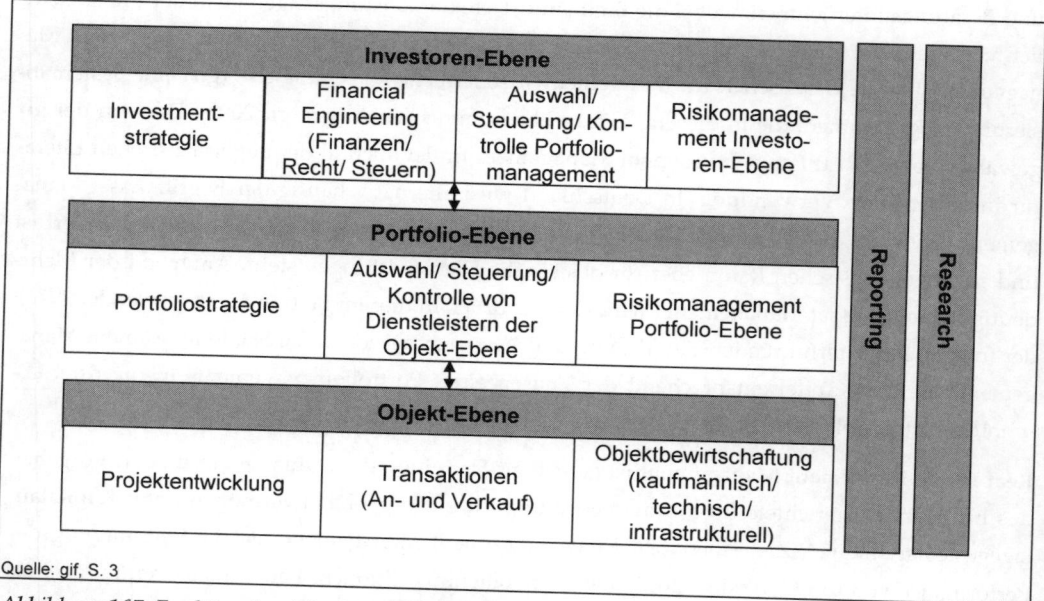

Abbildung 167: Funktionsbereiche des Real Estate Investment Managements

Die Investment-Ebene von Real Estate Investment Management ist die Ebene des gesamten Investmentportfolios und liegt bei gemischten Portfolios im Aufgabenbereich eines übergreifenden Kapitalanlagemanagements. Investment-Strategie, Financial Engineering und Risikomanagement auf der Investment-Ebene sind an den allgemeinen Anlagezielen und -restriktionen des Investors ausgerichtet. Zu typischen Kategorien von Anlagezielen eines Investors zählen beispielsweise Vermögensziele, Liquiditätsziele, Rentabilitätsziele, Sicherheitsziele und steuerliche Ziele. In der **Investment-Strategie** werden Zielbeiträge, Budgets und Benchmarks für rendite-risiko-optimale Einzelportfolios festgelegt. Die Investment-Strategie stellt somit die strategische Planung für mehrere Einzelportfolios dar, die verschiedene Anlageklassen umfassen können. Die Umsetzungseffizienz von Zielvorgaben für diese Portfolios kann mittels Soll-Ist-Vergleichen und Benchmarking kontrolliert werden, die Bestandteil der Performanceanalyse sind. Natürlich sollte dabei, wie auch im Rahmen des Research auf der Investment-Ebene, generell auch die Effektivität der Planung hinterfragt werden. Im Blickpunkt steht auf der Investment-Ebene meist die Performance nach Finanzierungskosten, Portfoliomanagementkosten und Steuern. Das Reporting auf der Investment-Ebene richtet sich an Investoren und beinhaltet insbesondere die Erstellung der jeweils vereinbarten bzw. gesetzlich erforderlichen Quartalsberichte, Jahresabschlüsse und Rechenschaftsberichte oder Ad-hoc-Meldungen. Das Investment-Research sollte neben allgemeinen Immobilienmarktdaten auch volkswirtschaftliche, rechtliche, steuerliche und finanzierungstechnische Aspekte berücksichtigen.

Die Portfolio-Ebene von Real Estate Investment Management umfasst solche Funktionsbereiche die sich auf einen aggregierten Objektbestand beziehen. Zentrale Aufgabe auf dieser Ebene ist die Formulierung und Aktualisierung der **Portfoliostrategie bzw. Anlagepolitik** für das Immobilienportfolio (**strategische Portfolioplanung**), die in Einklang mit der allgemeineren Investment-Strategie stehen muss. Dabei wird eine Zielportfoliostruktur entworfen, welche die mittel- bis langfristige Vorgabe für die **taktische Portfolioplanung** bildet. In einem hierarchischen Portfoliomodell werden bei der Festlegung des Zielportfolios in sich möglichst homogene strategische Geschäftsfelder (SGF) gebildet. Zur taktischen Portfolioplanung zählt hauptsächlich die Planung von Neuanlagen, Objektverkäufen und bedeutenden Bau- oder Vermietungsmaßnahmen im vorhandenen Immobilienbestand. Diese sollte auf Basis regelmäßiger Portfolioanalysen durch Aggregation der auf der Objekt-Ebene erfassten Daten erfolgen. Da das Financial Engineering Bestandteil der Investment-Ebene ist, liegt der Fokus der Portfolio-Ebene i.d.R. auf der reinen Immobilienperformance ohne Berücksichtigung von Finanzierungs- und Portfoliomanagementkosten oder Steuern. Risiken (z.B. länder-, regionen- und sektor-spezifische Risiken, Risiken der Mieterstruktur, Liquiditätsrisiken, etc.) sollten laufend in einem Frühwarnsystem erfasst und in der Portfoliostrategie berücksichtigt werden. Das Portfolio-Reporting umfasst zum Beispiel Performanceanalysen mit Benchmarkings, Marktberichte und die Zulieferung von weiteren Daten für das Reporting auf der Investment-Ebene. Das Research auf der Portfolio-Ebene baut i.d.R. auf den aggregierten Researchergebnissen der Objekt-Ebene (insbesondere Marktberichten) auf und dient wiederum neben der strategischen und taktischen Portfolioplanung auf der Portfolio-Ebene auch dem Investment-Research.

Auf der Objekt-Ebene des Real Estate Investment Managements findet schließlich das **operative Portfoliomanagement** statt. Dies betrifft die Bottom-Up-Umsetzung der strategischen und taktischen Portfolioplanung, also insbesondere die Vorbereitung und Durchführung von Ankäufen, Projektentwicklungen und Verkäufen sowie die kaufmännische, technische und infrastrukturelle Objektbewirtschaftung. Objektspezifische Chancen und Risiken sollten in regelmäßigen Bestands- und Marktanalysen (Bottom-Up-Analysen) offen gelegt werden.

Der folgende Abschnitt befasst sich mit der Planung von Immobilienportfolios, insbesondere der strategischen Portfolioplanung mit möglichen Anlagezielen und der Zielportfoliobestimmung bei Immobilienanlagen. Im Abschnitt 6.1.3 über Portfoliosteuerung stehen anschließend die Bestandsanalyse und die taktische Immobilien-Portfolioplanung im Vordergrund. Den Abschluss bilden die Ausführungen zum Portfoliocontrolling (vgl. Abschnitt 6.1.4) mit Verfahren der Performanceanalyse.

Auf strategische Aspekte bei der Führung von Immobilienunternehmen wird im Kapitel Unternehmensführung und Controlling in Abschnitt 7.1.4 eingegangen.

6.1.2 Planung von Immobilienportfolios

6.1.2.1 Planungsprozess

Die Notwendigkeit der **Planung von Immobilienportfolios** ergibt sich aus der Ausrichtung des Real Estate Investment Managements an den Anlagezielen und -restriktionen des Investors. Dies gilt umso mehr, da Immobilienanlagen im Gegensatz zu anderen Finanzanlagen aufgrund ihrer besonderen Charakteristika (vgl. ausführlich Kapitel 1.1) meist durch einen langfristigen Anlagehorizont gekennzeichnet sind. Als Mittel für ein zielorientiertes Handeln dient die Definition von zukünftigen Handlungsweisen in Form von Strategien.

In Abhängigkeit von der Management-Ebene, auf der die Planung jeweils erfolgt, unterscheidet sich der Inhalt der Strategien. Während auf der Investment-Ebene die anlageklassenübergreifende Planung des gesamten Anlagevermögens relevant ist, konzentrieren sich die Strategien auf der Portfolio-Ebene nur auf die zukünftige Gestaltung des Immobilien-Anlagebestandes; auf der Objekt-Ebene steht schließlich die Planung der einzelnen Immobilienanlagen im Mittelpunkt. Die Abstimmung der Strategien auf den verschiedenen Planungsebenen ist dabei für die Zielerreichung unerlässlich. So haben sich beispielsweise die Objektstrategien an der übergeordneten Strategie der Portfolio-Ebene auszurichten.

Die strategische Planung von Immobilienportfolios auf der Investment- und Portfolio-Ebene bildet vor der eigentlichen Steuerung und dem Controlling des Portfolios die Grundlage des Immobilien-Portfoliomanagements. Das Ergebnis der strategischen Portfolioplanung ist eine aus den Anlagezielen des Investors abgeleitete Zielportfoliostruktur, die auf der Portfolio- und Objektebene umgesetzt wird.

Im Rahmen des Real Estate Investment Managements sind bei der Planung von Immobilienportfolios folgende Grundfragen zu beantworten:

- Sollen Immobilienanlagen grundsätzlich Teil des Kapitalanlagenportfolios des Investors sein?

- Welchen wertmäßigen Anteil sollen die Immobilienanlagen am gesamten Kapitalanlagenportfolio haben, also wie hoch soll die Immobilienquote sein?

- Welche Struktur soll das Immobilienportfolio hinsichtlich seiner Zusammensetzung beispielsweise nach Anlageformen oder nach sektoraler und geographischer Streuung der Anlagen aufweisen?

Während die ersten beiden Fragen gemäß der Definition von Real Estate Investment Management der Investment-Ebene zuzuordnen sind, ist die Frage der optimalen Zusammensetzung inhaltlich auf der Portfolio-Ebene anzusiedeln. Hier zeigen sich deutlich die Interdependenzen der Entscheidungsprozesse auf den verschiedenen Ebenen des Real Estate Investment Managements, die eine isolierte Betrachtung der Prozesse nicht unbedingt sinnvoll erscheinen lassen. Im Folgenden werden daher alle drei Teilaspekte ebenenübergreifend betrachtet.

Die Beantwortung der aufgezählten Grundfragen erfordert eine systematische Portfolioplanung. Idealtypisch verläuft der gesamte Prozess der Immobilienanlageentscheidung wie in Abbildung 168 dargestellt. Der Prozess lässt sich in seiner klassischen, entscheidungstheoretischen Grundstruktur auch auf die Portfolioplanung bei anderen Anlageklassen übertragen. Die Darstellung verdeutlicht, dass der **Prozess der Immobilienanlageentscheidung** als Kreislauf aus Anregungs-, Such-, Auswahl-, Durchführungs- und Kontrollphase zu verstehen ist. Die Besonderheiten der Anregungs-, Such- und Auswahlphase im Rahmen der strategischen Portfolioplanung werden in den folgenden Abschnitten näher erläutert; die Durchführungs- und Kontrollphase und damit die taktische Portfolioplanung sowie das operative Portfoliomanagement sind Bestandteil der Abschnitte 6.1.3 und 6.1.4.

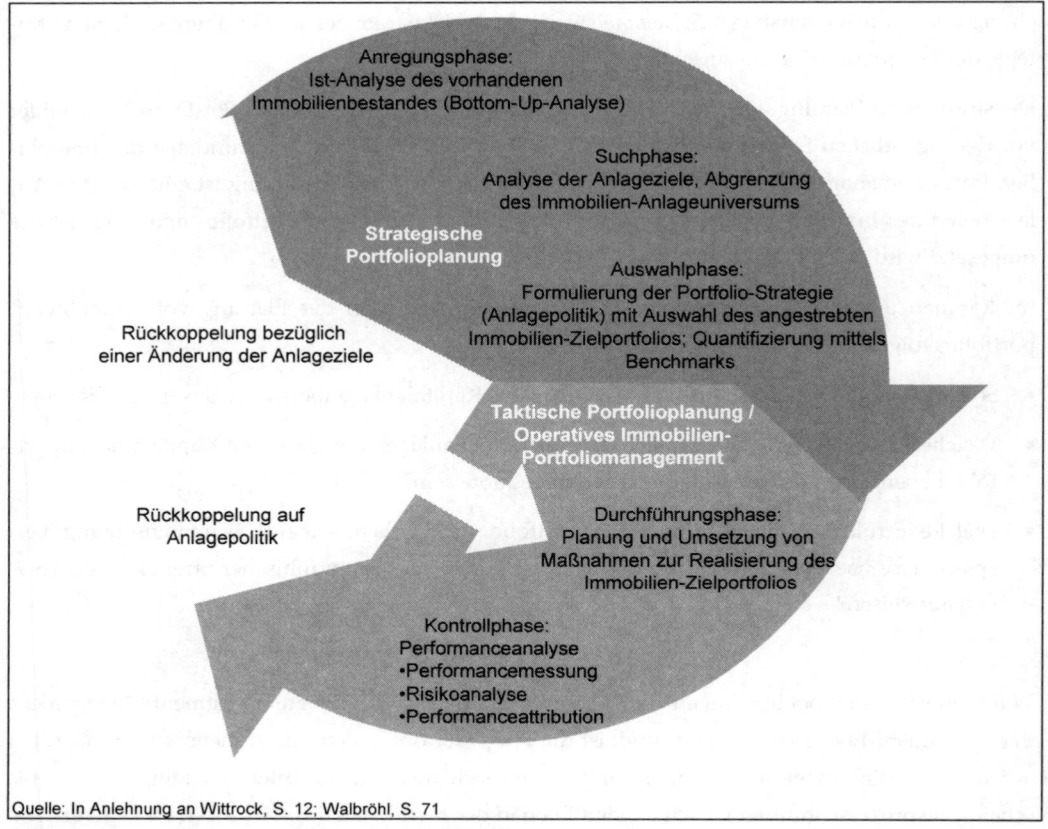

Quelle: In Anlehnung an Wittrock, S. 12; Walbröhl, S. 71

Abbildung 168: Prozess der Immobilienanlageentscheidung

6.1.2.2   Anregungsphase

Die meisten Anleger verfügen über einen historisch gewachsenen Bestand an Immobilienanlagen. Den Ausgangspunkt für den Anlageentscheidungsprozess bildet in diesem Fall die Analyse des vorhandenen Immobilienportfolios. I.d.R. weicht das Zielportfolio von der Zusammensetzung bestehender Immobilienportfolios ab, sodass Umstrukturierungen erforderlich werden. Diese lassen sich insbesondere bei direkten Immobilienanlagen nur mittel- bis langfristig umsetzen. Das Zielportfolio hat daher den Charakter einer langfristigen, strategischen Zielvorgabe. Die Analyse eines vorhandenen Bestandes definiert somit zum einen den Ausgangspunkt für die Maßnahmenplanung im Rahmen der taktischen Portfolioplanung und zum anderen die Basis für das operative Risikomanagement auf Objekt- und Portfolio-Ebene. Die aus dieser Bottom-Up-Analyse gewonnenen Erkenntnisse fließen wiederum in die strategische Portfolioplanung und daraus abgeleitet top-down in die Maßnahmenplanung auf Einzelobjektebene ein (vgl. Abbildung 169).

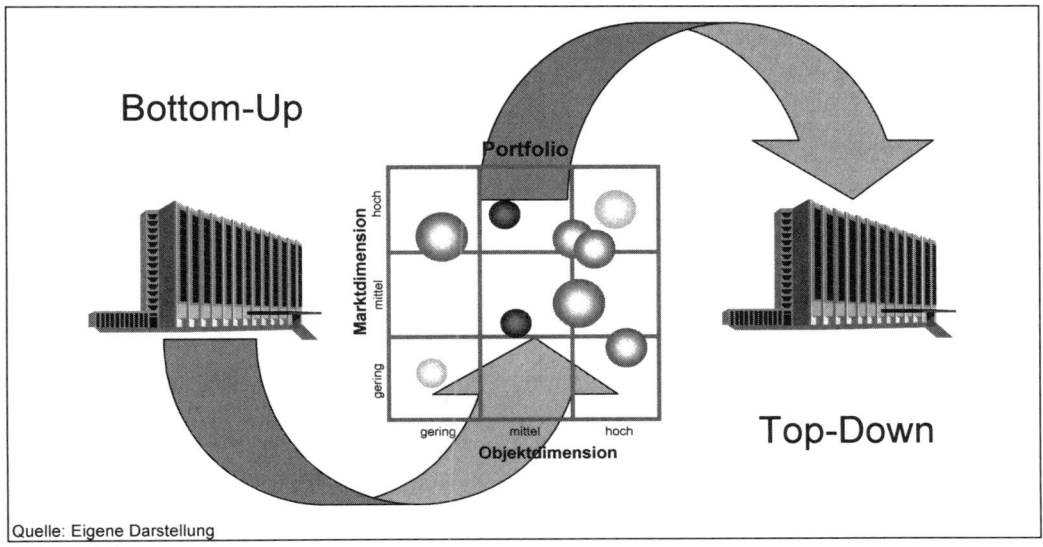

Quelle: Eigene Darstellung

Abbildung 169: Bottom-Up-Analyse vs. Top-Down-Planung

Auf die Methoden der Bestandsanalyse wird in der Darstellung der Steuerung von Immobilienportfolios in Punkt 6.1.3.1 detailliert eingegangen. Zunächst soll auf die Analyse der Anlageziele des Investors, die Abgrenzung des Immobilien-Anlageuniversums und die Auswahl der Portfoliostrategie eingegangen werden.

6.1.2.3   Suchphase

6.1.2.3.1 Analyse der Anlageziele des Investors

Die Grundlage für die Planung des Kapitalanlagenportfolios auf der Investment-Ebene bilden die **Anlageziele** des Investors. Neben den für alle Anlageklassen gültigen übergeordneten Anlagezielen sind spezifische Ziele für die einzelnen Anlageklassen zu definieren. Im Sinne einer Top-Down-Vorgehensweise ist daher zu Beginn des Planungsprozesses für das Immobilienportfolio das Zielsystem des Investors hinsichtlich der Immobilienanlage zu bestimmen. Der erste Schritt besteht hierbei in der Auswahl und Hierarchisierung der relevanten Anlageziele. Dies soll hier am Beispiel von Versicherungsunternehmen verdeutlicht werden.

Institutionelle Investoren, zu denen insbesondere Versicherungsunternehmen zählen, sind hinsichtlich ihrer Anlageziele i.d.R. durch rechtliche Vorschriften gebunden. Diese Reglementierung begründet sich aus dem vom Gesetzgeber angestrebten Schutz des einzelnen Anlegers, der institutionellen Investoren gegen ein Rückzahlungsversprechen seine Gelder anvertraut, die dann von diesen kollektiv angelegt werden. Beispielsweise gibt für Versicherungsunternehmen das Versicherungsaufsichtsgesetz (VAG) allgemeine Kapitalanlagegrundsätze vor, die auch für Immobilienanlagen gelten. Die wesentlichen Anlageziele sind nach § 54 Abs. 1 VAG die Sicherheit und Rentabilität der Kapitalanlagen sowie die Gewährleistung der Liquidität des Versicherungsunternehmens und die angemessene Mischung und Streuung der Anlagen. Für die Mehrzahl der institutionellen Anlegergruppen dürften die Hauptziele für die Immobilienanlage die Sicherheit und die Rentabilität der Anlagen sein, die sich – wie in Abbildung 170 für Versicherungsunternehmen dargestellt – weiter differenzieren lassen.

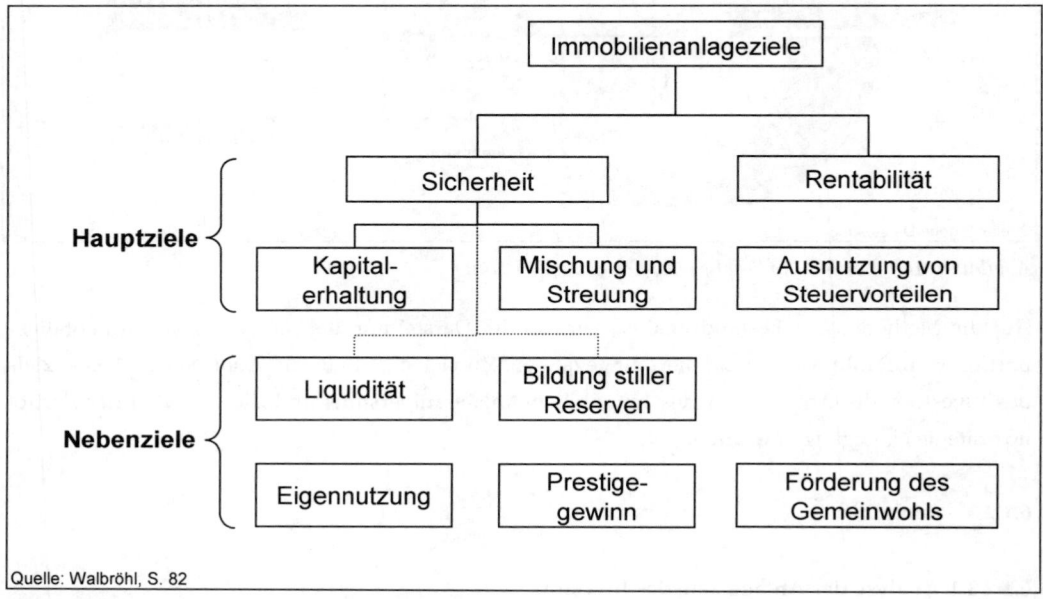

Abbildung 170: Hierarchie der Immobilienanlageziele

Die Anlageziele stehen teils in konkurrierender Beziehung, sodass eine simultane Maximierung bzw. Minimierung der Zielerreichung nicht möglich ist. So kann bei der Maximierung des Rentabilitätsziels nicht gleichzeitig auch das Sicherheitsziel maximiert werden, da i.d.R. eine höhere Anlagenrendite mit einem höheren Risiko, d.h. einem geringeren Sicherheitsniveau der Anlagen einhergeht. Der Investor ist daher gefordert, seine Anlageziele in eine Rangfolge zu bringen und Randbedingungen für Nebenziele zu definieren, durch die zum Beispiel die Einhaltung von bestimmten Mindesterreichungsgraden für nachrangige Ziele gewährleistet wird.

Für die relevanten Anlageziele des Investors sind im nächsten Schritt Messgrößen zu definieren mit denen sich der Zielerreichungsgrad quantifizieren lässt (z.B. Rendite- oder Risikokennzahlen). Darüber hinaus sind zum späteren Soll-Ist-Vergleich Vorgaben für den angestrebten Zielerreichungsgrad (z.B. durch die Definition von geforderten Mindestrenditen) festzulegen.

Wie bereits bei der Definition des Real Estate Investment Managements dargestellt, unterscheiden sich die relevanten Renditekenngrößen in Abhängigkeit von der Betrachtungsebene. Interessiert sich der Investor auf der Investment-Ebene für die Rendite des Immobilienportfolios, die ihm nach Abzug von Steuern, Finanzierungs- und Portfoliomanagementkosten verbleibt, so stehen bei der Planung und Steuerung des Immobilienbestandes auf der Portfolio-Ebene die Portfoliorendite vor Steuern sowie Finanzierungs- und Portfoliomanagementkosten im Mittelpunkt. Die Portfoliorendite ergibt sich aus der wertgewichteten Summe der Renditen der einzelnen Immobilienanlagen im Portfolio.

Auch wenn sich die Definitionen der Renditegrößen im Einzelfall unterscheiden können, so sind dennoch aus Sicht der Portfolioplanung folgende Mindestanforderungen bei der Konzeption von **Renditekennzahlen** zu erfüllen:

- Abbildung aller Erfolgskomponenten der Immobilienanlage in der Renditekennzahl (laufende Erfolgsgrößen, Wertänderungen sowie Realisationserfolge),

- Methodische Anlehnung an die Renditeermittlung anderer Anlageklassen zur Sicherstellung der Vergleichbarkeit,

- Periodenbezogene Darstellung des Anlageerfolgs (z.B. in Form von Jahresrenditen),

- Regelmäßige Renditeermittlung nach einheitlichem Schema,

- Verwendung von Prognosewerten und Marktdaten als erforderlicher Input für die Portfolioplanung.

Die Definition von Messgrößen für die Risikokomponente erweist sich im Vergleich zu der von Renditekennzahlen als ungleich schwieriger. In der Praxis des Immobilien-Portfoliomanagements finden derzeit vor allem zwei Ansätze zur **Risikomessung** Anwendung. Zum Ersten sind dies qualitative Methoden wie zum Beispiel Scoring-Modelle (auch: Punktbewertungsverfahren), bei denen Immobilienanlagen nach verschiedenen Kriterien auf Punkte-Skalen individuell bewertet werden (vgl. auch Punkt 6.1.3.1.3). Die Schwierigkeit dieser Vorgehensweise besteht vor allem in der Auswahl und Gewichtung der verwendeten Bewertungskriterien, der zeitlichen und inhaltlichen Konsistenz der Bewertung und der unterschiedlichen Interpretierbarkeit der Ergebnisse. Zum Zweiten werden für die Risikobestimmung von Immobilienanlagen statistische Kenngrößen herangezogen. Zu diesen zählt insbesondere die Standardabweichung der Renditen, welche die durchschnittliche absolute Abweichung der Renditen von ihrem Mittelwert beschreibt. Die Schwierigkeit bei der praktischen Verwendung statistischer Kennzahlen besteht vor allem in der unzureichenden Verfügbarkeit der erforderlichen Datenmengen, insbesondere wenn für die Portfolioplanung die erwartete Standardabweichung der Renditen prognostiziert werden soll. Hierbei kann auf historische Datenreihen zurückgegriffen werden, die jedoch häufig nur in begrenztem Umfang vorliegen und nicht unbedingt auch zukünftige Entwicklungen widerspiegeln.

6.1.2.3.2 Spektrum der Handlungsalternativen

Nach der Analyse des Zielsystems des Investors ist das Spektrum der Handlungsalternativen zu untersuchen. Mit der Entscheidung für Immobilienanlagen in der anlageklassenübergreifenden Planung des Kapitalanlagenportfolios bestehen die Handlungsalternativen für den Investor in der Realisation unterschiedlich ausgestalteter Immobilienportfolios. Dabei existiert für jeden Entscheidungszeitpunkt eine unendliche Vielzahl an alternativen Portfoliozusammensetzungen, die hinsichtlich des Anteils der Immobilienanlagen am Gesamtportfolio (Immobilienquote) und der Zusammensetzung des Immobilienportfolios variieren. Beispielsweise reicht das Spektrum bezogen auf die Immobilienquote von der Nichteinbeziehung von Immobilien in das Kapitalanlagenportfolio (Unterlassungsalternative) bis zur ausschließlichen Anlage in Immobilien.

Um das Feld der möglichen Handlungsalternativen einzugrenzen, ist das für den Investor relevante **Anlageuniversum** für Immobilienanlagen zu definieren, d.h., es sind unter anderem die Formen der Immobilienanlage zu bestimmen, aus denen sich das zieloptimale Immobilienportfolio zusammensetzen kann. Die wesentlichen Grundformen der Immobilienanlage für institutionelle Investoren in Deutschland sind in Abbildung 171 zusammengefasst.

Die Grundformen lassen sich nach organisatorischen Gesichtspunkten anhand der Anlegerstruktur in Einzel- und Kollektivanlagen und nach der Ausgestaltung des Immobilien-Anlagemanagements in fremd- und eigenverwaltete Anlagen unterteilen. Die Anlageformen lassen sich weiterhin in Bezug auf ihre Fungibilität, d.h. hinsichtlich ihrer Eignung zur Rückverwandlung in liquide Mittel, differenzieren. Dabei weisen die Direktanlage, also der unmittelbare Grundstückserwerb durch einen Investor, und die Beteiligungen an Grundstücksgesellschaften, zu denen beispielsweise Anteile an geschlossenen Fonds zählen, die vergleichsweise geringste Fungibilität auf. Anteile an Grundstücks-Sondervermögen bezeichnen Beteiligungen an Immobilienfonds, die (bei bestehenden Fonds wahlweise noch bis zum 01.01.2006) dem deutschen Gesetz über Kapitalanlagegesellschaften (KAGG) bzw. seit dem 01.01.2004 dem Gesetz zur Modernisierung des Investmentwesens und zur Besteuerung von Investmentvermögen (Investmentmodernisierungsgesetz InvestmentG) unterliegen. Hierzu zählen neben den offenen Publikumsfonds insbesondere die von institutionellen Investoren favorisierten Immobilien-Spezialfonds (im InvestmentG: Spezial-Sondervermögen), die in den vergangenen Jahren ein rasantes Wachstum erfuhren (vgl. Kandlbinder/Entzian).

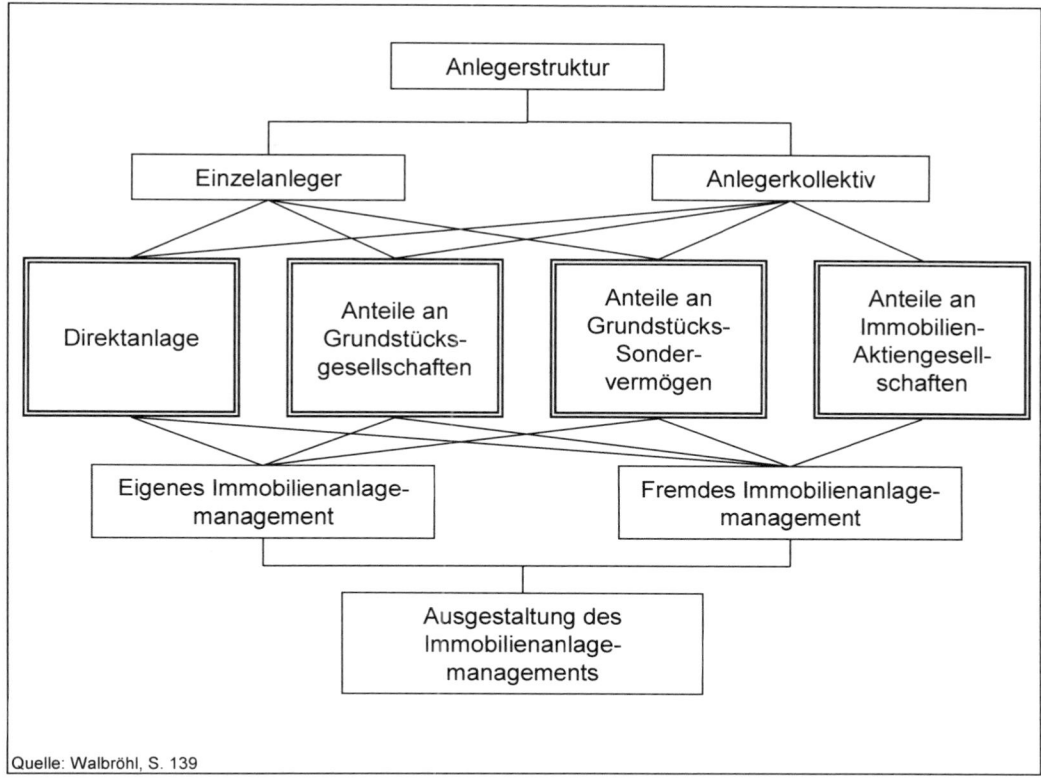

Abbildung 171: Grundformen der Immobilienanlage

6.1.2.3.3 Anlagerestriktionen

Nach der Analyse der Handlungsalternativen ist im nächsten Prozessschritt zu klären, welchen Restriktionen die Immobilienanlage unterliegt. Auf diese Weise lässt sich die Menge der Handlungsalternativen vorab um diejenigen reduzieren, die nicht realisierbar oder seitens des Investors unerwünscht sind. Beschränkungen der Immobilienanlage können einerseits aus externen Vorgaben erwachsen, die keinem direkten Einfluss des Investors unterliegen. Hierzu zählen unter anderem rechtliche Vorschriften, die Konstitution der Immobilienmärkte oder politische Einwirkungen auf die Kapitalanlagetätigkeit der Unternehmen. Daneben existieren unternehmensinterne Restriktionen, die sich aus den spezifischen Charakteristika der Unternehmen, wie zum Beispiel dem Kapitalanlagevolumen und der Verfügbarkeit von immobilienspezifischem Know-how, ergeben (vgl. Abbildung 172).

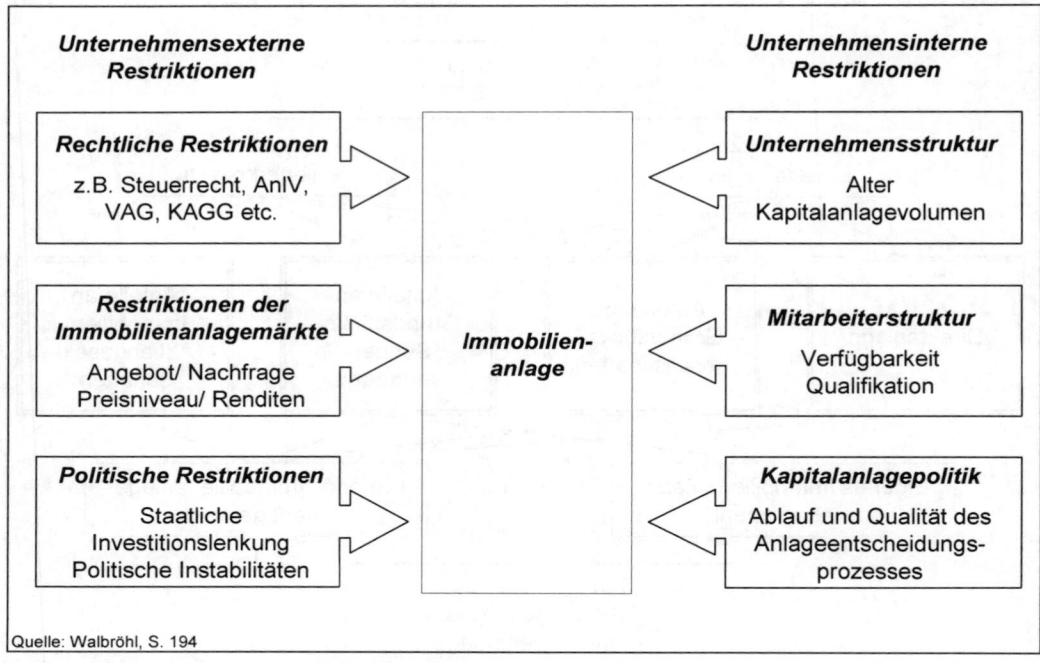

Quelle: Walbröhl, S. 194

Abbildung 172: Restriktionen für die Immobilienanlage

Externe Restriktionen aus rechtlichen Vorschriften sind insbesondere für institutionelle Investoren von Relevanz. Für deutsche Versicherungsunternehmen wird das Anlagespektrum durch die Vorschriften der Anlageverodnung (AnlV) eingegrenzt, nach der sich lediglich Direktanlagen, Beteiligungen an Grundstücksgesellschaften mit nicht mehr als drei Grundstücken und Beteiligungen an Grundstücks-Sondervermögen als mögliche Immobilienanlagen qualifizieren.

Für die Frage, in welcher Form die Immobilienanlage erfolgen sollte, erweisen sich das jährliche Immobilienanlagevolumen, die Größe des vorhandenen Immobilienbestandes und die Qualität des Portfoliomanagements als wichtige unternehmensinterne Restriktionen. Ausgehend von unterschiedlichen Ausprägungen dieser Faktoren lassen sich Normstrategien für die geeignete Form der Immobilienanlage ableiten.

Die in Abbildung 173 dargestellte Strategiematrix ist als ein grobes Raster zu verstehen, welches die Auswahl geeigneter Anlageformen erleichtert. Den Empfehlungen liegt zugrunde, dass Direktanlagenportfolios hinsichtlich der Selektion geeigneter Anlagen und deren Management die größten Anforderungen an das Immobilien-Know-how im Unternehmen stellen und der Aufbau eines unter Risikogesichtspunkten diversifizierten Portfolios ein größeres Anlagevolumen bedingt. Beteiligungen an Grundstücksgesellschaften und Anteile an Spezialfonds ermöglichen auch Investoren mit geringeren Anlagevolumina die Umsetzung von Diversifizierungsstrategien, erfordern allerdings trotzdem vom Anleger internes Know-how für die Steuerung und Kontrolle der externen Dienstleister. Immobilienaktien oder Anteile an offenen Immobilien-Publikumsfonds eignen sich besonders für institutionelle Investoren, wie zum Beispiel kleinere Pensionskassen, die Immobilienanlagen zur Diversifizierung ihrer Kapitalanlagen halten möchten, aber weder über das interne immobilienspezifische Know-how noch über große Anlagevolumina verfügen. Die Übersicht zeigt auch, dass bei Fehlen entsprechenden Immobilien-Know-hows auch der Ausstieg aus Immobilienanlagen eine sinnvolle Strategie sein kann.

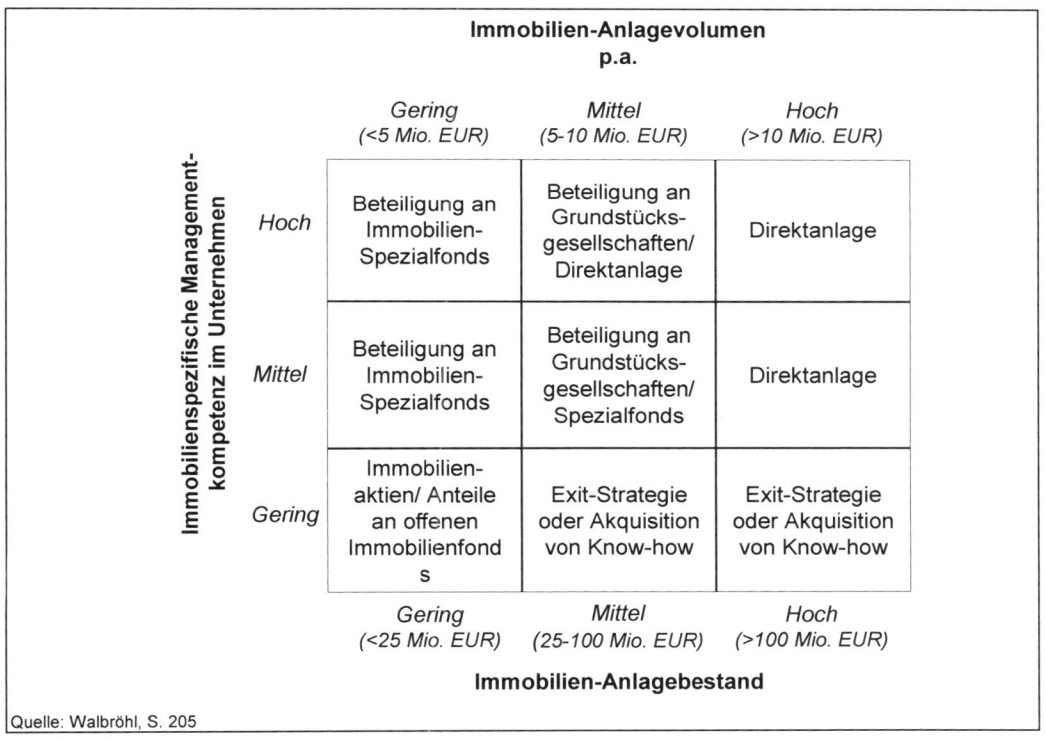

Abbildung 173: Normstrategien für die Immobilienanlage

6.1.2.4   Auswahlphase

6.1.2.4.1 Formulierung der Anlagepolitik

In der Auswahlphase ist auf Basis von vorher festgelegten Entscheidungsregeln aus den verbleibenden Anlagealternativen diejenige auszuwählen, welche die Anlageziele des Investors optimal erfüllt. Ausgehend von den Zielen der Immobilienanlage ist zu untersuchen, mit welchem Maßstab sich die Handlungsalternativen hinsichtlich ihres Zielerreichungsgrades beurteilen lassen und wie die Auswahl der zieloptimalen Alternative methodisch erfolgen kann.

An das Bewertungs- und Auswahlkriterium für die Anlagepolitik bzw. Portfoliostrategie sind folgende Anforderungen zu stellen:

- Analyse der Handlungsalternativen anhand der gewählten Zielkriterien und der definierten Zielvorgaben,

- Vergleichbarkeit der Auswahlmethodik mit der Vorgehensweise bei anderen Anlageklassen, jedoch unter Berücksichtigung der Besonderheiten von Immobilienanlagen,

- Eindeutige Bestimmung der zieloptimalen Portfoliostruktur,

- Entsprechung des Beurteilungskriteriums und der verfolgten Anlagepolitik (aktive versus passive Anlagepolitik).

Idealtypisch sollte die Bestimmung des optimalen Immobilienanteils am Gesamtportfolio und die Festlegung der optimalen Struktur des Immobilienportfolios, zum Beispiel unter dem Aspekt der regionalen und sektoralen Streuung der Immobilienanlagen, simultan erfolgen. Aufgrund der Komplexität des Entscheidungsproblems lässt sich dies praktisch nur schwer umsetzen. Es empfiehlt sich daher eine zweistufige Vorgehensweise, bei der zunächst die Immobilienquote und dann die Struktur des Immobilienportfolios bestimmt wird bzw. vice versa. Dabei darf jedoch nicht übersehen werden, dass die Optimierungsprozesse auf der Investment-Ebene und auf der Ebene des Immobilienportfolios interdependent sind. So hängt die Gewichtung der Immobilienanlagen am Gesamtportfolio von den Rendite-Risiko-Eigenschaften des Immobilienportfolios ab, welche wiederum von den Rendite-Risiko-Eigenschaften der im Portfolio zusammengefassten Immobilienanlagen bestimmt werden. Umgekehrt hat auch die Entscheidung über den wertmäßigen Anteil der Immobilienanlagen am Gesamtportfolio und das damit verbundene Anlagevolumen Rückwirkungen auf die Zusammensetzung des Immobilienportfolios, insbesondere die geeignete Form der Immobilienanlagen (vgl. Abbildung 173).

Im Hinblick auf die Strukturierung von Immobilienportfolios stehen in Abhängigkeit von der verfolgten Anlagepolitik unterschiedliche Methoden der Portfolioplanung zur Verfügung (vgl. Abbildung 174).

Charakteristisch für die Anlagepolitik deutscher institutioneller Investoren war in der Vergangenheit eine hauptsächlich renditeorientierte, opportunistische Vorgehensweise bei der Auswahl und Beurteilung von Akquisitionen im Sinne einer aktiven Suche nach den „Best Deals" im Markt. Gleichzeitig wurde mit passivem Bestandsmanagement eine Buy-and-Hold-Strategie verfolgt, die durch sehr lange Haltedauern und geringe Umstrukturierungen im Bestand geprägt war. Erst in den letzten Jahren ist bei deutschen institutionellen Investoren das Bewusstsein gewachsen, dass

Immobilienportfolios zur Optimierung der Performance auch ein aktives Bestandsmanagement erfordern.

Methoden / Anlagepolitik	Traditionell	Modern
Aktiv	Best-Deal	Portfolio-Selektions-Theorie
Passiv	Naive Diversifikation	Indexing

Quelle: Lottenbach, S. 70

Abbildung 174: Methoden der Portfolioplanung

6.1.2.4.2 Diversifikationsstrategien

Diversifikationsstrategien für Immobilienanlagen können sich auf das Angebot bestehender Produkte in neuen Märkten (**vertikale Diversifikation**) oder die Entwicklung neuer Produkte in bestehenden (**horizontale Diversifikation**) oder neuen Märkten (**laterale Diversifikation**) beziehen. Neben der Erschließung neuer Erfolgspotenziale dient Diversifikation vor allem der Risikostreuung innerhalb eines Portfolios. Diese kann gemäß Abbildung 175 sowohl über den Bestand insgesamt als auch innerhalb von einzelnen Objekten erfolgen. Im Vordergrund stehen bei Diversifikationsstrategien allerdings meist die regionale Streuung des Bestands nach Makrostandorten und die sektorale Streuung nach Immobilientypen und Nutzungsarten. Durch Diversifikation können unsystematische Risiken innerhalb eines Portfolios theoretisch vollständig ausgeglichen und rendite-risiko-effiziente Portfolios gebildet werden. Dies ist zentraler Bestandteil der Portfolio-Selektions-Theorie von Markowitz, die neben anderen Methoden der Portfolioplanung im folgenden Punkt 6.1.2.4.3 vorgestellt wird. Beispiele für unsystematische Risiken im Immobilienbereich sind Altlasten-, Bausubstanz-, Standort-, Umwelt-, Ertrags-, Verwertungs- und Kapitalstrukturrisiko. Zu den systematischen Risiken können (auf nationaler Ebene) zum Beispiel Beschäftigungs-, Inflations-, Konjunktur-, Kapitalmarkt-, Währungs-, Politisches, Rechtliches und Steuerliches Risiko zählen. Ein aktives Risikomanagement sollte sich jedoch nicht nur darauf beschränken, Risiken zu eliminieren, sondern möglichst auch die darin verborgenen Erfolgspotenziale (Chancen) systematisch erkennen und nutzen. Mit der gif-Empfehlung zur Analyse von Immobilienrisiken (EAI) steht Investoren ein detaillierter Fragenkatalog zur Verfügung, der eine systematische Identifizierung von Immobilienrisiken in jeder Phase des Immobilien-Lebenszyklus ermöglicht (vgl. gif 2001).

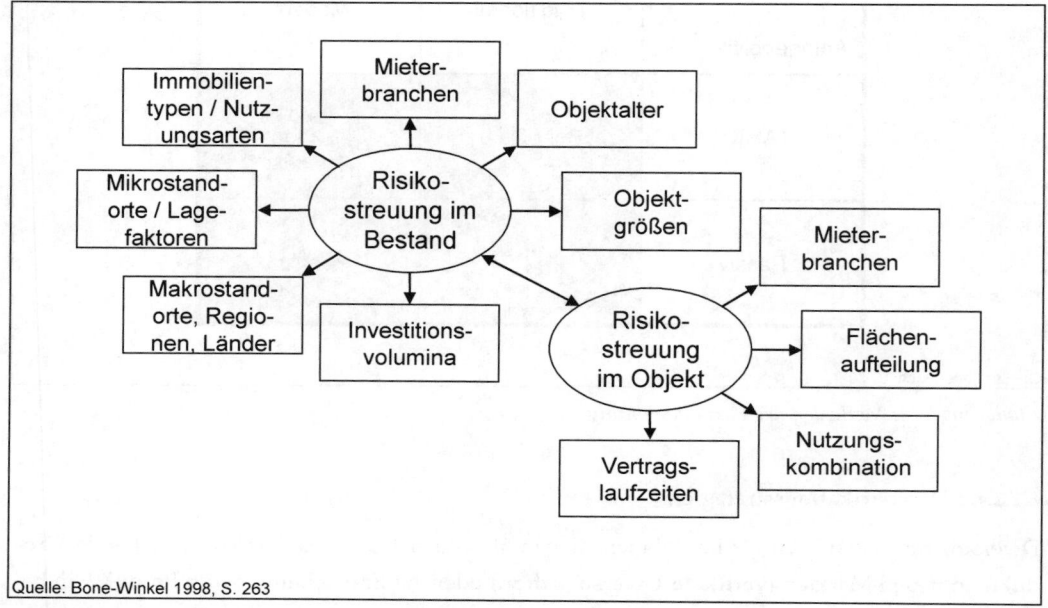

Quelle: Bone-Winkel 1998, S. 263

Abbildung 175: Kriterien der Risikostreuung in Immobilienportfolios

6.1.2.4.3 Auswahl des optimalen Zielportfolios

Im Hinblick auf die oben definierten Anforderungen an ein Bewertungs- und Auswahlkriterium für die Portfoliostrategie weisen die traditionellen **Methoden der Portfolioplanung** gravierende Mängel auf. Die **Best-Deal-Methode** orientiert sich bei der Strukturierung des Portfolios lediglich an der Rendite der einzelnen Anlagen, Aspekte der Risikostreuung hingegen werden gar nicht betrachtet. Auch lässt sich die bei dieser Vorgehensweise erforderliche häufige Umschichtung des Portfolios bei Immobilienanlagen nur unter Inkaufnahme hoher Transaktionskosten realisieren.

Bei der **Methode der naiven Diversifikation** steht der Risikoaspekt im Vordergrund. Durch die Zusammenstellung möglichst vieler Anlagen mit unterschiedlichen Rendite-Risiko-Profilen wird eine Diversifizierung, also eine Reduktion des Portfoliorisikos, angestrebt. Wie Abbildung 176 verdeutlicht, sinkt mit wachsender Zahl der im Portfolio vertretenen Anlagen das Portfoliorisiko, da sich die individuellen, unsystematischen Risiken der einzelnen Anlagen ausgleichen. Das Portfoliorisiko lässt sich durch Diversifizierung jedoch nicht völlig eliminieren; es verbleibt die systematische Risikokomponente, die auf alle Anlagen gleichermaßen einwirkt und sich daher nicht durch eine zusätzliche Streuung der Anlagen reduzieren lässt. Das systematische Risiko wird statistisch durch die Kovarianz bzw. den Korrelationskoeffizienten der Anlagenrenditen gemessen.

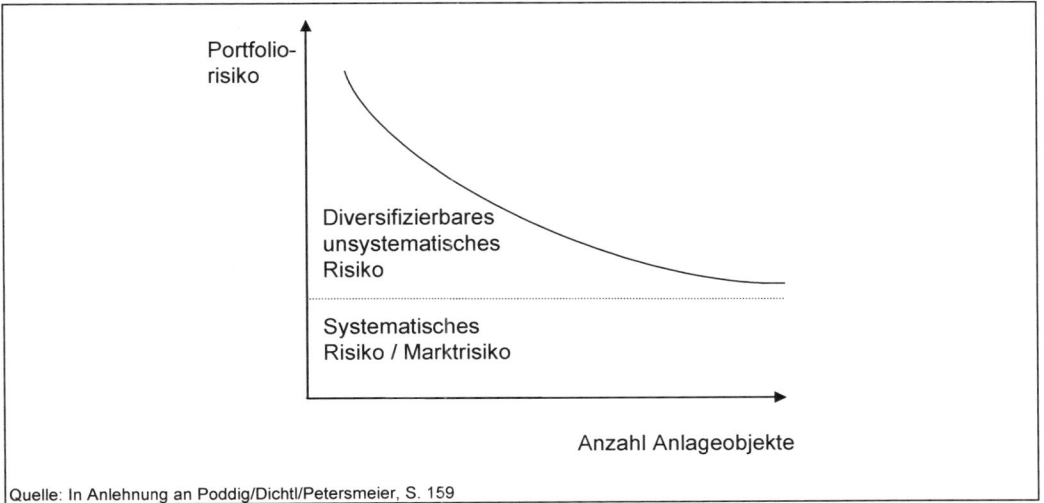

Quelle: In Anlehnung an Poddig/Dichtl/Petersmeier, S. 159

Abbildung 176: Naive Diversifikation

Die naive Diversifikation nutzt intuitiv die positiven Effekte der Diversifizierung, ohne jedoch die Risiken systematisch zu analysieren. Bei der praktischen Anwendung der naiven Diversifikation auf Immobilienportfolios erweisen sich die hohen Kapitalbeträge, die durch die geringe Teilbarkeit der meisten Immobilienanlageformen bedingt sind, als größtes Hindernis für den Aufbau eines diversifizierten Portfolios.

In Bezug auf die modernen Methoden der Portfolioplanung wird mit einer so genannten **Indexing-Strategie** (Index Tracking) eine passive Anlagestrategie verfolgt, die im Wesentlichen in der strukturellen Nachbildung eines Marktindexes in der eigenen Portfoliostruktur besteht (vgl. z.B. Poddig/Dichtl/Petersmeier, S. 501). Mit dem Deutschen Immobilien Index (DIX) ist ein wesentlicher Schritt zur Lösung des Datenproblems getan. Bei der praktischen Umsetzung einer Indexing-Strategie, insbesondere bei Immobiliendirektanlagen, dürften der erforderliche Kapitalaufwand sowie die Inhomogenität und die mangelnde Teilbarkeit der Immobilienanlagen die wichtigsten Hindernisse für eine exakte Nachbildung des Indexportfolios darstellen. Die theoretische Möglichkeit eines synthetischen Markteinstieges mittels Index-Derivaten ist momentan in Deutschland nicht geboten, da noch kein Index die Funktion des Basisobjektes erfüllen kann (vgl. Gerhard, S. 234ff.)

Unter den derzeitigen Rahmenbedingungen scheint die **Portfolio-Selektions-Theorie** (vgl. Markowitz 1952 und Markowitz 1959), die bei der Strukturierung von Aktienportfolios bereits seit Jahrzehnten Anwendung findet, der vielversprechendste Ansatz zur strategischen Portfolioplanung zu sein. Jedoch stellt sich die Übertragung dieses Ansatzes auf die Anlageklasse Immobilien mit ihren Besonderheiten aus wissenschaftlicher Sicht problematisch dar, da Immobilienanlagen die strengen Annahmen der Theorie, zum Beispiel die Nicht-Existenz von Transaktionskosten und die unbegrenzte Teilbarkeit der Anlagen, nicht oder nur teilweise erfüllen. Darüber hinaus erschweren die immer noch unzureichende Menge und häufig auch die Qualität von Immobiliendaten die praktische Umsetzung der Theorie in Deutschland. Dennoch gibt es hierzu bereits praktische Ansätze.

Zahlreiche empirische Untersuchungen, vorrangig aus dem angelsächsischen Raum, belegen auf portfoliotheoretischer Basis, dass die Integration von Immobilienanlagen in gemischte Portfolios mit Aktien und Renten zu positiven Diversifikationseffekten führt. Diese zeigen sich darin, dass Kapitalanlagenportfolios mit einem Anteil Immobilienanlagen bei gleichem Risikoniveau eine höhere Rendite bzw. bei gleichem Renditeniveau ein geringeres Risiko als reine Aktien-Renten-Portfolios aufweisen (vgl. z.B. Mueller/Mueller; für einen aktuellen Literaturüberblick siehe Sirmans/Worzala).

Die Überprüfung der Diversifikationseffekte erfolgt in den empirischen Studien meist durch den Vergleich der so genannten **Efficient Frontiers** von Aktien- und Rentenportfolios mit denen von Portfolios, die zusätzlich auch Immobilienanlagen enthalten. Jeder Punkt auf der Efficient Frontier, die sich graphisch als Kurve abbilden lässt, repräsentiert eine rendite-risiko-effiziente Portfoliostruktur. Effizient bedeutet in diesem Zusammenhang, dass durch Veränderung der Gewichtungen der Anlageklassen in den Portfolios bei gleichem Risiko keine höhere Rendite erzielt bzw. bei gleicher Rendite das Risiko nicht weiter verringert werden kann. Das Risiko des Portfolios entspricht dabei der Standardabweichung (σ_P) der Portfoliorendite (r_P). Letztere wird als gewichteter Durchschnitt aus den Renditen der einzelnen im Portfolio vertretenen Anlagen ermittelt. Bei der Risikobestimmung des Portfolios spielt neben den individuellen Risiken der einzelnen Anlagen das aus dem Zusammenspiel der Anlagen resultierende Risiko eine wesentliche Rolle (Diversifikationseffekt). Der Zusammenhang zwischen den Renditeverläufen der einzelnen Anlagen wird durch die Kovarianzen bzw. die Korrelationskoeffizienten gemessen. Eine negative Korrelation der Einzelrenditen, d.h. eine gegenläufige Entwicklung im Sinne einer „Je- mehr-desto-weniger"-Beziehung, bewirkt auf der Portfolio-Ebene eine Reduzierung des Risikos. Die Handlungsempfehlung der Portfolio-Selektions-Theorie lautet demnach, in sehr vereinfachter Form, möglichst negativ korrelierte Anlagen in einem Portfolio zu kombinieren.

Diese Vorgehensweise zur Ermittlung der effizienten Portfolios lässt sich sowohl auf der Invest-ment-Ebene zur Bestimmung der Immobilienquote am Gesamtanlagenportfolio als auch auf der

Portfolio-Ebene zur Definition der Struktur des Immobilienportfolios anwenden. Für die Optimierung der Gesamtanlagenstruktur sind als Eingabeparameter für das Modell die erwarteten Renditen sowie deren prognostizierte Standardabweichung für alle relevanten Anlageklassen erforderlich. Aus diesen Daten sind zunächst die Kovarianzen der Anlagenrenditen zu bestimmen, um dann die Berechnung der effizienten Portfolios durchzuführen. Jedes der effizienten Portfolios repräsentiert ein bestimmtes Rendite-Risiko-Profil und weist eine spezifische prozentuale Zusammensetzung aus den verschiedenen Anlageklassen auf. Aufgrund ihrer im Vergleich zu Aktien geringeren Renditen und Standardabweichungen sind Immobilienanlagen i.d.R. besonders in gemischten Portfolios mit geringem Risikograd prozentual stärker vertreten.

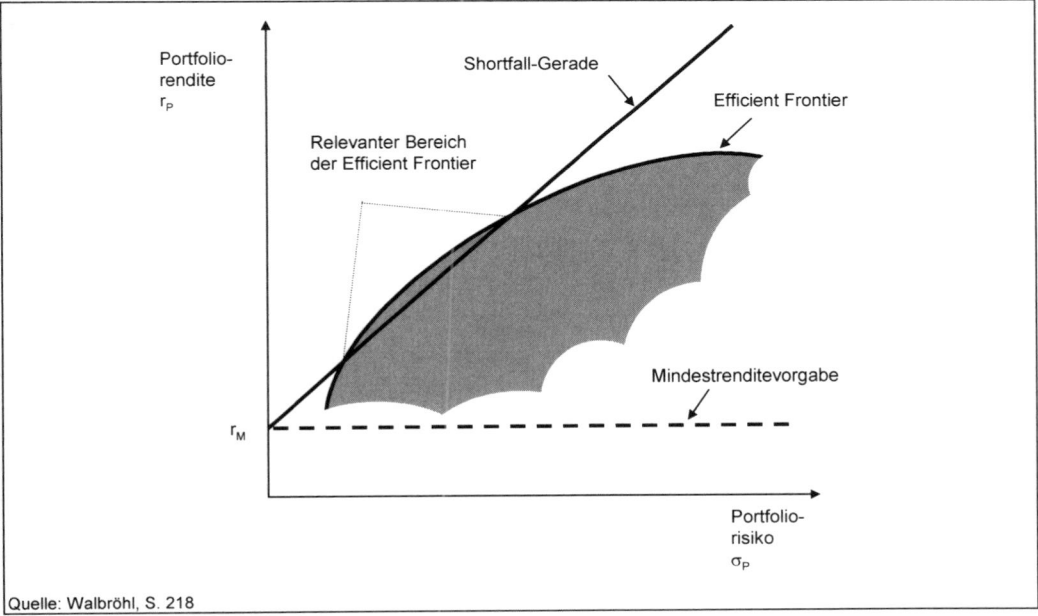

Quelle: Walbröhl, S. 218

Abbildung 177: Efficient Frontier mit Shortfall-Gerade

Nach der gleichen Methodik lassen sich effiziente Strukturen für Immobilienportfolios herleiten. Hierzu sind zunächst Cluster von Immobilienanlagen zu bilden, die in sich möglichst homogene Rendite-Risiko-Eigenschaften aufweisen sollten. Die Clusterung kann dabei nach verschiedenen Kriterien erfolgen, beispielsweise regional nach Immobilienstandorten, sektoral nach Nutzungsarten oder auch nach der Art der Anlageform. Für die gewählten Cluster sind analog zur oben erläuterten Vorgehensweise die Renditen und Standardabweichungen zu prognostizieren und als Modelleingaben zu verwenden. Diese Cluster werden bei der Vorstellung des hierarchischen Portfoliomodells in Abschnitt 6.1.3 als strategische Geschäftsfelder (SGF) bezeichnet.

Grundsätzlich besteht bei dem gezeigten Optimierungsmodell die Schwierigkeit, aus der Menge der effizienten Portfolios das für den Investor optimale Portfolio zu wählen. In der Portfolio-Selektions-Theorie werden zur Bestimmung des optimalen Portfolios Nutzenindifferenzkurven herangezogen, ein bestechendes theoretisches Konzept, dem in der praktischen Umsetzung allerdings die schwierige Festlegung von individuellen Zielfunktionen innewohnt (vgl. z.B. Poddig/Dichtl/Petersmeier, S. 675ff.). Die Menge der möglichen Lösungen kann reduziert werden, indem die relevanten Abschnitte der Efficient Frontier durch die Einführung von Nebenbedingungen eingeschränkt werden. Hierzu zählt beispielsweise die Definition von Mindestrenditen, die sich graphisch in Form von so genannten **Shortfall-Geraden** darstellen lassen (vgl. Abbildung 177). Besteht die Restriktion des Investors beispielsweise in der Erreichung einer Mindestrendite r_M, dann lässt sich die Nebenbedingung und die daraus abgeleitete Geradengleichung wie folgt formulieren:

$$r_P - \sigma_P \geq r_M \quad \text{bzw.} \quad r_P \geq r_M + \sigma_P$$

$$\text{Shortfall} - \text{Gerade}: \quad r_P = r_M + \sigma_P$$

Mit: r_P = Erwartete Rendite des Portfolios P

σ_P = Standardabweichung der Renditen des Portfolios P

r_M = Geforderte Mindestrendite

Durch die Einführung der Shortfall-Geraden reduziert sich der für den Anleger relevante Bereich der Efficient Fontier auf diejenigen Portfolios, welche die Mindestrenditeanforderung unter Vorgabe einer tolerierten Ausfallwahrscheinlichkeit erfüllen. Letztere wird in der Gleichung durch die Standardabweichung ausgedrückt.

Die verbleibenden effizienten Portfolios sind dann unter dem Aspekt der Streuung, der Umsetzbarkeit und der zeitlichen Gültigkeit zu prüfen, um schließlich die für den Investor optimale Portfoliolösung zu wählen. Das Ergebnis der strategischen Portfoliooptimierung ist somit die Definition eines optimalen Zielportfolios, welches die anzustrebende Größe und Zusammensetzung des Immobilienportfolios vorgibt.

6.1.2.5   Zusammenfassung

Aus der Erläuterung der Planungsphase wird deutlich, dass es sich bei dem Prozess der Immobilienanlagentscheidung und der Bestimmung des zieloptimalen Immobilienportfolios (der Portfoliostrategie) nicht um eine einzelne Entscheidung, sondern um ein komplexes Konglomerat von Einzelentscheidungen auf jeder Stufe des Prozesses handelt. Auch vollzieht sich der Prozess nicht einmalig, sondern ist aufgrund der vielfältigen Interdependenzen zwischen den Prozessphasen als ein sich wiederholender dynamischer Kreislauf zu verstehen. Zentrale Aufgabe der strategischen

Portfolioplanung ist die Definition einer zieloptimalen Soll-Struktur für das (Immobilien)-Portfolio, die einer Vielzahl teilweise konkurrierender Anlageziele genügen muss. Neben möglichen internen Restriktionen sind institutionelle Investoren in ihrer Anlagepolitik zum Teil rechtlichen Bestimmungen (insbesondere durch KAGG bzw. InvestmentG, AnlV und VAG) unterworfen, aus denen sich Beschränkungen des jeweiligen Anlageuniversums für Immobilienanlagen ergeben können. Bei der Festlegung der Zielportfoliostruktur sollten nicht alleine Renditegesichtspunkte im Vordergrund stehen, sondern auch renditewirksame Risiken und Chancen der Anlagecluster berücksichtigt werden. Unsystematische Risiken können im Portfolio durch Diversifikation verringert werden. Unter den Methoden der Portfolioplanung erscheint die Portfolio-Selektions-Theorie nach Markowitz trotz methodischer Schwierigkeiten zurzeit als der vielversprechendste Ansatz zur Gestaltung rendite-risiko-effizienter Portfolios auch im Immobilienbereich. Grundlage für Anlageentscheidungen ist bei Bestandsportfolios die Ist-Analyse des vorhandenen Immobilienbestandes, der sich in den Kernbestand, den Managementbestand und den Handelsbestand untergliedern lässt (vgl. Punkt 6.1.3.1).

6.1.3 Steuerung von Immobilienportfolios

Die Steuerung von Immobilienportfolios basiert auf der Portfoliostrategie und der Ist-Analyse eines vorhandenen Immobilienbestandes. Zu den Kernaufgaben im Rahmen der Portfoliosteuerung gehören die taktische Maßnahmenplanung zur Realisierung der Zielportfoliostruktur und deren operative Umsetzung.

6.1.3.1 Ist-Analyse des vorhandenen Immobilienbestandes

Die Grundlage für die Maßnahmenplanung und -umsetzung (vgl. Punkte 6.1.3.2.1 und 6.1.3.2.2) bildet neben der Portfoliostrategie die Bestandsanalyse. Der vorhandene Immobilienbestand kann dabei in drei Kategorien unterteilt werden:

- Immobilienanlagen, die in die Struktur des Zielportfolios passen und die bereits ein optimiertes Rendite-Risiko-Profil aufweisen (**Kernbestand**),

- Immobilienanlagen, die in die Struktur des Zielportfolios passen, aber hinsichtlich der Performance noch Optimierungspotenzial aufweisen (**Managementbestand)**,

- Immobilienanlagen, die nicht in die Struktur des Zielportfolios passen (**Handelsbestand**).

Neben der Optimierung und Bereinigung bestehender Portfolios sind, abgeleitet aus der angestrebten Zielstruktur, auch die Anforderungen für Neuakquisitionen vorzugeben, die im operativen Portfoliomanagement umgesetzt werden. Die Ankaufsvorgaben können qualitativ sein, indem zum Beispiel eine Eingrenzung von sektoralen und regionalen Zielmärkten erfolgt, oder auch quantitativ, indem unter anderem das verfügbare Anlagevolumen, das optimale Investitionsvolumen der einzelnen Anlagen und Performancebenchmarks vorgegeben werden.

6.1.3.1.1 Anforderungen an die Bestandsanalyse

Die Analyse des Bestandes muss auf Basis eines nachvollziehbaren Merkmalkataloges erfolgen, an den folgende Anforderungen zu stellen sind:

- Auf Ebene der Immobilieninvestition muss sowohl die Immobilie als auch die jeweilige Marktsituation berücksichtigt werden. Eine Analyse, die sich nur auf die Immobilie selbst bezieht und die Marktdimension außer Acht lässt, kann bewirken, dass eine attraktive und rentable Immobilie in einem sich abschwächenden Markt nicht als Risiko für die Performance des Portfolios erkannt wird. Ebenso könnte eine Analyse, die die Immobilie nicht berücksichtigt, dazu führen, die Instandhaltungsrisiken einer Immobilie in einem attraktiven Markt zu verkennen.

- Neben quantitativen Informationen (Mieteinnahmen, Verkehrswert, etc.) müssen auch qualitative Merkmale (Drittverwendbarkeit, technische Ausstattung, etc.) Berücksichtigung finden. Eigentlich sollte davon ausgegangen werden, dass sich alle relevanten Merkmale eines Objektes über kurz oder lang im Cash Flow der Investition ausdrücken werden. D.h. zum Beispiel, dass bei mangelnder Drittverwendbarkeit nach Ablauf eines Mitvertrages die Anschlussvermietung nur zu geringeren Mieten oder im schlimmsten Fall gar nicht mehr vorgenommen werden kann. Die Ästhetik eines Gebäudes drückt sich möglicherweise in höheren Mieten oder leichterer Vermietbarkeit aus. Gleiches kann für die Errichtung eines Gebäudes unter Feng-Shui-Gesichtspunkten gelten. Dennoch ist es, wenn das Gebäude bereits langfristig vermietet ist, zu einem gegebenen Zeitpunkt schwierig, diese Merkmale in den prognostizierten Cash Flows der nächsten zehn Jahre abzubilden. Voraussetzung hierfür wäre die Ermittlung der Cash Flows als Erwartungswert pro Periode und daraus abgeleitet eine Erwartungswertrendite. Die hiermit verbundenen Probleme sind im Kapitel über Investitionsrechnung (5.4) dargestellt worden. Einfacher ist die Erfassung und Berücksichtigung dieser Merkmale in der Bestandsanalyse.

- Die in die Bestandsanalyse einfließenden Daten dürfen nicht allein auf der Vergangenheit beruhen, sondern müssen auch zukünftige Entwicklungen berücksichtigen. Immobilien-Portfoliomanagement ist zukunftsgerichtet. Aus der Analyse sollen Erkenntnisse gewonnen werden, mit deren Hilfe die strategische Ausrichtung des Portfolios für die kommenden Jahre bestimmt wird. Fließen nur vergangenheitsbezogene Daten in diese Analyse ein, so wird implizit die vergangene Entwicklung in die Zukunft fortgeschrieben. Die hohe Nachfrage nach Immobilien in den neuen Bundesländern in der ersten Hälfte der 90er Jahre wäre demnach auch 1995 als dauerhaft anzunehmen gewesen.

- Die Bestandsanalyse muss in einer Art und Weise durchgeführt werden, mit der sich sowohl die Stärken und Schwächen (Gegenwartsbezug) als auch künftige Chancen und Risiken des Bestandes erkennen lassen. Das Ergebnis der Analyse darf sich nicht auf die Zustandsbeschreibung einer Immobilie in ihrer jetzigen Form und ihrem jetzigen Markt beschränken, sondern muss Entwicklungsmöglichkeiten aufzeigen. So könnte eine auskömmliche Rendite in einer zentralen Fußgängerzone nochmals verbessert werden, indem der momentane Mieter aus seinem langlaufenden Vertrag ausgelöst und nach Anbau und Modernisierung ein neuer Vertrag mit größerer Fläche bei höherer Miete abgeschlossen wird. Umgekehrt könnte die starke Position eines Fachmarktzentrums durch den Bau eines neuen und größeren Zentrums mit günstigerer Verkehrsanbindung gefährdet sein. Wären in beiden Beispielen die aktuellen Stärken und Schwächen des Bestandes entscheidungsrelevant, erschienen möglicherweise keine Aktionen notwendig, obwohl in beiden Fällen Handlungsbedarf besteht.

- Der Prozess der Informationsgewinnung muss eine intersubjektive Vergleichbarkeit der Analysedaten sicherstellen. Wie bereits beschrieben, ist i.d.R. ein vorhandener Immobilienbestand Ausgangspunkt für das Portfoliomanagement. Ist der Bestand größer als zehn Objekte, wird bei der Datenerhebung i.d.R. mehr als eine Person eingebunden werden müssen. Ist der Datenerhebungsprozess dann nicht ausreichend strukturiert und standardisiert, sind die einzelnen Daten nicht mehr vergleichbar. Die Anbindung eines Gebäudes an den öffentlichen Personennahverkehr mag einem Mitarbeiter sehr gut erscheinen, während ein anderer sie als schlecht empfindet. Somit sind die Angaben der beiden Mitarbeiter nicht mehr vergleichbar und die abgeleiteten Strategien gegebenenfalls hinfällig.

- Die Analyse des Portfolios muss mit vertretbarem Aufwand periodisch wiederholt werden können. Eine einmalige Erhebung mag eine erhebliche Belastung der personellen Ressourcen des Immobilienbestandshalters rechtfertigen. Zur Strategieüberprüfung und -kontrolle ist es aber erforderlich, solche Erhebungen i.d.R. jährlich durchzuführen. Spätestens dann muss der Erhebungsprozess standardisiert und im Idealfall weitestgehend automatisiert aus den Bestandssystemen durchgeführt werden können.

6.1.3.1.2 Portfoliosegmentierung

Wichtige Voraussetzung für die Anwendung dieser Kriterien ist die Segmentierung des Bestandes in strategische Geschäftsfelder (SGF), die sich aus der Portfoliostrategie ergeben. Die Segmentierung des Bestands in SGF (Portfoliosegmentierung) ist notwendig für eine effiziente Steuerung des Gesamtportfolios, bei der unterschiedliche Tätigkeitsfelder getrennt analysierbar sind und gleichzeitig eine ganzheitliche Unternehmenssicht eingenommen werden kann. Als Segmentierungskriterien bieten sich allgemein die Dimensionen Region, Sektor und Eigentumsform an. Abbildung 178 zeigt beispielhaft mögliche Segmentierungskriterien. Ein strategisches Geschäftsfeld könnten beispielsweise Direktanlagen in Bürorandlagen im Rhein-Main-Gebiet sein. Jede der Dimensionen kann selbstverständlich weiter differenziert werden, zum Beispiel nach Investitionsvolumina, Flächengrößen, Baualtersklassen oder Ausstattungsmerkmalen (vgl. auch erneut Abbildung 175). Deutschland ließe sich in die verschiedenen Bürostandorte und diese wieder in ihre Sublagen untergliedern (Makro- und Mikrostandorte). Ziel bei der Bildung von SGF ist möglichst die Erreichung von Homogenität innerhalb der SGF und Heterogenität zwischen den SGF.

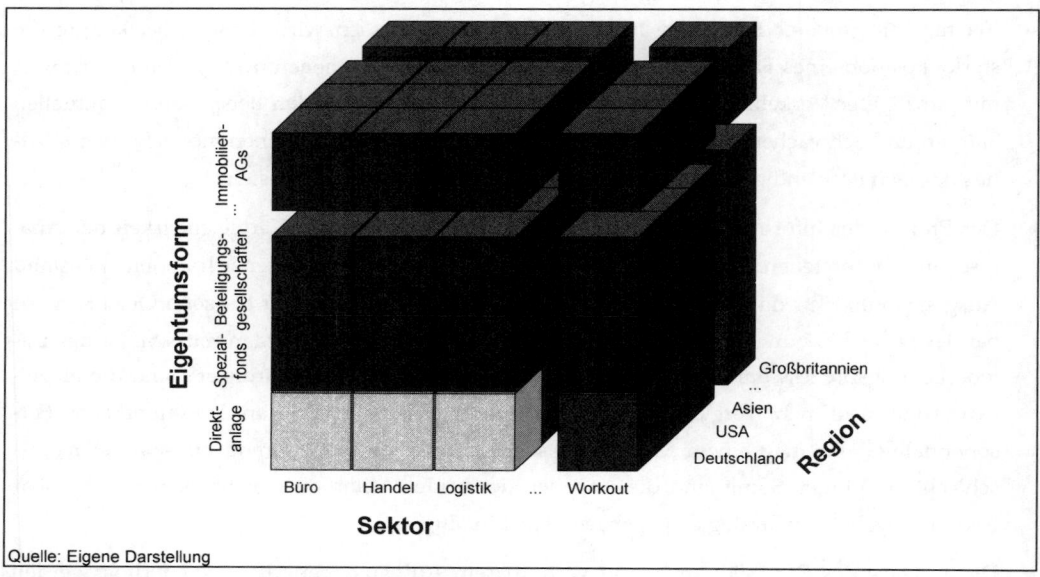

Quelle: Eigene Darstellung

Abbildung 178: Segmentierung eines Immobilienbestandes

6.1.3.1.3 Portfoliomodell

Der so in homogene SGF segmentierte Immobilienbestand wird anschließend mit Hilfe eines Analysemodells untersucht, das den eingangs aufgezeigten Anforderungen entspricht. Die Bestände in den einzelnen Segmenten werden mit einem Portfoliomodell bewertet, das die beiden Dimensionen Marktattraktivität und Wettbewerbsstärke unterscheidet. Die Objekte können damit in einer **Marktattraktivität/Wettbewerbsstärke-Matrix (MA/WS-Matrix)** dargestellt werden (vgl. Punkt 6.1.3.1.4). Das hierarchische Portfoliomodell basiert im Wesentlichen auf der Arbeit von Roventa und der Anpassung auf den Immobilienbereich durch Bone-Winkel (vgl. Roventa; Bone-Winkel 1994). Bei der Bewertung der beiden Dimensionen wird auf Scoring-Modelle (so genannte Punktbewertungsverfahren) zurückgegriffen. Wellner hat in einer Expertenbefragung insgesamt 16 Beurteilungskriterien und 86 Bewertungsfaktoren in den Dimensionen Marktattraktivität und Wettbewerbsstärke hinsichtlich ihrer Relevanz, Messbarkeit und Möglichkeit der Datengewinnung

bewerten lassen und daraus mit dem komponierenden Multiattributmodell nach Fishbein Ge-
wichtungsfaktoren abgeleitet. Somit existieren für diese Kriterien und Faktoren empirisch nach-
gewiesene Gewichte zum Einsatz in Scoring-Modellen, was die Objektivität und Vergleichbarkeit
von Analysen prinzipiell verbessert (vgl. Wellner, S. 191ff., S. 202; siehe auch unten).

Die Dimension **Marktattraktivität** misst im Wesentlichen Kriterien, die nicht dem Einfluss des
einzelnen Immobilieneigentümers unterworfen sind. Diese können nach Wellner wie in Abbildung 179 dargestellt in sieben Kriterien mit 33 Faktoren unterteilt werden.

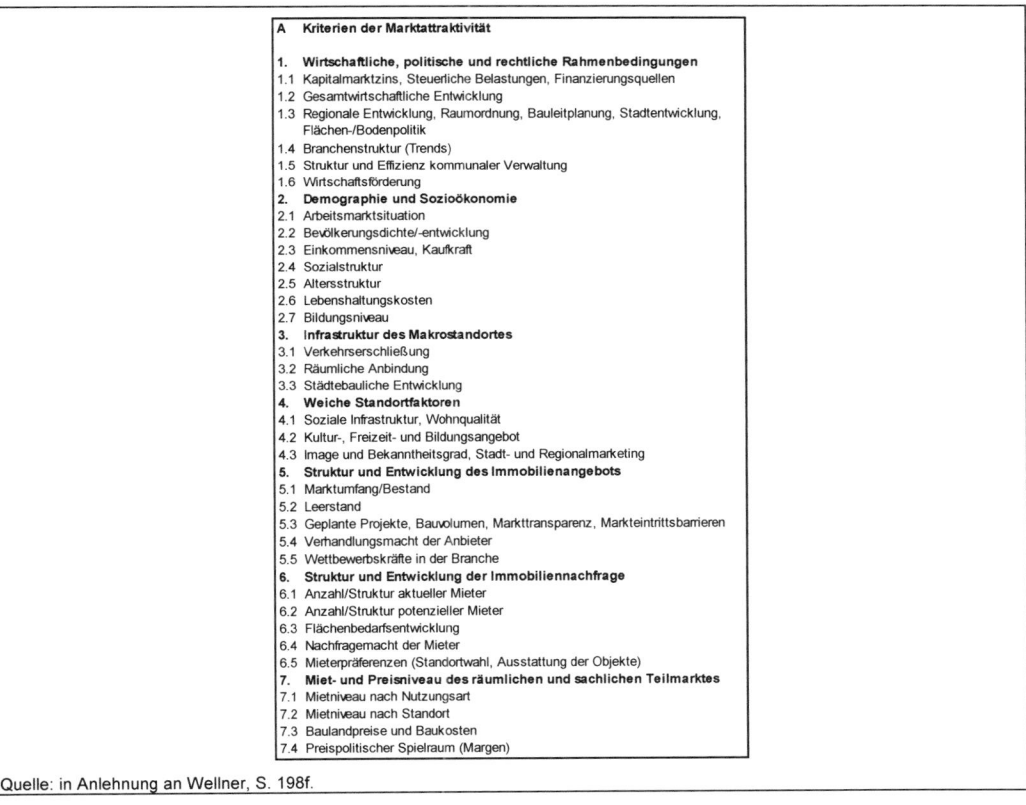

Quelle: in Anlehnung an Wellner, S. 198f.

Abbildung 179: Kriterien der Marktattraktivität

In Bezug auf die Dimension Marktattraktivität können von Dienstleistern erhobene Research-
Ergebnisse herangezogen werden. So bieten unter anderem die Bulwien AG, München, und die
Feri Research GmbH, Bad Homburg, Informationen über die Attraktivität von Immobilienmärkten
getrennt nach Sektoren an (vgl. Abbildung 180 am Beispiel Einzelhandel Bochum und Abbildung
181 am Beispiel Büros Randlage Hochtaunuskreis; vgl. ergänzend Punkt 5.1.4.4).

Beispiel Einzelhandel: BOCHUM					
	Bewertung	Punkte	Beispielindikatoren	Wert	Punkte
Vergangenheit:					
Nachhaltige Entwicklung	2b	49	Einwohnerentwicklung: Trend	-0,002	63
Volatilität	1a	85	Spitzenmiete: Volatilität	5,4 %	87
Aktuell:	2b	41	Länge 1a-Lage	950 m	33
Zukunft:					
kurzfristig	1b	58	Abweichung vom Mittel	9,0 %	81
mittelfristig	2b	65	Einzugsbereich	-0,4 %	45
Gesamtergebnis:	**2a**	**51**			© Bulwien AG 2002

Quelle: Bulwien AG

Abbildung 180: Standort Rating Einzelhandel

Die beiden Systeme sind Beispiele für Scoring-Modelle, mit denen quantitative und qualitative Merkmale von Immobilienmärkten operationalisiert werden können. Für Merkmalsausprägungen werden in Scoring-Modellen jeweils Punkte zum Beispiel auf einer Skala von null bis 100 vergeben, die mit unterschiedlichen Gewichtungen zusammen einen Gesamtscore für den jeweiligen Immobilienmarkt ergeben. Die Beurteilung von „weichen" qualitativen Scoringmerkmalen folgt dabei i.d.R. subjektiven Einschätzungen von Einzelpersonen, was die Vergleichbarkeit beeinträchtigen kann (vgl. auch unten). Problematisch bei vorhandenen Marktdatensystemen ist außerdem die Tatsache, dass Informationen gegenwärtig vorwiegend als aggregierte Durchschnittswerte für Großräume und nicht für einzelne Submärkte in den Großräumen vorliegen. So gibt es im Hochtaunuskreis sicherlich Bürolagen, die nicht unbedingt das von Feri Research GmbH für diese Region ermittelte niedrige Investitionsrisiko aufweisen. Als eine Ergänzung zu klassischen Standort-Ratings ermöglicht die Vermietungsdatenbank der DID Deutsche Immobilien Datenbank GmbH über ein integriertes Geographisches Informationssystem (GIS) die Analyse von Vermietungstransaktionen bis auf Straßenzugebene. Insgesamt lässt sich bemerken, dass zunehmend Informationen zur Verfügung stehen, die gute Ansatzmöglichkeiten für eine Bewertung der Dimension Marktattraktivität im Portfoliomodell bieten.

Im Gegensatz zur Marktattraktivität werden in der Dimension **Wettbewerbsstärke** die Bereiche abgedeckt, die vom Eigentümer einer Immobilie beeinflussbar sind. Neun Kriterien der Wettbewerbsstärke einer Immobilie sind in Abbildung 182 dargestellt. Wichtig ist dabei, dass nicht die absoluten Werte bzw. Qualitäten betrachtet werden, sondern die relative Position des untersuchten Gebäudes bzw. Investments in dem spezifischen Teilmarkt. Das bedeutet, eine Klimaanlage als Gebäudeausstattung führt nur dann zu einer positiven, überdurchschnittlichen Bewertung, wenn die anderen Gebäude an diesem Standort über keine verfügen. Das Fehlen einer Klimatisierung muss im Umkehrschluss nicht negativ sein, wenn die Nutzer in dem spezifischen Teilmarkt eine solche nicht nachfragen.

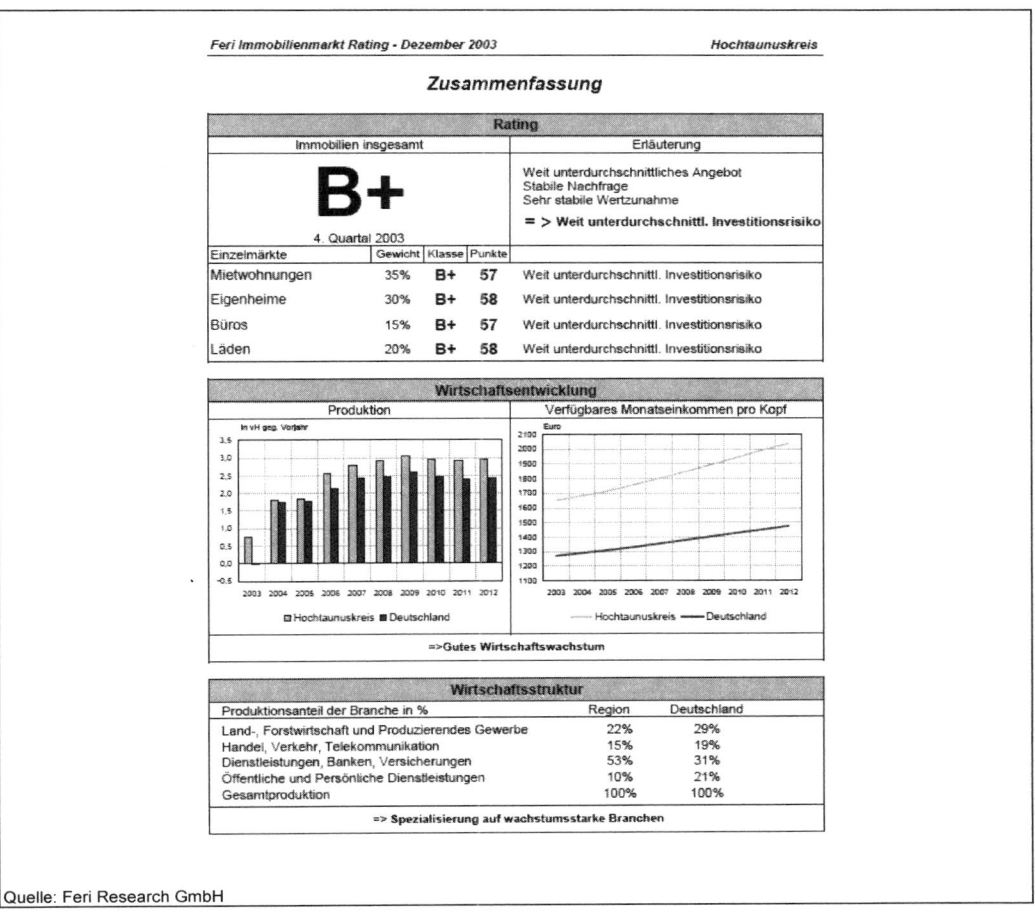

Abbildung 181: Feri Immobilienmarkt Rating

Die Operationalisierung der Dimension Wettbewerbsstärke sieht sich besonders dem Problem gegenüber, dass die qualitativen Merkmale einer Immobilieninvestition häufig subjektiven Einschätzungen unterliegen. So lässt sich beispielsweise die architektonische Gestaltung eines Gebäudes als eine weitere Gebäudeeigenschaft kaum objektiv beurteilen. Ebenso ist unklar, wodurch zum Beispiel eine optimale Anbindung an den öffentlichen Personennahverkehr gekennzeichnet ist. Bei solchen absolut qualitativen Faktoren, für die keine quantifizierbaren Bewertungsmaßstäbe existieren oder mit vertretbarem Aufwand erhoben werden können, empfiehlt sich die Hinterlegung von möglichst genauen verbalen Beschreibungen bzw. die Erstellung einer Bewertungsskala (z.B. von „mangelhaft" bis „sehr gut", „gering" bis „hoch" oder „unattraktiv" bis „sehr attraktiv"), die auch mit entsprechenden Bildern möglicher Ausprägungen veranschaulicht wird (vgl. Wellner, S. 206). Die Vergleichbarkeit von Einschätzungen über mehrere Gebäude ist eine wesentliche Voraussetzung für die Anwendbarkeit des Portfoliomodells. In der Praxis existieren verschiedene Ratingsysteme, um die Qualität von Gebäuden zu messen. Im Folgenden wird kurz das System **ImmoCheck** von Fraunhofer Institut und DIFA vorgestellt. Das System hat den Vorteil, dass die einzelnen Kriterien der Gebäudequalität mit vorgegebenen Katalogen unterlegt sind. Konkret bedeutet dies beispielsweise, dass die Anbindung an den öffentlichen Personennahverkehr dann als „sehr gut" bezeichnet wird, wenn sich eine Haltestelle in direkter Umgebung des Gebäudes befindet, es eine vielfältige Auswahl an Verkehrsmitteln gibt und die Taktfrequenz nicht länger als zehn Minuten ist. Durch Vorgabe solcher Kriterienkataloge sollen die Einschätzungen unterschiedlicher Bewerter miteinander vergleichbar gemacht werden.

A   Kriterien der Wettbewerbsstärke

1. **Mikrostandort/Umfeld**
2. **Grundstückseigenschaften**
3. **Rechtliche Beschränkungen**
4. **Gebäudeeigenschaften**
5. **Nutzungskonzept**
6. **Mietermix**
7. **Bewirtschaftungsergebnis**
8. **Wertentwicklungspotenzial**
9. **Management**

Quelle: In Anlehnung an Wellner, S. 200f.

Abbildung 182: Kriterien der Wettbewerbsstärke

Die Qualität (Zukunftsfähigkeit) eines Gebäudes wird bei ImmoCheck mit Hilfe der in Abbildung 183 dargestellten Kriterien beurteilt. Die in der Gesamtauswertung dargestellten Qualitätskriterien sind i.d.R. die Zusammenfassung mehrerer Unterkriterien (Faktoren). Um dieses System als eine Determinante für die Wettbewerbsstärke eines Gebäudes anwenden zu können, müssen die Daten nicht nur für das Gebäude selbst sondern auch für den Submarkt erhoben werden. Die Differenz zwischen dem Profil des Submarktes und der untersuchten Immobilie gibt die relative Wettbewerbsposition des Gebäudes im Submarkt an.

Neben der qualitativen Objektbeurteilung muss auch die langfristige Performance des Objektes Berücksichtigung finden. Dazu werden i.d.R. neben kurzfristigen Kennzahlen bezüglich Instandhaltung, Mietausfall, etc. besonders Kennzahlen über die langfristigen Renditeaussichten der Immobilie in die Beurteilung der Wettbewerbsstärke aufgenommen. Entscheidend ist dabei erneut nicht die absolute Höhe der Performance sondern die relative Position im Teilmarkt. Dies bedeutet, dass die Objektperformance im Sinne eines Benchmarking gegen einen Marktwert gespiegelt werden muss. Hier bieten sich neben dem Deutschen Immobilien Index DIX auch die veröffentlichten Liegenschaftszinssätze für den spezifischen Teilmarkt an. Problematisch ist dabei aber, dass es sich bei diesen Marktwerten um vergangenheitsbezogene Daten handelt, die außerdem i.d.R. mit erheblichem Zeitverzug veröffentlicht werden und nur in begrenztem Umfang auf Teilmarktebene vorliegen. Auch die Beurteilung von quantitativen Faktoren in einem Scoring-Modell kann mit dem oben beschriebenen Operationalisierungsproblem behaftet sein, wenn die Ausprägungsskala der Faktoren (wie z.B. bei Renditen) nicht nach oben (z.B. 100) und unten (z.B. null) begrenzt ist. In diesem Fall ist eine Umwandlung mit Bewertungsbereichen notwendig (vgl. Wellner, S. 204ff.).

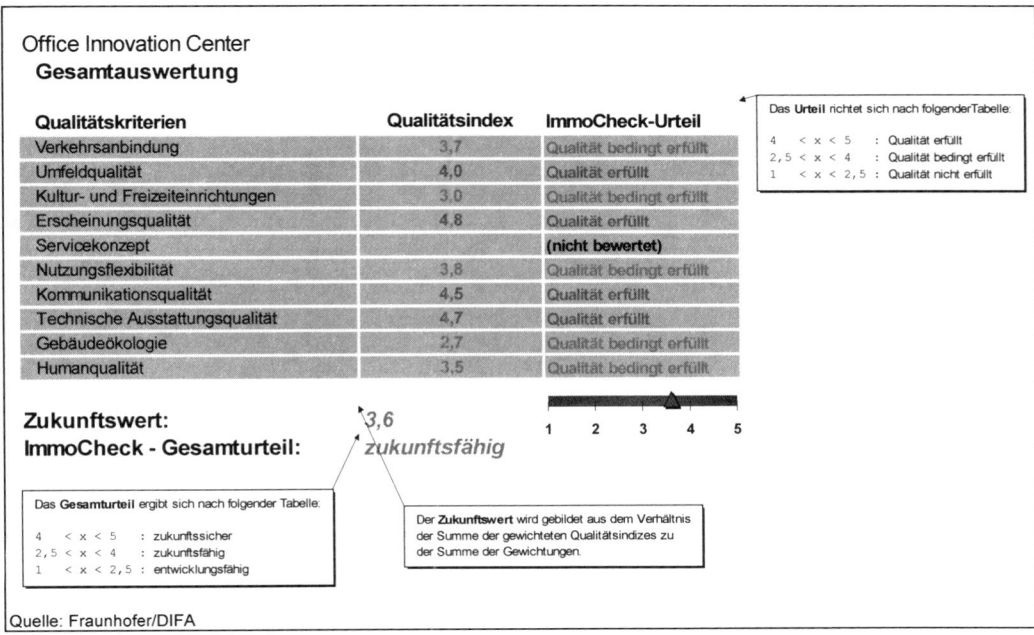

Abbildung 183: Immobilienbeurteilung mit dem System ImmoCheck

6.1.3.1.4 Objektdarstellung

Die Ergebnisse der qualitativen und quantitativen Analyse werden im Portfoliomodell anschließend in ein Gesamtergebnis je Objekt transformiert. Hierzu bedient man sich eines Scoring-Modells, wobei die Einzelkriterien für das Scoring-Modell und deren Gewichtungen innerhalb von SGF einheitlich sein sollten. Die Dimension Marktattraktivität kann unter Zuhilfenahme der am Markt angebotenen Kennzahlensysteme abgebildet werden. Sowohl bei Bulwien als auch Feri liegt das Ergebnis je Markt als Score zwischen null und 100 vor und kann damit direkt als Position des Marktes in die Dimension Marktattraktivität übernommen werden. Schwieriger stellt sich die Bildung von Scores für die Dimension Wettbewerbsstärke dar. Wellner schlägt für ein Scoring-Modell der Wettbewerbsstärke den in Abbildung 184 dargestellten Aufbau mit neun Kriterien und 53 Faktoren vor.

B	Kriterien der Wettbewerbsstärke	Gewichtung in %				Bewertung Schwäche ——— Stärke					Berechnung des Scores (Gewichtung x Bewertung)				Bemerkungen / Indikatoren
		Wichtung	Beurteilungs-kriterien	Wichtung	Bewertungs-faktoren	mangelhaft 0-20	ausreichend 21-40	befriedigend (neutral=50) 41-60	gut 61-80	sehr gut 81-100	Punkte-faktoren	Faktoren gewichtet	Gesamt-punkte Kriterien	Gesamt-score (Kriterien gewichtet)	
1.	Mikrostandort/Umfeld	2,5	14,3%	11,1	100,0%								50,0	7,15	Zwischensumme
1.1	Verkehrsanbindung des Mikrostandortes				3,0	33,3%						50	16,7		
1.2	Einbindung in die Umgebung				2,0	22,2%						50	11,1		
1.3	Qualität der Lage				2,0	22,2%						50	11,1		
1.4	Technische Infrastruktur				2,0	22,2%						50	11,1		
2.	Grundstückseigenschaften	2,0	11,4%	10,5	100,0%								50,0	5,70	Zwischensumme
2.1	Größe/Zuschnitt				3,0	31,5%						50	15,8		
2.2	Expansionsfähigkeit, Reserveflächen, Grad der				2,5	26,3%						50	13,1		
2.3	Umweltfaktoren, Geographie, Physische Grundstücks-beschaffenheit				2,0	21,0%						50	10,5		
2.4	Altlasten				2,0	21,0%						50	10,5		
3.	Rechtliche Beschränkungen														Zwischensumme
4.	Gebäudeeigenschaften														Zwischensumme
5.	Nutzungskonzept														Zwischensumme
6.	Mietermix														Zwischensumme
7.	Bewirtschaftungsergebnis														Zwischensumme
8.	Wertentwicklungspotenzial														Zwischensumme
9.	Management	1,0	5,7%	25,0	100,0%								50,0	2,85	Zwischensumme
9.1	Immobilienwirtschaftliche Erfahrung, Objektmanagement				2,0	50,0%						50	25,0		
9.2	Vertragsmanagement				2,0	50,0%						50	25,0		

Quelle: In Anlehnung an Wellner, S. 200f.

Abbildung 184: Scoring-Modell Wettbewerbsstärke

Besondere Bedeutung kommt erneut der Festlegung der Gewichte zu, die auch von der gewählten Portfoliostrategie abhängen kann. Ein Investor, der primär das Ziel von hohen Wertsteigerungen verfolgt, könnte solche Faktoren stärker gewichten wollen, die den zukünftigen Wert des Objektes beeinflussen (z.B. Ausstattungsmerkmale, architektonisches Gesamtkonzept, Mikrolage). Investoren, deren Hauptaugenmerk auf einer möglichst hohen laufenden Ausschüttung liegt, stellen dagegen vermutlich eher cash-flow-sichernde Aspekte in den Vordergrund (Leerstandsquote, Instandhaltungsbedarf, etc.). Keine der Sichtweisen ist grundsätzlich richtig oder falsch. So müssen beide Investorengruppen alle Kriterien berücksichtigen, können aber durch individuelle Gewichtungen unterschiedliche Akzente setzen. Zur Festlegung individueller Gewichte für Kriterien (und Faktoren) kann die Methode des Paarvergleichs Verwendung finden, die ursprünglich im Bereich der Psychologie entwickelt wurde. Bei dieser Methode wird durch direkten Vergleich von jeweils zwei Kriterien jedes mit jedem anderen verglichen und in jedem Paarvergleich entweder als wichtiger, gleichbedeutend oder weniger wichtig beurteilt. So können für jedes einzelne Kriterium sowohl ein Rang als auch der Abstand zwischen den Rängen der einzelnen Kriterien ermittelt und daraus Gewichte für jedes Kriterium abgeleitet werden.

Wellner legt in ihrem Vorschlag für ein Scoring-Modell der Wettbewerbsstärke die empirisch ermittelten Gewichtungen der Beurteilungskriterien und Bewertungsfaktoren zugrunde. In dem Beispiel sind bei der Berechnung des Gesamtscores alle Faktoren auf einer Skala von null bis 100 neutral mit 50 bewertet (vgl. Auszug in Abbildung 184). Für das Kriterium Mikrostandort/Umfeld, das 14,3% des Gesamtscores über alle Kriterien ausmacht, ergibt sich so aus vier Faktoren ein Gesamtscore von 7,15 (14,3% von 50). Am stärksten geht hier der Faktor Verkehrsanbindung des Mikrostandortes mit einem Gewicht von einem Drittel ein. Wäre dieser Faktor mit null statt 50 bewertet worden, so beliefe sich der Gesamtscore für das Kriterium Mikrostandort/Umfeld entsprechend auf 33,3 statt auf 50. Die Gesamtscores der Kriterien ergeben sich durch einfache Addition der gewichteten Faktoren. Analog entspricht der Gesamtscore des Objektes (im Beispiel 50), dargestellt in der untersten Zeile des Scoring-Modells, der Summe der gewichteten Gesamtscores aller Kriterien.

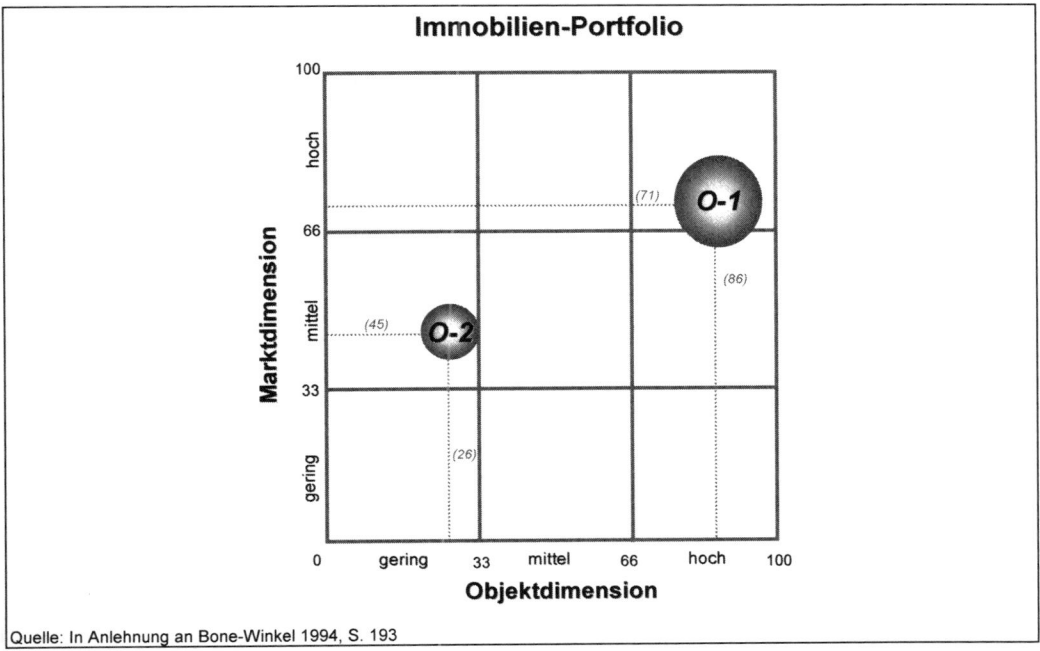

Quelle: In Anlehnung an Bone-Winkel 1994, S. 193

Abbildung 185: Positionierung der Objekte in der Marktattraktivität/Wettbewerbsstärke-Matrix

Je nach Ausgestaltung des Merkmalskataloges sind auch mögliche Wirkungszusammenhänge (Korrelationen) zwischen einzelnen Faktoren bei der Gewichtung zu berücksichtigen. Durch die Kombination der Werte für Marktattraktivität und Wettbewerbsstärke ergibt sich schließlich die Position eines Objektes in der MA/WS-Matrix (vgl. Abbildung 185).

Die Objekte werden in der Matrix als Kreise um den zugehörigen Matrixpunkt (aus den Punktwerten in den Dimensionen Marktattraktivität und Wettbewerbsstärke) abgebildet, wobei ein größerer Radius jeweils einen höheren Verkehrswert repräsentiert. In einem nächsten Schritt werden die Ergebnisse der Einzelobjekte zu einer Position in den vorher definierten SGF, wie zum Beispiel Büro Rhein-Main oder Einzelhandel Berlin, zusammengefasst. Bei der Aggregation in SGF wird nicht das arithmetische Mittel der Einzelpositionen sondern der mit den Verkehrswerten gewichtete Durchschnitt angesetzt. Die Gewichtung mit dem Verkehrswert soll sicherstellen, dass die Analyse auch die Bedeutung der Einzelobjekte für das Gesamtportfolio berücksichtigt. Abbildung 186 stellt die Vorgehensweise bei der Aggregation von Objekten zu SGF-Portfolios dar.

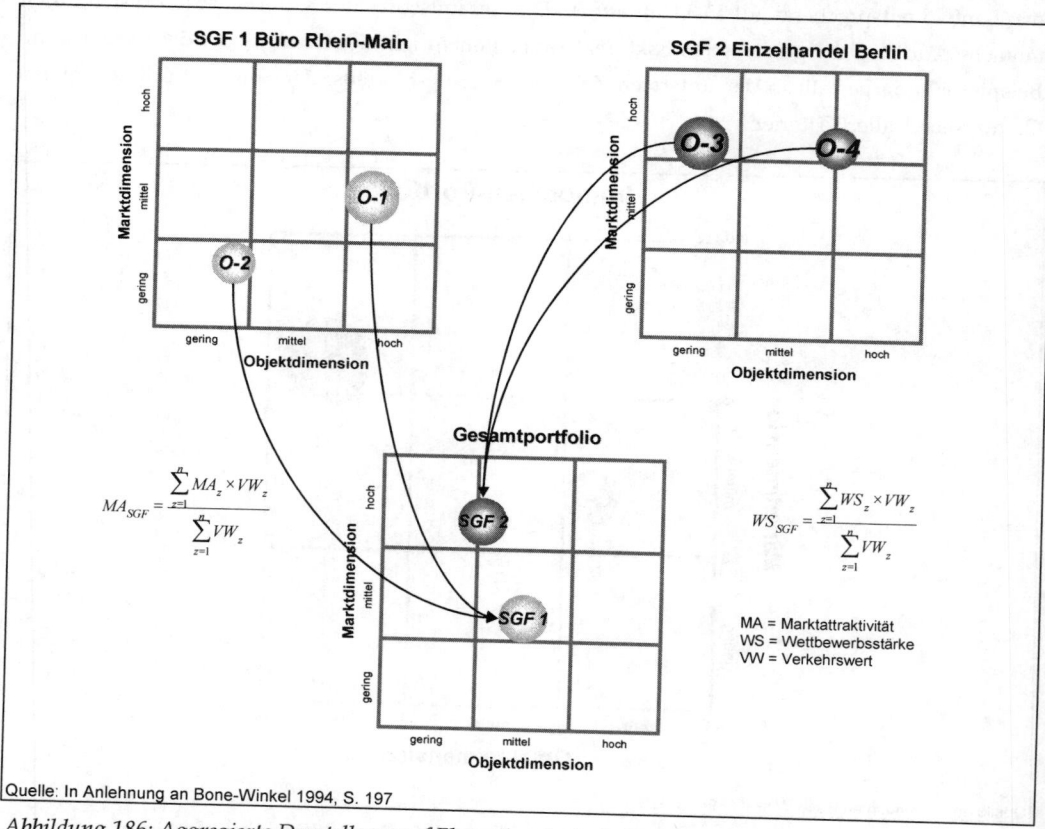

Quelle: In Anlehnung an Bone-Winkel 1994, S. 197

Abbildung 186: Aggregierte Darstellung auf Ebene der strategischen Geschäftsfelder

Die grafische Darstellung der SGF in der Matrix ermöglicht auch bei größeren Portfolios die Analyse von Entwicklungslinien durch Verbinden mehrerer Beobachtungspunkte für ein SGF zu verschiedenen Zeitpunkten. Analog kann die Zielposition von SGF in der MA/WS-Matrix mit deren Ist-Positionen abgeglichen und der Zielerreichungsgrad veranschaulicht werden (Gap-Analyse). Die Darstellung der Objekte bzw. SGF in Abbildung 186 bietet bereits erste Ansätze zur Portfolioanalyse. So ließe sich in Bezug auf SGF 2 sagen, dass man zwar in attraktiven Märkten vertreten ist, dabei aber die eigene Wettbewerbsstärke innerhalb der Märkte eher schwach ausfällt. Darüber hinaus ist auch die Bedeutung dieses SGF gemessen an den Verkehrswerten relativ groß im Vergleich zu SGF 1. Bevor jedoch konkrete Maßnahmen abgeleitet werden können, müssen die zur Verfügung stehenden Normstrategien dargelegt werden.

6.1.3.2 Durchführungsphase

6.1.3.2.1 Maßnahmenplanung

Im Rahmen der Maßnahmenplanung bzw. der taktischen Portfolioplanung lassen sich abhängig von der relativen Position in der MA/WS-Matrix für den Kern-, Management- und Handelsbestand drei Gruppen von **Normstrategien** bzw. Handlungsempfehlungen ableiten (vgl. Abbildung 187):

- Investitions- und Wachstumsstrategien für Positionen mit jeweils mittlerer bis hoher Marktattraktivität und relativen Wettbewerbsvorteilen,

- Selektive Strategien für Positionen auf der Diagonalen von links oben nach rechts unten,

- Abschöpfungs-, Desinvestitions- und Revitalisierungsstrategien für Positionen mit jeweils geringer bis mittlerer Marktattraktivität und Wettbewerbsstärke.

Abbildung 188 stellt einige Normstrategien für Investitionen und Desinvestitionen dar. Investitions- und Wachstumsstrategien beziehen sich auf den Kern- und Managementbestand innerhalb eines Portfolios. Aufgrund überdurchschnittlicher Marktattraktivität und relativer Wettbewerbsvorteile können hier zugunsten künftigen Wachstums kurzfristig auch niedrige oder sogar negative Ausschüttungsrenditen in Kauf genommen werden. Das Risiko der i.d.R. hohen Investitionen ist eher gering. Bei geringer bis mittlerer Marktattraktivität und Wettbewerbsstärke, wie sie häufiger bei älteren Bestandsobjekten auftreten, sollte das Ziel die Abschöpfung von Gewinnen oder der kurzfristige Objektverkauf (evtl. mittelfristig nach Revitalisierung) sein, da langfristig eher mit sinkenden Ausschüttungsrenditen zu rechnen ist.

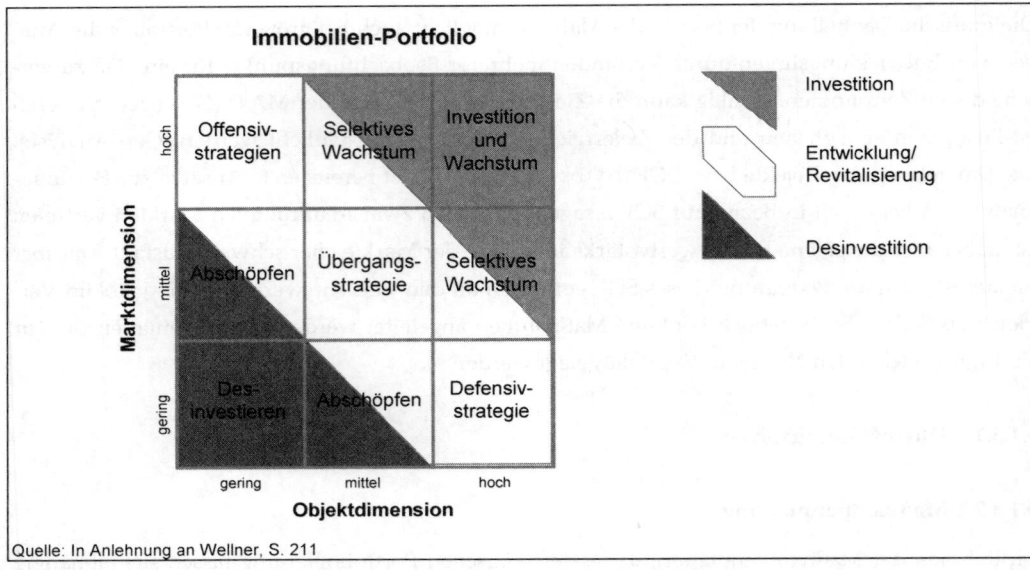

Abbildung 187: Strategische Ausgangslagen zur Ableitung von Normstrategien

INVESTITIONS- UND WACHSTUMSSTRATEGIEN	ABSCHÖPFUNGS-, DESINVESTITIONS- ODER REVITALISIERUNGSSTRATEGIEN
■ **Situation:** Marktattraktivität und relative Wettbewerbsposition jeweils mittel bis hoch	■ **Situation:** Marktattraktivität und relative Wettbewerbsposition jeweils gering bis mittel
■ **Ziel:** Sicherung oder Ausbau der Wettbewerbsvorteile (in Bezug auf Konkurrenzimmobilien)	■ **Ziel:** Abschöpfung der Gewinne oder Objektverkauf
■ **Aktionen:** Technische und managementorientierte Optimierung der Bestandsobjekte. Konsolidierung der Wettbewerbsposition. Erschließung von Flächenreserven.	■ **Aktionen:** Maximierung der Ausschüttungsrendite unter Vermeidung größeren Kapital- und Managementeinsatzes oder Kapitalfreisetzung und Realisierung von Wertsteigerungen durch Objektverkauf. Im Ausnahmefall Redevelopment des Objektes als strategische Alternative, um in attraktivere Markt- und Wettbewerbsposition zu gelangen.
■ **Ausschüttungsrendite:** Kurzfristig gering bis negativ, langfristig hoch.	■ **Ausschüttungsrendite:** Kurzfristig positiv, langfristig negativ (vice versa bei Revitalisierung)
■ **Wertentwicklung:** Mittel bis hoch	■ **Wertentwicklung:** Gering (hoch bei Revitalisierung)
■ **Risiko:** Mäßig/berechenbar	■ **Risiko:** Gering (hoch bei Revitalisierung)
■ **Ökonom. Horizont:** Mittel- bis langfristig	■ **Ökonom. Horizont:** Kurzfristig (mittelfristig bei Revitalisierung)
■ **Bedeutung:** Die Immobilien tragen zum zukünftigen Gewinn und Wachstum des Bestandes bei und erfordern hohe Investitionen. In der Regel handelt es sich um Spitzenimmobilien in erstklassigen Lagen.	■ **Bedeutung:** Die Immobilien sind in der Regel ältere Bestandsobjekte und tragen zum gegenwärtigen Gewinn des Portfolios bei, ohne weitere Investitionen zu erfordern. Im allgemeinen sind über die Haltedauer entstandene Wertsteigerungen durch Desinvestition zu realisieren, um das Kapital produktiveren Zwecken zuzuführen.

Quelle: Bone-Winkel 1998, S. 254

Abbildung 188: Investition, Abschöpfung und Desinvestition als Normstrategien

Bei Objekten im Entwicklungs- bzw. Revitalisierungsbereich, also dem diagonalen Bereich in der MA/WS-Matrix, kann anhand der Normstrategien zwischen Offensiv-, Übergangs- und Defensivstrategien gewählt werden, je nachdem ob die Position auf der Diagonalen zur Linken, zur Mitte oder zur Rechten tendiert. Diese Objekte fallen eher in den Management- und Handelsbestand. Ist die Wettbewerbsstärke eines Objektes gering, aber die Marktattraktivität hoch, wie etwa bei älteren Bestandsobjekten in attraktiven Lagen und SGF 2 in Abbildung 186, sollte durch Investitionen versucht werden, offensiv Wettbewerbsvorteile aufzubauen und die Ausschüttungsrenditen mittel- bis langfristig zu steigern. Das Risiko hierbei ist aufgrund der erforderlichen Investitionen recht hoch. Ist kein Re-Development möglich, sollte das Objekt veräußert werden. Im umgekehrten Fall, etwa bei gut vermieteten Objekten an weniger attraktiven Standorten, sollte der Cash Flow maximiert und das Objekt rechtzeitig veräußert werden, bevor die Ausschüttungsrenditen stark abfallen. Kurz- und mittelfristig können diese Objekte bei geringem Risiko zur Finanzierung des Portfoliowachstums beitragen. Bei Objekten mit mittlerer Marktattraktivität und Wettbewerbsstärke sollte ebenfalls die Maximierung der Cash Flows im Vordergrund stehen, d.h. mit geringem Ressourceneinsatz dann eine Verbesserung der Wettbewerbsposition angestrebt werden, wenn eine positive Entwicklung der Marktattraktivität zu erwarten ist (vgl. Abbildung 189).

OFFENSIVSTRATEGIEN

- Situation: Hohe Marktattraktivität, aber nur schwache relative Wettbewerbsposition

- Ziel: Aufbau von Wettbewerbsvorteilen

- Aktionen: Die Immobilienobjekte benötigen hohe Entwicklungsinvestitionen, um die relative Wettbewerbsposition zu verbessern. Desinvestition, falls nachhaltige Wettbewerbsvorteile nicht erzielt werden können.

- Ausschüttungsrendite: Kurz- bis mittelfristig negativ, langfristig positiv.

- Wertentwicklung: Potentiell hoch

- Risiko: Hoch

- Ökonom. Horizont: Langfristig

- Bedeutung: Der Investor muß die Objekte mit Rendite- und Wertentwicklungspotential auswählen und einer grundlegenden Erneuerung unterziehen, um die Wettbewerbsfähigkeit aufzubauen. Nicht entwicklungsfähige Objekte sind also zu veräußern.

- Beispiel: Typischerweise etwa ältere Objekte in guter Lage an attraktiven Standorten. Aufgrund nicht mehr zeitgerechter innerer und äußerer Gestaltung bedürfen sie eines umfassenden Redevelopments.

ÜBERGANGSSTRATEGIEN

- Situation: Mittlere Marktattraktivität und relative Wettbewerbsposition

- Ziel: Maximierung des Cash-Flow

- Aktionen: Versuch einer horizontalen Positionsänderung der strategischen Geschäftsfelder ohne großen Ressourceneinsatz. Abwarten, wie sich die Marktattraktivität verschiebt, um dann abgestimmte Maßnahmen ergreifen zu können.

DEFENSIVSTRATEGIEN

- Situation: Geringe Marktattraktivität, aber gute relative Wettbewerbsposition

- Ziel: Wettbewerbsposition halten, Cash-Flow maximieren

- Aktionen: Optimierung des Objektmanagements (Mietermix, Vertragsgestaltung, Marketing), Kostensenkungsprogramme

- Ausschüttungsrendite: Kurz- bis mittelfristig stark positiv, langfristig negativ.

- Wertentwicklung: Gering

- Risiko: Niedrig

- Ökonom. Horizont: Mittelfristig

- Bedeutung: Die Objekte benötigen geringen Ressourceneinsatz, um ihre Wettbewerbsposition zu halten, und tragen aufgrund ihrer hohen Ausschüttungsrendite zur Finanzierung der Wachstumsimmobilien bei.

- Beispiel: Gut vermietete Immobilien an weniger attraktiven Standorten.

Quelle: Bone-Winkel 1998, S. 256

Abbildung 189: Selektive Vorgehensweise als Normstrategie für Objekte im Entwicklungsbereich

Für den Kern- und besonders den Managementbestand kann eine Verbesserung der Wettbewerbsposition nach Porter über Kostenführerschaft, Differenzierung oder Konzentration angestrebt werden. Kostenführerschaft bei Investitions- und Folgekosten (wie z.B. Bewirtschaftungskosten) wirkt sich direkt auf die Ausschüttungsrendite aus bzw. kann bei Leerständen über Mietkonzessionen zu einer höheren Flächenabsorption gegenüber vergleichbaren Konkurrenzobjekten mit entsprechenden Kostennachteilen beitragen. Mit einer Differenzierungsstrategie kann der Versuch unternommen werden, ein Objekt durch Alleinstellungsmerkmale dem (Preis-) Wettbewerb zu entziehen. Dies ist grundsätzlich möglich, indem der Nutzungswert für die Mieter erhöht oder die Nutzungskosten (inkl. der betriebsbedingten Kosten des Mieters für die Raumnutzung) verringert werden. Einige Differenzierungsstrategien aus der Sicht des Nutzers sind in Abbildung 190 zusammengefasst.

- **Nutzungskosten senken**
  - ☐ Strategie der Kostenführerschaft bei gegebenem Qualitätsniveau
  - ☐ Genaue Zuordnung von Flächenbedarf und Kostenverursachung zu Unternehmensteilen

- **Flexibilität erhöhen**
  - ☐ Drittverwendungsfähigkeit von Flächen innerhalb des Unternehmens einbauen
  - ☐ Gebäude-Lebenszyklus verlängern, langfristige Nutzungskosten senken, Änderungsrisiken abfedern

- **Arbeitsumfeld für Mitarbeiter verbessern**
  - ☐ Attraktives/effizientes Umfeld schaffen, um Mitarbeiterproduktivität zu erhöhen
  - ☐ Standortpräferenzen der Mitarbeiter berücksichtigen (Erreichbarkeit, Infrastruktur, Umfeld, Ambiente)

- **Marketingbotschaft verkörpern**
  - ☐ Physische Präsenz / Architektur des Gebäudes verkörpert Botschaft des Unternehmens (z.B. McDonalds)
  - ☐ Bauliches / städtisches Umfeld verleiht dem Unternehmen gewisse Wertschätzung (z.B. Bankenviertel)

- **Absatzprozesse verbessern/beschleunigen**
  - ☐ Qualität der Verkehrsanbindung erhöht Kundenfrequenz (z.B. im Einzelhandel)
  - ☐ Attraktives Umfeld schafft höhere Nachfrage / Umsätze (z.B. im Möbelhandel)

- **Produktions- und Serviceaufgaben erleichtern**
  - ☐ Produktionseffizienz verbessern
  - ☐ Zugang zu Kunden oder zu Lieferanten verbessern

- **Organisations- und Managementprozesse erleichtern**
  - ☐ Moderne Arbeitsplatz- und Organisationskonzepte für Angestellte ermöglichen
  - ☐ Wandel in modernen Führungskonzepten durch Gebäudegestaltung instrumentieren

- **Immobilienwertzuwachs abschöpfen**
  - ☐ Immobilienbezogene Einflüsse erhöhter Nachfrage durch Kunden, Mitarbeiter und Lieferanten abschöpfen
  - ☐ Externe Effekte der eigenen Standortpräsenz ausnutzen (z.B. Ankermieter im Shopping Center)

Quelle: Bone-Winkel 1998, S. 260

Abbildung 190: Immobilienstrategien aus Nutzersicht

Die Konzentrationsstrategie kann sich entweder auf eine Kostenführerschaft oder Differenzierung innerhalb eines begrenzten Marktumfelds beziehen. Dem Konzept liegt die Annahme zugrunde, dass ein spezialisiertes Unternehmen in einer Marktnische effizienter operieren kann als ein generalistisch ausgerichteter Wettbewerber. Die Konzentration kann dabei vor allem entlang von Nutzergruppen (z.B. nach Mieterbranchen oder Flächengrößen), Immobilientypen (z.B. Einkaufsgalerien oder Gewerbeparks) oder geographischen Regionen erfolgen.

Bei der Maßnahmenplanung für ein Immobilienportfolio kann i.d.R. nur über ein begrenztes Ressourcen-Budget verfügt werden. Steht so zum Beispiel kein Kapital für Neuanlagen zur Verfügung, kann es von Vorteil sein, ein Objekt ganz oder teilweise zu veräußern, um in ein anderes Bestandsobjekt zu investieren. In der MA/WS-Matrix in Abbildung 191 ist ein solcher Fall dargestellt. Durch Desinvestition aus dem gut positionierten Objekt 1 und ein Re-Development von Objekt 2, das sich gleichzeitig in einem aufstrebenden Markt befindet, könnten die Wettbewerbsstärke und der Verkehrswert von Objekt 2 entlang der dargestellten Entwicklungslinie deutlich gesteigert werden. Umgekehrt ließe sich durch Desinvestition aus Objekt 2 und Investition der freigesetzten Mittel in Objekt 1 nur eine geringe weitere Verbesserung von dessen Wettbewerbsstärke erreichen.

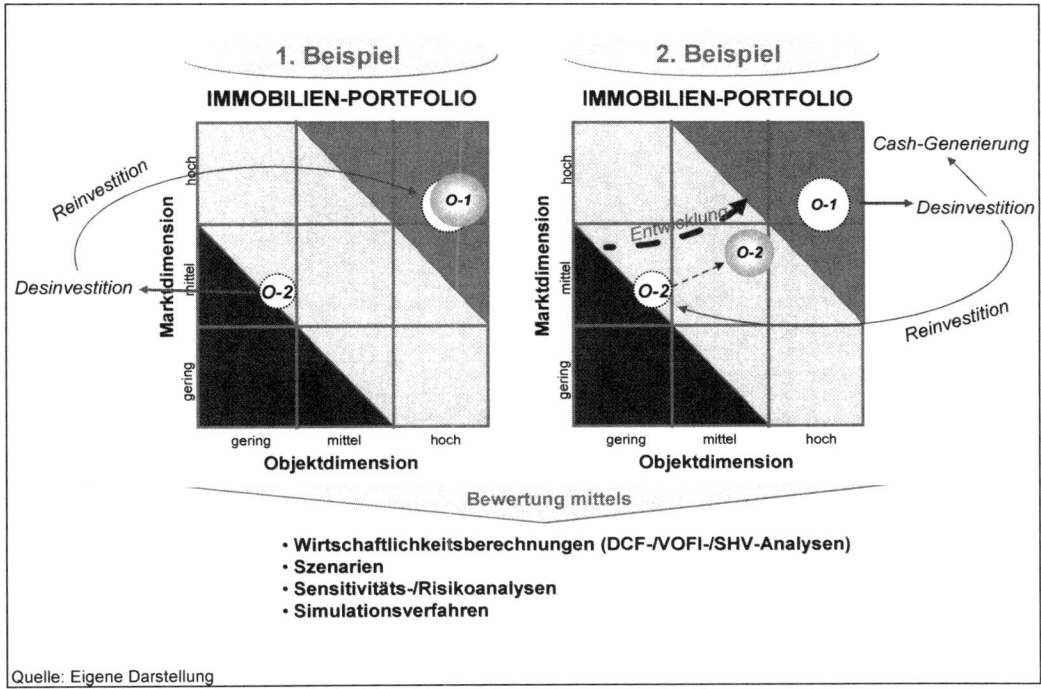

Abbildung 191: Optionen der Portfoliooptimierung bei Budgetrestriktion

Das Portfoliomodell kann selbstverständlich nicht die Formulierung ausgereifter Strategien für einzelne SGF leisten. Es ist vielmehr dafür konzipiert, auf Unausgewogenheiten im Portfolio hinzudeuten und generelle Anregungen für Optimierungsmaßnahmen zu geben. Es ist als eine der primären Aufgaben des Portfoliomanagements anzusehen, nach Feststellung der strategischen Ausgangslage für jedes Objekt eine Strategie zu entwickeln, mit der Wettbewerbsvorteile erzielt und Erfolgspotenziale realisiert werden können. Die Wahl der Strategien hängt wiederum auch von den Anlagezielen und damit der Portfoliostrategie des Investors ab (Top-Down-Planung).

6.1.3.2.2 Maßnahmenumsetzung

Die Umsetzung der entwickelten Objektstrategien im Rahmen des operativen Portfoliomanagements setzt eine Priorisierung der objektbezogenen Maßnahmen voraus. Dies gilt besonders vor dem Hintergrund begrenzter Ressourcen wie vor allem Kapital und Mitarbeitern. Die Priorisierung der Maßnahmen kann mit einer **Nutzwertanalyse** erfolgen, wie sie beispielhaft in Abbildung 192 dargestellt ist.

Szenario Base Case
Eintrittswahrscheinlichkeit 50%

Verkehrswert		Maßnahmen	Ziel	Kosten	Qualitativ 30%	Quantitativ 70%	Gesamt 100%	Gewichteter Nutzen
€ 15.000.000	Objekt 1	Umgestaltung der Eingangssituation	Mieterbindung	€ 150.000	2,0%	-0,1%	0,53%	€ 79.500
€ 15.000.000	Objekt 1	Einbau Klimaanlage	Mieterbindung	€ 350.000	5,0%	-1,0%	0,80%	€ 120.000
€ 15.000.000	Objekt 1	Verschiebung Instandhaltung Keller	Kostenreduzierung	-€ 60.000	-1,0%	0,5%	0,05%	€ 7.500
€ 15.000.000	Objekt 1	Einbau flexibler Trennwände	Reduzierte Kosten der Nachvermietung	€ 250.000	6,0%	0,5%	2,15%	€ 322.500
€ 25.000.000	Objekt 2	Umgestaltung zur Themenimmobilie	Synergieeffekte für Mieter	€ 50.000	6,0%	0,0%	1,80%	€ 450.000
€ 25.000.000	Objekt 2	Austausch des Facility Managers	Kostenreduzierung	-€ 20.000	2,0%	0,0%	0,60%	€ 150.000
€ 29.000.000	Objekt 2	Aufstockung des Bürogebäudes	Flächenerweiterung	€ 4.000.000	10,0%	0,4%	3,28%	€ 951.200
€ 15.000.000	Objekt 3	Revitalisierung des gesamten Objektes	Sicherstellung der langfristigen Vermietbarkeit	€ 10.000.000	15,0%	-0,3%	4,29%	€ 643.500

Szenario Worst Case
Eintrittswahrscheinlichkeit 50%

Verkehrswert		Maßnahmen	Ziel	Kosten	Qualitativ 30%	Quantitativ 70%	Gesamt 100%	Gewichteter Nutzen	Erwarteter Nutzen	Erwartete Kosten
€ 15.000.000	Objekt 1	Umgestaltung der Eingangssituation	Mieterbindung	€ 250.000	1,0%	-0,5%	-0,05%	-€ 7.500	€ 36.000	€ 200.000
€ 15.000.000	Objekt 1	Einbau Klimaanlage	Mieterbindung	€ 550.000	3,0%	-2,0%	-0,50%	-€ 75.000	€ 22.500	€ 450.000
€ 15.000.000	Objekt 1	Verschiebung Instandhaltung Keller	Kostenreduzierung	-€ 30.000	-1,0%	-0,5%	-0,65%	-€ 97.500	-€ 45.000	-€ 45.000
€ 15.000.000	Objekt 1	Einbau flexibler Trennwände	Reduzierte Kosten der Nachvermietung	€ 250.000	4,0%	0,0%	1,20%	€ 180.000	€ 251.250	€ 250.000
€ 25.000.000	Objekt 2	Umgestaltung zur Themenimmobilie	Synergieeffekte für Mieter	€ 100.000	3,0%	-0,3%	0,69%	€ 172.500	€ 311.250	€ 75.000
€ 25.000.000	Objekt 2	Austausch des Facility Managers	Kostenreduzierung	-€ 10.000	0,0%	0,0%	0,00%	€ 0	€ 75.000	-€ 15.000
€ 29.000.000	Objekt 2	Aufstockung des Bürogebäudes	Flächenerweiterung	€ 8.000.000	-1,0%	-3,0%	-2,40%	-€ 696.000	€ 127.600	€ 6.000.000
€ 15.000.000	Objekt 3	Revitalisierung des gesamten Objektes	Sicherstellung der langfristigen Vermietbarkeit	€ 15.000.000	10,0%	-10,0%	-4,00%	-€ 600.000	€ 21.750	€ 12.500.000

Quelle: Eigene Darstellung

Abbildung 192: Nutzwertanalyse verschiedener objektbezogener Maßnahmen

Das Konzept, als "Utility Analysis" in den USA entwickelt, wurde in Deutschland zuerst im Bereich der Psychologie und Arbeitswissenschaft bekannt (vgl. Zangemeister 1971). Im Beispiel sind für drei Objekte mögliche Maßnahmen zur Erhöhung der Wettbewerbsstärke angegeben, die vom Austausch des Facilities Managers (zur Kostenreduzierung) bis zur Revitalisierung eines Objektes reichen. Die Maßnahmen können sich grundsätzlich qualitativ und quantitativ auf die Wettbewerbsstärke auswirken, wobei die angenommenen Effekte auch gegenläufig sein können. So mag der Einbau einer Klimaanlage die Wettbewerbsposition eines Gebäudes in qualitativer Hinsicht verbessern, durch gestiegene Bewirtschaftungskosten aber quantitativ verschlechtern. Der qualitative und quantitative Einfluss auf die Wettbewerbsstärke der Objekte wird in Prozent der Verkehrswerte angegeben und im vorliegenden Fall mit 30% bzw. 70% gewichtet. Für eine differenzierte Betrachtung ist es sinnvoll, wie im Beispiel Szenarien zu bilden, mit denen Erwartungswerte für Kosten und Nutzen der Maßnahmen berechnet werden können. Die Bestimmung von Erwartungswerten ist ein häufig gebrauchtes Instrument des Risikomanagements. Im Beispiel wurden ein Normalszenario (Base Case) und ein Worst-Case-Szenario definiert. Beide Szenarien fließen mit einer Eintrittswahrscheinlichkeit von 50% in die Berechnung der erwarteten Kosten und Nutzen ein. So ergeben sich beispielsweise bei der risikoreichen Revitalisierung von Objekt 3 im Worst Case eine Verschlechterung der Wettbewerbsstärke und insgesamt ein geringer Erwartungsnutzen bei (gemessen am Verkehrswert) beträchtlichen erwarteten Kosten. Bereits anhand der Nutzwertanalyse erscheinen bestimmte Maßnahmen also nicht oder nur bedingt umsetzungsgeeignet.

In einem nächsten Schritt sollten eventuelle Budgetrestriktionen in die Betrachtung mit einbezogen werden. Im Beispiel steht für die Maßnahmenumsetzung ein Budget von 6,325 Mio. Euro zur Verfügung. Damit ist bereits ersichtlich, dass die Revitalisierungsmaßnahme auch aus Budgetgründen nicht relevant für eine Umsetzung ist. Zur Festlegung der durchzuführenden Maßnahmen werden nun alle Maßnahmen anhand des jeweils erwarteten Nutzens in eine Rangfolge gebracht. Da beim Austausch des Facilities Managers von Objekt 2 eine Kostenersparnis und gleichzeitig (im Base Case) eine qualitative Verbesserung der Wettbewerbsstärke angenommen wird, ist diese Maßnahme auf jeden Fall durchzuführen. Auf den ersten Blick könnte es außerdem sinnvoll erscheinen, zusätzlich die drei Maßnahmen mit den höchsten erwarteten Einzelnutzen durchzuführen. Allerdings stehen dem Erwartungsnutzen für die Aufstockungsmaßnahme bei Objekt 3 (127.600 Euro) im Verhältnis sehr hohe erwartete Kosten gegenüber, sodass das Budget mit vier Maßnahmen bis auf 15.000 Euro fast vollständig ausgeschöpft wäre. Alternativ können statt dieser Maßnahme zu wesentlich geringeren Kosten die Umgestaltung des Eingangs und die Installation einer Klimaanlage in Objekt 3 vorgenommen werden. Weil das Budget ohnehin nicht vollständig ausgenutzt wird, kann und sollte die Verschiebung der Kellerinstandhaltung in Objekt 1, bei der sich Kosten und Nutzen erwartungsmäßig aufheben, unterbleiben. Die Maßnahme wäre erwägenswert, wenn dadurch eine weitere attraktive Maßnahme in das Budget aufgenommen werden könnte. Die Ergebnisse der Nutzwertanalyse sind in Abbildung 193 dargestellt.

Objekt	Maßnahmen	Erwarteter Nutzen	Erwartete Kosten	Summierte Kosten	Rang bei Investitions volumen < € 6,325 Mio.
Objekt 2	Umgestaltung zur Themenimmobilie	€ 311.250	€ 75.000	€ 75.000	1
Objekt 1	Einbau flexibler Trennwände	€ 251.250	€ 250.000	€ 325.000	2
Objekt 2	Aufstockung des Bürogebäudes	€ 127.600	€ 6.000.000	€ 6.325.000	
Objekt 2	Austausch des Facility Managers	€ 75.000	-€ 15.000	€ 6.310.000	3
Objekt 1	Umgestaltung der Eingangssituation	€ 36.000	€ 200.000	€ 6.510.000	4
Objekt 1	Einbau Klimaanlage	€ 22.500	€ 450.000	€ 6.960.000	5
Objekt 3	Revitalisierung des gesamten Objektes	€ 21.750	€ 12.500.000	€ 19.460.000	
Objekt 1	Verschiebung Instandhaltung Keller	-€ 45.000	-€ 45.000	€ 19.415.000	

Quelle: Eigene Darstellung

Abbildung 193: Ergebnisse der Nutzwertanalyse unter Einbeziehung von Budgetrestriktionen

6.1.3.3 Zusammenfassung

Die Steuerung von Immobilienportfolios beinhaltet zunächst die Analyse des Ist-Bestandes. Dabei erfolgt in dem vorgestellten hierarchischen Portfoliomodell eine Segmentierung des Bestandes in homogene strategische Geschäftsfelder (SGF), zum Beispiel nach Regionen, Sektoren und Eigentumsformen, die den in der strategischen Portfolioplanung gebildeten Clustern entsprechen. In der Maßnahmenplanung und -umsetzung wird angestrebt, die Struktur des Bestandsportfolios an die Zielportfoliostruktur aus der strategischen Portfolioplanung anzugleichen. Gleichzeitig soll die Struktur des Portfolios innerhalb der Cluster optimiert werden. Die Beurteilung von Objekten kann dabei entlang der Dimensionen Marktattraktivität und Wettbewerbsstärke erfolgen. Die Marktattraktivität wird durch externe Faktoren bestimmt, die vom Eigentümer der Immobilie nicht beeinflusst werden können. Die Entwicklung von Objektstrategien zur Verbesserung der Wettbewerbsstärke von Einzelobjekten gehört hingegen zu den originären Managementaufgaben im Rahmen der taktischen Portfolioplanung. Für die Beurteilung der Marktattraktivität kann auf am Markt erhältliche Informationssysteme zurückgegriffen werden, die häufig auf Scoring-Modellen basieren. Auch die Wettbewerbsstärke eines Objektes kann am besten anhand eines Scoring-Modells gemessen und beurteilt werden. Besondere Sorgfalt sollte bei der Festlegung der Beurteilungskriterien und Bewertungsfaktoren sowie deren Gewichtung angewendet werden. Wellner hat in einer Expertenbefragung empirisch Gewichte für zuvor definierte Kriterien und Faktoren in der Markt- und Objektdimension hergeleitet. Alternativ können Gewichtungen unter Zugrundelegung der jeweiligen Portfoliostrategie zum Beispiel anhand der Paarvergleich-Methode festgelegt werden. Im hierarchischen Portfoliomodell werden Einzelobjekte und SGF auf Basis der in den beiden Dimensionen ermittelten Scores in einer Marktattraktivitäts-/Wettbewerbsstärke-Matrix dargestellt. Aus der Position der Objekte und SGF in der Matrix lassen sich allgemeine Handlungsempfehlungen (Normstrategien) ableiten, die bei der Entwicklung von Objektstrategien unterstützend wirken. Der Prozess der Portfoliooptimierung kann über Entwicklungslinien in der MA/WS-Matrix geplant und kontrolliert werden. Bei der Maßnahmenumsetzung konkurrieren die Objektstrategien i.d.R. um ein vorgegebenes Budget. Zur Auswahl der umzusetzenden Maßnahmen sollte eine Nutzwertanalyse durchgeführt werden, mit der die Verbesserungen der Wettbewerbstärke in verschiedenen Szenarien den Kosten der jeweiligen Objektmaßnahmen gegenübergestellt und Erwartungswerte berechnet werden können.

6.1.4 Controlling von Immobilienportfolios

6.1.4.1 Grundlagen der Performanceanalyse

Investoren, die Dritte dafür entlohnen, ihr Immobilienportfolio aktiv zu managen, haben das Recht zu erfahren, welche Performance vom Portfoliomanagement erzielt wurde. Vor diesem Hintergrund ist auch die bekannte Wendung „What isn't measured, isn't managed" zu sehen.

Im Rahmen der **Performancemessung** (vgl. Punkt 6.1.4.2) wird nach Sammlung und Aufbereitung der dazu erforderlichen Daten die Gesamtrendite (Vermögenszuwachs, Total Return) des betrachteten Portfolios ermittelt. Der Aufwand, der bei der Datenaufbereitung betrieben wird, ist dabei von entscheidender Bedeutung für die Qualität und Schärfe der Ergebnisse. Der Begriff **Performanceanalyse** umfasst neben der Performancemessung auch die darauf aufbauende Risikoanalyse (vgl. Punkt 6.1.4.3) und Attributionsanalyse (Erfolgsquellenanalyse, vgl. Punkt 6.1.4.4). Der Unterschied zwischen Performancemessung und -analyse (im Sinne von Performanceattribution) lässt sich prägnant in einem Zitat zusammenfassen: „Performance measurement is «How well did we do?» and performance attribution is «How did we do well?»" (Pieper, S. 1003).

Der Begriff der **Performance** selbst ist, wie bereits in der Einleitung dieses Beitrages angedeutet, nicht einheitlich definiert. Performance wird meist mit dem Total Return gleichgesetzt, kann aber auch als risikoadjustierte Rendite verstanden werden, indem beispielsweise eine relative Erfolgsbeurteilung der erzielten Rendite im Vergleich zu einer adäquaten Vergleichsrendite (Benchmark) erfolgt. Erst durch ein Benchmarking kann die erzielte Performance eines Portfolios relativ zum Markt beurteilt werden (vgl. Punkt 6.1.4.4.2). Einparametrische Risiko-Performance-Kennzahlen wie die Sharpe-Ratio oder das Treynor-Maß berücksichtigen das Gesamtrisiko bzw. das unsystematische Risiko zum Beispiel mittels Division der erzielten Risikoprämie durch die zugehörige Standardabweichung bzw. das Beta des Anlageportfolios (vgl. z.B. Steiner/Bruns, S. 596, S. 604; vgl. auch Punkt 6.1.4.3).

Im Wertpapierbereich ist die Bedeutung der Performanceanalyse und des Benchmarking in den letzten Jahren deutlich angestiegen und wird von darauf spezialisierten Unternehmungen als unabhängige und neutrale Dienstleistung offeriert. Die Performanceanalyse von Immobilienportfolios durch einen externen Dienstleister und damit gleichzeitig ein externes Benchmarking wird in Deutschland erst seit 1998 durch die DID Deutsche Immobilien Datenbank GmbH angeboten.

Für die regelmäßige Messung und Analyse der Performance eines Portfolios sprechen vor allem die Aspekte **Kommunikation, Rechenschaftsabgabe und Research** (vgl. Brown/Matysiak, S. 561ff.):

- Kommunikation: Kommunikation ist ein bedeutsames Argument für die Performancemessung, da der Anlageerfolg an den wirtschaftlichen Eigentümer des Portfolios vermittelt werden muss, um darzulegen, in welchem Ausmaß vereinbarte Anlageziele erreicht wurden und um die gegenwärtige und zukünftige Anlagepolitik zu überprüfen. Insofern können Erkenntnisse aus der Performanceanalyse auch die Basis für organisatorische und personalpolitische Entscheidungen bilden bzw. bei der Entwicklung anreizkompatibler Entlohnungsstrukturen eine Rolle spielen.

- Rechenschaftsabgabe: Da Portfolios zunehmend durch Dritte verwaltet werden, wird auch das Argument der Rechenschaftsabgabe immer wichtiger, und zwar in dem Maße, wie die Auftraggeber von ihren Dienstleistern fordern, Verantwortung für ihre Leistungsqualität zu übernehmen. Für den Fall, dass es im Rahmen eines Portfolio-Managementvertrages Vereinbarungen hinsichtlich der Erreichung einer bestimmten Mindestrentabilitätsgröße gibt, ist ein größeres Bewusstsein für die Risiken, die zur Zielerreichung eingegangen wurden, unabdingbar.

- Research: Ein weiteres Argument für die Messung der Portfolioperformance ist die Bereitstellung von Informationen für Researchzwecke. Die Messung der Performance individueller Objekte stellt die Grundlage für die Entwicklung umfangreicher Datenbanken dar, die für weiterführende empirische Analysen verwendet werden können.

6.1.4.2 Performancemessung

Unter dem Begriff des Total Return (häufig auch Gesamtrendite oder Performance genannt) werden sämtliche Renditebestandteile subsumiert. Bei der Investition in Immobilien gilt es, zwei verschiedene Renditekomponenten gleichzeitig zu erfassen. Die Netto-Cash-Flow-Komponente setzt sich aus den tatsächlich erhaltenen Mieteinnahmen abzüglich der nicht-umgelegten Bewirtschaftungskosten zusammen, während die zweite Komponente die Wertänderung der Immobilie wiedergibt (vgl. Thomas 1997, S. 185). Die Wertänderungskomponente macht deutlich, dass im Rahmen der Performancemessung eine regelmäßige Wertermittlung für die betrachteten Immobilien unumgänglich ist. Üblicherweise bildet der Marktwert (Verkehrswert) den Ausgangspunkt der Betrachtung. Dieser Wert muss durch Sachverständige ermittelt werden, da auf Basis historischer Anschaffungskosten bzw. abgeschriebener Buchwerte kein sinnvolles Immobilien-Portfoliomanagement erfolgen kann. Entscheidende Bezugsgröße ist jeweils das Kapital, das der Investor in einer Immobilie gebunden hat, denn die Rentabilität auf diesen Betrag muss gegenüber alternativen Kapitalanlagemöglichkeiten bestehen können.

6.1.4.2.1 Ermittlung des Total Return

Die Ermittlung des **Total Return** einer Immobilie oder eines Immobilienportfolios über eine Periode bestimmt sich für den Fall, dass während der betrachteten Periode keine Mittelzu- bzw. -abflüsse stattfinden, nach folgender Formel:

$$r_t = \frac{V_{t1}}{V_{t0}} - 1$$

mit:

r   = Gesamtrendite, Total-Return

V   = Verkehrswert eines Grundstücks bzw. Grundstückportfolios

Beträgt beispielsweise der Verkehrswert eines Grundstückes bzw. Grundstückportfolios zum Anfang eines Jahres 100 Mio. Euro und zum Ende eines Jahres 105 Mio. Euro, so ermittelt sich die Rendite des Portfolios in Höhe von 5% wie folgt:

$$r_t = \frac{105}{100} - 1 = 5\%$$

Unter dem Begriff der **Mittelzu- bzw. -abflüsse** wird nicht nur der Eingang von Mietzahlungen, etc. sondern auch die Veränderung des eingesetzten Kapitals durch Käufe, Verkäufe oder wertbeeinflussende Umbaumaßnahmen verstanden. Die Einbeziehung von Mittelzuflüssen aufgrund von Mieten abzüglich der angefallenen Mittelabflüsse für nicht umgelegte Bewirtschaftungskosten kann unter der Prämisse, dass sämtliche Zahlungen jeweils am Ende der Betrachtungsperiode in einer Summe angefallen sind, in die Formel der Renditeberechnung integriert werden:

$$r_t = \frac{V_t + NM_t}{V_{t-1}} - 1$$

mit:

NM   = Saldo des Mittelflusses aus Netto-Mieteinnahmen, d.h. Mieteinnahmen abzüglich der nicht-umgelegten Bewirtschaftungskosten

Beispielhaft errechnet sich die Rendite des oben dargestellten Portfolios, das nun Netto-Mieteinnahmen in Höhe von 5 Mio. Euro zum Ende des betrachteten Jahres erzielt, wie folgt:

$$r = \frac{105 + 5}{100} - 1 = 10\%$$

Die Formel, nach der die DID Deutsche Immobilien Datenbank GmbH die jährlich veröffentlichten Renditewerte für Bestandsimmobilien ermittelt, lautet:

$$r_t = \frac{V_t - V_{t-1} - I + NM}{V_{t-1} + \frac{1}{2} I - \frac{1}{2} NM}$$

mit:

I   = Mittelfluss aus werterhöhenden Investitionen in Grundstücke

Dabei wird unterstellt, dass die Netto-Mieteinnahmen und wertändernden Investitionen gleichmäßig über das Jahr verteilt auftraten und auf die Jahresmitte gewichtet werden. Entsprechende Rendite-Formeln finden auch international zum Zwecke der Performanceanalyse Verwendung (z.B. in Großbritannien, Irland, Holland, Schweden, Frankreich, Südafrika und Deutschland). Der Nenner der Gleichung gibt das in Immobilien gebundene Kapital der Periode an.

Beispielhaft sei die Performance folgender Bestandsimmobilie betrachtet, deren Wert am Anfang des betrachteten Jahres 100 Mio. Euro beträgt. Im Laufe des Jahres finden Modernisierungen statt, für die 10 Mio. Euro aufgewendet werden. Die Mieteinnahmen betragen 7 Mio. Euro und die nicht umgelegten Bewirtschaftungskosten 2 Mio. Euro. Der Wert des Objektes beläuft sich am Ende des betrachteten Jahres auf 110 Mio. Euro. Die Performance errechnet sich somit wie folgt:

$$r_t = \frac{110 - 100 - 10 + 5}{100 + \frac{1}{2} 10 - \frac{1}{2} 5}$$

$$r_t = 4,879\%$$

6.1.4.2.2 Netto-Cash-Flow- und Wertänderungsrendite

Der Total Return kann in einem nächsten Schritt in die erwähnten zwei Renditekomponenten zerlegt werden. Dabei ist die eine Renditekomponente die **Netto-Cash-Flow-Rendite**, d.h. derjenige Renditebestandteil, der dem Investor liquiditätsmäßig zufließt, und die andere Renditekomponente die so genannte Wertänderungsrendite, die die Renditewirkung von marktinduzierten Wertänderungen der Immobilie auf die Performance wiedergibt.

Die Netto-Cash-Flow-Rendite wird in der allgemeinen Form wie folgt errechnet:

$$NCFR_t = \frac{NM}{V_{t-1} + \frac{1}{2}I - \frac{1}{2}NM}$$

mit:

NCFR = Netto-Cash-Flow-Rendite

Angewandt auf das vorherige Beispiel bedeutet dies eine Netto-Cash-Flow-Rendite von 4,879%.

$$NCFR_t = \frac{5}{100 + \frac{1}{2}10 - \frac{1}{2}5}$$

$$NCFR_t = 4,879\%$$

Die **Wertänderungsrendite** als zweite Renditekomponente wird in ihrer allgemeinen Form über folgende Beziehung bestimmt:

$$WÄR_t = \frac{V_t - V_{t-1} - I}{V_{t-1} + \frac{1}{2}I - \frac{1}{2}NM}$$

mit:

WÄR = Wertänderungsrendite

Für das gewählte Beispiel bedeutet dies eine Wertänderungsrendite von 0%, da

$$WÄR_t = \frac{110 - 100 - 10}{100 + \frac{1}{2}10 - \frac{1}{2}5}$$

$$WÄR_t = 0\%$$

Anhand des gewählten Beispiels wird deutlich, dass der Marktwert des Objektes zwar von 100 Mio. Euro auf 110 Mio. Euro gestiegen ist, diese Wertsteigerung jedoch ausschließlich auf die Modernisierungsaufwendungen in Höhe von 10 Mio. Euro zurückzuführen ist. Da die investierten 10 Mio. Euro sich in einer Wertänderung in gleicher Höhe niederschlagen, beträgt die Wertänderungsrendite 0%.

Die nachstehende Abbildung 194 fasst die Ermittlung des Total Return und seiner einzelnen Berechnungskomponenten zusammen.

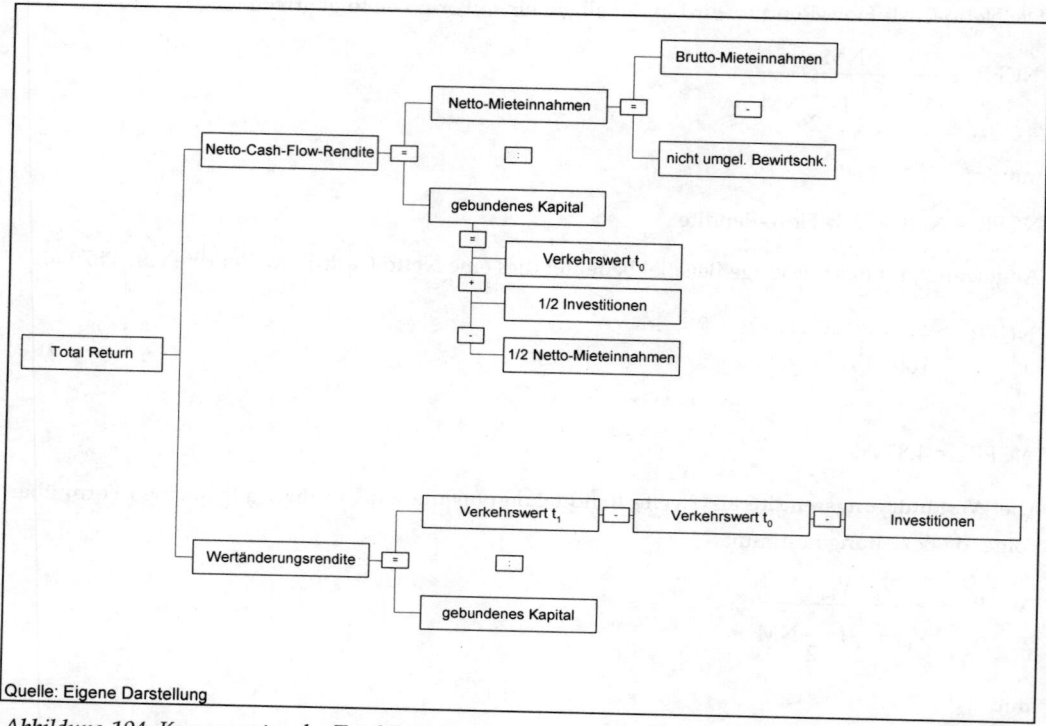

Quelle: Eigene Darstellung

Abbildung 194: Komponenten des Total Return

Bislang wurden bei der Ermittlung des Total Return eines Portfolios ausschließlich Bestandsimmobilien betrachtet. Da sich ein aktives Portfoliomanagement jedoch dadurch auszeichnet, dass im Zeitablauf Objekte für das Portfolio erworben werden, Projektentwicklungen erfolgen und Objekte aufgrund von Desinvestitionen aus dem Portfolio ausscheiden, gilt es, die Portfolioperformance unter Berücksichtigung sämtlicher dieser Faktoren zu ermitteln. Dies geschieht über nachstehende Formel:

$$r_t = \frac{V_t - V_{t-1} - I - P + S + NM}{V_{t-1} + \frac{1}{2}I + \sum_{\hat{p}=1}^{n}\left(1 - \frac{x_{\hat{p}}}{12}\right)P_t^{(\hat{p})} - \sum_{s=1}^{n}\left(1 - \frac{x_s}{12}\right)V_{t-1}^{(s)} - \frac{1}{2}NM}$$

mit:

P   = Bruttokaufpreis der erworbenen Grundstücke

S   = Nettoverkaufserlös der veräußerten Grundstücke

$\hat{p}$ = Laufindex der erworbenen Grundstücke

$x_{\hat{p}}$ = Monat des Grundstückkaufs

s = Laufindex der verkauften Grundstücke

x_s = Monat des Grundstückverkaufs

Da Projektentwicklungen nicht anders zu behandeln sind als werterhöhende Modernisierungen, wird auf eine weitere Darstellung dieses Sachverhaltes verzichtet. Die obige Formel wird nun anhand eines Beispiels erläutert.

Es soll der Total Return eines Portfolios ermittelt werden, welches am Anfang eines Jahres einen Marktwert von 500 Mio. Euro aufweist. Im Februar des betrachteten Jahres wird ein Objekt für 50 Mio. Euro erworben und im September des gleichen Jahres ein weiteres Objekt für 60 Mio. Euro veräußert. Der Wert des Portfolios zum Jahresende (inkl. des Wertes des erworbenen Grundstückes von nunmehr 51 Mio. Euro) beläuft sich auf 505 Mio. Euro. Die erfassten Netto-Mieteinnahmen sämtlicher Objekte betragen 25 Mio. Euro, dabei generiert das hinzu erworbene Objekt zwischen Februar und Dezember Netto-Mieteinnahmen in Höhe von 2 Mio. Euro, während das veräußerte Objekt, dessen Wert zu Beginn des Jahres 55 Mio. Euro beträgt, bis zum Übergang der Nutzen und Lasten auf den Erwerber Netto-Mieteinnahmen von 2,5 Mio. Euro erzielt.

Mit der Formel zur Ermittlung des Total Return unter Berücksichtigung von Zu- und Verkäufen (**Total Return Alle Grundstücke**) ermittelt sich dieser wie folgt:

$$r_t = \frac{505 - 500 - 50 + 60 + 25}{500 + \left(1 - \frac{2}{12}\right)50 - \left(1 - \frac{9}{12}\right)55 - \frac{1}{2}25}$$

$$= \frac{505 - 500 - 50 + 60 + 25}{500 + 41,67 - 13,75 - 12,5}$$

$$= 7,8\%$$

Der Nenner der Formel gibt, wie bereits erwähnt, das gebundene Kapital des Portfolios wieder. Dieses beträgt 515,42 Mio. Euro.

Der Total Return für alle Grundstücke kann – wie bereits für Bestandsobjekte gezeigt – zerlegt werden in die Wertänderungsrendite und die Netto-Cash-Flow-Rendite. Daneben ist auch eine Zerlegung in den Total Return der Käufe, den Total Return der Verkäufe sowie den Total Return der Bestandsimmobilien aufschlussreich, um den Erfolg bzw. Misserfolg der einzelnen Aktivitäten darzustellen.

Der **Total Return der Käufe** beträgt nach obigem Beispiel:

$$r_t = \frac{51 - 50 + 2}{\left(1 - \frac{2}{12}\right)50 - \frac{1}{2}2}$$

$$= 7,4\%$$

Das in Käufen gebundene Kapital des Portfolios beträgt 40,67 Mio. Euro.

Der **Total Return der Verkäufe** beträgt nach dem Beispiel:

$$r_t = \frac{60 - 55 + 2,5}{55 - \left(1 - \frac{9}{12}\right)55 - \frac{1}{2}2,5}$$

$$= 18,8\%$$

Das gebundene Kapital der Verkäufe beläuft sich auf 40 Mio. Euro.

Entsprechend kann der Total Return für Bestandsgrundstücke für das obige Beispiel ermittelt werden. Dazu sind in einem ersten Schritt die Netto-Mieteinnahmen der Bestandsimmobilien in Höhe von 20,5 Mio. Euro zu ermitteln. Diese errechnen sich als Differenz der gesamten Netto-Mieteinnahmen von 25 Mio. Euro abzüglich der anteiligen Mieteinnahmen des erworbenen Objektes von 2 Mio. Euro und des veräußerten Objektes von 2,5 Mio. Euro. Der Wert des Bestandsportfolios zu Beginn des Jahres beträgt 445 Mio. Euro und ergibt sich als Differenz des Wertes von 500 Mio. Euro zum Anfang des Jahres abzüglich des Wertes des veräußerten Objektes in Höhe von 55 Mio. Euro. Der Wert des Bestandsportfolios zum Jahresende entspricht der Differenz des Portfoliowertes inklusive Käufen und Verkäufen (505 Mio. Euro) abzüglich des Wertes des hinzugekauften Objektes (51 Mio. Euro) und beträgt demnach 454 Mio. Euro. Der Total Return bestimmt sich wie folgt:

$$r_t = \frac{454 - 445 + 20,5}{445 - \frac{1}{2}20,5}$$

$$= 6,8\%$$

Das in Bestandsimmobilien gebundene Kapital des Portfolios beträgt 434,75 Mio. Euro.

Die **Wertänderungsrendite des Bestandsportfolios** errechnet sich als:

$$r_t = \frac{454 - 445}{445 - \frac{1}{2}20,5}$$

$$= 2,1\%$$

Die **Netto-Cash-Flow-Rendite des Bestandsportfolios** beträgt:

$$r_t = \frac{20,5}{445 - \frac{1}{2}\, 20,5}$$

$= 4,7\%$

In der Summe ergeben die Wertänderungsrendite von 2,1% sowie die Netto-Cash-Flow-Rendite des Bestandsportfolios von 4,7% den Total Return der Bestandsobjekte von 6,8%.

Aus diesen Angaben lässt sich eine tabellarische Darstellung des Total Return und des gebundenen Kapitals ableiten (vgl. Tabelle 70). Dabei ergibt sich der gewogene Total Return des aktiv gemanagten Portfolios aus dem Produkt des prozentualen Anteils des gebundenen Kapitals multipliziert mit dem Total Return.

Aktivität	Geb. Kapital in €	Geb. Kapital in %	Total Return	Gew. Total Return
Bestand	€ 434,75 Mio.	84,3%	6,8%	5,7%
Zukäufe	€ 40,67 Mio.	7,9%	7,4%	0,6%
Verkäufe	€ 40 Mio.	7,8%	18,8%	1,5%
Alle Grdstcke.	**€ 515,42 Mio.**	**100%**		**7,8%**

Tabelle 70: Gewichteter Total Return und gebundenes Kapital

Wird jedoch der Total Return der Bestandsobjekte als Ausgangsbasis genommen, um von dort aus zu ermitteln, welche Auswirkungen die Käufe und Verkäufe auf den Total Return der Bestandsobjekte haben, so sind die entsprechenden Returns der Aktivitäten in Effekte umzurechnen.

Dazu muss in einem ersten Schritt der Total Return für Bestandsgrundstücke und Zukäufe ermittelt werden:

$$r_t = \frac{454 - 445 + 20,5 + 51 - 50 + 2}{445 - \frac{1}{2}\, 20,5 + \left(1 - \frac{2}{12}\right) 50 - \frac{1}{2}\, 2}$$

$= 6,8\%$

Wird nun die Differenz zwischen dem Total Return für Bestandsgrundstücke und Zukäufe und dem Total Return von Bestandsgrundstücken berechnet, so ergibt sich ein Effekt von 0%, da 6,8%

– 6,8% = 0%. Obgleich der Total Return der Zukäufe mit 7,4% höher war als der Total Return der Bestandsobjekte von 6,8%, hat sich dies schlussendlich als Effekt in Höhe von 0% niedergeschlagen. Dies ist auf die geringe Performancedifferenz von 0,6 Prozentpunkten und die niedrige Kapitalbindung mit einem Anteil von lediglich 7,9% zurückzuführen.

In einem zweiten Schritt wird nun die Differenz zwischen dem Total Return für alle Grundstücke und den Total Returns für Bestandsgrundstücke und Zukäufe ermittelt. So ergibt sich der Effekt der Verkäufe als 7,8% – 6,8% = 1,0%. Zwar ist auch hier der Anteil am gebundenen Kapital des Portfolios mit 7,8% recht niedrig, allerdings bewirkt die hohe Performance der Verkäufe von 18,8% insgesamt eine deutliche Performancesteigerung für die Bestandsobjekte.

Zum besseren Verständnis der Effektberechnungen sei darauf hingewiesen, dass ein negativer Effekt aufgrund einer Aktivität nicht notwendigerweise mit einem negativen Total Return der Aktivität gleichzusetzen ist. Zum Beispiel wird ein negativer Effekt für Zukäufe immer dann entstehen, wenn der Total Return für Zukäufe geringer ist – aber eben nicht notwendigerweise negativ – als der Total Return der Bestandsobjekte. Ein positiver Effekt wird immer dann auftreten, wenn der Total Return der Zukäufe höher ist als der Total Return der Bestandsimmobilien.

Eine Übersicht über die Total Returns und die entsprechenden Effektberechnungen der Aktivitäten können der Tabelle 71 entnommen werden.

Aktivität	Geb. Kapital in €	Geb. Kapital in %	Total Return	Effekt Total Return
Bestand	€ 434,75 Mio.	84,3%	6,8%	6,8%
Zukäufe	€ 40,67 Mio.	7,9%	7,4%	0,0%
Verkäufe	€ 40 Mio.	7,8%	18,8%	1,0%
Alle Grdstcke.	**€ 515,42**	**100%**	**7,8%**	**7,8%**

Tabelle 71: Total Return und Effekt von Transaktionen

Werden die Erkenntnisse des Abschnitts zusammengefasst, so kann die Rentabilität eines Portfolios wie in Abbildung 195 dargestellt werden;

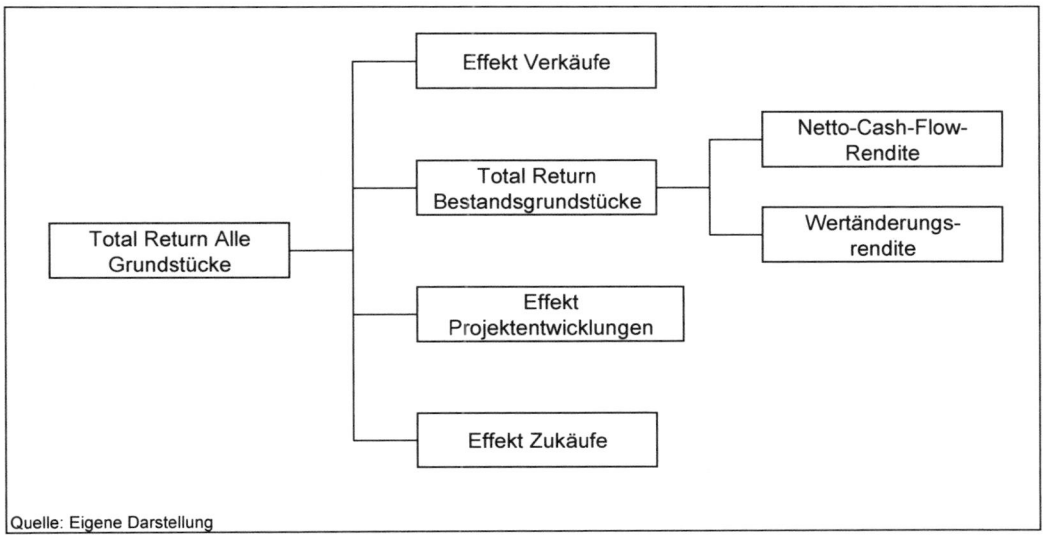

Abbildung 195: Zusammensetzung des Total Return eines Portfolios

6.1.4.3 Risikoanalyse

Auf den Bereich der Risikoanalyse kann hier nur kurz eingegangen werden. Wie eingangs erwähnt sollten systematische und unsystematische Risiken eines Portfolios in einem Frühwarnsystem erfasst und beurteilt werden. Eine **Risikoadjustierung** der Performance kann erfolgen, indem eine Benchmark herangezogen wird, die dasselbe bzw. ein ähnliches Risikoprofil aufweist wie das zu beurteilende Portfolio. Damit erübrigt sich theoretisch eine quantitative Berücksichtigung des Risikos bei der Performanceanalyse, gleichwohl müssen selbstverständlich mögliche Veränderungen der Risikoprofile registriert und berücksichtigt werden. Eine quantitative Berücksichtigung des Risikos in **einparametrischen Kennzahlen** wie der Sharpe-Ratio, dem Treynor-Maß oder auch dem Jensen-Alpha ist mit zusätzlichen methodischen Schwierigkeiten behaftet. Neben dem bereits in Punkt 6.1.2.3.1 genannten generellen Datenproblem wird bemängelt, dass die zur Verfügung stehenden Risikomaße nicht ausschließlich den Teil des Risikos widerspiegeln, der sich an den Kapitalmärkten auch tatsächlich in erwarteten Risikoprämien niederschlagen würde. Nur dann aber wäre eine Risikoadjustierung methodisch einwandfrei. Die Entwicklung von Multifaktoren-Risiko-Modellen, die diese Probleme mindern könnten, steht noch am Anfang (vgl. Geltner/Miller, S. 736-739). Somit ist gegenwärtig besonders die Sharpe-Ratio, bei der die Risikoprämie bzw. Überrendite eines Portfolios (als Überschuss der erzielten Rendite über den risikofreien Zinssatz) durch die Standardabweichung der Portfoliorenditen dividiert wird, ein relativ gebräuchliches Instrument zur risikoadjustierten Performancemessung und zum Performancevergleich (vgl. z.B. Thomas 2002, S. 706ff.).

6.1.4.4   Attributionsanalyse

Auf Portfolio-Ebene werden im Rahmen der Attributionsanalyse (Erfolgsquellenanalyse, Performanceattribution) typischerweise die Strukturkomponente und die Grundstückskomponente ermittelt. Die Strukturkomponente misst die Allokationsfähigkeit und die Grundstückskomponente die Selektionsfähigkeit eines aktiven Portfoliomanagers. Die Begriffe Allokation und Selektion stammen aus dem Bereich der Wertpapieranalyse, in dem das Attributionsverfahren entwickelt wurde (vgl. Brinson/Hood/Beebower). Erweiterungen und Ergänzungen des Prinzips wurden von verschiedenen Autoren auch unter Berücksichtigung von immobilienspezifischen Besonderheiten beschrieben (vgl. Liang/Hess/Bradford/McIntosh).

6.1.4.4.1 Struktur- und Grundstückskomponente

Der Begriff der **Allokation** bzw. die **Strukturkomponente** bezieht sich auf die Segmentgewichte innerhalb eines Portfolios zum Beispiel nach Nutzungsart und Standort, mit anderen Worten also die Portfolioanteile der einzelnen strategischen Geschäftsfelder. So könnte die Allokationsentscheidung für ein Immobilienportfolio gemessen am gebundenen Kapital folgendermaßen aussehen:

10% Büro Berlin

20% Büro Düsseldorf

30% Büro Frankfurt

10% Büro München

10% Büro Sonstige Standorte

10% Handel München

5% Wohnen

5% Industrie

Die Allokationsentscheidung bzw. Strukturierung eines Portfolios spiegelt die Fähigkeit des Portfoliomanagers wider, attraktive, renditestarke Märkte zu identifizieren und dort zu investieren bzw. Desinvestments in weniger attraktiven, renditeschwachen Märkten vorzunehmen. Die Allokationsentscheidung wird in der Literatur auch als Timing bezeichnet, da sie sich auf die zeitliche Einschätzung der Marktentwicklung bezieht. Auswirkungen von Allokationsentscheidungen auf die Strukturkomponente und damit die Performance sind in der folgenden Matrix dargestellt:

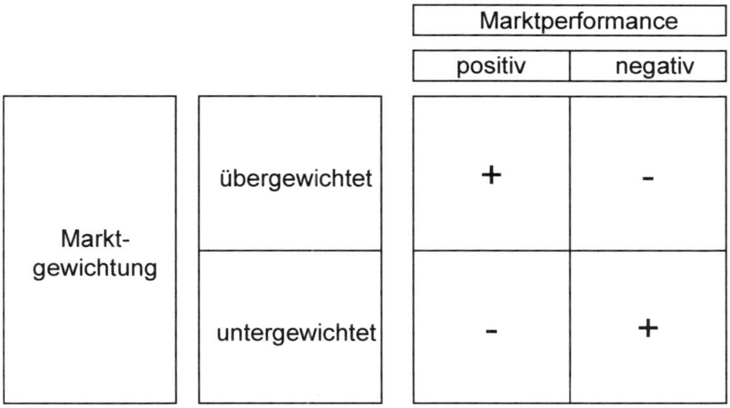

Abbildung 196: Allokationsentscheidungsmatrix

Abbildung 196 verdeutlicht, dass eine positive Strukturkomponente immer dann entsteht, wenn der Portfoliomanager überdurchschnittlich renditeträchtige Märkte übergewichtet und unterdurchschnittlich performende Märkte untergewichtet. Die Strukturkomponente wird negativ beeinflusst, wenn das Portfoliomanagement überdurchschnittlich performende Märkte untergewichtet bzw. unterdurchschnittlich performende Märkte übergewichtet.

Die **Grundstückskomponente** resultiert aus der Auswahl von Grundstücken, die vom Portfoliomanager identifiziert und in das Portfolio aufgenommen wurden. Selektionsentscheidungen tragen positiv zur Performance bei, wenn die Performance des Portfolios in den entsprechenden Teilmärkten über der jeweiligen Benchmark liegt.

Die grundsätzliche Vorgehensweise bei der Attributionsanalyse wird an folgendem Beispiel verdeutlicht:

Zwei Portfoliomanager erhalten zum gleichen Zeitpunkt das Mandat, je 500 Mio. Euro in deutsche Immobilien zu investieren. Es handelt sich um ein diskretionäres Mandat, d.h. die Portfoliomanager können die Entscheidung über die Gewichtung der einzelnen Teilmärkte sowie die Auswahl der einzelnen Objekte nach eigenem Ermessen treffen.

Die folgende Tabelle 72 gibt die von den beiden Managern gewählte Portfoliostruktur wieder und zeigt die nach Ablauf eines Jahres realisierte Performance sowohl auf Sektoren- (bzw. SGF-) wie auch auf Gesamtportfolio-Ebene.

Gewichtungen	Portfoliomanager A	Portfoliomanager B
Büroimmobilien	75%	10%
Wohnimmobilien	25%	90%
Performance	**Portfoliomanager A**	**Portfoliomanager B**
Gesamtportfolio	6,3125%	6,1%
Büroimmobilien	6,5%	7%
Wohnimmobilien	5,75%	6%

Tabelle 72: Realisierte Gewichtung und Performance

Auf Portfolio-Ebene wird deutlich, dass die Performance des Portfoliomanagers A besser war als die Performance des Portfoliomanagers B, da die durchschnittliche Performance des Portfolios A um 0,2125 Prozentpunkte über der von B liegt. Eine tiefergehende Analyse verdeutlicht, dass innerhalb der einzelnen Sektoren das Portfolio B besser abgeschnitten hat als das Portfolio A (Büro 7 % vs. 6,5 %, Wohnen 6 % vs. 5,75 %) und somit die Selektionsfähigkeit von B besser war als die von A. Dagegen war die Allokationsfähigkeit von A überlegen, da es aufgrund der generell besseren Performance von Büroimmobilien gegenüber Wohnimmobilien vorteilhaft war, den Anteil von Büroimmobilien im Portfolio überzugewichten.

Um anhand des obigen Beispiels zu ermitteln, welcher Beitrag der Outperformance von 0,2125 Prozentpunkten auf die Allokation zurückzuführen ist, kann die Performance der einzelnen Sektoren von A mit der entsprechenden Differenz der Gewichtung zwischen A und B multipliziert werden und dies über alle Sektoren aufaddiert werden. Die folgenden Berechnungen verdeutlichen den Zusammenhang (vgl. Geltner/Miller, S. 723):

$$A_A - A_B = TR_{AB} \left(w_{AB} - w_{BB} \right) + TR_{AW} \left(w_{AW} - w_{BW} \right)$$

mit:

A_A = Allokationseffekt A

A_B = Allokationseffekt B

TR_{AB} = Total Return Portfolio A Bürosektor

w_{AB} = Gewichtung Portfolio A Bürosektor

w_{BB} = Gewichtung Portfolio B Bürosektor

TR_{AW} = Total Return Portfolio A Wohnsektor

w_{AW} = Gewichtung Portfolio A Bürosektor

w_{BW} = Gewichtung Portfolio B Wohnsektor

bzw. mit den entsprechenden Werten des Beispiels ausgedrückt:

$$A_A - A_B = 6,5\% \, (0,75 - 0,1) + 5,75\% \, (0,25 - 0,9)$$

$$4,225\% - 3,7375 = 0,4875\%$$

Das Ergebnis dieser Berechnungen zeigt, dass Portfoliomanager A auf Basis seiner überlegenen Allokationsentscheidung gegenüber B eine Outperformance in Höhe von 0,4875 Prozentpunkten erzielte. Da die tatsächliche Outperformance nur 0,2125 Prozentpunkte betrug, kann vereinfachend angenommen werden, dass zusätzlich 0,275 Prozentpunkte Renditedifferenz zwischen A und B aus Selektionsentscheidungen entstanden sind, da 0,4875 % – 0,275 % = 0,2125 %.

Wird die gleiche Logik wie in oben stehender Formel zur direkten Ermittlung der Auswirkung der Selektionsentscheidung auf die Renditedifferenz herangezogen, so lautet die Beziehung:

$$S_A - S_B = w_{AB} \, (TR_{AB} - TR_{BB}) + w_{AW} \, (TR_{AW} - TR_{BW})$$

mit:

S_A = Selektionseffekt A

S_B = Selektionseffekt B

TR_{BB} = Total Return Portfolio B Bürosektor

TR_{BW} = Total Return Portfolio B Wohnsektor

bzw. mit den entsprechenden Werten des Beispiels ausgedrückt:

$$S_A - S_B = 0,75 \, (6,5\% - 7\%) + 0,25 \, (5,75\% - 6\%)$$

$$-0,375\% - 0,0625 = -0,4375\%$$

Mit dieser Vorgehensweise ergibt sich für Portfoliomanager A durch die Selektionsentscheidung ein Verlust von 0,4375 Prozentpunkten gegenüber B, während mit der indirekten Berechnung lediglich ein Verlust von 0,275 Prozentpunkten ermittelt wurde. Gleichzeitig ergibt sich bei indirekter Ermittlung des Allokationseffektes nun ein Wert von 0,65 Prozentpunkten, da 0,65 % – 0,4375 % = 0,2125 %.

Je nachdem ob zuerst der Einfluss der Allokationsentscheidung oder der Selektionsentscheidung berechnet wird, unterscheiden sich die Ergebnisse deutlich (0,4875 % vs. 0,65 % für die Allokation bzw. -0,275 % vs. -0,4375 % für die Selektionsentscheidung). Somit bleibt die Frage offen, welche Vorgehensweise gewählt werden sollte. In jedem der vorstehend beschriebenen Fälle werden die Wirkungen der Allokationsentscheidung und der Selektionsentscheidung eines Portfoliomanagers miteinander kombiniert. Dabei wird jeweils die von einem anderen Portfoliomanager vorgenommene Gewichtungsentscheidung zur Ermittlung der Auswirkungen von Allokations- und Selektionsentscheidung herangezogen. Um diese Schwächen zu vermeiden, ist es unabdingbar, bei der Ermittlung der entsprechenden Komponenten eine adäquate Benchmark als Referenzgröße heranzuziehen.

6.1.4.4.2 Begriff und Konstruktion von Benchmarks

Unter dem Begriff der **Benchmark** wird ein mit besonderen Anforderungen versehenes Vergleichsportfolio zu dem zu beurteilenden Portfolio verstanden. Die Gewichtung einzelner Anlageklassen (z.B. Aktien, Immobilien) oder Teilmärkte (bei Immobilien z.B. nach Nutzungsart, Region, etc.) in der Benchmark wird als Normalgewichtung bezeichnet, die Rendite der Benchmark als Normalrendite. Die Benchmark kann daher als Null-Position ohne (relativen) Ertrag und (relatives) Risiko verstanden werden (vgl. Thomas 2002, S. 692; Zimmermann, S. 8). Die Überrendite eines aktiv gemanagten Portfolios kann unterteilt werden in eine passive Komponente (die der Normalrendite abzüglich der risikolosen Rendite entspricht) und eine aktive Komponente (als Überschuss der erzielten Rendite über die Normalrendite). Letztere Komponente wird auch als **Aktive Rendite** bezeichnet und misst die Leistung eines Portfoliomanagers.

In der Literatur werden folgende Anforderungen aufgeführt, die eine Benchmark erfüllen sollte (vgl. Steiner/Bruns, S. 602-603):

- Bei der Benchmark sollte es sich um eine real erwerbbare Anlagealternative handeln,

- der reale Erwerb der Benchmark sollte kostengünstig möglich sein,

- die Benchmark sollte sehr gut diversifiziert und deshalb schwer risikoadjustiert zu schlagen sein,

- die Benchmark sollte bereits vor dem Treffen von Anlageentscheidungen bekannt sein.

Zusätzlich wird es als sinnvoll angesehen, dass die Benchmark den gleichen Restriktionen unterliegt wie das zu beurteilende Portfolio, da nur auf diesem Wege eine substanzielle Vergleichbarkeit zwischen Portfolio und Benchmark erzielt wird.

Bei Übertragung dieser Anforderungen auf die Konstruktion von Immobilienbenchmarks wird deutlich, dass aufgrund der spezifischen Eigenschaften dieser Anlageklasse nicht sämtliche Anforderungen erfüllt werden können. Beispielsweise kann eine Immobilienbenchmark, die auf Basis real existierender Immobilien konstruiert worden ist, nie eine tatsächliche Anlagealternative darstellen, da Immobilien heterogene Güter sind. Als Alternativlösung besteht selbstverständlich die Möglichkeit, die Benchmark zu marktüblichen Konditionen (Grunderwerbsteuer, Notar- und Gerichtsgebühren, gegebenenfalls Maklercourtagen) hinsichtlich bestimmter Merkmale (Nutzungsarten, regionale Streuung, Wertklassen der Immobilien, etc.) nachzubilden. Allerdings ist dies, anders als bei Wertpapieren, aufgrund der eingeschränkten Fungibilität von Immobilien i.d.R. ein zeitintensiver Prozess, da geeignete benchmarkkompatible Objekte für das Portfolio gesucht bzw. potenzielle Käufer für nicht-benchmarkkonforme Objekte gefunden werden müssen.

Für Zwecke der Performancemessung sind nur **Performanceindizes** relevant, die als solche neben den Preisänderungen der betrachteten Güter (z.B. Aktienkursschwankungen bzw. Wertänderungen von Immobilien) auch die Wirkung von zwischenzeitlichen Ausschüttungen (z.B. Aktiendividenden bzw. Netto-Mieteinnahmen bei Immobilien) erfassen (vgl. Pieper, S. 1006-1007; Steiner/Bruns, S. 603). Während voll diversifizierte Aktienindizes – wie zum Beispiel der DAX – selten aus mehr als 30 Aktienwerten bestehen, muss ein Immobilienindex zumindest 200 verschiedene Objekte umfassen, um als repräsentativ zu gelten (vgl. Brown, S. 180-182). Der Deutsche Immobilien Index (DIX) erfüllt diese Anforderung.

Das eigentliche Problem der Benchmarkbestimmung tritt stets bei breiter diversifizierten Portfolios auf. Sind in einem Portfolio mehrere Anlageklassen gemischt, wie zum Beispiel Aktien, Immobilien, Renten und Termingelder, dann ist die Verwendung eines singulären Aktien-, Immobilien- oder Bondindexes nicht sachgerecht. Weitere Herausforderungen bei der Benchmarkbestimmung entstehen, wenn die betrachteten Portfolios mit ihren gemischten Anlagen nicht nur in nationalen sondern in internationalen Anlagemärkten gebunden sind. In diesem Fall sollte die Benchmark einen wertgewichteten Mix aller betroffenen Teilindizes darstellen (vgl. Steiner/Bruns, S. 602). Exakt diese Problematik entsteht bei der Beurteilung von Investoren wie zum Beispiel der Offenen Immobilienfonds, denn diese verfügen stets über einen Liquiditätsanteil, der in Form von Termingeldern und Wertpapieren angelegt ist. Darüber hinaus halten zum gegenwärtigen Zeitpunkt nahezu alle Immobilien-Publikumsfonds deutliche Anteile ihres Immobilienportfolios im Ausland.

6.1.4.4.3 Performanceattribution mit Benchmarks

Die Berechnung der beiden Renditekomponenten kann über nachstehende Formeln erfolgen:

Strukturkomponente $SK_{PS} = [(W_{PS} - W_{MS}) \times (TR_{MS} - TR_M)] \times 100$

mit:

W_{PS} = Portfoliogewicht

W_{MS} = Normalgewichtung (Benchmark)

TR_{MS} = Normalrendite (Benchmark)

TR_M = Summe der gewichteten Normalrenditen

Die Strukturkomponente setzt sich aus der Über- oder Untergewichtung eines Sektors in einem Portfolio und dem Saldo aus der Normalrendite des Sektors und der durchschnittlichen Normalrendite aller Sektoren zusammen. Liegt die Normalrendite eines Sektors über der durchschnittlichen Rendite aller Sektoren (TR_M), trägt eine höhere Gewichtung dieses Sektors zu einer besseren Performance des Portfolios gegenüber der Benchmark bei.

Grundstückskomponente $GK_{PS} = W_{PS} \times (TR_{PS} - TR_{MS}) \times 100$

mit:

W_{PS} = Portfoliogewicht

TR_{PS} = Rendite (Portfolio)

TR_{MS} = Normalrendite (Benchmark)

Die Grundstückskomponente gewichtet die Aktive Rendite eines Sektors mit dem Anteil des Sektors am Wert des Gesamtportfolios.

Die Attribution eines Portfolios wird an folgendem Beispielportfolio erläutert:

	Portfolio		Benchmark		Attributionseffekte	
	Gewicht	Total Return	Gewicht	Total Return	Struktur-komponente	Grund-stücks-komponente
Büro	55%	12,50%	40%	8,70%	0,843%	2,090%
Wohnen	20%	-6,80%	40%	-3,50%	1,316%	-0,660%
Handel	25%	4,50%	20%	5,00%	0,096%	-0,125%
Summe	**100%**	**6,64%**	**100%**	**3,08%**	**2,255%**	**1,305%**

Tabelle 73: Performanceattribution

In der obigen Tabelle 73 werden die Gewichtung und die erzielte Rendite eines Portfolios in den drei Sektoren Büro, Wohnen und Handel den Benchmarkvorgaben gegenübergestellt. Daraus errechnen sich Struktur- und Grundstückskomponente des Portfolios. Für den Sektor Büro vollzieht sich die Rechnung wie folgt:

$SK_{PS} = [(W_{PS} - W_{MS}) \times (TR_{MS} - TR_M)] \times 100$

$= [(0,55 - 0,40) \times (0,087 - 0,0308)] \times 100$

$= 0,843\%$

$$GK_{PS} = W_{PS} \times (TR_{PS} - TR_{MS}) \times 100$$

$$= 0,55 \times (0,125 - 0,087) \times 100$$

$$= 2,090\%$$

Die Aktive Rendite des Gesamtportfolios beträgt 6,64 % – 3,08 % = 3,56 %. Somit hat das Portfolio eine um 3,56 Prozentpunkte höhere Rendite erzielt als die Benchmark. Diese Aktive Rendite teilt sich auf in einen Strukturbeitrag von 2,255 % und einen Grundstücksbeitrag von 1,305 %. D.h., dass sowohl die Allokation des Portfolios in Bezug auf die Gewichtung der einzelnen Sektoren als auch die Selektion der Grundstücke innerhalb des Portfolios insgesamt positiv war. Jedoch deuten die negativen Grundstückskomponenten in den Bereichen Wohnen und Handel auf Handlungsbedarf hin.

Das Portfolio ist im Vergleich zur Benchmark überdurchschnittlich in den Sektoren Büro und Wohnen investiert und erzielt im Bürosektor deutlich höhere bzw. im Handelssektor etwas niedrigere Renditen als die Benchmark. Dies spiegelt sich in der Grundstückskomponente wider, die im ersten Fall mit 2,09 % deutlich positiv und im zweiten Fall mit –0,125 % negativ ausfällt. Ist die Benchmarkrendite in einem Sektor niedriger als im Gesamtdurchschnitt, kann die betreffende Strukturkomponente des Portfolios nur positiv ausfallen, sofern dieser Sektor unterdurchschnittlich gewichtet ist. Dies ist im Wohnsektor der Fall, wo die Benchmark eine negative Rendite aufweist. Infolge der noch schlechteren Rendite des Portfolios in diesem Sektor ergibt sich eine negative Grundstückskomponente. Gleichwohl ist die Strukturkomponente mit 1,316 % eindeutig positiv, da das Portfolio in diesem Sektor unterdurchschnittlich investiert ist. Insgesamt übertrifft die Portfoliorendite die Benchmarkrendite um 3,56 %, was vor allem auf die durchweg positiven Strukturbeiträge zurückzuführen ist.

6.1.4.5 Zusammenfassung

Ein effektives Controlling von Immobilien-Portfolios erfordert eine Performanceanalyse, welche eine genaue Performancemessung, Risikoanalyse und Performanceattribution umfasst. Grundlage für die Performancemessung ist der Total Return über das gebundene Kapital, der sich aus Netto-Cash-Flow- und Wertänderungsrendite zusammensetzt. Performanceanalysen sind ein wichtiges Instrument, um den Anlageerfolg von Immobilienportfolios quantifizieren und beurteilen zu können. Während in anderen Ländern die Messung und Analyse der Immobilienperformance schon seit längerem üblich ist, nimmt dieses Thema nun auch in Deutschland an Bedeutung zu. Die Leistung eines aktiven Portfoliomanagers manifestiert sich im erzielten Anlageerfolg und setzt sich zusammen aus der geschickten Allokation des Kapitals auf verschiedene Immobilien-Marktsegmente sowie der Selektion geeigneter Grundstücke innerhalb der Segmente. Die Beurteilung des Anlageerfolges sollte im Rahmen eines Benchmarkings anhand der Aktiven Rendite relativ zum Erfolg anderer relevanter Marktteilnehmer erfolgen. Für eine realistische Beurteilung der Performance eines Portfolios ist also die Auswahl bzw. Konstruktion der Benchmark mitentscheidend. Diese gestaltet sich für ein Immobilienportfolio grundsätzlich problematischer als für Wertpapiere und ist bei gemischten Portfolios zusätzlich erschwert. Beim Benchmarking von Portfolios sollte auch das Risiko der Anlagen berücksichtigt werden. Dies kann insbesondere durch die Wahl einer Benchmark mit einem vergleichbaren Risikoprofil wie das zu beurteilende Portfolio geschehen. Alternativ wird als einparametrisches risikoadjustiertes Performancemaß zum Beispiel die Sharpe-Ratio verwendet. Im Rahmen einer Attributionsanalyse kann bei Immobilien-Portfolios eine Aufteilung der Aktiven Rendite in die Struktur- und die Grundstückskomponente erfolgen, welche die Allokations- und Selektionsfähigkeit des Portfoliomanagers widerspiegeln.

Literaturverzeichnis zu Kapitel 6.1

Bone-Winkel, S.: Das strategische Management von offenen Immobilienfonds unter besonderer Berücksichtigung der Projektentwicklung von Gewerbeimmobilien, in: Schulte, K.-W. (Hrsg.): Schriften zur Immobilienökonomie, Band 1, Köln 1994.

Bone-Winkel, S.: Immobilienportfoliomanagement, in: Schulte, K.-W./Bone-Winkel, S./Thomas, M. (Hrsg.): Handbuch Immobilien-Investition, Köln 1998, S. 215-269.

Brinson, G., Hood R., Beebower, G.: Determinants of Portfolio Performance, in: Financial Analysts Journal, 42. Jg., July-August, 1986, S. 39-44.

Brown, G. R.: Portfolio Theory and Property Investment Appraisal, in: MacLeary, A. R./Nanthakumaran, N. (Hrsg.): Property Investment Theory, London 1998, S. 110-133.

Brown, G. R., Matysiak, G. A.: Real Estate Investment, Harlow 2000.

Geltner, D. M./Miller, N. M.: Commercial Real Estate Analysis and Investment, Mason 2001.

Gerhard, J.: Immobilienportfoliomanagement mit Immobilienindex-Derivaten in: Schulte, K.-W. (Hrsg.): Schriften zur Immobilienökonomie, Band 24, Köln 2003.

gif Gesellschaft für Immobilienwirtschaftliche Forschung e.V. (Hrsg.): Empfehlung zur Analyse von Immobilienrisiken (EAI), Wiesbaden 2001.

gif Gesellschaft für Immobilienwirtschaftliche Forschung e.V. (Hrsg.): Richtlinie Definition und Leistungskatalog Real Estate Investment Management, Wiesbaden 2002.

Kandlbinder, H. K./Entzian, T.: Der Immobilien-Spezialfonds in Entfaltung, in: Der Langfristige Kredit, 53. Jg., Nr. 13, 2002, S. 395-406.

Liang, Y./Hess, R./Bradford, D./McIntosh, W.: Return Attribution for Commercial Real Estate Investment Management, in: Journal of Real Estate Portfolio Management; 5. Jg., Nr. 1, 1999, S. 23-30.

Lottenbach, W.: Der Anlageentscheidungsprozeß im internationalen Portfolio Management: Die Theorie und die Praxis der Schweizer Banken, Aachen 1996.

Markowitz, H.: Portfolio Selection, in: Journal of Finance, 7. Jg., Nr. 1, 1952, S. 77-91.

Markowitz, H.: Portfolio Selection – Efficient Diversification of Investments, New York/London 1959.

Mueller, A. G./Mueller, G. R.: Public and Private Real Estate in a Mixed-Asset Portfolio, in: Journal of Real Estate Portfolio Management, 9. Jg., Nr. 3, 2003, S. 193-204.

Pieper, H. G.: Performanceattribution in der Praxis, in: Kleeberg, J. M./Rehkugler, H. (Hrsg.): Handbuch Portfoliomanagement – Strukturierte Ansätze für ein modernes Wertpapiermanagement, 2. Aufl., Bad Soden/Ts. 2002, S. 1001-1022.

Poddig, T./Dichtl, H./Petersmeier, K.: Statistik, Ökonometrie, Optimierung, 3. Aufl., Bad Soden/Ts. 2003

Roventa, P.: Portfolio-Analyse und strategisches Management, 2. Aufl., in: Kirsch, W. (Hrsg.): Planungs- und organisationswissenschaftliche Schriften, Band 30, München 1981.

Sirmans, C. F./Worzala, E.: International Direct Real Estate Investment: A Review of the Literature, in: Urban Studies, 40.Jg., Nr. 5/6, 2003, S. 1081-1115.

Steiner, M./Bruns, C.: Wertpapier-Management, 8. Aufl., Stuttgart 2002.

Thomas, M.: Die Entwicklung eines Performanceindexes für den deutschen Immobilienmarkt, in: Schulte, K.-W. (Hrsg.): Schriften zur Immobilienökonomie, Band 2, Köln 1997.

Thomas, M.: Performancemessung im Immobilien Asset Management, in: Schulte, K.-W. et al. (Hrsg.): Handbuch Immobilien-Banking, Köln 2002, S. 689-714.

Walbröhl, V.: Die Immobilienanlageentscheidung im Rahmen des Kapitalanlagemanagements institutioneller Anleger, in: Schulte, K.-W. (Hrsg.): Schriften zur Immobilienökonomie, Band 15, Köln 2001.

Wellner, K.: Entwicklung eines Immobilien-Portfolio-Management-Systems, in: Pelzl, W. (Hrsg.): Reihe Immobilienmanagement, Band 3, Norderstedt 2003.

Wittrock, C.: Messung und Analyse der Performance von Wertpapierportfolios, in: Steiner, M. (Hrsg.): Reihe Portfoliomanagement, 3. Aufl., Bad Soden/Ts. 2000.

Zangemeister, C.: Nutzwertanalyse in der Systemtechnik, 2. Aufl., München 1971.

Zimmermann, H.: Moderne Performancemessung, Bern 1996.

6.2   Corporate Real Estate Management

Wolfgang Schäfers, Sonja Gier

6.2 Corporate Real Estate Management

Wolfgang Schäfers, Sonja Gier

6.2.1 Einführung

Im Mittelpunkt der Führung von Industrie-, Dienstleistungs- und Handelsunternehmen steht die aktive und zielgerichtete Lenkung und Gestaltung der langfristigen Unternehmensentwicklung durch Aufbau und Erhaltung dauerhafter Wettbewerbsvorteile. Dabei spielen sowohl die Wettbewerbsfähigkeit der Unternehmensleistungen als auch die Wettbewerbsfähigkeit der Unternehmensressourcen eine wichtige Rolle. Während in der aktuellen Managementliteratur und -praxis vielfältige Ansätze zur konzeptionellen Lenkung und Gestaltung der Unternehmensressourcen Kapital, Technologie, Information und Personal zu finden sind, ist eine konzeptionelle Auseinandersetzung mit der Unternehmensressource Grundstücke und Gebäude weitgehend unterblieben (vgl. Joroff et al. 1993a, S. 14; Joroff, S. 1).

Angesichts der fundamentalen Vermögens- und daraus resultierenden Kostenwirksamkeit der von den Unternehmen genutzten Immobilien erstaunt es um so mehr, dass diese von den meisten Unternehmen nach wie vor nur funktionserhaltend verwaltet werden, was nicht zuletzt in den Organisationsbezeichnungen „Liegenschaftsabteilung" oder „Liegenschaftsverwaltung" zum Ausdruck kommt. Eine aktive, strategisch orientierte Auseinandersetzung mit diesem Potenzialfaktor wird von vielen Unternehmen als nicht notwendig erachtet (vgl. Schäfers 1996, S. 6ff.). Erst in Krisenzeiten rückt das betriebliche Immobilienportfolio in das Blickfeld der Unternehmensführung, wenn es gilt, durch überstürzte Immobilientransaktionen die Unternehmenskrise abzuwenden (vgl. Gop, S. 14). Der Mythos „We are not in the real estate business!" prägt das immobilienbezogene Denken und Handeln zahlreicher Unternehmen.

Die gesamtwirtschaftliche Konsolidierung zahlreicher Märkte einhergehend mit einer starken Erosion der Unternehmensergebnisse lenkt aber zunehmend den Blick auch auf die Entdeckung und Ausnutzung von Erfolgspotenzialen im betrieblichen Immobilien-Portfolio. Diese Entwicklung lässt nun bei zahlreichen Unternehmen konzeptionelle Managementlücken bezüglich ihrer Immobilienaktivitäten offensichtlich werden. Viele Unternehmen sind sich der Tatsache nicht bewusst, dass sie entweder keine klare Immobilienstrategie formuliert oder die Immobilienstrategie nicht an den Unternehmenszielen ausgerichtet haben.

Vor diesem Problemhintergrund stellt sich verstärkt die Frage nach einer managementorientierten Gesamtkonzeption zur systematischen Steuerung der unternehmerischen Aktivitäten im Immobilienbereich der so genannten „Non-Property-Companies". Im Folgenden werden deshalb die Grundlagen und Bausteine für eine solche Managementkonzeption aufgezeigt.

6.2.2 Problemfelder des Corporate Real Estate Managements in der Praxis

Die inhaltlichen Problemstellungen des Managements von Unternehmen haben sich lange Zeit auf Auswahl und Gestaltung der Produkt-/Markt-Kombinationen, in denen ein Unternehmen langfristig tätig sein will, und den hierfür zu entwickelnden Strategien beschränkt. Die Wahl der Produkt-/Markt-Strategien ist jedoch nicht hinreichend. Vielmehr bedarf ihre Umsetzung und Verwirklichung des Einsatzes von Ressourcen im Unternehmen. Folglich führen Produkt-/Markt-Strategien nur dann zu langfristig nachhaltigen Erfolgen, wenn es gelingt, die Konfiguration der unternehmerischen Ressourcen zum einen kontinuierlich auf die markt- bzw. produktbezogenen Erfordernisse auszurichten und zum anderen fortlaufend wirtschaftlich zu nutzen.

Trotz dieser Erkenntnis sind in der aktuellen Managementpraxis vornehmlich Ansätze des primär auf Produkt-/Marktpotenziale gerichteten externen strategischen Managements zu finden. Demgegenüber ist eine fundierte Behandlung der Ressourcenpotenziale von Unternehmen weitgehend unterblieben. Erst in jüngster Zeit gewinnen intern orientierte Managementansätze wie z.B. das Technologie-Management, das Human-Resource-Management oder das Informations-Management zunehmend an Bedeutung.

Von diesem Wandel der Sichtweise bleibt die Ressource Grundstücke und Gebäude auch heute in vielen Unternehmen noch weitgehend ausgenommen. Ursächlich für ihre mangelnde Einbeziehung in das Management von Unternehmen sind folgende Faktoren:

- Immobilien zählen in aller Regel nicht zum Primär- bzw. Kerngeschäft der Unternehmen. Vielmehr gehören sie – wie dargestellt – zum Betriebsmittelbestand der Unternehmen, von dem scheinbar keine oder kaum eine unmittelbare **Markt- oder Wettbewerbswirkung** ausgeht. Dementsprechend ist die Beschäftigung mit immobilienspezifischen Problemstellungen nicht so institutionalisiert wie beispielsweise die Auseinandersetzung mit marketing- oder technologiespezifischen Aspekten. Dennoch fand in den letzten Jahren, insbesondere bei den Großunternehmen, ein Sinneswandel statt. Die oberste Unternehmensführung bringt mittlerweile der Immobiliendimension ein höheres Maß an Aufmerksamkeit entgegen. Jedoch gilt in weiteren Teilen des Mittelstands weiterhin die Ausführung von Joroff et al.: „Senior managers had not learned to ask how the [real estate, d. Verf.] function could create more value for the company and help to meet the overall corporate mission." (vgl. Joroff et al. 1993a, S. 14). Als scheinbares Detailproblem bleiben die Immobilienaufgaben hier noch oftmals durch die Unternehmensführung weitgehend unstrukturiert.

- Die Unternehmen besitzen in den meisten Fällen keine Konzepte oder Leitfäden für den strategischen Umgang mit ihrem Immobilien-Portfolio. So verfügen weniger als 50% deutscher Großunternehmen eine schriftlich fixierte Immobilienstrategie und nur in etwa der Hälfte der Unternehmen sind immobilienwirtschaftliche Planungsprozesse mit denen des Kerngeschäfts verknüpft. (vgl. Hedden/Pfnür, S. 23). Die mit den betrieblichen Immobilien befassten Entscheidungsträger werden auch nur selten in den strategischen Führungsprozess der Unternehmen miteinbezogen (vgl. Isakson/Sircar, S. 26; Avis et al., S. 6). Reaktive, auf einzelne Transaktionen bzw. Objekte ausgerichtete ad-hoc-Entscheidungen dominieren die immobilienbezogene Realität (vgl. Gibson, S. 11; Joroff, S. 2).

- Mögliche strategische Stoßrichtungen bzw. Handlungsalternativen zur Lösung immobilienspezifischer Probleme und die mit ihnen verbundenen langfristigen Handlungskonsequenzen sind nur unzureichend bekannt und werden auch oftmals nicht explizit artikuliert (vgl. Nourse/Roulac, S. 475; Gibson, S. 9). Infolgedessen konnte sich bislang ein strategisch orientiertes Immobilienmanagement nur sehr langsam herausbilden und ist von den Unternehmen auch lange Zeit als nicht erforderlich erachtet worden, vor allem nicht im internationalen Kontext (vgl. Straßheimer). Die Folge dieser Haltung ist, dass Immobilienaufgaben oftmals als reine Verwaltungs- und Abwicklungsaufgaben verstanden werden. Diese Einschätzung führt zur Unterschätzung der Immobiliendimension und zum Strategienotstand im Immobilienmanagement.

- Immobilien werden als überwiegend technische Gebilde gesehen, die als „Gehäuse für die Produktion und Verwaltung" (vgl. Pfarr, S. 102) dienen. Als solche sind sie eine Domäne der Bauingenieure und Architekten; eine weiterführende betriebswirtschaftliche Auseinandersetzung wird häufig nicht vorgenommen (vgl. Brittinger, S. 1). Damit einher geht eine Geringschätzung des Berufsstandes der Immobilienmanager in den Unternehmen, verbunden mit einer Geringschätzung ihrer Bedeutung für die strategische Ausrichtung der Unternehmen.

- Gleichzeitig mangelt es vielen Unternehmen an einem ausreichenden Bewusstsein für die Kosten- und Vermögenswirksamkeit ihrer Immobilien. Insbesondere die mit der Nutzung verbundenen Kosten werden als nachrangig angesehen und kaum analytisch durchleuchtet. Bell bemerkt hierzu treffend: „Many companies are very decentralized and occupancy costs tend only to be seen at the local operating level (...). Senior management rarely sees those costs aggregated into a total number" (vgl. Bell, S. 11f.). Ein effektives Immobilien-Kostenmanagement wird häufig allein dadurch verhindert, dass traditionelle Systeme des Rechnungs- und Berichtwesens in den Unternehmen „weiße Flecken" aufweisen, was eine differenzierte Behandlung der Kosten von Immobilien anbelangt. Regelmäßig werden diese undifferenziert auf Gesamtunternehmensebene absorbiert und nicht oder allenfalls auf Basis historischer Anschaffungs- und Herstellungskosten den Geschäftseinheiten angelastet. Hinzu tritt nach Erfahrungen der Verfasser das Problem, dass es in der Realität regelmäßig zum Ansatz von kalkulatorischen Durchschnittskosten für einen gesamten Unternehmensstandort kommt, die der Gebäudelage und -qualität sowie der Nutzungsart nicht differenziert genug Rechnung tragen. Dies mündet nicht selten in einer „Laisser-faire-Haltung" im Umgang mit Immobilien. Hierdurch wird eine gezielte Evaluierung der Erfolgswirksamkeit der Immobiliennutzung im Unternehmen weitgehend ausgeschlossen, was zu einer Verzerrung und mangelnden Transparenz der Ergebnisse der Geschäftseinheiten führt. Gleichzeitig ist damit eine Ausbreitung bürokratischer Strukturen und Verhaltensweisen im Immobilienmanagement verbunden, die durch dysfunktionale Erscheinungen – z.B. die Erbringung nicht marktgerechter Leistungen und Qualitäten sowie eine überflüssige Kapitalbindung in Immobilienressourcen – gekennzeichnet sind.

- Schließlich weisen die mit Immobilien befassten Organisationseinheiten in vielen Unternehmen erhebliche organisatorische und informatorische Defizite auf, die ein aktives, systematisches Gestalten der Immobiliendimension in den Unternehmen verhindern. Zersplitterte Verantwortlichkeiten und Zuständigkeiten führen dazu, dass an vielen Stellen und Instanzen in den Unternehmen Informationen über Immobilien für verschiedenartige Zwecke gesammelt werden, was nicht selten zu Mehrfacherfassung, mangelnder Zuverlässigkeit und Aktualität der immobilienbezogenen Daten führt (vgl. Avis/Gibson/Watts, S. 29). Einheitliche oder gar zentral gesteuerte Immobilieninformationssysteme existieren bis heute nur vereinzelt. Dies führt in seiner Gesamtheit letztlich zu einer nicht ausreichenden Fundierung immobilienbezogener Entscheidungen in den Unternehmen, die in eine weitgehend ungerichtete Gesamtentwicklung des Immobilienportfolios münden.

Grundsätzlich ist aber davon auszugehen, dass strategische Erfolgspotenziale bzw. Wettbewerbsvorteile in allen Aktivitäten der Wertschöpfungskette einer Unternehmung liegen. Das strategische Handeln muss sich infolgedessen auf die aktive Lenkung und Gestaltung aller vorhandenen Potenziale ausdehnen, um angesichts der zunehmenden Umweltdynamik und -komplexität die Existenz von Unternehmen langfristig zu sichern. Dies sollte auch eine strategische Sichtweise der Unternehmensimmobilien und ihres Managements mit einschließen. Dementsprechend soll nachfolgend auf die Notwendigkeit einer strategischen Orientierung und systematischen Sichtweise der Immobilienaktivitäten in „Non-Property-Companies" eingegangen werden.

6.2.3 Notwendigkeit eines Corporate Real Estate Managements

6.2.3.1 Umweltentwicklungen in der Perspektive des Immobilienmanagements als Herausforderung für die Unternehmung

Abbildung 197 zeigt diejenigen **Umweltveränderungen**, die im Kontext des Managements von Unternehmensimmobilien eine entscheidende Rolle spielen und die Notwendigkeit einer verstärkten strategischen Orientierung und systematischen Sichtweise der Immobilienaktivitäten der Unternehmen begründen.

Ursachen für den Bedeutungswandel im Immobilienmanagement können sowohl in den Herausforderungen technologischer Entwicklungen gesehen als auch im Bereich der geänderten markt- und gesellschaftlichen Rahmenbedingungen gesucht werden. Diesen Umweltentwicklungen wird im Folgenden anhand ausgewählter Aspekte überblicksmäßig nachgegangen (zu einer vertieften Diskussion vgl. Schäfers 1997, S. 53ff.).

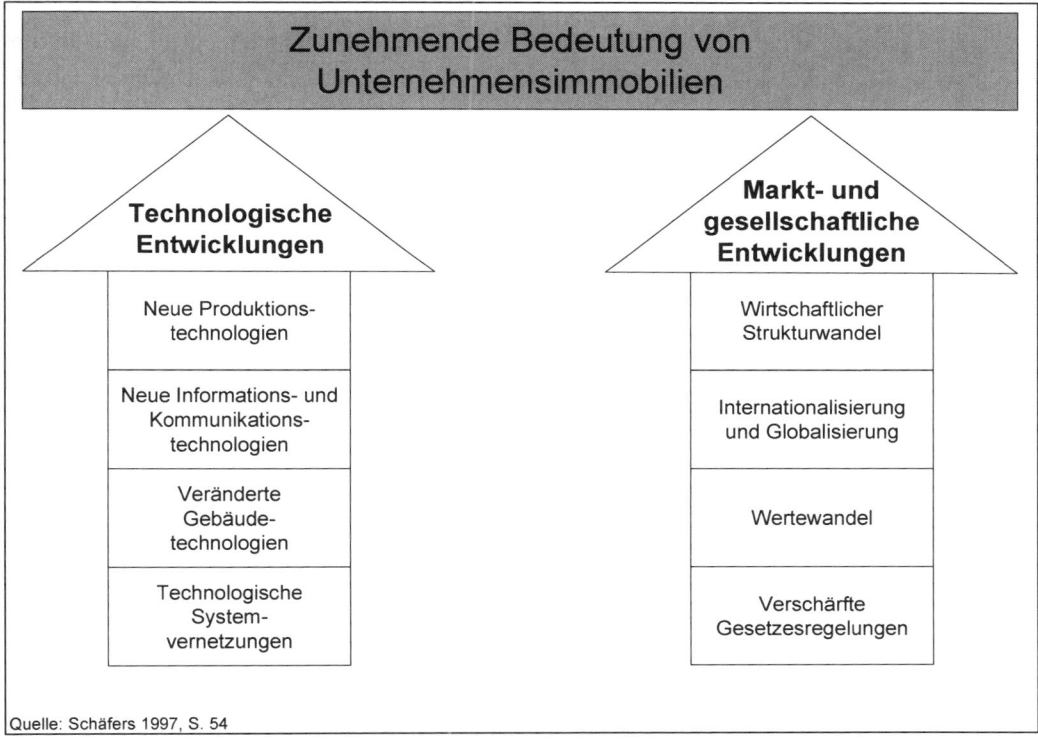

Abbildung 197: Umweltentwicklungen als Rahmenbedingung des Corporate Real Estate Managements

6.2.3.1.1 Globale technologische Entwicklungen

Die immer schnellere Fortentwicklung des technologischen Erkenntnisstandes beeinflusst in erheblichem Maße die Wettbewerbsverhältnisse und -kräfte in einer Vielzahl von Branchen. Die wettbewerbliche Bedeutung neuer Technologien manifestiert sich vor allem in der Entwicklung automatisierter Fertigungskonzepte (z.B. flexible Fertigungssysteme, fahrerlose Transport- und Lagersysteme, etc.), die daten- und vorgangstechnisch im Konzept des „Computer Integrated Manufacturing" bzw. der „Fabrik der Zukunft" integriert sind (vgl. Wolfrum, S. 56ff.). Neue Produktions- und Prozesstechnologien werden zweifellos in zunehmendem Maße zu einem strategischen

Erfolgs- und damit Wettbewerbsfaktor für die Unternehmen, ermöglichen sie doch die Realisierung erheblicher Produktivitätsfortschritte (z.B. verkürzte Entwicklungs- und Durchlaufzeiten, verringerte Lager- und Transportkosten) und Flexibilitätssteigerungen (z.B. größere Variantenvielfalt, gestiegene Anpassungsfähigkeit an veränderte Kundenanforderungen).

Gleichwohl darf nicht verkannt werden, dass dieser akzelerierende technologische Wandel das Immobilienmanagement vor neue Herausforderungen stellt. Im Zuge der Automatisierung, Verkettung und Robotisierung der Produktionsprozesse stellen viele Unternehmen fest, dass die herkömmlichen Raum- und Baulösungen die Realisierung der angestrebten wettbewerblichen Vorteile gefährden. Typische Probleme, die bei der Nutzung alter Fabrikbauten für den Einsatz neuer Produktionstechniken auftreten, sind die zu niedrige Deckenhöhe und -tragfähigkeit, die zu engen Stützraster sowie die unzusammenhängende, mitunter unveränderliche Flächenstruktur und die zu hohen Energieverbräuche (vgl. Knocke, S. 353ff.). In der Konsequenz können neuartige Technologien letztendlich nur dann optimal eingesetzt werden, wenn die aus ihnen resultierenden Forderungen nach **Flexibilität**, **Multifunktionalität** und Materialflussoptimierung der Gebäude auch durch eine entsprechende Gebäudeinfrastruktur unterstützt werden.

Ein weiterer Aspekt der Technologieentwicklung, die das Immobilienmanagement direkt betrifft, ist in der Flächenwirkung der neuen Technologien zu sehen. Nicht selten ist mit dem technologischen Wandel eine höhere Flächenintensität bei gleichzeitig geringerer Flächenextensität verbunden (vgl. Simmering, S. 1). In der Konsequenz führt dies zu Fragen nach innovativen Handlungskonzepten im Umgang mit freiwerdenden bzw. nicht betriebsnotwendigen Immobilien.

Aber auch Büro- und Verwaltungsgebäude bleiben von dem technologischen Wandel nicht ausgenommen. Insbesondere die Fortentwicklung der Informations- und Kommunikationstechnologien im Bürobereich hat einen erheblichen Einfluss auf die Planung und Gestaltung von Büro- und Verwaltungsgebäuden. Denn mit dem Einsatz dieser Technologien sind veränderte Anforderungen an die Gebäudegestaltung in Bezug auf die Qualität, Flexibilität sowie technische Ausstattung der Bauten verbunden (vgl. Henckel, S. 95). Im Ergebnis führt diese Entwicklung zu einer beschleunigten Obsoleszenz bestehender Bürobauten im Immobilien-Portfolio der Unternehmen. Gerade Bauten der 50er, 60er und 70er Jahre können aufgrund ihrer nicht länger zeitgemäßen Grundrisse, der fehlenden horizontalen und vertikalen Kabelschächte sowie der veralteten technischen Infrastruktur den gestiegenen Nutzeranforderungen nicht gerecht werden.

6.2.3.1.2 Globale markt- und gesellschaftliche Entwicklungen

Die Strukturverschiebung vom sekundären zum tertiären Sektor steht in jüngster Zeit immer mehr in der aktuellen wirtschaftspolitischen Diskussion. Die zunehmende Dienstleistungsorientierung berührt nicht nur originäre Dienstleistungssektoren, sondern auch den gesamten produzierenden

Sektor. Dieser wirtschaftliche Strukturwandel trifft aber auch direkt das betriebliche Immobiliensystem. Denn die **Tertiärisierung** bedingt einerseits eine Zunahme von Flächen für Bürotätigkeiten, andererseits eine wesentlich engere räumliche Verzahnung der Bürotätigkeiten wie z.B. Forschung und Entwicklung, Konstruktion, Arbeitsvorbereitung, Service mit dem eigentlichen Fertigungsbereich (vgl. Einem/Tonndorf, S. 128; Karsten, S. 15). Dies hat unmittelbare bauliche Auswirkungen. Die früher übliche Trennung von – häufig unattraktiven – Produktions- und Lagerflächen einerseits und lieblos gestalteten Verwaltungsgebäuden andererseits wird in steigendem Maße zugunsten einer aufgelockerten, integrierten Bauweise mit überschaubaren Bauabschnitten aufgegeben.

Gleichzeitig bedingt der **Strukturwandel** auch veränderte Standortanforderungen. „Harte" Standortfaktoren verlieren für die Unternehmen relativ an Bedeutung (vgl. Holz, S. 7; Weber, S. 46). Sie kennzeichnen in aller Regel bewertbare Faktoren, wie z.B. die Nähe zu Rohstoffquellen, das Lohnniveau, etc. Demgegenüber erhalten „weiche" Standortfaktoren, wie z.B. das Standortimage, die Umfeldqualität oder die Nähe zu Forschungseinrichtungen eine größere Bedeutung. Mithin werden der Standort und die Gestaltung von Unternehmensimmobilien zu einem entscheidenden Katalysator für den strukturellen Wandel in den Unternehmen.

Baulich-räumliche Anpassungsprozesse in den Unternehmen werden auch durch den sich seit Jahren ausbreitenden gesellschaftlichen Wertewandel hervorgerufen (vgl. Raffée/Wiedmann, S. 552ff.). Dies drückt sich insbesondere in veränderten Bedürfnissen der Mitarbeiter hinsichtlich der Gestaltung der Arbeitsinhalte und -plätze aus. Von den Gebäuden erwarten die Mitarbeiter – neben optimalen physiologischen Bedingungen wie optischen, thermischen und akustischen Faktoren – einerseits Privatheit am Arbeitsplatz, andererseits aber auch das Angebot von Kommunikations- und Treffpunkten, die uneingeschränkt Team- und Projektarbeit ermöglichen. Folglich werden die Qualität des Arbeitsplatzes und Attraktivität der Gebäude in der Zukunft entscheidende Wettbewerbsfaktoren in der Konkurrenz um qualifizierte Mitarbeiter sein.

Gesamthaft betrachtet führen die sich aus den angesprochenen Umweltentwicklungen ergebenden Herausforderungen ohne Zweifel zu einer deutlichen Aufwertung von Immobilien und ihres Managements im Unternehmensgefüge. Daraus leiten einige Autoren die Vermutung ab, dass Unternehmensimmobilien die zentrale Ressource der Zukunft sind: „In the 1980s companies transformed the role of four major corporate resources – capital, people, technology and information. (...) Now the focus is on another resource – one that can contribute at least as much to corporate goals as the other four. A company's real estate – its land, buildings and work environments – is a powerful resource whose strategic value is just emerging"(vgl. Joroff et al. 1993c, S. 53).

6.2.3.2 Kosten- und Vermögensdimension von Unternehmensimmobilien als Herausforderung für die Unternehmung

6.2.3.2.1 Kostendimension von Unternehmensimmobilien

Die Bedeutung von Immobilien in Unternehmen wird häufig unterschätzt. Sie führen ein mehr oder weniger großes Schattendasein und werden nur selten in den Mittelpunkt strategischer Betrachtungen gestellt. Dies ist umso überraschender, wenn man sich vor Augen hält, welche Dimension die mit Immobilien verbundenen Kosten für den Unternehmenserfolg haben.

Empirische Untersuchungen zeigen, dass die **Immobilienkosten** („Occupancy Costs") einen Anteil von 3-10% an den jährlichen Umsatzerlösen haben bzw. sich in einer Größenordnung von 5-15% der Gesamtkosten von Unternehmen p.a. bewegen (vgl. Parker, S. 23; Evans, S. 28; Klender/Muldavin, S. 75; Arthur Andersen 1995, S. 2). Weitere Studien und Erfahrungswerte aus der Praxis wiederum belegen, dass durch einen effektiven Umgang mit Grundstücken und Gebäuden Unternehmen bis zu 10%, unter Umständen sogar bis zu 30% der immobilienbezogenen Kosten einsparen können, was signifikante Auswirkungen auf den Unternehmensgewinn hätte.

Gleichwohl mangelt es den Unternehmen – wie weiter oben bereits angedeutet – an einem ausreichenden Bewusstsein für die enorme Dimension der Kosten von Unternehmensimmobilien. Trotz vorliegender Norm werden die Immobilienkosten in den Unternehmen nicht einheitlich erhoben und zugeordnet, was im Grundsatz darauf zurückzuführen ist, dass diese Schnittmengen mit den traditionellen primären Kostenarten bilden (vgl. Brittinger, S. 153).

6.2.3.2.2 Vermögensdimension von Unternehmensimmobilien

Die gewaltige finanzwirtschaftliche Bedeutung, die Immobilien für Unternehmen haben, spiegelt sich auch in den Jahresabschlüssen wider. Es lassen sich Belege dafür finden, dass Immobilien einen Anteil von etwa 10% am Gesamtvermögen der Unternehmen einnehmen. Dies ist keine Seltenheit, sondern die Regel (vgl. hierzu Kapitel 1.2, Tabelle 2).

Dabei gilt es zu bedenken, dass aufgrund der einschlägigen handelsrechtlichen Bilanzierungs- und Bewertungsvorschriften nur die um planmäßige Abschreibungen verminderten historischen Anschaffungs- oder Herstellungskosten des Immobilienvermögens in den Bilanzen der Unternehmen ausgewiesen werden. Diese Buchwerte weichen im Allgemeinen von den jeweiligen Verkehrswerten der Immobilien ab. Denn während die meisten Betriebsmittel in ihrer Lebensdauer an Werthaltigkeit verlieren, erfahren Immobilien in aller Regel eine Wertsteigerung, wie Tabelle 74 anhand ausgewählter Nutzungsarten gewerblich genutzter Immobilien belegt.

Nutzungsart	Veränderungsarten			
	1975-2002		1990-2002	
	gesamt	*p.a.*	*gesamt*	*p.a.*
Mietentwicklung Büroflächen (City-Lage)	114,0%	2,9%	-1,1%	- 0,1%
Preisentwicklung gewerblicher Grundstücke	120,0%	3,0%	6,2%	0,5%
Quelle: Bulwien AG				

Tabelle 74: Miet- und Preisentwicklung von Gewerbeimmobilien in den alten Bundesländern

Die auseinanderklaffende Entwicklung von Buch- und Verkehrswerten kann unternehmensindividuell beträchtliche Größenordnungen annehmen. Branchenexperten schätzen die Verkehrswerte durchschnittlich auf das Zwei- bis Dreifache der Buchwerte.

In diesem Zusammenhang wird in jüngster Vergangenheit ein neuer Schwerpunkt betont, auf den strategische Maßnahmen von Unternehmen auszurichten seien. Die Bedeutung von Unternehmensimmobilien und ihres Managements für den Unternehmenswert („**Shareholder Value**") rückt in der Unternehmenstheorie und -praxis verstärkt in den Vordergrund (vgl. Schulte 1995; Hens; Crommen; Arthur Andersen 1993, S. 13f.). So konnte auch Bühner in Expertengesprächen mit Vertretern deutscher Unternehmen feststellen, „dass durch die Ausrichtung des Unternehmens auf den Shareholder Value die Bedeutung des Managements von (Anlage- und Umlauf-) Vermögen deutlicher ins Bewusstsein rückt. Als Beispiel wurde (...) immer wieder das Immobilienmanagement angeführt (...)" (vgl. Bühner 1994, S. 2).

In diesem Zusammenhang gilt es zu berücksichtigen, dass die immobilienbezogenen Unternehmensaktivitäten in aller Regel kein Selbstzweck sind. Vielmehr stehen sie in einem engen inhaltlichen Zusammenhang mit den im Primärbereich der Unternehmen verfolgten Unternehmens- bzw. Geschäftsfeldstrategien. Infolgedessen kommt dem Zusammenwirken von Immobilien- und Unternehmensstrategien im Hinblick auf den Beitrag der Immobiliendimension zum Unternehmenswert eine besondere Bedeutung zu.

Aus den vorangegangenen Ausführungen ist deutlich geworden, dass **Immobilienentscheidungen** mit zu den folgenschwersten Entscheidungen in Unternehmen gehören. Ihre Auswirkungen auf den Unternehmenserfolg und -wert werden besonders deutlich durch die beträchtliche Höhe der gebundenen Finanzmittel, die langfristige Bindungsdauer, die Erstarrung der Kostenstrukturen und die mangelnde Korrekturfähigkeit bei Fehlentscheidungen. Mithin kommt einer integrierten Unternehmensfunktion Immobilienmanagement zweifellos ein hohes strategisches Erfolgs- und Wertsteigerungspotenzial zu. Die Ausnutzung dieses Potenzials hängt aber im Wesentlichen davon ab, ob es gelingt, die Immobiliendimension als integrativen Bestandteil in die strategische Unternehmensführung einzubinden. Dies setzt notwendigerweise voraus, Immobilien als Managementobjekte anzuerkennen, die zielorientiert und systematisch gemanaged werden müssen.

6.2.4 Gegenstand und Ansatzpunkte eines Corporate Real Estate Managements

6.2.4.1 Begriff des Corporate Real Estate Managements

In der angloamerikanischen Literatur werden Konzepte einer konzeptionellen, strategisch orientierten Auseinandersetzung mit der Immobiliendimension in den Unternehmen als „Corporate Real Estate Management", „Strategic Facility Management", „Strategic Property Management" oder „Strategic Management of Corporate Real Estate" gekennzeichnet.

Dabei soll im Folgenden unter dem Begriff **Corporate Real Estate Management** das aktive, ergebnisorientierte strategische und operative Management betriebsnotwendiger und nicht betriebsnotwendiger Immobilien verstanden werden. Als unternehmerische Führungskonzeption richtet es sich an „Non-Property-Companies", die im Rahmen ihrer Unternehmensstrategie über unfangreichen Grundbesitz verfügen.

6.2.4.2 Entwicklungsstufen im Corporate Real Estate Management

Ähnlich der Entwicklung des strategischen Denkens ist das im vorangegangenen Abschnitt dargelegte Begriffsverständnis eines strategischen Immobilienmanagements Ausdruck einer langfristigen Entwicklung. Diese Entwicklung lässt sich nach einer Systematik einer Forschergruppe des Massachusetts Institute of Technology (MIT) in fünf Stufen beschreiben (vgl. Joroff et al. 1993a, S. 4ff.; Joroff et al. 1993b, S. 26ff.), die aufeinander aufbauen und einander ergänzen (vgl. Abbildung 198).

In der als **„Taskmaster"** umschriebenen ersten Entwicklungsstufe ist das betriebliche Immobilienmanagement für die Bereitstellung und Instandhaltung der Immobilien verantwortlich (vgl. Joroff et al. 1993b, S. 27ff.). Dabei stehen insbesondere technikorientierte Fähigkeiten und Fertigkeiten im Mittelpunkt, während ein Denken in strategischen Kategorien nicht erforderlich erscheint. Das immobilienbezogene Unternehmensverhalten ist als reaktiv zu kennzeichnen, da immobilienrelevante Erfordernisse erst aufgrund einer aktuellen Bedarfssituation, d.h. aus bestimmten Sachzwängen heraus berücksichtigt werden. Ein solches Managementverhalten, das sich lediglich an kurz- bis mittelfristigen Anforderungen der Geschäftseinheiten als „Process driver" orientiert, beschränkt den Handlungsspielraum für innovative Immobilien-Problemlösungen. Dementsprechend spielen Kosten- und Wertaspekte in dieser Phase auch keine

Rolle. Vielmehr werden die mit der Nutzung von Immobilien verbundenen Kosten als Gemeinkosten auf Gesamtunternehmensebene absorbiert. Für die einzelne Unternehmung können sich aus diesem reaktiven Verhalten im Immobilienmanagement langfristig Folgen ergeben, die sich letztlich negativ auf die Vermögens- und Ertragssituation auswirken.

Bedingt durch eine verstärkte Kostenorientierung in den Unternehmen und die damit einhergehende Suche nach Kostensenkungspotenzialen steht ein effizientes Immobilien-Kostenmanagement in der als „**Controller**" bezeichneten zweiten Entwicklungsstufe im Blickpunkt des Interesses. Aufgabe des Immobilienmanagements ist die Minimierung der mit der Nutzung von Immobilien verbundenen Kosten mittels traditioneller kostenanalytischer Methoden. Gleichzeitig werden die primären Geschäftseinheiten vielfach mit Nutzungsentgelten in Höhe der Abschreibungen belegt. Obwohl sich die Entscheidungsträger im Immobilienbereich einer zunehmenden Aufmerksamkeit durch die Unternehmensführung erfreuen, ist ihr Handeln weiterhin stark operativ ausgerichtet.

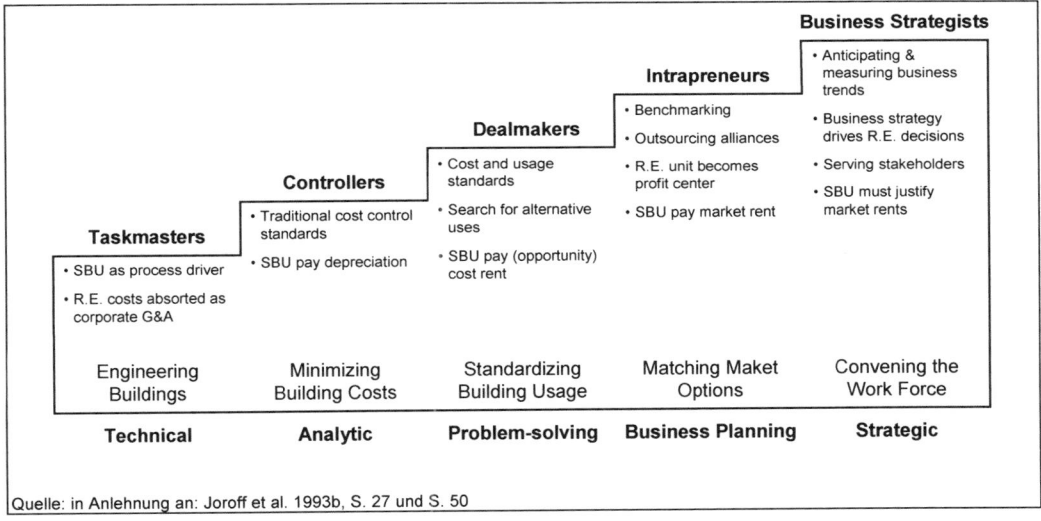

Quelle: in Anlehnung an: Joroff et al. 1993b, S. 27 und S. 50

Abbildung 198: Entwicklungsstufen im Immobilienmanagement

Die Realisierung von Wertschöpfungspotenzialen durch eine systematische Neu- bzw. Umgestaltung betriebsnotwendiger Immobilien sowie eine aktive Verwertung nicht betriebsnotwendiger Grundstücke und Gebäude im Rahmen alternativer Drittnutzungen prägt das Verständnis des Immobilienmanagements in der als „**Dealmaker**" beschriebenen dritten Stufe. Marktvergleiche im Hinblick auf Kosten und Raumstandards werden zunehmend entscheidungsrelevant. Die einzelnen Unternehmenseinheiten werden weiterhin mit den Abschreibungen belastet oder müssen gegebenenfalls sogar die Opportunitätskosten des in Immobilien gebundenen Kapitals tragen.

Mit zunehmender Wettbewerbsintensität wenden sich die Unternehmen der vierten Entwicklungsstufe zu, die mit dem Begriff **„Intrapreneur"** belegt ist. Zentrale Aufgabe des Immobilienmanagements ist, die Wettbewerbsfähigkeit der Geschäftseinheiten durch die Formulierung geeigneter strategischer Konzepte zu sichern bzw. zu stärken. Zu diesem Zweck werden die für die Immobiliendimension zuständigen Entscheidungsträger erstmalig in den strategischen Planungsprozess der Unternehmung bzw. der Geschäftseinheiten integriert. Für die Leistungen des Immobilienmanagements entrichten die Unternehmenseinheiten marktübliche Preise. Umgekehrt muss dieses den Wert ihrer Leistungen durch unternehmensinterne und -externe Vergleiche verdeutlichen.

Die letzte Entwicklungsstufe, die mit dem Begriff **„Business Strategist"** umschrieben wird, bildet den Endpunkt in diesem Modell. Kennzeichnend ist, dass sich der Planungs- und Entscheidungshorizont im Immobilienmanagement nicht mehr nur in der Bewältigung aktueller Probleme erschöpft, sondern vielmehr auf die Entwicklung langfristiger Erfolgspotenziale gerichtet ist. Dementsprechend muss sich das Immobilienmanagement aktiv mit der Identifikation und Bewertung ökonomischer wie technologischer Trends auseinandersetzen, die die zukünftige Struktur des betrieblichen Immobilien-Portfolios und damit letztlich die Wettbewerbsfähigkeit der Gesamtunternehmung bestimmen. Hieraus ergibt sich der Anspruch an das Immobilienmanagement, immobilienrelevante Problemstellungen aus den Unternehmenszielen und -strategien schon im Entwicklungsprozess zu antizipieren und dementsprechende Problemlösungen zu entwickeln, bevor sich diese als akuter Bedarf oder Forderung im Unternehmen oder in der sie umgebenden Umwelt manifestieren. Diese proaktive Verhaltensausrichtung im Immobilienmanagement findet nicht zuletzt ihren Niederschlag in einer integrierten Unternehmens- und Immobilienplanung. In instrumenteller Sicht ist kennzeichnend für diese Phase, dass den Geschäftseinheiten weiterhin Marktpreise angelastet werden, wobei im Einzelfall eine Überprüfung der Nutzung im Rahmen der Gesamtzieloptimierung vorgenommen wird.

Zusammenfassend betrachtet enthält das Modell wichtige Merkmale eines strategisch orientierten Immobilienmanagements. Unter Managementaspekten erscheint es jedoch geboten, die aufgeführten Charakteristika mittels geeigneter Bausteine, Methoden und Instrumente inhaltlich auszugestalten, was in den nächsten Punkten erfolgt.

6.2.5 Bausteine eines Corporate Real Estate Managements

6.2.5.1 Schaffung einer informatorischen Grundlage für das Immobilienmanagement

Die Beschaffung und Verarbeitung geeigneter Informationen bilden den Ausgangspunkt eines konzeptionellen Ansatzes im Immobilienmanagement der Unternehmen. Wenn nicht ausschließlich das in der Bau- und Immobilienwirtschaft verbreitete „Bauchgefühl", sondern eine mehr oder weniger bewusste Ziel- und Strategieentwicklung über den Erfolg entscheiden soll, sind ein gewisses Maß an Informationen und die Fähigkeit, diese Informationen entscheidungsorientiert aufbereiten zu können, von grundlegender Bedeutung. Die Notwendigkeit strategischer Analysen wird umso deutlicher, je größer die Veränderungen sind, die durch eine systematische Ziel- und Strategieentwicklung im Immobilienmanagement bewirkt werden sollen.

Die Gestaltung einer **effizienten Informationsgrundlage** im Immobilienmanagement in den Unternehmen wird einheitlich als notwendige Grundvoraussetzung betont (vgl. Byrne, S. 6; Bon, S. 9), gehört aber sicherlich zu den schwierigsten Aufgaben. Die generellen Probleme, denen sich eine Unternehmung diesbezüglich gegenüber sieht, bestehen darin, dass mit einer (oftmals erstmaligen) konzeptionellen Ausrichtung der **Informationsbedarf** im Immobilienmanagement sprunghaft ansteigt und Schwierigkeiten bei der Informationsbeschaffung und -verwertung ebenfalls zunehmen.

Im Mittelpunkt der **Informationsbeschaffung** steht die Frage nach den Quellen für Informationen. Grundsätzlich kann hierbei zwischen internen und externen Informationen unterschieden werden.

Bei der Beschaffung der zur Lösung einer strategischen Problemstellung im Immobilienmanagement notwendigen Informationen kommt **unternehmensinternen Quellen** eine hohe Bedeutung zu, da ihre Nutzung in aller Regel einen relativ geringen finanziellen und zeitlichen Aufwand erfordert. Die Unternehmen verfügen vielfach über ein eigenes Planungs- und Informationssystem, das als Grundlage für die Unternehmensplanung herangezogen wird. Es liegt nahe, diese Quelle interner Informationen auch für die strategische Analyse im Immobilienmanagement zu nutzen. Wichtig sind besonders Informationen, die Aufschluss über gegenwärtige und zukünftige Flächeninanspruchnahmen und -freisetzungen, nötige Grundstücks- und Gebäudegrößen, die wichtigsten Standortvoraussetzungen, das Gebäudelayout, den Investitionsbedarf, etc. liefern. Erkenntnisse hierfür lassen sich aus den Umsatz-, Personal-, Maschinen-, Anlagen-, Fertigungsfluss- bzw. bei Bürobetrieben Betriebsablaufplanungen der Unternehmen entnehmen. Grundsätzlich kann die Aussagekraft dieser Datenquellen verbessert werden, wenn die Analyse differenziert nach Geschäftsfeldern oder Regionen durchgeführt wird.

In diesem Zusammenhang muss auch auf Unterlagen aus dem betrieblichen Rechnungswesen zurückgegriffen werden, erfolgt hier doch generell eine Verarbeitung aller betriebsintern anfallenden Informationen. Dies betrifft insbesondere die Beschaffung von Grundstücks-, Gebäude-, Nutzungs-, Wert-, Kosten- und Erlösdaten für betriebliche Immobilien, die grundsätzlich der Anlage- und Finanzbuchhaltung und Kostenrechnung entnommen werden können. Gleichwohl liegt in der Unternehmenspraxis in Bezug auf diese internen Quellen ein erhebliches Informationsdefizit im Immobilienmanagement vor. „The overall view of current property data was that it was incomplete, inaccurate, inaccessible and fragmented. This is a scathing condemnation of organizations for whom property, in the majority of cases, is one of their most valuable assets" (vgl. Avis/Gibson/Watts, S. 30).

Die Auswertung **externer Informationsquellen** bildet die Grundlage für die Analyse der immobilienorientierten Umwelt der Unternehmen. Hierzu können Veröffentlichungen der statistischen Ämter (z.B. Bautätigkeitsstatistik, Baupreisindizes, etc.), der Stadtplanungsämter (z.B. Flächennutzungs-, Bebauungspläne, etc.), der Gutachterausschüsse (z.B. Bodenrichtwerte, Transaktionsdaten, etc.), ferner Marktberichte von Immobilienberatern und -maklern, Untersuchungen von Marktforschungsinstituten sowie Aufsätze in Fachzeitschriften und Zeitungsartikel herangezogen werden. Benötigt die Unternehmung Informationen über bestimmte Marktakteure, so kommen Firmenpublikationen, Prospekte, Hauszeitschriften, Presseveröffentlichungen oder Jahresabschlüsse in Betracht.

Zur Aufbereitung der gewonnenen Informationen bieten sich verschiedene Analyseinstrumente an. Sie helfen, Fakten darzustellen, Zusammenhänge zu erkennen, Probleme zu durchleuchten und zu visualisieren. Folgende **Instrumente** verdienen in diesem Zusammenhang besondere Erwähnung (vgl. Schäfers 1997, S. 100ff.):

- Branchenstruktur-Analyse,
- Stärken-/Schwächen-Analyse,
- Wertketten-Analyse,
- Immobilien-Benchmarking,
- Methoden der Immobilien-Bewertung,
- Methoden der Immobilien-Investitionsrechnung,
- Methoden der Markt- und Standortanalyse für Immobilien,
- Immobilienportfolio-Matrizen.

Besondere Bedeutung kommt der Bewertung der Liegenschaften zu. Nach einer erstmaligen Bewertung durch interne oder externe Gutachter ist die Wertermittlung kontinuierlich fortzuführen (vgl. Leopoldsberger).

Im Weiteren soll das **Immobilien-Benchmarking** als ein mögliches Analyseinstrument näher erläutert werden. Unter **Immobilien-Benchmarking** wird dabei ein systematischer und kontinuierlicher Prozess zur Erhebung und Analyse von Daten verstanden, der anhand geeigneter Vergleichsindikatoren eine relative Bestimmung der strategischen Ausgangslage des unternehmenseigenen Immobilien-Portfolios und seines Managements im Verhältnis zu anderen Unternehmen ermöglicht (vgl. Camp, S. 10ff.; Markin, S. 14). Ziel ist die Identifikation notwendiger strategischer Managementmaßnahmen, um durch eine Verbesserung der relativen Position der Immobiliendimension zur Stärkung der Wettbewerbsfähigkeit der Unternehmung beizutragen. Nourse bringt diese Zielsetzung prägnant zum Ausdruck, wenn er formuliert: „Real estate operations and corporate strategy are considered tightly linked if real property measures are monitored on a regular basis to determine their fit with corporate needs and if feedback from such measures is used to change real property assets so that they conform better to corporate needs" (vgl. Nourse 1994, S. 433).

Dabei können verschiedene **Funktionen des Immobilien-Benchmarking** differenziert werden (vgl. Schäfers 1997, S. 117f.):

- **Informationsfunktion**

  Aufgrund der Vielzahl der die Immobiliendimension der Unternehmen betreffenden Daten sollen Benchmarks in übersichtlicher und komprimierter Weise Auskunft geben über die relative Erfolgswirksamkeit („Performance") der betrieblichen Immobilienaktivitäten.

- **Risikoerkenntnis- und Chancengenerierungsfunktion**

  Ein systematisches Immobilien-Benchmarking soll helfen, Risiken und Fehlentwicklungen im Immobilien-Portfolio und deren Ursachen offen zu legen. Gleichzeitig erfolgt eine gezielte Ausnutzung von bislang ungenutzten Verbesserungspotenzialen, indem Handlungsmöglichkeiten zur Kostensenkung oder Ertragssteigerung identifiziert und gestaltet werden.

- **Planungs- und Kontrollfunktion**

  Immobilien-Benchmarks können auch als Indikatoren für Sachverhalte dienen, auf deren Basis die Unternehmensleitung bzw. die für die Immobiliendimension verantwortlichen Entscheidungsträger in Form von Plan- bzw. Vorgabewerten Zielplanungsaktivitäten im Immobilienmanagement ergreifen können. Schließlich ermöglichen sie einen Vergleich zwischen den geplanten und realisierten Werten und geben so als Kontrollvariablen Auskunft über das Ergebnis des unternehmerischen Handelns im Immobilienbereich.

Benchmarking-Projekte im Immobilienmanagement lassen sich grundsätzlich in vier **idealtypische Phasen** untergliedern. Abbildung 199 verdeutlicht diese Phasen und fasst die phasenspezifischen Hauptaktivitäten zusammen.

Besondere Bedeutung kommt der Auswahl und Operationalisierung der Benchmarking-Kriterien zu. „The key point on benchmarking is to pick those few measures that make sense to benchmark and on which an industry consensus can be formulated" (vgl. Kotch, S. 7). Um zu einer raschen Beurteilung der relativen Effizienzposition im Immobilienmanagement zu gelangen, müssen als Benchmarking-Kriterien geeignete Vergleichsmaßstäbe bzw. Kennzahlen verwendet werden, die auf einem hohen Abstraktions- bzw. Verdichtungsniveau eine schnelle Eingrenzung der relativen Position des Unternehmens bei der Nutzung seiner Immobilienressourcen ermöglichen. Versucht man, für die Vielzahl möglicher Immobilien-Benchmarks eine sinnvolle Klassifikation zu entwerfen, ist das in Abbildung 200 wiedergegebene Raster denkbar.

Definitions-phase	• Klärung der strategischen Bedeutung und Funktionen der Immobilien im Kontext der Gesamtunternehmung • Auswahl und Operationalisierung von Vergleichsfaktoren/-maßstäben • Bestimmung von internen oder externen Vergleichsobjekten/-unternehmen
Datensamm-lungsphase	• Identifikation potentiell relevanter Datenquellen • Beschaffung bereits vorhandener (Sekundär-)Daten • Generierung neuer (Primär-)Daten über Experteninterviews, Marktstudien etc.
Analyse-phase	• Qualitative und quantitative Beurteilung der relativen Wettbewerbsposition des unternehmenseigenen Immobilien-Portfolios • Ableitung von strategischen Veränderungszielen /-maßnahmen auf Basis der Benchmarking-Resultate • Quantifizierung des Ausmaßes theoretisch möglicher Verbesserungen der Erfolgs- und Leistungsposition im Immobilienportfolio
Umsetzungs-phase	• Umsetzung von strategischen Zielen in operative Aktionsprogramme • Realisierung und Kontrolle der Aktionsprogramme • Institutionalisierung periodischer Benchmarking-Projekte zur Erfassung von Veränderungen im eigenen Immobilienportfolio

Quelle: Schäfers 1997, S. 118

Abbildung 199: Prozess des Immobilien-Benchmarking

Bei Einführung des Benchmarking ist oftmals zu beobachten, dass am Anfang eine Konzentration auf kosten- bzw. finanzwirtschaftliche Benchmarks erfolgt. Mit zunehmender Erfahrung wird jedoch schnell klar, dass es ebenso wichtig ist, die zugrunde liegenden leistungswirtschaftlichen Prozesse und Faktoren zu analysieren, denn erst dadurch können im eigenen Immobilien-Portfolio Veränderungen vorgenommen werden, die die Kosten nachhaltig beeinflussen.

Das Hauptanwendungsgebiet des Immobilien-Benchmarks sind Erfolgs- und Wirtschaftlichkeits-analysen in Form von unternehmensinternen und -externen Vergleichen (vgl. Lubieniecki, S. 9). Dabei kommt dem externen Vergleich eine besondere Bedeutung zu, gilt es doch Verbesserungspotenziale zu identifizieren „(...) by comparing key performance measures against competitors and best-in-class performers" (vgl. Noha, S. 512). Als Vergleichsunternehmen zur Bestimmung der eigenen relativen Immobilienposition können grundsätzlich sowohl Unternehmen der eigenen Branche als auch branchenfremde Unternehmen ausgewählt werden.

	qualitativ	quantitativ
Leistungs-wirtschaftliche Benchmarks	z.B. • Zufriedenheit der Mitarbeiter mit Gebäudelage /-qualität /-service • Zufriedenheit der Kunden mit Gebäudelage /-qualität /-service • Drittverwendungsfähigkeit der Immobilie	z.B. • Raumstandards (m² je MA) • Nutzungsgrad • Anteil Nutzfläche/Gesamtfläche
	inputorientiert	**outputorientiert**
Finanz-wirtschaftliche Benchmarks	z.B. • Gebäudeinvestitionen je m² • Gebäudeinvestitionen je Arbeitsplatz • Gebäudekosten je m² • Gebäudekosten je Mitarbeiter • Gebäudekosten in % des Umsatzes • Gebäudekosten in % der Gesamtkosten • Immobilienvermögen in % der Bilanzsumme • Eigennutzung/Fremdnutzung-Ratio	z.B. • Umsatz je m² • Vermietungserträge je m² • Gesamtperformance je m² • ROA, ROI

Quelle: Schäfers 1997, S. 119

Abbildung 200: Systematisierung von Immobilien-Benchmarks

Es ist evident, dass gegen die strategische Diagnosekraft und Aussagerelevanz eines Immobilien-Benchmarking erhebliche Einwände vorgebracht werden können. Vor allem Auswahl-, Mess-, Vergleichs-, Erhebungs- und Interpretationsprobleme sind grundlegende Bereiche, deren Handhabung den Erfolg und die Aussagekraft von Benchmarking-Projekten im Immobilienmanagement entscheidend beeinflussen. Damit durch das Immobilien-Benchmarking eine möglichst hohe Diagnose- und Aussagekraft erreicht wird, sollten folgende Gestaltungsleitlinien berücksichtigt werden:

• Schaffung einer „Benchmarking-Kultur" im Immobilienmanagement,

• „Apples-to-Apples"-Vergleich auf Basis relevanter, aussagekräftiger und wohl definierter Vergleichsobjekte und -maßstäbe,

• Betonung der Analyse von Ursachen und Einflussgrößen für festgestellte Unterschiede,

• Systematische Ableitung von Veränderungszielen und -maßnahmen,

• kritische Diskussion der Aussagekraft der Benchmarking-Resultate,

- Periodische Evaluation des erreichten Wandels unter Rückgriff auf die im Benchmarking-Projekt verwendeten Indikatoren.

Bezogen auf das Informationsmanagement im Immobilienbereich stellt das Benchmarking sicherlich ein unverzichtbares Instrumentarium dar. Dabei darf das Immobilien-Benchmarking aber nicht als isoliert einzusetzendes Instrumentarium begriffen werden, sondern sollte vielmehr unter Bezugnahme auf andere Instrumente als integriertes strategisches Analysekonzept herangezogen werden.

6.2.5.2   Entwicklung eines strategischen Zielsystems im Immobilienmanagement

Die Bedeutung einer **systematischen Zielplanung** ist unbestritten. Ohne Ziele kann ein Unternehmen/-sbereich nicht geführt werden. „Im Zentrum (...) muss mehr denn je die Formulierung eines strategischen Zielsystems stehen. Ohne ein klares, langfristig ausgerichtetes Zielkonzept droht die strategische Unternehmensführung zu einer blinden, reaktiven Anpassung an einzelne Umweltentwicklungen bzw. zu einem 'Muddling Through' zu degenerieren" (vgl. Raffée, S. 11).

Mithin stellt die Integration von immobilienorientierten Zielen in das unternehmerische Zielsystem eine notwendige Voraussetzung dafür dar, die Aktivitäten im Immobilienbereich der Unternehmen aus einer konzeptionellen Gesamtsicht heraus den veränderten Rahmenbedingungen anzupassen.

Für die Entwicklung einer Zielkonzeption im Immobilienmanagement wird eine zweidimensionale Strukturierung gewählt, die jedes Ziel als Kombination aus zwei sachbezogenen Merkmalen auffasst (vgl. Bircher, S. 104ff.; Welge, S. 59ff.).

Abbildung 201 zeigt ein dementsprechend verfasstes **Zielkonzept für das Immobilienmanagement** in den Unternehmen.

Zur Operationalisierung der strategischen Ziele im Immobilienmanagement ist eine Spezifizierung der Zielinhalte erforderlich. Vor diesem Hintergrund verdeutlicht Abbildung 202 den Kontext, innerhalb dessen sich der Prozess der Zielbildung und -operationalisierung im Immobilienmanagement vollzieht.

Wie die Abbildung verdeutlicht, stehen **Unternehmensober- und Immobilienziele** in einer hierarchischen Beziehung zueinander. Die auf Gesamtunternehmensebene getroffenen Entscheidungen über generelle Unternehmensziele und Stoßrichtungen bilden den Ausgangspunkt für die Festlegung der Immobilienziele. Diese sind grundsätzlich als handlungsleitende Imperative nur dann einsetzbar, wenn sie sich konsistent in das Gesamtzielsystem der Unternehmung einfügen. Darüber hinaus besteht die Notwendigkeit, die einzelnen Zielkriterien im Immobilienmanagement weiter zu präzisieren. Gleichwohl können Aussagen über konkrete messbare Zielmaßstäbe erst dann getroffen werden, wenn bekannt ist, welche Strategien und Maßnahmen verfolgt werden (vgl. Kreikebaum, S. 51). Mithin kommt es zur Aufspaltung des Zielbildungsprozesses: Während Aussagen über Art und Richtung der Ziele der Strategieentwicklung im Immobilienmanagement vorangestellt werden, lassen sich konkrete inhaltliche Handlungsziele erst während oder im Anschluss an die Strategie- und Maßnahmenwahl bestimmen.

1. Ziel-dimension \ 2. Ziel-dimension	Leistungswirtschaftliche Ziele	Finanzwirtschaftliche Ziele	Soziale Ziele
Input-ziele	• Art und Gestaltung der Immobilien-Problemlösung für interne Nutzer • Sicherung der dauerhaften Funktionserfüllung • Standortsicherung	• Ausnutzung steuerlicher Gestaltungsmöglichkeiten • Bilanzpolitische Ziele • Sicherung der Kapital-bereitstellung	_Interne Ziele_ • Sicherung attraktiver Arbeits-platzbedingungen • Vermittlung einer Corporate Identity • Steigerung der Mitarbeiter-zufriedenheit und -bindung _Externe Ziele_ • Vermittlung einer Corporate Identity • Steigerung der Kunden-zufriedenheit und -bindung • Verminderung des Ver-brauchs von Umweltmedien • Verwendung umweltgerechter Baumaterialien • Erfüllung architektonischer und städtebaulicher Ansprüche
Struktur-ziele	• Gebäudestruktur/-flexibilität • Gebäudequalität • Standortstruktur • Struktur der Verfügungsrechte an Immobilien	• Kosten-/Kapitalstruktur • Finanzielle Flexibilität • Mischung und Streuung des Immobilienbestandes	
Effizienz-ziele	• Flächenausnutzung • Flächenproduktivität • Managementproduktivität	• Kostenwirtschaftlichkeit • Kapitalrentabilität • Gesamtperformance	
Output-ziele	• Art und Gestaltung der Immobilien-Problemlösung für externe Nutzer • Auswahl der Nutzergruppe • Marktwahl	• Vermietungsumsatz • Veräußerungsumsatz • Werterhaltung/-wachstum	

Quelle: Schäfers 1997, S. 144

Abbildung 201: Struktur eines strategischen Zielsystems im Immobilienmanagement

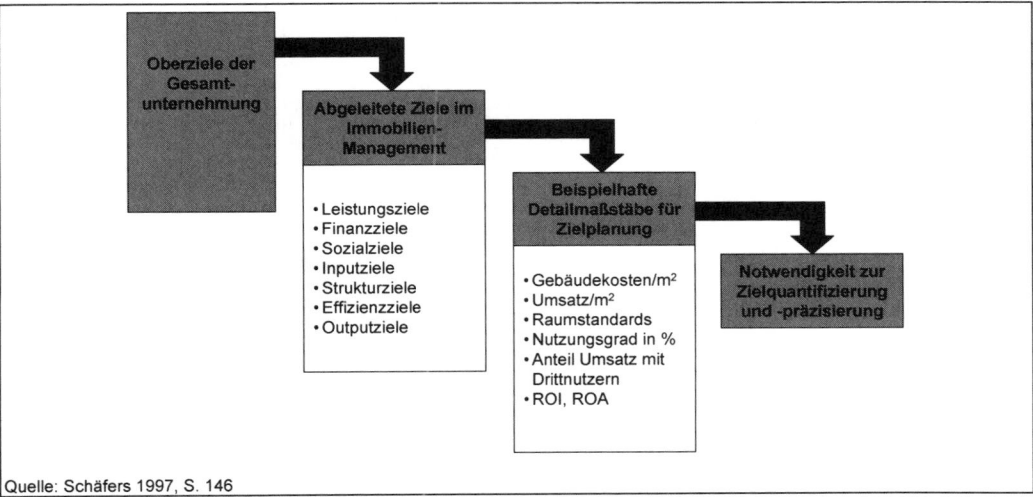

Quelle: Schäfers 1997, S. 146

Abbildung 202: Prozess der Zielbildung und -operationalisierung im Immobilienmanagement

6.2.5.3 Ausformung strategischer Optionen im Immobilienmanagement

6.2.5.3.1 Grundlagen der Strategieentwicklung im Immobilienmanagement

6.2.5.3.1.1 Bezugsrahmen für die Strategieentwicklung

Nachdem im vorangegangenen Abschnitt Zielsetzungsentscheidungen im Mittelpunkt standen, werden auf der Strategieebene globale Zielerreichungsentscheidungen im Immobilienmanagement diskutiert. Die Strategieentwicklung hat somit die Bestimmung der zweckmäßigen Mittel in Form von Strategien zur Entwicklung und Sicherung immobilienorientierter Erfolgspotenziale und damit zur Erreichung der immobilienorientierten Unternehmensziele zum Gegenstand.

Zur Strukturierung und damit besseren Erfassbarkeit von immobilienorientierten Unternehmensstrategien ist eine Unterteilung dieses strategischen Entscheidungsbedarfes in einzelne abgrenzbare Bereiche anzustreben, die sich mit dem gleichen inhaltlichen Entscheidungsschwerpunkt befassen. Entsprechend einer lebenszyklusorientierten Betrachtung von Unternehmensimmobilien lassen sich grundsätzlich die Entscheidungsfelder **Immobilien-Bereitstellung**, **Immobilien-Bewirtschaftung** und **Immobilien-Verwertung** unterscheiden, innerhalb derer es gilt, einzelne phasenspezifische Strategien bzw. Strategiealternativen auszuformen, die in ihrer Gesamtheit die Basisstrategien im Immobilienmanagement darstellen.

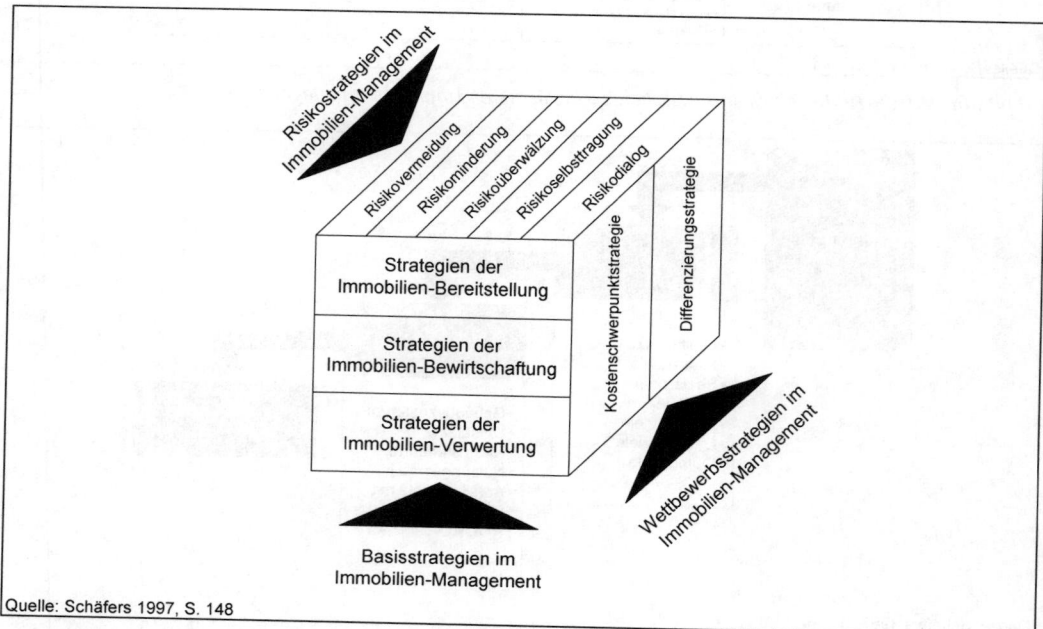

Quelle: Schäfers 1997, S. 148

Abbildung 203: Strategiespektrum im Immobilienmanagement

Daneben können phasenübergreifend die wettbewerbsorientierte und risikoorientierte Ausrichtung der strategischen Optionen unterschieden werden. Zum einen müssen die von einer Unternehmung verfolgten Immobilienstrategien eine Ausrichtung auf die spezifische Wettbewerbssituation erfahren und in die Wettbewerbsstrategie der Unternehmung überführt werden. Zum anderen sind mit der Investition in und der Nutzung von Immobilien eine Vielzahl von Risiken für die Unternehmung verbunden, die eine gesonderte Auseinandersetzung mit der Risikodimension erforderlich erscheinen lässt. Da die wettbewerbs- und risikoorientierte Ausrichtung strategischer Optionen bereits an anderer Stelle diskutiert wurde, erfolgt im Weiteren eine Beschränkung auf die Basisstrategien im betrieblichen Immobilienmanagement.

Abbildung 203 zeigt die strategischen Optionen im betrieblichen Immobilienmanagement im Überblick.

6.2.5.3.1.2 Stellung der Immobilienstrategien im Strategiespektrum von Unternehmen

Immobilienentscheidungen gehören unzweifelhaft zu den strategisch(st)en Entscheidungen in Unternehmen. Sie binden insbesondere finanzielle und personelle Ressourcen in erheblichem Umfang, besitzen meist eine hohe Bedeutung für die Vermögens- und Erfolgslage, haben langfristige Auswirkungen und sind aufgrund der besonderen Charakteristika von Immobilien mit hohen Risiken behaftet. Mithin sind **Immobilienstrategien** nicht als isolierte, unabhängige Einzelentscheidungen, sondern immer im Kontext der Unternehmens- bzw. Wettbewerbsstrategien zu betrachten (vgl. Brown et al., S. 101).

Bei diesem top-down-orientierten Managementverständnis unterstützen die Immobilienstrategien die generellen Unternehmens- bzw. Geschäftsfeldstrategien. In diesem Sinne ist das Immobilienmanagement aufgefordert, einen vorgegebenen strategischen Rahmen durch Formulierung eigener strategischer Konzepte auszufüllen. Beispielsweise soll durch die strategischen Optionen zur Immobilien-Bereitstellung sichergestellt werden, dass die für die Umsetzung der Unternehmensstrategien notwendigen Immobilienressourcen strategieadäquat im Unternehmen vorhanden sind. Im Grundsatz bringt diese Einordnung die Idee eines „strategischen Fit" von Immobilien- und Kerngeschäftssystem zum Ausdruck, d.h. inwiefern das Immobilienmanagement grundsätzlich zur Erreichung der strategischen Unternehmensziele und -maßnahmen beitragen kann.

Gleichzeitig darf aber nicht übersehen werden, dass Immobilien selbst auch ein Erfolgs- bzw. Chancenpotenzial darstellen können. Als solches ermöglichen sie gegebenenfalls ein Vordringen in neue Geschäftsfelder, die Immobilien bzw. die mit ihnen verbundenen Problemlösungen als eigenständiger Bestandteil des Leistungsprogramms von Unternehmen zum Gegenstand haben. Bei diesem bottom-up-orientierten Managementverständnis werden z.B. im Rahmen der Immobilien-Verwertungsstrategien die im Unternehmen vorhandenen Immobilienressourcen zum Ausgangspunkt der Planung geeigneter Unternehmens- bzw. Geschäftsfeldstrategien. Auf der Grundlage dieser eigenständigen Ausrichtung im Immobilienmanagement gelingt es, Immobilien nicht mehr nur ausschließlich als „Kostenfaktor" oder „Investitionsobjekt ohne Rendite" anzusehen, sondern vielmehr marktbezogene Erfolgspotenziale im Immobilien-Portfolio konsequent wahrzunehmen.

Zusammenfassend kann gesagt werden, dass Immobilienstrategien und Unternehmens- bzw. Geschäftsfeldstrategien in einem Wechselverhältnis stehen (vgl. Abbildung 204). In diesem Sinne sind Immobilienstrategien in jedem Fall integratives Element der strategischen Ausrichtung von Unternehmen.

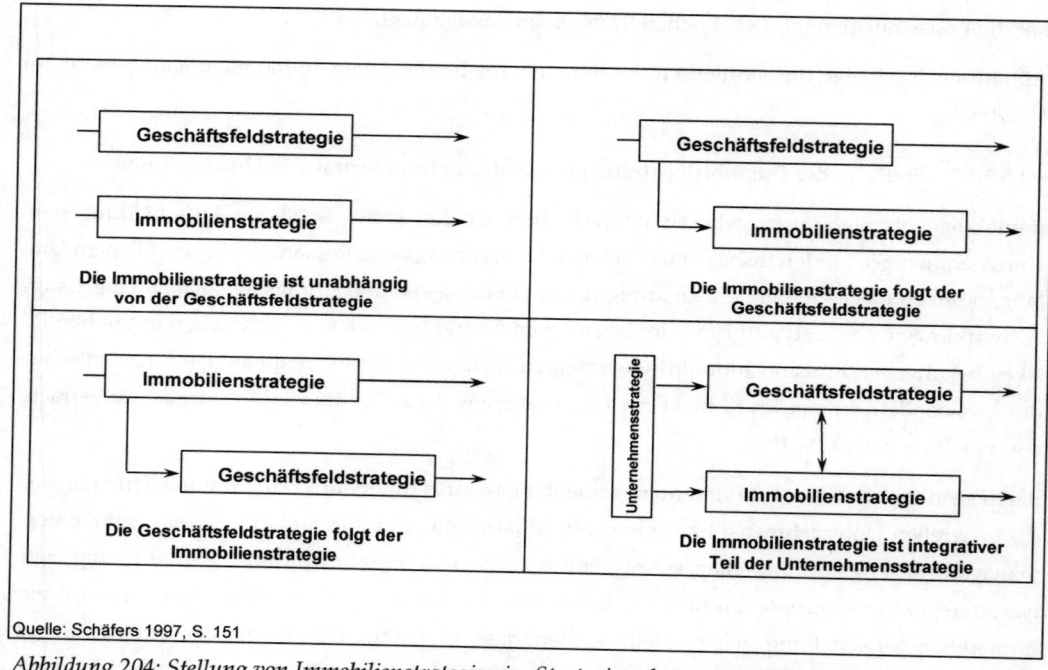

Quelle: Schäfers 1997, S. 151

Abbildung 204: Stellung von Immobilienstrategien im Strategiespektrum von Unternehmen

6.2.5.3.2 Basisstrategien im Immobilienmanagement

6.2.5.3.2.1 Strategien der Immobilien-Bereitstellung

Neben der eigenen, unternehmensinternen Projektentwicklung sehen sich die Unternehmen einem Spektrum alternativer externer Quellen gegenüber, die zur Bereitstellung der notwendigen Ressourcen herangezogen werden können. Hierzu zählen insbesondere die Projektentwicklung, der Kauf, das Leasing und die Anmietung von Immobilien. Im Weiteren erfolgt eine kurze Diskussion der Merkmale sowie der Implikationen der einzelnen Alternativen, an die sich Ausführungen zur strategischen Wahl anschließen.

(a) Projektentwicklung

Zur Erlangung eines vertieften Verständnisses bedarf die Rolle der Unternehmen als Projektentwickler bzw. Developer einer näheren Betrachtung. In diesem Zusammenhang bietet es sich an, die in der Realität existierenden Entwicklertypen in Anlehnung an McNamara danach zu unterscheiden, mit welcher Zielsetzung vor bzw. nach Entwicklungsbeginn das Engagement betrieben wird (vgl. McNamara, S. 91).

Danach kommt der Unternehmung im Rahmen der Immobilien-Bereitstellung die Rolle des „developer-user" bzw. „developer-occupier" zu, der unter Einsatz eigener finanzieller, materieller und personeller Ressourcen die benötigten Bauprojekte entwickelt, die langfristig im Eigentum des Unternehmens zur Eigennutzung verbleiben.

Dabei ist der prozessuale Charakter der Projektentwicklung besonders hervorzuheben. In diesem Sinne ist die Projektentwicklung als eine komplexe, dynamische und multidisziplinäre unternehmerische Aufgabe zu interpretieren, in deren Rahmen Entscheidungen über die Auswahl der zu realisierenden Projektkonzeption, die Beschaffung bzw. Sicherung des Entwicklungsgrundstücks, die Personal-, Finanz- und Ressourcenausstattung des Projektes, die Auswahl der an der Entwicklung beteiligten Bau-Leistungsträger und die Einrichtung eines funktionstüchtigen Projekt-Controlling durch die Unternehmung als Bauherr zu treffen sind (vgl. dazu ausführlich Kapitel 4.2).

In strategischer Sicht handelt es sich bei der Projektentwicklung um eine Rückwärtsintegration, d.h. die Unternehmung dringt mit der Durchführung der Projektentwicklungsfunktion in eine vorgelagerte Leistungsstufe ein (vgl. Nourse 1990, S. 68). Vor diesem Hintergrund lassen sich folgende **Vorzüge** mit der Projektentwicklung verbinden:

- Die Entwicklung eigener Bauprojekte bietet der Unternehmung die Möglichkeit zur konkreten Ausrichtung des Projektvorhabens auf die spezifischen Unternehmens- bzw. Geschäftsfeldbedürfnisse und -anforderungen („built-to-suit").

- Die Realisierung strategieadäquater Bauprojekte trägt zum Aufbau von immobilienorientierten Wettbewerbsvorteilen bei.

- Mittels der Projektentwicklung kann sich das Unternehmen von den zyklischen Angebots- und Nachfrageschwankungen auf den Immobilienmärkten abkoppeln und so eine weitgehende marktliche Unabhängigkeit realisieren.

- Die Durchführung eigener Bauinvestitionen sichert die Kontrolle über den gesamten Entwicklungsprozess; Interessenskonflikte z.B. bezüglich der Baugestaltung kommen dadurch nicht zum Tragen.

- Weiterhin trägt die Projektentwicklung zur Erzielung niedrigerer Gesamtkosten durch den Wegfall von Handelsspannen, die Ausübung von Marktmacht und die Nutzung günstiger Finanzierungskosten insbesondere bei Großunternehmen bei.

- Schließlich besteht die Möglichkeit zur Realisierung von Ertragsgrößen bei Wegfall der Betriebsnotwendigkeit und Verwertung der Immobilie durch Verkauf oder Nutzungsüberlassung an Dritte.

Dieser vorteilhaften Bewertung stehen jedoch auch wichtige **Nachteile** gegenüber:

- Mit dem Aufbau eigener Personalkapazitäten zur Projektentwicklung sind nicht nur hohe Kosten, sondern auch das Problem verbunden, die vorhandenen Kapazitäten gleichmäßig auszulasten, was sich bei im Regelfall schwankenden Bauaktivitäten schwierig gestaltet.

- Daneben müssen die Risiken, die mit der Vornahme von Bauinvestitionen verbunden sind, weitgehend allein vom Unternehmen getragen werden.

- Als größtes Problem wird aber im Allgemeinen die Tatsache angesehen, dass der Kapitalbedarf und die Kapitalbindung bei der Projektentwicklung gegenüber anderen Bereitstellungsformen sehr hoch sind. Diese Tatsache berührt aber nicht nur die Finanzseite der Unternehmung, sondern wirkt sich darüber hinaus auch auf deren Kostenstruktur aus. Denn bei Unternehmensimmobilien handelt es sich um nicht beliebig teilbare Produktionsfaktoren, die fixe Kosten verursachen. Hieraus ergibt sich bei Fluktuationen in der Nutzungsintensität das Problem überproportional steigender Stückkosten. Somit erhöht das durch die Projektentwicklung geschaffene Eigentum an Immobilien den „operating leverage" (die Hebelwirkung von Investitionen in Sachanlagevermögen auf den Gewinn) des Unternehmens (vgl. Nourse 1990, S. 69).

- Schließlich ist darauf hinzuweisen, dass die Unternehmung an die Entscheidung zur Bereitstellung eines Gebäudes mittels Projektentwicklung längerfristig gebunden ist. Ein kurzfristiger Auf- aber auch Abbau der Nutzungsbereitschaft der Immobilien ist im Regelfall nicht möglich. Dieses Argument findet um so stärkeres Gewicht, je höher der Spezialisierungsgrad des Gebäudes ist, d.h. je stärker es für einen bestimmten Verwendungszweck des Nutzers entwickelt wurde, desto weniger Interessenten werden sich dafür im Falle der Verwertung ceteris paribus finden lassen.

(b) Kauf

Durch den Kauf erwirbt die Unternehmung das wirtschaftliche und rechtliche Eigentum und damit das alleinige Nutzungsrecht an der ihr übertragenen Immobilie. Dabei ist der Kauf im vorliegenden Zusammenhang lediglich auf die Übereignung eines fertigen Kaufobjektes gerichtet.

Grundsätzlich sind mit dem Immobilienkauf folgende **Vorteile** verbunden:

- Gegenüber der bislang diskutierten Projektentwicklung zeichnet sich der Immobilienkauf besonders durch die rasche Verfügbarkeit des Objektes aus, sodass die Nutzungsbereitschaft schneller bewirkt werden kann.

- Ein weiterer Vorteil des Kaufs liegt in der Wahrung der Kontrolle über die Nutzung und deren Veränderbarkeit entsprechend den sich in der Zukunft ergebenden unternehmens- bzw. geschäftsfeldstrategischen Anforderungen.

- Daneben bietet der Kauf die Möglichkeit, über den Aufbau von Markteintrittsbarrieren den Wettbewerb einzuschränken (vgl. Nourse 1990, S. 69).

Nachteilig wirken sich beim Kauf von Immobilien folgende Aspekte aus:

- Die Möglichkeiten des Käufers, auf die Gestaltung des Gebäudes entsprechend seinen strategischen Vorstellungen Einfluss zu nehmen, sind gegenüber der Projektentwicklung eingeschränkt. Grundsätzlich muss sich die Unternehmung hinsichtlich der Einrichtung des Betriebes und eventueller Änderungen am Baukörper an den vorhandenen baulichen Gegebenheiten des fertigen Objektes orientieren, es sei denn, der externe Developer erstellt eine „maßgeschneiderte" Immobilie für die Unternehmung.

- Hinsichtlich der finanzwirtschaftlichen Konsequenzen gleichen sich Kauf und Projektentwicklung annähernd. Der Kaufpreis bedingt i.d.R. einen hohen Kapitalbedarf und -bindung, die jedoch möglicherweise geringer sind als im Falle der Projektentwicklung, sofern Altbauten mit einem entsprechend niedrigeren Wert akquiriert werden.

- Ähnliche Nachteile ergeben sich in Bezug auf den „operating leverage". Da durch den Kauf einer Immobilie die Nutzungsbereitschaft auf grundsätzlich unbestimmte Zeit und aufgrund eigener Finanzierungs- und Investitionsakte aufgebaut wird, ist eine kurzfristige Anpassung an einen rückläufigen Bedarf ebenfalls nicht bzw. nur eingeschränkt möglich (vgl. Brittinger, S. 92).

(c) Leasing
Immobilienleasing ist eine Form der mittel- und langfristigen Vermietung von Grundstücken, Gebäuden und sonstigen Betriebsanlagen (vgl. hierzu Punkt 5.3.3.5).

Versucht man, das Immobilien-Leasing einer Bewertung zu unterziehen, so lassen sich aus Sicht der Unternehmung als Leasingnehmer folgende **Vorteile** erkennen:

- Immobilien-Leasing bietet grundsätzlich den Vorteil, die Objekte entsprechend den Unternehmens- bzw. geschäftsfeldspezifischen Anforderungen bereitzustellen. Dieser Vorteil findet lediglich in den von Sicherheitsaspekten geprägten Anforderungen der Leasinggesellschaft hinsichtlich Objektstandort, -reversibilität und -wertentwicklung seine Begrenzung.

- Unternehmen, die nicht über eigene Erfahrungen in der Projektierung und Durchführung von größeren Bauvorhaben verfügen und ein solches auch nicht aufbauen wollen, können mittels Leasing an der Erfahrung und dem Management-Know-how der Leasinggesellschaft partizipieren (vgl. Tacke, S. 224).

- Mit dem Abschluss eines Leasingvertrages ist automatisch die Offenlegung und Transparenz der mit der Immobilie verbundenen Kosten verbunden. Dies fördert grundsätzlich einen effizienteren Umgang mit den Immobilienressourcen. Zudem zwingt die spezifische Vertragsgestaltung via Kaufoption den Leasingnehmer am Ende der Grundmietzeit, die weitere Nutzung des Objektes zu überdenken; einer unreflektierten Nutzung veralteter Objekte kann damit vorgebeugt werden.

- Hauptmotiv für das Immobilien-Leasing sind Finanz- und Kostenaspekte. Leasingvorteile können vielfach in der ausgaben- und aufwandsmäßigen Verteilung der Investitionsmittel auf eine betriebsgewöhnliche Nutzungsdauer mit gleichmäßigen, festliegenden und steuerlich absetzbaren Leasingraten anstelle der sonst üblichen kürzeren Tilgungszeiten, schwankenden Zinsbelastungen und dem meist degressiv gestalteten Kapitaldienst liegen. Dies führt zur zwischenzeitlichen Einsparung von Liquidität, die an anderer Stelle im Unternehmen gewinnbringend eingesetzt werden kann. Zudem verfügen Immobilien-Leasinggesellschaften als Großkreditnehmer mit ausgezeichneter Bonität häufig über günstige Refinanzierungsbedingungen, die über einen niedrigeren Zinsanteil in den Leasingraten auch dem Leasingnehmer zugute kommen.

- Lässt sich die Unternehmung ein Ankaufsrecht einräumen, so kann sie sich damit für die Zeit nach Vertragsablauf einen Standort sichern sowie eventuell die am Objekt zwischenzeitlich eingetretene Wertsteigerung nutzen (vgl. Tacke, S. 224).

Dieser vorteilhaften Sichtweise des Immobilien-Leasing sind jedoch auch gewichtige **Nachteile** entgegenzusetzen:

- Im Unterschied zur gewöhnlichen Mietung von Immobilien wird im Leasingvertrag grundsätzlich eine unkündbare Grundmietzeit festgelegt, die zwischen 40% und 90% der betriebsgewöhnlichen Nutzungsdauer liegt. Der Leasingnehmer kann während dieser Zeit im Gegensatz zur Eigeninvestition die Immobilie nicht beliebig veräußern; auch sind Ersatz- oder Erweiterungsmaßnahmen im Immobilien-Leasing ebenfalls problematisch (vgl. Gabele/Kroll, S. 248). Dies führt gerade in Zeiten technologisch, markt- und wettbewerblich akzelerierender

Entwicklungen zum Aufbau von Mobilitätsbarrieren und schränkt somit die Flexibilität der Unternehmen im Immobilienmanagement in erheblichem Maße ein (vgl. Nourse 1992, S. 29).

- Ebenso ergeben sich negative Effekte auf den „operating leverage" bei nachlassender Nutzungsintensität.

- Der von Vertretern der Leasingbranche vorgebrachten These, dass Immobilien-Leasing zu vorteilhafteren Bilanzstruktur- und -umfangseffekten führt, ist kritisch zu begegnen. Denn gerade für Großunternehmen besteht nach § 285 Nr. 3 HGB die Pflicht zum Ausweis der Leasingverpflichtung im Anhang des Jahresabschlusses, sodass Bilanzanalytiker diese bei ihrer Unternehmensbewertung entsprechend berücksichtigen.

(d) Anmietung

Ähnlich wie beim Immobilien-Leasing erfolgt mit der Anmietung keine eigentumsrechtliche Abtretung, sondern es wird lediglich ein zeitlich begrenztes Nutzungsrecht gegen Zahlung einer monetären Gegenleistung begründet.

Mit der Anmietung von Immobilien lassen sich folgende **Vorteile** verbinden:

- Die Raumkapazität kann relativ kurzfristig aufgebaut werden, sofern ein geeignetes Gebäude zur Verfügung steht. Auch ist die Bindung des Unternehmens an das Mietobjekt lockerer, weil die Mietverhältnisse entweder auf kürzere Dauer eingegangen werden oder in Fristen kündbar sind, die eine vergleichsweise schnelle Begegnung technologischer oder marktlicher Herausforderungen gewährleisten.

- Darüber hinaus sind der kurzfristige Kapitalbedarf und die Kapitalbindung bei Anmietung wesentlich geringer als bei den bisher behandelten Bereitstellungsformen, da die Ausgaben für die Nutzung des Gebäudes vom Mieter nicht auf einmal zu entrichten sind, sondern in Form des Mietzinses auf die Zeit der Nutzung verteilt werden.

- Der Aspekt der geringeren Kapital- und Kostenbindung führt auch dazu, dass der Miete von Gewerberaum als Waffe im Wettbewerb eine gewisse Bedeutung zukommt. So kann man beispielsweise im Einzelhandel beobachten, dass die Anmietung als Mittel zur Besetzung von Parallelstandorten eingesetzt wird, um sie gegen andere Branchenwettbewerber abzuschirmen; ist dann die regionale Marktdominanz erreicht, kommt es zur Aufgabe der überflüssigen Standorte (vgl. Waldmann, S. 75).

- Schließlich wird die Unternehmung als Mieter von jeglichen Risiken freigestellt, die mit der Errichtung und dem Eigentum an Immobilien verbunden sind, obliegt doch dem Vermieter aufgrund gesetzlicher Bestimmungen die Funktion der Risikotragung (vgl. Brittinger, S. 94).

Insbesondere der letztgenannte Gesichtspunkt führt zu den Problemen bzw. **Nachteilen** der Anmietung hin:

- Durch die einseitige Verteilung der Risikoposition sind die Möglichkeiten des Mieters und späteren Nutzers, auf die Gestaltung des Gebäudes entsprechend seinen strategischen Anforderungen Einfluss nehmen zu können, gegenüber den anderen Bereitstellungsformen auch dann gering, wenn sich das Bauprojekt noch in der Planung befindet und besondere Wünsche noch berücksichtigt werden könnten.

- Zudem birgt die Anmietung von Objekten ein nicht zu unterschätzendes Auseinandersetzungspotenzial mit dem Vermieter. Im Einzelfall mag dies zu extern induzierten Standortverlagerungen führen, wenn es nicht zu einer Vertragsverlängerung kommt.

Die umrissenen strategischen Optionen zeigen generelle Vorgehensweisen auf, die im konkreten Einzelfall weiter detailliert bewertet und ausgewählt werden müssen. Dabei beruht die strategische Entscheidungsfindung im Regelfall auf einem Wahlakt zwischen „**lease-or-own**" und anschließendem „**buy-or-build**" (vgl. Brown, S. 276ff. und S. 302ff.). Voraussetzung für die Bewertung und Auswahl ist die Analyse der prognostizierten Wirkungen der verschiedenen Alternativen sowie die Bestimmung von Beurteilungskriterien. Dabei müssen sowohl quantitative als auch qualitative Kriterien berücksichtigt werden.

Im Rahmen der quantitativen Kriterien sind primär die **Kosten- und Kapitalwirkungen**, aber auch **potenzielle Erlöswirkungen**, insgesamt also die Erfolgswirkungen der jeweils betrachteten Strategiealternative von Bedeutung. In diesem Zusammenhang ist eine Wirtschaftlichkeitsbetrachtung der einzelnen Alternativen über das gesamte Wirkungsintegral des Lebenszyklus der Immobilie in der Unternehmung vorzunehmen, d.h. es gilt die Struktur der Zahlungsströme getrennt nach Investitions-, Nutzungs- und Desinvestitionsphase zu erfassen. Damit liegt es nahe, für die Betrachtung des Entscheidungsproblems Verfahren der dynamischen Investitionsrechnung heranzuziehen (vgl. Schulte 1986, S. 40ff.; Schulte/Ropeter, S. 165ff.), da diese über die explizite Berücksichtigung der Zeitkomponente dem Langfristcharakter der Entscheidung gerecht werden.

Jedoch zeigt die bisherige Diskussion, dass sich die Entscheidung im Rahmen der Immobilien-Bereitstellung nicht nur auf monetär abbildbare Konsequenzen reduzieren lässt, sondern auch von **qualitativen, nicht monetär erfassbaren Größen** mitbestimmt wird, die sich beispielsweise in

- der gegenwärtigen und zukünftigen Lage auf dem Immobilienmarkt,
- den bilanz- und steuerrechtlichen Rahmenbedingungen,
- den strategischen Anforderungen der Unternehmung bzw. ihrer Geschäftsfelder,
- den betrieblichen Flexibilitätserfordernissen,

- der gegenwärtigen und zukünftigen Finanzierungs- und Liquiditätslage,

- dem vorhandenen Management-Know-how,

- der Art und Größe des Objektes sowie

- der Nutzungsdauer konkretisieren.

An dieser Stelle bietet es sich an, die unterschiedlichen Immobilienbereitstellungsformen im internationalen Vergleich zu betrachten. Fokussiert man dabei auf die **Eigentumsquote** bei betrieblichen Immobilien, so fällt auf, dass in Europa durchschnittlich etwa zwei Drittel der betrieblich genutzten Immobilien sich im Eigentum der Unternehmen befinden, während die Relation bei US-amerikanischen Unternehmen genau umgekehrt ist (vgl. Hill, S. 313; Jones Lang LaSalle, S. 1). Deng/Gyourko haben in diesem Zusammenhang nachgewiesen, dass Non-Property-Companies mit überdurchschnittlich hohem Immobilienvermögen tendenziell eine **unterdurchschnittliche Performance** aufweisen (vgl. Deng/Gyourko, S. 16). Die Ursachen dafür liegen u.a. in der mangelnden Flexibilität dieser Form der Immobilienbereitstellung und in der hohen Kapitalbindung, aber auch in der Bevorzugung von „Pure plays", dem mangelnden Managementfokus und mangelnder Transparenz begründet. Die Hypothese, dass ein großer Immobilienbesitz negativ mit der Bewertung des Unternehmens durch die Aktionäre korreliert, wird auch durch positive abnormale Renditen bei der Ankündigung der Veräußerung von Immobilienbeständen gestützt (vgl. Glascock/Davidson/Sirmans, S. 567; Rutherford, S. 522).

Im Zuge der Durchsetzung der **Shareholder Value-Orientierung** in deutschen Unternehmen wächst das Bewusstsein für die Vermögensdimension der Unternehmensimmobilien und damit für die Effektivität der Immobilienbereitstellung. Nicht zuletzt finden diese Erkenntnisse bei den aktuellen Bemühungen zahlreicher Unternehmen zur Verwertung von Immobilien im Rahmen von Großtransaktionen ihren Niederschlag (vgl. Punkt 6.2.5.3.2.3).

6.2.5.3.2.2 Strategien der Immobilien-Bewirtschaftung

Nach der Bereitstellung tut sich im Rahmen der immobilienstrategischen Entscheidungsfindung die Bewirtschaftung der im Einsatz befindlichen Immobilienressourcen („Facilities Management") als zweiter grundlegender Problembereich auf (vgl. dazu ausführlich Kapitel 4.4 sowie Pierschke, S. 30ff.).

In strategischer Sicht stellt sich die Frage nach der optimalen Leistungstiefe, d.h. es wird für den Aufgabenbereich der Immobilien-Bewirtschaftung das bestmögliche Verhältnis zwischen den intern zu beherrschenden und zu verantwortenden Eigenaktivitäten einerseits und den von externen Dienstleistern zu erfüllenden Teilaufgaben andererseits gesucht. Dabei können entlang eines Kontinuums mit den Extrema Eigenerstellung („Make") bzw. Fremdbezug („Buy") verschiedene strategische Optionen unterschieden werden, die vereinfacht zu den grundlegenden Alternativen Autonomie-, Kooperations- und Beauftragungsstrategie zusammengefasst werden können (vgl. Abbildung 205).

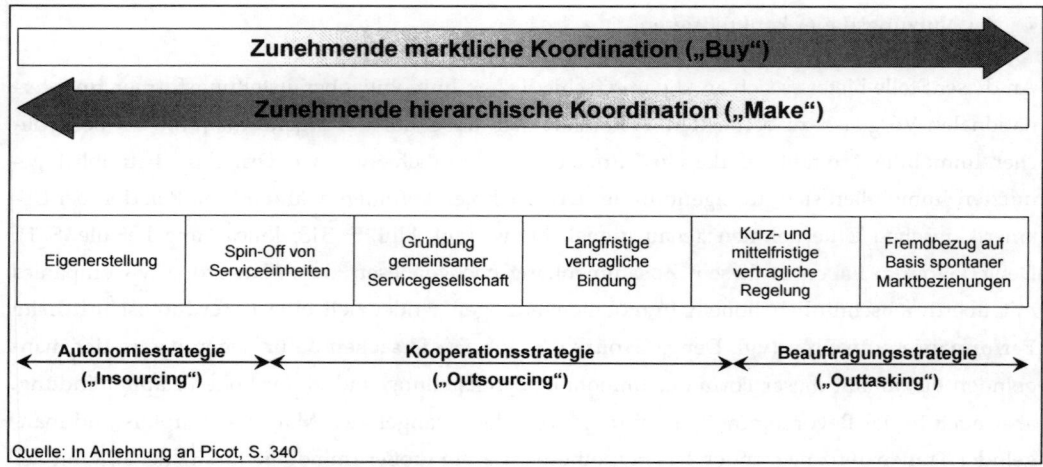

Abbildung 205: Strategische Optionen zur Gestaltung der Leistungstiefe in der Immobilien-Bewirtschaftung

(a) Autonomiestrategie

Bei der Autonomiestrategie tritt das Unternehmen als alleiniger Träger der Immobilien-Bewirtschaftung auf. Dies bedeutet, dass es die von ihr formulierte Politik zur Gebäudebewirtschaftung selbständig und eigenverantwortlich verwirklicht, indem die hierfür notwendigen Aktivitäten mit eigenen finanziellen, personellen und materiellen Ressourcen durchgeführt werden. Folglich ist Voraussetzung, dass die Ressourcen im eigenen Hause in dafür ausreichendem Maße zur Verfügung stehen.

Vorteilhaft wirken sich bei dieser Strategie folgende Aspekte aus:

• Durch die direkte Präsenz zum einen und die vergleichsweise gute Orts- und Anlagenkenntnis zum anderen werden schnelle Reaktionszeiten gesichert, durch die z.B. anlagenbedingte Störungen des Betriebsablaufes minimiert werden können (vgl. Frieske, S. 58).

• Ein weiterer Vorteil der erhöhten Leistungstiefe liegt in der verbesserten Prozesskontrolle begründet.

• Schließlich verringert das autarke Vorgehen die mit einer Auslagerung auf externe Dritte verbundene Schnittstellenproblematik.

Jedoch darf nicht übersehen werden, dass eine zu große Leistungstiefe in der Gebäudeinstandhaltung im größeren Umfang als erforderlich Managementkapazitäten und Kapital bindet. Diese stehen dann für die eigentlichen Kernaufgaben des Unternehmens nicht mehr zur Verfügung. Daneben weisen interne Gebäudedienste nicht selten strukturelle Defizite auf: Vielfach werden für jede Geschäftseinheit getrennt entsprechende Kapazitäten vorgehalten, deren Auslastung im Regelfall nicht sichergestellt ist (vgl. Jicha, S. 212). Als schwerwiegendstes Problem erweist sich jedoch der Gemeinkostencharakter interner Gebäudedienste. Die damit verbundene mangelnde Kostentransparenz führt einhergehend mit der „Verliebtheit" in die eigenen technisch-organisatorischen Leistungspotenziale oftmals zu nicht wettbewerbsadäquaten Angeboten durch die internen Dienstleister einerseits und einem nur wenig ausgeprägten Denken in Kosten-Nutzen-Kategorien bei den Nachfragern andererseits (vgl. Balck, o.S.).

(b) Beauftragungs- oder Kooperationsstrategie

Die bei einem Fremdbezug von Dienstleistungen des Facilities Managements bestehenden strategischen Wahlmöglichkeiten können durch die Intensität der eingegangenen Bindung und ihre Dauer charakterisiert werden. Vor diesem Hintergrund wird im Folgenden zwischen der Beauftragungs- und der Kooperationsstrategie unterschieden.

Die Beauftragungsstrategie beinhaltet die fallweise, objektbezogene Fremdvergabe einzelner Leistungen im Rahmen der Immobilien-Bewirtschaftung an externe Dienstleister auf der Basis kurzfristiger Verträge oder spontaner Einkäufe am Markt. Diese, eher als traditionell zu kennzeichnende Strategiealternative wird in der angloamerikanischen Literatur auch als „Outtasking" bezeichnet (vgl. Lambert/Poteete/Waltch, S. 70).

Demgegenüber kennzeichnet die Kooperationsstrategie eine stärker strategisch motivierte, kontinuierliche Fremdvergabe von Leistungen im Facilities Management an externe Marktteilnehmer, die vielfach im Zusammenhang mit betrieblichen Sekundärleistungen auch als „Outsourcing" umschrieben wird. Die Externalisierung kann sich dabei auf Einzelleistungen, auf Leistungsbündel oder auf nahezu alle Aufgaben der Gebäudebewirtschaftung beziehen. Mithin ist die Zusammenarbeit Ausdruck eines bewussten, langfristigen und zielgerichteten gemeinsamen Handelns, das auf der Grundlage langfristiger Verträge bis hin zu Gemeinschaftsunternehmen bzw. strategischen Allianzen begründet wird.

Versucht man, die Fremdvergabe der Gebäudebewirtschaftung einer Bewertung zu unterziehen, so lassen sich folgende Aspekte **positiv** anmerken:

- Grundsätzlich ermöglicht die Fremdvergabe dem Unternehmen, Spezialisierungsvorteile externer Leistungsanbieter zur Erreichung einer höheren Dienstleistungsqualität zu nutzen. Dabei wird die Leistungsqualität durch den Wettbewerbsdruck sichergestellt, der die Leistungsanbieter dazu zwingt, zur Erhaltung ihrer Konkurrenzfähigkeit Produkt- und Prozessinnovationen in der Leistungserbringung weiterzugeben.

- Neben dem Aspekt der Qualitätsverbesserung wird die Fremdvergabe vor allem aus Kostengesichtspunkten erwogen.

- Darüber hinaus hebt die Auslagerung die langfristige Bedingung von finanziellen und personellen Ressourcen in der Gebäudebewirtschaftung auf und verleiht der Unternehmung somit eine größere finanzielle Flexibilität.

Neben möglichen Vorteilen sind mit der Auslagerung aber auch erhebliche Probleme verbunden:

- Mit der internen Kapazitätsreduktion in Folge der Fremdvergabe ist der mittelfristig unwiderrufliche Verlust eigenen Know-hows in der Gebäudebewirtschaftung verbunden, sodass aufgrund von Informationsasymmetrien zunehmend Abhängigkeiten von den Dienstleistern entstehen (vgl. Frieske, S. 59).

- Damit einher geht oftmals das Problem einer mangelnden Kontrolle über die Leistungsinhalte und -ergebnisse.

- Daneben werden die aufgezeigten Kostenvorteile oftmals konterkariert. Zum einen führen die der Auftragsbeziehung inhärenten Abstimmungsprobleme und die mangelnde Unternehmens- und Anlagenkenntnis der Dienstleister zu einer Verringerung der Prozess- und damit der Ergebniseffizienz (vgl. Frieske, S. 59). Zum anderen dürfen die Kosten für die Anbahnung, Aushandlung und Kontrolle von Fremdleistungsverträgen nicht unterschätzt werden.

- Des Weiteren machen insbesondere langfristige Vertragsbeziehungen bei gleichzeitigem Abbau interner Kapazitäten eine Umkehr der Outsourcing-Entscheidung oder den Wechsel des Dienstleisters nur unter großem finanziellem Aufwand möglich.

Für die Entscheidungsfindung zwischen den Strategiealternativen zur Leistungstiefengestaltung werden in der Literatur und Praxis traditionell **kostenrechnerische Ansätze** herangezogen; diese stellen im Allgemeinen einen statischen Kostenvergleich zwischen den Vollkosten des Fremdbezugs und den im Einzelfall besonders abzugrenzenden, entscheidungsrelevanten Kosten der Eigenerstellung dar (vgl. Männel).

Die Orientierung der Make-or-Buy-Entscheidung an kostenrechnerischen Kalkülen erweist sich jedoch aus mehreren Gründen als problematisch (vgl. Picot, S. 341f.; Picot/Maier, S. 19f.). Neben der Beschränkung kostenrechnerischer Ansätze auf die Extrema Eigenfertigung oder Fremdbezug erweist sich gerade bei betrieblichen Sekundärfunktionen wie dem Immobilienmanagement die Kostenbasis als problematisch, fehlt es doch häufig an einer systematischen Kostenerfassung. Die Aggregation in Gemeinkostenblöcken lässt einen aussagekräftigen Kostenvergleich kaum zu.

Noch schwerer wiegt jedoch der Einwand, dass andere, eher strategisch motivierte Kriterien in Kostenvergleichsrechnungen keine systematische Berücksichtigung finden. Wie die Ausführungen in den vorangegangenen Abschnitten jedoch gezeigt haben, sind neben den Kosten- und Kapitalwirkungen auch andere Kriterien entscheidungsrelevant.

In diesem Zusammenhang wird in jüngster Zeit mit der Transaktionskostenanalyse ein gänzlich anderer Ansatz für das vorliegende Entscheidungsproblem propagiert. Die **Transaktionskostenanalyse** ermöglicht eine sowohl strategisch wie ökonomisch fundierte Beurteilung von Make-or-Buy-Entscheidungen unter besonderer Berücksichtigung von Koordinations- bzw. Transaktionskosten, die bei der Organisation und Abwicklung arbeitsteiliger Aufgabenerfüllung anfallen (vgl. Picot/Maier, S. 20). Dabei sieht der Transaktionskostenansatz von der Notwendigkeit ab, alle Entscheidungskonsequenzen monetär zu bewerten, da die Zusammenhänge zwischen den jeweiligen Aufgabenfeldern der in Rede stehenden Unternehmensfunktion und den möglichen Strategiealternativen bereits durch eine vergleichende Betrachtung der Leistungseigenschaften deutlich werden.

Dabei sind die Spezifität und unternehmerische Bedeutung der Leistung, die Unsicherheit der Umwelt hinsichtlich Anzahl und Vorhersehbarkeit von Veränderungen bei der Leistungserstellung sowie die Häufigkeit der Leistungserbringung wesentliche Eigenschaften, die die Höhe der Transaktionskosten und die Frage nach Eigenerstellung oder Fremdbezug beeinflussen (vgl. Picot, S. 345ff.).

Bezogen auf das vorliegende Entscheidungsproblem lassen sich vereinfacht folgende grundlegende Strategieempfehlungen ableiten:

- Weist eine Leistung sowohl einen hohen Grad an Spezifität als auch eine große strategische Bedeutung auf, so ist die reine oder allenfalls extern unterstützte **Eigenerstellung** erforderlich. Dies umso mehr, je häufiger diese Leistung anfällt und je höher die Unsicherheit eingeschätzt wird. Beispiele für eine solche Leistung sind die Entwicklung eines unternehmensspezifischen Planungs- und Steuerungssystems für die Gebäudebewirtschaftung, die langfristige Flächen- bzw. Raumplanung oder das „Relationship-Management" zu den übrigen Unternehmenseinheiten.

- Im Gegensatz dazu empfiehlt sich bei unspezifischen, standardisierten und strategisch unbedeutsamen Leistungen ein reiner **Fremdbezug**, der intern lediglich unterstützend (d.h. kontrollierend) begleitet wird. Als Beispiele für eine solche Leistung seien die Gebäudereinigung, Umzüge, Instandhaltung und das Vertragswesen, etc. genannt.

- Nehmen die Facilities Management-Leistungen hinsichtlich der Spezifität und strategischen Bedeutung eher eine Mittelstellung ein, so ist eine **Mischstrategie** im Sinne eines kooperativ-koordinierten Einsatzes interner wie externer Kapazitäten zu empfehlen.

6.2.5.3.2.3   Strategien der Immobilien-Verwertung

Die Verwertung oder Monetarisierung von Unternehmensimmobilien gewinnt mit steigendem Wettbewerbsdruck auf Produkt- und Kapitalmärkten zunehmend an Relevanz und ist demzufolge ein wesentliches Entscheidungsfeld im Corporate Real Estate Management. Der Fokus der Verwertungsüberlegungen liegt nicht mehr nur auf der Verwertung nicht betriebsnotwendiger Immobilien. Auch betriebsnotwendige Immobilien werden zunehmend Gegenstand von Monetarisierungsüberlegungen. Dies ist insbesondere dann der Fall, wenn die **Betriebsnotwendigkeit** der Immobilien nicht mit der Notwendigkeit des Eigentums einhergeht und die hohe Kapitalbindung in Immobilien den Shareholder Value des betreffenden Unternehmens mindert, da das in Immobilien gebundene Kapitel wertsteigernd im Kerngeschäft eingesetzt werden könnte.

Bei der Verwertung bzw. Monetarisierung betrieblicher Immobilien kann man zunächst danach unterscheiden, ob es sich um betriebsnotwendige oder betrieblich nicht notwendige Immobilien handelt. Dementsprechend lassen sich Verwertungs- bzw. Monetarisierungsstrategien in zwei Gruppen unterteilen.

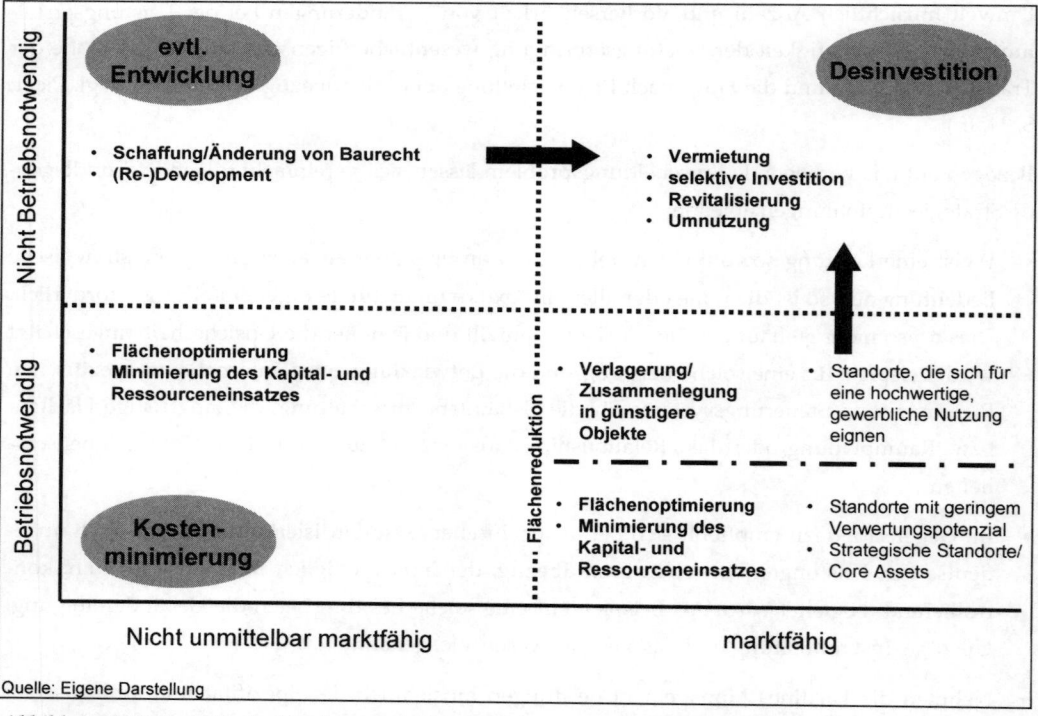

Quelle: Eigene Darstellung

Abbildung 206: Portfoliostrukturierung als Voraussetzung der Immobilienverwertung

Im Falle der **Verwertung bzw. Monetarisierung von betriebsnotwendigen Immobilien** wird eine simultane Entscheidung über die Immobilienverwertung und -bereitstellung durch ein Unternehmen getroffen, da die Veräußerung der betrieblichen Immobilien im Regelfall von einer gleichzeitigen Rückmietung begleitet wird. In der angloamerikanischen Literatur spricht man auch von **„Property Outsourcing"** oder **„Corporate Real Estate Outsourcing"** (vgl. Asson, S. 329ff.). Dabei beinhaltet das „Property Outsourcing" das über die reine Veräußerung hinausgehende Outsourcing sämtlicher immobilienbezogener Flächen- und Serviceleistungen.

Im Falle der **Verwertung bzw. Monetarisierung betriebsneutraler Immobilien** kann je nach Intensität der Aufbereitung der Immobilien und den damit verbundenen Konsequenzen zwischen **aktiven und passiven Verwertungsstrategien** unterschieden werden.

Voraussetzung für die Ermittlung optimaler Monetarisierungsstrategien ist die klare Strukturierung des zugrunde liegenden Immobilienportfolios. Dafür ist eine Strukturierung nach Betriebsnotwendigkeit und Marktfähigkeit zielführend (vgl. Abbildung 206).

(a) Verwertung/Monetarisierung betriebsnotwendiger Unternehmensimmobilien

Verwertungs- bzw. Monetarisierungskonzepte für betrieblich notwendige Immobilien zeichnen sich durch eine Orientierung an den strategischen und finanziellen Interessen des Unternehmens aus. Inhaltlich ist die **Immobilien-Monetarisierung** dabei wie folgt gekennzeichnet:

- Verringerung des Immobilien-Exposure bei Non-Property-Companies durch eine (endgültige) Trennung von Immobilienbeständen,

- Trennung von Eigentum und Nutzung bei gleichzeitiger Sicherung des Zugriffs auf strategisch bedeutsame, dauerhaft betriebsnotwendige Immobilien,

- Realisierung eines Liquiditätszuflusses durch Verkauf an strategische und/oder Finanzinvestoren.

Je nach Gewichtung der mit der Mobilisierung angestrebten **strategischen und finanzwirtschaftlichen Ziele** (vgl. Abbildung 207) und abhängig von der zu veräußernden Immobilien stehen unterschiedliche Monetarisierungsstrategien zur Verfügung, wie in Abbildung 208 dargestellt. Wie alle Entscheidungen, die im Rahmen des Corporate Real Estate Managements zu treffen sind, ist auch die Wahl der Mobilisierungsalternative primär unter dem Gesichtspunkt der optimalen Unterstützung des **Kerngeschäfts** der Unternehmung zu treffen.

Strategische Ziele	Finanzwirtschaftliche Ziele	Transaktionsbezogene Ziele
• Konzentration auf Kernkompetenzen • Verringerung der Immobilien-Exposure • Schaffung operativer Flexibilität • Beibehaltung der Kontrolle über strategisch bedeutende Immobilien • Effizienzsteigerung im Rahmen des Managements von Anlagevermögen • Kalkulierbarkeit und Transparenz der Immobilienkosten	• Freisetzung von Kapital für das Kerngeschäft • „Off-Balance Sheet"-Behandlung der Immobilien • Aufrechterhaltung der Möglichkeit der Partizipation an der Wertsteigerung der Immobilien	• Maximierung des Veräußerungserlöses • Maximierung der Veräußerungswahr-scheinlichkeit • Minimierung des Veräußerungszeitraums

Quelle: Eigene Darstellung

Abbildung 207: Ziele der Monetarisierung von Unternehmensimmobilien

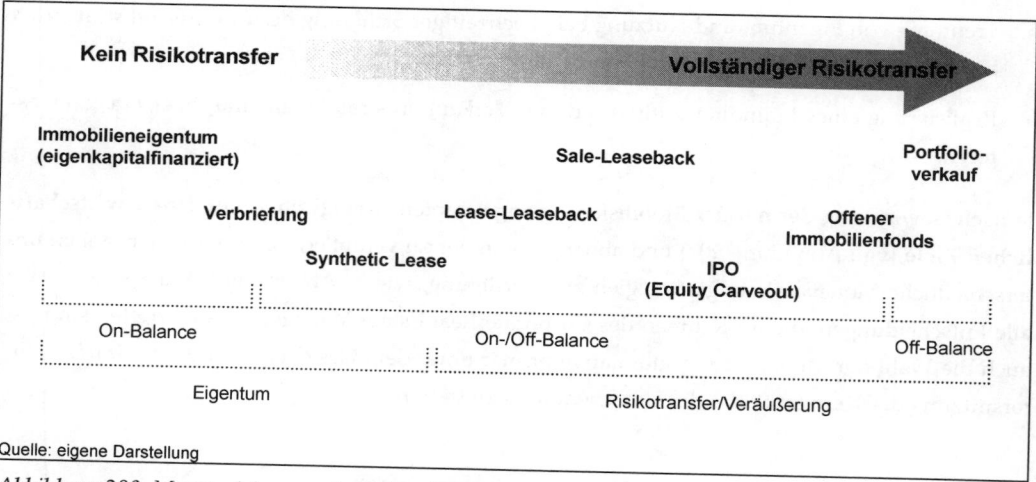

Quelle: eigene Darstellung

Abbildung 208: Monetarisierungsstrategien für Unternehmensimmobilien

Bei der Verbriefung von Immobilien-Cashflows durch die Ausgabe von **Asset Backed Securities** findet ein Barmittelzufluss ohne Veränderung der Eigentümerposition an den Immobilien statt. Das die Immobilien nutzende Unternehmen verkauft die Miet- und ggf. Verkaufsforderungen dabei an eine eigens hierfür gegründete Zweckgesellschaft („SPV = Special Purpose Vehicle"), die sich durch die Ausgabe von Asset Backed Securities refinanziert.

Die vorherrschende Form der Monetarisierung von Unternehmensimmobilien sind **Sale-and-Leaseback**-Transaktionen. Dabei werden Immobilienportfolios beim gleichzeitigen Abschluss von Miet- und/oder Leasingverträgen an Investoren veräußert (vgl. Asson, S. 327ff.). Bei Sale-and-Leasebacks im Sinne einer reinen **Finanztransaktion** steht die Freisetzung von Kapital im Mittelpunkt des Interesses. Eine **Flexibilisierung** durch die Veräußerung betriebsnotwendiger Immobilien bei gleichzeitigem Abschluss zeitlich strukturierter, mit Optionen zur Flächenaufgabe bzw. -rücknahme ausgestatteter Mietverträge gewinnt jedoch gegenüber der reinen Liquiditätsorientierung an Bedeutung.

Eine Sonderform des Sale-and-Leaseback sind Lease-Leaseback-Konstruktionen und ADP-Konstruktionen. **Lease-Leaseback**-Konstruktionen bezeichnen Transaktionen, in deren Rahmen nicht das Immobilienvermögen, sondern lediglich das Nutzungsrecht (der Nießbrauch) an den Immobilien für einen bestimmten Zeitraum veräußert und die Immobilien gleichzeitig angemietet werden. **Asset Defeasance Products** (ADP; auch Synthetic Leasing) sind eine Sonderform des Immobilienleasing, die sich dadurch auszeichnet, dass das Immobilieneigentum steuerlich dem Leasingnehmer, handelsrechtlich jedoch dem Leasinggeber zugerechnet wird. Synthetische Leases sind in angloamerikanischen Ländern im Gegensatz zu Deutschland weit verbreitet. Auch hierzulande ist jedoch zunehmendes Interesse an derartigen Strukturierungen zu verzeichnen.

Eine weitere Möglichkeit der Monetarisierung von Unternehmensimmobilien ist die **Ausgliederung des Immobilienbereichs** in eine eigenständige Tochtergesellschaft und deren Platzierung an der Börse (vgl. Schäfers/Haub/Stock, S. 311ff.). Angesichts des aktuellen Kapitalmarktumfelds und der generellen Unterbewertung börsennotierter Immobiliengesellschaften ist diese Strategie gegenwärtig jedoch wenig vielversprechend.

Unternehmensimmobilien können auch, sofern sie die qualitativen Anforderungen erfüllen, an einen eigens dafür gegründeten **offenen Immobilienfonds** veräußert werden. Bei der Realisierung dieser Monetarisierungsstrategie ist den Vorschriften des Investmentgesetzes (InvG) entsprechend Rechnung zu tragen. Eine derartige Transaktion hat die Siemens AG am 30. September 1999 durch die Gründung des Sondervermögens „SKAG Euroinvest Immobilien" und den gleichzeitigen Erwerb eines 18 Immobilien umfassenden Portfolios unternehmenseigener Immobilien umgesetzt (vgl. Schäfers 2004, S. 550).

(b) Verwertung/Monetarisierung betriebsneutraler Unternehmensimmobilien

Hier kann zwischen zwei Formen unterschieden werden.

Passive Verwertungsstrategien zielen auf eine unmittelbare Verwertung einzelner betriebsneutraler Immobilien **ohne Inhalts- und Strukturveränderungen** ab. Nach Art der externen Verwertung bestehen dabei mit der Vermietung („**Leasing as is**") und dem Verkauf („**Selling as is**") zwei grundlegende Optionen.

Mit der Wahl für eine dieser Verwertungsoptionen lassen sich im Grundsatz ähnliche Motive und Zielsetzungen verbinden. Neben der vergleichsweise kurzfristigen Liquiditätsschöpfung aus Vermietungs- bzw. Verkaufserlösen kommt vornehmlich beim **Verkauf** der Freisetzung des in Immobilien gebundenen Kapitals und damit der Eliminierung von Fixkosten ein erhebliches Bedeutungsgewicht zu (vgl. Case, S. 12). Wird demgegenüber der **Vermietung** der Vorzug gegeben, verbindet sich damit die Vorstellung, dass ein zu einem späteren Zeitpunkt ins Auge gefasster Verkauf der Immobilie wesentlich leichter fällt, wenn mit dem Objekt ein kontinuierlicher Strom an Mietzahlungen verknüpft ist (vgl. Flegel, S. 56). Zudem besteht weiterhin die Möglichkeit einer Wieder- bzw. Umnutzung für einen in der Zukunft liegenden betrieblichen Flächenbedarf.

Grundlegende Voraussetzung für eine optimale Verwertung ist das Verständnis der zur Verwertung anstehenden Immobilie als vermarktungsfähiges Produkt. Die **Vermarktungstätigkeit** umfasst in diesem Zusammenhang die Gesamtheit aller Maßnahmen und Entscheidungen, die sich auf die Analyse der Vermarktbarkeit der vorhandenen Immobilienressourcen, die Bestimmung der potenziellen Abnehmer bzw. Nutzer, die Wahl des geeigneten Absatzweges und -zeitpunktes, den Einsatz der Marketing-Mix-Instrumente sowie die Festlegung der konkreten Verwertungsart beziehen.

Die Umsetzung passiver Verwertungsstrategien wird durch primär **immobilienbezogene Charakteristika** erschwert (vgl. Einem/Tonndorf, S. 135ff.; Aengevelt, S. 695ff.). Die zur Verwertung anstehenden Liegenschaften entsprechen oftmals nicht den Anforderungen moderner Nutzungen hinsichtlich eines optimalen Material-, Produktions- und Kommunikationsflusses. Unflexible Grundrisse, überdimensionierte Grundstücks- und Gebäudegrößen, Altlastenprobleme bei ehemals industriell genutzten Brachflächen sowie eine mangelhafte technische Infrastruktur verhindern potenzielle Anschlussnutzungen und schränken so die Marktfähigkeit ein.

Zusammenfassend kann festgehalten werden, dass mit der Vornahme einer passiven Verwertungsstrategie regelmäßig ein Absinken auf das Niveau des mittleren bis unteren Marktsegments verbunden ist. Diese als „filtering down"-Effekt bezeichnete Entwicklung führt zu einer erheblichen Schmälerung des erzielbaren Ertragspotenzials, wenn nicht sogar ein Negativwert hingenommen werden muss.

Aktive Verwertungsstrategien haben eine Verwertung betriebsneutraler Immobilien nach Inhalts- und Strukturveränderungen zum Ziel.

Entsprechen die im Rahmen der Verwertung dem Markt angebotenen Objekte z.B. in Bezug auf Standort, Gebäude- und Flächenstruktur, Bausubstanz, Architektur oder Wirtschaftlichkeit nicht den geforderten marktlichen Anforderungen, besteht mit dem **Re-Development** vorhandener Bestandsimmobilien eine alternative strategische Option (vgl. Nourse/Kingery, S. 55ff.; Nourse 1989, S. 1029). Der für das Immobilienmanagement wesentliche Aspekt des Re-Development liegt in der Erweiterung des Handlungs- und Entscheidungsspielraums durch eine aktive, technisch-gestalterische Einflussnahme auf die vorhandenen Objekte. Dabei besteht die eigentliche unternehmerische Herausforderung darin, eine solche Verknüpfung von Grundstück, Projektkonzept und Kapital herzustellen, dass eine nachhaltig wettbewerbsfähige und damit ertragreiche Nutzung der Immobilie ermöglicht wird. Mithin ist Ziel des Re-Development, den durch die Entwicklungsmaßnahme bewirkten Mehrwert in der Unternehmung zu belassen und nicht von externen Marktakteuren abschöpfen zu lassen.

Die **eigenständige Durchführung** von Re-Developmentprojekten ist mit einer Reihe von Risiken behaftet, die über das Maß hinausgehen, welches üblicherweise von Non-Property Companies getragen wird. Neben den Risiken, die typischerweise mit der Vornahme von Bauinvestitionen verbunden sind, werfen vor allem der notwendige Kapitalbedarf und die Kapitalbindung während der Konzeptions- und Umbauphase, der Aufbau eines entsprechenden Development-Know-hows sowie die Anpassung des Planungs-, Kontroll-, Organisations- und Kultursystems an die veränderten Markt- und Wettbewerbsbedingungen erhebliche Probleme auf, die das in Eigenregie betriebene Re-Development zweifelhaft erscheinen lassen.

Aus Risikoüberlegungen bietet sich daher – neben der im Folgenden dargestellten Kooperationslösung – eine **abgemilderte Form der Integrationslösung** an, bei der die Unternehmung für die betreffende Liegenschaft eine neue Nutzungskonzeption entwickelt, deren Realisierbarkeit im Rahmen einer Feasibility-Studie prüft, die anschließend in Verbindung mit einer positiven Bauvoranfrage an einen Investor veräußert wird.

Weiterhin bietet es sich an zu prüfen, ob die mit dem Re-Development verbundenen Erfolgspotenziale nicht durch eine **Zusammenarbeit mit einem professionellen Developer** nutzbar gemacht werden können. Erscheinungsformen und Bezeichnungen solcher Verbindungen von Unternehmen, die im Folgenden vereinfacht mit dem Begriff „Kooperation" belegt werden, weisen in der Realität eine fast unübersehbare Vielfalt auf (vgl. Bea, S. 2524). Im vorliegenden Zusammenhang soll unter der Kooperationslösung eine unternehmerische Zusammenarbeit zwischen einer Non-Property–Company und einem Projektentwickler verstanden werden, die sich in einem gemeinsam durchgeführten Re-Developmentvorhaben die führungsmäßige Verantwortung und

Kontrolle sowie das finanzielle Risiko teilen (vgl. Ihrig, S. 29). Mit dem Aufbau einer solchen Ko-operation eröffnet sich für die Non-Property-Company die Option, durch eine sinnvolle Ergän-zung der individuellen Stärken bzw. Kompensation der individuellen Schwächen die strategi-schen Chancen im Re-Development von Bestandsimmobilien nutzbar zu machen und gleichzeitig deren Risiken abzumildern.

Die konkrete **Ausgestaltung der Kooperation** ist im Einzelfall abhängig von den eingebrachten Leistungen der Partner, der Intensität der Gewinn-(und Verlust-)beteiligung sowie dem Grad der gewünschten Einflussnahme auf das Projekt. Wenngleich die unternehmerische Führung der Ent-wicklungsmaßnahme i.d.R. beim Developer verbleibt, sollte sich die Unternehmung keineswegs nur auf die Wahrnehmung der Bauherrenaufgaben beschränken. Vielmehr ist eine aktive Beteili-gung auch an den Konzeptions-, Planungs- und Abwicklungsaufgaben erforderlich, um die Re-Development-Immobilie entsprechend den eigenen strategischen Überlegungen hinsichtlich des Aufbaus von Wettbewerbsvorteilen gegenüber Konkurrenzobjekten zu gestalten.

Als Fazit kann festgehalten werden, dass sich die Kooperationsstrategie als attraktive, aber auch komplexe strategische Option darstellt. Trotz der inhärenten Risiken und Probleme von Koopera-tionen ist zu erwarten, dass diese nicht zuletzt infolge der verschärften Ressourcenproblematik sich vor allem für jene Unternehmen als gangbarer Weg erweisen wird, für die das Re-Development weiterhin lediglich ein Randgebiet ihrer eigentlichen Unternehmenstätigkeit dar-stellt.

Die zunehmende Hinwendung zum Immobilienmarkt im Rahmen einer strategiegeleiteten Ver-wertung wirft die grundsätzliche Frage auf, ob das vorhandene Immobilien-Portfolio und -Know-how nicht zur Grundlage einer Diversifikation auf Gesamtunternehmensebene gemacht werden kann. Unter **Diversifikation** soll dabei eine unternehmenspolitische Strategie der planmäßigen Ausdehnung der bisherigen Schwerpunkttätigkeit eines Unternehmens auf angrenzende oder völ-lig neue Märkte und Produkt-/Leistungsbereiche verstanden werden (vgl. Jacobs, S. 7). Die dau-erhafte, d.h. nicht nur fallweise Öffnung zum Immobilienmarkt verändert den Charakter von Non-Property-Companies grundlegend. Denn der Produktionsfaktor Immobilie dient nicht mehr ausschließlich als internes Ressourcen- oder Nutzungspotenzial, sondern wird als Ausgangspunkt zum Eintritt in die Immobilienbranche und damit zur Verbreiterung der unternehmerischen Basis genutzt.

Dass diese strategische Option durchaus in der Unternehmenspraxis anzutreffen ist, belegen aus-gewählte Beispiele. Vornehmlich Unternehmen aus dem Industrie- (z.B. AGROB AG; Harpen AG), Brauerei-/Getränke- (z.B. Bayerische Immobilien AG), Textil- (z.B. WCM AG) und Handels-sektor (z.B. Karstadt Immobilien AG) versuchen, ihren zumeist historisch gewachsenen, häufig wertvollen, bislang jedoch nicht aktiv geführten Grundbesitz zu nutzen, um aus ihrem bestehenden Stammgeschäft heraus zu diversifizieren. Zum Teil handelt es sich aber auch um Unternehmen, bei denen der ursprüngliche Unternehmenszweck entfallen ist und infolgedessen der Immobilienbereich die eigentliche Betätigung des Unternehmens darstellt.

Konkrete **Motive** für eine Diversifikationsstrategie können aus unterschiedlichen Argumenten gewonnen werden, wobei die Erschließung von Wachstumspotenzialen, die Verbesserung der Ertragskraft bzw. Rentabilität sowie die Erzielung von Risikovorteilen dominierende Zielsetzungen verkörpern (vgl. Jacobs, S. 13ff.; Ansoff, S. 151ff.). Das Wachstumsziel steht dann im Vordergrund, wenn das Stammgeschäft der Non-Property-Company Sättigungstendenzen aufweist bzw. in der Zukunft erwarten lässt und daher ein Eintritt in den Immobilienmarkt erwogen wird, um ein kontinuierliches Unternehmenswachstum zu sichern.

Hinsichtlich des Rentabilitätsziels zielt die Diversifikation auf eine effiziente Nutzung der im Unternehmen überschüssig vorhandenen und damit suboptimal eingesetzten Immobilienressourcen ab. Risikovorteile schließlich resultieren aus einer Streuung der Aktivitäten über unterschiedliche Produkt-Markt-Felder, wodurch unterschiedliche strukturelle und konjunkturelle Schwankungen auf den Absatzmärkten ausgeglichen werden können.

Bei der konkreten Durchführung der Diversifikationsstrategie gilt es zu entscheiden,

- welche Dienst- oder Sachleistungen im Rahmen des Wertschöpfungsprozesses rund um die Immobilien im Einzelfall angeboten werden sollen und

- auf welche konkrete Art (interne versus externe Diversifikation) die Diversifikation erfolgen soll (vgl. Schäfers 1997, S. 186ff.).

Gesamthaft betrachtet zeigt sich, dass der Aufbau eines Geschäftsfeldes Immobilien im Rahmen einer Diversifikationsstrategie mit einer erheblichen Modifikation des Geschäftsfeldportfolios einer (ehemaligen) Non-Property-Company einhergeht. Mithin stellt sich die Diversifikation als ein komplexes strategisches Konzept dar, das nicht nur die Gestalt der diversifizierenden Unternehmen berührt, sondern auch die Wettbewerbskräfte und -bedingungen in der Immobilienbranche.

6.2.5.4 Aspekte der organisatorischen Verankerung des Corporate Real Estate Managements

Die Durchsetzung einer systematischen, konzeptionell verfassten Ausrichtung des Managements von Unternehmensimmobilien verlangt in aller Regel die Schaffung geeigneter organisatorischer Voraussetzungen. Dabei umfasst die Organisation alle generellen Gestaltungsfragen im Hinblick auf eine strategiegerechte Aufbau- und Ablauforganisation von Unternehmen bzw. von betrieblichen Teilfunktionen.

Als zentrale Rahmenbedingung für die Diskussion von Organisationslösungen sind die Bemühungen in Großunternehmen anzusehen, sich zu „schlanken" und flexiblen Organisationen zu entwickeln. Diese Dezentralisierungsphilosophie findet ihren Ausdruck in dem aktuellen Trend zu **Holdingstrukturen** mit einer Obergesellschaft als Spitzeneinheit sowie nachgeordneten, operativen Tochtergesellschaften (vgl. Gomez, S. 167; Bühner, S. 40ff.).

Vor dem Hintergrund dieser hierarchischen Rahmenstruktur stellt sich die Frage nach der organisatorischen Verankerung des Immobilienmanagements als vorwiegend sekundäre Unternehmensfunktion. Bei der Organisationsgestaltung im Corporate Real Estate Management sind grundsätzliche Entscheidungen bezüglich der formalen Organisation und der Erfolgsverantwortung im Immobilienmanagement zu treffen. Auf die damit verbundenen Detailprobleme und -lösungen wird in Kapitel 7.2 näher eingegangen.

Zur **idealtypischen Organisationsgestaltung** des Corporate Real Estate Managements ist ein schrittweises Vorgehen zielführend (vgl. Abbildung 209).

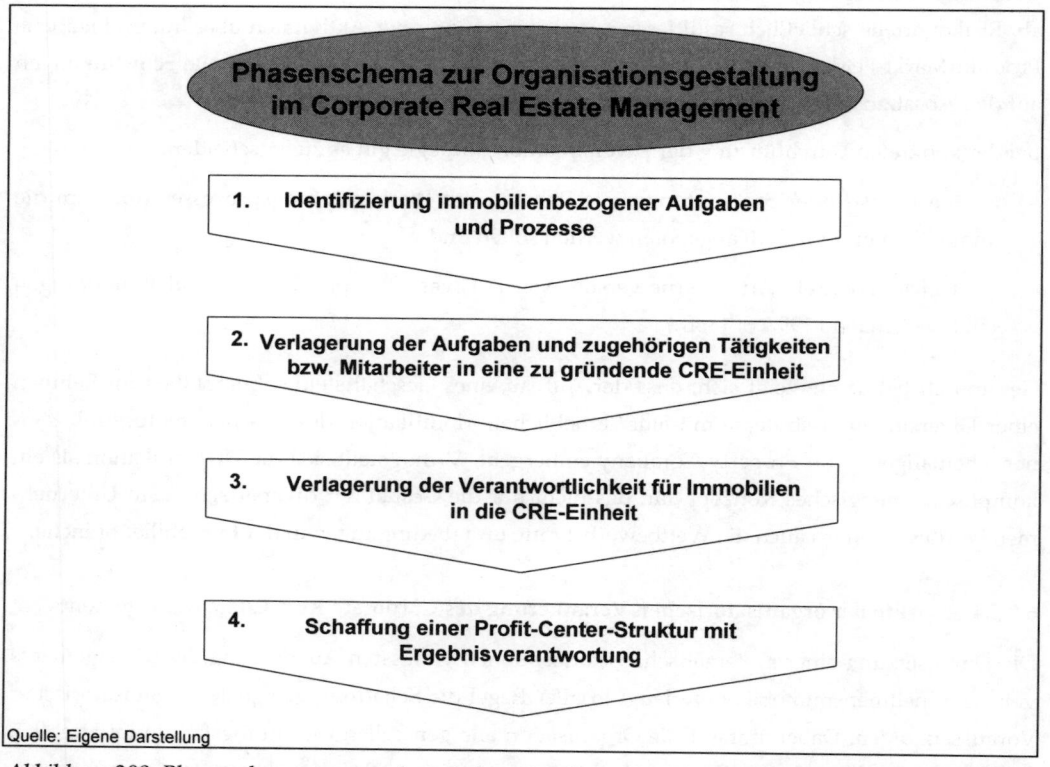

Abbildung 209: Phasenschema zur organisatorischen Gestaltung des Corporate Real Estate Managements

Zunächst sind die immobilienbezogenen Aufgaben und Prozesse innerhalb des Unternehmens zu identifizieren, um auf dieser Grundlage in einem zweiten Schritt die Aufgaben und zugehörigen

Tätigkeiten bzw. Mitarbeiter in eine zu gründende Corporate Real Estate-Einheit auszulagern. Diese zentrale Einheit kann entweder als eigenständige Tochtergesellschaft oder als Einheit mit Holdingfunktion ausgestaltet werden.

In einem dritten Schritt sollte die Verantwortlichkeit für die Unternehmensimmobilien in die Corporate Real Estate-Einheit verlagert werden, d.h. die Eigentümerfunktion geht von der Muttergesellschaft bzw. von den anderen Geschäftsbereichen, die fortan nur noch Nutzungsrechte an den Immobilien haben, auf die Corporate Real Estate-Einheit über. Dieser Schritt geht einher mit dem Aufbau eines internen Immobilien-Verrechnungspreissystems.

In einem letzten Schritt wird die Corporate Real Estate-Einheit von einem Cost-Center in ein Profit-Center mit separater Erfolgsrechnung ungewandelt. Die Leistungen der CRE-Einheit werden auf Basis des entwickelten, marktorientierten Verrechnungspreissystems zwischen der CRE-Einheit und den anderen Geschäftsbereichen verrechnet. Dies gilt sowohl für Mietzahlungen für die Immobiliennutzung als auch für in Anspruch genommene immobilienbezogene Dienstleistungen.

6.2.5.5 Einführung eines internen Immobilien-Verrechnungspreissystems

Bei **Verrechnungspreisen** handelt es sich um Wertansätze, die für den Transfer von Produktionsfaktoren in Unternehmen angesetzt werden. Dementsprechend finden sie Anwendung bei der internen Nutzung und Überlassung von Kapital, (Vor-)Produktlieferungen oder Dienstleistungen sowie Gegenständen des Anlagevermögens (z.B. Anlage- und Raumkapazitäten), die als Objekte der Bepreisung gelten.

Die Aufgaben von Verrechnungspreisen können nach Coenenberg in folgende Grundfunktionen differenziert werden (vgl. Coenenberg, S. 424ff.):

- **Planungs- und Abrechnungsfunktion**
  Im Rahmen der Planungs- und Abrechnungsfunktion stellen Verrechnungspreise ein Wertegerüst als Grundlage für die Budgetplanungsaktivitäten der am Leistungstransfer beteiligten Unternehmenseinheiten bereit. Gleichzeitig erfolgt eine Verrechnung der Leistungserstellung und -nutzung.

- **Lenkungsfunktion**
  Mit der Lenkungsfunktion wird die optimale Allokation der Unternehmensressourcen angestrebt. Folglich ist zentrale Aufgabe von Verrechnungspreisen, die Entscheidungen in den Teileinheiten der Unternehmung so zu beeinflussen, dass knappe Produktionsfaktoren und Investitionsmittel einer optimalen Nutzung zugeführt werden.

- **Erfolgsermittlungsfunktion**

  Im Hinblick auf die Erfolgsermittlungsfunktion ermöglichen Verrechnungspreise, die durch den innerbetrieblichen Leistungstransfer miteinander verbundenen Einheiten rechentechnisch zu entkoppeln und für diese dann eigenständige Erfolge auszuweisen. Diese Aufspaltung des Gesamterfolges erlaubt die Führung der Unternehmenseinheiten als eigenständige Verantwortungsbereiche und soll deren Selbständigkeit und Motivation fördern. Darüber hinaus kann die Bereitstellung und Nutzung der Produktionsfaktoren einer permanenten Wirtschaftlichkeitskontrolle unterzogen werden.

Projiziert man diese Grundgedanken der Verrechnungspreistheorie auf eine Anwendung im Immobilienmanagement, so dienen immobilienspezifische Verrechnungspreise dem Zweck, die Überlassung bzw. Nutzung (der im Unternehmenseigentum befindlichen) Immobilien zwischen der Immobilieneinheit und den operativen Geschäftseinheiten im Sinne eines Eigentümer-Mieter-Verhältnisses marktnah abzubilden. Grundgedanke des Immobilien-Verrechnungspreissystems ist somit die Übertragung des marktlichen Preismechanismus auf die Unternehmung, um eine optimale Allokation und Nutzung der Immobilienressourcen zu erzielen (vgl. Abbildung 210).

Die konkrete Ausgestaltung eines funktionsgerechten Systems der Verrechnungspreise im Immobilienmanagement muss sich grundsätzlich an den spezifischen Führungs- und Steuerungserfordernissen der jeweiligen Unternehmung orientieren (vgl. Röper, S. 28). Gleichwohl lassen sich eine Reihe von **Voraussetzungen** festhalten, die weitgehend unabhängig von den Besonderheiten der konkreten Unternehmenssituation Geltung beanspruchen dürfen (zu einer ausführlichen Diskussion vgl. Schäfers 1997, S. 221ff.):

- Bestimmbarkeit von Verrechnungspreisen bzw. von Verrechnungspreiskorridoren (d.h. Festlegung von Verrechnungspreisen als Kosten- oder Marktpreise),

- Transparenz und Konsens hinsichtlich der Verrechnungspreisbestimmung,

- Konsens über das organisatorische Verfahren der Verrechnungspreisbestimmung,

- Realorganisatorische Trennung in Kern- und Immobiliengeschäftssystem,

- Entscheidungsspielräume für Geschäfts- und Immobilieneinheit hinsichtlich immobilienbezogener Leistungen.

Wie man anhand der Anforderungen erkennen kann, ist die Ausgestaltung und Einführung eines Verrechnungspreissystems im Immobilienmanagement im Regelfall eine aufwendige und schwierige Angelegenheit. Dies nicht zuletzt deshalb, weil die dabei festzulegenden Modalitäten typischerweise Eigeninteressen und auch Besitzstände der betroffenen Unternehmenseinheiten berühren (vgl. Röper, S. 32). Eine sorgfältige, an die individuellen Bedürfnisse einer Unternehmung angepasste Implementierung erweist sich daher als unerlässlich.

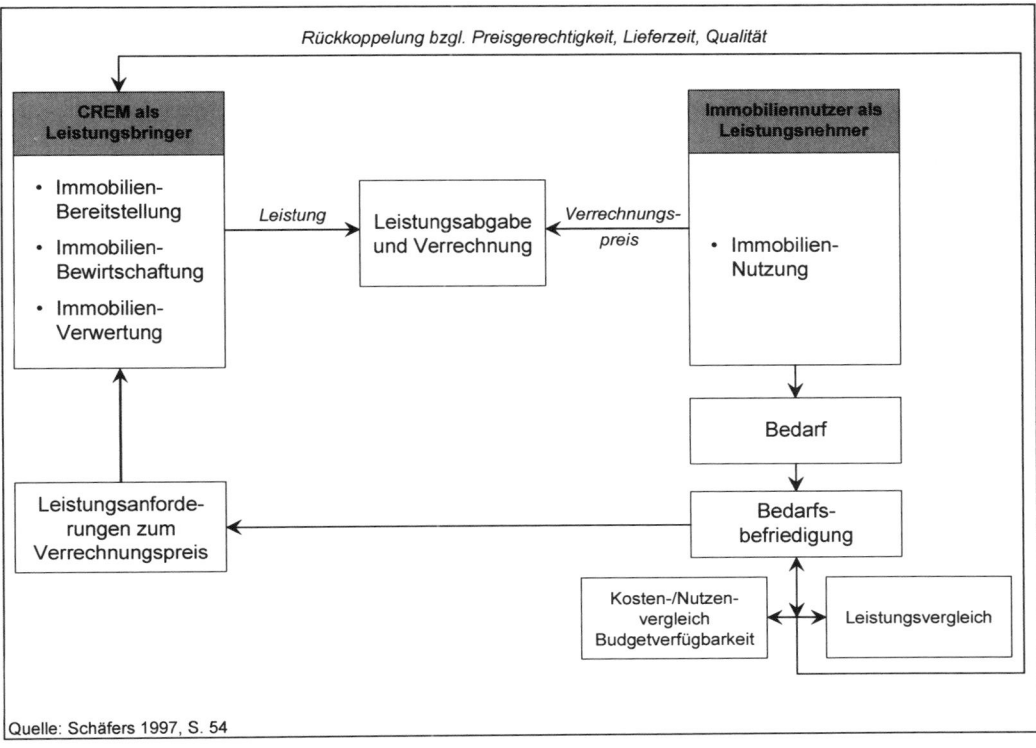

Abbildung 210: Grundmodell eines Verrechnungspreissystems im Immobilienmanagement

Literaturverzeichnis zu Kapitel 6.2

Aengevelt, L.: Flächen-Recycling, in: Falk, B. (Hrsg.): Gewerbe-Immobilien, 6., überarb. und erw. Aufl., Landsberg a. L. 1994, S. 695-703.

Ansoff, H. I.: Management-Strategie, München 1966.

Apgar, M. IV: Uncovering Your Hidden Occupancy Costs, in: HBR, 1993, No. 3, S. 124-136.

Arthur Andersen: Real Estate in the Corporation: The Bottom Line from Senior Management, o.O. 1993.

Arthur Andersen: Wasted assets? A survey of corporate real estate in Europe, o. O. 1995.

Asson, T.: Real estate partnerships – A new approach to corporate real estate outsourcing, in: Journal of Corporate Real Estate, 2002, No. 4, S. 327-333.

Avis, M. et al.: Property Management Performance Monitoring, Oxford 1993.

Avis, M./Gibson, V./Watts, J.: Managing Operational Property Assets, Reading 1989.

Balck, H.: Neue Servicekonzepte. Teil 1: Kundennahe Service-Organisation für unternehmensinterne Gebäudedienste. Unterlagen zum Vortrag im Rahmen des ebs Immobilien Professional Colleg Projektmanagement am 7. Oktober 1993 in Castrop-Rauxel, o.S.

Bea, F. X.: Diversifikation durch Kooperation, in: Der Betrieb, 1988, S. 2521-2526.

Bell, M. A.: The Importance of Sound Fixed Asset Management, in: Industrial Development, January/February 1987, No. 1, S. 11-13.

Bircher, B.: Langfristige Unternehmungsplanung – Konzepte, Erkenntnisse und Modelle auf systemtheoretischer Grundlage, Bern/Stuttgart 1976.

Bon, R.: Ten Principles of Corporate Real Estate Management, in: Facilities, 1994, No. 5, S. 9-10.

Brittinger, T.: Betriebswirtschaftliche Aspekte des Industriebaues: eine Analyse der baulichen Gestaltung industrieller Fertigungsstätten, Diss. Berlin 1992.

Brown, R. K. et al.: Managing Corporate Real Estate, New York u.a. 1993.

Bühner, R.: Management-Holding., in: DBW, 1987, S. 40-49.

Bühner, R.: Mehr Transparenz bis in die einzelnen Geschäftseinheiten, in: Blick durch die Wirtschaft, 27. September 1994, S. 1.

Byrne, P.: The Review of Local Government, in: Property Management, 1994, No. 3, S. 5-8.

Camp, R. C.: Benchmarking – The Search for Industry Best Practices that Lead to Superior Performance, Milwaukee/Wisconsin 1989.

Case, F. E.: Managing Corporate Real Assets For Their Stores of Value, in: Industrial Development, March/April 1987, No. 2, S. 11-13.

Coenenberg, A. G.: Kostenrechnung und Kostenanalyse. 2., durchges. Aufl., Landsberg a. L. 1993.

Crommen, M.: Finanzierung von Unternehmensimmobilien. Eine Shareholder Value-orientierte Analyse, in: Schulte, K.-W. (Hrsg.): Schriften zur Immobilienökonomie, Band 17, Köln 2001.

Deng, Y./Gyourko, J.: Real Estate Ownership by Non-Real Estate Firms: An Estimate of the Impact on Firm Returns, Working Paper No. 321, The Samuel Zell and Robert Lurie Real Estate Center at The Wharton School, University of Pennsylvania, July 2000.

Einem, E. v./Tonndorf, T.: Büroflächenentwicklung im regionalen Vergleich, in: Schriftenreihe Forschung des Bundesministers für Raumordnung, Bauwesen und Städtebau, Nr. 484, Berlin 1990.

Evans, M.: The Impact of Real Estate Decisions on Profitability, in: Site Selection Europe, 1994, No. 3, S. 28-30.

Flegel, D. D.: Disposing of Surplus Corporate Real Estate, in: Real Estate Review, Winter 1992, No. 4, S. 53-56.

Frieske, A.: Facility Management mit eigenem Personal?, in: Facility Management, 1995, H.3, S. 57-60.

Gabele, E./Kroll, M.: Grundlagen des Immobilien-Leasing, in: Der Betrieb, 1991, S. 241-248.

Gibson, V.: Strategic Property Management, in: Property Management, 1994, No. 3, S. 9-14.

Glascock, J. L./Davidson, W. N./Sirmans, C. F.: The Gains from Corporate Selloffs: The Case of Real Estate Assets, in: American Real Estate and Urban Economics Association Journal, 1991, Nr. 4, S. 567-582.

Gomez, P.: Trends in der Konzernorganisation, in: ZfO, 1992, H. 3, S. 166-172.

Gop, R.: Bilanz-Kur mit Flächen-Diät, in: Immobilien Manager, 1994, Nr. 2, S. 6-14.

Hamer, J. M.: Effektive Liegenschaftsverwaltung, in: Harden, H./Kahlen, H. (Hrsg.): Planen, Bauen, Nutzen und Instandhalten von Bauten, Stuttgart/Berlin/Köln 1993, S. 29-36.

Hedden, N./Pfnür, A.: Ergebnisbericht zur empirischen Untersuchung „Corporate Real Estate 2002 – Institutionalisierung des betrieblichen Immobilienmanagements", Arbeitspapier Nr. 8, Arbeitsbereich öffentliche Wirtschaft am Fachbereich Wirtschaftswissenschaften der Universität Hamburg, Juni 2002.

Henckel, D.: Informationstechnologie, Produktionsautomatisierung und räumliche Entwicklung, in: Kreibich, V./Petz, U. v./Potthoff, K./Rosenkranz, H./Selle, K./Schmals, K. M./ Venturi, M. (Hrsg.): Neue Technologien – Nuove Tecnologie: Herausforderung der Raumplanung?, Dortmund 1986, S. 93-99.

Hens, M.: Marktwertorietiertes Management von Unternehmensimmobilien, in: Schulte, K.-W. (Hrsg.): Schriften zur Immobilienökonomie, Band 13, Köln 1999.

Hill, M.: Financing Corporate Real Estate: The impact of corporate real estate in the shareholder value equation, in: Briefings in Real Estate Finance, 2003, No. 4, S. 313-325.

Holz, I.-H.: Stadtentwicklungs- und Standorttheorien unter Einbeziehung des Immobilienmarktes, Diss. Mannheim 1994.

Ihrig, F.: Strategische Allianzen, in: WIST, 1991, S. 29-31.

Isakson, H. R./Sircar, S.: The Critical Success Factors Approach To Corporate Real Asset Management, in: Real Estate Issues, Spring/Summer 1990, No. 1, S. 26-31.

Jacobs, S.: Strategische Erfolgsfaktoren der Diversifikation, Diss. Wiesbaden 1991.

Jicha, W.: Facility Management – interne Dienstleistung oder Aufgabe für Dienstleistungsunternehmen, in: Gesellschaft für Europäische Wirtschaftsinformation mbH (Hrsg.): Building Management Congresse, Bd. 3, München 1993, S. 207-218.

Jones Lang LaSalle: European Real Estate Ownership Structures – The drivers behind the evolution of Europe's real estate capital markets – The US influence, September 2002.

Joroff, M. L.: Corporate Real Estate 2000 – Management Strategies for the Next Decade, in: Industrial Development, 1992, No. 3, S. 1-6.

Joroff, M./Louargand, M./Lambert, S./Becker, F.: Strategic Management of the Fifth Resource: Corporate Real Estate, in: Industrial Development, 1993a, No. 5, S. 14-19.

Joroff, M./Louargand, M./Lambert, S./Becker, F.: Strategic Management of The Fifth Resource: Corporate Real Estate, o. O. 1993b.

Joroff, M./Louargand, M./Lambert, S./Becker, F.: Managing Property Assets In a Competitive Environment, in: Site Selection Europe, 1993c, No. 12, S. 53-61.

Karsten, W.: Industriearchitektur: Phönix aus der Asche, in: VDI-Zeitschrift, 1989, Nr. 8, S. 12-15.

Klender, M./Muldavin, S. R.: Reducing occupancy costs: Capitalizing on today's down market, in: Real Estate Accounting & Taxation, 1992, No. 2, S. 75-79.

Knocke, D.: Anforderungen neuer Produktionen an Flächen und Bauten, in: Zeitschrift der wirtschaftlichen Fertigung, 1996, Nr. 7, S. 353-357

Kotch, R. A.: Benchmarking Corporate Real Estate Performance at AT&T, in: Industrial Development, 1989, No. 5, S. 5-7.

Kreikebaum, H.: Strategische Unternehmensplanung, 6. Aufl., Stuttgart/Berlin/Köln 1997.

Lambert, S./Poteete, J./Waltch, A.: Generating High Performance Corporate Real Estate Service, o. O. 1995.

Leopoldsberger, G.: Kontinuierliche Wertermittlung von Immobilien, in: Schulte, K.-W. (Hrsg.): Schriften zur Immobilienökonomie, Band 6, Köln 1997.

Lubieniecki, E. C.: Benchmarking in Corporate Real Estate: The Measurement of Quality, in: Ernst & Young (Hrsg.): The Digest of Corporate Real Estate, San Francisco 1993, S. 9-12.

Männel, W.: Die Wahl zwischen Eigenfertigung und Fremdbezug, 2., überarb. u. erw. Aufl., Stuttgart 1981.

Markin, A.: How to Implement Competitive-Cost Benchmarking, in: Journal of Business Strategy, 1992, No. 3, S. 14-20.

McNamara, P. F.: Towards A Classification Of Land Developers, in: Urban Land and Policy, 1983, S. 87-94.

Noha, E. A.: Benchmarking: The Search for Best Practices in Corporate Real Estate, in: The Journal of Real Estate Research, 1993, No. 4, S. 511-523.

Nourse, H. O./Kingery, D.: Survey of Approaches to Disposing of Surplus Corporate Real Estate, in: The Journal of Real Estate Research, 1987, No. 1, S. 51-59.

Nourse, H. O./Roulac, S. E.: Linking Real Estate Decisions to Corporate Strategy, in: The Journal of Real Estate Research, 1993, No. 4, S. 475-494.

Nourse, H. O.: Corporate Real Estate, in: Seldin, M./Boykin, J. H. (Hrsg.): The Real Estate Handbook. 2. Ed., Homewood/Illinois 1989, S. 1014-1030.

Nourse, H. O.: Corporate Real Estate Ownership as a Form of Vertical Integration, in: Real Estate Review, 1990, No. 3, S. 67-71.

Nourse, H. O.: Real Estate Flexibility Must Complement Business Strategy, in: Real Estate Review, 1992, No. 4, S. 25-29.

Nourse, H. O.: Measuring Business Real Property Performance, in: The Journal of Real Estate Research, 1994, No. 4, S. 431-446.

Parker, J. R.: Corporate Real Estate Progress and Challenges, in: Industrial Development, 1990, No. 1, S. 19-23.

Pfarr, K.: Grundlagen der Bauwirtschaft, Essen 1984.

Picot, A./Maier, M.: Analyse- und Gestaltungskonzepte für das Outsourcing, in: Information Management, 1992, H. 4, S. 14-27.

Picot, A.: Ein neuer Ansatz zur Gestaltung der Leistungstiefe, in: ZfbF, 1991, S. 336-357.

Pierschke, B.: Die organisatorische Gestaltung des betrieblichen Immobilienamanagements, in: Schulte, K.-W. (Hrsg.): Schriften zur Immobilienökonomie, Band 14, Köln 2001.

Raffée, H./Wiedmann, K.-P.: Wertewandel und gesellschaftsorientiertes Marketing – Die Bewährungsprobe strategischer Unternehmungsführung, in: Raffé, H./Wiedmann, K.-P. (Hrsg.): Strategisches Marketing, Stuttgart 1989, S. 552-611.

Raffée, H.: Grundfragen und Ansätze des strategischen Marketing, in: Raffée, H./Wiedmann, K.-P. (Hrsg.): Strategisches Marketing. Ungekürzte Sonderausg., Stuttgart 1989, S. 3-33.

Röper, J. W.: Richtige Verrechnungspreise – das Anforderungsprofil, in: Harvard Manager, 1991, H. 4, S. 27-32.

Rutherford, R.: Empirical Evidence on Shareholder Value and the Sale-Leaseback of Corporate Real Estate, in: American Real Estate and Urban Economics Association Journal, 1990, Nr. 4, S. 522-529.

Schäfers, W./Haub, C./Stock, A.: Going Public von Immobiliengesellschaften: Grundlagen – Voraussetzungen – Erfolgschancen, in: Schulte, K.-W. et al. (Hrsg.): Handbuch Immobilien-Banking – Von der traditionellen Immobilien-Finanzierung zum Immobilien-Investmentbanking, 2002, S. 311-334.

Schäfers, W.: Immobilienmanagement in deutschen Industrie-, Dienstleistungs- und Handelsunternehmen, Arbeitspapier Nr. 2, Stiftungslehrstuhl Immobilienökonomie der EUROPEAN BUSINESS SCHOOL, Oestrich-Winkel 1996.

Schäfers, W.: Strategisches Management von Unternehmensimmobilien – Bausteine einer theoretischen Konzeption und Ergebnisse einer empirischen Untersuchung, in: Schulte, K.-W. (Hrsg.): Schriften zur Immobilienökonomie, Band 3, Köln 1997.

Schäfers, W.: Monetarisierung von Corporate Real Estate, in: Schulte, K.-W./Schäfers, W. (Hrsg.): Handbuch Corporate Real Estate, 2. Aufl., Köln 2004.

Schulte, K.-W.: Wirtschaftlichkeitsrechnung, 4. Aufl., Heidelberg/Wien 1986.

Schulte, K.-W.: Stille Reserven, in: FAZ, 9. Juni 1995, S. 45.

Schulte, K.-W./Ropeter, S.: Rentabilitätsanalyse für Immobilienprojekte, in: Schulte, K.-W. (Hrsg.): Handbuch Immobilien-Projektentwicklung, Köln 1996, S. 165-221.

Schulte, K.-W./Schäfers, W. (Hrsg.): Handbuch Corporate Real Estate Management, 2. Aufl., Köln 2004.

Simmering, F. G.: Tackling the White Elephant, in: Industrial Development, 1993, No. 4, S. 1-3.

Straßheimer, P.: Internationales Corporate Real Estate Management, in: Schulte, K.-W. (Hrsg.): Schriften zur Immobilienökonomie, Band 12, Köln 1999.

Tacke, H. R.: Leasing, 3. Aufl., Stuttgart 1999.

Waldmann, K.: Immobilienmanagement im Mietermarkt, in: Der langfristige Kredit, 1987, S. 68-76.

Weber, R.: Qualitative Standortanforderungen neuer Produktionstechniken, in: Institut für Landes- und Stadtentwicklungsforschung des Landes Nordrhein-Westfalen (Hrsg.): Neue Fabrikkonzepte und gewerblicher Flächenbedarf, Dortmund 1991, S. 22-35.

Welge, M. K.: Unternehmensführung, Bd. 1: Planung, Stuttgart 1985.

Wolfrum, B.: Strategisches Technologiemanagement, Wiesbaden 1991.

6.3   Public Real Estate Management

Petra Brockhoff, Matthias Zimmermann

6.3 Public Real Estate Management

Petra Brockhoff, Matthias Zimmermann

6.3.1 Einführung

Die **öffentliche Hand** ist in der Bundesrepublik Deutschland, wie auch in vielen anderen europäischen Staaten, einer der größten Immobilieneigentümer des Landes. Auf Grund der angespannten Finanzlage der öffentlichen Haushalte, die durch die Kosten des Sozialstaates, die zunehmende Massenarbeitslosigkeit sowie andere kostenintensiven Aufgaben ständig verschärft wird, gewinnen die immobilieninduzierten Kosten in allen Instanzen der öffentlichen Hand zunehmend an Aufmerksamkeit. Ein wirtschaftlicher Umgang mit den öffentlichen Immobilien ist von entscheidender Bedeutung, da die immobilienbezogenen Kosten einen der größten Ausgabenblöcke des Verwaltungshaushaltes der Bundesrepublik Deutschland darstellen (vgl. Diekmann, S. 35; Ecke, S. I).

Die öffentliche Verwaltung steht schon seit Jahren in der Kritik, da sie immer weniger in der Lage erscheint, zeit-, sach- und kostenadäquate Problemlösungen für die ihr übertragenen Aufgaben anzubieten (vgl. Behrendt, S. 5). Eine Bereitstellung des öffentlichen Leistungsangebotes und die Erfüllung des politisch bestimmten Verwaltungsauftrages ist ohne die Nutzung von Grundstücken und Gebäuden nicht möglich. Gerade im Bereich der öffentlichen Immobilienbereitstellung und -nutzung existiert ein sehr großes Optimierungs-, Rationalisierungs- und Einsparpotenzial, das es in den Zeiten der angespannten Haushaltslage zu nutzen gilt. Ein nutzerorientiertes Immobilienmanagement, das die langfristigen Anforderungen an die Immobilienbereitstellung, -bewirtschaftung und -verwertung antizipiert und optimiert, stellt eine Lösung für die aktuellen Herausforderungen der öffentlichen Hand dar (vgl. Strassheimer).

Im privaten Sektor wurde das Konzept des **Corporate Real Estate Managements** (CREM) als Führungskonzeption für die systematische Steuerung und Optimierung des Immobilienbestandes von Unternehmen, die dies nicht als Teil ihres Kerngeschäftes definieren (Non-Property-Companies), entwickelt. Ausgehend von der strategischen Zielsetzung des privaten Unternehmens soll über die Identifikation und Realisation von Erfolgssteigerungspotenzialen ein Beitrag zur nachhaltigen Wettbewerbsfähigkeit der Non-Property-Company geleistet werden (vgl. Schäfers, S. 81). Eine ähnliche Problemstellung wie im privaten Sektor wird für die öffentliche Hand zunehmend deutlich. Auf Bundes-, Landes- und Kommunalebene werden inzwischen die Potenziale des Immobilienbestandes erkannt, ohne jedoch konsequent Konzepte zur Ausnutzung von Optimierungsmöglichkeiten vorweisen zu können. Ein den ganzen Lebenszyklus der öffentlichen Immobilien umfassender, für die öffentliche Hand allgemeingültiger Umgang ist gefordert, welcher diejenigen Immobilienressourcen als strategische Erfolgsfaktoren erkennt, die einen positiven Beitrag zur Erfüllung der politischen Zielsetzung leisten können. Die reine Verwaltung der Liegenschaften muss durch ein aktives Immobilienmanagement abgelöst werden, das auf den gegenwärtigen und zukünftigen effizienten Betrieb von benötigten und die Verwertung von nicht benötigten Flächen ausgerichtet ist (vgl. Valencia, S. 147).

Im Folgenden soll unter **Public Real Estate Management** (PREM), auch öffentliches Immobilienmanagement genannt, eine strategische Gesamtkonzeption für den öffentlichen Sektor verstanden werden, die den heterogenen Immobilienbestand auf Bundes-, Landes- und Kommunalebene (vgl. Abbildung 211) im Hinblick auf den politisch bestimmten Verwaltungsauftrag optimieren soll. Durch die systematische Aufnahme, Strukturierung und Analyse des öffentlichen Immobilienbestandes lassen sich erhebliche Überschussflächen identifizieren und somit immobilieninduzierte Kosten reduzieren. Der Fokus liegt hierbei auf einer bedarfsgerechten, wirtschaftlichen und nachhaltigen Immobilienbereitstellung und -nutzung aller Grundstücke und Gebäude, die zur Erfüllung öffentlicher Aufgaben notwendig sind.

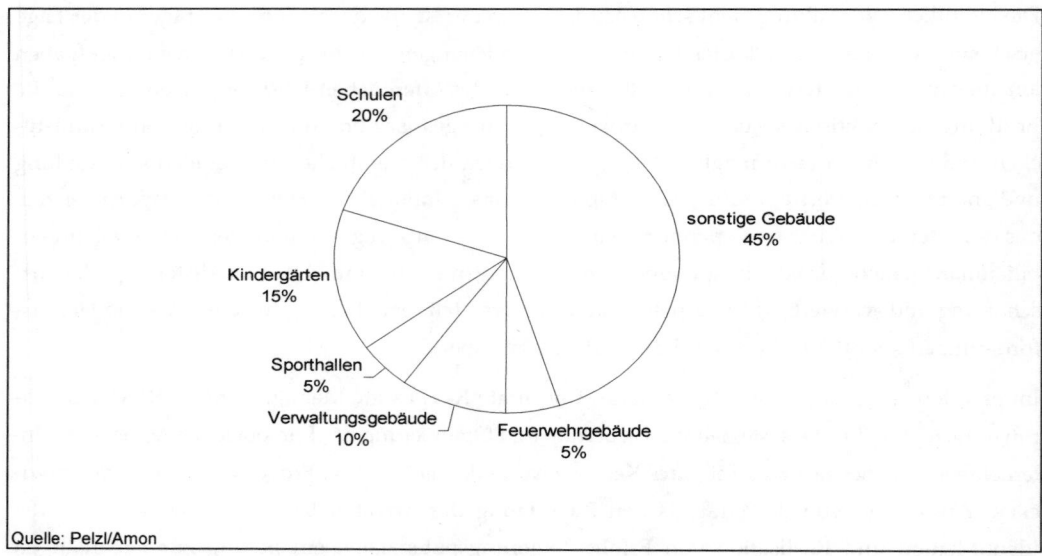

Abbildung 211: Heterogenes Portfolio der deutschen Kommunen

Im Rahmen der folgenden Ausführungen sollen grundsätzliche Verwaltungsschemata auf Länderebene dargestellt werden. Der deutsche Föderalismus bringt insbesondere mit sich, dass in spezifischen Regelungen von Bund, Ländern und Kommunen erhebliche Unterschiede auftreten, die für die Grundsatzüberlegungen des Public Real Estate Managements jedoch keine entscheidende Bedeutung haben. Auch sollen ausgegliederte Verwaltungseinheiten, wie beispielsweise Schlösser- und Seenverwaltungen, außer Betracht gelassen werden.

Die **Liegenschaftsverwaltungen** der sechzehn Bundesländer sind derzeit meist zweistufig aufgebaut:

- Die obere Instanz stellt die **Ministerialinstanz** dar. Sie ist i.d.R. bei dem entsprechenden Fachressort angesiedelt, das Eigentümer der jeweiligen Grundstücke und Gebäude ist. Ihre Aufgabe liegt im Wesentlichen in den Planungen zur Deckung des Immobilienbedarfs der Verwaltungen, d.h. der Behördenunterbringung sowie des Ankaufs und Verkaufs von Immobilien.

- Die **Ortsinstanzen** sind entweder selbständig oder in das entsprechende Fachressort eingegliedert. Ihre Aufgabe besteht vor allem darin, zusammen mit dem Nutzer die Gebäudebewirtschaftung durchzuführen.

Die Liegenschaftsverwaltungen können ihre Entscheidungen jedoch nicht autonom treffen, da das Parlament die definitive Entscheidungsgewalt in Form des Budgetrechts inne hat, und die Bauverwaltung baufachliche Fragestellungen zu klären hat. Die unterschiedlichen Entscheidungsträger über die Liegenschaften der öffentlichen Hand sowie deren Aufgabenbereiche werden in der folgenden Tabelle 75 nochmals zusammengefasst und erläutert:

ENTSCHEIDUNGS-TRÄGER	AUFGABE	BEISPIEL
Liegenschafts-verwaltung	Definiert die Nutzung eines Grundstücks.	Verlagerung eines Finanzamtes aus der Stadtmitte an die Peripherie und gewerbliche Nutzung des Innenstadtgrundstückes.
Nutzende Verwaltung	Kontrolliert, ob die von der Liegenschaftsverwaltung vorgeschlagene Nutzung im Rahmen der Erfüllung der übertragenen Aufgaben sinnvoll ist.	Es ist (nicht) sinnvoll, einen anderen Standort für das Finanzamt zu wählen.
Bauverwaltung	Kontrolliert, ob die von der Liegenschaftsverwaltung und von der nutzenden Verwaltung vorgeschlagene Nutzung der Immobilie aus baufachlicher Sicht sinnvoll ist.	Es sprechen keine städtebaulichen Überlegungen gegen eine gewerbliche Nutzung des jetzigen Finanzamtsgebäudes.
Parlament	Das Budgetrecht und die definitive Entscheidungsgewalt, ob das Projekt durchgeführt wird, liegen beim Parlament.	Ausgehend von den derzeitigen politischen Zielsetzungen ist eine Verlagerung des Finanzamtes sinnvoll.

Quelle: in Anlehnung an: Weyand, S. 4

Tabelle 75: Entscheidungsträger über Liegenschaften der öffentlichen Hand

Hieraus lässt sich erkennen, dass sich eine nicht unerhebliche Anzahl von Entscheidungsträgern auf den verschiedenen Hierarchieebenen um die Grundstücke und Gebäude der öffentlichen Hand kümmert (vgl. Weyand, S. 2ff.). Zu konstatieren sind eine Zersplitterung und Intransparenz von Leistungen und Verantwortungsbereichen sowie eine mangelnde Informationsversorgungs-struktur und Kommunikation zwischen den zuständigen Behörden.

Nimmt man eine Klassifikation des zu verwaltenden Liegenschaftsvermögens der Länder hin-sichtlich der Nutzung vor, können Verwaltungsgrundvermögen, Behördenzentren, allgemeines Grundvermögen sowie Grundvermögen der Landesbetriebe unterschieden werden.

- Das **Verwaltungsgrundvermögen** beinhaltet alle landeseigenen Grundstücke und Gebäude, die unmittelbar für Verwaltungszwecke oder im Rahmen des Gemeingebrauchs bereits ge-nutzt oder in absehbarer Zeit benötigt werden. Das Verwaltungsgrundvermögen wird im Re-gelfall von dem jeweiligen Nutzer betrieben.

- Die **Behördenzentren** bilden i.d.R. eine wirtschaftliche Einheit, werden aber von den Landes-dienststellen verschiedener Geschäftsbereiche genutzt. In den meisten Bundesländern erfolgt eine Zurechnung zum Haushalt der jeweils größten nutzenden Behörde, die auch für die Ver-waltung der Immobilie zuständig ist. Eine Ausnahme stellt das Bundesland Hessen dar, da die Verwaltung vom Ministerium der Finanzen und den ihm nachgeordneten Behörden übernom-men wird.

- Das **allgemeine Grundvermögen** umfasst die Grundstücke und Gebäude, die nicht unmittel-bar für Verwaltungszwecke genutzt oder nicht mehr für bestimmte Landeszwecke benötigt werden. Sie sind dem Ministerium der Finanzen sowohl finanziell als auch organisatorisch zugeordnet.

- Zu dem **Grundvermögen der Landesbetriebe** zählen alle Grundstücke und Gebäude von or-ganisatorisch ausgegliederten Dienststellen aus dem Verwaltungsbereich. Das Grundvermö-gen wird dem jeweiligen Landesbetrieb zugerechnet und auch von ihm verwaltet (vgl. Wey-and, S. 3).

Zur Abgrenzung des öffentlichen Sektors von der Privatwirtschaft sollen im Folgenden die Rah-menbedingungen von öffentlicher und privatwirtschaftlicher Leistungserstellung gegenüberge-stellt werden.

- Während die **Zielsetzung** privater Unternehmen in der Gewinnmaximierung unter bestimm-ten Nebenbedingungen, wie beispielsweise der Orientierung am Shareholder Value, begrün-det sein kann, sind bei der öffentlichen Hand Aufgaben der Daseinsvorsorge und Sicherung des Rechts-, Kultur- und Sozialstaates zu beachten. Diese Aufgaben sind auch dann zu erfül-len, wenn private Unternehmen sie wegen mangelnder Rentabilität bzw. Potenzialen oder er-heblichen Risikos ablehnen würden (vgl. Nowak, S. 16).

- Private Unternehmen unterliegen i.d.R. einer anderen **Wettbewerbssituation** als öffentliche Anbieter. Da die Privaten in Konkurrenz mit anderen Anbietern stehen, haben Effizienzvorteile direkten Einfluss auf die Wettbewerbsfähigkeit und die Erfolgspotenziale des Unternehmens. Öffentliche Verwaltungen sind meist so organisiert, dass sie nur für eine spezifische Aufgabe in einem bestimmten geografischen Gebiet zuständig sind. Diese örtliche und sachliche Zuständigkeit kommt einer staatlichen Monopolstellung gleich. Auf Grund dessen muss sich der Staat nicht dem Wettbewerb stellen, da Ineffizienz weder zu Wettbewerbsnachteilen führt noch die Überlebensfähigkeit gefährdet (vgl. Skulimma, S. 173; Lamberti, S. B 2).

- Die **Erfolgsmessung** erfolgt bei privaten Unternehmen auf Basis der Rentabilität des eingesetzten Kapitals. Die Berechnung der Rendite wird auf der Grundlage der doppelten Buchführung durchgeführt. Sie dient weiterhin der Erstellung des Jahresabschlusses als Element der externen Rechnungslegung sowie der Kosten- und Leistungsrechnung als Bestandteil der internen Rechnungslegung. Der Erfolg der öffentlichen Hand wird daran gemessen, ob der im Haushaltsplan vorausbestimmte Ausgleich zwischen notwendigen Ausgaben und erzielbaren Einnahmen verwirklicht wird. Der Erfolgsnachweis wird durch die Kameralistik erbracht (vgl. Pitschas, S. 165; Bauer, S. 129).

- Ein wesentliches Merkmal der privaten Wirtschaft ist die freie **Preisgestaltung**. Die Festlegung der angemessenen Entlohnung für die erbrachte Leistung wird durch den Markt bestimmt, d.h. durch Angebot und Nachfrage. Die staatliche Gebührenpolitik verlangt hingegen, dass die Entgelte für die staatlichen Leistungen unabhängig von den entstehenden Kosten im ganzen Bundesgebiet gleich hoch sein müssen. Diese Einheitsgebühren können zu Unwirtschaftlichkeiten und Subventionierungen führen (vgl. Thieme, S. 89).

- Für effizientes Wirtschaften ist die Kopplung von **Ressourcen- und Erfolgsverantwortung** von zentraler Bedeutung, da die Wirtschaftlichkeit von dem sparsamen Verbrauch aller Ressourcen abhängt. In der Privatwirtschaft liegen sie grundsätzlich zentral bei einer Entscheidungsinstanz. Dieses ist jedoch im derzeitigen Haushaltsrecht nicht gewährleistet, da die Ressourcen zentral zugewiesen werden. Sind die Ressourcen bis zum Jahresende nicht vollständig verbraucht, wirkt sich dies nicht positiv auf den Erfolg der Behörde aus. Im Gegenteil: wurden die zugeteilten Ressourcen nicht voll ausgeschöpft, kann es zu einer unerwünschten Haushaltskürzung für das folgende Jahr kommen. Hieraus folgt, dass kein Anreiz zur wirtschaftlichen Nutzung der Ressourcen bei der öffentlichen Leistungserstellung besteht.

- Bei der **Personalführung** können in den beiden Sektoren erhebliche Unterschiede festgestellt werden. Funktionierende Anreiz- und Sanktionssysteme gibt es bislang nur in der privaten Wirtschaft. Materielle Belohnungen in Form von Prämien oder Gehaltserhöhungen sowie immaterielle Anreize in Form von Beförderungen werden gezielt zur Steigerung der Motivation eingesetzt. Im Gegenzug werden Sanktionen im Falle von Fehlverhalten ausgeübt. In der öffentlichen Verwaltung dagegen kann man fast bedenkenlos unwirtschaftlich arbeiten. Es liegt eine Entkopplung von persönlicher Leistung und Entlohnung vor. Auch besteht kaum die Möglichkeit, Spitzenbeamte einer Behörde bei Leistungsmängeln abzulösen (vgl. Thieme, S. 90).

6.3.2 Problemfelder der bisherigen öffentlichen Liegenschaftsverwaltung

6.3.2.1 Unzulänglichkeiten der Bürokratie

Ein Vergleich der Effizienz der verschiedenen deutschen Behörden ist mangels vollständiger Erfassung der bei der Leistungserstellung verursachten Kosten und der Zersplitterung von Zuständigkeiten kaum möglich. Somit kann ein Instrument wie das Benchmarking nicht zur Ermittlung von Produktivitäts- und Leistungssteigerungspotenzialen eingesetzt werden. Benchmarking könnte aber den ersten Schritt zur Steigerung der Effizienz der eingesetzten öffentlichen Mittel darstellen.

Ein effizientes Wirtschaften wird weiterhin vereitelt durch das Bestreben, das vorgegebene Budget voll auszunutzen, damit die Mittel in der nächsten Periode „mangels Bedarf" nicht gekürzt werden. Dies ist von Relevanz, da die Wertschätzung eines Beamten an der Höhe seines Haushaltsbudgets und der Anzahl seiner Untergebenen gemessen wird. Somit existieren keine Anreize, die vorgegebenen Aufgaben mit möglichst geringen Sach- und Personalkosten auszuführen. Dieser Sachverhalt wird durch den Begriff **„Dezemberfieber"** charakterisiert, bei dem die Ausnutzung der zugewiesenen Mittel bis Ende Dezember wichtiger erscheint, als die Anschaffung der Objekte an sich (vgl. O.V., S. 17).

Die **Beförderungspraktiken** der öffentlichen Verwaltung orientieren sich nicht an der Leistungsfähigkeit der Beamten. Das starre Laufbahnsystem verhindert eine schnelle Beförderung besonders leistungsstarker Mitarbeiter und verhindert nicht den Aufstieg von besonders schwachen Beamten. Stellt sich heraus, dass ein beförderter Mitarbeiter für die anspruchsvollere Stelle nicht geeignet ist, ist eine Rückstufung wegen der Unumkehrbarkeit von Beförderungen unmöglich. Des Weiteren wirkt sich die Besetzung interessanter Stellen nach Parteibuch oder Beziehungen negativ auf die Motivation und den Leistungswillen der Verwaltungsbeamten aus (vgl. Hartwig, S. 29).

Wirtschaftliches Handeln in der öffentlichen Verwaltung wird zusätzlich durch politische Prioritäten, durch eine große Vielzahl an Vorschriften sowie durch obligatorische Entscheidungsprozesse und lange, zeitintensive Dienstwege konterkariert (vgl. Ecke, S. 16f.; Kersting, S. 6).

6.3.2.2 Unzulänglichkeiten im Umgang mit der Ressource Immobilie

Führt man eine Analyse des öffentlichen Immobilienmanagements in Deutschland durch, stößt man auf einige Funktions- und Organisationsmängel, die mit dem Ausdruck „organisierte Unverantwortlichkeit" umschrieben werden können. Dem kommunalen Immobilienmanagement fehlen klare Zielvorgaben, die als Führungs- und Leitbild dienen könnten und das Handeln des öffentlichen Managements an konkreten Ergebnissen und nicht am Ressourceneinsatz ausrichten (vgl. Beyersdorff/Langner, S. 24).

Auch haben noch immer nicht alle Kommunen die Relevanz aktueller und detaillierter **immobilienbezogener Daten** als Grundlage für ein wirtschaftliches Immobilienmanagement erkannt. Daten, wie beispielsweise Verkehrswerte, Anschaffungskosten, Nutzungsarten, Flächengröße pro Objekt und pro Nutzer oder baurechtliche Bestimmungen werden nicht zentral in einer Datenbank erfasst und gepflegt und liegen nur rudimentär und in vielfältigen Formen vor. Aber auch im Falle von Daten, die dezentral festgehalten werden, ist es nicht gesagt, dass diese an andere Nutzer der öffentlichen Hand weitergegeben werden. Die Ausführungen machen deutlich, dass Daten des Immobilienbestandes und der Immobiliennutzung behördenübergreifend generell nicht verfügbar sind und als Folge die Implementierung eines Immobiliencontrollings, das sich mit der strategischen Analyse, Planung und Kontrolle von öffentlichen Liegenschaften beschäftigt, unmöglich ist (vgl. Mehlis, S. 13; Metzner, S. 15).

Die **Eigentumsfrage** der Immobilien der öffentlichen Hand ist uneinheitlich geregelt. Eigentümer ist nicht generell das jeweilige Bundesland, sondern auch verschiedene andere Ministerien können als Eigentümer in das Grundbuch eingetragen sein. Liegt in einem Ministerium nun beispielsweise ein Flächenüberschuss und in einem anderen eine Flächennachfrage vor, wird durch die mangelnde Informationsversorgung eine interne Übertragung der Flächen verhindert oder zumindest erschwert.

Weiterhin erfolgt keine vollständige Erfassung der **immobilienbezogenen Kosten**. Der Landeshaushaltsplan enthält zwar die jährlichen Einnahmen und Ausgaben, jedoch sind kalkulatorische Kosten, wie beispielsweise kalkulatorische Mieten für eigengenutzte Immobilien, darin nicht enthalten. Nur die Bewirtschaftungskosten, einschließlich der Nebenkosten und der Kosten für Baumaßnahmen, können den Gebäuden direkt zugeordnet werden. Die Gebäudenutzungskosten weist der Haushalt nur aus, wenn Ausgaben für externe Mieten anfallen. Werden jedoch landeseigene Immobilien von der Verwaltung genutzt, so erscheint dieser Sachverhalt, außer in der Herstellungsphase mit den Herstellungskosten, nicht mehr in den nachfolgenden Haushaltsplänen. Lediglich der Bauunterhalt wird zu einem geringen Prozentsatz des Neubauwertes etatisiert. Die teilweise Erfassung der Kosten der Gebäudebewirtschaftung bedeutet aber nicht, dass sie den eigentlichen Immobiliennutzern auch weiterbelastet werden. Beispielsweise werden bei Behördenzentren die Bewirtschaftungskosten der verwaltenden Einheit, d.h. dem Hauptnutzer, belastet; eine Weiterverrechnung auf die Nebennutzer der Immobilie findet jedoch nicht statt (vgl. Hartwig, S. 28).

Da einerseits die immobilienspezifischen Kosten nicht vollständig erfasst und auf eine Einführung von Verrechnungspreisen für die Flächennutzung durch ein Mieter-/Vermieter-Modell bisher verzichtet wird und andererseits die Haushaltspläne von Jahr zu Jahr weitergeschrieben werden, ohne Einsparungspotenziale zu eruieren, besteht bislang kein Anreiz zur wirtschaftlichen Nutzung der öffentlichen Immobilien und einer bedarfsgerechten Raumversorgung. Diese Ineffizienz wird zusätzlich durch mangelnde immobilienspezifische Kenntnisse der Mitarbeiter forciert.

6.3.2.3   Unzulänglichkeiten bei der langfristigen Planung des Immobilienbedarfs

Die Ziele und Aufgaben des Public Real Estate Managements werden im Einklang mit den strategischen Zielen der öffentlichen Hand geplant. Hierzu ist ein interdependenter Planungsprozess notwendig, in dem die Flächenbedürfnisse frühzeitig und verlässlich festgelegt werden, damit einerseits eine Orientierung an den bisher suboptimalen Strukturen und andererseits eine reaktive und kurzfristige Änderung des Flächenbedarfs vermieden werden können (vgl. Byrne, S. 6).

Auf Grund fehlender Zielvorgaben und informatorischer Defizite hinsichtlich Vollständigkeit, Verfügbarkeit, Aktualität und Zuverlässigkeit immobilienspezifischer Daten (vgl. Punkt 6.3.2.2), gestaltet sich bisher eine langfristige Planung des tatsächlichen Bedarfs an Räumen und Flächen für die öffentlichen Haushalte als äußerst schwierig.

Ebenfalls stellen die wechselnden politischen Verantwortungsträger bezüglich der langfristigen Determinierung und Planung für die landeseigene Vermögenssubstanz sowie für deren Nutzung ein Problem dar. Durch neue Amtsperioden und politische Entscheidungen werden die verantwortlichen Liegenschaftsverwaltungen gezwungen, kurzfristige Zielsetzungen durch ad hoc Transaktionen durchzusetzen und von ehemals erarbeiteten, langfristigen Planungsvorhaben abzuweichen.

Daraus folgt, dass die Entwicklung einer nachhaltigen **Immobilienstrategie**, die Flächenbedürfnisse frühzeitig und verlässlich festlegt, kaum möglich ist. Die kurzfristigen und reaktiven Änderungen des Flächenbedarfs vereiteln bisher die Durchsetzung einer langfristigen Immobilienstrategie. Ein strategisches Management, wie es im privaten Wirtschaftssektor unerlässlich ist, konnte bisher im öffentlichen Sektor nicht umgesetzt werden (vgl. Balck, S. 24; Byrne, S. 6).

6.3.3 Elemente des Public Real Estate Managements

6.3.3.1   Definition klarer immobilienbezogener Zielvorgaben

Präzise Zielvorgaben bilden die Voraussetzung für den fundierten Umgang mit öffentlichen Liegenschaften durch Politiker und Beamte und damit durch das Public Real Estate Management. Die Zielvorgaben dienen als Handlungsorientierung für die öffentliche Hand und verfolgen darüber hinaus eine Informationsfunktion für Bürger und andere involvierte Parteien. Dabei lassen sich vier Zielfelder klassifizieren: Das erste Zielfeld beinhaltet das Streben nach einer Verbesserung der Leistungsdaten des Immobilienmanagements, gefolgt von dem Zielfeld zur Optimierung der Arbeitsabläufe. Die letzten beiden Zielfelder nehmen Bezug auf die Service- und Dienstleistungsqualität sowie auf die Weiterentwicklung der Führung und Zusammenarbeit der Beteiligten im Immobilienmanagement, somit auf die Ansprüche von Bürgern und Mitarbeitern (vgl. Beyersdorff/ Langner, S. 24).

Die kommunalpolitischen Ziele werden durch die Dezernenten der jeweiligen Stadtverwaltung operationalisiert. Für sie gilt es bei der Erstellung des Zielkatalogs darauf zu achten, dass die formulierten Ziele durch die betroffene Verwaltung auch umgesetzt werden können. Es bedarf folglich zuerst einer genauen Abstimmung mit der jeweiligen Instanz und den laufenden kommunalpolitischen Aufgaben, ob die geforderten Ziele erfüllt werden können. Als ein zweiter Schritt müssen dann die Zielfindung und die -setzung in der betroffenen Instanz organisatorisch verankert werden (vgl. Beyersdorff/Langer S. 24).

6.3.3.2   Schaffung eines immobilienbezogenen Informations- und Datenversorgungssystems

Ein effizientes und ständig aktualisiertes immobilienspezifisches Informations- und Datenversorgungssystem bildet den Ausgangspunkt für die Einführung eines auf die Erfüllung von politischen Zielen ausgerichtetes Immobilienmanagement der öffentlichen Grundstücke und Gebäude. Dabei sind die immobilienbezogenen Daten mit anderen verwaltungsinternen Informationen, wie zum Beispiel der Personalentwicklung sowie mit externen Umweltdaten zu vernetzen. Das Informationsversorgungssystem sollte nicht von den einzelnen Behörden autonom aufgebaut werden, sondern behördenübergreifend ausgestaltet und auch zentral zugänglich sein; dies ist auch auf Grund der geringen zur Verfügung stehenden Finanzmittel sinnvoll (vgl. Grillhofer, S. 41; Mehlis, S. 13).

Mit Hilfe des Informationsversorgungssystems wird eine gezielte Unterstützung der **Leistungserstellungsprozesse** und deren **Vernetzung** innerhalb der Verwaltung ermöglicht. Die Ausgestaltung des Systems sollte neben den einzelnen Aufgaben der verschiedenen Behörden das Anforderungsprofil der gesamten Verwaltungsleistung berücksichtigen und darauf ausgerichtet sein. Um

Funktionalität und Verlässlichkeit sicherzustellen, ist besonderer Wert auf die Implementierung eines Informationsversorgungssystems mit untereinander kompatiblen Modulen und die Aktualität der Informationen und Daten zu legen. Die Schnittstellen zu bereits bestehenden Datenverarbeitungssystemen sind offen zu definieren. Die Datenpflege sollte möglichst von den Mitarbeitern durchgeführt werden, die am häufigsten auf die Daten zugreifen, und muss kontinuierlich erfolgen (vgl. Grillhofer, S. 41).

6.3.3.3   Ausarbeitung strategischer Optionen

Ausgehend von dem Konzept des **Immobilien-Lebenszyklus** lassen sich im Rahmen des Public Real Estate Managements die Phasen der Standortwahl, der Immobilienbereitstellung, der Immobilienbewirtschaftung sowie der Verwertung der für die öffentliche Leistungserstellung nicht notwendigen Immobilien unterscheiden.

Am Anfang des Lebenszyklus steht die **Standortwahl** für den öffentlichen Flächenbedarf. Standortentscheidungen beinhalten die Veränderung des Bedarfs an Flächenkapazitäten sowie ihre räumliche Verteilung und bilden die räumliche Dimension von Investitions- und Desinvestitionsentscheidungen ab. Während private Unternehmen die strategische Standortentscheidung in Abstimmung mit der Unternehmensplanung und der Investitionsrechnung treffen, wird die öffentliche Standortwahl eher politisch-subjektiv als strategisch beeinflusst. Sie sollte in die politische Planung und Zielsetzung eingepasst und mit den Investitionsvorhaben der Bundes- und Landesregierung abgestimmt werden (vgl. Küpper, S. 439). Hierbei ist zu beachten, dass es für die Standortwahl keine zentrale Zuständigkeit gibt. Die Entscheidungskompetenz hängt von dem zukünftigen Nutzer (Bundes- oder Landesbehörde) und von der Art der Immobilie ab. Die langfristig ausgerichtete politische Planung und Zielsetzung kann sich bei wechselnden Amtsperioden verändern, sodass schon getroffene Standortentscheidungen revidiert werden müssen. Generell kann jedoch davon ausgegangen werden, dass die Politik eine ausgewogene Verteilung der Bundes- und Landesbehörden sowie der nachgeordneten Stellen im Bundesgebiet bzw. in dem jeweiligen Bundesland anstrebt. Behördenansiedlungen werden dann nach rein objektiven Kriterien, wie beispielsweise der Einwohnerzahl und Wirtschaftsstärke bestimmter Regionen, vorgenommen. Sind allerdings starke wirtschaftliche Gefälle innerhalb eines Bundeslandes festzustellen, kann eine Behördenansiedlung gezielt zur Schaffung von Arbeitsplätzen in dieser bestimmten Region durchgeführt werden.

An die Standortwahl schließt sich die Fragestellung an, in welcher Form die **Bereitstellung** der für die öffentliche Leistungserstellung notwendigen Immobilien erfolgen soll. Der öffentlichen Hand stehen hierbei die Alternativen der Anmietung, des Leasings, des Kaufs und der Projektentwicklung zur Verfügung. Bei der Entscheidungsfindung sind, wie auch im Rahmen des Corporate Real Estate Managements, quantitative und qualitative Kriterien zu berücksichtigen. Der vollständige

Finanzplan bietet sich als ein geeignetes Verfahren zur Beurteilung quantitativer Daten an, da ihm im Gegensatz zu den klassischen Methoden der Investitionsrechnung transparente, differenzierte und realitätsnahe Annahmen zugrunde liegen. Er enthält alle Zahlungen, die den einzelnen Bereitstellungsalternativen während des gesamten Lebenszyklus der Immobilie direkt oder indirekt zuzuordnen sind und somit in die Finanzplanung des Haushaltes eingehen (vgl. Pelzl, S. 11; Schulte, S. 103).

Bei der Entscheidungsfindung sind auch qualitative, d.h. nicht monetär erfassbare Kriterien zu berücksichtigen, die beispielsweise in einer Nutzwertanalyse zusammengeführt werden können. Neben den umweltbezogenen Kriterien, wie die Situation auf dem Immobilienmarkt, und den immobilienbezogenen Kriterien, wie die Einsatzflexibilität und die Reversibilität, stehen im Rahmen des Public Real Estate Managements die spezifischen Kriterien der öffentlichen Hand im Mittelpunkt der Betrachtung. Die Entscheidung für eine der Bereitstellungsalternativen wird häufig von der vorherrschenden **politischen Zielsetzung** beeinflusst. Sie äußert sich in Art, Form und Dauer der Immobilieninvestition. Der Flächenbedarf für hoch sensible Bereiche, wie beispielsweise Verteidigung oder Staatsschutz, wird i.d.R. weder durch Miete, noch durch Leasing gedeckt. Auch ist der Flächenbedarf oft so speziell, dass adäquate Immobilien in den wenigsten Fällen erworben werden können. Damit kann die Immobilien-Projektentwicklung eine geeignete Alternative der Immobilienbereitstellung für die öffentliche Hand darstellen. Wird eine Projektentwicklung in Kooperation mit der Privatwirtschaft angestrebt, bietet sich ein **Public Private Partnership** an (vgl. dazu grundlegend Kirsch). Hierbei liegt eine gemeinsame Verantwortung der öffentlichen Hand und der Privatwirtschaft vor. Kapital und Know-how des privaten Unternehmens werden mit der Verwaltungskompetenz und der politischen Steuerung der Verwaltung verknüpft. Die Vorteile bestehen darin, dass die Verwaltungstätigkeiten gebündelt, koordiniert und kostengünstiger erbracht werden können, eine gemeinsame Gesamtverantwortung zwischen öffentlichem und privatem Teilhaber entstehen kann, und eine höhere Wirtschaftlichkeit sowie Synergie- und Beschleunigungseffekte erzielt werden können. Nachteilig könnten sich die Vernachlässigung von sozialen und gemeinwesenorientierten Aspekten sowie die Verringerung von Partizipations- und Kontrollmöglichkeiten der Bürger auswirken (vgl. Witte, S. 47; Schriever, S. 378ff.).

Aus der Immobilienbereitstellung ergeben sich Aufgaben einer effizienten **Bewirtschaftung** der öffentlichen Grundstücke und Gebäude. Hierfür bietet sich das **Facilities Management** als ein ganzheitlicher Ansatz zur optimierten Bewirtschaftung von Gebäuden an. Es umfasst kaufmännische, technische und infrastrukturelle Dienstleistungen und wird mit dem Ziel durchgeführt, die Nutzungsintensität, die Ertragsfähigkeit und die Kostentransparenz der Immobilie zu erhöhen sowie die Immobilie an die sich verändernden Bedürfnisse der öffentlichen Hand anzupassen (vgl. Frutig/Reiblich, S. 17). Im Rahmen des Public Real Estate Managements stellt sich zunächst das Problem der Instandhaltung der öffentlichen Liegenschaften. Kosten der Bauunterhaltung werden nicht als Investitionen, sondern als Sachausgaben angesehen. Angesichts der schwierigen finanziellen Lage des Bundes und der Länder können in den Haushalten meist keine Mittel für die Instandhaltung aufgebracht werden. Eine Kreditaufnahme zur Beschaffung der finanziellen Mittel scheidet aus, da für Instandhaltungsmaßnahmen keine Kredite aufgenommen werden dürfen. Eine Verschuldung der öffentlichen Hand ist nach Artikel 115 Absatz 1 Grundgesetz nur für investive Tätigkeiten zulässig (vgl. Hartwig, S. 28).

Des Weiteren sind die zersplitterten Zuständigkeiten der öffentlichen Liegenschaften für die Implementierung des Facilities Managements problematisch. Für die Bewirtschaftung sind neben den Nutzern häufig die Fachressorts zuständig. Dabei ist zu beachten, dass die Zuständigkeiten auch in den verschiedenen Bundesländern unterschiedlich geregelt sein können, wodurch die Implementierung des Facilities Managements erschwert wird. Eine Lösung wäre beispielsweise die Bau- mit der Liegenschaftsverwaltung zusammenzufassen und die wichtigen Hausverwaltungsfunktionen, die meist von der nutzenden Verwaltung wahrgenommen werden, in die neue Bau-/Liegenschaftsverwaltung einzugliedern.

Für die **Verwertung** nicht betriebsnotwendiger Immobilien werden im Rahmen des Corporate Real Estate Managements die **aktive Strategie** des Re-Development und die **passiven Strategien** der Vermietung und des Verkaufs erörtert. Die öffentliche Hand bedient sich vornehmlich der passiven Verwertungsstrategien, da das Re-Development durch die angespannte Finanzlage kaum möglich ist. Gelder für die Verwertung öffentlicher Liegenschaften werden nur in Ausnahmefällen zur Verfügung gestellt, wie beispielsweise bei Altlastenkontaminationen.

Im Falle des Verkaufs werden die betroffenen Liegenschaften öffentlich ausgeschrieben und zum Höchstgebot veräußert. Die Ermittlung des Ausschreibungspreises erfolgt über ein vom zuständigen Staatsbauamt zu erstellendes Wertgutachten. Führt der Käufer die Immobilie nach Abschluss des Kaufvertrages einer geänderten Nutzung zu, sichert sich die öffentliche Hand durch vertragliche Nachzahlungsklauseln eine Partizipation an den möglichen Ertragssteigerungen.

6.3.3.4   Organisatorische Umsetzung

Um ein ökonomisch sinnvolles und an den langfristigen Zielen ausgerichtetes Public Real Estate Management zu gewährleisten, ist es zwingend notwendig, die traditionell zersplitterten Verantwortungsstrukturen neu zu gliedern. Eine **zentrale Steuerung** durch die Verwaltungsführung ist notwendig, um eine Abstimmung zwischen der politischen Zielsetzung und den daraus resultierenden immobilienspezifischen Bedürfnissen der öffentlichen Hand zu erreichen. Die zentrale Steuerung sichert die übergreifende Zielerreichung und Wirtschaftlichkeit und gibt die Rahmenbedingungen für die dezentrale Entscheidungskompetenz und Budgetverantwortung vor. Innerhalb dieser Rahmenbedingungen können die flächennutzenden Verwaltungseinheiten eigenverantwortlich handeln. Die Kosten der Immobiliennutzung gehen voll zu Lasten des Budgets des Immobiliennutzers.

Zur organisatorischen Umsetzung stehen der Verwaltung das Eigentümer-Modell, das Mieter-/Vermieter-Modell sowie das Management-Modell als Zwischenform zur Verfügung (vgl. Ecke, S. 27ff.; Langner/Wiegandt, S. 13; Pook, S. 17ff.).

- Im Rahmen des **Eigentümer-Modells** übernimmt die Raum nutzende Verwaltungseinheit die Eigentümerfunktion und erfüllt mit eigenen Kapazitäten alle notwendigen Leistungen für die Bereitstellung, Bewirtschaftung und Unterhaltung von beanspruchten Grundstücken und Gebäuden. Die Eigentümerfunktion umfasst auch Maßnahmen zur Substanzerhaltung. Die durch die Leistungserstellung oder die Beauftragung von Dienstleistern entstandenen Kosten werden von dem Nutzer erfasst und belasten sein Budget. Die nutzende Verwaltungseinheit setzt die staatliche Gebäudepolitik um und ist zu einer wirtschaftlichen Raumnutzung und Raumbewirtschaftung verpflichtet. Des Weiteren trägt der Nutzer die volle Verantwortung für die ihm übertragenen Immobilien. Von Vorteil sind in diesem Modell die Verringerung organisatorischer Schnittstellen und die unmittelbare Umsetzung aller immobilienbezogenen Entscheidungen. Jedoch muss die nutzende Verwaltungseinheit über immobilienspezifisches Know-how verfügen. Daher erweist sich das Eigentümer-Modell nur dann als sinnvoll, wenn der zu verwaltende Immobilienbestand groß genug ist, um einen wirtschaftlichen Einsatz zu gewährleisten.

- Im **Mieter-/Vermieter-Modell** fungiert die nutzende Verwaltung als Mieter, d.h. sie mietet verwaltungsintern oder gegebenenfalls verwaltungsextern die benötigten Grundstücke und Gebäude sowie die verbundenen Dienstleistungen an. Sie kauft alle notwendigen Leistungen vom Vermieter oder von externen Dienstleistern ein und begleicht sie aus ihrem Budget. Dem Vermieter bezahlt der Nutzer die Miete, Nebenkosten sowie sonstige in Anspruch genommene Leistungen. Der Vermieter hat die Eigentümerfunktion inne. Er trägt die Verantwortung für die Substanzerhaltung, bewirtschaftet die Immobilie gemäß den mit dem Nutzer getroffenen Vereinbarungen, erfasst die Kosten und rechnet sie mit dem Mieter ab. Die Umsetzung der staatlichen Gebäudepolitik obliegt dem Vermieter ebenso wie die Optimierung des Immobilienbestandes. Daher sollte der Eigentümer über immobilienspezifisches Know-how verfügen. Vorteilhaft wirkt sich in diesem Modell der Anreiz zu wirtschaftlicher Raumnutzung und zu Kostenreduzierung aus. Ferner lässt sich die Gebäudebewirtschaftung wirtschaftlich organisieren und der Mieter wird nicht mit für ihn fachfremden immobilienspezifischen Aufgaben konfrontiert. Als Nachteil kann sich die neue Schnittstelle zwischen Mieter und Vermieter erweisen. Sie wird zu einem Optimierungshemmnis, wenn der Druck zu kostengünstiger Immobiliennutzung nicht von dem Mieter auf den Vermieter übertragen werden kann. Beispielsweise könnte der Vermieter Investitionen in Energiesparmaßnahmen vermeiden, da die

Investition zu Lasten seines Haushalts geht, die hohen Energiekosten hingegen im Rahmen der Nebenkostenabrechnung auf den Mieter abgewälzt werden können.

- Das **Management-Modell** stellt eine Mischform der bisher erörterten Modelle auf Basis des Mieter-/Vermieter-Modells dar. Es wird eine eigenständige Management-Organisationseinheit eingeführt, deren Aufgabe in der teilweisen oder vollständigen Durchführung des Immobilienmanagements besteht. Dies kann beispielsweise die komplette Bewirtschaftung inklusive Nebenkostenabrechnung umfassen. Der Eigentümer wird entlastet und kann sich somit auf die Optimierung des Immobilienbestandes konzentrieren, ohne eigenes Personal für die Bewirtschaftung zu benötigen. Dieses Modell erscheint insbesondere dann interessant, wenn die Bewirtschaftungsleistungen vollständig aus dritter Hand bezogen werden.

6.3.4 Implementierung des Public Real Estate Managements

Die Umsetzung des Public Real Estate Managements durch die öffentliche Hand verlangt eine systematische und nachhaltige Vorgehensweise, um eine vollständige Erfassung aller immobilienspezifischen und politischen Einflussfaktoren sicher zu stellen. Hierfür bietet sich die Vorgehensweise von drei aufeinander folgenden Phasen an. Begonnen wird mit einer generellen Immobilien-Bestandserfassung, auf Basis derer in der zweiten Phase eine Gesamtkonzeption für den Umgang mit den Immobilien der öffentlichen Hand entwickelt wird. Die letzte Phase stellt die Umsetzung der entwickelten Gesamtkonzeption dar (vgl. Falk, S. 160f.).

6.3.4.1 Immobilien-Bestandserfassung der öffentlichen Hand

In Form einer **Ist-Analyse** wird zunächst von den einzelnen Verwaltungen eine Analyse und Dokumentation ihrer gesamten Leistungserstellungsprozesse durchgeführt. Hierbei sind insbesondere die Strukturen der verschiedenen Arbeitsplätze und Abteilungen sowie die behördenspezifischen Arbeitsabläufe zu untersuchen. Raumaufteilungen und Flächenzuordnungen sind in den meisten Bundesländern bereits dezentral erfasst und müssen nun aktualisiert und die neu gewonnenen Daten in das Informationsversorgungssystem eingepflegt werden. Die Aufgaben und Ziele der öffentlichen Verwaltung sind vorgegeben und können sich mit Ablauf der Legislaturperiode ändern, wenn die politische Spitze abgelöst wird und es zu einer Änderung der bisher verfolgten Ziele und somit der Flächennachfrage kommt. Daher gestaltet sich eine Prognose der langfristigen Entwicklung der Flächennachfrage für die öffentliche Leistungserstellung schwierig. Allerdings wird es kaum vorkommen, dass sich Ministerien und größere Landesbehörden mit jedem Regierungswechsel stark verändern. Somit ist zumindest mittelfristig eine gewisse Konstanz der Behördengrößen und der Leistungserstellung gegeben (vgl. Falk, S. 160f.).

In einem zweiten Schritt werden sämtliche dezentral gehaltenen immobilienspezifischen Daten systematisch in einer zentral zugänglichen **Datenbank** erfasst. Neben den im Eigentum gehaltenen Immobilien sollten auch alle angemieteten Flächen in dieser Datei aufgeführt sein. Erfasst werden neben den Verkehrswerten, so weit sie ermittelt werden können, die Anschaffungskosten, Größenstrukturen, Nutzungsarten, geographische Verteilung, Mieterträge, Nutzungskosten, Kapitalkosten, Altlasten und andere Beschränkungen sowie relevante Immobiliendaten.

Anhand der Daten des Leistungserstellungsprozesses sowie der immobilienspezifischen Informationen werden sich veraltete sowie verkrustete Strukturen und Arbeitsabläufe feststellen und die Immobilienbereitstellung und -nutzung optimieren lassen. Ein Vergleich mit anderen öffentlichen Verwaltungen mittels Benchmarking ermöglicht die Aufdeckung von Rationalisierungs- und Kostensenkungspotenzialen.

In einem nächsten Schritt erfolgt eine **Analyse der externen Umweltsituation** der öffentlichen Hand, zu der beispielsweise das Planungsrecht und die Entwicklung des Immobilienmarktes gehören. Diese Analyse der Umweltvariablen erlaubt eine systematische Eruierung der Bereitstellungs-, Bewirtschaftungs- und Verwertungsmöglichkeiten der Immobilien.

Schließlich wird eine **Bewertung** der öffentlichen Liegenschaften durchgeführt. Die privatwirtschaftlich genutzten deutschen Verfahren zur Verkehrswertermittlung haben in den letzten Jahren bei der öffentlichen Hand verstärkt Einzug gehalten. Sie basieren jedoch auf der Annahme, dass ein Markt für die zu bewertende Immobilie existiert. Dieser liegt für eine Vielzahl öffentlicher Liegenschaften aber nicht vor, da es weder potenzielle Käufer gibt noch alternative Nutzungsarten wirtschaftlich vertretbar wären. Dies liegt in dem ökonomischen Prinzip begründet, dass die öffentliche Leistungserstellung genau dann erfolgen sollte, wenn Marktversagen vorliegt. Des Weiteren gehen in die deutschen Bewertungsverfahren lediglich finanzielle Aspekte ein, während soziale und ökologische Elemente vernachlässigt werden. Öffentliche Immobilien werden grundsätzlich nicht erstellt, um Erträge zu generieren, sondern aus dem Grunde, dass sie unwirtschaftlich sind und somit durch den privaten Sektor nicht bereitgestellt werden. Es ergibt sich, dass die Bewertung für zahlreiche öffentliche Liegenschaften mit erheblichen Schwierigkeiten verbunden ist.

6.3.4.2 Entwicklung einer umfassenden Gesamtkonzeption

Der zweite Schritt zur Implementierung des Public Real Estate Managements besteht in der Entwicklung einer Gesamtkonzeption für den öffentlichen Immobilienbestand. Es gilt die einzelnen Liegenschaften unter Berücksichtigung der politischen Vorgaben hinsichtlich ihrer Notwendigkeit zur Erfüllung der übertragenen Aufgaben zu bewerten. Die zukünftigen Anforderungen an die öffentliche Leistungserstellung, die zukünftige Anzahl der Beamten und der daraus resultierende zukünftige Flächenbedarf sind hierbei ebenso zu beachten, wie neue Arbeitsformen und die Auswirkungen der modernen Kommunikations- und IT-Technologien auf die Verwaltungsstrukturen (vgl. Falk, S. 226f.).

Ist der Standort einer Behörde nicht von Bedeutung, so können die Vorteile einer Verlegung der Dienststelle und der Verwertung des bisherigen Standortes eruiert werden. Beispielsweise könnten einige der in der Innenstadt befindlichen Finanzämter an kostengünstigere Standorte an der Peripherie mit guter Verkehrsanbindung verlagert werden. Bisher wurden solche Überlegungen vernachlässigt, da mangels eines Verrechnungspreissystems kein ausreichender Leidensdruck bei den öffentlichen Nutzern entstanden ist (vgl. Lamberti, S. B 2).

Aus diesen verschiedenen Analysen können sich **Diskrepanzen** zwischen dem Immobilienbedarf und dem aktuellen Raumangebot ergeben. Daher wird in die Gesamtkonzeption ein Stufenplan zur Optimierung der öffentlichen Liegenschaften während aller Phasen des Immobilienlebenszyklus unter Beachtung der politischen Vorgaben und der externen Umweltbedingungen integriert. Die Zielsetzung der Regierungspolitik soll durch die Immobilienaktivitäten unterstützt werden. Unter der Annahme, dass es auch bei einem Regierungswechsel einen gewissen politischen Konsens gibt, sollte die Entwicklung einer mittel- bis langfristigen Gesamtkonzeption möglich sein.

6.3.4.3 Umsetzung der Gesamtkonzeption

Der letzte Schritt zur Implementierung des Public Real Estate Managements besteht in der Umsetzung und Anwendung der Gesamtkonzeption. Verlagerungen, Zusammenfassung oder Aufgabe und Verwertung öffentlicher Standorte und Flächen, die Ausrichtung der gesamten Immobilienstruktur an den öffentlichen Zielsetzungen und an den spezifischen Arbeitsabläufen sowie ein aktives und durchgreifendes Flächenmanagement zur quantitativ und qualitativ optimierten Ausnutzung aller Flächen finden in dieser letzten Phase Anwendung (vgl. Falk, S. 161).

Die einmalige Durchführung der **drei Phasen** zur Implementierung des Public Real Estate Managements optimiert das Immobilienportfolio allerdings nur bezüglich der heutigen Anforderungen der Verwaltungen und der aktuellen Umweltsituation. Die dynamische Umweltentwicklung, der sich auch die öffentliche Hand nicht entziehen kann, erfordert jedoch eine **kontinuierliche Pflege** des Datenbestands sowie eine laufende Eruierung von Rationalisierungs- und Effizienzsteigerungspotenzialen. Ein aktives Immobilienmanagement muss somit ein fortwährendes Ziel für die öffentliche Hand darstellen (vgl. Byrne, S. 8; French, S. 15).

6.3.5 Ausblick

Im Hinblick auf den internationalen und regionalen Standortwettbewerb sowie die schwere Finanzkrise der öffentlichen Hand ist es dringend erforderlich, dass die öffentlichen Leistungen wirtschaftlicher, effektiver, ressourcenschonender und kundenorientierter ausgeführt werden. Wie die Erfahrungen anderer westlicher Industrienationen zeigen, ist die Zielsetzung, die öffentliche Verwaltung in eine Art Dienstleistungsunternehmen umzuwandeln, durchaus realisierbar. Zu diesem Zweck sind die öffentlichen Leistungen transparenter gestaltet, die Verwaltungen dezentralisiert und den Fachbereichen ist eine ganzheitliche Managementverantwortung für ihre Aufgaben übertragen worden (vgl. Schmithals, S. 11; Banner, S. 23).

Zentral für den geforderten Paradigmawechsel von einer bürokratischen, statischen und antiquierten Verwaltungsauffassung zu einem innovativen, flexiblen und dienstleistungsorientierten Selbstverständnis mit marktwirtschaftlichen Elementen ist die Veränderung der Werte, Einstellungen und Verhaltensweisen der Mitarbeiter, Vorgesetzten und Politiker.

Die Bereitstellung öffentlicher Flächen in adäquater Quantität und Qualität ist für eine effiziente und effektive öffentliche Leistungserstellung notwendig. Hierfür bietet das Konzept des Public Real Estate Managements der öffentlichen Hand Ansatzpunkte und Lösungsvorschläge zur Bewältigung dieser neuen Herausforderungen auf immobilienwirtschaftlicher Ebene.

Es ist nun die Aufgabe der öffentlichen Verwaltung, die neuen Konzepte aufzugreifen und zu implementieren. Einige Bundesländer haben bereits erste Schritte in diese Richtung getan, viele andere sind jedoch noch weit davon entfernt. Das Ziel muss ein generell angewandtes ganzheitliches Immobilienmanagement-Konzept sein, das die Potenziale und Risiken von öffentlichen Liegenschaften erkennt und die Kosten des Immobilienbestandes und der -bewirtschaftung nachhaltig senkt.

Literaturverzeichnis zu Kapitel 6.3

Balck, H.: Schwerpunkt im Management der Infrastruktur im Unternehmen, in: Office Management, 1996, Heft 10, S. 20-24.

Banner, G. u.a.: Das Neue Steuerungsmodell. Begründung, Konturen, Umsetzung, in: Kommunale Gemeindestelle für Verwaltungsvereinfachung, Bericht 5/1993, Köln 1993.

Bauer, S.: Wohin führen die Modelle für die Reform der Verwaltung?, in: Kommunal-Kassenzeitschrift, 1996, Heft 7, S. 129-132.

Beyersdorff, M./Langner, M.: Serie Kommunales Immobilienmanagement – „Im Idealfall ziehen alle Ämter an einem Strang", in: Immobilien Zeitung, Nr. 22, 24.10.2002, S. 24.

Behrendt, D.: Aufgabenwandel und Personalstrukturanalyse am Beispiel der Stadt Suhl/Thüringen, in: Forschungsinstitut für öffentliche Verwaltung bei der Hochschule für Verwaltungswissenschaften Speyer (Hrsg.): Speyerer Forschungsbericht Nr. 141, Speyer 1994.

Byrne, P.: The Review of Local Government, in: Property Management, 1994, No. 3, S. 5-8.

Dieckmann, C.: Instandhaltung und Bewirtschaftung kommunaler Gebäude durch private Dienstleister, in: Stadt und Gemeinde, 1996, Heft 2, S. 35-39.

Ecke, C.: Strategisches Immobilienmanagement der öffentlichen Hand – empirische Untersuchungen und Handlungsempfehlungen, in: Schulte, K.W. (Hrsg.): Schriften zur Immobilienökonomie, Band 27, Köln 2004.

Falk, B. (Hrsg.): Fachlexikon Immobilienwirtschaft, 2., vollst. überarb. und erw. Aufl., Köln 2000.

French, N.: Asset Registers and Asset Rents for Local Authorities, in: Property Management, 1994, No. 3, S. 15-22.

Frutig, D./Reiblich, D.: Facility Management: Erfolgsfaktoren der Immobilien- und Anlagenbewirtschaftung, Stuttgart 1995.

Grillhofer, D.: Workflow-Management: Unterstützung erprobter Arbeitsabläufe, in: Der Gemeinderat Spezial, Sonderheft 9, September 1996, S. 41.

Hartwig, J.: Bremen steuert den Haushalt künftig dezentral, in: Verwaltung, Organisation, Personal, 1996, Heft 8, S. 26-31.

Kersting, R.: Die Gründung einer Baugesellschaft mbH am Beispiel des Kreises Kleve, in: Die innovative Verwaltung, 1996, Heft 2, S. 6-9.

Kirsch, D.: Public Private Partnership - Eine empirische Untersuchung der kooperativen Handlungsstrategien in Projekten der Flächenerschließung und Immobilienentwicklung, in: Schulte, K.-W. (Hrsg.): Schriften zur Immobilienökonomie, Band 4, Köln 1997.

Küpper, W.: Standortentscheidungsprozesse transnationaler industrieller Großunternehmen, in: Schmitt, E. (Hrsg.): Internationalisierung der Unternehmung, Köln 1982.

Lamberti, H.-J.: Der schlanke Staat ist machbar, in: FAZ, 11. März 1997, S. B 2.

Langner, L./Wiegandt, O.: Kommunales Immobilienmanagement, Teil 4: Kompetenzen zentralisieren, Verantwortung dezentralisieren, in: Immobilien Zeitung, Nr. 24, 21.11.2002, S. 13.

Mehlis, J.: Kommunales Immobilienmanagement, Teil 7: Bestandsdaten – Nur ein Datenfriedhof der Kommune?, in: Immobilien Zeitung, Nr. 3, 30.01.2003, S. 13.

Metzner, S.: Kommunales Immobilienmanagement, Teil 9: Immobiliencontrolling – Tool-Time im kommunalen Immobiliencontrolling, in: Immobilien Zeitung, Nr. 5, 27.02.2003, S. 15.

Nowak, K.: Öffentliche Verwaltung und private Wirtschaft im Vergleich – am Beispiel der Wirksamkeit der Personalarbeit, München/Mering 1988.

O.V.: Waigel will gegen das „Dezemberfieber" vorgehen, in: FAZ, 22. Mai 1997, S. 17.

Pelzl, W./Amon, M.: Kommunales Immobilienmanagement, Teil 3: Entscheidungstransparenz statt Renditeoptimierung, in: Immobilien Zeitung, Nr. 23, 07.11.2002, S. 11.

Pitschas, R.: Verwaltungsmodernisierung und Verwaltungsrecht im schlanken Staat, in: Verwaltung und Management, 1996, Heft 3, S. 163-165.

Pook, M.: Organisation der Gebäudewirtschaft, in: Kommunale Gemeindestelle für Verwaltungsvereinfachung, Bericht 4/1996, Köln 1996.

Schäfers, W.: Strategisches Management von Unternehmensimmobilien: Bausteine einer theoretischen Konzeption und Ergebnisse einer empirischen Untersuchung, in: Schulte, K.-W. (Hrsg.): Schriften zur Immobilienökonomie, Band 3, Köln 1997.

Schmithals, E. u.a.: Erfahrungen der Kreise mit der Einführung des Neuen Steuerungsmodells, in: Kommunale Gemeindestelle für Verwaltungsvereinfachung, Bericht 1/1996, Köln 1996.

Schriever, W.: Projektentwicklung als kommunale Handlungsstrategie, in: Schulte, K.-W.: (Hrsg.): Handbuch Immobilien-Projektentwicklung, Köln 1996, S. 378-385.

Schulte, K.-W.: Betriebliche Finanz- und Investitionsplanung, in: Datenverarbeitung, Steuer, Wirtschaft, Recht, 1991, Sonderheft, S. 94-103.

Skulimma, K.: Praktische Ansätze zur Leistungsorientierung in der öffentlichen Verwaltung, in: Verwaltung, Organisation, Personal, 1995, Heft 3, S. 173.

Straßheimer, P.: … in öffentlicher Hand, in: FAZ, 25. Juli 1997.

Thieme, W.: Voraussetzungen einer wirtschaftlichen Verwaltung, in: Verwaltung und Management, 1995, Heft 2, S. 88-91.

Valencia, J.: Accessing the Hidden Value of Real Estate, in: Site Selection, 1992, Heft 2, S. 147-151.

Weyand, R.: Facility Management in der öffentlichen Verwaltung, Vortrag im Rahmen des IIR Praxisseminar Facility Management, Essen, 26.-28. September 1995.

Witte, G.: Der Deutsche Städtetag warnt vor Privatisierungseuphorie, in: FAZ, 29. November 1996, S. 47.

6.4 Private Real Estate Management

Peter Schaubach, Rolf Tilmes

6.4 Private Real Estate Management

Peter Schaubach, Rolf Tilmes

6.4.1 Einführung

Die herausragende Bedeutung der Immobilie als Investitionsobjekt und Produktionsfaktor ist nicht zuletzt durch die Etablierung der Immobilienökonomie als eigenständiger Forschungs- und Lehrdisziplin im letzten Jahrzehnt dokumentiert worden. Neben typologischen, funktionsspezischen und phasenbezogenen Aspekten des Immobilienmanagements stehen seit einiger Zeit zusätzlich strategiebezogene Ansätze im Fokus der Betrachtung. Während die Besonderheiten von Unternehmen und Staat bzw. öffentlicher Hand als an der Immobilienwirtschaft Beteiligte durch eigenständige Forschungs- und Lehrinhalte, dem Corporate Real Estate Management (vgl. ausführlich Kapitel 6.2) sowie dem Public Real Estate Management (vgl. ausführlich Kapitel 6.3), beleuchtet werden, findet eine intensive eigenständige Beschäftigung im Zusammenhang mit dem dritten Wirtschaftssubjekt einer Volkswirtschaft, dem privaten Haushalt, bislang kaum statt. Dies überrascht zum einen aufgrund der großen Bedeutung der Immobilie als Wirtschaftsgut für Privathaushalte und zum anderen aufgrund der Besonderheiten privater Haushalte gegenüber den öffentlichen und unternehmerischen Wirtschaftssubjekten. Die aufgezeigte Beschäftigungslücke wird durch das Konzept des **Private Real Estate Managements** geschlossen, das an der Schnittstelle zwischen Immobilienökonomie und Finanzökonomie anzusiedeln ist (vgl. Ulrich, S. 74f.; vgl. zur Finanzökonomie Tilmes, S. 9f.; Schaubach, S. 4f.).

Die Unterschiede zu bereits etablierten Konzepten liegen weniger in der inhaltlichen Unterscheidung objektiver Kriterien, als in deren Bedeutungsgewichtung. So ist beispielsweise der Lebenszyklus einer Immobilie zunächst unabhängig davon, ob der Eigentümer eine Privatperson oder ein (Immobilien-)Unternehmen ist. Die größere emotionale Bindung sowie die begrenzte Rationalität von Privatpersonen führt jedoch dazu, dass eine Großzahl der Privatinvestoren bislang noch nie die letzte Phase eines Immobilienlebenszyklus, den Verkauf, durchlaufen hat. "Buy-and-hold"-Strategien sind für Immobilieninvestitionen von Privatpersonen vorherrschend. Aus ihr folgt die zwar oftmals vorzufindende, jedoch keineswegs richtiger werdende Gleichsetzung der Begriffe Immobilienmanagement und (kaufmännische) Hausverwaltung.

Andere Aspekte des Immobilienmanagements hingegen sind bei Privatpersonen nahezu gänzlich unbekannt. So werden Immobilienentscheidungen i.d.R. Einzelobjekt- bzw. bei indirekten Anlagen Einzelinvestitions-bezogen gesehen. Immobilien-Portfoliomanagement im strategischen Sinne findet kaum statt. Immobilien-Portfolios sind meistens das Ergebnis eines wahllosen Zukaufes von durch Anbieter/Makler unterbreiteten Objekten. Der Beitrag einer Immobilie zum Gesamtportfolio ist für die zumeist "bottom-up" getätigten Anlageentscheidungen unbedeutend.

6.4.2 Begriff des Private Real Estate Managements

Der weder in der Theorie noch im geschäftlichen Verkehr einheitlich gebrauchte Begriff des Private Real Estate Managements macht zunächst eine begriffliche und inhaltliche Erläuterung notwendig. Da eine wörtliche Übersetzung des Begriffes in "Privates Immobilienmanagement" zu Missverständnissen führen kann, soll im Folgenden der angelsächsische Begriff Verwendung finden. Als Abgrenzungskriterium gilt nicht die private Stellung des Managers bzw. Managements, sondern vielmehr die Zurechnung des Vermögensgegenstandes zur Privatsphäre einer Person. Folglich ist zunächst das Erkenntnisobjekt "... die in Privateigentum befindliche Immobilie in Form der direkten oder indirekten Kapitalanlage, unabhängig von seiner derzeitigen oder zukünftigen Nutzungsverwendung für private oder gewerbliche Zwecke." (Ulrich, S. 14). Erweitert werden muss das Erkenntnisobjekt jedoch um all jene Immobilien, die nicht dem Zwecke der Kapitalanlage dienen. Insbesondere sind dies selbstgenutzte Wohn- oder auch Ferienimmobilien. Eine Konkretisierung ist für den Bereich des Privateigentums erforderlich. Hierunter zu verstehen sind in erster Linie im (Privat-)Eigentum von Privatpersonen und Familien befindliche Immobilien. Hinzukommen müssen auch all jene Immobilien, die der privaten Vermögenssphäre zuzurechnen sind, jedoch aus unterschiedlichen (zumeist steuerlichen) Gründen in Gesellschaftsformen eingebettet sind. Private Real Estate Management ist demzufolge **Bestandteil des Private Wealth Managements** einer Person bzw. einer Familie und bezeichnet die Struktur sowie die Gesamtheit aller Aktivitäten des Planens, Realisierens, Steuerns und Kontrollierens sämtlicher direkter und indirekter Immobilienanlagen einer Privatperson oder einer Familie, unabhängig von ihren juristischen Eigentumsverhältnissen, die es ihr ermöglichen, heute oder in Zukunft Einkommens- oder sonstige Nutzenerträge zu generieren. Private Real Estate Management umfasst dabei Leistungen des Portfolio-, Objekt- und Projektmanagements (vgl. in Anlehnung an Ulrich, S. 208; Schaubach, S. 15).

6.4.3 Notwendigkeit eines Private Real Estate Managements

6.4.3.1 Umfang und Entwicklung des privaten Immobilienvermögens

Die Erfahrungen der Weltwirtschaftskrise, zweier Weltkriege, gepaart mit konservativer Kapitalanlagekultur haben das Interesse an Immobilieninvestments bei der Nachkriegsgeneration, dem größten privaten Immobilienbesitzer-Kreis in Deutschland, hervorgerufen. Das direkte Immobilienvermögen der privaten Haushalte in Deutschland stieg in den vergangen Jahren kontinuierlich an. Im Jahr 2002 betrug es nach Angaben der Deutschen Bundesbank insgesamt 3.905 Mrd. Euro und entsprach damit rund 40% des Gesamtvermögens aller privaten Haushalte. Nach Abzug bestehender Verbindlichkeiten betrug das Reinvermögen privater Immobilien ca. 47% des gesamten Nettovermögens privater Haushalte in Deutschland (vgl. Deutsche Bundesbank).

Ende 2002 besaßen insgesamt ca. 49% der privaten Haushalte in Deutschland Haus- und Grundbesitz (vgl. Statistisches Bundesamt, S. 1). Neben der Gesamtvermögensverteilung aller deutschen Haushalte ist die Analyse der Vermögensstrukturen von sehr gut verdienenden Haushalten interessant. Bei Haushalten mit einem monatlichen Nettoeinkommen zwischen 5.000 und 18.000 Euro lag der Verkehrswert des (Brutto-)Immobilienvermögens im Durchschnitt bei ca. 509.000 Euro; nach Abzug bestehender Restschulden bei ca. 252.000 Euro (eigene Berechungen auf Basis des Statistischen Bundesamtes).

Wenn gleich die Eigenheimquote in Deutschland im Vergleich zum europäischen Ausland (Spitzenreiter ist Spanien mit 82%) den letzten Platz belegt, so zeigt die Quote von immerhin 41% jedoch, dass die Betrachtung der selbstgenutzten Wohnimmobilie im Rahmen eines Private Real Estate Managements nicht unberücksichtigt bleiben darf.

Unter dem Aspekt der Immobilie als Kapitalanlage sind neben den bislang dargestellten direkten Immobilien auch indirekte Immobilieninvestitionen für private Anleger von Bedeutung. Obwohl die absoluten Zahlen deutlich hinter den direkten Immobilieninvestitionen zurückbleiben, stieg ihre Attraktivität in den letzten Jahren deutlich an. Im Jahre 2003 belief sich der Nettomittelzufluss auf 13,7 Mrd. Euro und ließ das gesamte offene Immobilienfondsvolumen auf 85,1 Mrd. Euro anwachsen. (vgl. BVI). Geschlossene Immobilienfonds realisierten im Jahr 2003 ein Fondsvolumen von 11,25 Mrd. Euro. Wenn gleich in der öffentlichen Diskussion gegenüber dem offenen Immobilienfonds weniger wahrgenommen, investieren geschlossene Immobilienfonds mit einem Fondsvolumen von 159,6 Mrd. Euro knapp 90% mehr in Immobilien als offene Immobilienfonds. Berücksichtigt man zusätzlich, dass der Anteil deutscher Objekte in offenen Immobilienfonds deutlich unterhalb der geschlossenen Immobilienfonds liegt, die mit 127,2 Mrd. Euro rund 80% in deutschen Objekten investiert sind, so wird die bedeutende Stellung geschlossener Fonds für den Bereich der indirekten Immobilienanlagen nochmals eindrucksvoll unterstrichen (vgl. Loipfinger, S. 11f.).

6.4.3.2   Vermögensstrukturen vermögender Privatpersonen

Die zuvor gezeigte gesamtwirtschaftliche Bedeutung der Immobilie spiegelt sich konsequenter Weise auch in der individuellen Vermögensverteilung wieder. Aufgrund relativ geringer Vermögenswerte im Immobilienbereich werden hier Haushalte mit einem Haushaltsnettoeinkommen von unter 2.600 Euro und einem durchschnittlichen Immobilienverkehrswertvermögen von zum Teil deutlich unter 20.000 Euro nicht weiter betrachtet. Vielmehr erscheint es sinnvoll, die Haushalte mit einem Nettohaushaltseinkommen zwischen 5.000 und 18.000 Euro als Ausgangspunkt einer Zielgruppenbetrachtung für Private Real Estate Management näher zu betrachten. Vergleicht man die oben erwähnte Durchschnittsgröße des (Brutto-)Immobilienvermögens mit dem (Brutto-)Geldvermögen dieser Einkommensklasse von durchschnittlich 167.800 Euro, so wird erkennbar, dass der Durchschnittsbürger dieser Einkommensklasse gut dreimal so viel Vermögen in Immobilien investiert hat (vgl. Statistisches Bundesamt). Ferner wird an der absoluten Vermögenshöhe deutlich, dass ein Private Real Estate Management auf Basis von direkten Immobilienanlagen erst deutlich jenseits dieser Durchschnittswerte ansetzen kann.

Einige wenige, nicht repräsentative, empirische Studien widmeten bislang ihr Augenmerk dem Anteil des Immobilienvermögens am Gesamtvermögen und seien daher an dieser Stelle kurz erwähnt. Ulrich kommt in der von ihm untersuchten Zielgruppe von Kunden mit einem Gesamtvermögen zwischen 8 und 12 Mio. Euro zu einem Anteil von Immobilienanlagen in Höhe von 45,3% und 58,3% des Gesamtvermögens. Berücksichtigt man lediglich die zu Kapitalanlagezwecken im Bestand befindlichen Immobilien, ohne selbstgenutzte Wohnimmobilien, so reduziert sich deren Anteil auf 35,2% bis 45,9% (vgl. Ulrich, S. 107).

Für den Bereich der so genannten **Ultra-High-Networth-Individuals** mit einem Vermögen von mehr als 30 Mio. Euro ergibt sich in der Studie von Schaubach ein leicht geändertes Bild. Der Anteil derer, die Immobilien als Kapitalanlagen besitzen, ist mit 75% relativ hoch. Jedoch beträgt deren Anteil am Gesamtvermögen lediglich gut 20%. Diese besondere Situation ergibt sich vornehmlich durch den besonders hohen Anteil aktiver Unternehmensbeteiligungen, die gut 47% des Vermögens binden. Der Anteil derer, die eigengenutzte Immobilien besitzen, liegt mit gut 67% deutlich über dem oben erwähnten Bundesdurchschnitt, wohingegen der Anteil am investierten Gesamtvermögen mit gut 8% relativ gering wirkt, jedoch vor dem Hintergrund der absoluten Vermögenshöhe zu sehen ist (vgl. Schaubach, S. 188).

Eine Langzeitstudie zur Gesamtvermögensstruktur veröffentlichte die Commerz Finanz Management. Auf Basis einer Analyse von 6.790 Finanzplänen innerhalb eines Zeitraumes von 10 Jahren (1991-2001) beträgt der Anteil reiner Kapitalanlageimmobilien (ohne selbstgenutzte Wohnimmobilien) hochverdienender und vermögender Privatpersonen gut 58%. Einzelobjekte dominieren mit 96,1% den Bereich der Kapitalanlageimmobilien deutlich. Lediglich 4,4% des nicht selbstgenutzten Immobilienvermögens ist in – durchschnittlich 1,9 – Immobilienfonds pro Kunde investiert (vgl. CFM, S. 11).

6.4.3.3 Demographische Entwicklungen und Immobilien

Die koordinierte Bevölkerungsvorausberechnung des Statistischen Bundesamtes prognostiziert einen Rückgang der Bevölkerung auf 75,1 Mio. Personen im Jahre 2050. Den gesamten Berechnungen liegt die Annahme einer stabilen Geburtenrate von 1,4 Kindern pro Frau sowie im mittleren Szenario eine Nettozuwanderung von jährlich 200.000 Personen zugrunde. Bezüglich der Entwicklung der zukünftigen Lebenserwartung wird angenommen, dass die Lebenserwartung bei Geburt bis 2050 für Mädchen auf 86,6 Jahre und für Jungen auf 81,1 Jahre steigt. Die "fernere" Lebenserwartung beträgt im Jahr 2050 für 60-jährige Frauen 28 weitere Lebensjahre und für gleichaltrige Männer etwa 24 Lebensjahre.

Die kontinuierliche **Schrumpfung der Bevölkerung** wird, Studien der Deutsche Bank Research nach, zunächst bis zum Jahre 2030 durch steigende Haushaltszahlen und eine steigende Wohnflächenversorgung überkompensiert. Erst danach wird auch die Wohnflächennachfrage in Deutschland zurückgehen. Regionale Unterschiede werden sich durch den Bevölkerungsrückgang weiter verstärken, sodass in Ballungsgebieten weiterhin Nachfrageüberhänge, einhergehend mit Preiszuwächsen, bestehen können, während in Fortzugsgebieten Angebotsüberhänge mit deutlichen Preisrückgängen verbunden sind.

Die Nachfrage nach Büroraum geht früher und schneller zurück als die Wohnraumnachfrage, da die Zahl der Erwerbstätigen schneller sinkt als die Bevölkerung. Die regionale Verteilung der Wohnbevölkerung wird durch die Verteilung des Arbeitsangebots mitbestimmt, sodass die regionalen Unterschiede der Wohnimmobilien denen der Büroimmobilien entsprechen. Vor diesem Hintergrund wird die Investition in Immobilien risikoreicher und eine professionelle Auswahl sowie Diversifikation werden unerlässlich (vgl. Deutsche Bank Research, S. 3ff.).

Schwerer als der Bevölkerungsrückgang wiegt die Verschiebung der Altersstruktur in der Bevölkerung. Bis 2030 steigt der Anteil der über 65-Jährigen auf rund 25%, in 2050 werden 30% der Menschen älter als 65 Jahre sein.

Neben den künftigen Auswirkungen auf den Alterslastquotienten ergeben sich bereits heute Konsequenzen durch die Alterung der Bevölkerung für den Bereich der Immobilieninvestitionen von Privatpersonen. Gegenwärtig ist der Tod der über 65-Jährigen die Ursache für über 80% aller Erbfälle. In den nächsten zehn Jahren fallen an Erbschaften im Immobilienbereich rund 1.035 Mrd. Euro an, die gemessen am Gesamterbschaftsaufkommen ca. 46% ausmachen. Somit wird bis zum Jahre 2013 rund ein Viertel des Gesamtwertes der heute vorhandenen Immobilien vererbt. Auf Seiten der Erben werden 56 Prozent, also mehr als jeder zweite Erbe, eine Erbschaft aus bzw. mit Immobilien erwarten. (vgl. BBE, S. 148ff.)

6.4.4 Einordnung des Private Real Estate Managements

Aus den zuvor dargestellten Aspekten wird zum einen ersichtlich, dass das Thema Private Real Estate Management auf fruchtbaren Boden bei den Privathaushalten stößt und zum anderen geben sie deutliche Anhaltspunkte für die Anforderungen, die an ein solches Immobilienmanagement-Konzept gestellt werden müssen. Insgesamt gefordert ist eine deutliche Professionalisierung des privaten Immobilienmanagements. Die Professionalisierung muss dabei grundsätzlich auf zwei unterschiedlichen Sphären erfolgen. Zum einen ist ein aktives Management der einzelnen Immobilie bzw. des Immobilien-Portfolios notwendig, zum anderen ist das Immobilienmanagement in ein Gesamtvermögensmanagement der Privatperson einzubinden. Abbildung 212 gibt einen schematischen Überblick der beiden Betrachtungssphären.

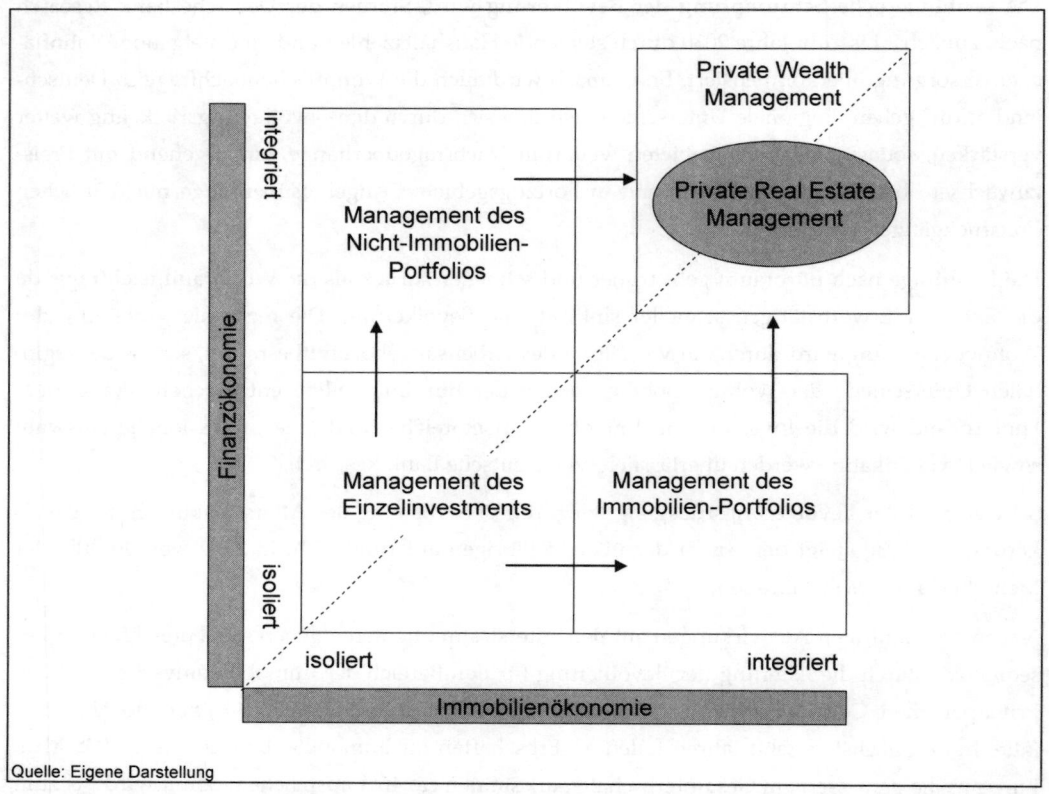

Quelle: Eigene Darstellung

Abbildung 212: Private Real Estate Management an der Schnittstelle zwischen Immobilien- und Finanz-
ökonomie

Aus der Abbildung geht deutlich hervor, dass es sich beim Private Real Estate Management um die **Schnittstelle zwischen Immobilien- und Finanzökonomie** handelt und die Erkenntnisse beider Teildisziplinen zusammenführt. In der Konsequenz bedeutet dies eine Erweiterung des Leistungsspektrums, das bisher traditionell von Unternehmen der Immobilienwirtschaft oder der Finanzdienstleistungsbranche angeboten wurde.

Aufgrund starker Unterschiede in der Vermögensverteilung von Privatpersonen sowie unterschiedlicher Investitionsarten kommen auf Nachfragerseite nicht alle nachfolgend aufgeführten Anforderungen in gleichem Ausmaße zum Tragen. Im Folgenden soll daher eine "idealtypische" Betrachtung vorgenommen werden, die ausreichendes Vermögen für eine Investition in mehrere Direktinvestitionen sowie geschlossene Immobilienfonds grundsätzlich ermöglicht bzw. ermöglicht hat. Denn nur so ist ein Private Real Estate Management auf Anbieterseite wirtschaftlich darstellbar und für einen Immobilienbesitzer sinnvoll nachfragbar.

6.4.5 Anforderungen an ein privates Immobilien-Management aus Nachfragersicht

6.4.5.1 Aktives Management der Immobilie und des Immobilien-Portfolios

Der hohe Immobilienbestand bei Privatpersonen erfordert es, die Betrachtung an dieser Stelle nicht nach dem Lebenszyklus einer Immobilie zu beginnen, sondern an dem gewichtigsten Argument, der Haltephase.

Die bisher zumeist vorzufindende "Buy-and-hold"-Strategie von Privatinvestoren bei Direktimmobilien führt zu einer Überbetonung der Haltephase und ist verantwortlich für die oftmals vorzufindende Gleichsetzung von Immobilienmanagement und Haus- bzw. Mietverwaltung. Die durchschnittliche Haltedauer von Wohnimmobilien beträgt einer Studie von Sal. Oppenheim zufolge 43,5 Jahre (vgl. Sal. Oppenheim, S. 9). Gerade bei wohnwirtschaftlichen Immobilien ist jedoch die Mietrendite mit durchschnittlich ca. 2% nach Steuern eher als gering anzusehen. Der Renditeeffekt für das Investment entstand bislang hauptsächlich aus der Wertsteigerung, die jedoch eine Veräußerung voraussetzt. Es ist davon auszugehen, dass die Wertsteigerungen von Immobilien der vergangenen Jahre zurückgehen werden, zumindest aber regional stark differieren. Ein aktives Management zur Erhöhung bzw. Sicherung der Miete innerhalb der Haltephase (z.B. durch Vermeidung von Investitionsstaus, Selektion bonitätsstarker Mieter, Staffelung der Mietvertragsfälligkeiten, Überprüfung der Einnahmen und Ausgaben, Optimierung der Betriebskosten) ist aufgrund der bisherigen Investitionskultur mindestens ebenso wichtig wie ein aktives Management über den gesamten Lebenszyklus der Immobilie.

Sowohl für neue Objekte als auch Objekte im Bestand gilt es, sie nicht ausschließlich isoliert zu betrachten, sondern sie in Bezug zu dem bisherigen Immobilienportfolio und den Zielen der Eigentümer zu sehen. Eine Reduzierung auf die Mietrendite ist dabei zwar häufig vorzufinden, jedoch speziell bei größeren Immobilienbeständen greift diese Sichtweise zu kurz. Während teilweise für administrative Arbeiten (z.B. Mietverwaltung) noch spezialisierte Dienstleister hinzugezogen werden, findet dies im Bereich des strategischen Immobilien-Portfoliomanagements kaum statt.

Dabei sind die zu überwachenden Portfolio-Aspekte vielschichtig: Entspricht die tatsächliche Entwicklung des Immobilienportfolios den gesetzten Ansprüchen, werden die finanziellen, emotionalen Ziele erfüllt, werden Mindestrenditen erreicht, welche volkswirtschaftlichen, geographischen, steuerlichen und rechtlichen Umfeldfaktoren kommen auf den Bestand zu, welche Klumpenrisiken aus Mietverträgen, Immobilienarten, Zinsentwicklungen existieren? Dies sind nur einige Fragen, die in diesem Zusammenhang von Bedeutung sind. Was für professionelle Immobilienmanager im institutionellen Umfeld tägliche Arbeit ist, vermögen Privatpersonen gar nicht, oder aber häufig nebenbei zu machen. Vor dem Hintergrund, dass Immobilienbesitzer zumeist steuerliche Intentionen mit einer Kapitalanlage verfolgen und nicht im immobiliennahen Umfeld tätig sind, sondern oftmals Unternehmer und Freiberufler sind, die nicht die Zeit und nicht das notwendige Know-how besitzen, ist diese Herangehensweise keinesfalls optimal (vgl. Zitelmann/Quint, S. 97).

Schon heute wiegen diese Missstände – nicht zuletzt auf Grund der hohen Immobilieninvestitionen in den 90er Jahren – gravierend. In Zukunft werden sich die aus einem passiven Management resultierenden Probleme jedoch noch verschärfen. Wirtschaftliche Faktoren lassen eine Fortschreibung der positiven Immobilienentwicklung der letzten Jahrzehnte nicht erwarten. Die Generation derer, die bewusst in Überzeugung der Vorteilhaftigkeit in Immobilien investiert hat, überträgt aktiv oder durch Erbschaft auf die nächste Generation. Der wirtschaftlichen Einschätzung steht somit auch eine Reduktion der emotionalen Beziehung gegenüber. Dies könnte entweder zu einer rationaleren Betrachtung von Immobilien als Kapitalanlage führen und damit auch ein aktiveres Management zur Folge haben; es könnte aber auch zu einer vorzeitigen Trennung und damit zu einem Überangebot am Immobilienmarkt führen, das die Immobilienpreise beeinflussen würde.

Als Teilfazit bleibt festzuhalten, dass ein **aktives Management** sowohl auf Basis der Einzelobjekte als auch des gesamten Immobilienportfolios heute und in Zukunft für ein Immobilieninvestment als Kapitalanlage unverzichtbar sein wird. Auch wenn bislang die Ausführungen den Eindruck einer Betrachtung reiner Direktinvestitionen hervorgerufen haben könnten, so gilt das Erläuterte ebenso für indirekte Immobilien, hier besonders für geschlossene Immobilienfonds. Lediglich die Aktivitäten sind ggf. unterschiedlich gewichtet. So wird der strategischen Komponente der Einzelfondsselektion sowie der Portfolio-Struktur eine deutlich größere Bedeutung zu teil, als der an das Fondsmanagement übertragenen operativen Administration während der Haltedauer.

6.4.5.2 Integration in ein gesamthaftes Private Wealth Management

Die zweite wichtige Sphäre, die es im Private Real Estate Management zu beachten gilt, betrifft die Integration der Immobilieninvestments in ein **Gesamtvermögensmanagement**. Im Mittelpunkt der Vermögensverwaltung von Privatpersonen steht vor allem das professionelle Management des liquiden Vermögens. Unabhängig von der Art der Vermögensverwaltung, ob sie selbst, über Banken oder freie Vermögensverwaltungen wahrgenommen wird, der Fokus liegt zumeist auf dem Wertpapiervermögen. Während dem Asset Management von Wertpapieren in der Praxis wie auch in der wissenschaftlichen Literatur große Bedeutung zukommt, ist eine Auseinandersetzung mit der Vermögensklasse Immobilien weitgehend unterblieben. Die Brisanz des gesamten Themas wird ersichtlich, wenn man sich die Verteilungen der Vermögenswerte anhand der in den Punkten 6.4.3.1 und 6.4.3.2 bereits dargestellten Durchschnittswerten der Einkommensklasse 5.000 bis 18.000 Euro ansieht. Dem Verkehrswert des Brutto-Immobilienvermögens von 509.000 Euro steht ein Wert des Wertpapiervermögens von 64.100 Euro gegenüber. Davon entfällt ein Anteil von 30,6% auf Aktien, 20,4% auf Aktienfonds, 14,0% auf Rentenpapiere und 35,0% auf sonstige Wertpapiere (vgl. Statistisches Bundesamt). Im Bereich der liquiden Anlagen hat sich eine Vielzahl von wissenschaftlich fundierten und prämierten Ansätzen zur Bestimmung der optimalen Allokation hervorgetan, die mittlerweile eher zur Allgemeinbildung als zu spezifischem Fachwissen zählen. Über den weitaus größeren Teil des Vermögens aber wurde bislang der Mantel des wissenschaftlichen und praktischen Schweigens gehängt. Das immer wieder zu Recht vorgebrachte Thema der Datenbeschaffung und Datenqualität darf allerdings nicht dazu führen, das Thema gänzlich zu ignorieren. Noch heute gehört die ganz einfache anmutende Frage der Höhe des richtigen Immobilienanteils an einem Gesamtportfolio zu einer der am meisten interessierenden, jedoch auch zu einer am schwierigsten zu beantworten Fragestellung des integrierten Portfoliomanagements.

Prozessual erfolgt die Integration des Immobilienmanagements in ein gesamthaftes Vermögensmanagement im Rahmen des **Financial Planning**. "Financial Planning ist eine ganzheitliche Beratungsdienstleistung, die als ein systematisch koordinierter Planungsprozess [...] organisiert ist. Financial Planning soll Privatpersonen [...] in die Lage versetzen, ihre durch den Eintritt oder die Erwartung bestimmter Lebensereignisse ausgelösten finanziellen Ziele zu konkretisieren und unter Berücksichtigung der spezifischen finanziellen, rechtlichen, persönlichen und familiären Ausgangslage sowie externer Rahmenbedingungen optimal zu erreichen" (Tilmes, S. 31). Die hieraus entstehende vernetzte Betrachtung der einzelnen Vermögensgegenstände ermöglicht es, alle Wirkungen und Wechselwirkungen von Immobilienanlagen auf die übrigen Anlageformen (und umgekehrt) zu berücksichtigen. Bei zunehmender Vermögenskomplexität sind die Auswirkungen von Einzelmaßnahmen ohne strategische Planung i.d.R. nicht zu erkennen. Als Beispiel sind die Auswirkungen eines Immobilienverkaufs zu nennen. Neben der direkten Immobiliensphäre (z.B. Mieteinnahmen, Betriebskosten, Vermietbarkeit) müssen steuerliche Auswirkungen auf das Gesamtvermögen (z.B. Wegfall degressiver Abschreibungen) ebenso betrachtet und geplant werden wie Überlegungen alternativer Mittelverwendungen des Kaufpreiserlöses.

Neben der strategischen Komponente bedarf es aber auch taktischer und operativer Maßnahmen zur Integration des Immobilienmanagements. Erkenntnisse aus dem aktiven Immobilien(portfolio)management müssen unmittelbar in die private Finanzplanung eingehen. So können beispielsweise größere Instandhaltungs- oder Modernisierungsarbeiten, die nicht periodengerecht aus den Mietüberschüssen gedeckt werden können, nur durchgeführt werden, wenn aus anderen Einnahmequellen (z.B. Gehaltszahlungen) Liquidität entnommen werden kann oder freie Liquidität verfügbar ist. Auf der anderen Seite muss zum Beispiel sichergestellt werden, dass beim Ausfall von Liquidität aus der Immobiliensphäre (z.B. unvorhersehbare und plötzliche Zahlungsunfähigkeit eines Mieters), die bereits für andere Bereiche verplant wurde, eine sofortige Rückmeldung erfolgt, um alternative Liquiditätsströme zu generieren.

Auch an dieser Stelle sei abschließend noch einmal erwähnt, dass das zuvor Erläuterte sowohl für direkte als auch indirekte Immobilienanlagen gilt. Im Gegensatz zum vorherigen Abschnitt werden – zumindest in der strategischen Betrachtung – indirekte Immobilien sowie direkte Immobilien als Kapitalanlagen im Rahmen des Financial Planning bereits rudimentär analysiert. Selbstgenutzte Immobilien hingegen bleiben bislang zumeist ein statischer Posten in der privaten Bilanz.

6.4.6 Bausteine des Private Real Estate Managements

6.4.6.1 Schaffung eines Bewusstseins auf Seiten der Anbieter und Nachfrager

Wie die Strukturierung des Vermögens sowohl auf aggregierter Ebene als auch auf Basis von Durchschnittsbetrachtungen und spezifischer Studienergebnisse gezeigt hat, herrscht offensichtlich eine nur sehr gering ausgeprägte Kultur für ein aktives Immobilienmanagement sowie dessen Integration in ein gesamthaftes Vermögensmanagement vor. Auf der anderen Seite belegen die Erkenntnisse jedoch auch dessen absolute Notwendigkeit. Weshalb es bislang nicht zu einem signifikanten Leistungsangebot gekommen ist, bleibt zunächst unbeantwortet. Allerdings steht unzweifelhaft fest, dass zumindest objektiv ein hoher Bedarf an Private Real Estate Management existiert. Auch subjektiv lässt sich dieser Bedarf empirisch nachweisen (vgl. Ulrich, S. 120ff.).

Ebenfalls belegen vereinzelte Angebote aus dem Bereich Private Wealth Management, dass man sich des Themas vermehrt annimmt. Um es jedoch seinem Bedarf entsprechend als Leistung nachzufragen bzw. anzubieten, fehlt es offensichtlich noch an ausreichender Verbreitung des Konzeptes. Es überrascht, dass das Prinzip der Marktwirtschaft bislang bei diesem Ansatz noch nicht stärker gegriffen hat. Denn schließlich hört man nahezu ständig in Gesprächen mit vermögenden Immobilienbesitzern deren "Leid" mit ihrem Immobilienmanagement.

In einem ersten Schritt gilt es folglich, das Bewusstsein auf Seiten der Nachfrager und Anbieter für die **Bedeutung der Immobilie im Kontext des Vermögensmanagements** zu schärfen. Ohne ins Detail gehen zu wollen, mangelt es u.a. insbesondere in folgenden Bereichen:

1. Immobilien zählen für den Privatanleger nicht zu den Assets, die aktiv gemanaged werden müssen

2. Es fehlt an der Kenntnis über die Zusammensetzung und Höhe von Immobilienrenditen sowie den makro- und mikroökonomischen Einfluss auf die Wertentwicklung und den Investitionsprozess

3. Privatanleger besitzen in den meisten Fällen keine Konzepte oder Leitfäden für den strategischen Umgang mit ihrem Immobilien-Portfolio

4. Es findet im Grundsatz keine Immobiliendiversifikation statt; weder grenzüberschreitend noch global

Das Bewusstsein und die Sensibilität für das Thema variieren sehr stark mit der Höhe des Gesamtvermögens und dem Immobilienanteil sowie der individuellen Rendite-Risiko-Neigung. Je höher die Risikoaversion ist, desto eher wird ein Privatanleger aktive Immobilienmanagementleistungen in Erwägung ziehen.

Die im Abschnitt 6.4.3 aufgezeigten Themengebiete bieten zur Sensibilisierung der Immobilienbesitzer durch Leistungsanbieter in Form von Vorträgen, Seminaren, Veröffentlichungen aber auch für direkte Kundengespräche hervorragende Ansatzpunkte.

Die Sensibilisierung auf Seiten des Anbieters hingegen ist deutlich schwieriger zu erreichen. Zu begründen ist dies durch die Zwitterstellung der Disziplin. Professionelle Immobilienmanager beschäftigen sich aufgrund anderer Losgrößen zumeist nur mit institutionellen Investoren. Bei Finanzdienstleistern dominiert die Fokussierung auf Investments im liquiden Anlagebereich. Eine einfache Übertragung der Wertpapier-Portfoliotheorie auf Immobilienanlagen ist jedoch aufgrund von fehlenden Datenbasen über spezifische Rendite- und Risikoparameter nicht möglich. Darüber hinaus sind die Kenntnisse vieler Finanzdienstleister über fundamentale Erkenntnisse der Immobilienökonomie unzureichend. Zudem würde eine Fokussierung auf reine Portfoliobetrachtungen den Ansatz des Private Real Estate Managements auf unzulässige Art und Weise verkürzen.

6.4.6.2 Konzeption und Implementierung eines Leistungsangebotes

6.4.6.2.1 Konzeptionelle Überlegungen

Die Konzeption eines Private Real Estate Managements ist stark institutsabhängig und an dieser Stelle nicht allgemeingültig und umfassend darzustellen. Vielmehr gilt es zwei wichtige Bereiche, den Leistungsumfang und die Bepreisung, kurz darzulegen (vgl. dazu Ulrich, S. 190ff.).

Von großem Interesse für die Konzeption sind die von einem Anbieter erbrachten Leistungen. Der **Leistungsumfang** ist sowohl tief als auch sehr breit gefächert und enthält sowohl strategische als auch operative Dienstleistungen. Wie in der Begriffserläuterung in Abschnitt 6.4.2 bereits erwähnt, umfasst das Private Real Estate Management Leistungen des Portfolio-, Objekt- und Projektmanagements. Während die beiden letzten Begriffe rein auf Immobilien bezogen sind, beinhaltet das Portfoliomanagement sowohl das Immobilien- als auch das Gesamtportfolio. Eingebettet sind die Leistungen in das Financial Planning, das den Gesamtprozess aller Vermögenswerte steuert. Analytisch gesehen läuft die idealtypische **Ablaufstruktur** des Immobilienmanagements von Privatpersonen in drei verschiedenen Ebenen ab, die in Form von systematisch-koordinierten Prozessen Rückkopplungen zueinander aufweisen (vgl. Abbildung 213). Während die primäre

Steuerungsrichtung strategischer Fragestellungen in der Reihenfolge: Gesamtvermögensebene – Gesamtimmobilienebene – Einzelobjektebene abläuft, vollziehen sich operative Steuerungen primär entgegengesetzt.

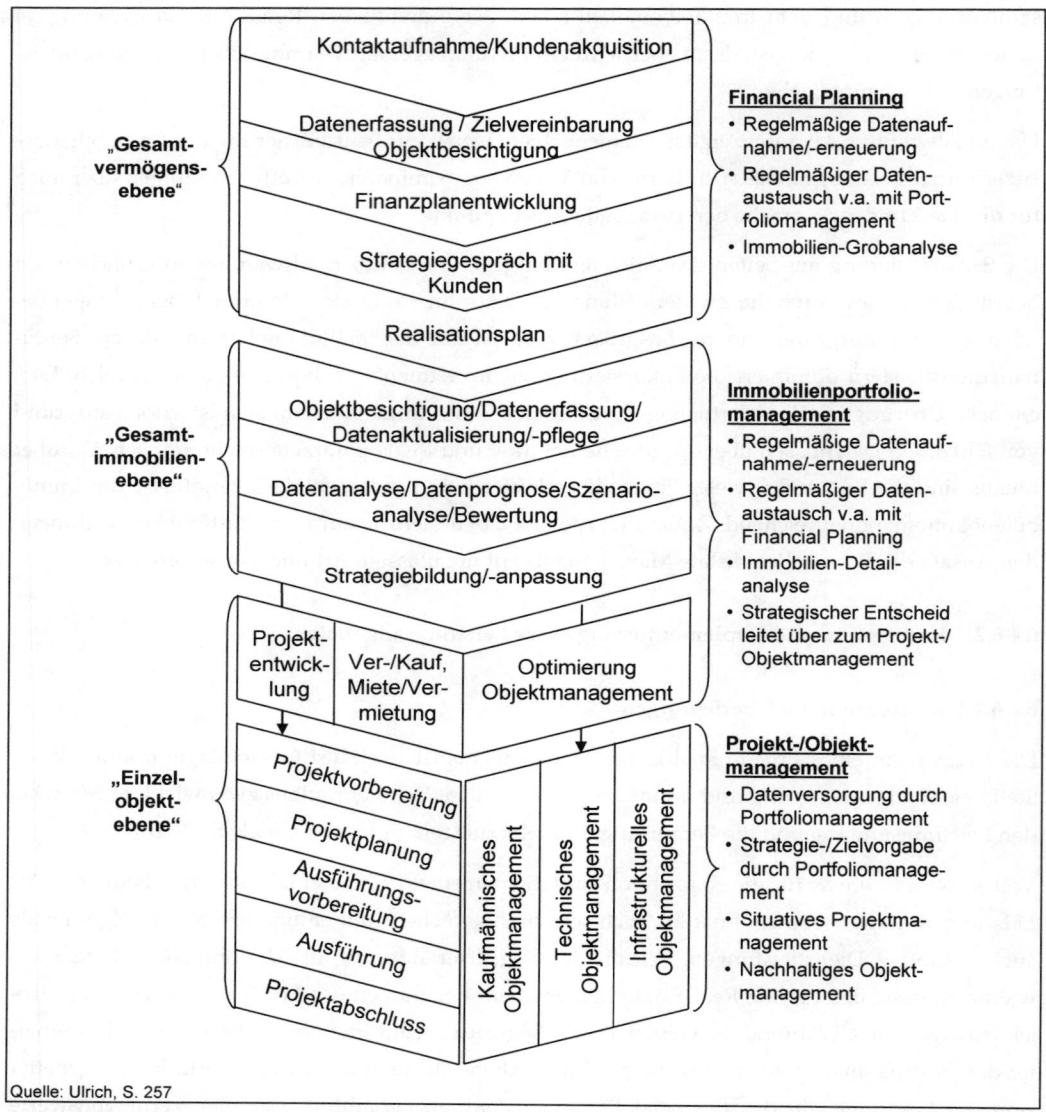

Quelle: Ulrich, S. 257

Abbildung 213: Idealtypische Ablaufstruktur des Private Real Estate Managements

Als beispielhafte Dienstleistungen der einzelnen Ebenen können angesehen werden:

- Einzelimmobilienebene:

  Immobilienanalyse, Immobilienbewertung, Immobilienfinanzierung, Immobilienmarketing, Vermietung, Hausverwaltung, Modernisierung, Revitalisierungsplanung.

- Gesamtimmobilienebene:

  Überprüfung und Optimierung des Immobilienportfolios auf die vorgegebenen Ziele, Messung des Erfolgsbeitrages des Einzelobjektes zum gesamten Immobilienportfolio, Analyse von Makrofaktoren des Immobilienmarktes, Cash Management bzw. Pooling.

- Gesamtvermögensebene:

  Vermögensstrukturplanung, Liquiditätsplanung, Rentabilitätsplanung, Erbschaftsplanung, Finanzplanentwicklung, Überwachung der Gesamtstrategie.

Im Zusammenhang mit dem Leistungsumfang ist gleichzeitig auch die Bepreisung zu sehen. Grundsätzlich ergibt sich auf Grund der Stellung von Privatpersonen als nicht-professionelle Marktteilnehmer das Problem einer honorarbasierten Bepreisung von Private Real Estate Management-Dienstleistungen. Viele Finanzdienstleister haben i.d.R. sogar Schwierigkeiten für Finanzplanungsdienstleistungen adäquate, aufwandsorientierte Honorare durchzusetzen. Darüber hinaus werden auf Grund geringer Mietrenditen, hoher Kapitaldienste und mangelnder Rücklagen für Investitionen Leistungshonorare den Immobilienreinertrag unverhältnismäßig schmälern. Eine grundsätzliche Zahlungsbereitschaft lässt sich nur erzielen, wenn es gelingt, durch ein spezifisches Immobilienmanagement einen nachhaltigen Nettomehrertrag zu erzielen. Leistungsanbieter sollten deshalb erfolgsabhängige Honorarmodelle entwickeln. Klärungsbedürftig ist in diesem Zusammenhang jedoch die Definition des Erfolges. Dem Gesamtkonzept folgend, kann der Erfolgsmaßstab nur in Ausnahmefällen auf der Einzelobjektebene liegen. Im Regelfall muss er zumindest auf der Gesamtimmobilienebene wirken. Dabei bleiben Parameter wie Risiko oder nicht-quantifizierbare Bedürfnisse (wie z.B. ruhige Mietergemeinschaft) nur sehr schwer ermittelbar.

In der Überzeugung der Vorteilhaftigkeit eines integrierten Vermögenskonzeptes oder im Bewusstsein, "lästige" Aufgaben in professionelle Hände zu übergeben, sind jedoch auch stundenbasierte fixe Bepreisungen denkbar. In klar abgegrenzten Teilgebieten (z.B. Projektaufgaben) kann eine Bepreisung auch anhand der Projektkomplexität oder des Transaktionsvolumens erfolgen.

Letztendlich ist die Bepreisung aus Sicht des Nachfragers nicht nur abhängig vom Umfang der nachgefragten Leistungen, sondern auch von der Struktur und dem Umfang des Immobilienvermögens.

6.4.6.2.2 Implementierungsüberlegungen

Ausgangspunkt der Überlegungen zum Private Real Estate Management war die Positionierung an der Schnittstelle zwischen Immobilien- und Finanzökonomie. Neben der bereits vielfach aufgezeigten Nähe im Zusammenhang mit Immobilien und sonstigem Vermögensmanagement, liegt es nahe, dass das Konzept des Private Real Estate Managements in erster Linie durch Vertreter dieser beiden Branchen implementiert werden kann.

Das idealtypische gesamthafte Leistungsangebot, wie in Punkt 6.4.6.2.1 angedeutet, ist bislang so gut wie nicht vorzufinden. Sowohl Finanzdienstleister als auch Immobilienunternehmen bringen partielle Voraussetzungen mit bzw. bieten Teilleistungen an.

Immobilienunternehmen bilden die Ebenen des Einzelobjektes sowie des Immobilienportfolios professionell ab – jedoch zumeist für die nach anderen Kriterien und mit deutlich höheren Volumina handelnden institutionellen Kunden. Während bei den Immobilienunternehmen das objektbezogene Know-how vorhanden ist, mangelt es ihnen einerseits an umfassenden Kenntnissen der Zielgruppe und andererseits an dem Fachwissen für ein umfassendes Vermögensmanagement; aber gerade dieses Fachwissen ist nur sehr schwer selbst aufbaubar.

Bei Finanzdienstleistern und Banken sieht die Ausgangssituation grundlegend anders aus. Kompetenz im Bereich des Vermögensmanagements wird ihnen für den Bereich der liquiden Anlagen zweifelsfrei zugesprochen. Die Methodenkompetenz im Bereich des Financial Planning und Wealth Management ist in Ansätzen vorhanden und wird weiter ausgebaut. Das immobilienspezifische Know-how, wenn überhaupt vorhanden, beschränkt sich primär auf die Bereiche Immobilienfinanzierung und -verkauf. Der Vertrieb kollektiver Immobilienanlagen im In- und Ausland wird über die i.d.R. steuerlich vorteilhaften Parameter forciert, objektspezifische Charakteristika jenseits "netter" Bilder werden vernachlässigt. Insgesamt mangelt es Finanzdienstleistern und Banken an wirtschaftlichen Strategien für die Assetklassen-gerechte Positionierung und Bearbeitung des Marktsegmentes.

Da beide Branchen offensichtlich das Gesamtkonzept Private Real Estate Management bislang nicht komplett abdecken können, bieten sich zwei grundlegende Implementierungsstrategien an: Internalisierung und Kooperation. Für den Finanzdienstleistungsbereich ergibt sich zusätzlich die Strategie der Fokussierung auf die bereits erwähnten Teilgebiete der indirekten Immobilienarten und die Lebensphase des Verkaufes.

Die Strategievariante der Internalisierung verkörpert den Aufbau des fehlenden Know-hows innerhalb der Unternehmung, während die Variante der Kooperation auf die Ergänzung der Fähigkeiten und das gemeinsame Auftreten beim Privatkunden abzielt.

Ohne in die detaillierte Strategieabwägung eindringen zu wollen, erscheint aufgrund des großen, zeitnahen Bedarfes die Variante der Kooperation zunächst zielführender. Dies heißt jedoch keineswegs, dass – speziell für Finanzdienstleister – eine Internalisierung langfristig nicht sinnvoll ist.

6.4.7 Zusammenfassung und Ausblick

Die bislang sowohl in der Theorie als auch in der Praxis stark vernachlässigte Beschäftigung mit dem Management von Immobilien findet mit dem Konzept des Private Real Estate Managements Eingang in die Diskussion und ergänzt bisher vorherrschende strategische Konzepte wie das Public Real Estate Management sowie das Corporate Real Estate Management. Wissenschaftlich findet sich das Konzept an der Schnittstelle zwischen Immobilien- und Finanzökonomie wieder.

Eine Betrachtung verschiedener Aspekte, wie z.b. die Höhe des Immobilienbestandes von Privatpersonen, die Struktur des Gesamtvermögens oder auch die demographischen Auswirkungen auf Immobilien belegen die Notwendigkeit eines professionellen Vermögensmanagements von Immobilien. Dabei darf das aktive Management nicht isoliert betrachtet werden, sondern muss sich neben vorhandenen Wertpapieren, Beteiligungen oder Lebensversicherungen in das Gesamtvermögensmanagement eingliedern.

Derzeit ist es notwendig, sowohl auf Anbieter- als auch auf Nachfragerseite ein **Bewusstsein für die Vorteilhaftigkeit** eines Private Real Estate Managements zu schaffen. Ihr muss sich die Konzeption konkreter Leistungen anschließen, die den Bereichen des Portfolio-, Objekt- und Projektmanagements zuzurechnen sind und auf Einzelobjekt-, Gesamtimmobilien- und Gesamtvermögensebene wirken. Eine grundsätzliche Zahlungsbereitschaft der Privatanleger ist besonders für den Fall zu unterstellen, dass das Private Real Estate Management einen Zusatznutzen generiert, der größer ist als dessen Kosten.

Für die Realisierung des Leistungsangebotes kommen grundsätzlich Immobilienunternehmen und Finanzdienstleister in Frage. Da keine der beiden Branchen das Konzept gegenwärtig vollständig abdecken kann, bietet sich aus dem Kanon der Strategiealternativen besonders die der Kooperation an. Langfristig jedoch wird es auf Grund der Attraktivität des Marktes integrierte Anbieter geben, die sich auf das Private Real Estate Management fokussieren. Entscheidend für den Erfolg des Konzeptes ist unter anderem die Kompetenz der Mitarbeiter. Ausbildungsgänge sind bislang am Markt nicht vorhanden. Erste Erfahrungen im Bereich der Weiterbildung an der **ebs** FINANZAKADEMIE sind jedoch äußerst positiv.

Literaturverzeichnis zu Kapitel 6.4

BBE-Branchenreport: Erbschaften, Jahrgang 2003, Köln 2003.

BVI Bundesverband Investment und Asset Management: Überblick Mittelaufkommen, Frankfurt am Main 2003.

CFM Commerz Finanz Management GmbH: Vermögenssituation im Status Quo und deren Veränderung durch eine Finanzplanung der CFM Commerz Finanz Management GmbH, April 2001.

Deutsche Bank Research: Demographie lässt Immobilien wackeln, Nr. 283, Frankfurt am Main 2003.

Deutsche Bundesbank: Vermögen privater Haushalte in Deutschland, Frankfurt am Main 2002.

Loipfinger, S.: Marktanalyse der Beteiligungen 2004, München 2004.

Sal. Oppenheim jr. & Cie KGaA: Perspektiven für Investitionen in deutsche Wohnimmobilien, Studie Private Banking Immobilien, 2003.

Schaubach, P.: Family Office im Private Wealth Management – Konzeption und empirische Untersuchung aus Sicht der Vermögensinhaber, 2., durchges. Aufl., in : Schulte, K.-W./Tilmes, R. (Hrsg.): Financial Planning, Band 6, Bad Soden 2004.

Statistisches Bundesamt: Einkommens- und Verbrauchsstichprobe – Haus- und Grundbesitz sowie Wohnsituation privater Haushalte 2003, Fachserie 15, Sonderheft 1, Wiesbaden 2004.

Tilmes, R.: Financial Planning im Private Banking – Kundenorientierte Gestaltung einer Beratungsleistung, 3., durchges. und erw. Aufl., in : Schulte, K.-W./Tilmes, R. (Hrsg.): Financial Planning, Band 1, Bad Soden 2002.

Ulrich, J.: Private Real Estate Management im Private Banking – Design einer neuen Dienstleistung im Rahmen des Financial Planning, in : Schulte, K.-W./Tilmes, R. (Hrsg.): Financial Planning, Band 2, Bad Soden 2001.

Zitelmann, R./Quint, A.: Immobilien – Stiefkinder der privaten Vermögensverwaltung, in: Die Bank, Heft 2, 2004, S. 96-99.

7 Managementfunktionen in Immobilien-
unternehmen

7.1   Unternehmensführung und Controlling

Karl-Werner Schulte, Markus Amon, Matthias Eder, Christian Kolb

7.1   Unternehmensführung und Controlling

Karl-Werner Schulte, Markus Amon, Matthias Eder, Christian Kolb

7.1.1 Begriffsdefinitionen und -abgrenzungen

Führung ist ein zeitlich übergreifendes, in allen Kulturen existierendes Phänomen. Überall dort, wo sich mehrere Personen arbeitsteilig mit Problemlösungen beschäftigen, ist es anzutreffen (vgl. Hentze/Kammel/Lindert, S. 7). So findet man in Unternehmen den Unternehmensführer, im Sport (z.B. Fußball) gibt es einen Spielführer und auf einem Schiff hat diese Funktion der Kapitän inne. Nicht nur die betriebswirtschaftliche Forschung hat sich mit dem Thema Führung beschäftigt. Auch weitere Wissenschaften wie Soziologie (Organisationssoziologie) oder Psychologie (Organisationspsychologie) befassen sich mit dem Begriff Führung. Was versteht man aber nun unter Führung? Vergleicht man verschiedene Management- und Personalführungsbücher miteinander, so findet man eine mannigfaltige Anzahl an Definitionen zur Führung (vgl. Neuberger 1995, S. 5). Dabei steht bei den gängigen Führungsdefinitionen der **Prozess der Verhaltensbeeinflussung** im Mittelpunkt (vgl. Staehle, S. 329). So wird Führung als „Einflussnahme" (Rosenstiel, S. 24), „versuchte zielgerichtete Beeinflussung des Verhaltens in und von Organisationen" (Eckardstein/Kasper/Mayrhofer, S. 213), oder „Beeinflussung der Einstellungen und des Verhaltens von Einzelpersonen sowie der Interaktionen in und zwischen Gruppen" (Staehle, S. 328) definiert.

Eine umfassendere Beschreibung des Begriffs Führung liefern Thommen/Achleitner (S. 831ff.) mit dem integrierten Management-Modell, das auf einem Ansatz von Rühli (S. 32ff.) beruht. Hier wird **Führung** als **Steuerungsfunktion** beschrieben, die alle Problemlösungsprozesse eines Unternehmens betrifft. Führung setzt sich dabei idealtypisch aus vier konstitutiven Teilfunktionen oder Führungselementen zusammen:

- Planung (1),

- Entscheidung (2),

- Aufgabenübertragung (3),

- Kontrolle (4).

(1) Planung

Planung dient zur systematischen Entscheidungsvorbereitung und basiert auf systematisch-methodischen Informationsverarbeitungsprozessen. Hier sollen Probleme erkannt, erfasst, analysiert, Problemlösungen vorbereitet und zu erreichende Ergebnisse vorhergesagt werden (präparative Aktivitäten).

(2) Entscheidung

Die Aufgabe der Entscheidung ist die Auswahl von Handlungsalternativen und die Allokation der Mittel zur Zielerreichung. Darin ist nicht nur der Entscheidungsakt selber, sondern auch der Entscheidungsprozess enthalten (Wahlakt und Wahlprozess).

(3) Aufgabenübertragung

Aufgabenübertragung bedeutet Kundgebung und Übertragung des Willens des Vorgesetzten und Übernahme dieses Willens durch den Mitarbeiter zur Realisierung der Handlungsalternative. Es geht dabei um die Umsetzung der Ziele in praktisches Handeln und Verwirklichung der gewählten Alternative durch Übertragung von Aufgaben (Realisierung).

(4) Kontrolle

Kontrolle setzt sich aus der Überwachung des Problemlösungsprozesses und der Kontrolle der Resultate (Überprüfung) sowie der Einleitung von Lern- und Korrekturprozessen zusammen. Kontrolle ist somit auf das Erkennen und Analysieren voraussehbarer und/oder eingetretener Abweichungen gerichtet und basiert ebenfalls auf systematisch-methodischen Informationsverarbeitungsprozessen.

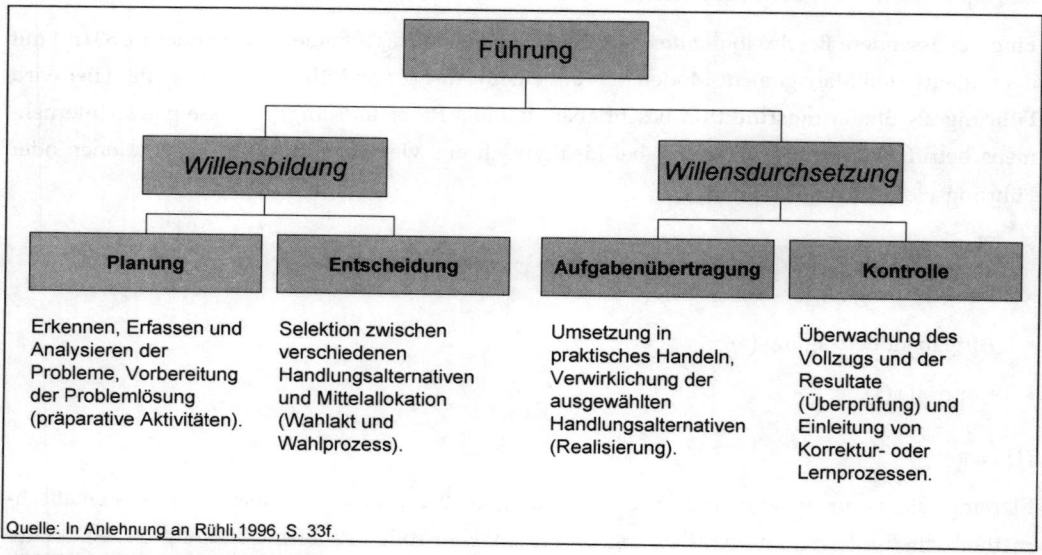

Quelle: In Anlehnung an Rühli,1996, S. 33f.

Abbildung 214: Führungsfunktionen

Diese weitgreifendere Definition der Führung sieht nicht nur den Aspekt der Einflussnahme des Vorgesetzten gegenüber den Mitarbeitern. Auch Planung und Auswahl der Handlungsalternativen werden unter Führung berücksichtigt. Abbildung 214 verdeutlicht, dass sich Führung beim integrierten Management-Modell aus **Willensbildung** – mit den Führungselementen **Planung** und **Entscheidung** – und **Willensdurchsetzung** – mit den Elementen **Aufgabenübertragung** und **Kontrolle** – zusammensetzt. Horváth (S. 4f.) weißt darauf hin, dass der Führungsprozess stark durch die Planung dominiert wird, was Abbildung 215 verdeutlicht. In der Betriebswirtschaftslehre wird deshalb auch vom Primat der Planung gesprochen (vgl. Pfohl/Stölzle, S. 235).

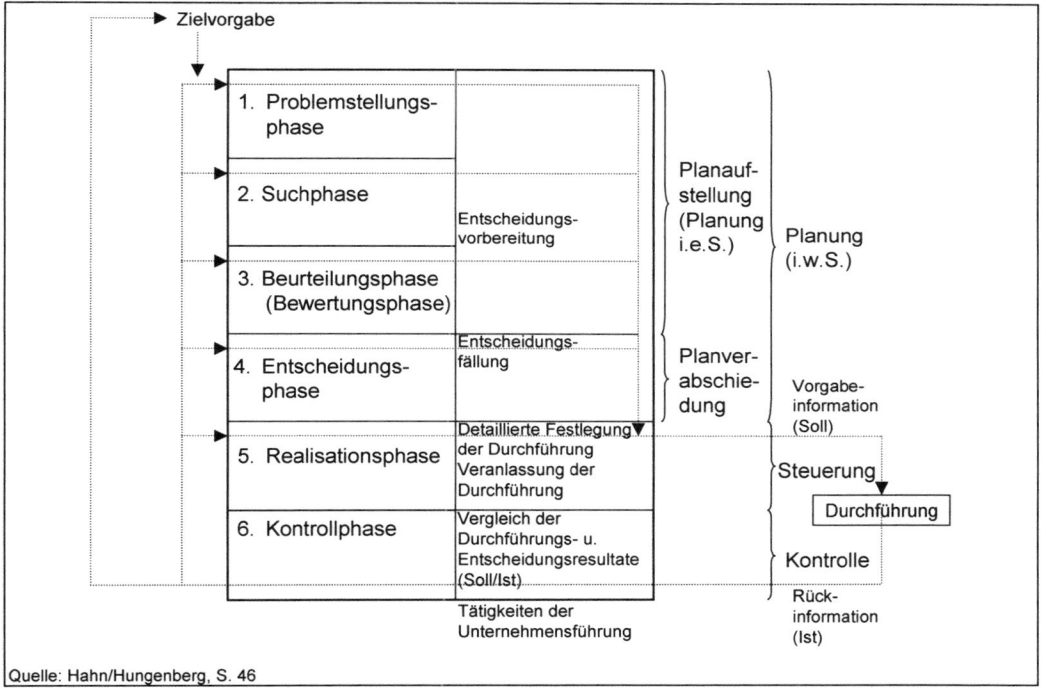

Abbildung 215: Führungstätigkeiten im Unternehmen

Die Abgrenzung zwischen Führung und Controlling erweist sich als schwierig, da der Begriff Controlling unterschiedlich definiert ist. Die Diskussion zur Definition des Controllings insbesondere die Frage, ob Controlling die Unternehmensführung unterstützt oder selbst gar Führungsfunktion ist, hat gerade in letzter Zeit wieder stark zugenommen. Im Folgenden kann daher lediglich ein momentaner Diskussionsstand wiedergegeben werden.

In der Wissenschaft wie in den Unternehmen entwickeln und wandeln sich die Sichten und damit die Begriffstypen von Controller und Controlling (vgl. Weber/Schäffer, S. 175ff.; Weber, S. 19ff.). Abhängig vom Controllerbild und den Funktionen des Controllings muss Controlling unterschiedlich zur Führung abgegrenzt werden (vgl. Abbildung 216). Nimmt der **Controller** die Rolle des **Buchhalters** bzw. **Accountants** klassischer Prägung im Unternehmen ein, hat das Controlling die **Funktion der Informationsversorgung** der Führung inne und muss als **Unterstützungsfunktion der Führung** gesehen werden.

Der am stärksten verbreitetste Ausprägungstyp des Controllers, der **Navigator oder Steuermann**, hat neben der **serviceorientierten Informationsbereitstellung** auch **Analyseaufgaben** z.B. **systematische Abweichungsanalysen** zu erfüllen. Ihm obliegt die Aufgabe, den ständigen Bezug des unternehmerischen Handelns auf die beschlossenen Pläne und Ziele mittels Abweichungsanalysen herzustellen und gegebenenfalls Anpassungsmaßnahmen vorzuschlagen und durchzusetzen. Darüber hinaus nimmt er als eine Art „Advocatus Diaboli" die **Counterpartfunktion** zum Management im **Prozess der Willensbildung** ein. Vereinfacht ausgedrückt ist hier die Aufgabe des Controllers, das Unternehmen „auf Kurs zu halten". Controlling wird in diesem Fall als **spezielle Form der Führung** gesehen.

Im **koordinationsbezogenen Ansatz** übernimmt das Controlling die Aufgabe der Koordination der unterschiedlichen Führungsprozessphasen und der Teilsysteme der Führung: Informations(versorgungs)systeme sowie Planungs- und Kontrollsysteme. Der Controller übt in dieser Sicht die Aufgabe eines Innovators bzw. Management Consultants aus und lässt sich als „managementsystemorientiert" charakterisieren. Damit hat in diesem Ansatz Controlling die Funktion der **Koordination der Führung** inne.

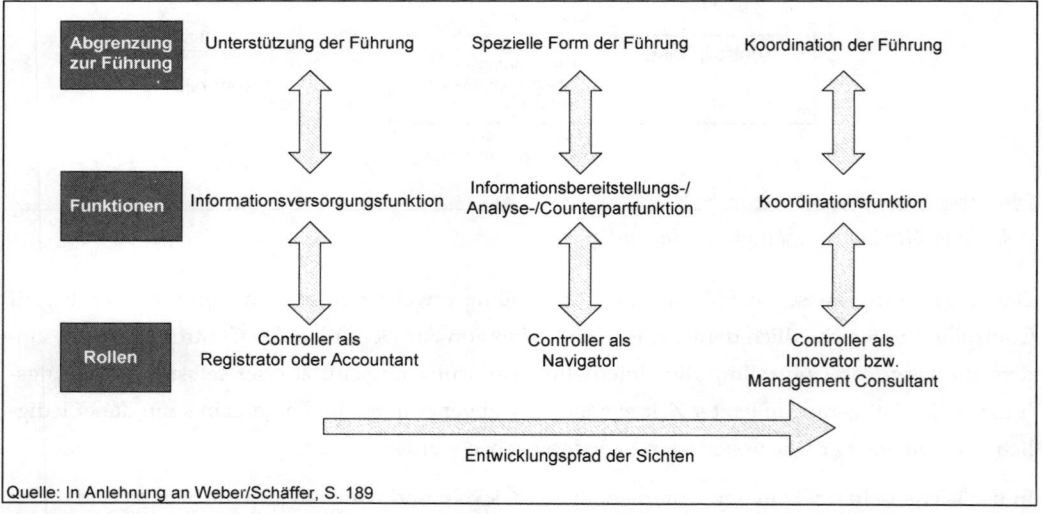

Abbildung 216: Entwicklungspfad der Sichten Controller und Controlling und ihre Abgrenzung zur Führung

Notwendig ist auch die Abgrenzung zwischen Führung und Management. Diejenigen, die Führung in einem (Immobilien-)Unternehmen ausüben (Führungskräfte), werden gewöhnlich als Management bezeichnet (vgl. Wöhe, S. 84). Die Abgrenzung der Begriffe Führung und Management findet zumeist fließend statt und ist nicht trennscharf. Viele Autoren neigen dazu, den Begriff Management mit dem Wort Führung zu übersetzen (vgl. Staehle, S. 72). In der angloamerikanischen Managementliteratur hingegen findet eine Unterscheidung zwischen Management (Unternehmensführung) und Leadership (Personalführung) statt (vgl. Hentze/Kamel/Lindert, S. 18f.):

- **Personalführung**: Bezieht sich auf die Führung von Personen und Gruppen.

- **Unternehmensführung:** Bezieht sich auf die Führung von Unternehmen.

Dabei ist Unternehmensführung immer auch Personalführung, da das Führen von Unternehmen per se auch das Führen von Mitarbeitern beinhaltet (vgl. Rühli, S. 30).

7.1.2 Personalführung

Betrachtet man Personalführung als Verhaltensbeeinflussung von Individuen und Gruppen in Organisationen, so kann hinsichtlich des Wesens der Beeinflussung grob zwischen zwei Arten der Beeinflussung differenziert werden (vgl. Rosenstiel, S. 4f.):

- Führung durch Strukturen,

- Führung durch Menschen.

7.1.2.1 Führung durch Strukturen

Eine Beeinflussung, bei der keine unmittelbare Einflussnahme durch Personen stattfindet, wird als **Führung durch Strukturen** bezeichnet. In Organisationen können diese Strukturen beispielsweise Stellenbeschreibungen, Organigramme oder Anreizsysteme (z.B. Provisionen für den Immobilienvertrieb) sein. Eine Stellenbeschreibung gibt dem Inhaber dieser Stelle – mehr oder weniger konkret – die Aufgaben vor, die dieser zu erfüllen hat und übt dadurch auf diesen einen gewissen Einfluss aus. Ein Bauzeitenplan beispielsweise gibt allen Beteiligten (Bauleitung, Maurer, Elektriker, Dachdecker, etc.) genau vor, bis wann was zu erledigen ist.

Bei Führung durch Strukturen gilt es zu beachten, dass die Strukturen von Personen geschaffen wurden, aber auch von Personen wieder verändert werden können. Zwar mag von Fall zu Fall der Einfluss der Struktur überwiegen, doch spielt der Mensch hinsichtlich der Führung die entscheidendere Rolle. Von ihm hängt es ab, wie und welche Vorschriften in die Realität übertragen werden. Der Mensch muss die Strukturen schaffen (jemand muss den Bauzeitenplan erstellen), deren

Einhaltung kontrollieren, die Mitarbeiter müssen motiviert werden und in Ausnahmefällen muss jemand steuernd eingreifen (vgl. Rosenstiel, S. 5f.).

7.1.2.2   Führung durch Menschen

Somit findet bei **Führung durch Strukturen** – obgleich indirekt und nicht unmittelbar – wiederum eine **Führung durch Menschen** statt. Wie kann man nun aber als Vorgesetzter seine Mitarbeiter führen?

Hierzu werden im Weiteren die folgenden Punkte betrachtet:

- **Führungsstile,**
- **Führungstechniken.**

7.1.2.2.1 Führungsstile

Unter **Führungsstil** versteht man ein langfristig stabiles, situationsunabhängiges, einheitliches Verhalten der Führungskraft (vgl. Staehle, S. 334; Thommen/Achleitner, S. 865). Das Verhalten der Führungskraft wird vom Geführten in jeder Situation als ganzheitlich gesehen. Man findet in der Literatur verschiedene Unterteilungen der Führungsstile (vgl. Staehle, S. 334ff.). Je nach Einsatz von Kooperation, Delegation, Partizipation oder Autorität, Macht und Zwang durch die Führungskraft, können verschiedene Führungsstile definiert werden (vgl. Wöhe, S. 253f.; Thommen/Achleitner, S. 867).

Abbildung 217 zeigt eine mögliche Einteilung von Führungsstilen. Je nach Beteiligungsgrad der Mitarbeiter kann man mehr von einem autoritären bzw. mehr von einem kooperativen Führungsstil sprechen. Ein Vorgesetzter mit einem **autoritären Führungsstil** trifft ohne Mitsprache der Mitarbeiter alle Entscheidungen selber und gibt dies in Befehlsform weiter. Ein **kooperativer Führungsstil** zeichnet sich durch Delegation von Verantwortung und Entscheidungskompetenz an die Mitarbeiter sowie Partizipation der Mitarbeiter an der Führung aus. Hierdurch sollen selbständiges Handeln und Motivation der Mitarbeiter gefördert werden (vgl. Thommen/Achleitner, S. 867).

Nach der Vorstellung verschiedener Führungsstile lässt sich die Frage stellen, ob es einen Führungsstil gibt, der grundsätzlich besser als andere Führungsstile ist. In verschiedenen Studien (vgl. Lewin/Lippit/White; Neuberger, 1972, S. 193) wurde anhand verschiedener Kriterien wie Zufriedenheit der Probanden, Verhalten (Aggressivität) der Probanden, Produktivität der Probanden diese Frage untersucht. Hierbei konnte kein dominierender Führungsstil erkannt werden. Der Erfolg eines Führungsstils hängt vielmehr von der jeweiligen Führungssituation und von der geführten Person ab (vgl. Rosenstiel, S. 15; Staehle, S. 340). Dies gilt prinzipiell auch für die Immobilienbranche. Ein Blick auf das Haus der Immobilienökonomie zeigt unter institutionellen Aspekten ein breites Spektrum an unterschiedlichen Unternehmen: Vom kleinen Einmann-Architekturbüro bis zur Immobilien AG mit mehreren hundert Mitarbeitern; von Unternehmen mit Geschäftsfeldern, die ein hohes Risiko aufweisen (z.B. Projektentwicklung) bis hin zu Unternehmen mit niedrigem Risikograd (Immobilienbewirtschaftung). Auf Grund dieser Heterogenität in der Immobilienbranche ergeben sich unterschiedliche Führungssituationen und die geführten Personen differieren stark hinsichtlich ihrer Qualitäten. Daher ist es nur schwer möglich, von einem optimalen Führungsstil in der Immobilienbranche zu sprechen. Diese Aussage muss auch deswegen wage bleiben, weil es keinerlei Forschungsergebnisse zu diesem Thema gibt.

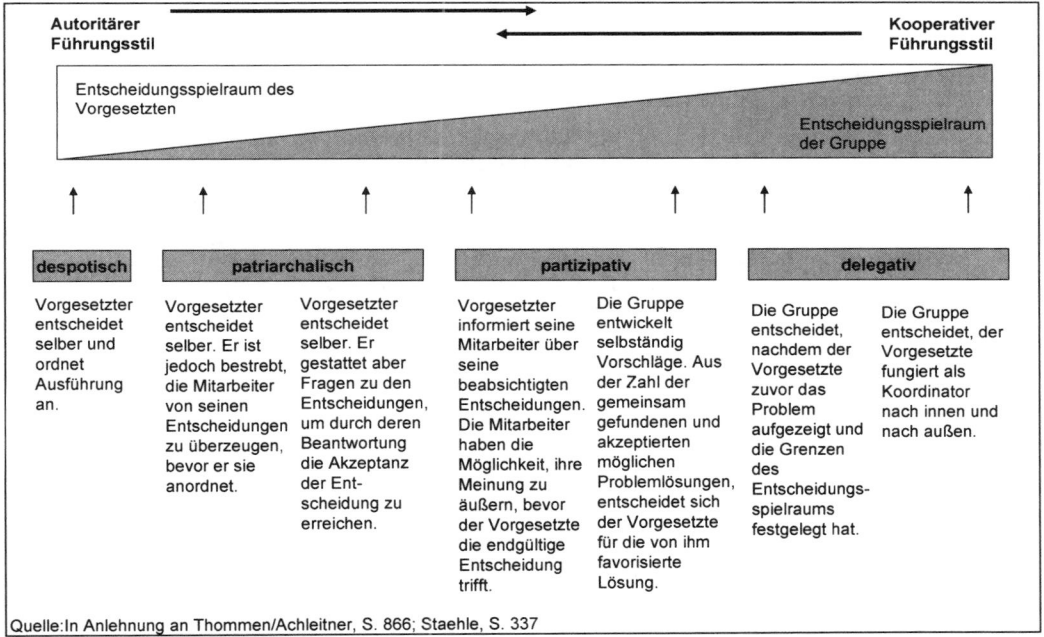

Abbildung 217: Führungsstile

7.1.2.2.2 Führungstechniken

In den letzten Jahren und Jahrzehnten wurde eine Vielzahl von Führungstechniken entwickelt (vgl. Wöhe, S. 161). In der Praxis sind sie besser als „**Management by**"-Techniken bekannt: Angefangen bei „Management by Objectives" oder „Management by Exception" über Ausprägungen wie „Management by Walking Around" bis hin zu neudeutschen Formen wie „Management by Handy". Im Folgenden sollen die bekanntesten und wichtigsten „Management by"-Techniken kurz vorgestellt und deren Vor- und Nachteile erläutert werden.

Management by Objectives (MbO) kann mit Führen durch Zielvorgaben übersetzt werden. Dabei wird MbO als Prozess verstanden, in dem Mitarbeiter und deren Vorgesetzte gemeinsam die Zielvorgaben definieren und dann den Aufgabenbereich und die Verantwortung des Einzelnen nach dem erwarteten Ergebnis bestimmen (vgl. Frese, S. 28). Es werden nur die Ziele aber nicht die Art der Zielrealisierung festgelegt. Der Mitarbeiter kann in dem ihm gesteckten Rahmen selber den Weg zur Zielerreichung bestimmen. Hierbei wird er nur am Grad der Zielerreichung gemessen. Dieser Grad der Zielerreichung bildet daher die Basis für das Incentivesystem und gibt entscheidende Anhaltspunkte für Managementschulungsprogramme und für die Besetzung von Managementpositionen (vgl. Wöhe, S. 164). MbO kann in verschiedene Prozess-Schritte unterteilt werden, die einen geschlossenen Kreislauf bilden (vgl. Frese, S. 138). Abbildung 218 stellt einen idealtypischen MbO-Kreislauf dar.

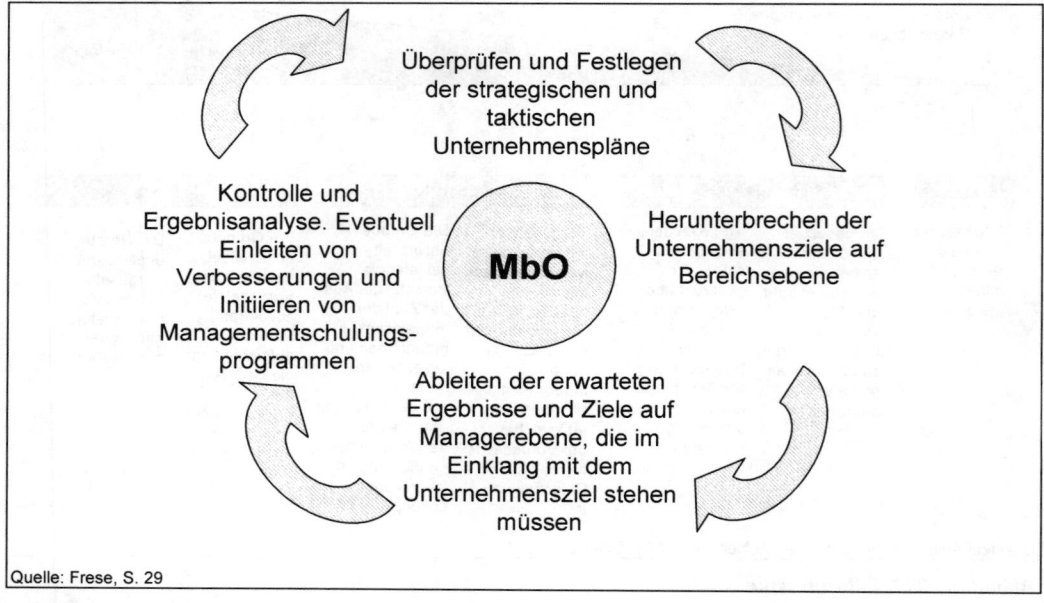

Quelle: Frese, S. 29

Abbildung 218: MbO Kreislauf

Als wichtige Voraussetzungen für ein funktionierendes MbO gelten:

- Gemeinsame, detaillierte Planung der (Teil-)Ziele durch Mitarbeiter und Vorgesetzte und Festlegen von Verantwortungs- und Aufgabenbereichen bis zur untersten Managementebene. Dabei gehen die Zielvorgaben des Mitarbeiters aus einem mehrstufigen Prozess hervor: Ausgehend von den Unternehmenszielen werden über Ober- und Unterziele die Einzelziele abgeleitet.

- Übersetzung der Unternehmensziele in quantifizierbare Sollwerte.

- Vorhandensein geeigneter Managementinformations- und Kontrollsysteme zur Messung der Zielerreichung und Durchführung einer umfassenden Erfolgskontrolle.

- Möglichkeiten zur Analyse der Leistung, aber auch der Entwicklungsfähigkeit des einzelnen Mitarbeiters.

- Offenlegung der Maßstäbe zur Beurteilung.

Vorteile von MbO:

- Entlastung der Führungskräfte,

- Förderung der Motivation, Verantwortungsbereitschaft und Eigeninitiative der Mitarbeiter,

- Mitarbeit der Untergebenen an der Zielbestimmung,

- Ausrichtung der Ziele der Mitarbeiter an den Unternehmenszielen,

- Schaffung von Kriterien für ein leistungsgerechtes Incentivesystem.

Nachteile von MbO:

- Außer-acht-lassen der Mittel zur Zielerreichung,

- Zeitaufwändiger Planungsprozess zur Bestimmung aller Teilziele,

- Teilweise problematische Operationalisierung und Quantifizierung der Unternehmensziele für alle Manager,

- Demotivierung der Mitarbeiter bei zu hoch gesteckten Zielen.

In praktisch jedem Immobilienunternehmen finden sich Ansätze von MbO. In den meisten Immobilienunternehmen werden strategische Ziele der Unternehmung geplant und definiert. Diese werden dann auf niedrigere Ebenen heruntergebrochen und Unterziele bestimmt (z.B. Umsatzvorgaben bei Maklerunternehmen), die dann operationalisiert werden und deren Erreichung kontrolliert wird. Inwieweit der Mitarbeiter bei der Zieldefinition eingebunden wird und wie groß seine Freiheitsgrade zur Realisierung der Ziele sind, ist unternehmensspezifisch (vgl. Frese, S. 28f.; Thommen/Achleitner, S. 823; Wöhe, S. 164; Hentze/Kammel/Lindert, S. 638ff.).

Beim **Management by Exception**, d.h. bei der Führung nach dem Ausnahmeprinzip, arbeitet der Mitarbeiter solange eigenständig, bis durch das Überschreiten von Toleranzen oder das Auftreten von besonderen Ereignissen der Ausnahmefall entsteht und die Führungskraft einschreiten muss. D.h. im Umkehrschluss für die Führungskraft, dass sie nur dann eingreift, wenn diese Ausnahmesituation eintritt. Ansonsten arbeitet der Mitarbeiter in seinem Aufgaben- und Verantwortungsbereich selbständig mit den erforderlichen Kompetenzen.

Dieses Konzept erfordert folgende Voraussetzungen:

- Delegation aller Routineentscheidungen an den Mitarbeiter.

- Festlegen von Richtlinien für Normal- und Ausnahmesituationen durch Entwickeln von Zielen und Abweichungstoleranzen, bis zu denen der Vorgesetzte nicht einschreiten muss.

- Bekanntgabe der Ziele und Abweichungstoleranzen im Unternehmen.

- Vorhandensein geeigneter Managementinformations- und Kontrollsysteme und Durchführung von Abweichungsanalysen zum Erkennen des Ausnahmefalls.

Vorteile von MbE:

- Entlastung der Führungskräfte.

- Förderung der Motivation und Verantwortungsbereitschaft der Mitarbeiter durch Entscheidungsdelegation.

- Hervorheben von kritischen Problemen und negativen Entwicklungen.

Nachteile von MbE:

- Die starke Ausrichtung auf negative Abweichungen und die eher schwache Beachtung von positiven Abweichungen kann zur Schwächung der Motivation beitragen.

- Möglichkeit einer Bewusstseinsbildung, dass der Vorgesetzte eingreift, wenn „es einmal nicht so läuft":

  → Angst und Demotivation der Mitarbeiter.

  → Geringere Eigeninitiative der Mitarbeiter.

  → Unterdrücken von negativen Informationen durch die Mitarbeiter.

- Teilweise Probleme bei der Definition von Bewertungskriterien zur Unterscheidung von Normal- und Ausnahmefall (vgl. Wöhe, S. 162f.; Thommen/Achleitner, S. 823; Hentze/Kammel/Lindert, S. 641f.).

Beim **Management by Delegation (MbD)**, d.h. bei der Führung durch Aufgabendelegation, werden eindeutig abgegrenzte Aufgabenbereiche mit klar definierten Kompetenzen auf Mitarbeiter übergeben, die dadurch eigenständig handeln und entscheiden können. Die Entscheidungsbefugnis wird auf die Ebene verlagert, in der die Mitarbeiter mit dem nötigen Fachwissen sitzen. Dadurch trägt der Mitarbeiter die Entscheidungsverantwortung, und die Führungsverantwortung des Vorgesetzten begrenzt sich zum Beispiel auf Erfolgskontrolle oder Dienstaufsicht.

Vorteile von MbD:

- Entlastung der Führungskräfte.

- Förderung der Motivation, Verantwortungsbereitschaft und Eigeninitiative der Mitarbeiter.

- Es wird auf der Ebene entschieden, wo die Mitarbeiter mit dem entsprechenden Fachwissen sitzen.

Nachteile von MbD:

- Teilweise Schaffung von Bürokratie.

- Eventuell bloße Delegation von uninteressanten Aufgaben (vgl. Wöhe, S. 163; Thommen/Achleitner, S. 823).

Personalführungstechniken wurden bisher nicht spezifisch im Kontext der Immobilienökonomie erforscht. Es lassen sich deshalb nur Annahmen zu Ausprägungsbereichen der beiden letzteren Führungstechniken MbE und MbD aufstellen. So könnte ein Management by Exception in der Projektentwicklung folgendermaßen gestaltet werden: Der Projektleiter zeichnet sich für das gesamte Projekt (z.B. Projektentwicklung einer Büroimmobilie) verantwortlich. Ihm werden nach der Projektgenehmigung verschiedene Kennzahlen vorgegeben, in deren Korridoren er sich bewegen muss: Diese Korridore können das Erreichen einer bestimmten Vorvermietungsquote, als Hürde für den Baubeginn oder die Vorgabe von Baukosten in einem bestimmten Zeitabschnitt sein. Erst bei einer Abweichung der Kennzahlen wie Überschreitung der Baukosten, Nicht-Erreichen der Vermietungsquote, Verzögerung des Baufortschritts oder Vertriebsschwierigkeiten schaltet sich der Niederlassungsleiter bzw. die Geschäftsführung ein.

7.1.3 Unternehmensführung und Managementkompetenzen

Unternehmen können nur erfolgreich geführt werden, wenn das Management bestimmte Fähigkeiten besitzt (vgl. Steinmann/Schreyögg, S. 20). Die persönlichen Fähigkeiten und fachlichen Qualifikationen des Managements, die hierfür notwendig sind, werden unter dem Begriff Managementkompetenz zusammengefasst. Dabei sind fachliche Qualifikationen und persönliche Fähigkeiten gleichermaßen für eine erfolgreiche Ausübung der Managementaufgaben von Bedeutung. Managementkompetenz kann durch persönliche Erfahrungen und erlerntes Wissen aufgebaut werden. Dennoch ist es umstritten, inwieweit persönliche Fähigkeiten wie Führungs- oder Kontaktfähigkeit zu erlernen sind. Man geht davon aus, dass manche Fähigkeiten schon in den Genen vorgegeben sind und vererbt werden (vgl. Johnson et al, S. 216ff.). In der Wissenschaft gibt es mehrere Ansätze für die eine allgemeine Differenzierung und Identifikation von Managementkompetenzen. Im Weiteren soll kurz der Ansatz von Thommen (S. 5ff.) vorgestellt werden: Thommen fordert von Managern vier verschiedene Kompetenzen:

- Fachkompetenz,

- Methodenkompetenz,

- Systemkompetenz,

- Sozialkompetenz.

Fachkompetenz wird zur Bewältigung konkreter Sachaufgaben bezüglich der finanz- und güterwirtschaftlichen Prozesse benötigt. Das hierfür erforderliche Fachwissen ist meist in den verschiedenen Managementfunktionen wie Planung, Finanzen, Personal und Marketing angesiedelt. **Methodenkompetenz** stellt die Kenntnis betriebswirtschaftlicher Methoden und Instrumente dar (z.B. Instrumente der Problemlösungs- und Entscheidungsmethodik). **Systemkompetenz** beinhaltet die Fähigkeit, das Unternehmen als Ganzes zu sehen. Die verschiedenen Funktionen des Unternehmens und ihre Interdependenzen, die Beziehung des Unternehmens mit seiner Umwelt sowie die Einflüsse der Umwelt auf das Unternehmen müssen erkannt werden. Unter **Sozialkompetenz** versteht Thommen einerseits die Fähigkeit, in der Gemeinschaft zu arbeiten und andererseits, die Entfaltung der Persönlichkeit als Bedingung für selbständiges Handeln.

Nach Steinmann/Schreyögg (S. 21) müssen alle Kompetenzen bei der Ausführung der Managementaufgaben zusammenwirken, um die Managementfunktionen zu erfüllen. Eine spezifische Forschung im Bereich der Immobilienökonomie zum Thema Managementkompetenzen liegt bisher nicht vor. Eine allgemeingültige Aussage über Anforderungen an die Managementkompetenz in der Immobilienwirtschaft ist darüber hinaus schwierig, da die Fähigkeiten, die eine Führungskraft besitzen muss, abhängig vom Unternehmen, dessen Geschäftsbereich, von den Mitarbeitern und der Führungssituation sowie den Führungsaufgaben sind. So werden zum Beispiel die Anforderungen an die Managementkompetenz in der Projektentwicklung von denen in der Immobilienbewirtschaftung abweichen.

7.1.4 Strategische Unternehmensführung

7.1.4.1 Notwendigkeit einer strategischen Unternehmensführung

Die **Komplexität** und **Dynamik** unserer **Umwelt** hat in den letzten Jahren drastisch zugenommen. Viele weltweite Veränderungen sind exponentieller Natur. Umweltentwicklungen lassen sich strukturiert in **technologische Entwicklungen** sowie **markt- und gesellschaftliche Entwicklungen** darstellen. So beeinflussen beispielsweise neue Informations- und Kommunikationstechnologien wie das Internet die Planung und den Bau von Immobilien. Ein Nichtbeachten dieser Faktoren kann erhebliche Mehrkosten für die „Aufrüstung" der Immobilie (z.B. „Nachrüsten" der IT-Infrastruktur) zur Folge haben. Aber auch markt- und gesellschaftliche Entwicklungen, z.B. erhöhtes Umweltbewusstsein, die in neue Gesetzesregelungen wie die Wärmeschutzverordnung für Bauten münden, wirken sich auf die Planung und die Baukosten der Immobilie aus (zu Einflussfaktoren auf das Immobilienmanagement vgl. Kapitel 6.2 Corporate Real Estate Management).

Neben technologischen sowie markt- und gesellschaftlichen Entwicklungen haben auch unvorhersehbare, nur schwer beeinflussbare Ereignisse wie Naturkatastrophen (z.B. Erdbeben, Hochwasser, Vulkanausbrüche, Feuersbrünste), terroristische Anschläge (z.B. 11.09.01 New York) oder Kriege (z.B. Irak-Krieg) Einfluss auf das Unternehmen und dessen Umwelt.

Mit Hilfe der strategischen Unternehmensführung kann die beschriebene zunehmende Komplexität und Dynamik der Umwelt reduziert werden. Die strategische Unternehmensführung erfüllt dabei folgende Aufgaben (vgl. Schreyögg, S. 80f.; Kreikebaum, S. 28f.):

- Verminderung des Risikos von Fehlentscheidungen durch Entwicklung von Zielen und systematischer Auswahl von Mitteln,

- Verminderung von Komplexität durch Stabilisation von Verhaltensweisen und -erwartungen,

- Erweiterung des Spektrums strategischer Handlungsalternativen,

- Aufbau und Erhaltung von Erfolgspotenzialen,

- Frühzeitiges Erkennen von strategischen Chancen und Bedrohungen und damit Erhalten von Handlungsspielräumen,

- Integration der operativen und administrativen Einzelentscheidungen in einen langfristigen Perspektivenplan unter Berücksichtigung der vorhandenen Handlungsinterdependenzen,

- Rationalisierung der Informationsgewinnung, indem sichergestellt wird, dass alle relevanten Bereiche in den Entscheidungen berücksichtigt werden,

- Kontinuierliche Veranlassung der Unternehmensleitung, systematisch über die Zukunft des Unternehmens nachzudenken.

Im Kern geht es bei der strategischen Unternehmensführung darum, die langfristige Zielkonzeption bzw. die strategischen Stoßrichtungen des Immobilienunternehmens zu bestimmen, durch konkrete Strategien umzusetzen und die Trends und Annahmen der Langfristplanung zu überprüfen und in Frage zu stellen (vgl. Schäfers, S. 38f.).

Der nachfolgend beschriebene Ansatz wurde bereits auf Immobilienunternehmen übertragen:

- Offene Immobilienfonds (Bone-Winkel),

- Non-Property-Companies (Schäfers),

- Projektentwicklungsunternehmen (Isenhöfer),

- Industrieverbundene Wohnungsunternehmen (Buse).

7.1.4.2   Konzeptioneller Aufbau der strategischen Unternehmensführung

7.1.4.2.1 Grundmodell der strategischen Unternehmensführung

Die strategische Unternehmensführung lässt sich allgemein mit Hilfe eines prozessualen Phasen-modells beschreiben (vgl. Abbildung 219). Dabei gilt es zu beachten, dass es sich bei den einzelnen Phasen um interdependente Planungsaktivitäten handelt, die in dynamischen Rückkopplungs-prozessen miteinander verbunden sind (vgl. Kreikebaum, S. 38).

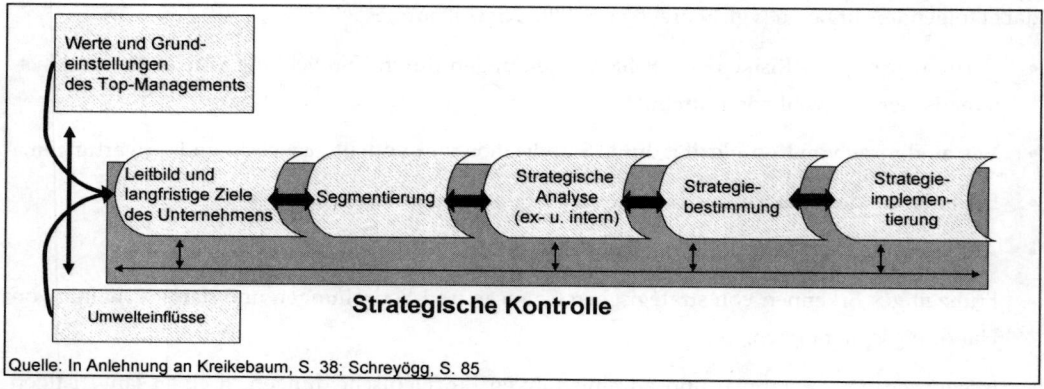

Abbildung 219: Grundmodell der strategischen Unternehmensführung

Der Prozess der strategischen Unternehmensführung lässt sich grob in **strategische Planung** und **strategische Kontrolle** differenzieren. Wie Abbildung 220 zeigt, stellt sich der **strategische Pla-nungsprozess** bei zunehmend diversifizierten Unternehmen als ein hierarchisch strukturiertes, iteratives Planungssystem auf den Ebenen der Gesamtunternehmung, der strategischen Geschäfts-felder und der Funktionsbereiche dar.

Mit der strategischen Planung untrennbar verbunden ist die strategische Kontrolle, die das Selek-tionsrisiko der Planung kompensieren soll und in allen Phasen der strategischen Planung ihre Anwendung findet.

Ein Phasenmodell der strategischen Planung, das auf die Besonderheiten der Immobilienanlage-branche eingeht, findet sich in Abbildung 221. Die hierbei aufgeführten Phasen stehen in lockerer hierarchischer Beziehung zueinander; d.h. die Realisierung einer nachgelagerten Phase setzt die

Durchführung der vorangegangenen Phase voraus. Es bestehen allerdings, wie beim Grundmodell der strategischen Unternehmensplanung, zwischen den einzelnen Phasen eine Vielzahl von Rückkopplungen und Interdependenzen.

Hierarchische Ebene / Planungselement	Ebene des Gesamtunternehmens (corporate level)	Ebene der Geschäftsfelder (business level)	Ebene der Funktionsbereiche (functional level)
Absichten			
Strategien			
Maßnahmen			
Ziele			

Quelle: Schäfers, S. 39 in Anlehnung an Kreikebaum, S. 65

Abbildung 220: Ebenen der strategischen Unternehmensplanung

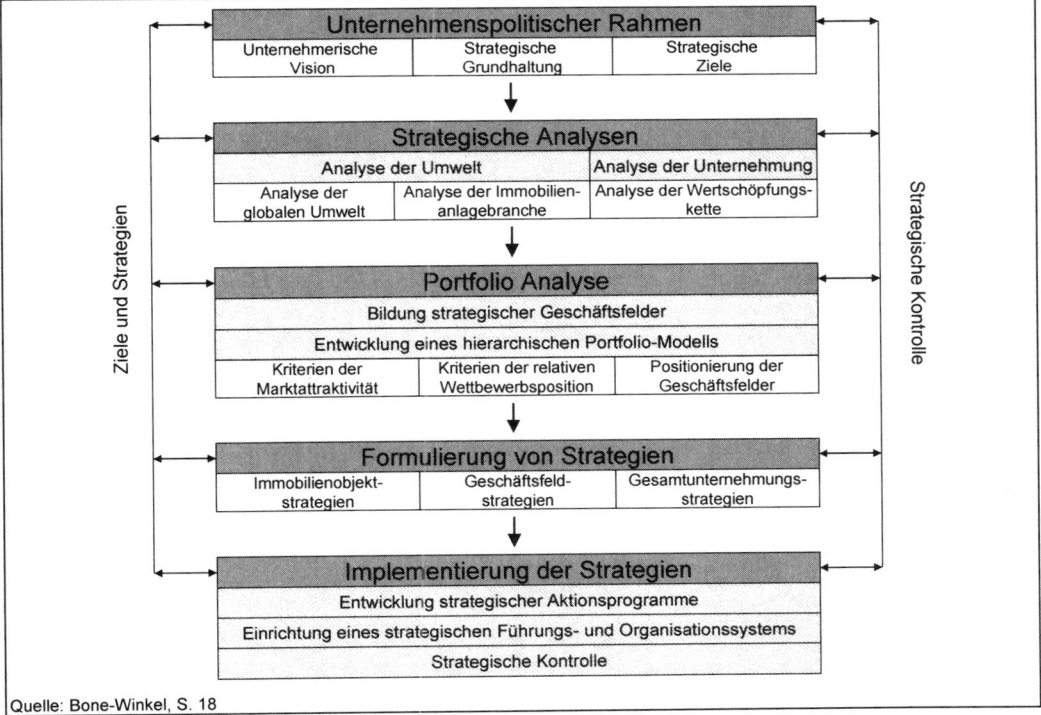

Quelle: Bone-Winkel, S. 18

Abbildung 221: Phasenmodell des strategischen Managements für Immobilienfonds

7.1.4.2.2 Unternehmensziele/-leitbilder und Segmentierung

Der Ausgangspunkt der strategischen Unternehmensführung bildet die **Formulierung des Unternehmensleitbildes (Mission) und der langfristigen Unternehmensziele (Visions)**, die die langfristige Ausrichtung des Unternehmens und der Unternehmenspolitik kennzeichnen. Darin finden die Werte und Grundeinstellungen des Top-Managements sowie Umwelteinflüsse ihren Niederschlag. Die Bedeutung der Generierung dieser globalen Unternehmensziele ist unbestritten, da ohne ein klares, langfristiges Zielkonzept die strategische Unternehmensführung zu einem „Muddling Through" zu degenerieren droht (vgl. Schäfers, S. 134). Im Mittelpunkt der Generierung dieser Ziele steht daher das Entwickeln eines umfassenden Zielsystems, da es einzelne Ziele der Unternehmung aufgrund der Vielzahl an Interessengruppen nicht geben kann. Das Zielsystem der Unternehmung lässt sich hierarchisch in verschiedene Zielebenen gliedern, zwischen denen eine Zweck-Mittel-Beziehung besteht. Somit entsteht eine Zielstrukturierung in Form einer Pyramide (vgl. Abbildung 222). Auf der Ebene der Unternehmenspolitik werden die allgemein verbindlichen Grundsätze und generellen Absichten formuliert, die das unternehmerische Handeln als Ganzes ordnen und beeinflussen sollen. Solche Policies fungieren

- als Leitbilder, die den Kurs der Unternehmung auf einer konzeptionellen Ebene festlegen,

- als Instrument zur Bewältigung strategischer Neuorientierung und organisatorischer Transformation sowie

- als Input und Rahmen für den strategischen Planungsprozess.

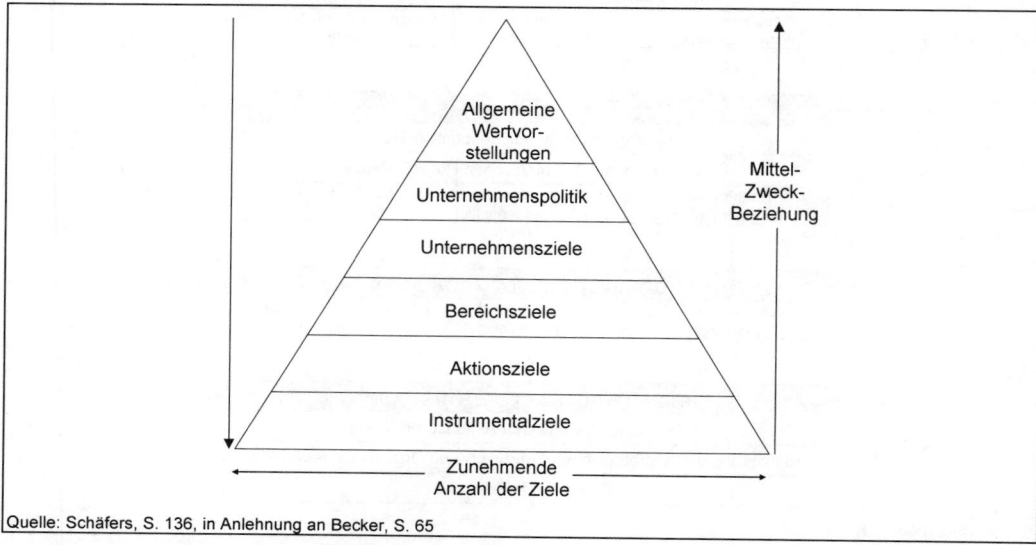

Quelle: Schäfers, S. 136, in Anlehnung an Becker, S. 65

Abbildung 222: Elemente der Zielpyramide im Unternehmen

Da Unternehmen sehr oft in unterschiedlichen Geschäftsbereichen tätig sind (z.B. Bewirtschaftung von Immobilien oder Projektentwicklung), ist nach der Erstellung der globalen Unternehmensziele und des Unternehmensleitbildes eine weitere ganzheitliche Betrachtung des Unternehmens und seines Geschäfts unzureichend. Als nächsten Schritt wird das Unternehmen in strategische Geschäftseinheiten unterteilt. Diese **Segmentierung** des gesamten Geschäfts und die Bildung von Geschäftseinheiten ermöglicht die Formulierung von zielgerichteten und erfolgreichen Strategien je Geschäftseinheit. Mögliche Segmentierungskriterien können u.a. Kundengruppen (z.B. Firmen- und Privatkunden), Produkt- und Objektgruppen (z.B. Büro-, Wohn- und Handelsimmobilien) oder institutionelle Aspekte (wie Projektentwicklung und Immobiliennutzung bzw. -bewirtschaftung) sein.

7.1.4.2.3 Strategische Analyse

Als Voraussetzung zur Bestimmung und Formulierung von Strategien müssen strukturierte Informationen über das Unternehmen und über seine Umwelt mittels verschiedener Analyseverfahren ermittelt und aufbereitet werden. Einen beispielhaften Überblick zu den verschiedenen Instrumenten der **strategischen Analyse** und deren mögliche Kategorisierung gibt Tabelle 76. Im Weiteren sollen beispielhaft daraus die

- Umweltanalyse,
- Branchenstrukturanalyse,
- Stärken-/Schwächenanalyse,

herausgegriffen und kurz erläutert werden.

Instrumente der empirischen Planungsforschung	Instrumente der internen Analyse	Instrumente der externen Analyse
Erfahrungskurvenanalyse	Potential- & Lückenanalyse (GAP-Analyse)	Umweltanalyse
Lebenszyklusanalyse	Wertkettenanalyse	Branchenstrukturanalyse
PIMS-Programm	Unternehmensanalyse (z.B. Stärken- und Schwächenanalyse)	Konkurrenzanalyse (z.B. Stärken- und Schwächenanalyse)

Quelle: In Anlehnung an Kreikebaum, S. 96

Tabelle 76: Instrumente der strategischen Analyse

Die Ausrichtung des Unternehmens und seiner Strategie auf die Bedingungen der Umwelt ist ein konstitutives Merkmal der strategischen Unternehmensführung (vgl. Kreikebaum, S. 40). Mit Hilfe der **Umweltanalyse** sollen die Einflüsse (Chancen und Bedrohungen) des externen Umfelds des Unternehmens (Unternehmensumwelt) untersucht werden, die sich für die aktuelle, zukünftige und potenzielle Geschäftätigkeit des Unternehmens ergeben können (vgl. Bone-Winkel, S. 118). Welche **Umweltbedingungen** für das jeweilige Unternehmen und seinen Geschäftsbereichen relevant und Gegenstand der Analyse sind, ist von einer Vielzahl von Faktoren abhängig (z.B. Branche, Unternehmensgröße, Konjunkturlage) (vgl. Kreikebaum, S. 40). Grundsätzlich gilt aber, dass die Umweltanalyse möglichst breit aufzustellen ist (vgl. Schreyögg, S. 161). Dabei ist zu beachten, dass Interdependenzen zwischen den einzelnen Einflüssen bestehen: Beispielsweise kann sich eine Veränderung der Werte einer Gesellschaft (Umweltbewusstsein) in der Gesetzgebung (2. Wärmeschutzverordnung) und in den Produkten/Produktionsverfahren (Einsatz von Dämmmaterialien) aber auch in den Beschaffungs- und Absatzmärkten (Nachfrage und Angebot von Dämmmaterialien) auswirken. Abbildung 223 gibt einen Überblick über die **Umweltbedingungen**, die für die strategische Unternehmensführung im Allgemeinen relevant sind.

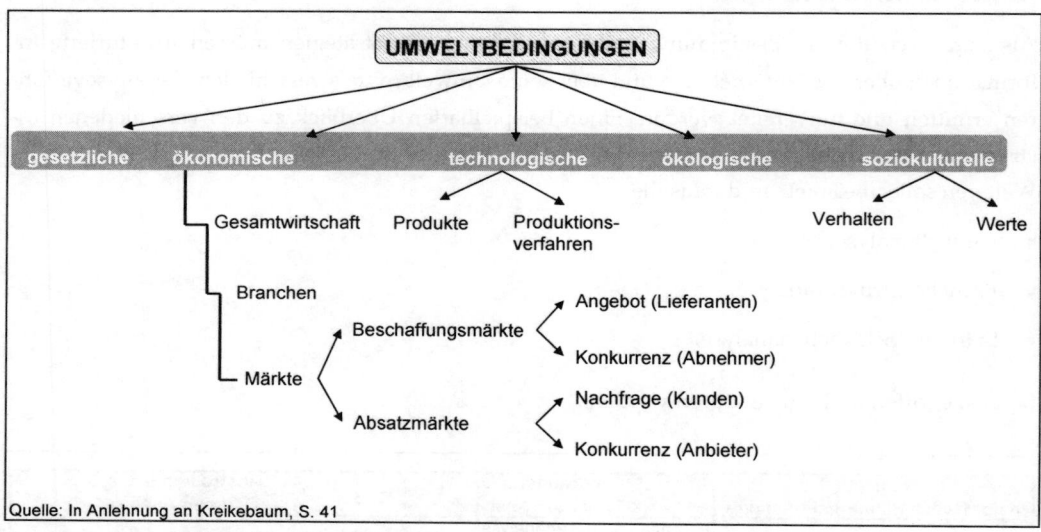

Abbildung 223: Arten von Umweltbedingungen

Im Folgenden werden einige Umweltbedingungen herausgegriffen und deren spezifische Bedeutung für die Immobilienbranche erläutert. Die Situation auf den Immobilienmärkten wird in einem hohen Maße von der **gesamtwirtschaftlichen Entwicklung** einer Volkswirtschaft beeinflusst, wobei die jeweiligen Einzelmärkte mehr oder weniger stark abhängig von makroökonomischen Schwankungen sind. So ist z.B. der Einfluss besonders groß auf „Mieter von Einzelhandelsflächen, deren Geschäftätigkeit relativ kurzen strukturellen Wandlungszyklen unterliegt und deren Umsatzentwicklung ausgesprochen konjunkturabhängig ist" (Bone-Winkel, S. 122).

Die **soziokulturellen Rahmenbedingungen** üben in der mittel- bis langfristigen Perspektive einen durchaus bedeutenden Einfluss auf verschiedene Bereiche der Immobilienbranche aus; zum Beispiel:

- Wandel im Arbeits- und Freizeitverhalten,

- Demographische Änderungen,

- Veränderungen im Umweltbewusstsein (vgl. Bone-Winkel, S. 121).

Daneben spielen **gesetzliche Rahmenbedingungen** wie Veränderungen und Entwicklungen im Planungs- und Baurecht, Mietrecht, Kaufvertragsrecht, Umwelt- sowie im Steuerrecht eine bedeutende Rolle im Planungsverhalten von Immobilienunternehmen (vgl. Bone-Winkel, S. 119ff.).

Eines der bekanntesten Modelle zur strategischen Analyse geht auf Porter (2000) zurück. Mit dem **Branchenstrukturmodell** leitet er das Gewinnpotenzial der Wettbewerbskräfte einer Branche ab. Der Wettbewerb in jeder Branche lässt sich mit Hilfe der **Branchenstrukturanalyse** anhand von fünf Wettbewerbskräften (Five Forces) analysieren (vgl. Porter 2000, S. 28f.; Kreikebaum, S. 118f.):

- Rivalität unter den bestehenden Wettbewerbern,

- Verhandlungsmacht der Lieferanten,

- Verhandlungsmacht der Kunden,

- Bedrohung durch Ersatzprodukte oder -dienste,

- Bedrohung durch neue Konkurrenten.

Bei seiner Definition einer Branche geht Porter von „einer Gruppe von Unternehmen aus, die Produkte herstellen, die sich gegenseitig nahezu ersetzen können" (1999, S. 35).

Immobilienunternehmen bieten eine Vielzahl verschiedener und nur schwer miteinander vergleichbarer Produkte bzw. Dienstleistungen an. Werden sämtliche Immobilienunternehmen nur einer Branche zugerechnet, können verwertbare Aussagen über die Wettbewerbskräfte nicht abgeleitet werden. So sind beispielsweise die Dienstleistungen eines Projektentwicklers, einer Immobilienmanagementgesellschaft, eines Maklers und eines Investors nicht substituierbar. Große Immobilienunternehmen (z.B. IVG AG, Viterra AG) mit Geschäftstätigkeiten auf unterschiedlichen, nicht substituierbaren Bereichen umgehen diese Problematik mit einer Segmentierung ihres Geschäfts in unterschiedliche Geschäftsbereiche (vgl. hierzu Punkt 7.1.4.2.1).

Ein **modifiziertes Modell zur Branchenstrukturanalyse für Bauunternehmen** wird im Folgenden beispielhaft dargestellt. Im Mittelpunkt des Konzeptes steht die Rivalität zwischen bestehenden Unternehmen, die in der Bauwirtschaft durch die individuelle Ausschreibung und Vergabe von Bauleistungen eine besondere Stellung einnimmt (vgl. Schulte/Väth, S. 479).

Die Gewinnsituation wird in diesem Verständnis direkt von den fünf Wettbewerbskräften bestimmt, wie aus Abbildung 224 hervorgeht.

(1) Bedrohung durch neue Konkurrenten

Besonders in Zeiten einer im Aufschwung begriffenen Baukonjunktur kommt es immer wieder zu Firmenneugründungen. Da Skaleneffekte (Economies of Scale) aufgrund der Individualität von Bauprojekten nur begrenzt realisiert werden können, haben diese Unternehmen gegenüber größeren und etablierten Unternehmen Erfolgschancen. Zusätzlich ist im Zuge der Integration des europäischen Binnenmarktes mit verstärkter Marktdurchdringung ausländischer Anbieter zu rechnen. Diesen Unternehmen ist es trotz anfallender Anfahrts-, Transport-, und Übernachtungskosten vielfach möglich, die etablierten Unternehmen durch „Dumping-Preise" zu unterbieten und damit die Wettbewerbssituation erheblich zu verschärfen. Für deutsche Bauunternehmen besteht daher ein wichtiger strategischer Wettbewerbsvorteil in ihrem Image bezüglich hoher Qualität, pünktlicher Termineinhaltung und qualifizierter Mitarbeiter. Gelingt es den ausländischen Wettbewerbern, eine in Ausführung und Qualität vergleichbare Leistung zu wesentlich günstigeren Preisen anzubieten, stellen sie eine ernstzunehmende Herausforderung für deutsche Anbieter dar. Auf der anderen Seite steht es jedoch auch deutschen Bauunternehmen frei, ihre Tätigkeit in andere Länder auszudehnen.

(2) Grad der Rivalität unter den bestehenden Wettbewerbern

Aufgrund der individuellen Leistungserstellung nach den Wünschen des Bauherrn ist der Markt für Bauleistungen nicht im typischen Sinne zu verstehen, wonach sich durch das Zusammentreffen von Angebot und Nachfrage die Preise herausbilden. Vielmehr legen die Nachfrager im Rahmen der Ausschreibung das zu erbringende Leistungspaket sowie die vertragliche Ausgestaltung der Zahlungsbedingungen fest. Der Wettbewerb findet somit auf der Anbieterseite statt. Da Qualität und Termine vorgegeben werden, stellt der angebotene Preis das ausschlaggebende Kriterium der Auftragsvergabe dar. Damit wird Kostenführerschaft zum bestimmenden Wettbewerbsvorteil. Verschärft wird die intensive Wettbewerbssituation durch die Vielzahl der Wettbewerber, das stagnierende bis rückgängige Branchenwachstum, den hohen Fixkostenanteil, den geringen Differenzierungsgrad und den oft nur regionalen Aktionsbereich. Weiterhin besteht ein permanenter Zwang die Kapazitäten auszulasten, was dazu führt, dass auch große Unternehmen bei kleinen Auftragsgrößen mitbieten. Die Folge dieser Entwicklung sind zunehmender Verdrängungswettbewerb und steigende Marktkonzentration.

(3) Bedrohung durch Ersatzprodukte

Der primäre Unternehmenszweck von Bauunternehmen liegt in der Erstellung von Bauleistungen nach den individuellen Wünschen des Bauherrn. Die Baubranche wird daher nur durch Ersatzprodukte bedroht, wenn ihr typisches Leistungsspektrum durch alternative Bauverfahren, Konstruktionsweisen oder Baumaterialien substituiert wird. Da sich in der Baubranche nur begrenzt Ersatzprodukte anbieten lassen, ist diesem Wettbewerb nur eine untergeordnete Bedeutung beizumessen.

(4) Verhandlungsmacht der Nachfrageseite

Aufgrund der Verfahren der Auftragsvergabe liegt die Verhandlungsmacht auf der Seite der Nachfrager, die Preisgestaltung ist jedoch sehr von der Entwicklung der Gesamtnachfrage innerhalb der Branche abhängig. Die Baukosten werden von der gesamtwirtschaftlichen Entwicklung bedeutend beeinflusst. Die Schwankungen der Auslastung in der Baubranche werden in erster Linie durch die private und gewerbliche Nachfrage verursacht. Verstärkt wird dieser Effekt zumeist noch von günstigen Finanzierungskosten der Investoren zu Beginn eines wirtschaftlichen Aufschwungs. Da kurzfristig die Kapazitäten der Bauunternehmen nicht ausgeweitet werden können, kann man in rezessiven Phasen beobachten, wie Bauunternehmen durch extreme Niedrigpreise versuchen, ihre Kapazitäten auszulasten. Der verschärfte Wettbewerb hat dann oft sinkende oder stagnierende Baupreise zur Folge. Einen besonderen Einfluss auf die Baunachfrage hat die Geldpolitik. Da Immobilien oft zu einem hohen Anteil fremdfinanziert werden, kann die Höhe des Zinsniveaus die Kosten einer Immobilie entscheidend beeinflussen. Bei einem entsprechend hohem Zinsniveau wird der Bau von Immobilien verschoben oder er unterbleibt sogar ganz. Nicht nur die tatsächliche Höhe des Zinsniveaus, sondern auch die Erwartungen über die zukünftige Entwicklung des Zinsniveaus können zur Verzögerung oder Beschleunigung von Baumaßnahmen beitragen. Die staatliche Nachfrage nach Bauleistungen wird zu einem bedeutenden Teil durch die Fiskalpolitik des Bundes, der Länder und der Kommunen bestimmt. Eine besondere Bedeutung kommt den Aufträgen des Bundes deswegen zu, da sie nicht nur durch den Bedarf an Bauleistungen bestimmen, sondern aktiv zur antizyklischen Steuerung der Konjunktur eingesetzt werden; dies betrifft vor allem den Tief- und Straßenbau.

(5) Verhandlungsstärke der Anbieterseite

Bei den Anbietern muss man zwischen den direkten Anbietern (Arbeitnehmer, Baustoffhändler, Baumaschinenhändler) und den indirekten Anbietern (Nachunternehmer) unterscheiden. Unter den direkten Anbietern besteht bei der Gruppe der Facharbeiter eine überdurchschnittlich starke Verhandlungsposition, da es trotz guter Bezahlung zunehmend schwieriger wird, fachlich qualifizierte und motivierte Arbeitnehmer zu finden, was vor allem an der harten körperlichen Arbeit liegt, die nicht mehr den Vorstellungen eines attraktiven Arbeitsplatzes entspricht. Die Verhandlungsmacht auf Material- und Investitionsgütermärkten kann als gleich verteilt angesehen werden. Die Verhandlungsmacht zu den Nachunternehmern wird vor allem durch die Kapazitätsauslastung in der Branche insgesamt beeinflusst.

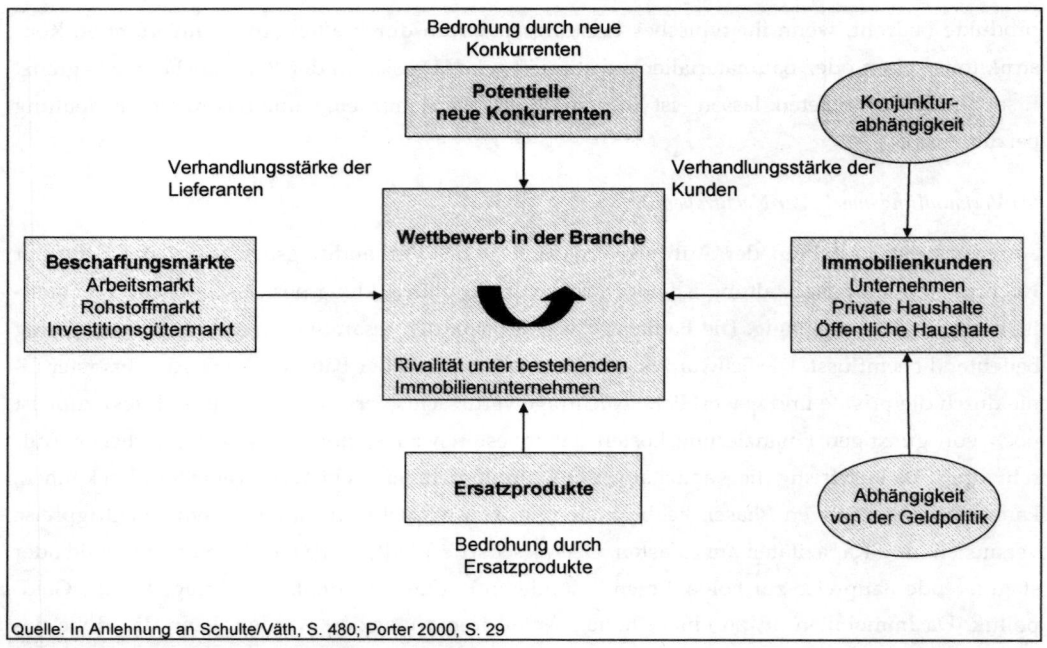

Quelle: In Anlehnung an Schulte/Väth, S. 480; Porter 2000, S. 29

Abbildung 224: Wettbewerbskräfte in der Baubranche

Ein Instrument, mit dem sich eine externe (**Konkurrenzanalyse**) hervorragend mit einer internen Analyse (**Unternehmensanalyse**) verbinden lässt, stellt die **Stärken-Schwächenanalyse (oder Ressourcenanalyse)** dar. Hier werden die Unternehmensressourcen im Vergleich zu den bedeutendsten Konkurrenten ermittelt und analysiert. Die Stärken und Schwächen gegenüber den Konkurrenten werden insbesondere für zukünftige Situationen bewertet (vgl. Kreikebaum, S. 139). Es gibt unterschiedliche Vorgehensweisen, eine Stärken-/Schwächenanalyse durchzuführen. Anhand eines dreistufigen Verfahrens soll eine Variante vorgestellt werden (vgl. Hofer/Schendel, S. 144ff.; Schäfers, S. 106):

- Ermittlung der kritischen Erfolgsfaktoren,

- Ermittlung der Stärken und Schwächen,

- Identifikation spezifischer Kompetenzen.

Im ersten Schritt ist es Aufgabe des Immobilienunternehmens, anhand von Ressourcenpotenzialen die kritischen oder strategischen Erfolgsfaktoren zu erfassen. Kritische Erfolgsfaktoren sind jene Faktoren, die den Erfolg oder auch Misserfolg der Durchführung der Strategien beeinflussen (vgl. Kreikebaum/Grimm, S. 7). Im nächsten Schritt wird das eigene Stärken-/Schwächen-Profil im Bezug zu einem oder mehreren Konkurrenzunternehmen erstellt. Im dritten Schritt werden die spezifischen Kompetenzen mittels des Vergleichs eines oder mehrerer Konkurrenzunternehmen identifiziert, um gegenüber den Wettbewerbern erfolgreich Wettbewerbsvorteile aufbauen zu können. Abbildung 225 zeigt ein Stärken-/Schwächen-Profil für ein Immobilienunternehmen. Es wurde hier nach verschiedenen Potenzialbereichen (z.B. finanzwirtschaftliche oder personelle Ressourcenpotenziale) differenziert, die ihre Ausprägung in den Beurteilungskriterien wie Ertragssituation (messbar z.b. anhand des Economic Value Added (EVA) oder des Return on Invested Capital (ROIC)) finden.

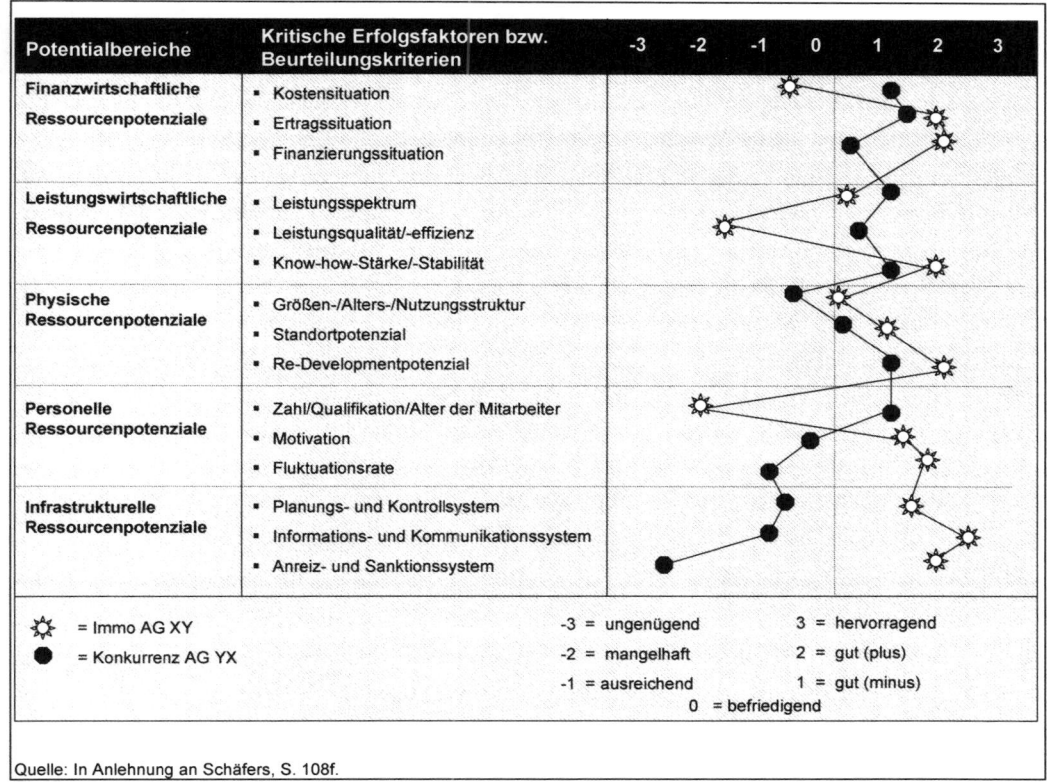

Quelle: In Anlehnung an Schäfers, S. 108f.

Abbildung 225: Beispiel einer Stärken-/Schwächenanalyse im Immobilienunternehmen

7.1.4.2.4 Strategiebestimmung

Die Formulierung von Strategien kann grundsätzlich nach zwei Vorgehensweisen unterschieden werden (vgl. Kreikebaum, S. 74):

- Bei der **intuitiv durchgeführten Strategiebestimmung** orientiert sich das Unternehmen an den bisher gesammelten Erfahrungen und bildet eine subjektive Einschätzung unter Berücksichtigung der Unternehmens- und Umweltsituation.

- Die **rational durchgeführte Strategiebestimmung** hingegen baut auf explizit durchgeführten internen und externen Analysen auf.

Die Ergebnisse der internen sowie der externen Analyse können mit Hilfe der **Portfoliomethode** zu einer Totalanalyse integriert werden. Die **Portfolioanalyse** eignet sich hervorragend zur Strategiebestimmung. Es gibt unterschiedliche Modelle der Portfolioanalyse, die sich im Hinblick auf Analyse und Aussage jedoch nicht wesentlich unterscheiden. Bei der Portfolioanalyse sollen für jede strategische Geschäftseinheit (SGE) die charakteristischen Merkmale des Marktes und die Position des Unternehmens in diesem Markt bewertet sowie das Ergebnis in anschaulicher Weise dargestellt werden. Ein Großteil der Portfolio-Modelle spannt eine zweidimensionale Matrix auf, deren Achsen eine Unternehmensdimension und eine Umweltdimension als Einordnungskriterium beschreiben. Die strategischen Geschäftseinheiten (SGE) werden anhand ihrer Ausprägung der Beurteilungskriterien in die Matrix eingeordnet (vgl. Kreikebaum, S. 75). Das wohl bekannteste Portfoliomodell, das **Marktwachstum-Marktanteil-Portfolio**, wurde von der Boston Consulting Group (BCG) entwickelt und unterscheidet die beiden Beurteilungskriterien Marktwachstum und relativer Marktanteil (vgl. Thommen/Achleitner, S. 75f.; Kreikebaum, S. 75f.). Der relative Marktanteil wird als Indikator für die Wettbewerbssituation der Geschäftseinheit herangezogen (Zugrundelegung des Erfahrungskurvenkonzeptes) und anhand des Marktanteils des wichtigsten Konkurrenten beurteilt. Die Dimension Marktwachstum gibt eine generelle Aussage über die Attraktivität der Branche ab (Zugrundelegung des Produktlebenszyklusmodells). Je höher der relative Marktanteil bzw. das Marktwachstum, desto größer ist die potenzielle Rentabilität. Beide Kriterien spannen eine Matrix auf, in der die Geschäftseinheiten je nach Ausprägung der Kriterien in eine der vier, stark vereinfachten, Kategorien verteilt werden (vgl. Schreyögg, S. 92f.). Ein weiteres sehr bekanntes Portfolio stellt das **Marktattraktivität-Wettbewerbsvorteil-Portfolio** von McKinsey dar, das in Punkt 6.1.3.1.3 als Marktattraktivität/Wettbewerbsstärke-Matrix für das Immobilien-Portfoliomanagement erläutert wird. Bei diesem Modell werden die Geschäftseinheiten anhand von Marktattraktivität (mit Kriterien wie Markwachstum und Marktgröße) und anhand von Wettbewerbsvorteil (mit Kriterien wie relative Marktposition oder relative Qualifikation der Führungskräfte) beurteilt (vgl. Kreikebaum, S. 77f.). Nach der Positionierung der strategischen Geschäftseinheiten in das Portfolio lassen sich so genannte **Wettbewerbsstrategien** entwickeln, die in Abbildung 226 dargestellt sind. Das gesamte Portfolio wird dahingehend überprüft, ob in den einzelnen strategischen Geschäftseinheiten ausreichend Erfolgspotenzial vorhanden ist, um langfristig am Markt erfolgreich zu sein und genügend Cash Flow generieren zu können.

Abbildung 226: Portfoliomodell der BCG

Nach Porter (2000, S. 37f.) sind die drei Strategietypen

- Umfassende Kostenführerschaft (z.B. standardisierte Bauausführung und Immobiliendienstleistungen zu Niedrigpreisen),

- Differenzierung (z.B. höhere Preisklasse durch Einzigartigkeit in Qualität, Service, Design, Image der Immobilien) und

- Konzentration auf Schwerpunkte (z.B. auf bestimmte Kundengruppen, Immobilientypen, Konstruktionsweisen, Immobiliendienstleistungen, Regionen)

die erfolgsversprechendsten im Hinblick auf die Erzielung von strategischen Vorteilen gegenüber den Wettbewerbern (vgl. Abbildung 227). Während die Kostenführerschaft- und Differenzierungsstrategien versuchen, die Wettbewerbsvorteile in einem weiten Bereich von Branchensegmenten zu erlangen, zielt die Konzentrationsstrategie (Konzentration mit Schwerpunkt Kosten bzw. Schwerpunkt Differenzierung) auf ein kleines Branchensegment. Diese grundsätzlichen Wettbewerbsstrategien müssen jedoch den situativen Kontextbedingungen bzw. den Gegebenheiten des Marktes der Immobilienunternehmen angepasst werden.

Da die Strategieformulierung unternehmenstypspezifisch ausgeprägt sind, wird darauf weiterführend im Kapitel 6.1 Immobilien-Portfoliomanagement, 6.2 Corporate Real Estate Management sowie im Kapitel 6.3 Public Real Estate Management eingegangen.

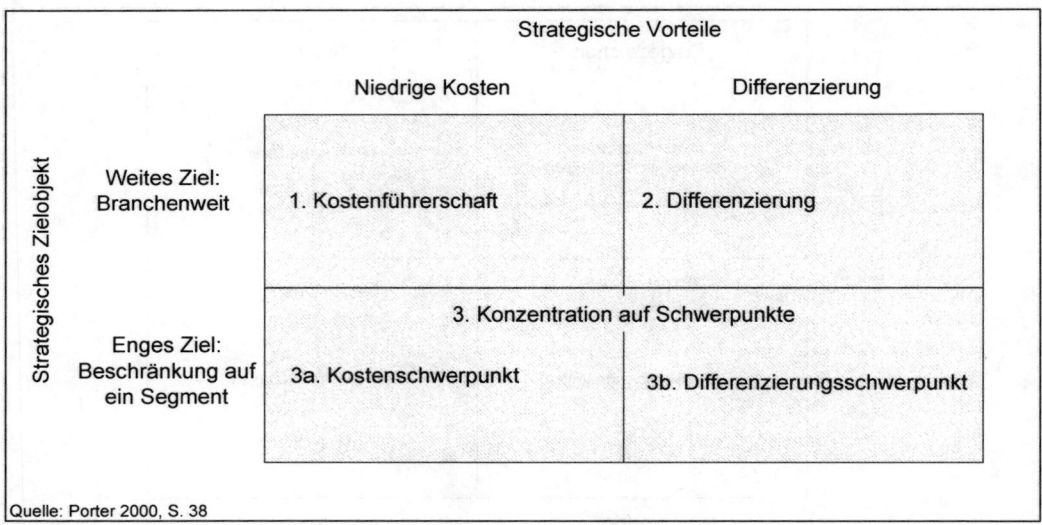

Quelle: Porter 2000, S. 38

Abbildung 227: Wettbewerbsstrategien

7.1.4.2.5 Strategieimplementierung/ -kontrolle

Bei der **Strategieimplementierung** geht es darum, wie die Strategie des Unternehmens in konkretes Handeln umgesetzt werden kann. Während es bei der **Strategieentwicklung** um die Frage der Effektivität ging (Werden die richtigen Dinge getan?), geht es bei der **Strategieimplementierung** um die Frage der Effizienz (Werden die Dinge richtig getan?) (vgl. Kreikebaum, S. 89).

Auf Grund der im Punkt 7.1.4.1 beschriebenen Komplexität und Dynamik der Unternehmensumwelt, muss die Unternehmensführung häufig mit Annahmen, Interpretationen und Selektionen arbeiten. Die **strategische Kontrolle** soll ein Gegengewicht hierzu bilden. Ihre Aufgabe ist es, sowohl die strategischen Pläne und deren zugrunde liegenden Annahmen als auch deren Umsetzung fortlaufend zu überprüfen, um erkennbare, potenzielle Bedrohungen (z.B. Gesetzesänderungen) frühzeitig zu erkennen und dadurch notwendig werdende Veränderungen des strategischen Kurses rechtzeitig signalisieren zu können. Die strategische Kontrolle besteht daher nicht nur aus einer ex-post Umsetzungskontrolle, sondern muss als ein begleitender Prozess zur strategischen Planung betrachtet werden (vgl. Steinmann/Schreyögg, S. 244ff.; Kreikebaum, S. 91). Wie aus Abbildung 228 ersichtlich ist, lassen sich drei Typen der strategischen Kontrolle voneinander unterscheiden (vgl. Steinmann/Schreyögg, S. 246ff.):

(1) Strategische Prämissenkontrolle

Ein wichtiges Element zur Strukturierung von Entscheidungssituationen im strategischen Planungsprozess (Beginn in t_0) ist das Setzen von Prämissen. Dabei wird grundsätzlich eine Großzahl anderer möglicher Zustände ausgeblendet. Aufgabe der Prämissenkontrolle ist die Überprüfung der getroffenen Prämissen auf ihre weitere Gültigkeit.

(2) Strategische Durchführungskontrolle

Bei Beginn der Umsetzung (t_1) soll die strategische Durchführungskontrolle Störungen bzw. prognostizierte Abweichungen von vereinbarten strategischen Zwischenzielen feststellen und ermitteln, ob der strategische Kurs gefährdet ist.

(3) Strategische Überwachung

Als übergeordnete Kernfunktion der strategischen Kontrolle wird die strategische Überwachung verstanden. Im Gegensatz zu den vorherigen beiden spezialisierten Kontrollen ist die strategische Überwachung unspezialisiert und grundsätzlich ungerichtet, d.h. sie bezieht sich nicht auf ein konkretes Kontrollobjekt. Sie trägt der Tatsache Rechnung, dass es i.d.R. Ereignisse gibt, die einerseits im Rahmen der Prämissensetzung falsch eingeschätzt oder übersehen werden, andererseits jedoch nicht in Wirkungen und Resultaten der implementierten strategischen Teilschritte sichtbar sind. Oft sind es unerwartete Ereignisse oder Krisen, die den Erfolg der gewählten Strategie gefährden. Beispielsweise mittels eines Frühwarnsystems können die so genannten „weak signals" bzw. Krisen frühzeitig erkannt und potenzielle Handlungsalternativen offen gehalten werden.

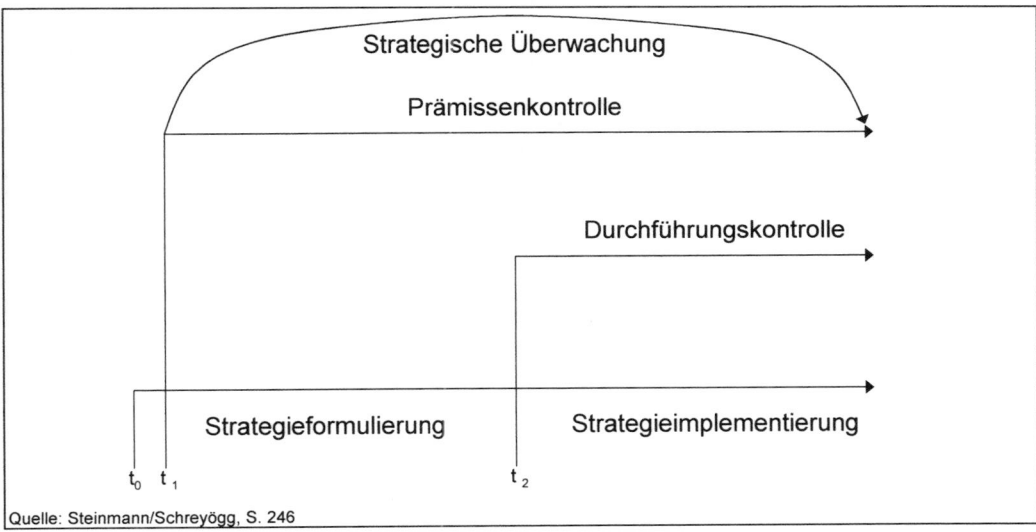

Quelle: Steinmann/Schreyögg, S. 246

Abbildung 228: Strategische Kontrolle

Sehr oft zeigt sich jedoch, dass es eine sehr große Lücke zwischen der Strategieentwicklung und deren Umsetzung gibt. Die langfristige Unternehmensstrategie kann nicht mit den heutigen Unternehmensaktivitäten verbunden werden. Die Vision des Unternehmens wird unterschiedlich interpretiert oder von Mitarbeitern nicht verstanden (vgl. Kaplan/Norton 1996, S. 75f.). All dies führt dazu, dass die Umsetzung von Vision und Strategie im Unternehmen scheitern. Ein geeignetes Instrumentarium zur Umsetzung der Vision und Strategie sowie zur strategischen Durchführungskontrolle liefert die von Kaplan/Norton (1992, S. 71ff.) entwickelte **Balanced Scorecard (BSC)**, dargestellt in Abbildung 229. Sie verknüpft **finanzielle Kennzahlen** wie Eigenkapitalrendite oder EVA (Economic Value Added) mit Kennzahlen der drei zusätzlichen Perspektiven:

- Kunden,

- Interne Geschäftsprozesse,

- Lernen und Entwicklung.

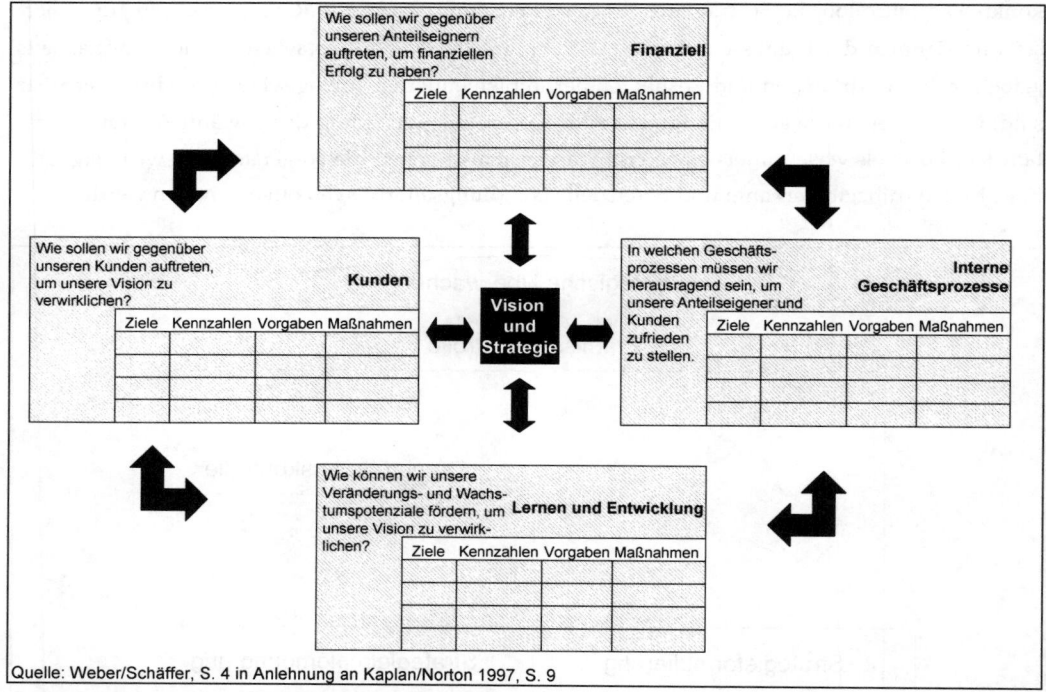

Quelle: Weber/Schäffer, S. 4 in Anlehnung an Kaplan/Norton 1997, S. 9

Abbildung 229: Die vier Perspektiven der Balanced Scorecard

Es werden dadurch interne Perspektiven wie interne Geschäftsprozesse mit externen Perspektiven wie Kunden verbunden. Dabei gibt die BSC der Unternehmensführung einen schnellen und komprimierten Überblick über ihr Geschäft und beschränkt sich dabei auf die kritischen Kennzahlen jeder Perspektive (vgl. Kaplan/Norton 1992, S. 71f.) Die BSC verlangt, dass die Unternehmensführung ihre Vision und Strategie in Ziele und in spezifische Kennzahlen übersetzt. Jeder Perspektive werden Ziele zum Erreichen der Vision und Strategie zugeordnet (z.B.: „Wie sollen wir gegenüber unserem Kunden auftreten, um unsere Vision zu verwirklichen?"). Die Ziele, wie Kundenzufriedenheit, werden dann in konkreten, spezifischen Kennzahlen, beispielsweise Reklamationen, gemessen.

7.1.5 Transparenz der Führung und Kontrolle

Die Globalisierung und die Liberalisierung der Kapitalmärkte sowie Forschritte bei der Informations- und Kommunikationstechnik haben dazu geführt, dass Unternehmen im zunehmenden Wettbewerb um Kapital intensiver auf die Anforderungen der Anteilseigner eingehen müssen. Besonders der Einfluss institutioneller Investoren hat hier in den letzten Jahren erheblich an Bedeutung gewonnen (vgl. Bassen, S. 32ff.). Darüber hinaus haben Unternehmenskrisen und -skandale die Frage der Sicherung einer nachhaltigen und erfolgsorientierten Unternehmensführung sowie einer effizienten Kontrolle des Managements erneut aufgeworfen. Die Insolvenz der Philip Holzmann AG oder die Probleme bei der Berliner Bankgesellschaft lassen erkennen, dass ein verbesserter regulatorischer Rahmen für mehr **Transparenz der Führung und Kontrolle** von Unternehmen unabdingbar ist.

In diesem Zusammenhang fand in den letzten Jahren der Begriff **Corporate Governance** in Wissenschaft und Praxis verstärkte Anwendung. In der Literatur existiert eine Vielzahl von Übersetzungen für Corporate Governance. Neben Begriffen wie Unternehmensverfassung, Unternehmensüberwachung und Leitungsstruktur des Unternehmens (vgl. Bassen, S. 20), scheint sich der Begriff Unternehmensführung und -kontrolle in der deutschen Praxis durchgesetzt zu haben. Eine Definition der Organisation for Economic Cooperation and Development (OECD) beschrieb Corporate Governance 1995 als die „Wechselbeziehungen zwischen allen unmittelbar und mittelbar an der unternehmerischen Entscheidungsfindung beteiligten Akteuren […]". Diese werden „durch die institutionellen Rahmenbedingungen sowie durch das Regulierungsumfeld geprägt" (OECD, S. 152). Wichtig zum Verständnis von Corporate Governance erscheint die Unterscheidung von Unternehmensführung als zielorientierte Beeinflussung von Unternehmensprozessen durch das Management im Gegensatz zu Corporate Governance als Beeinflussung von Rahmenbedingungen der Managementleitung und -kontrolle. Corporate Governance soll somit nicht nur eine effiziente Unternehmensführung und -kontrolle gewährleisten, sondern insbesondere die Unternehmensleitung zwingen, den Anteilseignern und Stakeholdern gegenüber Rechenschaft über die Leistung des Unternehmens abzulegen und ihnen Dividenden für das eingesetzte Kapital zu zahlen (vgl. Shleifer/Vishney, S. 737). Corporate Governance lässt sich folglich als Sammlung aller rechtlichen und faktischen Normen charakterisieren, die unternehmensindividuelle Leitlinien und Vereinbarungen beschreiben und die einer erfolgsorientierten Unternehmensleitung und effizienten Unternehmenskontrolle im Sinne der Anteilseigner und berechtigter Interessengruppen (Stakeholder) dienen. Dies umfasst eine ausführliche und insbesondere für ausländische Investoren verständliche Strukturierung und Abgrenzung der Rechte und Pflichten der Unternehmensorgane.

Primäres Ziel einer effektiven Corporate Governance ist es, das Agency-Problem (Informationsasymmetrie, etc.) der Trennung von Eigentum und Kontrolle im Unternehmen zu überwinden und somit das Vertrauen von Investoren und Stakeholder in das Unternehmen zu gewinnnen bzw. zu steigern. Erhöhte Transparenz (Basel II) erleichtert dabei langfristig die Aufnahme von Eigenkapital.

Das deutsche Corporate Governance-System wird zunehmend von US-amerikanischen Investoren und Pensionsfonds beeinflusst, die z.B. aktienkursabhängige Vergütungen, Einzelausweis der Vergütungen von Spitzenmanagern, eine marktorientierte Rechnungslegung sowie eine intensivere Zusammenarbeit der Boardmitglieder (Vorstand und Aufsichtsrat) fordern. Einen ersten Schritt zur Umsetzung dieser Forderungen stellte der 2002 von der Cromme-Kommission vorgelegte Corporate Governance Kodex („Cromme-Kodex") dar (vgl. Regierungskommission Corporate Governance). Dieser fasste zum ersten Mal die im deutschen Recht geltenden Regelungen zu Corporate Governance zusammen. Durch das Transparenz- und Publizitätsgesetz wurden deutsche börsennotierte Aktiengesellschaften verpflichtet (vgl. § 161 AktG), eine Entsprechenserklärung abzugeben. In dieser müssen Vorstand und Aufsichtsrat erklären, dass sie dem Kodex entsprochen haben bzw. begründen, welche Kann-Bestimmungen sie nicht umgesetzt haben („Comply or explain"). Durch das Gesetz für Unternehmensintegrität und Modernisierung der Anfechtungsklage (UMAG) werden nun die Haftung der Organe (Vorstand und Aufsichtsrat) bei vorsätzlicher oder grobfahrlässiger Falschinformation des Kapitalmarktes und die Anfechtungsklage in der Hauptversammlung thematisiert. Das Bilanzrechtsreformgesetz treibt die Internationalisierung des Bilanzrechts und die Stärkung der Rolle des Abschlussprüfers voran.

Ein wichtiges Element der bisherigen deutschen Unternehmenskontrolle, die Mitbestimmung der Arbeitnehmerseite im Aufsichtsrat, wurde in der bisherigen Diskussion ausgeklammert. Das Berliner Netzwerk Corporate Governance (BCCG) hat hierzu Ende 2003 12 Thesen zur Modernisierung der Mitbestimmung vorgelegt (vgl. BCCG). Diese regen an, die Unternehmensmitbestimmung aus dem Aufsichtsrat herauszulösen und einem Konsultationsrat zu übertragen. Dieser Konsultationsrat ist von Vorstand und Aufsichtsrat über alle im Aufsichtsrat anstehenden Entscheidungen rechtzeitig und umfänglich zu informieren. Er gibt gegenüber dem Aufsichtsrat schriftliche Stellungnahmen ab, über die sich der Aufsichtsrat nur unter umfassender schriftlicher Begründung hinwegsetzen darf.

Vor dem Hintergrund der EU-Harmonisierung und -erweiterung wird die unternehmerische Mitbestimmung, die so nur in Deutschland existiert, immer stärker in Frage gestellt. In Zukunft wird es deutschen Unternehmen möglich sein, sich nach dem Gesellschaftsrecht eines EU-Mitgliedsstaates zu gründen und zu registrieren, den Firmensitz aber in Deutschland zu belassen. Somit wären mitbestimmungsfreie Unternehmen in Deutschland möglich.

Das zurzeit in Deutschland herrschende Corporate Governance-System kann, da es US-amerikanische und deutsche Komponenten enthält (vgl. Witt, S. 225f.) als gemischtes Corporate Governance-System bezeichnet werden. Diese Mischung stellt für deutsche Unternehmen einen Nachteil im Vergleich zu ausländischen Wettbewerbern dar, da US-amerikanische Elemente in Deutschland nur zum Teil umgesetzt werden können. Eine erfolgsabhängige Vergütung durch Aktienoptionen setzen z.B. liquide Kapitalmärkte voraus. Diese sind in Deutschland aber nur eingeschränkt vorhanden. Das US-amerikanische Direktorialprinzip mit einem Chief Executive Officer (CEO) an der Spitze steht in Kontrast zum deutschen Kollegialprinzip, bei dem sämtliche Leitungsorganmitglieder gleichberechtigt an der Unternehmensleitung teilhaben (vgl. Grundei, S. 1) und gemeinsam haften. Deutsche Unternehmen wie die Deutsche Bank oder DaimlerChrysler werden zwar heute schon quasi nach Direktorialprinzip geführt, wobei der Vorstandsvorsitzende (CEO) allein entscheidet, für seine Entscheidungen aber nicht alleine und persönlich haften muss. Es bleibt daher abzuwarten, wie sich das deutsche Corporate Governance System weiter entwickeln wird.

Auch die deutsche Immobilienwirtschaft hat erkannt, dass Corporate Governance für sie eine große Bedeutung hat. Um ihren spezifischen Anforderungen Rechnung zu tragen, wurde auf Anregung u.a. des Stiftungslehrstuhls Immobilienökonomie der EUROPEAN BUSINESS SCHOOL, die „Initiative Corporate Governance der deutschen Immobilienwirtschaft e.V." ins Leben gerufen (vgl. hierzu Punkt 1.5.4.2.2). Ziel war und ist es, allgemeine **Corporate Governance Grundsätze** zu verfassen und Regelwerke zur Verbesserung der Transparenz der Führung und Kontrolle von Immobilienunternehmen zu verabschieden.

Im ersten Schritt wurden von der Initiative „Grundsätze ordnungsmäßiger und lauterer Geschäftsführung der Immobilienwirtschaft" erarbeitet und veröffentlicht. Diese Grundsätze stellen einen Verhaltenskodex dar und richten sich an alle Unternehmen in der Immobilienbranche, unabhängig von ihrer Rechtsform.

Neben diesen Grundsätzen wurde nach dem Vorbild des „Cromme-Kodex" der **Corporate Governance Kodex der deutschen Immobilienwirtschaft** veröffentlicht (vgl. Initiative Corporate Governance der deutschen Immobilienwirtschaft). Dieser Kodex für Kapitalgesellschaften richtet sich nicht nur an börsennotierte immobilienwirtschaftliche Aktiengesellschaften, sondern bezieht auch Aktiengesellschaften jener Branchen ein, die selbst, durch verbundene Unternehmen oder

Beteiligungen immobilienwirtschaftlich tätig sind oder in nennenswertem Umfang Immobilien halten. Der Kodex wird in regelmäßigen Abständen überprüft und aktuellen Entwicklungen angepasst.

7.1.6 Immobiliencontrolling

7.1.6.1 Definition des Immobiliencontrollings

In der ansonsten recht spärlichen Literatur haben sich vor allem Homann und Metzner mit konzeptionellen Fragen des Immobiliencontrollings befasst.

In Anlehnung an die Controlling-Definition von Horváth definiert Homann **Immobiliencontrolling** wie folgt:

„Immobiliencontrolling stellt eine weitere Differenzierung des betriebswirtschaftlichen Gesamtbereiches Controlling sowohl aus funktionsbezogener als auch produktionsfaktorbezogener Sicht dar.

Immobiliencontrolling ist als führungsunterstützendes Subsystem der systembildenden und systemkoppelnden Koordination von Planungs- und Kontrollsystem und Informationsversorgungssystem innerhalb der leitungsspezifischen Aspekte des Immobilienmanagements angesiedelt.

In dieser Funktion kommt dem Immobiliencontrolling hinsichtlich der Identifizierung, Generierung und Sicherung des Immobilienerfolgspotenzials zu und trägt damit zur Realisierung der Zielsetzungen des Immobilienmanagements bei" (Homann, S. 112).

Immobiliencontrolling ist hier, auf Basis einer tradierten Definition von Controlling, weit gefasst und kann so nur Ansatzpunkte einer **lebenszyklusorientierten Konzeption** darstellen. Metzner hingegen definiert Immobiliencontrolling wie folgt (Metzner, S. 50):

„Immobiliencontrolling ist ein ganzheitliches Instrument zur Durchsetzung von Eigentümerzielen, welches selbständig und kontinuierlich bei Immobilien unter Beachtung ihres Umfeldes entsprechende Informations-, Planungs-, Steuerungs- und Kontrollaufgaben definiert und wahrnimmt."

Immobiliencontrolling ist hier fokussiert auf den **Instrumentalcharakter des Controllings**. Beiden Definitionsansätzen inhärent ist jedoch die Hervorhebung von Planungs-, Steuerungs- und Kontrollprozessen.

Eine Definition von Immobiliencontrolling ist aus dem Immobilienmanagement direkt ableitbar. Sie muss mehreren Kriterien gleichzeitig genügen. Diese sind:

- Die Anforderungen an ein Immobiliencontrolling sind bestimmt durch die jeweiligen Lebensphasen einer Immobilie, z.B. Projekt- vs. Bestandsmanagement.

- Der Informationsbedarf der Entscheidungsträger wird bestimmt durch die jeweilige Produkt-/Marktkombination, z.B. Bauträger vs. Immobiliendienstleister.

- Die Reichweite der Entscheidungen bestimmt die Controllinggrößen, z.B. Euro/m² vs. Geschäftswertbeitrag.

Immobiliencontrolling kann demzufolge, in Anlehnung an Weber (vgl. Weber, S. 48ff.), wie folgt definiert werden:

Immobiliencontrolling hat die Aufgabe, die Rationalität der Führung hinsichtlich immobilienbezogener Entscheidungen sicherzustellen. Seine konkrete Ausbildung ist kontextabhängig.

Diese Definition umfasst Property- und Non-Property-Unternehmen sowie die öffentliche Hand. Sie ist unabhängig von Lebensphasen, dem Typus Marktteilnehmer sowie zeitlichen Reichweiten. Immobiliencontrolling kann so zum einen auf vorhandene, in der Praxis erprobte Bausteine wie z.B. die Projektsteuerung zurückgreifen sowie zum anderen davon unabhängig, modular weitere Bausteine wie z.B. das Nutzungskosten- und Leistungscontrolling hinzufügen. Die Nahtstellen sind klar definierbar. Die einzelnen Bausteine sind nachfolgend, orientiert am Lebenszyklus idealtypisch beschrieben.

7.1.6.2 Aufgaben eines Immobiliencontrollings

Der Aufgabenkatalog des Controllings umfasst in Theorie und Praxis ein Bündel unterschiedlicher Aufgaben. Die Ausprägungen der Aufgabenträger reichen von vergangenheitsorientierten Zahlenanalysten bis zur Unternehmenszukunft gestaltenden Business Advisors.

Die wahrzunehmenden Controllingaufgaben lassen sich idealtypisch den vier Kategorien „Accounting", „Planning", „Control" sowie „Reporting & Consulting" zuordnen:

(1) Accounting function (Managementrechnung)

Immobiliencontrolling befasst sich primär mit der Strukturierung, dem Aufbau und der Pflege der Managementrechnung. Eine entscheidungsorientierte Kosten-, Leistungs-, Erlös- und Ergebnisrechnung liefert die entsprechenden rationalen Informationen für Entscheidungen der Unternehmensführung. Der vorgelagerte Rechenkreis „Anlagenbuchhaltung" ist hierfür unabdingbarer Datenlieferant. Eine immobilienwirtschaftliche Kosten-, Leistungs-, Erlös- und Ergebnisrechnung muss den Informationsbedürfnissen der Entscheidungsträger angepasst sein. So wird die Managementrechnung eines Projektentwicklers insbesondere die Mehrperiodigkeit der einzelnen Projekte berücksichtigen, während ein Bestandshalter aus dem Wohnimmobilienbereich sich auf einzelne große Kostenblöcke wie z.B. Energie- und Instandhaltungskosten fokussiert.

(2) Planning function (Planungsaufgabe)

Im Zusammenspiel von Controlling und Planung unterstützt Controlling die Planung bzw. die Planungsträger. Betrachtet man die hohe Zahl kleiner bis mittlerer Immobilienunternehmen, insbesondere regional tätige Bauträger, verschwimmt diese Aufgabentrennung oftmals. Das Controlling übernimmt stellenweise die Aufgaben der Planungsträger. Unabhängig von dieser Aufgabenteilung wird Rationalität u.a. dadurch sichergestellt, dass für die Planung notwendige Marktprognosen durch das Controlling verifiziert und in Formate der Planung überführt werden. Gerade im Immobilienbereich ist die Unterstützung der Planung durch das Controlling einer der zentralen Aufgabenbereiche. Die langen Planungs- und Entwicklungszeiten großer Immobilienprojekte sowie die hohe Korrelation von Finanzierung und Qualität der Planungsdaten stellen große Anforderungen an die Planung und damit auch an das Controlling.

(3) Control function (Steuerungsaufgabe)

Die Steuerungsaufgabe ist ein permanentes und aktives Anregen, Ausrichten und Abstimmen von Führungsentscheidungen und Ausführungshandlungen mit Blick auf die definierten Unternehmensziele. Dazu muss Controlling auf internen und externen Informationen basieren. Die zur Steuerung notwendigen internen Daten erhält das Controlling aus der oben beschriebenen Managementrechnung. Dies reicht im Regelfall für eine zielorientierte Steuerung des Unternehmens nicht aus, da gerade die Unternehmensziele aus einer Analyse der Unternehmensumwelten abgeleitet werden. Insofern muss auch das Controlling sich dieser externen Sichtweise bedienen. Festgestellte und analysierte Abweichungen als alleinige Basis von Steuerungshandlungen sind heute nicht ausreichend, sondern müssen mindestens um voraussehbare Abweichungen ergänzt werden. Dies bedeutet im Kern, dass Controlling dies nur leisten kann, wenn die Unternehmensumwelt aktiv in die Analyse miteinbezogen wird.

(4) Reporting & Consulting (Berichts- und Beratungsaufgabe)

Als betriebswirtschaftliche Beratung wird Controlling im Rahmen immobilienwirtschaftlicher Sonderauswertungen oder bei grundsätzlichen Unternehmensentscheidungen wie z.B. Standortentscheidung, Zu- und Verkauf von Unternehmen tätig. Im Rahmen der Berichtsfunktion definiert Controlling die Berichtsinhalte und sorgt für Kontinuität in der Berichterstattung, um sachliche und zeitliche Vergleiche zu ermöglichen.

In der immobilienwirtschaftlichen Praxis sind die oben beschriebenen Aufgaben des Immobiliencontrollings am Wertschöpfungsprozess einer Immobilie orientiert (vgl. Abbildung 230).

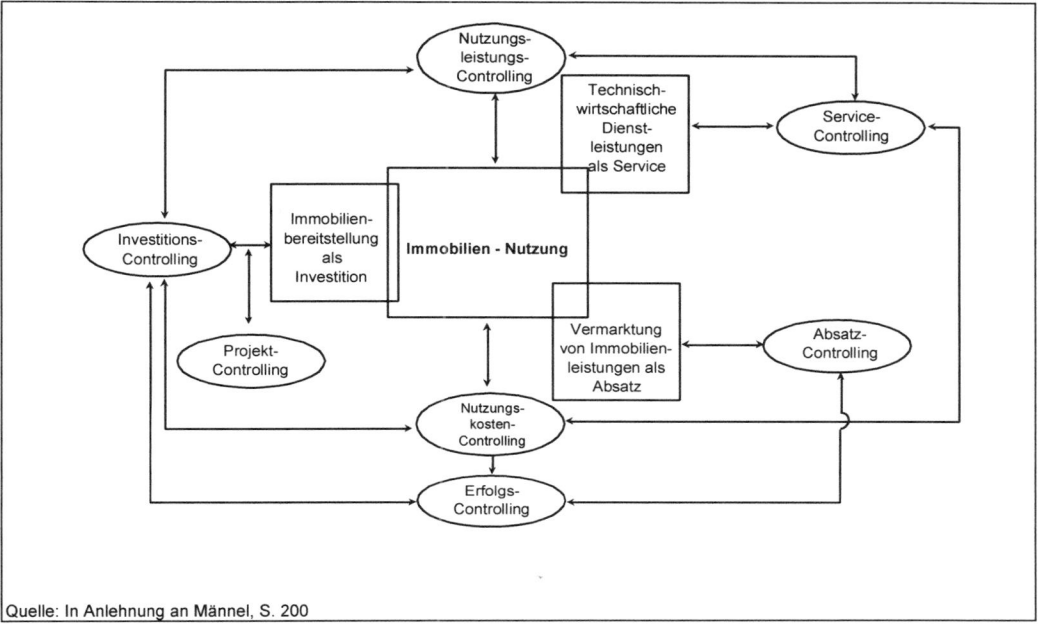

Abbildung 230: Bausteine des Immobiliencontrolling

Im Mittelpunkt des Immobiliencontrollings steht dabei die Schaffung und Bereitstellung einer an den Bedarf des Marktes bzw. der Nutzer angepassten hochqualitativen Fläche sowie die Erzielung einer vom Investor gewünschten Mindestrendite. Dieser „Flächenproduktion" ist die Immobilienbereitstellung als Investition vorgeschaltet. Im Rahmen der Investitionsrechnung setzt das **Investitionscontrolling** an dieser Stelle mit dem Instrument der Investitionsrechnung zur Entscheidungsvorbereitung an. Es sei an dieser Stelle angemerkt, dass die Investitionsrechnung per se im Sinne einer Investitionsplanungsrechnung aufzufassen ist. Ein Investitionscontrolling erfordert eine permanente und mitlaufende Kalkulation sowie eine abschließende Kontrollrechnung im Sinne einer Nachkalkulation.

Das **Projektcontrolling** setzt mit seinen Aufgaben am Dreieck von Terminen, Kosten und Qualitäten an. Das Hervorbringen des Marktangebotes „Projektsteuerung" zeigt eine hohe Durchdringung dieses Marktsegmentes mit controllingspezifischem Gedankengut. Beispielhaft sei hier auf die klassische Baubesprechung verwiesen, die Soll- mit Ist-Daten abgleicht, Abweichungsursachen aufdeckt, auf zukünftige Abweichungen hinweist sowie Maßnahmen zu deren Behebung einleitet und koordiniert.

Einen hohen Stellenwert hat das Controlling von Immobilienbeständen von Property- und Non-Property-Unternehmen während der Nutzungsphase, da es zum einen die längste Phase im Lebenszyklus einer Immobilie ist und sich die Mehrzahl der Immobilien bei der Implementierung eines Controllingsystems in dieser Phase befinden. Die jährlichen Nutzungskosten im Bezug auf die Baukosten unterschiedlicher Immobilientypen verdeutlichen ebenfalls die Bedeutung eines **Nutzungskostencontrollings**. So betragen die jährlichen Folgekosten im Verhältnis zu den Baukosten für den Wohnungsbau 0,5-2,0% und für Büro- und Verwaltungsgebäude zwischen 4,3-8,5%. Bei der Höhe der Nutzungskosten ist es verwunderlich, dass ein FM-Controlling bzw. Controlling in der Nutzungsphase bisher eher selten bzw. lediglich rudimentär implementiert wurde. Oft wird ein Controllingsystem während der Nutzungsphase aus Marketinggesichtspunkten eingeführt. Bei näherer Analyse fehlt diesen Systemen jedoch die notwendige Basis, um ein effizientes FM-Controlling durchzuführen.

Bei einem aussagefähigen **FM-Controlling** sind, ausgehend von den einzelnen Serviceobjekten der Immobilienbestände, zunächst die verschiedenen Serviceleistungen zu planen. Die Serviceleistungen weisen eine große Spannweite auf, die vom vollständigen Betreiben einer Immobilie bis zum Catering für eine einzelne Unternehmenseinheit reicht. In letzter Zeit ist der Trend zur Full-Service-Immobilie erkennbar, wobei in Deutschland im Vergleich zu den USA hier noch erheblicher Nachholbedarf besteht. Den Serviceleistungen sind schließlich Servicekapazitäten zuzuordnen. Aus Kosten- bzw. Kapazitätsüberlegungen ist zu prüfen, inwieweit diese Kapazitäten durch Eigen- bzw. Fremdpersonal abgedeckt werden.

Ein effizientes FM-Controlling System überwacht während der Nutzungsphase neben den Kosten der Bereitstellung der Immobilie und den Nutzungskosten auch die Qualitäten der Serviceleistungen.

Die Nutzungskosten unterteilen sich in regelmäßig anfallende Betriebskosten, wie z.B. Gebäudereinigungskosten, Kosten für Abwasser bzw. Wasser, Stromkosten, Kosten für Wartung und Inspektion, etc. und unregelmäßig anfallende Bauunterhaltungskosten. Aufgrund der Regelmäßigkeit der Betriebskosten lassen sich diese sehr leicht in ein Controllingsystem integrieren. Folgeperioden können somit relativ zuverlässig geplant bzw. vergangene Perioden können unter Berücksichtigung der allgemeinen Preissteigerung aussagekräftig miteinander verglichen werden.

Eine wichtige Aufgabe des FM-Controllings ist die Überwachung der Servicequalität von Reinigungsdiensten und Sicherheitsdiensten. Dies wurde in der Vergangenheit oft vernachlässigt, obwohl der Kostenblock Reinigungsdienste und Sicherheitsdienste oft einen erheblichen Anteil an den Betriebskosten aufweist. Leistungsbezogene Ausschreibungen bzw. Entlohnung können die Qualität der Dienstleistungen deutlich verbessern. Die Definition messbarer Parameter ist allerdings Voraussetzung dazu.

Zusammen mit den Daten des **Absatzcontrollings** fließen die Daten des FM-Controllings in das Investitionscontrolling ein und werden in ein **Erfolgscontrolling** überführt.

Als Fazit bleibt festzustellen:

1. Immobiliencontrolling ist unabdingbar zur Sicherstellung der **Rationalität der Unternehmensführung** immobilienbezogener Entscheidungen.

2. Immobiliencontrolling ist **kontextabhängig** aufzubauen. Ein lebenszyklusübergreifendes Konzept mit zudem durchgängigem Daten- und Informationsfluss ist mit Blick auf die Heterogenität der Immobilienbranche nicht möglich.

3. Immobiliencontrolling existiert in **Teilbereichen** (Projektsteuerung) und ist dort z.T. ausgereift. Die Nahtstellen zwischen diesen Bausteinen sind kontextabhängig zu definieren.

4. Immobiliencontrolling ist zum Zwecke eines immobilien- und unternehmensübergreifenden **Benchmarking** notwendig; entsprechende Standards, z.B. Definition Nutzungskosten sind zu schaffen.

Literaturverzeichnis zu Kapitel 7.1

Bassen, A.: Institutionelle Investoren und Corporate Governance: Analyse der Einflussnahme unter besonderer Berücksichtigung börsennotierter Wachstumsunternehmen, Habil.-Schr., Wiesbaden 2002.

BCCG – Berliner Netzwerk Corporate Governance: Corporate Governance und Modernisierung der Mitbestimmung; 12 Thesen zur „Modernisierung der Mitbestimmung", BCCG (Hrsg.), Berlin 2003, im Internet unter: http://www.bccg.tu-berlin.de/main/publikationen/12-Thesen-Papier.pdf

Becker, J.: Marketing-Konzeption: Grundlagen des strategischen Marketing-Managements. 3., verb. und erg. Auflage, München 1990.

Bone-Winkel, S.: Das strategische Management von offenen Immobilienfonds – unter besonderer Berücksichtigung der Projektentwicklung von Gewerbeimmobilien, in: Schulte, K.-W. (Hrsg.): Schriften zur Immobilienökonomie, Band 1, Köln 1994.

Buse, C.: Strategisches Management von industrieverbundenen Wohnungsunternehmen, in: Schulte, K.-W. (Hrsg.): Schriften zur Immobilienökonomie, Band 9, Köln 1999.

Dunst, K. H.: Portfolio Management, Berlin/New York 1979.

Eckardstein, D. v./Kasper, H./Mayrhofer, W.: Teil B: Führung in Organisationen. Überblick, in: Eckardstein, D. v./Kasper, H./Mayrhofer, W. (Hrsg.): Management: Theorien-Führung-Veränderung, Stuttgart 1999.

Frese, H.: Mitarbeiterführung, 6., überarb. Aufl., Würzburg 1992.

Grundei, J.: Entscheidungsfindung im Vorstand deutscher Aktiengesellschaften – Organtheoretische Anmerkungen zu möglichen Diskrepanzen zwischen Recht und Wirklichkeit, in: BCCG (Hrsg.): Diskussionspapier 01/2004, Berlin 2004.

Hahn, D./Hungenberg, H.: PuK – Wertorientierte Controllingkonzepte, 6., vollst. überarb. und erw. Aufl., Wiesbaden 2001.

Hentze, J./Kammel, A./Lindert, K.: Personalführungslehre, 3. Aufl., Bern/Stuttgart/Wien 1997.

Hofer, C.W./Schendel, D.: Strategy Formulation: Analytical Concepts, St. Paul 1987.

Homann, K.: Immobiliencontrolling. Ansatzpunkte einer lebenszyklusorientierten Konzeption, Wiesbaden 1999.

Horváth, P.: Neugestaltung der Planung – Notwendigkeiten und Lösungsansätze, in: Horváth, P./Gleich, R. (Hrsg.): Neugestaltung der Unternehmensplanung. Innovative Konzepte und erfolgreiche Praxislösungen, Stuttgart 2003.

Initiative Corporate Governance der deutschen Immobilienwirtschaft: Corporate Governance Kodex der deutschen Immobilienwirtschaft, Frankfurt 2003, im Internet unter: http://www.immo-initiative.de /kodex/ kodex_ kapital.shtml.

Isenhöfer, B.: Strategisches Management von Projektentwicklungsunternehmen, in: Schulte, K.-W. (Hrsg.): Schriften zur Immobilienökonomie, Band 8, Köln 1999.

Johnson, A. M. et al: Nature vs. Nurture: Are Leaders born or made? A Behavior Genetic Investigation of Leadership Style, in: Twin Research, Dec. 1, S. 216-223, 1998.

Kaplan, R. S./Norton, D. P.: The Balanced Scorecard-Measures That Drive Performance, in: Harvard Business Review, January-February 1992, S. 71-79.

Kaplan, R. S./Norton, D. P.: Using the Balanced Scorecard as a Strategic Management System, in: Harvard Business Review, January-February 1996, S. 75-85.

Kaplan, R. S./Norton, D. P.: Balanced Scorecard – Strategien erfolgreich umsetzen, Stuttgart 1997.

Kirsch, H.: Die Führung von Unternehmen, München 2001.

Kreikebaum, H./Grimm U.: Die Analyse strategischer Faktoren und ihre Bedeutung für die strategische Planung, in: WIST, 12. Jg., 1983, Heft 1, S. 6-12.

Kreikebaum, H.: Strategische Unternehmensplanung, 6. überarb. und erw. Aufl., Stuttgart/Berlin/Köln, 1997.

Lewin, K./Lippitt, R./White, R. K.: Patterns of Aggressive Behavior in Experimentally created Social Climates, in: Journal of Social Psychology, 10, 1939, S. 271-299.

Männel, W.: Anlagencontrolling, in: Albach, H./Weber, J. (Schriftl.): Controlling: Selbstverständnis, Instrumente, Perspektiven, in: ZfB, Ergänzungsheft 91,3, Wiesbaden 1991, S. 193-216.

Metzner, S.: Immobiliencontrolling. Strategische Analyse und Steuerung von Immobilienergebnissen auf Basis von Informationssystemen, Norderstedt 2002.

Neuberger, O.: Experimentelle Untersuchung von Führungsstilen, in: Gruppendynamik, 3, 1972, 191-219.

Neuberger, O.: Führen und geführt werden, 5. Aufl., Stuttgart 1995.

OECD: OECD Wirtschaftsberichte: Deutschland, Paris 1995.

o.V.: Aktiengesetz, GmbH-Gesetz, 35., überarbeitete Auflage, München 2003.

Pfohl, H.-Chr./Stölzle, W.: Funktionen und Prozesse der Planung, in: WiSt, 25. Jhg. 1996, Heft 5, SI 233-237.

Porter, M. E.: Wettbewerbsstrategie: Methoden zur Analyse von Branchen und Konkurrenten, 10., durchges. und erw. Aufl., Frankfurt am Main 1999.

Porter, M. E.: Wettbewerbsvorteile. Spitzenleistungen erreichen und behaupten, 6. Aufl., Frankfurt/Main 2000.

Regierungskommission Corporate Governance (Hrsg.): Deutscher Corporate Governance Kodex, o.O. 2003, im Internet unter: http://www.corporate-governance-code.de/ger/kodex/index.html.

Rosenstiel, L. v.: Grundlagen der Führung, in: Rosenstiel, L. v./Regnet, E./Domsch, H. (Hrsg.): Führung von Mitarbeitern, 5. Aufl., Stuttgart 2003.

Rühli, E: Unternehmensführung und Unternehmenspolitik. Band 1, 3., vollst. überarb. und erw. Aufl., Bern/Stuttgart 1996.

Schäfers, W.: Strategisches Management von Unternehmensimmobilien. Bausteine einer theoretischen Konzeption und Ergebnisse einer empirischen Untersuchung, in: Schulte, K.-W. (Hrsg.): Schriften zur Immobilienökonomie, Band 3, Köln 1997.

Schreyögg, G.: Unternehmensstrategie. Grundfragen einer Theorie strategischer Unternehmensführung, Berlin, New York 1984.

Schulte, K.-W./Väth A.: Finanzierung und Liquiditätssicherung, in Diedrichs, C. J. (Hrsg.): Handbuch der strategischen und taktischen Bauunternehmensführung, Wiesbaden, Berlin 1996, S. 463 – 512.

Shleifer, A./Vishney, R. W.: A Survey of Corporate Governance, in: The Journal of Finance, Vol. 52, Nr. 2/1997, S. 737-783.

Staehle, W. H.: Management. Eine verhaltenswissenschaftliche Perspektive, 8. Aufl., München 1999.

Steinmann, H./Schreyögg, G.: Management. Grundlagen der Unternehmensführung. Konzepte – Funktionen – Fallstudien, 5. Aufl., Wiesbaden 2000.

Thommen, J.-P.: Management-Kompetenz durch Weiterbildung. Einführung des Herausgebers, in: Thommen, Jean-Paul: Die Gestaltungsansätze des Executive MBA der Hochschule St. Gallen, Wiesbaden, 1995, S. 11-29.

Thommen, J.-P./Achleitner, A.-K.: Allgemeine Betriebswirtschaftslehre. Umfassende Einführung aus managementorientierter Sicht, 3. Aufl., Wiesbaden 2001.

Weber, J.: Einführung in das Controlling, 9., kompl. überarb. Aufl., Stuttgart 2002.

Weber, J./Schäffer, U.: Balanced Scorecard & Controlling. Implementierung – Nutzen für Manager und Controller – Erfahrung in deutschen Unternehmen. 3., überarb. Aufl., Wiesbaden 2000.

Witt, P.: Corporate Governance-Systeme im Wettbewerb, Habil.-Schr., Wiesbaden 2003.

Wöhe, G.: Einführung in die Allgemeine Betriebswirtschaftslehre, 21. Aufl., München 2002.

7.2 Organisation von Immobilienunternehmen

Barbara Pierschke, Tobias Müller

7.2 Organisation von Immobilienunternehmen

Barbara Pierschke, Tobias Müller

7.2.1 Begriff und Wesen der Organisation

In der Literatur ist der Begriff der Organisation nicht einheitlich definiert. Die verschiedenen Auffassungen zum Organisationsbegriff lassen sich jedoch auf eine **institutionale** und eine **instrumentale** Betrachtungsweise zurückführen. Die institutionale Sicht belegt **zielorientierte, soziale bzw. soziotechnische Systeme** wie etwa Unternehmen, öffentliche Betriebe und Verwaltungen sowie religiöse, karitative, politische oder andere gesellschaftliche Einrichtungen – mit dem Begriff „Organisation". In diesem Sinne sind Organisationen Gebilde, „die dauerhaft ein Ziel verfolgen und eine formale Struktur aufweisen, mit deren Hilfe Aktivitäten der Mitglieder auf das verfolgte Ziel ausgerichtet werden sollen" (vgl. Kieser/Walgenbach, S. 6). Man kann dieses Organisationsverständnis in dem Satz zusammenfassen: **„Das Unternehmen ist eine Organisation".**

Im Gegensatz zu diesem eher deskriptiv ausgerichteten Begriffsverständnis, das sich vor allem in der Soziologie findet, herrscht in der Betriebswirtschaftslehre und Unternehmenspraxis die instrumentale, gestaltungsorientierte bzw. funktionale Betrachtungsweise vor. Als Organisation soll hier „die Gesamtheit der auf die Erreichung von Zwecken und Zielen gerichteten Maßnahmen verstanden werden, durch die ein soziales System arbeitsteilig strukturiert wird und die Aktivitäten der zum System gehörenden Menschen, der Einsatz von Mitteln und die Verarbeitung von Informationen geordnet werden" (vgl. Hill/Fehlbaum/Ulrich, S. 17). Die Organisation ist demnach Mittel zum Zweck der Lösung des Organisationsproblems, sodass man zusammenfassen kann: **„Das Unternehmen hat eine Organisation"** (vgl. Picot/Dietl/Franck, S. 28).

In diesem Sinne wird Organisation nachfolgend als eine bewusst geschaffene Struktur bzw. Ordnung eines Immobilienunternehmens oder des Immobilienbereichs einer Non-Property-Company verstanden, durch die der betriebliche Leistungserstellungsprozess geregelt wird.

7.2.2 Formale und informale Organisation

In der Praxis findet man zwei Arten der Organisation in einem Unternehmen. Bei der **formalen Organisation** handelt es sich um bewusst geschaffene, rational gestaltete Strukturen zur Erfüllung der unternehmerischen Zielsetzung. Im Gegensatz dazu werden soziale Strukturen, die sich in einem Unternehmen zufällig durch persönliche Ziele, Wünsche, Sympathien und Verhaltensweisen der Mitarbeiter herausbilden, als **informale Organisation** bezeichnet.

In der Managementlehre gibt es in der jüngeren Vergangenheit zunehmend eine Diskussion über das richtige Zusammenspiel dieser alternativen Formen organisatorischer Gestaltung in einem Unternehmen. Bisher war die vorherrschende Meinung, dass die formale Organisation im Hinblick auf den Grad der unternehmerischen Zielwirksamkeit vorteilhaft sei und sich die informale Organisation in diesem Zusammenhang eher kontraproduktiv auswirkt. Diese Ansicht wird jedoch in der Wissenschaft zunehmend bestritten. So fordern manche Autoren gar, das bewusste, planmäßige Organisieren nur noch als Ergänzung bzw. als Korrektur einer sich laufend bildenden und verändernden Organisation einzusetzen (vgl. Bühner, S. 6f. bzw. im weiteren Verlauf Abschnitt 7.2.4).

Die Organisationsstruktur ist demnach das Ergebnis der Organisation als Tätigkeit, der so genannten organisatorischen Gestaltung. Den Kern und gleichzeitig den eigentlichen Zweck der organisatorischen Gestaltung bildet die Entwicklung organisatorischer Regeln, die insgesamt die Effizienz der betrieblichen Aufgabenerfüllung gewährleisten sollen.

7.2.3 Ziele der organisatorischen Gestaltung

Eine wesentliche Voraussetzung der organisatorischen Gestaltung ist die Existenz von Zielen, mittels derer alternative Organisationslösungen entwickelt und beurteilt werden können. Als primäre Zielgröße der organisatorischen Gestaltung gilt die organisatorische Effektivität. Sie bringt zum Ausdruck, welchen Beitrag eine Gestaltungsmaßnahme zur Realisation der Ziele des zu organisierenden Unternehmens leistet. Aussagen über die Effektivität organisatorischer Maßnahmen sind also nur möglich, wenn die Ziele des zu organisierenden Immobilienunternehmens bzw. des entsprechenden Unternehmensbereichs klar definiert und bekannt sind.

Unternehmensziele können in **Sach- und Formalziele** unterschieden werden.

Sachziele sind jene Ziele, die entsprechend der Art des Leistungserstellungsprozesses eines Unternehmens durch den jeweiligen Markt determiniert werden. Dies kann beispielsweise bei einem Projektentwicklungsunternehmen die Konzeption und Verwirklichung von Neubauprojekten sein, bei einem Bauunternehmen die Erbringung von Bauleistungen und bei einem Immobilienmakler die Vermittlung von Wohn- oder Gewerbeimmobilien. Die Organisationsstruktur hat den Anforderungen der Sachaufgaben bzw. der Strategie eines Unternehmens zu entsprechen.

Formalziele stellen übergeordnete Ziele dar, in denen der eigentliche Sinn des unternehmerischen Handelns zum Ausdruck kommt. Ein Beispiel für ein Formalziel ist die Einkommens- und/oder Vermögensmehrung der Anteilseigner eines offenen Immobilienfonds. Allerdings lässt sich der Erfolgsbeitrag einer organisatorischen Gestaltungsmaßnahme zu einem Formalziel aufgrund der Überlagerung durch andere Einflussgrößen der Zielerreichung, wie etwa der Entwicklung des Gesamtmarktes oder Handlungen der Konkurrenz, nur schwer bestimmen. Es wird daher auf Ersatzkriterien zurückgegriffen, deren Erfüllung einerseits mittels organisatorischer Maßnahmen möglich und feststellbar ist, deren Verwirklichung andererseits der Realisierung der Formalziele dient.

Im Vordergrund stehen dabei etwa das Ausmaß, in welchem eine Struktur, beispielsweise die eines Bauunternehmens,

- zu der für die Aufgabenerfüllung notwendigen Stabilität bzw. Flexibilität und Anpassungsfähigkeit des Unternehmens beiträgt,

- zu einer höheren Arbeitsleistung motiviert und so zu einer wirtschaftlichen Aufgabenerfüllung beiträgt,

- eine gute Nutzung der personellen und materiellen Ressourcen fördert,

- die Zusammenarbeit, den Informationsaustausch und die Integration im Unternehmen verbessert (vgl. Grochla, S. 92ff.).

7.2.4 Rahmenbedingungen der organisatorischen Gestaltung

Die organisatorische Gestaltung vollzieht sich vor dem Hintergrund einer **Vielzahl von Einflussgrößen**, die die Situation eines Unternehmens und somit auch die Gestaltungsspielräume bestimmen. Diese Einflussgrößen können im Rahmen der organisatorischen Gestaltung nicht verändert werden. Auch kann eine solche Veränderung nicht bewusst angestrebt werden. Sie markieren vielmehr die **Grenzen des organisatorischen Gestaltungsspielraumes** (vgl. Hill/Fehlbaum/Ulrich, S. 319).

Die Organisation beeinflussende Größen sind:

- **Umweltfaktoren** wie die Umweltdynamik und -komplexität in relevanten Bereichen. Dazu zählen die wirtschaftliche Umwelt, die politisch-rechtliche Umwelt, die sozio-kulturelle Umwelt und die wissenschaftlich-technologische Umwelt.

- **Unternehmensfaktoren**; dazu gehören die Unternehmensziele und -strategien, Rechtsform und Unternehmensverfassung, das Leistungsprogramm des Unternehmens, die Unternehmensgröße und seine geographische Streuung, der Internationalisierungsgrad, die Unternehmensgeschichte und -tradition sowie die Philosophie des Managements.

- **Aufgabenmerkmale;** hierzu sind die Dauerhaftigkeit und Wiederholungshäufigkeit der übertragenen Aufgaben zu zählen. Ebenfalls von Relevanz sind deren Komplexität und Neuartigkeit sowie das mit ihnen verbundene Konfliktpotenzial und Risiko.

- **Merkmale der personellen Aufgabenträger**; die über ihre Motivation und Bedürfnisstruktur, den Umfang ihrer Fachkenntnisse, ihre Kommunikationsbereitschaft und -fähigkeit, ihre Teamfähigkeit, Konfliktkapazität und Konfliktaustragungsfähigkeit sowie ihre Rollenflexibilität Einfluss ausüben.

Vor allem die Umweltfaktoren können von der Unternehmung nicht oder nur in sehr geringem Maße beeinflusst werden. Daher ist es umso wichtiger, dass die gewählte formale Organisationsstruktur auf aktuelle Umweltgegebenheiten optimal eingestellt ist. Da jedoch kein organisatorischer Rahmen universell effizient arbeitet, ist es gleichzeitig wichtig, auf mögliche Änderungen der Umwelt flexibel durch Anpassungen der Organisation reagieren zu können. Diese Forderung findet sich auch im **situativen Ansatz der Organisationslehre** wieder (vgl. Kieser, S. 169).

Folgendes Beispiel soll diese Notwendigkeit verdeutlichen und die Abhängigkeit der Aufbauorganisation von den jeweils vorherrschenden Umweltbedingungen – hier den steuerlichen und rechtlichen Rahmenbedingungen – verdeutlichen:

Eine häufig gewählte Form der Organisation großer Immobilienprojekte bzw. Projektentwicklungen ist die Grundstücks- bzw. Objektgesellschaft. Diese wird entweder speziell für ein neues Immobilienprojekt gegründet oder aber die Immobilie wird in eine bestehende Objektgesellschaft eingebracht. Im Rahmen der Unternehmenssteuerreform 2001 (StSenkG) wurde die Gesetzgebung dahingehend verändert, dass Gewinne aus einer Beteiligungsveräußerung an einer Kapitalgesellschaft für den Verkäufer steuerfrei sind (§ 8b Abs.2 KStG), sofern dieser ebenfalls als Kapitalgesellschaft organisiert ist und eine gesetzlich vorgeschriebene Haltefrist eingehalten hat. Für Immobilienunternehmen, die als Personengesellschaft organisiert sind, ist der Verkauf hingegen ebenso steuerpflichtig wie der Direktverkauf der Immobilie, der durch die Gesetzesänderungen der Reform nicht berührt wurde.

Durch diese Neuerungen wurde die Einbringung von Immobilien in eine Objektgesellschaft in Form einer Kapitalgesellschaft gegenüber dem Direktverkauf oder der Organisation als Personengesellschaft deutlich attraktiver.

Das Beispiel zeigt deutlich, dass die Unternehmensorganisation bis hin zur Wahl der Gesellschaftsform und der daraus resultierenden **Aufbau- und Ablauforganisation situativ flexibel** angepasst werden muss. Ein einmal gesteckter Rahmen darf dabei nicht als starres Korsett verstanden werden, sondern vielmehr als Grundlage für eine sich ständig wandelnde Organisation. Das Gesamtunternehmen muss in einem solchen Fall stets sicherstellen, dass organisatorische Neuerungen, wie etwa die Gründung einer Objektgesellschaft, mit der bestehenden organisatorischen Gestaltung ohne Probleme in Einklang gebracht werden können. Sollte dies nicht unmittelbar der Fall sein, so muss ein bestehender organisatorischer Rahmen flexibel angepasst werden können.

7.2.5 Instrumente organisatorischer Gestaltung

Als Instrumente zur Gestaltung der Organisationsstruktur stehen die **Arbeitsteilung, die Koordination und die Konfiguration** zur Verfügung. Zentraler Aspekt ist es, „die sich aus den Unternehmenszielen und der verfolgten Unternehmensstrategie ergebenden Aufgaben auf Aktionseinheiten zu übertragen, Beziehungen zwischen ihnen herzustellen und die jeweils zweckadäquaten und verhaltensdeterminierenden organisatorischen Regeln zu entwickeln und einzuführen. Hierzu werden Teilbereiche (wie etwa Funktionsbereiche, Divisionen), Abteilungen und Stellen geschaffen und in einen geordneten Zusammenhang gebracht" (Grochla, S. 89).

7.2.5.1 Arbeitsteilung und Spezialisierung

Die Arbeitsteilung stellt den Ausgangspunkt des organisatorischen Gestaltungsproblems dar. Die Notwendigkeit der Arbeitsteilung ergibt sich aus der Vielzahl und der Komplexität der in einem Unternehmen anfallenden Aufgaben, die eine Bewältigung durch einen einzelnen Aufgabenträger oder auch nur eine einzelne Organisationseinheit ausschließen. Es muss folglich eine Zerlegung der Gesamtaufgabe in Teilaufgaben stattfinden. Die für die Arbeitsteilung wesentlichen Kriterien sind dabei:

- die **Gliederung nach Verrichtungen** wie z.B. nach Aktivitäten in Teilbereichen des Lebenszyklus einer Immobilie und

- die **Gliederung nach Objekten** oder **Regionen** wie z.B. Immobilien- oder Nutzergruppen bzw. nach Teilmärkten.

Die Gliederung nach Verrichtungen führt zu einer **funktionalen Organisation**, die nach Objekten zu einer **divisionalen Organisation**. Funktional- und Divisionalorganisation sind **eindimensionale Organisationsformen**. Sie sind dadurch gekennzeichnet, dass die Arbeitsteilung nach jeweils nur einem Kriterium erfolgt. Durch die Verknüpfung mehrerer Gliederungskriterien entstehen **mehrdimensionale Organisationsformen** wie die **Matrix-Organisation** (als Kombination von funktionaler und objekt- bzw. produktorientierter Gliederung) oder die **Tensor-Organisation** (als Kombination von funktionaler, produktorientierter und regionaler Gliederung) (vgl. Schreyögg, S. 129ff.).

In Abhängigkeit des Gliederungsgrades treten in der Praxis funktionale, divisionale, Matrix- und Tensor-Organisation in unterschiedlichen Ausprägungen auf. Zentraler Aspekt der Arbeitsteilung ist daher die Überlegung, in welche Teilaufgaben die unternehmerische Gesamtaufgabe sinnvollerweise zerlegt werden kann (**Aufgabenanalyse**) und – damit eng verbunden – wie viele organisatorische Teileinheiten (Stellen) gebildet werden sollen (**Aufgabensynthese**) (vgl. Laux/Liermann, S. 175ff.). Gerade bei einem komplexen und vielschichtigen Produkt wie der Immobilie kommt der sorgfältigen Durchführung dieser Schritte eine große Bedeutung zu.

7.2.5.2   Koordination

Ergebnis der Arbeitsteilung sind mehr oder weniger stark interdependente organisatorische Teilbereiche, die aufeinander abgestimmt und auf die Ziele des Unternehmens ausgerichtet werden müssen. Damit ergibt sich die Notwendigkeit zur Koordination. Unter Koordination werden die Ausrichtung arbeitsteilig gebildeter Stellen und die Abstimmung von Handlungen der Organisationsmitglieder auf die Ziele und Zwecke einer Organisation verstanden. Nach Kosiol ist die Koordination das konzentrierende Ordnungsprinzip und Gestaltungsmittel der Organisation (vgl. Kosiol, S. 181). Der traditionelle Mechanismus zur Deckung des Koordinationsbedarfs ist die Schaffung regelmäßiger Über- und Unterordnungsverhältnisse, also einer **Hierarchie**. Diese ist dadurch gekennzeichnet, dass eine Gesamtheit von Elementen durch Über- und Unterordnungsbeziehungen miteinander verbunden ist. Ausgangspunkte für die Bildung einer Hierarchie sind einerseits die Verteilung von Entscheidungskompetenzen, andererseits die Festlegung eines Weisungssystems.

Die Verteilung von Entscheidungsbefugnissen bewegt sich auf dem Kontinuum zwischen den beiden Extremen **Zentralisation** und **Dezentralisation**. Bei der vollständigen Entscheidungszentralisation konzentrieren sich alle Entscheidungsbefugnisse auf die oberen Hierarchieebenen, den nachgeordneten Ebenen wird lediglich die Ausführung dieser Entscheidungen überlassen. Im Gegensatz dazu besitzen bei der Entscheidungsdezentralisation auch die unteren Ebenen Entscheidungsbefugnisse. Dazwischen gibt es zahlreiche Abstufungen.

Eine allgemeingültige Aussage, welches Extrem – also Zentralisation oder Dezentralisation – im Einzelfall zu bevorzugen ist, kann bei einem komplexen Wirtschaftsgut wie der Immobilie und den damit im Zusammenhang stehenden Dienstleistungen nicht getroffen werden. Ein Projektentwicklungsunternehmen, welches in hohem Maße auf kreative Lösungsansätze und lokale Marktkenntnis angewiesen ist, eignet sich beispielsweise nur bedingt für eine ausgeprägte Zentralisation von Aufgaben. Ein solches Vorgehen kann hier zu einem Verlust der nötigen Handlungsfreiheit führen. Lediglich für immer wieder kehrende Arbeitsschritte sollte ein einheitliches Vorgehen erarbeitet und dessen Aus- bzw. Durchführung zentralisiert werden. Anders ist die Situation bei einer Reihe von Dienstleistern, die einen sehr speziellen, klar eingegrenzten Bereich bearbeiten. Der Anteil sich wiederholender Tätigkeiten ist dort deutlich größer, sodass eine Zentralisation sinnvoll ist, um Kapazitäten nicht mehrfach vorzuhalten.

Neben den genannten grundsätzlichen Punkten hängt das anzustrebende Ausmaß der Zentralisation bzw. Dezentralisation in jedem Einzelfall von der Bedeutung der zu treffenden Entscheidungen ab. Tendenziell ist davon auszugehen, dass Entscheidungen, die das Gesamtunternehmen betreffen, oder auch übergreifende Bereichsentscheidungen mit hoher Tragweite eher durch obere Hierarchieebenen getroffen werden (hohe Entscheidungszentralisation), während reine Bereichsentscheidungen bzw. übergreifende Bereichsentscheidungen von geringer Relevanz an die entsprechenden Stellen delegiert werden (Entscheidungsdezentralisation).

Eng mit der Verteilung der Entscheidungskompetenzen verbunden ist die Gestaltung des **Weisungssystems,** welches zur Koordination der vielfältigen Kommunikationsbeziehungen genutzt wird. Hierbei ist festzulegen, ob die Weisungen nach dem **Einlinien-** oder **Mehrliniensystem** erteilt werden sollen. Das Einliniensystem ist dadurch gekennzeichnet, dass jede Stelle nur von einer einzigen übergeordneten Hierarchieebene Anordnungen erhält und nur diese Instanz allein für die Aufgabenerfüllung verantwortlich ist. Die Anwendung dieses Prinzips führt zu einer eindeutig gegliederten Organisationsstruktur, bei der die einzelnen Leitungsebenen exakt abgestuft sind. Der klaren und eindeutigen Regelung der Kompetenzen und Verantwortlichkeiten stehen als Nachteil vor allem lange und umständliche Weisungs- und Informationswege gegenüber.

Im Gegensatz dazu sind beim Mehrliniensystem Stellen mehreren (mindestens zwei) übergeordneten Hierarchieebenen unterstellt. Der Grundsatz der Einheit der Auftragserteilung wird aufgegeben zu Gunsten des Prinzips des kürzesten Weges. Hiermit ist nicht nur der Vorteil direkter Weisungs- und Informationswege verbunden, sondern auch der einer Spezialisierung durch Funktionsteilung. Problematisch ist allerdings die Abgrenzung von Zuständigkeiten, Weisungen und Verantwortlichkeiten (vgl. Bühner, S. 128ff.).

7.2.5.3 Konfiguration

Ein wesentliches Charakteristikum von Hierarchien und damit eng mit der Frage der Koordination verzahnt, ist die Ausgestaltung ihrer äußeren Form – sie ist ein Aspekt der Konfiguration. Wichtige zu lösende Fragestellungen sind in diesem Zusammenhang die Länge der Informationswege und eine klare Zuordnung der Verantwortlichkeiten im Unternehmen (vgl. Kieser/Walgenbach, S. 136ff.). Determinanten der Konfiguration sind die **Gliederungstiefe** und die **Gliederungsbreite**. Unter dem Begriff der Gliederungstiefe wird die Anzahl der Hierarchieebenen verstanden. Als Gliederungsbreite wird die Anzahl der Stellen bezeichnet, die einer Hierarchieebene in direkter Linienbeziehung untergeordnet sind. Gliederungstiefe und Gliederungsbreite hängen voneinander ab: eine geringe Gliederungsbreite führt in der Regel zu einer höheren Anzahl von Hierarchieebenen und umgekehrt – je größer die Gliederungsbreite, desto flacher ist die Hierarchie, also die Gliederungstiefe.

Die Berechnung der **idealen Leitungsspanne** ist eine typische Fragestellung der betriebswirtschaftlichen Organisationslehre, die sich nicht generell beantworten lässt, da Unternehmen sich hinsichtlich der Komplexität der von ihnen zu bewältigenden Aufgaben erheblich unterscheiden. Ähnlich wie bei der Frage der Zentralisation oder Dezentralisation von Aufgaben wird auch die Leitungsspanne von einer Vielzahl nur im Einzelfall zu beurteilender Faktoren determiniert, wie etwa dem Charakter der zu bewältigenden Aufgaben, der Art des angewandten Führungsstils, der Führungskapazität, deren Entlastung durch Stäbe und Informationstechnik, etc. Auch die Zahl der Hierarchieebenen kann nur für den Einzelfall festgelegt werden. Sie ist vor allem abhängig von der Unternehmensgröße. Tendenziell ist die hierarchische Gliederung in der Regel allerdings umso tiefer, je mehr Mitarbeiter ein Unternehmen hat.

7.2.6 Organisatorische Gestaltungsmöglichkeiten bei Immobilienunternehmen

7.2.6.1 Ablauforganisatorische Gestaltungsmöglichkeiten

Nach ihrem Gegenstand kann die organisatorische Gestaltung in ablauf- und aufbauorganisatorische Probleme unterteilt werden. Während sich die Aufbauorganisation, die in Abschnitt 7.2.6.2 ausführlich vorgestellt wird, mit der Strukturierung von Unternehmen in arbeitsteilige, funktionsfähige Teileinheiten sowie deren Regelung durch Kompetenz- und Unterstellungsverhältnisse beschäftigt, befasst sich die Ablauforganisation mit der „raumzeitlichen Strukturierung der zur Aufgabenerfüllung der Unternehmung erforderlichen Arbeits- und Bewegungsvorgänge" (Grochla, S. 25). Sie bezieht sich dabei auf:

- die **Arbeitsverteilung**, also die Bildung einzelner Arbeitsvorgänge und deren Zuordnung auf einzelne Arbeitsträger,

- die **Arbeitsvereinigung**, die die Arbeitsvorgänge in zeitlicher Hinsicht abstimmt und festlegt,

- sowie die **Raumgestaltung**, in deren Rahmen die zweckmäßige Ausstattung der Arbeitsplätze geregelt wird.

Mit der optimalen Gestaltung der Ablauforganisation versuchen die Unternehmen vor allem drei Ziele zu verwirklichen. Die beiden, besonders in der Immobilienbranche, wesentlichen Punkte sind das **Prinzip der Termineinhaltung** und damit verbunden das **Prinzip der Zeitminimierung**. Dabei liegt die organisatorische Aufgabe darin, Fertigungs- und Auftragstermine optimal aufeinander abzustimmen und die Erfüllung der Aufgaben so zu gestalten, dass möglichst keine Wartezeiten entstehen. Gelingt dies, werden die Zeiten, in denen Arbeitskräfte und Betriebsmittel nicht zum Einsatz kommen, so minimiert, dass vorhandene Kapazitäten bestmöglich ausgenutzt werden und das dritte Ziel im Rahmen der Gestaltung der Ablauforganisation ebenfalls erreicht wird, das **Prinzip der Kapazitätsauslastung**. Gerade bei komplexen und arbeitsteilig strukturierten Produktionsprozessen – wie in der Bauwirtschaft üblich – ist eine termingerechte und auch wirtschaftliche Fertigstellung der meisten Bauwerke nur mit Hilfe einer detaillierten Ablauf- und Terminplanung möglich.

Bei der Planung sind allerdings verschiedene Einschränkungen zu berücksichtigen, so z.B. dass

- Arbeitskräfte und Betriebsmittel in der Regel nur in begrenzter Zahl für eine Tätigkeit oder das gesamte Bauvorhaben eingesetzt werden können,

- bestimmte Tätigkeiten von anderen abhängig sind und erst nach deren Abschluss beginnen können,

- bestimmte Tätigkeiten witterungsbedingt nur zu gewissen Jahreszeiten durchgeführt werden können.

Zu den Instrumenten der Ablaufplanung gehören Bauphasenpläne, Balkendiagramme, Zeit-Leistungsdiagramme sowie Netzpläne. Mit Hilfe von **Bauphasenplänen** können technische Einzelheiten eines Bauprozesses in logischer Folge strukturiert und der Bauablauf erörtert werden. Mit dem **Balkendiagramm** können sowohl der zeitliche Einsatz der an einem Bauvorhaben beteiligten Unternehmen als auch der eigentliche Einsatz von Arbeitskräften und Betriebsmitteln geplant werden. Auf der vertikalen Achse werden die Gewerke bzw. die Arbeitsvorgänge abgebildet, die Dauer und der geplante Beginn bzw. Endzeitpunkt einer Verrichtung bei angenommener Durchschnittsleistung finden sich auf der horizontalen Achse. Die Balken werden durch Eintragung der Vorgänge, des Gesamtaufwandes an Stunden respektive Arbeitskräften, etc. ergänzt.

Der Arbeitsfortschritt kann durch **Zeit-Leistungsdiagramme** dargestellt werden. Auf der Vertikalen wird hier die Zeit, auf der horizontalen Achse der für jeden Vorgang dazugehörige Vollendungsgrad (in Prozent) aufgetragen. Für jede Verrichtung ergibt sich somit eine Gerade, die umso steiler verläuft, je kürzer der Vorgang dauert.

Durch die **Netzplantechnik** lassen sich Abhängigkeiten bzw. Anordnungsbeziehungen zwischen den einzelnen Tätigkeiten verdeutlichen. Das gesamte Bauprojekt wird dabei in Einzelabläufe zerlegt. Jeder Einzelablauf ist dabei ein „Zeit verbrauchendes Geschehen" – hierzu zählen z.B. auch Lieferzeiten, Zeiten für das Abbinden des Betons, etc. Um die Abhängigkeiten zwischen den einzelnen Abläufen darzustellen, sind bei jeder Tätigkeit nachfolgende Fragen zu beantworten:

1. Welche anderen Tätigkeiten müssen unmittelbar vorher abgeschlossen sein?

2. Welche anderen Tätigkeiten können unmittelbar nach Abschluss der betrachteten beginnen?

3. Welche anderen Tätigkeiten können unabhängig davon parallel ausgeführt werden?

Auf diese Weise können frühestmögliche und spätest zulässige Termine sowie Zeitreserven geplant werden. Darüber hinaus kann mit der Netzplantechnik der so genannte **„kritische Weg"**, also jene Tätigkeitsfolge, bei der jede Verzögerung unmittelbar auf den Endtermin durchschlägt, dargestellt werden. (vgl. Pfarr, S. 278f.). Weitere Ausführungen zu den Instrumenten der Ablaufplanung finden sich auch in Punkt 4.3.3.4.

7.2.6.2 Aufbauorganisatorische Gestaltungsmöglichkeiten

7.2.6.2.1 Funktionale Organisation

Von funktionaler Organisationsstruktur wird gesprochen, wenn die zweitoberste Hierarchieebene eines Unternehmens eine Spezialisierung nach Verrichtungen vorsieht und das gesamte System funktional prägt. Die größten organisatorischen Einheiten heißen **Funktionsbereiche**. Am häufigsten findet man die funktionale Organisation bei Unternehmen vor, die **nur ein Produkt** herstellen oder über ein **relativ homogenes Produktprogramm** verfügen, wie etwa kleinere Bauunternehmen (vgl. zur funktionalen Organisation stellvertretend Probst, S. 53ff.; Schreyögg, S. 129ff.).

Reine Funktionalorganisationen sind in der Immobilienwirtschaft selten zu finden. Häufig sind die Grenzen zwischen der Funktionalorganisation und der divisionalen Organisation (vgl. hierzu auch den folgenden Abschnitt) jedoch fließend. So sind die Geschäftsbereiche eines divisional gegliederten Unternehmens oft zusätzlich nach Verrichtungen strukturiert. Ein Beispiel hierfür liefert die Vivico Real Estate GmbH, wie Abbildung 231 veranschaulicht. In der zweitobersten Hierarchieebene nach Regionen gegliedert, findet dort in den einzelnen Niederlassungen eine weitere funktionale Strukturierung nach Projektentwicklung, Vermarktung und Objektmanagement statt.

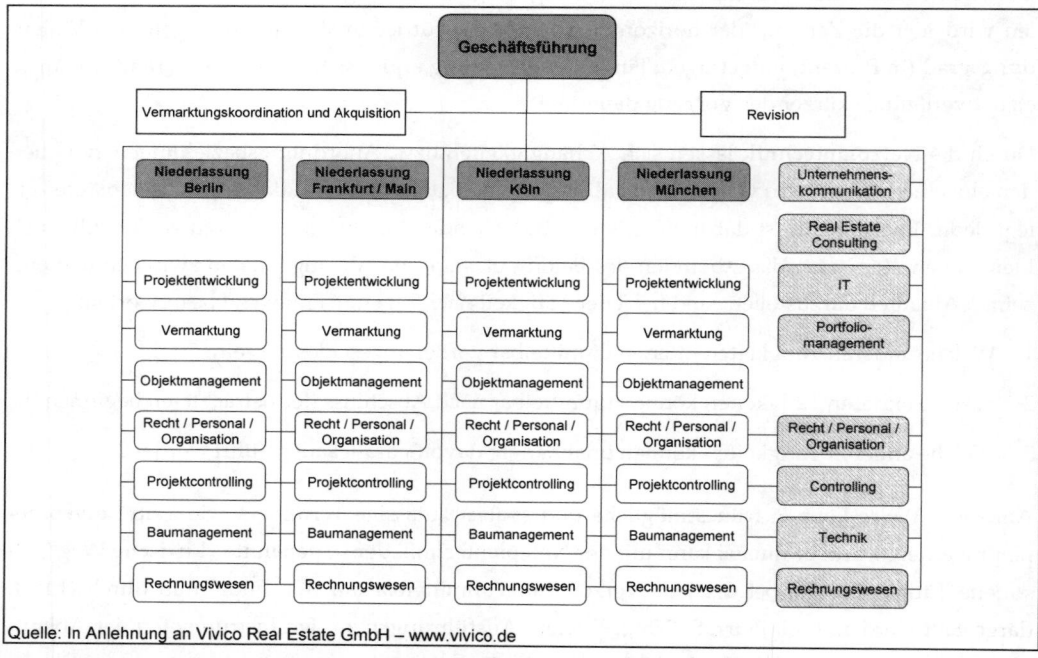

Abbildung 231: Die Vivico Real Estate GmbH als Beispiel für eine Funktionale Organisation

Der wesentliche **Vorteil** der **Funktionalorganisation** ist in der hohen Effizienz der Aufgabenlösung zu sehen. Mit einer funktionalen Strukturierung lässt sich – verglichen mit anderen Strukturierungskonzepten – eine höchstmögliche Nutzung von Größen- und Spezialisierungsvorteilen erreichen. So kann z.B. die Abteilung „Beschaffung" Immobiliendienstleistungen, wie Hausmeister- oder Sicherheitsdienstleistungen, rationeller einkaufen und günstigere Lieferkonditionen aushandeln. Gleichzeitig können bei der Leistungserstellung Losgrößenvorteile und die Fixkostendegression bei spezialisiertem Maschineneinsatz (beispielsweise Hebebühnen für die Fassadenreinigung) genutzt werden. Darüber hinaus unterstützt diese Organisationsform die Herausbildung von Spezialisten mit hoher Verfahrensinnovationsorientierung (Innovationsfähigkeit), hemmt jedoch die Entwicklung von Generalisten.

Die konsistente Ausrichtung der einzelnen Funktionen auf ihre Teilaktivitäten birgt zugleich die größte **Schwäche** der **Funktionalorganisation**. Sie fördert ein Bereichsdenken und schafft Ressortegoismus, der nicht selten zu suboptimalen Ergebnissen führt. Da jeder Teilbereich der funktionalen Organisation sich nur an der Erfüllung seiner jeweiligen Aufgaben orientiert, ohne zu berücksichtigen, welche Konsequenzen daraus für den Erfolg des Gesamtbereichs resultieren, können Interessenkonflikte entstehen. Klassisches Beispiel ist hier der Konflikt zwischen Bauabteilung und den für die Bewirtschaftung zuständigen Bereichen eines Unternehmens. Zugunsten einer niedrigeren Erstinvestition wird in der Bauphase häufig auf Lösungen verzichtet, die dazu beitragen könnten, während der Nutzungsphase die Bewirtschaftungskosten so zu senken, dass ein wesentlich höherer Betrag eingespart werden kann.

Die starke Arbeitsteilung führt zudem zu einer hohen Zahl an Schnittstellen und somit zu einem größeren Koordinations- und Kommunikationsbedarf zur Erreichung der Gesamtaufgabe. Da vielfältige Interdependenzen zwischen den Teilbereichen bestehen, müssen – um eine ganzheitliche Problemlösung zu gewährleisten – zahlreiche Stellen und Aufgabenträger in den Entscheidungsprozess eingebunden werden. Dies erhöht den Zeitbedarf bis zur Entscheidungsfindung und verhindert ein schnelles Reagieren auf veränderte Nutzungsanforderungen. Außerdem kann sich die der Funktionalorganisation immanente starke Arbeitsteilung negativ auf die Motivation der Mitarbeiter auswirken (uninteressante Arbeitsinhalte, Monotonie, fehlende Sinnbezüge).

Die Schwächen der Funktionalorganisation lassen sich jedoch durch die Erweiterung zu einer **Stab-Linien-Organisation** abmildern. Dabei werden Stabsstellen zur Unterstützung bzw. Leitung der funktional ausgerichteten Linieninstanzen in bestimmten Einzelbereichen gebildet. Diese sind nicht direkt in die Linien eingegliedert und können entsprechend unabhängiger agieren (vgl. Bühner, S. 137ff.).

7.2.6.2.2 Divisionale Organisation

Bei der divisionalen Organisation bilden **Immobilientypen** (z.B. Gewerbeimmobilien, Wohnimmobilien, Industrieimmobilien, Sonderimmobilien), **Märkte** bzw. **Regionen** (z.B. Nord-, Süd-, Ost-, Westdeutschland) oder auch **Geschäftsbereiche** das strukturierende Kriterium für die Arbeitsteilung. Die größten organisatorischen Einheiten werden als **Divisionen, Sparten** oder **Geschäftsbereiche** bezeichnet (vgl. Laux/Liermann, S. 290ff.).

Welches Kriterium bei der Ausgestaltung der Unternehmensstruktur letztlich Anwendung findet, hängt entscheidend davon ab, in welcher Weise die Anforderungen der Kunden am besten erfüllt werden können. So bietet sich eine Regionalorganisation an, wenn ein hohes Maß an lokaler Expertise erforderlich ist. Dies ist beispielsweise bei einem Maklerunternehmen mit mehreren regional tätigen Niederlassungen der Fall. Eine Trennung nach Immobilientypen hingegen ist nur sinnvoll, wenn ein ausreichend großes Volumen in jeder Sparte erreicht wird. Ansonsten ist der organisatorische Zusatzaufwand für die einzelnen Sparten zu groß.

Folgende Praxisbeispiele zeigen zwei Möglichkeiten für eine divisionale Gliederung.

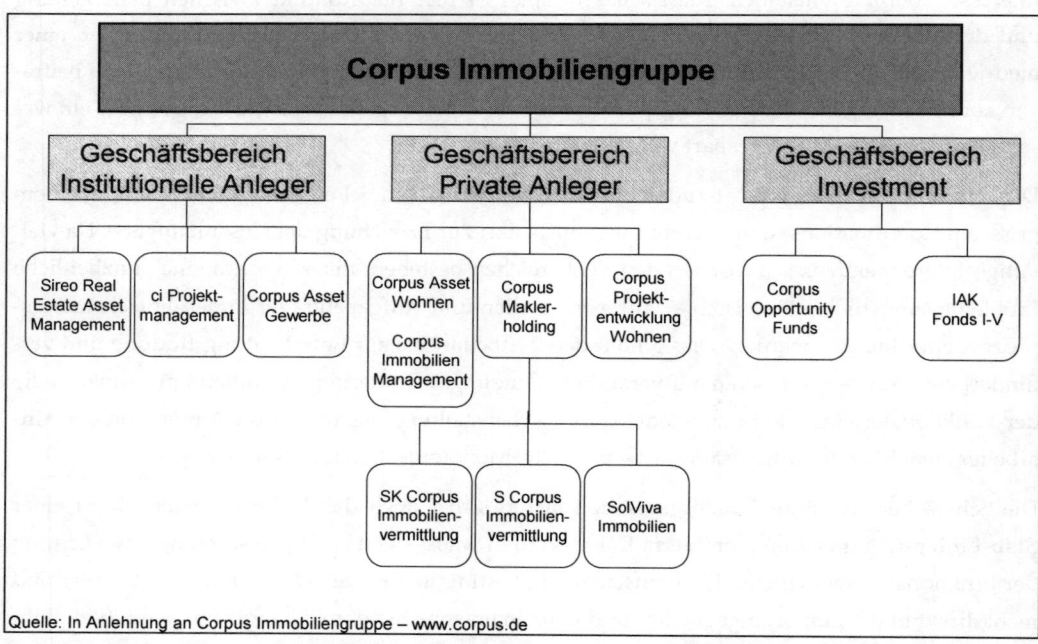

Quelle: In Anlehnung an Corpus Immobiliengruppe – www.corpus.de

Abbildung 232: Die Corpus Immobiliengruppe als Beispiel für eine Divisionale Organisation

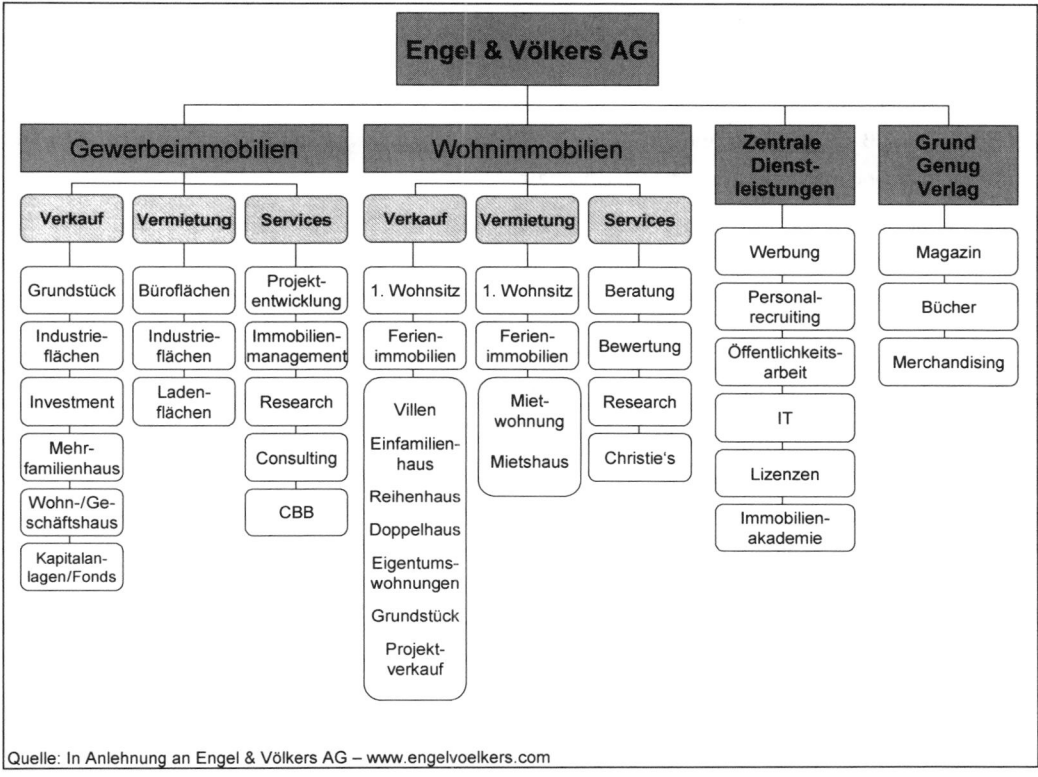

Abbildung 233: Die Engel & Völkers AG als Beispiel für eine divisionale Organisation

Der entscheidende **Vorteil** der **divisionalen Organisation** liegt in der spezifischen Nutzerorientierung, da dieses Organisationsmodell einen besonders engen Kontakt zu den (internen und externen) Auftraggebern und Nutzern der verschiedenen Produkte und Dienstleistungen des Immobilienmanagements fördert. Da jede Sparte alle wichtigen Managementfunktionen beinhaltet, wird sie in gewisser Hinsicht zum Unternehmen im Unternehmen.

Die Position des Spartenleiters lässt sich mit der eines Unternehmers vergleichen, der flexibel und innovativ auf Veränderungen im Umfeld reagiert. So kann er beispielsweise auf quantitative und qualitative Veränderungen des Immobilienbedarfs im Rahmen der Divisionalorganisation angemessen reagieren, da die Koordination der internen Leistungsverflechtungen wesentlich weniger problematisch ist als bei einem funktional ausgerichteten Unternehmen. Durch die relativ hohe Selbständigkeit der Teilbereiche wird unternehmerisches Denken gefordert und gefördert, wodurch zusätzliches Motivationspotenzial der Mitarbeiter erschlossen wird.

Auch die Innovationsfähigkeit ist bei der divisionalen Organisation tendenziell höher, da Anregungen aus dem Markt durch die erhöhte Marktsensibilität gut aufgenommen und durch die objektorientierte Strukturierung und die Verantwortungszuordnung mit ausreichendem Nachdruck umgesetzt werden können. So entwickeln sich beispielsweise die Immobilienmärkte häufig regional unterschiedlich. Ein divisional, z.B. nach Regionen, gegliedertes Unternehmen kann lokale Einflüsse und Bedürfnisse schneller wahrnehmen und entsprechend darauf reagieren als eine nach Funktionsbereichen gegliederte Gesellschaft.

Ein weiterer Vorteil ist, dass relativ problemlos weitere objektorientierte Einheiten, wie beispielsweise eine zusätzliche Niederlassung bei einer regional ausgerichteten Organisation, angegliedert werden können, ohne weit reichende Eingriffe in die Gesamtorganisation vornehmen zu müssen.

Den Vorteilen einer **divisionalen Organisationsstruktur** stehen jedoch einige erhebliche **Schwächen** gegenüber. Hervorzuheben sind vor allem die Effizienzverluste durch mangelnde Teilbarkeit von Ressourcen. Bei konsequenter Verwirklichung dieser Organisationsform, d.h. bei Ausstattung aller Sparten mit den jeweiligen personellen und sachlichen Ressourcen, kann die eingeschränkte Teilbarkeit dazu führen, dass

- vorhandene Kapazitäten nicht voll genutzt,

- Spezialisierungsvorteile eingeschränkt und

- geringere „economies of scale" erzielt werden können.

Diese Tatsache führt daher häufig zu einer organisatorischen Modifizierung der reinen Spartenorganisation, beispielsweise durch die **Schaffung von Zentralbereichen**. Diese sind für mehrere operative Einheiten unterstützend tätig und haben in den von ihnen betreuten Bereichen Entscheidungsbefugnisse.

Ein weiterer Problembereich betrifft die Marktinterdependenzen. Hervorzuheben sind insbesondere konditionenpolitische Interdependenzen, zu denen es kommt, wenn die Sparten einzeln auf dem Beschaffungsmarkt für Immobilien oder Immobiliendienstleistungen auftreten. Die Folge ist in der Regel eine schwächere Verhandlungsposition gegenüber den Marktpartnern. Unter Umständen werden den Sparten sogar unterschiedliche Konditionen gewährt. Gerade Non-Property-Companies, die über einen erheblichen Bestand an nicht betriebsnotwendigen Immobilien verfügen, müssen im Rahmen des Corporate Real Estate Managements in diesem Zusammenhang ein aktives Flächenmanagement betreiben und so zu hohe Kosten bzw. Fehlinvestitionen vermeiden (vgl. zu dieser Problematik auch Abschnitt 7.2.7).

Darüber hinaus sind noch andere spezifische Charakteristika der Spartenorganisation zu berücksichtigen. So wird der große Bedarf an qualifizierten Führungskräften häufig als Nachteil gesehen. Auch birgt die quasi-autonome Stellung der Sparten die Gefahr einer weit reichenden Verselbständigung, die dazu führen kann, dass übergeordnete Ziele des Gesamtunternehmens vernachlässigt und mögliche Verbundeffekte nur unzureichend genutzt werden (vgl. stellvertretend für weitere Ausführungen zur Divisionalorganisation Bühner, S. 145ff.; Probst, S. 63ff.; Kieser/ Walgenbach, S. 87f.).

7.2.6.2.3 Matrixorganisation

Grundsätzlich kann das Matrixprinzip auch auf Immobilienunternehmen angewendet werden. Da es sich bei der Matrixorganisation jedoch um eine sehr komplexe und kostenintensive Organisationsform handelt, ist ihr Einsatz nur unter bestimmten Bedingungen sinnvoll und empfehlenswert:

- Die erste Voraussetzung für den sinnvollen Einsatz einer Matrixorganisation ist die Existenz **zweier unterschiedlicher Referenzsysteme** und ein starker Druck, beiden gleichermaßen gerecht zu werden („Outside pressure for dual Focus"). Beispielsweise sind in der Projektentwicklung für gewöhnlich Zeit-, Qualitäts- und Kostenaspekte zu berücksichtigen, gleichzeitig besteht die Notwendigkeit einer klaren Ausrichtung auf die speziellen Wünsche des Auftraggebers. Dieser verlangt in der Regel einen offiziell ausgewiesenen Projektleiter, der die Koordination übernimmt.

- Eine weitere Bedingung ist, dass die zu erfüllenden Aufgaben durch **hohe Komplexität** sowie durch **hohen Neuigkeits- und Risikograd** gekennzeichnet sind. Daraus resultiert ein höherer Informationsverarbeitungsbedarf („Pressures for high information-processing capacity"). So ändern sich z.B. die Inhalte und Randbedingungen im Rahmen einer Projektentwicklung sehr häufig, die Pläne bedürfen einer fortwährenden Anpassung. Hierfür müssen eine Vielzahl von Personen und Abteilungen einbezogen werden, dies erhöht den Informationsverarbeitungsbedarf. Der Effekt verstärkt sich, wenn, wie bei größeren Projektentwicklern üblich, verschiedene Projekte parallel nebeneinander laufen.

- Die dritte Voraussetzung ist der **Zwang zur gemeinsamen Nutzung von Ressourcen** („Pressures for shared resources"). Vielfach ist es aus technischen oder ökonomischen Gründen nicht vertretbar, Expertenkenntnisse oder Spezialeinrichtungen zu teilen. Je stärker der Wettbewerb, desto stärker ist der Druck, vorhandene Ressourcen für die verschiedenen Produkte oder Projekte gemeinsam zu nutzen. In diesem Zusammenhang bedarf es eines kontinuierlichen Kapazitätsabgleichs innerhalb der Funktionsbereiche.

Die Matrixorganisation eignet sich also zum einen für jene Immobilienunternehmen, die zwar in mehrere voneinander abgrenzbare Objektbereiche zerlegbar sind, für die jedoch eine entsprechende Aufteilung der Ressourcen nach Objektbereichen wirtschaftlich nicht sinnvoll ist. Dies wird vor allem bei Unternehmen mittlerer Größe der Fall sein. Zum anderen bietet sich die Matrixorganisation für solche Unternehmen an, die stark projektbezogen arbeiten, also beispielsweise ihren Tätigkeitsschwerpunkt in der Projektentwicklung haben. Nicht zuletzt ist diese Organisationsform auch für Immobilieneinheiten denkbar, die national oder sogar international agieren, die objektbereichsspezifische Erfordernisse aber genauso berücksichtigen müssen wie regionale Anforderungen.

Der für eine Immobilienart zuständige Matrixmanager ist verantwortlich für die Generierung und Aufbereitung der immobilienbezogenen unternehmensinternen und -externen Informationen, die Planung, Entwicklung und Realisierung marktgerechter Immobilien, den Entwurf von Bewirtschaftungsplänen und Marketingprogrammen sowie die Entwicklung langfristiger Wachstums- und Wettbewerbsstrategien. Er greift dabei auf die von den Funktionsbereichen bereitgestellten personellen und technischen Ressourcen zurück. Den Funktionsmanagern obliegt es, über die verschiedenen Objektbereiche hinweg für eine effiziente Nutzung der Ressourcen zu sorgen.

Eine reine Matrixorganisation von Immobilienunternehmen ist in der Praxis bislang eher selten anzutreffen.

Der wesentliche **Vorteil der Matrixorganisation** liegt in der umfassenden Betrachtungsweise der immobilienbezogenen Aufgaben. Die Berücksichtigung verschiedener Perspektiven (z.B. Verrichtungs- versus Objektspezialisten) wird organisatorisch institutionalisiert. Durch eine Matrixorganisation lässt sich beispielsweise das Unternehmen an den Nutzern bzw. Kunden ausrichten, ohne dass funktionelle Effizienzgesichtspunkte in den Hintergrund treten. Der Konflikt zwischen Differenzierungs- und Integrationsbestrebungen wird dabei als produktives Element verstanden, das Abstimmungsprobleme thematisiert und argumentativ zugänglich macht. Diese **„Institutionalisierung des Konfliktes"** wirkt sich positiv auf die Innovationsfähigkeit des Unternehmens aus. Da Probleme aus den unterschiedlichsten Perspektiven betrachtet werden, sind Matrixstrukturen sehr viel mehr als traditionelle Einlinienorganisationen in der Lage, Innovationen anzuregen und aufzugreifen.

Darüber hinaus zeichnet sich diese Organisationsform durch eine hohe **Dispositionsfähigkeit und Flexibilität** aus. So wird der Entscheidungsprozess vor allem durch die direkten Kommunikationswege zwischen den Instanzen beschleunigt. Dies ermöglicht eine rasche Reaktion auf wechselnde Problemsituationen. Außerdem kann ein nach dem Matrixprinzip organisierter Immobilienbereich durch die Schaffung bzw. Auflösung von Objektbereichen verhältnismäßig einfach an veränderte Aufgabenstellungen strukturell angepasst werden. Sie erfüllt somit den Anspruch an die situative Flexibilität der Organisation. Zudem ist es möglich, die quantitative und qualitative personelle Zusammensetzung der Objektbereiche ändernden Aufgabenvolumina anzupassen, ohne die Grundstruktur wesentlich zu ändern.

Den genannten Vorteilen der **Matrixorganisation** stehen allerdings auch wesentliche **Nachteile** gegenüber. Zu nennen sind insbesondere die vergleichsweise hohen Kosten der Matrixorganisation, da – bedingt durch die zusätzliche Leitungsdimension – eine größere Zahl von qualifizierten Führungskräften als in anderen Organisationsformen benötigt wird.

Darüber hinaus sind mit der Matrixorganisation auch erhebliche **Risiken** verbunden. Besonders problematisch ist das hohe Konfliktpotenzial. Fehlen entsprechende Konfliktlösungsstrategien und -mechanismen, kehrt sich der intendierte positive Effekt in einen negativen um. Ein großes Problem sind in diesem Zusammenhang Machtkämpfe zwischen den Linien- und Matrixinstanzen. Gegenseitiges Blockieren von Entscheidungen und langwierige Diskussionen führen zu Reibungsverlusten und können eine schnelle Reaktion auf Veränderungsnotwendigkeiten verhindern. Dies wirkt sich negativ auf die Innovationsfähigkeit und die Dispositionsfähigkeit des Immobilienbereichs aus. Ein besonderer Problembereich ergibt sich für die Mitarbeiter. Bei sich widersprechenden Anweisungen führt die Doppelunterstellung bei den Mitarbeitern zu belastenden Stresssituationen („Man wird zwischen den Fronten zerrieben"). Häufig sind es letztendlich die Mitarbeiter, die – aus einem Handlungsdruck heraus – ungelöste Konflikte entscheiden müssen. Damit verbunden sind auch schwere Loyalitäts- und Identifikationsprobleme.

Zusammenfassend lässt sich feststellen, dass die Matrixorganisation ein sehr anspruchsvolles Organisationskonzept ist, das zwar große Chancen für die Bewältigung der hochkomplexen Aufgaben des Immobilienmanagements bietet, das aber auch erhebliche Gefahren birgt, wenn die Zusammenarbeit zwischen verrichtungs- und objektorientierten Bereichen nicht gewährleistet ist. Abbildung 234 zeigt ein Organigramm der HPE Property AG, die sich für die Matrixorganisation entschieden hat.

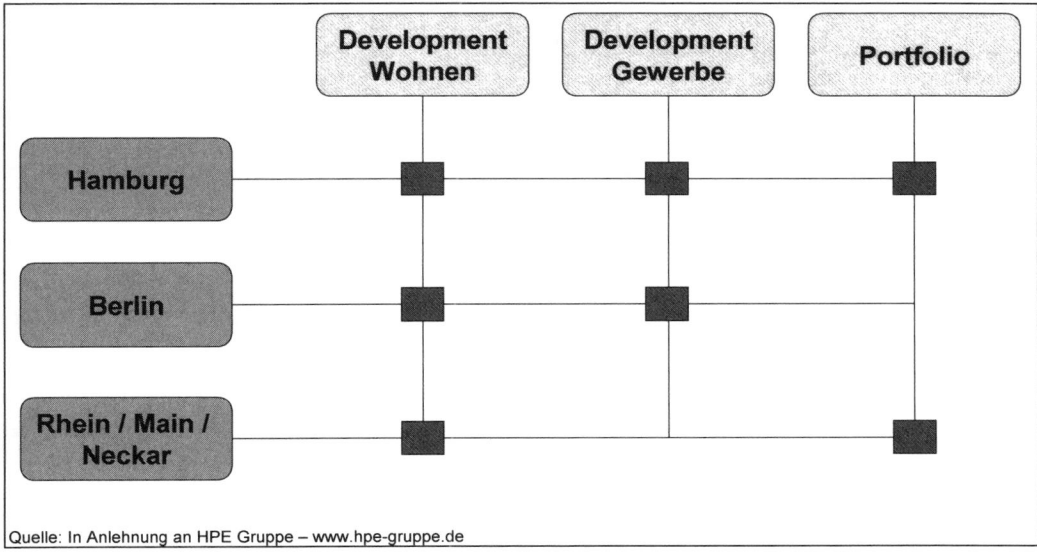

Quelle: In Anlehnung an HPE Gruppe – www.hpe-gruppe.de

Abbildung 234: Die HPE-Gruppe als Beispiel für eine Matrixorganisation

7.2.6.2.4 Projektorganisation

Die Projektorganisation findet sich in der Immobilienwirtschaft, insbesondere bei Projektentwicklungsunternehmen, sehr häufig. Zur Bewältigung einer bestimmten Sonderaufgabe, etwa der Planung, der Entwicklung oder dem Bau einer neuen Immobilie, eignen sich bestehende Organisationsstrukturen oft nur bedingt. Sie ermöglichen nicht den nötigen Freiraum, den ein bestimmtes Projekt erfordert, so dass die Einführung einer Projektorganisation sinnvoll sein kann. Gleichzeitig erfordern komplexe Projekte die ungeteilte Aufmerksamkeit des für sie zuständigen Personals, so dass ihre organisatorische Einbettung in eine Linie in der Regel nicht Erfolg versprechend ist. Das Projekt bedeutet dann für die zuständigen Mitarbeiter lediglich eine Zusatzbelastung und wird entsprechend halbherzig angegangen (vgl. Kraus, S. 25).

Die Projektorganisation ist in der Regel von folgenden Merkmalen bestimmt:

- **Einmaligkeit** bzw. **Singularität** der Aufgabe. Das organisatorisch zu erfassende Problem ist für die Institution neu, die Wege zu dessen Lösung sind für gewöhnlich nicht oder nur in Teilbereichen bekannt. Es bedarf also entsprechend angepasster organisatorischer Strukturen.

- Die zu bearbeitenden Projekte weisen einen **hohen Komplexitätsgrad** auf. Dieser lässt sich vor allem an der Zahl der zur Aufgabenerfüllung notwendigen Aktivitäten, der Zahl der am Projekt beteiligten Personen und den Interdependenzen zwischen den verschiedenen Teilaufgaben messen.

- Die Bewältigung der mit einem neuen Projekt verbundenen Aufgaben erfordert **innovative Lösungen**, die oft in ihrem Wirkungsgeschehen den bisher gesteckten organisatorischen Rahmen überschreiten. So ist häufig gleichermaßen das Mitwirken von Spezialisten wie auch die Nutzung bereits gemeinsam vorhandener Ressourcen von Nöten.

- Schließlich hat jedes Projekt einen genau definierten Beginn und einen festgelegten Abschlusszeitpunkt. Gleichzeitig beinhaltet jedes Projekt drei miteinander konkurrierende Ziele – Kosten-, Qualitäts- und Terminziele, die für jedes Projekt ein **originäres Zielsystem** abbilden. So soll die Erledigung der Projektaufgaben qualitativ herausragend sein, gleichzeitig geschieht die Aufgabenerfüllung jedoch unter **hohem Zeit- und Kostendruck**, da die vorgegebenen Budgets eingehalten werden müssen (vgl. Thommen, S. 806). Dies ist aufgrund der gerade in der Bauwirtschaft vorherrschenden geringen Gewinnspannen von großer Wichtigkeit, um den Erfolg des Gesamtprojektes nicht zu gefährden.

Die unterschiedlichen Ausprägungsformen der Projektorganisation lassen sich vor allem im Hinblick auf zwei Kriterien voneinander abgrenzen, nämlich der **Ressourcenautonomie** und dem **Grad der Verselbständigung** gegenüber der Hauptorganisation. Dabei gilt es zu berücksichtigen, dass die bestehenden Projekte grundsätzlich abteilungsübergreifend und losgelöst von Problemen der übrigen Organisation bearbeitet werden. Man unterscheidet zwischen der **Projektkoordination**, der **reinen Projektorganisation** und der **Matrixprojektorganisation**.

Projektkoordination

Die Projektkoordination, auch als Stab-Projektorganisation bezeichnet, weist den geringsten Autonomiegrad gegenüber der Hauptorganisation auf. Der Projektleiter bekleidet in der Regel eine Stabsstelle und ist der Unternehmensleitung unterstellt. Er hat gegenüber den Linienvorgesetzten nur Beratungsbefugnisse und kann auf Entscheidungsprozesse nur durch Informationen einwirken. Diese Form der Organisation eignet sich eher für weniger komplexe Projekte oder Aufgaben mit einem niedrigen Neuigkeitsgrad.

Reine Projektorganisation

In der reinen Projektorganisation wird hingegen die Idee einer Sekundärorganisation aufgegeben. Der Projektleiter erhält sämtliche zur Erfüllung der Projektaufgabe notwendigen Ressourcen und Befugnisse. Die übrigen Projektbeteiligten werden für die Dauer des Projektes aus ihren bisherigen Betriebsbereichen ausgegliedert und direkt dem Projektleiter unterstellt. Es wird also eine eigene Organisationseinheit geschaffen, wodurch Kompetenzkonflikte und Doppelunterstellungen vermieden werden können. Gleichzeitig wird sichergestellt, dass die Projektbeteiligten ihre gesamte Arbeitskraft und Aufmerksamkeit dem Projekt widmen.

Diese Form der Organisation birgt allerdings gleichzeitig die Gefahr, durch die vollständige Trennung des Projektteams von der übrigen Organisation, den Linieninstanzen qualifizierte Arbeitskräfte für die Dauer des Projektes vollständig zu entziehen. Diese Form der Projektorganisation eignet sich insbesondere für hochkomplexe, neuartige Projekte.

Matrixprojektorganisation

Die Matrixprojektorganisation ist, sowohl was den Grad der Verselbständigung von der Primärorganisation angeht als auch bei der gewährten Ressourcenautonomie, weniger stark ausgeprägt als die reine Projektorganisation. Sie findet in der Immobilienbranche allerdings die weiteste Verbreitung, da dort komplexe Großprojekte eher die Regel als die Ausnahme darstellen. Dadurch entsteht bei bestimmten wiederkehrenden Handlungen innerhalb eines Projektes in der Unternehmung eine gewisse Routine. In diesen Bereichen kann eine Effizienzsteigerung durch die Nutzung vorhandener Sach- und Personalressourcen in mehreren Projekten erreicht werden. Sie unterscheidet sich insofern nur darin von der oben beschriebenen Matrixorganisation, als sie auf die Dauer des jeweiligen Projektes beschränkt ist.

Dieses Vorgehen erfordert jedoch auch hier bei der organisatorischen Gestaltung eine klare Abgrenzung der Kompetenzen und Aufgaben zwischen Projekt und Linie, da die Teammitglieder gleichzeitig dem Projektleiter und den Linienverantwortlichen unterstehen. Dabei obliegt dem Projektleiter die Verantwortung für das originäre Zielsystem, also für die Einhaltung von Kosten- und Zeitbudgets im Rahmen des projektbezogenen Entscheidungssystems, wohingegen den Linienvorgesetzten die Verantwortung für die von ihnen geführten Funktionen zukommt (vgl. zu den Formen der Projektorganisation Thommen, S. 807f.; Kraus, S. 9ff.; Schreyögg, S. 190ff.).

Die Matrixprojektorganisation findet man in zahlreichen Varianten, wobei die Aufsplittung von Weisungs- und Kontrollbefugnissen zwischen Projektteam und Linie das wesentliche Unterscheidungsmerkmal darstellt. Abbildung 235 stellt eine mögliche Ausgestaltung der Matrixprojektorganisation schematisch dar.

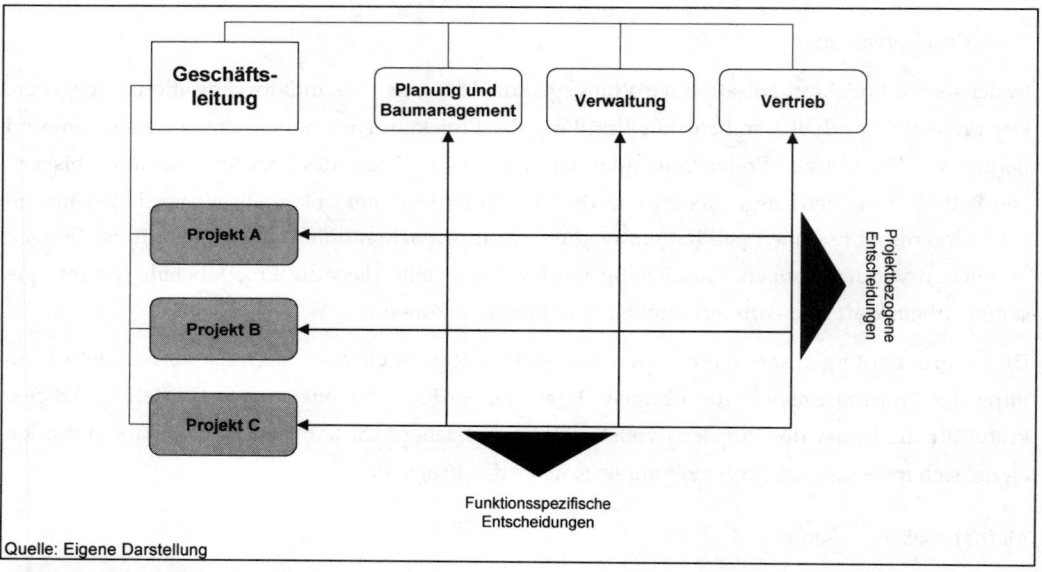

Abbildung 235: Matrixprojektorganisation

Obgleich die betriebswirtschaftliche Organisationslehre in der Regel die in den Abschnitten 7.2.6.1 und 7.2.6.2 beschriebenen Konzepte der Aufbau- und Ablauforganisation – also die Unterscheidung zwischen Struktur und Prozess – als zwei getrennte Problembereiche behandelt, erweist sich diese Differenzierung in der Praxis letztlich als wenig sinnvoll. In der praktischen Ausgestaltung greifen beide Gestaltungsaufgaben so tief ineinander, dass eine getrennte Optimierung nicht möglich ist. Aufbau- und Ablauforganisation sind vielmehr eng miteinander verzahnt, sie bedingen einander und bauen aufeinander auf: die Aufbauorganisation bildet dabei den organisatorischen Rahmen, innerhalb dessen sich die erforderlichen Arbeitsprozesse vollziehen können. Sie muss aber gleichsam die Flexibilität aufweisen situativ auf Veränderungen reagieren zu können. Außerdem ist ein solcher Rahmen nur dann sinnvoll zu bestimmen, wenn genaue Vorstellungen über die Arbeitsprozesse bestehen, die sich innerhalb dieses Rahmens vollziehen sollen.

7.2.7 Organisatorische Gestaltungsmöglichkeiten des betrieblichen Immobilienmanagements bei Non-Property-Companies

7.2.7.1 Integration des betrieblichen Immobilienmanagements

Wachsender Wettbewerbsdruck in vielen Märkten sowie steigende Anforderungen von Aktionären und Fremdkapitalgebern haben in den letzten Jahren dazu geführt, dass zahlreiche so genannte Non-Property-Companies, also Gesellschaften, deren Kerngeschäftsfeld nicht im Immobilienbereich angesiedelt ist, gezwungen waren, sich aktiv mit ihren zum Teil erheblichen Immobilienbeständen auseinander zu setzen (vgl. hierzu auch Punkt 1.2.2.2). Die gängige Praxis, das betriebliche Immobilien-Portfolio nur zu verwalten, ist angesichts der hohen Kapitalbindung durch die Unternehmensressource „Grundstücke und Gebäude" bei gleichzeitig steigenden Renditeanforderungen der Eigenkapitalgeber nicht mehr zu rechtfertigen. Das Corporate Real Estate Management fand zunächst bei großen, börsennotierten Gesellschaften Anwendung; inzwischen wird es zunehmend auch bei mittelständischen Betrieben eingeführt. Auch diese bemühen sich verstärkt, ihre Immobilienbestände aktiv zu managen (vgl. dazu ausführlich Kapitel 6.2).

Dieser Mentalitätswandel erfordert allerdings eine entsprechende organisatorische Verankerung, sofern die Aufgaben innerhalb des Unternehmens durchgeführt werden sollen. Es muss also vorab die grundsätzliche Frage beantwortet werden, ob eine **interne oder externe Aufgabenerfüllung** sinnvoll erscheint. Theoretisch handelt es sich hierbei um das klassische Problem der optimalen Leistungstiefe eines Unternehmens. Entscheidungen darüber werden in Literatur und Praxis als **Eigen-/Fremd-Entscheidungen** bzw. **Make-or-Buy-Entscheidungen** bezeichnet. Wird das betriebliche Immobilienmanagement „outgesourced", weil sich die auslagernde Gesellschaft davon Kosten- bzw. Wettbewerbsvorteile erwartet, bietet sich einer Reihe von Immobiliendienstleistern ein breites Betätigungsfeld. Gleichzeitig ermöglicht die Fremdvergabe von immobilienspezifischen Leistungen auf Know-how zurückzugreifen, das intern nicht verfügbar ist.

Entscheidet sich eine Non-Property-Company jedoch gegen eine Auslagerung, so hängt eine erfolgreiche interne Durchführung der zusätzlichen Aufgaben im Rahmen des aktiven betrieblichen Immobilienmanagements wesentlich davon ab, inwieweit es gelingt, diese so in die vorhandenen Unternehmensstrukturen einzubinden, dass sowohl die Abstimmung der immobilienbezogenen Aufgaben mit den gesamten betrieblichen Zielen und Strategien, als auch die Abstimmung mit den anderen Unternehmensbereichen möglich ist.

Dabei muss sich die Entwicklung und Einführung entsprechender Organisationsstrukturen an dem vorhandenen Grundgefüge des Unternehmens orientieren, denn in der Regel wird mit der Einführung einer Teilfunktion „Corporate Real Estate Management" keine Reorganisation der grundlegenden Rahmenstruktur des Unternehmens verbunden sein. Vielmehr gilt es, das betriebliche Immobilienmanagement in die bestehende Aufbau- und Ablauforganisation des Unternehmens einzubinden. In diesem Zusammenhang sind zwei wesentliche Parameter zu berücksichtigen und zu regeln:

- Im Rahmen der **vertikalen Einbindung** wird festgelegt, welche Stellung das Immobilienmanagement in der Unternehmenshierarchie einnimmt, mit anderen Worten, mit welchen Kompetenzen das betriebliche Immobilienmanagement ausgestattet wird.

- Die **horizontale Einbindung** bezieht sich auf die Zentralisation der Aufgaben des betrieblichen Immobilienmanagements in einen eigenen Bereich, bzw. der Dezentralisation auf verschiedene Unternehmensbereiche.

7.2.7.2 Hierarchische Integration des betrieblichen Immobilienmanagements

Die Stellung, die das betriebliche Immobilienmanagement in der Hierarchie eines Unternehmens einnimmt, ist ein wesentliches Merkmal des Handlungspotenzials. Sie fixiert den Kompetenzumfang, den das Immobilienmanagement im Verhältnis zu den anderen Unternehmensbereichen hat (vgl. Pierschke, S. 91ff.).

Grundsätzlich ist festzustellen, dass mit zahlreichen Aufgaben des Immobilienmanagements Entscheidungen verbunden sind, die – vor allem aufgrund der hohen Kapitalbindung – zu den wichtigsten Entscheidungen in Unternehmen zählen. So sind Festlegungen in Bezug auf den Standort, die Wahl und Ausgestaltung von Investitions- bzw. Bereitstellungsformen oder der Art und Weise der Verwertung nicht betriebsnotwendiger Immobilien von grundlegender Bedeutung für das Gesamtunternehmen. Überdies zeichnen sich diese Entscheidungen dadurch aus, dass sie langfristige Auswirkungen haben, erhebliche finanzielle und häufig auch personelle Ressourcen binden und meist eine hohe Bedeutung für die Vermögens- und Ertragslage des Unternehmens haben.

In der Praxis sind Immobilieninstanzen, wie eine Untersuchung von Schäfers aus dem Jahr 1997 zeigt, häufig auf der zweiten und dritten Hierarchieebene angesiedelt. Nur in wenigen Unternehmen findet sich der Immobilienbereich in einer nachgelagerten Ebene wieder (vgl. Schäfers, S. 228ff.).

Neben den strategischen Aufgaben sind mit dem Management von Unternehmensimmobilien auch vielfältige taktische und operative Aufgaben verbunden. Sie zeichnen sich durch einen höheren Konkretisierungsgrad aus und beziehen sich kurz- bis mittelfristig auf einzelne Ausführungsaktivitäten bzw. auf bestimmte Unternehmensbereiche. Zu nennen sind in diesem Zusammenhang z.B. der Betrieb gebäudetechnischer Anlagen, Hausmeisterdienste, die Pflege der Außenanlagen oder Winterdienste. Diese Entscheidungen können problemlos auf nachgelagerte Hierarchieebenen übertragen werden.

7.2.7.3 Zentralisation und Dezentralisation der Aufgaben des betrieblichen Immobilienmanagements

Wie zuvor bereits beschrieben, sind Zentralisation und Dezentralisation die generellen Prinzipien der **horizontalen Aufgabenverteilung**. Als **Zentralisation** wird die Zusammenfassung von Aufgaben in einem Teilbereich, beispielsweise in einem Bereich „Immobilienmanagement", verstanden, als **Dezentralisation** die Verteilung von Aufgaben auf verschiedene Unternehmensbereiche.

Generelle Aussagen über den optimalen Grad der Zentralisation bzw. Dezentralisation der Aufgaben des betrieblichen Immobilienmanagements können nicht getroffen werden. Es handelt sich vielmehr um ein äußerst komplexes Entscheidungsproblem, das von einer Vielzahl von Faktoren abhängig ist.

Vor dem Hintergrund der oben beschriebenen hierarchischen Rahmenstruktur stellt sich die Frage nach der organisatorischen Verankerung des Immobilienmanagements als vorwiegend sekundäre Unternehmensfunktion. Im Weiteren werden **zwei grundsätzliche Gestaltungsmöglichkeiten** diskutiert: Zum einen die Möglichkeit einer dezentralen, multiplen Einordnung der Immobilienfunktion in die einzelnen Geschäftsbereiche, zum anderen die Zusammenfassung zu einer zentralen Organisationseinheit.

Dezentrale Organisationslösungen

Eine dezentrale, multiple Organisationslösung liegt vor, wenn das Immobilienmanagement auf Ebene der einzelnen Geschäftsbereiche in der zugrunde gelegten Rahmenstruktur verankert wird. Mit dieser Strukturalternative geht im Regelfall auch die Einräumung weitgehend autonomer Entscheidungs- und Durchführungsbefugnisse hinsichtlich des Einsatzes, der Nutzung und Verwertung von Unternehmensimmobilien für die Geschäftsbereiche einher.

Je nach Größe der Geschäftsbereiche tritt die dezentrale Organisationsalternative in zwei unterschiedlichen Formen auf. Im ersten Fall kommt es vor allem bei kleineren operativen Einheiten zur **Aufspaltung der Immobilienaktivitäten**, d.h. die Immobilienfunktion wird organisatorisch nicht eigenständig gefasst, sodass einzelne Funktionselemente von Linieneinheiten neben ihren eigentlichen (Haupt-)Aufgaben erledigt werden müssen. Abbildung 236 stellt diese Organisationsstruktur dar.

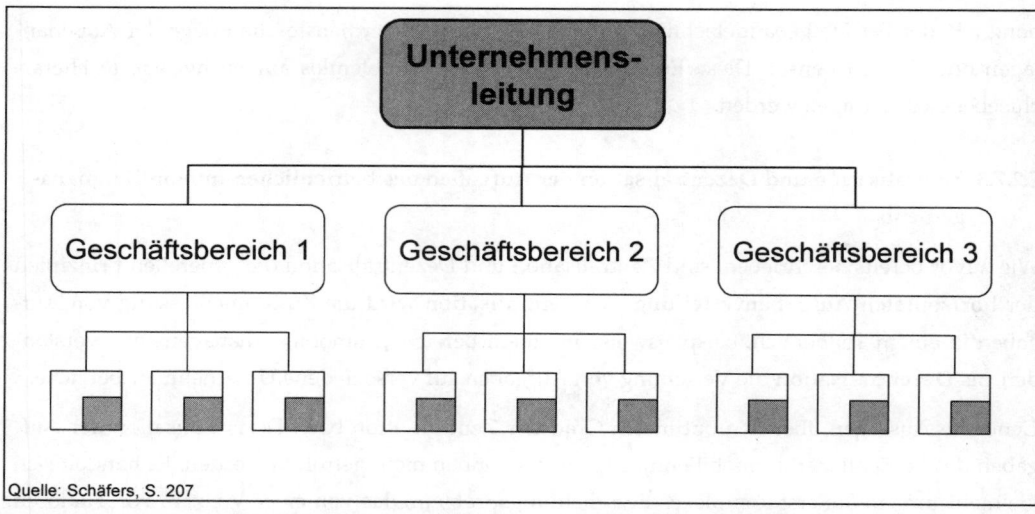

Quelle: Schäfers, S. 207

Abbildung 236: Dezentrale Organisationslösung bei Aufspaltung der Immobilienfunktion

Im zweiten Fall werden die **Linieneinheiten von** diesen „**Nebenaufgaben" entlastet**. Gerade in größeren Geschäftsbereichen findet sich zumeist ein eigenständiger organisatorischer Bereich, in dem sich Spezialisten mit den Immobilienressourcen befassen (vgl. Abbildung 237).

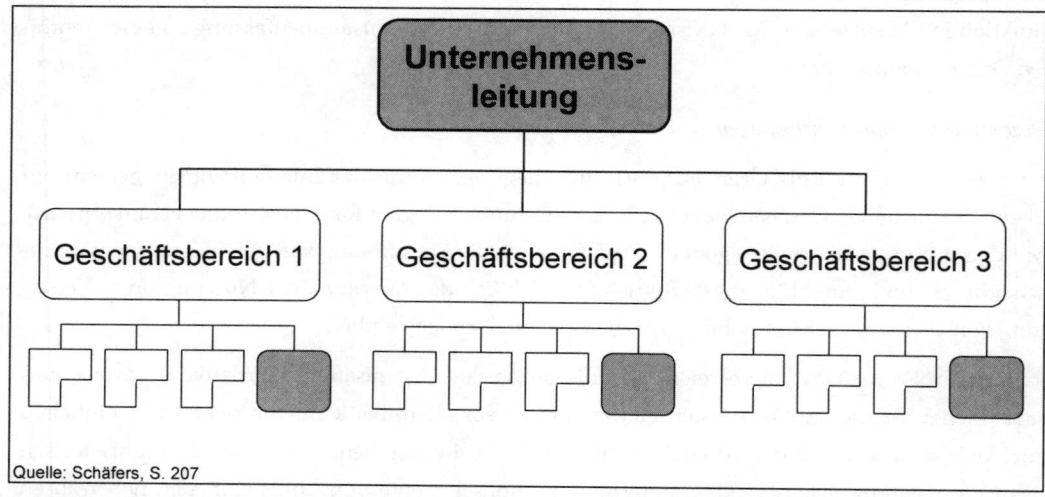

Quelle: Schäfers, S. 207

Abbildung 237: Dezentrale Organisationslösung bei Zusammenfassung der Immobilienfunktion

Für die dezentrale Verankerung des Immobilienmanagements spricht eine Reihe von Gründen. So wird die Verantwortung für die Immobilien als Vermögens- und Erfolgsposition in die Hände der Geschäftsbereichsleitung gelegt. Dies stärkt im Grundsatz die Kosten- und Ergebnisautonomie der operativen Einheiten. Weiterhin bietet die dezentrale Verankerung günstige Voraussetzungen für eine schnelle und unkomplizierte Koordination zwischen den mit den Immobilienaktivitäten betrauten Aufgabenträgern und den Linieneinheiten als den eigentlichen Flächennutzern. Nicht zuletzt wird durch die organisatorische Nähe eine nachhaltige Dienstleistungsorientierung der Immobilieninstanz gefördert.

Auf der anderen Seite gibt es **Argumente**, die **gegen diese Organisationsstruktur** sprechen. Sie verhindert unter Umständen eine geschäftsbereichsübergreifende Koordination der Immobilieninstanzen sowie den Abgleich und die optimale Vermarktung und Zuordnung vorhandener Flächenpotenziale. Darüber hinaus führt die multiple Verankerung im Unternehmen gegebenenfalls zu einer Aufblähung der personellen Kapazitäten, da gleiche Funktionen mehrfach personell besetzt werden müssen, nicht aber notwendigerweise zur angemessenen Professionalität des Immobilienpersonals.

Im Falle einer dezentralen Organisationslösung sind die mit den Immobilienfunktionen betrauten Aufgabenträger regelmäßig relativ weit unten in der Hierarchie angesiedelt und verfügen deshalb oft nur über eine unzureichende Verbindung zur strategischen Planung in den einzelnen Geschäftsbereichen.

Zentrale Organisationslösungen

Bei der zentralen Organisationslösung wird die zugrunde gelegte Rahmenstruktur weiter ausdifferenziert, indem **immobilienbezogene Aufgaben- und Kompetenzbündel** aus den operativen Einheiten **ausgegliedert** und auf eine gesonderte Einheit übertragen werden. Üblicherweise wird eine solche Organisationseinheit einem Zentralbereich der Führungsgesellschaft zugeordnet oder als eigenständiger Zentralbereich innerhalb der Führungsgesellschaft geführt.

Dabei kann die Einrichtung eines zentralen Immobilienmanagements bedeuten, dass die Immobilienaufgaben überhaupt nicht mehr in den operativen Einheiten, sondern nur noch durch die zentrale Immobilieneinheit wahrgenommen werden. Abbildung 238 veranschaulicht diese Situation.

In diesem Fall bestimmen die Geschäftsbereiche lediglich Art und Umfang der Leistungen, die sie in Anspruch nehmen, und artikulieren diesen Bedarf an das zentrale Immobilienmanagement, welches anschließend autonom über die Art der Aufgabenerfüllung bestimmt.

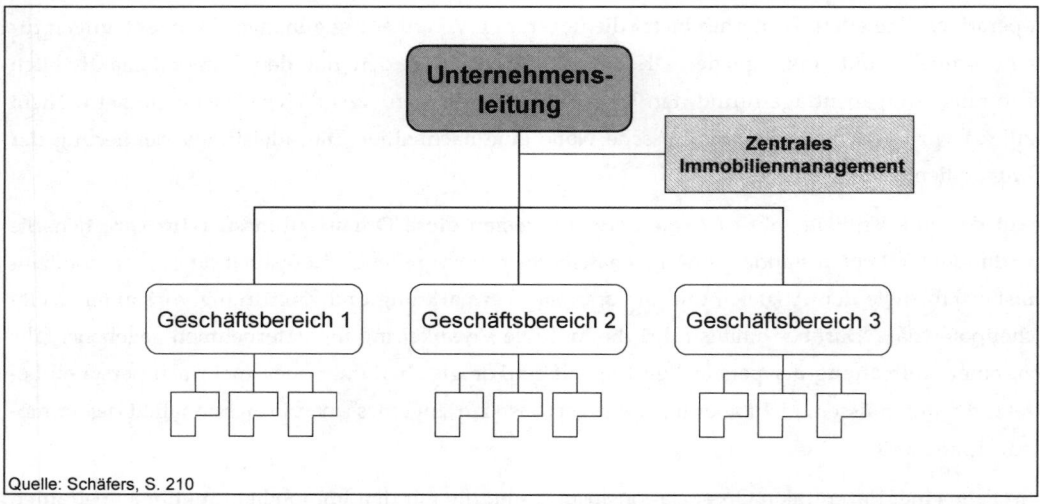

Quelle: Schäfers, S. 210

Abbildung 238: Zentrale Organisationslösung bei vollumfänglicher Zentralisation der Immobilienfunktion

Es ist aber auch möglich, dass die Immobilienaktivitäten teils zentral und teils dezentral in den operativen Einheiten angesiedelt werden (vgl. Abbildung 239).

Je nach Ausgestaltung ist das zentrale **Immobilienmanagement allein oder gleichgewichtig** mit den Geschäftsbereichen **entscheidungsbefugt** (z.B. bei Standort-, Investitions- und Desinvestitionsentscheidungen, steuerlichen und bilanziellen Gestaltungsfragen, etc.) oder **wirkt nur informierend bzw. beratend** an den Entscheidungen mit. Typischerweise kommt es nach dem **„dotted line"-Prinzip** zu einer Trennung fachlicher und disziplinarischer Weisungsrechte.

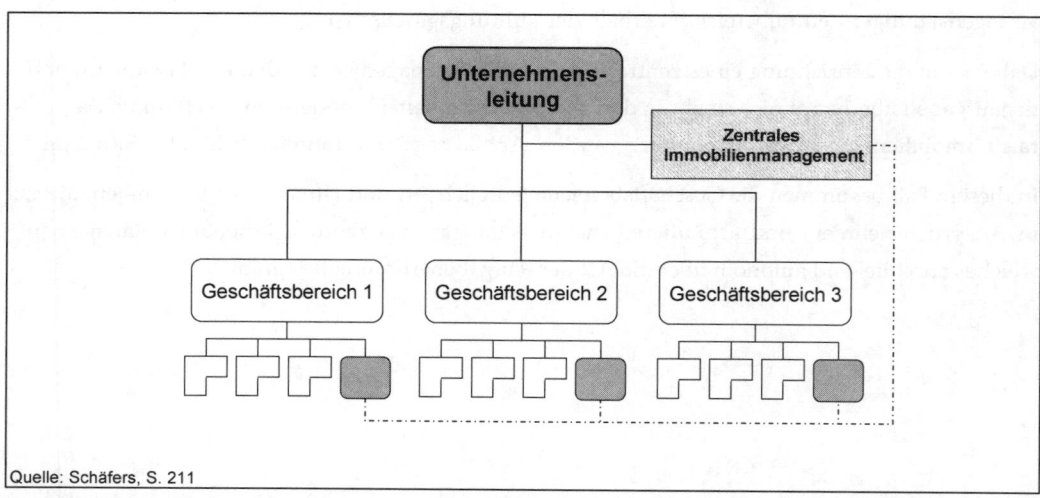

Quelle: Schäfers, S. 211

Abbildung 239: Zentrale Organisationslösung bei teilumfänglicher Zentralisation der Immobilienfunktion

Die zentrale Strukturalternative **beseitigt Mängel einer dezentralen, multiplen Verankerung** des Immobilienmanagements. Dies betrifft vor allem die zentrale Koordination der Immobilienaktivitäten im Konzern, die Ausnutzung von Rationalisierungspotenzialen durch Abgleich unterschiedlicher Flächenbedarfssituationen in den Geschäftsbereichen, die Möglichkeit zur Institutionalisierung einer eigenständigen, immobilienorientierten Problemlösungsperspektive sowie die Wahrnehmung von Spezialisierungsvorteilen, die auf den gezielten Aufbau und Einsatz professionalisierter Fach- und Führungskräfte zurückzuführen sind.

Dieser vorteilhaften Bewertung stehen jedoch auch **einige Nachteile** gegenüber. So wird mit der zentralen Organisationslösung unter Umständen einer mangelnden Marktfähigkeit der Immobilien-Problemlösungen Vorschub geleistet. Durch die im Extremfall gegebene Monopolstellung der zentralen Immobilieninstanz kann es überdies zu einer Unterhöhlung der dezentralen Kosten- und Ergebnisautonomie der operativen Einheiten kommen. Die Regelung der Zusammenarbeit der zentralen Einheit mit den operativen Geschäftsbereichen erfolgt primär über die Hierarchie. Dies führt typischerweise zur zeitlichen Verzögerung und inhaltlichen Verzerrung von Informations- und Entscheidungsprozessen und setzt die Flexibilität der operativen Einheiten herab.

Vor dem Hintergrund der auch im Rahmen der zentralen Organisationslösung bestehenden Nachteile, wird in jüngster Zeit ein weiteres Organisationsprinzip, die **marktliche Organisationslösung**, verstärkt diskutiert. Diese Organisationslösung geht im Grundsatz von einer zentralen Zusammenfassung und Institutionalisierung der Immobilienaktivitäten und -ressourcen aus (vgl. Abbildung 240).

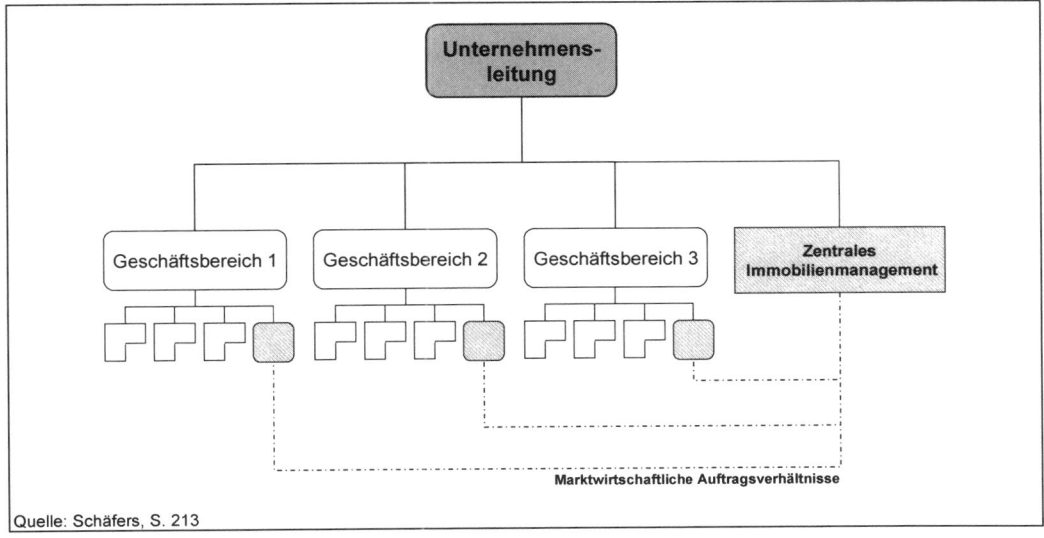

Abbildung 240: Marktliche Organisationslösung im Immobilienmanagement

Im Unterschied zur bislang dargestellten Strukturalternative stehen die **Organisationseinheiten** jedoch **in einem marktwirtschaftlichen Verhältnis** zueinander. Dieses wird durch die Verrechnung von Marktmieten für die Nutzung der Immobilienressourcen hergestellt.

Bei einer weitreichenden Ausgestaltung wird den Geschäftsbereichen die Wahlmöglichkeit eingeräumt, sich im Bedarfsfall an die zentrale Immobilieneinheit oder an entsprechende externe Anbieter zu wenden. Meist werden die operativen Einheiten dabei in geringem Umfang auch eigene Kapazitäten vorhalten, um immobilienbezogene Grundsatzentscheidungen fällen und die Auftragserfüllung durch das zentrale Immobilienmanagement beurteilen zu können. In der Unternehmenspraxis geht die marktliche Organisationslösung nicht selten mit einer rechtlichen Verselbständigung des Immobilienbereiches einher.

Vorteilhaft bei diesem Modell ist insbesondere, dass dem Anliegen der operativen Einheiten nach einer eigenständigen Kosten- und Ergebnisautonomie Rechnung getragen wird. Art und Umfang der Immobilienleistungen werden nicht einseitig zentral festgelegt, sondern vielmehr in einem marktorientierten Verhandlungsprozess bestimmt. Gleichzeitig wird die Immobilieneinheit in die Situation gedrängt, eine Wettbewerbsposition aufzubauen oder aufrechtzuerhalten, da sie gegebenenfalls mit den Angeboten externer Wettbewerber konkurrieren muss (**„Markt statt Monopol"**). Dies fördert im Grundsatz die Dienstleistungsorientierung im Immobilienmanagement.

Schließlich gestattet die Bewertung der transferierten Leistungen es, die interdependenten Einheiten rechentechnisch so zu entkoppeln, dass mittels interner Verrechnung von Kosten und Erlösen die **Immobilieneinheit als Profit-Center geführt** werden kann. Durch die direkte Ergebnisverantwortung werden Motivation und Kreativität der Aufgaben- und Entscheidungsträger im Immobilienbereich gestärkt.

Der **kritische Punkt einer derartigen Marktlösung** besteht in einer unter Umständen mangelnden Sicherung der Ressourceneffizienz. Die Freiheit der operativen Einheiten, auch externe Immobilienanbieter in Anspruch nehmen zu können, gefährdet gegebenenfalls die Auslastung der unternehmenseigenen Kapazitäten. Weiterhin bedingt das Modell den Einsatz eines differenzierten Verrechnungspreissystems für die Verrechnung der mit der Nutzung von Immobilien verbundenen Kosten. Dies macht umfangreiche Änderungen im Rechnungs- und Vertragswesen der Unternehmen erforderlich.

Aus den vorangegangenen Überlegungen geht hervor, dass die dargestellten Organisationslösungen in unterschiedlichem Maße mit Vor- und Nachteilen behaftet sind. Dabei hängt eine Entscheidung über die organisatorische Ausgestaltung des Immobilienmanagement von einer Reihe Determinanten wie etwa der Unternehmensgröße oder -strategie ab. Welche der aufgezeigten Organisationslösungen im konkreten Einzelfall umgesetzt wird, ist letztlich also eine unternehmenspolitische Entscheidung.

Literaturverzeichnis zu Kapitel 7.2

Bühner, R.: Betriebswirtschaftliche Organisationslehre, 9., bearb. und erg. Aufl., München 1999.

Grochla, E.: Grundlagen der organisatorischen Gestaltung, Stuttgart 1995.

Hill, W./Fehlbaum, R./Ulrich, P.: Organisationslehre 1, 5., überarb. Aufl., Bern/Stuttgart/Wien 1994.

Kieser, A.: Der situative Ansatz, in: Kieser, A. (Hrsg.): Organisationstheorien, 5., unv. Aufl., Stuttgart 2002.

Kieser, A./Walgenbach, P.: Organisation, 4., überarb. und erw. Aufl., Stuttgart 2003.

Kosiol, E.: Organisation der Unternehmung, 2. Aufl., Wiesbaden 1976.

Kraus, G.: Projektmanagement mit System: Organisation, Methoden, Steuerung, 3., erw. Aufl., Wiesbaden 1998.

Laux, H./Liermann, F.: Grundlagen der Organisation: Die Steuerung von Entscheidungen als Grundproblem der Organisation, 5., überarb. und erw. Aufl., Berlin 2003.

Pfarr, K.: Grundlagen der Bauwirtschaft, Essen 1984.

Picot, A./Dietl, H./Franck, E.: Organisation – Eine ökonomische Perspektive, 3. Aufl., Stuttgart 2002.

Pierschke, B.: Die organisatorische Gestaltung des betrieblichen Immobilienamanagements, in: Schulte, K.-W. (Hrsg.): Schriften zur Immobilienökonomie, Band 14, Köln 2001.

Probst, G.: Organisation, Landsberg/Lech 1992.

Schäfers, W.: Strategisches Management von Unternehmensimmobilien – Bausteine einer theoretischen Konzeption und Ergebnisse einer empirischen Untersuchung, in: Schulte, K.-W. (Hrsg.): Schriften zur Immobilienökonomie, Band 3, Köln 1997.

Schreyögg, G.: Organisation, 4., überarb. und erw. Aufl., Wiesbaden 2003.

Thommen, J.-P./Achleitner, A.-K.: Allgemeine Betriebswirtschaftslehre, 4. Aufl., Wiesbaden 2003.

7.3   Rechnungswesen, insbesondere Immobilien-Rechnungslegung

Karl-Werner Schulte, Christoph Pitschke, Jeanette Raethel

7.3 Rechnungswesen, insbesondere Immobilien-Rechnungslegung

Karl-Werner Schulte, Christoph Pitschke, Jeanette Raethel

Das betriebliche Rechnungswesen umfasst Verfahren zur systematischen Erfassung und Auswertung aller quantifizierbaren Beziehungen und Vorgänge eines Unternehmens. Das interne Rechnungswesen erfolgt für Zwecke der Dokumentation und Kontrolle sowie der Planung und Steuerung. Das externe Rechnungswesen dagegen, das Gegenstand dieses Kapitels ist, dient der Rechenschaftslegung und Information über die Vermögens-, Finanz- und Ertragslage des Unternehmens.

7.3.1 Deutsche Rechnungslegung im Umbruch

Mit der im Juli 2002 veröffentlichten EU-Verordnung 1606/2002 zur Einführung der International Accounting Standards (IAS) bzw. der International Financial Reporting Standards (IFRS) – wie sie jetzt heißen – innerhalb der europäischen Gemeinschaft ergeben sich gravierende Auswirkungen auf die Rechnungslegung deutscher kapitalmarktorientierter Unternehmen, auch der Immobilienunternehmen.

Ziel der Vereinheitlichung durch die Übernahme internationaler Rechnungslegungsstandards in Form der IAS/IFRS ist es, die von Unternehmen vorgelegten Finanzinformationen vergleichbarer zu machen und einen hohen Grad an Transparenz zu schaffen. Zudem sollen Informationsasymmetrien zwischen Management und Kapitalgebern abgebaut werden, um eine effiziente, kostengünstige Funktionsweise des Kapitalmarktes vor dem Hintergrund der Vollendung des gemeinschaftlichen Binnenmarktes zu ermöglichen.

Die EU hat bei der Auswahl unter den beiden Weltstandards bewusst die IAS/IFRS den US-amerikanischen Generally Accepted Accounting Principles (US-GAAP) vorgezogen. Die US-GAAP sind nationale amerikanische Rechnungslegungsnormen, die von den rechtlichen, ökonomischen und auch kulturellen Rahmenbedingungen in den USA geprägt sind. Die IAS/IFRS sind dagegen dem Grundsatz nach allgemeiner gehalten und ermöglichen deshalb eine länderspezifische Auslegung (vgl. Coenenberg, S. 70ff., 82f.). Nicht zuletzt durch die EU-Entscheidung angetrieben, sind die beiden Standardisierungsvereinigungen International Accounting Standards Board (IASB) als Entwickler und Promotor der IAS/IFRS und das Financial Accounting Standards Board (FASB) für die US-GAAP im Oktober 2002 übereingekommen, sowohl bei der Entwicklung zukünftiger Rechnungslegungsstandards, als auch bei der Anpassung bestehender Standards eng zusammenzuarbeiten. Damit ist ein wichtiger Schritt hin zu einem einheitlichen Regelwerk weltweiter Rechnungslegungsnormen getan.

Ab 1.1.2005 sind börsennotierte Gesellschaften innerhalb der EU verpflichtet, ihre konsolidierten Abschlüsse (Konzernabschlüsse) nach IAS/IFRS aufzustellen. Lediglich Unternehmen, die bereits heute einen Konzernabschluss nach US-GAAP aufstellen, kann der jeweilige nationale Gesetzgeber eine Frist bis 2007 einräumen.

Bereits mit dem Kapitalaufnahmeerleichterungsgesetz von 1998 sind deutsche börsennotierte Konzerne über § 292a HGB von der Aufstellung eines handelsrechtlichen Konzernabschlusses befreit, wenn sie stattdessen nach internationalen Standards bilanzieren. Von dieser Öffnung der Rechnungslegungsgrundsätze machten in 2001 nahezu alle DAX-Werte Gebrauch, wobei etwa je zur Hälfte IAS/IFRS und US-GAAP angewandt wurde. In 2002 bilanzierten von den DAX-100-Gesellschaften 78 Unternehmen nach internationalen Standards.

Die EU-Verordnung stellt den Mitgliedstaaten frei, börsennotierten Unternehmen vorzuschreiben oder zu gestatten, den Jahresabschluss (Einzelabschluss) gemäß IAS/IFRS aufzustellen. Für nicht kapitalmarktorientierte Gesellschaften, d.h. Unternehmen, deren Wertpapiere nicht zum Handel in einem geregelten Markt zugelassen sind, räumt sie ein Wahlrecht ein. Der nationale Gesetzgeber kann sie verpflichten oder ihnen gestatten, die IAS/IFRS für ihren Konzernabschluss und/oder Einzelabschluss anzuwenden. Im April 2004 hat die Bundesregierung den Entwurf eines Bilanzrechtsreformgesetztes vorgestellt, der eine Pflicht zur IAS-Anwendung über die EU-Verordnung hinaus nur für den Konzernabschluss von Unternehmen vorsieht, die bereits den Antrag auf Zulassung zum geregelten Kapitalmarkt gestellt haben. Im Übrigen wird aber darauf verzichtet, eine IAS-Bilanzierung zwingend vorzuschreiben. Unternehmen können ihre Entscheidung somit unter Berücksichtigung der jeweiligen Interessen und der Belange der Bilanzadressaten selbst treffen.

Es gibt heute im Wesentlichen drei unterschiedliche Jahresabschlüsse für deutsche Unternehmen:

- Einzelabschlüsse nach deutschem Handelsrecht,

- Konzernabschlüsse nach deutschem Handelsrecht und nach internationalen Standards,

- Steuerbilanzen für Zwecke der Einkommen-, Körperschaft- und Gewerbesteuer.

7.3.2 Immobilien-Rechnungslegungsnormen nach HGB

7.3.2.1 Adressaten des Jahresabschlusses

Begreift man die Unternehmung als Koalition von Personen (erstmals vgl. Cyert/March, S. 26ff.), die mit der Unternehmung in unterschiedlicher Weise in Beziehung stehen, so lassen sich hierbei drei Gruppen unterscheiden (vgl. Küting, S. 11):

- finanzwirtschaftlich orientierte Gruppierungen (Anteilseigner, Gläubiger – vor allem Banken und die Finanzbehörden),

- leistungswirtschaftlich orientierte Gruppierungen (Kunden, Lieferanten, Belegschaft und konkurrierende Unternehmen) sowie

- Meinungsbildner (Finanzanalysten, Presse und Öffentlichkeit).

Jeder der Koalitionäre („stakeholder") verfolgt zwar individuelle

- finanzielle Ziele (z.B. Erhalt bzw. Steigerung von Vermögen und Ertrag) und/oder

- nicht-finanzielle Ziele (z.B. Erhalt des Arbeitsplatzes oder einer Lieferbeziehung, Erzielen eines bestimmten Images, Erreichen und Festigen von Macht);

gemeinsam ist ihnen jedoch das Interesse, Informationen über das Erreichen der gesetzten monetären Unternehmensziele zu erhalten.

In managergeleiteten Unternehmen besteht ein Zustand der asymmetrischen Informationsverteilung, da die mit der Geschäftsführung Beauftragten (Agents) qualitativ und quantitativ bessere Informationen über die wirtschaftliche Lage des Unternehmens haben als die externen Eigen- und Fremdkapitalgeber (Principals). Zudem besteht die Gefahr, dass die Manager nach der Kapitalüberlassung nicht mehr im Interesse der Kapitalgeber handeln (vgl. z.B. Franke/Hax, S. 410ff.).

Die Werte von Immobilien interessieren den externen Bilanzleser vor allem zu folgenden drei Anlässen:

- Kreditwürdigkeitsprüfungen,

- Unternehmensverkäufe,

- Aktienbewertungen.

Bei grundpfandrechtlich gesicherten Krediten stellen Immobilien eine Sicherheit für den Darlehensgeber dar. Im Falle der Zahlungsunfähigkeit oder -unwilligkeit des Kreditnehmers fallen die Rechte an den Immobilien dem Darlehensgeber zu. Im Rahmen der Kreditvergabe und bei jeder Prolongation ist daher eine Immobilienbewertung bzw. Bewertungsüberprüfung unerlässlich.

Dagegen wird der Unternehmensverkäufer dann ein besonderes Interesse an der gesonderten Bewertung der Immobilien seines Unternehmens haben, wenn die Liegenschaften nur suboptimal genutzt werden; eine solche Situation liegt zum Beispiel vor, wenn Produktions-, Handels- und Dienstleistungsunternehmen ihre Verwaltungseinheiten in zentralen Innenstadtlagen unterbringen, ohne dass dies – mangels Kundenverkehr – geschäftsnotwendig wäre.

7.3.2.2 Zwecke und Bestandteile der Rechnungslegung

Die Immobilien-Rechnungslegung bildet – sowohl bei "Property-Companies" als auch bei "Non-Property-Companies" – einen Teilbereich der handelsrechtlichen Rechnungslegung; letztere beruht auf der Finanzbuchführung eines Unternehmens.

Ihre Rechnungsgrößen sind:

- die Aufwendungen (periodisierte Ausgaben) und die Erträge (periodisierte Einnahmen) als Stromgrößen, die in der Gewinn- und Verlustrechnung vom vorherigen bis zum aktuellen Stichtag kumuliert werden und deren Saldo den Jahresüberschuss („Gewinn") oder Jahresfehlbetrag („Verlust") ergeben,

- das Vermögen und die Schulden als Bestandsgrößen, die sich stichtagsbezogen in der Bilanz niederschlagen und deren Saldo das Eigenkapital der Unternehmung bildet.

Bei Einzelkaufleuten und Personenhandelsgesellschaften (OHG, KG, GmbH & Co. KG) bilden die Bilanz und die Gewinn- und Verlustrechnung (GuV) den handelsrechtlichen Jahresabschluss (§ 242 Abs. 3 HGB), während Kapitalgesellschaften (AG, KGaA, GmbH) und bestimmte Personenhandelsgesellschaften (OHG, KG) zusätzlich einen Anhang aufzustellen haben (§ 264 Abs. 1 HGB i.V.m. § 264a Abs. 1 HGB). Der Anhang stellt ein Berichtsinstrument innerhalb des Jahresabschlusses dar. Hier wird die Bilanz und GuV sowohl erläutert als auch ergänzt, es erfolgen zusätzliche Angaben zur Vermeidung von Fehlinterpretationen und über die Inanspruchnahme von Ausweiswahlrechten (vgl. z.B. Coenenberg, S. 808). Mit dem handelsrechtlichen Jahresabschluss soll die wirtschaftliche Lage des rechnungslegenden Unternehmens gegenüber unternehmensexternen und -internen Adressaten abgebildet werden.

Darüber hinaus ist eine Kapitalgesellschaft, unter deren einheitlicher Leitung weitere Unternehmen stehen und an denen die Kapitalgesellschaft in bestimmter Form beteiligt ist, verpflichtet, einen Konzernabschluss sowie einen Konzernlagebericht aufzustellen (§ 290 Abs. 1 HGB). Der Konzernabschluss stellt die Zusammenfassung der Einzelabschlüsse der rechtlich selbständigen, wirtschaftlich jedoch von der übergeordneten Kapitalgesellschaft (Mutterunternehmen) beeinflussten Unternehmen (Tochtergesellschaften) dar. Seine Aufgabe besteht in einer reinen Informationsfunktion und zwar, ein den tatsächlichen Verhältnissen entsprechendes Bild der Vermögens-, Finanz- und Ertragslage der wirtschaftlich als geschlossene Einheit zu betrachtenden Gruppe zu vermitteln (vgl. z.B. Coenenberg, S. 501ff.).

Aufgrund der unausgeglichenen Informationsverteilung sowie dem Interessengegensatz von Informationsproduzenten und -adressaten einerseits, und dem gemeinsamen Interesse von Principals und Agents am Erhalt des Unternehmens andererseits, lassen sich die Funktionen des Jahresabschlusses ableiten (grundsätzlich vgl. Leffson, S. 38ff.):

- Dokumentation über die Geschäftsvorfälle,

- Rechenschaft im Sinne von Offenlegung der Verwendung anvertrauten Kapitals,

- Kapitalerhaltung zur Sicherung des Unternehmensbestandes.

Die handelsrechtlichen Vorschriften lassen in ihrer Gesamtheit kein Übergewicht eines der Jahres-abschlusszwecke erkennen (vgl. Baetge/Kirsch/Thiele, S. 91); vielmehr soll der Jahresabschluss durch die ausgewogene Gewichtung der Zwecke einem relativierten Schutz aller Adressaten dienen ("Interessenregelung").

Vor diesem Hintergrund sind die Generalnormen der Rechnungslegung für die Aufstellung des Jahresabschlusses auszulegen. Grundsätzlich ist der Jahresabschluss nach den Grundsätzen ord-nungsmäßiger Buchführung aufzustellen (§ 423 Abs. 1 HGB). Für Kapitalgesellschaften regelt § 264 Abs. 2 HGB explizit, dass der Jahresabschluss unter Beachtung der Grundsätze ordnungs-mäßiger Buchführung "ein den tatsächlichen Verhältnissen entsprechendes Bild der Vermögens-, Finanz- und Ertragslage" zu vermitteln hat.

Die Generalnormen gewinnen vor allem dann an praktischer Bedeutung, wenn rechnungslegeri-sche Ermessensspielräume bestimmte Entscheidungsbandbreiten zulassen (z.B. bei Rückstellun-gen), und wenn für die bilanzielle Abbildung besonderer Sachverhalte oder rechtlicher Konstruk-tionen keine speziellen Rechnungslegungsvorschriften zur Verfügung stehen (z.B. beim Leasing).

Über den in § 5 Abs. 1 EStG verankerten Maßgeblichkeitsgrundsatz sind auch bei der steuerlichen Erfolgsermittlung zur Bestimmung der an den Fiskus zu leistenden Zahlungen – bis auf bestimm-te Ausnahmen – die handelsrechtlichen Vorschriften anzuwenden. Die steuerliche Gewinnermitt-lung ist in diesem Kapitel nur von untergeordneter Bedeutung.

Im Vordergrund stehen die Fragen:

- Wie werden Immobilien in der Handelsbilanz ausgewiesen und bewertet?

- Welche Aussagefähigkeit kommt den Wertansätzen für Informationsempfänger zu?

7.3.2.3 Bilanzierungs- und Bewertungsgrundsätze

Die rechtlichen Grundlagen für Bilanzausweis und -bewertung von Immobilien finden sich im Dritten Buch des HGB. Diese grundsätzlich auf alle Vermögensgegenstände anzuwendenden Vor-schriften werden nachfolgend in Bezug auf Immobilien erläutert. Dabei werden drei Schwerpunk-te gesetzt:

- Zuordnung von Immobilien zum Anlage- oder Umlaufvermögen,

- Anschaffungs- oder Herstellungskosten als Immobilienbewertungsmaßstab sowie

- Abschreibungen und Zuschreibungen als Ausdruck von Wertveränderungen.

7.3.2.3.1 Zuordnung zum Anlage- oder Umlaufvermögen

Nach dem Vollständigkeitsgebot des § 246 Abs. 1 HGB hat der Jahresabschluss „sämtliche Vermögensgegenstände" zu enthalten, dazu zählen auch Immobilien.

Immobilien können sowohl dem Anlagevermögen als auch dem Umlaufvermögen zugeordnet werden.

Immobilien, die zur Eigennutzung oder Vermietung und damit „bestimmt sind, dauernd dem Geschäftsbetrieb zu dienen", gehören zum **Anlagevermögen** (§ 247 Abs. 2 HGB). Hier werden sie unter den „Sachanlagen" in der Position „Grundstücke, grundstücksgleiche Rechte und Bauten einschließlich der Bauten auf fremden Grundstücken" (§ 266 Abs. 2 HGB) ausgewiesen; für zukünftig eigengenutzte Immobilien, die sich noch in der Planungs- und Bauphase befinden, ist die Sachanlagen-Position „geleistete Anzahlungen und Anlagen im Bau" vorgesehen.

A. Anlagevermögen	B. Umlaufvermögen
I. Immaterielle Vermögensgegenstände	I. Zum Verkauf bestimmte Grundstücke und andere Vorräte
II. Sachanlagen	1. Grundstücke und grundstücksgleiche Rechte ohne Bauten
1. Grundstücke und grundstücksgleiche Rechte mit Wohnbauten	2. Bauvorbereitungskosten
2. Grundstücke und grundstücksgleiche Rechte mit Geschäfts- und anderen Bauten	3. Grundstücke und grundstücksgleiche Rechte mit unfertigen Bauten
3. Grundstücke und grundstücksgleiche Rechte ohne Bauten	4. Grundstücke und grundstücksgleiche Rechte mit fertigen Bauten
4. Grundstücke mit Erbbaurechten Dritter	5. Unfertige Leistungen
5. Bauten auf fremden Grundstücken	6. Andere Vorräte
6. Technische Anlagen und Maschinen	7. Geleistete Anzahlungen
7. Andere Anlagen, Betriebs- und Geschäftsausstattung	II. Forderungen und sonstige Vermögensgegenstände
8. Anlagen im Bau	III. Wertpapiere
9. Bauvorbereitungskosten	IV. Flüssige Mittel und Bausparguthaben
10.Geleistete Anzahlungen	
III. Finanzanlagen	

Abbildung 241: Ausschnitt Bilanz-Gliederung von Wohnungsunternehmen nach der FormblattVO

Grundstücke, die zu Zwecken der Entwicklung oder des Verkaufs gehalten werden, sind dem **Umlaufvermögen** zuzuordnen. Vorgesehen ist der Ausweis unter den „Vorräten"; für den Gliederungspunkt selbst existiert keine gesetzliche Definition, üblich ist „nicht abgerechnete Bauarbeiten/Bauleistungen" bzw. „Vorratsgrundstücke" (oder ähnliches).

Lediglich für **Wohnungsunternehmen** sieht der Gesetzgeber über § 330 HGB konkrete Gliederungsvorschriften vor, da deren Aktiva zu einem überwiegenden Teil aus Immobilien bestehen; diese befinden sich zudem in den unterschiedlichen Phasen ihres Lebenszyklus (Planung, Bauvorbereitung, Bau, Nutzung, Verkauf). Abbildung 241 zeigt die wesentlichen Gliederungspunkte des Anlage- und Umlaufvermögens nach der Formblatt-Verordnung für die Gliederung des Jahresabschlusses für Wohnungsunternehmen.

Die Zuordnung einer Immobilie zum Anlage- oder Umlaufvermögen ist besonders deshalb von Bedeutung, da hiervon der Umfang der notwendigen bzw. möglichen planmäßigen und außerplanmäßigen Abschreibungen abhängt (vgl. dazu Punkt 7.3.2.3.3).

7.3.2.3.2 Anschaffungs- oder Herstellungskosten

Auch für Immobilien gilt der Grundsatz der Bewertung zu Anschaffungs- oder Herstellungskosten; insofern gibt es keinen Unterschied zu anderen Vermögensgegenständen. Dazu heißt es in § 253 Abs. 1 HGB: „Vermögensgegenstände sind höchstens mit den Anschaffungs- oder Herstellungskosten, vermindert um Abschreibungen nach den Absätzen 2 und 3 anzusetzen...".

Anschaffungskosten sind die Aufwendungen, die geleistet werden, um einen Vermögensgegenstand zu erwerben und ihn in einen betriebsbereiten Zustand zu versetzen, so weit sie diesem einzeln zugeordnet werden können (§ 255 Abs. 1 HGB). Anschaffungskosten setzen sich demgemäß zusammen aus:

* Anschaffungspreis,

   vermindert um

* Anschaffungspreisminderungen (z.B. Rabatte, Skonti),

   zuzüglich

* Anschaffungsnebenkosten (z.B. Gutachter-, Vermessungs-, Notariats- und Gerichtskosten, Grunderwerbsteuer, Maklergebühr) und

* nachträglichen Anschaffungskosten (z.B. Erschließungsbeiträge, Abbruchkosten).

Herstellungskosten sind die Aufwendungen, die durch den Verbrauch von Gütern und die Inanspruchnahme von Diensten für die Herstellung eines Vermögensgegenstands, seine Erweiterung oder für eine über seinen ursprünglichen Zustand hinausgehende wesentliche Verbesserung entstehen (§ 255 Abs. 2 HGB). Pflichtbestandteile der Herstellungskosten nach HGB sind:

- Materialeinzelkosten (z.B. Bauteile, Baustoffe, technische Anlagen des Bauwerks),

- Fertigungseinzelkosten (z.B. Löhne, Architekten- und Ingenieurleistungen für Planung/Ausführung, Kosten der Baugenehmigung),

- Sondereinzelkosten der Fertigung (z.B. Gutachten von Sonderfachleuten, Kosten zur Beseitigung von Baumängeln).

Wahlbestandteile der Herstellungskosten nach HGB sind (vgl. z.B. Elsner, S. 449ff.):

- Materialgemeinkosten (z.B. Kosten für Beschaffung und Lagerung der Bauteile, -stoffe),

- Fertigungsgemeinkosten (z.B. Baustellenkosten wie Transport-, Bewachungskosten, Sachversicherungen, Miete für Baumaschinen),

- Allgemeine Verwaltungskosten.

7.3.2.3.3 Abschreibungen und Zuschreibungen

Planmäßige Abschreibungen werden nur auf das Anlagevermögen vorgenommen. Sie orientieren sich an der voraussichtlichen Nutzungsdauer des Vermögensgegenstandes. Ist die Nutzungsdauer unbegrenzt, wie dies z.B. bei Grund und Boden und bei Wertpapieren der Fall ist, erfolgt keine planmäßige Abschreibung (§ 253 Abs. 2 S. 1 HGB). Grundsätzlich zulässig sind die folgenden Abschreibungsmethoden:

- Zeitbedingte Abschreibungsverfahren:

  - Lineare Abschreibung,

  - Degressive Abschreibung,

  - Progressive Abschreibung;

- Leistungsbedingte Abschreibungsverfahren.

Da das Handelsrecht keine Anhaltspunkte über die betriebsgewöhnliche Nutzungsdauer von Vermögensgegenständen mit begrenzter Nutzungsdauer, wie z.B. von Gebäuden, bietet, erfolgt eine Orientierung an den relevanten steuerlichen Vorschriften. Das Einkommensteuergesetz schreibt hier – in Abhängigkeit von Nutzungsart, Betriebszugehörigkeit und Zeitpunkt des Bauantrags bzw. der Fertigstellung – Zeiträume von 25 bis 50 Jahre vor; Tabelle 77 gibt einen Überblick.

G	Im Betriebsvermögen und nicht Wohnzwecken dienend	Bauantrag: 01.04.1985 – 31.12.2000	**25 Jahre** § 7 Abs. 4 Satz 1 Nr. 1 EStG, § 52 Abs. 21b EStG
E			
B		Bauantrag: nach dem 31.12.2000	**33 Jahre** § 7 Abs. 4 Satz 1 Nr. 1 EStG
Ä			
U	Alle übrigen	Fertigstellung: vor dem 1.1.1925	**40 Jahre** § 7 Abs. 4 Satz 1 Nr.2b EStG
D			
E		Fertigstellung: nach dem 31.12.1924	**50 Jahre** § 7 Abs. 4 Satz 1 Nr.2a EStG

Tabelle 77: Planmäßige Abschreibung von Gebäuden nach § 7 Abs. 4 EStG

Ist die tatsächliche Nutzungsdauer eines Gebäudes geringer, so dient diese zur Ermittlung der Abschreibungsbeträge (§ 7 Abs. 4 Satz 2 EStG).

Außerplanmäßige Abschreibungen (§ 253 Abs. 2 S. 3 HGB) sind zwingend vorzunehmen, wenn bei dem Vermögensgegenstand eine voraussichtlich dauernde Wertminderung eintritt, die sonst nicht erfasst würde. Eine dauernde Wertminderung bedeutet, dass der Wert des Vermögensgegenstandes voraussichtlich während eines erheblichen Teils der weiteren Nutzungsdauer (länger als 50 % der Restnutzungsdauer) unter dem planmäßigen Restbuchwert liegt (vgl. Adler/Düring/Schmaltz, S. 248f.). Der Buchwert des Vermögensgegenstandes muss dann auf den niedrigeren Wert am Abschlussstichtag reduziert werden (strenges Niederstwertprinzip); dies ist z.B. bei einer nachhaltigen Kontamination der Fall, wenn eine Sanierung nicht zur Wiederherstellung des ursprünglichen Buchwertes führt. Das Institut der Wirtschaftsprüfer hat in einer im April 2002 veröffentlichten Stellungnahme des Wohnungswirtschaftlichen Fachausschusses zur Rechnungslegung (IDW RS WFA 1) u.a. für die Frage, wann eine Wertminderung von Wohnimmobilien infolge strukturellen Leerstands voraussichtlich dauerhaft sei, den Prognosezeitraum mit größer 5 Jahren angegeben.

Außerdem sind im Anlagevermögen außerplanmäßige Abschreibungen auf Neuinvestitionen in Grund und Boden oder Gebäude vorzunehmen, wenn hierfür zuvor eine steuerfreie Rücklage aus der Veräußerung von Grund und Boden oder Gebäuden gebildet worden ist (so genannte 6b-Rücklage). Sowohl die steuerfreie Rücklage, als auch die spätere außerplanmäßige Abschreibung auf den Neuerwerb sind in Höhe des Buchgewinns aus dem Immobilienverkauf vorzunehmen. Die entsprechenden Vorschriften (§ 247 Abs. 3 und § 273 HGB, § 6b Abs. 3 EStG) erlauben also das Übertragen stiller Reserven von veräußerten auf neu angeschaffte Immobilien mit dem Ergebnis eines Steuerstundungseffekts, da die Ertragsteuerzahlung auf den erzielten Veräußerungsgewinn in die Zukunft verschoben wird.

Bei Vermögensgegenständen des Umlaufvermögens, wie z.B. zum Verkauf bestimmte fertige und unfertige Gebäude, wird davon ausgegangen, dass diese nur für kurze Zeit im Unternehmen verbleiben und eine planmäßige Abschreibung von daher nicht nötig ist. Der Gesetzgeber fordert jedoch die Abschreibung auf einen niedrigeren Marktpreis am Abschlussstichtag und zwar unabhängig davon, ob die zugrunde liegende Wertminderung dauerhaft ist oder nicht (strenges Niederstwertprinzip).

Bei Wegfall des Grundes für außerplanmäßige Abschreibungen des Anlagevermögens und Abschreibungen des Umlaufvermögens müssen nach § 280 Abs. 1 HGB **Zuschreibungen** vorgenommen werden, maximal bis zu den historischen Anschaffungs- oder Herstellungskosten. Von einer Zuschreibung kann lediglich aus steuerrechtlichen Gründen abgesehen werden (§ 280 Abs. 2 HGB).

Zusammenfassend ist davon auszugehen, dass die Bewertungswahlrechte und faktischen Ermessensspielräume hinsichtlich

- der Bemessung der Anschaffungs- oder Herstellungskosten,

- der Wahl der Abschreibungsmethoden,

- des Ansatzes von Nutzungsdauern,

- der Vornahme und Bemessung von außerplanmäßigen Abschreibungen sowie von Zuschreibungen

der Bilanzpolitik unterliegen und die ausgewiesenen Buchwerte von Immobilien damit nach oben bzw. unten verzerrt sein können (vgl. Schulte, 1986, S. 128, 405ff.).

Kapitalgesellschaften müssen nach § 284 HGB über die angewandten Bilanzierungs- und Bewertungsmethoden sowie Stetigkeitsdurchbrechungen im Anhang berichten, ebenso über außerplanmäßige Abschreibungen (§ 277 Abs. 3 HGB) und unterlassene Zuschreibungen (§ 280 Abs. 3 HGB).

7.3.2.4   Aussagefähigkeit der Wertansätze

Bei der Bewertung von Aktien gewinnt das Immobilienvermögen zunehmend an Bedeutung, da Immobilien den inneren Wert – oder auch Net Asset Value (NAV) – einer Aktiengesellschaft maßgeblich beeinflussen und damit für die Ermittlung des fairen Aktienkurses relevant sind.

Die veröffentlichten Jahresabschlussdaten lassen sich jedoch aus mehreren Gründen nicht zur Analyse des Immobilienbestandes verwenden. Zum einen sind Grund und Boden sowie aufstehende Gebäude nach § 266 Abs. 2 HGB in einer Bilanzposition auszuweisen – je nach Zweckbestimmung im Anlage- oder Umlaufvermögen. Die Aufteilung in die beiden Komponenten ist für den Bilanzleser jedoch nicht erkennbar. Zum anderen wird bei Immobilien des Anlagevermögens aufgrund der planmäßigen Abschreibungen auf Gebäude stets ein abnehmender Wert in der Bilanz ausgewiesen, wie aus Abbildung 242 hervorgeht; dabei wird unterstellt, dass das Gebäude linear abgeschrieben wird und seine tatsächliche Nutzungsdauer die Abschreibungsdauer übersteigt. Die tatsächliche Wertentwicklung einer Immobilie im Unternehmen dürfte dagegen in vielen Fällen den in Abbildung 243 dargestellten oder einen ähnlichen Verlauf nehmen.

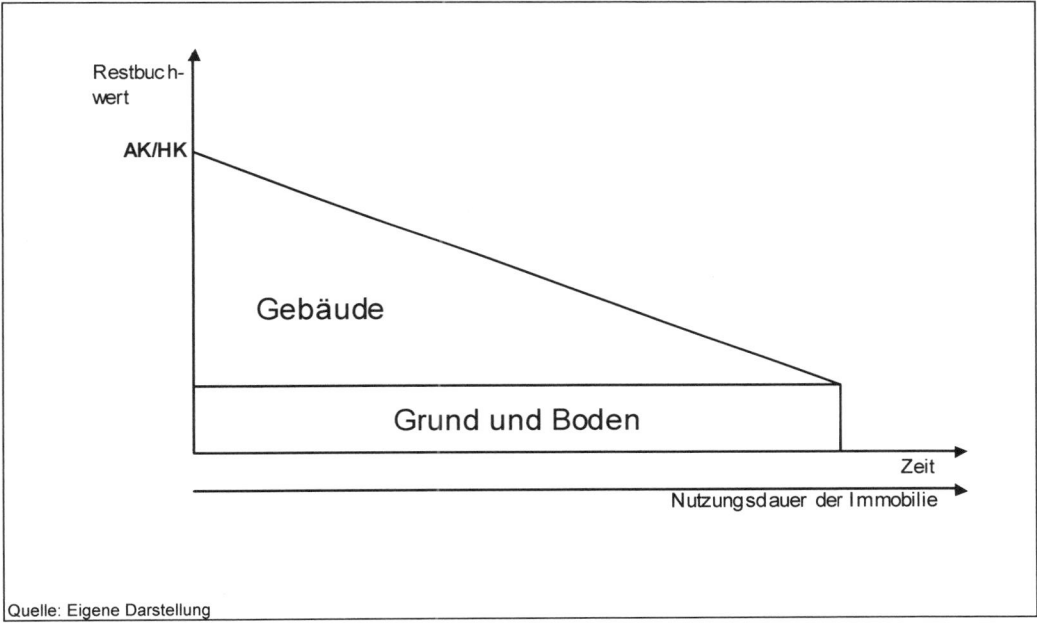

Quelle: Eigene Darstellung

Abbildung 242: Entwicklung des Buchwertes einer Immobilie im Anlagevermögen

Die Wertentwicklung einer Immobilie wird durch zwei, sich überlagernde Effekte geprägt:

- Grund und Boden unterliegen in der Regel einem kontinuierlichen Aufwertungsprozess; bedingt durch das Anschaffungs-/Herstellungskostenprinzip (§ 253 Abs. 1 Satz 1 HGB) entstehen damit stille Reserven.

- Auch Gebäude können bei einem konsequenten Instandhaltungsmanagement und gelegentlichen Renovierungen an Wert gewinnen.

Aufgrund der Kurzfristigkeit der geplanten Verwendung von im Umlaufvermögen erfassten Immobilien können stille Reserven dort nur vorübergehend bestehen.

Viele große Aktiengesellschaften (z.B. Deutsche Telekom, Siemens, Thyssen-Krupp) verfügen nach wie vor im Anlagevermögen über einen erheblichen Bestand von Grundstücken und Gebäuden, die sie für ihr Kerngeschäft nicht mehr benötigen. Hier werden beträchtliche stille Reserven vermutet (vgl. Schulte, 1995, S. 45), die zur Steigerung des Shareholder Value durch aktives Corporate Real Estate Management eingesetzt werden können (vgl. dazu Kapitel 6.2).

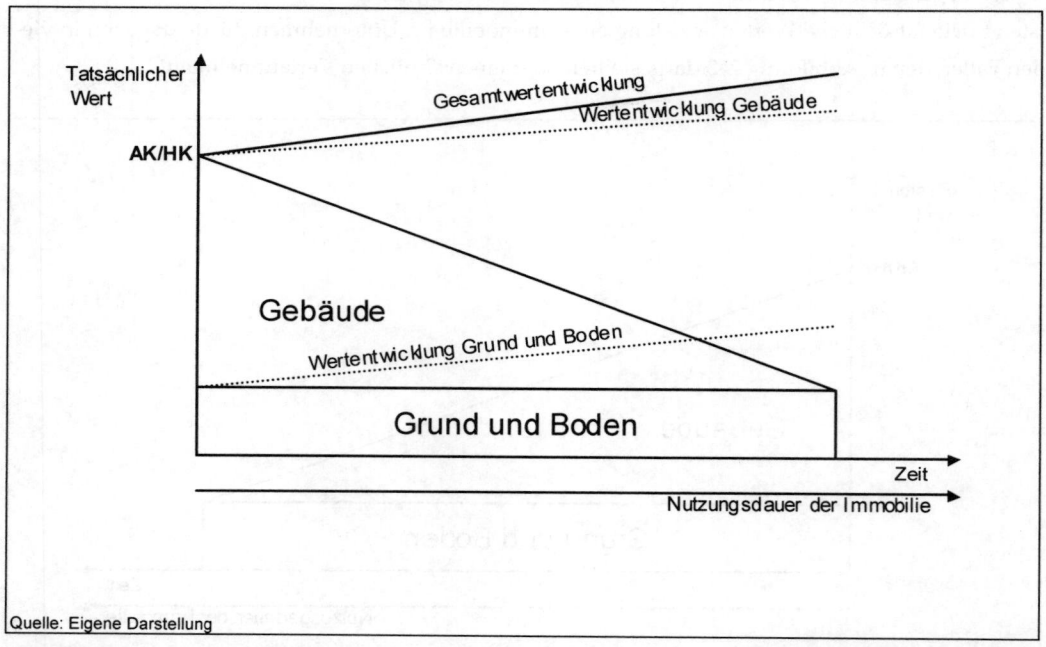

Quelle: Eigene Darstellung

Abbildung 243: Entwicklung des tatsächlichen Wertes und des Buchwertes einer Immobilie im Anlagevermögen

Trotz anhaltender, intensiv geführter Diskussion um mangelnde Transparenz gegenüber Anlegern, Investoren und Öffentlichkeit steigt die Zahl der deutschen Immobilien-Aktiengesellschaften, die im Anhang Angaben über die Verkehrswerte ihrer Immobilien machen (z.B. Bayerische Immobilien, IVG Immobilien, Polis, Vivacon), nur sehr langsam an.

Für die Institutionalisierung einer offenen Berichterstattung – insbesondere der kapitalmarktorientierten Immobilienunternehmen – treten neben der Deutschen Vereinigung für Finanzanalyse und Anlageberatung (DVFA) mit den entwickelten Bewertungsstandards die Initiative Corporate Governance der deutschen Immobilienwirtschaft mit ihrem Branchenkodex und – auf europäischer Ebene – die European Public Real Estate Association (EPRA) mit ihren Best Practices Policy Recommendations aktiv ein. Gemeinsam ist ihren Empfehlungen u.a. die Forderung nach regelmäßiger Offenlegung der Verkehrswerte.

7.3.3 Immobilien-Rechnungslegungsnormen nach IAS/IFRS

7.3.3.1 Zwecke und Bestandteile der Rechnungslegung

Als supranationale Normen entfalten die **IAS/IFRS** zunächst keine rechtsbindende Wirkung. Voraussetzung dafür ist vielmehr die Anerkennung durch nationale Regulierungsinstanzen bzw. die Übernahme der IAS/IFRS als verbindliche Standards in nationale Gesetzgebungssysteme. Ein Jahresabschluss nach IAS/IFRS soll in erster Linie der Information von Investoren, aber auch von Arbeitnehmern, Kreditgebern, Lieferanten und Kunden dienen. Ein vollständiger Jahresabschluss enthält die folgenden Bestandteile:

*   Bilanz,
*   Gewinn- und Verlustrechnung,
*   eine Aufstellung, die entweder
    -   sämtliche Veränderungen des Eigenkapitals oder
    -   Veränderungen des Eigenkapitals, die nicht mehr durch Kapitaltransaktionen mit Eigentümern und Ausschüttungen an Eigentümer entstehen, darstellt;
*   Kapitalflussrechnung und
*   Bilanzierungs- und Bewertungsmethoden sowie erläuternde Anhangangaben.

Die Form der IAS/IFRS-Standards ist in Anlehnung an das angloamerikanische Fallrecht ausgestaltet: Es besteht kein abgeschlossenes, aufeinander aufbauendes und nach dem Abstraktionsprinzip formuliertes Regelwerk wie das Dritte Buch des HGB. Fragen der Rechnungslegung werden fallweise in Standards geregelt, die chronologisch in der Reihenfolge ihres Erscheinens nummeriert werden und nicht zwingend aufeinander aufbauen. Das Rahmenkonzept, das die Grundzüge der IAS/IFRS-Rechnungslegung enthält, stellt die Basis für die Entwicklung neuer IAS/IFRS dar. Für die Bilanzierung von Immobilienvermögen besitzen die Standards IAS 2, IAS 16 und IAS 40 die größte Relevanz.

7.3.3.2 Bilanzierungs- und Bewertungsgrundsätze

Während in der Rechnungslegung nach HGB das Vorsichtsprinzip den Primärgrundsätzen zugerechnet wird, steht nach IAS/IFRS die Vermittlung von investorrelevanten Informationen im Vordergrund (vgl. Achleitner/Behr, S. 55ff.). Dies führt zu unterschiedlichen Abbildungen von Geschäftsvorfällen im Jahresabschluss nach HGB und IAS/IFRS. Charakteristisch für die Rechnungslegung nach IAS/IFRS sind die umfangreichen Anforderungen an die Erläuterung der Bilanzierung und Bewertung im Anhang (Notes) des Jahresabschlusses. Insbesondere die Kriterien für die Immobilienklassifikation sowie die für die Verkehrswertermittlung herangezogenen Wertermittlungsverfahren sind im Anhang zu erläutern. Zudem sind umfangreiche Angaben zu den in der Gewinn- und Verlustrechnung verrechneten Beträgen erläuterungspflichtig. Dies gilt insbesondere dann, wenn eine Änderung des beizulegenden Zeitwertes (**Fair Value**) der Immobilien vorliegt.

Der beizulegende Zeitwert ist definiert als der Betrag, „zu dem ein Vermögenswert zwischen sachverständigen, vertragswilligen und voneinander unabhängigen Geschäftspartnern getauscht werden könnte" (IASB 2002, IAS 40.4). Er soll die aktuelle Marktlage und die Umstände zum Bilanzstichtag widerspiegeln. Der beizulegende Zeitwert der betriebsnotwendigen Immobilien (IAS 16) und der als Finanzinvestition gehaltenen Immobilien (IAS 40) ist in der Regel der Marktwert bzw. Verkehrswert einer Immobilie (vgl. Baumunk, S. 358).

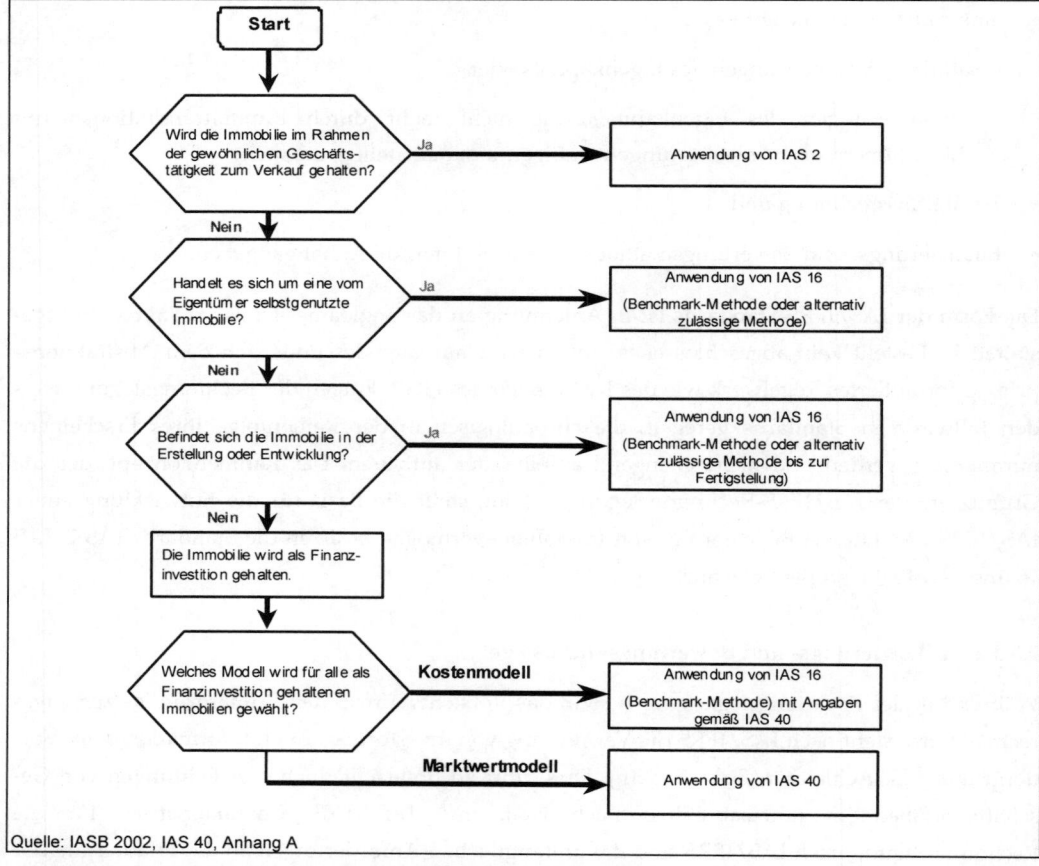

Abbildung 244: Entscheidungsbaum für die Immobilienbilanzierung

7.3.3.2.1 Zuordnung zu Vermögenskategorien

Die Bilanzierung und Bewertung von Immobilien nach IAS/IFRS erfordert eine Klassifizierung der Immobilien als Vermögenswerte des Umlaufvermögens (IAS 2), des Betriebsvermögens (IAS 16) oder des Finanzanlagevermögens (IAS 40). Welcher Standard im konkreten Sachverhalt zur Anwendung kommt, richtet sich nach der Einordnung der Immobilie in das Klassifikationsschema der IAS/IFRS, dargestellt in Abbildung 244.

7.3.3.2.2 Bilanzierung und Bewertung bei zum Verkauf bestimmten Immobilien

Besteht die gewöhnliche Geschäftstätigkeit einer Unternehmung in der Entwicklung und dem Verkauf von Immobilien (vgl. Punkt 4.2.4.3), so ist für die Bilanzierung der Immobilien während und nach der Fertigstellungsphase IAS 2, Vorräte, maßgeblich. Diese Immobilien werden wie nach HGB im Umlaufvermögen bilanziert, da sie zur Veräußerung bestimmt sind (vgl. Lang, S. 342). Zu den Anschaffungs- oder Herstellungskosten von solchen Immobilien gehören alle Kosten des Erwerbs, der Be- und Verarbeitung sowie sonstige Kosten, die angefallen sind, um die Immobilien in einen verkaufsfähigen Zustand zu versetzen.

Für die Fremdkapitalzinsen, die während des Anschaffungs- oder Herstellungszeitraums anfallen, besteht ein Aktivierungswahlrecht (vgl. Baetge/Kirsch/Thiele, S. 328), das allerdings auf die Fremdkapitalzinsen beschränkt ist, die „direkt dem Erwerb, dem Bau oder der Herstellung eines qualifizierten Vermögenswertes zugerechnet werden können" (IASB 2002, IAS 23.11).

Bei Immobilien handelt es sich um so genannte „qualifizierte Vermögenswerte" im Sinne des IAS 23.4 und 23.6. Das Wahlrecht, die Fremdkapitalzinsen zu aktivieren, ist stetig auszuüben. D. h., wurden Fremdkapitalzinsen einmal für eine Immobilienentwicklung aktiviert bzw. nicht aktiviert, so sind sie künftig für alle Immobilienentwicklungen zu aktivieren, bzw. nicht zu aktivieren.

Die Gewinnrealisierung aus zum Verkauf bestimmten Immobilien erfolgt bei Eigenheimen und Eigentumswohnungen wie im HGB nach dem Realisationsprinzip bei Fertigstellung und Verkauf (Completed-Contract Methode). Für stichtagsübergreifende langfristige Fertigungsaufträge ist allerdings nach IAS 11 die sogenannte Percentage-of-completion Methode zwingend anzuwenden. Diese Methode ermöglicht die Realisierung von kalkulatorischen Teilgewinnen während des Zeitraums der Herstellung, also vor dem Zeitpunkt des Übergangs von Rechten und Pflichten, der für die handelsrechtliche Bilanzierung von Bedeutung ist. Bei der Percentage-of-completion Methode werden Auftragskosten und Auftragserlöse (als Forderung gegen den Auftraggeber) entsprechend dem Leistungsfortschritt am Bilanzstichtag anteilig erfasst, was dazu führt, dass Erträge nicht erst bei Beendigung des Auftrags, sondern schon laufend während der Leistungserstellungsphase sukzessive gebucht werden.

Diese Methode ist für Objekt- und Projektgesellschaften, die größere bzw. langfristige Entwicklungsvorhaben für feste Auftraggeber abwickeln, von großer Bedeutung (vgl. Pellens, S. 474). Dies gilt insbesondere für Individualbauten bzw. komplexe Anlagen und Spezialimmobilien. Unabdingbare Voraussetzung für die Anwendung der Percentage-of-completion Methode ist allerdings das Vorliegen eines zuverlässigen **Projektcontrollings**, denn für die Feststellung des Fertigstellungsgrades müssen zuverlässige Schätzungen vorliegen. Die folgende Tabelle 78 stellt die Anwendung der Methoden der Gewinnrealisierung systematisch dar:

	Percentage-of-completion method	Completed contract method
Individualbau von Gebäuden	✓	
Rückbau von Gebäuden	✓	
Bau von Infrastrukturmaßnahmen	✓	
Verkauf standardisierter Eigenheime bzw. Eigentumswohnungen (Vorratsbau von Bauträgern)		✓
Verkauf standardisierter Objekte über standardisierte Verkaufskanäle (Auftragsbau von Bauträgern und Generalübernehmern)		✓
Beratungsleistungen (baukaufmännische oder bautechnische Leistungen) nach HOAI bzw. BVO	✓	

Tabelle 78: Anwendung unterschiedlicher Methoden der Gewinnrealisierung

Für Projektentwickler und Bauträger, die Immobilien spekulativ nach standardisierten Plänen bauen, ist die Percentage-of-completion Methode nicht anwendbar (vgl. Paul, S. 504).

7.3.3.2.3 Bilanzierung und Bewertung bei betrieblich genutzten Immobilien

Handelt es sich um eine vom Eigentümer bzw. Unternehmen betrieblich genutzte Immobilie, die langfristig dazu bestimmt ist, in der Vermögenssphäre des Unternehmens zu verbleiben, so findet IAS 16, Sachanlagen, Anwendung.

Hiermit sind solche Immobilien gemeint, die zum Zwecke der Herstellung oder der Lieferung von Gütern bzw. der Erbringung von Dienstleistungen oder für Verwaltungszwecke genutzt werden. Auch Immobilien, die sich im Bau- bzw. Entwicklungsstadium befinden, werden nach IAS 16 bilanziert, wenn sie dazu bestimmt sind, im Rahmen der gewöhnlichen Geschäftätigkeit durch das erstellende Unternehmen eigengenutzt zu werden.

Der erstmalige bilanzielle Ansatz dieser Immobilien nach IAS/IFRS erfolgt zu Anschaffungs- oder Herstellungskosten einschließlich der Erwerbsnebenkosten und abzüglich Anschaffungspreisminderungen. Nachträgliche Anschaffungs- oder Herstellungskosten sind dem Buchwert der Immobilie hinzuzurechnen, wenn es wahrscheinlich ist, dass diese Ausgaben künftig einen zusätzlichen Nutzenzufluss aus der Immobilie versprechen. Alle anderen nachträglichen Ausgaben sind in der Periode, in der sie anfallen, als Aufwand zu erfassen.

Die Ermittlung der Herstellungskosten für selbsterstellte Immobilien folgt denselben Grundsätzen wie beim Erwerb von Immobilien. Wenn ein Unternehmen ähnliche Vermögenswerte für den Verkauf im Rahmen seiner normalen Geschäftätigkeit herstellt, sind die Herstellungskosten einer für die betriebliche Nutzung bestimmten Immobilie normalerweise dieselben wie die für die Entwicklung einer zu veräußernden Immobilie (vgl. IASB 2002, IAS 2). Wie bei der Herstellung bzw. beim Bau von zum Verkauf bestimmten Immobilien können die Fremdkapitalkosten als Teil der Herstellungskosten der Immobilie aktiviert werden (vgl. IASB 2002, IAS 23.11).

Für die Folgebewertung eigengenutzter Immobilien besteht ein Wahlrecht zwischen der so genannten „**Benchmark Methode**" und der „**Alternativ zulässigen Methode**".

Nach der Benchmark Methode ist eine Immobilie nach dem erstmaligen Ansatz als Vermögenswert zu ihren Anschaffungskosten oder Herstellungskosten abzüglich der kumulierten Anschaffungspreisminderungen anzusetzen (vgl. IASB 2002, IAS 16.28).

Nach der Alternativ zulässigen Methode ist eine Immobilie nach dem erstmaligen Ansatz als Vermögenswert zu einem Neubewertungsbetrag anzusetzen, der seinem beizulegenden Zeitwert am Tage der Neubewertung abzüglich nachfolgender kumulierter planmäßiger Abschreibungen und nachfolgender kumulierter Anschaffungspreisminderungen entspricht. Neubewertungen haben in hinreichender Regelmäßigkeit zu erfolgen, damit der Buchwert nicht wesentlich von dem Wert abweicht, der sich bei einer Bewertung mit dem beizulegenden Zeitwert am Bilanzstichtag ergeben würde (vgl. IASB 2002, IAS 16.29). Die Häufigkeit der Neubewertungen hängt von den Bewegungen des beizulegenden Zeitwertes bzw. Verkehrswertes der Immobilie ab. Sind keine erheblichen Veränderungen des entsprechenden Immobilien-Teilmarktes zu verzeichnen und ändert sich der Verkehrswert nur geringfügig, so kann für Immobilien eine Neubewertung alle drei bis fünf Jahre ausreichend sein (vgl. IASB 2002, IAS 16.32).

Wird der Buchwert einer Immobilie aufgrund einer Neubewertung erhöht, so wird die Erhöhung im Eigenkapital innerhalb der Neubewertungsrücklage erfasst und ist damit nicht erfolgswirksam (vgl. IASB 2002, IAS 16.37).

Die in Abbildung 245 dargestellte Bilanz zum Stichtag t_0 stellt die Ausgangssituation dar. Im Rahmen einer Neubewertung wird für das Grundstück zum Stichtag t_1 eine Wertsteigerung um 1.000 Euro festgestellt. Dies führt zur Bildung einer Neubewertungsrücklage in dieser Höhe, die als Teil des Eigenkapitals auf der Passivseite bilanziert wird.

Aktiva	Bilanz zum Stichtag t_0		Passiva
Gebäude	2.000	Gezeichnetes Kapital	1.000
Sonstige Aktiva	4.000	Fremdkapital	5.000
Summe	6.000	Summe	6.000

Aktiva	Bilanz zum Stichtag t_1		Passiva
Gebäude	3.000	Gezeichnetes Kapital	1.000
		Neubewertungsrücklage	1.000
Sonstige Aktiva	4.000	Fremdkapital	5.000
Summe	7.000	Summe	7.000

Aktiva	Bilanz zum Stichtag t_2		Passiva
Gebäude	1.500	Gezeichnetes Kapital	1.000
		Neubewertungsrücklage	0
		Jahresfehlbetrag	-500
Sonstige Aktiva	4.000	Fremdkapital	5.000
Summe	5.500	Summe	5.500

Abbildung 245: Beispielbilanzen IAS 16, Grund und Boden

Wird der Buchwert einer Immobilie aufgrund einer Neubewertung vermindert, so wird die Abwertung als Aufwand erfasst (vgl. IABS 2002, IAS 16.38). Dies wird durch die Bilanz zum Stichtag t_2 illustriert. Hier mindert sich annahmegemäß der Wert des Grundstückes auf 1.500 Euro. Es ist zunächst eine erfolgsneutrale Verrechnung mit der zuvor gebildeten Neubewertungsrücklage notwendig, bevor die Position „Jahresfehlbetrag" gebildet wird.

Generell ist zu beachten, dass eine Neubewertung nicht nur einzelne ausgewählte Immobilien betreffen darf. Sie muss eine ganze Gruppe bzw. alle unter einer Bilanzposition (z.B. Grundstücke und Gebäude) erfassten Vermögensgegenstände umfassen. Die Neubewertungsrücklage im Eigenkapital kann direkt den Gewinnrücklagen zugeführt werden, sofern die Rücklage realisiert ist, d.h. wenn die Immobilie veräußert wird (vgl. IASB 2002, IAS 16.39).

Die IAS/IFRS verpflichten dazu, den voraussichtlichen tatsächlichen Werteverzehr über Abschreibungen abzubilden. Dabei soll die Abschreibungsmethode dem Verbrauch des wirtschaftlichen Nutzens der Liegenschaft entsprechen (vgl. IASB 2002, IAS 16.41). Wie auch in der Rechnungslegung nach HGB sind Grundstücke und Gebäude als getrennte Vermögenswerte zu behandeln, auch wenn sie zusammen erworben wurden. Grundstücke haben eine unbegrenzte Nutzungsdauer und werden deshalb nicht planmäßig abgeschrieben. Gebäude haben eine begrenzte Nutzungsdauer und stellen daher abschreibungsfähige Vermögenswerte dar. Für die planmäßige Abschreibung kommt eine Vielzahl an Methoden in Betracht, um das Abschreibungsvolumen einer Immobilie systematisch über ihre Nutzungsdauer zu verteilen (vgl. IASB 2002, IAS 16.45). Hierzu zählen die lineare Abschreibungsmethode, die geometrisch-degressive Methode (Buchwertabschreibung) und die leistungsabhängige Abschreibungs-methode. Die für einen Vermögenswert herangezogene Methode ist nach dem erwarteten wirtschaftlichen Nutzenverlauf auszuwählen und so lange beizubehalten, bis eine wesentliche Änderung im erwarteten Nutzenverlauf eintritt (vgl. IASB 2002, IAS 16.47).

Die Nutzungsdauer ist dabei periodisch zu überprüfen. Sollten die Erwartungen erheblich von früheren Schätzungen abweichen, sind die Abschreibungsbeträge für die gegenwärtige Periode und für die Folgeperioden anzupassen.

Die folgende Abbildung 246 erfasst das Szenario einer Wertsteigerung eines Gebäudes und auch die abschreibungstechnische Berücksichtigung der Neubewertungsrücklage.

Die Bilanz zum Stichtag t_0 stellt wiederum die Ausgangssituation dar. Im Rahmen einer Neubewertung wird für das Gebäude zum Stichtag t_1 eine Wertsteigerung um 3.000 Euro festgestellt. Dies führt zur Bildung einer Neubewertungsrücklage in dieser Höhe, die als Teil des Eigenkapitals auf der Passivseite bilanziert wird.

Der Wertverzehr des Gebäudes wird durch die planmäßige Abschreibung erfasst. In diesem Beispiel wird eine Restnutzungsdauer des Gebäudes von 25 Jahren unterstellt. Der Zeitwert des Gebäudes beträgt aktuell 5.000 Euro, was einen jährlichen Abschreibungsbetrag von 200 Euro (5.000/25) zur Folge hat. Die erfolgswirksame Erfassung der Abschreibung wird allerdings nur auf historische Anschaffungs- bzw. Herstellungskosten in Höhe von 4.000 Euro gerechnet. Der jährliche Abschreibungsbetrag betrug 80 Euro (4.000/50) bei einer Gesamtnutzungsdauer von 50 Jahren. In Höhe der Differenz muss nun die Auflösung der Neubewertungsrücklage erfolgen (200-80=120), dies entspricht auch 3.000/25. D.h., die Neubewertungsrücklage muß ebenfalls planmäßig über die Restnutzungsdauer des Gebäudes abgeschrieben werden.

Außerplanmäßige Abschreibungen erfolgen für betriebsnotwendige Immobilien gemäß IAS 36, Wertminderung von Vermögenswerten. Wird ein Indikator für eine solche außerplanmäßige Wertminderung identifiziert, muss erfolgswirksam auf den erzielbaren Betrag (recoverable amount) des Vermögenswertes abgeschrieben werden. Der erzielbare Betrag ist definiert als der höhere der beiden Beträge aus Nettoveräußerungspreis und Verkehrswert bzw. Nutzungswert der Immobilie (siehe hierzu: IASB 2002, IAS 36.26). Sind gegebenenfalls die Gründe für die außerplanmäßige Abschreibung an den folgenden Abschlussstichtagen entfallen, ist zwingend eine Wertaufholung bis zum neu festgestellten erzielbaren Betrag vorzunehmen. Dieser darf aber die fortgeführten Anschaffungs- oder Herstellungskosten, die sich ohne eine außerplanmäßige Abschreibung ergeben hätten, nicht übersteigen. Eine solche Zuschreibung findet durch die erfolgswirksame Buchung außerplanmäßiger Erträge statt.

Aktiva	Bilanz zum Stichtag t_0		Passiva
Gebäude	2.000	Gezeichnetes Kapital	1.000
Sonstige Aktiva	4.000	Fremdkapital	5.000
Summe	6.000	Summe	6.000

Aktiva	Bilanz zum Stichtag t_1		Passiva
Gebäude	5.000	Gezeichnetes Kapital	1.000
		Neubewertungsrücklage	3.000
Sonstige Aktiva	4.000	Fremdkapital	5.000
Summe	9.000	Summe	9.000

Aktiva	Bilanz zum Stichtag t_2		Passiva
Gebäude	4.800	Gezeichnetes Kapital	1.000
		Neubewertungsrücklage	2.880
		Jahresfehlbetrag	-80
Sonstige Aktiva	4.000	Fremdkapital	5.000
Summe	8.800	Summe	8.800

Abbildung 246: Beispielbilanzen IAS 16, Gebäude

7.3.3.2.4 Bilanzierung und Bewertung bei als Finanzinvestition gehaltenen Immobilien

Immobilien, die zur Erzielung von Mieteinnahmen und/oder zum Zwecke der Wertsteigerung gehalten werden, gelten als Finanzinvestition. Als Finanzinvestition gehaltene Immobilien erzeugen Cashflows, die weitgehend unabhängig von den anderen vom Unternehmen gehaltenen Vermögenswerten anfallen. Darin unterscheiden sich als Finanzinvestition gehaltene Immobilien von durch den Eigentümer selbst genutzten Immobilien.

Für solche Finanzinvestitionen bzw. Anlageimmobilien (Investment Property) gilt der seit 01.01.2001 gültige IAS 40. Dieser Standard ist nicht nur für Anlageimmobilien von Immobilienunternehmen, sondern für alle Unternehmen relevant.

Beispiele für als Finanzinvestition gehaltene Immobilien sind:

- Ein Grundstück, das langfristig zum Zwecke der Wertsteigerung, und nicht kurzfristig zum Verkauf im Rahmen der gewöhnlichen Geschäftstätigkeit gehalten wird.

- Ein Grundstück, das für eine gegenwärtig unbestimmte künftige Nutzung gehalten wird. (Legt ein Unternehmen nicht fest, ob das Grundstück zur Selbstnutzung oder kurzfristig zum Verkauf im Rahmen der gewöhnlichen Geschäftstätigkeit gehalten wird, ist das Grundstück als zum Zwecke der Wertsteigerung gehalten zu behandeln.)

- Ein Gebäude, welches sich im Eigentum des berichtenden Unternehmens befindet, für das Mietverhältnisse bestehen.

- Ein leer stehendes Gebäude, das zur Vermietung bestimmt ist (vgl. IASB 2002, IAS 40.6).

Liegt ein Zugang und damit eine erstmalige Bewertung einer Immobilie vor, so ist diese dann als Vermögenswert zu bilanzieren, wenn

- es wahrscheinlich ist, dass dem Unternehmen der zukünftige wirtschaftliche Nutzen, der mit den als Finanzinvestition gehaltenen Immobilien verbunden ist, zufließen wird und

- die Anschaffungs- oder Herstellungskosten der als Finanzinvestition gehaltenen Immobilien zuverlässig bemessen werden können (vgl. IASB 2002, IAS 40.15).

Als Finanzinvestition gehaltene Immobilien sind bei Zugang mit ihren Anschaffungs- oder Herstellungskosten zu bewerten. Die Transaktions- bzw. Erwerbsnebenkosten sind in die erstmalige Bewertung mit einzubeziehen. Wie beim Bau bzw. bei der Herstellung von zum Verkauf bestimmten Immobilien und bei der Herstellung von betrieblich genutzten Immobilien können die Fremdkapitalkosten als Teil der Herstellungskosten der Immobilie aktiviert werden (vgl. IASB 2002, IAS 23.11).

Nachträgliche Anschaffungskosten sind nur dann hinzuzurechnen, wenn über den ursprünglich kalkulierten wirtschaftlichen Nutzen hinaus wahrscheinlich ein zusätzlicher Nutzen geschaffen wird. Ist dies nicht der Fall, so sind die nachträglichen Ausgaben als Aufwand in der Periode zu erfassen, in der sie angefallen sind.

Für die Folgebewertung hat ein Unternehmen das Wahlrecht, die als Finanzinvestitionen gehaltenen Immobilien entweder nach dem Kostenmodell (Cost Model) oder nach dem Marktwertmodell (Fair Value Model) zu bewerten (vgl. IASB 2002, IAS 40.24).

Sofern sich ein Unternehmen nach der erstmaligen Einwertung in die Bilanz für das Kostenmodell entscheidet, hat es seine gesamten als Finanzinvestitionen gehaltenen Immobilien nach der Benchmark-Methode des IAS 16, Sachanlagen, zu bewerten und auszuweisen, d.h. zu Anschaffungs- oder Herstellungskosten abzüglich der kumulierten Abschreibungen. Generell wird empfohlen, den beizulegenden Zeitwert der Immobilie zu ermitteln und offenzulegen (vgl. IASB 2002, IAS 40.26).

Entscheidet sich das Unternehmen nach der erstmaligen Einwertung in die Bilanz für die Bewertung nach dem Marktwertmodell, so sind alle als Finanzinvestition gehaltenen Immobilien zum beizulegenden Zeitwert zu bewerten und auszuweisen. Im Unterschied zu IAS 16 ist ein Gewinn oder Verlust, der durch die Änderung des beizulegenden Zeitwertes der als Finanzinvestition gehaltenen Immobilie entsteht, im Jahresergebnis erfolgswirksam zu berücksichtigen (vgl. IASB 2002, IAS 40.28). Dies kann erhebliche Auswirkungen auf die Ergebnisentwicklung haben, wie das Beispiel in Abbildung 247 anhand einer stark vereinfachten Gewinn- und Verlustrechnung (GuV) zeigt:

1.) GuV **ohne** die Berücksichtigung von Zeitwertänderungen		2.) GuV **unter** Berücksichtigung von Zeitwertänderungen	
Umsatzerlöse	100	Umsatzerlöse	100
Sonstige betriebliche Erträge	20	Sonstige betriebliche Erträge	20
	120		120
Materialaufwand	-50	Materialaufwand	-50
Personalaufwand	-50	Personalaufwand	-50
	20		20
Abschreibungen	-50	Abschreibungen	-50
			-30
		Erträge aus Zeitwertänderung	50
Ergebnis der gewöhnlichen Geschäftstätigkeit	-30	Ergebnis der gewöhnlichen Geschäftstätigkeit	20

Abbildung 247: Erfolgswirksame Verrechnung vom Wertänderungen

Im Ausgangsfall, der GuV 1 wird unterstellt, dass das Ergebnis der gewöhnlichen Geschäftstätigkeit eines Immobilienunternehmens in Höhe von 30 negativ ist. In GuV 2 wird unter sonst gleichen Bedingungen angenommen, dass durch erzielte Wertsteigerungen des Immobilienbestandes Erträge aus Zeitwertänderungen in Höhe von 50 gebucht werden. Dies hat zur Folge, dass sich das Ergebnis der gewöhnlichen Geschäftstätigkeit in Höhe von 20 positiv darstellt.

Durch die Möglichkeit einer Bewertung von als Finanzinvestition gehaltenen Immobilien zum beizulegenden Zeitwert wird der Vorstellung Rechnung getragen, dass Performancemaßstäbe eines professionellen Immobilienmanagements nicht ausschließlich Erträge aus der Vermietung und Verpachtung, sondern insbesondere auch (unrealisierte) Marktwertsteigerungen sind (vgl. Baumunk, S. 355).

Das Wahlrecht kann nur einheitlich für das gesamte vermietete und verpachtete Anlagevermögen ausgeübt werden. So weit sich ein Unternehmen entschieden hat, seine Anlageimmobilien zu Zeitwerten anzusetzen, ist es nur in außergewöhnlichen Fällen zulässig, einzelne Objekte mit den fortgeführten Anschaffungs- bzw. Herstellungskosten anzusetzen. Dies gilt insbesondere dann, wenn der Verkehrswert einer Immobilie nicht feststellbar ist.

Ein Wechsel zwischen beiden Bewertungsmodellen ist zulässig, wenn dadurch der Einblick in die Vermögens-, Finanz- und Ertragslage verbessert wird. Allerdings ist die einmal gewählte Methode auf alle Immobilien anzuwenden und auch in den Folgejahren beizubehalten.

7.3.4 Immobilien-Rechnungslegungsnormen nach US-GAAP

7.3.4.1 Zwecke und Bestandteile der Rechnungslegung

US-GAAP (United States Generally Accepted Accounting Principles) sind die US-amerikanischen Rechnungslegungsvorschriften. Sie werden für börsennotierte Gesellschaften durch weitere Anforderungen der amerikanischen Wertpapier- und Börsenaufsichtsbehörde, **Securities and Exchange Commission (SEC)**, ergänzt. Diese verlangt von ausländischen Unternehmen für eine Börsenzulassung in den USA eine Rechnungslegung nach US-GAAP. Obwohl die US-GAAP nicht gesetzlich definiert sind, haben sie aufgrund der Anerkennung durch die SEC praktisch Gesetzeskraft. Die US-GAAP bestehen aus einer Vielzahl nicht kodifizierter Einzelfallregelungen. Sie werden vom **Financial Accounting Standards Board (FASB)** erlassen. Bestandteile der Rechnungslegung nach US-GAAP sind:

- Bilanz,
- Gewinn- und Verlustrechnung,
- Kapitalflussrechnung,
- Eigenkapitalverwendungsrechnung,
- Angabepflichten zur Bilanzierungspolitik.

Ziel der externen Rechnungslegung nach US-amerikanischem Verständnis ist die Bereitstellung unternehmensspezifischer Informationen für wirtschaftliche Entscheidungen von Investoren (decision usefulness). Aus den **Statements of Financial Accounting Concepts (SFAC)** No. 1 geht die Rechnungslegungsphilosophie der US-GAAP hervor. Diese lautet zusammengefasst wie folgt:

„Die Ziele der Unternehmensberichterstattung werden hauptsächlich von den Bedürfnissen externer Jahresabschlussleser bestimmt, die nicht die Macht haben, die benötigten Informationen zu fordern und die sich auf die von der Unternehmensleitung gegebenen Informationen verlassen müssen. Die Informationen müssen für die in der Wirtschaft tätige Person in angemessener Zeit verständlich sein."

Die gesamte Unternehmensberichterstattung und somit auch der Jahresabschluss sollen den jetzigen und potenziellen Investoren und Stakeholdern für wirtschaftliche Entscheidungen relevante Informationen liefern. Die wirtschaftliche Lage des bilanzierenden Unternehmens soll nach dem Grundsatz der **Fair Presentation** richtig, wahrheitsgemäß und realistisch dargestellt werden (vgl. Pellens, S. 160). Des Weiteren sollen die US-GAAP dazu beitragen, dass die Unternehmensführung Rechenschaft über die Verwaltung und effiziente Nutzung des ihr anvertrauten Vermögens ablegt. Das US-Rechnungslegungssystem enthält weiterhin ein **Vorsichtsprinzip (principle of conservatism)** zur Beurteilung zweifelhafter Ereignisse. Die US-GAAP enthalten grundsätzlich keine expliziten Wahlrechte. Die unvermeidbaren Ermessensspielräume beeinträchtigen den Aussagewert von Jahresabschlüssen aufgrund der umfangreichen Zusatzinformationen jedoch so gut wie nicht (vgl. Schildbach, S. 128).

7.3.4.2   Bilanzierungs- und Bewertungsgrundsätze

7.3.4.2.1 Zuordnung zum Anlage- oder Umlaufvermögen

Im Rahmen der Bilanzierung nach US-GAAP erfolgt eine Unterscheidung des Immobilienvermögens in betriebsnotwendige und nicht betriebsnotwendige Immobilien. Zudem wird differenziert, ob diese dem Unternehmen länger dienen sollen (noncurrent assets) oder nicht **(current assets)**. Die nicht betriebsnotwendigen Immobilien werden separat unter „Andere Vermögenswerte" **(other assets)** ausgewiesen. Die current assets (vergleichbar mit dem Umlaufvermögen des HGB) werden separat in der Bilanz ausgewiesen. Hier werden z.B. die zum Verkauf bestimmten Grundstücke und Immobilien eingeordnet.

7.3.4.2.2 Anschaffungs- oder Herstellungskosten

Ebenso wie in der Bilanzierung nach HGB und IAS/IFRS bilden auch bei der Rechnungslegung nach US-GAAP die Anschaffungskosten die Obergrenze für die Bewertung von angekauften Immobilien in der Bilanz. Der Wertansatz ergibt sich aus der Summe von Anschaffungspreis,

Anschaffungsnebenkosten und nachträglichen Anschaffungskosten, die um Anschaffungspreis-minderungen reduziert werden (vgl. Schildbach, S. 90f.).

Für qualifizierte Vermögensgegenstände „qualifying assets", die nach US-GAAP analog zu IAS/IFRS als solche Vermögensgegenstände definiert sind, bei denen ein längerer Zeitraum erforderlich ist, um sie in einen vermietbaren Zustand zu versetzen, bilden die in dem Zeitraum bis zur Erreichung der Vermietbarkeit angefallenen Fremdkapitalkosten einen Pflichtbestandteil der Herstellungskosten. Als Zinssatz ist entweder der Zinssatz heranzuziehen, der für die spezifischen Kredite zur Finanzierung des Projektes zu zahlen ist, oder der durchschnittliche Kreditzins des Unternehmens oder Konzerns in der jeweiligen Periode, speziell wenn letzterer größer ist. In den Zins sind die Kosten der Kapitalaufnahme und die Nebenkosten einzurechnen. Diese sind auf das durchschnittlich effektiv in dem „qualifying asset" gebundene Kapital zu beziehen (vgl. Schildbach, S. 89f.). Bei der Herstellung von Immobilien bzw. bei langfristigen Fertigungsaufträgen entspricht nach US-GAAP die Percentage-of-completion Methode der gängigen Bilanzierungspraxis (vgl. Pellens, S. 221). Dazu müssen allerdings zuverlässige Schätzungen zur Ermittlung des Fertigstellungsgrades auf Basis eines Projektcontrollings verfügbar sein und die anfallenden Aufwendungen und Erträge müssen hinreichend sicher antizipiert werden können. Sind solche zuverlässigen Schätzungen nicht möglich, so ist die weniger verbreitete Completed-Contract Methode anzuwenden (vgl. Schildbach, S. 114ff.).

7.3.4.2.3 Abschreibungen und Zuschreibungen

Nach US-GAAP sind die Ausgaben für abnutzbare Sachanlagen, abzüglich eines eventuellen Restwerts, planmäßig und vernünftig („in a systematic and rational manner") auf die Jahre zu verteilen, in denen das Unternehmen voraussichtlich Nutzen aus dem Gebrauch der Anlagen ziehen wird. Hinsichtlich der anzuwendenden Abschreibungsverfahren und damit der zeitlichen Struktur der Aufwendungen wird eine möglichst gleichmäßige Verteilung bevorzugt, was auf einen Vorrang der linearen oder der leistungsbedingten Abschreibung hindeutet. Zwar überwiegen in den USA tatsächlich die linearen Abschreibungen deutlich, seit 1992 ist aber auch das degressive Abschreibungsverfahren mit US-GAAP vereinbar. Wenn in den ersten Jahren Produktivität und Erfolgskraft von Anlagen höher wären als später oder wenn die Instandhaltungs- und Reparaturaufwendungen im Laufe der Nutzungszeit ansteigen, würden degressive Verfahren sogar eine verbesserte Aufwandsverteilung bewirken. Dementsprechend stehen als Abschreibungsverfahren zur Verfügung:

- Lineare Abschreibungsmethode,

- Degressive Zeit-Abschreibungsverfahren,

- Leistungsbedingte oder nutzungsabhängige Abschreibung,

- Kombinierte Abschreibungsverfahren.

Ein Wechsel der Verfahren ist dann zulässig, wenn er der Darstellung einer vorteilhaften Ertragslage dient (vgl. Schildbach, S. 104).

Außerplanmäßige Abschreibungen über die planmäßigen Abschreibungen hinaus sind bei Sachanlagen vorzunehmen, wenn die Voraussetzungen für eine dafür notwendige Überprüfung („**Impairment**") erfüllt sind. Zunächst müssen nach SFAS 121.5 Indikatoren die Notwendigkeit einer Prüfung dahingehend andeuten, ob sich der derzeitige Buchwert aus den in Zukunft zu erwartenden Einzahlungen der Anlage wieder erwirtschaften lassen wird. Als mögliche Indikatoren für eine Wertminderung werden beispielhaft genannt:

- ein deutliches Absinken des Marktwertes,

- eine deutliche Änderung der Immobilie oder der Möglichkeit ihrer Nutzung,

- ein deutliches Anwachsen der Herstellungskosten einer Anlage über das ursprünglich angenommene Maß hinaus oder

- aktuelle Verluste oder Zahlungsdefizite verbunden mit der Erwartung weiterer Verluste oder Zahlungsdefizite, die auf die künftige Schwäche der Anlage bei der Erzielung von Erlösen hinweisen.

Wenn ein Indikator eine mögliche Wertminderung anzeigt, soll das Unternehmen die aus der geplanten Nutzung der Immobilie im Unternehmen oder durch Veräußerung an Dritte in Zukunft zu erwartenden Einzahlungen und Auszahlungen schätzen. Eine außerplanmäßige Abschreibung ist dann erforderlich, wenn die Summe der nicht diskontierten Einzahlungen vermindert um die Summe der nicht diskontierten Auszahlungen niedriger ist als der aktuelle Buchwert der Immobilie. So weit es zu einem solchen „Impairment" gekommen ist, muss die betreffende Immobilie auf ihren aktuellen Zeitwert abgeschrieben werden, worunter der Preis zu verstehen ist, zu dem die Immobilie vor dem Hintergrund der Wertminderung im jeweiligen Zeitpunkt zwischen zur Transaktion bereiten Parteien gehandelt würde, wenn die Transaktion nicht unter zeitlichem Druck steht (vgl. Schildbach, S. 100).

Zuschreibungen zuvor berücksichtigter Impairments sind prinzipiell nicht erlaubt. Sie sind aber ausnahmsweise bei Immobilien zulässig, die zur Veräußerung bestimmt sind (vgl. Schildbach, S. 101).

Eine Bewertung zu Zeitwerten bzw. Verkehrswerten ist im Rahmen der US-GAAP nicht vorgesehen, sodass sich für Immobilienunternehmen, die eine Bilanzierung nach US-GAAP anstreben, keine größeren Veränderungen gegenüber der Bilanzierung nach dem HGB bezüglich der Behandlung ihrer Immobilienbestände ergeben dürften.

7.3.5 Fazit

Die Rechnungslegungspraxis in Deutschland wird zunehmend von internationalen Standards und insbesondere von den IAS/IFRS geprägt. Das Prinzip der zutreffenden Darstellung der tatsächlichen Verhältnisse (true and fair view) wird dabei anstelle des Vorsichtsprinzips zum beherrschenden Maßstab. Dabei bietet IAS 40 im Unterschied zum deutschen Handelsgesetzbuch und zu den US-GAAP ausdrücklich bilanzpolitische Ermessensspielräume bei der Bewertung von Anlageimmobilien. Als Folge des Fair-Value-Modells entfällt die Möglichkeit der Bildung stiller Reserven. Zudem wird die Möglicheit eröffnet, bei Vorliegen positiver Marktentwicklungen ergebniswirksame Erhöhungen des Wertansatzes über die Anschaffungs- oder Herstellungskosten hinaus vorzunehmen. Als Konsequenz von IAS 40 werden die Periodenergebnisse stärkeren Schwankungen unterliegen. Informationen über die Ertragslage und damit auch über die Eigenkapitalsituation können verzerrt werden. Die mit der Bilanz verbundene Außendarstellung eines Immobilien-Unternehmens kann sich durch diese Abweichungen deutlich verändern. Es empfiehlt sich deshalb, die möglichen Auswirkungen internationaler Rechnungslegungsgrundsätze auf die Immobilienbewertung und Bilanzierung des eigenen Unternehmens rechtzeitig zu analysieren.

Literaturverzeichnis zu Kapitel 7.3

Achleitner, A./Behr, G.: International Accounting Standards – Ein Lehrbuch zur Internationalen Rechnungslegung, 2. Aufl., München 2000.

Adler, H./Düring, W./Schmaltz, K.: Rechnungslegung und Prüfung der Unternehmen, Teilband 1, 6. Aufl., Stuttgart 1995.

Baetge, J./Kirsch, H.-J./Thiele, S.: Bilanzen, 6. Aufl., Düsseldorf 2002.

Baumunk, H. et al.: Die Bilanzierung von Immobilien nach International Accounting Standards, in: Grundstücksmarkt und Grundstückswert, Nr. 6, 2002, S. 354-361.

Coenenberg, A. G.: Jahresabschluss und Jahresabschlussanalyse, 18. Aufl., Landsberg/Lech 2001.

Cyert, R. M./March, J. G.: Eine verhaltenswissenschaftliche Theorie der Unternehmung, 2. Aufl. (Deutsche Ausgabe herausgegeben vom Carnegie Bosch Institut, Originaltitel: A Behavioral Theory of the Firm, Englewood Cliffs (N.J.), übersetzt von Gerda Bernhardt und Siegfried Gagsch), Stuttgart 1995.

Elsner, R.: Bilanzielle Aspekte im Corporate Real Estate Management, in: Schulte, K.-W./Schäfers, W. (Hrsg.): Handbuch Corporate Real Estate Management, Köln 1998, S. 433-462.

Franke, G./Hax, H.: Finanzwirtschaft des Unternehmens und Kapitalmarkt, 4. Aufl., Berlin et al., 1999.

International Accounting Standards Board (Hrsg.): International Accounting Standards 2002: Deutsche Ausg., Stuttgart 2002.

Küting, K. H.: Erhebliche Gestaltungsspielräume: Das Spannungsverhältnis zwischen Bilanzpolitik und Bilanzanalyse, in: BddW, 22. Juli 1996, S. 11.

Lang, Harry: Immobilienvermögen in der IAS/IFRS-Bilanzierung, in: Immobilien & Finanzierung, Nr. 10, 2003, S. 342-345.

Leffson, U.: Die Grundsätze ordnungsmäßiger Buchführung, 7. Aufl., Düsseldorf 1987.

Paul, E.: Kapitalmarktorientierte Immobilienbewertung: Neuerungen durch IAS, in: Immobilien & Finanzierung, Nr. 16, 2002, S. 503-505.

Pellens, B.: Internationale Rechnungslegung, 4., überarb. u. erw. Aufl., Stuttgart 2001.

Schildbach, T.: US-GAAP – Amerikanische Rechnungslegung und ihre Grundlagen, 2., überarb. u. akt. Aufl., München 2002.

Schulte, K.-W.: Bilanzpolitik und Publizitätsverhalten deutscher Aktiengesellschaften, Bergisch-Gladbach/Köln 1986.

Schulte, K.-W.: Stille Reserven, in: FAZ, 9. Juni 1995, S. 45.

Stichwortverzeichnis